AF855919

RAYÉ À L'INVENTAIRE

B.U. BREST

VOIES D'EXÉCUTION ET PROCÉDURES DE DISTRIBUTION

De
33,70

B.U. BREST

Pierre JULIEN
*Professeur honoraire
À la faculté de droit,
des sciences politiques, économiques,
et de gestion de l'Université
de Nice-Sophia Antipolis
Agrégé des facultés de droit*

Gilles TAORMINA
*Magistrat
Maître de conférences associé
à Sciences Po. Aix-en-Provence
Ancien Élève de l'ENM,
Docteur en droit, HDR.*

SCD BREST
Droit - Economie
Droit 1 - BKP
420643 9

VOIES D'EXÉCUTION ET PROCÉDURES DE DISTRIBUTION

K 10162
347.07
TAO

2e édition
par Gilles TAORMINA

L.G.D.J
lextenso éditions

Des mêmes auteurs

P. JULIEN

- *La pratique de l'expertise judiciaire*, en collaboration avec G. Bourgeois et M. Zavaro, éd. Litec, novembre 2009.
- *Droit judiciaire privé*, en collaboration avec N. Fricero, éd. LGDJ 2009.

G. TAORMINA

- *Le nouveau droit des procédures d'exécution et de distribution*, éd. *Le JNA*, préf. P. JULIEN, Tome I, décembre 1992, *Les constantes de l'exécution, les procédures mobilières d'exécution*, Tome II, juin 1994, *Surendettement et autres contentieux de l'exécution*, Tome III, novembre 1995, *Saisie immobilière, procédures d'ordre et de distribution.*
- *Droit de l'exécution forcée*, éd. *Le JNA-LAMY*, 1998-2006 (ouvrage à feuillets mobiles ayant fait l'objet d'une mise à jour périodique jusqu'en 2006).
- *Théorie et pratique du droit de la consommation, aspects généraux et contrats spéciaux*, éd. Librairie de l'Université d'Aix-en-Provence 2004.
- *Introduction à l'étude du droit*, éd. Librairie de l'Université d'Aix-en-Provence 2005.
- *Introduction au droit*, éd. Hachette, 2006.

Retrouvez tous nos titres

Defrénois - Gualino - Joly

LGDJ - Montchrestien

sur notre site

@ www.lextenso-editions.fr

DANGER

LE PHOTOCOPILLAGE TUE LE LIVRE

© Lextenso éditions, LGDJ, 2010
33, rue du Mail, 75081 Paris Cedex 02
ISBN 978-2-275-03388-4
ISSN 00990-3909

Avant-propos à la 2e édition

Pour cette seconde édition du manuel qui paraît dix ans après la première, il a été nécessaire que je le refonde intégralement, notamment afin d'y intégrer des développements inédits sur des questions qui n'avaient pas été traitées.

La réforme des procédures de saisie immobilière et de distribution a nécessité que je réécrive complètement ce qui constituait dans le plan de la première édition, le sous-titre 2 du titre V, ainsi que le titre VI.

Pour le reste, si, pour l'heure, la matière échappe à la folie aux prises de laquelle se trouvent les pouvoirs publics qui ont entrepris depuis quelques années, de réécrire tout le droit français, sans que cela ne s'accompagne généralement de véritables réformes, l'ouvrage commençait à souffrir, en outre, d'un vieillissement général. Il n'est plus vraiment d'actualité de parler systématiquement des apports d'une réforme entrée en vigueur, pour l'essentiel de sa substance, le 1er janvier 1993. Le nouveau code de procédure civile qui s'appelle désormais, comme son aïeul, code de procédure civile, le code de l'organisation judiciaire qui a laissé la place à un autre, avec une renumérotation des textes quand ceux-ci n'ont pas changé de code ou purement et simplement disparu, le rétablissement dans les textes du terme « greffe » à la place de celui de « secrétariat-greffe » qu'on avait eu un temps la lubie de lui substituer, un code du travail qui vient, lui aussi, d'être refondu à droit constant avec une renumérotation des textes la plus démentielle jamais imaginée, un code monétaire et financier dans lequel on ne retrouve déjà plus les textes, ni la numérotation originels... font partie de ces facéties qui n'apportent rien de nouveau, mais qui m'ont contraint de reprendre intégralement la rédaction de l'ouvrage. Ce travail est notamment le fruit d'un enseignement que je dispense dans le cadre de la préparation au concours d'entrée à l'ENM, à l'Institut d'Études Politiques d'Aix-en-Provence.

Néanmoins, malgré cette refonte complète, en définitive, sur le fond, peu de véritables nouveautés. Comme disait la mère de l'Empereur, « pourvu que ça dure », car je ne suis pas partisan du chantier permanent des disciplines juridiques qui me permet de vérifier tous les jours, à la lumière de ma modeste expérience, combien, en France, le droit est une discipline mineure.

Gilles TAORMINA
Cagnes-sur-mer, le 30 avril 2010

Sommaire

Introduction générale 11

PREMIÈRE PARTIE
LES CONSTANTES DE L'EXÉCUTION

Chapitre 1. Généralités 19

Chapitre 2. Les acteurs de l'exécution forcée 63

Chapitre 3. Les titres d'exécution 113

Chapitre 4. Les obstacles à la mise en œuvre des procédures d'exécution 143

DEUXIÈME PARTIE
LES PROCÉDURES D'EXÉCUTION

TITRE I. **LES SAISIES MOBILIÈRES D'EXÉCUTION** 223

SOUS-TITRE I. LES SAISIES DES MEUBLES INCORPORELS 225

Chapitre 1. Les saisies-attribution 227

Chapitre 2. La saisie-vente des droits d'associé et des valeurs mobilières 313

SOUS-TITRE II. LES SAISIES DES MEUBLES CORPORELS 343

Chapitre 1. La saisie-vente 345

Chapitre 2. Les saisies-appréhension 377

TITRE II. **LES MESURES CONSERVATOIRES** 391

SOUS-TITRE I. DISPOSITIONS COMMUNES AUX MESURES CONSERVATOIRES 393

Chapitre 1. Les conditions de mise en œuvre 397

Chapitre 2. Les contestations 411

Sous-titre II. Les saisies conservatoires 419

Chapitre 1. La saisie conservatoire des créances de sommes d'argent 421

Chapitre 2. La saisie conservatoire des droits d'associé et des valeurs mobilières 439

Chapitre 3. La saisie conservatoire aux fins de vente de biens mobiliers corporels 447

Chapitre 4. La saisie-revendication 459

Sous-titre III. Les sûretés judiciaires 465

Chapitre 1. L'hypothèque conservatoire 469

Chapitre 2. Les nantissements conservatoires 481

Titre III. Les saisies spécifiques en raison de leur objet 489

Chapitre 1. La saisie de biens situés à l'intérieur d'un coffre-fort 491

Chapitre 2. Les saisies des véhicules terrestres à moteur 501

Chapitre 3. Les saisies des navires, bateaux et aéronefs 511

Chapitre 4. Les saisies du fonds de commerce et de son prix de vente 563

Chapitre 5. Les saisies des biens intellectuels et licences 579

Titre IV. Les mesures d'exécution portant sur les immeubles 585

Sous-titre I. L'expulsion 587

Chapitre 1. Le contentieux judiciaire de l'expulsion 589

Chapitre 2. Le contentieux administratif de l'expulsion 609

Sous-titre II. La saisie immobilière 613

Chapitre 1. Les acteurs et l'objet de la saisie immobilière 617

Chapitre 2. Les formalités de la saisie, en vue de la vente 637

Chapitre 3. La vente de l'immeuble saisi et ses suites 679

Chapitre 4. Les procédures d'exécution sur les immeubles en Alsace-Moselle 715

TROISIÈME PARTIE
LES PROCÉDURES DE DISTRIBUTION

TITRE I. LA DISTRIBUTION DU PRIX DE VENTE DES MEUBLES 743

Chapitre 1. La distribution du prix des meubles obtenu sur saisie 745

Chapitre 2. La distribution du prix des meubles obtenu sur vente volontaire 753

Chapitre 3. La distribution du prix des navires, bateaux et aéronefs 757

TITRE II. LA DISTRIBUTION DU PRIX DE VENTE DES IMMEUBLES 767

Chapitre 1. Les règles communes à la distribution amiable et à la distribution judiciaire 769

Chapitre 2. La distribution amiable 781

Chapitre 3. La distribution judiciaire 789

Chapitre 4. Les règles spécifiques de distribution en Alsace-Moselle 791

Index alphabétique 807

Introduction générale

§ 1. Définition. – Terminologie

1. Hélas, il ne suffit pas toujours d'avoir la qualité de créancier pour que le débiteur exécute l'obligation. Celui-ci, en effet, peut soit contester l'existence de la créance, soit être dans l'impossibilité matérielle d'exécuter. Ultime volet du *droit judiciaire privé*, les *procédures civiles d'exécution* ont pour objet de briser la carence du débiteur en permettant au créancier d'une obligation d'en obtenir l'exécution forcée.

On distingue parmi les procédures d'exécution deux catégories. La ***première*** correspond à celles que l'on désigne sous l'appellation générique de ***voies d'exécution*** *stricto sensu*. On parle aussi à leur propos de ***saisies d'exécution***. Les modalités de ces procédures varient. Il s'agit pour le créancier lorsqu'il est titulaire d'une obligation de somme d'argent, soit de faire vendre les biens de son débiteur pour se payer sur leur prix[1], soit de se faire payer à sa place par les débiteurs de celui-ci[2]. Elles permettent aussi au créancier en d'autres circonstances d'obtenir l'appréhension d'un bien que le débiteur doit lui livrer ou lui restituer[3]. Il s'agit, dans ces hypothèses, d'obtenir une exécution forcée directe. La ***seconde catégorie*** est constituée par les mesures conservatoires qui permettent au créancier qui ne peut pas recourir aux voies d'exécution faute de disposer du titre exécutoire qui lui serait nécessaire, ou qui ne veut pas encore le faire, soit d'interdire au débiteur de disposer de ses biens, – on parle alors de ***saisies conservatoires*** –, soit de prendre sur ceux-ci des ***sûretés conservatoires*** : hypothèque et nantissements conservatoires.

Mais il existe aussi des procédures d'exécution qui ne correspondent qu'imparfaitement aux définitions sus-énoncées ; des procédures dont d'aucuns contestent la qualification de procédure d'exécution, mais que les auteurs de la réforme entreprise avec la ***loi n° 91-650 du 9 juillet 1991*** et le ***décret n° 92-755 du 31 juillet 1992***, son principal texte

1. Saisie-vente, pour les biens mobiliers ; saisie immobilière pour les biens et droits immobiliers.
2. Saisie-attribution.
3. Saisie-appréhension. Expulsion.

d'application, n'ont pas hésité à réglementer. Il s'agit de l'astreinte[4], et surtout de l'expulsion[5].

Dès lors, la matière se situe d'emblée aux confins du *Droit des obligations* dont elle assure la sanction, du *Droit des biens* qui en conditionne les modalités pratiques, et du *Droit des sûretés* qui en perturbe le cas échéant le cours, en introduisant une inégalité de traitement parmi les créanciers d'un même débiteur. Il sera tenu compte de cette inégalité de situation entre les créanciers, dans le cadre des *procédures d'ordre et de distribution* qui ne font cependant pas exclusivement partie intégrante du *Droit de l'exécution forcée*, la question de la distribution du prix se posant non seulement en cas de vente forcée sur saisie, mais également en cas de vente volontaire.

La matière avait (et a peut-être encore un peu) la réputation d'être rébarbative. C'était hier le domaine « réservé » des huissiers de Justice ; les avocats et les magistrats ne s'intéressaient en général qu'à la saisie immobilière et aux sûretés, car ils intervenaient surtout au cours des procédures les concernant. La réforme entreprise depuis 1991 a changé tout cela.

§ 2. La nécessité d'une réforme demeurée longtemps inachevée[6]

2. Trait caractéristique du droit contemporain des procédures d'exécution, il n'existe plus d'exécution forcée que sur les biens. Il n'est plus

4. La Cour de cassation a affirmé à plusieurs reprises que l'astreinte n'est pas une mesure d'exécution forcée (Cass. avis 27 juin 1994, *Bull. avis*, n° 18 ; Cass. 2e civ., 25 juin 1997, *Bull. civ.* II, n° 206 ; 17 décembre 1997, *Bull. civ.* II, n° 319).

5. La Cour de cassation a exclu à deux reprises la procédure d'***expulsion*** du champ d'application des textes sur la suspension des procédures d'exécution, au motif qu'elle ne constitue pas une procédure d'exécution destinée au recouvrement de la créance de loyers (Cass. 1re civ., 30 mai 1995, *Bull. civ.* I, n° 228 ; 28 novembre 1995, *Bull. civ.* I, n° 441). Une solution aussi restrictive a manifestement été inspirée directement par celle ayant cours en matière de suspension des poursuites individuelles prévue par l'article 47 de la loi n° 85-98 du 25 janvier 1985 devenu l'article L. 622-21.II du Code de commerce, tout aussi critiquable (Cass. com., 19 décembre 1989, *Bull. civ.* IV, n° 320 ; Cass. 3e civ., 21 février 1990, *Bull. civ.* III, n° 52). Notons toutefois l'abandon partiel de cette analyse depuis la loi n° 2007-290 du 5 mars 2007 à laquelle on doit l'article L. 331-3-1 du Code de la consommation qui dispose, en matière de surendettement, que « *la saisine du juge* (de l'exécution) *aux fins de rétablissement personnel emporte suspension des voies d'exécution, y compris* (c'est l'innovation et différence majeure par rapport aux procédures de redressement conventionnel et de recommandation) *des mesures d'expulsion du logement du débiteur, jusqu'au jugement d'ouverture* ».

6. Pour un historique plus complet, cf. G. Taormina, *Évolution du droit de l'exécution forcée*, fasc. 105, in *Droit de l'exécution forcée*, éd. *Journal des Notaires et des Avocats*, octobre 2000.

question pour le créancier de réduire en esclavage son débiteur ou de le faire mettre en prison pour dette, caractéristiques de législations d'un autre âge, même s'il subsiste des vestiges de ces archaïsmes. L'exécution sur la personne ne concerne plus que les créances du Trésor public et prend la forme de ***la contrainte par corps*** régie par les dispositions des articles 749 et suivants du Code de procédure pénale[7]. Encore ne s'agit-il là que d'une voie indirecte d'exécution forcée, puisqu'il s'agit de forcer le débiteur à s'exécuter lui-même. La prison pour dettes civiles n'existe plus depuis une loi du 22 juillet 1867. Subsiste certes l'obligation d'indemniser la victime dans le cadre du sursis avec mise à l'épreuve (C. pén., art. 132-45.5°), dont le non-respect est sanctionné par la révocation du sursis, mais cela suppose une infraction pénale et la juridiction répressive ne saurait connaître de n'importe quelle action à finalité civile.

Autre archaïsme des procédures d'exécution qui a disparu du droit civil dans le cadre de la réforme des procédures d'exécution entreprise depuis 1991, ***la cession de biens***, procédure par laquelle le débiteur faisait, par convention ou en justice, l'abandon de la totalité de ses biens pour échapper à l'infamie des saisies. L'infamie ayant peu à peu disparu, notamment celle attachée au fait d'être failli, les procédures sus-énoncées étaient en fait totalement tombées en désuétude lorsque les articles 1265 à 1270 du Code civil ont été purement et simplement abrogés[8]. Vestige lointain de cette institution, le débiteur qui fera désormais l'objet d'une saisie-vente, disposera d'un délai pour vendre lui-même ses biens, et ce n'est qu'à défaut d'y être parvenu qu'ils seront vendus aux enchères publiques. Plus que faire échapper le débiteur à l'infamie, la loi de 1991 a surtout voulu humaniser de ce chef l'exécution forcée.

3. Auparavant, et jusqu'au 1er janvier 1993, date de l'entrée en vigueur de la réforme des procédures mobilières d'exécution[9], la matière était régie par l'ancien Code de procédure civile de 1806. Il y avait certes eu quelques réformes partielles, mais globalement les textes, très anciens pour la plupart, finissaient par révéler des lacunes préjudiciables de manière choquante, tant aux débiteurs qu'aux créanciers. Ces défauts se manifestaient de trois manières. C'était d'abord le vieillissement général des textes qui obligeait les praticiens à « bricoler » en présence de certains biens qui n'existaient pas en 1806 ou dont on n'avait pas envisagé la saisie. C'était en outre la dispersion de la matière entre plusieurs

7. M.-H. Renaut, *La contrainte par corps, une voie d'exécution civile à coloris pénal*, *RSC* 2002, p. 791.

8. L. n° 91-650, 9 juillet 1991, art. 94.1°.

9. Art. 97 de la loi de 1991 : « *La présente loi... ne sera pas applicable aux mesures d'exécution forcée et aux mesures conservatoires engagées avant son entrée en vigueur* », ce qui signifie que les procédures engagées avant le 1er janvier 1993 devront être menées jusqu'à leur terme en suivant les modalités prévues par les textes anciens abrogés par la loi de 1991 et le décret de 1992.

juridictions, susceptibles de rendre les décisions nécessaires ou de trancher les litiges nés de la mise en œuvre des procédures d'exécution[10] ou des mesures conservatoires. C'était enfin l'existence de pratiques auxquelles il était urgent de mettre fin.

Il a été remédié à ces défauts. Nous verrons par exemple que les nouveaux textes prévoient expressément la saisie des valeurs mobilières[11] et des biens situés à l'intérieur d'un coffre-fort[12]. La quasi-totalité du contentieux a été rassemblée entre les mains d'une seule juridiction entièrement rénovée : le juge de l'exécution[13]. Enfin, les principaux abus auxquels pouvait donner lieu la législation ancienne ont été rendus impossibles ; ainsi un souci d'humanisation et de respect de la dignité des débiteurs, a conduit les pouvoirs publics à réformer l'expulsion[14]. L'image de l'expulsé qui retrouve ses effets mobiliers sur le trottoir a vécu... et, dans toutes les procédures mobilières d'exécution, l'huissier de justice est obligé de refermer les portes et autres accès qu'il a pu utiliser, après sa visite[15]...

4. La réforme finalement entreprise en 1991-1992 est longtemps demeurée inachevée. Ni la saisie immobilière, ni les procédures d'ordre n'avaient été réformées en 1991 et 1992 et sont, par conséquent, restées régies par l'ancien Code de procédure civile. La saisie immobilière fut tout de même très partiellement retouchée par la loi n° 98-46 du 23 janvier 1998, puis par la loi n° 98-657 du 29 juillet 1998 sur la lutte contre les exclusions. Les procédures de distribution, réformées partiellement en 1992[16], l'avaient été à nouveau par le décret n° 96-740 du 14 août 1996 dont les dispositions ont été directement intégrées aux articles 1281-1 à 1 281-12 du Code de procédure civile, sans que le résultat soit d'ailleurs totalement satisfaisant.

Ce n'est que pour le reste, en l'occurrence, pour l'essentiel, les saisies mobilières, l'hypothèque conservatoire, les nantissements conservatoires, et enfin les procédures de distribution des deniers provenant de la mise en œuvre d'une saisie-vente, qu'il convenait donc de se reporter à deux textes fondamentaux non encore intégrés pour l'heure dans le Code

10. Pour un exposé exhaustif des compétences en la matière avant la réforme, cf. G. Taormina, *Le nouveau droit des procédures d'exécution et de distribution*, tome I, n° 64 et s., éd. *Journal des Notaires et des Avocats*, décembre 1992 ; G. Taormina, *Les anciens juges de l'exécution*, fasc. 107, in *Droit de l'exécution forcée*, préc., novembre 1998.

11. Cf. *infra* n°s 278 et s., et 393 et s.

12. Cf. *infra* n°s 444 et s.

13. Cf. *infra* n°s 56 et s.

14. Cf. *infra* n°s 532 et s.

15. Cf. *infra* n°s 29 et s.

16. Cf. *infra* n°s 734 et s.

de procédure civile[17] : la **loi nº 91-650 du 9 juillet 1991** ***portant réforme des procédures civiles d'exécution*** qui ne compte pas moins de 99 articles que nous citerons précédés de la lettre L, et le **décret nº 92-755 du 31 juillet 1992** ***instituant de nouvelles règles relatives aux procédures civiles d'exécution*** *(...)*, son principal texte d'application, composé de 305 articles que nous citerons précédés de la lettre D. L'essentiel de la matière se trouve donc régi par des textes réglementaires, ce qui n'a rien de surprenant puisque, constitutionnellement, le législateur, au sens matériel du mot, est habituellement aujourd'hui, en matière de procédure civile, le pouvoir exécutif[18].

Mais ce long chantier a tout de même fini par parvenir à son terme[19] puisque l'on doit à l'**ordonnance nº 2006-461 du 21 avril 2006** ***réformant la saisie immobilière*** qui a réécrit les articles 2190 à 2216 du Code civil, et au **décret nº 2006-936 du 27 juillet 2006** ***relatif aux procédures de saisie immobilière et de distribution du prix d'un immeuble*** qui comporte 168 articles, d'avoir enfin réformé la saisie immobilière et les procédures d'ordre.

5. Autre source du droit positif, la jurisprudence qui, depuis le 1er janvier 1993, a considérablement contribué à « la mise au point des nouveaux textes ». La réforme a été en outre l'occasion pour la Cour de cassation, d'émettre un certain nombre d'avis, ce qui démontre au passage l'utilité de la procédure instituée à cette fin en 1991[20]. La doctrine n'est pas en reste dans l'édification de ce *nouveau droit des procédures d'exécution et de distribution* ; associée à la rédaction des textes, elle s'intéresse de plus en plus à la matière notamment en y consacrant davantage de travaux que par le passé.

---

17. Notons au passage, que le Code de procédure civile de 1806 ayant fini pas être totalement vidé de sa substance, du fait de l'abrogation de ses derniers restes par la loi nº 2007-1787 du 20 décembre 2007 (art. 26-II), la même loi de 2007 a renommé ce qui s'appelait jusqu'alors « nouveau Code de procédure civile », « Code de procédure civile ». Par conséquent, toutes les fois que nous devrons nous référer à des textes du Code de procédure civile de 1806, nous emploierons l'appellation « ancien Code de procédure civile ».
Il ne résulte toutefois de ce changement d'appellation, aucun inconvénient pour l'utilisateur du Code, les textes conservant leur numérotation. Hélas, il n'en va pas de même pour le Code de l'organisation judiciaire qui a subi une recodification majeure, ayant entraîné une renumérotation intégrale des textes, la partie législative, suite à l'ordonnance nº 2006-673 du 8 juin 2006, et les parties réglementaires, suite au décret nº 2008-522 du 2 juin 2008.

18. Pour un exposé complet de cette question, cf. J. Vincent, S. Guinchard et C. Chainais, *Procédure civile, droit interne et droit communautaire*, Précis *Dalloz* 2008, nº 27 et s.

19. Si l'on peut dire car, nombre de procédures d'exécution, d'un usage moins fréquent, n'ont pas été réformées, et leur refonte n'a jamais été à l'ordre du jour.

20. CPC, art. 1031-1 et s.

La présente étude sera divisée en trois parties consacrées respectivement aux conditions générales de mise en œuvre des mesures d'exécution, véritables constantes de l'exécution ***(première partie)***, aux procédures d'exécution ***(deuxième partie)*** et à la distribution des deniers ***(troisième partie)***.

Première partie
Les constantes de l'exécution

6. On désigne sous ce titre l'ensemble des questions communes à toutes les procédures d'exécution. Celles-ci concernent la mise en œuvre des procédures d'exécution ***(chapitre 1)***, les acteurs de l'exécution forcée ***(chapitre 2)***, les titres d'exécution ***(chapitre 3)*** et les immunités d'exécution ***(chapitre 4)***.

Chapitre 1
Généralités

7. Avant de mettre en œuvre une procédure d'exécution, il est nécessaire que le créancier dispose de renseignements sur le débiteur ***(section 1)***. La mise en œuvre d'une saisie quelle qu'elle soit, entraîne un certain nombre d'effets généraux ***(section 2)***. Le recours à l'exécution forcée n'est cependant pas l'unique solution à l'inexécution de l'obligation. Il existe des procédés indirects de contrainte du débiteur ***(section 3)***.

Section 1
La recherche d'informations[1]

8. La recherche d'informations est prévue par les articles L 39 à L 41 et D 54. Aux termes de l'article L 39, alinéa 1er, « *sous réserve des dispositions de l'article 51* (lequel est relatif à la saisie-vente effectuée dans un local servant à l'habitation du débiteur[2]), *à la demande de l'huissier de justice chargé de l'exécution, porteur d'un titre exécutoire et au vu d'un relevé certifié sincère des recherches infructueuses qu'il a tentées pour l'exécution, le procureur de la République entreprend les diligences nécessaires pour connaître l'adresse des organismes auprès desquels un compte est ouvert au nom du débiteur, ainsi que l'adresse du débiteur et l'adresse de son employeur, à l'exclusion de tout autre renseignement* »[3]. Après avoir envisagé les dispositions concernant les

1. G. Taormina, *Opérations préalables aux mesures d'exécution forcée*, fasc. 125, in *Droit de l'exécution forcée*, éd. *Journal des Notaires et des Avocats*, avril 2004.

2. Cf. *infra*, nos 303 et s.

3. Dans tous les cas, l'article L. 41 dispose que « *Les renseignements obtenus ne peuvent être utilisés que dans la seule mesure nécessaire à l'exécution du ou des titres pour lesquels ils ont été demandés. Ils ne peuvent en aucun cas être communiqués à des tiers, ni faire l'objet d'un fichage nominatif. Toute violation de ces dispositions est passible des peines encourues pour le délit prévu à l'article 226-21 du Code pénal, sans préjudice le cas échéant de poursuites disciplinaires et de condamnation à dommages-intérêts* ». Quant aux dommages-intérêts, nous verrons ultérieurement qu'ils peuvent être octroyés

auteurs de la recherche *(§ 1)*, nous étudierons celles concernant les détenteurs de l'information *(§ 2)* et l'usage qui peut être fait de celle-ci *(§ 3)*.

§ 1. Les auteurs de la recherche

9. L'***huissier de justice***[4] chargé du recouvrement de la créance est au premier chef concerné par la recherche préalable des renseignements qui lui permettront d'agir efficacement. Aux termes de l'article L 39, alinéa 1, l'huissier de justice chargé de l'exécution, dès lors qu'il est porteur d'un titre exécutoire[5], peut obtenir directement de l'administration fiscale l'adresse des organismes auprès desquels un compte est ouvert au nom du débiteur. Si l'administration ne dispose pas de l'information, l'huissier pourra s'adresser directement au service central gestionnaire du fichier des comptes bancaires et assimilés[6] (art. D 54, al. 1 et 2). Ce n'est que lorsqu'il ne parvient pas à obtenir les renseignements utiles qui lui font défaut, que la loi de 1991 permet à l'huissier de justice de solliciter le concours du procureur de la République. Pour être recevable à saisir le parquet d'une demande de renseignements, il doit être porteur de trois documents : d'abord, d'un titre exécutoire (art. L 39, al. 1). Ensuite, il doit établir un relevé certifié sincère (*sic*) des recherches infructueuses qu'il a tentées pour l'exécution. Il s'agit en pratique d'un classique procès-verbal de recherches infructueuses. Ce qui est singulier ici, c'est que l'huissier de justice, officier ministériel, doit formellement attester lui-même l'exactitude de son procès-verbal. On voit mal d'ailleurs, qui d'autre que lui serait habilité à le faire ; certainement pas le juge de l'exécution, en tout cas. Enfin, il doit être porteur d'une requête précisant les diligences sollicitées (art. L 39, al. 2 et art. D 54). Lorsqu'il procède à une expulsion, nous verrons qu'il est tenu, dans la mesure du possible, de communiquer au préfet du département, « *tous*

---

par le juge de l'exécution. Le saisi est, d'une manière générale obligé de renseigner l'huissier de justice sur l'existence de saisies antérieurement pratiquées sur les mêmes biens (art. D. 5). Les peines prévues par le Code pénal sont celles auparavant prévues par *l'article 44 de la loi n° 78-17 du 6 janvier 1978 relative à l'informatique, aux fichiers et aux libertés,* abrogé par la loi n° 92-1336 du 16 décembre 1992 sur l'entrée en vigueur du nouveau Code pénal. L'article 226-21 de ce Code réprime aujourd'hui comme jadis l'article 44 de la loi de 1978, le détournement d'informations figurant dans des fichiers informatiques, cf. *infra*, note n° 24, spécialement note 29. Il s'agit donc là d'une modification de pure forme.

4. M. Dymant et P. Lucet, *L'huissier de justice et la recherche de l'information*, *GP* 10-11 mars 1993, p. 12 et s.

5. Titre d'exécution auquel il faut assimiler l'autorisation donnée par le juge de l'exécution, de recourir à une mesure conservatoire, saisi ou sûreté.

6. C'est-à-dire à la Banque de France.

renseignements relatifs à l'occupant dont l'expulsion est poursuivie ainsi qu'aux personnes vivant habituellement avec lui... » (art. D 197, al. 2).

Seul en principe habilité à s'adresser aux administrations publiques, personnes morales de droit public, et établissements habilités par la loi à tenir des comptes de dépôts, ***le procureur de la République***[7] ne peut être saisi à cette fin que par un huissier de justice à l'exclusion de toute autre personne. C'est ce qui résulte implicitement des dispositions de l'article L 39, alinéa 1. En outre, il n'est pas tenu de donner suite à la requête de l'huissier, c'est dire qu'il peut opposer un refus. Toutefois, ce refus ne saurait être que provisoire. Il ne l'opposera que s'il estime que des recherches et constatations matérielles non encore effectuées par l'huissier au moment de sa requête, sont susceptibles de procurer les renseignements manquants. Bien sûr, à l'issue de ces recherches et constatations infructueuses, l'huissier de justice pourra saisir à nouveau le procureur qui ne pourra alors plus opposer de refus. À l'expiration d'un délai de trois mois à compter de la date de la requête de l'huissier, l'absence de réponse du parquet vaut réquisition infructueuse (art. D 54). Ce dispositif, incompatible avec la célérité requise en matière d'exécution forcée, a été vivement critiqué par la profession[8].

§ 2. Les détenteurs de l'information

10. Il s'agit des tiers ***(A)***, des comptables publics ***(B)***, des administrations publiques et personnes morales de droit public ***(C)***, des établissements habilités par la loi à tenir des comptes de dépôt et des fichiers d'incidents de paiement ***(D)***.

A Les tiers

11. En matière de saisie, est ***tiers*** celui qui n'a pas la qualité de débiteur personnel du saisi. Contrairement à ce que pourrait laisser supposer l'intitulé de la section IV du chapitre II de la loi, « *Les parties et les tiers* », un tiers peut parfaitement être partie à une saisie. C'est le cas lorsqu'il est tiers saisi parce qu'il détient un bien appartenant au débiteur, ou parce qu'il est lui-même débiteur du débiteur poursuivi. Ce tiers doit être distingué du tiers absolu, le *penitus extraneus* qui n'est pas partie à

7. A. Confino, *À propos d'une réforme : le Parquet aux trousses des mauvais payeurs*, *GP* 1991.2.407 ; J.-Cl. Lautru, *Le procureur de la République à la recherche des informations*, *LPA*, n° 3, 6 janvier 1993, p. 12 et s.

8. On pourra consulter l'arrêté du 20 juillet 1994 relatif à la gestion automatisée des demandes d'information faites par les huissiers de justice (*JO* 4 août 1994, p. 11342).

la saisie et à qui l'huissier de justice demande de prêter son concours notamment pour lui fournir des renseignements.

Le tiers absolu, le ***penitus extraneus***, celui qui n'a absolument rien à voir avec la saisie parce qu'il n'a pas la qualité de tiers saisi, est tenu de donner tous renseignements utiles, et peut être contraint de le faire, au besoin sous astreinte prononcée par le juge de l'exécution (C. org. jud., art. L. 213-6), sans préjudice des dommages-intérêts qui pourraient être prononcés contre lui par le même juge. La solution n'est pas nouvelle[9] ; elle résulte implicitement des dispositions générales de l'article L 24, alinéas 1 et 2. Il s'agit là de l'un des aspects de l'obligation de collaboration imposée aux tiers. Cette obligation générale prend une coloration spécifique à propos des tiers saisis.

12. Le ***tiers saisi***, c'est le débiteur du débiteur. Outre qu'il lui est fait défense de se libérer entre les mains de son propre créancier, nous verrons que le tiers à la saisie-attribution a l'obligation d'informer le créancier saisissant du contenu de ses propres obligations à l'égard du débiteur saisi, ainsi que de l'existence, le cas échéant, d'une cession de créance, d'une délégation de créance ou de précédentes saisies. Il doit communiquer à cette fin à l'huissier de justice, toute pièce justificative (art. L 44 et D 59). Si le tiers est un établissement habilité à tenir des comptes de dépôt, il doit informer l'huissier de justice du créancier saisissant, de la nature du ou des comptes saisis, ainsi que du montant des soldes (art. D 75). Comment est sanctionnée cette obligation de collaboration ? L'article D 60 dispose que si, sans motif légitime, le tiers saisi ne fournit pas lesdits renseignements, il s'expose à devoir payer la créance pour laquelle la saisie est pratiquée, sauf son recours contre le débiteur du créancier saisissant, et qu'en cas de négligence fautive (*sic*), ou de déclaration inexacte ou mensongère, il peut être condamné à des dommages-intérêts. De même, l'employeur, tiers saisi des rémunérations de son salarié, doit informer le greffe du tribunal d'instance diligentant une telle saisie, de l'étendue de ses obligations et de tout événement de nature à suspendre ou à mettre fin à la saisie (C. trav., art. L. 3252-9, al. 2, R. 3252-24 et R. 3252-26). « *Le tiers employeur saisi qui s'abstient sans motif légitime de faire cette déclaration ou fait une déclaration mensongère, peut être condamné par le juge* (d'instance) *au paiement d'une amende civile* (d'un montant ne pouvant excéder 3 000 €, C. trav., art. R. 3252-25) *sans préjudice d'une condamnation à des dommages-intérêts et de l'application des dispositions du deuxième alinéa de l'article L. 3252-10* » (C. trav., art. L. 3252-9, al. 2), dernier texte

9. Sur l'état du droit antérieur à la réforme, cf. notamment Cass. 1re civ., 6 novembre 1990, *D.* 1991.353, note J. Prévault, et en sens inverse, Cass. 1re civ., 19 mars 1991, *D.* 1991.568, note D. Vélardocchio, *RTD civ.*1992.101, obs. R. Perrot ; 30 juin 1992, *D.* 1992.I. R. 216, D. 1993.421, note P. Guiho.

qui permet au juge de déclarer ce tiers récalcitrant, d'office, débiteur des retenues sur salaire, dans la proportion qu'il détermine. Il s'agit là d'une application du mécanisme général de l'article 24 de la loi de 1991. De même encore, en cas de saisie-vente pratiquée sur des biens détenus par un tiers, l'article D 99 alinéa 3 dispose qu'« *en cas de refus de déclaration ou de déclaration inexacte ou mensongère, le tiers peut être condamné au paiement des causes de la saisie, sauf son recours contre le débiteur. Il peut aussi être condamné à des dommages et intérêts* ».

13. Ces dispositions relatives à la recherche de renseignements ne sont qu'une application de l'obligation générale de collaboration mise par la loi de 1991 à la charge de tous les tiers, tiers saisis ou ***penitus extraneus***[10]. Elle impose en effet au tiers une obligation active de collaboration dont la fourniture de renseignements n'est qu'un aspect, et une obligation passive de non-entrave à l'exécution forcée. L'article L 24, alinéa 1 prévoit que les tiers doivent apporter leur concours aux procédures d'exécution. Par qui peuvent-ils être légalement requis de collaborer aux mesures d'exécution, sinon par l'huissier de justice de justice et les officiers de police judiciaire qui éventuellement l'accompagnent ? Ceux qui, sans motif légitime, se soustraient à cette obligation, s'exposent à y être contraints sous astreinte, sans préjudice de dommages-intérêts. Les textes ne disent pas ce qu'il convient d'entendre par « *motif légitime* ». Il ne semble pas qu'il faille limiter la légitimité à la légalité. Sans doute le tiers peut-il refuser de prêter un concours illégal. Mais pourrait-il refuser de communiquer un renseignement en invoquant le respect de la vie privée ? La jurisprudence estimait sous l'empire des textes anciens qu'un tiers ne pouvait refuser de communiquer l'adresse du débiteur à l'huissier de justice du créancier dont le droit avait été constaté dans un titre exécutoire[11]. Le motif légitime pourra être par exemple le lien de parenté avec l'un des acteurs de la mesure. À ce niveau, deux particularités méritent d'être signalées.

B Les comptables publics

14. Aux termes des dispositions de l'article 11 alinéa 2 du décret n° 62-1587 du 29 décembre 1962, ***les comptables publics*** sont seuls chargés « ... *de la suite à donner aux oppositions et autres significations* » destinées à saisir des sommes dues par les collectivités publiques ; et l'article 36 du même texte dispose que « *toutes oppositions et autres significations ayant pour objet d'arrêter un paiement, doivent être faites*

10. J.-P. Faget, *Effets des nouvelles procédures civiles d'exécution à l'égard des tiers*, *Rev. huissiers* 1996.266.
11. En ce sens, Cass. 1re civ., 19 mars 1991 et 30 juin 1992, préc.

entre les mains du comptable public assignataire de la dépense ». Pour effectuer valablement une saisie de ce type, il faut donc identifier préalablement avec précision le comptable public assignataire compétent pour la recevoir[12], sous peine de nullité de la saisie[13]. Afin de simplifier au créancier poursuivant la recherche du comptable public compétent, l'article L 25 dispose aujourd'hui que « *lorsque la mesure doit être effectuée entre les mains d'un comptable public, tout créancier porteur d'un titre exécutoire ou d'une autorisation de mesure conservatoire, peut requérir de l'ordonnateur, qu'il lui indique le comptable public assignataire de la dépense, ainsi que tous renseignements nécessaires à la mise en œuvre de la mesure* ». Il apparaît ainsi que lorsque le créancier peut faire procéder à une mesure conservatoire en application de l'article L 68[14], sans autorisation préalable du juge, mais sur la base d'un titre autre qu'un titre exécutoire, il ne peut obtenir de l'ordonnateur le renseignement qui lui est nécessaire, l'ordonnateur étant, *de lege lata*, en droit de le lui refuser tant qu'on ne lui présentera pas de *titre exécutoire* ou une *autorisation judiciaire de recourir à une mesure conservatoire*. Un tel dispositif qui limiterait considérablement la portée de l'article L 68 en obligeant le créancier à solliciter du juge une autorisation alors même qu'il n'en aurait pas besoin pour faire pratiquer une mesure conservatoire, au seul motif qu'à défaut, il ne parviendrait pas à identifier le comptable assignataire de la dépense doit être rejeté, le bon sens et l'équité imposant qu'en pareille hypothèse, le comptable fournisse le renseignement dès lors que l'article L 68 peut recevoir application.

C Les administrations publiques et personnes morales de droit public

15. L'article L 40, alinéa 1, dispose que « *pour l'application de l'article précédent* (l'article L 39) *et sous réserve des dispositions de l'article 6 de la loi n° 51-711 du 7 juin 1951 sur l'obligation, la coordination et le secret en matière de statistiques, les administrations de l'État, des régions, des départements et des communes, les entreprises concédées ou contrôlées par l'État, les régions, les départements et les communes, les établissements ou organismes de toute nature soumis au contrôle de l'autorité administrative doivent communiquer au ministère public les renseignements mentionnés à l'article 39 qu'ils détiennent, sans pouvoir opposer le secret professionnel* ». Nous avons vu qu'aux termes de l'alinéa 2, de ce même texte, « *Dans les mêmes conditions et sous les mêmes réserves, l'administration fiscale doit communiquer à l'huissier de*

12. Trésorier-payeur général, receveur, percepteur, Caisse des dépôts et consignations...
13. Cass. 2e civ. 10 juillet 1985, *Bull. civ.* II, n° 137, *D.* 1986.59, note Montagnier.
14. Cf. *infra*, nos 342 et s.

justice l'information mentionnée au premier alinéa de l'article 39 qu'elle détient, sans pouvoir opposer le secret professionnel ».

D Les établissements habilités par la loi à tenir des comptes de dépôt (1) et les fichiers d'incidents de paiement (2)

1. Les établissements habilités par la loi à tenir des comptes de dépôt

16. Enfin, l'alinéa 3 de l'article L 40 précise que « *le procureur de la République peut demander aux établissements habilités par la loi à tenir des comptes de dépôt si un ou plusieurs comptes, comptes joints ou fusionnés sont ouverts au nom du débiteur ainsi que le ou les lieux où sont tenus le ou les comptes à l'exclusion de tout autre renseignement* »[15].

La notion d'***établissement habilité par la loi à tenir des comptes de dépôt*** est certainement plus large que celle de *banque*. Sont en effet habilités à tenir de tels comptes, outre les banques *stricto sensu*, les caisses d'épargne, La Poste, la Caisse des dépôts et consignations, la Banque de France et le Trésor public. À ce titre, ces établissements ont vocation à être tiers saisis à l'occasion d'une saisie conservatoire de créance ou d'une saisie-attribution. En ce domaine, l'intervention du parquet devrait être en pratique extrêmement rare. Elle a cependant été prévue par la loi. Requis par le procureur de la République, il ne pourra être demandé à ces établissements que les renseignements susvisés, de nature à permettre la mise en place d'une saisie conservatoire de créance ou d'une saisie-attribution. Il ne sera en pratique le plus souvent question de recherche de renseignements *stricto sensu* qu'auprès de la Banque de France où sont déclarées toutes les ouvertures de comptes.

2. Les fichiers d'incidents de paiement[16]

17. Il s'agit du fichier national des incidents de remboursement des crédits aux particuliers (FICP) ***(a)***, du fichier central des chèques impayés (FCC) et du fichier des comptes bancaires (FICOBA) ***(b)***.

15. L'article L. 147B, LPF., dispose pareillement qu'« *Aux fins d'assurer l'exécution d'un titre exécutoire, le procureur de la République peut obtenir des renseignements relatifs :*
a. *à l'adresse du débiteur ;*
b. *à l'adresse de son employeur* ».

16. G. Taormina, *Les fichiers d'incidents de paiement (FICP et FCC)*, fasc. 198, in *Droit de l'exécution forcée*, éd. *Journal des Notaires et des Avocats*, avril 2005.

a) Le fichier national des incidents de remboursement des crédits aux particuliers (FICP)

18. Mis en place par l'article 23 de la loi n° 89-1010 du 31 décembre 1989, relative au traitement du surendettement (C. consom., art. L. 333-4 à L. 333-8)[17], le FICP ne constitue pas le seul fichier chargé de collecter ce type de renseignements. En effet, le législateur n'a pas privé les organismes privés centraux chargés par les établissements de crédit de tenir des fichiers d'incidents de paiement[18] et du droit de collecter également les renseignements utiles[19]. L'article L. 333-4 du Code de la consommation dispose en son septième alinéa que « *les organismes professionnels ou organes centraux représentant* (les établissements de crédit mentionnés à l'article L. 511-1 du Code monétaire et financier et les organismes mentionnés au 5 de l'article L. 511-6 du même Code) *sont seuls autorisés à tenir des fichiers recensant des incidents de paiements* ». Comme en d'autres matières, ce qui est prohibé, c'est l'interconnexion des fichiers.

Tout établissement qui consent un crédit doit informer l'emprunteur que des informations le concernant sont susceptibles d'être enregistrées dans un fichier national accessible à l'ensemble des établissements de crédit, en cas d'incident de remboursement. Tous les établissements de crédit ont accès à ces informations (Règlement n° 2004-01, 15 janvier 2004, art. 13). En cas de défaillance de l'emprunteur, le prêteur devra aviser ce dernier que cet incident sera déclaré à l'organisme qui tient ce

17. Voir également la circulaire du 12 mars 2004 relative à la procédure de traitement du surendettement des particuliers, *JO* 23 mars 2004, p 5560.
Les dispositions du Code de la consommation ont été complétées par le règlement du comité de la réglementation bancaire n° 90-05 du 11 avril 1990, homologué par l'arrêté du 11 mai 1990, modifié par le règlement n° 93-04 du 19 mars 1993, homologué par l'arrêté du 21 avril 1993, puis modifié par le règlement n° 96-04 du 24 mai 1996, homologué par l'arrêté du 28 mai 1996, modifié par le règlement n° 2000-04 du 6 septembre 2000, homologué par un arrêté du 18 septembre 2000, puis enfin par le règlement n° 2004-01 du 15 janvier 2004, homologué par un arrêté du 29 janvier 2004.

18. Essentiellement l'Association française des banques et l'Association française des sociétés financières.

19. Concernant le coût de fonctionnement de ce dispositif, « *La Banque de France calcule annuellement les frais qui résultent de la gestion du fichier. La facturation est supportée par les établissements qui interrogent le fichier. Elle est fonction des procédures de consultation utilisées telles que prévues à l'article 12* (cf. *infra*, n° 22, l'accès aux informations). *Elle donne lieu au paiement d'un abonnement lorsqu'il y a mise à disposition de fichiers ou d'une taxation proportionnée au nombre d'interrogations dans les autres cas.* » (Règlement n° 2004-01, 15 janvier 2004, art. 16).
Notons enfin, innovation introduite par la loi n° 2005-32 du 18 janvier 2005 (art. 126) qui a complété d'une phrase le second alinéa de l'article L. 333-4 du Code de la consommation, que les frais afférents à la déclaration des incidents que sont tenus de faire à la Banque de France les établissements financiers, en vu d'un enregistrement au FICP, ne peuvent plus désormais être facturés aux personnes physiques concernées.

fichier national pour enregistrement, à l'expiration d'un délai d'un mois à compter de l'envoi de l'avis (Règlement n° 2004-01, 15 janvier 2004, art. 4) ; d'ailleurs, nous allons voir que l'emprunteur peut, à tout moment, demander au prêteur s'il a fait l'objet d'une telle déclaration et obtenir oralement le contenu des renseignements communiqués (Règlement n° 2004-01, 15 janvier 2004, art. 14)[20].

19. Le FICP est tenu par la Banque de France, seule habilitée à le faire (C. consom., art. L. 333-4, al. 6), lorsque les renseignements à enregistrer concernent les débiteurs domiciliés en France métropolitaine et les débiteurs personnes physiques de nationalité française domiciliés hors de France ayant contracté des prêts pour le financement de besoins non professionnels (Règlement n° 2004-01, 15 janvier 2004, art. 1). Lorsqu'il s'agit de débiteurs domiciliés dans un département d'outre-mer ou la collectivité territoriale de Saint-Pierre-et-Miquelon, l'Institut d'émission des départements d'outre-mer exerce ces attributions en liaison avec la Banque de France (C. consom., art. L. 333-6)[21].

20. Le Code de la consommation énumère limitativement, en son article L. 333-4, alinéas 2 et 3, les personnes qui sont tenues de fournir les renseignements enregistrés dans le FICP. Les renseignements ne concernent, en tout état de cause, que les défaillances dans le remboursement du crédit et le traitement du surendettement[22].

20. Cf. *infra*, n° 22.

21. Les renseignements concernant des débiteurs domiciliés dans un territoire d'outre-mer ou la collectivité territoriale de Mayotte ne font l'objet d'aucun enregistrement sur ce fichier (Règlement n° 2004-01, 15 janvier 2004, art. 1, solution implicite).

22. Aux termes du règlement bancaire n° 2004-01 du 15 janvier 2004, « *est considéré comme crédit tout acte par lequel un établissement de crédit met des fonds à la disposition d'une personne physique pour le financement de ses besoins non professionnels, ou prend, dans l'intérêt de celle-ci, un engagement par signature, quelle que soit la qualification ou la technique utilisée. La location-vente et la location avec option d'achat sont assimilées à des opérations de crédit. Ainsi, sont notamment visés : les concours accordés pour l'acquisition, la construction, l'aménagement ou l'entretien d'un immeuble ; les financements d'achats à tempérament ; les locations avec option d'achat et les locations-ventes ; les prêts personnels et les crédits permanents ; les découverts de toute nature.* » (Règlement n° 2004-01, 15 janvier 2004, art. 2). Sont donc exclus les renseignements relatifs à d'autres dettes. En outre, la Commission nationale de l'informatique et des libertés a demandé, par un avis du 6 mars 1990, que la défaillance des cautions ne soit pas enregistrée dans ce fichier (*INC-hebdo*, n° 678, 16 mars 1990, p. 3). C'est la raison pour laquelle l'article 18 du règlement bancaire n° 2004-01 du 15 janvier 2004 dispose qu'« *...à la lumière de l'examen qui sera fait de l'application du présent règlement, un règlement ultérieur fixera les conditions d'enregistrement éventuel dans le fichier des cautions défaillantes judiciairement reconnues* ».

Les établissements de crédits tenus d'« alimenter » le fichier[23] sont ceux visés par les articles L. 511-1 du Code monétaire et financier et les organismes mentionnés au 5 de l'article L. 511-6 du même Code, c'est-à-dire les services financiers de La Poste (C. consom., art. L. 333-4, al. 2)[24]. Cette communication s'effectue par déclarations arrêtées le dernier jour de chaque mois, et adressées par télétransmission du contenu d'un support informatique scellé, ou transmission d'un formulaire à la Banque de France[25], dans les quinze jours qui suivent (Règlement nº 2004-01, 15 janvier 2004, art. 8, al. 1). Quel que soit le type de crédit, ne sont prises en compte que les défaillances pour lesquelles l'établissement prêteur engage une procédure judiciaire ou qui entraînent de plein droit, après ou sans mise en demeure, la résolution du contrat de crédit. Les renseignements qui doivent être fournis pour enregistrement au FICP sont les suivants (Règlement nº 2004-01, 15 janvier 2004, art 3) : *Quant aux crédits comportant des échéances échelonnées*, les défauts de paiement atteignant un montant cumulé au moins égal au double de la dernière échéance due, s'il s'agit de crédits remboursables mensuellement ; le défaut de paiement d'une seule échéance restée impayée pendant plus de soixante jours, dans les autres cas. *Quant aux crédits ne comportant pas d'échéances échelonnées*, le défaut de paiement des sommes exigibles d'un montant au moins égal à 500 €, plus de soixante jours après la date de la mise en demeure faite au débiteur ; *pour tous les types de crédit*, les défauts de paiement pour lesquels l'établissement de crédit engage une procédure judiciaire ou prononce la déchéance du terme après mise en demeure du débiteur restée sans effet. Toutefois, « *les établissements de crédit peuvent ne pas inscrire les retards de paiement d'un montant inférieur à 150 € pour lesquels la déchéance du terme n'a pas été prononcée* » (Règlement nº 2004-01, 15 janvier 2004, art. 3).

23. « *Les infractions aux dispositions du règlement* (du 15 janvier 2004) *ainsi que tout retard dans les déclarations sont passibles des sanctions prévues à l'article L 613-21 du Code monétaire et financier* » (Règlement nº 2004-01, 15 janvier 2004, art. 17 ; voir également, *infra*, nº 22, l'accès aux informations du FICP). Ces dernières peuvent être prononcées par la commission bancaire et vont de l'avertissement au retrait d'agrément de l'établissement prêteur, outre une sanction pécuniaire.

24. Sont donc tenues à cette obligation les personnes morales qui effectuent à titre de profession habituelle des opérations de banque au sens de l'article L. 311-1 du Code monétaire et financier (C. mon. fin., art. L. 511-1), à l'exception toutefois du Trésor public, de la Caisse des dépôts et consignations, de la Banque de France et de l'Institut d'émission des départements d'outre-mer. En outre, les autres prêteurs ne sont pas astreints à cette obligation de dénonciation, puisqu'ils ne correspondent pas à cette définition (notaires et organismes d'HLM consentant des crédits à l'occasion des ventes qu'ils réalisent, etc.).

25. Ou à l'Institut d'émission des départements d'outre-mer, le cas échéant.

« *Dès qu'un incident de paiement caractérisé est constaté, l'établissement de crédit informe le débiteur défaillant que l'incident sera déclaré à la Banque de France à l'issue d'un délai d'un mois à compter de la date de l'envoi de cette information. Au terme de ce délai, sauf si les sommes dues ont été réglées ou si une solution amiable a été trouvée, le débiteur défaillant est informé par l'établissement de crédit de la teneur des informations que ce dernier transmet à la Banque de France* » (Règlement n° 2004-01, 15 janvier 2004, art. 4). Les établissements de crédit communiquent pour chaque incident de paiement caractérisé devenu ainsi déclarable (Règlement n° 2004-01, 15 janvier 2004, art. 5 et 7), par déclaration arrêtée au soir du dernier jour de chaque mois et transmis à la Banque de France, dans les quinze jours qui suivent la date d'arrêté, soit par remise ou télétransmission d'un fichier informatique sécurisé, soit par échange sécurisé sur Internet, soit par l'utilisation d'un imprimé (Règlement n° 2004-01, 15 janvier 2004, art. 8) : les noms patronymique et marital, prénoms, date de naissance, Code géographique du lieu de naissance ou, dans l'ignorance de celui-ci, lieu de naissance des débiteurs défaillants ; la nature des crédits octroyés aux débiteurs défaillants ; pour chaque incident de paiement précédemment déclaré, le paiement intégral des sommes dues, que celui-ci ait été effectué par le débiteur principal ou par une caution autre qu'un établissement de crédit, à leur initiative ou après engagement d'une procédure judiciaire.

Les informations relatives aux incidents de paiement sont radiées dès l'enregistrement des déclarations de paiement intégral des sommes dues faites par les établissements prêteurs et sont, en l'absence de telles déclarations, automatiquement radiées à l'expiration d'un délai de cinq ans à compter de leur enregistrement. Les renseignements ainsi centralisés sont, en outre, immédiatement modifiés ou effacés, lorsque l'établissement indique à la Banque de France, que la déclaration initiale était erronée (Règlement n° 2004-01, 15 janvier 2004, art. 9). « *Lorsqu'un incident caractérisé ayant affecté le remboursement d'un crédit donné est enregistré dans le fichier, il n'est procédé à aucune nouvelle déclaration au titre du même crédit en cas de survenance d'autres incidents ou de prononcé de la déchéance du terme ou d'engagement d'une procédure judiciaire* » (Règlement n° 2004-01, 15 janvier 2004, art. 6).

21. Aux termes de l'article L. 333-4, alinéas 3 à 5, du Code de la consommation, « *Dès que la commission instituée à l'article L. 331-1* (commission de surendettement) *est saisie par un débiteur en application du premier alinéa de l'article L. 331-3, elle en informe la Banque de France aux fins d'inscription au fichier institué au premier alinéa du présent article. La même obligation pèse sur le greffe du juge de l'exécution lorsque, sur recours de l'intéressé en application du deuxième alinéa de l'article L. 331-3, la situation visée à l'article L. 331-2* (état de surendettement) *est reconnue par ce juge ou lorsque le débiteur a* *bénéficié de l'effacement des dettes résultant de la procédure de rétablissement personnel en application de l'article L. 332-9. Le fichier recense les mesures du plan conventionnel de redressement mentionnées à l'article L. 331-6. Ces mesures sont communiquées à la Banque de France par la commission. L'inscription est conservée pendant toute la durée de l'exécution du plan conventionnel, sans pouvoir excéder dix ans. Le fichier recense également les mesures prises en vertu des articles L. 331-7 et L. 331-7-1* (plan de recommandation) *qui sont communiquées à la Banque de France par le greffe du juge de l'exécution. S'agissant des mesures définies à l'article L. 331-7* (report, rééchelonnement, imputation des paiements sur le capital restant dû, réduction du taux des intérêts moratoires, réduction de la dette d'acquisition d'un immeuble après sa vente sur saisie immobilière) *et au premier alinéa de l'article L. 331-7-1* (suspension de l'exigibilité des créances autres qu'alimentaires ou fiscales), *l'inscription est conservée pendant toute la durée d'exécution de ces mesures, sans pouvoir excéder dix ans. S'agissant des mesures définies au troisième alinéa de l'article L. 331-7-1* (effacement total ou partiel des dettes), *la durée d'inscription est fixée à dix ans*»[26]. En outre, quelle que soit l'issue de la procédure de

---

26. Le règlement n° 2004-01 du 15 janvier 2004 précise, en outre, en son article 1, que doivent être enregistrés au fichier : l'ouverture d'une procédure de redressement conventionnel ; les décisions prises sur la recevabilité de la demande d'ouverture d'une procédure, prises par le juge de l'exécution ; la mise en place d'un plan conventionnel et son contenu ; la mise en place d'un plan de recommandation et son contenu ; les décisions prises par le juge de l'exécution suite à une contestation du contenu du plan de recommandation ; l'ouverture, l'issue et le contenu d'une procédure de rétablissement personnel ; les jugements de liquidation judiciaire prononcés dans les départements du Haut-Rhin, du Bas-Rhin et de la Moselle, en application, aujourd'hui, des article L. 670-1 et suivants du Code de commerce.

Aux termes de l'article 10.1° du règlement n° 2004-01 du 15 janvier 2004, sont enregistrées comme dossier en cours d'instruction :

- les saisines de la commission de surendettement par le débiteur, qui sont communiquées par celle-ci à la Banque de France ;
- les décisions de recevabilité prises par le juge de l'exécution en cas de recours qui sont communiquées à la Banque de France par le greffe du juge de l'exécution.

L'inscription des dossiers en cours d'instruction est conservée dans le fichier pour une durée de trente-six mois et peut faire l'objet de prorogation par période d'un an décidée par la commission. Cette inscription est radiée :

- lorsque le dossier est irrecevable à la procédure de traitement du surendettement. La commission informe la Banque de France de cette irrecevabilité à l'expiration du délai de recours contre sa décision. En cas de recours, le greffe du juge de l'exécution communique à la Banque de France le jugement confirmant l'irrecevabilité ;
- lorsque le débiteur bénéficie d'un plan de redressement conventionnel ou de recommandation ;
- en cas de clôture d'une procédure de rétablissement personnel ;
- en cas de clôture du dossier de surendettement prononcée par la commission, notamment lorsque le débiteur fait part de sa volonté de ne pas poursuivre la procédure ou

rétablissement personnel, le débiteur fait l'objet, en tant que bénéficiaire d'une telle procédure, d'une inscription au fichier, pour une durée de huit ans (C. consom., art. L. 332-11).

L'inscription des mesures définies à l'article L. 331-7 du Code de la consommation est donc conservée pendant toute la durée d'exécution de celles-ci, sans pouvoir excéder dix ans. L'inscription des mesures visant à suspendre l'exigibilité des créances autres qu'alimentaires, mentionnées au premier alinéa de l'article L. 331-7-1 du Code de la consommation, est conservée pendant toute la durée d'exécution de ces mesures qui ne peut excéder deux ans. À l'issue de cette période, la Banque de France enregistre une nouvelle inscription au titre du réexamen, sur la notification qui lui est faite par la commission chargée de réexaminer la situation du débiteur conformément aux dispositions du deuxième alinéa de l'article L. 331-7-1 précité. La durée de l'inscription est fixée à deux ans et peut faire l'objet de prorogations par période d'un an décidées par la commission.

En tout état de cause, ces informations sont radiées dès que le débiteur a justifié auprès de la Banque de France du règlement intégral de ses dettes auprès de tous les créanciers figurant au plan ou au jugement. À cet effet, le débiteur remet une attestation de paiement émanant de chacun des créanciers concernés (Règlement n° 2004-01, 15 janvier 2004, art. 10, dern. al.).

22. Compte tenu de la gravité des informations enregistrées au Fichier national des incidents de remboursement des crédits aux particuliers, la diffusion de ces informations est restreinte. La Banque de France

---

lorsqu'il ne fournit pas les éléments nécessaires à cet effet ;
- en cas d'extinction de l'instance devant le juge de l'exécution portée à la connaissance de la Banque de France par le greffe.

Aux termes de l'article 10.2° du règlement n° 2004-01 du 15 janvier 2004, la commission de surendettement communique à la Banque de France les informations concernant les mesures du plan conventionnel de redressement. L'inscription est conservée dans le fichier pendant toute la durée de l'exécution du plan conventionnel, sans pouvoir excéder dix ans.

Aux termes de l'article 10.3° à 5° du règlement n° 2004-01 du 15 janvier 2004, le greffe du juge de l'exécution communique à la Banque de France les informations concernant les mesures prises dans le cadre d'une procédure de recommandation.

Aux termes de l'article 10.6° du règlement n° 2004-01 du 15 janvier 2004, le greffe du juge de l'exécution communique à la Banque de France les jugements de clôture de la procédure de rétablissement personnel aux fins d'enregistrement des bénéficiaires dans le fichier pour une durée de huit ans à compter de la date du prononcé du jugement.

Aux termes de l'article 10.7° du règlement n° 2004-01 du 15 janvier 2004, les jugements de mise en liquidation judiciaire prononcés dans les départements du Haut-Rhin, du Bas-Rhin et de la Moselle, en application des articles L. 670-1 et suivants du Code de commerce, sont transmis par le greffe du tribunal de grande instance à la Banque de France aux fins d'enregistrement dans le fichier pour une durée de huit ans à compter de la date du jugement.

n'en ouvre l'accès qu'aux établissements de crédit habilités[27]. Aux termes de l'alinéa 9 de l'article L. 333-4 du Code de la consommation, « *Il est interdit à la Banque de France et aux établissements de crédit et aux organismes mentionnés au 5 de l'article L. 511-6 du Code monétaire et financier de remettre à quiconque copie, sous quelque forme que ce soit, des informations contenues dans le fichier, même à l'intéressé lorsqu'il exerce son droit d'accès conformément à l'article 39 de la loi n° 78-17 du 6 janvier 1978 précitée, sous peine des sanctions prévues aux articles 226-22 et 226-21 du Code pénal* »[28].

Les professionnels du crédit et la Banque de France ne peuvent utiliser ces renseignements que dans le cadre d'opérations se rattachant à l'octroi ou à la gestion d'un crédit, et ne sauraient en aucun cas les communiquer à quiconque, sous peine des sanctions bancaires prévues par l'article L. 613-21 du Code monétaire et financier, et des sanctions pénales prévues par les articles 43 et 44 de la loi n° 78-17 du 6 janvier 1978, relative à l'informatique, aux fichiers et aux libertés (Règlement n° 2004-01,15 janvier 2004, art. 12, al 2).

Le débiteur dispose également d'un accès au fichier en s'adressant directement à un guichet de la Banque de France qui lui donnera alors communication orale des renseignements qui y sont enregistrés (Règlement n° 2004-01, 15 janvier 2004, art. 15). Ainsi renseigné, il pourra, le cas échéant, exiger que soient rectifiées, complétées, clarifiées, mises à jour ou effacées les informations le concernant qui sont inexactes, incomplètes, équivoques, périmées ou dont la collecte, l'utilisation, la communication ou la conservation sont interdites (L. n° 78-17, 6 janvier 1978, art. 36).

---

27. Sont communiqués aux établissements de crédit (Règlement n° 2004-01, 15 janvier 2004, art. 11) : les noms patronymique et marital, prénoms, date de naissance, Code géographique du lieu de naissance ou, dans l'ignorance de celui-ci, lieu de naissance des personnes défaillantes ; la nature des crédits octroyés ; le nombre d'incidents et d'établissements déclarants ; la seule existence, mais non le contenu, des plans de traitement du surendettement ; l'existence d'un jugement de liquidation judiciaire prononcé dans les départements du Haut-Rhin, du Bas-Rhin et de la Moselle en application des articles L. 670-1 et suivants du Code de commerce ; l'existence d'un dossier de surendettement en cours d'instruction ; les mesures de suspension de l'exigibilité des créances autres qu'alimentaires, prononcées en application de l'article L. 331-7-1 du Code de la consommation.
Cette communication est faite soit par la procédure de consultation vidéotex sécurité, sous forme de remise ou de télétransmission d'un support informatique scellé ou d'un imprimé, soit par mise à disposition chaque mois d'un fichier à jour au dernier jour du mois précédent (Règlement n° 2004-01, 15 janvier 2004, art. 12, al. 1).

28. « *Il est interdit... de remettre à quiconque copie, sous quelque forme que ce soit, des renseignements contenus dans le fichier* » (Règlement n° 2004-01, 15 janvier 2004, art. 12, al. 3).

b) Le Fichier central des chèques impayés (FCC) et le Fichier des comptes bancaires (FICOBA)

23. Les établissements de crédit qui tiennent des comptes de dépôt disposent d'un accès à un autre fichier tenu par la Banque de France, susceptible de leur fournir des renseignements utiles sur la solvabilité des aspirants emprunteurs, le Fichier central des chèques impayés créé par un décret du 20 mai 1955. Le banquier tiré qui refuse de payer un chèque pour absence ou insuffisance de provision doit déclarer ce refus à la Banque de France dans les quatre jours de la présentation du chèque (C. mon. fin., art. L. 131-84). Ainsi informée, la Banque de France, qui dispose d'un accès au Fichier des comptes bancaires (FICOBA) de l'administration fiscale (CGI, art. 1649 A), obtient de la direction générale des impôts la référence de tous les comptes dont le tireur est, le cas échéant, titulaire, ce qui lui permettra d'avertir les établissements qui tiennent ces comptes, afin que ces derniers puissent mettre en œuvre l'interdiction d'émettre des chèques prévue par les articles L. 131-72 et L. 131-81 du Code monétaire et financier. L'article 39 de la loi n° 91-650 du 9 juillet 1991, modifié par la loi n° 2004-130 du 11 février 2004, réformant le statut de certaines professions judiciaires et juridiques, prévoit désormais la possibilité pour l'huissier de justice chargé de l'exécution, à la condition d'être porteur d'un titre exécutoire, d'obtenir directement de l'administration fiscale, l'adresse des organismes auprès desquels un compte est ouvert au nom du débiteur.

« *La Banque de France assure, selon des modalités fixées par* (le décret n° 92-467 du 26 mai 1992) *l'information de toute personne qui, lors de la remise d'un chèque pour le paiement d'un bien ou d'un service, souhaite vérifier la régularité... de l'émission de celui-ci. L'origine de ces demandes donne lieu à enregistrement* » (C. mon. fin., art. L. 131-86). Enfin, elle « ... *informe les établissements et les personnes sur lesquels peuvent être tirés des chèques ainsi que, sur sa demande, le procureur de la République, des incidents de paiement de chèque, des interdictions prononcées en application de l'article L. 163-6* (interdiction judiciaire) *et des levées d'interdiction d'émettre des chèques* » (C. mon. fin., art. L. 131-85, al. 1).

§ 3. L'usage des informations

24. Aux termes de l'article L. 41, « *les renseignements obtenus ne peuvent être utilisés que dans la seule mesure nécessaire à l'exécution du ou des titres pour lesquels ils ont été demandés. Ils ne peuvent, en aucun cas, être communiqués à des tiers ni faire l'objet d'un fichier d'informations nominatives. Toute violation de ces dispositions est passible*

B.U. BREST

des peines encourues pour le délit prévu à l'article 226-21 du Code pénal[29]*, sans préjudice, le cas échéant, de poursuites disciplinaires et de condamnations à dommages-intérêts* ».

La mise en œuvre d'une saisie quelle qu'elle soit, entraîne un certain nombre d'effets généraux.

Section 2
Les effets généraux des saisies[30]

25. Ils concernent l'indisponibilité des biens saisis *(§ 1)*, la protection du domicile *(§ 2)* et les charges des frais et dépens d'exécution *(§ 3)*.

§ 1. L'indisponibilité des biens saisis

26. L'indisponibilité des biens saisis, c'est-à-dire l'impossibilité pour le saisi d'en disposer, résulte aussi bien de la mise en œuvre d'une saisie d'exécution, que de celle d'une saisie conservatoire. En disposant que « *L'acte de saisie rend indisponibles les biens qui en font l'objet* », l'article L 29 alinéa 1 reprend ici sous une autre forme, la solution exprimée jadis à l'alinéa 1er de l'ancien article 2092-3 du Code civil aujourd'hui abrogé (art. L. 94. 1°). Cette indisponibilité ne fait pas obstacle à ce qu'un bien déjà saisi fasse l'objet d'une autre saisie de la part d'un autre créancier, ce qui constitue une exception au principe suivant lequel *saisie sur saisie ne vaut.* L'article D 5 impose seulement en cas de pluralité de saisies portant sur les mêmes biens, au débiteur, au tiers saisi, et au créancier saisissant, un certain nombre d'obligations variables. Cette situation constituait dans certaines des anciennes procédures, un incident réglé différemment selon le type de procédure[31]. La réforme de 1991 a maintenu cette diversité puisqu'il existe des formalités spécifiques que nous verrons lors de l'étude

29. C. pén., art. 226-21 : « *Le fait, par toute personne détentrice de données à caractère personnel à l'occasion de leur enregistrement, de leur classement, de leur transmission ou de toute autre forme de traitement, de détourner ces informations de leur finalité telle que définie par la disposition législative, l'acte réglementaire ou la décision de la Commission nationale de l'informatique et des libertés autorisant le traitement automatisé, ou par les déclarations préalables à la mise en œuvre de ce traitement, est puni de cinq ans d'emprisonnement et de 300 000 € d'amende.* »

30. G. Taormina, *Règles communes au déroulement des mesures d'exécution forcée*, fasc. 135, in *Droit de l'exécution forcée*, éd. *Journal des Notaires et des Avocats*, novembre 1998.

31. Cf. art. 609 à 612 de l'ancien Code de procédure civile, sur la saisie-exécution.

de chaque procédure. De toute façon, en l'absence de dispositions propres à la procédure mise en œuvre, il y a toujours lieu de faire subsidiairement application des dispositions générales de l'article D 5. Les saisis et tiers saisis sont tenus de faire connaître à tout nouveau créancier qui saisit les mêmes biens l'existence des précédentes saisies et l'identité de ceux qui y ont procédé. Il faut évidemment entendre par « *personnes ayant procédé aux précédentes saisies* », les créanciers eux-mêmes, mais comme les débiteurs et tiers saisis doivent produire au nouveau créancier les actes des précédentes saisies, celui-ci saura également du même coup quels huissiers de justice instrumentaires sont préalablement intervenus. Il incombe également au dernier créancier ainsi informé, un certain nombre d'obligations. Celui-ci en effet, doit porter à la connaissance des autres créanciers « parties à la procédure », c'est-à-dire ceux ayant déjà procédé à la saisie des mêmes biens, tous les actes et informations que la loi lui fait obligation de leur communiquer.

Conséquence naturelle de cette indisponibilité, les biens mobiliers corporels saisis sont placés sous la garde de celui entre les mains de qui est pratiquée la saisie. Sous l'empire du droit antérieur, la constitution d'un gardien obéissait à des règles complexes. Les articles 596 à 600 de l'ancien Code de procédure civile, aujourd'hui abrogés, sont remplacés par les dispositions de l'article L 29, alinéa 2, aux termes duquel seul « *le débiteur saisi ou le tiers détenteur entre les mains de qui la saisie a été effectuée, est réputé gardien des objets saisis* ». En cas de destruction ou de détournement des objets saisis, le gardien encourt les sanctions prévues par l'article 314-6 du Code pénal.

Autre conséquence de l'indisponibilité, lorsque la saisie porte sur une créance, elle en interrompt la prescription (art. L 29, al. 3). Le corollaire de cet effet est prévu par l'article L 13, alinéa 2, qui dispose en outre que lorsque la saisie porte sur des créances conditionnelles, à terme ou à exécution successive, « *les modalités propres à ces obligations s'imposent au créancier saisissant* ». Il s'agit ici d'une simple application de l'adage *Nemo plus juris ad alium transferre potest quam ipse habet*, qui s'applique aussi bien aux transferts volontaires de propriété, qu'aux transferts forcés.

Ultime illustration de l'indisponibilité de l'objet saisi, l'article 1298 du Code civil dispose toujours que « *la **compensation** n'a pas lieu au préjudice des droits acquis à un tiers. Ainsi celui qui, étant débiteur, est devenu créancier depuis la saisie-arrêt faite par un tiers entre ses mains, ne peut, au préjudice du saisissant, opposer la compensation* ». Cela signifie qu'en principe aucune compensation ne peut avoir lieu avec une créance saisie, ou encore qu'une créance saisie ne peut être payée par compensation[32].

32. La jurisprudence considère toutefois, par exception à ce principe, que la compensation peut quand même avoir lieu malgré la saisie lorsque les dettes sont connexes (en ce sens, Cass. 1re civ., 25 octobre 1972, *JCP 1973 II* 17498, note J. Ghestin, *RTD civ.* 1973.617, obs. P. Raynaud).

§ 2. La protection du domicile

27. Aux termes des dispositions de l'article 8-1 de la Convention européenne de sauvegarde des droits de l'Homme et des libertés fondamentales du 4 novembre 1950, « *toute personne a droit au respect... de son domicile...* ». Ce principe d'inviolabilité du domicile à valeur constitutionnelle[33], avait déjà été consacré à plusieurs reprises par les constitutions françaises[34]. Pour sauvegarder cette inviolabilité, la procédure civile limite dans le temps ***(A)*** et l'espace ***(B)*** la possibilité de recourir aux procédures d'exécution.

A Le moment des opérations d'exécution

28. Dans un but d'efficacité il existe en notre domaine, comme en procédure pénale, des principes et des dérogations.

Les ***principes*** sont posés par l'article L 28 qui dispose qu'aucune mesure d'exécution ne peut être effectuée un dimanche ou un jour férié, et n'importe quel jour, commencée avant 6 h 00 ou après 21 h 00[35]. Ces dispositions se situent dans le prolongement de l'article 508 du Code de procédure civile aux termes duquel « *aucune exécution ne peut être faite avant 6 h 00 et après 21 h 00 non plus que les jours fériés ou chômés...* » et de l'article 664 du Code de procédure civile selon lequel « *aucune signification ne peut être faite avant 6 h 00 et après 21 h 00, non plus que les dimanches, les jours fériés ou chômés...* ». L'article L 28 est plus précis, conforme en cela à une jurisprudence ancienne rendue sous l'empire des dispositions du Code de procédure civile de 1806, permettant qu'une saisie commencée avant 21 h 00, puisse être continuée après[36]. Les jours fériés sont la Noël, l'Ascension, l'Assomption et la Toussaint[37], le 1er janvier[38], le 14 juillet[39], les lundis de Pâques et de la Pentecôte[40], le 11 novembre[41], le 1er mai[42] et le 8 mai[43]. Cette liste des jours fériés figure également à l'article L. 3133-1 du Code du travail. Il faut entendre par procédure d'exécution, non

33. Cons. const., 29 décembre 1983, *AJDA* 1984, p. 97, note L. Philip.
34. Const., 5 fruct. An III, art. 359 ; Const. 22 frim. An VIII, art. 76.
35. Telle est la définition de ***la nuit*** en procédure.
36. Cass. req., 17 décembre 1856, *DP* 1857.1.200.
37. Arr. 29 germ. An X.
38. CE, Avis du 23 mars 1810.
39. L. 6 juillet 1880, *DP* 1880.4.57.
40. L. 8 mars 1886, *DP* 1886. 4. 17.
41. L. 24 octobre 1922, *DP* 1924.4.22.
42. L. n° 48-746 du 29 avril 1948, *D.* 1948.183.
43. L. n° 81-893 du 2 octobre 1981, *D.* et *ALD* 1981.523.

seulement l'exécution *stricto sensu*, mais également les significations nécessaires ; il faut y ajouter les saisies conservatoires qui nécessitent elles aussi des significations. En effet, l'article L 28 figure au chapitre II de la loi intitulé « *Dispositions générales* » dont le contenu est applicable à toutes les procédures d'exécution indistinctement.

Cet article prévoit des ***dérogations*** qui ne peuvent être octroyées que par le juge ; il s'agit évidemment du juge compétent pour autoriser la mesure d'exécution, c'est-à-dire en principe le juge de l'exécution. Il convient de distinguer selon qu'il s'agit d'accorder une dérogation de jour ou d'heure. Les dérogations de jour peuvent être accordées sans restriction par le juge. Il suffit simplement de justifier de leur nécessité (art. L 28, al. 1) ; c'était déjà le régime prévu par les articles 508 et 664 du Code de procédure civile. En revanche, à propos des dérogations d'heure, l'article L 28 est plus restrictif que les articles 508 et 664 précités. Tandis que ces derniers articles sont généraux, il résulte de l'article L 28, alinéa 2, que désormais ces dérogations ne sont possibles qu'à propos de lieux ne servant pas à l'habitation. Aucune dérogation d'heure qui permettrait à l'huissier de justice d'instrumenter au lieu où habite le saisi ou le tiers saisi avant 6 h 00 et après 21 h 00 n'est donc possible. Aux lieux servant à l'habitation, il convient d'assimiler les locaux mixtes à usage professionnel et d'habitation. Comme pour les dérogations de jour, les dérogations d'heure ne peuvent être accordées qu'en cas de nécessité. Sur le plan des sanctions, toute violation de ces dispositions fait encourir au contrevenant des dommages-intérêts que le juge de l'exécution peut prononcer, notamment à l'encontre de l'huissier de justice, en application des dispositions de l'article L. 311-12-1 alinéa 3 du Code de l'organisation judiciaire ; elle lui fait encourir de même les sanctions pénales prévues de manière générale par les articles 432-8 et suivants du Code pénal ; elle entache enfin et surtout la procédure de nullité.

Ce sont les mêmes préoccupations de protection des libertés publiques qui justifient la limitation des pouvoirs d'investigation de l'huissier de justice concernant les locaux.

B La pénétration de l'huissier de justice dans des locaux

29. Lorsque la mesure d'exécution nécessite la pénétration dans des locaux, la loi de 1991 impose à l'huissier de justice le respect d'un certain nombre de règles. Il convient à ce propos, de distinguer celles concernant la pénétration dans tous types de lieux servant ou non à l'habitation *(1)*, de celles concernant la pénétration uniquement dans des lieux servant à l'habitation *(2)*.

1. La pénétration de l'huissier de justice dans tous les types de locaux

30. *La loi de 1991 envisage deux situations particulières sans qu'il y ait lieu de distinguer entre débiteur et tiers saisi : le cas de l'occupant absent, d'une part ; celui de l'occupant refusant l'accès, d'autre part.*

Lorsque ***l'occupant n'est pas présent***, la loi impose à l'huissier de justice le respect de deux formalités prévues par les articles L 21 et L 30. Dans ce cas, l'huissier chargé de l'exécution, ne peut pénétrer dans les lieux, « *qu'en présence du maire de la commune,* (ou à défaut) *d'un conseiller municipal ou d'un fonctionnaire municipal délégué par le maire à cette fin,* (ou à défaut) *d'une autorité de police ou de gendarmerie, requis pour assister au déroulement des opérations, ou, à défaut, de deux témoins majeurs qui ne sont au service ni du créancier ni de l'huissier de justice chargé de l'exécution. Dans les mêmes conditions il peut être procédé à l'ouverture des meubles* » (art. L 21). Cet accompagnement éventuel d'une autorité de police ou de gendarmerie ne doit pas être confondu avec le concours de la force publique dont nous traiterons ultérieurement[44]. Aux termes des dispositions de l'article L 30, l'huissier de justice doit en outre assurer la fermeture de la porte ou de toute autre issue par laquelle il a pénétré dans les locaux. On sait que la jurisprudence antérieure avait autorisé l'huissier à s'introduire dans les locaux par toute autre voie d'accès que les portes[45]. L'huissier choisira la plus économique pour le débiteur. Il est en effet quelquefois préférable de casser un carreau plutôt qu'une porte...

Lorsque ***l'occupant refuse l'accès***, il est parfois nécessaire de requérir, outre le concours d'un serrurier, celui de la force publique. Dans ce cas, l'huissier de justice doit seulement respecter la formalité posée par l'article L 21, c'est-à-dire être accompagné par les personnes sus-énoncées. L'huissier n'a à assurer la fermeture de l'accès forcé, en application des dispositions de l'article L 30, que si la personne présente à la fin des opérations n'a pas la qualité d'occupant au sens strict du terme ou si le véritable occupant présent au moment du début des opérations, quitte les lieux avant leur clôture.

2. La pénétration de l'huissier de justice dans un local servant à l'habitation

31. Les règles qui suivent ne trouvent application que lorsque l'accès de l'huissier de justice dans un tel local est refusé ou lorsque le local, fermé ou non, est inoccupé. Selon l'article L 20, « *à l'expiration d'un*

44. Cf. *infra*, n°s 96 et s.

45. Cass. ass. plén., 17 décembre 1974, *Bull. ass. plén.*, n° 4, *JCP* 1975.II.17962, note R. Lindon, *RTD civ.* 1975. 377, obs. R. Perrot.

délai de huit jours à compter d'un commandement de payer signifié par un huissier de justice et resté sans effet, celui-ci peut, sur justification du titre exécutoire, pénétrer dans un lieu servant à l'habitation et, le cas échéant, faire procéder à l'ouverture des portes et des meubles ». Pris au pied de la lettre, ce texte signifie que pour qu'un huissier de justice puisse pénétrer dans un local d'habitation, deux conditions doivent être remplies : l'expiration d'un délai de huit jours à compter d'un commandement signifié et la justification d'un titre exécutoire. Ces deux conditions sont certainement remplies en cas de saisie-vente (art. D 81 et s.) et de saisie-appréhension pratiquée en vertu d'un titre exécutoire (art. D 140 et s.), seules hypothèses auxquelles, a apparemment songé le législateur de 1991-1992.

Dès lors, des difficultés peuvent apparaître en cas de saisies conservatoires, lesquelles, on le verra *infra*, pour être efficaces, doivent être pratiquées « *sans commandement préalable* » (art. L 67).

Or la saisie conservatoire d'un meuble corporel est soumise aux mêmes formes que la saisie-vente. Est-ce à dire que celle-là ne peut être pratiquée, à défaut de commandement préalable, lorsque le local d'habitation du débiteur est inoccupé ou lorsque celui-ci en refuse l'accès à l'huissier de justice ? Un problème identique se rencontre en matière de saisie-revendication qui, au niveau des mesures conservatoires, correspond à la saisie-appréhension.

Cette difficulté n'est pas unique. On verra plus loin[46] qu'une saisie conservatoire doit, en principe, être autorisée par une ordonnance du juge rendue sur requête (art. L 67) et exécutoire au seul vu de la minute (CPC, art. 495, al. 2), mais que dans certaines hypothèses prévues par l'article L 68, elle peut être pratiquée sans cette autorisation ; il en est ainsi, il est vrai, lorsque le créancier se prévaut d'un titre exécutoire, mais il en est ainsi également dans cinq autres cas où le créancier ne peut se prévaloir d'un tel titre. Dans ces cas-là, le créancier ne peut-il, pour cette raison, pratiquer une saisie conservatoire en cas de défaut d'occupation du local d'habitation du débiteur ou si celui-ci en refuse l'accès ?

À ces questions le bon sens et les nécessités quotidiennes imposent que soit donnée une double réponse négative, et fort heureusement, en pratique, il semble bien que les huissiers de justice fassent prévaloir les articles L 67 et L 68 contre l'article L 20 ; on ne saurait le leur reprocher. Peut-être serait-il cependant souhaitable, pour la tranquillité de leur conscience et afin de les mettre définitivement à l'abri d'une éventuelle action en responsabilité, que la Cour de cassation vienne dire, d'une manière ou d'une autre (arrêt ou avis), que leur comportement est bon.

46. Cf. *infra*, n°s 342 et s.

§ 3. La charge des frais et dépens d'exécution[47].

32. Le siège de la matière se trouve dans les articles L 32[48] et L 73, alinéa 1[49]. Nous examinerons successivement la charge des dépens d'exécution dits « frais d'exécution forcée *stricto sensu* » ***(A)*** et celle des frais d'exécution non compris dans les dépens ***(B)***[50].

---

47. J.-J. Daigre, *La saisie-attribution d'allocations familiales profite-t-elle également aux frais de recouvrement ?*, *Rev. huissiers* 1998.833 ; G. Taormina, *Les frais et dépens de l'exécution forcée*, fasc. 140, in *Droit de l'exécution forcée*, éd. *Journal des Notaires et des Avocats*, novembre 2004 ; G. Taormina, *La charge des frais et dépens de l'exécution forcée*, *JCP éd.G.* 2002, I, n° 139 ; G. Taormina, *Les frais et dépens de l'exécution forcée*, fascicule n° 470 de 26 pages au *Juris-classeur de voies d'exécution*.

48. Art. L 32 : « *À l'exception des droits proportionnels de recouvrement ou d'encaissement qui peuvent être mis partiellement à la charge des créanciers dans des conditions fixées par décret en Conseil d'État* (en l'occurrence, l'article 10 du décret n° 96-1080 du décret du 12 décembre 1996, portant fixation du tarif des huissiers de justice en matière civile et commerciale), *les frais de l'exécution forcée sont à la charge du débiteur, sauf s'il est manifeste qu'ils n'étaient pas nécessaires au moment où ils ont été exposés.*
Les contestations sont tranchées par le juge de l'exécution.
Sauf s'ils concernent un acte dont l'accomplissement est prescrit par la loi, les frais de recouvrement entrepris sans titre exécutoire restent à la charge du créancier. Toute stipulation contraire est réputée non écrite.
Cependant, le créancier qui justifie du caractère nécessaire des démarches entreprises pour recouvrer sa créance peut demander au juge de l'exécution de laisser tout ou partie des frais ainsi exposés à la charge du débiteur de mauvaise foi.
L'activité des personnes physiques ou morales non soumises à un statut professionnel qui, d'une manière habituelle ou occasionnelle, même à titre accessoire, procèdent au recouvrement amiable des créances pour le compte d'autrui, fait l'objet d'une réglementation fixée par décret en Conseil d'État (il s'agit du décret n° 96-1112 du 18 décembre 1996) ».
Sur la réglementation de cette activité d'intermédiaire, cf. G. Taormina, *Les intermédiaires privés*, fasc.175 in *Droit de l'exécution forcée*, éd. *Journal des Notaires et des Avocats*, avril 2003

49. Art. L 73, al. 1 : « *Les frais occasionnés par une mesure conservatoire sont à la charge du débiteur sauf décision contraire du juge à l'issue de la procédure* ».

50. La distinction est importante. Cassation, pour violation de l'article 32, alinéas 1er et 3, de la loi de 1991, de l'arrêt d'une cour d'appel qui, pour condamner un copropriétaire à payer à une association syndicale libre une certaine somme au titre des charges de copropriété impayées, retient qu'une assemblée générale a pu décider d'insérer dans le règlement de copropriété et les statuts de l'association une clause mettant à la charge des propriétaires défaillants les frais engagés au titre des procédures pour impayées, sans préciser si ces frais de relance et de contentieux prévus dans la clause sont des frais d'exécution forcée *stricto sensu*, ou des frais de recouvrement (Cass. 3e civ., 15 décembre 1999, *Bull.* civ. III, n° 246).

A La charge des dépens d'exécution : les frais d'exécution forcée *stricto sensu*

33. Jusqu'à la réforme des procédures d'exécution, il y avait lieu de considérer, compte tenu de la généralité des dispositions de l'art. 696 du Code de procédure civile, qu'en statuant sur la charge des dépens, les juridictions statuaient non seulement sur la charge des dépens afférents aux instances, mais aussi sur la charge de ceux afférents aux actes et procédures d'exécution. L'introduction de dispositions spéciales sur la charge des dépens d'exécution n'a rien changé à la portée de la jurisprudence antérieure. Mais l'article L 32 confère désormais au juge de l'exécution des pouvoirs lui permettant, en présence des frais d'exécution non nécessaires, d'en mettre le coût à la charge du créancier nonobstant les dispositions contraires et générales de son titre exécutoire. Parallèlement, il lui est permis en présence de mesures conservatoires également inutiles, d'en mettre les frais à la charge du créancier. La question de la charge des dépens d'exécution obéit à des principes qui comportent des exceptions.

Les principes sont les suivants. Nous verrons que pour pouvoir mettre en œuvre les procédures d'exécution, le créancier doit être en possession d'un titre constatant l'existence de sa créance. On parle alors de « *titre d'exécution* ». L'article L 32 conduit à opérer une distinction selon que le créancier possède ou non un titre exécutoire. *Lorsque le créancier possède un titre exécutoire*, les frais d'exécution forcée sont à la charge du débiteur[51], « *à l'exception des droits proportionnels de recouvrement ou d'encaissement qui peuvent être mis partiellement à la charge des créanciers dans des conditions fixées par décret en Conseil d'État*[52]*...* » (art. L 32, al. 1). Il s'agit d'une application du principe général posé à l'article 1248 du Code civil qui ne distingue pas entre paiement volontaire et paiement forcé. Ce principe n'a pas cours *lorsque le créancier ne possède pas de titre exécutoire*. C'est ce qui se déduit des dispositions de l'alinéa 3 de l'article L 32 : lorsque le créancier ne possède pas de titre exécutoire, les frais de recouvrement restent à la charge du créancier, « *sauf s'ils concernent un acte dont l'accomplissement est prescrit par la loi...* » ; et toute stipulation contraire est réputée non écrite (art. L 32, al. 3).

51. Par un arrêt du 2 mars 2000 (n° 92-21.101, *D.* 2000.I. R. 107), la deuxième Chambre civile de la Cour de cassation met un terme à une controverse qui n'aurait jamais dû naître, en décidant clairement qu'en matière d'expulsion, les frais de serrurier et de déménagement forcé doivent être considérés comme des frais d'exécution inclus dans les dépens. Cf. *infra*, note n° 45.

52. En l'occurrence, l'article 10 du décret n° 96-1080 du décret du 12 décembre 1996, portant fixation du tarif des huissiers de justice en matière civile et commerciale.

Les exceptions *sont de portée générale ou spéciale. S'agissant des premières, il convient une fois encore, de distinguer selon que le créancier dispose ou non d'un titre exécutoire. Lorsque le créancier en possède un, « s'***il est manifeste qu'ils n'étaient pas nécessaires au moment où ils ont été exposés** *», le juge de l'exécution met les frais d'exécution à la charge du créancier (art. L 32, al. 1). Il en va* **a fortiori** *de même lorsque les procédures ont été abusives. Les frais d'une procédure abusive ne sont en effet jamais justifiés. Lorsque le créancier ne possède pas de titre exécutoire, mais s'il « ...* **justifie du caractère nécessaire des démarches entreprises pour recouvrer sa créance** *(il)* **peut demander au juge de l'exécution de laisser tout ou partie des frais... exposés à la charge du débiteur de mauvaise foi** *» (art. L 32, al. 4). L'exception spéciale est énoncée par l'article L 73, alinéa 1, qui donne une règle applicable dans le domaine des mesures conservatoires, indépendamment de la question de savoir si le créancier avait ou non un titre exécutoire : les frais sont à la charge du débiteur, sauf décision contraire du juge à l'issue de la procédure.*

B La charge des frais d'exécution non compris dans les dépens

34. Le créancier poursuivant le recouvrement de sa créance a pu exposer des frais non compris dans les dépens. On pense notamment aux sommes perçues par les officines de recouvrement de créances[53] ou encore aux honoraires des avocats. Or ces sommes, dont il est souvent difficile de déterminer à quelle(s) prestation(s) elles correspondent et qui ne sont pas tarifées, ne sauraient être soumises au même régime que les dépens d'exécution. Appliquer purement et simplement à ces sommes dont le montant est libre, les mêmes principes qu'en matière de frais d'exécution compris dans les dépens, serait contraire à l'un des buts poursuivis par le législateur : instaurer un contrôle juridictionnel sérieux du coût de l'exécution à la charge du débiteur. Par conséquent en ***principe***, les frais d'exécution non compris dans les dépens restent, en principe, à la charge du créancier, qu'il soit ou non porteur d'un titre exécutoire relativement à la créance mise en recouvrement forcé. Mais compte tenu de la généralité de textes qui ne distinguent pas entre frais d'exécution compris et frais d'exécution non compris dans les dépens, il y a lieu de considérer que lorsque le créancier ne possède pas de titre exécutoire, mais s'il « ... *justifie du caractère nécessaire des démarches entreprises pour recouvrer sa créance* (il) *peut demander au juge de l'exécution de laisser tout ou partie des frais... exposés à la charge du débiteur de mauvaise foi* » (art. L 32, al. 4). Et si le juge de l'exécution refuse de faire son

53. Cf. *infra*, n° 106.

travail, le créancier pourra encore agir en responsabilité civile contre son débiteur, et demander à la juridiction compétente suivant le montant de dommages-intérêts sollicités[54], et la nature de cette créance[55], de condamner le débiteur au paiement d'une somme d'un montant au moins égal à la valeur des frais d'exécution non compris dans les dépens.

Le recours à l'exécution forcée n'est cependant pas l'unique solution à l'inexécution de l'obligation. Il existe des procédés indirects de contrainte du débiteur au rang desquels figure notamment l'astreinte.

Section 3
Les procédés indirects d'exécution forcée en nature

35. *Ces procédés qui ne constituent donc pas à proprement parler des voies d'exécution, ont un caractère indirect dans la mesure où, soit le débiteur de l'obligation est, en quelque sorte, « convaincu » d'exécuter lui-même son obligation, – c'est le cas de l'astreinte* (**§ 1**), *l'injonction de faire* (**§ 2**) *et de la condamnation à des dommages-intérêts pour résistance abusive à l'exécution* (**§ 3**) *–, soit le créancier de l'obligation peut s'adresser à un tiers qui exécutera l'obligation au frais du débiteur initial* (**§ 4**).

54. Juge de proximité (jusqu'à 4 000 €), tribunal d'instance (au-delà de 4 000 € et jusqu'à 10 000 €) ou tribunal de grande instance (au-delà de 10 000 €).
55. Juridictions civiles ou tribunal de commerce.

§ 1. L'astreinte[56]

36. *Il s'agit de ne traiter ici que de l'astreinte en droit privé, dans la mesure où ce manuel a pour objet le droit privé de l'exécution*[57].

56. E.-A. Abuda, *L'astreinte et l'exécution des obligations contractuelles*, thèse Poitiers 1982 ; Ch. Atias, *La défense à exécution provisoire de l'astreinte définitive, D. 1*995.272 ; J. Boré, *La collaboration du juge et du législateur dans l'astreinte judiciaire*, Mél. M. Ancel, 1975, tome I, p. 273 et s. ; F. Chabas, *La réforme de l'astreinte, D. 1*972.271, D. 1992.299 ; F. Chabas, Enc. Dalloz proc. civ. V° Astreintes, éd. 1998 ; A. Esmein, *L'origine et la logique de la jurisprudence en matière d'astreinte, RTD civ.*1903.5 ; P. Esmein, *Les astreintes, leurs nouvelles applications, GP* 1941.1.81 ; P. Esmein, *Peine ou réparation*, Mél. P. Roubier, t. II, p. 37 ; Fréjaville, *L'astreinte, D. 1*949.1 ; Fréjaville, *La valeur pratique de l'astreinte, JCP* 1951.I.910 ; W. Jeandidier, *L'exécution forcée des obligations contractuelles de faire, RTD civ.*1976.700 ; P. Kayser, *L'astreinte judiciaire et la responsabilité civile, RTD civ.*1953.209 ; Y. Lobin, *L'astreinte en matière civile depuis la loi du 5 juillet 1972*, Mél. Kayser, t. II, p. 140 ; Y. Lobin, *La notification des jugements et des sanctions*, Mél. Raynaud, 1985.381 ; R. Perrot, *L'astreinte, ses aspects nouveaux, GP* 19912.801 ; P. Raynaud, *La distinction de l'astreinte et des dommages-intérêts dans la jurisprudence française récente*, Mél. Secrétan, 1964.249 ; E. Du Rusquec, *La nature juridique de l'astreinte en matière civile, JCP* 1993.1.3699 ; J. Savatier, *L'exécution des condamnations au paiement d'une astreinte, D. 1*951.27 ; G. Taormina, *L'astreinte*, fasc. 420, in *Droit de l'exécution forcée*, éd. *Journal des Notaires et des Avocats*, novembre 2004 ; H. Vizioz, *Les pouvoirs du juge des référés en matière d'astreinte, JCP* 1948, I, 689.
Les développements qui vont suivre ne concernent pas l'astreinte prononcée en application des dispositions de l'article L. 480-7 du Code de l'urbanisme. Le juge de l'exécution est donc incompétent pour connaître des difficultés nées de l'application d'une telle astreinte (en ce sens, Paris 11 février 1999, D. 1999, som., p. 216, obs. P. Julien). Il en va de même à propos de l'astreinte prononcée par une juridiction répressive (Cass. 2e civ., 27 mai 2004, n° 02-20.215).

57. Nous dirons tout de même quelques mots de ***l'astreinte dans le contentieux administratif*** où elle tient une place particulière en matière d'exécution des décisions rendues par le juge administratif. Nous reviendrons sur la question de l'effectivité des décisions rendues par le juge administratif contre l'administration (Cf. *infra*, nos 129 et s.). Nous verrons qu'aux termes de l'article L. 911-3 du Code de justice administrative, la juridiction peut assortir son injonction de prendre une décision faite à l'administration, d'une astreinte. Aux termes de l'article L. 911-1 du même Code, lorsque cette astreinte n'a pas été prévue dans le jugement rendu sur le fond, la juridiction, saisie à nouveau sur difficulté d'exécution, peut prononcer une astreinte. Il n'y a pas en droit administratif, d'exact équivalent au juge judiciaire de l'exécution. Cela tient au fait qu'il n'y a pas, dans cette matière, à proprement parler, de voies d'exécution concevables contre les personnes de droit public.
« *L'astreinte est provisoire ou définitive. Elle doit être considérée comme provisoire à moins que la juridiction n'ait précisé son caractère définitif. Elle est indépendante des dommages et intérêts* » (CJA, art. L. 911-6).

L'astreinte est certainement la voie indirecte d'exécution forcée en nature la plus utilisée et la plus efficace. Sans doute peut-on considérer qu'elle n'est pas la seule à jouer ce rôle et que d'autres mécanismes prévus par le législateur tendent aux mêmes fins. Ainsi par exemple, lorsque la loi de 1991 édicte, en son article 23, qu'« *en cas de résistance abusive, le débiteur peut être condamné à des dommages-intérêts par le juge de l'exécution* »[58], elle fait peser sur le débiteur une menace de nature à l'inciter à exécuter son obligation. Cette règle qui est une application de la théorie générale de l'abus de droit d'ester en justice[59], permet en vérité au créancier d'obtenir, non la réparation du préjudice que lui cause l'inexécution de son obligation, mais une somme d'argent à titre de peine privée, fondée sur la résistance abusive du débiteur ; elle suppose, par conséquent, que celui-ci était tout à fait en mesure de s'acquitter de sa dette[60]. En cela, l'article L 23 apparaît comme le pendant civil du délit d'organisation frauduleuse d'insolvabilité créé dans l'ancien Code pénal par la loi n° 83-608 du 8 juillet 1983 (art. 404-1) et conservé par l'actuel Code pénal (art. 314-7). La menace de recourir à ce moyen doit « convaincre » le débiteur de s'exécuter ; elle constitue à ce titre une voie indirecte d'exécution forcée en nature.

« *En cas d'inexécution totale ou partielle ou d'exécution tardive, la juridiction procède à la liquidation de l'astreinte qu'elle avait prononcée. /Sauf s'il est établi que l'inexécution de la décision provient d'un cas fortuit ou de force majeure, la juridiction ne peut modifier le taux de l'astreinte définitive lors de sa liquidation. /Elle peut modérer ou supprimer l'astreinte provisoire, même en cas d'inexécution constatée* » (CJA, art. L. 911-7). « *Lorsqu'à la date d'effet de l'astreinte prononcée par le tribunal administratif ou la cour administrative d'appel, cette juridiction constate, d'office ou sur la saisine de la partie intéressée, que les mesures d'exécution qu'elle avait prescrites n'ont pas été prises, elle procède à la liquidation de l'astreinte.../Lorsqu'il est procédé à la liquidation de l'astreinte, copie du jugement ou de l'arrêt prononçant l'astreinte et de la décision qui la liquide est adressée au ministère public près la Cour de discipline budgétaire et financière* » (CJA, art. R. 921-7). « *La juridiction peut décider qu'une part de l'astreinte ne sera pas versée au requérant. /Cette part est affectée au budget de l'État* » (CJA, art. L. 911-8). Lorsqu'elle a été prononcée par le Conseil d'État, « *Au moment de la liquidation de l'astreinte, copie de la décision prononçant l'astreinte et de la décision qui la liquide est adressée au ministère public près la Cour de discipline budgétaire* » (CJA, art. R. 931-8).

58. G. Taormina, *L'injonction de faire, l'exécution par un tiers, la sanction de la résistance abusive*, fasc. 425, in *Droit de l'exécution forcée*, éd. *Journal des Notaires et des Avocats*, novembre 1998 ; J.-Cl. Woog, *La résistance injustifiée à l'exercice d'un droit*, Th. *LGDJ* 1971, n°s 28, 127 et s.

59. CPC, art. 32-1 ; rappr. art. L. 22, al. 2.

60. La Cour de cassation a eu l'occasion de rappeler qu'en application des dispositions de l'article 503 du Code de procédure civile, le débiteur ne peut être condamné à des dommages-intérêts pour résistance abusive à l'exécution qui si le jugement lui a été préalablement signifié (Cass. 2e civ., 28 octobre 1999, *Bull. civ.* II, n° 161, p. 112, rendu à propos d'un jugement ordonnant l'exécution d'une transaction).

Création prétorienne du milieu du XIXe siècle, l'astreinte tirait alors sa légitimité de l'article 1036 de l'ancien Code de procédure civile qui disposait que « *les tribunaux, suivant la gravité des circonstances, pourront, dans les causes dont ils seront saisis, prononcer, même d'office, des injonctions...* »[61]. Sa légitimité conquise, il fallait ensuite affirmer son autonomie par rapport à d'autres mécanismes du droit des obligations. Si la jurisprudence estima parfois que l'astreinte devait être liquidée à la mesure du préjudice éprouvé par le créancier[62], le caractère autonome de l'institution en dépit de cette analyse isolée, fut toujours affirmé par la jurisprudence[63].

L'astreinte peut être définie comme « *une condamnation pécuniaire prononcée par le juge, ayant pour but de vaincre la résistance d'un débiteur récalcitrant, et de l'amener à exécuter une décision de justice* »[64]. Cette condamnation est généralement d'une somme d'argent fixée par unité de temps (heure, jour, mois...) de retard, durant une période ou jusqu'à une date déterminée, cette somme devant être liquidée à l'issue de cette période ou à l'arrivée de la date prévue.

Pour la première fois l'astreinte fut visée législativement de manière expresse par la loi n° 49-972 du 21 juillet 1949 en matière d'expulsion. Par la suite, elle fut réglementée par les articles 5 à 8 de la loi n° 72-626 du 5 juillet 1972, aujourd'hui abrogés par l'article L 94.3°. Depuis la réforme des procédures civiles d'exécution, elle l'est par les articles L 33 à L 37 (*adde* art. L 24, al. 2) et D 51 à D 53.

Mesure de contrainte à caractère personnel[65] et de pression destinée à peser sur la volonté du débiteur judiciairement condamné, elle se

61. Sur cette jurisprudence, cf. H. Vizioz, P. Kayser, préc. ; Cass. req., 29 janvier 1834, *DP* 1834.1.81, *S.* 1834.1.129.

62. Cass. civ., 30 novembre 1950, *JCP* 1951.II.6089, note Fréjaville ; Cass. 2e civ., 27 février 1953, *Bull.* n° 63.

63. Cass. 1re civ., 20 octobre 1959, *D. 1*959.537, note G. Holleaux, *JCP* 1960.II.11449, note P. Mazeaud ; 28 février 1989, *Bull.* n° 97, *D. 1*989.I. R. 102 ; 20 mars 1989, *Bull. civ.* I, n° 122, qui estime que l'astreinte, distincte des dommages-intérêts, n'est donc pas *ipso facto* couverte par une assurance de responsabilité, et nécessite une assurance spéciale ; Cass. 2e civ., 12 juin 1991, *Bull. civ.* II, n° 180, *D. 1*991.I. R. 175 ; 20 novembre 1991, *Bull. civ.* II, n° 308, *D. 1*992, somm. 277, obs. A. Penneau.

64. Mazeaud et Chabas, *Leçons de droit civil*, préc. n° 940.

65. Mesure de contrainte à caractère personnel, l'astreinte n'ouvre pas droit à un recours en garantie (Cass. 1re civ., 3 avril 2002, *Bull. civ.* I, n° 104 : la débitrice d'une astreinte ne peut être garantie par un tiers, du paiement des condamnations mises à sa charge, au titre d'une astreinte liquidée ; dans le même sens, Cass. 2e civ., 30 avril 2002, *Bull. civ.* II, n° 83). Dans le même ordre d'idées, parce qu'il s'agit d'une peine privée, distincte des dommages-intérêts, l'astreinte est exclue de l'assurance de responsabilité (Cass. 1re civ., 20 mars 1989, *Bull. civ.* I, n° 122, qui considère qu'une compagnie d'assurance n 'a pas à prendre en charge la condamnation à une astreinte que seul justifiait le comportement de l'intéressé) et de l'Assurance Garantie des Salaires (Cass. soc., 7 novembre 1990, *Bull. civ.* V, n° 522, 2° esp.).

présente comme l'accessoire de la décision de justice sur laquelle elle se greffe pour en faciliter l'exécution. À ce titre, la jurisprudence lui a toujours refusé avec raison la qualification de procédure d'exécution[66]. Elle ne doit, de même, pas être confondue avec des dommages-intérêts prononcés pour résistance abusive. Du fait de son caractère personnel, l'astreinte n'ouvre pas droit à un recours en garantie[67]. Enfin, toujours du fait de son caractère personnel, elle n'est pas l'accessoire du droit dont elle assure l'exécution, en cas de cession de celui-ci[68], mais en revanche, ce caractère personnel ne s'oppose pas à ce que la liquidation de l'astreinte qui tend à une condamnation pécuniaire, puisse être poursuivie contre les héritiers du débiteur pour la période antérieure à son décès[69].

37. On distingue l'astreinte provisoire et l'astreinte définitive. La loi de 1991 conserve en effet en son article 34, alinéa 2, l'ancienne distinction déjà affirmée par l'article 6 de la loi de 1972 : « *L'astreinte est provisoire ou définitive* »[70].

L'***astreinte est provisoire***, lorsque le juge condamne le débiteur en fixant le montant de la condamnation, mais en se réservant la possibilité de revenir sur sa décision. Lorsqu'ultérieurement le créancier saisit à nouveau le juge aux fins de liquidation de l'astreinte, soit le juge condamne le débiteur récalcitrant au paiement de l'astreinte, conformément au montant initialement fixé, soit il réduit le montant atteint jusqu'à sa suppression, ou même l'augmente, en fonction de l'attitude adoptée par le débiteur. Cette solution classique est reprise par l'article L 36 qui dispose d'une part (al. 1) que « *le montant de l'astreinte provisoire est liquidé en tenant compte du comportement de celui à qui l'injonction a été adressée, et des difficultés qu'il a rencontrées pour l'exécuter* », et d'autre part (al. 3), que « *l'astreinte provisoire... est supprimée en tout*

66. Cass. avis, 27 juin 1994, *Bull. avis,* n° 18 ; Cass. 2e civ., 25 juin 1997, *Bull. civ.* II, n° 206 ; 17 décembre 1997, *Bull. civ.* II, n° 319.

67. Cass. 1re civ., 3 avril 2002, *Bull. civ.* II, n° 104 ; Cass. 2e civ., 30 avril 2002, *Bull. civ.* II, n° 83 ; 14 septembre 2006, *Bull. civ.* II, n° 218 ; 17 avril 2008, *BICC*, 15 septembre 2008, n° 1287.

68. Cass. com., 3 mars 2009, *D.*2009, AJ, p. 818, note Chevrier, arrêt rendu en matière de concurrence déloyale.

69. Cass. 2e civ., 18 décembre 2008, *Bull. civ.* II, n° 271.

70. La pratique usait jadis d'une autre terminologie source d'ambiguïté. Elle parlait d'*astreinte comminatoire* à propos de l'*astreinte provisoire*, en raison de la menace pesant sur le débiteur récalcitrant, le juge pouvant ensuite en liquider à sa guise le montant ; et d'*astreinte non comminatoire* à propos de l'*astreinte définitive* dont le montant ne pouvait plus varier par rapport à la décision initiale (Cass. 1re civ., 25 juin 1969, *Bull. civ.* I, n° 516 ; 17 février 1976, *Bull. civ.* I, n° 72). Cette dernière était pourtant davantage comminatoire que la première. En réaction contre cette ambiguïté la Cour de cassation avait finalement décidé de qualifier d'astreinte non comminatoire l'astreinte non définitive, c'est-à-dire l'astreinte provisoire (Cass. 2e civ., 23 novembre 1994, *Bull. civ.* II, n° 237).

ou partie s'il est établi que l'inexécution ou le retard dans l'exécution de l'injonction du juge provient, en tout ou partie, d'une cause étrangère ». Malgré le silence des textes actuels, l'augmentation du taux de l'astreinte doit demeurer possible ; l'article 8, alinéa 2, de la loi de 1972, d'ailleurs ne la prévoyait pas non plus. Mais les règles générales relatives à la fixation des dommages-intérêts par le juge doivent permettre à celui-ci d'accorder au créancier une somme supérieure à celle à laquelle aboutirait une simple multiplication. Au demeurant, pareille hypothèse est très rare en pratique.

Par faveur pour le débiteur, la jurisprudence considérait avant la loi de 1972 qu'en l'absence de précision, l'astreinte ordonnée ne pouvait être que provisoire[71]. Cette solution, reprise ensuite par la loi de 1972 en son article 6, se retrouve à l'article L 34, alinéa 2. « *L'astreinte doit être considérée comme provisoire, à moins que le juge n'ait précisé son caractère définitif* ». Elle est donc liquidée comme une astreinte provisoire[72]. Le juge est souverain dans la détermination de son taux[73]. Ce n'est que lors de sa liquidation qu'il peut la transformer pour l'avenir en astreinte définitive.

Le mécanisme de ***l'astreinte définitive*** diffère seulement de celui de l'astreinte provisoire en ce que ses modalités ne sont pas susceptibles de modification lors de sa liquidation. « *Le taux de l'astreinte définitive ne peut jamais être modifié lors de sa liquidation* » (art. L 36 al. 2 ; cf. l'ancien art. 8, alinéa 1, de la loi de 1972). Toutefois, « *l'astreinte... définitive est supprimée en tout ou partie s'il est établi que l'inexécution ou le retard dans l'exécution de l'injonction du juge provient, en tout ou partie, d'une cause étrangère* » (art. L 36, al. 3). L'astreinte définitive ne peut être prononcée que pour une durée déterminée (art. L 34, al. 3).

Auparavant, le juge recourant à l'astreinte disposait d'un ***choix*** tout à fait libre entre astreinte provisoire et astreinte définitive[74]. Il pouvait donc opter tout de suite pour une astreinte définitive, choix d'autant plus dangereux qu'il ne permettait pas au juge de modifier le quantum de la condamnation au cours de la phase de liquidation, et donc de prendre

71. Cass. 3e civ., 10 avril 1976, *JCP* 1973.IV.206.

72. Cass. soc., 30 novembre 1950, *JCP* 1951.II.6089, note Fréjaville, *RTD civ.* 1951. 256, note H. et L. Mazeaud ; 7 décembre 1951, *D. 1*951.2.167 ; 28 décembre 1951, *JCP* 1952, II, 6830, note H.-G. ; Cass. 2e civ., 27 février 1953, *S.*1953.1.196.

73. Cass. 2e civ., 18 février 1976, *Bull. civ.* II, n° 48.

74. Sauf en matière d'expulsion où l'astreinte, régie par la loi n° 49-972 du 21 juillet 1949, ne peut être que provisoire, Cass. 3e civ., 16 janvier 1974, *Bull. civ.* III, n° 19 ; 11 mars 1987, *JCP* 1987, IV, 170, même si son montant peut être cumulé avec celui de l'indemnité d'occupation, Cass. 2e civ., 6 décembre 1989, *D. 1*990, IR, 1; toutefois, en matière d'expulsion d'occupants de locaux d'étudiants ne remplissant plus les conditions en raison desquelles le logement a été mis à leur disposition, la loi de 1949 est inapplicable, CCH, art. L. 614-4, al. 2.

en considération le comportement du débiteur depuis le prononcé de l'astreinte sauf, disposait l'article 8, alinéa 1, de la loi de 1972, « *s'il* (était) *établi que l'inexécution de la décision judiciaire* (provenait) *d'un cas fortuit ou de force majeure* »[75]. Pour remédier à cet inconvénient l'article L 34, alinéa 3 prévoit aujourd'hui qu'« *une astreinte définitive ne peut être ordonnée qu'après le prononcé d'une astreinte provisoire et pour une durée que le juge détermine* ». Désormais, le juge n'a plus, lorsqu'il prononce une astreinte pour la première fois, le choix entre astreinte provisoire et astreinte définitive. Ce choix n'apparaît qu'au moment de la liquidation : l'astreinte peut alors être transformée en astreinte définitive pour l'avenir (art. L 34, al. 3), mais lors de son prononcé initial, elle ne peut être que provisoire. Si, malgré tout, une astreinte est irrégulièrement qualifiée *ab initio* d'astreinte définitive, le juge peut néanmoins être saisi aux fins de sa liquidation comme si elle avait été qualifiée de provisoire. C'est là le sens de la dernière phrase de l'article L 34, alinéa 3, selon laquelle, « *si l'une de ces conditions n'a pas été respectée, l'astreinte est liquidée comme une astreinte provisoire* ».

38. Nous envisagerons successivement son prononcé, son point de départ, sa durée, sa liquidation et son exécution.

De manière identique au droit antérieur (art. 5 de la loi de 1972), la loi de 1991 dispose en son article 33, alinéa 1, que « ***tout juge peut, même d'office, ordonner une astreinte*** *pour assurer l'exécution de sa décision* ». Ce pouvoir d'office avait été admis par la jurisprudence avant d'être consacré par la loi de 1972[76]. Lorsqu'il envisage de l'ordonner d'office, le juge n'a pas à solliciter sur ce point les explications des parties[77]. Le juge de l'exécution lui aussi, dispose de ce pouvoir (art. L 24), et il a, en outre, celui d'« *assortir d'une astreinte une décision rendue par un autre juge si les circonstances en font apparaître la nécessité* » (art. L 33, al. 2)[78]. Mais ce dernier pouvoir, en est-il seul titulaire ou

75. L'astreinte définitive était, en pratique, utilisée directement surtout par les juridictions consulaires.

76. Cass. 3e civ., 26 avril 1968, *D. 1*968.526, note Franck.

77. Cass. 1re civ., 17 février 1976, *Bull. civ.* I, n° 72 ; Cass. 2e civ., 21 mars 1979, *D. 1*979, p. 449, note Santa-Croce ; 11 mars 1987, D. 1987.I. R. 65 ; Cass. 3e civ., 31 mai 1978, *D. 1*978.I. R. 501 ; Cass. com., 14 mai 1988, *Bull. civ.* IV, n° 198.

78. La possibilité pour une juridiction de prononcer une astreinte « *après coup* », à propos d'une décision rendue par une autre juridiction, n'est pas une innovation. La solution était admise implicitement par la formulation générale des articles 5 de la loi n° 72-626 du 5 juillet 1972 et 491 du Code de procédure civile (art. 5 de la loi n° 72-627 du 5 juillet 1972, abrogée par la loi de 1991 : « *Les tribunaux peuvent, même d'office, ordonner une astreinte pour assurer l'exécution de leurs décisions* » ; CPC, art. 491, al. 1 : « *Le juge statuant en référé peut prononcer des condamnations à des astreintes* »). Elle l'était depuis longtemps par la doctrine et la jurisprudence (Voir sur ce point l'exposé très complet de Mazeaud et Chabas, *Traité théorique et pratique de la responsabilité civile délictuelle et contractuelle*, t. III, vol. 1, nos 2507-9 et 2507-11, éd. *Montchrestien*, 1978 ;

le partage-t-il avec d'autres ? À cet égard, la Cour de cassation a décidé qu'un juge autre que celui de l'exécution, en l'occurrence un juge des référés, peut valablement assortir d'une astreinte la décision qu'il a précédemment rendue[79]. Lorsque l'astreinte est expressément demandée au juge par l'une des parties, il peut, sans avoir à motiver sa décision, ne pas faire droit à cette demande[80]. En application des mêmes principes, une cour d'appel peut infirmer, sans avoir davantage à motiver son arrêt, un jugement comportant le prononcé d'une astreinte[81]. Elle ne peut cependant modifier ou supprimer une astreinte définitivement liquidée[82].

39. Quant au ***point de départ*** de l'astreinte, l'article D 51 reprend les solutions finalement dégagées par la jurisprudence : « *L'astreinte prend effet à la date fixée par le juge, laquelle ne peut pas être antérieure au jour où la décision portant obligation est devenue exécutoire* » (al. 1). Lorsque la décision exécutoire ordonnant l'astreinte n'en a pas fixé le point de départ, elle prend effet à compter du jour de sa notification[83]. « *Toutefois* (l'astreinte) *peut prendre effet dès le jour de son prononcé si elle assortit une décision qui est déjà exécutoire* » (al. 2). Hors le cas où elle assortit une décision déjà exécutoire, l'astreinte prend effet à une date qui ne peut être antérieure au jour où la décision portant obligation a été notifiée[84].

L'astreinte ne peut donc, comme le rappelle régulièrement la Cour de cassation, sanctionner que l'exécution d'une obligation devenue exécutoire[85]. Il s'agit là d'une codification des solutions que la jurisprudence

---

Chabas et Jourdain, Juris-classeur de responsabilité civile, fasc. 224-2, n°s 68 et 84). N'importe quelle juridiction, y compris le juge des référés (Cass. com., 23 février 1988, *Bull. civ.* IV, n° 85 ; 21 janvier 1992, *Bull. civ.* IV, n° 31 ; Cass. 2e civ., 9 mai 1988, *Bull. civ.* II, n° 108) pouvait être saisie d'une demande d'astreinte à titre principal, à propos d'une décision qu'elle n'avait pas rendue sans même considération du degré de juridiction (1re instance en appel). Ainsi était-il admis qu'un tribunal puisse assortir d'une astreinte l'arrêt d'une cour d'appel.

79. Cass. 2e civ., 18 février 1999, *Bull. civ.* II, n° 32, p. 23, *Procédures*, avril 1999, comm. 88, obs. R. Perrot, *D. 1999*, somm. 218, obs. P. Julien, *RTD civ.* 1999.465, n° 4, obs. R. Perrot, 690, n° 3, obs. J. Normand ; *contra*, Cass. com., 28 avril 1998, *Bull. civ.* IV, n° 134, p. 107.

80. Cass. 3e civ., 3 mai 1983, *Bull. civ.* III, n° 102 ; 9 novembre 1983, *JCP*, 1984, IV, 17.

81. Cass. 2e civ., 23 novembre 1994, *Bull. civ.* II, n° 237, *D.* 1995, IR, p. 13.

82. Cass. 2e civ., 23 novembre 1994, *Bull. civ.* II, n° 63, *D. 1995*, IR, p. 101.

83. Cass. 2e civ., 23 juin 2005, *Bull. civ.* II, n° 171.

84. Cass. 2e civ., 14 septembre 2006, *Bull. civ.* II, n° 219.

85. Cass. 2e civ., 11 juillet 2002, *Bull. civ.* II, n° 166. Après avoir rappelé que sont exécutoires de droit, au sens de l'article 514, alinéa 2, du Code de procédure civile, les décisions qui ordonnent une mesure conservatoire, et exactement retenu qu'une mesure prise par un tribunal arbitral, contraignant une partie à ouvrier un compte séquestre et à demander à son débiteur, tiers à la sentence, d'y verser les fonds dus en vertu de décisions judiciaires, ne constitue pas une mesure conservatoire mais une obligation de faire non exécutoire de droit, une cour d'appel ne peut qu'en déduire, sans méconnaître l'autorité

avait auparavant progressivement dégagées à partir de l'article 503 du Code de procédure civile, lequel est ainsi libellé : « *Les jugements ne peuvent être exécutés contre ceux auxquels ils sont opposés qu'après leur avoir été notifiés, à moins que l'exécution n'en soit volontaire* » (al. 1). « *En cas d'exécution au seul vu de la minute*[86], *la présentation de celle-ci vaut notification* » (al. 2)[87]. La troisième Chambre civile en avait déduit, en matière d'astreinte, que celle-ci ne pouvait courir avant la signification de la décision qui en était assortie[88]. Cette solution est reprise implicitement par l'article D. 51 en son alinéa 1er. Toutefois, avant l'avènement de cet article, la Chambre sociale avait décidé que le point de départ de l'astreinte pouvait être fixé au jour du prononcé de la décision, c'est-à-dire dès avant sa signification[89], même en cas de décision réputée contradictoire ou rendue par défaut, dès lors que l'obligation assortie de l'astreinte figurait dans une autre décision déjà signifiée et exécutoire. Cette solution a été exactement reprise par l'article D 51 en son alinéa second.

La Cour de cassation, dans un arrêt du 11 juin 1997, a estimé que « *l'astreinte ne commence à courir, en cas de confirmation du jugement non exécutoire qui en était assorti, qu'à compter du jour où l'arrêt devient exécutoire, à moins que le juge d'appel ne fixe un point de départ postérieur...* »[90]. Auparavant, peut-être inspirée par les dispositions de

---

de la chose jugée, que le juge de l'exécution n'a pas le pouvoir d'ordonner une mesure d'astreinte, dès lors que celui-ci ne peut assortir d'une astreinte que l'exécution d'une obligation devenue exécutoire, fût-ce par provision, et que la sentence arbitrale est frappée d'un recours en annulation suspensif d'exécution (Cass. 1re civ., 4 juillet 2007, *Bull. civ.* I, n° 252, *D.*2007, AJ, p. 2025, obs. Delpech).

86. Ordonnances de référé rendues exécutoires sur minute et ordonnances sur requête.

87. Cette nécessité d'une notification ou signification suivant le cas, est ponctuellement rappelée par la jurisprudence (Cass. 2e civ., 8 avril 2004, n° 02-15.144, *JCP* éd. G 2004, IV, n° 2147 : la cour rappelle dans cet arrêt que l'astreinte assortissant une ordonnance de référé ne peut commencer à courir qu'à compter de la signification de cette décision).

88. Cass. 3e civ., 9 novembre 1976, *Bull. civ.* III, n° 402, *D. 1*977.561, note D. Denis, *RTD Civ.* 1978.194, obs. R. Perrot ; 12 octobre 1982, *Bull. civ.* III, n° 193, *RTD civ.* 1983.535, obs. F. Chabas ; 14 novembre 1990, *Bull. civ.* III, n° 228, *GP 1991* 1, somm. 82 ; Cass. 2e civ., 5 mai 1993, *D. 1*993.I. R. 133 ; Cass. 2e civ., 13 janvier 2000, n° 98-14.804.

89. Cass. soc., 3 décembre 1953, *Bull.* n° 763 ; 27 novembre 1980, *Bull.* n° 851, *GP* 1981.1.236, note J. Viatte, *RTD civ.* 1981. 451, obs. F. Chabas.

90. Cass. 2e civ., 11 juin 1997, *D. 1*997.536, note P. Julien, *RTD civ.* 1997, p. 743, obs. R. Perrot ; 8 avril 1998, n° 96-20.755 ; 4 octobre 2001, n° 99-18.843 ; 22 mars 2001, *Bull. civ.* II, n° 58 ; 13 juin 2002, n° 00-20.407. Il en va de même en cas d'arrêt confirmatif modifiant tout de même le montant de l'astreinte prononcée en première instance (Cass. 2e civ., 8 juillet 2004, n° 02-20.368, solution implicite). Par conséquent, lorsque l'astreinte est ordonnée sous condition du respect d'une injonction de faire assortie d'un délai, celui-ci ne peut courir qu'à compter de la signification de l'arrêt. Cette solution nous paraît critiquable dans la mesure où l'appel inutile du débiteur de l'astreinte aura au moins eu pour effet d'en retarder le point de départ.

l'article 1153-1 du Code civil sur les intérêts moratoires, la Cour de cassation avait, au contraire, estimé qu'en cas d'arrêt confirmatif, l'astreinte courait nécessairement de la date fixée par le jugement[91]. Cette solution, incompatible avec la véritable nature juridique de l'astreinte, est aujourd'hui heureusement abandonnée. Notons enfin que lorsque, en ordonnant une astreinte, une juridiction a omis d'en fixer le point de départ, le juge de l'exécution saisi pour la liquider n'a pas le pouvoir de le fixer[92].

Il faut, enfin, relativiser la portée de toutes ces règles, car une erreur sur le point de départ d'une astreinte ne fait pas grief au débiteur avant la liquidation de l'astreinte, de sorte que le moyen tiré d'une telle erreur, invoqué contre la décision ayant prononcé l'astreinte, n'est pas recevable, faute d'intérêt[93].

40. L'article L 34 dispose que l'astreinte définitive doit être prononcée pour une ***durée*** que le juge détermine. C'est dire que, lorsque le juge liquide l'astreinte provisoire et la transforme, pour vaincre la résistance du débiteur, en astreinte définitive, il doit fixer une date à laquelle les parties reviendront devant lui aux fins de liquidation. Cette obligation de fixer une date de liquidation concerne-t-elle également l'astreinte provisoire ? La réponse nous paraît devoir être négative, du fait du caractère restrictif des dispositions de l'article L 34. Cela ne saurait de toute façon faire grief au débiteur, puisque provisoires, les bases de liquidation de l'astreinte sont modifiables par le juge. Au demeurant, force est de constater que, fréquemment lorsque le juge ordonne une astreinte provisoire, il fixe une période au-delà de laquelle il conviendra de revenir devant lui.

41. Quel juge est compétent pour ***liquider*** une astreinte[94] ? Sous l'empire des textes anciens, la question avait évolué dans le temps et était devenue progressivement assez complexe. À l'origine, la loi de

91. Cass. 2e civ., 20 juin 1996, *Bull. civ.* II, nº 168 : « ... *l'effet suspensif de l'appel ne portant aucune atteinte aux droits résultant pour l'intimé des condamnations prononcées par un jugement frappé d'appel lorsqu'il est confirmé, c'est hors de toute violation du texte visé au moyen que la cour d'appel a décidé qu'un arrêt ayant confirmé le jugement prononçant l'astreinte, celle-ci aurait pour point de départ la date fixée par ce jugement* ».

Dans le même ordre d'idée, à propos d'un jugement assorti de l'exécution provisoire, l'astreinte doit être liquidée à compter de la signification de ce jugement, et non à compter de l'arrêt confirmatif (Cass. 2e civ., 20 décembre 2001, *Bull. civ.* II, nº 200). Au contraire, en cas de confirmation en appel d'un jugement de prononcé d'astreinte exécutoire par provision, la cour peut parfaitement décider que l'astreinte, court à compter de l'expiration du délai imparti dans le jugement confirmé (Cass. 2e civ., 31 mai 2001, nº 99-16.860, arrêt rendu à propos d'une astreinte ordonnée par un juge de l'exécution).

92. Cass. 2e civ., 12 mars 1997, *Bull. civ.* II, nº 71.

93. Cass. 2e civ., 23 octobre 2008, *Bull. civ.* II, nº 219.

1972 disposait en son article 7 que « *le juge qui a ordonné l'astreinte doit procéder à sa liquidation* ». On en concluait que seul le juge qui l'avait prononcée, pouvait la liquider. Ce système n'était pas satisfaisant pour le créancier obligé de continuer de s'adresser à la juridiction de première instance, malgré la saisine de la cour d'appel. Aussi, l'article 7 fut-il modifié par une loi n° 75-596 du 9 juillet 1975. N'étant désormais plus question du « *juge qui a ordonné l'astreinte* » pour la liquider, mais du « *juge* » sans autre précision, la jurisprudence considéra que « *si le juge qui a prononcé l'astreinte est compétent pour la liquider, sa compétence n'est pas exclusive* », et que le degré de juridiction était ici également indifférent, une cour d'appel pouvant liquider l'astreinte prononcée en première instance[95]. Le problème n'était cependant pas totalement résolu. En effet, si le Code de procédure civile dispose toujours en son article 491 que « *le juge statuant en référé peut prononcer des astreintes* », il ajoute en outre qu'« *il peut les liquider à titre provisoire* ». De cette formulation restrictive, la Cour de cassation avait conclu que le juge des référés ne pouvait liquider que les astreintes qu'il avait lui-même ordonnées[96]. Toutes ces controverses sont aujourd'hui caduques. Les textes actuels, en effet, simplifient et clarifient les règles de compétence en matière de liquidation d'astreinte. Aux termes de l'article L. 35, « *l'astreinte, même définitive, est liquidée par le juge de l'exécution, sauf si le juge qui l'a ordonnée reste saisi de l'affaire ou s'en est expressément réservé le pouvoir* ». Il résulte de cet article que ce n'est que dans les deux hypothèses limitativement prévues par lui, que le juge qui l'a ordonnée peut liquider l'astreinte, qu'elle soit provisoire ou définitive. Le pouvoir de liquidation du juge des référés ne subsiste donc que dans ces cas[97]. Dans toutes les autres et même en cas d'appel[98], c'est le juge de

94. Lorsque le débiteur demeure à l'étranger, le juge compétent pour liquider une astreinte est celui du lieu d'exécution de l'injonction. Un juge de l'exécution du tribunal de grande instance de Paris est donc compétent pour se prononcer sur la demande en liquidation d'une astreinte assortissant une injonction de mettre fin à l'adresse d'un site internet situé à l'étranger mais accessible depuis le territoire français. En retenant qu'une telle injonction devrait être exécutée en France, la cour d'appel à procédé à une interprétation nécessaire, exclusive de dénaturation, de l'ordonnance ayant fixé l'obligation sous astreinte (Cass. 2e civ., 6 novembre 2008, *Bull. civ.* II, n° 232, *D.* 2009, pan., p. 1168, obs. A. Leborgne).

95. Cass. 2e civ., 28 mai 1990, *D. 1*990.444, *Bull.* n° 114, p. 58, *GP* 1990.2, panor. p. 147 ; Cass. 3e civ., 16 janvier 1991, *Bull. civ.* III, n° 21, p. 13, *GP* 1991.1, panor. p. 116.

96. Cass. 2e civ., 19 février 1986, *GP* 1987.1. somm. 11, obs. Guinchard et Moussa.

97. Cass. 2e civ., 15 février 2001, *D.*2001, IR, p. 904 ; 21 février 2008, *Bull. civ.* II, n° 41. Mais si le juge des référés se borne à décider qu'il lui en sera référé en cas de difficultés, cela ne saurait constituer une réserve expresse de compétence en vue de la liquidation de l'astreinte et dès lors, seul le juge de l'exécution a compétence pour en connaître (Cass. 2e civ., 15 janvier 2009, *BICC* 15 mai 2009, n° 652, *Procédures* 2009, comm. 113, R. Perrot).

l'exécution qui est seul et exclusivement compétent pour le faire. À cet égard, l'article D 52, alinéa 1, précise que « *pour l'application de l'article 35 de la loi du 9 juillet 1991, l'incompétence est relevée d'office par le juge saisi d'une demande en liquidation d'astreinte* » ; précision qui rejoint celle que contient l'article L. 213-6 du Code de l'organisation judiciaire relatif aux chefs de compétence d'attribution de droit commun du juge de l'exécution, et à l'article D. 8. Ainsi, réserve faite des deux hypothèses exceptionnelles visées à l'article L. 35, tout autre juge que celui de l'exécution, saisi pour liquider une astreinte, doit d'office se déclarer incompétent (rappr. CPC, art. 92). « *Si ce n'est lorsqu'elle émane d'une cour d'appel* (auquel cas seul le pourvoi en cassation est ouvert), *la décision du juge* (qui a liquidé l'astreinte alors qu'il était incompétent pour le faire) *peut faire l'objet d'un contredit formé dans les conditions prescrites par le Code de procédure civile* » (art. D 52, al. 2).

Il a été exactement jugé qu'« *il appartient au juge de l'exécution qui liquide une astreinte... de rechercher, s'il y a lieu par une nécessaire interprétation de la décision l'ayant ordonnée, quelles injonctions ou interdictions en étaient assorties* »[99] ; la décision est sage et ne peut qu'être approuvée.

En vertu de l'article L. 36, le montant de l'astreinte doit être liquidé en tenant compte du comportement de celui à qui l'injonction a été adressée et des difficultés rencontrées pour l'exécution, et non en

---

98. Cass. 2e civ., 26 mars 1997, n° 94-15.992, *Bull. civ.* II, n° 91, en l'espèce, incompétence d'une cour d'appel qui a liquidé l'astreinte ordonnée par un juge des référés dont l'ordonnance a été frappée d'appel ; 17 décembre 1997, n° 95-14.189 : incompétence du juge des référés saisi à nouveau pour liquider l'astreinte qu'il a ordonnée, mais une cour d'appel est compétente pour liquider une astreinte prononcée par un conseiller de la mise en état afin d'obtenir communication de documents ; 17 décembre 1997, n° 96-13.586, *Bull. civ.* II, n° 319 : incompétence de la cour d'appel qui n'avait pas réservé sa compétence pour liquider l'astreinte qu'elle a ordonnée même avant la date d'entrée en vigueur de la loi de 1991, l'astreinte n'étant pas, selon la Cour de cassation, une mesure d'exécution forcée ; Cass. 3e civ., 30 septembre 1998, *Bull. civ.* III, n° 177 : incompétence d'une cour d'appel pour liquider une astreinte prononcée par un jugement antérieur, le juge ayant ordonné l'astreinte n'étant pas resté saisi de l'affaire et le jugement ayant été rendu postérieurement à l'entrée en vigueur de la loi du 9 juillet 1991. Dessaisie du litige à la suite de l'arrêt qu'elle a rendu, une cour d'appel statuant en référé ne conserve que le pouvoir de liquider, si elle s'en est réservé la compétence, l'astreinte qu'elle a ordonnée. Dès lors, c'est à juste titre qu'une cour d'appel refuse de se prononcer, à l'occasion de l'examen de la demande de liquidation de l'astreinte, sur une demande nouvelle en paiement d'une provision (Cass. soc., 23 septembre 2008, *Bull. civ.* V, n° 166). Mais une cour d'appel, saisie en application de l'article 96, alinéa 2, du Code de procédure civile, comme juridiction de renvoi sur exception de compétence pour statuer sur une liquidation d'astreinte, est tenue de statuer (Cass. 2e civ., 7 janvier 1998, *Bull. civ.* II, n° 2).

99. Cass. 2e civ., 26 mars 1997, *Bull. civ.* II, n° 95 ; 7 mars 2002, n° 00-15.290 ; 12 juin 2003, n° 00-18.998 ; 3 avril 2008, *Procédures* 2008, comm. 171, obs. R. Perrot.

d'autres éléments[100]. Le juge ne peut refuser de liquider l'astreinte au motif qu'« *en fin de compte et malgré un certain retard, l'injonction faite par le tribunal a été intégralement exécutée* »[101]. Il en est ainsi car la seule constatation du retard dans l'exécution justifie la liquidation[102]. Dans la mesure où il ne s'agit pas de dommages-intérêts compensatoires, le juge qui liquide l'astreinte n'a pas à tenir compte du préjudice subi par le demandeur à la liquidation[103]. Le juge saisi d'une demande en liquidation d'une astreinte apprécie souverainement le comportement de la personne condamnée à exécuter[104]. C'est de manière également souveraine, qu'une cour d'appel peut estimer que l'exécution de l'obligation assortie d'une astreinte entraînerait des difficultés tellement importantes, qu'elles équivaudraient à une impossibilité d'exécution de nature à motiver la suppression de l'astreinte précédemment ordonnée[105]. Le juge saisi d'une demande en liquidation d'une astreinte, apprécie également souverainement si l'inexécution de la décision de justice prononcée sous astreinte provient d'une cause étrangère[106]. Le juge qui réduit le montant

100. Cass. 2e civ., 8 avril 1999, n° 96-20,691 ; 15 mai 2003, n° 01-11.909.

101. Cass. 2e civ., 8 décembre 2005, *Bull. civ.* II, n° 307.

102. Cass. 2e civ., 8 décembre 2005, *Bull. civ.* II, n° 308.

103. Cass. 2e civ., 28 octobre 1999, n° 98-14.432 ; 20 décembre 2001, n° 99-21.315 : « *le juge de l'exécution qui liquide une astreinte n'a pas le pouvoir d'apprécier le préjudice subi en raison de la résistance abusive du débiteur de l'obligation assortie de l'astreinte* ». Cette solution semble cependant avoir été remise en cause par 3 arrêts dans lesquels la deuxième Chambre civile a approuvé les juges du fond d'avoir liquidé une astreinte à une somme de 1 franc, au motif que le créancier avait parallèlement intenté une action en réparation de son préjudice (Cass. 2e civ., 6 mars 2003, nos 01-11.026, 01-11.027 et 01-11.028).

104. Cass. com., 2 octobre 2001, n° 98-21.165 ; Cass. 2e civ., 20 décembre 2001, n° 00-11.819 ; 21 mars 2002, n° 00-17.279 ; 6 décembre 2001, n° 99-17.182 ; 16 mai 2002, n° 99-13.921 ; 19 septembre 2002, n° 00-19.603 ; 19 septembre 2002, n° 00-20-724 ; 18 décembre 2003, *Bull. civ.* II, n° 400 ; 18 décembre 2003, n° 02-12.496 ; 1er avril 2004, n° 02-13.489 ; Cass. 3e civ., 6 juillet 2004, n° 03-13.781.

105. Cass. 2e civ., 12 février 2004, *Bull. civ.* II, n° 53. Aux termes de l'article L. 36, alinéa 1, « *le montant de l'astreinte provisoire est liquidé en tenant compte du comportement de celui à qui l'injonction a été adressée et des difficultés qu 'il a rencontrées pour l'exécuter* ». Mais ces dispositions ne signifient cependant pas que le juge saisi pour liquider l'astreinte, doive nécessairement se fonder sur le comportement de celui à qui l'injonction a été adressée, pour en diminuer le montant. C'est donc à bon droit qu'une cour d'appel a pu, pour justifier sa décision, souverainement se fonder sur l'existence d'un commencement d'exécution de l'obligation assortie d'astreinte, abstraction faite de toute référence au comportement de celui à qui l'injonction avait été faite de s'exécuter sous astreinte (Cass. 2e civ., 12 février 2004, n° 02-13.171 ; voir aussi, à propos d'une exécution partielle, Cass. 2e civ., 8 juillet 2004, n° 02-15.092).

106. Cass. com., 8 décembre 1998, *Bull. civ.* IV, n° 294 ; Cass. 2e civ., 31 mai 2001, n° 99-11.428 ; 30 mai 2002, n° 00-18.945 ; 8 avril 2004, n° 02-14.631. Certaines décisions permettent cependant de constater les limites de ce pouvoir souverain d'appréciation du juge de la liquidation de l'astreinte, quant à l'existence d'une cause étrangère. Ainsi la deuxième Chambre civile a-t-elle reproché à une cour d'appel de ne

de l'astreinte lors de la liquidation, apprécie également souverainement les circonstances de nature à motiver pareille minoration[107], mais doit motiver concrètement, c'est-à-dire en fait, cette réduction qui ne relève d'aucun pouvoir discrétionnaire[108]. En tout état de cause, l'astreinte liquidée, même provisoire, ne peut l'être sur une base majorée, mais seulement dans la limite fixée par la décision qui l'a ordonnée[109]. Enfin, l'autorité de la chose jugée attachée à une décision de liquidation d'astreinte, ne fait pas obstacle à la présentation d'une nouvelle demande de liquidation pour une période postérieure, dès lors que l'astreinte n'était pas limitée dans le temps et que l'obligation qui en était assortie n'a pas été exécutée[110].

42. S'interroger sur le régime de ***l'exécution de l'astreinte*** c'est d'abord envisager l'exécution de la décision qui l'ordonne. Toute décision rendue en matière d'astreinte, quelle que soit la juridiction dont elle émane, est exécutoire de plein droit par provision. C'est ce qui résulte des dispositions de l'article L 37. La seconde question à résoudre est celle de savoir si le créancier d'une astreinte non encore liquidée peut recourir aux procédures d'exécution quant à l'exécution de cette astreinte. Avant la réforme, la jurisprudence estimait qu'il ne pouvait le faire[111], mais il était admis qu'il pouvait recourir aux mesures conservatoires[112]. Ces solutions ont été purement et simplement reprises par l'article D 53 aux termes duquel, « *avant sa liquidation, aucune astreinte ne peut donner lieu à une mesure d'exécution forcée* » (al. 1). « *La décision qui ordonne une astreinte non encore liquidée permet de prendre une*

pas avoir recherché si la modification de règles d'urbanisme (annulation du plan d'occupation des sols par le Conseil d'État) ne constituait pas, pour la liquidation de l'astreinte, un obstacle à l'exécution de la décision qui en était assortie (Cass. 2e civ., 20 décembre 2001, n° 00-10.599). En outre, le juge qui prétend constater l'existence d'une cause étrangère doit préciser les circonstances qui la caractérise (Cass. 2e civ., 18 septembre 2003, *Bull. civ.* II, n° 226 ; Cass. 3e civ., 1er octobre 2003, n° 01-11.110).

107. Cass. 2e civ., 20 décembre 2001, *Bull. civ.* II, n° 200.

108. Cass. 3e civ., 29 avril 2009, *D.*2009, AJ, p. 1424 ; Cass. 2e civ., 20 décembre 2001, n° 00-14.579, qui censure l'arrêt s'étant borné à reproduire en guise de motivation, la teneur de l'article L. 36 ; pour un exemple de motivation concrète, voir Cass. 2e civ., 8 novembre 2001, n° 00-13.121. Sur l'obligation pour le juge de préciser les circonstances constituant une cause étrangère susceptible de justifier la suppression totale de l'astreinte définitive, cf. Cass. 2e civ., 18 septembre 2003, *Bull. civ.* II, n° 278 ; 7 mai 2008, *D.* 2008, AJ, p. 1489.

109. Cass. soc., 12 avril 2005, *Bull. civ.* V, n° 130 ; Cass. 2e civ., 11 mai 2006, *Bull. civ.* II, n° 124, D. 2007, pan., p. 1386, obs. P. Julien.

110. Cass. 2e civ., 22 mars 2006, *Bull. civ.* II, n° 78, *D.*2007, pan., p. 1386, obs. P. Julien.

111. Cass. 2e civ., 18 février 1982, *JCP* 1985, II, 20397, note Joly.

112. Cass. 2e civ., 13 mai 1987, *GP* 1987.2, somm. 492, obs. M. Véron, ayant admis le recours à la saisie-arrêt dont la phase précédant l'instance en validité était considérée comme ayant une nature conservatoire.

mesure conservatoire pour une somme provisoirement évaluée par le juge compétent pour la liquidation » (al. 2). Toutefois, l'astreinte ne produit intérêts moratoires qu'après sa liquidation[113]. Ultime question relative à l'exécution, la jurisprudence considère qu'il résulte des dispositions combinées des articles L 37 et D 31, que l'exécution provisoire assortissant de plein droit toute décision rendue en matière d'astreinte, qu'il s'agisse de l'ordonner ou de la liquider, ne peut jamais être suspendue[114]. Le premier président ne peut ainsi, sans excéder ses pouvoirs, suspendre une décision émanant d'un juge de l'exécution ayant liquidé une astreinte[115]. Avant la liquidation de l'astreinte, le juge de l'exécution est compétent, en application des dispositions de l'article D 32 pour autoriser sur requête le créancier à faire dresser un constat d'huissier de justice des éventuels manquements à l'interdiction prononcée sous peine d'astreinte[116]. Enfin, la réformation d'une décision assortie d'une astreinte entraîne de plein droit, pour perte de fondement juridique, l'anéantissement des décisions prises au titre de la liquidation de l'astreinte, fussent-elles passées en force de chose jugée, et ouvre, dès lors, droit, s'il y a lieu, à restitution[117].

L'exécution effective de l'obligation assortie d'astreinte ne prive pas le créancier de son droit de demander la liquidation de cette astreinte, dès lors que cette exécution a eu lieu avec retard[118].

L'article 36, alinéa 2, de la loi n° 91-650 du 9 juillet 1991 rappelle que le taux de l'astreinte définitive ne peut jamais être modifié lors de sa liquidation.

Enfin, la créance d'astreinte naissant le jour de son prononcé, lorsqu'elle l'a été avant le prononcé d'un jugement d'ouverture d'une procédure collective, l'action en liquidation de cette astreinte intentée après le prononcé de ce jugement d'ouverture est soumise à la règle de l'interdiction des poursuites individuelles et cette créance doit être déclarée[119].

Il est judicieux, en cas de recours à la procédure d'injonction de faire, autre procédé d'exécution indirecte en nature, que le juge d'instance ou

---

113. Cass. com., 19 mars 1991, *Bull civ.* IV, n° 109, *D. 1*991.I. R. 111, *JCP* 1991.IV.189.

114. Cass. 2e civ., 14 juin 2001, *Bull. civ.* II, n° 119 ; 17 octobre 2002, *Bull. civ.* II, n° 225 ; 12 juin 2003, *Bull. civ.* II, n° 183.

115. Cass. avis, du 27 avril 1994, *Bull. avis,* n° 18 ; Cass. 2e civ. 25 juin 1997, *Bull. civ.* II, n° 206, *D. 1*997.536, note P. Julien.

116. Cass. 2e civ., 27 novembre 1997, *Bull. civ.* II, n° 286, *JCP* 1998, II, 10 073, note E. du Rusquec.

117. Cass. 2e civ., 6 janvier 2005, *Bull. civ.* II, n° 1 ; Cass. com., 3 mai 2006, *Bull. civ.* IV, n° 106, *D.*2007, pan., p. 1386, obs. P. Julien.

118. Cass. 2e civ., 23 novembre 2000, n° 98-23.192. Dans le même ordre d'idées, le montant de l'astreinte ne peut être réduit en considération d'un nouvel arrêté autorisant la pratique condamnée par un précédant arrêté dont l'effectivité avait été assurée au moyen d'une astreinte (Cass. 2e civ., 15 mai 2003, *Bull. civ.* II, n° 143).

119. Cass. Com., 21 janvier 2003, nos 01-01.761 et 01-01.816.

le juge de proximité suivant le cas, assortisse son ordonnance d'injonction de faire d'une astreinte.

§ 2. L'injonction de faire

43. Cette procédure, instaurée par le décret nº 88-209 du 4 mars 1988, et qui figure aux articles 1425-1 à 1425-9 du Code de procédure civile, concerne exclusivement « *l'exécution en nature d'une obligation née d'un contrat conclu entre des personnes n'ayant pas toutes la qualité de commerçant... et dont... la valeur de la prestation... n'excède pas...* » 10 000 € (CPC, art. 1425-1). La compétence en la matière est désormais partagée entre le juge de proximité jusqu'à 4 000 €, et le juge d'instance, au-delà de cette valeur jusqu'à 10 000 €[120].

Le créancier saisit, à son choix, soit la juridiction du lieu où demeure le défendeur, soit celle du lieu d'exécution de l'obligation (CPC, art. 1425-2). Pour ce faire, il dépose ou adresse au greffe de cette juridiction une requête devant contenir certains renseignements sur les parties au contrat et l'obligation litigieuse, et devant être accompagnée de tous documents justificatifs (CPC, art. 1425-3). Si, au vu de ces documents, la demande lui paraît fondée, le juge rend une ordonnance d'injonction de faire non susceptible de recours, fixant l'objet de l'obligation, le délai et les conditions dans lesquels celle-ci doit être exécutée, ainsi que les lieu, jour et heure de l'audience du juge de proximité ou du tribunal d'instance suivant le cas, à laquelle l'affaire sera examinée, à moins que le demandeur n'ait fait connaître avant que l'obligation a été exécutée (CPC, art. 1425-4). L'affaire sera alors retirée e du rôle (CPC, art. 1425-7, al. 1). Pour garantir à son ordonnance d'injonction initiale une effectivité réelle, le juge a certainement toujours eu le pouvoir de l'assortir d'une astreinte. Cette faculté est confirmée par les dispositions générales de l'article 33 de la loi nº 91-650 du 9 juillet 1991.

Le greffe notifie l'ordonnance aux parties par lettre recommandée avec avis de réception et adresse le même jour cette notification par lettre simple. La lettre de notification mentionne les dispositions des articles 1425-7 et 1425-8 du Code de procédure civile (CPC, art. 1425-5). L'ordonnance et la requête sont conservées au greffe à titre de minute, ainsi que les documents produits (CPC, art. 1425-6).

À défaut pour le créancier demandeur d'informer la juridiction qui l'a rendue et de se présenter à son audience, la juridiction déclare caduque la procédure, cette caducité pouvant être rapportée si le demandeur fait

120. La procédure d'injonction de faire n'existe pas devant le tribunal de commerce. Elle serait de toute façon inutile, du fait de l'existence en droit commercial, du remplacement dans la vente commerciale de chose de genre.

connaître au greffe, dans un délai de quinze jours, le motif légitime qu'il n'aurait pas été en mesure d'invoquer en temps utile. Dans ce cas, les parties sont convoquées à une audience ultérieure (CPC, art. 1425-7, al. 3). La juridiction, en cas d'inexécution totale ou partielle de l'injonction de faire, statue sur la demande, après avoir tenté de concilier les parties. Elle connaît, dans les limites de sa compétence d'attribution, de la demande initiale et de toutes les demandes incidentes et défenses au fond. En cas de décision d'incompétence, l'affaire est renvoyée devant la juridiction compétente, selon les règles prévues à l'article 97 du Code de procédure civile (CPC, art. 1425-8).

« *Si le juge rejette la requête, la décision est sans recours pour le requérant, sauf à celui-ci à procéder selon les voies de droit commun* (c'est-à-dire à intenter une procédure ordinaire contentieuse contradictoire). *La requête et les documents produits sont restitués au requérant* » (CPC, art. 1425-9).

§ 3. La condamnation à des dommages-intérêts, pour résistance abusive à l'exécution

44. La loi de 1991 a instauré en son article 23 une action civile à fin vindicative de la compétence du juge de l'exécution. Ce texte dispose en effet qu'« *en cas de résistance abusive, le débiteur peut être condamné à des dommages-intérêts par le juge de l'exécution* ». Il s'agit, en effet, non pas pour le créancier d'obtenir réparation du préjudice que lui cause l'inexécution de ses obligations par le débiteur, mais d'obtenir contre lui une peine privée en argent, comparable à une clause pénale. Mais encore faudra-t-il prouver le caractère abusif de la résistance du débiteur. Elle suppose que celui-ci soit tout à fait en mesure de s'acquitter de sa dette. En cela l'article 23 de la loi du 9 juillet 1991 apparaît comme le pendant civil du délit d'organisation frauduleuse d'insolvabilité, créé dans l'ancien Code pénal par la loi n° 83-608 du 8 juillet 1983 (Anc. c. pén., art. 404-1) et conservé le Code actuel (C. pén., art. 314-7). La menace de recourir à ce moyen doit permettre de convaincre le débiteur de s'exécuter. En cela, elle constitue une voie d'exécution indirecte en nature.

§4. L'habilitation du créancier à faire exécuter par un tiers l'obligation à la charge du débiteur

45. Dans le même ordre d'idées, l'article 1143 du Code civil prévoit que « ... *le créancier a le droit de demander que ce qui aurait été fait par contravention à l'engagement soit détruit ; et il peut se faire autoriser à le détruire aux dépens du débiteur, sans préjudice des dommages-intérêts, s'il y a lieu* » ; réciproquement l'article 1144 dispose que « *le créancier peut aussi, en cas d'inexécution, être autorisé à faire exécuter lui-même l'obligation aux dépens du débiteur...* » ; ce dernier article suppose évidemment une obligation ordinaire et non une obligation assumée par un débiteur choisi *intuitu personae*[121]. Ces deux articles supposent une autorisation judiciaire préalable, en principe du moins[122].

Selon l'article 1144 du Code civil, cette exécution par un tiers est faite aux frais du débiteur, mais ce paiement ne pouvait, jusqu'à la loi de 1991 être réclamé à celui-ci qu'après accomplissement effectif de l'obligation par le tiers. Désormais, et cela résulte du second alinéa ajouté par l'article L 82, le débiteur « *peut être condamné à faire l'avance des sommes nécessaires à l'exécution* », donc à payer avant celle-ci. À cette fin, le juge liquide *ex ante* la somme nécessaire ; le juge compétent pour ce faire, est le juge de l'exécution. Ce sera alors une voie indirecte d'exécution forcée en nature. C'est, semble-t-il, le parti pris par les auteurs de la loi de 1991.

Cependant, en dépit des efforts faits par le législateur, surtout à une époque récente, pour favoriser au maximum l'exécution en nature des obligations[123], force est de constater que les articles 1143 et 1144 demeurent de nos jours d'une application fort peu fréquente, et que c'est

121. En cas d'obligation conclue *intuitu personae*, l'inexécution ne peut se résoudre utilement pour le créancier qu'en dommages-intérêts (C. civ., art. 1142) ; le recours à l'astreinte est alors possible, mais conduit à un résultat inférieur à celui escompté.

122. On sait qu'il existe trois cas dans lesquels le créancier peut se passer d'une autorisation préalable : ***1°*** en cas d'urgence (en ce sens F. Derrida, Enc. *Dalloz* de droit civil, V° Obligations, n° 118, citant Cass. civ., 2 juillet 1945, *D.* 1946.4) ; ***2°*** en matière de construction (C. civ., art. 1792-6, al. 4) ; ***3°*** en cas de remplacement de choses de genre dans la vente commerciale, où il est admis que l'acquéreur non livré peut racheter des choses semblables aux frais du vendeur qui n'a pas livré, après mise en demeure avec délai imparti pour s'exécuter, sans qu'il soit besoin d'un jugement (Cass. com., 1er juin 1959, *JCP* 1959, II, 11206, note J. Hémard ; 20 janvier 1976, *RTD Com.* 1976, p. 785).

123. Cf. CPC, art. 809, al. 2, art. 849, al. 2, art. 873, al. 2, art. 894, al. 2 et C. trav., R. 516-31, al. 2, en matière de « référé-injonction de faire », à ne pas confondre avec la procédure d'injonction de faire précédemment exposée, cf. *supra*, n° 43. Ces textes disposent, en effet, dans des termes identiques depuis le décret n° 85-1330 du 17 décembre 1985 que « *dans les cas où l'existence de l'obligation n'est pas sérieusement contestable,* (le juge des référés) *peut (...) ordonner l'exécution de l'obligation même s'il s'agit d'une obligation de faire* ». L'injonction de faire, procédure régie par les articles 1425-1 à

l'article 1142 du Code civil qui, le plus souvent, s'applique. L'astreinte est, d'ailleurs utilisée par les tribunaux pour favoriser l'exécution en nature des obligations aussi bien que leur exécution par équivalent ; c'est dire qu'elle est en pratique le seul procédé indirect de contrainte d'utilisation courante.

1425-9 du Code de procédure civile, constitue une quatrième procédure indirecte d'exécution forcée en nature.

Chapitre 2
Les acteurs de l'exécution forcée

46. Parce qu'ils sont les premiers concernés par l'exécution forcée, il convient d'abord de définir les sujets actifs et passifs des procédures, c'est-à-dire ceux qui y ont recours et ceux qui les subissent ***(section 1)***. Cette question n'a pas été renouvelée. Au contraire, on doit à la réforme des procédures d'exécution, la rénovation d'une institution jusqu'alors en sommeil dans le Code de procédure civile, celle du juge de l'exécution ***(section 2)***. Pour le reste, les textes n'ont fait pour l'essentiel que rappeler les règles anciennes concernant l'intervention de l'huissier de Justice ***(section 3)***, le concours de la force publique et le rôle du ministère public ***(section 4)***. Cet exposé ne serait pas complet si nous ne disions pas quelques mots des intermédiaires privés qui œuvrent en matière de recouvrement de créances, sans avoir la qualité d'huissier de justice ***(section 5)***.

Section 1
Les sujets de la saisie

47. *Il s'agit du créancier qui a la qualité de saisissant* (**§ 1**)*, du débiteur qui a celle de saisi* (**§ 2**)*, et, le cas échéant, du tiers saisi, débiteur du débiteur ou tiers détenteur du bien saisi* (**§ 3**).

§ 1. Le créancier saisissant

48. Qu'il soit chirographaire, hypothécaire, gagiste ou privilégié, le créancier peut saisir les biens de son débiteur ou de ceux qui ont garanti le paiement de sa dette. C'est là la conséquence de l'article 2093 du Code civil qui dispose que tous les biens du débiteur constituent le gage commun de ses créanciers. Au créancier proprement dit, sont assimilés ses héritiers ainsi que ses légataires universels ou à titre universel du fait de leur qualité d'ayants cause universels ou à titre universel du *de cujus*, ainsi que le légataire et le cessionnaire de la créance. Conformément aux dispositions de l'article 1166 du Code civil, le créancier d'un créancier peut recouvrer par voie oblique les créances de son débiteur, notamment en recourant aux procédures d'exécution[1].

Mais pour pouvoir recouvrer de manière forcée sa créance, celle-ci devra être liquide et exigible, constatée dans un titre exécutoire et le créancier devra avoir la capacité civile de recourir aux procédures d'exécution. On considérait traditionnellement que l'exécution forcée supposait ***une créance certaine, liquide et exigible***. Si la loi de 1991, en son article 2, n'énonce plus que la liquidité et l'exigibilité, il n'en résulte aucune conséquence pratique, ce texte ne traitant que des saisies d'exécution. Nous verrons que la solution ne varie, de ce chef, qu'en matière de mesures conservatoires qui ne nécessitent pas la constatation de la créance dans un titre exécutoire, et pour la mise en œuvre desquelles il suffit que la créance paraisse fondée en son principe, c'est-à-dire qu'elle ne soit qu'apparemment certaine[2]. La liquidité, c'est-à-dire au moins la possibilité de chiffrer la créance mise en recouvrement à partir des éléments figurant dans le titre d'exécution, est toujours expressément requise en matière de saisies d'exécution (art. L 2 et C. civ., art. 2191). À défaut, il faudra procéder à cette liquidation avant l'exécution forcée effective de l'obligation. Enfin la créance doit être exigible, c'est-à-dire que le paiement doit pouvoir en être immédiatement exigé par le créancier auprès du débiteur qui ne pourra opposer l'existence d'aucun terme suspensif, d'aucune condition suspensive. Une fois encore, nous verrons que cette condition d'exigibilité ne concerne pas les mesures conservatoires.

49. La seconde question que le créancier devra ensuite se poser est celle de savoir s'il a ou non ***la capacité civile de mettre en œuvre une procédure d'exécution***[3]. On considérait avant la réforme, que toutes les mesures d'exécution, y compris les saisies, constituaient en principe des *actes d'administration*. Deux exceptions à ce principe étaient par ailleurs admises : la saisie immobilière considérée, elle, comme un *acte de disposition*, le saisissant s'exposant dans ce dernier cas au risque d'être déclaré adjudicataire en l'absence d'enchérisseur (C. civ., art. 2206)[4] ; la saisie-arrêt remplacée aujourd'hui par la saisie-attribution, dans sa phase antérieure à l'instance en validité, et les mesures conservatoires,

1. Cass. 1re civ., 27 mai 1970, *JCP* 1971, II, 16675, note Poulain, *RTD civ.* 1970, p. 763, obs. Y. Loussouarn.

2. Cf. *infra*, n° 336.

3. G. Taormina, *La capacité des parties aux mesures d'exécution forcée*, fasc. 130, in *Droit de l'exécution forcée*, éd. *Journal des Notaires et des Avocats*, avril 2003

4. La solution avait déjà cours avant la réforme de la saisie immobilière (Anc. CPC, art. 706.2°).

qualifiés d'actes conservatoires. Malgré l'absence de dispositions expresses du Code de procédure civile en ce sens, ces solutions n'étaient pas contestées[5]. Aujourd'hui, l'article L 26 dispose que, « *sauf disposition contraire, l'exercice d'une mesure d'exécution ou d'une mesure conservatoire, est considéré comme un acte d'administration sous réserve des dispositions du Code civil relatives à la réception des deniers* ». Le législateur en 1991 a-t-il entendu subordonner la capacité de saisir à celle de recevoir un paiement ? Il convient seulement de conclure à une dissociation des capacités de saisir et de recevoir un paiement. Quant à la capacité de saisir nous considérons que les solutions anciennes sur la capacité requise de la part de celui qui a recours à une procédure d'exécution, demeurent. Peuvent recourir seuls et valablement à toute procédure d'exécution, non seulement le ***mineur émancipé*** (C. civ., art. 413-6)[6], mais aussi, puisqu'il n'est pas civilement incapable, le ***majeur sous sauvegarde de justice*** (C. civ., art. 435, al. 1)[7]. Il en est de même du majeur sous ***curatelle*** sauf pour la saisie immobilière à laquelle il ne pourra recourir qu'assisté de son curateur (C. civ., art. 467)[8]. Il était admis avant la réforme des procédures d'exécution, que le ***mineur non émancipé***, capable d'accomplir valablement des actes conservatoires et ceux que la loi ou l'usage l'habilite à faire seul, pouvait par conséquent prendre seul des mesures conservatoires parmi lesquelles figurait la saisie-arrêt jusqu'avant l'instance en validité. Cette solution semble être aujourd'hui condamnée du fait des dispositions de l'article L 26. Quant aux représentants des personnes incapables, ***les tuteurs*** (C. civ., art. 504)[9] **et *l'administrateur légal en cas d'administration légale sous contrôle judiciaire*** (C. civ., art. 389-6) **peuvent recourir sans autorisation à toutes les procédures d'exécution sauf, bien sûr, la saisie immobilière. En l'absence de subrogé tuteur, l'administrateur sous contrôle judiciaire est habilité à recevoir seul des capitaux[10]. Il en va de même du tuteur dans la tutelle sans conseil de famille ni subrogé tuteur. Dans *l'administration légale pure et simple***, chacun des parents peut faire pratiquer, sans autorisation du juge des tutelles et seul, toutes les procédures d'exécution sauf la saisie immobilière qui doit être décidée d'un commun accord, mais sans autorisation extérieure (C. civ.,

5. En ce sens cf. notamment, M. Donnier, *Voies d'exécution et procédures de distribution*, éd. *Litec* 1987, n° 80 et s. ; J. Vincent et J. Prévault, *Voies d'exécution et procédures de distribution*, éd. *Dalloz*, 1987, n° 69 et s.

6. C. civ., anc. art. 481.

7. C. civ., anc. art. 491-2, al. 1.

8. C. civ., anc. art. 510.

9. C. civ., anc. art. 456, al. 1, et anc. art. 457, al. 1.

10. En ce sens, Cass. 1re civ., 2 octobre 1979, *Rép. Not. Def.* 1980, n° 32236, p. 380, n° 6 ; 20 mars 1989, *D. 1*989. 406, note J. Massip.

art. 389-5). **Faute de subrogé tuteur, chacun des parents peut recevoir seul un capital pour le compte de l'enfant**[11]**.**

Concernant la ***saisie immobilière***, le créancier qui en prend l'initiative prenant, comme auparavant, le risque d'être obligé d'acquérir lui-même l'immeuble, à défaut d'enchères (C. civ., art. 2206)[12], l'article 13, alinéa 2, du décret du 27 juillet 2006 dispose que la délivrance du commandement de payer valant saisie, qui est désormais le premier acte d'exécution de la saisie immobilière, « *est un acte de disposition, réalisé aux risques du créancier* ». Par conséquent, si le créancier est mineur, la saisie immobilière est poursuivie par le tuteur qui aura donc besoin de l'autorisation du conseil de famille. Le mineur émancipé est capable comme un majeur et peut recourir lui-même et seul à la saisie immobilière. On sait que le majeur sous sauvegarde de justice conserve l'exercice de ses droits et peut donc saisir les immeubles de leurs débiteurs sans restriction. Quant au majeur sous tutelle, le tuteur accomplit seul les actes d'administration ; en revanche, pour les actes de disposition, il doit être autorisé par le conseil de famille. Il doit donc être autorisé à recourir à la saisie immobilière. Enfin, le majeur sous curatelle doit être assisté de son curateur pour tous les actes qui, sous le régime de la tutelle, requerraient une autorisation du conseil de famille, sauf l'éventuelle dérogation qui leur permettrait d'agir seuls. Le curatellaire peut donc engager une saisie immobilière avec l'assistance de son curateur.

Question voisine de celle de savoir si le créancier a la capacité civile de recourir à la saisie, son ***régime matrimonial*** s'il est marié, est-il de nature à limiter sa liberté de recourir aux procédures d'exécution ? Chacun des époux peut, évidemment recouvrer par voie de saisie, les créances qui font partie des biens qu'ils peuvent administrer seuls, c'est-à-dire sans le concours de leur conjoint. Ainsi, dans le régime légal, chacun des époux peut-il entreprendre seul les saisies nécessaires au recouvrement des créances communes (C. civ., art. 1421). Enfin, il va sans dire que chacun des époux, quel que soit le régime, a le pouvoir d'entreprendre seul les voies d'exécution nécessaires au recouvrement des créances qui lui sont propres (C. civ., art. 1428, 1536 et 1569), de donner mandat à son conjoint (C. civ., art. 218 et 1431) ou d'être habilité en justice à cette fin (C. civ., art. 219, 1426 et 1429).

Dans le même ordre d'idées, Chaque partenaire d'un ***pacte civil de solidarité*** a le pouvoir d'agir seul en recouvrement de ses propres créances. Chacun peut, toutefois, en application des dispositions de l'article 515-1 du Code civil, confier à l'autre, mandat d'agir pour son compte, notamment à cette fin. En outre, lorsque les partenaires ont acquis des biens en indivision (C. civ., art. 515-5-1), à moins qu'ils

11. Cass. 1re civ., 17 janvier 1978, *D.* 1980.17, note Champenois-Marnier, *JCP* 1979, II, 19175, note P. Courbe.
12. Anc. CPC, art. 706, al. 2.

n'aient préféré recourir à l'indivision conventionnelle, il doit être fait application des articles 815 et suivants du Code civil dont il résulte que le recouvrement d'une créance indivise par voie de saisie, nécessite en principe le consentement des deux partenaires[13].

50. Le créancier dispose-t-il d'une liberté totale quant au ***choix de la procédure à mettre en œuvre*** ? Le créancier qui désire recouvrer sa créance voit sa liberté d'action doublement limitée. D'abord, il doit recourir aux procédures d'exécution existantes et ne recourir qu'à celles-ci. Ainsi se traduit le caractère d'ordre public du droit de l'exécution forcée. Le créancier ne saurait en effet recourir à des méthodes plus expéditives constitutives de voies de fait. Le recours aux procédures d'exécution ne saurait non plus être écarté contractuellement. L'interdiction des ***clauses de voie parée*** qui n'est énoncée expressément qu'en matière de saisie immobilière par l'article 2201, alinéa 2 du Code civil[14], concerne finalement toutes les procédures d'exécution. En revanche, n'a plus cette portée générale, la prohibition du ***pacte commissoire***[15] autrefois prévue seulement par les anciens articles 2078 et 2088 du Code civil, respectivement en matière de gage et d'antichrèse. Il s'agit de la convention aux termes de laquelle le créancier deviendra propriétaire du bien donné en garantie, en cas de défaillance du débiteur dans le remboursement de sa dette. Cette prohibition a, en effet, été remise en cause en matière de saisie immobilière, par l'ordonnance nº 2006-346 du 23 mars 2006 portant réforme des sûretés. Aux termes du nouvel article 2458 du Code civil, un créancier hypothécaire impayé peut demander en justice que l'immeuble lui soit attribué en paiement. L'article 2459 prévoit, en outre, qu'il peut en être convenu d'avance dans la convention d'hypothèque. Ce nouveau droit n'est, en revanche, pas ouvert au créancier hypothécaire, lorsque l'immeuble constitue la résidence principale du débiteur.

51. Ensuite, la loi de 1991 rappelle en son article 1er le principe maintes fois proclamé auparavant par la jurisprudence, en disposant que « *tout créancier peut, dans les conditions prévues par la loi, contraindre son débiteur défaillant à exécuter ses obligations à son égard...* ». Le corollaire de cette « liberté de saisir » les biens du débiteur qui ne s'exécute pas, est la liberté de choix de la saisie et des biens que le créancier désire saisir, proclamée par les articles L 22 et L 13 qui disposent respectivement que « *le créancier a le choix des mesures propres à assurer*

13. C. civ., art. 815-3.

14. Solution qui avait déjà cours sous l'empire de l'ancienne saisie immobilière, Anc. CPC, art. 742 : « *Toute convention portant qu'à défaut d'exécution des engagements pris envers lui, le créancier aura le droit de faire vendre les immeubles de son débiteur sans remplir les formalités prescrites pour la saisie immobilière, est nulle et non avenue* ».

15. J.-M. Hocquard, *Le pacte commissoire : une fausse bonne idée, Dr. & patr.* novembre 2005, p. 80.

l'exécution ou la conservation de sa créance... » et que « *les saisies peuvent porter sur tous les biens appartenant au débiteur...* ». Ce libre choix des mesures à mettre en œuvre se trouve cependant doublement limité : en amont par la règle immédiatement posée par l'article L 22, alinéa 1, qui dispose également que « *l'exécution de ces mesures ne peut excéder ce qui se révèle nécessaire pour obtenir le paiement de l'obligation* » ; et en aval, lorsque ce principe de proportionnalité n'aura pas été respecté par le créancier et son huissier de justice, par le pouvoir dont se trouve investi le juge de l'exécution par l'art. L 22, alinéa 2, « ... *d'ordonner la **mainlevée de toute mesure inutile ou abusive** et de condamner le créancier à des dommages-intérêts en cas d'abus de saisie* ». Le créancier ne saurait donc ***abuser*** de son droit de saisir[16].

Dans le même ordre d'idées, aux termes de l'article L 72, alinéa 2, la substitution de mesure conservatoire peut intervenir en cas d'inutilité ou de caractère abusif de la mesure. En outre, en cas de mainlevée ordonnée par le juge d'une mesure conservatoire inutile ou abusive, avec ou sans substitution d'une autre mesure, « *le créancier peut être condamné à réparer le préjudice causé par la mesure conservatoire* » (L. nº 91-650, 9 juillet 1991, art. 73, al. 2, C. org. jud., art. L. 213-6, al. 4)[17].

52. Enfin, le créancier peut-il ***assister aux mesures d'exécution*** dont il a requis la mise en œuvre ? Il ne peut en principe y assister, dispose l'article D 4. Ce principe illustre le souci de préserver la paix publique en évitant d'envenimer davantage les situations conflictuelles par la présence d'un créancier trop vindicatif ou arrogant. Sa présence ne peut être qu'exceptionnelle et nécessite l'accomplissement de certaines formalités. Le créancier ne peut assister aux opérations d'exécution qu'avec l'autorisation du juge de l'exécution (art. D 4 et D 9) ; laquelle ne peut être donnée que si les modalités d'appréhension exigent sa présence. Ce sera par exemple le cas lorsqu'il s'agira de récupérer des marchandises particulières nécessitant des mesures, un matériel ou un savoir-faire spécifiques dont dispose le créancier.

---

16. J. Mestre, *Réflexions sur l'abus du droit de recouvrer sa créance*, Mélanges Raynaud, p. 489 et s. ; G. Taormina, *Le choix des mesures d'exécution forcée*, fasc. 130, in *Droit de l'exécution forcée*, éd. *Journal des Notaires et des Avocats*, avril 2003.

17. Pour la condamnation du créancier, selon la deuxième Chambre civile, il n'est pas exigé la constatation d'une faute de sa part (en ce sens, Cass. 2e civ., 29 janvier 2004, *Bull. civ.* II, nº 35 ; 7 juin 2006, *Rev. banc. et fin.* 2006, nº 142). Pour la Chambre commerciale, au contraire, il ne saurait y avoir aucune responsabilité de ce chef, sans faute (Cass. com., 14 janvier 2004, *Bull. civ.* IV, nº 9, *RTD civ.* 2004, p. 353, obs. R. Perrot).

§ 2. Le débiteur saisi

53. Le saisi est, le plus souvent le débiteur, mais tous les saisis n'ont pas la qualité de débiteur personnel du créancier saisissant. Il faut entendre par ***débiteur personnel***, celui qui a contracté l'obligation mise en recouvrement forcé. Par conséquent, n'ont pas cette qualité, la caution réelle[18] tenue *propter rem*, ainsi que la caution personnelle tenue de garantir la dette du débiteur sur l'intégralité de ses biens. Il en va de même de l'acquéreur de l'immeuble grevé d'hypothèque qui n'a pas purgé. Nous envisagerons lors de l'étude des titres d'exécution, la question de savoir contre qui celui-ci doit être émis[19].

Quant au saisi ayant la qualité de débiteur personnel, il s'agit non seulement de celui ayant contracté personnellement l'obligation, mais également des continuateurs de sa personne à cause de mort, c'est-à-dire des ayants cause universels[20]. L'article 877 du Code civil dispose en effet que « *les titres exécutoires contre le défunt sont pareillement exécutoires contre l'héritier personnellement* ». À cette fin, les mêmes dispositions prescrivent que suite au décès du débiteur, le titre d'exécution devra être signifié à la personne ou au domicile de l'héritier avant de pouvoir poursuivre contre lui l'exécution.

54. Le créancier devra se soucier de la ***capacité civile*** de son adversaire ***de subir une saisie***. Cette question n'a pas vu ses termes renouvelés faute de dispositions spécifiques comparables à celles de l'article L 26. Les solutions demeurent inchangées quant à la capacité du saisi. Les procédures doivent être dirigées contre les père et mère ou le tuteur du mineur non émancipé ; contre le majeur incapable lui-même et son curateur (art. C. civ., art. 467, al. 3)[21] ; et contre le tuteur du majeur en tutelle (C. civ., art. 475).

Concernant la capacité civile de subir une ***saisie immobilière***, le législateur de 1804 avait apporté des restrictions à l'action en exécution forcée du créancier poursuivant, lorsque le bien immeuble était la propriété d'un mineur ou d'un majeur sous tutelle ou curatelle[22]. L'ordonnance du 21 avril 2006 en a reproduit le principe à l'actuel article 2197 du Code civil : les immeubles d'un mineur même émancipé ou d'un majeur en curatelle ou en tutelle ne peuvent être saisis avant la discussion de leurs meubles. Toutefois, cette discussion n'est pas requise avant la saisie des immeubles indivis entre un majeur et un mineur ou un majeur

---

18. Ainsi appelée de manière habituelle, quoiqu'à tort puisque le cautionnement est une sûreté personnelle.

19. Cf. *infra*, n° 75 et n° 110, spécialement note 7.

20. Héritiers, légataires d'universalité.

21. C. civ., anc. art. 510-2.

22. C. civ., anc. art. 2206 et 2207.

en curatelle ou en tutelle si la dette leur est commune. Elle ne l'est pas non plus dans le cas où les poursuites ont été commencées alors que le majeur n'était pas encore placé sous curatelle ou sous tutelle. Quant à la saisie dirigée contre le tuteur, ce dernier n'a pas besoin d'une autorisation du conseil de famille pour présenter la défense de l'incapable qu'il représente. Mais le subrogé tuteur doit être mis en cause. Enfin, lorsque le débiteur est sous curatelle, il est nécessaire de faire au curateur, à peine de nullité, toutes les notifications faites au majeur incapable. En pratique, on met en cause le curateur dans la procédure[23].

Question voisine de celle de savoir si le débiteur a la capacité civile de subir une saisie, et si son ***régime matrimonial*** s'il est marié, impose des contraintes procédurales spécifiques au créancier qui entend entreprendre une exécution forcée[24] ? La saisie de biens appartenant en propre à l'un des époux, pour le recouvrement de dettes qu'il a contractées, ne pose en pratique aucune difficulté quant à la question de savoir contre qui la saisie doit être dirigée, quel que soit le régime matrimonial. Il en va différemment dans le régime matrimonial légal, la communauté étant,

23. Aux termes de l'article 2197, alinéa 1, du Code civil prohibe, comme jadis l'ancien article 2206, la mise en vente des immeubles d'un incapable mineur ou majeur, avant que n'ait été préalablement discuté (vendu) son mobilier. Il faut entendre par « mobilier », non seulement les meubles meublants, mais encore aussi les autres objets que la loi répute meubles, telles les créances, rentes ainsi que le reliquat du compte de tutelle dû au mineur.
Le défaut de discussion préalable du mobilier constitue une cause de nullité de la saisie immobilière. Toutefois, aux termes du second alinéa du nouveau texte, la discussion des meubles ne sera pas requise avant la saisie des immeubles indivis entre un majeur et un mineur ou un majeur en curatelle ou en tutelle, lorsque la dette leur est commune. La discussion ne sera pas non plus requise lorsque les poursuites ont été commencées alors que le majeur n'était pas encore sous curatelle ou tutelle. Ce sera le tuteur seul qui défendra le mineur et l'action pourra être dirigée contre lui uniquement. En revanche, dans la curatelle, la procédure sera poursuivie contre le majeur protégé et son curateur.
La procédure de discussion n'est toujours pas organisée par la loi. On peut se référer aux dispositions de l'article 2465 du Code civil (C. civ., anc. art. 2170) relatif au bénéfice de discussion du tiers détenteur, texte qui renvoie aux articles concernant le cautionnement. Pour parvenir à la vente du mobilier, le créancier doit mettre le tuteur en demeure, au moyen d'une sommation, de désigner les biens meubles de valeur et de présenter un état de ce qu'il peut devoir au mineur. Le tuteur doit répondre à cette sommation par exploit d'huissier. Le créancier doit poursuivre la vente du mobilier et la distribution du prix qui en résulte. Lorsqu'il n'y a aucun meuble susceptible d'être vendu et que le tuteur ne doit rien à l'incapable, il en est dressé procès-verbal de carence et il sera ensuite procédé à la saisie immobilière. Si le tuteur ne répond pas à la sommation, le créancier peut procéder à la saisie immobilière après un délai raisonnable. S'il ne répond que pendant les poursuites, il doit y être sursis jusqu'après la discussion.
24. Dans quelle mesure le régime matrimonial du débiteur est-il source d'obstacle aux procédures civiles d'exécution ? Sur cette épineuse question, voir l'étude d'ensemble de G. Taormina, *Les obstacles au recouvrement forcé résultant des régimes matrimoniaux et du droit des successions*, fasc. 220, in *Droit de l'exécution forcée*, éd. *Journal des Notaires et des Avocats*, novembre 2004.

non pas une indivision, mais une « main commune ». Chaque époux ayant le pouvoir d'administrer seul les biens communs et d'en disposer, conformément aux dispositions de l'article 1421 du Code civil, la saisie de ces biens peut n'être entreprise que contre un seul des époux, en pratique celui qui est seul débiteur en titre. Il existe tout de même une exception notable à cette simplicité procédurale : en matière de saisie immobilière. Désormais, il résulte de l'article 2195 du Code civil, issu de l'ordonnance du 21 avril 2006, que la saisie des immeubles communs doit être poursuivie contre les deux époux, même si le poursuivant n'est porteur d'un titre exécutoire qu'à l'encontre de l'un d'entre eux[25]. En outre, conséquence de l'article 14 du décret nº 2006-936 du 27 juillet 2006, lorsque l'immeuble saisi appartenant en propre à l'un des époux, constitue la résidence de la famille, le commandement de payer valant saisie immobilière doit être dénoncé à son conjoint, au plus tard le premier jour ouvrable suivant la signification de l'acte[26]. Pour la saisie de bien appartenant en propre à un des époux, la saisie devra toujours être poursuivie contre son propriétaire, quel que soit le type de créance ainsi mise en recouvrement et le régime matrimonial, communautaire ou séparatiste.

La conclusion d'un ***pacte civil de solidarité***[27] par le débiteur suscite des difficultés et solutions comparables. L'article 515-4, alinéa 2 du Code civil est équivalent à l'article 220 du même Code sur le recouvrement des dettes ménagères des époux. Mais ***l'indivision*** existant le cas échéant entre partenaires n'est pas du tout soumise au même régime que la communauté. Notons simplement ici que l'article 815-17, alinéa 2, du Code civil fait obstacle à la saisie de la quote-part abstraite du coïndivisaire partenaire seul débiteur en titre d'une dette non ménagère, et que pour saisir un bien indivis, la saisie devra être dirigée contre les deux partenaires[28].

25. En cas d'irrespect de ces nouvelles dispositions, dans le silence de l'ordonnance, on peut hésiter entre la nullité de l'ensemble de la procédure de saisie immobilière ou l'inopposabilité au conjoint non débiteur.

26. Une fois encore, cette obligation n'est pas assortie de sanction, pas plus que le défaut de respect du délai de dénonciation. Si le commandement ne lui est pas dénoncé, la procédure de saisie immobilière lui sera-t-elle inopposable ou pourra-t-il seulement démontrer le préjudice que lui cause le manquement du créancier ?

27. Sur les obstacles à la saisie résultant d'un pacte civil de solidarité, voir l'étude d'ensemble de G. Taormina, *Les obstacles au recouvrement forcé des créances résultant d'un pacte civil de solidarité*, fasc. 223, in *Droit de l'exécution forcée*, éd. *Journal des Notaires et des Avocats*, avril 2001.

28. Sur les obstacles à la saisie résultant de l'indivision, voir l'étude d'ensemble de G. Taormina, *Les obstacles résultant de l'état d'indivision*, fasc. 235, in *Droit de l'exécution forcée*, préc. novembre 2004.

§ 3. Le tiers saisi

55. Le tiers saisi, ***c'est d'abord*** le débiteur du débiteur saisi. Il se peut en effet que le débiteur ait lui-même, par ailleurs, la qualité de créancier. C'est le cas du débiteur d'une somme d'argent, lui-même créancier d'une somme d'argent due par un tiers. Dans ce cas, le créancier du débiteur fera défense au débiteur de ce dernier de se libérer entre les mains de son propre créancier afin d'être payé à sa place.

Ce peut être aussi le tiers à qui le débiteur a confié provisoirement des biens meubles corporels. Ce tiers est de ce fait lui-même débiteur envers le débiteur, d'une obligation de restitution. Le créancier pourra saisir ces biens directement entre les mains du tiers, soit aux fins de vente forcée pour se payer sur le prix en pratiquant préalablement une saisie conservatoire ou directement une saisie-vente ; soit aux fins d'appréhension d'un bien qui lui appartient, en pratiquant préalablement une saisie-revendication ou directement une saisie-appréhension. Il s'agit là de l'application du principe énoncé par l'article 2284 du Code civil[29] aux termes duquel les biens du débiteur peuvent être appréhendés même lorsqu'ils sont détenus par un tiers.

On entend ***enfin*** également par tiers saisi, celui qui se porte caution. *La caution personnelle* ne peut avoir que la qualité de débiteur. Il en est ainsi parce qu'elle est tenue vis-à-vis du créancier comme un codébiteur, sur la totalité de ses biens, et non *propter rem*. Lorsque la caution a le bénéfice de discussion, conformément aux dispositions de l'article 2298 du Code civil, la saisie ne peut être poursuivie contre la caution qu'après que le débiteur a été «*préalablement discuté dans ses biens*», c'est-à-dire que le créancier a exécuté sa créance sur les biens du débiteur. À défaut, la saisie et l'adjudication des biens de la caution seraient nulles. La caution n'a pas le bénéfice de discussion lorsqu'elle y a renoncé ou lorsqu'elle est solidaire. Dans chacune de ces hypothèses le créancier peut poursuivre la saisie des biens de la caution, dès la première défaillance du débiteur en titre, sans avoir à poursuivre préalablement le recouvrement sur les biens de ce dernier. *La caution réelle* n'est tenue que *propter rem* et non pas, comme c'est le cas pour un codébiteur ou une caution personnelle, sur la totalité de ses biens. Lorsqu'elle est poursuivie comme garant, il convient de distinguer une fois encore selon qu'elle a ou non le bénéfice de discussion. On sait que la jurisprudence considère que la caution réelle ne l'a pas, sauf stipulation contraire. Selon qu'elle l'a ou non, on appliquera les *mêmes solutions que pour la caution personnelle.*

29. C. civ., anc. art. 2092.

Section 2
Le juge de l'exécution[30]

56. Le droit ancien était caractérisé par un grand nombre de juges ayant vocation à connaître de certains aspects du contentieux de l'exécution[31], ce qui entraînait une dispersion tout à fait fâcheuse de la matière, malgré les dispositions de l'article L. 311-11 de l'ancien Code de l'organisation judiciaire issu de la loi n° 72-626 du 5 juillet 1972 qui disposait que « *le tribunal de grande instance connaît à juge unique de tout ce qui a trait à l'exécution forcée des jugements et d'autres actes... Il connaît également des contestations qui s'élèveraient sur le fond du droit au cours de l'exécution, lorsque celle-ci porte sur les biens...* ». Ce texte évoquait l'existence d'un juge de l'exécution généraliste dans les mains duquel devait être centralisé le contentieux de l'exécution. Dans le même ordre d'idées, l'article L. 311-12 précité, disposait d'ailleurs que « *les cas et conditions dans lesquels le tribunal de grande instance connaîtra à juge unique de ce qui a trait à l'exécution forcée des jugements et autres actes seront déterminés par le Code de procédure civile* ». Mais, le texte d'application promis ne verra jamais le jour[32].

30. J.-J. Barbieri, *La compétence d'attribution du juge de l'exécution*, *LPA* 17 janvier 1996 ; J. Beaux-Lamotte, *Le juge de l'exécution*, *GP* 10-11 mars 1993, p. 16 et s. ; J.-J. Bourdillat, *Le Noël du juge de l'exécution : un cadeau mérité*, *GP* 20-21 août 1997, p. 2 et s. ; M. Dymant, *Le juge de l'exécution : compétence, pouvoirs et inversement. Le référé dans l'exécution*, *Rev. huissiers* 1995.1299 ; J.-J. Hanine, *Le juge de l'exécution*, *Rev. des huissiers.* 15 janvier 1993, n° 2, p. 57 et s. ; P. Julien, *Le juge de l'exécution*, *LPA*, 6 janvier 1993, n° 3, p. 45 et s. ; P. Julien, *Juge de l'exécution*, *Enc. Dalloz proc. civ.*, éd. 1994 ; M. Landraud, *Bilan d'un juge de l'exécution*, *D.* 1994.65 ; J. Normand, *Le juge de l'exécution*, *RTD civ.* n° spé. in *La réforme des procédures civiles d'exécution*, éd. *Sirey* 1993, p. 31 et s. ; J. Normand, *La compétence du juge de l'exécution*, *Rev. huissiers* 1996.2 ; F. Ruellan et R. Lauba, *À propos de la loi du 9 juillet 1991 portant réforme des procédures civiles d'exécution : les enjeux du contrôle juridictionnel*, *GP* 10-12 janvier 1993, p. 7 et s. ; G. Taormina, *Le juge de l'exécution*, fasc. 155, in *Droit de l'exécution forcée*, éd. *Journal des Notaires et des Avocats*, novembre 2004.

31. Pour un exposé exhaustif, cf. G. Taormina, *Le nouveau droit des procédures d'exécution et de distribution*, tome I, éd. *Le JNA*, 1993, n °64 ; G. Taormina, *Les anciens juges de l'exécution*, fasc.107, in *Droit de l'exécution forcée*, éd. *Journal des Notaires et des Avocats*, novembre 1998.

32. Faute de décret d'application, la Cour d'appel de Paris, dans un arrêt en date du 12 juillet 1978 (*RTD civ.* 1979.428, n° 3 *in fine*, obs. J. Normand), considérera à juste titre que la loi du 5 juillet 1972 n'est jamais entrée en vigueur. La jurisprudence ne manquera cependant pas de tenter de donner à cette juridiction une réalité juridique en estimant que son intervention n'était subordonnée ni à l'urgence, ni à l'absence de contestation sérieuse, ne s'agissant pas d'un juge des référés (Cass. 3e civ., 10 janvier 1978, *Bull. civ.* III, n° 28, *RTD civ.*1978, p. 914, obs. J. Normand ; Cass. 2e civ., 18 décembre 1978, *Bull. civ.* II, n° 280, *JCP* 1979.IV.14 ; 11 février 1976, *Bull. civ.* II, n° 44).

Cette réforme ne sera finalement réalisée que dans le cadre de la loi de 1991 et du décret de 1992 portant réforme des procédures civiles d'exécution. La réforme de la saisie immobilière en 2006 est un pas de plus vers cette centralisation. Il en résulte un juge de l'exécution, institution entièrement rénovée aux mains de laquelle la presque totalité des attributions autrefois dispersées entre d'innombrables juridictions se trouvent aujourd'hui réunies. Il subsiste toutefois çà et là quelques juges spécialisés que nous signalerons ponctuellement.

57. Aux termes de l'article L. 213-5 du Code de l'organisation judiciaire[33], « *Les fonctions de juge de l'exécution sont exercées par le président du tribunal de grande instance. /Lorsqu'il délègue ces fonctions à un ou plusieurs juges* (magistrat du siège bien sûr), *le président du tribunal de grande instance fixe la durée et l'étendue territoriale de cette délégation* »[34]. Peuvent ainsi être délégués dans les fonctions de juge de l'exécution, notamment des juges d'instance.

Dans les départements du Bas-Rhin, du Haut-Rhin et de la Moselle, « *les fonctions du tribunal de l'exécution sont exercées par le tribunal d'instance. /Le tribunal de l'exécution connaît : 1° De l'exécution forcée sur les biens immeubles ; 2° De l'administration forcée des immeubles ; 3° De la procédure en matière de purge des hypothèques* » (C. org. jud., art. L. 223-2 ; anc. art. L. 911-3).

33. Anc. C. org. jud., art. L. 311-12.

34. La délégation nécessite l'accomplissement de certaines modalités. Aux termes de l'article R. 213-10 du Code de l'organisation judiciaire : « *Lorsque le président du tribunal de grande instance délègue les fonctions de juge de l'exécution à un ou plusieurs juges du tribunal, la délégation est effectuée conformément aux dispositions de l'article L. 121-3. /L'ordonnance de délégation est adressée au bâtonnier de l'ordre des avocats et au président de la chambre départementale des huissiers de justice. Elle est affichée au greffe des juridictions comprises dans le ressort du tribunal de grande instance ainsi que dans les mairies des communes comprises dans ce ressort. /*
En cas de modification de l'étendue territoriale de la délégation par le président du tribunal de grande instance, le dossier est transmis au greffe de la nouvelle juridiction. Les actes et formalités liés au déroulement des mesures d'exécution et des mesures conservatoires déjà engagées continuent à être effectués au greffe de la juridiction initialement désignée qui en assure la transmission ». L'article L. 121-3 du Code de l'organisation judiciaire traite de l'organisation annuelle de chaque juridiction par son président, dans le cadre de la répartition des juges du siège dans les différents services de la juridiction. Cette ordonnance présidentielle est modifiable par la suite, dans les mêmes formes, en cours d'année, en cas de cessation, d'interruption de fonction ou d'absence des magistrats délégataires.
Quant aux conflits de compétences entre juge de l'exécution délégués, aux termes de l'article R. 213-11 du Code de l'organisation judiciaire, « *Le président du tribunal de grande instance tranche les incidents relatifs à la répartition des affaires entre les juges auxquels il a délégué les fonctions de juge de l'exécution. /Les décisions relatives aux incidents sont des mesures d'administration judiciaire* » et comme telles, insusceptibles de voies de recours (CPC, art. 537).
L'ensemble de ces solutions figurait auparavant aux articles R. 311-23, R. 311-24 et R. 311-29-2 de l'ancien Code de l'organisation judiciaire.

Le juge de l'exécution, juridiction à juge unique, peut renvoyer l'affaire à la formation collégiale du tribunal de grande instance (C. org. jud., art. L. 213-7)[35]. La formation collégiale comprend alors le juge qui a ordonné le renvoi. Sa décision est à cet égard une mesure de simple administration judiciaire, et comme telle, insusceptible de voies de recours (C. org. jud., art. R. 213-12)[36].

58. Aux termes de l'article R. 222-8, alinéa 1, du Code de l'organisation judiciaire, « *à l'exception de la procédure de saisie immobilière, le greffe du juge de l'exécution est le greffe du tribunal d'instance lorsqu'un magistrat chargé du service d'un tribunal d'instance a été désigné pour exercer les fonctions de juge de l'exécution* »[37]. Le président du tribunal de grande instance qui entend déléguer un juge d'instance dans les fonctions de juge de l'exécution, devra donc, préalablement s'enquérir de savoir si « la logistique suit », c'est-à-dire si le greffe du tribunal d'instance est suffisamment pourvu en personnel, car le contentieux de l'exécution est un contentieux quantitativement non négligeable. Les pouvoirs publics, lors de la réforme de la saisie immobilière, ont toutefois eu le souci de ne pas alourdir encore davantage la charge de travail du greffe du tribunal d'instance. C'est la raison pour laquelle, lorsque le juge de l'exécution est juge d'instance, le service du greffe des saisies immobilières demeure, comme avant la réforme de 2006, assuré par celui du tribunal de grande instance.

Après avoir exposé les règles de compétence ***(sous-section 1)***, nous envisagerons les modalités de la procédure devant cette juridiction ***(sous-section 2)***. Cet exposé ne serait pas complet si nous ne disions pas quelques mots du tribunal d'exécution[38] des départements du

35. Anc. C. org. jud., art. L. 311-12-2.

36. Anc. C. org. jud., art. L. 311-13, CPC, art. 537. À ce propos, l'article R. 311-29-3 de l'ancien Code de procédure civile, disposait que dans ce cas, « *l'affaire est inscrite à la première audience utile de cette formation,* (laquelle) *comprend le juge qui a ordonné le renvoi* ». Il n'y a pas de disposition équivalente dans l'actuel Code de l'organisation judiciaire, mais on imagine mal en pratique, que dans cette matière l'on tarde à audiencer l'affaire.
Ultime question inhérente au renvoi en collégiale devant le tribunal de grande instance, lorsque le juge de l'exécution est un juge d'instance délégué dans ces fonctions, aux termes de l'article R. 222-8, alinéa 2 du Code de l'organisation judiciaire, « *en cas de renvoi à la formation collégiale, le dossier est transmis dans les huit jours de l'ordonnance de renvoi au greffe du tribunal de grande instance. Celui-ci pourvoit exclusivement aux nécessités du déroulement de l'audience et à la mise en forme du jugement. Dans les cinq jours du prononcé du jugement par la formation collégiale, le dossier et la minute sont retransmis au greffe du juge de l'exécution qui en assure la conservation et procède aux notifications utiles* ».

37. Anc. C. org. jud., art. R. 811-6.

38. G. Taormina, *Le tribunal d'exécution dans les départements d'Alsace-Moselle*, fasc.157, in *Droit de l'exécution forcée*, éd. *Journal des Notaires et des Avocats*,

Haut-Rhin, du Bas-Rhin et de la Moselle, qui connaît dans ces départements, seulement « *1° De l'exécution forcée sur les biens immeubles ; 2° De l'administration forcée des immeubles ; 3° De la procédure en matière de purge des hypothèques* » (C. org. jud., art. L. 223-2) ***(sous-section 3)***.

Sous-section 1
Compétence

59. Après avoir énoncé les règles générales de la compétence du juge de l'exécution *(§ 1)*, nous envisagerons ses attributions générales, c'est-à-dire indépendamment de la procédure d'exécution mise en œuvre *(§ 2)*.

§ 1. Règles générales

60. La compétence du juge de l'exécution est exclusive, aux termes de l'article L. 213-6, alinéa 1, du Code de l'organisation judiciaire qui dispose que « *Le juge de l'exécution connaît,* ***de manière exclusive****, des difficultés relatives aux titres exécutoires et des contestations qui s'élèvent à l'occasion de l'exécution forcée, même si elles portent sur le fond du droit à moins qu'elles n'échappent à la compétence des juridictions de l'ordre judiciaire* ». Cette compétence est-elle d'ordre public ? Toute autre juridiction saisie à sa place doit-elle se déclarer d'office incompétente au profit du juge de l'exécution ? L'article L. 311-12-1, alinéa 4, de l'ancien Code de l'organisation judiciaire disposait de manière plus explicite que « *tout juge autre que le juge de l'exécution doit relever d'office son incompétence* ». Il s'agissait là d'une exception notable à l'article 92 du Code de procédure civile aux termes duquel, le juge n'a pas à soulever d'office son incompétence, fût-elle d'ordre public. Les solutions originelles issues de la réforme de 1991-1992 doivent-elles être conservées ? Il ne peut qu'être répondu affirmativement à cette question, car le décret n° 92-755 du 31 juillet 1992 dispose toujours en son article 10, que « *les règles de compétence prévues* (par lui)*, sont d'ordre public* ». Modifié par le décret n° 96-1130 du 18 décembre 1996, l'article D 8 dispose en outre, en un alinéa 3, que « *le juge de l'exécution peut* (lui aussi) *relever d'office son incompétence* ». Enfin, pour couper cours à

---

octobre 2000. Tandis que notre très parisien Code de l'organisation judiciaire parle de « tribunal *de* l'exécution » comme il y a un juge *de* l'exécution, la loi de 1924 parle de juge d'exécution. C'est cette seconde appellation que nous retiendrons.

toute discussion sur ce point, suscité il est vrai par une rédaction peu heureuse de l'article L. 213-6, alinéa 1, du Code de l'organisation judiciaire, l'article D 8, alinéa 1, complété par le décret n° 2008-522 du 2 juin 2008, dispose désormais que « *tout juge autre que le juge de l'exécution doit relever d'office son incompétence* ». Également issu du décret de 1996, un article D 9-1 dispose que « *les décisions du juge de l'exécution statuant sur sa compétence ne sont pas susceptibles de* ***contredit***[39] **». Les parties ne sauraient déroger aux règles attribuant compétence au juge de l'exécution. En cela, et en cela seulement, les règles de compétence en la matière sont d'ordre public. Il convient cependant de relativiser la portée de la règle, faute d'abrogation ou de modification de certains textes en certaines matières, car nous verrons que certaines juridictions qui ne sont pas le juge de l'exécution, conservent ponctuellement leur compétence en matière d'exécution forcée.**

61. Quant à la ***compétence territoriale***, l'article D. 9 envisage deux situations « *à moins qu'il n'en soit disposé autrement* », par d'autres textes généraux propres à chaque procédure. Lorsque le débiteur demeure en France, le demandeur, c'est-à-dire celui qui saisit le juge de l'exécution, a le choix entre deux options : ou bien saisir le juge de l'exécution du lieu où demeure le débiteur ; ou bien saisir celui du lieu d'exécution de la mesure. Lorsque le débiteur demeure à l'étranger[40], ou lorsque le lieu où il demeure est inconnu, est compétent le juge de l'exécution du lieu d'accomplissement de la mesure.

§ 2. Attributions générales

62. Quant à la ***compétence d'attribution***, nous n'envisagerons successivement pour l'heure, que les compétences communes, c'est-à-dire les pouvoirs conférés au juge de l'exécution, indépendamment du type de procédure d'exécution dont il s'agit. Ces attributions sont énumérées

39. Mais lorsqu'elle est saisie à tort par la voie d'un contredit, contre une décision rendue par un juge de l'exécution, une cour d'appel n'en demeure pas moins saisie, conformément aux dispositions générales de l'article 91 du Code de procédure civile (Cass. 2e civ., 10 février 2005, *Bull. civ.* II, n° 26). Saisi sur contredit au lieu de l'être d'un appel, « *l'affaire est alors instruite et jugée selon les règles applicables à l'appel...* » (CPC, art. 91, al. 2).

40. La compétence attribuée au juge de l'exécution du domicile du débiteur par l'article D. 211, n'est pas exclusive de l'application de l'article D. 9, al. 2, dont les dispositions d'ordre public donnent compétence au juge de l'exécution du lieu d'exécution de la mesure lorsque le débiteur demeure à l'étranger. Le juge de l'exécution dans le ressort duquel est situé l'un des immeubles du débiteur demeurant à l'étranger, est compétent pour autoriser des inscriptions d'hypothèque sur les biens immobiliers du débiteur situés en dehors de son ressort (Cass. 2e civ., 9 novembre 2006, *Bull. civ.* II, n° 310).

en vrac à la fois dans l'article L. 213-6 du Code de l'organisation judiciaire[41] et dans d'autres textes de la loi de 1991.

63. Aux termes des dispositions de l'article L. 213-6, alinéa 1, du Code de l'organisation judiciaire[42], « *le juge de l'exécution connaît, des* ***difficultés relatives aux titres exécutoires*** ». On devrait plutôt lire « titres d'exécution », puisque nous verrons qu'il existe des titres d'exécution qui ne sont pas des titres exécutoires *proprio motu*[43]. Lorsque par exemple la formule exécutoire aura été apposée à tort sur un titre, le juge de l'exécution pourra trancher la contestation que cette apposition pourra avoir entraînée. Mais il s'agit là plutôt d'un cas d'école. Le problème est souvent plus complexe. Il peut s'agir aussi d'un titre exécutoire imprécis parce qu'il ne comporte aucune liquidation de la créance. C'est notamment le cas des copies exécutoires de contrats de crédit notariés. En cas de contestation sur le montant précis de la créance mise à exécution, le juge de l'exécution sera compétent pour en connaître.

Il semble toutefois que le juge de l'exécution ne saurait se prononcer que sur la régularité extrinsèque du titre exécutoire[44]. Telle semble être la solution, la Cour de cassation, dans un avis en date du 16 juin 1995[45], ayant eu l'occasion de dire que « ***le juge de l'exécution*** *ne peut être saisi de difficultés relatives à un titre exécutoire qu'à l'occasion des contestations portant sur les mesures d'exécution forcée engagées ou opérées sur le fondement de ce titre, et* (qu'il) ***n'a pas compétence pour connaître des demandes tendant à remettre en cause le titre dans son principe, ou la validité des droits et obligations qu'il constate*** ». En l'espèce, le débiteur qui s'était engagé dans le cadre d'un acte notarié, prétendait devant le juge de l'exécution ayant saisi la Cour de cassation pour avis, avoir consenti sous l'empire d'un état d'insanité d'esprit. Il ne s'agissait donc pas là d'une difficulté dont le juge de l'exécution pût connaître. C'est en application de ces principes généraux, que la deuxième Chambre civile rappelle que le juge de l'exécution n'a pas compétence pour prononcer l'annulation d'une décision de justice[46]. Il est seul compétent pour constater, à l'occasion de la mise à exécution forcée, la caducité du titre exécutoire en application des dispositions de l'article 478 du Code de

41. De manière moins complète, moins explicite que feu l'article L. 311-12-1 de l'ancien Code de l'organisation judiciaire.

42. Anc. C. org. jud., art. L. 311-12-1, al. 1.

43. Cf. *infra*, n° 128.

44. Caractère exécutoire, formule exécutoire, ...

45. *Bull. avis*, n° 9, *JCP* éd. N 1996, II, 242, *RTD civ.* 1995, p. 691, obs. R. Perrot ; dans le même sens, usant de la même formule, Cass. soc., 27 janvier 2000, *D.* 2000, IR, 69, *JCP* 000, IV, 1470.

46. Cass. 2e civ., 25 mars 1998, *Bull. civ.* II, n° 107.

procédure civile[47]. Il est également compétent pour constater l'acquisition de plein droit d'une clause résolutoire[48]. Il est seul compétent pour connaître des difficultés d'exécution de l'ordonnance d'un juge-commissaire rendue dans le cadre d'une procédure de liquidation judiciaire[49].

En tout état de cause, le juge de l'exécution n'est compétent pour connaître des difficultés relatives à un titre d'exécution, qu'à la condition qu'une mesure d'exécution forcée ait été entreprise sur le fondement de ce titre[50].

64. Il a compétence pour trancher les ***difficultés d'exécution rencontrées par l'huissier de justice*** (art. L 19, al. 2). À cette fin, il entend en leurs observations l'huissier auteur du procès-verbal de difficultés et le débiteur. L'huissier de justice qui refuse son concours peut lui en référer s'il l'estime nécessaire (art. L 18). Aux termes de l'article L 18, les huissiers de justice qui sont seuls habilités à procéder à l'exécution forcée et aux saisies conservatoires, ne sont en effet tenus de prêter « *leur ministère et leur concours* » que si la mesure requise ne revêt aucun caractère illicite, et si son coût n'est pas manifestement susceptible de dépasser le montant de la créance réclamée « *à l'exception des condamnations symboliques que le débiteur refuserait d'exécuter* » (*sic*). Lorsqu'ils refusent de prêter leur concours, le texte précise qu'ils en réfèrent au juge de l'exécution « *s'ils l'estiment nécessaire* ». Le juge de l'exécution peut certainement prendre les mesures conservatoires qu'il jugera utiles pour pallier le refus de l'huissier de prêter son concours. Mais pourrait-il rendre une ordonnance l'autorisant ou lui enjoignant de prêter son concours ? En l'absence de dispositions dotant le juge de l'exécution de ce pouvoir, nous ne le pensons pas.

65. Compétence du même ordre, « *Le juge de l'exécution connaît, des* ***contestations qui s'élèvent à l'occasion de l'exécution forcée****, même si elles portent sur le fond du droit à moins qu'elles n'échappent à la compétence des juridictions de l'ordre judiciaire* » (C. org. jud., art. L. 213-6, al. 1)[51]. Les contestations nées à « *l'occasion de l'exécution forcée* », c'est-à-dire de la mise en œuvre d'une voie d'exécution,

47. Cass. 2e civ., 11 octobre 1995, *Bull. civ.* II, n° 233, ayant estimé que la cour d'appel saisie par la partie non comparante en première instance est incompétente pour constater cette caducité.

48. Cass. 2e civ., 26 novembre 1997, *Bull. civ.* II, n° 284, *JCP* 998.II.10061, note E. Du Rusquec.

49. Cass. 2e civ., 28 avril 1998, *Bull. civ.* II, n° 134, en l'espèce, une astreinte prononcée contre le notaire chargé de vendre les immeubles du débiteur en liquidation, de gré à gré, pour l'obliger à remettre la moitié du prix au liquidateur.

50. Cass. 2e civ., 11 juin 1997, *Bull. civ.* II, n° 183 ; 9 juillet 1987, *Bull. civ.* II, n° 227.

51. Anc. C. org. jud., art. L. 311-12-1, al. 1.

pourront toucher non seulement la procédure elle-même[52], mais aussi le droit qu'elle est censée mettre en œuvre. Quatre difficultés sont suscitées par les textes : la possibilité de modifier la décision mise à exécution, l'interprétation et la rectification de la décision mise à exécution ; la suspension de l'exécution et la compétence des juridictions de l'ordre administratif.

Quant à la possibilité pour le juge de l'exécution de ***modifier la chose jugée***, l'article D 8, alinéa 2, dispose qu'il « *... ne peut... modifier le dispositif de la décision de justice qui sert de fondement aux poursuites...* »[53]. Le juge de l'exécution n'est pas une juridiction d'appel et sa saisine n'équivaut pas à un recours en révision. D'ailleurs l'apparition d'un nouvel élément depuis l'émission du titre exécutoire n'est pas précisément l'un des cas d'ouverture à recours en révision prévus par l'article 595 du Code de procédure civile. Toutefois, le juge de l'exécution va certainement, par exemple, pouvoir refaire le compte entre les parties lorsque des paiements sont intervenus depuis l'émission du titre exécutoire. Il va pouvoir notamment constater la compensation intervenue depuis.

66. Le juge de l'exécution a-t-il le pouvoir d'***interpréter*** une décision de justice dépourvue de clarté ou de ***rectifier l'erreur matérielle*** qui l'affecte ? On sait que les articles 461 et 462 du Code de procédure civile attribuent compétence en la matière à la juridiction qui a rendu la décision. Il ne semble cependant pas qu'il y ait là des obstacles à la compétence du juge de l'exécution conditionnée seulement par l'existence d'une difficulté d'exécution ; et la jurisprudence avait admis, avant la réforme, la compétence incidente d'une juridiction autre que celle ayant rendu la décision, pour interpréter celle-ci[54]. Ces solutions doivent être reprises tant en matière d'interprétation[55], qu'en matière de rectification d'erreur purement matérielle[56].

---

52. Existence d'un titre exécutoire, accomplissement de toutes les formalités requises par les dispositions régissant la procédure d'exécution mise en œuvre...

53. Le juge de l'exécution ne peut ni modifier le dispositif de la décision de justice qui sert de fondement aux poursuites, ni connaître de demandes tendant à mettre en cause le titre dans son principe ou la validité des droits et obligations qu'il constate (Cass. 1re civ., 16 novembre 2004, *Bull. civ.* I, n° 271 ; Cass. 2e civ., 31 janvier 2002, *Bull. civ.* II, n° 11 ; 13 septembre 2007, *Bull. civ.* II, n° 219). Le principe est également applicable devant la cour d'appel (Cass. 2e civ., 24 septembre 1997, *Bull. civ.* II, n° 233).

54. Cass. 1re civ., 18 janvier 1989, *Bull. civ.* I, n° 22 ; voir aussi : Cass. 1re civ., 24 février 1976, *Bull. civ.* I, n° 65, *JCP* 1987, IV, 152, *D. 1*987, I. R., 53 ; Cass. 2e civ., 11 février 1976, *Bull. civ.* II, n° 44, *RTD civ.* 1988, p. 171, obs. J. Normand ; Cass. 3e civ., 10 janvier 1978, *Bull. civ.* III, n° 28, *RTD civ.* 1978, p. 914 ; Cass. 3e civ., 18 décembre 1978, *Bull. civ.* III, n° 280, *JCP* 1979, IV, 14, *GP* 1979.2.336, note J. Viatte, *RTD civ* 1979, p. 427, obs. J. Normand ; Cass. 3e civ. 16 juin 1981, *D. 1*981, I. R., 470.

55. Cass. 2e civ., 6 novembre 2008, *Procédures* 2009, comm. 14, obs. R. Perrot.

67. Le décret du 31 juillet 1992 comportait, en son article 8, alinéa 2, la disposition suivante : « *Le juge de l'exécution ne peut ni modifier le dispositif de la décision de justice qui sert de fondement aux poursuites,* ***ni en suspendre l'exécution si ce n'est dans les cas prévus par la loi pour l'octroi d'un délai de grâce*** ». Ces dispositions énigmatiques étaient assurément plus restrictives que la loi, puisque la *modification* du dispositif de la décision ne serait alors possible que dans le cadre des pouvoirs énumérés aux articles 1244-1 et suivants du Code civil, et seulement pour l'octroi des délais de grâce. L'article D 8 réécrit par le décret du 18 décembre 1996 dispose désormais en son alinéa 2, que « *le juge de l'exécution ne peut ni modifier le dispositif de la décision de justice qui sert de fondement aux poursuites,* ***ni en suspendre l'exécution****. Toutefois, après signification du commandement ou de l'acte de saisie, selon le cas, il a compétence pour accorder un* ***délai de grâce*** »[57]. **Nous verrons qu'il existe en réalité bien des cas dans lesquels, en dehors de toute demande de délai de grâce, le juge de l'exécution peut suspendre l'exécution quand elle n'est pas suspendue automatiquement, notamment en cas de demande d'annulation d'une procédure d'exécution, ou d'inscription de faux contre le titre d'exécution.**

68. Il existe une ultime restriction à la compétence du juge de l'exécution : il ne pourra connaître d'une contestation que si l'affaire ne relève pas de la ***compétence des juridictions de l'ordre administratif***. Le juge de l'exécution ne saurait en effet être plus compétent que n'importe quelle autre juridiction de l'ordre judiciaire. D'une manière générale, lorsqu'une créance de droit public est mise en recouvrement par voie de saisie, le juge de l'exécution ne saurait, bien évidemment être compétent pour connaître du bien fondé de cette créance.

69. Le juge de l'exécution tranche les ***contestations relatives à la charge des frais d'exécution forcée*** (art. L 32)[58].

56. Mais les pouvoirs conférés au juge de l'exécution ne font pas obstacle à la compétence de la juridiction qui a rendu la décision de justice mise à exécution, pour l'interpréter (Cass. 2e civ., 9 juillet 1987, *GP* 11-12 février 1998, p. 9, D. 1997.I. R. 184 ; CA Versailles, 13 janvier 2000, *D.* 2000.I. R. 68).

57. En même temps que les dispositions de l'article D. 8, le décret du 18 décembre 1996 a modifié celles de l'article 510 du Code de procédure civile qui dispose désormais que, « *sous réserve des alinéas suivants, le délai de grâce ne peut être accordé que par la décision dont il est destiné à différer l'exécution. /En cas d'urgence, la même difficulté appartient au juge des référés. /Après signification d'un commandement ou d'un acte de saisie, selon le cas, le juge de l'exécution a compétence pour accorder un délai de grâce. Cette compétence appartient au tribunal d'instance en matière de saisie des rémunérations. /L'octroi du délai doit être motivé* ».

58. Cette question a déjà été étudiée, cf. *supra*, nos 32 à 34.

70. Aux termes de l'article L. 213-6, alinéa 2, du Code de l'organisation judiciaire, le juge de l'exécution « ... *autorise les mesures conservatoires et connaît des contestations relatives à leur mise en œuvre* »[59].

71. L'exécution forcée des obligations n'est pas seulement susceptible de se heurter à des difficultés pratiques ou de susciter des contestations. Elle peut aussi être source de responsabilité civile. Aux termes des dispositions de l'article L. 213-6, alinéa 4, du Code de l'organisation judiciaire, le juge de l'exécution « ... *connaît sous la même réserve* (c'est-à-dire à la condition que l'affaire ne relève pas de la compétence des juridictions de l'ordre administratif) *des* ***demandes en réparation*** *fondées sur l'exécution ou l'inexécution dommageables des mesures d'exécution forcée ou des mesures conservatoires* »[60]. Cette réparation peut se faire soit par équivalent, soit en nature. Comme tout fait de l'homme, la mise en œuvre des voies d'exécution peut être source de responsabilité civile. À ce titre, le juge de l'exécution est compétent pour octroyer aux victimes des dommages-intérêts. Le débiteur qui résiste abusivement à une mesure d'exécution forcée peut être condamné par le juge de l'exécution à des dommages-intérêts (art. L 23, al. 1). Il en va de même des tiers (art. L 24, al. 2 et art. L 33, al. 2). Dans le même ordre d'idées, aux termes de l'article L 72, alinéa 2, la substitution de mesure conservatoire peut intervenir en cas d'inutilité ou de caractère abusif de la mesure. En outre, en cas de mainlevée ordonnée par le juge d'une mesure conservatoire inutile ou abusive, avec ou sans substitution d'une autre mesure, « *le créancier peut être condamné à réparer le préjudice causé par la mesure conservatoire* » (L. n° 91-650, 9 juillet 1991, art. 73, al. 2, C. org. jud., art. L. 213-6, al. 4)[61]. Les huissiers de justice ne sont visés expressément par aucun texte, mais la généralité des dispositions de l'article L. 213-6, al. 4, du Code de l'organisation judiciaire confère au juge de l'exécution le pouvoir de les condamner éventuellement à des dommages-intérêts[62].

Mais la réparation en nature n'est-elle pas une fois encore la forme la plus adéquate ? À cette fin, « *le juge de l'exécution a le pouvoir d'ordonner la mainlevée de toute mesure inutile ou abusive* » (art. L 22, al. 2). Cette décision « *emporte, dans la limite de son objet, suspension des*

59. Cf. *infra*, n°s 342 et s.
60. Anc. C. org. jud., L. 311-12-1, al. 3.
61. Pour la condamnation du créancier, selon la deuxième Chambre civile, il n'est pas exigé la constatation d'une faute de sa part (en ce sens, Cass. 2e civ., 29 janvier 2004, *Bull. civ.* II, n° 35 ; 7 juin 2006, *Rev. banc. et fin.* 2006, n° 142). Pour la Chambre commerciale, au contraire, il ne saurait y avoir aucune responsabilité de ce chef, sans faute (Cass. com., 14 janvier 2004, *Bull. civ.* IV, n° 9, *RTD civ.* 2004, p. 353, obs. R. Perrot).
62. En ce sens, Cass. 2e civ., 24 juin 1998, *Bull. civ.* II, n° 222.

poursuites dès son prononcé et suppression de tout effet d'indisponibilité dès sa notification » (art. D 26).

72. Nous avons vu que le juge de l'exécution dispose d'un certain nombre de pouvoirs en matière d'***astreinte***[63].

73. Conséquence de la réforme de la saisie immobilière en 2006, désormais, « *Le juge de l'exécution connaît, sous la même réserve, de* ***la procédure de saisie immobilière****, des contestations qui s'élèvent à l'occasion de celle-ci et des demandes nées de cette procédure ou s'y rapportant directement, même si elles portent sur le fond du droit* ***ainsi que de la procédure de distribution qui en découle*** » (C. org. jud., art. L. 213-6, al. 3).

74. Aux termes des dispositions de l'article L. 313-2 du Code monétaire et financier, « *En cas de condamnation pécuniaire par décision de justice, le* ***taux de l'intérêt légal***[64] *est majoré de cinq points à l'expiration d'un délai de deux mois à compter du jour où la décision de justice est devenue exécutoire, fût-ce par provision. Cet effet est attaché de plein droit au jugement d'adjudication sur saisie immobilière, quatre mois après son prononcé. /Toutefois, le juge de l'exécution peut, à la demande du débiteur ou du créancier, et en considération de la situation du débiteur*[65]*, exonérer celui-ci de cette majoration ou en réduire le montant* », c'est-à-dire aller même jusqu'à la supprimer[66].

75. Aux termes des dispositions de l'article L 28, le juge de l'exécution est compétent pour ***permettre que les procédures d'exécution puissent avoir lieu un dimanche, un jour férié, avant 6 h 00 et après 21 h 00***[67] et, aux termes des dispositions de l'article D 4, pour autoriser « *la personne qui a requis une mesure d'exécution forcée ou une mesure conservatoire* » à « ***assister aux opérations d'exécution*** »[68].

76. Ce n'est pas exclusivement du droit de l'exécution forcée, mais l'article L. 213-6, alinéa 5, du Code de l'organisation judiciaire, dispose que c'est également le juge de l'exécution « ... *qui connaît des mesures de traitement des situations de surendettement des particuliers et de la procédure de rétablissement personnel* ». La mise en œuvre de ces

---

63. Cf. *supra*, n°s 25 et s.

64. Le taux légal a été de 10,40 % en 1993, 4,26% en 2002, 3,29% en 2003, 2,27% en 2004, 2,05% en 2005, 2,11% en 2006, 2,95% en 2007, 3,99% en 2008, 3,79% en 2009 et... **0, 65 %** pour 2010 (D. n° 2010-127, 10 février 2010) !

65. Condition matérielle, résistance abusive, bonne ou mauvaise foi.

66. Sur cette question, cf. G. Taormina, *Les intérêts moratoires*, fasc. 180, in *Droit de l'exécution forcée*, éd. *Journal des Notaires et des Avocats*, avril 2005.

67. Cf. *supra*, n°s 27 et s.

68. Cf. *supra*, n° 52.

procédures collectives civiles de traitement du surendettement régies par le Code de la consommation, n'est pas sans incidence sur le cours des procédures d'exécution[69].

77. L'article 590 du Code de procédure civile non modifié dispose toujours que « ***le juge saisi de la tierce opposition à titre principal ou incident peut suspendre l'exécution du jugement attaqué*** ». L'existence de telles dispositions est justifiée par la nature juridique de la tierce opposition. Voie de recours extraordinaire, elle n'a, par conséquent, pas d'effet suspensif (CPC, art. 579). Or, la mise à exécution de la décision concernée risque de causer un préjudice. L'article 590 concerne tous les types de décision et notamment les arrêts de cour d'appel et les ordonnances de référé. Toute juridiction est donc compétente pour suspendre l'exécution de ses décisions frappées de tierce opposition devant elle. Le juge de l'exécution est donc compétent à ce titre pour suspendre l'exécution de ses propres décisions frappées de tierce opposition devant lui.

78. Enfin, aux termes des dispositions inchangées de l'article 570, alinéa 2, du Code de procédure civile, la ***cour d'appel*** peut prévoir qu'elle sera compétente pour connaître des ***difficultés d'exécution*** de ses arrêts « ... *à moins que* (cette compétence) *ne soit attribuée par la loi à une autre juridiction...* ». C'était le cas, dès l'article L. 311-12-1, alinéa 1 et 4 de l'ancien Code de procédure civile. La solution a été reprise à l'article L. 213-6 du Code de l'organisation judiciaire attribuant compétence générale exclusive d'ordre public au juge de l'exécution à propos de tous les titres exécutoires. La cour d'appel ne peut donc plus retenir sa compétence ni même *a fortiori* la conférer à une autre juridiction.

Sous-section 2
Les modalités de la procédure applicable devant le juge de l'exécution

79. Les règles communes de procédure, c'est-à-dire celles contenues aux articles 1 à 749 du Code de procédure civile, à l'exclusion ***toutefois*** de celles des articles 484 à 492 sur le référé, sont applicables devant le juge de l'exécution (art. D 1). Ses pouvoirs, en effet, sont loin d'être

69. Sur cette question, cf. G. Taormina, *Théorie et pratique du droit de la consommation, aspects généraux et contrats spéciaux*, éd. *Librairie de l'Université d'Aix-en-Provence* 2004, pp. 283 et s. ; G. Taormina, *Les obstacles à l'exécution forcée nés de l'état de surendettement des particuliers et de son traitement*, fasc. 215, in *Droit de l'exécution forcée*, éd. *Le JNA-LAMY*, avril 2005.

aussi restreints que ceux d'un juge des référés : il tranche les litiges sans limitation due à l'existence d'une contestation sérieuse ou d'une difficulté de pur fond. C'est ce que signifie la formule de l'article D 24 : « *Sauf disposition contraire, le juge de l'exécution statue comme juge du principal* ». Véritable juge du fond, il peut être saisi en la forme ordinaire *(§ 1)* ; mais il peut l'être aussi sur requête *(§ 2)*, et pour trancher des difficultés d'exécution *(§ 3)*.

§ 1. La procédure ordinaire

80. Nous envisagerons successivement les modalités de la saisine du juge de l'exécution et de la participation des parties à la procédure, les effets de la décision prise et les voies de recours dont elle est susceptible.

Nous appelons « *procédure ordinaire* » la procédure contradictoire, c'est-à-dire celle ayant lieu en présence de toutes les parties intéressées. C'est ce qui la distingue de la procédure sur requête non contradictoire.

En matière de contentieux de l'exécution comme en toute autre matière, le principe du contradictoire doit être respecté. Cela résulte non seulement des dispositions générales des articles 14 à 17 du Code de procédure civile applicables ici, mais aussi de celles de l'article D 14, alinéa 1, aux termes desquelles, lorsqu'une partie a choisi de ne pas comparaître, de ne pas se faire représenter et de faire connaître au juge ses prétentions et observations par écrit, elle doit « *justifier que l'adversaire en a eu connaissance avant l'audience par lettre recommandée avec demande d'avis de réception* ».

Bien que la procédure soit orale (art. D 13, al. 1), la ***comparution*** en personne ***des parties***, qu'elles soient demanderesses ou défenderesses, n'est pas une obligation. L'article D 14 permet à « *toute partie* (...) (d') *exposer ses moyens par lettre adressée au juge de l'exécution* (...) *La partie qui use de cette faculté peut ne pas se présenter à l'audience. Le jugement rendu dans ces conditions est contradictoire. Néanmoins, le juge a toujours la faculté d'ordonner que les parties se présentent devant lui* ». Les parties ont la possibilité de se défendre elles-mêmes. Dans ce cas les parties peuvent, soit comparaître en personne, soit écrire au juge (art. D 11 et D 14). Elles ont la possibilité de se faire assister ou représenter. Conformément à l'article 10 de la loi de 1991, et « *sous réserve des dispositions particulières applicables à la vente forcée des immeubles* », l'article D 12 reproduit mot pour mot les termes de l'article 828 du Code de procédure civile sur la représentation et l'assistance devant le tribunal d'instance ; texte qui a été très partiellement modifié par le décret n° 98-1231 du 28 décembre 1998, puis, après bien des vicissitudes[70], par le décret n° 2008-484 du 22 mai 2008 : « *Les parties peuvent se faire assister ou représenter par :*

– un avocat ;
– leur conjoint ;
– leur concubin ou la personne avec laquelle elles ont conclu un pacte civil de solidarité ;
– leurs parents ou alliés en ligne directe ;
– leurs parents ou alliés en ligne collatérale jusqu'au troisième degré inclus ;
– les personnes exclusivement attachées à leur service personnel ou à leur entreprise.

L'État, les régions, les départements, les communes et leurs établissements publics peuvent se faire assister ou représenter par un fonctionnaire ou un agent de leur administration.

Le représentant, s'il n'est avocat, doit justifier d'un pouvoir spécial ».

La ***procédure*** est ***orale***, mais les prétentions et propos des parties doivent être notés au dossier ou dans un procès-verbal, même lorsque les parties ont choisi de ne pas comparaître et d'écrire au juge leurs prétentions[71].

La demande est formée, en principe, par assignation à la première audience du juge de l'exécution (art. D 15) ; cette assignation est donc toujours délivrée à jour fixe. Le demandeur devra donc se renseigner préalablement sur la date de la première audience utile du juge de l'exécution. Exceptionnellement, c'est-à-dire selon la formule consacrée, « *en cas d'urgence, le juge de l'exécution pourra permettre* (par ordonnance sur requête) *d'assigner à l'heure qu'il indique, même **d'heure à heure** et les jours fériés ou chômés, soit au tribunal soit à son domicile portes ouvertes* » (art. D 16). Dans tous les cas, l'assignation doit contenir à peine de nullité, outre les mentions habituelles (CPC, art. 56), la reproduction des articles D 11 à D 14 (art. D 19, al. 2). Il n'y a aucun délai d'enrôlement prévu pour placer une copie de l'assignation au greffe ; ce qui signifie qu'il suffira en pratique de placer cette copie le jour même de l'audience.

Le décret de 1992 avait prévu à l'origine la possibilité de saisir le juge de l'exécution par lettre recommandée avec demande d'avis de réception adressée, ou par déclaration faite contre récépissé, au greffe (art. D 15 à D 18 ancien). Le décret n° 96-1130 du 18 décembre 1996 a purement et simplement abrogé les articles D 15 à D 18. Il n'était donc plus possible désormais de saisir le juge de l'exécution que par assignation. La loi n° 98-657 du 29 juillet 1998 a annoncé en un article 118 que « *dans le délai de trois mois à compter de* (sa) *publication..., un décret*

70. Les modifications issues du décret de 1998, ont été annulées par le Conseil d'État (CE, 6 avril 2001, req. n° 205136, *D.* 2002, 913, note Van de Winckele-Bazela, *RTD civ.* 2001, p. 654, obs. R. Perrot).
71. Art. D 13, al. 2 et art. D 14, al. 1.

en Conseil d'État précise les modalités selon lesquelles l'instance est engagée sur demande formée au secrétariat-greffe du juge de l'exécution, par lettre recommandée avec demande d'avis de réception ou par déclaration faite ou remise contre récépissé, sans le concours d'un officier ministériel, pour l'exécution des ordonnances et jugements autorisant l'expulsion ». Cette possibilité de saisir du juge de l'exécution par ***courrier recommandé ou déclaration verbale ou écrite remise contre récépissé au greffe***, a été rétablie seulement dans le contentieux de l'expulsion. Techniquement, le décret n° 98-965 du 30 octobre 1998 rétablit les articles 17 et 18, modifie les articles 19 et 20 et abroge l'article 21 du décret n° 92-755 du 31 juillet 1992. Pratiquement, on retrouve globalement le contenu initial du décret de 1992 lorsque le juge de l'exécution pouvait, en toute matière, être saisi par lettre recommandée envoyée ou déclaration faite au greffe. À peine de nullité, la demande devra préciser son objet, les noms, prénoms, profession, adresse du demandeur et du défendeur ou, s'il s'agit d'une personne morale, sa dénomination et son siège social, ainsi qu'un exposé sommaire des motifs (art. D 18). Le secrétariat-greffe convoque demandeur et défendeur par lettre recommandée avec demande d'avis de réception doublée d'une lettre simple. Cette convocation qui informe les parties des lieu, jour et heure de l'audience à laquelle la demande sera évoquée, comprend en outre reproduction *in extenso* des articles 11 à 14 du décret de 1992. Le demandeur qui saisi le juge de l'exécution par déclaration, peut aussi être convoqué verbalement contre émargement et remise à celui-ci d'un avis comportant les mêmes mentions qu'une convocation par courrier. La convocation du défendeur est accompagnée d'une copie de la demande. En cas de retour de la lettre de convocation adressée au défendeur parce qu'elle n'a pu être remise à son destinataire, le secrétariat-greffe en informera le demandeur et l'invitera à procéder « *comme il est dit à l'article 670-1 du Code de procédure civile* », c'est-à-dire par assignation (art. D 19). D'ailleurs, comme auparavant, c'est-à-dire avant le décret n° 96-1130 du 18 décembre 1996, le demandeur n'est pas obligé de recourir à la saisine par courrier recommandé ou déclaration. Il peut, en effet (art. D. 17 al. 1), s'il préfère procéder ainsi directement, saisir le juge de l'exécution par assignation délivrée de plein droit à jour fixe.

Quel que soit le mode de saisine utilisé, « *le juge s'assure qu'il s'est écoulé un temps suffisant entre la convocation* (par le greffe) *ou l'assignation et l'audience pour que la partie défenderesse ait pu préparer sa défense* » (art. D. 20).

L'***audience*** se tient conformément aux règles du droit commun. Elle est publique.

81. Trois modes de ***notification de la décision*** sont prévus par l'article D. 22. La possibilité d'une absence de notification à la demande de chacune des parties l'est par les dispositions de l'article D. 22 alinéa 4 aux termes duquel « ... *dans ce cas, la décision est réputée notifiée à la date de son prononcé* ». Le procédé normal prévu par les dispositions de l'article D. 22 alinéa 1, est la notification effectuée par lettre recommandée avec demande d'avis de réception, doublée d'une lettre simple, envoyée aux parties, le tout à la diligence du greffe. Toutefois, la notification à l'huissier de justice se fait par lettre simple. Il se peut cependant que, comme la convocation, la notification n'ait pu être remise à son destinataire. Dans ce cas le greffier informera les parties qu'il convient de procéder par signification. L'article D. 22 alinéa 2 reprend les dispositions de l'article 670-1 du Code de procédure civile. Il peut aussi être recouru directement à la signification par exploit d'huissier de justice. L'article D. 22, alinéa 3, prévoit cette possibilité, à l'instar des dispositions de l'article 651, alinéa 3, du Code de procédure civile.

Quant au régime de ***l'exécution***, les règles sont ici très comparables à celles que l'on rencontre en matière de référé. La solution résulte implicitement de l'article D. 30 qui dispose que « *le délai d'appel et l'appel lui-même n'ont pas d'effet suspensif* ». La procédure étant contradictoire, il est cependant nécessaire pour exécuter la décision au moins de la notifier préalablement. Mais les parties peuvent être dispensées de cette formalité. On parle alors d'exécution sur minute qui peut être ordonnée, en cas de nécessité, par le juge de l'exécution (art. D. 25). Dans ce cas, non seulement la décision est exécutoire immédiatement dès son prononcé, mais elle peut être mise à exécution forcée sans qu'il soit besoin de la notifier ou de la signifier préalablement. Ce sont là les conséquences des dispositions de l'article 503, alinéa 2, aux termes duquel, « *en cas d'**exécution au seul vu de la minute**, la présentation de celle-ci vaut notification* ».

L'exécution provisoire dont est, de plein droit, assortie la décision rendue par le juge de l'exécution, peut être suspendue en référé par le premier président de la Cour d'appel, en cas d'appel (art. D. 31, al. 1). Il s'agit ici d'une procédure qui peut être comparée à l'arrêt de l'exécution provisoire prévu par l'article 524 du Code de procédure civile, et qui est régie par l'article D. 31. Jusqu'au prononcé de l'ordonnance par le premier président, la demande de sursis à exécution faite par assignation en référé devant le premier président, suspend les poursuites si la décision attaquée a ordonné leur continuation, mais elle proroge les effets attachés à la saisie et aux mesures conservatoires si la décision attaquée a ordonné la mainlevée : disposition empreinte de sagesse autant que de prudence[72]. « *La demande* (de sursis) *est formée par assignation en référé délivrée à la partie adverse et dénoncée, s'il y a lieu, entre les mains de qui la saisie a été pratiquée* », c'est-à-dire le tiers saisi. Le

72. Voir sur ce point J. Normand, *Le juge de l'exécution*, *RTD civ.* 1993, numéro spécial hors série consacré à la réforme des procédures civiles d'exécution, p. 46, n° 49.

premier effet de la demande de sursis à l'exécution provisoire est la suspension des poursuites, c'est-à-dire des effets de la décision du juge de l'exécution frappée d'appel (art. D. 31 al. 2). Il est seulement nécessaire d'avoir préalablement interjeté appel de la décision du juge de l'exécution, dans le délai requis[73]. Quant à la décision qui sera finalement prise par le premier président, deux situations sont possibles. En cas de rejet de la demande, non seulement la décision frappée d'appel redevient exécutoire, mais le premier président peut condamner l'auteur d'une demande manifestement abusive, à une amende civile. En rejetant la demande de sursis, le premier président n'a pas à motiver spécialement sa décision[74]. En cas d'admission de la demande, les effets de la décision du juge de l'exécution sont suspendus jusqu'à ce qu'il ait été statué sur l'appel. Modifié par le décret n° 96-1130 du 18 décembre 1996, l'article D. 31 dispose, alinéa 3, que « *le sursis à exécution n'est accordé que s'il existe des moyens sérieux d'annulation ou de réformation de la décision déférée à la cour* »[75].

Quelle ***autorité*** est conférée à la décision prise par le juge de l'exécution ? Le juge de l'exécution qui n'est pas un juge des référés, « *connaît (...) des difficultés relatives aux titres exécutoires et des contestations qui s'élèvent à l'occasion de l'exécution forcée, même si elles portent sur le fond du droit...* »[76] (C. org. jud., art. L. 213-6, al. 1). Il y a donc lieu de considérer que les décisions rendues par le juge de l'exécution ont l'autorité de la chose jugée, du moins quant à leur objet.

Quant à l'effectivité de la décision, l'article D 23 dispose que « *le juge de l'exécution peut se réserver de vérifier l'exécution de sa décision et prescrire, à cette fin, les mesures nécessaires* » ; ce qui signifie qu'outre le fait que le juge de l'exécution est compétent pour connaître des difficultés d'exécution que susciterait sa décision, il peut prévoir dans cette dernière la possibilité de se saisir d'office[77].

82. La réforme n'envisage expressément que les voies de recours ordinaires.

---

73. La procédure prévue par l'article 31 ne concerne que les effets de la décision prise par le juge de l'exécution, non le titre mis à exécution (CA Paris, 16 mai 1997, *GP* 20-21 août 1997, p. 7, note B. Nicod). Ce principe ne fait pas obstacle à ce que la décision dans laquelle un juge de l'exécution rejette une demande de délai de grâce, soit susceptible de sursis à l'exécution provisoire prononcée par le premier président en application du même texte ; ce qui a pour effet de suspendre dans un premier temps l'exécution du titre mis à exécution (Cass. com., 20 octobre 1998, *Bull. civ.* IV, n° 253, p. 210).

74. Cass. 2e civ., 21 janvier 1998, n° 95-13.492.

75. Signalons toutefois que les dispositions de l'article 524 du Code de procédure civile ne sont pas applicables ici (Cass. civ. 2e, 20 juin 1996, *GP* 21-22 mars 1997, p. 25 ; 20 décembre 2001, *Bull. civ.* II, n° 201).

76. Anc. C. org. jud., art. L. 311-12-1, al. 1.

77. Rappr. art. L 69, al. 3, et art. D 213.

L'***appel*** est expressément mentionné par la loi et le décret. S'agissant de décisions rendues par une juridiction qui est une émanation du tribunal de grande instance, celles rendues par le juge de l'exécution le sont toutes en premier ressort (art. D 28). Quant aux règles applicables à la procédure, le décret de 1992 distinguait initialement en son article D 29, alinéa 2, deux situations selon le montant de l'intérêt du litige. Lorsque celui-ci était d'un montant inférieur ou égal à 30 000 F en principal, l'appel était alors formé et instruit conformément aux règles de la procédure sans représentation obligatoire régie par les dispositions des articles 931 à 949 du Code de procédure civile. Ce n'était que lorsqu'il était d'un montant supérieur à 30 000 F en principal, qu'il ne pouvait alors être formé et instruit que conformément aux règles de la procédure avec représentation obligatoire régie par les articles 900 à 930 du Code de procédure civile. Le décret du 18 décembre 1996 a mis fin à ce régime très (trop ?) libéral. Désormais, celui-ci ne peut être formé et instruit dans tous les cas que selon les règles applicables à la procédure avec représentation obligatoire (art. D 29). Il faudra donc désormais dans tous les cas recourir au ministère d'un avoué[78]. Le délai pour faire appel est de quinze jours à compter de la notification ou de la signification de la décision (art. D 29) ; à moins que le secrétariat-greffe n'ait été dispensé de cette notification, auquel cas, nous avons vu que le jugement était censé notifié à la date de son prononcé qui constituera aussi le point de départ du délai d'appel. Lorsque la décision rendue comporte sursis à statuer, conformément aux dispositions de l'article 380 du Code de procédure civile elle ne peut être frappée d'appel que sur autorisation préalable du premier président[79]. « *La cour d'appel statue à bref délai* » (art. D 29, al. 4), c'est-à-dire, en application de l'article 910, alinéa 2, du Code de procédure civile, sans mise en état devant un conseiller de la mise en état.

L'***opposition*** était expressément interdite par les dispositions de l'article D 27. Très heureusement, le décret du 18 décembre 1996 a abrogé ces dispositions inutiles. En effet, les jugements rendus par le juge de l'exécution étant toujours susceptibles d'appel, l'opposition se trouve *ipso facto* fermée, en application des dispositions générales de l'article 473 du Code de procédure civile.

En l'absence de dispositions contraires, il convient de considérer que la décision du juge de l'exécution est susceptible de ***tierce opposition***, de ***recours en révision*** et que celle rendue par la cour d'appel est susceptible de ***pourvoi en cassation*** avec représentation obligatoire[80].

78. Il n'y a plus guère, qu'en matière de surendettement des particuliers que l'on continue de pouvoir faire appel par simple déclaration au greffe du juge de l'exécution et sans représentation obligatoire (C. consom., art. R. 332-1-2.IV).

79. Cass. 2e civ., 18 février 1999, *JCP éd. G* 1999, II, 10128, note E. du Rusquec.

§ 2. La procédure sur requête

83. La possibilité de recourir au juge de l'exécution en faisant usage de cette procédure non contradictoire, est expressément prévue par les articles D 32 et D 33. Le premier de ces textes dispose en son premier alinéa, à l'instar des articles 812, 851, 875 et 897 du Code de procédure civile, que « *le juge de l'exécution statue par ordonnance sur requête dans les cas spécifiés par la loi ou lorsque les circonstances exigent qu'une mesure urgente ne soit pas prise contradictoirement* ».

Quant aux cas spécifiés par la loi, il s'agit outre du recours aux mesures conservatoires qui devront préalablement être autorisées sur requête à défaut pour le créancier d'être porteur de l'un des titres énumérés par l'article L 68, de la désignation d'un séquestre à l'occasion de la mise en œuvre d'une procédure d'exécution et dans les multiples hypothèses prévues par différents articles du décret[81]. Il y aura là aussi le moyen d'être autorisé à mettre en œuvre une saisie avant 6 h 00 ou après 21 h 00 (art. L 28), ou à poursuivre une saisie chez un tiers (art. L 50 al. 3, L 51, L 56, D 14, D 82 et D 158). D'une manière générale, cette procédure pourra être utilisée par l'huissier de justice lorsque ce dernier devra, préalablement à l'exécution de l'opération dont il aura été chargé, « *obtenir l'autorisation du juge* » (art. D 33).

Nous envisagerons successivement les modalités de la saisine du juge de l'exécution et de participation des parties à la procédure, les effets de la décision prise et les voies de recours dont elle est susceptible.

Ne sont pas ici applicables les dispositions de l'article D 12. L'article D 32 dispose que la requête peut être présentée par tout mandataire. Les dispositions des articles L 29, D 32 et D 33 investissent en outre expressément l'huissier de justice du pouvoir de déposer la requête au nom de son mandant. Quant à la procédure applicable, il convient de se reporter aux articles 493 à 498 du Code de procédure civile.

84. Le juge de l'exécution a l'obligation de motiver sa décision, notamment en visant la requête et les motifs qui y étaient exposés[82]. L'ordonnance rendue est ***exécutoire de plein droit sur minute*** (CPC, art. 495, al. 2). Elle n'a donc pas à être signifiée préalablement à son exécution. Toutefois, copie de la requête et de l'ordonnance devra être laissée à celui contre qui celle-ci est mise à exécution (CPC, art. 495, al. 3). Aux termes des dispositions de

---

80. Cela n'a pas toujours été le cas. Initialement le pourvoi était dispensé du ministère d'avocat au conseil. Le recours au droit commun de la représentation obligatoire est dû au décret n° 2004-836 du 20 août 2004 ayant modifié sur ce point l'article R. 332-1-2.IV du Code de la consommation.

81. Articles D 57, D 71, D 97, D 98, D 105, D 136, D 161, D 223, D 235, D 270 et D 276.

82. Cass. 1re civ., 24 octobre 1978, *Bull. civ.* I, n° 317.

l'article L 69 alinéa 3, le juge de l'exécution, lorsqu'il autorise une mesure conservatoire « ... *peut décider de réexaminer sa décision ou les modalités de son exécution au vu d'un débat contradictoire* ».

85. Quant au régime de l'***appel,*** les dispositions générales des articles D 28 à D 30 déjà étudiées à propos de la procédure ordinaire[83], doivent être combinées avec celles de l'article 496 du Code de procédure civile. En effet, l'appel n'est ouvert qu'à l'auteur de la requête, en cas de rejet de celle-ci (CPC, art. 496, al. 1). Le délai d'appel qui est de quinze jours, court du jour de la délivrance de la minute de l'ordonnance[84]. L'appel est formé, instruit et jugé comme en matière gracieuse (CPC, art. 496, al. 1) ; ce qui signifie que l'on fait appel par déclaration ou lettre recommandée avec accusé de réception adressée au greffe du juge de l'exécution, faite ou signée suivant le cas par un avocat ou un avoué (CPC, art. 950). Les formalités sont donc plus souples que dans la procédure ordinaire contradictoire.

L'***opposition*** ordinaire est hors de propos en matière d'ordonnance sur requête. Est néanmoins possible contre l'ordonnance faisant droit à la requête, de la part de celui contre qui elle est rendue, un recours en rétractation (CPC, art. 496, al. 2, et art. 497) fait devant le juge de l'exécution qui a rendu l'ordonnance sur requête en suivant cette fois la procédure contradictoire des articles D 15 et suivants. Le juge statue alors en se plaçant au jour où il a rendu sa décision, ce qui ne signifie pas qu'il ne puisse pas prendre en considération des éléments apparus ultérieurement à l'ordonnance critiquée[85]. L'ordonnance qui sera rendue sur le recours en rétractation est susceptible d'appel dans les conditions et suivant les modalités du droit commun.

§ 3. La procédure sur difficultés d'exécution

86. La procédure est différente lorsque le juge de l'exécution est saisi par un huissier de justice qui s'est heurté à une difficulté d'exécution (art. D 34 al. 1). Il pourra dans ce cas être saisi de deux manières, ce qui ne veut pas dire que l'huissier dispose de deux méthodes au choix. La première méthode est obligatoire ; la seconde n'est que subsidiaire en cas d'inefficacité de la première, hypothèse non prévue expressément par les textes. Une fois encore « *en cas d'urgence, le juge de l'exécution pourra*

83. Cf. *supra*, n° 82.

84. Cass. 2e civ., 16 mai 1990, *JCP éd. G.*, 1991, II, 21645, note du Rusquec, *RTD civ.* 1991, p. 172, obs. R. Perrot.

85. Cass. 2e civ., 20 novembre 1985, *Bull. civ.* II, n° 176 ; 9 décembre 1987, *Bull. civ.* II, n° 262, *RTD civ.* 1988, p. 404, obs. R. Perrot ; 9 mai 1988, *Bull. civ.* II, n° 113, *RTD civ.* 1988, p. 580, obs. R. Perrot.

permettre (par ordonnance sur requête) *d'**assigner*** (ou de convoquer) *à l'heure qu'il indique, même **d'heure à heure** et les jours fériés ou chômés, soit au tribunal soit à son domicile portes ouvertes* » (art. D 20).

La procédure normale est la suivante : l'huissier de justice saisit le juge de l'exécution par déclaration écrite au greffe et convoque lui-même les parties intéressées par lettre recommandée ou déclaration orale (art. D 35 et D 36). Dans sa déclaration écrite au greffe, l'huissier expose la difficulté qui a entravé les opérations d'exécution et joint le titre d'exécution ainsi que les pièces qui lui auraient été éventuellement communiquées. L'huissier procède en effet lui-même à la convocation des parties intéressées en leur indiquant outre les lieu, jour et heure de l'audience du juge de l'exécution, le contenu des articles D 11 à D 14, ainsi que le fait qu'une décision pourra être rendue en leur absence. Pour ce faire, il procédera soit par déclaration verbale aux intéressés consignée dans un procès-verbal, soit le plus souvent, par lettre recommandée avec demande d'avis de réception. En tout état de cause, la date de saisine du juge de l'exécution est celle de la déclaration faite par l'huissier de justice au greffe (CPC, art. 669). Lorsque cette dernière méthode est utilisée, il se peut que la lettre n'ait pu être remise à son destinataire ou que ce dernier la refuse. Or cette éventualité n'a pas été envisagée. Nous considérons que lorsque la lettre recommandée aura été expressément refusée, son destinataire sera censé en avoir eu connaissance à la date de son refus et que lorsqu'elle n'aura pu être remise à son destinataire, l'huissier devra procéder par assignation (art. D 34 al. 2).

Lorsque l'huissier de justice saisit le juge par déclaration écrite au greffe, et assigne les parties intéressées, l'assignation comprend, outre les dispositions prévues par l'article 56 du Code de procédure civile, mention des articles D 11 à D 14. Cette assignation est délivrée à jour fixe, à moins que l'huissier ne soit autorisé à recourir à la procédure d'heure à heure (art. D 19 al. 1 et D 20).

Sous-section 3
Le tribunal d'exécution[86] des départements d'Alsace-Moselle[87]

87. Survivance du droit local dans les départements du Haut-Rhin, du Bas-Rhin et de la Moselle[88], aux termes de l'article L. 223-2 du Code de

---

86. Tandis que notre très parisien Code de l'organisation judiciaire parle de « tribunal *de* l'exécution » comme il y a un juge de l'exécution, la loi de 1924 parle de juge d'exécution. C'est cette seconde appellation que nous retiendrons.
87. G. Taormina, *Le tribunal de l'exécution dans les départements d'Asace-Moselle*, fasc. 157, in *Droit de l'exécution forcée*, préc., octobre 2000.
88. Ce n'est pas là seule en droit de l'exécution forcée, comme nous le verrons en matière d'exécution forcée sur les immeubles (cf. *infra* n°s 704 et s.) et de distribution des deniers (cf. *infra* n°s 799 et s.).
Pour comprendre la portée des particularités rencontrées dans le droit applicable dans les départements du Haut-Rhin, du Bas-Rhin et de la Moselle, rappelons brièvement la genèse du droit local.
Avant même la capitulation de Napoléon III à Sedan le 2 septembre 1870, les troupes allemandes avaient envahi l'Alsace et la Moselle dès le 4 août 1870. Si, dans un premier temps, on continua d'appliquer dans cette région le droit français, il ne pouvait s'agir que d'une législation figée dans l'état où elle se trouvait en France en 1870.
En procédure civile, le Code de 1806 que Napoléon avait imposé aux États allemands de la rive gauche du Rhin, en l'occurrence ceux de Prusse-Rhénane, de Hesse-Rhénane, de Bavière-Rhénane et du Palatinat, ainsi que dans le royaume de Westphalie, resta également en application dans un premier temps en Alsace-Moselle. Dans un premier temps seulement, car le 1er octobre 1879 entra en vigueur du nouveau Code de procédure civile allemand du 30 janvier 1877 dans tout l'Empire allemand, y compris la région d'Alsace-Moselle.
Le droit judiciaire privé allemand, faisait la synthèse de différents Codes locaux : le Code de procédure civile du Hanovre de 1850, les Codes de procédure civile des États d'Oldenbourg de 1857, le Code de Bade de 1864, le Code du Wurtemberg de 1868, le Code de procédure civile de Bavière de 1869 et, dans une certaine mesure, le Code Napoléon de 1806 applicable dans les États allemands de la rive gauche du Rhin.
Après la défaite de l'Allemagne en 1918 qui marqua le retour à la France de l'Alsace et de la Moselle, les juristes locaux préférèrent conserver le Code allemand de 1877 jugé plus moderne ainsi que le bénéfice de la faillite dite civile lorsqu'elle concernait les particuliers. C'est dans ce contexte que la loi du 1er juin 1924, mettant en vigueur la législation civile française dans les départements du Bas-Rhin, du Haut-Rhin et de la Moselle, disposa en son article 88 que « *provisoirement, les voies d'exécution, les ventes judiciaires, la purge des hypothèques, la distribution par contribution ou par ordre demeurent, sous les réserves contenues aux titres V et VI, soumises aux règles de procédure de la législation locale. Les règles de procédure des lois civiles françaises présentement mises en vigueur (...) ne sont applicables qu'en tant qu'elles ne sont pas contraires à celles des lois locales* (...) ». Le droit local applicable en Alsace-Moselle, consigné dans le Code de procédure civile local du 30 janvier 1877, était donc à nouveau un droit figé : le droit allemand dans l'état où il se trouvait en 1918. Le lieu de situation du bien à saisir déterminait le droit applicable, c'était donc le droit local qu'il convenait d'appliquer pour saisir des biens situés en Alsace-Moselle. Ultérieurement, lors de la promulgation du nouveau Code de procédure civile français, le

l'organisation judiciaire[89], « *Les fonctions du tribunal de l'exécution sont exercées par* ***le tribunal d'instance****. Le tribunal de l'exécution connaît : 1º De l'exécution forcée sur les biens immeubles ; 2º De l'administration forcée des immeubles*[90] *; 3º De la procédure en matière de purge des hypothèques* ». Avant la réforme des procédures civiles d'exécution opérée en 1991-1992, il connaissait également du contentieux de l'exécution forcée sur les meubles de la compétence désormais, du juge de l'exécution, même dans les départements du Haut-Rhin, du Bas-Rhin et de la Moselle. Le texte de référence demeure une antique loi du 1er juin 1924. Il convient d'envisager successivement la compétence du tribunal

Code de procédure civile local de 1877 fut abrogé en grande partie par le décret nº 75-1122 du 5 décembre 1975 (art. 14), le nouveau Code « français » entrant en vigueur dans les trois départements d'Alsace-Moselle à compter du 1er janvier 1977 (D. nº 75-1123, 5 décembre 1975, art. 3). Furent ainsi abrogés à cette époque notamment les articles 704 à 721 du livre VIII précisément intitulé « De l'exécution forcée » qui comportait 242 articles (CPC, art. 704 à 945) dont 144 étaient encore en vigueur fin 1992. Auparavant, d'autres abrogations du livre VIII avaient été réalisées. De ce livre VIII ne sont finalement maintenus que les articles 794 (2 a et 5), 795 a, 797 (al. 2 et 3), 799, 800, et 864 et 866. L'article 94-4º de la loi nº 91-650 du 9 juillet 1991 comporte les abrogations permettant l'application de la réforme des procédures civiles d'exécution à l'Alsace-Moselle.

Sur le droit local : P. Haegel, *Le nouveau Code de procédure civile vingt ans après, l'harmonisation avec le droit local alsacien-mosellan, Rev. dr. loc.* 1998, p. 34 ; P. Haegel, R. Schwob et J.-L. Vallens, *Alsace et Moselle*, in *Enc. Dalloz de procédure civile* ; G. Hauger, *Quelques problèmes de la procédure d'adjudication immobilière du droit local*, in *Études de droit local*, p. 351, Anc. Fac. Droit Strasbourg, 1959 ; G. Hénon, *Forme du commandement préalable et délais en matière d'exécution forcée immobilière de droit local, Rec. Jur. Est* 1998, p. 6 ; G. Hénon, *Les procédures d'exécution forcée immobilière et de partage judiciaire confrontées à l'article 6-1 de la Convention européenne des droits de l'homme, Rec. jur. Est* 2001, doctr., p. 10 ; Cl. Hilpipre, *Le droit local applicable dans les départements du Bas-Rhin, du Haut Rhin et de la Moselle, ENG* 1987 ; Ch. Lapp, *La procédure d'exécution forcée immobilière en droit local et le principe du contradictoire, Rec. Jur. Est* 1992, p. 26 ; Ch. Lapp, *Des incidences de la loi nº 91-650* du 9 juillet 1991 portant réforme des procédures civiles d'exécution et son décret d'application du 31 juillet 1992 sur la procédure d'exécution forcée immobilière du droit local, Rec. Jur. Est *1995, p. 24 ; J. Lehmann,* Organisation judiciaire et procédure civile en Alsace-Lorraine, *éd.* Litec *1978 ; P. Lotz,* Exécution forcée immobilière, *in* Juris-classeur Alsace-Moselle, *fasc. 625 ; R. Mischler,* L'exécution forcée immobilière en Droit local, Guide pratique, *éd.* Mischler *2002 ; G. Riedweg,* Historique des voies civiles d'exécution, *éd.* Juridiques et Techniques *1994 ; G. Riedweg,* Voies d'exécution, *in* Juris-classeur de Procédure civile, *fasc. 620, Alsace-Moselle ; E. Sander,* Le pourvoi du droit local, Rev. Dr. loc. *1993, p. 27 ; M. Storck,* La faillite civile en Alsace-Moselle, Dr. & Patr. *1998, nº 64, p. 62 ; G. Struss,* Les lois locales en vigueur dans le ressort des cours d'appel de Colmar et de Metz, *éd.* Alsatia, *6 tomes publiés de 1954 à 1976 ; J.-L. Vallens (sous la direction de),* Guide du droit local, *éd.* IDL-Economica *1997 ; J.-L. Vallens,* Procédures relatives au surendettement et la procédure de faillite civile en Alsace-Moselle, *in* Les procédures de traitement du surendettement des particuliers, *Université de Saint-Etienne, juin 1991.*

89. Anc. C. org. jud., art. L. 911-3.
90. Cf. *infra*, nos 729 et s.

d'exécution *(§ 1)* et les particularismes locaux de la procédure applicable devant lui *(§ 2)*.

§ 1. Compétence

88. La ***compétence d'attribution*** du tribunal d'exécution en matière d'exécution forcée sur les immeubles n'est pas comparable avec celle du juge de l'exécution en matière de saisie immobilière. Ce tribunal n'intervient que pour autoriser l'expulsion de l'occupant de l'immeuble saisi, et statuer sur les contestations nées de la mise en œuvre de la procédure par le notaire. Il pourra, à cette occasion apprécier la réalité de la créance[91], son montant exact[92] ou encore la validité du titre de créance[93]. Enfin, à l'instar des solutions ayant cours en droit commun, le tribunal d'exécution n'est compétent pour accorder au débiteur un délai de grâce sur le fondement des dispositions des articles 1244-1 et suivants du Code civil, consécutivement à la mise en œuvre d'une procédure d'exécution forcée sur un immeuble, que jusqu'à l'inscription de l'ordonnance d'exécution, c'est-à-dire, de l'ordonnance dans laquelle il a autorisé le créancier à poursuivre cette procédure, au Livre foncier[94]. Toujours en raisonnant par analogie, à défaut de textes spécifiques, c'est également exclusivement le tribunal d'exécution qui est compétent pour ordonner la suspension de la procédure de saisie, du fait de la mise en œuvre d'une procédure de traitement de l'état de surendettement, en application des dispositions de l'article L. 331-5 du Code de la consommation.

89. Il est difficile d'appréhender la ***compétence territoriale*** du tribunal d'exécution, tant sa compétence d'attribution est limitée. Il n'y a pas lieu ici de se poser les questions de savoir, comme en droit commun, quel est le tribunal territorialement compétent pour connaître de la saisie immobilière d'un ou plusieurs immeubles appartenant au même débiteur, combien de procédures faut-il ouvrir et devant quelle(s) juridiction(s). En effet, ces questions, en droit local, ne concernent que le notaire ; mais quel tribunal d'exécution est compétent pour connaître des rares questions sur lesquelles un juge devra se prononcer ? Cette compétence territoriale est déterminée par les dispositions de l'article 141, alinéa 1, de la loi du 1er juin 1924. En principe, est compétent le tribunal d'exécution dans le ressort duquel se trouve le ou les immeubles à saisir. L'article 141, alinéa 1, dispose « *si les immeubles sont situés dans le ressort*

91. Cass. 2e civ., 11 février 1987, *Bull. civ.* II, n° 39.
92. Cass. 2e civ., 25 février 1998, *Bull. civ.* II, n° 56, *GP* 1998, 2, pan., p. 193.
93. Cass. 2e civ., 17 janvier 1996, *Bull. civ.* II, n° 2 ; 27 juin 1997, *Bull. civ.* II, n° 201.
94. Cf. *infra*, nos 708, 729 et 730.

de plusieurs tribunaux, le tribunal compétent est désigné sur requête par le tribunal de grande instance dans le ressort duquel ils se trouvent en tout ou partie ». Dans ce cas, une seule procédure se déroulera, devant un seul notaire, choisi par le tribunal d'exécution (L. 1er juin 1924, art. 144). Il résulte implicitement de ces dispositions que si les immeubles du débiteur sont dispersés dans les ressorts de plusieurs tribunaux de grande instance des départements d'Alsace-Moselle, il faudra ouvrir au moins une procédure différente par ressort.

§ 2. Les particularismes locaux de la procédure applicable

90. Ils concernent la saisine du tribunal d'exécution, l'audience, le jugement et le « pourvoi ».

Le mode de saisine du tribunal d'exécution est la requête. Ce mode est prescrit par les textes, tant à propos de la requête en exécution forcée sur les immeubles, qu'en matière d'incidents (objections et observations) et de consignation. En effet, aux termes des dispositions de l'article 141, alinéa 1, de la loi du 1er juin 1924, « *la demande qui tend à faire ordonner l'exécution sur les biens immobiliers doit être présentée... soit par écrit, soit par déclaration prise en procès-verbal par le greffier...* ». L'article 159 prévoit que les objections et contestations sur la procédure antérieure ou postérieure à l'adjudication doivent être formulées « *soit par écrit, soit par déclaration prise en procès-verbal par le greffier...* ».

91. « *Toutes les décisions du tribunal d'exécution peuvent être rendues sans débat oral préalable. Elles sont susceptibles de pourvoi immédiat* » (L. 1er juin 1924, art. 167). L'absence de débat public ne dispense pas le tribunal d'exécution de respecter le principe du contradictoire. Aux termes des dispositions des articles 2 à 5 de l'annexe du Code de procédure civile locale, les jugements rendus par le tribunal d'instance statuant comme tribunal d'exécution, sont notifiés par lettre recommandée avec avis de réception.

92. Le tribunal d'exécution statue toujours en premier ressort (Anc. C. Pr. civ. loc., art. 3, al. 1). la loi du 1er juin 1924 dispose que les décisions du tribunal d'exécution « ... *sont susceptibles de pourvoi immédiat...* » (L. 1er juin 1924, art. 167). Le pourvoi dont il est ici question n'est pas le pourvoi en cassation, mais la voie de recours ordinaire qui remplace l'appel en matière gracieuse. Cette procédure qui n'existe que dans les départements d'Alsace-Moselle, est régie par des textes de l'annexe du Code de procédure civile locale (Anc. C. pr. civ. loc., art. 5 a 8) et les textes du Code de procédure civile sur l'appel en matière gracieuse (CPC, art. 950 à 953, 797 à 800). C'est ce qui résulte de l'article 43 de l'annexe qui dispose qu'« *en matière de voies d'exécution (...), les pourvois suivent les règles relatives aux pourvois en matière gracieuse* ». Cette solution est confirmée par l'article 7 de l'annexe du Code de procédure civile locale qui dispose que « *le recours... est formé, instruit et jugé selon les règles applicables une matière gracieuse devant la cour d'appel...* ». Cette combinaison est d'autant plus étonnante, que nous sommes en matière contentieuse[95]. « *Le... délai de ce pourvoi est de quinze jours. Il est prorogé, s'il y a lieu, conformément aux dispositions des articles 643 à 647 du... Code de procédure civile* (délais distance) » (Anc. CPC loc., art. 8). Il court à compter de la notification du jugement. La jurisprudence considère que ni le délai de pourvoi, ni le pourvoi ne sont suspensifs, au motif contestable que l'article 5, alinéa 3, de l'annexe du Code de procédure civile locale, aux termes duquel ils sont suspensifs d'exécution lorsque le pourvoi est enfermé dans un délai, n'est pas applicable en matière contentieuse[96]. « *Le recours... ouvert à tout intéressé...* » (Anc. CPC loc., art. 7), c'est-à-dire, pas seulement aux parties. Le pourvoi est formé par déclaration faite ou adressée en recommandée avec accusé de réception au greffe du tribunal d'exécution « *... par un avocat ou un avoué, ou un autre officier public ou ministériel dans les cas où ce dernier y est habilité...* » (CPC, art. 950), « *... par la partie elle-même, ou par un notaire lorsque celui-ci avait déjà saisi la juridiction d'instance* » (Anc. CPC loc., art. 7, al. 2). La date du pourvoi est celle de la déclaration ou de son expédition, non celle de sa réception par le greffe[97]. Avant de transmettre le dossier à la cour d'appel, le tribunal d'exécution dispose d'un délai d'un mois pour modifier son jugement. S'il décide plutôt de ne pas se rétracter, il transmet alors à l'expiration du délai le dossier à la cour, sans attendre (CPC, art. 952). Le pourvoi du droit local « *... est instruit et jugé selon les règles applicables en matière gracieuse devant le tribunal de grande instance* » (CPC, art. 953). Comme le tribunal d'exécution, la cour d'appel peut statuer sans débat oral préalable[98].

Il n'y aura lieu de faire intervenir le juge de l'exécution pour trancher une contestation, qu'à l'occasion de la mise en œuvre d'une procédure d'exécution ; mise en œuvre qui nécessite presque toujours l'intervention de l'huissier de Justice.

95. Cass. 2e civ., 15 avril 1981, n° 80-11.810, *GP* 1981, 2, pan., p. 310.
96. Cass. 2e civ., 15 avril 1981, préc.
97. Cass. 2e civ., 23 novembre 1991, *Bull. civ.* II, n° 236.
98. Cass. 2e civ., 1er décembre 1993, *Bull. civ.* II, n° 343, *JCP* éd. E 1995, II, n° 22399, note D. Le Ninivin.

Section 3
L'huissier de justice[99]

93. La réforme de 1991-1992 n'a pas innové, concernant les attributions des huissiers de justice, mais il leur est désormais permis de refuser leur concours dans certains cas *(§ 1)*. Comme tout professionnel du droit, ils engagent, le cas échéant, leur responsabilité civile *(§ 2)*.

§ 1. Les attributions et obligations

94. L'article 1er de l'ordonnance n° 45-2592 du 2 novembre 1945 relative au statut des huissiers de justice, dispose toujours depuis le décret n° 55-604 du 20 mai 1955 que « *les huissiers de justice sont les officiers ministériels qui ont seuls qualité pour... ramener à exécution les décisions de justice, ainsi que les actes ou titres en forme exécutoire* ». Ce monopole des huissiers de justice est rappelé par l'article L 18 aux termes duquel, « *seuls peuvent procéder à l'exécution forcée et aux saisies conservatoires les huissiers de justice chargés de l'exécution* »[100]. L'exécution entendue *stricto sensu,* c'est-à-dire la mise en œuvre des saisies conservatoires ou d'exécution, est de la compétence exclusive des huissiers de justice. Il a cependant toujours existé néanmoins d'autres personnes habilitées dans des cas très précis, à procéder à l'exécution

---

99. P. Brunel, *La juridiction de l'exécution et la responsabilité de l'huissier : compétence et conditions de mise en œuvre, D. 1997*.370 ; D. Desurvire, *Loi n° 91-650 du 9 juillet 1991 : naissance d'une procédure ou d'une profession, Rev. huissiers*. 1991, p, 1038 ; M. Dymant et P. Lucet, *L'huissier de justice et la recherche de l'information*, *GP* 10-11 mars 1993, p. 12 et s. ; Fusil, *L'irrégularité des actes de procédure et la responsabilité des huissiers de justice, Rev. huissiers*. 1988.925 ; F. Kamara, *Agents d'exécution, Juris-classeur proc. civ., éd. Lib. tech.* 1994, fasc. n° 2180 ; J. Isnard, *Le nouveau rôle des huissiers de justice*, *LPA* 6 janvier 1993, n° 3, p. 16 et s. ; R. Soulard, *La distinction entre l'ouverture des portes et le concours de la force publique*, *Rev. huissiers*. 1er octobre 1993, n° 17, p. 1075 et s. ; G. Taormina, *L'huissier de justice*, fasc. 160, in *Droit de l'exécution forcée*, éd. *Journal des Notaires et des Avocats*, avril 2000.

100. L'article D. 294 dispose par ailleurs que, « *Outre les huissiers de justice, les personnes chargées des mesures d'exécution forcée et des mesures conservatoires nécessaires au recouvrement des créances de l'État, des collectivités territoriales et des établissements publics dotés d'un comptable public, sont les agents des services du Trésor public habilités en application de l'article L. 258 LPF et désignés aux articles 2, 21 et 22 du décret n° 69-560 du 6 juin 1969 fixant le statut particulier des agents huissiers du Trésor* ». Toutefois, si l'administration fiscale dispose de ses propres agents huissiers, ceux-ci ne sont cependant pas, semble-t-il habilités à requérir la force publique. Ces dispositions ainsi que celles des articles D. 295 et D. 296 ont été déclarées parfaitement légales par le Conseil d'État (CE 30 novembre 1994, *JCP* 1995, IV, 490).

forcée et aux mesures conservatoires. L'article L 81 le rappelle. Il s'agit notamment des agents huissiers du Trésor. En outre, l'article L 18, alinéa l, conduit à distinguer les sûretés judiciaires conservatoires des autres mesures d'exécution ; en effet, quiconque doté de l'un des titres de l'article L 68, ou, à défaut, d'une autorisation du juge de l'exécution, peut prendre une sûreté conservatoire sur certains biens du débiteur[101].

L'huissier de justice n'a pas besoin de justifier de la part du créancier, d'un mandat exprès de saisir. Aux termes des dispositions de l'article 507 du Code de procédure civile dont l'article D 2 est le pendant, « *la remise du jugement ou de l'acte à l'huissier de justice vaut pouvoir pour toute exécution pour laquelle il n'est pas exigé de pouvoir spécial* ». La seule exécution qui nécessitait jadis un tel pouvoir exprès[102], était le recours à la saisie immobilière. Cette exigence n'a plus cours dans la nouvelle procédure de saisie immobilière.

Pour pouvoir intervenir, encore faut-il que l'huissier de justice soit territorialement compétent. Son incompétence territoriale est considérée traditionnellement comme un vice de fond de la procédure pouvant, par conséquent, être invoquée en tout état de cause et sans avoir à justifier d'un grief, conformément aux dispositions des articles 118 et 119 du Code de procédure civile[103].

L'huissier de justice jouit donc d'un quasi-monopole en matière de procédures d'exécution, réserve faite des sûretés judiciaires. Le corollaire de cette situation est une obligation de prêter son concours, doublée d'une obligation de conseil et de diligence. Énoncé par l'article 18, alinéa 2, de la loi de 1991, le principe tient en peu de mots : « ***les huissiers de justice sont tenus de prêter leur ministère ou leur concours*** ». La solution était déjà exprimée à l'article 15 du décret n° 56-222 du 29 février 1956 qui permet aux huissiers de refuser leur concours pour cause d'empêchement. L'huissier de justice peut être empêché par la maladie ou toute autre cause valable. L'article 4 de la loi du 13 juillet 1992, introduit dans l'ordonnance n° 45-2592 du 2 novembre 1945, relative au statut des huissiers de justice, un nouvel article numéroté 1er *bis* A, aux termes duquel, « *Les huissiers de justice ne peuvent, à peine de nullité, instrumenter à l'égard de leurs parents et alliés et de ceux de leur conjoint en ligne directe ni à l'égard de leurs parents et alliés collatéraux jusqu'au sixième degré* ». La sanction de la violation de cette interdiction est la nullité de l'acte. Il s'agit d'une nullité de fond. L'article 18, alinéa 2, de la loi de 1991, dispose que les huissiers de justice ne sont pas tenus de prêter leur concours ou leur ministère « *lorsque la*

101. Cf. *infra*, n°s 342 et s.

102. A. CPC, art. 673.

103. Cass. 2e civ., 20 mai 1976, *Bull. civ.* II, n° 168, *D.* 1977.125, note Cornu, *GP* 1977.1.182, note Viatte ; CA Nancy, 12 juillet 1985, *D.* 1986.I. R. 226, obs. Julien ; CA Paris, 13 juin 1986, *GP* 1986.2.450, note G. Paire.

mesure requise leur paraît revêtir un caractère illicite ou si le montant des frais paraît manifestement susceptible de dépasser le montant de la créance réclamée, à l'exception des condamnations symboliques que le débiteur refuserait d'exécuter ».

Tenu de prêter son concours, l'huissier de justice est débiteur à l'égard de son mandant, d'une ***obligation de conseil et de diligence***. Mandataire non subordonné à son mandant, l'huissier de justice doit le conseiller dans les mesures à prendre, ou à ne pas prendre[104]. Les huissiers de justice sont « ... *tenus par les devoirs de leur charge à mettre en œuvre tous les soins et diligences pour assurer, dans les conditions prescrites par la loi, l'exercice de leur mandat* »[105] ; ce qui signifie en d'autres termes que l'huissier, tenu d'une obligation de moyens, doit mettre en œuvre tout ce qui est en son pouvoir pour parvenir à une exécution effective de la créance. Il ne saurait cependant faire n'importe quoi, sous peine de voir engager sa responsabilité civile professionnelle à laquelle.

Soumis au secret professionnel, l'huissier encourt en cas de violation de cette obligation, les sanctions prévues par l'article 226-21 du Code pénal, le tout sans préjudice d'éventuelles poursuites disciplinaires et d'une condamnation à des dommages-intérêts. Le corollaire du monopole des huissiers est leur responsabilité.

§ 2. La responsabilité professionnelle

95. Comme n'importe quel professionnel, l'huissier de justice qui exerce ses fonctions de manière défectueuse engage sa responsabilité. Cette solution issue de l'article 2 modifié de l'ordonnance n° 45-2592 du 2 novembre 1945, relative au statut des huissiers de justice, est le pendant de la règle rappelée à l'article 19 de la loi de 1991 qui dispose que « l'*huissier de justice chargé de l'exécution a la responsabilité de la conduite des opérations d'exécution* ». Ce qui signifie en d'autres termes qu'il est civilement responsable de ses clercs, ainsi que de toutes les personnes dont il requiert le concours le cas échéant, comme commettant. Le juge de l'exécution est compétent pour statuer sur cette responsabilité, disposent sans nuance le Code de l'organisation judiciaire et le décret de 1992 (C. org. jud., art. L. 213-6, al. 4 et art. D 9)[106]. C'est

104. Cass. 1re civ., 20 juillet 1982, *Bull. civ.* I, n° 268 ; CA Versailles, 20 novembre 1987, *D. 1*988, IR, 2, *GP* 1988, 1, 101.

105. CA Paris, 30 octobre 1956, *D. 1*956, p. 782, *S.* 1957, p. 59, *JCP* 1957, II, 9775, obs. G. M.

106. Anc. C. org. jud., art. L. 311-12-1, al. 3. Pour une première application sous l'empire de la loi de 1991, voir notamment Cass. 2e civ., 24 juin 1998, *Bull. civ.* II, n° 222. Sur cette question, cf. G. Taormina, *Droit de l'exécution forcée*, préc., n° 160-21.

B.U. BREST

sans raison sérieuse, que certains juges de l'exécution qui souhaitaient manifestement ne pas avoir à traiter systématiquement de ce type de contentieux, qu'il leur était possible de renvoyer à une formation collégiale en cas d'« embarras », ont imaginé, en violation de dispositions générales précitées pourtant dépourvues de toute ambiguïté, que le juge de droit commun[107] puisse être aussi compétent. On ne peut que déplorer qu'une telle solution radicalement contraire à l'esprit de la loi de 1991, plus récemment encore rappelé avec la réforme de la saisie immobilière en 2006, et consistant à centraliser le contentieux de l'exécution entre les mains d'une seule juridiction, – le juge de l'exécution –, ait pu recevoir un écho favorable auprès de la Cour de cassation qui, dans un arrêt en date du 21 février 2008[108], a considéré que l'action intentée par le créancier à l'encontre de « son » huissier de justice, pour violation du mandat qu'il lui avait confié, n'était pas de la compétence du juge de l'exécution.

Il ne suffit pas à l'huissier de concourir régulièrement à l'exécution forcée pour échapper à toute responsabilité civile. La mesure intrinsèquement régulière ainsi que le refus injustifié de prêter son concours peuvent aussi engager sa responsabilité. Cette solution résulte directement des dispositions précitées de l'article L. 213-6, alinéa 4, du Code de l'organisation judiciaire.

La responsabilité civile de l'huissier de justice se prescrit désormais par cinq ans (C. civ., art. 2225)[109]. Enfin, le fait pour lui d'avoir reçu mandat d'un avocat, ne saurait faire échapper l'huissier de justice à sa responsabilité[110].

96. Pour l'exécution de sa mission, l'huissier de justice est habilité à requérir l'intervention de la force publique et le concours du parquet.

Section 4
La puissance publique

97. Il arrive que l'huissier de justice ne parvienne pas à convaincre le débiteur de se plier de son plein gré à la décision de justice ou à n'importe quel autre titre exécutoire mis à exécution. Force devant rester à la loi, l'État ne saurait se borner à trancher les litiges. Rendre la justice, c'est aussi veiller à l'effectivité des décisions. L'État dispose donc, outre de son appareil juridictionnel pour les rendre, et de ses magistrats

107. Juge proximité, tribunal d'instance, tribunal de grande instance ?
108. Cass. 2e civ., 21 février 2008, n° 07-10.417, *Procédures* 2008, n° 267, obs. R. Perrot.
109. Auparavant, ce délai était de dix ans (C. civ., anc. art. 2277-1).
110. Cass. 2e civ., 21 novembre 2002, *Bull. civ.* II, n° 269.

du parquet pour en poursuivre l'exécution d'office *(§ 2)*, de forces de coercition pour les faire exécuter. On parle à ce propos plus communément de force publique *(§ 1)*.

§ 1. La force publique[111]

98. Qui peut en requérir l'intervention ? Quelles sont les obligations de l'État en la matière, et sa responsabilité à l'égard du créancier ?

L'article L 17 dispose que « *l'huissier de justice chargé de l'exécution peut requérir le concours de la force publique* ». Ni la loi de 1991, ni le décret de 1992 n'habilitent qui que ce soit d'autre à cette fin. Aux termes des dispositions de l'article 507 du Code de procédure civile, « *la remise du jugement ou de l'acte à l'huissier de justice vaut pouvoir pour toute exécution pour laquelle il n'est pas exigé de pouvoir spécial* ». Le recours à la force publique devant être considéré comme l'un des moyens permettant d'aboutir à une exécution effective, il convient de considérer que l'huissier n'a pas à solliciter du créancier et n'a pas à justifier auprès de l'autorité publique, d'un pouvoir spécial de requérir la force publique. L'article D 55, alinéas 1 et 2, précise comment il doit procéder. Il doit adresser sa réquisition au préfet du département, accompagnée de la copie du dispositif du titre exécutoire, d'un exposé des diligences auxquelles il a procédé, et des difficultés d'exécution rendant nécessaire le recours à la force. Le représentant de l'État dans le département ordonnera à tel commissaire de police ou officier de gendarmerie, de prêter le concours de la force armée à l'huissier de justice ayant requis son intervention, et de définir à cette fin préalablement avec celui-ci les modalités de son intervention. Les obligations de l'État que représente le préfet seul dépositaire de la Force publique, sont alors de deux ordres.

La première de ces obligations est rappelée par l'article L 16 ainsi rédigé : « *L'État est tenu de prêter son concours à l'exécution des jugements et des autres titres exécutoires* ». Obligé de prêter son concours, son refus engage sa responsabilité envers le créancier. L'État est susceptible d'engager sa responsabilité à l'égard du créancier et du débiteur, non seulement en refusant de prêter le concours de sa force, mais aussi,

111. P. Ancel, *L'exécution par la puissance publique*, *RTD civ.* 1993, n° spéc. *La réforme des procédures civiles d'exécution*, p. 135 et s. ; J. Andriantsimbazovina, *Quel avenir pour la jurisprudence Couitéas ? La responsabilité pour refus de concours de la force publique en question*, *Dr.adm.*, octobre 1998 p. 4 ; J.-B. Auby, *L'exécution avec le concours de la puissance publique*, *RTD civ.* 1993, n° spéc. *La réforme des procédures civiles d'exécution*, p. 123 et s. ; R. Soulard, *La distinction entre l'ouverture des portes et le concours de la force publique*, *Rev. huissiers.*, 1er octobre 1993, n° 17, p. 1075 et s. ; G. Taormina, *La force publique*, fasc. 165, in *Droit de l'exécution forcée*, éd. *Journal des Notaires et des Avocats*, novembre 1998.

– hypothèse certes marginale –, en acceptant de le faire. Lorsqu'il a accepté, l'État est considéré comme prêtant son concours à une opération de police administrative. À ce titre, sa responsabilité est administrative. Sont par conséquent compétentes pour en connaître les juridictions de l'ordre administratif[112]. Dans les deux cas, conformément aux règles communes du contentieux administratif, le créancier n'est pas recevable à saisir la juridiction administrative d'une demande de dommages-intérêts avant d'avoir préalablement sollicité cette réparation auprès de l'Administration concernée, en l'occurrence à l'État représenté par son préfet de département. Le refus de l'État peut être exprès ou tacite. L'article D 55 dispose en effet en son alinéa 3, que le « ... *défaut de réponse dans un délai de deux mois* (équivaut) *à un refus* »[113]. Ce refus n'est susceptible d'engager la responsabilité de l'État qu'à l'égard du créancier. La réforme codifie l'ensemble des solutions prétoriennes, puisque la loi de 1991 dispose en son article 16 que « *le refus de l'État de prêter son concours ouvre droit à réparation* ». Ce refus, bien que légitime lorsqu'il est justifié par un souci de préserver l'ordre public, n'en engage pas moins la responsabilité de l'État à l'égard du créancier. Il s'agira alors d'une ***responsabilité sans faute***. Cette attitude a été jugée légitime par le Conseil d'État dans un arrêt fondamental du 30 novembre 1923, *Couitéas*[114]. Le Conseil d'État pose comme double condition pour que cette inertie soit licite, qu'elle soit justifiée par la nécessité de préserver l'ordre public que l'exécution forcée compromettrait d'une part, et surtout que l'État répare le préjudice qui en résulte pour le créancier,

112. T. confl., 26 mars 1990, rec. *Lebon*, p. 392 ; 29 octobre 1990, rec. *Lebon*, p. 400, *JCP* 1991.IV.9, *D. 1*991.I. R. 16 ; CE, 3 juillet 1959, *Dame Sablayrolles*, rec. *Lebon*, p. 425, concl. Jouvin ; 23 février 1962, *Veuve Picard*, rec. *Lebon*, p. 120.

113. Il s'agit là de la codification d'une pratique dégagée par la jurisprudence antérieure (CE, 26 juin 1968, *Sieur A. et L. Martinod*, rec. *Lebon*, p. 399 ; CAA Bordeaux, 22 mai 1990, *S[té] Prodelis*, rec. *Lebon*, tables, p. 980).

114. Rec. Lebon, p. 789, *S.* 1923.3.57, concl. Rivet, note Hauriou, *DP* 1923.3.59, concl. Rivet, *RDP* 1924.75 et 208, concl. Rivet, note Jèze, *GA*, n° 45, dont les considérants suivants méritent d'être intégralement reproduits ici : « ... *le justiciable nanti d'une sentence judiciaire dûment revêtue de la formule exécutoire est en droit de compter sur la force publique pour l'exécution du titre qui lui a ainsi été délivré ; (...) si (...) le gouvernement a le devoir d'apprécier mes conditions de cette exécution et de refuser le concours de la force armée, tant qu'il estime qu'il y a danger pour l'ordre et la sécurité, le préjudice qui résulte de ce refus ne saurait, s'il excède une certaine durée, être une charge incombant normalement à l'intéressé, et qu'il appartient au juge de déterminer la limite à partir de laquelle il doit être supporté par la collectivité...* ». Les principes ainsi posés dans l'arrêt Couitéas seront ensuite régulièrement rappelés (cf. notamment, CE, 3 juin 1938, *Sté La Cartonnerie et Imprimerie Saint-Charles*, rec. *Lebon*, p. 529, *DP* 1938.3.65, note Appleton, *S.* 1939.3.9, concl. Dagras ; 17 février 1988, *Laporte*, rec. *Lebon*, p. 70, *JCP*1988. IV.157, *D.* 1988. I. R. 104 ; 21 juillet 1989, *Sté Pilot-France*, *JCP* 1989. IV. 311 ; 6 mai 1991, *S[té]* automobiles Citroën *(1re* esp.), et *S[té]* commerciale Citroën *(2e* esp.), rec. *Lebon*, p. 171, *JCP* 1991.IV.360, *D. 1*992, somm. 144, obs. P. Bon et P. Terneyre, *Dr. soc.* 1991.940, concl. M. Denis-Lindon).

d'autre part. Il ne s'agit donc pas là d'un pouvoir discrétionnaire. Mais le refus de l'État peut également n'être point justifié. Du fait de son caractère illicite, il engagera alors la ***responsabilité de l'État pour faute***. Cette responsabilité sera engagée à l'égard du débiteur qui subit l'intervention, notamment du fait d'une intervention trop zélée des forces de police par rapport à la situation en présence[115]. Elle le sera également, le cas échéant, à l'égard du créancier plutôt du fait du manque de zèle[116]. La différence entre ces deux types de responsabilité, – avec ou sans faute –, se situe davantage dans la casuistique des comportements de l'Administration ; non au niveau du régime juridique. La seule véritable différence entre la responsabilité sans faute et la responsabilité pour faute en cas de refus de l'État de prêter le concours de sa force, réside seulement en la possibilité dans le second cas, pour le créancier d'obtenir du juge administratif, outre une condamnation à réparer son préjudice, l'annulation du refus d'intervention pour excès de pouvoir.

Seconde obligation de l'État, il a désormais l'obligation de motiver sa décision de refus de prêter le concours de sa force (art. D 55 al. 3).

L'information du procureur de la République ne suffit pas à faire de ce dernier une véritable autorité d'exécution en matière civile. Même s'il représente lui aussi l'État, il n'est pas le dépositaire de la force publique.

§ 2. Le procureur de la République[117]

99. Les seules véritables innovations qui aient été introduites par la réforme de 1991-1992, concernent le rôle du procureur dans la recherche des informations nécessaires à l'exécution. Ce point a déjà été étudié[118].

Le parquet a toujours disposé, en matière d'exécution des jugements civils, de deux cadres d'intervention : Un cadre spécial, l'exécution des

115. CE, 16 octobre 1987, *Dame Tribier*, rec. *Lebon*, p. 316, *GP* 1988.1, pan.131, relevant à l'égard des forces de police l'existence d'une faute lourde.

116. Pour une intervention tardive de la force publique dont le retard non motivé par le souci de préserver l'ordre public, a causé un dommage au créancier, CE, 22 janvier 1943, *Braut*, rec. *Lebon*, p. 19, *D. 1*944.87, note G. B. ; 10 février 1950, *Consorts Perrin*, *D. 1*950.457.

117. A. Confino, *À propos d'une réforme : le Parquet aux trousses des mauvais payeurs*, *GP* 1991.2.407 ; J.-Cl. Lautru, *Le procureur de la République à la recherche des informations*, *LPA*, n° 3, 6 janvier 1993, p. 12 et s. ; J.-Cl. Lautru, *Le rôle du ministère public*, *GP* 10 au 10 mars 1993, p. 19 et s. ; G. Taormina, *Le procureur de la République*, fasc. n° 170, in *Droit de l'exécution forcée*, éd. *Journal des Notaires et des Avocats*, novembre 1998.

118. Cf. *supra*, n°s 7 et s. On pourra consulter sur ce point l'arrêté du 20 juillet 1994 relatif à la gestion automatisée des demandes d'information faites par les huissiers de justice (*JO* 4 août 1994, p. 11342).

décisions rendues dans certaines matières intéressant l'ordre public ; un cadre général, l'exécution des décisions de justice rendues en matière civile. L'article 5 du décret des 16 et 24 août 1790 dispose toujours que « *les commissaires du Roi* (officiers du ministère public), *chargés de tenir la main à l'exécution des jugements, poursuivront d'office cette exécution dans toutes les dispositions qui intéressent l'ordre public, et en ce qui concerne les particuliers, ils pourront, sur la demande qui leur en sera faite, soit enjoindre aux huissiers de prêter leur ministère, soit ordonner les ouvertures de portes, soit requérir main-forte lorsqu'elle sera nécessaire* ». De même pouvait-on lire également à l'article L. 751-2 de l'ancien Code de l'organisation judiciaire aujourd'hui abrogé, et qui reprenait intégralement les dispositions de l'article 46 de la loi du 20 avril 1810, qu'« *en matière civile, le ministère public... poursuit d'office* (l') *exécution dans les dispositions qui intéressent l'ordre public* ». Ces « *dispositions qui intéressent l'ordre public* » ne figurent pas à la liste de l'article 425 du Code de procédure civile qui énumère les matières dans lesquelles le ministère public doit intervenir comme partie jointe. Ce texte de l'ancien Code de l'organisation judiciaire était très proche de l'article 423 du Code de procédure civile aux termes duquel, le parquet peut agir « ... *pour la défense de l'ordre public à l'occasion des faits qui portent atteinte à celui-ci* ». Dans les autres cas, on sait que « *le ministère public peut prendre communication des autres affaires dans lesquelles il estime devoir intervenir* » (CPC, art. 426). Il s'agit notamment de l'exécution de toutes les décisions résultant de procédures dans lesquelles le ministère public est partie principale en matière d'état des personnes, de nationalité et de droit de la famille. Les dispositions de l'article 12, alinéa 2, de la loi de 1991 aux termes desquelles le procureur de la République « *poursuit d'office l'exécution des décisions de justice dans les cas spécifiés par la loi* », n'apportent rien de nouveau de ce chef. Pour ce qui nous concerne ici, l'article L 12 dispose en son premier alinéa qu'il « ... *peut enjoindre à tous les huissiers de justice de son ressort de prêter leur ministère* ». Le corollaire de ces pouvoirs est que « *l'huissier est habilité, lorsque la loi l'exige, à demander au juge de l'exécution ou au ministère public, de donner les autorisations ou de prescrire les mesures nécessaires* » (art. L 19). Comme pour parfaire ce dispositif, l'article 427 du Code de procédure civile donne aux juges du siège le pouvoir de communiquer d'office une procédure au parquet.

Il en va quasiment de même quant aux attributions et pouvoirs généraux du ministère public en matière d'exécution. L'article L. 751-2 de l'ancien Code de l'organisation judiciaire aujourd'hui abrogé, dispose toujours, par ailleurs, qu'« *en matière civile, le ministère public (...) surveille l'exécution des (...) arrêts et jugements* ». La loi de 1991 n'apporte, là non plus, rien de nouveau, en disposant d'une part en son article 1 1, que « *le procureur de la République veille à l'exécution des jugements et des autres titres exécutoires* » ; et d'autre part en son article 12, alinéa 1, qu'il « *peut enjoindre à tous huissiers de justice de son ressort de prêter leur ministère* ». En pratique, toutes ces dispositions ne concernent que deux situations : l'exécution des décisions rendues en des matières d'ordre public ; le refus de prêter son concours opposé par un huissier de justice à un particulier.

100. En pratique, participent aussi au recouvrement des créances, des intermédiaires privés qui ne sont détenteurs d'aucune prérogative de puissance publique comme le sont les huissiers. Compte tenu du domaine dans lequel ils prétendent intervenir, il a été nécessaire de réglementer leur activité.

Section 5
Les intermédiaires privés

101. Il s'agit ici des intermédiaires privés qui œuvrent en matière de recouvrement des créances, sans avoir la qualité d'huissier de justice[119]. La loi n° 93-949 du 26 juillet 1993 promulguant la partie législative du Code de la consommation avait intégré dans un premier temps les dispositions des articles 4, 5, 6 et 8 de la loi n° 85-1097 du 15 novembre 1985 relatives à la gestion des dettes. Ces dispositions ont, par la suite, fait l'objet d'une réécriture partielle par la loi n° 2001-1168 du 11 décembre 2001 et figurent désormais aux articles L. 321-1 à L. 322-5 du Code de la consommation. Ces textes ne concernent pas le recouvrement des créances, activité régie par un décret en Conseil d'État qui avait été annoncé par l'article 32, alinéa 5, de la loi n° 91-650 du 9 juillet 1991. Les pouvoirs publics ont fini par prendre les mesures d'application nécessaires, au moyen du décret n° 96-1112 du 18 décembre 1996, portant réglementation de l'activité des personnes procédant au recouvrement amiable des créances pour le compte d'autrui. Curieusement, ce texte n'a pas été

119. M. Bourgeois, *Quelle place pour les sociétés spécialisées dans le traitement de l'impayé dans le projet de création d'une profession juridique unique, LPA* 30 juin 1989, n° 78, p. 32 ; M. Bourgeois, *Les professionnels du traitement de l'impayé préparent leur avenir, LPA* 29 novembre 1989, n° 143, p. 18 ; A. Crozio, *Les moyens judiciaires et amiables de recouvrement de créances, LPA* 20 mai 1981, n° 60, p. 23 ; A. Crozio, *Les habits neufs des recouvreurs de créances, LPA* 5 février 1997, n° 16, p. 12 ; A. Le Bayon, *Recouvrement amiable de créances pour le compte d'autrui*, fasc. 215, in *Juris-classeur Voies d'ex.* 1999 ; G. Taormina, *Les intermédiaires privés*, fasc. 175, in *Droit de l'exécution forcée*, éd. *Journal des Notaires et des Avocats*, avril 2003 ; N. Tricaud, *La nouvelle réglementation applicable aux praticiens du recouvrement amiable de créances pour le compte d'autrui, GP* 1997, 1, doctr. p. 684.

intégré dans la partie réglementaire du Code de la consommation pourtant déjà issue du décret nº 97-298 du 27 mars 1997.

Il existe deux activités bien distinctes d'intermédiaire privé ; les intermédiaires qui prêtent leur concours aux débiteurs d'une part, afin de leur faire obtenir des délais de paiement, la renégociation de leurs contrats de crédits, voire des remises de dette *(§ 1)* ; les intermédiaires qui prêtent leur concours aux créanciers, d'autre part, pour parvenir au recouvrement de leurs créances *(§ 2)*.

§ 1. Les intermédiaires qui prêtent leur concours aux débiteurs

102. Le but des dispositions du Code de la consommation, est de protéger les débiteurs, par rapport à des personnes qui prétendent leur obtenir des faveurs auprès de leurs créanciers, telles que des délais de paiement, la renégociation de leurs prêts, voire des remises de dette, contre une rémunération qui ne correspond, en pratique, à aucune prestation sérieuse. Ces « officines » ne sauraient donc gêner d'autres intermédiaires, professionnels du droit appartenant à des professions dont l'accès est sérieusement réglementé. Les dispositions du Code de la consommation ne sont, par conséquent pas applicables aux membres des professions juridiques et judiciaires réglementées, et aux intermédiaires habilités à pouvoir être commis dans les procédures collectives régies par le Code de commerce (C. consom., art. L. 322-2).

« Clé de voûte » des dispositions du Code de la consommation, « *Est nulle de plein droit toute convention par laquelle un intermédiaire se charge ou se propose moyennant rémunération : 1° Soit d'examiner la situation d'un débiteur en vue de l'établissement d'un plan de remboursement ; 2° Soit de rechercher pour le compte d'un débiteur l'obtention de délais de paiement ou d'une remise de dette ; 3° Soit d'intervenir, pour le compte du débiteur, sous quelque forme que ce soit, pour les besoins de la procédure de surendettement* », c'est-à-dire notamment devant la commission de surendettement (C. consom., art. L. 321-1). Sont donc parfaitement valables ces conventions, dès lors qu'elles ne sont pas conclues contre rémunération.

Ces conventions, dès lors qu'elles ont été conclues à titre onéreux, sont donc nulles, les dossiers en cours doivent être intégralement remis aux débiteurs et, conséquence de la nullité, il doit leur être restitué les honoraires qu'ils ont versés. En outre, « *tout intermédiaire qui aura perçu une somme d'argent à l'occasion de l'une des opérations mentionnées à l'article L. 321-1 sera puni d'un emprisonnement d'un an et d'une amende de 30 000 € ou de l'une de ces deux peines seulement. Le tribunal pourra en outre ordonner, aux frais du condamné, la publication intégrale ou par extraits du jugement dans les journaux qu'il fixe, sans que le coût de cette publication puisse excéder le montant de l'amende encourue* » (C. consom., art. L. 322-1). Ces dispositions sont applicables aux contrats en cours le 1er janvier 1986 (C. consom., art. L. 322-5)[120].

§ 2. Les intermédiaires qui prêtent leur concours aux créanciers[121]

103. L'article 1er du décret n° 96-1112 du 18 décembre 1996 définit les professionnels concernés. Il s'agit des « ... *personnes physiques ou morales qui, d'une manière habituelle ou occasionnelle, même à titre accessoire, procèdent au recouvrement amiable des créances pour le compte d'autrui, à l'exclusion de celles qui y procèdent au titre de leur statut professionnel ou dans le cadre de la réglementation de leur profession* ». Les personnes visées par cette exclusion, sont précisément celles énumérées par l'article L. 321-1 du Code de la consommation. Le décret de 1996 fait obligation à l'intermédiaire, d'être en mesure de justifier qu'il a souscrit un contrat d'assurance le garantissant contre les conséquences pécuniaires de la responsabilité civile professionnelle qu'il peut encourir en raison de son activité (D. n° 96-1112, 18 décembre 1996, art. 2, al. 1er).

---

120. Parce que la renégociation de la situation du débiteur passe souvent par l'octroi d'un nouveau prêt, le Code de la consommation dispose en outre, en son article L. 321-2, que « *toute publicité diffusée par ou pour le compte d'une personne physique ou morale qui apporte son concours, à quelque titre que ce soit et de quelque manière que ce soit, directement ou indirectement, à l'obtention d'un ou plusieurs prêts d'argent par un particulier, doit comporter, de manière apparente, la mention suivante : aucun versement, de quelque nature que ce soit, ne peut être exigé par un particulier, avant l'obtention d'un ou plusieurs prêts d'argent. Cette publicité doit indiquer le nom et l'adresse de l'établissement de crédit ou des établissements de crédit pour le compte duquel ou desquels l'intermédiaire exerce son activité* ». « *Est puni d'une amende de 3 750 € le fait pour un annonceur, de diffuser ou faire diffuser pour son compte une publicité non conforme aux dispositions de l'article L. 321-2* » (C. consom., art. L. 322-3).

121. Devant les agissements de certaines officines de recouvrement de créances, la Chancellerie réfléchit aux solutions permettant d'empêcher ces excès. À ce propos, elle considère que le harcèlement téléphonique auquel certaines d'entre elles se livrent, est susceptible d'être réprimé sous la qualification juridique d'appels téléphoniques malveillants que l'article 222-16 du Code pénal réprime d'une peine d'un an d'emprisonnement et 15 000 € d'amende. D'autres agissements pourraient aussi être qualifiés de violences volontaires aggravées par la circonstance de préméditation, réprimés par l'article 222-13, alinéa 1, du Code pénal, d'une peine de trois années d'emprisonnement et de 45 000 € d'amende *(Rép. Min. Quest. n° 3274, JOAN Q., 18 novembre 2002, p. 4335).*

Il doit, en outre, être titulaire d'un compte de dépôt ouvert « ... *dans l'un des établissements de crédit visés à l'article 18-1 de la loi du 24 janvier 1984* (C. mon. fin. art. L. 511-9) *ou l'une des institutions ou l'un des établissements visés à l'article 8 de la même loi* » (D. n° 96-1112, 18 décembre 1996, art. 2, al. 2). Ce compte peut donc être ouvert indifféremment, et au choix de son titulaire, auprès des établissements suivants : le Trésor public, la Banque de France, les services financiers de la Poste, l'Institut d'émission des départements d'outre-mer, qui assume dans ces collectivités les attributions normalement dévolues à la Banque de France, la Caisse des dépôts et consignations, les banques, les banques mutualistes ou coopératives, les caisses d'épargne et de prévoyance et les caisses de crédit municipal. Ce compte doit être exclusivement affecté à la réception des fonds encaissés pour le compte des créanciers. L'intermédiaire doit, avant tout exercice, justifier, par déclaration écrite remise ou adressée au procureur de la République près le tribunal de grande instance dans le ressort duquel il a le siège de son activité. Le procureur peut, en outre, vérifier à tout moment qu'il se conforme auxdites obligations. La violation de l'obligation d'ouvrir un tel compte est sanctionnée par une contravention de cinquième classe (D. n° 96-1112, 18 décembre 1996, art. 7). Dans la mesure où il s'agit d'un compte spécifique, on est fondé à penser que l'intermédiaire ne saurait en aucun cas tirer des chèques libellés à son ordre et que ce compte sera divisé en autant de sous-comptes qu'il y aura de créanciers, à l'ordre de qui les chèques devront obligatoirement être libellés.

104. Aux termes des dispositions de l'article 3 du décret n° 96-1112 du 18 décembre 1996, l'intermédiaire a l'obligation, préalablement à toute mesure de recouvrement, de conclure une convention écrite dans laquelle il lui est donné pouvoir de recevoir des fonds pour le compte du créancier qui sollicite son concours. Cette convention précise notamment : le fondement et le montant des sommes dues, avec l'indication distincte des différents éléments de la ou des créances à recouvrer sur le débiteur ; les conditions et les modalités de la garantie donnée au créancier contre les conséquences pécuniaires de la responsabilité civile encourue en raison de l'activité de recouvrement des créances ; les conditions de détermination de la rémunération à la charge du débiteur ; les conditions de reversement des fonds encaissés pour le compte du créancier.

En exécution de cette convention, l'intermédiaire est tenu d'informer le créancier dont il a en charge les intérêts, de l'attitude du débiteur. L'intermédiaire doit, lorsqu'il a « ... *obtenu un paiement même partiel de la part du débiteur, en informer le créancier, dès lors que ce paiement ne résulte pas de l'exécution d'un accord de paiement échelonné déjà connu du créancier. Sauf stipulation contraire,* (il) *doit également le tenir informé de toute proposition du débiteur tendant à s'acquitter de son obligation par un autre moyen que le paiement immédiat de la somme réclamée* » (D. n° 96-1112, 18 décembre 1996, art. 6).

Les sommes perçues par l'intermédiaire doivent être reversées rapidement au créancier. Elles « ... *devront donner lieu, sauf convention contraire, à un reversement dans un délai d'un mois à compter de leur encaissement effectif* » (D. n° 96-1112, 18 décembre 1996, art. 5, al. 2)[122].

105. Les règles en matière d'assistance et de représentation des parties devant les juridictions sont, en général, assez restrictives. Même lorsque le cercle des personnes habilitées à assister ou représenter les parties est assez large, ce qui est le cas notamment devant le tribunal d'instance (CPC, art. 828), les textes sont d'application stricte. Rares sont les dispositions permettant de se faire assister ou représenter devant les juridictions par quiconque. Tel est le cas de l'article 853 du Code de procédure civile qui dispose que « *les parties se défendent elles-mêmes* » devant le tribunal de commerce et qu'« *elles ont la faculté de se faire assister ou représenter par toute personne de leur choix. Le représentant, s'il n'est avocat, doit justifier d'un pouvoir spécial* ». Toutefois, elles ne permettent pas aux intermédiaires privés, chargés du recouvrement des créances de leurs clients, de les représenter de manière systématique et habituelle devant les tribunaux de commerce. En effet, rattachant semble-t-il cette activité de représentation en justice, à celle de consultation juridique et de rédaction d'actes pratiquées à titre habituel dont le monopole est réservé par la loi n° 71-1130 du 31 décembre 1971[123] à certaines personnes dont ne font pas partie les intermédiaires chargés du recouvrement des créances concernés par le décret de 1996, la Cour de cassation a considéré que les dispositions de l'article 853 du Code de procédure civile « *ne peuvent avoir pour effet, sauf disposition expresse contraire qui n'existe pas en matière de recouvrement de créances pour le compte d'autrui, de déroger au principe suivant lequel seuls les avocats peuvent assumer ces missions à titre habituel ; ... ayant constaté que M. M. intervenant de façon habituelle devant les tribunaux pour engager et suivre des actions tendant au recouvrement judiciaire de créances d'autrui, la cour d'appel a pu décider* qu'une telle activité était constitutive, vis-à-vis des avocats, d'un trouble manifestement illicite »[124]. La généralité de cette motivation singulière est de nature à priver ces intermédiaires de la possibilité de présenter des requêtes en injonction de payer pour le compte de leur clients. L'article 1407 du

122. On imagine mal comment l'intermédiaire pourra, en pratique, convenir avec son client qu'il lui reversera les sommes recouvrées, plus d'un mois après les avoir encaissées.

123. L. n° 71-1130, 31 décembre 1971, art. 54 et s.

124. Cass. 1re civ., 7 avril 1999, *Bull. civ.* I, n° 120, *JCP* éd. G., 1999, II, n° 10107, note R. Martin, *RTD civ.* 1999, 698, obs. R. Perrot ; Cass. 1re civ., 21 janvier 2003, nos 01-14.383 et 01-14.547, *JCP* éd. G., 2003, IV, 1419.

Code de procédure civile dispose en effet que la requête peut être présentée par tout mandataire.

106. L'intermédiaire est tenu d'adresser au débiteur une lettre qui contient les mentions suivantes :
– les nom ou dénomination sociale de la personne chargée du recouvrement amiable, son adresse ou son siège social, l'indication qu'il exerce une activité de recouvrement amiable[125] ;
– les nom ou dénomination sociale du créancier, son adresse ou son siège social ;
– le fondement et le montant de la somme due en principal, intérêts et autres accessoires, en distinguant les différents éléments de la dette, et à l'exclusion des frais qui restent à la charge du créancier en application du troisième alinéa de l'article 32 de la loi du 9 juillet 1991[126] ;
– l'indication d'avoir à payer la somme due et les modalités de paiement de la dette[127] ;
– la reproduction des troisième et quatrième alinéas de l'article 32 de la loi du 9 juillet 1991[128].

L'omission de l'une de ces mentions constitue une contravention de cinquième classe (L. n° 91-650, 9 juillet 1991, art. 7). Les références et la date d'envoi de ce courrier devront, par la suite, être systématiquement rappelées à l'occasion de toute autre démarche effectuée auprès du débiteur, en vue du recouvrement amiable.

107. Une quittance doit être remise au débiteur pour tout paiement (L n° 91-650, 9 juillet 1991, art. 5, al. 1). Le paiement ainsi effectué entre les mains de l'intermédiaire est un paiement valable qui libère le débiteur à due concurrence vis-à-vis du créancier, indépendamment de tout reversement de la somme au créancier par l'intermédiaire.

---

125. En pratique, ces renseignements figureront pré-imprimés sur le papier à en-tête que l'intermédiaire utilisera habituellement pour l'exercice de son activité.

126. En l'occurrence, l'article 10 du décret n° 96-1080 du décret du 12 décembre 1996, portant fixation du tarif des huissiers de justice en matière civile et commerciale. Cf. *supra*, n° 21.

127. En pratique, l'intermédiaire demandera un paiement par chèque libellé, non pas à son ordre, mais à celui du créancier. Il déposera ce chèque sur le compte professionnel dont il a été question plus haut. L'écriture figurera au sous-compte du créancier bénéficiaire.

128. Nous avons vu (cf. *supra*, n°s 32 et s.), qu'aux termes des dispositions des alinéas 3 et 4 de l'article 32 de la loi de 1991, « *...sauf s'ils concernent un acte dont l'accomplissement est prescrit par la loi, les frais de recouvrement entrepris sans titre exécutoire restent à la charge du créancier. Toute stipulation contraire est réputée non écrite. Cependant, le créancier qui justifie du caractère nécessaire des démarches entreprises pour recouvrer sa créance peut demander au juge de l'exécution de laisser tout ou partie des frais ainsi exposés à la charge du débiteur de mauvaise foi* ».

Chapitre 3
Les titres d'exécution

108. Pour pouvoir mettre en œuvre les procédures d'exécution, le créancier doit être en possession d'un titre constatant l'existence de sa créance. On parle alors de *titre d'exécution.* Sa physionomie varie selon la procédure que l'on veut utiliser. Pour procéder à une saisie d'exécution ou à une saisie de véhicule par déclaration en préfecture, il faut justifier d'un titre exécutoire ***(section 1).***

Si l'on veut faire procéder à une saisie conservatoire, prendre une hypothèque ou un nantissement conservatoires, d'autres titres d'exécution énumérés par l'article L. 68 et qui ne sont pas des titres exécutoires, suffisent. À défaut d'être titulaire de l'un de ces titres, il est alors nécessaire d'être préalablement autorisé sur requête, par le juge de l'exécution, à mettre en œuvre ces mesures ***(section 2).***

Section 1
Les titres permettant une saisie d'exécution et une saisie de véhicule terrestre à moteur par déclaration en préfecture[1]

109. En disposant en son article 2 que « *le créancier muni d'un titre exécutoire constatant une créance liquide et exigible peut en poursuivre*

1. P. Bordessoule de Bellefeuille et N. Rolf-Pedersen, *JEX et bail d'habitation notarié : une récente avancée des droits des bailleurs, GP* 7-9 février 1999, p. 2 ; M. Dagot, *La force exécutoire de l'acte notarié, LPA* 6 janvier 1993, p. 23 et s. ; M. Goré, *L'acte notarié, instrument de l'exécution forcée, LPA* 11 août 1997, n° 96, p. 5 ; P. Brunel, *De quelques particularités relatives au contentieux des créances des collectivités publiques devant le juge de l'exécution, GP* 5-6 mars 1997, p. 17 et s. ; M.-Chr. Gauthier, *Les titres exécutoires délivrés par l'État, Proc.*, mars 1998 ; M.-Chr. Gauthier, *Le contentieux de l'opposition à titre, Proc.*, avril 1998, n° 3 et 4 ; R. Lauba, *Les titres exécutoires délivrés par les personnes morales de droit public, AER, ENM,* 1996 ; G. Taormina, *Les titres*

l'exécution forcée sur les biens de son débiteur... », la loi n'entend pas *a priori* innover de ce chef.

Le titre exécutoire demeure le meilleur titre d'exécution puisqu'il est nécessaire pour obtenir des ordonnateurs qu'ils indiquent quel est le comptable public compétent pour recevoir signification d'un exploit de saisie-attribution (art. L 25) ; pour que l'huissier de justice puisse s'adresser au procureur de la République afin d'obtenir de certaines autorités les renseignements qu'elles doivent fournir (art. L 39 et L 40) ; pour que les frais d'exécution soient d'office à la charge du débiteur (art. L 32) ; pour pouvoir pénétrer dans un local servant à l'habitation (art. L 20) ; pour requérir la force publique (art. L 16 et D 50) ; pour faire procéder à une expulsion (art. L 61 et D 194) ; pour faire saisir un véhicule terrestre à moteur (art. L 57, L 58, D 165, D 172 et D 173) ; pour faire procéder à une saisie-appréhension (art. L 56, D 140 et D 275) ; pour voir se prolonger une mesure conservatoire (art. D 215) ; pour faire procéder à une saisie-attribution (art. L 42 et D 55) ; pour recourir à la saisie des rémunérations (C. trav., art. R. 3252-1) ; pour faire procéder à une saisie-vente (art. L 50, al. 1 et art. D 81, al. 1) ; pour mettre en œuvre une saisie immobilière (C. civ., art. 2191).

Le législateur rappelle la liste traditionnelle des titres exécutoires à l'article L 3. Il n'avait jamais été procédé dans aucun texte à un tel inventaire auparavant. Sept « types » de titres exécutoires sont énoncés. Il y a lieu, en réalité d'en dénombrer neuf : les décisions exécutoires des juridictions de l'ordre judiciaire et de l'ordre administratif *(§ 1)* ; les actes, jugements étrangers, sentences arbitrales et les transactions exécutoires ; les extraits de procès-verbaux de conciliation signés par le juge et les parties ; les actes notariés revêtus de la formule exécutoire ; les titres délivrés par l'huissier de justice en cas de non-paiement d'un chèque ; les titres exécutoires administratifs ; les décisions auxquelles la loi attache les effets d'un jugement ; et le titre exécutoire délivré à l'expert pour le recouvrement de ses frais *(§ 2)*.

§ 1. Les décisions juridictionnelles ayant force exécutoire (art. L 3.1°)

110. Cela signifie qu'elles sont susceptibles d'être mises à exécution. Pour ce faire, il faut non seulement qu'aucune voie de recours suspensive ne soit susceptible d'être exercée, mais qu'il ait été satisfait aux

exécutoires, fasc. 145, in *Droit de l'exécution forcée*, éd. *Journal des Notaires et des Avocats*, avril 2005.

formalités de notification préalable éventuellement requises. Enfin, le titre pour être exécutoire, doit être revêtu de la formule exécutoire.

La décision ne doit pas ou ne doit plus être susceptible d'une voie de recours suspensive d'exécution. En matière de décisions rendues par les juridictions de l'ordre judiciaire, plusieurs situations peuvent se rencontrer. Il peut s'agir de décisions contradictoires, ou réputées telles, rendues en dernier ressort, ou de décisions assorties de l'exécution provisoire, de plein droit (CPC, art. 514 et s.) ou non, exécutoires ou non sur minute (CPC, art. 503, al. 2). Dans tous ces cas, la décision pourra être mise immédiatement à exécution. Aux termes des dispositions de l'article 504 du Code de procédure civile, « *la preuve du caractère exécutoire ressort du jugement lorsque celui-ci n'est susceptible d'aucun recours suspensif ou qu'il bénéficie de l'exécution provisoire. Dans les autres cas cette preuve résulte : soit de l'acquiescement de la partie condamnée ; soit de la notification de la décision et d'un certificat permettant d'établir, par rapprochement avec cette notification, l'absence, dans le délai, d'une opposition, d'un appel, ou d'un pourvoi en cassation lorsque le pourvoi est suspensif* ». Quant à la question de savoir par qui se faire délivrer ledit certificat de non-recours suspensif, l'article 505 du Code de procédure civile dispose que « *toute partie peut se faire délivrer par le secrétaire de la juridiction devant laquelle le recours pouvait être formé un certificat attestant l'absence d'opposition, d'appel ou de pourvoi en cassation ou indiquant la date du recours s'il en a été formé un* »[2].

S'agissant des décisions rendues par les tribunaux administratifs, le principe est que, sauf dispositions contraires (CJA, art. L. 11) ou sursis à exécution décidé par la cour administrative d'appel en application des dispositions de l'article R. 811-14 du Code de justice administrative, elles sont exécutoires immédiatement dès lors qu'elles sont revêtues de la formule exécutoire prévue par l'article R. 751-1 du même Code.

Quant à la nécessité d'une ***notification préalable de la décision***, cette règle ne concerne que celles rendues par les juridictions de l'ordre judiciaire. Aux termes des dispositions de l'article 503 du Code de procédure civile, « *les jugements ne peuvent être exécutés contre ceux auxquels ils sont opposés qu'après leur avoir été notifiés, à moins que l'exécution*

2. Un arrêt de cour d'appel qui annule ou infirme un jugement assorti de l'exécution provisoire et sur le fondement duquel avait été pratiquée une saisie-attribution, ne constitue pas lui-même un titre exécutoire permettant au débiteur saisi d'obtenir la restitution des sommes saisies. Il doit agir en répétition de l'indû devant le juge du fond (Cass. 2e civ., 10 juillet 2008, *D.* 2009, pan., p. 1168, obs. A. Leborgne). Un arrêt infirmatif qui ouvre droit à restitution des sommes versées en exécution du jugement réformé, constitue un titre exécutoire permettant de poursuivre le recouvrement forcé (en ce sens, Cass. 2e civ., 19 juillet 2008, *Bull. civ.* II, n° 183 ; 19 novembre 2008, *D.* 2008, AJ, p. 3018).

n'en soit volontaire. /En cas d'exécution au seul vu de la minute[3], *la présentation de celle-ci vaut notification* ». Lorsque le titre exécutoire est une ordonnance sur requête, « *copie de la requête et de l'ordonnance est laissée à la personne à laquelle elle est opposée* » (CPC, art. 495, al. 2). Le principe de la nécessité d'une notification préalable est périodiquement rappelé par la Cour de cassation[4], mais elle ne concerne pas, semble-t-il, la mise en œuvre des mesures conservatoires[5]. Cette notification organisée par les articles R. 751-1 et suivants du Code de justice administrative n'est, en revanche, théoriquement pas nécessaire à l'exécution des décisions rendues par les juridictions administratives[6].

Pour pouvoir être mise à exécution, la décision juridictionnelle exécutoire doit comporter en outre expressément ***condamnation à l'encontre de celui contre qui le créancier prétend recouvrer sa créance***[7]. Il a

---

3. Voir notamment, CPC, art. 489, al. 2, et art. 495, al. 2. De plein droit pour les ordonnances sur requête, et sur décision expresse pour les ordonnances de référé.

4. En ce sens ; Cass. 1re civ., 18 mai 1994, *Bull. civ.* I, n° 176 ; Cass. 2e civ. 9 octobre 1996, *Juris Data* n° 003 810 ; 1er juillet 1999, *Bull. civ.* II, n° 130, p. 95, arrêt rendu à propos d'un titre exécutoire administratif ; Cass. 3e civ., 3 juin 1992, *Bull. civ.* III, n° 189, *RTD civ.* 1992.645, obs. R. Perrot.

5. Cass. 1re civ., 12 octobre 2006, *Bull. civ.* I, n° 271, arrêt rendu à propos de l'inscription définitive d'une hypothèque conservatoire.

6. CE 14 mai 1954, Clavel, *RDP* 1954, p. 801, note Waline.

7. Ainsi, le titre délivré à l'encontre d'une société n'emporte pas le droit de saisir les biens des associés, même lorsqu'ils sont tenus indéfiniment des dettes sociales (Cass. 2e civ., 19 mai 1998, *Bull. civ.* II, n° 161 ; 25 mars 1998, *Bull. civ.* II, n° 107 ; Cass. com., 26 octobre 1999, nos 97-17.823 et 97-17.824, *RTD civ.* 2000, p. 167, obs. R. Perrot). Le titre délivré à l'encontre d'un groupement d'intérêt économique n'emporte pas le droit de saisir les biens des membres du groupement, fussent-ils tenus indéfiniment et solidairement des dettes de ce dernier, à défaut de titre exécutoire pris contre eux (Cass. 2e civ., 15 janvier 2004, *Bull. civ.* II, n° 9). Concernant la poursuite d'associés d'une société tenus de supporter le passif social au-delà de leur apport (associés dans une société civile, dans une société en nom collectif), rappelons que les créanciers sociaux doivent avoir poursuivi préalablement et vainement la personne morale, ce qui devra être justifié (C. civ., art. 1858, Cass. com., 20 novembre 2001, *Bull. civ.* IV, n° 186), avant de pouvoir entamer des poursuites à l'encontre des associés. En pratique, cela signifie notamment qu'ils ne pourront donc prétendre obtenir directement un titre contre les associés, avant d'en avoir d'abord obtenu un contre la personne morale, dans le cadre d'une première procédure (Cass. 3e civ., 7 décembre 2001, n° 99-14.432). En attendant de pouvoir poursuivre le recouvrement de leur créance contre les associés, les créanciers peuvent au moins se faire autoriser à entreprendre à leur encontre des mesures conservatoires, le principe de subsidiarité énoncé par l'article 1858 du Code civil n'y faisant pas obstacle (Cass. com., 9 octobre 2001, *Bull. civ.* IV, n° 164).
Dans le même ordre d'idées, une saisie contre une société qui n'est pas celle visée dans le titre exécutoire, ne saurait être justifiée au motif que celle-ci se serait comportée en « successeur » de celle effectivement condamnée au paiement, ou qu'elle aurait reçu les actes d'exécution sans les contester sur le champ (Cass. 2e civ., 8 novembre 2001, n° 00-13.568 ; sur la difficulté d'identifier le débiteur concerné, voir aussi Cass. 2e civ.,

toutefois été jugé que lorsqu'il apparaît que deux entités ne forment qu'une seule et même personne morale, le titre exécutoire contre l'une

6 mai 2004, *Bull. civ.* II, n° 220, *RTD civ.* 2004, p. 555, obs. R. Perrot). En revanche, c'est à bon droit qu'un juge de l'exécution, pour rejeter une demande d'annulation d'un commandement et d'une saisie-attribution, constate que malgré une dénomination différente, l'entité à l'encontre de laquelle cette saisie a été pratiquée et la personne contre laquelle avait été émis le titre exécutoire, ne formaient en fait qu'une seule et même personne morale (Cass. 2e civ., 17 novembre 2005, *Bull. civ.* II, n° 298).

Le principe que le créancier doive justifier d'un titre exécutoire contre le débiteur à l'encontre duquel il prétend exécuter, a pour conséquence que le titre produit à l'encontre d'un époux, en recouvrement d'une dette ayant pour objet l'entretien du ménage ou l'éducation des enfants, n'emporte pas le droit de saisir les biens de son conjoint, à défaut de titre exécutoire pris contre celui-ci, les deux époux fussent-ils tenus solidairement des dettes ménagères (Cass. 2e civ., 28 octobre 1999, *Bull. civ.* II, n° 163). De même, « *l'expulsion d'un bien commun appartenant aux deux époux doit être dirigée contre chacun d'eux* ». La simple comparution de l'un des époux est donc insuffisante pour rendre la décision opposable à l'autre, non assigné, et la mention traditionnelle ordonnant l'expulsion de l'époux assigné, et de tous occupants de son chef, ne peut avoir aucun effet à l'égard de l'autre époux (Cass. 2e civ., 21 septembre 2000, *Bull. civ.* II, n° 132).

À ce principe, il existe une exception : le titre exécutoire vaut à l'encontre de celui qui est substitué de plein droit au débiteur originaire. Ainsi, lorsque la construction d'un ensemble immobilier a été financée à l'aide d'un prêt consenti par le Crédit foncier de France à la SCI constituée pour la circonstance, l'acte de partage de la SCI substitue de plein droit à celle-ci, les attributaires des lots qui se retrouvent débiteurs du Crédit foncier, sans que celui-ci ait à solliciter un autre titre exécutoire, cette fois rendu à leur encontre, pour pouvoir les poursuivre en remboursement de la part du prêt correspondant à leur lot, conformément aux dispositions de l'article L. 311-8 du Code de la construction et de l'habitation (Cass. 2e civ., 16 décembre 1999, *Bull. civ.* II, n° 192). De même, l'avis de mise en recouvrement émis à l'encontre d'une société civile immobilière par l'administration fiscale en recouvrement de créances fiscales, constitue, aux termes de l'article L. 256 du livre des procédures fiscales, un titre exécutoire, également contre ses associés tenus indéfiniment au paiement du passif social, conformément aux dispositions de l'article L. 211-2 du Code de la construction et de l'habitation (Cass. com., 20 novembre 2001, *Bull. civ.* IV, n° 184).

Une société venant aux droits d'une autre ne peut mettre en œuvre une mesure d'exécution forcée, alors que le jugement lui servant de cause n'a pas prévu dans son dispositif que la société venait aux droits du précédent créancier (Cass. 2e civ., 18 octobre 2007, *Bull. civ.* II, n° 234).

Enfin, les dettes d'une succession se divisent entre les héritiers qui n'en sont tenus personnellement, qu'au prorata de leurs droits respectifs, peu importe qu'ils soient acceptants purs et simples ou bénéficiaires, de sorte qu'un créancier ne peut réclamer aux premiers, ce que les seconds ne sont pas tenus de payer (Cass. 1re civ., pourra être poursuivie contre l'autre[8]. Mais, même lorsque la loi instaure une solidarité entre débiteurs, le titre détenu par un créancier contre un seul des débiteurs solidaires ne permet pas d'agir en exécution forcée contre les autres[9]. On rencontre le même type de difficulté à propos des cautions[10]. Enfin, le titre exécutoire contre le défunt l'est aussi contre l'héritier, huit jours après que la signification lui en ait été faite, conformément à la règle contenue depuis 1804 à l'article 877 du Code civil.

Ultime condition pour passer à l'exécution forcée, il n'y a de titre exécutoire, évidemment, que revêtu de la ***formule exécutoire***. Quant aux décisions émanant des juridictions de l'ordre judiciaire, on se bornera à rappeler qu'aux termes des dispositions de l'article 502 du Code de procédure civile, « *nul jugement, nul acte ne peut être mis à exécution que sur présentation d'une expédition revêtue de la formule exécutoire, à moins que la loi n'en dispose autrement* ». Et le décret n° 47-1047 du 12 juin 1947 *relatif à la formule exécutoire* de disposer en son article 1er que « *les expéditions des arrêts, jugements, mandats de justice, ainsi que les grosses et expéditions des contrats et de tous les actes susceptibles d'exécution forcée, seront intitulées ainsi qu'il suit : « République française, Au nom du peuple français », et terminées par la formule suivante : « En conséquence, la République française mande et ordonne à tous huissiers de justice, sur ce requis, de mettre ledit arrêt (ou ledit jugement, etc.) à exécution, aux procureurs généraux et aux procureurs de la République près les tribunaux de grande instance d'y tenir la main, à tous commandants et officiers de la force publique de prêter main-forte lorsqu'ils en seront légalement requis. En foi de quoi le présent arrêt (ou jugement, etc.) a été signé par...* ». Les greffiers en chef sont chargés de délivrer les copies exécutoires des décisions de justice ou de délivrer la minute au seul vu de laquelle il pourra être procédé à l'exécution forcée en cas d'exécution sur minute (CPC, art. 1440). On sait en effet, qu'en matière d'ordonnance sur requête, le principe est que le greffe ne conserve qu'une copie. La minute de l'ordonnance de référé en cas d'exécution sur minute fait ensuite retour au greffe après exécution (CPC, art. 492). Les ordonnances du juge de l'exécution peuvent également être rendues exécutoires au seul vu de la minute (art. D. 25). Il convient alors de faire application du même régime qu'en matière d'ordonnance de référé. D'une manière générale, en cas

3 décembre 2002, *Bull. civ.* I, n° 298). Les significations faites et procédures d'exécution intentées contre les héritiers d'une personne décédée ne sont pas nulles du fait que ceux-ci ont, ensuite, renoncé à la succession (Cass. 2e civ., 11 juillet 2002, *Bull. civ.* II, n° 171).

8. Cass. 2e civ., 17 novembre 2005, *Procédures* 2006, comm. 31.

9. Sur cette question, cf. *supra*, note 7.

10. L'arrêt d'une cour d'appel comportant condamnation du débiteur principal au paiement d'une somme d'argent, tout en prévoyant que les cautions sont engagées vis-à-vis du créancier par un cautionnement simple, constitue un titre exécutoire à l'encontre de ces dernières (Cass. 2e civ., 23 octobre 2008, *D.* 2008, AJ, p. 2802, obs. Gallmeister).

d'exécution sur minute, point n'est besoin de revêtir la minute de la formule exécutoire. Il en va de même en matière de mesures d'instruction exécutoires « *au* (seul) *vu d'un extrait ou d'une copie certifié conforme du jugement* » (CPC, art. 154) et même, sur décision expresse du juge, au vu de l'original lui-même (CPC, art. 159). Par exception à ces principes, en matière d'injonction de payer c'est la copie remise au créancier qui sera ensuite revêtue de la formule exécutoire à défaut d'opposition du débiteur (CPC, art. 1410 et 1411)[11]. Enfin, lorsque, en application des dispositions de l'article 627 du Code de procédure civile la Cour de cassation casse sans renvoi, l'article L. 411-3, alinéa 4, du Code de l'organisation judiciaire[12] dispose que « *l'arrêt emporte exécution forcée* », ce qui signifie en d'autres termes qu'il pourra en être délivré immédiatement des copies exécutoires[13].

La formule exécutoire devant revêtir les décisions rendues par les juridictions de l'ordre administratif est prévue dans des termes très comparables par l'article R. 751-1 du Code de justice administrative[14].

111. Notons enfin, innovation résultant de la réforme de la prescription civile opérée par la loi n° 2008-561 du 17 juin 2008[15], que

---

11. En cas de refus ou d'inertie du greffe sollicité de délivrer copies, « ... *le président de la juridiction auprès de laquelle celui-ci exerce ses fonctions, saisi par requête, statue, le demandeur et le greffier... entendus ou appelés. L'appel est instruit et jugé comme en matière gracieuse* » (CPC, art. 1441). Cette hypothèse de difficulté ne doit pas être confondue avec celle visée par l'article 465 du Code de procédure civile qui traite, lui, plus spécialement de la délivrance d'une seconde copie exécutoire.
Aux termes des dispositions de l'article 465 du Code de procédure civile, « *Chacune des parties a la faculté de se faire délivrer une expédition revêtue de la formule exécutoire. S'il y a un motif légitime, une seconde expédition, revêtue de cette formule, peut être délivrée à la même partie par le secrétaire de la juridiction qui a rendu le jugement. En cas de difficulté, le président de cette juridiction statue par ordonnance sur requête* ».

12. Anc. C. org. jud., art. L. 131-5.

13. Rappelons au passage que la dispense d'exécution dont il est question à l'article 1009-1 du Code de procédure civile, ne constitue pas une hypothèse de suspension de l'exécution de la décision frappée de pourvoi en cassation. Elle n'empêche pas le créancier de poursuivre une exécution forcée. Il en va de même de la dispense d'exécution prévue en matière d'appel, par l'article 526 du même Code, issu du décret n° 2005-1678 du 28 décembre 2005.

14. En voici le texte intégral : « *La République mande et ordonne* (au préfet de tel département, à tel ministre, ...), *en ce qui le concerne, et à tous huissiers de justice à ce requis, en ce qui concerne les voies de droit commun contre les parties privées de pourvoir à l'exécution du présent jugement* (ou arrêt) ». Il est « mandé et ordonné » au préfet du département lorsque le jugement est notifié à un établissement public, à une collectivité locale ou au trésorier-payeur général ; et il est « mandé et ordonné » aux ministres concernés lorsque le jugement leur est notifié.

15. D. Salati, *Nouvel article 3-1 de la loi du 9 juillet 1991 : la prescription des titres exécutoires de l'article 3, 1° à 3°, de la loi est décennale, Procédures*, décembre 2008, n° 45, p. 2.

l'exécution des décisions juridictionnelles ayant force exécutoire ne peut être poursuivie que pendant ***dix ans***, sauf si l'action en recouvrement des créances qui y sont constatées se prescrit par un délai plus long (art. L 3-1, al. 1)[16]. Auparavant le délai de prescription de l'exécution des décisions de justice était de trente ans, à compter du moment où la décision est devenue exécutoire, quand bien même la créance constatée dans la décision de condamnation était soumise avant condamnation, à un délai de prescription plus court, ce qui, n'était pas satisfaisant. La réforme de 2008 ne revient pas sur ce principe mais en limite la portée, puisque le délai de référence n'est plus de trente, mais de dix ans. Toutefois, l'article L 3-1 dispose, alinéa 2, dispose que le délai mentionné à l'article 2232 du Code civil aux termes duquel, « *le report du point de départ, la suspension ou l'interruption de la prescription ne peut avoir pour effet de porter le délai de la prescription extinctive au-delà de vingt ans à compter du jour de la naissance du droit* », n'est pas ici applicable, ce qui signifie donc qu'en pratique, *a contrario*, dans de telles hypothèses, le délai de prescription extinctive de la créance constatée dans un jugement de condamnation, pourra avoir pour effet de porter le délai de la prescription extinctive au-delà de vingt ans à compter du moment où la décision est devenue exécutoire. Pourquoi faire simple quand on peut faire compliquer ?

La réforme de la prescription civile opérée en 2008 consacre une hiérarchie entre les titres exécutoires, puisque l'article L 3-1 ne concerne que l'exécution des titres exécutoires mentionnés au 1° à 3° de l'article L 3, c'est-à-dire, les décisions juridictionnelles ayant force exécutoire, les actes, jugements étrangers ainsi que les sentences arbitrales déclarées

16. Cette innovation est la conséquence de la hiérarchie que la Cour de cassation avait finalement introduite dans sa jurisprudence entre les différents titres exécutoires énumérés par l'article 3 de la loi de 1991.
Dans un arrêt de chambre mixte en date du 26 mai 2006 (Cass. mixte, 26 mai 2006, *JCP éd. G.* 2006.II.10129, obs. H. Croze, *RTD civ.* 2006.639, obs. R. Perrot), avait mis fin à la divergence de vue entre la première et la deuxième Chambre civile, quant à la durée de la prescription de la créance constatée dans un acte authentique, en considérant que les titres exécutoires autres que les jugements de condamnation et actes assimilés, n'opéraient plus interversion de la prescription. En application de cette nouvelle solution, la première Chambre civile, dans un arrêt en date du 12 juillet 2007 (Cass. 1re civ., 12 juillet 2007, n° 06-11.369), rendu dans une espèce dans laquelle un établissement bancaire avait fait délivrer à son emprunteur qui prétendait que la créance était prescrite en application des dispositions de l'article L. 110-4 du Code de commerce, quatorze ans après la défaillance de celui-ci, un commandement de saisie immobilière en exécution d'un contrat notarié de crédit d'accession à la propriété immobilière, avait considéré que la durée de la prescription d'une créance dépendait exclusivement de la nature de celle-ci, et qu'il n'y avait lieu d'appliquer la prescription trentenaire, que lorsque le titre exécutoire était un jugement de condamnation, auquel cas, les poursuites étaient alors considérées comme engagées, non pas en vertu de la créance préexistante au jugement, mais sur le fondement d'une décision de justice.

exécutoires par une décision non susceptible d'un recours suspensif d'exécution, les transactions soumises au président du tribunal de grande instance lorsqu'elles ont force exécutoire et les extraits de procès-verbaux de conciliation signés par le juge et les parties. Pour les autres titres exécutoires dont notamment les titres exécutoires de recette administratifs, il convient de se reporter aux dispositions de l'article 2224 du Code civil qui prévoit désormais que le délai de prescription de droit commun est de ***cinq ans***, à défaut de délai spécifique.

§ 2. Les autres titres exécutoires

112. Ce sont d'abord « ***les actes, jugements étrangers ainsi que les sentences arbitrales déclarées exécutoires par une décision non susceptible d'un recours suspensif d'exécution*** » (art. L 3.2°). Les décisions d'*exequatur* font partie des titres exécutoires, dès lors qu'elles ont force exécutoire (CPC, art. 509 et 1477). L'exequatur est la procédure qui permet de conférer force exécutoire à une sentence arbitrale, à un acte d'un officier public étranger ou à une décision de justice rendue par une juridiction étrangère[17]. Aux termes des dispositions de l'article 1477, alinéa 1 du Code de procédure civile, « *l'exequatur est ordonné par le juge de l'exécution du tribunal* »[18].

Entre les pays de l'Union européenne, le régime juridique (conditions et procédure) de l'***exequatur***[19] a été unifié et simplifié[20].

17. En fait, la jurisprudence et la doctrine ont très tôt distingué deux types d'effets. Il s'agit, en premier lieu, de l'autorité de la chose jugée, principe aux termes duquel ce qui a été jugé ne peut être ignoré ou remis en cause, notamment par une juridiction française. Il s'agit, en second lieu, de l'exécution forcée, c'est-à-dire de l'accomplissement d'actes coercitifs sur les personnes ou les biens objets de la décision. Cette distinction fondamentale opérée, la jurisprudence considère que l'exequatur des jugements patrimoniaux déclaratifs est toujours nécessaire quel que soit l'effet recherché (autorité ou exécution), et que l'exequatur n'est, par ailleurs, nécessaire à propos des jugements extra-patrimoniaux et des jugements constitutifs, que pour en permettre l'exécution forcée. En revanche, toutes les fois qu'il ne s'agira que de pouvoir se prévaloir de l'autorité de la chose jugée et non de vouloir entreprendre une exécution forcée de la décision, on parlera, non pas d'exequatur, mais de reconnaissance.

18. Auparavant, cette fonction était assurée par le président du tribunal de grande instance.

19. M.-L. Niboyet et L. Sinopoli, *L'exequatur des jugements étrangers en France, GP* 16 au 16 juin 2004 ; F. Panneau et Cl. Mourlaque, *L'exequatur des décisions étrangères en matière civile et commerciale : mode d'emploi, Procédures,* mars 2005, p. 9.

20. À l'intérieur de l'Union européenne, la question fut longtemps régie par la convention de Bruxelles du 27 septembre 1968 sur la compétence judiciaire et l'exécution des décisions en matière civile et commerciale. Depuis le 1er mars 2002, ce texte est remplacé, sauf pour le Danemark, par le règlement communautaire n° 44/2001/CE du

Toujours entre les pays de l'Union européenne, stade suprême de la simplification, progrès majeur que l'on doit également au droit communautaire, l'exequatur n'est pas nécessaire lorsque le jugement ou l'acte étranger a pu faire l'objet d'un ***titre exécutoire européen***[21] en application des dispositions du règlement (CE) nº 805/2004 du 21 avril 2004. Il en est ainsi lorsque la créance est incontestée. En France la procédure d'émission du titre exécutoire européen est prévue par les articles 509 à 509-7 du Code de procédure civile.

Toujours afin de faciliter toujours davantage l'exécution des décisions de justice entre les pays de l'Union européenne, le règlement (CE) nº 1896-2006 du 12 décembre 2006 a créé une ***procédure d'injonction de payer européenne***, afin de permettre au créancier dont la créance porte sur une somme d'argent, d'obtenir sur requête une ordonnance d'injonction de payer devant n'importe quelle juridiction civile ou commerciale, dès lors que le litige peut être qualifié de transfrontières[22]. La

22 décembre 2000 dit « *Règlement Bruxelles I* ». Enfin, la Convention de Lugano du 16 septembre 1988 qui comporte les mêmes dispositions que la convention de Bruxelles de 1968, et qui avait été conçue pour permettre à des États membres de l'AELE (Association Européenne de Libre Échange) qui ne pouvaient donc pas adhérer à la convention de Bruxelles qui nécessitait l'appartenance à la CEE, n'ayant pas été renégociée, elle continue de s'appliquer dans les litiges dans lesquels des défendeurs sont domiciliés en Suisse, en Norvège, au Lichtenstein ou en Islande.

21. J.-P. Correa Delcasso, *Le titre exécutoire européen et l'inversion du contentieux, RID Comp.* 2000, p. 61 ; F. Ferrand, *Le nouveau titre exécutoire européen, Dr. & patr.* octobre 2004, p. 70 ; Ch. Hugon et B. Menut, *Les enjeux européens du recouvrement des créances, Dr. et Proc.* 2005, p. 69 ; J. Isnard et D. Hector, *Les deux visages de l'esquisse d'un droit de l'exécution dans l'Union européenne : l'exequatur simplifié et le titre exécutoire européen, Dr. & pr.* 2002, p. 11 ; J. Normand, *Le titre exécutoire européen, Dr. et Proc.* 2002, p. 331 ; J.-F. Sagaut et M. Cagniart, *La circulation de l'acte notarié français et le droit communautaire, Defrénois* 2006, art. 38106, p. 303.

22. **1.** Concernant ***le titre exécutoire européen***, conformément au programme relatif aux mesures de mise en œuvre du principe de reconnaissance mutuelle des décisions en matière civile et commerciale du 30 novembre 2000, le stade ultime de la coopération en matière judiciaire en matière d'exécution des décisions de justice, ne saurait consister une fois de plus à faciliter encore davantage l'exequatur, mais à le supprimer carrément du fait de la création d'un titre exécutoire européen pour les créances incontestées (Règl. nº 805/2004, 21 avril 2004, préamb., §§ 9 et 10). C'est l'objet du règlement (CE) nº 805/2004 du Parlement européen et du Conseil du 21 avril 2004 portant création d'un titre exécutoire européen pour les créances incontestées, qui est « *...de créer un titre exécutoire européen pour les créances incontestées en vue, grâce à l'établissement de normes minimales, d'assurer la libre circulation des décisions, des transactions judiciaires et des actes authentiques dans tous les États membres, sans qu'il soit nécessaire de recourir à une procédure intermédiaire dans l'État membre d'exécution préalablement à la reconnaissance et à l'exécution* » (Règl. nº 805/2004, 21 avril 2004, art. 1er).

Mais il ne saurait en aucun cas être fait table rase du passé, car le nouveau dispositif n'est pas une nouvelle étape obligatoire de l'intégration européenne judiciaire. En effet, « *la demande de certification en tant que titre exécutoire européen pour les créances incontestées devrait être facultative pour le créancier, qui peut également opter pour le* décision ainsi rendue ne nécessitera ni *exequatur*, ni délivrance d'un titre exécutoire européen, pour être exécutoire dans tous les pays de l'Union européenne. En France, le dispositif est complété par les articles 1424-1 à 1424-15 du Code de procédure civile issus du décret n° 2008-1346 du 17 décembre 2008.

---

système de reconnaissance et d'exécution prévu par le Règlement (CE) n° 44/2001 (du 22 décembre 2000) *ou par d'autres instruments* » (Règl. n° 805/2004, 21 avril 2004, préamb., § 20 et art. 27). Dans le même ordre d'idées, « *lorsqu'un acte doit être transmis d'un État membre à un autre, pour que ce dernier procède à la signification ou à la notification, le* (règlement n° 805/204) *et notamment les règles relatives à la signification et à la notification qui y sont contenues devraient s'appliquer de même que le règlement CE n° 1348/2000 du Conseil du 29 mai 2000 relatif à la signification et à la notification dans les États membres des actes judiciaires et extrajudiciaires en matière civile et commerciale et, notamment, son article 14 en liaison avec les communications faites par les États membres en vertu de son article 23* » (Règl. n° 805/2004, 21 avril 2004, préamb., § 21 et art. 28).

Une fois encore, le Danemark n'est pas concerné par le règlement n° 805/2004 (Règl. n° 805/2004, 21 avril 2004, préamb., § 25). Le texte dispose d'ailleurs en son article 2.3, que l'« *...on entend par État membre, tous les États membres à l'exception du Danemark* » (Règl. n° 805/2004, 21 avril 2004, art. 2, § 3).

La philosophie générale du dispositif est qu'« *...une décision qui a été certifiée en tant que titre exécutoire européen par la juridiction d'origine devrait être traitée, aux fins de l'exécution, comme si elle avait été rendue dans l'État membre dans lequel l'exécution est demandée. Par exemple, au Royaume-Uni, l'inscription d'une décision étrangère certifiée se fera donc selon les mêmes règles que celles qui régissent l'inscription d'une décision rendue dans une autre partie du Royaume-Uni et ne devra pas comporter de réexamen au fond de la décision étrangère. Les modalités relatives à l'exécution de ces décisions devraient rester régies par le droit national* » (Règl. n° 805/2004, 21 avril 2004, préamb., § 8). « *Une décision qui a été certifiée en tant que titre exécutoire européen dans l'État membre d'origine est reconnue et exécutée dans les autres États membres, sans qu'une déclaration constatant la force exécutoire soit nécessaire et sans qu'il soit possible de contester sa reconnaissance* » (Règl. n° 805/2004, *21 avril 2004, art. 5 ; voir aussi art. 24, § 2, à propos des transactions).*

Pour que le certificat de titre exécutoire européen soit délivré, suivant un modèle normalisé, des normes minimales de procédure civile devront avoir été respectées.

Il n'y aura lieu à titre exécutoire européen qui dispense le créancier d'exequatur, que dans les « ...situations dans lesquelles un créancier, en l'absence établie de toute contestation du débiteur quant à la nature et au montant d'une créance pécuniaire, a obtenu soit une décision judiciaire contre ce débiteur soit un acte exécutoire nécessitant une acceptation expresse du débiteur, qu'il s'agisse d'une transaction judiciaire ou d'un acte authentique » *(Règl. n° 805/2004, 21 avril 2004, préamb., § 5). Ces dispositions très restrictives sont tempérées par le fait que* « l'absence d'objections de la part du débiteur » *peut être tacite, puisqu'elle* « ...peut prendre la forme d'un défaut de comparution à une audience ou d'une suite non donnée à l'invitation faite par la juridiction de notifier par écrit l'intention de défendre l'affaire » *(Règl. n° 805/2004, 21 avril 2004, préamb., § 6).*

Tout cela suppose bien sûr que les droits de la défense aient été respectés (Règl.

Enfin, comme si tout cela ne suffisait pas, le règlement (CE) n° 861/2007 du 11 juillet 2007 a instauré une ***procédure européenne de règlement des petits litiges***, c'est-à-dire n'excédant pas 2 000 €, dès lors qu'ils sont transfrontières. La décision ainsi rendue ne nécessitera, une

n° 805/2004, 21 avril 2004, préamb., § 10). À cette fin, des normes minimales de procédure civile sont définies par le Règlement (Règl. n° 805/2004, 21 avril 2004, art. 12 à 19), notamment en ce qui concerne la signification et la notification des actes, puisque curieusement, cela n'a toujours pas été fait (Règl. n° 805/2004, 21 avril 2004, préamb., §§ 11 à 13). Mais rien ne presse si l'on peut dire, puisque curieusement le règlement « ...n'impose pas aux États membre l'obligation d'adapter leur législation nationale aux normes minimales de procédure qu'il prévoit. Il les y incite en ne permettant une exécution plus efficace et plus rapide des décisions dans les autres États membres que si ces normes minimales sont respectées » *(Règl. n° 805/2004, 21 avril 2004, préamb., § 19). En outre, afin de limiter toutes difficultés de ce chef,* « la confiance mutuelle dans l'administration de la justice dans les États membres fait en sorte qu'une juridiction d'un État membre peut considérer que toutes les conditions de la certification en tant que titre exécutoire européen sont remplies pour permettre l'exécution d'une décision dans tous les autres États membres, sans contrôle juridictionnel de l'application correcte des normes minimales de procédure dans l'État membre où la décision doit être exécutée » *(Règl. n° 805/2004, 21 avril 2004, préamb., § 18).*

Aux termes de son article 2, le Règlement s'applique en matière civile et commerciale, quelle que soit la nature de la juridiction. Mais sont expressément exclus du champ d'application du nouveau dispositif et ne peuvent par conséquent pas donner lieu à l'émission d'un titre exécutoire européen, les décisions rendues en matière fiscale, douanière ou administrative, de responsabilité de l'État pour des actes ou des omissions commis dans l'exercice de la puissance publique, d'état et de capacité des personnes physiques, de régimes matrimoniaux, de successions, de faillites, de concordats et autres procédures collectives analogues, de sécurité sociale et d'arbitrage.

Curieuses dispositions de l'article 33 du règlement n° 805/2004 qui ne se comprennent qu'à la lecture de celles de l'article 26, le titre exécutoire européen est entré en vigueur le 21 janvier 2005 et est applicable depuis le 21 octobre 2005. Or, aux termes de son article 26, ledit règlement « ...n'est applicable qu'aux décisions *(de justice)* rendues, aux transactions judiciaires approuvées ou conclues et aux actes authentiques dressés ou enregistrés postérieurement à l'entrée en vigueur... », *c'est-à-dire postérieurement au 21 janvier 2005. Mais ce n'est qu'à partir du 21 octobre 2005 que les décisions de justice rendues, aux transactions judiciaires approuvées ou conclues et aux actes authentiques dressés ou enregistrés à partir du 21 janvier 2005, qu'ils pourront donner lieu à la délivrance du titre exécutoire européen. Cette manière de procéder consistant à prévoir une date d'entrée en vigueur distincte de la date d'application effective postérieure, a été imaginée afin de permettre aux États membres d'avoir le temps de prendre les dispositions matérielles complémentaires nécessaires. En droit français, ces dispositions résultent du décret n° 2004-836 du 20 août 2004 et du décret n° 2005-460 du 13 mai 2005.*

2. *Concernant* **la procédure d'injonction de payer européenne**, aux termes du considérant n° 9 du règlement, l'objectif est de « *simplifier, d'accélérer et de réduire les coûts de procédure dans les litiges transfrontaliers concernant des créances pécuniaires incontestées* fois encore, ni reconnaissance, ni *exequatur*. Il est tout de même prévu la délivrance d'un titre exécutoire européen spécial, pour que la décision puisse être exécutoire dans tous les pays de l'Union européenne. En

---

en instituant une procédure européenne d'injonction de payer, et d'assurer la libre circulation des injonctions de payer européennes au sein de l'ensemble des États membres en établissant des normes minimales dont le respect rend inutile toute procédure intermédiaire dans l'État membre d'exécution préalablement à la reconnaissance et à l'exécution ». La procédure s'applique en matière civile et commerciale, quelle que soit la nature du tribunal compétent (art. 2 du règlement), mais sont, comme en matière de titre exécutoire européen, exclues les matières fiscales, douanières et administratives. Sont également exclus les litiges relatifs aux régimes matrimoniaux, aux testaments et successions ab intestat, aux faillites ou à la sécurité sociale. Sont pareillement exclues les créances résultant d'obligations non contractuelles, sauf si elles ont fait l'objet d'un accord entre les parties ou s'il existe une reconnaissance de dette, ou encore, si elles ont trait à des dettes liquides résultant de la propriété conjointe d'un bien (art. 2, d). Aux termes de l'article 4 du règlement, la procédure est ouverte aux « *créances pécuniaires liquides et exigibles à la date où la demande d'injonction de payer européenne est introduite* ». La créance doit donc être chiffrée et échue, conditions appréciées au jour du dépôt de la requête en injonction.
La requête doit être formulée au moyen d'un formulaire dont le modèle figure en annexe du règlement. Elle doit contenir le « *motif de l'action* », c'est-à-dire la cause de la créance, par exemple, le paiement d'une créance issue d'un contrat de vente de marchandise, et énoncer les moyens de fait et de droit. Comme dans la procédure française d'injonction de payer, le requérant doit faire « *une description des éléments de preuve étayant la créance* » (art. 7). La requête doit être signée par le requérant ou son représentant, manuellement ou électroniquement. Notons que la représentation par avocat ou par un autre professionnel du droit n'est obligatoire ni pour le requérant, ni pour le défendeur qui souhaiterait contester la créance (art. 24).
Le tribunal vérifie dans les meilleurs délais, que les conditions prévues par le règlement sont bien remplies (art. 8), et si l'une d'elles fait défaut, il peut inviter le requérant à compléter sa requête (art. 9.1). Il peut rejeter la requête ou ne faire droit que partiellement à la requête en injonction de payer (art. 11 et 10.2). Aucun recours n'est recevable contre la décision de rejet de la requête (art. 11.2). Le requérant pourra alors engager une procédure judiciaire ordinaire (art. 11.3).
Dès lors que les conditions visées à l'article 8 sont réunies, la juridiction saisie émet une injonction de payer, au moyen d'un formulaire type. Cette injonction précise que le débiteur condamné peut, soit payer au créancier requérant le montant indiqué, soit former opposition à l'injonction de payer (art. 12.3). L'injonction mentionne en outre, que l'injonction deviendra exécutoire sauf si une opposition est déclarée auprès de la juridiction qui l'a rendue, dans le délai de 30 jours à compter, en France, de la signification de l'injonction faite à l'initiative du requérant (art. 16, CPC, art. 1424-5 *à 1424-7).*
Lorsque le débiteur fait opposition à l'aide du formulaire-type qui lui est adressé avec l'injonction, il n'est pas tenu de préciser les motifs de sa contestation (art. 16.3). En France il peut, soit adresser ce formulaire rempli en recommandé avec accusé de réception à la juridiction, soit faire opposition par déclaration verbale au greffe (CPC, art. 1424-8). La

France, le dispositif est complété par les articles 1382 à 1390 du Code de procédure civile issus du décret nº 2008-1346 du 17 décembre 2008[23].

procédure continue alors comme une instance contradictoire ordinaire, sauf si le requérant désormais demandeur, avait expressément énoncé dans sa requête initiale, qu'il ne souhaitait pas engager d'instance au fond et qu'il préférait qu'il soit mis fin à la procédure en cas d'opposition (art. 17). Le passage à la procédure ordinaire contradictoire est réglementé par le droit de l'État membre où siège la juridiction qui a rendu l'injonction de payer (art. 12.4 c et 17.2). En France, les parties sont convoquées à l'audience par le greffe, par courrier recommandé avec accusé de réception (CPC, art. 1424-9 et 1424-10). L'incompétence est réglée en France comme il est dit à l'article 97 du Code de procédure civile. « Si aucune des parties ne se présente, le tribunal constate l'extinction de l'instance. Celle-ci rend non avenue l'injonction de payer européenne » *(CPC, art. 1424-11).* « Le jugement du tribunal se substitue à l'injonction de payer européenne » *(CPC, art. 1424-12).* « Le tribunal statue à charge d'appel lorsque le montant de la demande excède le taux de sa compétence en dernier ressort » *(CPC, art. 1424-13).*

Si le débiteur ne fait pas opposition à l'injonction européenne, la juridiction qui l'a rendue la rend exécutoire sans tarder, au moyen d'un formulaire-type (art. 18). En France, aux termes de l'article 1424-14 du Code de procédure civile, « Lorsqu'aucune opposition n'a été formée dans le délai imparti et après prise en compte d'un délai supplémentaire de dix jours nécessaire à l'acheminement du recours, le greffier déclare l'injonction de payer européenne exécutoire au moyen du formulaire prévu à cet effet et appose sur l'injonction de payer européenne la formule exécutoire ». *Point n'est besoin d'exequatur pour que l'injonction soit exécutoire dans n'importe quel pays de l'Union européenne, sauf, une fois encore, au Danemark dont on comprend de moins en moins la présence parmi les pays de l'Union européenne. Toutefois, à la demande du débiteur condamné, la juridiction compétente de l'État membre d'exécution pourra refuser l'exécution si l'injonction rendue est incompatible avec une décision rendue ou une autre injonction de payer émise antérieurement dans un État membre ou dans un pays tiers (art. 22.2).*

Enfin, afin de garantir les droits de la défense, un réexamen de l'injonction de payer pourra avoir lieu dans des cas exceptionnels, alors même que le débiteur n'a pas formé opposition en temps utile, dès lors que la signification de cette injonction a eu lieu dans des conditions qui ne garantissent pas qu'il en a eu connaissance à temps pour préparer sa défense, sans qu'il y ait eu faute de sa part. Il en va de même lorsqu'il n'a pu contester la créance pour cause de force majeure ou en raison de circonstances extraordinaires, sans faute de sa part, dès lors qu'il fait rapidement diligence ensuite (art. 20). Le débiteur également demander un réexamen de l'injonction s'il apparaît que celle-ci a été émise à tort ou en raison d'autres circonstances exceptionnelles. Lorsqu'ainsi, le réexamen a été sollicité, la juridiction peut, à la demande du débiteur, limiter la procédure à des mesures conservatoires, subordonner l'exécution à la constitution d'une sûreté ou encore, dans des circonstances exceptionelles, suspendre la procédure d'exécution (art. 23).

23. ***1.*** Concernant ***le titre exécutoire européen***, conformément au programme relatif aux mesures de mise en œuvre du principe de reconnaissance mutuelle des décisions en matière civile et commerciale du 30 novembre 2000, le stade ultime de la coopération

en matière judiciaire en matière d'exécution des décisions de justice, ne saurait consister une fois de plus à faciliter encore davantage l'exequatur, mais à le supprimer carrément du fait de la création d'un titre exécutoire européen pour les créances incontestées (Règl. n° 805/2004, 21 avril 2004, préamb., §§ 9 et 10). C'est l'objet du règlement (CE) n° 805/2004 du Parlement européen et du Conseil du 21 avril 2004 portant création d'un titre exécutoire européen pour les créances incontestées, qui est « *...de créer un titre exécutoire européen pour les créances incontestées en vue, grâce à l'établissement de normes minimales, d'assurer la libre circulation des décisions, des transactions judiciaires et des actes authentiques dans tous les États membres, sans qu'il soit nécessaire de recourir à une procédure intermédiaire dans l'État membre d'exécution préalablement à la reconnaissance et à l'exécution* » (Règl. n° 805/2004, 21 avril 2004, art. 1er). Mais il ne saurait en aucun cas être fait table rase du passé, car le nouveau dispositif n'est pas une nouvelle étape obligatoire de l'intégration européenne judiciaire. En effet, « *la demande de certification en tant que titre exécutoire européen pour les créances incontestées devrait être facultative pour le créancier, qui peut également opter pour le système de reconnaissance et d'exécution prévu par le Règlement (CE) n° 44/2001* (du 22 décembre 2000) *ou par d'autres instruments* » (Règl. n° 805/2004, 21 avril 2004, préamb., § 20 et art. 27). Dans le même ordre d'idées, « *lorsqu'un acte doit être transmis d'un État membre à un autre, pour que ce dernier procède à la signification ou à la notification, le* (règlement n° 805/204) *et notamment les règles relatives à la signification et à la notification qui y sont contenues devraient s'appliquer de même que le règlement CE n° 1348/2000 du Conseil du 29 mai 2000 relatif à la signification et à la notification dans les États membres des actes judiciaires et extrajudiciaires en matière civile et commerciale et, notamment, son article 14 en liaison avec les communications faites par les États membres en vertu de son article 23* » (Règl. n° 805/2004, 21 avril 2004, préamb., § 21 et art. 28).
Une fois encore, le Danemark n'est pas concerné par le règlement n° 805/2004 (Règl. n° 805/2004, 21 avril 2004, préamb., § 25). Le texte dispose d'ailleurs en son article 2.3, que l'« *...on entend par État membre, tous les États membres à l'exception du Danemark* » (Règl. n° 805/2004, 21 avril 2004, art. 2, § 3).
La philosophie générale du dispositif est qu'« *...une décision qui a été certifiée en tant que titre exécutoire européen par la juridiction d'origine devrait être traitée, aux fins de l'exécution, comme si elle avait été rendue dans l'État membre dans lequel l'exécution est demandée. Par exemple, au Royaume-Uni, l'inscription d'une décision étrangère certifiée se fera donc selon les mêmes règles que celles qui régissent l'inscription d'une décision rendue dans une autre partie du Royaume-Uni et ne devra pas comporter de réexamen au fond de la décision étrangère. Les modalités relatives à l'exécution de ces décisions devraient rester régies par le droit national* » (Règl. n° 805/2004, *21 avril 2004, préamb., § 8). «* Une décision qui a été certifiée en tant que titre exécutoire européen dans l'État membre d'origine est reconnue et exécutée dans les autres États membres, sans qu'une déclaration constatant la force exécutoire soit nécessaire et

sans qu'il soit possible de contester sa reconnaissance » *(Règl. n° 805/2004, 21 avril 2004, art. 5 ; voir aussi art. 24, § 2, à propos des transactions).*
Pour que le certificat de titre exécutoire européen soit délivré, suivant un modèle normalisé, des normes minimales de procédure civile devront avoir été respectées.
Il n'y aura lieu à titre exécutoire européen qui dispense le créancier d'exequatur, que dans les « ...situations dans lesquelles un créancier, en l'absence établie de toute contestation du débiteur quant à la nature et au montant d'une créance pécuniaire, a obtenu soit une décision judiciaire contre ce débiteur soit un acte exécutoire nécessitant une acceptation expresse du débiteur, qu'il s'agisse d'une transaction judiciaire ou d'un acte authentique » *(Règl. n° 805/2004, 21 avril 2004, préamb., § 5). Ces dispositions très restrictives sont tempérées par le fait que* « l'absence d'objections de la part du débiteur » *peut être tacite, puisqu'elle* « ...peut prendre la forme d'un défaut de comparution à une audience ou d'une suite non donnée à l'invitation faite par la juridiction de notifier par écrit l'intention de défendre l'affaire » *(Règl. n° 805/2004, 21 avril 2004, préamb., § 6). Tout cela suppose bien sûr que les droits de la défense aient été respectés (Règl. n° 805/2004, 21 avril 2004, préamb., § 10). À cette fin, des normes minimales de procédure civile sont définies par le Règlement (Règl. n° 805/2004, 21 avril 2004, art. 12 à 19), notamment en ce qui concerne la signification et la notification des actes, puisque curieusement, cela n'a toujours pas été fait (Règl. n° 805/2004, 21 avril 2004, préamb., §§ 11 à 13). Mais rien ne presse si l'on peut dire, puisque curieusement le règlement* « ...n'impose pas aux États membre l'obligation d'adapter leur législation nationale aux normes minimales de procédure qu'il prévoit. Il les y incite en ne permettant une exécution plus efficace et plus rapide des décisions dans les autres États membres que si ces normes minimales sont respectées » *(Règl. n° 805/2004, 21 avril 2004, préamb., § 19). En outre, afin de limiter toutes difficultés de ce chef,* « la confiance mutuelle dans l'administration de la justice dans les États membres fait en sorte qu'une juridiction d'un État membre peut considérer que toutes les conditions de la certification en tant que titre exécutoire européen sont remplies pour permettre l'exécution d'une décision dans tous les autres États membres, sans contrôle juridictionnel de l'application correcte des normes minimales de procédure dans l'État membre où la décision doit être exécutée » *(Règl. n° 805/2004, 21 avril 2004, préamb., § 18).*
Aux termes de son article 2, le Règlement s'applique en matière civile et commerciale, quelle que soit la nature de la juridiction. Mais sont expressément exclus du champ d'application du nouveau dispositif et ne peuvent par conséquent pas donner lieu à l'émission d'un titre exécutoire européen, les décisions rendues en matière fiscale, douanière ou administrative, de responsabilité des l'État pour des actes ou des omissions commis dans l'exercice de la puissance publique, d'état et de capacité des personnes physiques, de régimes matrimoniaux, de successions, de faillites, de concordats et autres procédures collectives analogues, de sécurité sociale et d'arbitrage.
Curieuses dispositions de l'article 33 du règlement n° 805/2004 qui ne se comprennent qu'à la lecture de celles de l'article 26, le titre exécutoire européen est entré en vigueur

---

le 21 janvier 2005 et est applicable depuis le 21 octobre 2005. Or, aux termes de son article 26, ledit règlement « ...n'est applicable qu'aux décisions *(de justice)* rendues, aux transactions judiciaires approuvées ou conclues et aux actes authentiques dressés ou enregistrés postérieurement à l'entrée en vigueur... », *c'est-à-dire postérieurement au 21 janvier 2005. Mais ce n'est qu'à partir du 21 octobre 2005 que les décisions de justice rendues, aux transactions judiciaires approuvées ou conclues et aux actes authentiques dressés ou enregistrés à partir du 21 janvier 2005, qu'ils pourront donner lieu à la délivrance du titre exécutoire européen. Cette manière de procéder consistant à prévoir une date d'entrée en vigueur distincte de la date d'application effective postérieure, a été imaginée afin de permettre aux États membres d'avoir le temps de prendre les dispositions matérielle complémentaires nécessaires. En droit français, ces dispositions résultent du décret n° 2004-836 du 20 août 2004 et du décret n° 2005-460 du 13 mai 2005.*

2. Concernant ***la procédure d'injonction de payer européenne***, aux termes du considérant n° 9 du règlement, l'objectif est de « *simplifier, d'accélérer et de réduire les coûts de procédure dans les litiges transfrontaliers concernant des créances pécuniaires incontestées en instituant une procédure européenne d'injonction de payer, et d'assurer la libre circulation des injonctions de payer européennes au sein de l'ensemble des États membres en établissant des normes minimales dont le respect rend inutile toute procédure intermédiaire dans l'État membre d'exécution préalablement à la reconnaissance et à l'exécution* ». La procédure s'applique en matière civile et commerciale, quelle que soit la nature du tribunal compétent (art. 2 du règlement), mais sont, comme en matière de titre exécutoire européen, exclues les matières fiscales, douanières et administratives. Sont également exclus les litiges relatifs aux régimes matrimoniaux, aux testaments et successions ab intestat, aux faillites ou à la sécurité sociale. Sont pareillement exclues les créances résultant d'obligations non contractuelles, sauf si elles ont fait l'objet d'un accord entre les parties ou s'il existe une reconnaissance de dette, ou encore, si elles ont trait à des dettes liquides résultant de la propriété conjointe d'un bien (art. 2, d). Aux termes de l'article 4 du règlement, la procédure est ouverte aux « *créances pécuniaires liquides et exigibles à la date où la demande d'injonction de payer européenne est introduite* ». La créance doit donc être chiffrée et échue, conditions appréciées au jour du dépôt de la requête en injonction.

La requête doit être formulée au moyen d'un formulaire dont le modèle figure en annexe du règlement. Elle doit contenir le « *motif de l'action* », c'est-à-dire la cause de la créance, par exemple, le paiement d'une créance issue d'un contrat de vente de marchandise, et énoncer les moyens de fait et de droit. Comme dans la procédure française d'injonction de payer, le requérant doit faire « *une description des éléments de preuve étayant la créance* » (art. 7). La requête doit être signée par le requérant ou son représentant, manuellement ou électroniquement. Notons que la représentation par avocat ou par un autre professionnel du droit n'est obligatoire ni pour le requérant, ni pour le défendeur qui souhaiterait contester la créance (art. 24).

Le tribunal vérifie dans les meilleurs délais, que les conditions prévues par le règlement sont bien remplies (art. 8), et si l'une d'elles fait défaut, il peut inviter le requérant à compléter sa requête (art. 9.1). Il peut rejeter la requête ou ne faire droit que partiellement à la requête en injonction de payer (art. 11 et 10.2). Aucun recours n'est recevable contre la décision de rejet de la requête (art. 11.2). Le requérant pourra alors engager une procédure judiciaire ordinaire (art. 11.3).

Dès lors que les conditions visées à l'article 8 sont réunies, la juridiction saisie émet une injonction de payer, au moyen d'un formulaire type. Cette injonction précise que le débiteur condamné peut, soit payer au créancier requérant le montant indiqué, soit former opposition à l'injonction de payer (art. 12.3). L'injonction mentionne en outre, que l'injonction deviendra exécutoire sauf si une opposition est déclarée auprès de la juridiction qui l'a rendue, dans le délai de 30 jours à compter, en France, de la signification de l'injonction faite à l'initiative du requérant (art. 16, CPC, art. 1424-5 *à 1424-7).*

Lorsque le débiteur fait opposition à l'aide du formulaire-type qui lui est adressé avec l'injonction, il n'est pas tenu de préciser les motifs de sa contestation (art. 16.3). En France il peut, soit adresser ce formulaire rempli en recommandé avec accusé de réception à la juridiction, soit faire opposition par déclaration verbale au greffe (CPC, art. 1424-8). La procédure continue alors comme une instance contradictoire ordinaire, sauf si le requérant désormais demandeur, avait expressément énoncé dans sa requête initiale, qu'il ne souhaitait pas engager d'instance au fond et qu'il préférait qu'il soit mis fin à la procédure en cas d'opposition (art. 17). Le passage à la procédure ordinaire contradictoire est réglementé par le droit de l'État membre où siège la juridiction qui a rendu l'injonction de payer (art. 12.4 c et 17.2). En France, les parties sont convoquée à l'audience par le greffe, par courrier recommandé avec accusé de réception (CPC, art. 1424-9 et 1424-10). L'incompétence est réglée en France comme il est dit à l'article 97 du Code de procédure civile. « Si aucune des parties ne se présente, le tribunal constate l'extinction de l'instance. Celle-ci rend non avenue l'injonction de payer européenne » *(CPC, art. 1424-11).* « Le jugement du tribunal se substitue à l'injonction de payer européenne » *(CPC, art. 1424-12).* « Le tribunal statue à charge d'appel lorsque le montant de la demande excède le taux de sa compétence en dernier ressort » *(CPC, art. 1424-13).*

Si le débiteur ne fait pas opposition à l'injonction européenne, la juridiction qui l'a rendue la rend exécutoire sans tarder, au moyen d'un formulaire-type (art. 18). En France, aux termes de l'article 1424-14 du Code de procédure civile, « Lorsqu'aucune opposition n'a été formée dans le délai imparti et après prise en compte d'un délai supplémentaire de dix jours nécessaire à l'acheminement du recours, le greffier déclare l'injonction de payer européenne exécutoire au moyen du formulaire prévu à cet effet et appose sur l'injonction de payer européenne la formule exécutoire ». *Point n'est besoin d'exequatur pour que l'injonction soit exécutoire dans n'importe quel pays de l'Union européenne, sauf, une fois encore, au Danemark dont on comprend de moins en moins la présence parmi les pays de l'Union européenne. Toutefois, à la demande du débiteur*

condamné, la juridiction compétente de l'État membre d'exécution pourra refuser l'exécution si l'injonction rendue est incompatible avec une décision rendue ou une autre injonction de payer émise antérieurement dans un État membre ou dans un pays tiers (art. 22.2).
Enfin, afin de garantir les droits de la défense, un réexamen de l'injonction de payer pourra avoir lieu dans des cas exceptionnels, alors même que le débiteur n'a pas formé opposition en temps utile, dès lors que la signification de cette injonction a eu lieu dans des conditions qui ne garantissent pas qu'il en a eu connaissance à temps pour préparer sa défense, sans qu'il y ait eu faute de sa part. Il en va de même lorsqu'il n'a pu contester la créance pour cause de force majeure ou en raison de circonstances extraordinaires, sans faute de sa part, dès lors qu'il fait rapidement diligence ensuite (art. 20). Le débiteur également demander un réexamen de l'injonction s'il apparaît que celle-ci a été émise à tort ou en raison d'autres circonstances exceptionnelles. Lorsqu'ainsi, le réexamen a été sollicité, la juridiction peut, à la demande du débiteur, limiter la procédure à des mesures conservatoires, subordonner l'exécution à la constitution d'une sûreté ou encore, dans des circonstances exceptionnelles, suspendre la procédure d'exécution (art. 23).
3. Concernant ***la procédure européenne de règlement des petits litiges***, celle-ci concerne les litiges en matière civile et commerciale, lorsque la valeur totale de la demande pécuniaire ou non pécuniaire, hors intérêts, frais et dépens, n'excède pas 2 000 € au moment de l'engagement de la procédure (art. 2.1). Mais si la demande ne relève pas de la procédure européenne spécifique de règlement des petits litiges, le tribunal l'examine tout de même selon son propre droit procédural national applicable (art. 4.3). Pour tout ce que le règlement ne traite pas, la procédure est régie par le droit procédural de l'État membre dans lequel la procédure se déroule (art. 19).
Sont, une fois encore, exclues de la procédure, les matières fiscales, douanières, administratives, ainsi que les matières concernant l'état et la capacité des personnes physiques, les régimes matrimoniaux, obligations alimentaires, testaments, successions ab intestat, faillites, la sécurité sociale, l'arbitrage, le droit du travail, les baux d'immeubles (sauf demandes pécuniaires) et les atteintes à la vie privée et aux droits de la personnalité, y compris la diffamation (art. 2.1 et 2.2).
La procédure doit être engagée devant la juridiction compétente, – en France, le juge de proximité, le juge d'instance ou le tribunal de grande instance dans les matières de leur compétence exclusive, ou le tribunal de commerce –, en faisant usage d'un formulaire-type de demande annexé au règlement communautaire et en y joignant les documents complémentaires utiles, le tout adressé au greffe de la juridiction par tout moyen (poste, télécopie, courriel...) admis dans l'État membre où la procédure est engagée (art. 4.1). La représentation des parties (par un avocat ou autre professionnel) n'est obligatoire (art. 10) ni pour former la demande, ni pendant le déroulement de la procédure (art. 10).
Si les informations fournies sont jugées insuffisantes par le tribunal saisi ou si le

formulaire de demande n'est pas correctement rempli, le tribunal peut donner au demandeur la possibilité de compléter ou de rectifier le formulaire et de fournir des éléments complémentaires (art. 4.4).

En principe, et pour des raisons de rapidité, la procédure est écrite. Mais le juge peut estimer, notamment au regard des observations ou demande des parties, qu'une audience est nécessaire (art. 5.1).

Le formulaire de demande est adressé au défendeur par le greffe du tribunal, accompagné d'un formulaire de réponse en défense. Le défendeur dispose d'un délai d'un mois pour répondre, à compter du jour de la signification ou de la notification de la demande qui lui a été faite. Il peut former une demande reconventionnelle à laquelle le demandeur doit répondre dans un délai d'un mois (art. 5.6). Mais si le montant de la demande reconventionnelle excède 2 000 €, la procédure européenne de règlement des petits litiges ne s'applique alors ni à la demande initiale, ni à la demande reconventionnelle, qui sont alors soumises au droit applicable dans l'État membre du tribunal saisi (art. 5.7). Ces différents délais peuvent être prorogés par le juge, exceptionnellement, si cela est « *...nécessaire pour garantir la défense effective des parties* » (art. 14.2). Une fois que la juridiction est en possession des réponses des parties, elle doit statuer dans le délai d'un mois, ou demander aux parties des renseignements complémentaires, ou obtenir des preuves, ou encore citer les parties à comparaître à une audience (art. 7). Le juge peut inciter les parties à se concilier (art. 12.3).

La décision rendue est exécutoire de plein droit par provision (art. 15.1). Le règlement ne prévoit pas si une voie de recours est ouverte ou non contre la décision de première instance et laisse aux États membres le choix de déterminer ces voies de recours (art. 17.1). En France l'appel est fermé, en raison du taux du ressort qui est aujourd'hui de 4 000 € pour les décisions en matière civile.

Comme dans le règlement créant une injonction de payer européenne et comme dans le règlement sur le titre exécutoire européen, il est prévu une possibilité de réexamen de la décision de première instance dans des cas exceptionnels, lorsque la notification où signification du formulaire de demande ou la citation à comparaître a été réalisée dans des conditions ne garantissant pas la preuve de la réception par le défendeur, et si elle n'est pas intervenue en temps utile pour lui permettre de préparer sa défense, sans qu'il y ait faute de sa part (art. 18). Il en va de même si le défendeur a été empêché de contester la demande pour des raisons de force majeure ou par suite de circonstances extraordinaires, sans qu'il y ait faute de sa part. Si la juridiction saisie juge que le réexamen justifié, la décision rendue sur le petit litige sera nulle et non avenue (art. 18.2, *in fine*).

L'article 20 du règlement prévoit que la décision est reconnue exécutoire dans un tout autre État membre, sans qu'une déclaration constatant sa force exécutoire ne soit nécessaire, et sans qu'il soit possible de s'opposer à la reconnaissance, dès lors que la décision a été certifiée par le tribunal de l'État membre au moyen d'un formulaire spécial, variété de certificat de titre exécutoire européen (art. 21.1). Le règlement prévoit d'une part le refus d'exécution, et d'autre part la suspension ou la limitation de l'exécution. En vertu

113. L'article L. 3-1 sur la prescription extinctive est applicable[24].

114. Constituent également des titres exécutoires « ... ***les transactions soumises au président du tribunal de grande instance lorsqu'elles ont force exécutoire*** » (art. L. 3.1°). On doit en effet au décret n° 98-1231 du 28 décembre 1998, l'article 1441-4 du Code de procédure civile aux termes duquel, « *le président du tribunal de grande instance, saisi sur requête par une partie à la transaction, confère force exécutoire à l'acte qui lui est présenté* ». Cette homologation judiciaire qu'il n'est pas abusif de qualifier d'exequatur[25], n'est toutefois pas nécessaire lorsque la transaction est conclue en la forme notariée. Dans ce cas, en effet, une copie exécutoire[26], c'est-à-dire une copie revêtue de la formule exécutoire suffit pour pouvoir recourir, si nécessaire, à l'exécution forcée.

Notons enfin, que rien ne justifie que les pouvoirs publics n'aient pas conféré compétence pour conférer l'exequatur de l'article 1441-4 au juge de l'exécution, comme ils l'ont fait en matière d'exequatur des actes, jugements étrangers et sentences arbitrales (CPC, art. 1477, al. 1).

115. L'article L. 3-1 sur la prescription extinctive est applicable[27].

116. Sont également des titres exécutoires, « ***les extraits de procès-verbaux de conciliation signés par le juge et les parties*** » (art. L 3.3°). On sait qu'aux termes des dispositions de l'article 21 du Code de procédure civile, « *il entre dans la mission du juge de concilier les parties* ». L'article L 3 ne fait que rappeler les dispositions de l'article 131 du Code de procédure civile aux termes duquel, « *des extraits du procès-verbal constatant la conciliation peuvent être délivrés ; ils valent titre exécutoire* ». Le juge dispose expressément de ce pouvoir de conciliation depuis un décret-loi du 30 octobre 1935. Aujourd'hui nombreuses sont les dispositions consacrant ce pouvoir dont dispose le tribunal de

---

de l'article 22 du règlement, la juridiction compétence de l'État membre d'exécution peut, à la demande du débiteur, refuser l'exécution d'une décision incompatible avec une décision rendue antérieurement dans un autre État membre ou un pays tiers, dès lors que 1° la décision antérieure a été rendue entre les mêmes parties ; dans un litige ayant la même cause ; 2° la décision antérieure a été rendu dans l'État membre d'exécution ou réunit les conditions pour être reconnu dans cet État et 3° que l'incompatibilité des décisions n'a pas été et ne pouvait pas être invoquée au cours de la procédure judiciaire dans l'État membre dont le tribunal a statué sur le petit litige (art. 22). L'article 23 prévoit enfin les hypothèses dans lesquelles l'exécution du jugement peut être limitée à des mesures conservatoires, subordonnée à la constitution d'une sûreté.

24. Cf. *supra*, n° 111.

25. G. Taormina, *Brèves remarques sur quelques difficultés pratiques rencontrées dans le cadre de la procédure d'exequatur des transactions de l'article 1441-4 du nouveau Code de procédure civile*, *D.* 2002, chron., p. 2353.

26. Cf. *infra*, n° 118.

27. Cf. *supra*, n° 111.

grande instance (CPC, art. 768), la juridiction de proximité et le tribunal d'instance (CPC, art. 830 à 835, 840, 841 et 847), le juge d'instance en matière de saisie des rémunérations (C. trav., art. R. 3252-12), le tribunal de commerce (CPC, art. 863), le tribunal paritaire des baux ruraux (CPC, art. 882, 887 et 888), le conseil des prud'hommes (C. trav., art. R. 1452-1 et s.) et la cour d'appel (CPC, art. 941). Les procès-verbaux de conciliation, même revêtus de la formule exécutoire, ne constituent cependant pas des jugements. Ils ne sont, par conséquent, susceptibles ni d'appel[28], ni de tierce opposition[29], ni de pourvoi en cassation[30]. Enfin, on sait que depuis le décret n° 96-652 du 22 juillet 1996 pris pour l'application de la loi n° 95-125 du 8 février 1995, le juge de proximité ou le juge d'instance peut décider de confier la conciliation à un conciliateur de justice remplissant les conditions prévues par le décret n° 78-381 du 20 mars 1978 modifié par le décret n° 96-1091 du 13 décembre 1996. « *En cas de conciliation même partielle, le conciliateur établit un constat d'accord signé par les parties* » (CPC, art. 832-7, al. 2). En homologuant ce « *constat d'accord* », le juge d'instance lui conférera force exécutoire (CPC, art. 832-8). Le décret de 1996 organise également la médiation devant toutes les juridictions. C'est l'objet des dispositions des articles 131-1 à 131-5 du Code de procédure civile. L'article 131-12 dispose à l'instar de l'article 832-8 que « *le juge homologue à la demande des parties l'accord qu'elles lui soumettent* »[31].

117. L'article L. 3-1 sur la prescription extinctive est applicable[32].

118. Il s'agit ensuite des « ... ***actes notariés revêtus de la formule exécutoire*** » (art. L. 3.4°)[33]. C'est là un simple rappel des dispositions des articles 19 de la loi du 25 ventôse an XI et 1er de la loi n° 76-519 du 15 juin 1976. Ce dernier texte dispose que « *pour permettre au créancier de poursuivre le recouvrement de sa créance, le notaire établit une*

28. Cass. 2e civ., 5 avril 1957, *Bull. civ.* II, n° 296.

29. Cass. soc., 1er février 1957, *Bull.* n° 135.

30. Cass. soc., 23 octobre 1991, *Bull. civ.* V, n° 420.

31. Différence fondamentale entre la conciliation et la médiation, tandis que le procès-verbal de conciliation constitue dès sa signature par les parties et le juge, un titre exécutoire dont il suffira que le greffe délivre aux parties des copies revêtues de la formule exécutoire, l'accord de médiation nécessite, pour acquérir force exécutoire, que toutes les parties demandent conjointement au juge son homologation judiciaire. Par conséquent, même si elles ont toutes signé l'accord de médiation, il suffit qu'une seule des parties signataires ne souhaite finalement pas voir exécuter cet accord, pour que le juge ne puisse lui conférer force exécutoire. Il ne donnera alors lieu à la délivrance d'aucune copie exécutoire et n'aura même aucune force obligatoire.

32. Cf. *supra*, n° 111.

33. J.-J. Bourdillat, *Le titre exécutoire notarié*, *Rev. huissiers*. 1994, p. 679 ; M. DAGOT, *La force exécutoire de l'acte notarié*, *LPA* 6 janvier 1993, p. 23 ; J.-P. Sénéchal, *L'acte notarié, une quasi-sûreté*, *Rep. Not. Defrénois* 1993, p. 1313.

copie exécutoire, qui rapporte littéralement les termes de l'acte authentique qu'il a dressé. Il la certifie conforme à l'original et la revêt de la formule exécutoire ». Seul le notaire rédacteur de l'acte, ou l'un de ses associés lorsque c'est une société civile professionnelle qui est titulaire de l'office notarial, peut délivrer copie exécutoire, non un clerc assermenté[34]. Constituent en réalité des titres exécutoires, non seulement les copies d'actes notaires revêtues de la formule exécutoire appelées « *grosses* »[35] par la pratique, mais aussi les copies d'actes de reconnaissance devant notaire des actes sous seing privé revêtus de la formule exécutoire ; en revanche n'en sont point les actes reçus en brevet, ni les actes sous seing privé même déposés au rang des minutes d'un notaire[36]. L'article 18 du décret n° 71-941 du 26 novembre 1971 dispose enfin, quant à la nécessité de la formule exécutoire, que « *les grosses seules sont délivrées en forme exécutoire, elles sont terminées dans les mêmes termes que les jugements des tribunaux* ». Le notaire appose donc la formule exécutoire. Il tient cette prérogative de sa qualité d'officier ministériel dépositaire des sceaux de l'autorité publique.

119. Ce titre exécutoire qui constate une créance non constatée dans un jugement, n'est donc pas soumis aux dispositions de l'article L 3-1[37]. Il est donc soumis, pour son exécution, au délai de prescription de la créance qu'il constate. Ce délai qui est, depuis la réforme de la prescription civile opérée par la loi n° 2008-561 du 17 juin 2008, en principe de cinq ans, peut être plus court.

34. D. n° 71-941, 26 novembre 1971, art. 17.
35. Loi du 25 ventôse an XI, art. 19.

Les notaires, délivrent les copies exécutoires d'actes notariés conformément à l'article 1435 du Code de procédure civile qui dispose que « *les officiers publics ou ministériels ou les autres dépositaires d'actes sont tenus de délivrer, à charge de leurs droits, expédition ou copie des actes aux parties elles-mêmes, à leurs héritiers ou ayants droit* ». « *En cas de refus ou de silence du dépositaire, le président du tribunal de grande instance, saisi par requête, statue, le demandeur et le dépositaire entendus ou appelés* » (CPC, art. 1436). « *La décision est exécutoire à titre provisoire. L'appel est formé, instruit et jugé comme en matière gracieuse* » (CPC, art. 1437).

Quant à la délivrance de grosses supplémentaires, l'article 1439 du Code de procédure civile dispose que « *la partie qui veut obtenir la délivrance d'une seconde copie exécutoire d'un acte authentique doit en faire la demande au président du tribunal de grande instance. La demande est présentée par requête. En cas de refus ou de silence du dépositaire de l'acte, il en est référé au président du tribunal de grande instance* ». L'article 19 du décret du 26 novembre 1971 dispose en outre, qu'« *il doit être fait mention sur la minute de la délivrance d'une première grosse faite à chacune des parties intéressées. Il ne peut lui en être délivré d'autre sans une ordonnance du président du tribunal de grande instance, laquelle demeure jointe à la minute* ».

36. Cass. 2e civ., 11 janvier 1968, *Bull. civ.* II, n° 15, *GP* 1969.1.250 ; P. Callé, *Réflexion sur la nature juridique d'u acte sous seing privé déposé au rang des minutes d'un notaire*, *JCP éd. N*, 2003, 1150, 302.

37. Cf. *supra*, n° 111.

120. L'article L 3.5° vise ensuite « ***les titres délivrés par l'huissier de justice en cas de non-paiement d'un chèque*** »[38], faisant ici référence à une innovation introduite par la loi n° 85-695 du 11 juillet 1985 (art. 25), complétant l'article 65-3 du décret-loi de 1935 régissant le chèque et devenu depuis l'article L. 131-73 du Code monétaire et financier. À défaut de paiement ou d'approvisionnement du compte dans un délai de trente jours à compter de sa première présentation, le porteur du chèque peut obtenir du tiré un certificat de non-paiement. Lorsqu'à l'expiration de ce délai le porteur décide de présenter une seconde fois le chèque, le tiré doit lui adresser, alors même qu'il n'en aurait pas fait la demande, un certificat de non-paiement sans frais. La « *notification effective* », c'est-à-dire par voie postale ou par lettre remise à son destinataire ou retirée par lui dans les conditions des articles 665 et s. du Code de procédure civile, ou à défaut, la signification par ministère d'huissier de justice de ce certificat de non-paiement, vaut commandement de payer le montant du chèque et des frais dans un délai de quinze jours à compter de la réception de la remise ou de la signification, faute de quoi l'huissier de justice délivre un titre exécutoire sans frais. Cette notification doit alors comporter les mentions requises par le décret du 31 juillet 1992 à propos du commandement de payer (art. D 298).

121. Ce titre exécutoire qui constate une créance non constatée dans un jugement, n'est donc pas soumis aux dispositions de l'article L 3-1[39]. Il est donc soumis, pour son exécution, au délai de prescription de la créance qu'il constate. Ce délai qui est, depuis la réforme de la prescription civile opérée par la loi n° 2008-561 du 17 juin 2008, en principe de cinq ans, peut être plus court.

122. L'article L 3.6° parle enfin des « ... *titres délivrés par les personnes morales de droit public qualifiés comme tels par la loi, ou les décisions auxquelles la loi attache les effets d'un jugement* ». La loi de 1991 regroupe ici deux choses différentes.

Concernant tout d'abord « ... ***les titres délivrés par les personnes morales de droit public qualifiés comme tels par la loi...*** »[40], désignés en pratique sous l'appellation générique de *titres exécutoires*

38. N. Casal, *Le recouvrement des chèques impayés : une histoire tourmentée*, *Rev. huissiers*. 2002, n° 4, p. 212.

39. Cf. *supra*, n° 111.

40. Sur cette épineuse question, voir G. Taormina, *Les titres exécutoires*, fasc. 145, spéc. n°s 145-90, in *Droit de l'exécution forcée*, éd. *Journal des Notaires et des Avocats*, avril 2005 ; P. Brunel, *De quelques particularités relatives au contentieux des créances des collectivités publiques devant le juge de l'exécution*, *GP* 5-6 mars 1997, p. 17 et s. ; M.-Chr. Gauthier, *Le contentieux de l'opposition à titre*, *Proc.* avril 1998, n° 3 et 4 ; R. Lauba, *Les titres exécutoires délivrés par les personnes morales de droit public*, *AER ENM* 1996 ; S. Deygas, *Le juge administratif, juge de l'exécution*, *Proc.* juillet 1998, p. 3.

administratifs, ou encore, celle de *titres de recette*, il s'agit des cas dans lesquels certaines personnes de droit public, dès lors qu'elles comportent un comptable ordonnateur et un comptable assignataire des dépenses, et sont astreintes aux obligations de la comptabilité publique, peuvent, pour le recouvrement de leurs créances, se délivrer à elles-mêmes des titres exécutoires, sans, par conséquent, avoir besoin d'obtenir un jugement de condamnation. Les créances fiscales ne sont pas les seules concernées. Nombre d'établissements publics[41] bénéficient de ce système, parmi lesquels on trouve notamment les hôpitaux, les universités, Les collectivités locales ne sont pas en reste[42]. Quelle que soit la collectivité émettrice du titre, qu'il s'agisse ou non d'une créance fiscale mise en recouvrement, il existe une distinction fondamentale à respecter, celle entre *opposition à contrainte*, appelée aussi *opposition à exécution*, d'une part, et *opposition à poursuite*, d'autre part. Cette distinction classique à la terminologie trompeuse, utilisée par la jurisprudence tant judiciaire qu'administrative dans le domaine du recouvrement des créances des collectivités publiques, fiscales ou non, est fondée sur l'article L. 281 du livre des procédures fiscales qui dispose que « *les contestations relatives au recouvrement des impôts, taxes, redevances et sommes quelconques dont la perception incombe aux comptables publics compétents mentionnés à l'article L. 252 doivent être présentées à l'administration dont dépend le comptable qui exerce les poursuites. /Les contestations ne peuvent porter que : 1° soit sur la régularité en la forme de l'acte ; 2° soit sur l'existence de l'obligation de payer, sur le montant de la dette compte tenu des paiements effectués, sur l'exigibilité de la somme réclamée, ou sur tout autre motif ne remettant pas en cause l'assiette et le calcul de l'impôt. /Les recours contre les décisions prises par l'administration sur ces contestations sont portés, dans le premier cas, devant le juge de l'exécution, dans le second cas, devant le juge de l'impôt tel qu'il est prévu à l'article L. 199* ».

On appelle *opposition à contrainte* dite aussi *opposition à exécution*, toutes les contestations portant sur la régularité formelle du titre exécutoire administratif ou son bien fondé. Elles sont, de la compétence exclusive du juge administratif du fond lorsque la créance mise en recouvrement est de droit public, c'est-à-dire dans la plupart des cas, et de la compétence du juge judiciaire du fond, seulement lorsque cette créance est de droit privé.

41. Les textes de référence sont le décret n° 62-1587 du 29 décembre 1962 portant règlement général sur la comptabilité publique et le décret n° 92-1369 du 29 décembre 1992 modifiant le décret n° 62-1587 du 29 décembre 1962 portant règlement général sur la comptabilité publique et fixant les dispositions applicables au recouvrement des créances de l'État mentionnées à l'article 80 de ce décret.
42. CGCT, art. L. 1617-5.

On appelle *opposition à poursuite*, toutes les contestations portant, d'une part, sur la régularité formelle des procédures d'exécution faisant suite à la notification du titre exécutoire administratif et d'autre part, sur l'existence d'une immunité d'exécution. Elles sont de la compétence exclusive du juge de l'exécution.

S'agissant du recouvrement des créances fiscales, toute contestation portant sur le bien fondé de la créance ou la régularité formelle du titre exécutoire (*opposition à contrainte*), de la compétence du juge de l'impôt qui est, en France, généralement administratif[43], doit être obligatoirement précédée d'une réclamation préalable auprès de l'une des autorités fiscales administratives énumérées par l'article R. 281-1 du livre des procédures fiscales[44], dans un délai de 2 mois à compter de la notification du premier acte permettant d'invoquer le motif de la réclamation (LPF, art. R. 281-4). L'autorité destinataire de cette réclamation préalable qui a l'obligation d'en accuser réception, a deux mois pour statuer, délai à l'expiration duquel le silence gardé vaut décision implicite de rejet. Le recours contentieux devant le juge de l'impôt doit être intenté dans un délai de deux mois à compter, soit de la décision implicite de rejet, soit de la notification de la décision explicite de rejet. L'obligation de faire ainsi précéder la saisine du juge de l'exécution, sous peine d'irrecevabilité de ce recours contentieux, d'une telle réclamation préalable, est également obligatoire en cas d'*opposition à poursuite*[45]. Cette réclamation préalable doit être formée dans un délai de deux mois à compter du premier acte d'exécution forcée fondant la contestation (LPF, art. R. 281-2). En l'absence de décision dans le délai de deux mois ou en cas de rejet de cette réclamation préalable, le débiteur saisi doit exercer son recours contentieux devant le juge de l'exécution, dans un délai de deux mois à compter, soit de la décision implicite de rejet, soit de la notification de la décision explicite de rejet (LPF, art. R. 281-4).

S'agissant du recouvrement des créances des établissements publics, seules les *oppositions à contrainte* (réclamations portant sur le bien fondé de la créance ou la régularité formelle du titre exécutoire) doivent

---

43. La juridiction compétente pour connaître de ce recours contentieux est le tribunal administratif saisi par requête, en matière de contributions directes et de taxes sur le chiffre d'affaires, et le tribunal de grande instance saisi par assignation, en matière de contributions indirectes et taxes assimilées, de timbre, de droits d'enregistrement et taxe de publicité foncière, de vignette automobile pour ceux qui la payent encore, ...en attendant son rétablissement (LPF, art. R. 202-2 et L. 199).

44. Il s'agit, en l'occurrence, aux termes de l'article R. 281-1 du livre des procédures fiscales, du trésorier payeur général, lorsque le recouvrement incombe à un comptable public (impôts directs et assimilés) ; du directeur des services fiscaux, lorsque le recouvrement en cause incombe à la direction générale des impôts (impôts indirects et assimilés) ; du directeur régional des douanes et droits indirects, lorsque le recouvrement incombe à un comptable de la direction générale des douanes et droits indirects.

45. Cass. avis, 14 mai 2001, *Bull. avis* n° 3 ; Cass. com., 4 juin 2002, n° 98-18.420.

être précédées d'une réclamation préalable. C'est ce qui résulte des articles 7 et 8 du décret n° 92-1369 du 29 décembre 1992 modifiant le décret n° 62-1587 du 29 décembre 1962 portant règlement général sur la comptabilité publique et fixant les dispositions applicables au recouvrement des créances de l'État mentionnées à l'article 80 de ce décret, aux termes desquels, « Art. 7. - *Avant de saisir la juridiction compétente, le redevable doit, dans les délais fixés à l'article 8 ci-après, adresser sa réclamation appuyée de toutes justifications au comptable qui a pris en charge l'ordre de recette.* Art. 8. - *La réclamation prévue à l'article précédent doit être déposée : 1° En cas d'opposition à l'exécution d'un titre de perception dans les deux mois qui suivent la notification de ce titre ou à défaut du premier acte de poursuite qui en procède. L'autorité compétente délivre reçu de la réclamation et statue dans un délai de six mois. À défaut d'une décision notifiée dans ce délai, la réclamation est considérée comme rejetée ; 2° En cas d'opposition à poursuites, dans les deux mois qui suivent la notification de l'acte de poursuite dont la régularité est contestée. L'autorité compétente délivre reçu de la réclamation et statue dans un délai de deux mois. À défaut d'une décision notifiée dans ce délai, la réclamation est considérée comme rejetée* ». L'*opposition à poursuite* devant le juge de l'exécution n'a pas à être précédée d'une réclamation préalable auprès du comptable assignataire chargé du recouvrement ou de l'établissement public créancier[46].

S'agissant du recouvrement des créances des collectivités locales, aux termes de l'article L. 1617-5 du Code général des collectivités territoriales : « ... *1° En l'absence de contestation, le titre de recettes individuel ou collectif émis par la collectivité territoriale ou l'établissement public local permet l'exécution forcée d'office contre le débiteur. Toutefois, l'introduction devant une juridiction de l'instance ayant pour objet de contester le bien-fondé d'une créance assise et liquidée par une collectivité territoriale ou un établissement public local suspend la force exécutoire du titre. L'introduction de l'instance ayant pour objet de contester la régularité formelle d'un acte de poursuite suspend l'effet de cet acte. 2° L'action dont dispose le débiteur d'une créance assise et liquidée par une collectivité territoriale ou un établissement public local pour contester directement devant la juridiction compétente le bien-fondé de ladite créance se prescrit dans le délai de deux mois suivant la réception du titre exécutoire ou, à défaut, du premier acte procédant de ce titre ou de la notification d'un acte de poursuite... 5° Le recouvrement par les comptables directs du Trésor des titres rendus exécutoires dans les conditions prévues au présent article peut être assuré par voie d'opposition à tiers détenteur adressée aux personnes*

46. Cass. 2e civ., 11 septembre 2003, *Bull. civ.* II, n° 252, *D.*2004, jur., p. 170, note G. Taormina ; 26 octobre 1994, *Bull. civ.* II, n° 207, le titre exécutoire doit être produit en original devant le juge de l'exécution.

physiques ou morales qui détiennent des fonds pour le compte de redevables, qui ont une dette envers lui ou qui lui versent une rémunération. Les comptables directs du Trésor chargés du recouvrement de ces titres peuvent procéder par la voie de l'opposition à tiers détenteur lorsque les sommes dues par un redevable au même poste comptable sont supérieures à un montant, fixé par décret en Conseil d'État, pour chacune des catégories de tiers détenteur. Le comptable public chargé du recouvrement notifie cette opposition au redevable en même temps qu'elle est adressée au tiers détenteur... ». Il résulte de ces dispositions qu'aucune réclamation préalable n'est requise en matière d'*opposition à contrainte* (réclamations portant sur le bien fondé de la créance ou la régularité formelle du titre exécutoire). Elle n'est, bien sûr, *a fortiori*, pas requise non plus en matière d'opposition à poursuite (contestations portant, d'une part, sur la régularité formelle des procédures d'exécution faisant suite à la notification du titre exécutoire administratif et d'autre part, sur l'existence d'une immunité d'exécution).

123. Ce titre exécutoire qui constate une créance non constatée dans un jugement, n'est donc pas soumis aux dispositions de l'article L. 3-1[47]. Il est donc soumis, pour son exécution, au délai de prescription de la créance qu'il constate. Ce délai qui est, depuis la réforme de la prescription civile opérée par la loi n° 2008-561 du 17 juin 2008, en principe de cinq ans, peut être plus court[48].

124. Concernant « ... ***les décisions auxquelles la loi attache les effets d'un jugement*** », il s'agit, d'une manière générale, de titres émis par des autorités qui n'ont pas la qualité de juge du siège. On pense notamment au certificat de vérification des dépens délivré par le greffier en chef, en application des articles 704 et suivants du Code de procédure civile, à l'état des cotisations de sécurité sociale impayées et majorations de retard transmis par l'organisme social créancier au préfet pour qu'il le rende exécutoire, dans la procédure sommaire de recouvrement régie par les articles L. 133-1, R. 133-1 et R. 133-2 du Code de la sécurité sociale[49], au titre émis par l'organisme de sécurité sociale dans la procédure de contrainte ayant le même objet, prévue par les articles L. 244-9, L. 723-9, R. 133-3 à R. 133-6 et R. 741-8 du Code de la sécurité sociale, et les articles 1 à 9 du décret n° 79-707 du 8 août 1979[50], au titre établi par le trésor public, pour le recouvrement des amendes, en application de la loi n° 2004-1485 du 30 décembre 2004[51], à l'état exécutoire émis par

47. Cf. *supra*, n° 111.
48. Ainsi, les titres émis par les collectivités territoriales se prescrivent par quatre ans (CGCT, art. L. 1617-5.3°).
49. Cf. *infra*, note n° 277, spécialement note 248.
50. *Ibid.*
51. Cf. *infra*, n°s 268 et s.

le procureur de la République adressé au trésorier-payeur général, émis en application de l'article 3 de la loi n° 75-618 du 11 juillet 1975, et de l'article 6 du décret n° 75-1339 du 31 décembre 1975, en matière de recouvrement public des pensions alimentaires[52].

125. La prescription de l'exécution de ce type de titre exécutoire est soumise aux mêmes règles que pour les titres exécutoires administratifs[53].

126. Enfin, ***pour permettre au technicien*** constatant, consultant ou expert ***qui a prêté son concours à l'instruction du litige civil***, de se faire payer immédiatement par la partie à la charge de laquelle le coût de son intervention a été provisoirement mis, sans attendre l'issue de la procédure[54], les articles 255, 262 et 284, du Code de procédure civile, disposent que ***le juge*** (chargé de surveiller l'exécution des mesures d'instruction ou taxateur) ***lui délivre un titre exécutoire***.

127. L'exécution de ce titre exécutoire dont l'objet est spécifique au procès civil engagé, se prescrit par dix ans, en application de l'article L 3-1.

Section 2
Les titres permettant une mesure conservatoire[55]

128. En principe, toute personne qui désire pratiquer une mesure conservatoire (saisie conservatoire ou sûreté judiciaire) sur les biens de son débiteur doit, par requête, solliciter du juge[56], l'autorisation de le faire ; cette autorisation lui est délivrée par ordonnance s'il apparaît au

52. Cf. *infra*, n° 253.
53. Cf. *supra*, n° 123.
54. C'est en pratique, à la charge du demandeur que ces frais sont mis immédiatement. Il les récupérera ensuite contre la partie condamnée par le tribunal, dans le cadre des dépens, en application des articles 695 et suivants du Code de procédure civile. Mais en cas de contestation du montant de ces dépens, il ne pourra procéder à leur recouvrement forcé que sur la base d'un certificat de vérification du greffe ou, en cas de contestation de ce certificat, une ordonnance de taxe du juge taxateur, conformément aux dispositions des articles 704 et s. du Code de procédure civile (pour un rappel de ces principes, voir Cass. 2e civ., 3 mai 2007, *Bull. civ.* II, n° 120).
55. G. Taormina, *Les autres titres d'exécution*, fasc. *150*, in *Droit de l'exécution forcée*, éd. *Journal des Notaires et des Avocats*, avril 2000.
56. Juge de l'exécution ou président du tribunal de commerce selon les cas, cf. *infra*, n° 342.

juge que la créance dont se prévaut le requérant semble fondée en son principe et s'il est justifié de circonstances susceptibles d'en menacer le recouvrement (art. L 67 et D 210). Toutefois, cette autorisation préalable du juge n'est pas nécessaire lorsque le créancier se prévaut d'un titre exécutoire ou d'une ***décision de justice qui n'a pas encore force exécutoire*** ; il en est de même en cas de défaut de paiement d'une ***lettre de change*** acceptée, d'un ***billet à ordre***, d'un ***chèque***[57] ou d'un loyer resté impayé dès lors qu'il résulte d'un ***contrat écrit de louage d'immeubles*** (art. L 68).

Hormis l'hypothèse où le créancier est, dès l'origine, titulaire d'un titre exécutoire lui permettant d'obtenir sans peine la conversion de la mesure conservatoire en mesure d'exécution, il doit rapidement entreprendre les démarches nécessaires afin d'obtenir un tel titre pour parvenir à cette conversion ; faute de le faire, la mesure conservatoire pratiquée sera caduque (art. D 215).

Par dérogation aux dispositions ci-dessus exposées, la saisie d'un véhicule terrestre à moteur par déclaration à la préfecture (art. D 165 à D 169), qui est assimilable à une saisie conservatoire, ne peut être effectuée qu'en vertu d'un titre exécutoire.

57. Il peut paraître curieux que les pouvoirs publics permettent que l'on puisse prendre une mesure conservatoire sur la base d'un chèque impayé, alors que nous avons vu (cf. *supra* nº 120) qu'il est si facile d'obtenir de l'huissier de justice un titre exécutoire. C'est qu'en matière de recouvrement des créances il faut faire vite et, en attendant d'obtenir de l'huissier de justice un titre exécutoire, il peut s'avérer utile de recourir aux mesures conservatoires.

Chapitre 4
Les obstacles à la mise en œuvre des procédures d'exécution

129. Ils sont traditionnellement de deux ordres. Soit, il n'est pas possible de procéder à une saisie sur tout ou partie des biens du débiteur, parce que ceux-ci sont insaisissables du fait de leur nature ou de la qualité particulière du débiteur. On parle alors d'immunité d'exécution ***(section 1)***. Soit, indépendamment de la nature de ses biens ou de la qualité du débiteur, celui-ci échappe aux saisies du fait de la suspension du droit de poursuite individuel des créanciers dans le cadre d'un délai de grâce octroyé ponctuellement vis-à-vis de chaque créancier, ou globalement, collectivement, dans le cadre de la mise en œuvre d'une procédure collective du Code de commerce ou du Code de la consommation ***(section 2)***. La prolifération de ces dispositifs de plus en plus nombreux qui portent atteinte au droit fondamental du créancier d'être payé, est de plus en plus critiquée[1].

Section 1
Les immunités d'exécution[2]

130. En disposant en son article 2092 que « *quiconque s'est obligé personnellement, est tenu de remplir son engagement sur tous ses biens*

1. Ainsi, la Cour de cassation a-t-elle jugé dans un arrêt d'assemblée de 2006 (Cass., ass. plén., 7 avril 2006, n° 05-11.519) qu'il résultait des dispositions relatives au désendettement des rapatriés réinstallés dans une profession non salariée, une suspension automatique des poursuites d'une durée indéterminée, sans l'intervention d'un juge, qui porte atteinte aux droits des créanciers qui se trouvent ainsi privés de tout recours. Dans le même ordre d'idées, la deuxième de la Cour de cassation en 2007 (Cass. 2e civ., 3 mai 2007, n° 05-19.439), a rejeté le pourvoi formé contre un arrêt dans lequel la cour d'appel de Rennes avait jugé que l'article L. 30 du Code des pensions de retraite des marins français du commerce, de pêche ou de plaisance, a édicté une insaisissabilité partielle des pensions versées par les caisses de retraite des marins, non conforme à l'article 6 combiné avec l'article 14 de la Convention européenne de sauvegarde des droits de l'homme et des libertés fondamentales et l'article 1er du protocole additionnel n° 12.
2. G. Taormina, *Les immunités personnelles d'exécution*, fasc. 205, in *Droit de l'exécution forcée*, éd. *Journal des Notaires et des Avocats*, novembre 2004.

mobiliers et immobiliers présents ou à venir », le Code civil pose deux principes : d'abord, celui selon lequel nul débiteur défaillant ne saurait échapper aux procédures d'exécution ; ensuite, qu'on ne saurait soustraire de ces procédures nul bien mobilier ou immobilier. Malgré ces principes on trouvait néanmoins dans le Code civil et le Code de procédure civile de 1806, un certain nombre d'exceptions reprises intégralement dans la loi de 1991 et le décret de 1992 avec quelques innovations. Le mécanisme de ces immunités d'exécution est, en fait, toujours le même se résumant en une simple alternative : ou bien le débiteur défaillant bénéficie d'une immunité en raison de sa personne et, dans ce cas tous ses biens échappent au gage général de ses créanciers, cette immunité personnelle entraînant une immunité réelle d'exécution générale ***(sous-section 1)*** ; ou bien le débiteur défaillant ne peut se prévaloir d'aucune immunité d'exécution en raison de sa personne, et il bénéficie au moins d'une immunité réelle minimale spéciale, c'est-à-dire ne concernant que certains biens ***(sous-section 2)***.

Sous-section 1
Les immunités personnelles d'exécution

131. Aux termes des dispositions de l'article L 1 alinéa 3, « *L'exécution forcée et les mesures conservatoires, ne sont pas applicables aux personnes qui bénéficient d'une immunité d'exécution* ». Le législateur entend rappeler ici l'existence de certains obstacles généraux rendant impossible le recours à toute procédure d'exécution, et résultant de règles du droit public interne *(§ 1)* et du droit international public *(§ 2)* qui demeurent inchangées.

§ 1. Les immunités d'exécution en droit public interne[3]

132. Il aura fallu bien longtemps pour que nonobstant le grand principe qui a toujours cours suivant lequel il n'appartient au juge administratif, ni de faire œuvre d'administrateur, c'est-à-dire de se substituer à l'administration pour prendre une décision qui lui incombe, ni d'adresser à l'administration des injonctions *(A)*, il existe enfin des moyens de contraindre l'administration à exécuter les décisions de justice rendue à son encontre, dans le contentieux de l'excès de pouvoir, comme dans le plein contentieux

3. Centre de recherches administratives de l'Université Paul Cézanne – Aix-Marseille III, *L'injonction et l'exécution des décisions de justice*, éd. *Presses universitaires d'Aix-Marseille* 2006.

indemnitaire, à la disposition de la juridiction concernant la décision qu'elle a rendue sur le fond ***(B)***, mais aussi du Conseil d'État concernant les décisions rendues par les autres juridictions administratives ***(C)***.

A Problématique

133. Les personnes morales de droit public ne peuvent faire l'objet de procédures d'exécution[4]. Tel est le principe général posé dès la fin du XIXe siècle par le Tribunal des conflits[5]. Il n'y a pas lieu de distinguer selon que leurs biens font partie de leur domaine public ou de leur domaine privé. Cette immunité d'exécution concerne en droit public interne, l'État, les collectivités locales et les établissements publics administratifs. Quant aux établissements publics industriels et commerciaux, ils bénéficient en définitive indistinctement de cette immunité d'exécution après une controverse à la fois doctrinale et jurisprudentielle. En effet, après que la jurisprudence judiciaire eut admis sans nuance une telle immunité à propos de ce type d'établissement[6], certaines juridictions du fond, sans doute soucieuses de limiter la portée d'un principe contraire à l'intérêt des créanciers, avaient estimé que seuls les EPIC pourvus d'un agent comptable public et donc astreints aux règles de la comptabilité publique, bénéficiaient d'une telle immunité ; les autres, ceux non pourvus d'un agent comptable public et donc non astreints aux règles de la comptabilité publique pouvant au contraire faire l'objet de voies d'exécution, à condition toutefois que la continuité du service public ne soit pas compromise[7]. Cette jurisprudence approuvée par certains et critiquée par d'autres[8] a finalement été condamnée par la Cour de cassation dans un arrêt rappelant l'immunité d'exécution dont bénéficient sans distinction les établissements publics industriels et commerciaux[9].

4. P. Amselek, *Les personnes publiques sans comptable public et le principe de l'insaisissabilité des biens des personnes publiques*, *JCP* 1986.I.3236 ; R. Ducos-Ader, *Le principe de l'insaisissabilité : un principe autonome et général du droit applicable à tous les établissements publics industriels et commerciaux*, *GP* 1986.2.474.

5. T. confl., 9 décembre 1899, *Ass. synd. du canal de Gignac*, *S.* 1900.3.49, note M. Hauriou.

6. Cass. com., 9 juillet 1951, *D. 1*952.141, note C. Blavoet, *S.* 1952.1.125, note R. Drago, arrêt très critiqué ayant admis l'immunité de la Société nationale des Entreprises de Presse.

7. En ce sens, CA Paris, 26 mai 1982, *JCP* 1982.II.19911, note J. Prévault ; 11 juillet 1984, *AJDA* 1984, p. 625 et C.. Bazex, p. 615, *D. 1*985.174, note R. Denoix de Saint-Marc ; 18 mars 1986, *D. 1*987.310, note B. Nicod ; TGI Paris, 1er février 1984, *JCP 1984* II. 20294, note J. Prévault.

8. P. Amselek, préc., R. Denoix de Saint-Marc, note préc.

9. Cass. 1re civ., 21 décember 1987, *Bull. civ.* I, n° 348, *GP* 1988.2.685, note M. M. Véron, *JCP* 1989.II.21183, note Nicod, *RTD civ.*1989.145, obs. R. Perrot, *RDA*1988.771, concl. L. Charbonnier.

Cette immunité, d'application stricte ne peut en aucun cas être étendue à une personne morale de droit privé, même si elle assure la gestion d'un service public[10]. Il importe peu à cet égard, que la loi du 30 juillet 1987 ayant modifié l'article 2 de celle du 16 juillet 1980 devenu les articles L. 911-1 et L. 911-2 du Code de justice administrative, ait investi la juridiction administrative du pouvoir de prononcer une astreinte notamment contre une personne morale de droit privé assurant des tâches de service public. Cela ne saurait en aucun cas signifier que celle-ci bénéficie d'une quelconque immunité d'exécution.

En effet, face à une collectivité publique débitrice, le créancier n'est plus totalement dépourvu de moyens de contrainte. L'immunité d'exécution en droit public interne ne doit pas aboutir à une impossibilité absolue pour le créancier d'une collectivité publique, d'obtenir un paiement forcé. Le droit du contentieux administratif met à sa disposition d'autres moyens d'exécution, certes indirects, mais qui contribuent indéniablement à l'effectivité des décisions de justice contre l'administration au sens large du terme.

D'une manière générale, l'inexécution d'une décision de justice par une collectivité publique doit être considérée comme constitutive non seulement d'excès de pouvoir[11], mais de faute engageant sa responsabilité vis-à-vis du bénéficiaire de la chose jugée[12]. À ce titre, la juridiction administrative saisie devra annuler toutes les décisions non conformes à cette chose jugée et devra, le cas échéant, condamner son auteur à des dommages-intérêts en réparation des préjudices subis[13].

Avant de songer à des procédés de contrainte, les pouvoirs publics qui n'ont voulu voir dans l'inexécution que le résultat de difficultés d'exécution, avaient d'abord prévu une procédure de prévention et de résolution de ces difficultés. Ce fut l'objet de la procédure de demande d'avis au Conseil d'État prévue par le décret n° 63-766 du 30 juillet 1963 C'est à la loi n° 80-539 du 16 juillet 1980[14] que l'on doit d'avoir ouvert

10. En ce sens, CA Versailles, 2 juin 1986, *D. 1*987.86, note J. Prévault ; Cass. 2e civ., 15 novembre 1995, *JCP 1996* IV.33.

11. CE, 29 décembre 1949, *Sté Berliet*, *Lebon*, p. 368.

12. CE, 16 mai 1958, *Commune de Marnia*, *Lebon*, p. 274 ; 1er juillet 1974, *Gobillot*, *Lebon*, p. 1174.

13. CE, 29 juillet 1953, *Lebon*, p. 717 ; 22 décembre 1955, *Soubirou-Pouey*, *Lebon*, p. 607, *EDCE* 1958, n° 12, p. 84. Signalons en outre, que l'exécution du jugement est considérée comme faisant partie intégrante du procès, au sens des dispositions de l'article 6§ 1 de la Convention européenne de sauvegarde des droits de l'homme et des libertés fondamentales (CEDH, 19 mars 1997, *JCP* 1997.II.22 949, note O. Dugrip et F. Sudre, *GP* 11-12 février 1998, p. 7).

14. E. Baraduc-Bénabent, *L'astreinte en matière administrative*, *D. 1*982.95 ; P. Bon, *Un progrès de l'état de droit : la loi du 16 juillet 1980 relative aux astreintes en matière administrative et à l'exécution des jugements par la puissance publique*, *RDP* 1981.5 ; G. Braibant, *Les nouvelles fonctions du Conseil d'État*, *RA* 1987.415 ; G. Braibant,

une brèche dans l'immunité d'exécution des personnes de droit public, en permettant d'une part, en cas d'inexécution d'une décision rendue par une juridiction administrative, non pas à la juridiction l'ayant rendue, mais au Conseil d'État sous certaines conditions, d'office ou à la demande du créancier, de prononcer à l'encontre de l'administration des astreintes[15] ; en disposant d'autre part que, si l'administration condamnée n'ordonnance pas la somme mise à sa charge, le comptable public doit procéder au paiement sur simple présentation de la décision par le créancier, sous peine d'être passible des sanctions prévues par l'article 5 de la loi n° 48-1484 du 25 septembre 1948 relative à la Cour de discipline budgétaire et financière que le créancier pouvait saisir. Puis la loi n° 95-125 du 8 février 1995[16] a conféré aux tribunaux administratifs, aux cours administratives d'appel ainsi qu'au Conseil d'État juridiction du premier degré (art. 6-1 de la loi de 1980 modifiée), le pouvoir d'assortir leurs décisions juridictionnelles d'une astreinte et les a dotés d'un pouvoir inédit : celui d'indiquer et d'enjoindre à l'administration de prendre les mesures nécessaires à une exécution de la décision. Toutes ces dispositions figurent désormais aux articles L. 911-1 à L. 911-10 et R. 911-1 à R. 931-9 du Code de justice administrative.

« *À l'issue de chaque année, le président de chaque tribunal administratif et le président de chaque cour administrative d'appel rendent compte au président de la section du rapport et des études du Conseil d'État des difficultés d'exécution qui leur ont été soumises. Le cas échéant, il est fait mention de ces difficultés dans le rapport annuel du Conseil d'État* » (CJA, R. 921-8).

B Les pouvoirs de la juridiction administrative, concernant l'effectivité de ses propres décisions

134. Le refus d'exécution constitue en soit une décision illégale. À ce propos, « *En cas de rejet d'une réclamation adressée à l'autorité*

L'exécution des décisions du juge administratif, *RDPSA* 1987, tome II.3., p. 136 ; B. Brénet, *L'astreinte administrative : un essai à transformer*, *LPA* 5 février 1988, p. 11 ; D. Linotte, *Exécution des décisions de justice administrative et astreinte en matière administrative*, *JCP* 1981.I.3011 ; J. Tercinet, *La loi du 16 juillet 1980 : vers la fin de l'inexécution des décisions juridictionnelles par l'Administration*, *AJDA* 1981.1.13.

15. Sur le régime de l'astreinte en matière administrative, cf. *supra*, n° 36, spécialement note 57.

16. R. Debbasch, *Le juge administratif et l'injonction : la fin d'un tabou*, *JCP* 1996. I.3924 ; S. Deygas, *Le juge administratif, juge de l'exécution*, *Procédures* juillet 1998.3 ; C. Lepage et Ch. Huglo, Le titre IV de la loi du 8 février 1995 contient-il des dispositions révolutionnaires ?, *Les Petites Affiches* 17 mars 1995, n° 33-9 ; Woehrling, *Les nouveaux pouvoirs d'injonction du juge administratif, mode d'emploi*, *LPA* 24 mai 1995, n° 62-17.

administrative et tendant à obtenir l'exécution d'une décision d'un tribunal administratif ou d'une cour administrative d'appel, seule une décision expresse fait courir les délais de recours contentieux » (CJA, R. 921-2). « *Le délai de recours contentieux contre une décision administrative expresse refusant de prendre les mesures nécessaires à l'exécution d'une décision d'un tribunal administratif ou d'une cour administrative d'appel est interrompu par la demande d'exécution, présentée en application de l'article R. 921-1, jusqu'à la notification de la décision qui statue sur cette demande* » (CJA, R. 921-3). « *Le délai de recours contentieux contre une décision administrative expresse refusant de prendre les mesures nécessaires à l'exécution d'une décision de la juridiction administrative est interrompu par la demande d'astreinte jusqu'à la notification de la décision qui statue sur cette demande* » (CJA, art. R. 931-9).

Il convient de distinguer le contentieux de l'excès de pouvoir ***(1)***, du plein contentieux indemnitaire ***(2)***.

1. L'effectivité des décisions de justice rendues dans le contentieux de l'excès de pouvoir

a) Les pouvoirs du juge administratif au moment où il statue sur le fond du litige dont il est saisi

135. « *Lorsque sa décision implique nécessairement qu'une personne morale de droit public ou un organisme de droit privé chargé de la gestion d'un service public prenne une mesure d'exécution dans un sens déterminé,* ***la juridiction, saisie de conclusions en ce sens****, prescrit, par la même décision, cette mesure assortie, le cas échéant, d'un délai d'exécution* » (CJA, L. 911-1). « *Lorsque sa décision implique nécessairement qu'une personne morale de droit public ou un organisme de droit privé chargé de la gestion d'un service public prenne à nouveau une décision après une nouvelle instruction,* ***la juridiction, saisie de conclusions en ce sens****, prescrit, par la même décision juridictionnelle, que cette nouvelle décision doit intervenir dans un délai déterminé* » (CJA, art. L. 911-2). « ***Saisie de conclusions en ce sens****, la juridiction peut assortir, dans la même décision, l'injonction prescrite en application des articles L. 911-1 et L. 911-2 d'une astreinte qu'elle prononce dans les conditions prévues au présent livre et dont elle fixe la date d'effet* » (CJA, art. L. 911-3).

b) Les pouvoirs du juge administratif saisi après le prononcé du jugement sur le fond du litige

136. « *Ainsi qu'il est dit aux articles R. 431-3 et R. 811-7, les demandes d'exécution d'un jugement ou d'un arrêt peuvent être présentées sans le ministère d'un avocat* » (CJA, R. 921-4).

« *En cas d'inexécution d'un jugement ou d'un arrêt, la partie intéressée peut demander au tribunal administratif ou à la cour administrative d'appel qui a rendu la décision d'en assurer l'exécution. /Toutefois, en cas d'inexécution d'un jugement frappé d'appel, la demande d'exécution est adressée à la juridiction d'appel. /Si le jugement ou l'arrêt dont l'exécution est demandée n'a pas défini les mesures d'exécution, la juridiction saisie procède à cette définition. Elle peut fixer un délai d'exécution et prononcer une astreinte* » (CJA, art. L. 911-4, al. 1 à 3). « *La demande tendant à ce que le tribunal administratif prescrive les mesures nécessaires à l'exécution d'un jugement définitif de ce tribunal, en assortissant, le cas échéant, ces prescriptions d'une astreinte, ne peut être présentée, sauf décision explicite de refus d'exécution opposée par l'autorité administrative, avant l'expiration d'un délai de trois mois à compter de la notification de ce jugement. Toutefois, en ce qui concerne les décisions ordonnant une mesure d'urgence, la demande peut être présentée sans délai. /Dans le cas où le tribunal a, dans le jugement dont l'exécution est poursuivie, déterminé un délai dans lequel l'administration doit prendre les mesures d'exécution qu'il a prescrites, la demande ne peut être présentée qu'à l'expiration de ce délai. /Les mêmes conditions de délai s'appliquent à la demande présentée à la cour administrative d'appel soit pour l'exécution d'un arrêt de cette cour, soit pour l'exécution d'un jugement rendu par un tribunal administratif situé dans le ressort de la cour et qui est frappé d'appel devant celle-ci* » (CJA, R. 921-1). « ... *le président de la cour ou du tribunal ouvre par ordonnance une procédure juridictionnelle. Cette ordonnance n'est pas susceptible de recours. L'affaire est instruite et jugée d'urgence...* » (CJA, art. R. 921-6). « *Le président de la cour administrative d'appel ou du tribunal administratif saisi d'une demande d'exécution sur le fondement de l'article L. 911-4, ou le rapporteur désigné à cette fin, accomplissent toutes diligences qu'ils jugent utiles pour assurer l'exécution de la décision juridictionnelle qui fait l'objet de la demande. /Lorsque le président estime qu'il a été procédé à l'exécution ou que la demande n'est pas fondée, il en informe le demandeur et procède au classement administratif de la demande* » (CJA, R. 921-5).

2. L'effectivité des décisions de justice rendues dans le plein contentieux indemnitaire

137. « ... *I. - Lorsqu'une décision juridictionnelle passée en force de chose jugée a condamné l'État au paiement d'une somme d'argent dont le montant est fixé par la décision elle-même, cette somme doit être ordonnancée dans un délai de deux mois à compter de la notification de la décision de justice. /Si la dépense est imputable sur des crédits limitatifs qui se révèlent insuffisants, l'ordonnancement est fait dans la limite des crédits disponibles. Les ressources nécessaires pour les* *compléter sont dégagées dans les conditions prévues par l'ordonnance n° 59-2 du 2 janvier 1959 portant loi organique relative aux lois de finances. Dans ce cas, l'ordonnancement complémentaire doit être fait dans un délai de quatre mois à compter de la notification. /À défaut d'ordonnancement dans les délais mentionnés aux alinéas ci-dessus, le comptable assignataire de la dépense doit, à la demande du créancier et sur présentation de la décision de justice, procéder au paiement. II. - Lorsqu'une décision juridictionnelle passée en force de chose jugée a condamné une collectivité locale ou un établissement public au paiement d'une somme d'argent dont le montant est fixé par la décision elle-même, cette somme doit être mandatée ou ordonnancée dans un délai de deux mois à compter de la notification de la décision de justice. À défaut de mandatement ou d'ordonnancement dans ce délai, le représentant de l'État dans le département ou l'autorité de tutelle procède au mandatement d'office. /En cas d'insuffisance de crédits, le représentant de l'État dans le département ou l'autorité de tutelle adresse à la collectivité ou à l'établissement une mise en demeure de créer les ressources nécessaires ; si l'organe délibérant de la collectivité ou de l'établissement n'a pas dégagé ou créé ces ressources, le représentant de l'État dans le département ou l'autorité de tutelle y pourvoit et procède, s'il y a lieu, au mandatement d'office. IV. - L'ordonnateur d'une collectivité territoriale ou d'un établissement public local est tenu d'émettre l'état nécessaire au recouvrement de la créance résultant d'une décision juridictionnelle passée en force de chose jugée dans le délai de deux mois à compter de la date de notification de la décision de justice. /Faute de dresser l'état dans ce délai, le représentant de l'État adresse à la collectivité territoriale ou à l'établissement public local une mise en demeure d'y procéder dans le délai d'un mois ; à défaut, il émet d'office l'état nécessaire au recouvrement correspondant. /En cas d'émission de l'état par l'ordonnateur de la collectivité ou de l'établissement public local après mise en demeure du représentant de l'État, ce dernier peut néanmoins autoriser le comptable à effectuer des poursuites en cas de refus de l'ordonnateur. /L'état de recouvrement émis d'office par le représentant de l'État est adressé au comptable de la collectivité territoriale ou de l'établissement public local pour prise en charge et recouvrement, et à la collectivité territoriale ou à l'établissement public local pour inscription budgétaire et comptable*» (CJA, art. L. 911-9).

C Les pouvoirs du Conseil d'État pour assurer l'effectivité des décisions rendues par les autres juridictions administratives

138. «*Le tribunal administratif ou la cour administrative d'appel peut renvoyer la demande d'exécution au Conseil d'État*» (CJA, art. L. 911-4, al. 4). « *En cas d'inexécution d'une décision rendue par une juridiction administrative, le Conseil d'État peut, même d'office, prononcer une astreinte contre les personnes morales de droit public ou les organismes de droit privé chargés de la gestion d'un service public pour assurer l'exécution de cette décision. /Les dispositions du premier alinéa ne sont pas applicables dans les cas prévus aux articles L. 911-3 et L. 911-4 et lorsque le Conseil d'État statuant au contentieux a déjà fait application des dispositions des articles L. 911-1 et L. 911-2. /Les pouvoirs attribués au Conseil d'État par le présent article peuvent être exercés par le président de la section du contentieux* » (CJA, art. L. 911-5). « ... *le président de la section du contentieux... statue par ordonnance motivée* » (CJA, art. R. 931-4).

« *Lorsqu'une juridiction administrative a annulé pour excès de pouvoir un acte administratif ou, dans un litige de pleine juridiction, a rejeté tout ou partie des conclusions présentées en défense par une collectivité publique, l'autorité intéressée a la faculté de demander au Conseil d'État d'éclairer l'administration sur les modalités d'exécution de la décision de justice. /Ces demandes donnent lieu à la désignation d'un rapporteur dont la mission auprès de l'administration s'exerce sous l'autorité du président de la section du rapport et des études. Le cas échéant, il est fait mention de l'affaire dans le rapport annuel du Conseil d'État* » (CJA, art. R. 931-1).

« *Les demandes tendant à ce que le Conseil d'État prononce une astreinte peuvent être présentées sans le ministère d'un avocat au Conseil d'État. /Il en est de même pour les demandes d'aide à l'exécution d'une décision rendue par une juridiction administrative* » (CJA, art. R. 931-5). « ... *les affaires sont présentées, instruites et jugées conformément aux dispositions régissant la procédure devant le Conseil d'État statuant au contentieux. Sauf dans les cas où il peut être statué sans instruction sur les demandes, la sous-section du contentieux communique le dossier à la section du rapport et des études du Conseil d'État ; cette section accomplit les diligences qui lui incombent en vertu des dispositions réglementaires relatives à l'exécution des décisions des juridictions administratives. /Les pièces produites devant la section du rapport et des études sont jointes au dossier* » (CJA, art. R. 931-6).

« *Les parties intéressées peuvent signaler à la section du rapport et des études du Conseil d'État les difficultés qu'elles rencontrent pour obtenir l'exécution d'une décision rendue par le Conseil d'État ou par une juridiction administrative spéciale. /Ces demandes d'aide à l'exécution ne peuvent être présentées, sauf décision explicite de refus d'exécution opposée par l'autorité administrative, qu'après l'expiration d'un délai de trois mois à compter de la date de notification des décisions juridictionnelles. /Dans le cas des décisions ordonnant une mesure d'urgence, les demandes peuvent être présentées sans délai à la section du rapport et des études. /Dans le cas où la décision dont l'exécution est poursuivie a elle-même déterminé un délai dans lequel l'administration doit prendre les mesures d'exécution prescrites, la demande ne peut être présentée qu'à l'expiration de ce délai. /Le président de la section du rapport et des études désigne un rapporteur au sein de cette section. /Le cas échéant, il est fait mention de l'affaire dans le rapport annuel du Conseil d'État. /En cas de rejet d'une réclamation adressée à l'autorité administrative et tendant à obtenir l'exécution d'une décision d'une juridiction administrative, seule une décision expresse fait courir les délais de recours contentieux*» (CJA, art. R. 931-2). «*Lorsque* (ainsi) *des difficultés d'exécution ont été signalées à la section du rapport et des études..., le président de cette section peut saisir le président de la section du contentieux aux fins d'ouverture d'une procédure d'astreinte d'office. /Le président de la section du contentieux prononce par ordonnance l'ouverture de la procédure. L'ordonnance est enregistrée au secrétariat de la section du contentieux et notifiée aux parties. L'affaire est instruite et jugée d'urgence*» (CJA, art. R. 931-7).

«*Il peut être demandé au Conseil d'État de prononcer une astreinte pour assurer l'exécution d'une décision rendue par le Conseil d'État ou par une juridiction administrative spéciale. /Ces demandes ne peuvent être présentées, sauf décision explicite de refus d'exécution opposée par l'autorité administrative, qu'après l'expiration d'un délai de six mois à compter de la date de notification des décisions juridictionnelles. /Toutefois, dans le cas où la décision dont l'exécution est poursuivie a elle-même déterminé un délai dans lequel l'administration doit prendre les mesures d'exécution prescrites, la demande ne peut être présentée qu'à l'expiration de ce délai*» (CJA, art. R. 931-3).

§ 2. Les immunités d'exécution en droit international public[17]

139. Concernant les immunités personnelles d'exécution, les pouvoirs publics ont entendu rappeler à l'article L. 1, alinéa 3, l'existence

17. H. Batiffol et P. Lagarde, *Droit international privé*, Tome II, éd. *LGDJ*, n° 693-3 ; Y. Loussouarn, P. Bourel et P. de Vareilles-Sommières, *Droit international privé*, précis *Dalloz* 2004, p. 642 ; P. Mayer, *Droit international privé*, éd. *Montchrestien*, Précis Domat, n° 333 et s.

Géraud De La Pradelle, *Blocage des comptes en banque de missions diplomatiques et saisie d'un navire d'État affecté à une personne publique, GP* 10-11 juin 2001, p. 3 ; D. Nedjar, *Tendances actuelles du droit international des immunités des États, JDI* 1997, p. 59 ; I. Pingel-Lenuzza, *Les immunités des États en droit international*, éd. *Université de Bruxelles* 1997 ; G. Taormina, *Les apports de la jurisprudence en matière d'immunité internationale d'exécution*, in *études en l'honneur de J. Normand*, éd. *Litec* de certains obstacles généraux rendant impossible le recours à toute procédure d'exécution, et résultant soit de règles du droit public interne, soit du droit international public.

On sait qu'en droit international, l'immunité d'exécution qui interdit tout recours aux saisies d'exécution et aux mesures conservatoires, est fondée sur la courtoisie internationale. En recourant aux procédures d'exécution, on porterait en effet atteinte au crédit, et donc à l'indépendance et à la souveraineté des États, ce qui compromettrait la qualité de leurs relations. Cette immunité d'exécution s'applique aux États étrangers[18], à leurs services[19], à leurs chefs d'État et leurs souverains, à leurs agents diplomatiques, ambassadeurs, ministres plénipotentiaires, ainsi qu'à leurs subordonnés. En principe, sauf convention internationale bilatérale contraire, les consuls et les fonctionnaires des organisations internationales n'en bénéficient pas. Cette immunité a cependant été ponctuellement étendue aux fonctionnaires de l'ONU, du Conseil de l'Europe[20] et de certaines organisations intergouvernementales[21].

La portée de cette immunité d'exécution a varié suivant les époques. La jurisprudence a d'abord considéré que les États étrangers ne pouvaient se prévaloir d'une quelconque immunité d'exécution lorsqu'ils avaient contracté des dettes dans le cadre d'une activité commerciale[22].

2003, p. 439 ; G. Taormina, *Les immunités personnelles d'exécution*, fasc. 205, in *Droit de l'exécution forcée*, éd. *Journal des Notaires et des Avocats*, novembre 2004.

18. Cass. civ., 22 janvier 1849, *S.* 1849, 1, p. 81 ; Cass. 1re civ., 2 novembre 1971, n° 69-14.100, *JCP* 1972, II, n° 16969, note Ruzié, *Clunet* 1972, p. 267, note Pintot, *Rev. crit. DIP* 1972, note Bourel ; principes repris dans la Convention de Bâle du 16 mai 1972 non ratifiée par la France.

19. Cass. 1re civ., 25 février 1969, n° 67-10.243, *Rev. crit. DIP* 1970, p. 102, note Bourel.

20. Rappelons enfin que l'exécution entreprise contre celui qui bénéficie en principe d'une immunité, nécessite que tous les actes nécessaires lui soient signifiés en application des dispositions de l'article 688 du Code de procédure civile, c'est-à-dire au parquet qui les transmettra au Ministère de la justice, lequel se chargera à son tour de les transmettre à leur destinataire par la voie diplomatique, à moins qu'ils puissent être signifiés autrement en vertu d'une convention internationale (en ce sens, Cass. 1re civ., 15 avril 1986, n° 84-13.422, *Bull. civ.* I, n° 87, *Rev. crit. DIP* 1986, p. 723, note Couchez, *Clunet* 1987, p. 632, note Hahn ; Cass. 1re civ., 22 juin 1999, n° 96-18.583, *Bull. civ.* I, n° 212, *JCP* éd. G., 2000, II, n° 10253, note Du Rusquec ; TGI Grenoble, JEX, 19 juin 1995, *Rev. huissiers.* 1995, p. 1265).

21. Les organisations intergouvernementales n'étant pas des États, elles ne bénéficient pas, en principe, de la présomption d'affectation de leurs biens à leur activité (CA Paris, 6 septembre 2001, *Dr et proc.* 2007, 110, note E. Putman). Une telle immunité a été accordée à l'Union latine, par un accord du 13 janvier 1988 (pour une application de cet accord, Cass. 1re civ., 28 octobre 2003, *Bull. civ.* I, n° 212, *GP* 16-17 avril 2004, p. 8, note Pingel ; Cass. soc., 30 septembre 2003, *Bull. civ. V*, n° 245, *JCP* 2004.II.10102, note Mahinga).

22. Cass. req., 19 février 1929, *DP* 1929.1.73, note R. Savatier, *S.* 1930.1. 49, note Niboyet.

Puis, lui conférant un caractère absolu, la Cour de cassation a abandonné cette distinction, estimant que l'immunité d'exécution devait également faire obstacle au recouvrement des « ... *dettes ayant leur origine dans des actes de gestion relevant du droit privé* »[23]. Une telle évolution était choquante. Aujourd'hui, la jurisprudence semble bien avoir non seulement renoué avec sa première conception de l'immunité d'exécution mais avoir affiné celle-ci. Comme nous allons le voir, outre que l'immunité d'exécution devra être écartée chaque fois qu'il s'agira de recouvrer une dette contractée dans le cadre de l'exercice par un État étranger, d'une activité économique ou commerciale c'est-à-dire sans rapport avec l'exercice de sa souveraineté, ne seront alors saisissables que les biens affectés à cette activité. La solution est la même lorsque les biens d'un organisme public distinct d'un État étranger ont été affectés par celui-ci à une activité économique ou commerciale, ledit organisme, en raison de son caractère public, étant considéré comme une émanation de l'État lui-même dès lors que cet organisme n'aura pas véritablement de patrimoine propre.

140. Pour éviter que des créanciers trop audacieux ne profitent du passage en France d'***œuvres d'art*** appartenant à des pays débiteurs, pour faire pratiquer quelques saisies, et nous éviter par la même occasion quelques embarras diplomatiques, la loi nº 94-679 du 8 août 1994[24] dispose en son article 61 que les biens culturels prêtés par une puissance étrangère, une collectivité publique ou une institution culturelle étrangères, destinés à être exposés au public en France, sont insaisissables pour la période de leur prêt à l'État français ou à toute personne morale désignée par lui.

141. Dans le même ordre d'idées, on doit à la loi nº 2005-842 du 26 juillet 2005 pour la confiance et la modernisation de l'économie, texte fleuve, l'article L. 153-1 du Code monétaire et financier qui dispose en son premier alinéa, que « *ne peuvent être saisis les biens de toute nature, notamment les avoirs de réserve de change, que les banques centrales ou les autorités monétaires étrangères détiennent ou gèrent pour leur compte ou celui de l'État ou des États étrangers dont elles relèvent* ». Toutefois, aux termes du second alinéa du même texte, par exception à ce principe d'immunité d'exécution, et conformément à une jurisprudence que nous allons exposer, le créancier dont la créance liquide et exigible constatée dans un titre exécutoire, peut demander au juge de l'exécution l'autorisation de poursuivre l'exécution forcée, dès lors qu'il apparaît que les biens ou avoirs détenus ou gérés pour son propre

23. Cass. 2e civ., 2 novembre 1971, *JCP* 1972.II.16969, note Ruzie.
24. *JO* 10 août 1994, *D.* et *A. L.D.* 1994.430.

compte par la banque centrale ou l'autorité monétaire étrangère, sont affectés à une activité principale relevant du droit privé.

142. Mais par-delà les solutions classiques, ces dernières années, la jurisprudence semble bien avoir restreint considérablement la portée de l'immunité d'exécution des États étrangers, en se concentrant sur deux questions fondamentales. Il s'agit bien sûr en tout premier lieu, de la définition des créances qui peuvent effectivement être recouvrées si nécessaire, par voie d'exécution forcée et les biens qui peuvent être saisis *(A)*. Mais parce que les États ont, comme les particuliers, la fâcheuse tendance à organiser leur « insolvabilité »[25], en essayant de tirer le meilleur parti possible de leur immunité d'exécution, on doit également à la jurisprudence d'avoir su trouver des moyens efficaces de déjouer de telles manœuvres ***(B)***.

A La définition des créances qui peuvent effectivement être recouvrées si nécessaire, par voie d'exécution forcée et les biens qui peuvent être saisis

143. La portée de l'immunité d'exécution des États étrangers a varié selon les époques, pour aboutir à la distinction fondamentale entre d'une part, les dettes contractées par un État dans le cadre de l'exercice de sa souveraineté, et pour le recouvrement desquelles il échappe à l'exécution forcée ; et d'autre part, celles contractées dans le cadre de l'exercice d'une activité purement privée pour le recouvrement desquelles le créanciers doit pouvoir, si nécessaire, recourir aux procédures d'exécution. Mais lorsqu'il s'agit de recouvrer des créances de pur droit privé, le créancier ne saurait prétendre en principe saisir n'importe quel bien appartenant à son « *débiteur de marque* », ce qui signifie donc que, même dans ce cas, l'immunité d'exécution dont jouit l'État étranger trouve encore à s'appliquer *(1)*. Il n'en est autrement que dans certaines hypothèses *(2)*.

1. La portée de l'immunité d'exécution, face au recouvrement des créances de pur droit privé

144. La jurisprudence a d'abord considéré que les États étrangers ne pouvaient se prévaloir d'une quelconque immunité d'exécution lorsqu'ils avaient contracté des dettes dans le cadre d'une activité commerciale[26].

25. Le mot est à mettre ici entre guillemets, tant l'expérience montre que la condition misérable des ressortissants de certains États n'est aucunement synonyme d'insolvabilité.
26. Cass. req., 19 février 1929, *DP* 1929, 1, p. 73, note R. Savatier, S. 1930, 1, p. 49, note Niboyet.

Puis la Cour de cassation a abandonné cette distinction, estimant que l'immunité d'exécution devait également faire obstacle au recouvrement des « ... *dettes ayant leur origine dans des actes de gestion relevant du droit privé* »[27], conférant ainsi un caractère absolu à l'immunité d'exécution des États étrangers. Mais une telle évolution était choquante. Aussi la jurisprudence semble-t-elle bien avoir non seulement renoué avec sa première conception de l'immunité d'exécution, mais encore avoir affiné celle-ci.

L'immunité d'exécution doit dorénavant être écartée dès qu'il s'agit de recouvrer une dette contractée dans le cadre de l'exercice, par un État étranger, d'une activité économique ou commerciale, laquelle est sans rapport avec l'exercice de sa souveraineté[28]. Toutefois, seuls les biens affectés à cette activité privée seront saisissables, la Cour de cassation considérant que l'immunité d'exécution est écartée « ... *lorsque le bien saisi a été affecté à l'activité économique ou commerciale relevant du droit privé qui donne lieu à la demande en justice...* »[29]. Le créancier ne saurait donc, semble-t-il, saisir n'importe quel bien affecté à une autre activité privée distincte de celle dans le cadre de laquelle l'État étranger s'est rendu débiteur, ce qui restreint donc finalement considérablement les possibilités de saisie[30]. Cette solution restrictive a d'ailleurs été rappelée par la première Chambre civile dans un arrêt en date du 1er octobre 1985 dans lequel on trouve une formule équivalente[31].

Ainsi, même agissant dans le cadre d'une activité purement privée, l'État étranger est-il mieux traité que ses propres ressortissants pour le recouvrement des dettes desquels, on ne prendra pas la peine de distinguer parmi les biens. Ceux-ci seront tous saisissables, et non pas seulement ceux affectés à l'activité dans l'exercice de laquelle ils ont contracté la dette mise en recouvrement. Notons cependant qu'il ne semble pas, à la lecture des autres arrêts que nous allons passer en revue, que la Cour de cassation restreigne autant aujourd'hui la

27. Cass. 1re civ., 2 novembre 1971, n° 69-14.100, *JCP* éd. G., 1972, II, n° 16969, note Ruzié.

28. Cass. req., 19 février 1929, préc. ; Cass. com., 19 mars 1979, *Bull. civ.* IV, n° 104, *Rev. crit. DIP* 1981, p. 584, note Lagarde ; CA Paris, 21 avril 1982, *Rev. crit. DIP* 1983, p. 101, note Mayer ; Cass. 1re civ., 7 décembre 1977, *Bull. civ.* I, n° 466.

29. Cass. 1re civ., 14 mars 1984, n° 82-12.462, *JCP* éd. G 1984, II, n° 20205, concl. Gulphe, note Synvet, *D.* 1984, jur., p. 629, rapp. Fabre, note Robert, *Clunet* 1984, p. 598, note Oppetit.

30. Voir les réserves sur ce point du Pr Synvet, note préc.

31. Cass. 1re civ., 1er octobre 1985, *Bull. civ.* I, n° 236, *JCP* éd. G 1986, II, n° 20566, concl. Gulphe, note Synvet, *Clunet* 1986, p. 170, note Oppetit : « *...les biens de l'État étranger... sont en principe insaisissables, sauf exception, notamment quand ils ont été affectés à l'activité économique ou commerciale de droit privé qui est à l'origine du titre du créancier saisissant...* » ; Cass. 1re civ., 20 mars 1989, *Bull. civ.* I, n° 128, *GP* 1989, 2, 892.

possibilité de saisir les biens appartenant à un État étranger. Le moyen n'est d'ailleurs jamais invoqué par les États concernés dans les espèces auxquelles ils ont donné lieu.

Il est cependant des cas dans lesquels, pour échapper à ses créanciers privés et faire obstacle à des saisies pratiquées sur des biens non affectés à une activité de pure droit privé, un État étranger ne peut opposer son immunité d'exécution.

2. La neutralisation de l'immunité d'exécution, face au recouvrement des créances de pur droit privé

145. Ces cas dans lesquels l'État étranger peut enfin être traité comme n'importe quel débiteur, sont au nombre de deux.

Il en est d'abord ainsi lorsque la souveraineté de l'État concerné a été limitée en raison de sanctions internationales, telle une résolution de l'ONU lui imposant d'honorer ses obligations au titre du service du remboursement de sa dette extérieure. Ainsi en fut-il de l'Irak dont les fonds de l'ambassade située en France avaient été saisis sur ses comptes bancaires ouverts auprès de la Banque centrale d'Irak et d'une autre banque irakienne[32].

Il en est en outre de même, lorsque l'État concerné a renoncé à son immunité d'exécution[33]. Ainsi en est-il lorsqu'un État est signataire de la clause d'arbitrage d'exécuter la sentence dans les termes de l'article 24 du règlement d'arbitrage de la Chambre de commerce internationale[34]. La question de la portée exacte de cette renonciation reste cependant

32. Cass. 1re civ., 15 juillet 1999, *Bull. civ.* I, n° 241, *D.* 1999, IR, p. 230 et sur renvoi, CA Paris, 20 février 2002, *Rev. crit. DIP* 2002, p. 746, note B. Audit, *GP* 21-23 juillet 2002, p. 16, obs. G. De La Pradelle ; Voir toutefois Cass. 1re civ., 25 avril 2006, *Bull. civ.* I, n° 202, *Rev. dr. banc. et fin.* 2006, n° 139, *Rev. crit. DIP* 2007, p. 113, note Lemaire, arrêt dans lequel la Cour de cassation a considéré qu'une résolution des Nations Unies ne saurait priver un État de son immunité.

33. J. Moury, *L'incidence de la stipulation d'une clause compromissoire sur l'immunité d'exécution de l'État étranger, D.* 2001, chron., p. 2139.

34. Cass. 1re civ., 6 juillet 2000, *Bull. civ.* I, n° 207, *D.* 2001, jur., p. 2139, note Moury, *JCP* éd. G., 2001, II, n° 10512, note Kaplan et Cuniberti, cassation de CA Paris, 11 janvier 1998, Rev. huissiers. 1999, p. 812, note R. Martin, au motif que « ... *l'engagement pris par l'État signataire de la clause d'arbitrage d'exécuter la sentence dans les termes de l'article 24 du règlement d'arbitrage de la Chambre de commerce internationale impliquait renonciation de cet État à l'immunité d'exécution...* », de l'arrêt dans lequel la cour d'appel de Paris avait ordonné la mainlevée de la saisie conservatoire de droits d'associé et de valeurs mobilières pratiquée à la demande d'une société américaine en recouvrement d'une créance contre l'État du Qatar ; dans le même sens, voir CA Paris, 1re ch., sect. À, 12 décembre 2001, *Sté Creighton limited c/Ministères des finances et autres du Qatar*, arrêt ayant validé des saisies-attribution pratiquées en vertu de sentences arbitrales exécutoires, sur des comptes bancaires de l'État du Qatar ouverts sur les livres de la Qatar National Bank et de la Banque

posée. À ce propos, dans une espèce ayant donné lieu à un arrêt en date du 10 août 2000[35], la Cour d'appel de Paris a ordonné la mainlevée des saisies pratiquées à l'initiative d'une société de droit suisse en recouvrement de créances contre la fédération de Russie, au motif très contestable, « ... *que la seule mention, sans autre précision, dans le contexte des contrats litigieux, que l'emprunteur renonce à tout droit d'immunité relativement à l'application de la sentence arbitrale rendue à son encontre en relation avec le présent contrat, ne manifeste pas la volonté non équivoque de l'État emprunteur de renoncer en faveur de son cocontractant, personne morale de droit privé, à se prévaloir de l'immunité diplomatique d'exécution...* ».

Dans une autre espèce ayant donné lieu à un arrêt en date du 26 septembre 2001[36], elle a ensuite considéré que si « ... *les biens d'un État étranger ne peuvent faire l'objet d'une procédure en vue de l'exécution d'un jugement, sauf si cet État y a expressément consenti, un tel consentement pouvant notamment résulter d'un contrat écrit...* », cela ne saurait concerner, sauf disposition expresse contraire, renonciation à cette immunité pour les biens de leurs missions diplomatiques, lesquelles sont protégées par la Convention de Vienne du 18 avril 1961 sur les relations diplomatiques. Cette convention oblige en effet l'État accréditaire, à accorder toutes facilités pour l'accomplissement des fonctions de la mission en n'entravant pas le fonctionnement de la représentation étrangère. Par conséquent, « ... *sont, ... insaisissables les comptes bancaires ouverts pour les besoins de l'activité de l'ambassade du Cameroun quel que soit le lieu où se trouvent ces comptes, même hors des locaux de la mission comme en l'espèce* (saisies-attribution pratiquées sur des comptes ouverts sur les livres de la Société Générale et du Crédit Lyonnais)... ».

Il arrive aussi qu'un État soit amené à faire des actes de pur droit privé que le juge français considérera, en quelque sorte, comme détachables de l'activité de souveraineté, afin de permettre le recouvrement des créances impayées contractées dans le cadre de ces actes détachables. Ainsi, la Cour de cassation a-t-elle considéré que lorsqu'un État étranger achète en France, un appartement pour y loger son personnel

de France. Voir également, sur renvoi, CA Paris, 12 décembre 2001, *D.* 2002, IR, p. 617, *Rev. arb.* 2003, p. 417, note Leboulanger.

35. CA Paris, 1re ch., sect. À, 10 août 2000, *Ambassade de Russie en France et autres c/Société Noga*, D. 2001, p. 2157, note E. Fongaro, JCP 2001.II.10512, note Ch. Kaplan et G. Cuniberti ; et dans le même sens, concernant toujours, l'appréciation par le juge, de la renonciation à l'immunité, CA Paris, 26 septembre 2001, D. 2001, IR, p. 3017, obs. Delleci.

36. CA Paris, 1re ch., sect. À, 26 septembre 2001, République du Cameroun et Ambassade du Cameroun à Paris c/Sté Winslow & Trust, inédit.

diplomatique, il est tenu d'en payer les charges de copropriété sous peine de saisie pratiquée sur cet immeuble par le syndicat de copropriété[37].

146. Mais les États étrangers ne contractent pas toujours directement eux-mêmes des dettes. Manière pour eux d'organiser leur insolvabilité si l'on peut dire, ils agissent souvent par l'intermédiaire d'un organisme public qu'ils ont constitué. Ce faux nez ne saurait, en principe, suffire pour échapper à l'exécution forcée.

B Les moyens prétoriens de lutte contre l'organisation frauduleuse d'insolvabilité des États

147. Que les États étrangers agissent ou non ainsi, les créanciers vont en pratique, tenter de saisir tous les biens à leur portée, niant si cela est nécessaire, c'est-à-dire lorsqu'ils sont directement et uniquement débiteur de l'État étranger, l'autonomie patrimoniale de ce type d'organisme, afin de pouvoir en saisir les biens. À la lecture de la jurisprudence, deux hypothèses nous paraissent devoir être distinguées. La première illustre ce qu'il convient d'appeler la *théorie de l'émanation* dont le but est de nier la personnalité juridique ou au moins, l'autonomie patrimoniale d'un groupement, pour la confondre avec celle d'un autre. Dans cette hypothèse, un État étranger a contracté directement des dettes dans le cadre de l'exercice d'une activité de pure droit privé, c'est-à-dire ne relevant pas de l'exercice de sa souveraineté *(1)*. La seconde hypothèse est celle dans laquelle, le créancier ne l'est cette fois que vis-à-vis de l'organisme public que l'État étranger s'est substitué dans l'exercice de l'activité purement privée *(2)*.

1. La théorie de l'émanation

148. La *première hypothèse* met donc en œuvre la *théorie* dite *de l'émanation*. C'est par exemple le cas de l'État qui acquiert des avions de transport de passagers pour sa compagnie nationale d'aviation de tourisme. Le créancier impayé de cet État peut certainement, en recouvrement de sa créance, saisir directement les biens affectés par cet État, à l'activité privée dans l'exercice de laquelle il a contracté la dette mise en recouvrement forcé. Mais dans notre exemple, pourra-t-il saisir en France les aéronefs de cette compagnie nationale ? Dans la mesure où

37. Cass. 1re civ., 25 janvier 2005, *Bull. civ.* I, n° 39, *RDIP* 2006, p. 123, note H. Muir-Watt ; 19 novembre 2008, *Bull. civ.* I, n° 266, D. 2009, panor., p. 1168, obs. A. Leborgne ; voir aussi, dans le même sens, Cass. 1re civ., 19 novembre 2008, n° 07-10.570, concernant le logement d'un officier de l'armée allemande en France ; CA Paris, 7 novembre 2002, *Rev. gén. proc.* 2002, 4797, à propos du recouvrement de salaires impayés dus par un État aux salariés de ces représentations et délégations.

le créancier ne l'est que de l'État étranger directement, cette saisie ne sera possible qu'à la condition de démontrer que cette compagnie d'aviation n'a pas de personnalité juridique propre et n'est qu'une émanation de l'État étranger. Mais pour démontrer cette émanation, le créancier ne saurait se borner à invoquer le fait que l'État étranger contrôle cet organisme à travers notamment ses dirigeants. C'est ce qui résulte d'un certain nombre d'arrêts de la première Chambre civile dont on ne peut que déplorer l'extrême sévérité à l'égard des créanciers.

Ainsi, dans un arrêt en date du 21 juillet 1987[38], la Cour de cassation a-t-elle rejeté le pourvoi formé contre l'arrêt dans lequel une cour d'appel n'avait pas admis qu'une société de droit italien créancière de l'État congolais, puisse *ipso facto* se considérer comme créancière d'une banque commerciale congolaise, pour faire pratiquer à l'encontre de cette dernière une saisie-arrêt sur le compte dont elle était titulaire dans une agence du Crédit Lyonnais, considérant de manière générale qu'« ... *il ne peut être admis que le contrôle exercé par un État* (en l'espèce le Congo) *suffit à faire considérer les organismes qui en dépendent* (en l'espèce la Banque commerciale congolaise) *comme des émanations de cet État...* ». Le cas de figure était identique dans un arrêt de cassation en date du 15 juillet 1999[39], rendu à propos de la Banque centrale d'Irak considérée comme exerçant une activité classique d'établissement bancaire purement privé impliquant l'existence d'un patrimoine propre distinct de l'État irakien et affecté à son activité bancaire, de sorte qu'un créancier de l'Irak ne pouvait prétendre faire saisir entre les mains d'une agence de la BNP, des fonds appartenant à la Banque centrale d'Irak. Dans le même ordre d'idées, toujours à propos de la constitution d'une société de droit privé, la Cour de cassation estime que « ... *l'allégation selon laquelle un État a eu pour but, dans la création de sociétés d'armement, de limiter le gage de ses créanciers maritimes ne démontre pas, par elle-même, que ces sociétés seraient fictives et ne constitueraient que des émanations de cet État, dès lors qu'elles possèdent un patrimoine propre* »[40]. Or, c'est précisément l'absence de patrimoine propre qui permet de conclure à propos d'un groupement, à la qualification d'émanation de l'État.

Le 6 juillet 1988, la Cour de cassation a rendu un arrêt dans une espèce un peu différente, puisqu'il ne s'agissait pas cette fois pour le créancier d'un État étranger, de poursuivre le recouvrement sur les biens d'un organisme public fondé par celui-ci, mais pour le créancier d'une société de droit privé roumain, de poursuivre ce recouvrement en saisissant le navire d'une autre société roumaine, en invoquant en

38. Cass. 1re civ., 21 juillet 1987, *Bull. civ.* I, n° 244, *RTD civ.* 1988, p. 744, note Mestre.
39. Cass. 1re civ., 15 juillet 1999, *Bull. civ.* I, n° 241, *D.* 1999, IR, p. 230.
40. Cass. com., 23 novembre, *Bull. civ.* IV, n° 204, *DMF* 2000, p. 719, obs. Molfessis.

quelque sorte, la confusion de leurs patrimoines pour n'être que des émanations d'un même État étranger, la Roumanie. Est cassée la décision dans laquelle les juges du fond n'avaient pas démontré en quoi la société saisie ne disposait pas d'un patrimoine propre distinct d'une autre société, la cour d'appel s'étant simplement borné à affirmer, pour refuser d'ordonner la mainlevée d'une saisie conservatoire, « ... *que les entreprises roumaines de commerce extérieur, fussent-elles dotées au plan interne de la personnalité morale, constituaient de simples organismes gestionnaires, émanation de l'État qui les a créés...* », de sorte qu'il y avait entre eux une confusion des patrimoines[41].

On retrouve le même type de motivation dans un arrêt en date du 4 janvier 1995[42]. Est cassé l'arrêt d'une cour d'appel ayant refusé d'ordonner la mainlevée d'une saisie conservatoire pratiquée sur une cargaison de blé appartenant à l'*Office des céréales de Tunisie* à l'initiative d'une société française créancière de l'État tunisien, au motif que les juges du fond avaient estimé que « ... *même s'il est doté de la personnalité juridique sous forme d'établissement public industriel et commercial soumis à la tutelle de l'État tunisien,* (il) *n'est qu'une émanation de celui-ci... son président-directeur général et la majorité des administrateurs sont nommés par le gouvernement, il a le monopole du commerce extérieur des céréales et... la cargaison saisie est destinée à l'approvisionnement de la population dans le cadre de décisions gouvernementales...* ». Cet arrêt est cassé au motif « ... *que la tutelle, voire le contrôle, d'un État sur une personne morale exercée notamment au travers de ses dirigeants, ainsi que la mission de service public dévolue à celle-ci, ne suffisent pas à la faire considérer comme une émanation de l'État impliquant son assimilation à celui-ci...* », le créancier ne démontrant donc pas en quoi cet organisme de droit public ne disposait pas d'un patrimoine propre[43].

41. Cass. 1re civ., 6 juillet 1988, *Bull. civ.* I, n° 227, *D.* 1988, IR, p. 215 ; voir aussi, Cass. com., 1re octobre 1997, *Bull. civ.* IV, n° 234.

42. Cass. 1re civ., 4 janvier 1995, *Bull. civ.* I, n° 6, *D.* 1995, IR, p. 59.

43. C'est de cette théorie de l'émanation qu'un des nombreux créanciers impayés de l'actuelle Fédération de Russie, la Compagnie Noga d'importation et d'exportation, société de droit suisse, n'a pas manqué de se prévaloir, pour tenter de saisir en application d'une sentence arbitrale prononcée en Suède mais revêtue de l'exequatur en France, le voilier *Sedov* battant pavillon russe, alors qu'il stationnait dans le port de Brest à l'occasion de la manifestation nautique « Brest 2000 ». Cette illustration des tentatives de recouvrement de leurs créances, que les créanciers de la Russie multiplient en France et ailleurs, a donné lieu à un célèbre jugement rendu le 24 juillet 2000 par le tribunal de grande instance de Brest (*GP* 10-11 juin 2001, pp. 22 et s., note G. de Lapradel, *DMF* 2001, hors série, n° 5, p. 46, n° 45 bis, note Bonassies). L'embarcation appartenait officiellement à la Russie, n'ayant qu'été mis à la disposition de l'Université de Mourmansk (the Mourmansk State Technical University) qui s'en prétendait pourtant le propriétaire. Après avoir estimé que le navire appartenait bien à l'État Russe, le tribunal de grande instance de Brest a tout de même estimé qu'il était insaisissable en faisant curieusement

C'est en faisant application des mêmes principes que la Cour de cassation, dans un arrêt en date du 14 novembre 2007[44] a considéré que même lorsqu'une société n'est pas fonctionnellement suffisamment autonome en fait et en droit à l'égard d'un État étranger avec le patrimoine duquel le sien se confond, cette société ne peut néanmoins être considérée que comme une émanation de cet État.

C'est, non pas en matière d'exécution forcée mais de tierce opposition, que la Cour de cassation a eu l'occasion de mettre en œuvre les mêmes principes dans un arrêt en date du 27 janvier 1998[45]. Elle casse l'arrêt qui avait déclaré irrecevable la tierce opposition faite par l'État algérien contre un jugement de condamnation d'une société algérienne à restituer un hôtel à une société française, les juges du fond ayant considéré que « ... *la société* (de droit algérien)*, dont les dirigeants sont des fonctionnaires algériens, est un organe déconcentré du ministère algérien du tourisme, de sorte qu'en ayant assigné* (cette) *société..., la société* (de droit français) *avait attrait en justice l'État algérien lui-même, qui, dès lors n'était pas un tiers au litige ayant donné lieu au jugement attaqué...* » par voie de tierce opposition. Cet arrêt est cassé au motif « ... *que le contrôle d'un État sur une personne morale, exercé notamment au travers de ses dirigeants, ne suffit pas à la faire considérer comme une émanation de l'État impliquant son assimilation à celui-ci...* ».

Or, la démarche des créanciers n'est pas sans rappeler la *théorie des navires apparentés*. En effet, on sait que dans le domaine maritime, la recherche d'une limitation des risques de saisie, a conduit les possesseurs de flottes de navires à constituer de multiples sociétés distinctes, voire

application d'une disposition du droit public russe prévoyant certes, effectivement, l'insaisissabilité des biens que l'État russe met à la disposition d'une personne morale de droit public distincte de lui, comme c'était le cas pour l'Université de Mourmansk, mais qui en l'espèce ne pouvait pourtant concerner que le recouvrement des dettes de cette Université, et certainement pas de celles de la fédération de Russie. Au-delà d'une incompréhension de circonstance du droit russe, le tribunal de Brest méconnaît, sans doute également à dessein, le droit positif à ce jour non démenti par la Cour de cassation, aux termes duquel, la saisissabilité d'un navire s'apprécie, non pas comme il le proclame, selon la loi de son pavillon, mais au regard de la loi du for de la saisie, c'est-à-dire du lieu de situation du navire au moment de sa saisie (Cass. civ., sect. com., 7 mai 1952, *D. 1*952, p. 561, note Ripert, *JCP* 1952, II, n° 703, note C. B., arrêt dans lequel, en application de cette règle, un navire battant pavillon italien, a pu se prévaloir, à l'époque où elle avait cours, de l'insaisissabilité des navires prêts à faire voile, prévue par le droit français). La cour d'appel de Rennes, dans un important arrêt en date du 27 juin 2002 a confirmé la mainlevée de la saisie-exécution, au motif différent de celui de la juridiction de première instance, que le navire appartenait bien à l'Université de Mourmansk.

44. Cass. 1re civ., 14 novembre 2007, *Bull. civ.* I, n° 355. Sur les critères permettant de caractériser qu'une société n'est qu'une émanation d'un État débiteur, voir aussi CA Paris, 3 juillet 2003, *RD bancaire et fin.* 2003, n° 199, obs. Delleci.

45. Cass. 1re civ., 27 janvier 1998, *Bull. civ.* I, n° 31, *Procédures* avril 1998, n° 83.

parfois une par navire. Cette prolifération des « *single* » et autres « *one ship company* », a conduit naturellement les créanciers à soutenir que ces sociétés n'en faisaient la plupart du temps qu'une seule, afin de pouvoir faire saisir des navires autres que celui auquel la créance maritime se rapporte, lorsque c'est possible. Dans un premier temps, la jurisprudence s'était montrée extrêmement exigeante quant à la preuve de la fictivité de ces sociétés. Il ne suffisait pas d'établir que les dirigeants ou les associés étaient les mêmes, ou encore que les sociétés en cause faisaient partie du même groupe, pour démontrer cette fictivité[46]. Cette jurisprudence, plus empreinte de droit des sociétés que de droit maritime, était directement inspirée de celle ayant cours en matière d'extension d'une procédure collective (redressement ou liquidation judiciaires) ouverte à l'encontre d'une société, à une autre société[47]. Or, il se trouve que depuis peu la jurisprudence française semble se montrer bien moins sévère et se borne à des éléments qui jusqu'alors, ne permettaient pas de caractériser la fictivité, au point que l'on était fondé à se demander si cette fictivité pouvait auparavant être caractérisée[48].

La jurisprudence devrait donc à terme, en matière d'immunité internationale d'exécution, se montrer également moins exigeante à l'égard des créanciers. On comprendrait mal la persistance d'une exigence différente sur des questions aussi comparables. Ainsi, dans un arrêt en date du 6 février 2007, la première Chambre civile de la Cour de cassation a considéré qu'une cour d'appel a pu déduire de ses constatations et appréciations souveraines, que dès lors qu'une société nationale n'était pas

46. Cass. com., 15 novembre 1994, *Bull. civ.* IV, n° 338, *DMF* 1995, p. 135, rapp. Nicot, note Tassel ; Cass. com., 19 mars 1996, *Bull. civ.* IV, n° 89, *DMF* 1996, p. 503, *Rev. sociétés* 1996, p. 267, note Le Cannu, arrêt dans lequel l'identité de gérant n'a pas été jugée suffisante pour caractériser une société fictive ; Cass. com., 21 janvier 1997, n° 94-19.585, *DMF* 1997, p. 612, note Vialard, arrêt dans lequel le fait que la société possédant le navire et celle débitrice appartiennent au même groupe, n'a pas été jugé suffisante non plus.

47. Cass. com., 25 juin 1996, *Bull. civ.* IV, n° 190, *Defrénois* 1996, p. 1297, note Hovasse, *JCP* éd. E 1997, I, p. 623, n° 1, obs. Cabrillac et Petel.

48. Sur ces assouplissements de la jurisprudence, voir notamment : CA Rouen, 30 juin 1998, *DMF* 1998, p. 1035, obs. Pestel-Debord et Tassel ; Cass. com., 22 juin 1999, *Bull. civ.* IV, n° 136, *JCP* éd. G., 2000, II, n° 10266, note Menjucq, *JCP* éd. E., 2000, n° 5, p. 181, note Cutajar, *Bull. Joly* 1999, p. 978, § 229, *Dr sociétés* 1999, comm., n° 143, *DMF* 2000, p. 535, rapport Rémery, obs. Bonassies.

Enfin, pour faciliter l'établissement de la fictivité d'une société, rappelons que la Convention de Bruxelles du 10 mai 1952 sur la saisie conservatoire des navires, a prévu en son article 3 une présomption d'apparentement, en disposant, que « *des navires seront réputés avoir le même propriétaire, lorsque toutes les parts de propriété appartiendront à une même ou aux mêmes personnes* ». Mais ce texte est en pratique, de peu d'utilité, la Cour de cassation en faisant pour l'instant, une application littérale extrêmement restrictive (Cass. com., 23 novembre, *Bull. civ.* IV, n° 204, *DMF* 2000, p. 719, obs. Molfessis).

statutairement dans une indépendance fonctionnelle suffisante pour bénéficier d'une autonomie de droit et de fait à l'égard d'un État, et que son patrimoine se confondait avec celui de cet État, elle devait être considérée comme une émanation de celui-ci[49].

2. La théorie de la substitution

149. La *seconde hypothèse* est celle dans laquelle, le créancier ne l'est que vis-à-vis de l'organisme public que l'État étranger s'est substitué dans l'exercice de l'activité purement privée. C'est donc légitimement que le créancier prétendra saisir les biens de cet organisme public, surtout lorsqu'ils sont les seuls à être à sa portée. Or, la tentation est grande pour l'État étranger de prétendre que l'organisme public contractant n'est qu'une émanation de lui-même, pour conclure à l'immunité d'exécution.

La jurisprudence a pourtant admis l'exécution forcée lorsque les biens de cet organisme distinct d'un État étranger, ont été affectés par celui-ci à une activité économique ou commerciale[50]. Peu importe alors que cet organisme ait ou non la personnalité juridique, c'est-à-dire, qu'il ait une personnalité juridique distincte de l'État étranger ou qu'il n'en soit qu'une émanation ; car les États étrangers ne conçoivent pas toujours dans leur droit une telle autonomie juridique à propos des organismes qu'ils créent. Mais, pour que les biens de cet organisme soient saisissables et que la saisie ne se heurte donc pas à l'immunité d'exécution de l'État étranger, deux conditions sont cumulativement requises par la jurisprudence française : *la première*, suivant l'expression de la Cour de cassation dans son arrêt précité de 1985, que les biens de cet organisme fassent « ... *partie d'un patrimoine que...* (cet État)... *affecte à une activité principale relevant du droit privé...* » ; *la seconde*, que ledit organisme dont les biens sont saisis, soit titulaire d'un patrimoine propre, c'est-à-dire distinct de celui de l'État étranger qui l'a créé.

Pour couper court à toutes ces difficultés et nous permettre de garder les meilleures relations possibles avec des États débiteurs mauvais payeurs, afin que nos juges de l'exécution n'aient même plus l'occasion de les tourmenter, il suffirait, *de lege ferenda*, d'interdire purement et simplement aux créanciers d'une part, de saisir les juridictions françaises pour demander la condamnation d'un État étranger, et d'autre part, de saisir en France les biens appartenant à un État étranger[51].

49. Cass. 1re civ., 6 février 2007, *Bull. civ.* I, n° 52. Dès lors, un titre exécutoire régulièrement signifié à un État par l'u de ses créanciers, est opposable, sans nouvelle signification, à une société nationale dont il a été décidé qu'elle n'était qu'une émanation de cet État, sans patrimoine propre. Dans le même sens, voir aussi Cass. 1re civ., 14 novembre 2007, *Bull. civ.* I, n° 355.

50. Cass. 1re civ., 1er octobre 1985, *Bull. civ.* I, n° 236, *JCP* éd. G 1986, II, n° 20566, concl. Gulphe, note Synvet, *Clunet* 1986, p. 170, note Oppetit.

150. L'immunité personnelle confère donc à son bénéficiaire, une immunité réelle générale d'exécution. Lorsque le débiteur ne peut se prévaloir d'aucune immunité en raison de sa personne, le droit lui confère cependant une immunité réelle d'exécution, c'est-à-dire ne portant que sur certains biens.

Sous-section 2
Les biens insaisissables[52]

151. La loi de 1991 n'a pas fondamentalement renouvelé la question. D'un point de vue formel, elle a abrogé les articles 2092-1, 2092-2, 2092-3, alinéas 1 et 3 du Code civil, et l'article 557 de l'ancien Code de procédure civile. Les articles 592 à 593-1 de l'ancien Code de procédure civile sont abrogés par l'article D 305. Le principe de la saisissabilité de tous les biens appartenant au débiteur alors même qu'ils seraient détenus par des tiers, autrefois exprimé dans les articles 557 de l'ancien Code de procédure civile et 2092-1 du Code civil, est repris aux articles L 13 et D 38. L'insaisissabilité qui est l'exception (art. D 38), ne peut être invoquée que par le propriétaire des biens (art. D 130). L'article L. 14 reprend les dispositions de l'ancien article 2092-2 du Code civil aujourd'hui abrogé et comporte quelques innovations. Il ne s'agit cependant pas là de l'ensemble du droit des immunités réelles d'exécution qui est dispersé aussi entre divers Codes et textes hors Codes. L'innovation la plus spectaculaire en la matière résulte d'ailleurs de la loi n° 2003-721 du 1er août 2003 pour l'initiative économique à laquelle on doit les articles L. 526-1 à L. 526-4 du Code de commerce[53] instaurant l'insaisissabilité de l'immeuble ou des droits immobiliers assurant le logement principal de sa famille.

Bien qu'il n'en soit question nulle part dans la loi de 1991 et dans le décret de 1992, les biens insaisissables par nature le demeurent. Nous les envisagerons d'abord avec les biens que la loi déclare insaisissables ***(§ 1)***. Nous envisagerons ensuite les sommes provenant de créances insaisissables ***(§ 2)***, les objets de la vie quotidienne ***(§ 3)*** et les immunités du droit patrimonial de la famille ***(§ 4)***.

51. Thominette, *Faut-il interdire au créancier d'un État étranger d'avoir accès aux juridictions françaises ?, D.* 2007, chron., p. 1897.

52. G. Taormina, *Les immunités réelles d'exécution*, fasc. 230, in *Droit de l'exécution forcée*, éd. *Journal des Notaires et des Avocats*, avril 2004.

53. Si bien pensés qu'ils ont dû être réécrits par l'ordonnance n° 2006-346 du 23 mars 2006, puis par la loi n° 2008-776 du 4 août 2008.

§ 1. Les biens insaisissables par nature ou par volonté de la loi

152. La caractéristique commune des ***biens*** traditionnellement considérés comme ***insaisissables par nature***, est le caractère personnel qui les rattache directement à leur propriétaire. On cite généralement les biens meubles souvenirs de famille, à l'exception de ceux dont la valeur économique est si importante qu'elle occulte ce caractère familial et les rend donc saisissables, les droits d'usage et d'habitation, l'usufruit légal des parents sur les biens de leurs enfants âgés de moins de seize ans, les offices ministériels, en ce qui concerne le titre, les lettres missives et manuscrits d'œuvres littéraires ou musicales non encore tombés dans le domaine public, le droit moral d'un auteur sur son œuvre, les servitudes réelles et les immeubles par destination qui ne peuvent être saisis qu'avec les fonds auxquels ils sont attachés[54].

153. Quant aux ***biens que la loi déclare insaisissables***, les solutions classiques demeurent. Elles ne sont malheureusement pas énumérées par l'article L 14.1°. Nous nous bornerons à en rappeler brièvement quelques exemples.

Ce sont d'abord ***les rentes sur l'État***. Par une loi en date du 8 nivôse an VI, le Directoire ayant réduit indirectement à un tiers de leur valeur les rentes dont étaient titulaires les particuliers sur l'État, en payant les deux tiers des dettes de l'État en bons au porteur dépourvus de toute valeur, il conféra à titre de lot de consolation aux épargnants par une loi du 22 floréal an VII, l'insaisissabilité de leurs rentes dépréciées. Contrairement à la position de l'administration et à la jurisprudence du Conseil d'État[55], la jurisprudence judiciaire décide que seuls sont insaisissables les arrérages de la rente et non les titres eux-mêmes[56].

154. Concernant ***les valeurs mobilières***, la Cour de cassation, dans un arrêt en date du 4 novembre 2003[57], a considéré « *que l'interdiction de donner en nantissement les parts d'une société civile professionnelle de notaires ou de les vendre aux enchères publiques n'emporte pas, par principe, leur insaisissabilité qui ne pourrait résulter que d'une disposition législative* », et a cassé sous le visa de l'article 91 de la loi du

54. L'article L. 14 prévoit toutefois, comme jadis l'article 2092-1 du Code civil abrogé, que les immeubles par destination peuvent néanmoins être saisis séparément de l'immeuble auquel ils sont attachés pour paiement de leur prix.

55. CE, 8 juillet 1998, *S.*1900.3.94.

56. Cass. req., 2 juillet 1894 et 16 juillet 1894, *D. 1*894.1.497, note Glasson, *S.*1895.1.5, note Lyon-Caen ; Cass. civ., 23 novembre 1897, *DP* 1898.1.39, *S.*1898.1.161, note Lyon-Caen.

57. Cass. 1re civ., 4 novembre 2003, *D.* 2004, jur., p. 521, note G. Taormina.

28 avril 1816, au motif « *qu'une saisie-vente de parts d'une société civile professionnelle de notaires réalise une cession forcée et que l'exigence de l'agrément préalable du cessionnaire par le garde des Sceaux est incompatible avec une telle cession* », l'arrêt à elle déféré dans lequel la cour d'appel d'Aix-en-Provence avait estimé possible une telle saisie. Désormais, il n'y a donc plus, pour l'heure, que les parts sociales de société civile professionnelle et de société d'exercice libérale de notaires, d'huissiers de justice, de commissaires priseurs, d'avoués de cour d'appel, d'avocats aux conseils et de greffiers de tribunaux de commerce qui soient insaisissables. Mais on ne dispose toujours pas de textes explicites ni, surtout, d'un texte de portée générale[58].

Signalons, en outre, qu'aux termes des dispositions de l'article L. 227-13 du Code de commerce, « *les statuts de la société* (par actions simplifiées) *peuvent prévoir l'inaliénabilité des actions pour une durée n'excédant pas dix ans* ». La question reste posée de savoir si cette clause statutaire d'inaliénabilité volontaire de ses actions par l'un des associés, leur confère l'insaisissabitité. Dans la mesure où l'on considère traditionnellement que la saisie est une aliénation forcée, il convient de conclure aussi à l'insaisissabilité.

155. Les ***provisions des effets de commerce et du chèque*** sont insaisissables. Cette solution est déduite des dispositions restrictives des articles L. 511-31 et L. 512-3 du Code de commerce, à propos de la lettre de change et du billet à ordre, d'une part, et de celles de l'article L. 131-35 du Code monétaire et financier à propos du chèque[59]. Fondée sur le principe d'après lequel le porteur acquiert immédiatement la provision, c'est-à-dire dès sa mise en possession de l'*instrumentum* et ce, même en l'absence d'acceptation lorsqu'il s'agit d'une lettre de change, cette solution ne semblait pouvoir comporter qu'une exception : l'opposition, variété de saisie faite entre les mains du tiré, en cas de perte ou de vol de l'effet de commerce ou du chèque, de « faillite » du porteur et, en matière de chèque exclusivement, d'utilisation frauduleuse. Il en est ainsi, par exemple, lorsque le conjoint du titulaire d'un compte sur lequel il n'a pas de procuration, émet un chèque à l'insu de ce dernier. On sait en effet que dans ce cas introduit par la loi n° 91-1382 du 30 décembre 1991 (art. 23-1 devenu les nouveaux alinéas 2 et 3 de l'article 32 du décret-loi de 1935 devenu lui-même l'actuel article L. 131-35 du Code monétaire et financier), il n'y a pas de vol. On considérait à juste titre

58. Il conviendrait pour cela, soit de modifier la loi n° 66-879 du 29 novembre 1966 relative aux sociétés civiles professionnelles, et la loi n° 90-1258 du 31 décembre 1990 relative aux sociétés d'exercice libérale, soit, plus simplement, de compléter l'article 14 de la loi n° 91-650 du 9 juillet 1991 portant ré forme des procédures civiles d'exécution.

59. Voir, à titre d'applications, Cass. com., 15 juin 1993, *Bull. civ.* IV, n° 245 ; 27 septembre 2005, *Bull. civ.* IV, n° 182.

que la saisissabilité des provisions nuirait à la sécurité attachée traditionnellement à ces moyens de paiement, et qu'on ne les accepterait plus. Or, trois arrêts rendus en 1984 par la Chambre commerciale de la Cour de cassation[60], deux en matière d'avis à tiers détenteur et un troisième en matière de sous-traitance, risquent d'aboutir à la remise en cause de cette insaisissabilité des provisions qui n'a d'ailleurs jamais été expressément énoncée nulle part, le Code de commerce et le Code monétaire et financier ne traitant que de l'opposition qui ne saurait être possible que dans les cas expressément visés par les textes. La Chambre commerciale a en effet décidé que le porteur d'une lettre de change non acceptée n'est pas propriétaire de la provision et peut être évincé par des créanciers du tireur.

156. ***Les procédures collectives du Code de commerce*** ne sont pas en reste. Les articles L. 626-14 dans la procédure de sauvegarde, L. 631-19 dans la procédure de redressement judiciaire, et L. 642-10 en cas de cession de l'entreprise dans le cadre de la procédure de liquidation judiciaire, du Code de commerce, confèrent au tribunal le pouvoir de rendre inaliénable les biens considérés comme indispensable à la continuation du fonctionnement de l'entreprise. Cette inaliénabilité confère *ipso facto*, pour la même durée, l'insaisissabilité à ces biens.

157. **« Les meubles et immeubles nécessaires aux syndicats professionnels pour leurs réunions, bibliothèques et formations** *sont insaisissables » (C. trav., art. L. 2132-4).*

158. Les créanciers du constituant ne peuvent saisir ***le patrimoine fiduciaire***. Issue de la loi n° 2007-211 du 19 février 2007[61] qui a créé un titre XIX dans le livre III du Code civil, « *La fiducie est l'opération par laquelle un ou plusieurs constituants transfèrent des biens, des droits ou des sûretés, ou un ensemble de biens, de droits ou de sûretés, présents ou futurs, à un ou plusieurs fiduciaires qui, les tenant séparés de leur patrimoine propre, agissent dans un but déterminé au profit d'un ou plusieurs bénéficiaires* ». Aux termes de l'article 2025 du même Code, « ... *le patrimoine fiduciaire ne peut être saisi que par les titulaires de créances nées de la conservation ou de la gestion de ce patrimoine. /En cas d'insuffisance du patrimoine fiduciaire, le patrimoine du constituant constitue le gage commun de ces créanciers, sauf stipulation contraire*

60. Cass. com., 20 mars 1984, *Bull. civ.* IV, n° 108 ; 6 juin 1984, *Bull. civ.* IV, n° 186, *D.* 1985.I. R. 31, obs. M. Cabrillac ; 4 décembre 1984, *D. 1*985.181, note A. Bénabent, *JCP* 1985.II.20445, note H. M. Synvet, *JCP* 1985, éd. C. I. II.14450, note G. Flécheux, *Banque* 1985.181, obs. J.-L. Rives-Lange, *RTD Com.* 1985. 336, obs. Cabrillac et B. Teyssié ; M. Vasseur, *Réflexion sur le régime juridique du porteur de traites non acceptées... D. 1*985, chron. 199.

61. Tellement bien pensée que les textes du Code civil qui en sont issus (C. civ., art. 2011 à 2031) ont dû être en partie réécrits par la loi n° 2008-776 du 4 août 2008.

du contrat de fiducie mettant tout ou partie du passif à la charge du fiduciaire. /Le contrat de fiducie peut également limiter l'obligation au passif fiduciaire au seul patrimoine fiduciaire. Une telle clause n'est opposable qu'aux créanciers qui l'ont expressément acceptée ».

159. Concernant ***les œuvres d'art***, aux termes de l'article L. 451-10 du Code du patrimoine, « *Les biens des collections des musées de France appartenant aux personnes morales de droit privé à but non lucratif acquis par dons et legs ou avec le concours de l'État ou d'une collectivité territoriale ne peuvent être cédés, à titre gratuit ou onéreux, qu'aux personnes publiques ou aux personnes morales de droit privé à but non lucratif qui se sont engagées, au préalable, à maintenir l'affectation de ces biens à un musée de France. La cession ne peut intervenir qu'après approbation de l'autorité administrative après avis du Haut Conseil des musées de France. /Les collections mentionnées à l'alinéa précédent sont insaisissables à compter de l'accomplissement des mesures de publicité prévues à l'article L. 442-1* ».

160. Quant au ***pécule de libération des détenus***, aux termes de l'article 728-1 du Code de procédure pénale, « *Les valeurs pécuniaires des détenus, inscrites à un compte nominatif ouvert à l'établissement pénitentiaire, sont divisées en trois parts : la première sur laquelle seules les parties civiles et les créanciers d'aliments peuvent faire valoir leurs droits ; la deuxième, affectée au pécule de libération, qui ne peut faire l'objet d'aucune voie d'exécution ; la troisième, laissée à la libre disposition des détenus...* ». Aux termes de l'article D. 324 du même Code, « *... Pendant l'incarcération, le pécule de libération est indisponible et ne peut faire l'objet d'aucune voie d'exécution* ».

161. Les ***capitaux et rentes garantis au profit du bénéficiaire d'une assurance-vie ou capitalisation*** bénéficient d'une protection dont le régime est assez subtil. Aux termes des dispositions de l'article L. 132-14 du Code des assurances, « *Le capital ou la rente garantis au profit d'un bénéficiaire déterminé ne peuvent être réclamés par les créanciers du contractant. Ces derniers ont seulement droit au remboursement des primes, dans le cas indiqué par l'article L. 132-13, deuxième alinéa, en vertu soit de l'article 1167 du Code civil, soit des articles L. 621-107 et L. 621-108 du Code de commerce* ». Cela signifie, en d'autres termes, que les créanciers du souscripteur d'une assurance garantissant le paiement d'une rente ou d'un capital à un bénéficiaire déterminé, ne peuvent saisir cette rente ou ce capital entre les mains de l'assureur débiteur de ces sommes. Ils ne peuvent qu'obtenir de l'assureur le remboursement des primes d'assurance dans deux cas : ***1º*** lorsque le montant de celles-ci était manifestement exagéré eu égard aux facultés du souscripteur (C. ass., art. L. 132-13), à condition toutefois de pouvoir démontrer l'existence d'une fraude (C. civ., art. 1167) ; ***2º*** lorsque le paiement de ces primes a eu lieu pendant la période suspecte dont il est désormais question à l'article L. 632-1 du Code de commerce c'est-à-dire entre la date théorique de cessation des paiements et l'ouverture d'une procédure collective du Code de commerce. Ce texte d'interprétation stricte comme toutes les immunités d'exécution, ne trouve sans doute pas à s'appliquer aux créanciers du bénéficiaire lorsque celui-ci n'est pas le souscripteur. Dans ce cas, les créanciers du bénéficiaire peuvent saisir le capital ou la rente entre les mains de l'assureur. Une telle saisie ne pourra être pratiquée qu'après l'acceptation de la stipulation par le bénéficiaire[62].

Seul le ***contrat d'assurance-vie réalisant une attribution pure et simple d'un capital-décès*** est concerné sans restriction d'aucune sorte par les dispositions de l'article L. 132-14 du Code de s assurances[63]. En effet, aux termes des dispositions de l'article L. 132-12 dudit Code, « *le capital ou la rente stipulés payables lors du décès de l'assuré à un bénéficiaire déterminé ou à ses héritiers ne font pas partie de la succession de l'assuré. Le bénéficiaire, quelles que soient la forme et la date de sa désignation, est réputé y avoir eu seul droit à partir du jour du contrat, même si son acceptation est postérieure à la mort de l'assuré* ». Par conséquent, nonobstant les dispositions de l'article L. 132-14, c'est d'abord et surtout parce que le capital ou la rente sont réputés n'avoir jamais fait partie du patrimoine du souscripteur, le bénéficiaire ayant toujours été le seul créancier de l'assureur[64], que les créanciers du souscripteur ne sauraient prétendre pouvoir saisir ce capital ou cette rente. À ce type de contrat, il y a lieu d'assimiler celui garantissant soit au souscripteur en cas d'invalidité totale et permanente le versement d'une rente, soit à son conjoint ou ses enfants le versement d'un capital en cas de décès du souscripteur[65]. L'insaisissabilité ne saurait cependant être opposée que par le souscripteur à ses créanciers et non par le bénéficiaire à ses propres créanciers. Dans ce second cas, il semble que les créanciers ne puissent saisir qu'à la condition que le bénéficiaire ait accepté sa désignation. On sait en effet qu'aussi longtemps qu'il ne l'aura pas acceptée, sa désignation sera révocable par le souscripteur (C. ass., art. L. 132-9).

Les dispositions de l'article L. 132-14 ne sont certainement pas applicables ***aux contrats d'assurance-vie*** qui constituent des opérations d'épargne ***réalisant une opération de capitalisation***. L'assuré ne saurait avoir plus de droits que n'importe quel épargnant[66]. Il en est ainsi parce

62. Rép. Min. Just. du 12 janvier 1995, *JO* Quest. Sénat, p. 97.

63. Pour une application, CA Paris, 22 mars 1996, *GP* 7-8 août 1996, p. 27.

64. Sur cette analyse, cf. Cass. ass. plén., 12 décembre 1986, *D. 1*986.269, note J. Ghestin, *JCP* 1987.II.20760, note L. Boyer.

65. Cass. 1re civ., 28 avril 1998, *JCP* 1998.II.10112, note J. Bigot.

66. Cf. sur la saisissabilité des sommes faisant l'objet d'un plan d'épargne logement sans même à avoir à attendre son terme, Cass. 2e civ., 29 mai 1991, *Bull. civ.* II, n° 170, 17 juin 1992, *Bull. civ.* II, n° 169.

que le souscripteur est, de son vivant, le seul bénéficiaire de l'opération réalisée.

Entre le contrat d'assurance-vie réalisant une attribution pure et simple d'un capital-décès et celui réalisant une opération de capitalisation pure et simple, il existe le ***contrat mixte*** réalisant alternativement une opération de capitalisation-décès ou une opération de pure capitalisation. Dans ce type de contrat comportant une ***clause*** dite ***de contre garantie-décès***, le bénéficiaire est d'abord le souscripteur lui-même, puis, subsidiairement, un ou plusieurs tiers en cas de décès du souscripteur avant le terme du contrat. Le décès du souscripteur constitue dans ce contrat qui est à la fois une assurance en cas de vie et une assurance en cas de décès, la condition résolutoire de la première opération et la condition suspensive de la seconde[67]. Dans ce type de contrat, il convient de distinguer les situations suivantes : avant le terme du contrat et tant que le souscripteur est en vie, les sommes épargnées sont saisissables immédiatement seulement par les créanciers du souscripteur ; après le terme du contrat, le souscripteur étant en vie les sommes dues par l'assureur sont saisissables seulement par les créanciers du souscripteur qui est le bénéficiaire ; après le décès du souscripteur avant que celui-ci n'ait pu devenir bénéficiaire, les sommes dues par l'assureur sont saisissables par les créanciers du tiers bénéficiaire désigné à cause de mort par le souscripteur ayant accepté sa désignation. En revanche, lorsque dans ce type de contrat il est également prévu une faculté de rachat au cours du contrat par le souscripteur, les créanciers du souscripteur ne peuvent saisir cette valeur de rachat et en demander le versement[68].

§ 2. Les sommes provenant de créances insaisissables

162. Elles peuvent être réparties en deux catégories : les provisions, sommes et pensions à caractère alimentaire, d'une part ***(A)*** ; les sommes spécialement affectées à certains usages, d'autre part ***(B)***.

A « Les provisions, sommes et pensions à caractère alimentaire... » (art. L 14.2°)

163. Le texte, très général concerne en fait une multitude de cas de figure. Ces sommes, insaisissables en principe, sont dans tous les cas

67. En ce sens, CA Amiens, 10 décembre 1984, *D.* 1985, jur., p. 520, note H. Le Roy.
68. En ce sens, Cass. 1re civ., 28 avril 1998, *Bull. civ.* I, n° 153 ; 2 juillet 2002, *Bull. civ.* I, n° 179.

saisissables « *pour le paiement des aliments déjà fournis par le saisissant à la partie saisie* ». Cette formule absconse équivalente à celle de l'article 2092-2 du Code civil, signifie que cette insaisissabilité est inopposable aux créanciers qui ont eux-mêmes fourni les aliments au débiteur. Ont ce caractère alimentaire, les sommes nécessaires à la subsistance de leurs bénéficiaires. Elles sont insaisissables parce qu'elles constituent dans l'esprit du législateur un minimum vital. Après avoir procédé à leur inventaire *(1)*, nous envisagerons les dispositifs de protection particuliers dont elles font l'objet, lorsqu'elles sont versées à un compte contenant également des sommes saisissables *(2)*.

1. Inventaire

164. Nous nous bornerons à quelques exemples. Il s'agit d'abord des ***pensions alimentaires stricto sensu***, en ce compris la contribution aux charges du mariage, les subsides dus aux enfants naturels non reconnus et les prestations compensatoires. Malgré leur caractère indemnitaire, la deuxième Chambre civile de la Cour de cassation a eu l'occasion d'y inclure les prestations compensatoires ayant réellement pour le créancier un caractère alimentaire[69]. Plus récemment, elle a confirmé sa position, sans distinguer selon qu'elle est versée sous forme de rente ou de capital[70].

165. Est également insaisissable la ***provision indemnitaire*** allouée en réparation d'un dommage, lorsque la victime se trouve dans le besoin, ne pouvant plus travailler[71]. La question de la saisissabilité des dommages-intérêts a donné lieu à une controverse doctrinale[72] et jurisprudentielle. Rappelons simplement que depuis un d'assemblée en date du 1er avril 1983[73] rendu à propos d'un débiteur en faillite, dont la

69. Cass. 2e civ., 27 juin 1985, *Bull. civ.* II, n° 131, *D. 1*986.230, note C. Philippe, *D. 1*986.I. R. 112, obs. A. Bénabent, *GP* 1985. 2, panor. 287, obs. M. Véron ; CA Versailles, 20 janvier 1989, *D. 1*989.I. R. 76 ; *contra* : CA Versailles, 13 février 1986, *D. 1*986.I. R. 288.

70. Cass. 2e civ., 10 mars 2005, *Bull. civ.* II, n° 66, *D.* 2005, somm., p. 1604, obs. G. Taormina, *Procédures* 2005, n° 128, obs. R. Perrot, arrêt rendu à propos d'une prestation compensatoire versée en capital. Voir aussi sur cette question, Th. Garé et A. Leborgne, *La prestation compensatoire est insaisissable !, RJPF* 2005, n° 6, p. 13.

71. M. Véron, *La saisie des indemnités réparatrices d'un préjudice corporel, GP* 1984.1.35.

72. H., L. et J. Mazeaud et F. Chabas, *Traité théorique et pratique de la responsabilité civile délictuelle et contractuelle*, tome III, vol. 1, *éd. Montchrestien*, 1978, n° 2511 ; Y. Chartier, *La réparation du préjudice, éd. Dalloz* 1983, nos 824 et s. ; G. Viney, *Traité de droit civil*, t. V, *Les obligations, La responsabilité, Effets,* éd. *LGDJ*, nos 175 et 176.

73. Cass. ass. plén., 1er avril 1983, *D. 1*983.461, concl. Dontenwille, note F. Derrida, *GP* 1983.2.473, note J. Dupichot, *JCP* 1984.II.20126, note Y. Chartier, *RTD civ.*1983.799, obs. R. Perrot, *RGAT* 1983.338, obs. R. Perrot.

solution a été étendue au débiteur *in bonis* par un arrêt de la deuxième Chambre civile rendu le 23 novembre 1983[74], les indemnités correspondant à tous les préjudices même personnels sont saisissables dans les cas où les juges du fond estiment souverainement qu'elles n'ont pas de caractère alimentaire. L'article L. 14 reprenant intégralement les dispositions aujourd'hui abrogées de l'article 2092-2 du Code civil, il convient de considérer ces solutions comme non périmées.

166. Le ***capital-décès***, somme versée par les caisses de sécurité sociale aux ayants droit d'un assuré social décédé qui était affilié au régime général de sécurité sociale, avait jusqu'à la réforme, du point de vue de la saisissabilité, le même régime que toute créance de dommages-intérêts. Il était donc saisissable. La jurisprudence avait toutefois consacré parfois son insaisissabilité[75]. La loi de 1991 légalise cette solution. Aux termes de l'article L. 361-5 du Code de la sécurité sociale, cette somme est désormais « *incessible et insaisissable sauf pour le paiement de dettes alimentaires ou* (son) *recouvrement* (lorsqu'elle a été) *indûment versé* (e) *à la suite d'une manœuvre frauduleuse ou d'une fausse déclaration* ». Le capital décès, par sa modicité, avait en réalité plutôt une finalité alimentaire. La nouvelle solution est donc justifiée en droit et en équité.

167. On parle à propos ***des remboursements de frais médicaux, chirurgicaux, pharmaceutiques, d'hospitalisation...*** énumérés par l'art. L. 321-1 à L. 322-6 du Code de la sécurité sociale de prestations en nature. C'est à propos des indemnités journalières que l'on parle de prestations en espèce. L'insaisissabilité des remboursements de frais médicaux, chirurgicaux, pharmaceutiques et d'hospitalisation était discutée. La loi n° 98-657 du 29 juillet 1998 (art. 130) a tranché la controverse à l'article L. 322-7 du Code de la sécurité sociale qui dispose que « *les prestations en nature visées aux 1°, 2°, 3°, 4°, 6° et 7° de l'article L. 321-1 sont incessibles et insaisissables sauf pour le recouvrement des prestations indûment versées à la suite d'une manœuvre frauduleuse ou d'une fausse déclaration de l'assuré. /Les blocages des sommes déposées sur un compte ne peuvent avoir pour effet de faire obstacle à l'insaisissabilité et à l'incessibilité des prestations visées au premier alinéa* ».

168. Les ***indemnités journalières ordinaires*** ne peuvent faire l'objet d'une saisie ou d'une cession, dispose l'article L. 323-5 du Code de la sécurité sociale, que dans les conditions et limites fixées en matière de

74. Cass. 2e civ., 23 novembre 1983, *Bull. civ.* II, n° 188, *GP* 1984.1.158, note M. Véron, *JCP* 1985.II.20378, note Y. Chartier, *RTD civ.*1984.371, obs. R. Perrot ; voir également, Cass. 1re civ., 6 octobre 1981, *Bull. civ.* I, n° 275.

75. CA Douai, 17 janvier 1962, *D.* 1962.380, *JCP* 1962.II.12590, obs. J. A., *RTD civ.* 1962.563, obs. P. Raynaud.

saisie et cession des rémunérations[76]. Le même principe est applicable au régime des assurances sociales agricoles (C. rur., art. L. 752-5).

Quant aux ***indemnités journalières accident du travail***, elles ne sont cessibles et saisissables que dans les conditions et limites fixées en matière de saisie et de cession des rémunérations (C. s. soc., art. L. 433-3).

Les ***rentes accident du travail*** sont incessibles et insaisissables (C. s. soc., art. L. 434-18).

L'***allocation adultes handicapés*** est incessible et insaisissable, sauf pour le paiement des frais d'entretien du handicapé. Dans ce cas, la personne physique ou morale, ou l'organisme qui en assume la charge, peut obtenir de la caisse débitrice de l'allocation que celle-ci lui soit versée directement (art. L. 821-5 C. s. soc.).

169. Aux termes de l'article L. 553-4.I, « ***Les prestations familiales sont incessibles et insaisissables*** *sauf pour le recouvrement des prestations indûment versées à la suite d'une manœuvre frauduleuse ou d'une fausse déclaration de l'allocataire. /Toutefois, peuvent être saisis dans la limite d'un montant mensuel déterminé dans les conditions prévues au deuxième alinéa de l'article L. 553-2 : 1°) pour le paiement des dettes alimentaires ou l'exécution de la contribution aux charges du mariage et liées à l'entretien des enfants : l'allocation pour jeune enfant, les allocations familiales, le complément familial, l'allocation de rentrée scolaire, l'allocation de soutien familial et l'allocation parentale d'éducation ; 2°) pour le paiement des frais entraînés par les soins, l'hébergement, l'éducation ou la formation notamment dans les établissements mentionnés à l'article L. 541-1* (C. s. soc., établissements d'éducation spéciale pour handicapés...) *: l'allocation d'éducation de l'enfant handicapé. En cas de non-paiement de ces frais, la personne physique ou morale ou l'organisme qui assume la charge de l'éducation spéciale, de la formation ou de l'entretien de l'enfant peut obtenir de l'organisme débiteur de l'allocation que celle-ci lui soit versée directement. /Sur demande de l'allocataire, les cotisations d'assurance volontaire mentionnées à l'article L. 742-1 sont recouvrées sur les prestations familiales visées à l'article L. 511-1, à l'exception de l'allocation de logement* ».

170. Aux termes de l'article L. 262-48 du Code de l'aide sociale et des familles, « ***Le revenu de solidarité active*** *est incessible et insaisissable* »[77]. Depuis le 1er janvier 2010, suite au décret n° 2010-54 du 15 janvier 2010, le montant mensuel du RMI et du RSA est fixé pour un allocataire, à 460,09 €.

76. Sur ces procédures, cf. *infra*, nos 246 et s.

77. Auparavant, le revenu minimum d'insertion, instauré par la loi n° 88-1088 du 1er décembre 1988, était incessible et insaisissable (art. 31, al. 1). Lorsqu'il continue d'être perçu, il le demeure.

171. Quant aux ***allocations de chômage et prestations assimilées***, l'article L. 5428-1, alinéa 1, du Code du travail dispose que « *la convention de reclassement personnalisé, l'allocation de chômage partiel, l'allocation d'assurance et l'allocation de préretraite sont cessibles et saisissables dans les mêmes conditions et limites que les salaires* ».

172. L'article R. 3252-2 du Code du travail prévoit qu'une portion des ***rémunérations dues par un employeur*** est insaisissable. « *La proportion dans laquelle les sommes dues à titre de rémunération sont saisissables ou cessibles, en application de l'article L. 3252-2 est fixée comme suit :*

1° Le vingtième, sur la tranche inférieure ou égale à 3 460 € ;

2° Le dixième, sur la tranche supérieure à 3 460 € et inférieure ou égale à 6 790 € ;

3° Le cinquième, sur la tranche supérieure à 6 790 € et inférieure ou égale à 10 160 € ;

4° Le quart, sur la tranche supérieure à 10 160 € et inférieure ou égale à 13 490 € ;

5° Le tiers, sur la tranche supérieure à 13 490 € et inférieure ou égale à 16 830 € ;

6° Les deux tiers, sur la tranche supérieure à 16 830 € et inférieure ou égale à 20 220 € ;

7° La totalité, sur la tranche supérieure à 20 220 € ».

Aux termes de l'article R. 3252-3 du Code du travail, « *Les seuils déterminés à l'article R. 3252-2 sont augmentés d'un montant de 1 310 € par personne à la charge du débiteur saisi ou du cédant, sur justification présentée par l'intéressé. /Pour l'application du premier alinéa, sont considérés comme personnes à charge : 1° Le conjoint, le partenaire lié par un pacte civil de solidarité ou le concubin du débiteur, dont les ressources personnelles sont inférieures au montant forfaitaire du revenu de solidarité active mentionné au 2° de l'article L. 262-2 du Code de l'action sociale et des familles, fixé pour un foyer composé d'une seule personne tel qu'il est fixé chaque année par décret ; 2° L'enfant ouvrant droit aux prestations familiales en application des articles L. 512-3 et L. 512-4 du Code de la sécurité sociale et se trouvant à la charge effective et permanente du débiteur au sens de l'article L. 513-1 du même Code. Est également considéré comme étant à charge l'enfant à qui ou pour l'entretien duquel le débiteur verse une pension alimentaire ; 3° L'ascendant dont les ressources personnelles sont inférieures au montant forfaitaire du revenu de solidarité active mentionné au 2° de l'article L. 262-2 du Code de l'action sociale et des familles, fixé pour un foyer composé d'une seule personne et qui habite avec le débiteur ou auquel le débiteur verse une pension alimentaire* ».

Aux termes de l'article R. 3252-4 du Code du travail, « *Les seuils et correctifs prévus à l'article R. 3252-3 sont révisés annuellement par décret en fonction de l'évolution de l'indice des prix à la consommation, hors tabac, des ménages urbains dont le chef est ouvrier ou employé tel qu'il est fixé au mois d'août de l'année précédente dans la série France-entière. Ils sont arrondis à la dizaine d'euros supérieure* »[78].

173. Quel est le régime des ***droits d'auteur*** ? Le Code de la propriété intellectuelle vise les sommes dues en raison de l'exploitation pécuniaire ou de la cession des droits de propriété littéraire ou artistique, à tous auteurs, compositeurs ou artistes ainsi qu'à leur conjoint survivant contre lequel n'existe pas un jugement de séparation de corps passé en force de chose jugée, ou à leurs enfants mineurs pris en leur qualité d'ayants cause. Elles ne sont insaisissables que dans la mesure où elles ont un caractère alimentaire (C. propr. intell., art. L. 333-2). La portion insaisissable de ces sommes ne peut être inférieure aux quatre cinquièmes lorsqu'elles ne dépassent pas annuellement le palier de ressources le plus élevé prévu par l'article R. 3252-2 du Code du travail (C. propr. intell., art. L. 333-3). Elle est déterminée en référé par le président du tribunal de grande instance.

2. La protection de ces sommes, lorsqu'elles sont versées sur un compte de dépôt[79]

174. La saisie-attribution des soldes de compte de dépôt dont nous étudierons plus tard les modalités[80], est certainement l'une des procédures d'exécution les plus utilisées, avec la saisie des rémunérations. Outre

---

78. Sur la procédure de saisie des rémunérations, cf. *infra* n°s 246 et s.

79. N'est pas seulement concernée par les développements qui vont suivre, non seulement la saisie-attribution, mais toute autre saisie conservatoire ou d'exécution susceptible d'être pratiquée sur un compte de dépôt (saisie conservatoire, ATD, opposition administrative, saisie des rémunérations...).
J.-M. Calendini, *De quelques problèmes liés à la saisie des comptes bancaires*, *LPA* 26 février 1992 ; J.-M. Calendini, *La saisie-attribution de compte bancaire*, *LPA* 9 février 1994 ; J.-F. Crédot, *Les aspects bancaires de la loi du 9 juillet 1991 portant réforme des procédures civiles d'exécution*, *LPA* 24 avril 1992, n° 50, p. 8 ; J.-F. Crédot et Y. Gérard, *Aspects bancaires de la réforme des procédures civiles d'exécution*, *RDBB* février 1993, n° 35, p. 2 et s. ; H. Croze, *Saisie-attribution bancaire : les mystères de l'article 47 de la loi du 9 juillet 1991*, *LPA* 6 janvier 1993, n° 3, p. 70 et s. ; Hulaud, *La saisie-attribution des comptes bancaires : la simplicité enchevêtrée*, *Nouv. Journ. huissiers* 1993.28 ; H.-F. Marsal, *La saisie-attribution et le banquier tiers saisi*, *LPA* 6 janvier 1993, p. 74 et s. ; J.-L. Rives-Lange, *La saisissabilité du compte-courant*, *D.* 1974.101 ; G. Taormina, *La protection des sommes insaisissables et les apports du décret n° 2002-1150 du 11 septembre 2002*, *D.* 2003, chron., p. 1848 ; voir également *infra*, n° 241.

80. Cf. *infra*, n°s 219 et s.

son efficacité, la raison de ce succès provient également de l'encouragement des pouvoirs publics qui obligent le créancier à y recourir à la place de la saisie-vente de biens mobiliers corporels, toutes les fois que cela est possible, du moins lorsqu'il s'agit de saisir des biens situés dans un local servant à l'habitation du débiteur pour le recouvrement d'une créance non alimentaire d'un montant n'excédant pas 535 €[81] ; manière de ne pas porter inutilement atteinte à la dignité du débiteur en évitant de recourir trop facilement à une procédure réputée aussi traumatisante que l'expulsion.

Mais la mise en œuvre d'une saisie pratiquée sur compte bancaire n'est pas chose aisée, toute la difficulté résidant dans la détermination du moment auquel il faut se placer pour apprécier l'existence et le montant de l'objet de la saisie. On sait en effet qu'un compte de dépôt n'est pas une chose inerte et que son solde peut être affecté par différentes opérations qui le diminuent ou l'augmentent, de sorte que son montant varie suivant le moment auquel on se place, telle la profondeur d'un fleuve suivant le pont sous lequel on la mesure. Pour gérer au mieux cette difficulté qui se trouve le cas échéant aggravée par l'alimentation du compte au moyen de sommes totalement ou partiellement insaisissables, la loi n° 91-650 du 9 juillet 1991 et le décret n° 92-755 du 31 juillet 1992 *portant réforme des procédures civiles d'exécution* avaient initialement prévu une série de textes relatifs à la régularisation des opérations en cours, c'est-à-dire à la prise en compte d'opérations déjà accomplies avant la saisie, mais n'ayant pas encore affecté le solde saisi. Mais ce dispositif fait de textes rédigés de manière fort concise et souvent énigmatique, au point d'avoir été qualifiés par certains commentateurs de « chef-d'œuvre de littérature technocratique »[82], d'un maniement complexe, s'avère en pratique assez lent et difficile à mettre en œuvre, le débiteur saisi devant justifier de l'insaisissabilité des sommes versées sur son compte, ce qui n'est pas toujours chose aisée en pratique. C'est la raison pour laquelle les pouvoirs publics avaient éprouvé le besoin de modifier et compléter le décret n° 92-755 du 31 juillet 1992 d'un nouveau dispositif permettant au saisi, de disposer sur simple demande au tiers saisi qui tient le compte de dépôt sur lequel est pratiquée une saisie quelle qu'elle soit, d'une somme à caractère alimentaire d'un montant au plus égal au revenu minimum d'insertion. Ce fut l'objet du décret n° 2002-1150 du 11 septembre 2002 et d'un arrêté du même jour[83]. Ces dispositifs particuliers annoncés par l'article L 15 sont exposés, toujours de manière fort concise, aux articles L 47, D 44 à D 47. Mais tout cela

81. L. n° 91-650, 9 juillet 1991, art. 51 ; D. n° 92-755, 31 juillet 1992, art. 82.

82. H. Croze, *JCP* éd. G., 1992, I, n° 3585, n° 24.

83. *JO*, 13 septembre 2002, p. 15133. G. Taormina, *La protection des sommes insaisissables et les apports du décret n° 2002-1150 du 11 septembre 2002*, *D.* 2003, chron., p. 1848.

n'était pas suffisant dans la mesure où, pour en bénéficier, encore fallait-il en faire la demande. Alors qu'entre-temps le dispositif du RMI fut complété par celui du revenu de solidarité active (RSA), il fut décidé dans le cadre de la loi nº 2009-526 du 12 mai 2009 *de simplification et de clarification du droit et d'allégement des procédures*[84], ayant modifié les articles L 47-1 et L 86[85], applicable depuis le 1er août 2009, que le titulaire d'un compte faisant l'objet d'une saisie conserve désormais de plein droit, c'est-à-dire sans avoir à en faire la demande, sur le solde créditeur de son compte de dépôt, la disposition d'une somme égale au RMI ou au RSA. Mais, pour que cette réforme importe soit effective, il aura en outre fallu attendre le décret nº 2009-1694 du 30 décembre 2009 ***relatif à la mise à disposition automatique d'une somme à caractère alimentaire sur un compte saisi***[86] qui a modifié en conséquence les articles D 46, D 46-1, D 47-3, D 47-4, D 58 et D 236.

En outre, avant la réforme de 1991-1992, le phénomène de la fongibilité entre elles des sommes d'argent entraînait la saisie du solde du compte dans son intégralité et les sommes *a priori* insaisissables perdaient ce caractère. Pour remédier à ce phénomène, il existait des procédures spéciales permettant, en cas de saisie sur compte bancaire, de soustraire de l'assiette de la saisie, la fraction insaisissable de certaines sommes[87]. Elles étaient notamment prévues par le décret nº 81-359 du 9 avril 1981, le décret nº 87-637 du 5 août 1987 et les articles D. 553-1 à D. 553-5 du Code de la sécurité sociale. Ces textes, devenus inutiles du fait des dispositions générales de l'article D 47, ont été abrogés par l'article D 305. Le décret de 1992 pose un principe fondamental : il met fin au principe de fongibilité sus-énoncé. Désormais, « *lorsqu'un compte est crédité du montant d'une créance insaisissable en tout ou partie, l'insaisissabilité se reporte à due concurrence sur le solde du compte* » (art. D 44 al. 1)[88]. Mais la provenance des sommes alimentant un compte, connue de la personne qui tient le compte lorsque ces sommes sont versées par virement, ne suffit

---

84. *JO*, 13 mai 2009, p. 7920.

85. Art. L. 47-1. - *Le tiers saisi laisse à disposition du débiteur personne physique, dans la limite du solde créditeur du ou des comptes au jour de la saisie, une somme à caractère alimentaire d'un montant égal au montant forfaitaire, pour un allocataire seul, mentionné à l'article L. 262-2 du Code de l'action sociale et des familles.* Art. L. 86. - *L'avis à tiers détenteur prévu par les articles L. 262 et L. 263 du livre des procédures fiscales comporte l'effet d'attribution immédiate prévu à l'article* (L.) *43. L'article* (L.) *47-1 lui est applicable.*

86. *JO*, 31 décembre 2009, p. 23110.

87. Cf. *supra*, nos 162 et s.

88. Conformément aux articles D 44 et D 47, lorsque les sommes insaisissables versées sur un compte, proviennent de créances à échéance périodique, l'insaisissabilité se reporte sur le solde du compte, à due concurrence des sommes insaisissable versées, déduction faite des opérations venues en débit du compte depuis le dernier versement (Cass. 2e civ., 14 au, *Bull. civ.* II, nº 461).

pas à conférer à ces sommes l'insaisissabilité. Dès lors, n'est pas insaisissable le solde d'un compte bancaire dont il n'est pas prouvé qu'il est composé uniquement de sommes insaisissables[89].

Pour l'heure, nous n'étudierons ici que la protection des sommes provenant de créance à caractère insaisissable dont le dispositif d'accès urgent à une somme à caractère alimentaire. Nous étudierons dans le cadre du chapitre relatif aux saisies-attribution, les règles générales de régularisation des opérations en cours[90].

Le décret n° 92-755 du 31 juillet 1992 pose donc un principe fondamental en mettant fin au principe de fongibilité entre elles des sommes versées sur un compte de dépôt et qui avait pour conséquence qu'il n'était pas possible de distinguer les sommes de différentes provenances virées sur ce compte. Il en résultait que les sommes insaisissables perdaient donc cette immunité, une fois « mélangées » avec d'autres sur un compte unique. Désormais, « *lorsqu'un compte est crédité du montant d'une créance insaisissable en tout ou partie, l'insaisissabilité se reporte à due concurrence sur le solde du compte* » (art. D 44, al. 1er).

On doit à la réforme des procédures civiles d'exécution des mécanismes complexes de régularisation des opérations en cours, lorsque le compte est précisément alimenté par des sommes en tout ou partie insaisissables. Ces dispositifs particuliers annoncés par l'article 15 de la loi de 1991 sont exposés de manière fort concise aux articles 47 de la loi de 1991, 44 à 47-4 du décret de 1992. Le décret n° 2002-1150 du 11 septembre 2002 renumérote certains articles du décret n° 92-755 du 31 juillet 1992[91].

Des exemples chiffrés concernant la mise en œuvre de ces mécanismes issus de la réforme des procédures civiles d'exécution de 1991-1992 seront plus parlants[92].

---

89. Cass. 2e civ., 24 mars 2005, *Bull. civ.* II, n° 80.

90. Cf. *infra*, n° 241.

91. Les articles D. 44, alinéa 3, D 45, D 46 et D 47 sont devenus respectivement les articles D 47-2, D 47, D 47-1 et D 45.

92. *1re EXEMPLE*

Soit le solde créditeur d'un compte, égal à 2 000 €. Soit le versement sur ce compte d'une somme de 2 000 € provenant de créances insaisissables ; ce solde est porté à 4 000 €, et l'insaisissabilité sus-énoncée est reportée à concurrence de 2 000 € sur ledit solde.

Cela ne saurait aboutir à enrichir la personne faisant l'objet d'une voie d'exécution en cas de solde négatif de son compte ; celui-ci ne saurait présenter deux soldes dont l'un serait insaisissable. Lorsque le solde est négatif avant l'encaissement des sommes issues de créances insaisissables, ces dernières en sont diminuées en proportion (D. n° 92-755, 31 juillet 1992, art. 47, al. 1er et 47-1 al. 1er).

2e EXEMPLE

Soit un solde débiteur égal à - 500 €. Soit le versement sur ce compte d'une somme de 1 500 € provenant de créances insaisissables, ce solde et l'insaisissabilité reportée ne seront que d'un montant de 1 000 €.

L'article 44 du décret dispose désormais en son second alinéa réécrit sans changement de fond par le décret n° 2002-1150 du 11 septembre 2002 instituant un dispositif d'accès urgent aux sommes à caractère alimentaire figurant sur un compte saisi, que « *les créances insaisissables sont mises à la disposition du titulaire du compte par le tiers saisi dans les conditions indiquées aux articles suivants* ». Cette « ... *demande de mise à disposition de sommes insaisissables doit être présentée avant que le créancier saisissant n'ait demandé le paiement des sommes saisies* » (D. n° 92-755, 31 juillet 1992, art. 47-2).

Aux termes d'un nouvel article 47-4 inséré lui aussi dans le décret de 1992 par celui du 11 septembre 2002, partiellement modifié par le décret de 2009, précités, « *Sans préjudice des sanctions pénales éventuellement encourues, le titulaire du compte qui se voit mettre à disposition une somme d'un montant supérieur à celui auquel il peut prétendre en application des articles de la présente sous-section restitue au créancier les sommes indûment perçues ou mises à sa disposition. En cas de faute de sa part, il peut en outre être condamné, à la demande du créancier, à des dommages et intérêts* ».

À propos des sommes insaisissables provenant de créances à échéance périodique, l'article 47, alinéa 1er du décret de 1992 cite à titre d'exemple de créances à échéance périodique, les rémunérations du travail, les pensions de retraite, les sommes payées à titre d'allocations familiales ou d'indemnité de chômage[93]. Signalons d'abord à propos des rémunérations du travail, que l'article 45 du décret dispose que lorsque le compte fait l'objet d'une procédure de paiement direct des pensions alimentaires en application des dispositions de la loi du 2 janvier 1973, le tiers saisi est tenu de laisser à la disposition du débiteur, sans que ce dernier ait à le lui demander, la somme fixée par l'article R. 3252-5 du Code du travail en application de L. 3252-5 du même Code, c'est-à-dire le revenu minimum d'insertion. Si le débiteur est titulaire de plusieurs comptes, cette somme est imputée sur un seul d'entre eux. Ce n'est que si le tiers saisi ne s'est pas conformé à ces dispositions de l'article 45 du décret, que le débiteur pourra recourir à ce premier dispositif général que nous allons à présent exposer.

Aux termes de l'article 47, alinéa 1, du décret de 1992, « *lorsque les sommes insaisissables proviennent de créances à échéance périodique, le titulaire du compte peut, sur justification de l'origine des sommes, en demander la mise à disposition immédiate, déduction faite des opérations venues au débit du compte depuis le dernier versement de la créance insaisissable* »[94]. Pour bénéficier de la limitation de l'assiette de la saisie-attribution, le débiteur doit justifier auprès du tiers saisi qui

93. Cass. 2e civ., 11 mai 2000, *Bull. civ.* II, n° 78, arrêt rendu à propos d'une allocation adulte handicapé.

94. Pour une application, Cass. 2e civ., 11 mai 2000, préc.

tient le compte, de l'origine des sommes dont il invoque l'insaisissabilité et présenter sa demande avant que le créancier saisissant n'ait demandé le paiement des sommes saisies (art. D 44). À défaut, il sera déchu du bénéfice de cette limitation de l'assiette de la saisie, et les sommes *a priori* insaisissables seront incluses dans l'assiette de la saisie. Lorsque l'application de la règle de l'article D 47, alinéa 2 est nécessaire, le tiers saisi c'est-à-dire la banque, doit en informer le créancier saisissant (art. L. 47, al. 5)[95]. Celui-ci en est informé au moment où il fait sa demande de paiement. Ainsi informé, le créancier saisissant dispose de quinze jours pour contester cette imputation devant le juge de l'exécution du lieu où demeure le débiteur (art. D 65). Le débiteur saisi dispose-t-il lui aussi de la voie de la contestation ? Les dispositions des articles D 65 à D 68 sont suffisamment générales pour que nous puissions répondre par l'affirmative. Les sommes ne sont mises à la disposition du débiteur saisi en l'absence de contestation, qu'à l'expiration du délai imparti au créancier saisissant pour contester, ou avant l'expiration de ce délai sur production d'une attestation de renonciation à contestation émanant du créancier, ou d'une décision définitive de rejet de la contestation de ce dernier par le juge de l'exécution. Lorsque les sommes versées sur un compte bancaire proviennent de créances à échéance périodique, l'insaisissabilité ne concerne pas uniquement la dernière échéance en date. L'échéance suivante ne fait pas perdre son insaisissabilité à la précédente non dépensée[96]. Lorsqu'un compte en banque est alimenté exclusivement par des sommes insaisissables à échéance périodique, on doit considérer que l'insaisissabilité concerne toutes les échéances versées sur le compte et non pas seulement la dernière en date. Cette solution que la Cour de cassation avait eu l'occasion de consacrer à propos de l'allocation adulte handicapé, a été une nouvelle fois appliquée à propos de la fraction insaisissable du salaire[97]. Demeure posée la question de savoir comment cette règle sera appliquée lorsque le compte sera alimenté à la fois de sommes insaisissables et de sommes qui ne le sont pas. Alors, le débiteur pourra-t-il additionner toutes les fractions insaisissables encaissées en plusieurs fois, afin que le résultat de cette addition échappe aux poursuites ?

95. En cas de contestation, une cour d'appel ne peut toutefois subordonner l'examen d'une demande tendant à voir constater le caractère insaisissable des sommes comprises dans le solde des comptes, à la mise en œuvre préalable des procédures prévues par les articles D. 46 et D. 47 (Cass. 2e civ., 6 novembre 2008, *D.*2009, pan., p. 1168, obs. A. Leborgne).

96. En ce sens, Cass. 2e civ., 11 mai 2000, préc.

97. Cass. 2e civ., 27 juin 2002, *Bull. civ.* II, n° 150, *D.*2003, somm., p. 1402, obs. G. Taormina ; et précédemment sur l'allocation adulte handicapé, Cass. 2e civ., 11 mai 2000, préc. ; voir aussi Cass. 2e civ., 11 mai 2000, *Bull. civ.* II, n° 78, préc. ; 24 juin 2004, D. 2004, IR, p. 2088 ; 4 juillet 2007, *D.*2007, AJ, p. 2243 ; 12 juillet 2007, *Bull. civ.* II, n° 211, *D.*2008, pan., p. 1170, obs. A. Leborgne.

Les mêmes mécanismes sont applicables lorsque les sommes insaisissables proviennent d'une créance à échéance non périodique. L'article D 47-1, dispose en effet en son premier alinéa que « *lorsque les sommes insaisissables proviennent d'une créance à échéance non périodique, le titulaire peut, sur justification de l'origine des sommes, demander que soit laissé à sa disposition le montant de celle-ci, déduction faite des sommes venues en débit du compte depuis le jour où la créance y a été inscrite* ». Le même texte dispose en son troisième alinéa, que « *les sommes ainsi retenues sont mises à la disposition du titulaire du compte si le créancier saisissant déclare ne pas s'y opposer ou s'il n'élève aucune contestation dans les quinze jours qui suivent sa demande en paiement* ».

Mais encore faut-il, pour que cette immunité d'exécution se reporte effectivement sur le solde de son compte de dépôt, que le débiteur saisi puisse justifier de cette immunité, ce qui n'est pas simple et risque de prendre du temps. En attendant, il n'est plus démuni.

On devait au décret n° 2002-1150 du 11 septembre 2002 un dispositif permettant au saisi de disposer sur simple demande au tiers saisi qui tient le compte de dépôt sur lequel est pratiquée une saisie quelle qu'elle soit, d'une somme à caractère alimentaire d'un montant au plus égal au revenu minimum d'insertion. Nous avons vu que depuis la loi n° 2009-526 du 12 mai 2009 et surtout le décret n° 2009-1694 du 30 décembre 2009 le saisi dispose désormais de plein droit sur le solde créditeur de son compte, c'est-à-dire sans même avoir à en faire la demande à l'établissement qui tient son compte de dépôt, d'une somme égale au montant du revenu de solidarité active. N'est pas seulement concernée la saisie-attribution, mais toute autre saisie conservatoire ou d'exécution susceptible d'être pratiquée sur un compte de dépôt (saisie conservatoire, ATD, opposition administrative).

Aux termes de l'article D 46, alinéa 1, « *Lorsqu'un compte fait l'objet d'une saisie, le tiers saisi laisse à la disposition du débiteur personne physique, sans qu'aucune demande soit nécessaire, et dans la limite du solde créditeur au jour de la saisie* (ce qui signifie qu'il ne peut en être ainsi que si le compte présente un solde créditeur), *une somme à caractère alimentaire d'un montant égal au montant forfaitaire, pour un allocataire seul, mentionné à l'article L. 262-2 du Code de l'action sociale et des familles* (aujourd'hui le RMI ou le RSA). *Il en avertit aussitôt le débiteur* ». C'est la plus faible des deux sommes entre le solde créditeur du compte et le montant mensuel du RMI ou du RSA, qui va ainsi pouvoir être laissé à la disposition du titulaire du compte, car le décret de septembre 2002 n'instaure pas un droit à un découvert bancaire[98]. « *En*

98. Un exemple fixera à nouveau les idées.

3e EXEMPLE

Soit un compte bancaire présentant un solde créditeur de 200 € lors d'une saisie-attribution. Son titulaire ne pourra demander que le déblocage de cette somme *cas de pluralité de comptes, il est opéré une mise à disposition au regard de l'ensemble des soldes créditeurs ; la somme est imputée, en priorité, sur les fonds disponibles à vue* » (al. 2). Nul ne saurait cumuler plusieurs RMI ou RSA ! « *Le tiers saisi informe sans délai l'huissier de justice ou le comptable public chargé du recouvrement du montant laissé à disposition du titulaire du compte ainsi que du ou des comptes sur lesquels est opérée cette mise à disposition* » (al. 3). « *En cas de saisies de comptes ouverts auprès d'établissements différents, l'huissier de justice ou le comptable public chargé du recouvrement détermine le ou les tiers saisis chargés de laisser à disposition la somme mentionnée au premier alinéa ainsi que les modalités de cette mise à disposition. Il en informe les tiers saisis* » (al. 4).

« *Un débiteur ne peut bénéficier d'une nouvelle mise à disposition qu'en cas de nouvelle saisie intervenant à l'expiration d'un délai d'un mois après la saisie ayant donné lieu à la précédente mise à disposition. /Pendant ce délai, la somme mentionnée à l'article 46 demeure à la disposition du débiteur* » (art. D 46-1).

Les dispositions de l'article D 47-4 sont applicables.

Enfin, aux termes de l'article D 47-3, « *Les sommes à caractère alimentaire mises à disposition du titulaire du compte en application des articles 45 et 46* (le RMI ou RSA pour un allocataire) *viennent en déduction du montant des créances insaisissables dont le versement pourrait ultérieurement soit être demandé par le titulaire du compte en application des articles 47* (sommes insaisissables qui proviennent d'une créance à échéance périodique) *et 47-1* (sommes insaisissables qui proviennent d'une créance à échéance non périodique), *soit obtenu par celui-ci en application de l'article 43* (sommes à caractère alimentaires et quotité insaisissable des rémunérations du travail). */Les sommes insaisissables mises à disposition du titulaire du compte en application des articles 45* (le RMI ou RSA pour un allocataire), *47 ou 47-1* (sommes insaisissables qui proviennent d'une créance à échéance périodique) *viennent en déduction du montant qui est laissé à disposition en application de l'article 46* (le RMI ou RSA pour un allocataire) »[99].

---

d'un montant inférieur à celui du RMI ou RSA. Si ce solde créditeur avait été de 700 €, son titulaire aurait pu obtenir le déblocage d'une somme qui est au 1er janvier 2010 de 460,09 €.

99. Deux exemples chiffrés permettront de comprendre la portée de ce texte.

4e EXEMPLE

Soit un compte bancaire présentant un solde créditeur de 763 €. Suite à une saisie attribution, son titulaire demande que lui soit débloquée en application des articles 45 ou 46 du décret de 1992, une somme égale au montant du RMI ou RSA pour un allocataire, soit 460,09 €. Puis, une somme provenant d'une créance insaisissable d'un montant de 1 250 € est virée sur ce même compte. Le titulaire du compte ne pourra disposer de cette somme qu'à concurrence de 1.250 – 460,09 €, soit seulement 789,91 €. Si cette somme provenant d'une créance insaisissable n'avait été que de 305 €, elle aurait été

B Les sommes spécialement affectées

175. La question de savoir si l'affectation d'une somme à un but prédéterminé lui confère l'insaisissabilité, s'est posée dans cinq hypothèses : les ouvertures de crédit en compte, la garantie autonome, le crédit documentaire, le 1 % patronal et enfin le plan d'épargne logement.

L'***ouverture de crédit en compte***, variété de prêt d'argent, est le contrat *intuitu personae* par lequel un établissement de crédit accorde, pour une durée déterminée ou indéterminée, un crédit à son client généralement titulaire d'un compte de dépôt sur lequel en pratique soit sont purement et simplement versés les fonds prêtés, soit est consenti un découvert. Le prêteur et l'emprunteur étant en pratique plus généralement souvent liés en outre par une convention de compte-courant, l'opération sera alors à juste titre qualifiée en outre d'ouverture de crédit en compte-courant. Par un arrêt en date du 16 novembre 1983[100], la Cour d'appel de Paris avait considéré que le caractère *intuitu personae* de cette convention, laquelle attribue au titulaire du compte un droit exclusif sur l'ouverture de crédit, confère à cette dernière un caractère insaisissable. Dans le même ordre d'idées, la Cour d'appel de Rouen, dans un arrêt en date du 14 novembre 1979[101], avait considéré que le créancier d'une banque ne pouvait pratiquer une saisie-arrêt sur le découvert exceptionnel d'un client qui ne pouvait par conséquent être considéré comme une créance de ce client sur cette banque. La solution ainsi dégagée semblait avoir été contredite par un arrêt de la chambre criminelle de la Cour de cassation du 29 mai 1984[102]. Mais, outre que cette décision émanait de la Chambre criminelle, elle concernait des sommes non encore débloquées par le prêteur sur le compte de l'emprunteur, et interférait à fin de répression, le droit du divorce et celui du paiement direct

---

intégralement incluse dans la saisie, puisque d'un montant inférieur au 460,09 € déjà précédemment débloqués. Tels sont les effets des dispositions de l'article 47-3, alinéa 1er du décret de 1992.

5e EXEMPLE

Soit un compte bancaire présentant un solde créditeur d'un montant de 1 450 €, dont 253 € provenant d'une créance totalement insaisissable. Suite à une saisie attribution, le titulaire de ce compte ne pourra demander qu'on lui débloque en plus des 253 €, qu'une somme de 460,09 € (le RMI ou RSA pour un allocataire) – 253 €, soit une somme supplémentaire de 207,09 €. Si la somme provenant d'une créance insaisissable avait été d'un montant de 570 €, et donc supérieure à 460,09 €, il n'aurait rien pu obtenir de plus. Tels sont les effets des dispositions de l'article 47-3, alinéa 2 du décret de 1992.

100. CA Paris, 5e ch. À, 16 novembre 1983, SA Bohner c/ Grasset et Crédit foncier de France, *D.* 1985, IR, p. 339, obs. M. Vasseur, *RTD civ.* 1985, p. 220, obs. R. Perrot, *Banque* 1985, p. 525, obs. J.-L. Rives-Lange.

101. CA Rouen, 14 novembre 1979, *D.* 1980, p. 128, note C. Gavalda.

102. Cass. crim., 29 mai 1984, *Bull. crim.*, n° 194, *D.* 1987, p. 226, note Deprez, *JCP* éd. E 1985, II, n° 14576, obs. C. Gavalda et J. Stoufflet, *RTD civ.* 1985, p. 220, obs. R. Perrot, *Banque* 1984, p. 1202.

des pensions alimentaires. Le principe du caractère insaisissable de l'ouverture de crédit en compte a été affirmé sans ambiguïté dans un arrêt de la deuxième Chambre civile en date du 18 novembre 2004[103].

Il est en outre au moins deux hypothèses dans lesquelles l'affectation spéciale de sommes leur confère l'insaisissabilité : la garantie autonome et le crédit documentaire.

103. Cass. 2e civ., 18 novembre 2004, *D.* 2005, pan., p. 1606, obs. G. Taormina. Un créancier prétendait saisir-arrêter (avant le 1er janvier 1993) entre les mains d'une banque, prêteur de deniers sous la forme d'une ouverture de crédit en compte-courant, les sommes ainsi prêtées à une SCI constituée pour la construction d'un immeuble et non encore utilisés par cette dernière. La Cour de cassation rejette le pourvoi formé contre l'arrêt dans lequel la cour d'appel de Paris avait condamné le créancier saisissant à restituer les sommes ainsi obtenues par voie de saisie. Elle estime en effet que « *...l'ouverture de crédit en compte-courant, à concurrence de sa partie non utilisée, ne constitue qu'une promesse de prêt à une personne dénommée ; ...il s'ensuit que la fraction inutilisée de l'ouverture de crédit n'est pas saisissable...* ». Si le bon sens ne permet pas de critiquer cette solution classique, on ne peut cependant qu'être perplexe sur sa motivation. Le fondement véritable de cette solution devrait à notre avis, être plutôt recherché dans le fait que les sommes que l'on prétend saisir, n'ont fait l'objet que d'un prêt au débiteur saisi. Or, on rappellera que ce type d'opération n'est qu'une variété de prêt de consommation, contrat unilatéral qui ne confère d'obligations qu'à la charge de l'emprunteur. Le fait que l'emprunteur acquiert la propriété des fonds en raison de la nature fongible de ce type de bien, conformément à l'article 1893 du Code civil, ne confère pas au prêteur la qualité de débiteur à l'égard de l'emprunteur à quelque titre que ce soit, condition indispensable à la mise en œuvre d'une saisie entre les mains d'un tiers. Bien que cette analyse soit aujourd'hui de plus en plus contestée, le prêt même portant sur une somme d'argent, reste un contrat réel dans lequel la mise des fonds à la disposition de l'emprunteur n'est pas une dette du prêteur à l'égard de ce dernier, mais une condition de formation du contrat de prêt. C'est l'emprunteur qui est débiteur envers le prêteur. Dès lors, la prétendue acquisition de la propriété de la chose prêtée, en l'occurrence une somme d'argent, apparaît comme une pure fiction juridique puisque l'emprunteur doit en restituer au moins l'exact équivalent. Pas davantage, le choix par la Cour de cassation de la qualification de « promesse de prêt » à propos des fonds non encore utilisés ne semble de nature à conclure à leur saisissabilité, si l'on considère que c'est – et comment pourrait-il en être autrement - d'une promesse unilatérale de prêt qu'il s'agit. Dans ce cas en effet, le débiteur d'obligation n'est certes plus l'aspirant emprunteur, bénéficiaire de ladite promesse qui n'aura qu'à lever l'option pour obtenir le déblocage des fonds, mais l'établissement de crédit, promettant qui s'engage à mettre les fonds à la disposition du bénéficiaire à sa demande. Car la levée de l'option ne fait que transformer instantanément la promesse unilatérale de prêt en promesse synallagmatique, c'est-à-dire en prêt pure et simple, ce qui nous renvoie à notre précédente analyse. En définitive, si l'acquisition de la propriété par l'emprunteur des fonds qui lui sont prêtés, ne suffit pas à permettre leur saisie entre les mains de l'emprunteur, c'est aussi parce que l'emprunteur n'a pas entendu emprunter pour rembourser d'autres dettes.

176. En effet, en matière de ***garantie autonome***[104], comme en matière de ***crédit documentaire***[105], le donneur d'ordre ne peut en aucun cas faire pratiquer une saisie de la garantie ou du crédit, que la créance invoquée soit ou non relative à l'exécution du contrat de base, sauf, bien sûr, abus manifeste du bénéficiaire de la garantie[106] ou fraude de sa part en matière de crédit documentaire[107]. En outre, cette affectation de la garantie et du crédit ne fait pas obstacle au pouvoir de saisie des tiers créanciers autres que le donneur d'ordre[108].

177. Enfin, à propos du ***1 % patronal***, contribution des employeurs à l'effort de construction, la Cour de cassation avait eu l'occasion d'affirmer que l'affectation spéciale de sommes mêmes collectées par un tiers ne les rendait pas pour autant insaisissables[109]. Ce sont les mêmes principes qui, semble-t-il ont conduit la deuxième Chambre civile dans un arrêt en date du 29 mai 1991[110] à considérer que l'indisponibilité du ***plan d'épargne logement*** édictée par l'article R. 315-30 du Code de la construction et de l'habitation ne lui confère pas l'insaisissabilité, l'épargnant pouvant mettre fin à son plan à tout moment.

§ 3. Les objets de la vie quotidienne

178. Il s'agit d'une part, des biens mobiliers nécessaires à la vie et au travail du saisi et de sa famille ***(A)*** ; et d'autre part, des objets indispensables aux personnes handicapées ou destinés aux soins des personnes malades ***(B)***.

104. Cass. com., 14 octobre 1981, *D. 1*982.301, note M. Vasseur, *JCP* 1982.II.19815, note Gavalda et Stoufflet ; 14 mars 1983, *Bull. civ.* IV, n° 102, *RTD Com.*1985.133, obs. Cabrillac et Teyssié ; 24 juin 1986, *Bull. civ.* IV, n° 131, D. 1987, somm. 218, obs. M. Vasseur ; 7 octobre 1987, *D. 1*988.265, note M. Vasseur, *JCP* 1988.II.20928, note J. Stoufflet, *RTD Com.*1988. 270, obs. Cabrillac et Teyssié.

105. Cass. Com., 12 décembre 1984, *Bull. civ.* IV, n° 344, *D. 1*985.269, obs. M. Vasseur ; 21 mai 1985, *Bull. civ.* IV, n° 160.

106. Cass. com., 10 juin 1986, *D. 1*987.17, note M. Vasseur ; 20 janvier 1987, *JCP* 1987. II.20764, note J. Stoufflet, *RTD Com.* 1987. 234, obs. Cabrillac et Teyssié.

107. Cass. com., 7 avril 1987, *Bull. civ.* IV, n° 84, *D. 1*987.399, obs. M. Vasseur, *JCP* 1987.II.20829, obs. J. Stoufflet.

108. Cass. com., 6 février 1967, *JCP* 1968.II.15364, note J. Stoufflet ; 7 février 1983, *D. 1*984.I. R. 181 et 267, obs. M. Vasseur.

109. Cass. 3e civ., 15 février 1983, *Bull. civ.* III, n° 46, *D. 1*983.I. R. 220, *RTD civ.* 1983.601, obs. R. Perrot.

110. Cass. 2e civ., 29 mai 1991, *Bull. civ.* II, n° 170, D. 1993, somm. 57, obs. M. Vasseur, *GP 1*991.2, somm. 468, obs. M. Véron, rejetant un pourvoi contre Rennes 31 octobre 1989, *D.* 1991.39, note D. R. Martin.

A « Les biens mobiliers nécessaires à la vie et au travail du saisi et de sa famille » (art. L. 14.4°)

179. Il convient désormais de distinguer les dispositions de la loi de 1991 *(1)*, de celles du Code de commerce. On doit, en effet, à la loi n° 2003-721 du 1er août 2003 pour l'initiative économique, l'adjonction dans le titre II du livre V du Code de commerce, d'un chapitre VI intitulé, *De la protection de l'entrepreneur individuel et du conjoint*, composé des articles L. 526-1 à L. 526-4, dont l'objet est d'organiser sous certaines conditions, l'insaisissabilité de la résidence principale de l'entrepreneur, que celle-ci soit un bien commun, un bien indivis ou un bien propre. Ce dispositif qui n'a pas été remis en cause par l'ordonnance n° 2006-346 du 23 mars 2006, relative aux sûretés[111], a été complété par la loi n° 2008-776 du 4 août 2008 de modernisation de l'économie *(2)*. Un projet de loi vise à consacrer le patrimoine d'affection en droit français *(3)*.

1. Les dispositions de la loi de 1991

180. Il y a quelques innovations par rapport au droit ancien justifiées par un souci de modernisation. La liste de ces biens qui figurait autrefois à l'article 592 de l'ancien Code de procédure civile aujourd'hui abrogé par l'article D 305, figure désormais à l'article D 39 avec une modification de pure forme, l'adjonction de deux nouveaux biens et la suppression d'un type de bien faisant désormais l'objet d'un régime autonome. La liste a, en outre, été complétée en 1997 d'un bien. En voici la liste : les vêtements ; la literie ; le linge de maison ; les objets et produits nécessaires aux soins corporels et à l'entretien des lieux ; les denrées alimentaires ; les objets de ménage nécessaires à la conservation, à la préparation et à la consommation des aliments ; les appareils nécessaires au chauffage ; la table et les chaises permettant de prendre les repas en commun ; un meuble pour abriter le linge et les vêtements et un meuble pour ranger les objets ménagers ; une machine à laver le linge[112] ; les livres et autres objets nécessaires à la poursuite des études ou à la formation professionnelle ; les objets d'enfants ; les souvenirs à caractère personnel ou familial ; les animaux d'appartement ou de garde ; les animaux destinés à la subsistance du saisi, ainsi que les denrées nécessaires à leur élevage ; Les instruments de travail nécessaires à l'exercice personnel de l'activité professionnelle ; un poste téléphonique permettant l'accès au service téléphonique fixe[113].

111. Rép. min. n° 93 168, *JOAN* Q., 13 juin 2006.

112. Innovation introduite par le décret de 1992.

113. Décret n° 97-375 du 17 avril 1997. Le téléphone portable n'est pas encore répertorié dans cette liste, mais il ne faut pas désespérer...

Les biens que nous venons d'énumérer redeviennent saisissables dans les cas suivants (art. L 14. 4° et D 40) : pour le paiement de leur prix d'achat, de fabrication ou de réparation ; s'ils se trouvent dans un lieu autre que celui où le saisi demeure ou travaille habituellement ; s'ils sont des biens de valeur, en raison notamment de leur importance, de leur matière, de leur rareté, de leur ancienneté ou de leur caractère luxueux ; s'ils perdent leur caractère de nécessité en raison de leur quantité ; s'ils constituent des éléments corporels d'un fonds de commerce ; s'ils sont des biens nécessaires à l'exploitation de l'entreprise du débiteur qui a demandé qu'ils soient saisis prioritairement, en application des dispositions de l'article L 22-1[114].

Suprême raffinement dans la difficulté, la loi de 1991 ajoute une exception aux exceptions. L'article L 14 crée une exception à la première des exceptions que nous venons d'énumérer. Les biens en principe insaisissables énumérés par l'article D 39, normalement saisissables pour le paiement de leur prix, ne le sont désormais plus dans ce cas, « *lorsqu'ils sont la propriété des bénéficiaires de l'aide sociale à l'enfance prévue aux articles 150 à 155 du Code de la famille et de l'aide sociale* ». La référence aux articles 150 à 155 du Code de la famille et de l'aide sociale n'est pas obsolète. Il s'agit de rares dispositions de ce Code à avoir, pour

114. P. Rubellin, *L'étrange protection des biens non nécessaires à l'exploitation d'un entrepreneur individuel, remarques sur l'article 47 de la loi « Madelin » du 11 février 1994*, *JCP* 1995.I.3856. C'est un nouvel article 22-1 de la loi de 1991 issu de la loi n° 94-126 du 11 février 1994 *relative à l'initiative et à l'entreprise individuelle* (art. 47-III), dite « loi Madelin », qui a permis au débiteur entrepreneur, d'opposer un bénéfice de discussion spécifique, consistant à renvoyer le créancier à saisir ses biens professionnels au lieu de ses biens personnels, dans les termes suivants.
« *Lorsque le titulaire d'une créance contractuelle ayant sa cause dans l'activité professionnelle d'un entrepreneur individuel entend poursuivre l'exécution forcée d'un titre exécutoire sur les biens de cet entrepreneur, celui-ci peut, nonobstant les dispositions du 4° de l'article 14... et s'il établit que les biens nécessaires à l'exploitation de l'entreprise sont d'une valeur suffisante pour garantir le paiement de la créance, demander au créancier que l'exécution soit en priorité poursuivie sur ces derniers* » (al. 1). Il doit donc s'agir d'une dette professionnelle constatée dans un titre exécutoire et il faut que les biens professionnels que le débiteur désignera pour être saisis à la place de biens non professionnels soient d'une valeur suffisante pour désintéresser le créancier poursuivant. Il y a là une démarche intellectuelle identique à celle ayant cours en matière de substitution de garanties (cf. *infra*, n° 366). En pratique, le débiteur opposera ce bénéfice de discussion par acte extrajudiciaire (acte d'huissier). Le texte n'a évidemment pas prévu les modalités pratiques de son application.
« *Si le créancier établit que cette proposition met en péril le recouvrement de sa créance, il peut s'opposer à la demande* » (al. 2). Il devra pour ce faire, vraisemblablement saisir le juge de l'exécution de sa contestation.
« *Sauf s'il y a intention de nuire, la responsabilité du créancier qui s'oppose à la demande du débiteur, ne peut pas être recherchée* » (al. 3). Évidemment... !
Enfin, ces « ... *dispositions... ne s'appliquent pas aux procédures d'exécution forcée engagées avant l'entrée en vigueur...* » (art. 47-IV) de la loi du 11 février 1994.

l'heure, survécu à l'entrée en vigueur du Code de l'action sociale et des familles. Il s'agit des familles disposant de ressources suffisamment insuffisantes pour avoir droit à l'aide sociale à la famille.

Les objets nécessaires aux handicapés qui figuraient autrefois sur la liste de l'article 592 de l'ancien Code de procédure civile, ne font pas partie de celle de l'article D 39. Ils font désormais l'objet d'un régime autonome[115].

2. La protection de la résidence principale de l'entrepreneur (C. com., art. L. 526-1 à L. 526-4[116])[117]

181. Il s'agit d'organiser, sous certaines conditions, l'insaisissabilité de la résidence principale de l'entrepreneur, que celle-ci soit un bien commun, un bien indivis ou un bien propre. Ce dispositif qui n'a pas eu le succès escompté, vit peut-être ses derniers mois avec l'instauration prochaine du patrimoine d'affectation (cf. *infra*, 3).

Parce que l'exercice d'une profession indépendante n'est jamais sans risque, désormais, « *Lors de sa demande d'immatriculation à un registre de publicité légale à caractère professionnel, la personne physique mariée sous un régime de communauté légale ou conventionnelle doit justifier que son conjoint a été informé des conséquences sur les biens communs des dettes contractées dans l'exercice de sa profession. /Un décret en Conseil d'État précise en tant que de besoin les modalités d'application du présent article* » (C. com., art. L. 526-4).

« *Par dérogation aux articles 2284 et 2285 du Code civil*[118], *une personne physique immatriculée à un registre de publicité légale à caractère professionnel*[119] *ou exerçant une activité professionnelle agricole ou*

---

115. Cf. *infra*, n° 183.

116. « *Les dispositions des articles L. 313-14 à L. 313-14-2 du Code de la consommation sont applicables aux opérations de prêt consenties à toute personne physique immatriculée à un registre de publicité légale à caractère professionnel, à toute personne physique exerçant une activité professionnelle agricole ou indépendante ainsi qu'au gérant associé unique d'une société à responsabilité limitée, et garanties par une hypothèque rechargeable inscrite sur l'immeuble où l'intéressé a fixé sa résidence principale* » (C. com., art. L. 526-5). Les textes du Code de la consommation auxquels il est renvoyé, traitent du crédit garanti par une hypothèque rechargeable.

117. C. Malecki, La loi pour l'initiative économique et l'insaisissabilité de la résidence principale de l'entrepreneur individuel, D. 2003, chron., p. 2220 ; O. Salati, Modifications apportées au dispositif d'insaisissabilité de la résidence principale de l'entrepreneur individuel par la loi du 4 août 2008 de modernisation de l'économie, Procédures 2008, n° 11, p. 2.

118. Art. 2284. - *Quiconque s'est obligé personnellement, est tenu de remplir son engagement sur tous ses biens mobiliers et immobiliers, présents et à venir.* Art. 2285. - *Les biens du débiteur sont le gage commun de ses créanciers ; et le prix s'en distribue entre eux par contribution, à moins qu'il n'y ait entre les créanciers des causes légitimes de préférence.*

119. Registre du commerce et des sociétés, répertoire des métiers.

indépendante peut déclarer insaisissables ses droits sur l'immeuble où est fixée sa résidence principale ainsi que sur tout bien foncier bâti ou non bâti qu'elle n'a pas affecté à son usage professionnel[120]. *Cette déclaration, publiée au bureau des hypothèques ou, dans les départements du Bas-Rhin, du Haut-Rhin et de la Moselle, au livre foncier, n'a d'effet qu'à l'égard des créanciers dont les droits naissent, postérieurement à la publication, à l'occasion de l'activité professionnelle du déclarant* » (C. com., art. L. 526-1, al. 1[121]). « *Conformément à l'article R. 123-37*[122], *la déclaration d'insaisissabilité des droits de la personne physique demandant l'immatriculation au registre du commerce et des sociétés sur l'immeuble où est fixée sa résidence principale ou sur tout bien foncier non affecté à son usage professionnel, prévue par les articles L. 526-1 et suivants ainsi que la mention du lieu de la publication de cette déclaration sont indiquées dans la demande d'immatriculation* » (C. com., art. R. 526-1).

« *En cas de cession des droits immobiliers désignés dans la déclaration initiale, le prix obtenu demeure insaisissable à l'égard des créanciers dont les droits sont nés postérieurement à la publication de cette déclaration à l'occasion de l'activité professionnelle du déclarant, sous la condition du remploi dans le délai d'un an des sommes à l'acquisition par le déclarant d'un immeuble où est fixée sa résidence principale. /Les droits sur la résidence principale nouvellement acquise restent*

120. « *La déclaration, reçue par notaire sous peine de nullité, contient la description détaillée des biens et l'indication de leur caractère propre, commun ou indivis. L'acte est publié au bureau des hypothèques ou, dans les départements du Bas-Rhin, du Haut-Rhin et de la Moselle, au livre foncier, de sa situation. /Lorsque la personne est immatriculée dans un registre de publicité légale à caractère professionnel, la déclaration doit y être mentionnée. /Lorsque la personne n'est pas tenue de s'immatriculer dans un registre de publicité légale, un extrait de la déclaration doit être publié dans un journal d'annonces légales du département dans lequel est exercée l'activité professionnelle pour que cette personne puisse se prévaloir du bénéfice du premier alinéa de l'article L. 526-1. /L'établissement de l'acte prévu au premier alinéa et l'accomplissement des formalités donnent lieu au versement aux notaires d'émoluments fixes dans le cadre d'un plafond déterminé par décret* » » (C. com., art. L. 526-2).

121. L'alinéa 2 de l'article L. 526-1 du Code de commerce traite de la situation dans laquelle l'entrepreneur exerce son activité et habite dans le même immeuble, disposant que « *Lorsque le bien foncier n'est pas utilisé en totalité pour un usage professionnel, la partie non affectée à un usage professionnel ne peut faire l'objet de la déclaration que si elle est désignée dans un état descriptif de division. La domiciliation du déclarant dans son local d'habitation en application de l'article L. 123-10 ne fait pas obstacle à ce que ce local fasse l'objet de la déclaration, sans qu'un état descriptif de division soit nécessaire* ».

122. C. com., art. R. 123-37. – *Dans sa demande d'immatriculation, la personne physique déclare : ...4° Le cas échéant, qu'elle a effectué une déclaration d'insaisissabilité de ses droits sur l'immeuble où est fixée sa résidence principale ou sur tout bien foncier non affecté à son usage professionnel, en application des articles et suivants, en précisant le lieu de publication de cette déclaration ; ...* ».

insaisissables à la hauteur des sommes réemployées à l'égard des créanciers visés au premier alinéa lorsque l'acte d'acquisition contient une déclaration de remploi des fonds. /La déclaration de remploi des fonds est soumise aux conditions de validité et d'opposabilité prévues aux articles L. 526-1 et L. 526-2. /La déclaration peut, à tout moment, faire l'objet d'une renonciation soumise aux mêmes conditions de validité et d'opposabilité. La renonciation peut porter sur tout ou partie des biens ; elle peut être faite au bénéfice d'un ou plusieurs créanciers mentionnés à l'article L. 526-1 désignés par l'acte authentique de renonciation. Lorsque le bénéficiaire de cette renonciation cède sa créance, le cessionnaire peut se prévaloir de celle-ci. /Les effets de la déclaration subsistent après la dissolution du régime matrimonial lorsque le déclarant est attributaire du bien. Le décès du déclarant emporte révocation de la déclaration » (C. com., art. L. 526-1, al. 3). « ... *doivent, dans un délai d'un mois, faire l'objet d'une demande d'inscription modificative au registre du commerce et des sociétés : 1º La déclaration d'insaisissabilité des droits de la personne physique immatriculée, sur l'immeuble où est fixée sa résidence principale ou sur tout bien foncier non affecté à son usage professionnel, prévue à l'article L. 526-1 ; 2º La déclaration de remploi des fonds prévue à l'article L. 526-3 ; 3º La renonciation à la déclaration d'insaisissabilité ou de remploi prévue au quatrième alinéa de l'article L. 526-3* » (C. com., art. R. 526-2).

3. La protection des biens non affectés à l'entreprise de l'entrepreneur en nom personnel (C. Com., art. L. 526-6 à L. 526-15), ou la consécration du patrimoine d'affectation (projet de loi)

182. On sait que, principe d'unité du patrimoine oblige, en cas d'échec de son entreprise, l'entrepreneur en nom propre doit répondre de ses engagements professionnels sur la totalité de son patrimoine. Malgré les efforts passés des pouvoirs publics pour simplifier les modalités de création et de fonctionnement de la société unipersonnelle, plus de la moitié des entreprises créées en 2008 l'ont été en nom propre. Admettre la création de la société avec un seul associé (C. civ., art. 1832, al. 2), avait, en outre, était, en outre, contraire à l'idée même de société qui induit celle de pluralité d'associés. Il n'était donc que temps d'admettre enfin en droit français le patrimoine d'affectation. Il s'agit de permettre la création d'un patrimoine professionnel séparé du reste du patrimoine de l'entrepreneur. À cette fin, le secrétaire d'État chargé du commerce, de l'artisanat, des petites et moyennes entreprises, du tourisme, des services et de la consommation a présenté un projet de loi relatif à l'entrepreneur individuel à responsabilité limitée. Ce projet de loi a, pour l'heure, été voté en première lecture par l'Assemblé nationale. Le Gouvernement est, en outre, habilité à prendre par voie d'ordonnance, dans un délai de neuf mois à compter de la publication de la loi, les dispositions nécessaires pour adapter au patrimoine d'affectation les dispositions du livre VI du Code de commerce relatives à la prévention et au traitement des difficultés de l'entrepreneur individuel à responsabilité limitée et aux responsabilités et sanctions encourues par l'entrepreneur à cette occasion, pour procéder aux harmonisations nécessaires notamment en matière de droit des sûretés et de droit des procédures civiles d'exécution et pour assurer la coordination entre le patrimoine d'affectation et le droit des régimes matrimoniaux et des successions. Le Gouvernement est également habilité à prendre par voie d'ordonnance, dans le même délai, les dispositions nécessaires aux adaptations concernant les collectivités d'outre mer.

Ce nouveau dispositif conçu selon des modalités équivalentes à celles qui existent déjà pour la protection du logement principal de l'entrepreneur, s'adresse à tout entrepreneur individuel, et nécessite seulement une simple déclaration au registre du commerce et des sociétés ou au répertoire des métiers, sans qu'il en résulte la création d'une personne morale. Exit peut-être la société unipersonnelle ! Exit surtout le dispositif de l'insaisissabilité du logement principal de l'entrepreneur prévu par les articles L. 526-1 et suivants du Code de commerce qui n'a pas connu le succès escompté et ne semble concerner que peu d'entrepreneurs. Infogreffe comptabilisait en effet, au troisième trimestre 2009, un total cumulé d'environ 12 000 déclarations d'insaisissabilité depuis la création du dispositif en 2003. En conséquence, l'article 6 prévoit l'extinction du dispositif d'insaisissabilité neuf mois après la date de publication du projet de loi.

La constitution du patrimoine affecté résulte de l'enregistrement d'une déclaration effectué : 1° Au registre de publicité légale auquel l'entrepreneur est tenu de s'immatriculer, ou 2° Pour les personnes physiques qui ne sont pas tenues de s'immatriculer à un registre de publicité légale, au greffe du tribunal statuant en matière commerciale du lieu de leur établissement principal. Pour l'exercice de son activité professionnelle, l'entrepreneur individuel utilise une dénomination à laquelle est incorporé son nom, précédé ou suivi immédiatement des mots : « entrepreneur individuel à responsabilité limitée » ou des initiales « EIRL ». L'entrepreneur mentionne cette dénomination sur l'ensemble de ses documents professionnels. Lors de son dépôt, la déclaration constitutive est accompagnée, à peine d'irrecevabilité, d'un état descriptif des biens, droits ou sûretés affectés à l'entreprise, en nature, qualité, quantité et valeur. Elle précise l'objet de l'activité professionnelle à laquelle le patrimoine est affecté. L'entrepreneur qui n'affecte qu'une partie d'un ou de plusieurs biens immobiliers, désigne celle-ci dans un acte descriptif de division. En cas d'affectation d'un bien immobilier ou d'une partie d'un tel bien, la déclaration d'affectation, accompagnée de l'état descriptif du bien, est reçue par acte notarié et publiée au bureau des hypothèques ou, dans les départements du Bas-Rhin, du Haut-Rhin et de la Moselle, au livre foncier de la situation du bien, préalablement à son enregistrement à l'un ou l'autre des registres déjà mentionnés.

L'entrepreneur reste propriétaire des biens affectés à son activité professionnelle, quels qu'ils soient. Ces biens constitueront la garantie des créanciers intervenant dans le cadre professionnel et la responsabilité de l'entrepreneur sera limitée à l'actif ainsi affecté. Le principe général du dispositif est que le patrimoine personnel est le gage des créanciers personnels de l'entrepreneur, tandis que le patrimoine professionnel constitue le gage de ses créanciers professionnels. Cette réforme permet donc de protéger le patrimoine personnel de l'entrepreneur en cas de difficultés, en mettant fin au principe de l'unité du patrimoine.

Le nouvel article L. 526-6 du Code de commerce définit l'entrepreneur individuel à responsabilité limitée : tout en étant strictement réservée aux seules personnes physiques, l'affectation du patrimoine est accessible à tout entrepreneur, sans distinction d'activité professionnelle. À l'image de la fiducie, le patrimoine affecté peut être constitué de biens, droits ou sûretés.

Une personne physique ne pourra constituer plusieurs patrimoines affectés. L'article L. 526-7 instaure, d'une part, une procédure de déclaration qui consacre l'affectation du patrimoine. Les articles L. 526-8 et L. 526-9 fixent, d'autre part, les conditions particulières d'affectation des biens immobiliers et d'évaluation du patrimoine d'affectation. L'article L. 526-10 régit l'affectation des biens communs et indivis en exigeant l'information et le consentement exprès du conjoint ou du coïndivisaire. La déclaration n'a d'effet qu'à l'égard des créanciers dont les droits naissent postérieurement à sa publication. Par dérogation aux articles 2284 et 2285 du Code civil : 1° Les créanciers dont les droits sont nés à l'occasion et pour les besoins de l'activité professionnelle déclarée ont pour seul gage le patrimoine affecté à l'exclusion de tout autre bien et droit de l'entrepreneur ; 2° Les autres créanciers ont pour seul gage le patrimoine non affecté. Toutefois, l'entrepreneur est responsable sur la totalité de ses biens et droits en cas de fraude ou de non-respect des règles d'affectation et de séparation du patrimoine prévues par la présente section. En outre, cas d'insuffisance du patrimoine non affecté, le droit de gage général des créanciers mentionnés 2° peut s'exercer sur le bénéfice réalisé par l'entrepreneur individuel à responsabilité limitée lors du dernier exercice clos.

Dans un souci de simplicité, un même bien commun ou indivis ne peut entrer dans la composition que d'un seul patrimoine d'affectation. Lorsque tout ou partie des biens affectés sont des biens communs ou indivis, l'entrepreneur justifie à peine d'irrecevabilité de la déclaration constitutive, de l'accord exprès de son conjoint ou de ses coïndivisaires et de leur information préalable sur les droits des créanciers sur le patrimoine d'affectation. Un même bien commun ou indivis ne peut entrer dans la composition que d'un seul patrimoine d'affectation.

L'article L. 526-11 fait du patrimoine affecté le gage des titulaires de créances liées à l'activité professionnelle. Cet article précise les cas dans lesquels l'affectation ne peut jouer : outre la fraude aux créanciers, le non-respect des règles d'affectation ou de séparation du patrimoine fait perdre ses effets à la déclaration. Il prévoit que le recouvrement des créances personnelles de l'entrepreneur doit être poursuivi sur le patrimoine « non affecté ». Toutefois, en cas d'insuffisance du patrimoine non affecté, les bénéfices du dernier exercice clos générés par l'activité professionnelle demeurent le gage des créanciers personnels.

L'article L. 526-12 instaure une comptabilité autonome de l'activité professionnelle concernée et fixe les obligations de l'entrepreneur au regard de la production et de la publicité des comptes de l'entreprise. Les entrepreneurs relevant du régime fiscal de la micro-entreprise seront tenus à des obligations comptables simplifiées à prévoir par décret. L'article L. 526-13 précise les modalités de dépôt annuel des comptes.

L'article L. 526-14 prévoit deux cas de liquidation du patrimoine affecté : la renonciation de l'entrepreneur et son décès. Une exception vient tempérer l'hypothèse du décès de l'entrepreneur : dès lors qu'un héritier ou qu'un ayant droit reprend l'activité objet de l'affectation du patrimoine, les effets de la déclaration perdurent durant un délai de six mois à compter du décès afin de permettre à l'intéressé de reprendre la déclaration, dans la continuité de celle-ci et non par novation. L'article L. 526-15 renvoie les conditions d'application de la section II à un décret en Conseil d'État.

Le nouvel article 1655 *sexies* du Code général des impôts prévoit qu'afin d'assurer un traitement égal entre les entrepreneurs décidant d'exercer leur activité en créant un patrimoine affecté et ceux l'exerçant sous forme sociétale, le régime fiscal de l'entrepreneur individuel à responsabilité limitée est aligné en tous points sur celui de l'entreprise unipersonnelle à responsabilité limitée. En particulier, l'entrepreneur individuel à responsabilité limitée peut opter pour l'impôt sur les sociétés. Par ailleurs, les règles en matière de droits de mutation à titre gratuit et d'impôt de solidarité sur la fortune s'appliquent, en présence d'un entrepreneur individuel à responsabilité limitée dans les conditions de droit commun. Pour préserver le gage des créanciers fiscaux dans des conditions similaires à celles qui existent en présence d'une entreprise unipersonnelle à responsabilité limitée, l'article L. 273 B du Livre des procédures fiscales institue une procédure spécifique permettant à ces derniers de supprimer, sous le contrôle du juge, le principe d'affectation des patrimoines pour obtenir le recouvrement de leurs créances en cas de manœuvres frauduleuses ou d'inobservation grave et répétée de ses obligations par l'entrepreneur. Une clause similaire relative au recouvrement des cotisations et contributions sociales est insérée dans le Code de la sécurité sociale.

En cas de renonciation du déclarant à l'affectation ou en cas de décès de celui-ci, le patrimoine affecté est liquidé. La renonciation ou le décès donne lieu à déclaration au lieu d'enregistrement de la déclaration constitutive. La liquidation entraîne le désintéressement des créanciers mentionnés au 1° mentionnés plus haut. Elle opère déchéance du terme. Le surplus d'actif subsistant, le cas échéant, après le désintéressement ainsi opéré obéit aux dispositions de l'article 2285 du Code civil. L'affectation survit pour les besoins de la liquidation. La clôture de la liquidation est déclarée au lieu d'enregistrement de la déclaration constitutive. Toutefois, par dérogation à l'ensemble de ces principes, l'héritier ou l'ayant droit de l'entrepreneur décédé peut, sous réserve du respect des dispositions successorales, reprendre la déclaration constitutive d'affectation dans un délai de six mois à compter de la date du décès. Le bénéfice de cette attribution est subordonné à l'enregistrement d'une déclaration dans les mêmes formes et selon les mêmes modalités que la déclaration constitutive. Ses effets rétroagissent à la date de celle-ci.

B « Les objets indispensables aux personnes handicapées ou destinés aux soins des personnes malades » (art. L 14.5°)

183. Il s'agit d'une innovation partielle comparable à celle concernant les personnes percevant l'aide sociale à l'enfance des articles 150 à 155 du Code de la famille et de l'aide sociale. Les objets indispensables aux handicapés étaient insaisissables, figurant déjà sur la liste de l'ancien article 592 de l'ancien Code de procédure civile. Mais ils étaient exceptionnellement saisissables dans les cas des articles 592-1 et 592-2 du même Code, c'est-à-dire pour le paiement de leur prix de fabrication, d'acquisition et de réparation ; ils ne le sont plus de nos jours. La loi de 1991 y assimile les objets destinés d'une manière générale aux soins de toutes les personnes malades. Il n'y a plus aucune exception à cette insaisissabilité, « *pas même pour paiement de leur prix, fabrication ou réparation* » dispose l'article D 42[123].

123. Il a été jugé à cet égard qu'un chien guide d'aveugle peut être considéré comme une prothèse vivante au service de la personne non voyante (TGI Lille, 23 mars 1999, *D.* 1999.350, note X. Labbé).

§ 4. Les immunités d'exécution du droit de la famille

184. On en rencontre tant en droit des régimes matrimoniaux *(A)*, qu'en droit des successions *(B)*.

A En droit des régimes matrimoniaux

185. On sait que depuis la loi n° 85-1372 du 23 décembre 1985 modifiant le droit des régimes matrimoniaux, l'article 1414 du Code civil dispose en son alinéa premier que « *les gains et salaires d'un époux ne peuvent être saisis par les créanciers de son conjoint que si l'obligation a été contractée pour l'entretien du ménage ou l'éducation des enfants conformément à l'article 220* »[124]. Ce qui signifie donc *a contrario* que lorsqu'un époux a seul contracté un engagement non nécessaire à l'entretien du ménage ou à l'éducation des enfants ou présentant les caractéristiques énoncées à l'article 220, alinéas 2 et 3 du Code civil, les créanciers ne peuvent saisir les gains et salaires du conjoint, ce qui leur confère une insaisissabilité de circonstance.

Mais cette insaisissabilité risquait d'être réduite à néant du fait du principe énoncé plus haut ayant cours à cette époque, de fongibilité entre elles des sommes d'argent déposées sur un compte, conduisant en cas de saisie-arrêt, à la saisie de tout le compte sans distinction de l'origine des sommes le garnissant, et notamment de celles de l'époux non fautif ayant eu, comme dans la plupart des ménages, l'idée de verser ses gains et salaires sur le même compte que son conjoint, que ce compte soit « *joint* » ou non. Aussi, la loi de 1985 avait-elle prévu l'hypothèse, en disposant en son alinéa second ajouté à l'article 1414 du Code civil, que « *lorsque les gains et salaires sont versés sur un compte-courant ou de dépôt, ceux-ci ne peuvent être saisis que dans les conditions définies par décret* ». Ce texte prit la forme du décret n° 87-637 du 5 août 1987. Il instaurait une procédure spéciale de cantonnement de la saisie-arrêt permettant de mettre à l'abri les gains et salaires de l'époux commun en biens, des saisies dont le compte propre du conjoint sur lequel ces

124. A. Dekeuwer, *Le sort des gains et salaires du conjoint non débiteur en cas de saisie d'un compte bancaire, A. L.D.* 1988.193 ; J.-P. Faget, *Premières réflexions sur le décret du 5 août 1987 pris pour l'application de l'article 1414 du Code civil, Rev. Huissiers* 1988.60 ; C. Lapoyade-Deschamps, *Un texte insaisissable (commentaire du décret n° 87-637 du 5 août 1987 pris pour l'application de l'article 1414 du Code civil), D.* 1989.154 ; G. Taormina, *Les obstacles nés des régimes matrimoniaux au recouvrement forcé de créances contractées par un seul époux*, fasc. 220, in *Droit de l'exécution forcée*, éd. *Journal des Notaires et des Avocats*, novembre 2004 ; G. Taormina, *Les obstacles à l'exécution forcée résultant de la conclusion d'un pacte civil de solidarité*, fasc. 223, *ibid.* avril 2001.

sommes étaient versées faisait l'objet pour paiement d'une dette née du chef de celui-ci.

L'article D 305 ayant abrogé ce décret, le même dispositif est désormais exposé sous une forme simplifiée aux articles D 48 et D 49. Pour bénéficier du dispositif de limitation de l'assiette de la saisie de la saisie, les voies d'exécution engagées doivent l'être à propos de créances contractées par le conjoint et n'entraînant pas la solidarité sus-énoncée des deux époux c'est-à-dire, en application des dispositions de l'article 220, alinéas 2 et 3 précité : ***1°*** des créances relatives à des dépenses manifestement excessives, eu égard au train de vie du ménage, à l'utilité et à l'inutilité de l'opération, à la bonne ou mauvaise foi du tiers contractant ; ***2°*** des créances d'emprunts relatifs à des achats à tempérament inutiles à la vie courante, portant sur des sommes importantes.

Il incombe à l'époux invoquant le non-solidarité, de démontrer au juge de l'exécution si celui-ci est saisi d'une contestation, que ces conditions sont réunies. Lorsqu'un compte alimenté par les gains et salaires de deux époux fait l'objet d'une saisie-attribution à propos d'une créance contractée par un seul époux, l'établissement tiers saisi qui tient le compte laisse « *immédiatement* », sur demande du conjoint protégé, à sa disposition « *une somme équivalente* (au choix de ce dernier) *au montant des gains et salaires versés au cours du moins précédant (la mise en œuvre de la voie d'exécution), ou au montant moyen mensuel des gains et salaires versés dans les douze mois précédant la saisie* » (art. D 48).

Signalons aussi, pour mémoire, l'insaisissabilité des biens dotaux, en raison de leur inaliénabilité ; pour mémoire seulement, car il est généralement admis, depuis la réforme des régimes matrimoniaux opérée par la loi n° 65-570 du 13 juillet 1965, que le régime dotal est interdit pour l'avenir.

B En droit des successions

186. L'article L 14.3° reprend, une fois encore, purement et simplement les termes de l'article 2092-2.3° du Code civil abrogé. Les solutions classiques demeurent donc.

Notons toutefois, que depuis la réforme des successions de la loi n° 2006-728 du 23 juin 2006, – modification de l'ancienne acceptation sous bénéfice d'inventaire –, un héritier ayant une vocation universelle ou à titre universel, a la possibilité de déclarer ne prendre sa qualité qu'à concurrence de l'actif net, afin d'échapper à la confusion du patrimoine du défunt avec le sien, ce qui lui permettra notamment de n'être tenu au passif successoral, que jusqu'à concurrence de l'actif ainsi recueilli. C'est ce qui résulte de l'article 791 du Code civil qui dispose que « ***L'acceptation à concurrence de l'actif net*** *donne à l'héritier l'avantage : 1° D'éviter la confusion de ses biens personnels avec ceux de la succession ; 2° De conserver contre celle-ci tous les droits qu'il* *avait antérieurement sur les biens du défunt ; 3° De n'être tenu au paiement des dettes de la succession que jusqu'à concurrence de la valeur des biens qu'il a recueillis* ».

« *Les créanciers de la succession déclarent leurs créances en notifiant leur titre au domicile élu de la succession.../Faute de déclaration dans un délai de quinze mois à compter de la publicité prévue à l'article 788*[125]*, les créances non assorties de sûretés sur les biens de la succession sont éteintes à l'égard de celle-ci...* » (C. civ., art. 792). « *À compter de sa publication et pendant le délai prévu à l'article 792, la déclaration arrête ou interdit toute voie d'exécution et toute nouvelle inscription de sûreté de la part des créanciers de la succession, portant tant sur les meubles que sur les immeubles. /Toutefois... les créanciers saisissants sont considérés comme titulaires de sûretés sur les biens et droits antérieurement* saisis » (C. civ., art. 792-1).

187. On sait qu'aux termes des dispositions de l'article 900-1 du Code civil, le testateur ou le donateur peut, dans certaines conditions, grever le bien légué ou donné d'une ***clause d'inaliénabilité***[126]. Cette clause emporte insaisissabilité du bien[127] puisque la saisie peut être analysée également comme une aliénation, même s'il s'agit d'une aliénation forcée. Toutefois, très curieusement la Cour de cassation a par trois fois au moins admis que les créanciers du donataire ou du légataire puissent prendre des sûretés judiciaires ou légales sur le bien faisant l'objet d'une telle clause[128]. Elle a cependant expressément rappelé que cela n'était pas en soi de nature à compromettre l'insaisissabilité du bien[129]. Cette clause,

125. C. civ., art. 788. - *La déclaration doit être faite au greffe du tribunal de grande instance dans le ressort duquel la succession est ouverte. Elle comporte élection d'un domicile unique, qui peut être le domicile de l'un des acceptants à concurrence de l'actif net, ou celui de la personne chargée du règlement de la succession. Le domicile doit être situé en France. /La déclaration est enregistrée et fait l'objet d'une publicité nationale, qui peut être faite par voie électronique.*

126. H. Corvest, *L'inaliénabilité conventionnelle, Rep. Not. Def.* 1979, art. n° 32126, p. 1377 ; G. Morin, *Les clauses d'inaliénabilité dans les donations et les testaments, Rép. Not. Def.* 1971, art. n° 29982, p. 1185. P. Simler, *Les clauses d'inaliénabilité, D. 1*971.416.

127. En ce sens, Cass. 1re civ., 15 juin 1994, *Bull. civ.* I, n° 211, *GP 1994* 2, panoR. 236, *Rép. Not. Defr.* 1995, p. 51, note X. Savatier, D. 1995, p. 342, note A. Leborgne, somm., p. 50, obs. M. Grimaldi, *JCP* 1995.I.3876, n° 8, obs. Le Guidec, *RTD civ.* 1995.666, obs. J. Patarin, ibid. p. 919, obs. F. Zénati ; Cass. 2e civ., 30 juin 1993, *Bull. civ.* II, n° 241, *D. 1*993.I. R. 196.

128. Cass. 1re civ., 20 décembre 1976, *Bull. civ.* I, n° 414, *D. 1*977.I. R. 149, *RTD civ.*1977.359, obs. Savatier ; 25 juin 1980, *Bull. civ.* I, n° 200, *D. 1*981.I. R. 90, obs. D. Martin, *RTD civ.* 1981.671, obs. J. Patarin, *Rép. not. Defr.* 1981, art. n° 32608, obs. G. Champenois ; 9 octobre 1985, *Bull. civ.* I, n° 252, *RTD civ.* 1986.622, obs. J. Patarin, *Rép. not. Defr.*, art. n° 33918, p. 499, obs. L. Aynès.

129. Cass. 1re civ., 9 octobre 1985, préc.

pour être opposable au créancier doit, bien sûr, être publiée à la conservation des hypothèques lorsqu'elle concerne un immeuble[130]. L'inaliénabilité qui confère au bien l'insaisissabilité, peut être écartée judiciairement si elle n'est plus motivée ou si un intérêt supérieur à ses motifs originels l'exige. Une question est demeurée longtemps posée : celle de savoir si les créanciers du donataire ou du légataire peuvent demander par voie oblique sa levée. La Cour de cassation a longtemps laissé passer l'occasion de se prononcer sur ce point[131]. Les juridictions du fond étaient partagées[132]. La première Chambre civile avait fini par trancher le problème dans un arrêt en date du 3 juin 1998 : le créancier ne pouvait pas demander par voie oblique la levée de l'inaliénabilité et donc de l'insaisissabilité affectant un bien donné à son débiteur[133]. Cette solution a, ensuite, semblé n'avoir plus cours, ce qui signifiait que les créanciers du légataire ou donataire pouvait donc agir par voie oblique, pour demander la mainlevée de la clause d'inaliénabilité. Mais le créancier devait, pour parvenir à ses fins, suivant le cas, démontrer soit que l'intérêt de son débiteur est supérieur à celui du donateur ou testateur ayant justifié l'insertion de la clause d'inaliénabilité[134], soit démontrer son illicéité[135]. La première Chambre civile est finalement, pour l'heure, revenu à sa position initiale en refusant donc au créancier de demander, par voie oblique, la mainlevée de l'inaliénabilité, s'agissant d'un droit exclusivement attaché à la personne du légataire ou donataire[136], sauf en cas de liquidation judiciaire du débiteur, auquel cas, elle admet que le liquidateur judiciaire puisse demander cette mainlevée[137]. Quant à la Chambre commerciale,

130. Cass. 1re civ., 8 février 2000, *JCP* 2000.IV.1548 ; Cass. 2e civ., 30 juin 1993, *Bull. civ.* II, n° 241, *D. 1*993.I. R. 196.

131. Cf. Cass. 1re civ., 10 juillet 1990, *Bull. civ.* I, n° 192, *D. 1*990.I. R. 199, *JCP* 1991, éd. N. II.197, note Salvage, *RTD civ.* 1991.141, obs. Zénati et 580, obs. Patarin.

132. En faveur de la recevabilité de l'action des créanciers : TGI Cherbourg, 13 février 1974, *GP* 1974.1.383, note L. Barbier, *JCP* 1974.II.17861, note M. Dagot, *Rép. not. Defr.* 1974, art. n° 30714, p. 1036, note J.-F. Vouin ; CA Lyon, 19 mai 1981, *JCP* 1982.IV.351 ; contra : TGI Coutances, 31 janvier 1974, *GP* 1974.2.859, *Rép. not. Defr.* 1975, art. n° 30891, note J.-F. Vouin ; TGI Bressuire, 1er juin 1976, *GP* 1977.1.297, note L. C. ; *JCP* 1977, éd. N. II.140, note Thuillier, *RTD civ.* 1977.804, obs. R. Savatier, *Rép. not. DefR. 1*977, art. n° 31350, p. 464, obs. G. Champenois.

133. Cass. 1re civ., 3 juin 1998, *Bull. civ.* I, n° 192, *RTD civ.*1998.677, obs. J. Mestre, *ibid.*, p. 963, obs. J. Patarin, *JCP* 1998.II.10167, note J. Casey.

134. Cass. 1re civ., 11 janvier 2000, *Bull. civ.* I, n° 3, *D.* 2000, jur., p. 877, note F. Planckeel.

135. Cass. 1re civ., 8 février 2000, *Bull. civ.* I, n° 43.

136. Cass. 1re civ., 3 avril 2002, *Dr fam.* 2002, 92, obs. B. Beigner ; 25 mai 2004, *Dr fam.* 2004, 129, obs. B. Beigner, Defrénois 2004, 1397, obs. R. Liebchaber.

137. Cass. 1re civ., 11 janvier 2000, préc.

elle est en faveur de la possibilité pour les créanciers de pouvoir demander, par voie oblique, la mainlevée de la clause[138].

Toujours à propos des dispositions de l'article L 14.3°, il convient de distinguer les créanciers antérieurs à l'acte de donation ou à l'ouverture du legs, à qui la clause d'inaliénabilité conférant l'insaisissabilité est toujours opposable, et ceux postérieurs à cet acte ou à cette ouverture, à qui la clause, en principe opposable, peut être déclarée inopposable dans la mesure et à la condition précisées par le texte. Cette clause ne produit effet que durant la vie du gratifié, les biens ne pouvant être déclarés inaliénables (et donc insaisissables) à tout jamais. En outre, elle est limitée à la quotité disponible ; elle ne peut porter sur les biens composant la réserve héréditaire du gratifié, car les créanciers de ce dernier sont en droit de compter sur la part de réserve qui doit revenir à leur débiteur.

Signalons enfin, à titre anecdotique, que la loi de 1991 n'a rien changé aux dispositions de la loi du 12 juillet 1909 sur la constitution d'un ***bien de famille***. Ce bien ne peut être qu'un immeuble non indivis d'une valeur inférieure à 50 000 F, soit 7 622,45 €[139].

188. Le débiteur peut aussi échapper aux saisies, du fait de la suspension du droit de poursuite individuel des créanciers.

Section 2
La suspension du droit de poursuite

189. Le débiteur peut ainsi échapper aux saisies, du fait d'un délai de grâce octroyé ponctuellement vis-à-vis de chaque créancier ***(sous-section 1)***, ou globalement, collectivement, dans le cadre d'une procédure collective du Code de commerce ou du Code de la consommation ***(sous-section 2)***.

138. Cass. com., 9 novembre 2004, *Bull. civ.* IV, n° 191, *Dr fam.* 2005, 15, 2e esp., obs. B. Beigner.

139. Des amendements tendant à la revalorisation à 150 000 € de ce montant, avaient été déposés lors de la discussion devant le Sénat, de la réforme du droit des successions le 15 mai 2006, en vain.

Sous-section 1
L'incidence d'un délai de grâce octroyé au débiteur[140]

190. Dans quelle mesure est-il possible d'obtenir un délai de grâce de nature à différer l'exécution forcée ? Cette question est régie spécifiquement par les articles 510 à 513 du Code de procédure civile, et l'article 8, alinéa 2 du décret n° 92-755 du 31 juillet 1992 *(§ 1)*. La compétence d'attribution varie suivant le moment auquel le délai peut être obtenu *(§ 2)*. Nous envisagerons enfin la durée, le point de départ et les modalités et portée du délai de grâce *(§ 3)*.

§ 1. Motivation de la décision du juge, fondement juridique du délai de grâce et impossibilité d'octroi

191. « *L'octroi du délai doit être motivé* » (CPC, art. 510, al. 3). L'opportunité de l'octroi d'un délai de grâce relève de l'appréciation souveraine du juge saisi d'une telle demande[141]. Toutefois, seule la décision d'octroyer un tel délai doit être motivée[142]. Le refus de délai de grâce est, lui, en revanche, discrétionnaire[143]

192. Le délai de grâce octroyé au stade de l'exécution forcée, comme celui octroyé auparavant, est fondé, sauf dispositions spécifiques, sur les

140. Ch. Gavalda, *Le délai de grâce judiciaire de l'article 1244 du Code civil, Dr & Patr.* avril 1997, p. 62 ; G. Paisant, *La réforme du délai de grâce par la loi du 9 juillet 1991 relative aux procédures civiles d'exécution, Contr. Con C. consom.* décembre 1991, p. 3 ; G. Taormina, *Les délais de grâce*, fasc. 225, in *Droit de l'exécution forcée*, éd. *Journal des Notaires et des Avocats*, octobre 2002.

141. Cass. 1re civ., 5 juin 1988, *Bull. civ.* I, n° 216 ; Cass. 2e civ., 10 juin 1970, *Bull. civ.* II, n° 201 ; Cass. com., 8 février 1972, *JCP* 1973.II.17386, note Khan. Sur l'obligation de motiver, cf. Cass. 2e civ., 11 octobre 1978, *Bull. civ.* II, n° 206.

142. Cass. 1re civ., 5 juillet 1988, *Bull. civ.* I, n° 216 ; Cass. 2e civ., 28 mars 1975, *Bull. civ.* II, n° 120 ; Cass. com., 9 janvier 1974, *Bull. civ.* IV, n° 14.

143. Cass. 2e civ., 6 juillet 2000, n° 98-17.780 ; 1er février 2001, *Bull. civ.* II, n° 22, sans doute la décision la plus explicite, la Cour de cassation estimant « *...qu 'en refusant d'accorder un dé lai de paiement aux débiteurs, la cour d'appel n'a fait qu'exercer le pouvoir discrétionnaire qu'elle tient de l'article 1244-1 du Code civil, sans avoir à motiver spécialement sa décision...* » ; Cass. 2e civ., 5 juillet 2001, n° 00-11.591, qui estime de même, « *...qu'en refusant d'accorder un délai de paiement au débiteur, la cour d'appel n'a fait qu'exercer le pouvoir qu'elle tient de l'article 1244-1 du Code civil, sans avoir à répondre à l'argumentation des parties ni à motiver spécialement sa décision...* » ; Cass. 3e civ., 9 novembre 1999, n° 98-14.916.
Enfin, le juge n'a pas à rechercher d'office s'il y a lieu ou non d'octroyer au débiteur un délai de grâce. Il doit être expressément saisi d'une telle demande (Cass. 2e civ., 31 mai 2001, n° 99-14.269).

B.U. BREST

articles 1244-1 à 1244-3 du Code civil réécrits par la loi n° 91-650 du 9 juillet 1991 qui définissent de manière générale, les pouvoirs du juge en la matière et les effets généraux du délai de grâce octroyé. Il existe ainsi des dispositions spécifiques, notamment en matière d'expulsion, procédure d'exécution pour laquelle le juge tient ses pouvoirs des articles 62 de la loi n° 91-650 du 9 juillet 1991 et des articles L. 613-1 et L. 613-2 du Code de la construction et de l'habitation.

193. D'une manière générale, « *Le délai de grâce ne peut être accordé au débiteur dont les biens sont saisis par d'autres créanciers ni à celui qui est en état de règlement judiciaire ou de liquidation des biens, ou qui a, par son fait, diminué les garanties qu'il avait données par contrat à son créancier* » (C. civ., art. 512, al. 1). Il existe en outre des matières dans lesquelles, il n'est pas possible d'obtenir une telle faveur. Ainsi le délai de grâce est-il exclu en matière d'expropriation (C. expr., art. L. 15-1), de dettes alimentaires (C. civ., art. 1244-1, C. consom., art. L. 331-5, al. 1), de paiement d'une lettre de change, d'un billet à ordre (C. com., art. L. 511-81 et L. 512-3) et d'un chèque (C. mon. fin., art. L. 131-66).

§ 2. Compétence d'attribution

194. Aux termes de l'article 510, alinéas 1 à 3, du Code de procédure civile, « ... *le délai de grâce ne peut être accordé que par la décision dont il est destiné à différer l'exécution. /En cas d'urgence, la même faculté appartient au juge des référés. /Après signification d'un commandement ou d'un acte de saisie, selon le cas, le juge de l'exécution a compétence pour accorder un délai de grâce. Cette compétence appartient au tribunal d'instance en matière de saisie des rémunérations...* ». Il résulte de ces dispositions que dans le cadre de l'instance au fond, c'est à la juridiction saisie du procès, de statuer sur une demande de délai de grâce, en même temps qu'elle statue sur le bien fondé de la demande, mais qu'en cas d'urgence, il est possible de faire cette demande de délai de grâce en référé, avant même qu'il ait été statué sur le fond, que le juge du fond soit ou non déjà saisi. Cette demande peut également être formulée en référé, après qu'il ait été statué sur le fond, que cette décision sur le fond du litige soit ou non exécutoire, ou encore qu'elle soit ou non définitive. Toutefois, le cas échéant, à partir de la désignation du juge de la mise lorsque le procès au fond est engagé devant le tribunal de grande instance, ou d'un conseiller de la mise en état lorsque le procès est pendant devant la cour d'appel, ce juge est compétent pour exercer les pouvoir du juge des référés (CPC, art. 771 et 910, al. 1). Mais dès lors qu'une procédure d'exécution est engagée, et seulement si un tel engagement a eu lieu[144], le juge de l'exécution a seul compétence pour statuer sur une demande de délai de grâce. Cette compétence du juge de l'exécution est corroborée par le décret n° 92-755 du 31 juillet 1992 qui dispose en son article 8, alinéa 2, que le juge de l'exécution « *... après signification du commandement ou de l'acte de saisie, selon le cas, ... a compétence pour accorder un délai de grâce* ».

En matière de ***saisie immobilière***, il y avait lieu, avant la réforme de cette procédure, de distinguer selon que la demande de délai de grâce était formulée avant ou après la publication du commandement de saisie à la conservation des hypothèques. Jusqu'à cette publication le juge de l'exécution était compétent, alors qu'à partir de l'accomplissement de cette formalité, seul le tribunal de grande instance statuant à juge unique sur incident de saisie était compétent[145]. Ce jeu de piste judiciaire n'a plus cours depuis la réforme de 2006 qui a confié la saisie immobilière au juge de l'exécution.

Notons enfin que, le juge de l'exécution demeurant encore aujourd'hui le juge d'instance en matière de paiement direct des pensions alimentaires, c'est tout naturellement que l'article 510 du Code de procédure civile rappelle sa compétence pour octroyer un délai de grâce lorsque cette procédure a été engagée. Nous verrons cependant que çà et là demeurent quelques autres juridictions de l'exécution spécialisées qui n'ont pas perdu leurs compétences malgré la réforme des procédures civiles d'exécution, parce que les procédures dont ils ont la charge n'ont, précisément, pas été réformées. Ces juridictions demeurent donc compétentes elles aussi, pour statuer sur une demande délai de grâce, toutes les fois qu'une telle demande sera formulée alors que la procédure d'exécution pour laquelle elles conservent compétence, a été engagée.

§ 3. Durée, point de départ, modalités et portée du délai de grâce

195. Sauf texte spécifique, comme c'est le cas en matière d'expulsion où l'article L. 613-2 du Code de la construction et de l'habitation qui dispose désormais que le délai de grâce octroyé ne peut être ni inférieur

144. Sur une application très stricte du principe, Cass. 2e civ., 16 septembre 2003, D. 2003, p. 2866, obs. Prétot, Procédures 2003, comm. 253, obs. R. Perrot.

145. Cass. avis, 5 mai 1995, *Bull. civ.* avis n° 5. La deuxième Chambre civile de la Cour de cassation avait également estimé, dans un arrêt du 14 mai 1997, qu'un juge de l'exécution, saisi antérieurement à la publication du commandement de saisie, ne pouvait, postérieurement, accorder un délai de grâce, une fois la date de l'audience d'adjudication fixée (Cass. 2e civ., 14 mai 1997, *Bull. civ.* II, n° 145 ; 11 mars 1998, *Bull. civ.* II, n° 80 ; 21 décembre 2000, n° 99-12.993).

à un mois[146], ni supérieur à un an, le délai ainsi octroyé ne peut excéder deux ans (C. civ., art. 1244-1).

196. Quant aux modalités du délai octroyé, aux termes de l'article 1244-1, alinéa 1, le juge peut reporter ou rééchelonner le payement des sommes dues. Avant 1991, la pratique judiciaire s'était octroyé la faculté de reporter ou d'échelonner le paiement. La loi n° 91-650 du 9 juillet 1991 a reconnu formellement ce pouvoir au juge mis au point par les tribunaux d'instance. Le juge du surendettement jouissait déjà expressément de ces possibilités depuis la loi de 1989.

Le report du paiement consiste à permettre au débiteur d'interrompre tout paiement envers son créancier, pendant un délai qui ne peut excéder, en principe, deux années. L'amortissement du prêt recommence à courir à l'expiration du délai de grâce.

Le rééchelonnement du paiement consiste à étaler dans le temps l'amortissement du prêt dont la nouvelle durée correspond alors à celle du délai de grâce octroyé, ou dont la durée est augmentée de celle de ce délai de grâce. Contrairement à ce qui se produit dans la technique du report, le créancier continue donc à recevoir des paiements de son débiteur.

Aux termes des dispositions de l'article 1244-1, alinéa 2, du Code civil, le juge peut « *prescrire que les échéances reportées porteront intérêts à un taux réduit qui ne peut être inférieur au taux légal...* ». Le même texte lui permet, en outre, de prescrire que les paiements s'imputeront d'abord sur le capital. Ces dispositions constituent à ce titre, comme l'article L. 331-7.2° du Code de la consommation sur le traitement de surendettement des particuliers, une dérogation aux principes posés par l'article 1254 du Code civil, lequel dispose que les paiements s'imputent d'abord sur les intérêts.

L'article 1244-1, alinéa 3, du Code civil, prévoit que le juge peut subordonner la mesure d'octroi du délai de grâce, à l'accomplissement, par le débiteur, d'actes propres à faciliter ou à garantir le paiement de la dette. Le Code civil n'innove nullement en la matière. L'octroi sous condition d'un délai de grâce est une technique qui était déjà connue de la pratique et qui avait déjà été reprise par la loi n° 89-1010 du 31 décembre 1989 sur le traitement du surendettement des particuliers et des familles (C. consom., art. L. 331-7, al. 2).

197. Aux termes de l'article 511 du Code de procédure civile, « *le délai* (de grâce) *court du jour du jugement lorsque celui-ci est*

146. Il en est ainsi en la matière, depuis la loi n° 2009-323 du 25 mars 2009, alors qu'auparavant, ce texte disposait, de manière plus libérale que « *La durée des délais prévus à l'article précédent ne peut, en aucun cas, être inférieure à trois mois ni supérieure à trois ans...* ».

contradictoire ; il ne court, dans les autres cas, que du jour de la notification du jugement ». Cette disposition tient compte de ce qu'il existe, outre les jugements contradictoires, des décisions réputées contradictoires et des décisions rendues par défaut. Le délai d'appel et celui d'opposition ne courent contre ces différentes décisions, qu'à partir de leur notification. La question était, sous l'empire de l'ancien Code de procédure civile, sujette à discussions[147]. L'application du texte actuel ne suscite pas de difficulté[148].

198. Quant à la portée du délai de grâce, « *La décision du juge, prise en application de l'article, suspend les procédures d'exécution qui auraient été engagées par le créancier. Les majorations d'intérêts ou les pénalités encourues à raison du retard cessent d'être dues pendant le délai fixé par le juge* » (C. civ., art. 1244-2). Ne sont donc encourus durant le délai de grâce, ni la majoration du taux des intérêts moratoires sur décision de condamnation prévue par l'article L. 313-2 du Code monétaire et financier[149], ni les majorations de ce taux et les pénalités contractuelles.

Sous-section 2
La suspension du droit de poursuite individuel dans le cadre de la mise en œuvre d'une procédure collective[150]

199. Désormais, un débiteur peut donc bénéficier d'une suspension du droit de poursuite individuel de l'ensemble de ses créanciers, dans le cadre d'une procédure collective du Code de commerce *(§ 1)* ou d'une procédure régie par les dispositions du Code de la consommation *(§ 2)*. Il n'a pas le choix entre ces deux Codes car il résulte de l'article L. 333-3 du Code de la consommation dont la rédaction n'a pas varié depuis 1989 et continue donc de se référer à des textes qui n'existent matériellement plus depuis les dernières réformes de la matières opérées en 2005, 2006 et 2008, mais dont le principe général demeure, que dès lors que l'on est justiciable de l'une des procédures du Code de commerce, on ne peut

147. Cass. ass. plén., 30 avril 1964, *D.* 1965, jur., p. 95 ; Cass. 3e civ., 14 mars 1973, *Bull. civ.* III, n° 205 ; Cass. 2e civ., 16 mai 1974, *Bull. civ.* II, n° 167.

148. Voir à titre d'application : Cass. 3e civ., 18 décembre 1991, *Bull. civ.* III, n° 327 ; 10 novembre 1999, n° 98-11.802.

149. Cf. *supra*, n° 74.

150. J.-J. Bissieux et V. Cuisinier, *Les voies d'exécution à l'épreuve des procédures collectives*, in *Le titre exécutoire et le recouvrement des créances*, *Procédures* 2008, n° 8-9, dossier spécial, p. 29.

bénéficier de celles du Code de la consommation de traitement du surendettement. Ainsi les commerçants, les artisans, les sociétés et associations, les groupements d'intérêt économique, les agriculteurs mais aussi désormais les membres des professions libérales[151], justiciables des procédures collectives du Code de commerce, sont *ipso facto* exclus du champ d'application de celles du Code de la consommation.

§ 1. La suspension du droit de poursuite individuel dans le cadre de la mise en œuvre d'une procédure collective du Code de commerce

200. Le droit des procédures collectives du Code de commerce comporte toujours une procédure de prévention des difficultés des entreprises ***(A)***, une procédure de redressement judiciaire ***(C)*** et une procédure de liquidation judiciaire ***(D)***. On doit à la réforme entreprise en 2005, la création d'une procédure de sauvegarde ***(B)***.

A La suspension du droit de poursuite individuel dans le cadre d'une procédure de prévention des difficultés des entreprises

201. Comme avant la réforme de 2005, cette procédure a pour objet de permettre à l'entreprise qui éprouvent des difficultés, sans être encore en cessation de paiements, de parvenir à un accord avec les créanciers homologué par le tribunal, dans le cadre duquel il obtiendra notamment des délais de paiement. À cette fin, « *Le président du tribunal est saisi par une requête du débiteur exposant sa situation économique, sociale et financière, ses besoins de financement ainsi que, le cas échéant, les moyens d'y faire face. Le débiteur peut proposer le nom d'un conciliateur. /La procédure de conciliation est ouverte par le président du tribunal, qui désigne un conciliateur pour une période n'excédant pas quatre mois mais qu'il peut, par une décision motivée, proroger d'un mois au plus à la demande de ce dernier. Si une demande d'homologation a été formée... avant l'expiration de cette période, la mission du conciliateur et la procédure sont prolongées jusqu'à la décision du tribunal. À défaut, elles prennent fin de plein droit et une nouvelle conciliation ne peut être ouverte dans les trois mois qui suivent. /...* » (C. com., art. L. 611-6). « *Le conciliateur a pour mission de favoriser la conclusion entre le débiteur et ses principaux créanciers ainsi que, le cas échéant, ses cocontractants habituels, d'un accord amiable*

151. Cass. com., 30 septembre 2008, n° 07-15.446.

destiné à mettre fin aux difficultés de l'entreprise.../Si, au cours de la procédure, le débiteur est mis en demeure ou poursuivi par un créancier, le juge qui a ouvert cette procédure peut, à la demande du débiteur et après avoir été éclairé par le conciliateur, faire application des articles 1244-1 à 1244-3 du Code civil. /En cas d'impossibilité de parvenir à un accord, le conciliateur présente sans délai un rapport au président du tribunal. Celui-ci met fin à sa mission et à la procédure de conciliation. Sa décision est notifiée au débiteur » (C. com., art. L. 611-7). « *Le président du tribunal, sur la requête conjointe des parties, constate leur accord et donne à celui-ci force exécutoire... La décision constatant l'accord... met fin à la procédure de conciliation* » (C. com., art. L. 611-8.I). « *L'homologation de l'accord met fin à la procédure de conciliation* » (C. com., art. L. 611-10, al. 1).

Aux termes de l'article L. 611-10-1 du Code de commerce, « *Pendant la durée de son exécution,* ***l'accord constaté ou homologué interrompt ou interdit toute action en justice et arrête ou interdit toute poursuite individuelle tant sur les meubles que les immeubles du débiteur dans le but d'obtenir le paiement des créances qui en font l'objet...*** ». « *Saisi par l'une des parties à l'accord constaté, le président du tribunal, s'il constate l'inexécution des engagements résultant de cet accord, prononce la résolution de celui-ci. /Dans les mêmes conditions, le tribunal prononce la résolution de l'accord homologué. /Le président du tribunal ou le tribunal qui décide la résolution de l'accord peut aussi prononcer la déchéance de tout délai de paiement accordé en application du cinquième alinéa de l'article L. 611-7* » (C. com., art. L. 611-10-3). « *L'ouverture d'une procédure de sauvegarde, de redressement judiciaire ou de liquidation judiciaire met fin de plein droit à l'accord constaté ou homologué en application de l'article L. 611-8. En ce cas, les créanciers recouvrent l'intégralité de leurs créances et sûretés, déduction faite des sommes perçues, sans préjudice des dispositions prévues à l'article L. 611-11* » (C. com., art. L. 611-12).

B La suspension du droit de poursuite individuel dans le cadre d'une procédure de sauvegarde

202. Comme la procédure de prévention des difficultés des entreprises, celle de sauvegarde est une procédure préventive dont il ne peut être question qu'avant que l'entreprise ne se trouve en cessation de paiements. La différence avec la procédure précédente est qu'elle est judiciaire, alors que la procédure de prévention des difficultés des entreprises est une procédure amiable.

La procédure de sauvegarde produit toutefois des effets similaires à l'ouverture d'une procédure de redressement judiciaire, s'agissant d'une véritable procédure collective entraînant l'arrêt des poursuites individuelles. Aux termes de l'article L. 622-7.I du Code de commerce, « *Le jugement ouvrant la procédure emporte, de plein droit, interdiction de payer toute créance née antérieurement au jugement d'ouverture, à l'exception du paiement par compensation de créances connexes. Il emporte également, de plein droit, interdiction de payer toute créance née après le jugement d'ouverture, non mentionnée au I de l'article L. 622-17. Ces interdictions ne sont pas applicables au paiement des créances alimentaires. /De même, il emporte, de plein droit, inopposabilité du droit de rétention conféré par le 4° de l'article 2286 du Code civil pendant la période d'observation et l'exécution du plan, sauf si le bien objet du gage est compris dans une cession d'activité décidée en application de l'article L. 626-1. /Il fait enfin obstacle à la conclusion et à la réalisation d'un pacte commissoire* ». Aux termes de l'article L. 622-21.II du Code de commerce, « *I.- Le jugement d'ouverture... II.- ... arrête ou interdit toute procédure d'exécution*[152] *de la part de ces créanciers tant sur les meubles que sur les immeubles ainsi que toute procédure de distribution n'ayant pas produit un effet attributif avant le jugement d'ouverture* », de la part de tous les créanciers dont la créance n'est pas mentionnée au I de l'article L. 622-17 du même Code, c'est-à-dire ceux dont la créance est nés avant le jugement d'ouverture car, pour ceux dont la créance est née après ce jugement, « ... *sont poursuivies au cours de la période d'observation à l'encontre du débiteur, après mise en cause du mandataire judiciaire et de l'administrateur lorsqu'il a une mission d'assistance ou après une reprise d'instance à leur initiative* » (C. com., art. L. 622-23).

Notons enfin que les créances alimentaires n'ont pas à être déclarées (C. com., art. L. 622-24).

C La suspension du droit de poursuite individuel dans le cadre d'une procédure de redressement judiciaire

203. Ce sont les mêmes règles qui s'appliquent (C. com., art. L. 631-14.I).

D La suspension du droit de poursuite individuel dans le cadre d'une procédure de liquidation

204. La suspension du droit de poursuite individuel de tous les créanciers, quelle que soit la date de naissance de leur créance, résulte

152. À l'exception de la saisie-revendication qui n'est pas considérée comme une mesure d'exécution forcée et peut donc être utilisée par le créancier bénéficiaire d'une clause de réserve de propriété. Voir sur cette question V. Ribadeau-Dumas, *La saisie-revendication dans le cadre d'une procédure collective, D.* 2008, chron., p. 2190.

implicitement des textes sur le recouvrement de ce droit de poursuite. En effet, aux termes de l'article L. 643-2 du Code de commerce, « *Les créanciers titulaires d'un privilège spécial, d'un gage, d'un nantissement ou d'une hypothèque et le Trésor public pour ses créances privilégiées*[153] *peuvent, dès lors qu'ils ont déclaré leurs créances même s'ils ne sont pas encore admis, exercer leur droit de poursuite individuelle si le liquidateur n'a pas entrepris la liquidation des biens grevés dans le délai de trois mois à compter du jugement qui ouvre ou prononce la liquidation judiciaire. /Lorsque le tribunal a fixé un délai en application de l'article L. 642-2*[154]*, ces créanciers peuvent exercer leur droit de poursuite individuelle à l'expiration de ce délai, si aucune offre incluant ce bien n'a été présentée. /... Lorsqu'une procédure de saisie immobilière a été engagée avant le jugement d'ouverture, le créancier titulaire d'une hypothèque est dispensé, lors de la reprise des poursuites individuelles, des actes et formalités effectués avant ce jugement* ». Enfin, « I. - *Le jugement de clôture de liquidation judiciaire pour insuffisance d'actif ne fait pas recouvrer aux créanciers l'exercice individuel de leurs actions contre le débiteur, sauf si la créance résulte : 1° D'une condamnation pénale du débiteur ; 2° De droits attachés à la personne du créancier. II. - Toutefois, la caution ou le coobligé qui a payé au lieu et place du débiteur peut poursuivre celui-ci. III. - Les créanciers recouvrent leur droit de poursuite individuelle dans les cas suivants : 1° La faillite personnelle du débiteur a été prononcée ; 2° Le débiteur a été reconnu coupable de banqueroute ; 3° Le débiteur ou une personne morale dont il a été le dirigeant a été soumis à une procédure de liquidation judiciaire antérieure clôturée pour insuffisance d'actif moins de cinq ans avant l'ouverture de celle à laquelle il est soumis ; 4° La procédure a été ouverte en tant que procédure territoriale au sens du paragraphe 2 de l'article 3 du règlement (CE) n° 1346/2000 du Conseil du 29 mai 2000 relatif aux procédures d'insolvabilité. IV. - En outre, en cas de fraude à l'égard d'un ou de plusieurs créanciers, le tribunal autorise la reprise des actions individuelles de tout créancier à l'encontre du débiteur. Le tribunal statue lors de la clôture de la procédure après avoir entendu ou dûment appelé le débiteur, le liquidateur et les contrôleurs. Il peut statuer postérieurement à celle-ci, à la demande de tout intéressé, dans les mêmes conditions. V. - Les créanciers qui recouvrent leur droit de poursuite individuelle et dont les créances ont été admises ne peuvent exercer ce droit sans avoir obtenu un titre exécutoire ou, lorsqu'ils disposent déjà d'un tel titre, sans avoir fait constater qu'ils remplissent les*

153. Rien de tel n'est prévu pour les créanciers chirographaires.

154. C. com., art. L. 642-2. I. - *Lorsque le tribunal estime que la cession totale ou partielle de l'entreprise est envisageable, il autorise la poursuite de l'activité et il fixe le délai dans lequel les offres de reprise doivent parvenir au liquidateur et à l'administrateur lorsqu'il en a été désigné...*

conditions prévues au présent article. Le président du tribunal, saisi à cette fin, statue par ordonnance. /Les créanciers qui recouvrent l'exercice individuel de leurs actions et dont les créances n'ont pas été vérifiées peuvent le mettre en œuvre dans les conditions du droit commun » (C. com., L. 643-11).

Le jugement qui ouvre ou prononce la liquidation judiciaire emporte dessaisissement pour le débiteur de l'administration de ses biens. Les droits et actions concernant son patrimoine sont dès lors exercés par le liquidateur (C. com., art. L. 641-9). En cas de liquidation judiciaire, la vente des immeubles et la distribution du prix de vente sont effectuées suivants les règles de la saisie immobilière et des procédures de distribution applicables dans ce cas[155].

§ 2. La suspension du droit de poursuite individuel dans le cadre de la mise en œuvre d'une procédure collective de traitement du surendettement du Code de la consommation[156]

205. À l'instar du Code de commerce, on sait qu'il existe depuis la loi nº 89-1010 du 31 décembre 1989 relative à la prévention et au règlement des difficultés des particuliers et des familles, des procédures collectives civiles concernant le traitement de la situation de surendettement causé par les dettes domestiques et applicables aux particuliers auxquels ne sont pas applicables celles du Code de commerce (C. consom., art. L. 333-3). Ces procédures plusieurs fois réformées, principalement par la loi nº 95-125 du 8 février 1995 relative à l'organisation judiciaire et à la procédure, la loi nº 98-657 du 29 juillet 1998 relative à la lutte contre les exclusions, et la loi nº 2003-710 du 1er août 2003 d'orientation et de programmation pour la ville et la rénovation urbaine, et qui figurent aux articles L. 330-1 à L. 333-8 et R. 331-1 à R. 333-5 du Code de la consommation, sont désormais au nombre de trois, la question de la suspension du droit de poursuite individuel des créanciers se posant pour chacune d'elle. Il s'agit de la procédure de redressement conventionnel ***(A)***, de la procédure de recommandation ***(B)*** et de celle de rétablissement personnel ***(C)***.

155. Cf. *infra*, nº 754.
156. Sur le droit du surendettement, cf. G. Taormina, *Théorie et pratique du droit de la consommation, aspects généraux et contrats spéciaux*, éd. *Librairie de l'Université d'Aix-en-Provence* 2004, nos 1056 et s.

A La suspension des procédures d'exécution dans le cadre de la procédure de redressement conventionnel

206. L'engagement d'une procédure de surendettement n'a pas à lui seul pour effet de suspendre les procédures d'exécution en cours contre le débiteur[157]. Toutes les procédures d'exécution sont concernées, sauf l'expulsion *(1)*. Elle va pouvoir être demandée notamment par le débiteur, dès l'ouverture de la procédure. Elle nécessite d'ailleurs l'ouverture préalable d'une procédure de surendettement[158] *(2)*. La décision rendue par la juridiction compétente suscite diverses difficultés *(3)*.

1. Objet de la suspension

207. L'article L. 331-5, alinéa 1er, du Code de la consommation dispose que les procédures diligentées pour le recouvrement des créances alimentaires ne peuvent faire l'objet d'une suspension. L'absence de disposition équivalente en ce qui concerne les créances fiscales ou des organismes de prévoyance ou de sécurité sociale nous conduit à conclure que le juge de l'exécution peut suspendre les procédures d'exécution ayant pour cause de telles créances. C'est d'ailleurs la réponse qu'avait faite la Cour de cassation lorsqu'elle avait été interrogée sur ce point[159].
En dotant le juge de l'exécution du pouvoir de suspendre provisoirement les procédures d'exécution dans le cadre des procédures de traitement du surendettement, les pouvoirs publics ont surtout pensé aux saisies d'exécution qui aboutissent directement à la réalisation ou à l'appropriation du patrimoine du débiteur par le créancier. Ont-ils également entendu suspendre ou interdire les sûretés et saisies conservatoires ? Les textes actuels (C. consom., art. L. 331-5 et R. 331-15) lève toute incertitude sur ce point, puisqu'il n'y est plus question que de ***procédures d'exécution***, dénomination générique désignant à la fois les voies d'exécution *stricto sensu* et les mesures conservatoires[160].

---

157. Cass. 2e civ., 22 mars 2001, *Bull. civ.* II, n° 60.
158. Cass. 1re civ., 19 juin 2001, n° 99-15.328, *JCP* éd. G., 2001, IV, n° 2524, arrêt rendu en matière de saisie immobilière.
159. *Bull. inf.* cass. 1er novembre 1992, n° 355, citant G. Paisant au *JCP* éd. G 1990, I, n° 3457 : « *toutes les autres dettes sont concernées, même celles à l'égard du fisc ou des organismes sociaux* ».
160. La question demeure posée à propos des sûretés mobilières non consenties par le débiteur. Elles ne constitueront pas systématiquement une gêne à l'élaboration d'un plan de redressement conventionnel. Si c'est le cas, la commission d'examen constatera l'impossibilité d'élaborer un plan et renverra les parties à saisir le juge de l'exécution d'une demande d'ouverture d'une procédure de recommandation. Quel sera donc le sort réservé à ces sûretés dans le cadre d'une procédure de ce type ? On imagine mal en quoi consisterait la suspension des effets de ces sûretés et de quel texte elle résulterait. Les créanciers qui en sont titulaires en conserveront donc le bénéfice en cas de vente des

En matière de saisie conservatoire comme en matière de saisie d'exécution, la suspension des effets est toutefois, au moins partiellement, limitée par la prohibition faite au débiteur de disposer librement de ses biens. La déchéance du bénéfice des procédures de traitement de l'état de surendettement entraîne la reprise du cours des procédures suspendues, qui sont ainsi censées n'avoir jamais été stoppées. Le débiteur pourra être poursuivi pénalement pour détournement d'objet saisi (C pén., art. 314-5 et 314-6).

La nature juridique de ***l'expulsion*** a toujours prêté à discussion. La question de savoir si l'expulsion constitue une voie d'exécution sur les biens ou sur les personnes ne devrait pas avoir de conséquence, puisqu'il n'y a pas lieu de distinguer là où les textes ne distinguent pas. Néanmoins la jurisprudence ne consacre pas cette solution. La Cour de cassation a exclu à trois reprises l'expulsion du champ d'application des textes sur la suspension des procédures d'exécution au motif qu'elle ne constitue pas une procédure d'exécution destinée au recouvrement de la créance de loyers[161]. Cette solution est confortée aujourd'hui depuis la loi n° 2007-290 du 5 mars 2007 instituant le droit opposable au logement, qui a introduit dans le Code de la consommation un article L. 331-3-1 spécifique à la procédure de rétablissement personnel sur l'expulsion[162].

Enfin, question apparentée, la saisine de la commission ne saurait avoir aucun effet sur ***la clause résolutoire d'un bail***[163].

En fait, deux autres procédures d'exécution nous paraissent radicalement insusceptibles de suspension parce qu'elles n'aboutissent ni ne préparent à la réalisation du patrimoine du débiteur au profit du créancier saisissant : il s'agit de ***la saisie-appréhension*** véritable, c'est-à-dire celle qui ne doit pas aboutir à la vente du bien saisi, et de ***la saisie-revendication*** qui la précède éventuellement. Le créancier saisissant ne fait en effet ici que récupérer son bien.

---

biens qui en sont grevés. Ces solutions doivent être étendues aux sûretés consenties par le débiteur avant la suspension. Il ne peut ici être question des nantissements de fonds de commerce puisqu'il résulte des dispositions de l'article L. 333-3 du Code de la consommation, que le débiteur commerçant ne peut bénéficier des procédures de traitement du surendettement prévues par le Code de la consommation, puisqu'il relève des procédures collectives du Code de commerce.

161. Cass. 1re civ., 30 mai 1995, *Bull. civ.* I, n° 229, *D.* 1995, IR, p. 156, *JCP* éd. G 1995, IV, n° 1822, *RJDA* 1995, n° 1176 ; Cass. 1re civ., 28 novembre 1995, *Bull. civ.* I, n° 441 ; Cass. 1re civ., 22 janvier 2002, *Bull. civ.* I, n° 26.

162. C. consom., art. L331-3-1. - La saisine du juge aux fins de rétablissement personnel emporte suspension des voies d'exécution, y compris des mesures d'expulsion du logement du débiteur, jusqu'au jugement d'ouverture.

163. CA Paris, 14e ch. B, 25 septembre 1992, *JCP* éd. G 1993, IV, n° 362.

2. Qualité pour formuler la demande de suspension des procédures d'exécution et modalités de cette demande

208. L'ouverture du redressement conventionnel ne suspend pas de plein droit la procédure d'exécution[164].

Aux termes des dispositions de l'article L. 331-5, alinéa 1er, du Code de la consommation, « *la commission peut saisir le juge de l'exécution aux fins de suspension des procédures d'exécution diligentées contre le débiteur...* ». On doit à la loi n° 98-657 du 29 juillet 1998 l'élargissement du cercle de ceux ayant qualité pour saisir à cette fin le juge de l'exécution. En effet, toujours aux termes du même texte, « *... En cas d'urgence, la saisine du juge peut intervenir à l'initiative du président de la commission, du délégué de ce dernier, du représentant local de la Banque de France ou du débiteur. La commission est ensuite informée de cette saisine* ».

Quant aux modalités de la demande de suspension des procédures d'exécution, l'article R. 331-14.I du Code de la consommation, « *La suspension... des voies d'exécution diligentées contre le débiteur est demandée par lettre simple adressée au secrétariat-greffe du juge de l'exécution. Lorsque la saisine du juge intervient en cas d'urgence à l'initiative du président de la commission, de son délégué ou du représentant local de la Banque de France, ceux-ci en informent les autres membres de la commission. /La lettre de saisine du juge indique les nom, prénoms, profession et adresse du débiteur et ceux des créanciers poursuivants ou, pour les personnes morales, leur dénomination et leur siège social. Y sont annexés un état des revenus du débiteur, un relevé des éléments actifs et passifs de son patrimoine, l'état de son endettement et la liste des procédures d'exécution en cours* ».

3. La décision du juge compétent

209. Il s'agit du juge de l'exécution désormais compétent même en matière de saisie immobilière. Toutefois, le régime juridique est différent en matière de saisie immobilière, ce qui oblige à distinguer entre un régime qui ne concerne que les voies mobilières d'exécution, et celui qui ne concerne que la saisie immobilière ***(a)***. Il conviendra également d'envisager la durée de la suspension lorsqu'elle a été ordonnée ***(b)***.

164. Cass. 2e civ., 22 mars 2001, *Bull. civ.* II, n° 60, arrêt rendu à propos d'une saisie-attribution ; voir aussi : Cass. 1re civ., 19 novembre 1991, *Bull. civ.* I, n° 321 ; Cass. 1re civ., 18 février 1992, *Bull. civ.* I, n° 55 ; Cass. 1re civ., 17 décembre 1991, *Bull. civ.* I, n° 361, arrêts dans lesquels la Cour de cassation a toujours considéré que l'ouverture d'une procédure de traitement du surendettement ne constitue pas une cause de sursis obligatoire à l'adjudication en matière de saisie immobilière.

a) *Un régime juridique différent selon le type de mesure d'exécution suspendue*

210. La procédure n'a pas à être préalablement transmise au ministère public. En effet, les dispositions de l'article 425.2° du Code de procédure civile, qui prévoient la communication au ministère public des procédures de suspension provisoire des poursuites et d'apurement collectif du passif, de faillites personnelles ou d'autres sanctions, ainsi que des procédures de redressement et de liquidation judiciaires, ne sont pas applicables aux procédures de traitement de l'état de surendettement[165].

La question de la recevabilité du pourvoi en cassation demeure posée[166]. Si l'on considère qu'il est recevable, il sera soumis à représentation obligatoire.

α) Le régime juridique concernant la suspension des voies mobilières d'exécution

211. Puisqu'aux termes de l'article R. 331-15 du Code de la consommation, le juge de l'exécution statue par ordonnance, il résulte des dispositions générales de l'article R. 332-1-2 du même Code, qu'il ne convoque personne à une audience, préalablement à sa décision. Il s'agit donc d'une procédure sans aucun débat préalable.

La décision qui ordonne la suspension des procédures d'exécution n'est pas susceptible directement de voie de recours *stricto sensu*. Elle n'est susceptible, dans un premier temps, de la part des créanciers concernés, que d'une demande de rétractation qui doit être formulée par lettre recommandée avec accusé de réception. La notification, à laquelle doit être jointe une copie de l'ordonnance, doit d'ailleurs indiquer que celle-ci peut être l'objet, de la part des créanciers poursuivants, d'une demande en rétractation formée par déclaration signée de son auteur et remise ou adressée au greffe du juge de l'exécution. Copie de l'ordonnance devra être jointe à la demande de rétractation qui n'est enfermée dans aucun délai (C. consom., art. R. 332-1-2.III et R. 332-1-4).

La décision qui refuse la suspension ou la refuse de retirer la décision de suspension, rendue par ordonnance, notifiée à la diligence du greffe et

165. Cass. 1re civ., 18 février 1997, *Bull. civ.* I, n° 63, *D.* 1999, somm., p. 205, obs. P.-L. Chatain et F. Ferrière.

166. Mais la question se posait de savoir si la décision qui statue en matière de suspension de mesures d'exécution tranche une partie du principal (CPC, art. 606) et met fin à l'instance (CPC, art. 607), conditions nécessaires à la recevabilité du pourvoi en cassation. Tel n'est pas nécessairement le cas, dans la mesure où la décision ne met pas fin à la procédure devant la commission, sauf à considérer que l'instance en suspension présente un caractère autonome. Finalement le Cour de cassation semble avoir tranché dans le sens de l'irrecevabilité du pourvoi (Cass. 1re civ., 23 juin 1998, *Bull. civ.* I, n° 226 ; Cass. 1re civ., 13 octobre 1999, *Bull. civ.* I, n° 277).

suivant les modalités prescrites par les articles L. 311-15, alinéa 1er et R. 331-15, alinéa 3, du Code de la consommation, n'est pas susceptible d'appel (C. consom., art. R. 331-15, al. 4).

β) Le régime juridique concernant la suspension de la saisie immobilière

212. Le juge de l'exécution doit être saisi d'une demande de remise de la vente, adressée par lettre recommandée avec accusé de réception ou remise contre émargement au greffe, quinze jours au moins avant la date prévue pour la vente. Cette demande doit mentionner les causes graves qui justifient la mesure sollicitée (C. consom., art. R. 331-4.II).

Le juge statue par jugement. Les parties devront donc avoir été convoquées à une audience dont les modalités sont soumises aux dispositions des articles 11 à 14 du décret de 1992[167], préalablement à la décision (C. consom., art. R. 332-1-2.II). Le jugement rendu, insusceptible d'appel et d'opposition, est notifié à la diligence de son greffe, en application des dispositions de l'article R. 331-15, alinéa 5 du Code de la consommation.

b) La durée de la suspension

213. La suspension, lorsqu'elle est prononcée, « ... *est acquise, sans pouvoir excéder un an, jusqu'à l'approbation du plan conventionnel de redressement prévu à l'article L. 331-6 ou, en cas d'échec de la conciliation* (c'est-à-dire de la procédure de redressement conventionnel) *jusqu'à l'expiration du délai...* (de quinze jours prévu par l'article R. 331-18) *dont dispose le débiteur pour demander à la commission de formuler des recommandation...* » (C. consom., art. L. 331-5, al. 2). Le juge de l'exécution fait donc droit à la demande de suspension, sans indication de délai. La suspension dure au maximum le temps de la procédure conventionnelle sans pouvoir excéder un an.

Il ne peut s'agir que d'une suspension, jamais d'une mainlevée de telle ou telle autre procédure d'exécution[168].

« *La décision par laquelle le juge ordonne la suspension provisoire des voies d'exécution diligentées contre les débiteurs, n'implique aucune appréciation de la recevabilité de la demande...* » d'ouverture d'une procédure de traitement de l'état de surendettement[169]. Ce n'est donc pas parce qu'un débiteur aura obtenu la suspension des procédures d'exécution dans un premier temps que sa demande d'ouverture d'une procédure

167. Cf. *supra*, nos 79 et s.
168. Cass. 1re civ., 14 mars 2000, *Bull. civ.* I, n° 94, *JCP* éd. G 2000, IV, n° 1781.
169. Cass. 1re civ., 12 décembre 1995, *Bull. civ.* I, n° 462, *D.* 1996, IR, p. 64, arrêt rendu en matière de règlement amiable, ancienne appellation de la procédure de redressement conventionnel.

de traitement de l'état de surendettement sera déclarée recevable ou qu'il ne sera pas déchu, par la suite, du bénéfice de la procédure, notamment parce qu'*ab initio* il ne réunissait pas les conditions requises pour en bénéficier.

Ne peuvent être suspendues que les procédures d'exécution en cours. La suspension d'une procédure déjà parvenue à son terme, pratiquement inimaginable d'ailleurs, reviendrait à l'annuler rétroactivement alors qu'elle aura été réalisée dans des conditions parfaitement régulières[170].

Seules les procédures visées par la décision sont suspendues. Une saisie-attribution pratiquée avant l'ouverture d'une procédure de traitement du surendettement, sur une créance à exécution successive, doit être considérée comme une procédure d'exécution encore en cours et peut donc en tant que telle être suspendue par le juge de l'exécution, sans qu'il soit porté atteinte au principe d'attribution immédiate de la créance saisie prévu par l'article 43 de la loi n° 91-650 du 9 juillet 1991[171].

Il s'agit seulement de suspendre les procédures mises en œuvre contre le débiteur au moment où est saisi le juge de l'exécution. La suspension ordonnée ne peut donc avoir qu'un objet précis. Il ne s'agit pour le juge de l'exécution, ni d'ordonner de manière abstraite la suspension de toutes procédures d'exécution en cours, ni d'interdire de manière tout aussi abstraite le recours pour l'avenir à toute procédure d'exécution. Le juge de l'exécution doit donc viser précisément dans son ordonnance les procédures dont il ordonne la suspension.

Contrat spécial, le plan conventionnel de redressement n'engage que ses parties conformément aux dispositions des articles 1134 et 1165 du Code civil. Il convient donc de considérer qu'il empêche seulement les créanciers qui y sont parties de recourir aux procédures d'exécution pour le recouvrement de leurs créances ayant fait l'objet du plan, aussi longtemps que le débiteur respectera ses engagements. Les autres créanciers, non parties au plan, peuvent quant à eux poursuivre librement le recouvrement de leurs créances et faire ainsi échouer le redressement entrepris. Le débiteur se retrouvera alors, le cas échéant, en situation de ne plus pouvoir honorer ses engagements pris dans le cadre de la procédure de règlement conventionnel. Le débiteur n'est ainsi pas à l'abri de la mise en œuvre d'autres procédures d'exécution de la part des mêmes créanciers pour le recouvrement des mêmes créances, après que le juge de l'exécution ait fait droit à une première demande de suspension des procédures d'exécution. Le juge de l'exécution peut-il être à nouveau saisi ? Il n'existe aucun obstacle théorique ou pratique dans les textes à ce qu'il

170. CA Lyon, 6e ch., 16 mars 1994, *D.* 1994, IR, p. 105, rendu à propos d'une saisie-appréhension.

171. Cass. 1re civ., 14 mars 2000, n° 99-04.026.

soit à nouveau saisi d'une demande de suspension des procédures d'exécution. Une nouvelle demande de suspension sera donc possible dans les délais prescrits par l'article L. 331-5, alinéa 2, du Code de la consommation. Toutefois, en pratique, l'hypothèse risque d'être rare car la mise en œuvre de nouvelles procédures d'exécution signifiera le plus souvent l'échec de la procédure conventionnelle.

Les créanciers parties au plan recouvreront dans tous les cas leur droit de poursuite individuelle après mise en demeure faite au débiteur d'exécuter ses obligations. L'article R. 331-17 du Code de la consommation dispose que « *le plan conventionnel de redressement mentionne qu'il est de plein droit caduc quinze jours après une mise en demeure restée infructueuse, adressée au débiteur* (vraisemblablement en recommandé avec accusé de réception, afin d'en établir l'existence en cas de contestation) *d'avoir à exécuter ses obligations, sans préjudice de l'exercice des facultés prévues aux articles R. 331-7-3 et R. 331-14* ». La référence aux dispositions des articles R. 331-7-3 et R. 331-14 du Code de la consommation signifie que le débiteur défaillant, néanmoins de bonne foi, pourra saisir alors à nouveau la commission, non pas aux fins de recommandation, ce qui semblait dans l'ordre des choses, mais d'ouverture d'une nouvelle procédure de redressement conventionnel, la commission pouvant à nouveau, si nécessaire, saisir le juge de l'exécution d'une demande de suspension des procédures d'exécution[172].

172. Lorsque l'on n'aboutit pas à un plan de redressement conventionnel, la commission doit notifier cet échec au débiteur par lettre recommandée avec accusé de réception et aux créanciers par lettre simple. Cette lettre informe le débiteur qu'il dispose d'un délai de quinze jours pour saisir la commission aux fins de recommandation. Lorsque le juge de l'exécution a prononcé la suspension d'une ou plusieurs des procédures d'exécution diligentées contre le débiteur, ces lettres mentionnent également que la suspension se poursuit soit jusqu'à l'expiration du délai de quinze jours imparti pour saisir à nouveau la commission aux fins de recommandation, soit, si le débiteur use de cette faculté, jusqu'à ce que le juge ait conféré force exécutoire aux recommandations ou ait statué sur la contestation émise à leur encontre (C. consom., art. L. 331-5, al. 3 et R. 331-18, al. 3). L'article L. 331-5 du Code de la consommation dispose en son troisième alinéa que « *sauf autorisation du juge* (de l'exécution), *la décision qui prononce la suspension provisoire des procédures d'exécution interdit au débiteur de faire tout acte qui aggraverait son insolvabilité, de payer, en tout ou partie, une créance autre qu'alimentaire née antérieurement à cette décision, de désintéresser les cautions qui acquitteraient des créances nées antérieurement, de faire un acte de disposition étranger à la gestion normale du patrimoine ; elle interdit aussi la prise de toute garantie ou sûreté* ». La sanction de ces interdictions est radicale : le débiteur est déchu du bénéfice de la procédure de traitement de la situation de surendettement (C. consom., art. L. 333-2). Malgré le style très péremptoire des dispositions du Code de la consommation, une décision du juge de l'exécution sera nécessaire pour que le débiteur subisse effectivement cette sanction. Reste la question de la possibilité, et donc de l'opportunité, pour le juge de l'exécution, de ne pas déchoir le débiteur du bénéfice de la procédure de traitement de son état de surendettement. Il convient, à notre avis, de considérer que le juge de l'exécution doit pouvoir ne pas sanctionner le débiteur qui a agi sans autorisation préalable, s'il estime

B La suspension des procédures d'exécution dans le cadre de la procédure de recommandation

214. La suspension, lorsqu'elle est prononcée, « ... *est acquise, sans pouvoir excéder un an, jusqu'à l'approbation du plan conventionnel de redressement prévu à l'article L. 331-6 ou, en cas d'échec de la conciliation* (c'est-à-dire de la procédure de redressement conventionnel) *jusqu'à l'expiration du délai...* (de quinze jours prévu par l'article R. 331-18) *dont dispose le débiteur pour demander à la commission de formuler des recommandation... En cas de demande formulée dans ce délai, elle est acquise jusqu'à ce que le juge ait conféré force exécutoire aux mesures recommandées...* (par la commission dans le cadre de la procédure de recommandation)... *ou, s'il a été saisi...* (d'une contestation du plan de recommandation)... *jusqu'à ce qu'il ait statué* » (C. consom., art. L. 331-5, al. 2).

Lorsque nul n'a saisi le juge de l'exécution à cette fin ou, lorsque saisi, il n'a pas fait droit à cette demande, la commission peut-elle au cours de la phase de recommandation saisir une nouvelle fois le juge d'une telle demande ? Nous considérons pour notre part que ceci est tout à fait possible. D'un point de vue méthodologique formel, la réforme de 1995 a inclus dans le même chapitre du Code de la consommation, à la fois la procédure de redressement conventionnel et celle de recommandation, comme s'il s'agissait d'une seule et même procédure. C'est dans ce chapitre que l'on trouve les dispositions précitées de l'article L. 331-5 sur la suspension des procédures d'exécution et celui-ci ne distingue pas entre les deux procédures de la seule compétence de la commission[173].

On se reportera par conséquent à l'intégralité de nos précédents développements quant à la procédure applicable à cette suspension.

Dans le silence de la loi de 1989, la jurisprudence avait eu l'occasion de considérer que le jugement de redressement judiciaire civil, procédure remplacée dans la loi de 1995 par celle de recommandation, emportait de plein droit suspension du droit de poursuite individuelle des créanciers titulaires des créances ayant fait l'objet des mesures prévues par le plan[174]. À l'instar de cette solution prétorienne, l'article L. 331-9 du

---

qu'il aurait autorisé cet acte si le débiteur en avait préalablement fait la demande. La Cour de cassation semble avoir implicitement consacré cette analyse puisqu'elle a rejeté le pourvoi formé par un débiteur contre un jugement de déchéance, au motif qu'il n'établissait pas que les emprunts qu'il avait contractés durant une procédure du règlement amiable à l'époque avaient permis de réduire son endettement (Cass. 1re civ., 27 octobre 1992, *Bull. civ.* I, n° 269, *D.* 1992, IR, p. 270).

173. Pour une application concernant la possibilité de demander au juge de l'exécution la suspension des procédures d'exécution au cours de la phase de recommandation, voir Cass. 1re civ., 14 mars 2000, *Bull. civ.* I, n° 94, *JCP* éd. G 2000, IV, n° 1781.

174. Cass. 1re civ., 30 mai 1995, *Bull. civ.* I, n° 228.

Code de la consommation dispose que « *les créanciers auxquels les mesures recommandées en application de l'article L. 331-7 ou du premier alinéa de l'article L. 331-7-1 et rendues exécutoires par application de l'article L. 332-1 ou de l'article L. 332-2 sont opposables ne peuvent exercer des procédures d'exécution à l'encontre des biens du débiteur pendant la durée d'exécution de ces mesures* »[175]. Mais, une fois encore, sont seules suspendues ou interdites les procédures tendant au recouvrement forcé des créances reportées ou rééchelonnées. L'expulsion[176], mais aussi les effets d'une clause résolutoire, la saisie-revendication et la saisie-appréhension restent donc possibles[177].

Le régime juridique de la demande et de la décision du juge de l'exécution est le même qu'en matière de redressement conventionnel[178]. Toutefois, il n'existe pas, en matière de plan de recommandation, des dispositions équivalentes à celles de l'article R. 331-17 du Code de la consommation applicable au plan conventionnel de redressement. Une fois le plan de recommandation homologué, les créanciers parties à la procédure de recommandation ne recouvreront leur droit de poursuite individuelle qu'après la déchéance du débiteur prononcée par le juge de l'exécution, sanction qui ne saurait être prononcée qu'en cas de mauvaise foi telle que définie par l'article L. 333-2 du Code de la consommation. La renonciation par le débiteur au bénéfice du plan permet également aux créanciers de recouvrer leur droit de poursuite individuelle, mais elle ne se présume pas[179].

Nul doute que le débiteur défaillant de bonne foi pourra saisir à nouveau la commission.

Notons qu'aux termes de l'article L. 331-9 du Code de la consommation, le juge de l'exécution a le pouvoir, dans le cadre des mesures recommandées par l'article L. 331-7 du même Code, de suspendre pendant la durée des mesures recommandées les effets d'une saisie-attribution à exécution successive pratiquée à l'encontre du débiteur avant la saisine de la commission de surendettement[180].

Quant aux créanciers dont la créance n'est pas comprise dans le plan de recommandation homologué, ils ont conservé leur droit de poursuite

175. Voir à titre d'application, Cass. 1re civ., 14 novembre 2001, *Bull. civ.* I, n° 281.

176. Cass. 1re civ., 30 mai 1995, précité ; Cass. 1re civ., 28 novembre 1995, *Bull. civ.* I, n° 441.

177. Cf. *supra*, n° 207.

178. Cf. *supra*, n° 209.

179. Cass. 2e civ., 13 janvier 2000, n° 97-22.251, arrêt dans lequel la Cour de cassation considère qu'en cas d'homologation d'un plan de recommandation au profit de l'épouse, en cas de divorce l'attribution à celle-ci du logement familial à l'issue d'un divorce et son engagement d'assumer désormais seul la charge du crédit contracté pour son acquisition, n'entraîne pas en soi de sa part, renonciation au bénéfice du plan de recommandation.

180. Cass. 1re civ., 14 mars 2000, *Bull. civ.* I, n° 94.

individuelle. Ils pourront donc, le cas échéant, être à l'origine de l'échec du redressement du débiteur qui pourra alors saisir à nouveau la commission aux fins de redressement conventionnel et de recommandation, et surtout de suspension des nouvelles procédures d'exécution dont il fait l'objet... Le juge de l'exécution peut-il être à nouveau saisi ? Il n'existe, une fois encore, même à ce stade de la procédure, aucun obstacle théorique ou pratique dans les textes à ce qu'il soit à nouveau saisi d'une demande de suspension des procédures d'exécution. Une nouvelle demande de suspension sera donc possible dans les délais prescrits par l'article L. 331-5, alinéa 2, du Code de la consommation. Toutefois, en pratique, l'hypothèse risque d'être rare car la mise en œuvre de nouvelles procédures d'exécution signifiera le plus souvent l'échec de la procédure de recommandation.

C La suspension des procédures d'exécution dans le cadre de la procédure de rétablissement personnel

215. Initialement seul l'article L. 332-6, alinéa 2, du Code de la consommation, prévoyait et prévoit toujours que « *le jugement* (d'ouverture d'une procédure de rétablissement personnel) *entraîne la suspension des procédures d'exécution diligentées contre le débiteur et portant sur les dettes autres qu'alimentaires* ». Sans doute parce que le législateur, égaré une fois encore dans sa production anarchique, n'a pas été en mesure de retrouver le texte qui existe toujours, au lieu de modifier ce texte, il a introduit dans le Code de la consommation, par la loi n° 2007-290 du 5 mars 2007, un article L. 331-3-1 qui dispose que c'est, non pas le prononcé du jugement d'ouverture de la procédure de rétablissement personnel qui suspend les procédure d'exécution en cours, mais « *la saisine du juge* (de l'exécution) *aux fins de rétablissement personnel* (qui) *emporte suspension des voies d'exécution, y compris* (c'est l'innovation et différence majeure par rapport aux procédure de redressement conventionnel et de recommandation) *des mesures d'expulsion du logement du débiteur, jusqu'au jugement d'ouverture* ». À compter du jugement d'ouverture, c'est l'article L. 332-6 qui prend alors le relais. Autre différence notable avec les procédures de redressement conventionnel et de recommandation, dans la procédure de rétablissement personnel il s'agit d'une suspension de plein droit, comme en droit commercial, c'est-à-dire qu'elle n'a pas à être prononcée par le juge de l'exécution.

Deuxième partie
Les procédures d'exécution

216. Il convient d'envisager successivement les saisies mobilières d'exécution ***(titre I)***, les mesures conservatoires ***(titre II)***, les saisies spécifiques en raison de leur objet ***(titre III)***, et les mesures d'exécution portant sur les immeubles ***(titre IV)***.

Titre I
Les saisies mobilières d'exécution

217. Chaque procédure d'exécution a un objet propre qui correspond à l'un des buts poursuivis par le créancier : soit il entend se faire payer aux lieux et place de son débiteur, lui-même créancier d'un tiers, et il aura recours aux saisies-attribution ; soit, il souhaite faire saisir les biens mobiliers appartenant à son débiteur pour les faire vendre et se payer sur le prix, c'est l'objet des saisies-vente ; soit enfin, il souhaite obtenir la livraison ou la restitution d'un bien lui appartenant, auquel cas il met en œuvre les procédures de saisies-appréhension.

Ces saisies qui ne concernent que les biens mobiliers du débiteur, portent soit sur ses meubles incorporels ***(sous-titre I)***, soit sur ses meubles corporels ***(sous-titre II)***.

Sous-titre I
Les saisies des meubles incorporels

218. Il s'agit des saisies-attribution qui ont pour objet les créances du débiteur ***(chapitre 1)***, et de la saisie-vente des droits d'associé et valeurs mobilières appartenant à ce dernier ***(chapitre 2)***.

Chapitre 1
Les saisies-attribution

219. On appelle saisies-attribution, les saisies d'exécution dont l'objet est de permettre au créancier de saisir entre les mains d'un tiers, les créances de sommes d'argent dont son débiteur est lui-même titulaire.

Outre la saisie-attribution *stricto sensu* que nous désignerons sous l'appellation de *saisie-attribution stricto sensu* ***(section 1)*** et qui a remplacé la saisie-arrêt du Code de 1806, nous envisagerons successivement les saisies-attribution spéciales suivantes : la saisie des rémunérations du travail, les saisies de sommes d'argent opérées par des créanciers d'aliments et les procédures que nous désignerons sous l'appellation générique d'avis à tiers détenteur, dénomination qui désigne, comme nous le verrons, d'abord une procédure particulière à l'usage du trésor public, mais qui a inspiré d'autres procédures du même type destinées à recouvrer les cotisations de sécurité sociale et les amendes pénales et autres contributions assimilées ***(section 2)***.

Section 1
La saisie-attribution *stricto sensu*[1]

220. La saisie-attribution est prévue et réglementée par les articles L 42 à L 47 et D 55 à D 79[2]. Le schéma général de la procédure demeure le même que sous l'empire de l'ancien Code de procédure civile. Il s'agit toujours d'un système à trois personnages : un créancier saisissant, un débiteur saisi, et un tiers saisi débiteur du saisi. Mais nous verrons que ce schéma n'est plus désormais la caractéristique exclusive de ce que

---

1. N. Cayrol, *Saisie-attribution*, fasc. 640, 641, 642 et 680, in *Juris-classeur Voies d'ex.*, octobre 2007 ; G. Taormina, *La saisie-attribution*, fasc. 445, in *Droit de l'exécution forcée*, éd. *Journal des Notaires et des Avocats*, avril 2005 ; G. Taormina, *Le droit des sûretés à l'épreuve des privilèges conférés par le droit de l'exécution forcée, RRJ Dr pros.* 2003/3, p. 1867.
2. Elle a remplacé, à compter du 1er janvier 1993, la défunte saisie-arrêt jusqu'alors régie par les articles 557 à 582 de l'ancien Code de procédure civile aujourd'hui abrogés.

l'on appelait jusqu'à présent la saisie-arrêt. On le retrouve dans toutes les saisies pratiquées entre les mains d'un tiers. Ce qui singularise la saisie-attribution, c'est son objet : il s'agit pour le créancier de saisir les créances de somme d'argent dont son débiteur est titulaire (art. L 42) et uniquement elles, alors qu'hier la saisie-arrêt était utilisée également pour saisir les meubles corporels du débiteur lorsqu'ils se trouvaient entre les mains d'un tiers. La réforme opérée en 1991-1992 simplifie en outre les procédures. Désormais, la saisie-attribution n'est possible que si le créancier possède un titre exécutoire « *constatant une créance liquide et exigible* »[3] (art. L 42 et D 55), et il n'y a plus aucune instance en validité[4].

Nous envisagerons successivement les formalités ***(§ 1)***, les effets ***(§ 2)*** de la saisie-attribution, et les règles spécifiques applicable en certaines circonstances ***(§ 3)***.

§ 1. Les formalités

221. À l'instar de ceux sur la saisie-arrêt, les textes sur la saisie-attribution n'ont envisagé que la procédure à trois personnages ***(A)***. Ils n'ont pas envisagé la saisie-attribution sur soi-même ***(B)***.

A La saisie-attribution ordinaire

222. *La saisie-attribution ne comporte que quatre étapes : la signification au tiers d'un acte de saisie* **(1)**, *sa dénonciation au débiteur* **(2)**, *l'obtention de l'autorisation de paiement* **(3)** *et le paiement* **(4)**.

1. Première étape : la signification au tiers d'un acte de saisie

223. La saisie-attribution est réalisée, comme jadis la saisie-arrêt, par la signification[5] au tiers d'un acte de saisie. La notion de tiers résulte aujourd'hui de la définition même de la saisie-attribution, comme elle

3. J.-Cl. Boulay, *Réflexion sur la notion d'exigibilité des créances*, *RTD Com.* 1990.1 ; G. Endréo, *Fait générateur des créances et échange économique*, *RTD Com.* 1984.223. La saisie-attribution est inapplicable concernant les rémunérations du travail qui ne peuvent être saisies qu'en faisant application de la procédure spéciale de saisie des rémunérations du Code du travail, cf. *infra* n°s 247 et s. (en ce sens, Cass. 2e civ., 30 septembre 1999, *Bull. civ.* II, n° 147 ; Cass. ass. plén., 9 juillet 2004, *Bull. civ. ass. plén.* n° 11, *D.* 2004, p. 3161, note Bugada, *Procédures* 2004, n° 207, *RTD civ.* 2004, p. 779, obs. R. Perrot).

4. Autrefois, le créancier dépourvu de titre pouvait se faire autoriser sur requête par le président du tribunal de grande instance ou le tribunal d'instance selon le montant de sa créance à procéder à une saisie-arrêt ; pourvu de cette autorisation, il devait ensuite assigner le débiteur en validité de cette saisie (A. CPC, art. 553).

résultait jadis de la notion de saisie-arrêt. L'article D 55 dispose qu'« *un créancier muni d'un titre exécutoire constatant une créance liquide et exigible peut faire procéder à une saisie entre les mains de toute personne tenue, au jour de cette saisie,* ***d'une obligation portant sur une somme d'argent*** *envers son débiteur...* ». Les dispositions de l'article L 42 sont un peu différentes : « *Tout créancier muni d'un titre exécutoire constatant une créance liquide et exigible peut, pour en obtenir le paiement,* ***saisir*** *entre les mains d'un tiers* ***les créances de son débiteur*** *portant sur une somme d'argent...* »[6]. Le tiers saisi est le débiteur du débiteur ; ce dernier, le débiteur saisi, a donc lui-même la qualité de créancier. Il faut que le tiers soit véritablement un débiteur, ce qui pose la question de l'existence de la créance du débiteur envers le tiers saisi, au moment de la saisie[7]. Il faut, en outre, que sa situation soit autonome

5. S'agissant d'un acte d'exécution, il ne peut être signifié que par un huissier de justice, non pas un clerc assermenté (Cass. 1re civ., 18 février 2003, *Rev. dr. banc. et fin.* 2003, n° 83, obs. Delleci ; Cass. 2e civ., 28 juin 2006, *Bull. civ.* II, n° 178, *D.* 2007, pan., p. 1388, obs. P. Julien, *Dr et proc.* 2006, 361, obs. Leborgne, *Procédures* 2006, n° 237, obs. R. Perrot).

6. Les rédacteurs du décret de 1992 se sont manifestement largement inspirés de la définition du Code de procédure civile. L'ancien Code de procédure civile comportait en son article 557 aujourd'hui abrogé, une définition très large ainsi rédigée : « *tout créancier peut, ... saisir-arrêter entre les mains d'un tiers les sommes et effets appartenant à son débiteur, ... ou s'opposer à leur remise* ».

7. Pour pouvoir recourir à la saisie-attribution, encore faut-il que le débiteur soit effectivement encore créancier d'un tiers au moment de la signification à celui-ci de l'acte de saisie. Or, nombre d'événements sont susceptibles de remettre en cause l'existence d'une telle créance, soit parce qu'elle a été éteinte par paiement ; soit parce qu'elle a été cédée ; le tout, de quelque manière que ce soit. Deux arrêts émanant de la deuxième Chambre civile rendus les 16 décembre 2004 (n° 03-13.117) et 6 janvier 2005 (n° 02-16.721), respectivement en matière de compensation et d'affacturage illustrent parfaitement ces difficultés (sur ces deux arrêts, voir obs. G. Taormina, au *D.* 2005, pan., p. 606).

Dans l'arrêt du 16 décembre 2004, la deuxième Chambre civile de la Cour de cassation affirme sans surprise qu'après la signification de l'acte de saisie-attribution, le tiers ne peut plus opposer la compensation avec une créance acquise ensuite sur le saisi, à moins que la compensation ne soit intervenue avant que la saisie ne soit pratiquée. Il résulte en effet de l'article 1298 du Code civil que « *celui qui, étant débiteur, est devenu créancier depuis la saisie-arrêt faite par un tiers entre ses mains, ne peut, au préjudice du saisissant, opposer la compensation* », car « *la compensation n'a pas lieu au préjudice des droits acquis à un tiers* », en l'occurrence le créancier saisissant. Sous l'empire de l'ancienne saisie-arrêt, la compensation était toutefois admise, par exception à la règle énoncée par le Code civil, en cas de connexité entre la dette du tiers saisi, antérieure à la signification de l'acte de saisie, et sa créance postérieure sur le débiteur saisi (Cass. 1re civ., 25 octobre 1972, *Bull. civ.* I, n° 220, *RTD civ.* 1973, p. 617, obs. P. Raynaud). Il ne semble cependant pas que cette solution puisse être conservée compte tenu du principe d'attribution immédiate de la créance saisie au créancier saisissant dès la signification de l'acte de saisie au tiers. Comment, dès lors que la créance saisie est censée quitter immédiatement le patrimoine du débiteur saisi, pourrait-elle se compenser avec celle acquise ensuite par le tiers saisi sur le saisi, même en cas de connexité ? C'est en par rapport à celle du débiteur saisi, qu'il y ait un véritable lien de créance entre débiteur saisi et tiers saisi c'est-à-dire que la situation du tiers ne se confonde pas avec celle du débiteur, auquel cas on considérerait qu'il n'y a entre eux aucun lien de créance et qu'il n'est pas possible de recourir à la saisie-attribution[8].

application du même principe de sauvegarde des droits acquis par les tiers avant la mise en place d'une saisie que la Cour de cassation a considéré en matière de délégation de créance que « *si la créance du déléguant sur le délégué s'éteint, non pas du fait de l'acceptation par le délégataire de l'engagement du délégué à son égard, mais seulement par le fait de l'exécution de la délégation, ni le délégant, ni ses créanciers, ne peuvent, avant la défaillance du délégué envers le délégataire, exiger paiement ; il en résulte que la saisie-arrêt effectuée entre les mains du délégué par les créanciers du délégant ne peut avoir pour effet de priver le délégataire, dès son acceptation, de son droit exclusif à un paiement immédiat par le délégué, sans concours avec les créanciers saisissants* » (Cass. com., 16 avril 1996, *Bull. civ.* IV, n° 120, *D.* 1996, jur., p. 571, note Ch. Larroumet ; Cass. 2e civ., 19 octobre 2000, n° 99-10.390, la primauté du droit du délégataire sur celui du créancier saisissant du délégant, prive ce créancier de la possibilité d'obtenir du juge de l'exécution un titre exécutoire contre les tiers saisis-délégués). On savait déjà qu'une créance déjà cédée n'existe plus dans le patrimoine du débiteur et n'est donc pas saisissable (Cass. 2e civ., 28 janvier 1998, n° 95-17.839 ; Cass. com., 26 novembre 2003, *Bull. civ.* II, n° 176, *D.* 2004, somm., p. 1485, obs. G. Taormina, et peu importe que cette cession n'ait été signifiée au débiteur cédé, qu'après la signification faite à lui, d'un exploit de saisie-attribution). La même solution est applicable à propos de créances faisant l'objet d'une opération d'affacturage. C'est ce qui résulte de l'arrêt de la deuxième Chambre en date du 6 janvier 2005. Rappelons que dans cette opération, du fait de la subrogation personnelle qui s'opère au profit du *factor*, ce dernier recueille les créances qu'a l'adhérent sur ses clients. En application de l'article 1250.1° du Code civil, lesdites créances sortent du patrimoine de l'adhérent à la convention de factoring, au moment où elles lui sont réglées par le *factor*. À partir de ce moment, le client ne peut plus être considéré comme un débiteur de l'adhérent et ne peut donc avoir la qualité de tiers saisi dans une saisie-attribution pratiquée contre l'adhérent.

8. Sur cette question, cf. G. Taormina, *Droit de l'exécution forcée*, préc., n° 445-13. À côté des tiers qui n'ont pas la qualité de tiers saisis pour des raisons résultant de la définition de la saisie-attribution, il y a des tiers qui ne peuvent être tiers saisis en vertu de dispositions spéciales. Tel était le cas de la Caisse des dépôts et consignations en cas de mise en redressement ou en liquidation judiciaires du débiteur, à laquelle la jurisprudence assimile le mandataire-liquidateur (Cass. com., 3 février 1998, n° 96-15.773 ; dans ce cas, le tiers saisi ne peut être que la banque qui tient le compte du mandataire, CA Paris, 14 novembre 2002, *Rev. dr. banc. et fin.* 2003, n° 85, obs. Delleci). C'est également le cas de l'agent chargé de la vente dans la saisie-vente (art. L. 53, al. 2), ceci afin de ne pas compliquer la procédure de distribution du prix de vente. Dans le même ordre d'idée, les sommes consignées en vue de leur distribution dans le cadre d'une procédure de distribution, ne sont pas susceptibles de saisie-attribution (JEX Lyon, 17 janvier 1995, *GP* 1995.2, somm., p. 382). En revanche, l'administrateur judiciaire peut avoir la qualité de tiers saisi (Cass. com., 1er avril 2003, *Bull. civ.* IV, n° 53, *D.* 2003, AJ, p. 1093, obs. A. Lienhard).

La créance saisie, lorsqu'elle est assujettie à la T. V.A., l'est T. T.C. [9]

L'huissier de justice du créancier poursuivant doit signifier au tiers dans les formes prévues par les articles 653 à 659 du Code de procédure civile un acte de saisie devant contenir les six mentions suivantes prescrites par l'article D. 56 ; les cinq premières sont requises à peine de

---

Pour l'anecdote, notons qu'avant les deux dernières réformes des procédures collectives du Code de commerce, le décret n° 85-1388 du 27 décembre 1985 disposait, en effet, en son article 173, qu'« *aucune opposition ou procédure d'exécution de quelque nature qu'elle soit sur les sommes versées à la Caisse des dépôts et consignations n'est recevable* ». Le Professeur Derrida n'avait pas manqué de critiquer cette solution en mettant en doute la légalité de ce texte, au motif tiré des dispositions de l'article 34 de la Constitution, que seule la loi pouvait édicter l'insaisissabilité (note critique au *D. 1*997.371, sous Cass. com., 22 avril 1997, *Bull. civ.* IV, n° 104, *RTD Com.* 1998.212 ; voir aussi, Cass. com., 17 février 1998, *Procédures* 1998, n° 89, obs. H. Croze ; 5 mai 1998, *Bull. civ.* IV, n° 143 ; 8 décembre 1998, *Bull. actu. Lamy dr. com.*, n° 108, février 1999, note G. Montégudet ; 5 mai 1998, *Bull. civ.* IV, n° 143, *D. 1*998.I. R. 151 ; CA Paris, 13 janvier 1998, *D. 1*998.194, note F. Derrida). Le Conseil d'État a finalement déclaré illégal l'article 173 du décret de 1985, dans un arrêt en date du 9 février 2000 (arrêt n° 19371, *D.* 2000, *Cah. Dr Aff.* n° 9, du 2 mars 2000, p. V ; *JCP* 2000.II.10 314, note H. Croze et T. Moussa). La Cour de cassation en avait déjà tiré les conséquences en estimant valable la saisie-attribution effectuée à la demande d'un « créancier de l'article 40 » entre les mains de la Caisse des dépôts et consignations, sur les sommes provenant de la vente d'un immeuble par le mandataire-liquidateur (Cass. com., 28 avril 2000, D. 2000, *Cah. Dr Aff.* n° 20, 25 mai 2000, jurispr. p. 247, obs. A. Liénhard). Puis, cette immunité d'exécution qui empêche de faire toute saisie entre les mains de la Caisse des dépôts et consignations, est réapparue à la faveur de la promulgation de la partie législative de l'actuel Code de commerce. L'article L. 627-1 du Code de commerce reprend, en effet, mot pour mot, les dispositions annulées du décret de 1985. Épilogue de ce feuilleton juridique, la Cour de cassation avait même fini par estimer que le rétablissement de cette immunité d'exécution dans un texte législatif avait un caractère rétroactif, de sorte que l'immunité était censée n'avoir jamais disparu des textes et concerner les saisies pratiquées entre l'annulation de l'article 173 du décret de 1985 et l'entrée en vigueur de l'article L. 627-1 du Code de commerce devenu ensuite l'article L. 662-1, suite à la loi n° 2005-845 du 26 juillet 2005, C. Q.F. D. ! (Cass. 1re civ., 13 novembre 2003, *Bull. civ.* I, n° 232, *D.* 2003, AJ, p. 2886, obs. A. Lienhard). Malgré les réformes qu'ont subies les procédures collectives, ces solutions ont toujours cours.

Ultime difficulté suscitée par l'ouverture d'une procédure collective, quelle est son incidence lorsqu'elle est ouverte à l'encontre du tiers saisi ? Qu'il s'agisse d'une procédure de redressement ou de liquidation, lorsqu'elle est ouverte avant la signification au tiers, d'un exploit de saisie-attribution, elle fait obstacle à la saisie (Cass. com., 8 janvier 2002, n° 98-22.319). Quant à l'ouverture d'une telle procédure, postérieurement à la signification à celui-ci, d'une saisie-attribution, elle ne permet au créancier, en cas de non-paiement, que de déclarer sa créance et d'obtenir, à cette condition, du juge de l'exécution saisi d'une demande de condamnation du tiers saisi au paiement de la cause de la saisie, la fixation du montant de sa créance.

9. Cass. 2e civ., 4 avril 2002, *Bull. civ.* II, n° 70.

nullité[10] : « ***1°*** *L'indication des nom et domicile du débiteur ou, s'il s'agit d'une personne morale, de sa dénomination et de son siège social ;* ***2°*** *L'énonciation du titre exécutoire en vertu duquel la saisie est pratiquée*[11] *;* ***3°****Le décompte distinct des sommes réclamées en principal, frais et intérêts échus, majorées d'une provision pour les intérêts à échoir dans le délai d'un mois prévu pour élever une contestation*[12] *;* ***4°*** *L'indication que le tiers saisi est personnellement tenu envers le créancier saisissant et qu'il lui est fait défense de disposer des sommes réclamées, dans la limite de ce qu'il doit au débiteur ;* ***5°*** *La reproduction du premier alinéa* (des articles) (...) (L.) *43* (...) (L.) *44*(...) (D) *60 et* (D) *66*... ; (**6°**)... *l'heure à laquelle* (l'acte) (...) *a été signifié* » (art. L. 47).

La saisie-attribution présente quelques particularités à ce stade, lorsqu'il s'agit de saisir des sommes dues au débiteur par des personnes morales de droit public[13]. En effet, si ces institutions (État, collectivités locales, établissement publics) ne peuvent faire l'objet de saisies[14], elles peuvent en revanche être des tiers saisis. Ces particularités résultent pour l'essentiel du décret n° 93-977 du 31 juillet 1993[15]. Pour le surplus, la saisie-attribution ordinaire est applicable sous réserve des dispositions des articles D 294 à D 297 auxquels il conviendra de se reporter. Il doit en outre être recouru à la saisie des rémunérations régie par le Code du travail lorsqu'il s'agit de saisir des traitements[16]. Les particularités concernent l'identification du tiers saisi. L'acte de saisie-attribution doit, à peine de nullité, être signifié par huissier de justice au comptable assignataire, et non au comptable ordonnateur de la dépense (art. 4 du décret de 1993). Lorsque le tiers saisi est une commune, la signification doit être faite au percepteur ; s'il s'agit d'un département, au

10. Nullité de forme, pas de nullité sans texte, pas de nullité sans grief (en ce sens, voir not. CA Montpellier, 15 juillet 2002, *Dr et proc.* 2002.386).

11. Voir à titre d'application Cass. 2e civ., 19 septembre 2002, *Bull. civ.* II, n° 183.

12. L'erreur sur la somme réclamée n'est pas une cause de nullité de l'acte (Cass. 2e civ., 27 mai 2004, D. 2004, IR, p. 1860, JCP 2004, IV, n° 2474. Seul le défaut de décompte conforme dans ses éléments, à l'article D. 56.3° est susceptible d'entraîner la nullité de l'acte (Cass. 2e civ., 4 octobre 2001, *Rev. dr. banc. et fin.* 2002, n° 24, obs. Delleci ; Cass. 2e civ., 19 septembre 2002, *Bull. civ.* II, n° 183).

13. Pour une bibliographie un peu ancienne mais toujours utile : J.-L. Bongrand, *Les contradictions de la procédure de saisie-arrêt des rémunérations des fonctionnaires mises en lumière par l'arrêt du 7 mai 1985*, *GP* 1986.2.363 ; Lescaillon, *Les saisies-arrêts pratiquées entre les mains des personnes morales de droit public*, *Rev. huissiers* 1986.337 ; Lescaillon, *La saisie des rémunérations des fonctionnaires*, *Rev. huissiers*. 1986.165 ; Dymant, *La saisie-attribution aux comptables publics, aux centres de chèques postaux et à la Caisse nationale d'épargne*, *Rev. huissiers* 1993.1208.

14. Cf. *supra*, n° 86.

15. M. Dymant, *La saisie-attribution aux comptables publics, aux centres de chèques postaux ou de la caisse nationale d'épargne*, *Rev. huissiers.*, novembre 1993, n° 19, p. 1208 et s.

16. Cf. *infra*, nos 246 et s.

trésorier-payeur général. Lorsque le tiers saisi est la Caisse des dépôts et consignations de Paris, la signification doit être faite à son directeur ; et en province, au trésorier-payeur général. Afin de simplifier au créancier poursuivant la recherche du comptable public compétent, l'article L 25 dispose que « *lorsque la mesure doit être effectuée entre les mains d'un comptable public, tout créancier porteur d'un titre exécutoire ou d'une autorisation de mesure conservatoire, peut requérir de l'**ordonnateur**, qu'il lui indique le comptable public **assignataire** de la dépense, ainsi que tous renseignements nécessaires à la mise en œuvre de la mesure* ». Aux termes des dispositions de l'article 3 du décret de 1993, l'exploit de saisie doit comporter à peine de nullité, outre les mentions prescrites par l'article 56 du décret du 31 juillet 1992, la désignation précise de la créance saisie (traitement, indemnités), et la copie du titre d'exécution. Son destinataire doit viser l'original. Le destinataire de la signification dispose d'un délai de vingt quatre heures pour fournir à l'huissier de justice tous renseignements relatifs à la créance saisie (art. 5, al. 2 du décret de 1993 et art. L 44). Le tiers saisi doit, enfin, remettre à l'huissier de justice un certificat contenant tous les renseignements relatifs à d'éventuelles saisies pratiquées antérieurement ; mais sur ce point, le défaut de collaboration du tiers à la saisie ne l'expose pas à être condamné au paiement de la cause de la saisie en application des dispositions de l'article 60, alinéa 1er, du décret de 1992. Le décret du 31 juillet 1993 prévoit en ses articles 7 à 11, des règles particulières dont il ne doit être fait application qu'en cas de saisie des rémunérations d'un agent d'une collectivité publique.

2. *Deuxième étape* : la dénonciation de la saisie au débiteur[17]

224. Cette dénonciation qui doit être faite par signification[18] (art. D 58) entraîne également certains effets. Elle doit avoir lieu dans un délai de huit jours à compter de la signification de l'acte de saisie, ***sous peine de caducité de la procédure***[19].

Cette dénonciation de la saisie-attribution faite au débiteur doit comporter quatre mentions énumérées par l'article D 58 dont les trois premières sont requises à peine de nullité : « ***1°*** *Une copie du procès-verbal de*

17. Ou à son représentant, lorsqu'il fait l'objet d'une procédure collective (au liquidateur, en cas d'ouverture d'une procédure de liquidation judiciaire, en ce sens Cass. com., 4 mars 2003, *Bull. civ.* IV, n° 33, *D.* 2003, AJ, p. 907, obs. C. Lienhard).

18. Cet acte n'étant pas un acte d'exécution, il peut être délivré par un clerc assermenté (Cass. 2e civ., 12 octobre 2006, *Bull. civ.* II, n° 212, *Procédures* 2007, n° 41, obs. R. Perrot ; 14 février 2008, *Bull. civ.* II, n° 35 ; *contra* : Cass. 2e civ., 28 juin 2006, *Bull. civ.* II, 178, *D.*2007, pan., p. 1388, obs. P. Julien).

19. Pour une application, Cass. com., 13 octobre 1998, n° 96-14.295, *GP* 23-24 décembre 1998, panor., p. 23. La solution est ici la même que celle de l'ancien article 563 du Code de procédure civile.

saisie ; 2° En caractères très apparents, l'indication que les contestations doivent être soulevées, à peine d'irrecevabilité, dans le délai d'un mois qui suit la signification de l'acte et la date à laquelle expire ce délai[20] *; 3° La désignation de la juridiction devant laquelle les contestations pourront être portées ; 4° L'indication, en cas de saisie de compte, du montant de la somme à caractère alimentaire laissée à la disposition du débiteur en application de l'article 46 ainsi que du ou des comptes sur lesquels cette mise à disposition est opérée*[21]*. /L'acte rappelle au débiteur qu'il peut autoriser par écrit le créancier à se faire remettre sans délai par le tiers saisi les sommes qui lui sont dues* ».

La signification de la dénonciation fait courir un délai d'un mois durant lequel il peut être porté toute contestation devant le juge de l'exécution dans le ressort duquel demeure le débiteur (art. D 65, D 66, al. 1 et art. L 45). « *L'auteur de la contestation en informe le tiers saisi par lettre simple* » (art. D 66, al. 2). La décision rendue par le juge de l'exécution constitue l'une des deux formes que peut revêtir l'autorisation de paiement sans laquelle le créancier saisissant ne peut obtenir du tiers saisi le paiement des sommes saisies-attribuées.

Ultime effet de la dénonciation de la saisie au débiteur non prévu par les textes mais consacré par la jurisprudence sous l'empire des textes anciens[22], l'interruption de la prescription de la créance recouvrée. Cette solution doit être conservée.

« *Lorsque la saisie est pratiquée sur un compte joint, elle est dénoncée à chacun des titulaires du compte. Si les noms et adresses des autres titulaires du compte sont inconnus de l'huissier de justice, ce dernier demande à l'établissement qui tient le compte de les informer immédiatement de la saisie et du montant des sommes réclamées* » (art. D. 77).

3. *Troisième étape* : l'obtention de l'autorisation de paiement par le tiers saisi

225. Cette autorisation peut revêtir deux formes : soit un certificat délivré par le greffe, ou une ordonnance du juge de l'exécution. Il s'agit du greffe du juge de l'exécution du lieu où demeure le débiteur, compétent en application des dispositions de l'article D 65. Il y aura

20. Sur l'appréciation de l'existence du grief pouvant résulter d'une erreur sur l'indication du délai de contestation (Cass. 2e civ., 3 avril 2003, *D.* 2004, somm., p. 1485, obs. G. Taormina ; Cass. 2e civ., 2 décembre 2004, *Bull. civ.* II, n° 515, *D.* 2005, IR, p. 18, *Dr. et proc.* 2005, 173, obs. E. Putman).

21. Cf. *supra*, n° 174, suite à la loi n° 2009-526 du 12 mai 2009 et au décret n° 2009-1694 du 30 décembre 2009.

22. Cass. req., 25 mars 1874, *D. 1*874.1.367 ; Cass. 2e civ., 1er mars 1978, *Bull. civ.* II, n° 52 ; CA Paris, 28 novembre 1940, *GP* 1941.1.26.

lieu à délivrance de ce certificat de non-contestation dans deux hypothèses dont seule la première est expressément prévue par l'article D 61.

La première hypothèse est ***l'absence de contestation dans le délai*** (art. D 61, al. 1). L'huissier de justice du créancier saisissant se borne à déclarer au greffe qu'aucune contestation n'a eu lieu. Ce dernier consulte son rôle et délivre le certificat de non-contestation. Nous considérons que dans ce cas, l'huissier n'est pas habilité à établir lui-même le certificat. Il n'est habilité à le faire que dans la deuxième hypothèse.

On désigne en pratique la seconde hypothèse sous l'appellation trompeuse[23] d'***« acquiescement » du débiteur à la saisie***. L'acte de dénonciation de la saisie au débiteur lui « ... *rappelle* (...) *qu'il peut autoriser par écrit le créancier à se faire remettre sans délai par le tiers saisi les sommes qui lui sont dues* » (art. D 58). Cette solution est mise en œuvre par l'article D 61, alinéa 2, qui dispose que « *le paiement peut intervenir avant l'expiration* (du délai de contestation) (...) *si le débiteur a déclaré ne pas contester la saisie. Cette déclaration doit être constatée par écrit* ». Le décret ne le dit pas, mais nous considérons pour notre part que la présentation au tiers saisi de cette déclaration, ne saurait valoir autorisation de paiement. Nous pensons que l'huissier de justice du créancier saisissant devra quand même demander au greffe un certificat de non-contestation sur présentation de la déclaration écrite du débiteur qu'il n'entend pas contester l'acte de saisie. Innovation introduite par le décret n° 96-1130 du 18 décembre 1996, en cas d'« acquiescement » du débiteur à la saisie avant l'expiration du délai de contestation prévu par l'article D 66, et dans ce cas seulement, l'huissier qui a procédé à la saisie est lui aussi habilité à établir le certificat de non contestation sur présentation duquel, le tiers saisi devra payer.

En cas de contestation, cette autorisation de paiement ne peut prendre la forme que d'une ***ordonnance du juge de l'exécution***. La procédure de

23. C'est la conclusion qu'il convient de tirer d'un avis de la Cour de cassation rendu certes en matière de saisie conservatoire convertie en saisie-attribution sur l'application des dispositions de l'article D. 243, alinéa 3, mais qui est transposable ici. À propos de certaines pratiques des huissiers apparues en marge des textes, le juge de l'exécution de Limoges devait poser les questions suivantes à la Cour de cassation : « *après réalisation d'une saisie conservatoire de créance, le débiteur saisi peut-il acquiescer à celle-ci ? Si oui, quelle forme doit revêtir cet acquiescement ? Celui-ci peut-il être constitué par un document établi par l'huissier instrumentaire simplement signé par le débiteur saisi ? L'huissier instrumentaire peut-il, en signifiant un tel document au tiers saisi, obtenir immédiatement le paiement, sans que le créancier n'ait obtenu un titre exécutoire, et sans qu'il ait même engagé une procédure à cette fin ?* ». La Cour, le 24 mai 1996, fut d'avis que « *la notion d'acquiescement est sans application à la saisie conservatoire qui n'est ni une demande en justice, ni un jugement. Toutefois le débiteur saisi peut donner son accord pour que le tiers saisi paie le créancier saisissant moyennant la mainlevée de la saisie ; les autres points de la demande d'avis ne présentent pas de difficultés sérieuses* » (n° 09-60.003, *Bull. avis* n° 6).

contestation sera étudiée dans le cadre du § 2 consacré aux effets et aux incidents de la saisie-attribution.

Pourvu de son autorisation, le créancier saisissant peut demander le paiement au tiers saisi.

4. *Quatrième étape* : le paiement par le tiers saisi

226. Ce paiement obéit à un certain nombre de règles auxquelles renvoie l'article D 243. Il comporte deux limites (art. L. 43, al. 1). Son montant ne peut jamais être supérieur à celui de la dette du tiers saisi envers le débiteur du créancier saisissant, ni supérieur à celui fixé dans l'ordonnance du juge de l'exécution en cas de contestation partielle fondée totalement, ou de contestation totale fondée partiellement[24].

La ***créance à exécution successive*** n'est pas une créance qui existera[25] ; c'est une créance qui existe actuellement, mais dont l'exécution, au lieu d'être instantanée, s'échelonne dans le temps. Tel est le cas d'un loyer et du paiement d'un prix par tempérament. L'article D 72, alinéa 2, qui concerne la saisie de créances à exécution successive, dispose que « *la saisie cesse (...) de produire effet lorsque le tiers saisi cesse d'être tenu envers le débiteur. Le saisi en informe le créancier par lettre recommandée avec demande d'avis de réception* ». Lorsque les ***créances*** saisies sont ***à exécution successive***, « *les sommes échues après la saisie, sont versées sur présentation* » de l'autorisation du paiement (art. D 70, al. 1). La mise en redressement judiciaire du saisi ne perturbe pas ce mécanisme[26]. « *Au fur et à mesure des échéances, le tiers saisi se libère entre les mains du créancier saisissant ou de son mandataire qui en donne quittance et en informe le débiteur* » (art. D 70, al. 2). « *Le tiers saisi est informé par le créancier de l'extinction de la dette du saisi par lettre recommandée avec demande d'avis de réception* » (art. D 72, al. 1).

Quant aux modalités générales du paiement, « l*e tiers saisi procède au paiement sur la présentation d'un certificat délivré par le greffe ou établi par l'huissier de justice qui a procédé à la saisie attestant qu'aucune contestation n'a été formée dans le mois suivant la contestation de la saisie* » (art. D 61, al. 1). En cas de contestation, l'autorisation de paiement est constituée par le jugement rendu par le juge de l'exécution qui doit être impérativement notifié[27] (art. D 68). « *Celui qui a reçu le paiement en donne quittance au tiers saisi et en informe le débiteur* » (art. D 62, al. 1). « *Dans la limite des sommes versées, ce paiement éteint l'obligation du débiteur et celle du tiers saisi* » (art. D 62, al. 2).

---

24. Pour un rappel de ces principes simples, Cass. 2e civ., 8 juillet 2004, *Bull. civ.* II, n° 382.

25. Cf. *infra*, n° 240.

26. CA Aix, 20 juillet 1994, *JCP* 1995.II.22408, note E. Putman.

27. Cass. 2e civ., 19 septembre 2002, *Bull. civ.* II, n° 184.

L'article D 78 pose une règle d'imputation des paiements propre à la saisie de sommes déposées sur des comptes de dépôt à vue. « *Si le débiteur est titulaire de comptes différents, le paiement est effectué en prélevant, en priorité les fonds disponibles à vue, à moins que le débiteur ne prescrive le paiement d'une autre manière* ».

« *Le créancier saisissant qui n'a pas été payé par le tiers saisi, conserve ses droits contre le débiteur* ». Cette règle exprimée à l'alinéa premier de l'article D 63 n'est pas nouvelle. La jurisprudence considérait sous l'empire des dispositions de l'ancien Code de procédure civile, que le saisi ne se trouvait libéré que lorsque le tiers saisi payait le créancier saisissant[28]. « *Toutefois, si ce défaut de paiement est imputable à la négligence du créancier, celui-ci perd ses droits à concurrence des sommes dues par le tiers saisi* » (art. D 63, al. 2).

« E*n cas de refus de paiement par le tiers saisi, des sommes qu'il a reconnu devoir ou dont il a été jugé débiteur, la contestation est portée devant le juge de l'exécution* (de l'article D 219) *qui peut délivrer un titre exécutoire contre le tiers saisi* » (art. D 64). Nous verrons que la Cour de cassation a fait application de ces dispositions en matière d'avis à tiers détenteur[29].

Les textes n'ont pas prévu le refus légitime de paiement. Tel est pourtant le cas lorsque le tiers est informé que le titre exécutoire, en l'occurrence une ordonnance d'injonction de payer, à fait l'objet d'une opposition de la part du débiteur saisi. Dans ce cas en effet l'opposition fait obstacle jusqu'à ce qu'il ait été statué sur elle par une décision exécutoire, au paiement au créancier saisissant des sommes rendues indisponibles par la saisie[30]. Cette solution doit être étendue en cas d'opposition à un titre exécutoire obtenu par défaut, ou en cas de titre exécutoire frappé de tierce opposition lorsqu'il a été fait application des dispositions de l'article 590 du Code de procédure civile[31].

Le tiers saisi « ... *peut aussi être condamné à des dommages et intérêts en cas de négligence fautive ou de déclaration inexacte ou mensongère* » (art. D 60, al. 2).

---

28. Cass. civ., 19 décembre 1933, *D. 1*934.67.

29. Cass. avis, 7 mars 1997, *D. 1*997.454, note Ruellan et Lauba, *RTD civ.* 1997.1000, obs. R. Perrot ; cf. *infra*, n° 254.

30. Cass. avis, 8 mars 1996, *Bull. avis,* n° 4, *D. 1*996, somm. 361, obs. P. Julien, *RTD civ.* 1996.714, obs. R. Perrot.

31. Toujours à propos de la légitimité du refus de paiement du tiers, la Cour de cassation a estimé que ne donnait pas de base légale à sa décision, la cour d'appel qui a condamné le tiers saisi pour avoir remis aux débiteurs les fonds saisis-attribués, sans rechercher si en l'espèce, l'invasion des locaux du tiers, en l'occurrence une banque, et leur occupation des heures durant, sous menace de violences, par les débiteurs regroupés au sein d'un comité de défense, ne constituait pas un motif légitime de nature à exonérer le tiers saisi de ses obligations résultant de la saisie-attribution (Cass. 2e civ., 11 mars 1999, *Bull. civ.* II, n° 50, p. 36, *JCP* 1999.II.10095, note H. Croze).

B La saisie-attribution pratiquée par celui qui se prétend créancier, sur lui-même[32]

227. L'idée de saisie sur soi-même est apparue dans le droit des procédures d'exécution, à propos d'un cas de figure spécifique qui ne rend à vrai dire pas compte de la diversité des hypothèses que cette qualification est susceptible de recouvrer[33]. Il s'agit de l'hypothèse dans laquelle celui qui envisage d'y recourir se prétend créancier d'un débiteur qui est également son créancier. Les deux personnages étant *a priori* à la fois créanciers et débiteurs l'un de l'autre, celui qui aura recours à la saisie sur lui-même, aura par conséquent à la fois la qualité de créancier saisissant et de tiers saisi. Il va en effet saisir entre ses propres mains la créance que son débiteur a vis-à-vis de lui-même ! Le procédé non prévu par le Code de procédure civile de 1806, considéré comme licite par la jurisprudence dans un arrêt de principe en date du 27 juillet 1891[34], n'a pas davantage été envisagé par la loi n° 91-650 du 9 juillet 1991 ou le décret n° 92-755 du 31 juillet 1992. Si la solution ancienne semble pouvoir être conservée, il ne semble cependant pas qu'elle puisse l'être sans nuance. En effet, la nouvelle procédure de saisie-attribution qui a remplacé la défunte procédure de saisie-arrêt, ne comporte, contrairement à l'ancienne procédure, aucun aspect conservatoire et nécessite systématiquement un titre exécutoire. On imagine mal en effet qu'un créancier attende d'obtenir un titre exécutoire pour pouvoir pratiquer sur lui-même une saisie-attribution. La saisie sur soi-même a en effet, historiquement, été imaginée d'abord et surtout, comme un moyen rapide d'échapper à l'exécution forcée de la part de l'adversaire qui se prétend créancier et dont on se prétend soi-même également créancier. Il ne procédera ainsi que s'il dispose déjà d'un titre exécutoire. En pratique, aujourd'hui, il s'agira surtout désormais de saisie conservatoire de créance[35].

32. G. Taormina, *Les saisies sur soi-même*, fasc. 650, in *Droit de l'exécution forcée*, éd. *Journal des Notaires et des Avocats*, décembre 1999.

33. Il ne s'agit en effet pas là de la seule forme de saisie conservatoire sur soi-même. Il existe d'autres techniques qui ne supposent jamais que celui qui les pratique sur soi-même, soit débiteur de son débiteur, et qui, – seconde différence fondamentale –, n'ont été conçues que pour être pratiquées sur soi-même. C'est le cas des droits de rétention et des retenues de garantie dont l'exception d'inexécution est une espèce.
Suivant le même schéma, il existe par ailleurs, à côté de la saisie-attribution sur soi-même, d'autres techniques d'exécution sur soi-même qui ne sont pas conçues comme des saisies. Tels sont la plupart des procédures de ventes publiques d'objets abandonnés ou non retirés chez le créancier, par leur propriétaire-débiteur, et des procédures de réalisation des gages et warrants. Sur l'ensemble de ces procédures, cf. G. Taormina, *Droit de l'exécution forcée*, préc., n° 650-51 et s. Voir aussi sur l'état du droit antérieur, Cass. com., 5 octobre 1999, *D.*2000, p. 542, note D. Voinot.

34. Cass. req., 27 juillet 1891, *DP* 1892.1.430, *S.* 1892.1.225, note Labbé ; voir aussi, Cass. 2e civ., 22 mars 1982, *Bull. civ.* II, n° 51 ; 7 novembre 1988, *RTD civ.* 1989. 14, obs. R. Perrot.

35. Cf. *infra*, nos 390 et s.

Nous n'étudierons ici que les particularités présentées par la saisie-attribution pratiquée sur soi-même. Pour le reste, on se reportera en tant que de besoin, à nos précédents développements sur la saisie-attribution classique, celle à trois personnages.

La saisie-attribution sur soi-même risque d'être en pratique, le plus souvent une pure hypothèse d'école. En effet, contrairement à la défunte saisie-arrêt, la nouvelle procédure de saisie-attribution nécessite toujours un titre exécutoire. Or en pratique, celui qui songe à faire sur lui-même une saisie de créance n'en est généralement pas pourvu. Par conséquent, soit il s'agira d'un créancier déjà pourvu d'un titre exécutoire type copie exécutoire d'acte authentique, soit la saisie-attribution sur soi-même aura été à l'origine une saisie conservatoire convertie ensuite en saisie-attribution pour obtenir les effets de la compensation. Pratiquée sur lui-même par le créancier saisissant ayant également la qualité de tiers saisi, la saisie-attribution nécessite l'accomplissement de deux formalités successives spécifique : la signification à lui-même, par celui qui se prétend créancier, d'un exploit de saisie et la dénonciation de cette saisie à celui qu'il prétend être son débiteur et qui est en outre son créancier.

Comme dans la nouvelle saisie-attribution ordinaire, nous envisagerons successivement la signification au tiers, d'un acte de saisie *(1)*, sa dénonciation *(2)*, l'obtention de l'autorisation de paiement *(3)* et le paiement *(4)*.

1. *Première étape* : la signification à lui même par le créancier saisissant-tiers saisi, d'un acte de saisie

228. L'huissier du créancier poursuivant doit signifier au créancier saisissant, en sa qualité de tiers saisi, dans les formes prévues par les articles 653 à 659 du Code de procédure civile, un acte de saisie devant contenir les six mentions suivantes, dont la présence des cinq premières est requise à peine de nullité (art. D 56) : *1°* L'indication des nom et domicile du débiteur ou, s'il s'agit d'une personne morale, de sa dénomination et de son siège social ; *2°* L'énonciation du titre exécutoire en vertu duquel la saisie est pratiquée ; *3°* Le décompte distinct des sommes réclamées en principal, frais et intérêts échus, majorées d'une provision pour les intérêts à échoir dans le délai d'un mois prévu pour élever une contestation ; *4°* L'indication faite par le créancier saisissant à lui-même qu'il est, en sa qualité de tiers saisi, personnellement tenu envers lui-même en sa qualité de créancier saisissant (*sic*), et qu'il se fait défense à lui-même de disposer des sommes réclamées, dans la limite de ce qu'il doit au débiteur ; *5°* La reproduction du premier alinéa des articles L 43, L 44, D 60 et D 66 ; *6°* L'heure à laquelle l'acte a été signifié.

2. *Deuxième étape* : la dénonciation de la saisie au débiteur

229. L'article D. 58 ne parle pas expressément de signification mais d'« *acte d'huissier de justice* ». On ne saurait toutefois avoir aucun doute sur le sens de la formule. On doit procéder comme pour l'ancienne dénonciation de saisie-arrêt. Cette dénonciation de la saisie-attribution doit avoir lieu dans un délai de huit jours à compter de la signification de l'acte de saisie, ***sous peine de caducité de la procédure***[36].

« *Lorsque la saisie est pratiquée sur un compte joint, elle est dénoncée à chacun des titulaires du compte. Si les noms et adresses des autres titulaires du compte sont inconnus de l'huissier de justice, ce dernier demande à l'établissement qui tient le compte de les informer immédiatement de la saisie et du montant des sommes réclamées* » (art. D 77).

Cette dénonciation de la saisie-attribution faite au débiteur doit comporter quatre mentions dont la présence des trois premières est requise à peine de nullité (art. D 58) : ***1°*** Une copie du procès-verbal de saisie ; ***2°*** En caractères très apparents, l'indication que les contestations doivent être soulevées, à peine d'irrecevabilité, dans le délai d'un mois qui suit la signification de l'acte et la date à laquelle expire ce délai ; ***3°*** La désignation de la juridiction devant laquelle les contestations pourront être portées ; ***4°*** L'indication, en cas de saisie de compte, du montant de la somme à caractère alimentaire laissée à la disposition du débiteur en application de l'article 46 ainsi que du ou des comptes sur lesquels cette mise à disposition est opérée[37]. L'acte rappelle au débiteur qu'il peut autoriser par écrit le créancier à se faire remettre sans délai par le tiers saisi les sommes qui lui sont dues.

La signification de la dénonciation fait donc courir un délai d'un mois durant lequel il peut être porté toute contestation devant le juge de l'exécution dans le ressort duquel demeure le débiteur (art. D 65, D 66, al. 1 et art. L 45).

3. *Troisième étape* : l'obtention de l'autorisation de paiement à lui-même par le saisissant en sa qualité de tiers saisi. La procédure de contestation

230. Cette autorisation peut revêtir deux formes. Un certificat délivré par le greffe ou établi par l'huissier de justice ou une ordonnance du juge de l'exécution.

---

36. La solution est ici la même que celle de l'article 563 de l'ancien Code de procédure civile.

37. Cf. *supra*, n° 174, suite à la loi n° 2009-526 du 12 mai 2009 et au décret n° 2009-1694 du 30 décembre 2009.

4. *Quatrième étape* : « le paiement par le tiers saisi »

231. Ce « paiement » comporte deux limites (art. L 43, al. 1). Son montant ne peut jamais être supérieur à celui de la dette du tiers saisi envers le débiteur du créancier saisissant, ni supérieur à celui fixé dans l'ordonnance du juge de l'exécution en cas de contestation partielle fondée totalement, ou de contestation totale fondée partiellement. En fait de paiement à lui-même par le créancier saisissant en sa qualité de tiers saisi, il s'agira donc pour lui de se prévaloir de la compensation entre sa créance et sa dette.

§ 2. Les effets (A) et les incidents (B) de la saisie-attribution

A Les effets de la saisie-attribution

232. *Nous envisagerons successivement l'interruption de la prescription, les obligations du tiers saisi* **(1)***, l'indisponibilité de la créance saisie et l'effet d'attribution immédiate* **(2)***, et la limitation de l'assiette de la saisie autrefois appelé « cantonnement »* **(3)**.

1. L'interruption de la prescription et les obligations du tiers saisi[38]

233. L'article L 29, alinéa 3, dispose d'abord que « *si la saisie porte sur une créance, elle en interrompt la prescription* ». Il s'agit bien sûr de la prescription de la créance du débiteur à l'égard du tiers saisi.

Le tiers saisi doit déclarer à l'huissier de justice du créancier saisissant l'étendue de ses obligations à l'égard du débiteur de ce dernier, et lui remettre toutes pièces justificatives. Ces obligations résultent des dispositions de l'article L 44 qui doivent être reproduites dans l'acte de saisie. Quand le tiers saisi doit-il communiquer à l'huissier de justice ces renseignements ? « *Le tiers saisi est tenu de fournir* ***sur-le-champ*** *à l'huissier de justice de justice les renseignements prévus à l'article 44 de la loi du 9 juillet 1991 et de lui communiquer les pièces justificatives. Il en est fait mention dans l'acte de saisie* » (art. D 59).

38. G. Dedessus-Le-Moustiers, *L'obligation de renseignement du tiers saisi dans la saisie-attribution*, *JCP* 1998, éd. E, p. 361 ; Ch. Guien, *L'obligation de renseignement du tiers saisi en matière de saisie-attribution : une obligation à exécution instantanée*, *GP* 1998, 2, doctr., p. 1138 ; D. Mondoloni, *L'obligation déclarative du tiers saisi dans la saisie-attribution*, *JC* . 1998, éd. E, p. 1026 ; D. Santacru, *L'article 60 du décret du 31 juillet 1992 : un exemple de transitivité juridique ? Banque et Droit* 1998, juillet - août, p. 3 ; L. Séné, *La responsabilité du tiers saisi*, in *Rapport de la Cour de cassation 2002*, p. 259.

Cette obligation de collaboration est sanctionnée spécialement par les dispositions de l'article D 60 qui dispose que si, sans motif légitime, le tiers saisi ne fournit pas lesdits renseignements, il s'expose à devoir payer la créance pour laquelle la saisie est pratiquée[39], sauf son recours contre le débiteur du créancier saisissant ; et qu'en cas de déclaration inexacte, incomplète ou mensongère, il pourra être condamné à des dommages-intérêts par le juge de l'exécution[40]. Le tiers saisi doit collaborer sans délai, « *sur-le-champ* » (art. D 59), c'est-à-dire immédiatement, avec l'huissier de justice. Tant pis pour le tiers qui, sans motif légitime, tarde avant de lui fournir au moment où celui-ci se présente pour signifier l'acte de saisie, les renseignements nécessaires à la mise en place de la saisie-attribution. C'est alors à bon droit que les juges du fond, après avoir estimé souverainement que le tiers ne pouvait invoquer à l'appui de son retard aucun motif légitime, infligeront au tiers les sanctions prévues par l'article D 60 ; car, toute réponse tardive est alors assimilée à un défaut de réponse[41]. Il en va de même d'une réponse imprécise. La solution n'est pas nouvelle ; elle était déjà consacrée par la jurisprudence avant la réforme[42]. Quant à l'obligation de communiquer

39. Texte déclaré légal par le Conseil d'État, eu égard aux dispositions de l'article 6§ 1 de la convention européenne de sauvegarde des droits de l'homme (CE, 9 juin 2000, *D.*2000, IR, 206). Pour une simple application du principe, voir notamment Cass. 2e civ., 5 juillet 2001, *Bull. civ.* II, nº 132, *D.* 2002, p. 1304, note Daverat.

40. Et uniquement à cela, non à la cause de la saisie (Cass. 2e civ., 10 mars 2004, *Bull. civ.* II, nº 116 ; 13 juillet 2005, *Bull. civ.* II, nº 204, *Procédures* 2005, nº 230, *RTD civ.* 2005, p. 828, obs. R. Perrot).

41. Cass. 2e civ., 2 avril 1997, *Bull. civ.* II, nº 107, *D. 1*998.36, note R. Martin, *GP* 1997.2, panor., p. 281, *GP* 1998.1.140, *RTD civ.* 1997.752, obs. R. Perrot, *Rev. huissiers* 1997.1479, obs. J.-J. Daigre ; 28 octobre 1999, *Bull. civ.* II, nº 162, p. 112 ; dans le même sens, à propos d'une saisie pratiquée entre les mains d'un syndic de copropriété, JEX Bobigny, 30 septembre 1997, *GP* 11-12 février 1998, p. 12 ; pour une application antérieure de cette sévérité : JEX Lyon, 16 mai et 13 juin 1995, *GP* 1995.2, somm. 602 ; *Rev. huissiers.* 1996.722, note J. Prévault ; voir aussi Cass. 2e civ., 15 juillet 2000, nos 97-19.629 et 97-403, sur la distinction faite par l'article 60 entre les comportements fautifs du tiers saisi.

42. CA Caen, 17 janvier 1975, *Rev. huissiers.* 1975.53 ; CA Montpellier, 27 novembre 1980, *JCP* 1981.IV.393 ; CA Paris, 7 janvier 1985, *Rev. huiss*iers 1985.832. Quant à l'appréciation de la légitimité de la non-collaboration immédiate du tiers, malgré une sévérité apparente, la jurisprudence considère semble-t-il, d'une manière générale, que la difficulté à connaître le montant de la créance du saisi sur le tiers saisi, peut faire obstacle à la saisie-attribution et rendre par conséquent légitime la non-collaboration du tiers. Ainsi en a-t-il été de la non-collaboration d'un maître d'ouvrage destinataire d'un exploit de saisie-attribution sur les sommes dues à l'entrepreneur, au motif que ce dernier ayant partiellement inexécuté ses prestations, une récapitulation préalable des comptes était nécessaire, laquelle ne pouvait être immédiatement faite. Dans cette espèce, la juridiction du fond n'avait pas manqué par ailleurs de se référer au fait que le tiers saisi était dépourvu de connaissances juridiques particulières (Cass. 2e civ., 28 janvier 1998, *Bull. civ.* II, nº 35, *D. 1*998.I. R. 78, *GP* 31 juillet - 1er août 1998, panor. p. 29, *GP* 5-6 février 1999, p. 23,

JCP 1998.IV.1610, *JCP* éd. E, n° 12, p. 443, *Dalloz aff.* 1998, p. 333 et 422, obs. S. P., *Procédures* 1998, n° 82, obs. R. Perrot). La motivation de l'arrêt de rejet rendu par la Cour de cassation mérite d'être signalée car nous allons voir que la démarche suivie en l'espèce, sera exactement la même dans une autre décision pour aboutir à la solution inverse. En voici le principal extrait : « ... *l'arrêt relève que le marché à forfait conclu avec (l') entrepreneur, pour la construction de la maison individuelle* (du maître d'ouvrage)*, avait subi des retards et était partiellement inexécuté..., en sorte qu'une récapitulation des comptes était nécessaire, laquelle ne pouvait être immédiatement faite, sans un avis éclairé sur les droits respectifs des parties au contrat de construction, par le tiers saisi dépourvu, en l'espèce, de connaissance juridique particulière... ; ...en l'état de ces constatations et énonciations, la cour d'appel a pu décider qu'il existait un motif légitime au sens de l'article 60 du décret du 31 juillet 1992...* » (pour un retard jugé légitime, du fait de vérifications à faire à l'étranger, CA Paris, 7 avril 1998, *D. 1*998.I. R. 135).
Au contraire, la Cour de cassation a considéré qu'il n'existait aucun obstacle pour connaître, au moins provisoirement, le montant de la créance saisie, à propos des bénéfices distribués à un notaire associé dans une société civile professionnelle, puisque les associés prélevaient chaque mois sur l'exercice comptable en cours, à titre d'acompte sur leur part de bénéfice, une quotité du produit net du mois fixée d'un commun accord, de sorte qu'il n'y avait aucun motif légitime pour que la SCP, tiers saisi, refuse de communiquer au saisissant au moins l'existence et le contenu de cet accord (Cass. 2e civ., 28 janvier 1998, préc.).
D'une manière générale, la jurisprudence se montre évidemment sévère dans l'admission de la légitimité du motif de non-collaboration. Ainsi, une panne informatique alléguée par la banque tiers saisi ne saurait être invoquée (CA Chambéry, 8 janvier 2002, *Rev. dr. banc. et fin.* 2002, n° 73, obs. Delleci). Mais la complexité du fonctionnement des comptes CARPA, Caisse des Règlements Pécuniaires des Avocats, peut constituer un tel motif, en cas de saisie des fonds détenus par un avocat pour le compte de son client débiteur saisi (Cass. 2e civ., 9 janvier 2003, *Bull. civ.* II, n° 4, *Procédures* 2003, n° 62, obs. R. Perrot, *D.* 2004, p. 1495, obs. G. Taormina) ; sur la saisie entre les mains d'un avocat, cf. C. Cohen, *Les problèmes soulevés par la saisie-arrêt pratiquée entre les mains de l'avocat*, *GP* 1983.1.32). Des motifs légitimes de non-collaboration immédiate peuvent aussi résulter de la manière dont l'acte de saisie a été signifié au tiers (voir sur ce point, Cass. 2e civ., 4 octobre 2001, *Bull. civ.* II, n° 152, *D.* 2002, p. 1304, note Daverat, *RTD civ.* 2002, p. 152, obs. R. Perrot ; 22 mars 2001, *Procédure* 2001, n° 105, note R. Perrot ; 17 octobre 2002, *Bull. civ.* II, n° 231, *D.* 2003, somm., p. 1470, obs. G. Taormina ; 15 décembre 2005, *Bull. civ.* II, n° 333, *Procédure* 2006, n° 29, obs. R. Perrot). Enfin, aucun texte n'impose au tiers saisi de donner sur-le-champ à l'huissier de justice, le motif légitime de non-collaboration immédiate (Cass. 2e civ., 7 mars 2002, *Bull. civ.* II, n° 36, *Dr. et proc.* 2002, 242, note E. Putman).
On finit par douter aujourd'hui que, comme la Cour de cassation l'affirmait jadis (Cass. 2e civ., 2 avril 1997, *Bull. civ.* II, n° 107, *Procédure* 1997, n° 147, obs. R. Perrot), La

les pièces justificatives, tout manquement à cette obligation ne peut donner lieu qu'au paiement de dommages-intérês[43].

La demande formulée sur le fondement de l'article D 60 par le créancier contre le tiers saisi, ne constituant pas une contestation, n'est pas enfermée dans le délai de contestation de l'article D 66[44].

L'ouverture d'une procédure de ***sauvegarde***, de ***redressement ou de liquidation judiciaires*** à l'encontre du tiers saisi n'est pas sans incidence[45].

Enfin, l'annulation de la saisie qui est rétroactive, dégage tout aussi rétroactivement le tiers saisi de son obligation de collaboration et le fait donc échapper à la condamnation à la cause de la saisie prévue par l'article D 60[46], mais il encourt tout de même une condamnation à des dommages-intérêts, en application des dispositions générales de l'article L 24[47] et seulement en cas de défaut de renseignement[48].

---

légitimité du motif de non-collaboration immédiate relève encore de l'appréciation souveraine des juges du fond (voir, en effet, Cass. 2e civ., 28 janvier 1998, préc. ; 18 septembre 2003, *Rev. dr. banc. et fin.* 2004, n° 38, obs. Delleci).

43. Cass. 2e civ., 20 décembre 2001, *Bull. civ.* II, °205, *RTD civ.* 2002, p. 363, obs. R. Perrot, *Dr. et proc.* 2002, 181, obs. E. Putman ; 6 mai 2004, *Bull. civ.* II, 218, *D.* 2004, IR, 1866, *RTD civ.* 2004, p. 556, obs. R. Perrot.

44. Cass. 2e civ., 26 novembre 1998, *Bull. civ.* II, n° 284.

45. Quant à l'ouverture d'une telle procédure, postérieurement à la signification au tiers saisi, d'une saisie-attribution, elle ne permet au créancier, en cas de non-paiement, que de déclarer sa créance et d'obtenir, à cette condition, du juge de l'exécution saisi d'une demande de condamnation du tiers saisi au paiement de la cause de la saisie, la fixation du montant de sa créance. Mais l'ouverture d'une procédure collective fait, dans ce cas, obstacle à la condamnation du tiers saisi au paiement de la cause de la saisie, en application de l'article D. 60 (Cass. com., 11 juin 2002, *Bull. civ.* IV, n° 106, *D.* 2002, AJ, p. 2256, obs. A. Lienhard ; 11 juin 2002, n° 99-17.164).

46. Cass. 2e civ., 5 juillet 2000, *Bull. civ.* II, n° 111, *RTD civ.* 2000, p. 903, obs. R. Perrot ; 23 novembre 2000, *Bull. civ.* II, n° 155 ; 3 mai 2001, *Bull. civ.* II, n° 89 ; 3 octobre 2002, *Bull. civ.* II, n° 207, *D.* 2003, somm., p. 1471, obs. G. Taormina ; 24 mars 2005, *Bull. civ.* II, n° 81 ; 21 décembre 2006, *Bull. civ.* II, n° 372, *D.* 2007, AJ, p. 315, obs. Avena-Robardet, *D.* 2008, pan., p. 1172, obs. A. Leborgne ; 6 décembre 2007, *Procédures* 2008, n° 76, *RTD civ.* 2008, p. 162, obs. R. Perrot ; voir aussi, dans le même sens, en matière de saisie conservatoire, Cass. avis, 21 juin 1999, *D. 1*999, IR, p. 206, *JCP* 1999, II, n° 10160, note Croze et Moussa.

47. Cass. 2e civ., 5 juillet 2000, *Bull. civ.* II, n° 114 ; 3 juillet 2008, *Bull. civ.* II, n° 164. En outre le délai d'u mois pour élever une contestation ne court pas contre le tiers saisi (Cass. 2e civ., 5 juillet 2000, *Bull. civ.* II, n° 112).

48. Une déclaration inexacte ou mensongère, ne peut donner lieu à une telle condamnation (Cass. 2e civ., 5 juillet 2000, *Bull. civ.* II, nos 115 et 116 ; 23 mai 2002, *D.* 2002, IR, 1959).

2. L'indisponibilité de la créance saisie et l'effet d'attribution immédiate

234. La créance saisie est indisponible à concurrence de la cause de la saisie. Cette indisponibilité comporte trois aspects.

C'est d'abord ***l'interdiction faite au tiers de se libérer de sa propre dette entre les mains de son propre créancier, le débiteur saisi*** (art. D 56). Le tiers qui paierait quand même le débiteur sans mainlevée de la saisie, s'exposerait à payer une seconde fois[49]. Qui paie mal paie deux fois ! *A fortiori*, le tiers ne peut plus opposer la compensation avec une créance acquise ensuite sur le saisi. « ... *Celui qui, étant débiteur, est devenu créancier depuis la saisie-arrêt faite par un tiers entre ses mains, ne peut, au préjudice du saisissant, opposer la compensation* », car « ... *la compensation n'a pas lieu au préjudice des droits acquis à un tiers...* » en l'occurrence, le créancier saisissant (C. civ., art. 1298). Sous l'empire de l'ancienne saisie-arrêt, la compensation était toutefois admise par exception à la règle énoncée par le Code civil, en cas de connexité entre la dette du tiers saisi antérieure à la signification de l'acte de saisie, et sa créance postérieure sur le débiteur saisi[50]. Il ne semble cependant pas que cette solution puisse être conservée compte tenu du principe d'attribution immédiate de la créance saisie au créancier saisissant dès la signification de l'acte de saisie au tiers. Comment en effet, dès lors que la créance saisie est censée quitter immédiatement le patrimoine du débiteur saisi, pourrait-elle se compenser avec celle acquise ensuite par le tiers saisi sur le saisi, même en cas de connexité[51] ?

Le ***deuxième aspect*** de l'indisponibilité de la créance saisie, c'est ***l'impossibilité pour le débiteur saisi de disposer de sa créance.*** Bien qu'à ce stade de la procédure, le débiteur ne soit pas encore informé de la saisie, sa créance est d'ores et déjà indisponible. Il ne peut pas la céder[52]. Il ne peut

49. Cass. req., 30 mars 1852, *D. 1*852.1. 247 ; 27 octobre 1902, *D. 1*902.1.567 ; Cass. 2e civ., 24 janvier 1973, D. 1973.421, note J. Prévault, *RTD civ.* 1973.678, obs. P. Raynaud.

50. Cass. 1re civ., 25 octobre 1972, *GP* 1973.1.82, *RTD civ.* 1973.617, obs. P. Raynaud.

51. C'est en application du même principe de sauvegarde des droits acquis par les tiers avant la mise en place d'une saisie, que la Cour de cassation a considéré en matière de délégation de créance, que « *si la créance du délégant sur le délégué s'éteint, non pas du fait de l'acceptation par le délégataire de l'engagement du délégué à son égard, mais seulement par le fait de l'exécution de la délégation, ni le délégant, ni ses créanciers, ne peuvent, avant la défaillance du délégué envers le délégataire, exiger paiement ; ...il en résulte que la saisie-arrêt effectuée entre les mains du délégué par les créanciers du délégant ne peut avoir pour effet de priver le délégataire, dès son acceptation, de son droit exclusif à un paiement immédiat par le délégué, sans concours avec les créanciers saisissants...* » (Cass. com., 16 avril 1996, *D. 1*996.571, note C. Larroumet).

52. Cass. civ., 24 décembre 1894, *D. 1*895.1.206 ; Cass. req., 20 juin 1898, *D. 1*899.1.241, *S.* 1900.1.73, note Tissier.

pas non plus y renoncer par une remise de dette[53]. *Nemo liberalis, nisi liberatus* ! Au contraire, une créance est valablement cédée avant la signification au tiers de l'exploit de saisie-attribution[54].

Troisième aspect de l'indisponibilité de la créance saisie, ***l'effet d'attribution immédiate***[55] *de la créance saisie, au* ***créancier saisissant***. L'article L 43, alinéa 1, dispose en effet que « *l'acte de saisie emporte, à concurrence des sommes pour lesquelles elle est pratiquée, attribution immédiate au profit du saisissant de la créance saisie disponible entre les mains du tiers ainsi que tous ses accessoires. Il rend le tiers personnellement débiteur des causes de la saisie dans la limite de son obligation* »[56]. Mais pour que cette attribution immédiate de la créance saisie au

53. Cass. civ., 10 janvier 1859, *D. 1*859.1.34.

54. Cass. 2e civ., 28 janvier 1998, n° 95-17.839.

55. M. Dymant, *La saisie-attribution, les limites de la compétence du juge de l'exécution, le paiement des obligations et l'effet attributif, Rev. huissiers*. 1995.769 ; L. Ghelfi-Tastevin, *Le principe de l'effet attributif immédiat des saisies et le droit des entreprises en difficulté, LPA* 18 octobre 1999, p. 6 ; E. Putman, *Portée du privilège du premier saisissant, Justice* 1997, n° 5, p. 335 ; G. Taormina, *Le droit des sûretés à l'épreuve des privilèges conférés par le droit de l'exécution forcée, RRJ Dr. pros.* 2003/3, p. 1867.

56. La réforme de 1991-1992 a, tout simplement codifié à l'article L. 43 le système dit de la cession-transport, c'est-à-dire de cession judiciaire de créance, adoptée par la jurisprudence à la fin de la première moitié du XIXe siècle, à propos de l'effet du jugement de validité de la saisie-arrêt.

On se souvient que, du fait du silence de l'article 79 de l'ancien Code de procédure civile aujourd'hui abrogé, certains auteurs avaient soutenu au début du XIXe siècle que le jugement de validité de la saisie-arrêt ne donnait qu'une indication de paiement de sorte que le tiers saisi demeurait le débiteur du débiteur du créancier saisissant (Glasson, Tissier et Morel, préc., t. IV, n° 1128, il s'agissait là notamment de l'opinion de Tissier).

Cette analyse avait pour inconvénient de permettre à d'autres créanciers du débiteur saisi de faire opposition après le jugement de validité jusqu'à la distribution des sommes, ce qui enlevait toute sécurité au créancier saisissant bénéficiaire du jugement.

Aussi la jurisprudence de la Cour de cassation condamna-t-elle cette analyse (voir la jurisprudence citée par Glasson, Tissier et Morel, préc., t. IV, n° 1128), en considérant que le jugement de validité opérait cession judiciaire de la créance du débiteur saisi au créancier saisissant ; une cession de créance dans laquelle toutefois, contrairement à la cession conventionnelle (C. civ., art. 1694), le cédant reste garant de la solvabilité du tiers saisi puisqu'il demeure débiteur du créancier saisissant jusqu'au paiement effectif de la créance de ce dernier. Ce mécanisme a été parfaitement résumé par la Cour de cassation, notamment dans un arrêt en date du 15 janvier 1923 dans lequel on peut lire que le jugement de validité de saisie-arrêt avait « ... *pour effet de dessaisir le débiteur des sommes... pour en faire attribution exclusive et transport au saisissant qui, dans les limites où la saisie-arrêt a été autorisée et validée, devient ainsi créancier direct du tiers saisi* » (Cass. civ., 15 janvier 1923, *D. 1*925.1.183, *S.* 1923.1.197 ; voir aussi, pour une ultime application, Cass. 2e civ., 11 mars 1998, n° 95-20.258). Cet effet de cession-transport suppose d'une part, que le jugement de validité de saisie-arrêt soit passé en force de chose jugée, et d'autre part, qu'il ait été signifié au tiers saisi (Cass. 2e civ., 11 mars 1998, préc.).

Si l'instance en validité n'existe plus, cet effet de cession-transport demeure. Comme auparavant cependant, malgré le caractère forcé de cette cession, le débiteur saisi ne créancier saisissant se produise, encore faut-il que la créance saisie soit disponible[57]. Tel n'est pas le cas du prix de vente d'un fonds de commerce[58]. En outre, toute contestation devant le juge de l'exécution diffère le paiement, sauf acquiescement du débiteur à la saisie pendant le délai de contestation[59]. Enfin, la suspension de l'exécution du titre constatant la créance recouvrée par voie de saisie-attribution, ne remet pas en cause son effet d'attributif acquis[60].

La signification de l'acte de saisie ne suffit pas à obliger le tiers à payer. Il faudra pour cela accomplir une troisième formalité après la deuxième : obtenir une autorisation de paiement[61], car l'attribution ne vaut pas paiement[62].

saurait transmettre plus de droit qu'il n'en a : ainsi l'article 13 de la loi de 1991 rappelle-t-il que, notamment, les modalités propres aux obligations conditionnelles, à terme ou à exécution successive, s'imposent au créancier saisissant.

Comme auparavant, cette cession-transport s'analyse, non pas en un privilège, mais en une forclusion des autres créanciers (n'ayant pas fait saisie le même jour, art. L. 43, al. 3) à prétendre participer à la distribution des sommes saisies attribuées.

Lorsque la banque tiers saisi a déposé des fonds dans une succursale à l'étranger, pour le compte du saisi, cette circonstance est sans incidence sur l'effet attributif (Cass. 2e civ., 14 février 2008, *Bull. civ.* II, n° 36, *D.* 2008, AJ, p. 686, obs. Avena-Robardet).

Sur l'absence d'incidence de l'ouverture d'une procédure collective, sur l'effet d'attribution immédiate, cf. *infra*, n° 240.

57. S'il est effectivement possible de saisir une créance indisponible, en revanche, cette saisie sera alors dépourvue de tout effet attributif (Cass. 2e civ., 14 octobre 1999, *Bull. civ.* II, n° 157, *Procédures* 2000, n° 32, *RTD civ.* 2000, p. 169, obs. R. Perrot, *D.* 2000, p. 754, note Soustelle ; 18 octobre 2001, *Bull. civ.* II, n° 59). Une créance rendue indisponible par une saisie conservatoire antérieure, peut faire l'objet d'une saisie-attribution, sous réserve du droit de préférence conféré au premier saisissant (Cass. 2e civ., 28 février 2006, *Bull. civ.* II, n° 59).

Sur cette question, voir aussi, O. Salvat, *La saisie-attribution d'une créance de somme d'argent indisponible, LPA* 19 avril 2001

58. Cass. 2e civ., 16 mars 2000, *Bull. civ.* II, n° 49, *Procédures* 2000, n° 162, obs. R. Perrot.

59. Cass. 2e civ., 24 janvier 2008, *Bull. civ.* II, n° 22.

60. A fait, par conséquent, une exacte application des dispositions des articles D. 55 et L. 42, une cour d'appel qui a considéré que la décision d'un premier président suspendant l'exécution provisoire dont était assorti un jugement, ne peut remettre en cause les effets de la saisie produits avant cette décision (Cass. 2e civ., 31 janvier 2002, *Bull. civ.* II, n° 11). En revanche, la contestation de la créance mise en recouvrement, élevée postérieurement à la saisie-attribution qui a immédiatement produit son effet attributif, ne fait que suspendre la force exécutoire du titre d'exécution la constatant et le cours de la saisie (Cass. 2e civ., 20 novembre 2003, *Bull. civ.* II, n° 351, *RTD civ.* 2004, p. 144, obs. R. Perrot).

61. Cf. *infra,* nos 267 et 291.

62. Pour une application de ce principe, en cas de contestation, Cass. 2e civ., 24 janvier 2007, *Bull. civ.* II, n° 22.

3. La limitation de l'assiette de la saisie

235. Innovation majeure par rapport au droit antérieur, ***la limitation de l'assiette de la saisie***. Cet effet résulte des dispositions combinées des articles D 56.4°, L 29, alinéa 1, et L 43, alinéa 1. La saisie ne doit pas entraîner pour le débiteur une gêne inutile et hors de proportion avec sa cause. Ce que l'on appelait dans l'ancienne saisie-arrêt le cantonnement est désormais, en principe, un effet automatique sous l'empire des anciens textes. Lorsque la cause de la saisie était d'un montant inférieur à la créance saisie, la jurisprudence estimait que le cantonnement obtenu par le débiteur conférait au créancier saisissant concerné un privilège sur les sommes saisies par rapport aux autres créanciers, fondé sur les dispositions des articles 2350 et 2355 du Code civil[63]. Ce privilège est maintenu. L'article L 43, alinéa 2, dispose en effet que « *la signification ultérieure d'autres saisies ou de toute autre mesure de prélèvement, même émanant de créanciers privilégiés, ainsi que la survenance d'un jugement portant ouverture d'un redressement ou d'une liquidation judiciaires, ne remettent pas en cause cette attribution* ».

Le principe d'automaticité de limitation de l'assiette de la saisie-attribution ne semble comporter qu'une seule exception ; une exception qui, hélas, fait finalement figure de principe, puisqu'elle concernera en pratique la plupart des saisies-attribution pratiquées : lorsque la saisie-attribution porte sur des sommes se trouvant sur des comptes ouverts auprès d'établissements habilités par la loi à tenir des comptes de dépôt. Dans ce cas, l'article D 74 dispose que « *l'acte de saisie rend indisponible l'ensemble des comptes du débiteur qui représentent des créances de somme d'argent* », et il semble bien qu'au moment de la saisie seul le créancier, « *au vu des renseignements fournis par le tiers* », puisse « *limiter l'effet de la saisie à certains comptes* » (art. D 76, al. 1). Le débiteur ne peut alors mettre fin au blocage total du compte qu'en constituant « *une garantie irrévocable à concurrence du montant des sommes réclamées* » avec l'accord du créancier saisissant, ou à défaut, l'autorisation du juge de l'exécution (art. D 65 et D 76 al. 2).

B Les incidents de la saisie-attribution

236. Il s'agit des contestations *(1)*, de la consignation et du séquestre des sommes saisies *(2)*. Quant au concours de saisies pratiquées sur les mêmes sommes, il n'existe certes pas de procédure d'intervention, le

63. C. civ., anc. art. 2075-1. Cass. req., 22 février 1926, *D. 1*927.1.157, note Chéron ; CA Paris, 9 juin 1988, *D. 1*988.I. R. 208 ; A. pr. c., art. 567, al. 3, abrogé. G. Taormina, *Le droit des sûretés à l'épreuve des privilèges conférés par le droit de l'exécution forcée, RRJ Dr. pros.* 2003/3, p. 1867.

paiement étant le prix de la course ; mais les textes ont au moins prévu le cas de saisies pratiquées le même jour sur les mêmes sommes, sans toutefois avoir prévu dans cette hypothèse le régime de la distribution des deniers entre les créanciers saisissants. Cette question sera étudiée ultérieurement dans le cadre du titre consacré à la distribution des deniers.

1. Les contestations[64]

237. « *Les **contestations** sont portées devant le juge de l'exécution du lieu où demeure le débiteur* » (art. D 65)[65]. Il convient de considérer comme ayant la qualité de parties à la saisie-attribution, ses acteurs, c'est-à-dire, comme jadis dans la saisie-arrêt, le créancier saisissant, le débiteur saisi et le tiers saisi. Eux seuls sont concernés par les dispositions de l'article D 66.

Réécrit par le décret n° 96-1130 du 18 décembre 1996, le premier alinéa de l'article D 66[66] dispose d'abord toujours, qu'« *à peine d'irrecevabilité, la contestation est formée dans le délai d'un mois à compter de la dénonciation de la saisie au débiteur...* ». L'innovation par rapport à la rédaction initiale est la suivante : « ... *sous la même sanction,* (c'est-à-dire l'irrecevabilité de la contestation, celle-ci doit être) *dénoncée le même jour, par lettre recommandée avec demande d'avis de réception*[67], *à l'huissier de justice qui a procédé à la saisie* »[68]. Le délai d'un mois prévu par le décret de 1992 pour saisir le juge de l'exécution, ne concerne pas les contestations ne portant pas sur la validité de la saisie-attribution, lesquelles peuvent par conséquent être élevées même

64. M. Dymant, *Délai pour agir ou délai pour saisir*, *GP* 19-20 novembre 1997, p. 33 ; M. Dymant, *Délai de contestation de la saisie-attribution, suite... et fin*, *GP* 8-12 mai 1998, p. 6.

65. En cas de pluralité de débiteurs d'une même dette, les contestations doivent donc être portées par chacun des débiteurs saisis devant le juge de l'exécution du lieu où il demeure (Cass. 2e civ., 4 juillet 2007, *Bull. civ.* II, n° 203, *Procédures* 2007, n° 251, *RTD civ.* 2007, p. 815, obs. R. Perrot).

66. Texte déclaré légal par le Conseil d'État (CE, 3 décembre 2003, req. n° 244131).

67. Une assignation de l'huissier de justice devant le juge de l'exécution, équivaut au procédé de la lettre recommandé (CA Toulouse, 2 juin 1998, *Rev. huissiers* 1999, p. 423, note R. Martin). En outre, dans le même ordre d'idées, l'omission de la dénonciation à l'huissier n'a pas d'incidence sur la recevabilité de la contestation, lorsque l'huissier instrumentaire qui a délivré l'assignation est celui qui a procédé à la saisie (Cass. 2e civ., 31 mai 2001, *Bull. civ.* II, n° 109, *D.* 2001, p. 2717, obs. P. Julien).

68. Une telle dénonciation faite à l'huissier de justice avant que le juge de l'exécution ne soit saisi de la contestation, ne satisfait pas aux exigences de l'article D. 66 (Cass. 2e civ., 20 mars 2003, *Bull. civ.* II, n° 73 ; 16 octobre 2003, *Bull. civ.* II, n° 312). Il en va de même de la dénonciation faite seulement le lendemain de la délivrance de l'assignation à comparaître devant le juge de l'exécution (Cass. 2e civ., 16 octobre 2003, préc.).

après l'expiration de ce délai[69]. Enfin, dans deux arrêts en date du 5 juillet 2000, la deuxième Chambre civile, présidée pour la circonstance, par le premier président de la Cour de cassation, a considéré que ce délai ne concerne pas non plus les contestations formulées par le tiers saisi, même lorsqu'elles portent sur la validité de la saisie[70].

La Cour de cassation considère que c'est seulement la délivrance au créancier saisissant, de l'assignation en contestation devant le juge de l'exécution et l'envoi d'une copie de cette assignation en recommandé avec demande d'avis de réception à l'huissier de justice le même jour que sa délivrance au créancier, qui doivent avoir lieu dans le mois de la dénonciation de la saisie au débiteur ; non le placement de l'assignation au greffe du juge de l'exécution[71]. « *L'auteur de la contestation en informe le tiers saisi par lettre simple* » (art. D. 65, al. 2). Le tiers saisi n'a donc pas à être assigné lui aussi devant le juge de l'exécution. Le délai de contestation est-il susceptible d'interruption ou de suspension ? délai préfix, il n'est susceptible ni de l'un, ni de l'autre[72]. Il est toutefois susceptible le cas échéant d'être prolongé de délais distance, comme la plupart des délais de procédure, en application des dispositions des articles 643 et suivants du Code de procédure civile.

Nous avons vu que la dénonciation du procès-verbal de saisie qui doit être effectuée en application de l'article D 58, doit comporter une copie du procès-verbal de saisie signifié au tiers saisi qui comporte notamment la reproduction de l'article D 66[73]. En cas de défaut de reproduction de ce texte, est inopposable au débiteur l'irrecevabilité de sa contestation, celui-ci fût-il assisté d'un avocat[74].

---

69. Cass. 2e civ., 8 novembre 2001, *Rev. dr. banc. et fin.* 2002, n° 69, obs. Delleci. En ce sens, voir également : Cass. 2e civ., 22 octobre 1997, n° 95-18.730, rendu à propos d'une contestation portant sur les effets de l'ouverture d'une procédure de redressement judiciaire, la saisine du juge de l'exécution étant alors fondée sur les dispositions, à l'époque, de l'article L. 311-12-1 du Code de l'organisation judiciaire devenu depuis l'article L. 213-6 ; 26 novembre 1998, *Bull. civ.* II, n° 284, p. 171 ; 11 mars 1999, *Bull. civ.* II, n° 49, p. 35, arrêts rendus à propos d'une demande formulée par le créancier saisissant contre le tiers saisi.
En cas de mise en liquidation judiciaire du débiteur, le créancier saisissant a l'obligation de dénoncer la saisie-attribution au mandataire-liquidateur. Le délai de contestation prévu par l'article 66 du décret de 1992 ne court à son égard, qu'à compter de cette dénonciation à défaut de laquelle, il ne saurait encourir aucune forclusion de ce chef (Cass. com., 19 janvier 1999, *Bull. civ.* IV, n° 17).
70. Cass. 2e civ., 5 juillet 2000, arrêts de cassation, *Bull. civ.* II, nos 112 et 197.
71. Cass. avis, 15 juin 1998, *Bull. avis* n° 8 ; Cass. 2e civ., 3 novembre 2005, *Bull. civ.* II, n° 279, *RTD civ.* 2006, p. 159, obs. R. Perrot. Ce qui importe, c'est la délivrance de l'assignation, non son placement au greffe du juge de l'exécution (avis préc. ; Cass. 2e civ., 15 décembre 2005, *Bull. civ.* II, n° 332, *Procédures* 2006, n° 30, obs. R. Perrot).
72. En ce sens, CA Colmar, 30 mai 1994, *BI* août 1994, n° 858.
73. Cf. *supra*, n° 221.
74. Cass. 2e civ., 10 mars 2004, *Bull. civ.* II, n° 115.

Les tiers sont les personnes totalement étrangères à la procédure. Il ne s'agit donc ni du créancier saisissant, ni du débiteur saisi, ni du tiers saisi, ni de leurs ayants cause. La contestation de la saisie-attribution pourrait émaner notamment d'un cessionnaire de la créance saisie ayant acquis ses droits avant la saisie. Parce qu'il a pu apprendre tardivement l'existence de celle-ci, il serait inimaginable de lui opposer le délai de l'article D 66, ou encore les autres formalités à accomplir prescrites par ce texte, puisqu'il n'est destinataire d'aucun des actes de la saisie. Nous considérons qu'il pourra agir par voie d'action ou d'intervention à une contestation déjà élevée, devant le juge de l'exécution. La contestation des tiers à la saisie peut aussi prendre la forme d'une tierce opposition[75].

La formulation d'une contestation diffère le paiement aussi longtemps qu'elle n'est pas tranchée, sauf autorisation spéciale de paiement provisionnel du juge de l'exécution en attendant la décision portant sur la contestation (art. L 46). Il existe une règle propre à la saisie-attribution de ***créance à exécution successive*** posée par l'article D 71 : « *En cas de contestation, le tiers saisi s'acquitte des créances échues entre les mains d'un séquestre désigné à défaut d'accord amiable, sur requête par le juge de l'exécution* (de l'article D 65). *Si les sommes consignées suffisent à désintéresser le créancier, le juge de l'exécution ordonne la mainlevée de la saisie. Le secrétariat-greffe* (du juge de l'exécution) *en informe le tiers saisi par lettre recommandée avec demande d'avis de réception* »[76]. Cela suppose bien sûr que la contestation soit non fondée. Si elle est fondée, il y aura certes également mainlevée de la saisie-attribution, mais le séquestre se libérera non pas entre les mains du créancier saisissant porteur de l'ordonnance du juge de l'exécution, mais entre celles du débiteur saisi.

En outre, afin que la contestation ne retarde pas outre mesure, le paiement sur saisie, le juge de l'exécution donne effet à la saisie pour la fraction non contestée de la dette, par une décision exécutoire sur minute (art. D 67, al. 1). Dans le même ordre d'idées, en attendant de statuer sur la contestation dont il est saisi, le juge de l'exécution peut, s'il lui apparaît que ni le montant de la créance du créancier saisissant, ni la dette du tiers saisi ne sont sérieusement contestables, ordonner provisionnellement le paiement au créancier saisissant, d'une somme qu'il détermine en prescrivant, le cas échéant, des garantie, sa décision n'ayant alors « ... *pas autorité de la chose jugée au principal* », c'est-à-dire qu'elle ne préjugera pas de la décision qui sera ensuite rendu sur la contestation (art. D 67, al. 2 et 3).

2. Consignation et séquestre des sommes saisies

238. Aux termes des dispositions de l'article D 57, alinéa 1, « *tout intéressé peut demander que les sommes saisies soient consignées entre*

---

75. Pour une application, Cass. 2e civ., 23 septembre 1998, *Bull. civ.* II, n° 246, p. 147.
76. Cf. *infra*, n° 238.

les mains d'un ***séquestre*** » (art. D 57, al. 1). La solution n'est pas nouvelle ; elle était déjà admise sous l'empire de l'ancienne saisie-arrêt[77]. Cette demande pourra être formulée par tout intéressé, c'est-à-dire aussi bien le créancier saisissant que le débiteur ou le tiers saisi. Le séquestre sera désigné à défaut d'accord amiable, sur requête par le juge de l'exécution ; l'article D 57 ne le précise pas, mais il s'agit vraisemblablement de celui de l'article D 65, c'est-à-dire celui du lieu où demeure le débiteur (art. D 65). « *La remise des fonds au séquestre arrête le cours des intérêts* (moratoires) *dus par le tiers saisi* » au saisi (art. D 57, al. 2). Il s'agit une fois encore d'une solution dégagée auparavant par la jurisprudence[78].

§ 3. La saisie-attribution à objet spécifique

239. La saisie-attribution comporte des particularités lorsqu'elle porte soit sur des créances successives ***(A)***, soit sur des sommes figurant sur un compte de dépôt ***(B)***.

A La saisie de créances à exécution successive, de créances futures et de créances conditionnelles ou à terme

240. La saisie-attribution a-t-elle, comme l'ancienne saisie-arrêt, un ***effet successif*** ? Cette question ne saurait être réduite à la seule saisie des créances à exécution successive qui n'en constitue qu'un aspect. Il s'agit en effet également de savoir si la saisie-attribution pratiquée une seule fois, est susceptible de permettre d'appréhender sans avoir à la refaire, les créances futures du débiteur sur le tiers saisi[79].

Les ***créances futures*** n'étant pas comprises dans l'assiette de la nouvelle saisie-attribution dépourvue d'effet successif automatique, les

77. Cass. civ., 9 mars 1910, *D. 1*910.1.34 ; 26 juillet 1933, *D. 1*933.473.

78. Cass. 2e civ., 4 janvier 1989, *Bull. civ.* II, n° 107.

79. Au temps de l'ancienne saisie-arrêt, pouvoir saisir des créances futures ou à échéance différée (on se souvient de la formule couramment utilisée à cet effet dans le jugement de validité : « ... *les sommes que le tiers doit ou devra...* »), faisait en quelque sorte partie de ces certitudes judiciaires érigées en dogme. Muni du jugement de validité, le créancier saisissant n'avait plus qu'à attendre d'être rempli de ses droits. Prétendre aujourd'hui que cette solution demeure sous l'empire de la saisie-attribution, nous paraît assez incertain, car non seulement il n'y a plus de jugement de validité susceptible de la prévoir, mais l'art. L. 43 parle d'« *attribution immédiate... de la créance saisie disponible...* » ; formule trop précise pour ne pas être restrictive et pour qu'on ne puisse pas conclure que le créancier saisissant n'obtient rien d'autre que l'attribution de la créance existante et échue au moment de la signification au tiers saisi de l'exploit de saisie-attribution. On ne pourrait donc plus aujourd'hui comme jadis (mais pouvait-on vraiment le faire sous l'empire de la défunte saisie-arrêt ?) saisir les créances futures.

créanciers n'ont plus qu'à faire procéder à une saisie-attribution chaque jour pour pallier cet inconvénient et reconstituer l'effet successif prétendûment attaché à l'ancienne saisie-arrêt.

Le problème ne se pose pas dans ces termes pour les ***créances à exécution successive***. La créance à exécution successive n'est pas une créance qui existera ; c'est une créance qui existe actuellement, mais dont l'exécution, au lieu d'être instantanée, s'échelonne dans le temps. Tel est le cas d'un loyer, et, d'une manière générale, du paiement d'un prix par tempérament. L'article D 72, alinéa 2, qui concerne la saisie de créances à exécution successive, dispose que « *la saisie cesse... de produire effet lorsque le tiers saisi cesse d'être tenu envers le débiteur. Le saisi en informe le créancier par lettre recommandée avec demande d'avis de réception* ». Une saisie-attribution pratiquée avant l'ouverture d'une procédure de ***sauvegarde***, de ***redressement ou de liquidation judiciaires***[80] sur une créance à exécution successive, continue de produire ses effets sur les termes à échoir après le jugement d'ouverture de la procédure[81]. Mais la saisie pratiquée le même jour que la mise en redressement judiciaire est privée de tout effet[82]. Peu importe la date de cessation des paiements, puisque la saisie-attribution ne fait pas partie des actes déclarés nuls par l'articles L. 632-1 du Code de commerce[83]. Notons toutefois, qu'aux termes de l'article L. 263 A du livre des procédures fiscales, « *conformément au deuxième alinéa de l'article L. 632-2 du Code de*

80. P. Canet, *Les voies d'exécution issues de la loi du 9 juillet 1991 face au redressement et à la liquidation judiciaires, Rev. proc. coll.*, n° 1995-3, p. 266 et s. ; F. Derrida, *Incidence des nouvelles procédures civiles d'exécution sur le redressement et la liquidation judiciaires des entreprises, LPA* 6 janvier 1993, n° 3, p. 25 et s. ; L. Ghelfi-Tastevin, *Le principe de l'effet attributif immédiat des saisies et le droit des entreprises en difficulté, LPA* 18 octobre 1999, p. 6 ; G. Montégudet, *Procédures collectives et opposition sur les sommes versées à la CDC, Bull. d'actu. Dr. com. Lamy* 1998, février 1999, n° 108, p. 2 et s.

81. C. avis 16 décembre 1994, *Bull. civ. avis*, n° 24, *JCP* 1995.II. 22409, note A. Grafmeyer, éd. E, II.686, note R. Martin, D. 1995.166, note F. Derrida, *RTD civ.*1995.965, obs. R. Perrot ; Cass. 2e civ. 10 juillet 1996, *JCP* 1996.II.22723, note E. Putman, *RTD civ.* 1996. 716, obs. R. Perrot, *Rev. dr. bancaire et boursier* 1996, p. 212, obs. Campana et Calendini ; Cass. ch. mixte, 22 novembre 2002, *Bull. civ.*, n° 7, *D.* 2002, AJ, p. 3270, obs. A. Lienhard, *D.* 2003, somm., p. 1472, obs. G. Taormina, *RTD civ.* 2003, p. 146, obs. R. Perrot ; Auparavant, CA Aix, 20 juillet 1994, *JCP* 1995.II.22408, note E. Putman ; CA Rennes, 26 mai 1995, *JCP* 1995.II.22508, *JCP* 1995, éd.E., 715, note E. Putman ; cf. aussi, Cass. com., 16 décembre 1994, *JCP* 1996.II.22578, note E. Putman, *RTD civ.* 1996. 483, obs. R. Perrot ; *D. 1*996.155, note F. D. ; *contra* : Cass. com., 24 octobre 1995, *JCP* 1996.II.22578, note E. Putman, rendu en matière d'avis à tiers détenteur.

82. En ce sens, JEX Marmande, 24 septembre 1993, *Rev. huissiers* 1994. 946.

83. En ce sens, Cass. com., 16 juin 1998, *Bull. civ.* IV, n° 200 ; 4 mars 2003, n° 00-11.597 ; 29 avril 2003, *Bull. civ.* IV, n° 63 ; JEX Dijon, 11 février 1994, *Rev. huiss.*1994.954 ; JEX Quimper, 3 février 1994, *Rev. huiss.*1994.703, note Dahan ; CA Rennes, 3 mars 1994, *JCP*éd. E, 1995.I.457, obs. R. Cabrillac.

commerce[84], *tout avis à tiers détenteur, toute saisie-attribution ou toute opposition peut être annulé lorsqu'il a été délivré ou pratiqué par un créancier après la date de cessation des paiements et en connaissance de celle-ci* ». La mise en redressement judiciaire intervenue après la signification au tiers de l'acte de saisie-attribution, ne remet pas en cause l'effet d'attribution au créancier saisissant de la créance saisie[85]. Sa créance n'a, en outre, pas à être déclarée[86]. En cas de mise en liquidation judiciaire du débiteur, le créancier saisissant a l'obligation de dénoncer la saisie-attribution au mandataire-liquidateur. Le délai de contestation prévu par l'article 66 du décret de 1992 ne court à son égard, qu'à compter de cette dénonciation, à défaut de laquelle il ne saurait encourir aucune forclusion de ce chef[87].

Il a été jugé que ne constituaient pas des créances à exécution successive, susceptibles comme telles de faire l'objet d'une seule saisie-attribution dont les effets se prolongeraient dans le temps, en application de l'article L 13, les sommes dues par une caisse d'assurance mutuelle à un chirurgien dentiste, en exécution d'une convention de tiers-payant[88]. Il en va de même des créances à exécution successive que sont les sommes dues aux salariés par l'employeur, au titre de la participation aux bénéfices[89]. N'en constituent pas non plus, plusieurs mensualités déjà échues d'une créance et qui constituent dès lors, une créance en capital unique[90]. La même solution s'impose concernant une créance à exécution successive, à propos des sommes devant être versées

84. « *Tout avis à tiers détenteur, toute saisie attribution ou toute opposition peut également être annulé lorsqu'il a été délivré ou pratiqué par un créancier à compter de la date de cessation des paiements et en connaissance de celle-ci* ».

85. Cass. com., 16 juin 1998, préc. arrêt rendu en matière d'ATD ; 13 octobre 1998, *Bull. civ.* IV, n° 237 ; 16 février 1999, n° 95-17.928, *Procédures* 1999, n° 274, obs. Laporte ; 19 février 2002, *Bull. civ.* IV, n° 37, *D.* 2002, AJ, p. 1070, note Avena-Robarde, *Procédures* 2002, n° 92, note R. Perrot ; 26 novembre 2002, n° 99-16.161 ; Cass. 2e civ., 11 mars 1998, *Bull. civ.* II, n° 84. Il en va de même en matière de liquidation (Cass. com., 3 décembre 2003, *D.* 2004, somm., p. 1489, obs. G. Taormina). Mais encore faut-il que la saisie pratiquée ne soit pas affectée d'une irrégularité (Cass. com., 19 février 2002, *Bull. civ.* IV, n° 37, irrégularité de la dénonciation de la saisie) ou que la cause soit nulle. Ainsi, la nullité d'un contrat, pour avoir été conclu durant la période suspecte, affecte la saisie-attribution pratiquée en vertu de ce contrat. La saisie se trouve alors *ipso facto* dépourvue de fondement (Cass. com., 1er octobre 2002, n° 01-03.540 ; voir aussi, dans le même sens, à propos de la nullité d'une reconnaissance de dette, Cass. com., 1er octobre 2002, *Bull. civ.* IV, n° 134).

86. Cass. com., 13 octobre 1998, *ibid.*

87. Cass. com., 19 janvier 1999, *Bull. civ.* IV, n° 17, p. 15.

88. Cass. 2e civ., 13 juin 2002, *Bull. civ.* II, n° 129, *D.* 2003, somm., p. 1469, obs. G. Taormina. Voir, sur le mécanisme de la convention de tiers payant, CA Paris, 27 avril 2000, *D.*2000, IR, p. 159, Cass. com., 17 décembre 2002, *Bull. civ.* IV, n° 196, Cass. 2e civ., 13 décembre 2003, n° 99-18.093.

89. JEX Saint-Omer, 27 janvier 1998, *GP* 1999, 1, jur., p. 119.

90. Cass. 2e civ., 30 septembre 1999, n° 97-22.458.

par la Caisse primaire d'assurance maladie du Finistère à une société de transports de malades, Cour de cassation considérant, en effet, qu'en application de la convention, les prestations n'étaient dues qu'au fur et à mesure de leur accomplissement, et qu'il s'agissait ainsi, de créances distinctes nées des transports effectués[91]. En revanche, constitue une créance à exécution successive, les sommes dues par une société procédant régulièrement à des ramassages de lait dans l'exploitation agricole du débiteur saisi, la Cour de cassation ayant considéré qu'« ... *en matière de réglementation des quotas laitiers, le contrat liant le producteur à l'acheteur, comportant des obligations réciproques de production et de collecte échelonnées dans le temps, pendant une période de référence et portant sur des quantités de référence, constitue un contrat unique à exécution successive* »[92]. Il va sans dire que le caractère à exécution successive de la créance ne se présume pas[93].

Dans le même ordre d'idées, la saisie-attribution pratiquée entre les mains d'un établissement bancaire peut porter sur des ***créances conditionnelles ou à terme***, dès lors que la créance du débiteur existe au jour de la saisie. Par conséquent, lorsqu'un virement bancaire a été effectué au bénéfice du tiers saisi avant que ne soit pratiquée entre ses mains une saisie-attribution, cette saisie doit recevoir effet, la créance du débiteur saisi étant effectivement née dès avant l'inscription au compte[94].

B Règles particulières à la saisie des soldes créditeurs de comptes de dépôt[95]

241. Ces règles qui n'obligent que les établissements habilités par la loi à tenir des comptes de dépôt[96], concernent l'information des

91. Cass. 2e civ., 17 mai 2001, *Bull. civ.* II, n° 99.
92. Cass. 2e civ., 8 mars 2001, *Bull. civ.* II, n° 48.
93. Cass. 2e civ., 20 mars 2003, n° 01-03.082.
94. Cass. 2e civ., 28 mai 2003, *Bull. civ.* II, n° 166, *D.* 2004, somm., p. 1490, obs. G. Taormina.
95. Cf. *supra* nos 108 et s. ; J.-M. Calendini, *De quelques problèmes liés à la saisie des comptes bancaires*, *LPA*, 26 février 1992, n° 25, p. 12 ; J.-M. Calendini, *La saisie-attribution de compte bancaire*, *LPA* 9 février 1994 ; F.-J. Crédot, *Les aspects bancaires de la loi du 9 juillet 1991 portant réforme des procédures civiles d'exécution*, *LPA* 24 avril 1992, n° 50 ; H. Croze, *Saisie-attribution bancaire : les mystères de l'article 47 de la loi du 9 juillet 1991*, *LPA* 6 janvier 1993, p. 70 et s. ; G. De Leval et F. Georges, *La saisie-arrêt bancaire dans l'Union européenne*, in *L'efficacité de la justice civile en Europe*, éd. *Larcier* 2000 ; Ch. Mouly, *Procédures civiles d'exécution et droit bancaire*, *RTD civ.* 1993, *in* n° spéc. *La réforme des procédures civiles d'exécution*, p. 65 et s. ; Ch. Mouly, *Les saisies des comptes bancaires*, *LPA* 26 mai 1993, n° 63, p. 7 ; O. Salati, *Comptes et voies d'exécution*, *Dr. et proc.* 2002, p. 203.
96. Telle n'est pas le cas d'une société d'affacturage (Cass. 2e civ., 5 avril 2007, *Bull. civ.* II, n° 88, *RD bancaire et fin.* 2007, n° 160, obs. S. Piédelièvre, *GP* 10-11 octobre 2007, p. 8, obs. Brenner).

co-titulaires du compte faisant l'objet d'une saisie *(1)*, les obligations de renseignement à la charge du tiers saisi *(2)*, la régularisation des opérations en cours *(3)* et le paiement des sommes saisies *(4)*.

1. L'information des co-titulaires du compte

242. Plusieurs personnes peuvent être titulaires du même compte (époux, concubins). Lorsque c'est le cas, la saisie doit être dénoncée à chacun d'eux. Elle le sera directement par l'huissier de justice s'il connaît leur nom et leur adresse. Dans le cas contraire, il demandera à l'établissement bancaire tiers saisi de les informer immédiatement de la saisie et du montant des sommes réclamées (art. D 77).

2. Les obligations de renseignement à la charge du tiers saisi

243. L'article L 47 pose deux obligations spécifiques de renseignement à la charge du tiers en cas de saisie sur un compte de dépôt. La première existe lors de la signification de l'acte de saisie : « *lorsque la saisie est pratiquée entre les mains d'un établissement habilité par la loi à tenir des comptes de dépôt, l'établissement est tenu de déclarer le solde du ou des comptes du débiteur au jour de la saisie...* ». L'article D 75 énonce exactement le même principe. Le tiers saisi doit indiquer « *la nature du ou des comptes du débiteur ainsi que leur solde au jour de la saisie* » (art. D 75)[97]. L'établissement n'est, évidemment, pas fondé à opposer un quelconque secret bancaire[98], et le juge de l'exécution apprécie souverainement le préjudice causé par la faute consistant à fournir une information inexacte ou frauduleuse et qui n'entre pas dans le champ d'application des articles L 44, D 59, D 60 et D 73[99].

La seconde obligation de renseignement à la charge du banquier, n'a cours qu'en cas de modification du solde du compte du fait de la régularisation des opérations effectuées avant la signification de l'acte de saisie, et en voie de régularisation. L'article L 47 dispose en effet qu'« ... *en*

97. Notons à ce propos, que l'obligation du banquier tiers saisi s'étend à tous les comptes ouverts sur ses livres au nom du débiteur, et pas seulement à celui qui fait l'objet de la saisie-attribution (Cass. 2ᵉ civ., 1ᵉʳ juillet 1999, *Bull. civ.* II, nº 129, *RTD civ.* 1994, p. 687, obs. R. Perrot), y compris dans des succursales à l'étranger, même constituées en sociétés distinctes (Cass. 2ᵉ civ., 30 janvier 2002, *JCP éd. E.* 2003, nº 587, note G. Cuniberti, *Rev. dr. banc. et fin.*, juin 2003, p. 179, obs. Delleci), mais en présence d'une convention de fusion de compte, il n'est tenu de déclarer que le solde unique résultant de l'application de cette convention (Cass. 2ᵉ civ., 5 juillet 2000, *Bull. civ.* II, nº 113).

98. Cass. 2ᵉ civ., 1ᵉʳ juillet 1999, *Bull. civ.* II, nº 129.

99. Cass. 2ᵉ civ., 13 février 2003, *Bull. civ.* II, nº 40, *Rev. dr. banc. et fin.* 2003, nº 87, obs. Delleci.

cas de diminution des sommes rendues indisponibles, l'établissement doit fournir un relevé de toutes les opérations qui ont affecté les comptes depuis le jour de la saisie inclusivement » (art. L 47)[100]. Ce relevé « ... *est communiqué par lettre recommandée avec demande d'avis de réception au créancier saisissant au plus tard huit jours après l'expiration du délai de contre-passation* » (art. D 79), c'est-à-dire, comme nous allons le voir, huit jours après l'expiration d'un délai qui est de 15 jours ou de un mois suivant le type d'opération affectant le solde du compte.

3. La régularisation des opérations en cours

244. La seconde série de règles posées par l'article L. 47 traite de la régularisation des opérations en cours au moment de la saisie. Les sommes laissées sur les comptes qui font l'objet d'une saisie-attribution, sont bloquées pendant un certain délai pour régularisation des opérations en cours à l'époque de la saisie et antérieures à cette dernière. Le décret de 1992 organise également la protection de sommes insaisissables lorsqu'elles sont versées sur un compte de dépôt. Cette seconde question a déjà été étudiée[101].

Traiter de la régularisation des opérations en cours, est l'un des objets de l'article 47 de la loi n° 91-650 du 9 juillet 1991 dont le contenu sera préalablement rappelé.

Le principe est le suivant. Les sommes laissées sur les comptes qui font l'objet d'une saisie-attribution, sont bloquées pendant un délai de quinze jours ouvrables pour régularisation des opérations en cours à l'époque de la saisie et antérieures à cette dernière. Ce n'est qu'à l'issue de ce délai que le solde du compte qui fera l'objet des procédures de limitation de l'assiette de la saisie que nous allons exposer, sera connu[102]. Ce délai est porté à un mois pour contre-passer les effets de commerce remis à l'escompte et impayés (art. L. 47, al. 3). L'article 47

100. Quant au contenu de l'information que doit fournir le tiers saisi à l'huissier de justice, la jurisprudence semble faire de ces dispositions une application variable Après avoir considéré qu'il ne résultait pas de l'article L. 47 qu'un juge de l'exécution pût enjoindre au tiers saisi de produire les relevés des comptes dont est titulaire le débiteur sur ses livres (Cass. 2e civ., 11 mars 1999, *Bull. civ.* II, n° 49), la deuxième Chambre civile a considéré que c'est à bon droit qu'une cour d'appel avait condamné un tiers saisi à fournir ces relevés (Cass. 2e civ., 1er juillet 1999, *Bull. civ.* II, n° 129 ; dans le même sens implicitement, semble-t-il, 28 octobre 1999, *Bull. civ.* II, n° 162).

101. Cf. *supra*, n° 174.

102. L. n° 91-650, 9 juillet 1991, art. 47, al. 1er, D. n° 92-755, 31 juillet 1992, art. 45, qui est l'ancien article 47 renuméroté par le décret n° 2002-1150 du 11 septembre 2002, al. 2, et 47-1, qui est l'ancien article 46 également renuméroté, al. 2.

de la loi énumère restrictivement les opérations susceptibles d'affecter le solde du compte pendant ces délais. En voici la liste :

Pendant le délai de quinze jours :

– *Au crédit* :

- les remises faites antérieurement, en vue de leur encaissement, de chèques ou d'effets de commerce non encore portés au compte[103], c'est-à-dire non escomptés.

– *Au débit :*

- les chèques remis au saisi en paiement, escomptés par ce dernier sur son compte avant la saisie, et finalement revenus impayés ;

- les retraits par billetterie effectués par le saisi, antérieurement à la saisie ;

- les paiements faits par carte par le saisi, à condition que les bénéficiaires de ces paiements aient été crédités de ces sommes antérieurement à la saisie.

Concernant ces deux dernières opérations faites par carte bancaire, les techniques informatiques mises en œuvre permettent aujourd'hui de connaître avec précision l'heure du paiement ou du retrait. C'est l'une des raisons pour lesquelles, en vue de la prise en compte ou du rejet de ces opérations, l'huissier de justice a l'obligation d'indiquer sur l'acte de saisie, l'heure de sa signification (art. D 56, al. 3). L'autre raison est à rechercher dans les procédures de distribution[104]. On ne trouve pas dans cette seconde énumération les chèques tirés par le saisi sur son compte

103. Il faut entendre par remise de chèques à l'encaissement, leur remise à l'établissement bancaire et non au bénéficiaire des chèques (Cass. 2e civ., 13 février2003, *Bull. civ.* II, n° 40, *Rev. dr. banc. et fin.* 2003, n° 87, obs. Delleci).

104. On sait que l'absence totale de procédure d'intervention en matière de saisie-attribution de droit commun ne peut conduire qu'à la conclusion que le paiement est le prix de la course. Ainsi, toute saisie ultérieure, même émanant d'un créancier privilégié, ne peut remettre en cause une attribution résultant d'une saisie antérieure (L. n° 91-650, 9 juillet 1991, art. 43, al. 2). La règle selon laquelle l'acte de saisie signifié au tiers doit indiquer l'heure à laquelle il a été signifié (D. n° 92-755, 31 juillet 1992, art. 56, al. 3) résulte d'ailleurs vraisemblablement de ce principe.

Notons que les auteurs de la réforme, avaient édicté dans la loi n° 91-650 du 9 juillet 1991 une règle un peu différente et semblant rendre totalement inutile celle énoncée à l'article 56, alinéa 3, du décret n° 92-755 du 31 juillet 1992 et constituer une exception au « paiement du prix de la course » : « *Toutefois, les actes de saisie signifiés au cours de la même journée entre les mains du même tiers sont réputés faits simultanément. Si les sommes disponibles ne permettent pas de désintéresser la totalité des créanciers ainsi saisissants, ceux-ci viennent en concours* » (L. n° 91-650, 9 juillet 1991, art. 43, al. 3). Dans ce cas, il y aura lieu à distribution par contribution (technique qui devra d'ailleurs être systématiquement utilisée lorsque les sommes saisies proviennent de créances à exécution successive), les répartitions devant alors avoir lieu vraisemblablement à chaque échéance. Cependant, on peut également penser que le texte n'édicte qu'une présomption en l'absence de précision de l'heure de la signification.

avant la saisie et qui se présentent après celle-ci. Ils seront donc rejetés si le solde créditeur du compte est entièrement affecté par la saisie[105].

Pendant le délai d'un mois :

Au débit : les effets de commerce escomptés revenus impayés.

Toutes ces opérations ne peuvent toutefois pas être portées en compte sans restriction pendant ces délais. L'article L 47 pose une limite en son alinéa 4 ainsi rédigé : « *Le solde saisi-attribué n'est affecté par ces éventuelles opérations de débit et de crédit que dans la mesure où leur résultat cumulé est négatif et supérieur aux sommes non frappées par la saisie au jour de leur règlement* ». Ce texte énonce en fait un mécanisme spécial d'imputation des opérations globalement débitrices en cours, se décomposant comme suit :

– Faire la somme algébrique des opérations en cours ; c'est ce que l'on doit entendre par résultat cumulé[106] ;

– Ne prendre en compte que le montant total cumulé négatif : si ce montant total cumulé est positif, c'est-à-dire si le montant total cumulé des crédits est supérieur au montant total des débits, il ne sera pas pris en compte, c'est-à-dire qu'il ne sera pas inclus dans l'assiette de la saisie ;

– Le montant total cumulé négatif des opérations en cours ne peut être imputé sur le solde du compte saisi-attribué, que s'il ne peut l'être sur des sommes non saisies. C'est là le sens de la formule « *résultat supérieur aux sommes non frappées par la saisie au jour de leur règlement* ». Ce troisième principe n'est que la conséquence du second.

On aboutit ainsi à la règle suivante. Les opérations débitrices en cours s'imputent d'abord sur les opérations créditrices en cours, ce qui doit donner un montant total cumulé négatif des opérations en cours ; ensuite ce résultat négatif s'impute sur les sommes non comprises dans l'assiette de la saisie ; puis, sur les sommes saisies-attribuées. En pratique, le tiers saisi qui tient le compte évaluera ce résultat cumulé des opérations en cours à la fin du délai de quinze jours ou d'un mois suivant la saisie, avant de procéder rétrospectivement aux opérations d'imputation[107].

---

105. En ce sens, JEX Paris, 3 juillet 1995, *Rev. huissiers* 1996, p. 630.

106. Ex : montant total des débits : 6.000 € ; montant total des crédits : 3 000 € ; montant total cumulé des opérations : - 3 000 €.

107. Des exemples chiffrés illustrant ces mécanismes complexes devraient fixer les idées.
1er EXEMPLE

Soit un compte comportant le 30 janvier un solde débiteur de - 1 000 €. Le 31 janvier, le titulaire du compte reçoit 3 000 € provenant d'une créance insaisissable, puis 5 000 € de gains et salaires, ce qui porte le solde du compte à 7 000 €, comprenant 3 000 € provenant d'une créance insaisissable et 3 800 € de part insaisissable de gains et salaires (D. n° 92-755, 31 juillet 1992, art. 45). Le solde saisissable est donc de 200 € (7 000 – 6 800), et les sommes insaisissables, d'un montant total de 6 800 € (3 000 + 3 800). Le 1er février, une saisie est effectuée pour une créance de 200 €. Imaginons que jusqu'au

4. Le paiement des sommes saisies

245. Nous avons vu que l'acte de saisie rend indisponible l'ensemble des comptes bancaires du débiteur (art. D 74). Le paiement sera alors effectué en prélevant en priorité les fonds disponibles, à moins que le débiteur ne prescrive le paiement d'une autre manière (D 78).

Le créancier saisissant a la possibilité de limiter l'effet de la saisie à certains comptes. Du fait de la gêne occasionnée par la saisie pratiquée sur un compte bancaire, il a même été prévu la possibilité de lui substituer d'un commun accord entre le créancier et le débiteur ou sur décision

---

15 février inclus, les opérations suivantes effectuées en janvier, soit avant la saisie, doivent être portées au compte :
Montant total des débits : 14 800 €
Montant total des crédits : 7 800 €
Montant total cumulé des opérations : - 7 000 € (négatif).
Ce solde négatif des opérations en cours doit s'imputer sur les sommes non comprises dans l'assiette de la saisie c'est-à-dire insaisissables, en l'espèce 6 800 € (art. L. 47, D. 47, et D. 47-1) : 6 800 - 7 000 = -200. Le reliquat négatif s'impute ensuite sur les sommes saisies-attribuées : 200 - 200 = 0. Le solde saisie-attribué est donc ici nul.
Il existe une deuxième règle d'imputation exposée par les articles 45, alinéa 2, et 47, alinéa 2 du décret. L'article 47, alinéa 2 du décret, prévoit une règle particulière de calcul pour le cas où, à l'expiration du délai de quinze jours (ou d'un mois) pour régularisation des opérations en cours en application de l'article 47 de la loi, « *le montant des sommes demandées par le débiteur en raison de leur insaisissabilité* (excèderait) *le solde qui demeure disponible au compte* » (L. n° 91-650, 9 juillet 1991, art. 47). Dans ce cas, l'article 47 alinéa 2 du décret dispose en effet que « *Le complément est prélevé sur les sommes indisponibles à ce jour* » (D. n° 92-755, 31 juillet 1992, art. 47, al. 2). Cette formule complexe se traduit par un mécanisme d'imputation comparable à celui de l'article 47, alinéa 4 de la loi exposé plus haut. On trouve à l'article 47-1, alinéa 2 du décret un mécanisme d'imputation identique, même s'il est exposé dans des termes différents.
2e EXEMPLE
Soit un compte comportant au 30 janvier un solde créditeur de 9 000 €. Le 31 janvier, le titulaire du compte perçoit la somme de 8.000 €, ce qui porte le solde total à 17 000 €. Ces 8.000 € se composent de 3 000 € de pension alimentaire insaisissable à 100 %, et 5.000 € de gains et salaires dont 3 800 € sont insaisissables (D. n° 92-755, 31 juillet 1992, art. 45). Les sommes insaisissables sont donc d'un montant total de 6 800 (3 000 + 3 800), et le solde saisissable désormais de 10 200 € (17.000 – 6 800). Le 1er février, une saisie-attribution est pratiquée pour une somme de 10 000 € Jusqu'au 15 février inclus, les opérations suivantes effectuées en janvier, soit avant la saisie-attribution, doivent être passées en compte :
Montant total des débits : 10 000 €
Montant total des crédits : 5 000 €
Montant total cumulé de ces opérations : - 5 000 € (négatif).
Le solde négatif des opérations en cours doit d'abord s'imputer (L. n° 91-650, 9 juillet 1991, art. 47) sur les sommes non comprises dans l'assiette de la saisie, c'est-à-dire le total cumulé du reliquat de solde saisissable :
10 200 € - 10 000 € = 200 € + montant total des sommes insaisissables (6 800 €) = 7 000 €
7 000 € - 5 000 € = 2 000 €

du juge de l'exécution, une garantie irrévocable à concurrence du montant de la créance mise en recouvrement (art. D 76, al. 2).

Section 2
Les saisies-attribution spécifiques

246. Nous envisagerons successivement les saisies-attribution spéciales suivantes : la saisie des rémunérations du travail c'est-à-dire, plus précisément, des traitements et salaires *(§ 1)*, les saisies de sommes d'argent opérées par des créanciers d'aliments *(§ 2)* et les avis à tiers détenteur qui sont, outre la procédure d'ATD *stricto sensu* régie par le livre des procédures fiscales, l'opposition à tiers détenteur des organismes de sécurité sociale et la procédure d'opposition administrative pour le recouvrement notamment des amendes *(§ 3)*.

§ 1. La saisie des traitements et salaires[108]

247. Comme jadis l'ancienne procédure de saisie des rémunérations du travail, l'actuelle procédure régie par les articles L. 3252-1 à

Le solde négatif des opérations en cours pouvant être imputé intégralement sur le montant total des sommes non comprises dans l'assiette de la saisie, il n'y a pas de reliquat de ces sommes à imputer sur les sommes saisies attribuées (10.000 €).

Le compte se compose donc désormais des sommes suivantes :

2 000 € de sommes disponibles.

10.000 € de sommes saisies-attribuées.

Or, ce solde de 2 000 € de sommes disponibles n'est pas suffisamment important pour comprendre les 6.800 € de sommes insaisissables calculées en amont. C'est alors qu'il y a lieu d'appliquer la règle de l'article 47, alinéa 2 du décret : le montant des sommes insaisissables a priori (6.800 €) étant supérieur au solde disponible en compte (2 000 €), la différence manquante (4.800 €) doit être prélevée sur les 10.000 € saisis-attribués. Le créancier saisissant ne touchera que 5.200 € de la saisie-attribution.

108. Sur le droit ancien, toujours utile : C. Barrière, *Saisie-arrêt et cession des salaires*, éd. *administratives centrales*, 1978 ; J.-L. Bongrand, *Les contradictions de la procédure de saisie-arrêt des rémunérations des fonctionnaires mises en lumière par l'arrêt du 7 mai 1985*, *GP* 1986.2.363 ; Lescaillon, *La saisie des rémunérations des fonctionnaires*, *Rev. huiss.* 1986.165.

Sur le droit actuel : M. Alvarez-Pujana, *Ce qu'il faut savoir sur les diverses saisies après la réforme 1991-1992*, *R. P.D. S.* 1993.2 ; A. Le Bayon, *Observations sur la nouvelle saisie des rémunérations*, mél. H. Blaise 1995, p. 287 et s. ; J.-J. Bourdillat, *Saisies et cessions des rémunérations dues par un employeur*, *Rev. huiss.* 1993.143 ; J.-L. Courtier, *La saisie des rémunérations*, *Rev. huiss.* 1995.897 ; Crevel, *Cession des*

L. 3252-13 et R. 3252-1 à R. 3252-39 du Code du travail[109] qui traite tout à la fois de la saisie et de la cession des rémunérations[110], procède d'une seule et même préoccupation : permettre le paiement direct forcé des créanciers d'un salarié avec le salaire de ce dernier par son employeur dans le cadre de procédures de la compétence exclusive du tribunal d'instance. Cela suppose que le salarié n'ait pas encore perçu son salaire. La procédure de saisie des rémunérations constitue l'une des procédures d'exécution qui échappent encore aujourd'hui à la compétence du juge

rémunérations, *JCP* 1995 éd. E, I, 511 ; H. Husson, *La saisie des rémunérations*, *R. P. D. S.* 1996.289 ; P. Maréchal, *Saisie des rémunérations et voies de recours ou contestations*, *Rev. huiss.* 1996.785 ; E. Mouveau, *Voies de recours et saisie des rémunérations*, *A. L.D.* 1994.1 ; I. Pétel-Teyssié, *Saisie et cession des rémunérations*, *Rev. huiss.*1996.904 ; G. Taormina, *Saisie et cession des rémunérations*, in *Enc. Dalloz proc. civ.*, éd. 1994 ; G. Taormina, *La saisie et la cession des rémunérations*, fasc. 450, in *Droit de l'exécution forcée*, éd éd. *Journal des Notaires et des Avocats*, avril 2005 ; R. Trarieux, *La saisie des rémunérations*, éd. *AER ENM* 1997 ; Van der Motte, *Le système actuel de saisie des rémunérations est-il économique et social ? LPA* 31 mars 1995, p. 91.

Sur la saisie des sommes assimilées aux traitements et salaires : C. Ahumada, *La saisie-arrêt des salaires et des prestations sociales*, *R. P.D. S.* 1984.287 ; J.-P. Faget, *Quelle procédure pour saisir des pensions de retraite*, *Rev. huiss.* 1996.160.

109. Ces textes reprennent les anciens articles L. 145-1 à L. 145-13 et R. 145-1 à R. 145-44, suite à une recodification à droit constant des textes du Code du travail entrée en vigueur le 1er mai 2008, effectuée par l'ordonnance n° 2007-329 du 12 mars 2007 et le décret n° 2008-244 du 7 mars 2008.

110. Variété de cession de créance, ***la cession des rémunérations*** est la procédure dans le cadre de laquelle le débiteur consent à un créancier, la cession de la portion cessible et saisissable de ses salaires jusqu'à extinction de sa dette. Dès 1895, le législateur a limité la liberté du salarié, en ne lui permettant de céder que la quotité saisissable de son salaire. À l'instar des dispositions de l'article R. 3252-6 sur la saisie, en pratique toutes les notifications se font par lettre recommandée avec accusé de réception. Comme auparavant, « *la cession des rémunérations s'opère par une déclaration du cédant* (c'est-à-dire le débiteur salarié) *en personne au greffe du tribunal du lieu où il demeure. /Une copie de la déclaration est remise ou notifiée au cessionnaire* » (C. trav., art. R. 3252-45). La représentation du cédant n'est pas possible. Comme jadis, c'est la notification de cette cession à l'employeur par le greffe qui lui donne effet ; mais cette notification ne peut plus être demandée que par le créancier cessionnaire (C. trav., art. R. 3252-46, al. 1) non, – comme c'était possible dans l'ancienne cession –, par le débiteur cédant. « *Cette notification rend la cession opposable aux tiers. Elle est dénoncée* (par le greffe) *au débiteur* » (al. 2).

En matière de cession de créance, sont considérés comme tiers, aux termes des dispositions de l'article 1690 du Code civil, tous ceux qui auraient intérêt à ce que le cédant soit encore créancier (Cass. 1re civ., 4 décembre 1985, *Bull. civ.* I, n° 336, *RTD Civ.*1986.750, obs. J. Mestre). En matière de cession des rémunérations, sont par conséquent des tiers au sens des dispositions de l'article R. 3252-46, le débiteur-cédant et ses ayants cause.

Comme auparavant, « *à compter de la notification de la cession, l'employeur verse directement au cessionnaire le montant des sommes cédées dans la limite de la fraction saisissable* » (C. trav., art. R. 3252-47). Le cessionnaire n'a même plus à présenter une copie certifiée conforme de la déclaration du débiteur cédant. Comme auparavant, aucune de l'exécution. « *Le juge d'instance... exerce les pouvoirs du juge de l'exécution...* » (C. trav., art. 3252-11).

Après avoir exposé un certain nombre de généralités ***(A)***, nous envisagerons les modalités de la saisie des rémunérations ***(B)*** et ses incidents ***(C)***.

---

cession ne peut être consentie s'il existe déjà une saisie des rémunérations en cours. Les autres créanciers ne peuvent qu'intervenir à cette saisie. Il en va de même lorsqu'une procédure de recommandation est en cours.

Comme la saisie des rémunérations, la procédure de cession peut être perturbée par la survenance d'incidents. La compétence pour en connaître n'est régie par aucun texte particulier. Une jurisprudence ancienne distinguait selon le montant de la demande pour attribuer compétence en faisant application des règles du droit commun de la procédure civile, au tribunal d'instance et au tribunal de grande instance (Cass. civ., 27 mai 1887, 29 février 1892 et 27 décembre 1898, *DP* 1899.1.193 ; J. Paix Paris, 18 septembre 1908, *DP* 1909.5.7). Mais il y a lieu de considérer aujourd'hui que seul le tribunal d'instance doit être compétent pour connaître, non seulement de la mise en place de la cession, mais aussi des incidents qu'elle suscite.

Il existe trois incidents : la péremption, la survenance d'une saisie-attribution et le concours de cessions.

Comme sous l'empire du droit antérieur, « *la cession qui n'est pas notifiée* (à l'employeur) *dans le délai d'un an est **périmée*** » (C. trav., art. R. 3252-46, al. 3) ; ce qui signifie que le débiteur devra à nouveau faire une déclaration de cession au greffe, s'il n'a pas changé d'avis.

Comme par le passé, « *en cas de **saisie** d'une somme due à titre de rémunération faisant l'objet d'une cession préalable, le greffier notifie l'acte de saisie au cessionnaire, l'informe qu'en application de l'article L. 3252-12 il vient en concours avec le saisissant pour la répartition des sommes saisies et l'invite à produire un relevé du montant de ce qu'il lui reste dû* » (C. trav., art. R. 3252-48, al. 1). Le cessionnaire conserve donc les sommes qu'il a déjà perçues, et devient pour les rémunérations à venir, un créancier saisissant ordinaire. En outre, « *le greffier informe l'employeur que les versements seront désormais effectués à l'ordre du régisseur* » (C. trav., art. R. 3252-48, al. 2). Ils ne seront donc plus libellés à l'ordre du créancier cessionnaire. D'après l'article R. 3252-49 du Code du travail, « *si la saisie prend fin avant la cession, le cessionnaire retrouve les droits qu'il tenait de l'acte de cession* ».

Faute de texte, il convient de faire application des règles applicables à la cession de créance en général, en cas de ***concours de cessions***. La préférence doit être donnée au créancier cessionnaire dont la cession a, la première, fait l'objet de l'une des mesures de publicité prévues par l'article 1690 du Code civil. Par conséquent, en matière de cession des rémunérations, celle qui devra prévaloir est celle qui aura fait la première l'objet d'une notification à l'employeur par le greffe (C. trav., art. R. 3252-46, al. 1). Nous avons vu que c'est « *cette notification* (qui) *rend la cession opposable aux tiers...* » (al. 2). Notons enfin, qu'aux termes de l'article L. 264 du livre des procédures fiscales, « *La cession des rémunérations mentionnées aux articles L. 3252-1 et R. 145-1* (art. R. 3252-1) *du Code du travail n'est opposable au comptable chargé du recouvrement d'impositions privilégiées qu'à concurrence de la moitié de la portion saisissable ou cessible* ».

A Généralités

248. Le ***caractère obligatoire*** de cette procédure, c'est-à-dire l'obligation faite au débiteur et au créancier d'y recourir chaque fois qu'il s'agira de saisir des sommes auxquelles ces procédures sont susceptibles de s'appliquer, résulte du caractère d'ordre public des procédures d'exécution[111].

Quant au ***domaine d'application*** de ces procédures, aux termes des dispositions de l'article L. 3252-1 du Code du travail, elles « ... *sont applicables aux sommes dues à titre de rémunération*[112] *à toutes les personnes salariées ou travaillant, à quelque titre ou en quelque lieu que ce soit, pour un ou plusieurs employeurs, quels que soient le montant et la nature de leur rémunération, la forme et la nature de leur contrat* ». Certaines prestations sociales ne peuvent être cédées ou saisies que dans le cadre des procédures spéciales de saisie et de cession des rémunérations. Tel est le cas des ***allocations de chômage et prestations assimilées*** (C. trav., art. L. 5428-1, al. 1), des ***indemnités journalières ordinaires*** (C. s. soc., L. 323-5, C. rur., art. L. 752-5), des ***indemnités journalières accident du travail*** (C. s. soc., art. L. 433-3), des ***rentes invalidité*** (C. pens., art. L. 56), des ***pensions de vieillesse*** (C. s. soc., art. L. 355-2), des ***pensions de vieillesse servies par la Caisse de retraite et de prévoyance des clercs et employés de notaires***[113], des ***prestations familiales*** en général (C. s. soc., art. L. 553-4.I),

Comme la saisie-attribution de droit commun, cette saisie n'est possible que si le créancier poursuivant est muni d'un ***titre exécutoire*** constatant une créance liquide et exigible (C. trav., art. R. 3252-1). Il n'est donc plus question d'instance en validité[114]. Cette saisie ne peut jamais être précédée d'une ***saisie conservatoire***[115] (C. trav., art. L. 3252-7).

---

111. Cass. 2e civ., 30 septembre 1999, *Bull. civ.* II, n° 147 ; Cass. ass. plén., 9 juillet 2004, *Bull. civ. ass. plén.* n° 11, *D.* 2004, p. 3161, note Bugada, Procédures 2004, n° 207, *RTD civ.* 2004, p. 779, obs. R. Perrot.

112. Ne sont également saisissables qu'en faisant application de la procédure régie par le Code du travail, les sommes dues par l'ancien employeur à son ancien salarié, en exécution d'un jugement de condamnation prononcé par un conseil des prud'hommes (Cass. 2e civ., 30 septembre 1999, *Bull. civ.* II, n° 147, p. 105).

113. D. n° 90-1215, 20 décembre 1990, art. 112 renvoyant à C. s. soc., art. L. 355-2.

114. Dans le régime antérieur, cette phase facultative (C. trav., ancien art. R. 145-7), était d'ailleurs de plus en plus rarement effectuée par les juges d'instance. C'est là l'une des seules innovations majeures de la réforme de 1991-1992 avec l'impossibilité désormais de poursuivre la saisie sans titre exécutoire.

115. L'article L. 3252-7 du travail n'est toutefois pas applicable dès lors que les rémunérations sont déjà versées lors de leur saisie, sur un compte bancaire, car ce n'est alors pas à la saisie des rémunérations qu'il faut recourir, mais à la saisie-attribution (Cass. 2e civ., 24 juin 2004, *Bull. civ.* II, n° 323).

La mise en œuvre de la procédure est, comme jadis, de la compétence exclusive du ***tribunal d'instance*** du lieu où demeure le salarié et, à défaut de domicile connu ou si celui-ci se trouve à l'étranger, du lieu où demeure le tiers saisi (C. trav., art. R. 3252-7 et 3252-11). Il s'agit là de règles d'ordre public[116]. L'hypothèse du transfert par le débiteur de son domicile dans un autre ressort, est régie par les articles R. 3252-41 et R. 3252-42 du Code du travail. Le juge d'instance initialement compétent le demeure, même lorsque le débiteur transporte sa résidence dans le ressort d'un autre tribunal, tant qu'il n'a pas été procédé à une autre saisie alors de la compétence du tribunal d'instance dans le ressort duquel se trouve le nouveau domicile. Le débiteur doit toutefois désormais aviser le greffe de tout changement d'adresse, « *à moins qu'il n'ait comparu par mandataire* ». Le greffe avise alors les créanciers de ce changement.

Quant à la ***gestion des dossiers*** par le greffe, « *Il est tenu au greffe de chaque tribunal d'instance des fiches individuelles sur lesquelles sont mentionnés tous les actes de nature quelconque, décisions et formalités auxquels donne lieu...* » la procédure et, comme il faut savoir vivre avec son temps, « *les fiches peuvent être tenues sur support électronique...* » (C. trav., art. R. 3252-9). « *Les régisseurs installés auprès du greffe du tribunal d'instance verse les sommes dont il est comptable au préposé de la Caisse des dépôts et consignations le plus rapproché du siège du tribunal auprès duquel le greffe est installé, qui leur ouvre un compte spécial. /Il opère ses retraits pour les besoins des répartitions, sur leur simple quittance, en justifiant de l'autorisation du greffier en chef* » (C. trav., R. 3252-10).

Comme auparavant, toutes les ***notifications et convocations*** auxquelles donne lieu cette procédure sont, sauf dispositions contraires, faites par lettre recommandée avec accusé de réception (C. trav., art. R. 3252-6).

La saisissabilité des rémunérations du travail et des prestations sociales sus-énoncées a pour limite l'existence d'une ***quotité insaisissable*** calculée en application des articles L. 3252-2 à L. 3252-5 et R. 3252-2 à R. 3252-5 du Code du travail desquels il résulte en outre des règles spéciales d'imputation. Certains paiements échappent toutefois à ces limites. Comme auparavant dans la saisie-arrêt sur salaire, « ... *les sommes dues à titre de rémunération* (et assimilées) *ne sont saisissables... que dans des proportions et selon des seuils de rémunération affectés d'un correctif pour toute personne à charge...* » (C. trav., art. L. 3252-2, al. 1). « *Pour la détermination de la fraction saisissable, il est tenu compte du montant de la rémunération, de ses accessoires, ainsi que de la valeur des*

116. Cass. com., 30 juin 1964, *Bull. civ.* IV, n° 343, *D.* 1964.576 ; 17 juin 1974, *Bull. civ.* IV, n° 156.

avantages en nature, après déduction des cotisations et contributions sociales obligatoires » (C. trav., art. L. 3252-3, al. 1). Il n'existe aucune règle précise pour l'estimation des avantages en nature. Le juge d'instance se référera donc au contrat de travail, aux conventions collectives ou, à défaut, aux dispositions des articles D. 3231-8 et suivants du Code du travail ou les appréciera souverainement. Quant à la nécessité de déduire les cotisations obligatoires, il convient d'en déduire que ne doit être pris en considération que le salaire net. Comme auparavant, le barème des sommes cessibles et saisissables est établi sur la rémunération annuelle. Modifié chaque année, il figure à l'article R. 3252-2. Il suffit de s'y reporter[117]. Signalons seulement ici que lorsque le débiteur perçoit plusieurs salaires de plusieurs employeurs, la fraction saisissable est calculée sur l'ensemble de ces sommes et que les retenues sont opérées selon des modalités déterminées par le juge (C. trav., art. L. 3252-4).

La loi de 1991 a en outre codifié une pratique. Les juges d'instance avaient pris l'habitude jadis de laisser au débiteur un minimum vital car le paiement des créances d'aliments pouvant être poursuivi sur la totalité de la rémunération (C. trav., 3252-5, al. 1), il en résultait parfois qu'il pouvait ne rien rester au débiteur. Cette possibilité désormais prévue par l'article L. 3252-3, alinéa 2 qui dispose qu'« *Il est en outre tenu compte d'une fraction insaisissable égale au montant forfaitaire mentionné au 2° de l'article L. 262-2 du Code de l'action sociale et des familles applicable au foyer du salarié* » est régie par l'article R. 3252-5, lequel dispose que « *La somme laissée dans tous les cas à la disposition du salarié dont la rémunération fait l'objet d'une saisie ou d'une cession, en application du second alinéa de l'article L. 3252-5 est égale au montant forfaitaire mentionné au 2° de l'article L. 262-2 du Code de l'action sociale et des familles fixé pour un foyer composé d'une seule personne* ». Ce minimum vital absolument incessible et insaisissable s'impute sur la quotité incessible et insaisissable dont il fait partie. Aux termes de l'article L. 262-2 du Code de l'action sociale et des familles, « *Toute personne résidant en France de manière stable et effective, dont le foyer dispose de ressources inférieures à un revenu garanti, a droit au revenu de solidarité active dans les conditions définies au présent chapitre. /Le revenu garanti est calculé, pour chaque foyer, en faisant la somme : 1° D'une fraction des revenus professionnels des membres du foyer ; 2° D'un montant forfaitaire, dont le niveau varie en fonction de la composition du foyer et du nombre d'enfants à charge. /Le revenu de solidarité active est une allocation qui porte les ressources du foyer au niveau du revenu garanti. Il est complété, le cas échéant, par l'aide personnalisée de retour à l'emploi mentionnée à l'article L. 5133-8 du Code du travail* ». Jadis, ce minimum vital était le revenu minimum

117. Cf. *supra*, n° 171.

d'insertion. Il s'agit désormais du revenu de solidarité active. L'article L. 3252-13 confère au juge d'instance d'autres pouvoirs en matière d'intérêts moratoires identiques à ceux déjà prévus par les dispositions générales de l'article L. 313-2 du Code monétaire et financier[118].

La deuxième règle d'imputation résulte des dispositions de l'article L. 3252-5, alinéa 1 du Code du travail qui dispose que le prélèvement du terme courant ainsi que des six derniers mois d'arriérés de pensions alimentaires qui peut être poursuivi sur l'intégralité de la rémunération, comme toute dette d'aliment, doit d'abord être imputé sur la fraction insaisissable et, s'il y a lieu, sur la fraction saisissable. Nous avons vu qu'il est, toutefois, une fraction absolument insaisissable égale au montant du revenu minimum d'insertion et sur laquelle même les créances d'aliments ne peuvent être recouvrées.

Enfin, toujours en matière de recouvrement d'aliments, cas de concours avec une saisie des rémunérations, le paiement direct[119] est prélevé d'abord sur la portion insaisissable du salaire, puis, si nécessaire, pour le reste, sur la portion saisissable. Sur cette dernière, le créancier alimentaire subira le cas échéant le concours des autres créanciers.

B La procédure

249. Le créancier doit toujours comme auparavant saisir le juge d'instance d'une requête remise ou adressée au greffe du tribunal d'instance compétent (C. trav., art. R. 3252-13). Le tribunal d'instance saisi, le greffe procède à l'envoi des avis et convocations requis par les textes en vue d'une ***audience de conciliation*** qui demeure obligatoire. Quinze jours au moins avant la date de l'audience de conciliation, le greffe avise le créancier « *par tout moyen* », en pratique verbalement ou par lettre simple, des lieu, jour et heure de cette audience (C. trav., art. R. 3252-16 et R. 3252-14) et convoque le débiteur par lettre recommandée à cette audience (C. trav., art. R. 3252-6 et R. 3252-15). Cette audience de conciliation demeure obligatoire (C. trav., art. R. 3252-12) « *à peine de nullité* » de la procédure[120]. Le créancier et le débiteur « *peuvent se faire représenter par : 1° un avocat ; 2° un officier ministériel du ressort, lequel est dispensé de produire une procuration ; 3° un mandataire de leur choix muni d'une procuration. Si ce mandataire représente le*

118. Cf. *supra*, n° 74. Dans leur délire recodificateur, les pouvoirs publics ont toutefois omis de remplacer la référence à l'article 3 de la loi n° 75-619 du 11 juillet 1975 qui n'existe matériellement plus depuis sa codification à l'article L. 313-2 du Code monétaire et financier, un autre chef-d'œuvre de la recodification.

119. Cf. *infra*, n° 252.

120. Aucun texte n'exige toutefois que le jugement autorisant la saisie, constate que cette tentative préalable de conciliation a eu lieu (Cass. 2e civ., 16 décembre 2004, *Bull. civ.* II, n° 535).

créancier saisissant, sa procuration doit être spéciale à l'affaire pour laquelle il représente son mandant » (C. trav., art. R. 3252-11). Au jour de l'audience, le juge d'instance va tenter de concilier les parties (C. trav., art. R. 3252-17), c'est-à-dire d'amener le débiteur à prendre des engagements de paiement volontaire et le créancier à les accepter, de sorte qu'il n'y aura aucune saisie. Il sera alors dressé procès-verbal dont l'original sera conservé par le tribunal et des copies seront remises aux parties, le tout à titre purement documentaire. « *Si le débiteur manque aux engagements pris à l'audience, le créancier* (pourra) *demander au greffe de procéder à la saisie sans nouvelle conciliation. Le créancier* (joindra) *un décompte des sommes perçues en exécution de la conciliation* » (C. trav., art. R. 3252-18). Cela nécessite la présence ou la représentation des deux parties. Si le débiteur fait défaut, il n'y aura par définition aucune conciliation. Il en sera de même si c'est le créancier qui fait défaut. Si les parties comparaissent ou se font représenter et ne se concilient pas, « *il est procédé à la saisie après que le juge* (a) *vérifié le montant de la créance en principal, intérêts et frais et, s'il y a lieu, tranché les contestations soulevées par le débiteur* » (C. trav., art. R. 3252-19, al. 3).

La saisie demeure diligentée par le greffe (C. trav., art. R. 3252-20). Si le débiteur n'a pas comparu et ne s'est pas fait représenter, s'il a comparu ou s'est fait représenter mais qu'aucune conciliation n'a été possible ou si une conciliation étant intervenue le débiteur n'a pas respecté ses engagements, il est procédé à la saisie à partir du procès-verbal de non-conciliation (C. trav., art. R. 3252-21, al. 1). « *Si l'audience de conciliation a donné lieu à un jugement, le greffier procède à la saisie dans les huit jours suivants la notification du jugement s'il est exécutoire et, à défaut, suivant l'expiration des délais de recours contre ce jugement* » (C. trav., art. R. 3252-21, al. 2). Le greffe doit notifier par lettre recommandée avec accusé de réception (C. trav., art. R. 3252-6) à l'employeur un acte de saisie (C. trav., art. R. 3252-23, al. 1), qu'il dénonce en copie en même temps au débiteur par lettre simple (C. trav., art. R. 3252-23, al. 2). La copie de l'acte de saisie dénoncée par le greffe au débiteur, doit comporter « *l'indication qu'en cas de changement d'employeur, la saisie sera poursuivie entre les mains du nouvel employeur* » (C. trav., art. R. 3252-23, al. 2). La notification de l'acte de saisie à l'employeur entraîne pour ce dernier les obligations ordinaires à la charge de tout tiers saisi : une obligation de renseignement et une obligation de paiement.

L'employeur est tenu de communiquer au greffe plusieurs renseignements. « *L'employeur fournit au greffe, dans les quinze jours au plus tard à compter de la notification de l'acte de saisie, fournir au secrétariat-greffe les renseignements mentionnés dans l'article L. 3252-9* » (C. trav., R. 3252-24, al. 1). Ces renseignements concernent « *1° la situation de droit existant entre* (l'employeur) *et le débiteur saisi ; 2° les cessions, saisies, avis à tiers détenteur ou paiement direct de créances d'aliments en cours d'exécution* » (C. trav., art. L. 3252-9, al. 1). « *Le tiers employeur saisi qui s'abstient sans motif légitime de faire cette déclaration ou fait une déclaration mensongère peut être condamné par le juge* (d'instance) *au paiement d'une amende civile* (C. trav., art. R. 3252-25) *sans préjudice d'une condamnation à des dommages-intérêts et de l'application de l'article L. 3252-10* » qui prévoit la possibilité pour le juge de déclarer le tiers saisi débiteur des retenus (C. trav., art. L. 3252-9, al. 2). « *L'employeur informe le greffe dans les huit jours, de tout événement qui suspend la saisie ou y met fin* » (C. trav., art. R. 3252-26). « *Le tiers saisi verse mensuellement les retenues pour lesquelles la saisie est opérée dans les limites des sommes disponibles* » (C. trav., art. 3252-10, al. 1). Lorsqu'il n'existe qu'un seul créancier saisissant, le versement est effectué au moyen d'un chèque libellé conformément aux indications données par celui-ci. Le secrétariat-greffe l'adresse dès sa réception, et après mention au dossier, au créancier ou à son mandataire. S'il existe plusieurs créanciers saisissants, le versement est effectué par chèque ou par virement établi à l'ordre du régisseur installé auprès du secrétariat-greffe du tribunal d'instance (C. trav., art. R. 3252-27). « *Si l'employeur omet d'effectuer les versements en exécution d'une saisie, le juge rend à son encontre une ordonnance le déclarant personnellement débiteur... L'ordonnance est notifiée* (par lettre recommandée avec accusé de réception) *à l'employeur. Le greffier informe le créancier et le débiteur. /À défaut d'opposition dans les quinze jours de la notification, l'ordonnance devient exécutoire. L'exécution en est poursuivie à la requête de la partie la plus diligente* » (C. trav., art. R. 3252-28). À défaut d'opposition ou en cas d'opposition rejetée ou irrecevable parce que tardive, le tiers saisi disposera contre le débiteur d'une action *de in rem verso* (art. L. 24, al. 3), mais cette action ne pourra être exercée qu'après la mainlevée de la saisie (C. trav., art. L. 3252-10, *al. 3). Le tiers saisi ne saurait en effet dans ce cadre être considéré comme un créancier ordinaire intervenant à la saisie-attribution en cours.*

Il existe une ***procédure d'intervention***, c'est-à-dire une procédure permettant à un créancier subséquent de se joindre à une saisie en cours, de sorte qu'il ne sera alors pas nécessaire pour les créanciers autres que celui premier saisissant de « lancer » une nouvelle procédure[121]. En matière de saisie des rémunérations, « *en cas de pluralité de saisies* (sic)*, les créanciers viennent en concours sous réserve des causes légitimes de préférence* » (C. trav., art. L. 3252-8). Il ne saurait en pratique y avoir plusieurs saisies. Compte tenu des règles de compétence en matière de saisie des

121. Cf. *infra*, n° 250.

rémunérations qui ne prévoient aucune option, le greffe saisi par un créancier n'ouvrira pas une nouvelle procédure s'il en existe déjà une dirigée vers le même tiers saisi à propos d'un même débiteur saisi.

Aux termes de l'article R. 3252-34 du Code du travail, « *la répartition des sommes versées, en cas de saisie de sommes dues à titre de rémunération, au régisseur installé auprès du greffe du tribunal d'instance est opérée au moins tous les six mois, à moins que dans l'intervalle les sommes atteignent un montant suffisant pour désintéresser les créanciers* ». Cette procédure spéciale de distribution sera exposée ultérieurement[122].

C Les incidents

250. Il existe ***quatre incidents*** : l'intervention des autres créanciers, la fin du contrat de travail, la mainlevée de la saisie et les contestations.

Tout créancier muni d'un titre exécutoire peut ***intervenir*** à une saisie-attribution en cours, en déposant ou adressant au greffe une requête comportant les mêmes mentions que celles du créancier premier saisissant. Cela ne donne alors lieu à aucune tentative de conciliation préalable (C. trav., art. R. 3252-30, al. 1). La possibilité d'intervenir n'étant pas limitée dans le temps, elle est, semble-t-il, possible jusqu'à l'expiration du délai de quinze jours utile pour contester le dernier état de répartition de l'article R. 3252-36. Le greffe notifie les interventions au débiteur et aux créanciers déjà saisissants. Lors de la première intervention, il avise en outre l'employeur que les versements ne sont plus libellés à l'ordre du créancier saisissant jusqu'alors unique, mais à celui du régisseur des avances et recettes du tribunal d'instance. Les interventions peuvent être contestées à tout moment devant le tribunal d'instance (C. trav., art. R. 3252-27, al. 3). La procédure ordinaire est alors applicable (C. trav., R. 3252-8). Le contestataire devra faire attraire les autres parties devant le tribunal. En pratique, les juges d'instance font convoquer les parties à la contestation par le greffe, ce qui évite au contestataire des frais d'assignation.

Il existe par ailleurs, trois types de créanciers qui vont pouvoir ***recourir à d'autres saisies-attribution particulières, malgré l'existence d'une saisie des rémunérations en cours*** : les créanciers pouvant recourir à la procédure d'avis à tiers détenteur des articles L. 262 et L. 263 du Livre des procédures fiscales[123] ou de la procédure d'opposition administrative à tiers détenteur[124], les créanciers alimentaires[125] et les employeurs eux-mêmes créanciers de leur salarié.

122. Cf. *infra*, n° 739.
123. Cf. *infra*, n°s 254 et s.
124. Cf. *infra*, n°s 268 et s.
125. Cf. *infra*, n°s 252 et 253.

Les textes ont également prévu ***la fin du contrat de travail*** en cours de saisie. « *Lorsque le lien de droit entre le débiteur et l'employeur prend fin, les fonds détenus par le régisseur sont répartis* » (C. trav., art. R. 3252-43)[126]. Conformément aux dispositions générales de l'article R. 3252-26 du Code du travail, l'employeur doit en informer le greffe. Il est indifférent que le débiteur retrouve immédiatement du travail. Il se peut aussi que le débiteur ait quitté son employeur pour un autre. Dans ce dernier cas, – la nouvelle formulation n'est pas très heureuse[127] –, « ... *la saisie peut être poursuivie par le nouvel employeur* (sic), *sans conciliation préalable, si la demande est faite dans l'année qui suit l'avis donné par l'ancien employeur* (en application de l'article R. 3252-26). *À défaut, la saisie prend fin et les fonds sont répartis* » (C. trav., art. R. 3252-44, al. 1). Cela signifie que contrairement au licenciement et à la démission non suivis instantanément d'un embauchage, le licenciement et la démission ne mettent pas en soi fin à la saisie en cours, même si le débiteur transfère son domicile dans le ressort d'un autre tribunal d'instance. Si les créanciers saisissants initiaux ne font pas la demande sus-énoncée, ils devront recommencer une autre procédure devant le tribunal d'instance dans le ressort duquel le débiteur aura, le cas échéant, transféré son domicile (C. trav., art. R. 3252-44, al. 2).

« ***La mainlevée de la saisie*** *résulte soit d'un accord des créanciers, soit de la constatation par le juge de l'extinction de la dette. /Elle est notifiée à l'employeur dans les huit jours* » (C. trav., art. R. 3252-29). Dans l'ancienne saisie-arrêt, il suffisait d'obtenir l'accord de plus de la moitié des créanciers représentant au moins les trois quarts en valeur des créances validées, pour parvenir à la mainlevée (C. trav., anc. art. L. 145-4). Désormais, c'est l'unanimité qui est requise pour que le juge d'instance puisse rendre une ordonnance de mainlevée avant le recouvrement total des créances. Dès lors qu'il y a assez de sommes saisies pour désintéresser les créanciers, le juge d'instance pourra ordonner la mainlevée de la saisie. À défaut de dispositions contraires, s'il semble qu'il puisse le faire avant même la répartition, il convient néanmoins qu'il attende sa clôture, c'est-à-dire l'expiration du délai pour contester l'état de répartition.

Il existe plusieurs sortes de ***contestations*** ayant chacune son régime juridique propre tout au long de la procédure de saisie : la contestation de

126. Évidemment, l'obligation du tiers saisi d'opérer des retenues sur la rémunération ne peut se poursuivre après la cessation du contrat de travail (Cass. 2e civ., 14 février 2002, *Bull. civ.* II, n° 15).

127. L'ancien article R. 145-39, alinéa 1, disposait avant sa recodification-renumérotation que « ... *la saisie peut être poursuivie entre les mains du nouvel employeur sans conciliation préalable, à la condition que la demande en soit faite dans l'année qui suit l'avis* (de l'ancien article R. 145-38, al. 1) *donné par l'ancien employeur. À défaut, la saisie prend fin et les fonds sont répartis* ».

l'ordonnance rendue contre l'employeur qui ne verse pas les sommes saisies au greffe, la contestation des interventions de créanciers subséquents, la contestation de l'état de répartition et les autres contestations qui obéissent au régime général de la procédure ordinaire contentieuse prévue par l'article R. 3252-8 du Code du travail. En toute hypothèse le juge d'instance statue par jugement.

§ 2. Les saisies de sommes d'argent par des créanciers d'aliments

251. Les créanciers d'aliments disposent des procédures de paiement direct *(A)* et de paiement public *(B)* des pensions alimentaires.

A La procédure de paiement direct des pensions alimentaires[128]

252. Cette procédure est régie essentiellement par la loi n° 73-5 du 2 janvier 1973 (art. L) et le décret n° 73-216 du 1er mars 1973 (art. D). Cet arsenal est complété par la loi n° 84-1171 du 22 décembre 1984 relative à l'intervention des organismes débiteurs de prestations familiales pour le recouvrement des créances alimentaires impayées, et les décrets nos 85-560 du 30 mai 1985 et 86-1073 du 30 septembre 1986 pris pour son application. Ces organismes peuvent, en effet, mener cette procédure pour le compte du créancier d'aliments.

Saisie-attribution simplifiée, la procédure de paiement direct est une saisie d'exécution et nécessite donc un titre exécutoire. Cette solution résulte implicitement notamment de l'article 1er, alinéa 2, de la loi n° 73-5 du 2 janvier 1973[129]. Il ne peut s'agir que d'une décision de justice (jugement, ordonnance de non-conciliation) mais celle-ci doit-elle

128. Abbou, *Pratique des voies d'exécution en matière familiale, AJ Fam.* 2006, P. 103 ; Deis-Beauquesne, *Bilan après trente ans, AJ Fam.* 2003, p. 18 ; Gébler, *Le paiement direct des pensions alimentaires, D.* 1973.107 ; Gébler, *Le règlement des pensions alimentaires, Crédoc* 1978 ; Lescaillon, *Le recouvrement des pensions alimentaires, Rev. huiss.* 1985.354 ; Massip et Barrairon, *La loi du 2 janvier 1973 relative au paiement des pensions alimentaires, Rép. not. Defr.* 1973.545 ; G. Taormina, *Les procédures spécifiques au paiement des pensions alimentaires*, fasc. 455, in *Droit de l'exécution forcée*, éd. *Journal des Notaires et des Avocats*, novembre 2004.

Fragonnard, *L'intervention des caisses d'allocations familiales dans l'aide aux créanciers de pensions alimentaires impayées, Dr. soc.* 1985.387 ; Massip, *Les recours exercés contre les débiteurs d'aliments par les services de l'aide sociale, les hôpitaux ou les hospices, GP* 1990.252.

129. Cass. 2e civ., 17 octobre 2002, n° 01-03.212.

nécessairement comporter condamnation du débiteur ? Le juge doit avoir condamné le débiteur de la pension à son paiement pour qu'il y ait titre exécutoire. Tel n'est pas le cas lorsque le juge, dans un jugement de divorce, se borne à constater que l'un des époux offre par exemple « *... de poursuivre le paiement d'une pension mensuelle telle qu'édictée par l'ordonnance de non-conciliation...* »[130]. Mais la jurisprudence a cependant admis qu'un tel titre ne comportant pas expressément condamnation du débiteur, puisse constituer un titre exécutoire permettant d'entreprendre une procédure de paiement direct sans le consentement du débiteur[131].

La procédure de paiement direct n'est pas seulement une voie de recouvrement forcé à laquelle le créancier d'aliments en vertu d'une décision de justice exécutoire n'aurait recours qu'en cas de non-paiement d'une seule échéance (art. L 1er, al. 2) ; il peut s'agir également d'une ***voie de recouvrement volontaire***. Lorsqu'une juridiction est saisie en vue de l'obtention d'une pension alimentaire, les parties peuvent convenir d'emblée que la pension sera payée conformément à cette procédure. Elle est alors une voie de recouvrement volontaire. Le débiteur peut accepter que la pension donne lieu à paiement direct. Il indique alors le tiers qui sera chargé du paiement. L'extrait du jugement constatant l'accord des parties est notifié au tiers débiteur par lettre recommandée avec accusé de réception d'un huissier de justice du lieu de la résidence du créancier (art. D 7)[132]. Dans les deux cas, elle permet, outre le recouvrement des pensions alimentaires dues en application des articles 203, 205 à 207, 293, 303, 342-2 du Code civil et 8 du décret du 1er mars 1973, celui des prestations compensatoires sous forme de rente (art. L 7-1, D 8, et C. civ., art. 276)[133] et de la contribution aux charges du mariage (art. L 1er, al. 3). Elle ne permet toutefois de recouvrer que les termes à échoir et les termes échus dans la limite des six derniers mois (art. L 5).

Le créancier s'adresse à un huissier de justice (art. L 6) du lieu de sa résidence (art. D 1). Si une administration publique est subrogée dans les droits d'un créancier d'aliments, elle forme elle-même la demande. Il en

130. Cass. 2e civ., 7 mars 2002, *Bull. civ.* II, n° 29.

131. Cass. 2e civ., 18 janvier 2001, n° 99-14.345, qui censure l'arrêt qui avait estimé que le débiteur ne pouvait obtenir la mainlevée d'une procédure de paiement direct pratiquée en vertu d'un jugement d'homologation de convention de divorce par consentement mutuel lui ayant donné acte de son engagement, au motif qu'en exécutant fidèlement de 1986 à 1994 cet engagement volontaire, il avait transformé son obligation naturelle en obligation civile, alors que plus simplement, le jugement d'homologation constituait un titre exécutoire permettant de recourir à la procédure de paiement direct.

132. Un telle utilisation volontaire de la procédure nécessite une décision de justice (Cass. 2e civ., 7 mars 2002, *Bull. civ.* II, n° 29, *RTD civ.* 2002, p. 567, obs. R. Perrot).

133. Cass. 2e civ., 24 octobre 1984, *Bull. civ.* II, n° 156, *RTD civ.* 1985, p. 624, obs. R. Perrot ; 27 juin 1985, *Bull. civ.* II, n° 131, *D. 1*986, jur., p. 230, note C. Philippe.

va de même quand c'est un organisme débiteur de prestations familiales qui agit pour le compte d'un créancier d'aliments (C. s. soc., art. L. 581-2 à L. 581-10). La demande est faite soit par le créancier d'aliments lui-même ; soit par la caisse d'allocations familiales servant l'allocation de soutien familial dont les articles L. 523-1 à L. 523-2, L. 581-1 et suivants, R. 523-1 et suivants, R. 581-1 et suivants et D. 523-1 du Code de la sécurité sociale définissent les conditions d'attribution. Lorsque le débiteur d'aliments est défaillant dans l'exécution de son obligation alimentaire à l'égard de ses enfants, l'allocation de soutien familial est alors versée non pas à fonds perdus, mais à titre d'avance au créancier d'aliments. Il en est ainsi dans trois hypothèses : ***1°*** lorsque le débiteur est totalement défaillant depuis au moins deux mois dans l'exécution d'une décision de justice rendue à son encontre et exécutoire ; ***2°*** lorsque le débiteur est partiellement défaillant dans l'exécution d'une décision de justice rendue à son encontre et exécutoire ; ***3°*** lorsque le débiteur se soustrait à ses obligations alimentaires en l'absence de décision de justice exécutoire ; dans ce cas, la Caisse verse à titre d'avance l'allocation de soutien familial pendant quatre mois, le paiement n'étant ensuite effectué à partir du cinquième mois qu'à la condition que le créancier installe une procédure devant le juge aux affaires familiales.

La ***Caisse d'allocations familiales*** se trouve subrogée dans les droits du créancier, dans les conditions décrites par les articles L. 581-2 et L. 581-3, alinéa 1, du Code de la sécurité sociale, pour récupérer auprès du débiteur le montant de l'allocation de soutien familial. La créance qu'elle recouvre ainsi est par conséquent elle-même une créance alimentaire[134]. Pour le cas où le montant de l'allocation serait inférieur à celui de la pension alimentaire, la subrogation confère à la Caisse mandat légal de recouvrer pour le compte du créancier la différence[135]. Cette subrogation légale, qui permet à la Caisse de bénéficier du titre exécutoire rendu au profit du créancier d'aliment en titre dans les droits duquel elle est subrogée, la dispense de solliciter un tel titre pour son propre compte et s'applique à toutes les procédures d'exécution[136]. Ce mandat devra cependant être exprès s'il s'agit de recouvrer des sommes sans rapport avec l'entretien des enfants[137]. Par exception au principe résultant de l'adage *nemo contra se subrogasse censetur*, la Caisse a droit en priorité par rapport au créancier d'aliments d'un montant supérieur à celui de l'allocation de soutien familial, au remboursement de ses avances (C. s. soc., art. L. 581-3, al. 2, et art. R. 581-9). Aux termes des dispositions de

134. Cass. soc., 19 mai 1994, *Bull. civ.* V, n° 178.

135. Cass. 2e civ., 1er juillet 2003, *Bull. civ.* II, n° 221.

136. Cass. 2e civ., 9 décembre 2003, *Bull. civ.* II, n° 375, arrêt rendu en matière de saisie des rémunérations.

137. Celles dues en application des dispositions des articles 214, 276 et 342 du Code civil.

la loi du 22 décembre 1984, la Caisse peut recourir, outre à la procédure de paiement direct en en formulant elle-même la demande (art. L 6), à celle de paiement public[138], et même à toute autre procédure d'exécution.

La demande peut être faite à tout ***huissier de justice*** de la résidence du créancier (art. L 1, al. 1 et D 1, al. 1). Dans les huit jours de la demande du créancier (art. L 1, al. 1 et D 1, al. 1), l'huissier accomplit deux types de formalités : il notifie par lettre recommandée avec accusé de réception cette demande au tiers saisi et avise simultanément le débiteur par lettre recommandée.

De quel ***tiers saisi*** s'agit-il ? Il s'agit (art. L 1) de tout débiteur de salaires, revenus, et de tout dépositaire de fonds, au profit ou pour le compte du débiteur de la pension alimentaire. Le tiers accuse réception de la demande du créancier envoyée par l'huissier de justice, dans les huit jours de cette réception, en précisant s'il est ou non en mesure d'y donner suite (art. D 1). Il est, dans l'affirmative, tenu de payer directement les sommes au bénéficiaire, selon les échéances fixées par le jugement (art. L 2), et d'aviser dans les huit jours le créancier de la pension alimentaire, de la cession et de la suspension de la rémunération, ainsi que de la clôture ou de l'insuffisance de provision de ce compte (art. D 4). Si le tiers ne verse pas la pension alimentaire, il encourt une amende civile (art. D 4-1). Par l'effet de cette saisie, ***le tiers devient personnellement débiteur*** des sommes dues.

Les ***sommes saisies sont attribuées*** au bénéficiaire de la pension alimentaire, au fur et à mesure de l'exigibilité des termes, sans autre procédure et par préférence à tous les autres créanciers (art. L 2). La saisie vaut attribution préférentielle et immédiate des sommes saisies au créancier saisissant (art. L 2, al. 1). La mise en redressement judiciaire du débiteur ne fait pas obstacle à la mise en place ou à la poursuite d'une procédure de paiement direct[139]. Sauf convention contraire, les sommes payées au créancier le sont à son domicile ou sa résidence (art. L. 4). En pratique le tiers saisi adresse directement le paiement au créancier. Si c'est une caisse d'allocations familiales qui agit à la place du débiteur, elle recevra les fonds saisis. Le règlement des termes échus est fait par fractions égales sur une période de douze mois (art. L 5).

Lorsque la procédure de paiement direct est pratiquée sur des salaires, les créances d'aliments sont imputées sans application des limitations imposées par les articles L. 3252-2 à L. 3252-5 et R. 3252-2 à R. 3252-5 du Code du travail[140], sur pratiquement toute la rémunération (C. trav., 3252-5, al. 1). Nous avons vu, en effet, que désormais, il existe

138. Cf. *infra*, n° 253.

139. Cass. com., 15 juillet 1986, *Bull. civ.* IV, n° 158, *D.* 1988, somm., p. 7, obs. F. Derrida.

140. Cf. *supra*, n° 172.

un minimum vital qui doit être laissé au débiteur, calculé sur la base du revenu de solidarité active.

En cas de ***concours avec une saisie des rémunérations***, le paiement direct est prélevé d'abord sur la portion insaisissable du salaire, puis, si nécessaire, pour le reste, sur la portion saisissante. Sur cette dernière, le créancier alimentaire subira, le cas échéant, le concours des autres créanciers[141]. La solution est la même en cas de concours avec un avis à tiers détenteur.

La ***charge des frais de procédure*** incombe au débiteur (art. L 4). Aucune avance ne peut être demandée au créancier pour la mise en œuvre de la procédure. Si le débiteur ne peut être retrouvé ou si le paiement direct ne peut être obtenu, les émoluments de l'huissier de justice sont avancés par le Trésor public, selon les modalités de l'article R. 93.16° du Code de procédure pénale (art. D 5-1).

Si ***une décision change le montant de la pension alimentaire*** ou les modalités d'exécution de l'obligation, la procédure de paiement direct est modifiée de plein droit à compter de la notification de la décision modificative au tiers par lettre recommandée avec accusé de réception. Cette modification est de nature à entraîner, le cas échéant, la restitution des sommes indûment saisies[142]. En cas d'***indexation*** (art. D 3), c'est au créancier de faire notifier au tiers saisi le nouveau montant de la créance[143]. Mais avant la mise en place d'une procédure de paiement direct, c'est au débiteur de procéder lui-même au réajustement à défaut duquel il s'exposerait à ce qu'une telle voie d'exécution soit utilisée à défaut de paiement total de la pension revalorisée[144].

La procédure prend ***fin*** (art. D 2), soit par la mainlevée donnée par lettre recommandée avec accusé de réception par l'huissier de justice ; soit sur la demande du débiteur produisant auprès de son propre débiteur un certificat délivré par un huissier de justice, attestant qu'un nouveau jugement a supprimé la pension alimentaire ou constatant qu'en vertu des dispositions légales, la pension a cessé d'être due.

En cas d'***usage de mauvaise foi*** de la procédure par le créancier (art. D 6), le tribunal d'instance peut condamner ce dernier à une amende civile.

Quant aux ***contestations***, d'une manière générale, le débiteur peut contester le recours à cette procédure devant le tribunal d'instance de son domicile (art. D 5), compétence confirmée par la Cour de cassation

141. CA Paris, 4e ch., 28 février 1994, *D.* 1994, IR, p. 96.
142. Pour une application, Cass. 2e civ., 17 mai 2001, n° 99-11.329.
143. CA Paris, 9 mai 1980, *D. 1*980.532, note J. Massip, *RTD civ.* 1981.910, obs. R. Perrot.
144. CA Paris, 23 mai 1980, *ibid*, solution très sévère fondée sur le caractère portable des pensions, et approuvée par une réponse ministérielle, *JOAN* 14 mars 1988, p. 1190.

dans un avis en date du 8 mars 1996[145], malgré l'existence du juge de l'exécution. Cette compétence est confirmée par l'article R. 221-8 du Code de l'organisation judiciaire qui dispose que « *Le tribunal d'instance connaît des contestations relatives à la procédure de paiement direct prévue par la loi n° 73-5 du 2 janvier 1973 relative au paiement direct de la pension alimentaire* ». Il n'y a pas davantage de place pour la compétence du juge de proximité. La simple formulation d'une contestation ne suspend pas en soi le paiement direct. Le saisi est, le cas échéant, recevable à réclamer le remboursement d'un trop perçu[146].

B La procédure de paiement public des pensions alimentaires

253. Cette procédure non modifiée est régie par la loi n° 75-618 du 11 juillet 1975 (art. L) et le décret n° 75-1339 du 31 décembre 1975 (art. D). Contrairement au paiement direct, le paiement public n'est ***jamais une voie de recouvrement volontaire***. Il n'est qu'une voie de recouvrement forcé subsidiaire à laquelle le créancier d'aliments, en vertu d'une décision de justice exécutoire, n'aura recours qu'en cas de non-paiement d'une seule échéance (art. L 18 à L 20) ; et uniquement lorsqu'une autre voie d'exécution n'aura donné aucun résultat (art. L 1)[147]. Cette voie ne permet toutefois de recouvrer que les termes à échoir et les termes échus dans la limite des six derniers mois (art. L 18 à L 20). Seules sont saisissables les sommes liquides et exigibles dont est créancier le débiteur de la pension (art. L 18 à L 20). Elle permet de recouvrer le même type de créances, que le paiement direct (art. L 3 et L 15)[148]. Le trésor public est subrogé dans les droits et garanties du créancier (art. L 6).

Le créancier adresse au procureur de la République du tribunal de grande instance de son domicile, ***une demande*** par lettre recommandée avec accusé de réception, ou directement déposée au tribunal (art. L 2 et D 1). Si une administration est subrogée, elle forme elle-même la demande. Il en va de même quand c'est un organisme débiteur de prestations familiales qui agit pour le compte d'un créancier d'aliments (C. s. soc., art. L. 581-2 à L. 581-10). Les solutions exposées à propos des droits des organismes de prestations familiales en matière de paiement direct sont applicables ici[149].

145. *Bull. avis*, n° 1.
146. Cass. 2e civ., 12 juillet 1994, *Bull. civ.* II, n° 253 ; 17 mai 2001, n° 99-11.329.
147. Condition rappelée dans Cass. 2e civ., 21 mars 2002, n° 00-17.016.
148. Cf. *supra*, n° 252.
149. *Ibid.*

Le requérant joint à sa demande : ***1º*** Une copie certifiée conforme du jugement fixant la pension alimentaire (art. D 2) ; ***2º*** Une attestation du secrétariat-greffe de la juridiction compétente ou d'un huissier de justice établissant qu'une voie d'exécution n'a pas permis le recouvrement de la pension alimentaire. À défaut, le créancier peut produire tout autre document justificatif et indiquant sur quels biens ou revenus le recouvrement a été tenté et, si possible, leur importance ; ***3º*** Le créancier doit aussi fournir les renseignements en sa possession relatifs au débiteur et concernant son identité, son adresse ou sa dernière adresse connue, sa profession, les nom et adresse de son employeur, la nature, la situation et l'importance de son patrimoine, ainsi que la source de ses revenus (art. D 3). Le fait que le créancier ne puisse pas fournir tous ces renseignements n'est pas une cause d'irrecevabilité de la demande[150]. La demande est faite soit par le créancier d'aliments lui-même ; soit par la Caisse d'allocations familiales servant l'allocation de soutien familial dont les articles L. 523-1 à L. 523-2, L. 581-1 et suivants, R. 523-1 et suivants, R. 581-1 et suivants et D. 523-1 et suivants du Code de la sécurité sociale définissent les conditions d'attribution.

Dès ***réception de la demande***, le procureur de la République y porte une date. La demande est réputée faite soit à la date d'expédition de la lettre recommandée, soit à la date du dépôt au parquet (art. D 1). Le procureur avise le créancier par lettre simple, de la suite qu'il donne à sa demande. S'il admet le recours, il notifie au débiteur par lettre recommandée avec accusé de réception confirmée le même jour par lettre simple qu'il a admis le recouvrement public, et fait connaître au débiteur qu'il ne peut plus se libérer qu'entre les mains du comptable public qui l'informera des modalités de cette libération. Il informe le débiteur et le créancier qu'ils peuvent contester le refus ou l'admission de la requête, par lettre simple adressée au parquet (art. D 4).

Le procureur qui admet la requête adresse au ***trésorier-payeur général*** du département de son ressort un état exécutoire émis contre le débiteur (art. L 3 et D 6). Le trésorier-payeur général (art. L 7 et D 11) confie le recouvrement au comptable public du domicile ou de la résidence du débiteur qui procède le cas échéant par voie d'avis à tiers détenteur. Dès la notification au débiteur, ce dernier ne peut plus se libérer valablement qu'entre les mains du comptable public. Il en va de même du tiers saisi en cas de mise en place d'une procédure d'avis à tiers détenteur (art. L 7 et L 9). Les sommes recouvrées sont majorées de 10 % au profit du trésor public au titre des frais de recouvrement (art. L 7 et CGI, art. 1912).

Le procureur de la République apportera de son propre chef, ou à la demande du créancier ou du débiteur, les modifications de l'état

150. Cass. 2e civ., 3 janvier 1979, D. 1979.I. R. 236.

exécutoire rendues nécessaires par l'augmentation, la réduction ou la suppression de la pension alimentaire (art. L. 3).

Il existe quatre événements de nature à entraîner la ***mainlevée de la procédure*** de paiement public. Les deux premiers sont le décès du débiteur et le recouvrement impossible (art. L 10). Dans ces deux cas, le comptable public renvoie le titre exécutoire au procureur de la République qui met fin à la procédure. Entraîne également la mainlevée de la procédure de paiement public, le renoncement du créancier au bénéfice de la procédure, adressé au procureur qui met fin à la procédure et décharge le comptable public (art. L 11). Enfin, le débiteur ayant acquitté les arriérés de la créance prise en charge par le Trésor et versé durant douze mois consécutifs le montant des termes courants de la pension alimentaire au comptable du trésor sans incident de paiement, peut demander au procureur de la République de se libérer à l'avenir, directement entre les mains du créancier. Si le procureur oppose un refus, la contestation est transmise au président du tribunal de grande instance (art. L 12).

En cas de ***nouvelle défaillance*** du débiteur dans un délai de deux ans courant à partir de la mainlevée, le créancier peut, dès que le retard dans le paiement dépasse un mois, demander à nouveau au procureur de la République la mise en œuvre de la procédure de paiement public, sans avoir à recourir préalablement à une autre voie d'exécution. S'il est fait droit à cette demande, sont recouvrées les sommes dues depuis la défaillance majorées de 10 % au profit du créancier (art. L 13). Le débiteur peut demander au président du tribunal de grande instance par lettre adressée au procureur de la République, une remise de la majoration de 10 %. Cette nouvelle défaillance entraîne la mise en œuvre de la même procédure. La demande est accompagnée des justificatifs que les conditions de recevabilité de cette nouvelle demande sont réunies (art. D 5). Le nouvel état exécutoire émis doit comporter, outre les mentions sus-énoncées (art. D 6), le montant des sommes dues et non versées depuis l'interruption de la procédure initiale de recouvrement public et le montant de la majoration de 10 % perçue au profit du créancier (art. D 7).

Les incidents sont de deux types. Il s'agit d'abord du ***recours du créancier et du débiteur contre le rejet ou l'acceptation de la requête du créancier*** (art. D 8). Le procureur transmet la lettre de contestation au président du tribunal de grande instance avec les pièces du dossier. Le président statue sans forme, ni frais, dans un délai de quinze jours, après avoir fait convoquer par le greffe, par lettre recommandée avec accusé de réception, et entendu, le créancier et le débiteur. La décision est transmise par le greffe au procureur qui, dans les trois jours à compter de la réception, la notifie aux parties par lettre recommandée avec accusé de réception, et au trésorier-payeur général en lui adressant le cas échéant un état exécutoire ou un titre de réduction. Cette notification rappelle le délai dans lequel un pourvoi en cassation peut être formé. Ce délai est de deux mois à compter de la notification par le procureur de la République. Ce pourvoi est instruit en application de la procédure d'urgence (art. D 9). Il n'est pas dispensé du ministère d'avocat au Conseil d'État et à la Cour de cassation[151].

Enfin, en cas d'***usage de mauvaise foi*** de la procédure par le créancier, le débiteur dispose d'un recours auprès du procureur qui saisit le tribunal de grande instance. Le président de cette juridiction peut condamner le créancier à une amende civile et au remboursement des majorations, des frais de recouvrement, des frais de poursuite, le tout sans préjudice de dommages-intérêts (art. L 17). Son ordonnance est notifiée par le procureur aux parties, et rappelle le délai d'appel qui est de quinze jours à compter de la notification. L'appel s'effectue par lettre recommandée avec accusé de réception adressée au procureur général. Le premier président de la cour d'appel saisi par le procureur général, statue en référé. Son ordonnance est notifiée par le procureur général aux parties qui peuvent se pourvoir en cassation dans un délai de deux mois à compter de cette notification. D'une manière générale, les contestations du débiteur sont transmises au procureur qui saisit le président du tribunal de grande instance, sans que cela interrompe le recouvrement public (art. L 4 et D 9).

§ 3. Les avis à tiers détenteur

254. Il s'agit de la procédure d'avis à tiers détenteur *stricto sensu* de l'administration fiscale ***(A)***, de la procédure d'opposition administrative à tiers détenteur ***(B)***, et des saisies pratiquées par des organismes de sécurité sociale des professions non salariées, celle de la Mutualité Sociale Agricole et des organismes assimilés ***(C)***.

151. Cass. 2e civ., 21 juillet 1986, *Bull. civ.* II, n° 120.

A La procédure d'avis à tiers détenteur (« ATD ») *stricto sensu*[152]

255. La procédure d'avis à tiers détenteur est une saisie-attribution simplifiée[153]. Prévue par les articles L. 252 à L. 264 du livre des procédures fiscales, cette procédure a pour origine une loi du 12 novembre 1808.

152. P. Ancel, *Les incidences de la réforme des procédures d'exécution sur l'avis à tiers détenteur, LPA* 6 janvier 1993, n° spéc., p. 36 ; P. Ancel, *L'exécution par la puissance publique, RTD civ.* 1993, n° spéc., p. 135 ; E. Bonnet, *Les recours du tiers détenteur contre un ATD, Dr. & patr.* juillet- août 1997, p. 36 ; J.-J. Bourdillat, *L'avis à tiers détenteur : une procédure civile d'exécution, GP* 1998, 1, doct., p. 188 ; J.-J. Bourdillat, *Nullité de l'avis à tiers détenteur de l'article 3 de la loi du 17 mars 1909, JCP éd. N* 1998, p. 361 ; P. Brunel, *De quelques particularités relatives au contentieux des créances des collectivités publiques devant le juge de l'exécution, GP* 1997, 1, doct., p. 416 ; M. Douay, *Le recouvrement de l'impôt*, éd. *LGDJ* 2005 ; G. Legrand, *Le recouvrement de l'impôt*, éd. *Litec* 2006 ; M. Masclet de Barbarin, *Le contentieux du recouvrement de l'impôt*, éd. *LGDJ* 2004 ; J. Miguet, *Recouvrement des amendes et condamnations pécuniaires, Juris-classeur Proc. civ.*, fasc. 2290 ; S. Rezek, *Avis à tiers détenteur et sursis de paiement : une cohabitation difficile, Dr. fisc.* 1999, n° 11, p. 466, *JCP éd. N* 1999, n°s 9 et 10, p. 438 ; S. Rezek, *La pratique du contentieux de l'avis à tiers détenteur*, éd. *Litec*, 2001 ; G. Taormina, *L'opposition à poursuite : un contentieux de la compétence du juge de l'exécution, exclusivement, ... ou presque !, D.*2004, jur., p. 170 et s. ; G. Taormina, *Brèves remarques sur la modification de l'article L. 277 du livre des procédures fiscales et la nature juridique de l'avis à tiers dé tenteur, D.*2004, chron., p. 360 ; S. Verclytte, *Avis à tiers détenteur et sursis de paiement : un combat inégal ?, RJF* 1997, p. 667 ; M. Vigneron, *La réforme des procédures civiles d'exécution et le recouvrement des créances fiscales*, in *Rapport de la Cour de cassation 1997*, éd. *La Documentation française*, p. 173.

153. Pour comprendre la jurisprudence administrative passée, il convient de rappeler, que dans l'acception classique du droit privé de l'exécution forcée, l'ATD a toujours été considéré comme une saisie d'exécution et non comme saisie conservatoire, puisqu'il est nécessaire que le créancier justifie de l'existence préalable d'un titre exécutoire (en ce sens, voir notamment, Cass. com., 16 juin 1998, *Bull. civ.* IV, n° 200). Cette analyse est corroborée par le fait que l'ATD emporte désormais le même effet d'attribution immédiate de la propriété de la créance saisie au créancier saisissant, que la saisie-attribution, dès la notification au tiers saisi (L. n° 91-650, 9 juillet 1991, art. 86, modifié par L. n° 91-1323, 30 décembre 1991, art. 35 ; LPF, art. L. 263, al. 2). En matière de sursis de paiement, la Chambre commerciale de la Cour de cassation considère par conséquent, qu'aucun ATD ne peut être notifié tant que le sursis au paiement n'aura pas été définitivement refusé (Cass. com., 16 décembre 1997, *Bull. civ.* IV, n° 344, *RJF* 1998, n° 465, *Dr. fisc.* 1998, n° 26, com. n° 608, *D. 1998*, IR, p. 38). Malheureusement, le défaut de modification de l'article L. 277 du livre de procédures fiscales, lors de la réforme des procédures civiles d'exécution en 1991-1992, aura conduit jusqu'à présent la jurisprudence administrative à considérer cette procédure, suivant le contexte dans lequel elle a été pratiquée, comme une mesure conservatoire ou une saisie d'exécution. Pour comprendre cette situation suscitant une jurisprudence de prime abord incohérente, il faut avoir à l'esprit qu'avant la réforme des procédures

Quant à son ***domaine d'application***, la procédure d'ATD permet au Trésor public de mettre en œuvre son privilège mobilier général pour garantir le recouvrement des contributions directes et indirectes, ainsi que certaines taxes assimilées (CGI, art. 1920 et s.). C'est ce qui résulte des dispositions de l'article L. 262 du livre des procédures fiscales, aux termes duquel « *les dépositaires détenteurs ou débiteurs de sommes appartenant ou devant revenir aux redevables d'impôts, de pénalités et de frais accessoires dont le recouvrement est garanti par le privilège du*

---

civiles d'exécution, l'ATD, comme l'ancienne saisie-arrêt, comportait successivement les effets d'une saisie conservatoire, puis ceux d'une saisie d'exécution. Il avait donc un caractère conservatoire jusqu'à l'expiration du délai de recours de deux mois pour former une contestation, moment à partir duquel seulement s'opérait le transfert de la propriété des sommes saisies au créancier saisissant (Cass. com., 5 mai 1981, *Bull. civ.* IV, n° 207, *D.* 1981, jur., p. 425, note A. H. ; Cass. com., 15 mai 1984, *Bull. civ.* IV, n°s 158 à 161). Dans ce contexte, il était parfaitement cohérent qu'en cas de demande de sursis de paiement consécutif à une réclamation, qui suspend l'exigibilité de la créance, l'administration fiscale puisse, en attendant qu'il ait été statué sur ces demandes, en application de l'article L. 277, alinéa 3, du livre des procédures fiscales, devenu alinéa 4, faire procéder à la mise en place d'un ATD en tant que mesure conservatoire (CE, 25 novembre 1987, n° 52.780, *Sarl Loyer et Cie*, *JCP* éd. E 1987, 1, n° 16 978 ; CE, 5 avril 1993, n° 134.145, *M. Launay*, *Dr. fisc.* 1993, n° 31, com., n° 1614, *JCP éd. E* 1993, pan., n° 585). C'est la raison pour laquelle, malgré l'effet d'attribution immédiate conféré à l'ATD, le Conseil d'État a estimé, jusqu'à présent, que celui-ci devait être qualifié de saisie conservatoire. Il n'emporte alors pas obligation pour le tiers saisi de payer au créancier les sommes saisies, s'il n'a été signifié au tiers saisi qu'après que le débiteur ait saisi l'administration fiscale d'une demande de sursis au paiement, demande qui ne peut être formulée qu'à l'occasion d'une réclamation contentieuse (CE, 15 octobre 1997, *Sarl E. C.I. O.M.*, n°s 175 722 et 175798, concl. F. Loloum, *Rev. dr. fisc.* 1998, n° 150, p. 304 et s., *JCP éd. E* 1998, p. 1104 ; CE, 2 juin 1989, n° 55.514, *Sté Comap, Dr. fisc.* 1989, com., n° 1984). Mesure conservatoire, l'ATD était alors dépourvu d'effet d'attribution immédiate, jusqu'au rejet de la demande de sursis au paiement et la réclamation du débiteur. Ce n'était que si l'ATD avait été pratiqué avant que le débiteur n'opère ce recours, qu'il pouvait alors être considéré comme une saisie-attribution.

Cette divergence d'analyse entre la Cour de cassation et le Conseil d'État se trouve aujourd'hui privée de fondement textuel, depuis la réécriture de l'article L. 277 du livre des procédures fiscales par la loi de finances pour 2002 (L. n° 2001-1275, 28 décembre 2001, art. 74, II) dont le quatrième, devenu cinquième alinéa, dispose désormais, non plus que « *lorsque le comptable a notifié un avis à tiers détenteur ou a fait procéder à une saisie en application de l'alinéa précédent* », c'est-à-dire conservatoire, mais, de manière plus générale, notamment, que « *lorsque le comptable a fait procéder à une saisie conservatoire en application du quatrième alinéa, le contribuable peut demander au juge des référés prévu, selon le cas, aux articles L. 279 et L. 279 A, de prononcer la limitation ou l'abandon de cette mesure si elle comporte des conséquences difficilement réparables...* ». Mais le Conseil d'État s'était, semble-t-il, déjà auparavant montré disposé à abandonner sa position en matière d'opposition sur prix de vente de fonds de commerce, matière dans laquelle l'ATD est considéré comme dépourvu d'effet d'attribution immédiate et à propos duquel il a notamment considéré que « *la seule mention : "opposition au paiement effectuée en vertu de la loi du 17 mars 1909", portée manuscritement*

Trésor sont tenus, sur la demande qui leur en est faite sous forme d'avis à tiers détenteur notifié par le comptable chargé du recouvrement, de verser aux lieu et place des redevables les fonds qu'ils détiennent ou qu'ils doivent à concurrence des impositions dues par ces redevables». Il s'agit, ici, de recouvrer les créances privilégiées d'impôts directs et indirects et assimilés, c'est-à-dire l'impôt sur le revenu, l'impôt sur les sociétés (CGI, art. 1920), la taxe foncière, la taxe d'habitation, la taxe professionnelle, les taxes départementales et communales assimilées aux contributions directes (CGI, art. 1924), les contributions indirectes, les taxes sur le chiffre d'affaire (CGI, art. 1926), la TVA ainsi que certaines taxes assimilées[154], la taxe d'apprentissage, les droits d'enregistrement, les taxes sur la publicité foncière, les droits de timbre et taxes assimilées (CGI, art. 1929), les droits de douane bénéficiant d'un privilège (C. douanes, art. 387 *bis*)[155], les pénalités, majorations, frais de poursuite et d'expertise (CGI, art. 1920 et 1929). Mais, hormis l'hypothèse d'une procédure collective à l'encontre du débiteur, l'administration fiscale n'est pas tenu d'avoir publié son privilège, pour pouvoir s'en prévaloir et procéder valablement au recouvrement de sa créance par voie d'ATD[156].

Le Trésor public aura également recours à l'ATD au même titre que les autres procédures d'exécution, chaque fois qu'il s'agira de recouvrer les créances de collectivités et d'établissements publics, les amendes

---

par le comptable du trésor sur le texte préimprimé de l'avis à tiers détenteur, n'était pas de nature, eu égard au contenu de ce texte, à informer suffisamment le séquestre des fonds que l'avis reçu ne l'obligeait pas à acquitter» (CE, 28 novembre 1997, n° 154912, *M. Valle Cadorniga, RJF* 1998, n° 122, *Dr. fisc.* 1998, n° 15, com., n° 314, *RTD Com.* 1998, p. 570, obs. J. Deruppé). L'administration fiscale, dans une instruction en date du 5 janvier 1998 (Instr. n° 98-005-A, 5 janvier 1998, *Dr. fisc.*, n° 18), a finalement demandé aux comptables publics de ne plus utiliser les formulaires d'ATD à cette fin, mais un nouveau formulaire d'opposition spécialement conçu. En pratique, on rencontre encore des ATD utilisés à titre d'opposition. En tout état de cause, l'admission du sursis au paiement demandé après qu'ait été pratiqué un ATD, emporte restitution au saisi, des sommes excédant le montant de la créance mise en recouvrement, le reste des sommes saisies valant consignation au sens de l'article L. 279 du livre des procédures fiscales (CAA Paris, *Ministre de l'économie c/Sté Micro Leader Business, D.* 2002, jur., p. 1942, note D. Boccara).

Pour couper court à ces divergences de point de vue, une autre solution consisterait à considérer, comme c'est le cas dans certaines hypothèses en matière de saisie-attribution (cf. *supra* n° 234), que si l'ATD n'a été signifié au tiers saisi qu'après que le débiteur ait saisi l'administration fiscale d'une demande de sursis au paiement, il est dépourvu d'effet d'attribution immédiate.

154. Taxes portant sur les bijoux, métaux précieux, objets d'art et de collection, antiquités, Doc. adm. DGI 12 C-2921, § 2 et C-5121, § 1.

155. Texte ne pouvant être étendu aux droits ne bénéficiant pas d'un privilège, ni aux astreintes (Cass. com., 18 décembre 1990, *Bull. civ.* IV, n° 328).

156. Cass. com., 5 novembre 2002, n° 99-19.262.

pénales et droits fixes de procédure[157], alors que dans ces deux derniers cas, la procédure qui devrait en principe être la seule utilisable est celle de l'opposition administrative[158]. D'ailleurs, la Cour de cassation a eu l'occasion de rappeler que l'ATD ne permet pas de recouvrer les amendes pénales, puisqu'il n'en est pas question à l'article L. 262 du livre des procédures fiscales[159]. Or, le principe est qu'il ne suffit pas qu'une créance soit privilégiée dans les mêmes conditions qu'un privilège fiscal, pour pouvoir donner lieu à la mise en œuvre d'un ATD[160].

L'ATD peut enfin être utilisé pour le recouvrement de certaines créances de droit privé, lorsque le recouvrement lui en est confié[161].

Pour pouvoir recourir à l'ATD, l'administration fiscale doit pouvoir justifier d'un ***titre exécutoire***, ce qui ne suscite guère en pratique de difficulté puisqu'elle se les délivre à elle-même en vertu de son privilège du préalable qui la dispense de solliciter du juge une condamnation de celui dont elle se prétend créancière. Constituent des titres exécutoires, outre ceux énumérés par l'article 3 de la loi n° 91-650 du 9 juillet 1991[162], ceux énoncés à l'article L. 252 A du livre des procédures fiscales[163], en l'occurrence, les titres de perception (rôle en matière de contributions directes notifié au contribuable sous la forme d'un avis d'imposition, avis de mise en recouvrement en matière de contributions indirectes, de taxes sur le chiffre d'affaires, et de droits d'enregistrement, contraintes en matière de droits de douane) ou de recettes de l'État, les collectivités territoriales et les établissements publics dotés d'un comptable public.

Compte tenu de la nature juridique de l'ATD, l'administration fiscale ne peut en outre recourir à cette procédure que si la créance est exigible[164]. Conséquences pratiques de ce principe, à défaut de justification par le comptable du Trésor, de la lettre de rappel prévue par l'article L. 255 du livre des procédures fiscales précédant obligatoirement les poursuites, le titre de perception émis pour le recouvrement d'une

157. Garanties par le privilège de l'article 1920 du Code général des impôts depuis la loi n° 93-2 du 4 janvier 1993, art. 141, CGI, art. 1018 A.

158. Cf. *infra*, n° 268.

159. Cass. com., 12 mai 2004, *Bull. civ.* IV, n° 91 ; Cass. com., 23 novembre 2004, n° 02-18.530.

160. Cass. com., 22 octobre 2002, *Bull. civ.* IV, n° 151, arrêt rendu à propos du privilège des taxes instituées en faveur des associations syndicales.

161. Paiement public de pensions alimentaires.

162. Cf. *supra*, n°s 108 et s.

163. « *Constituent des titres exécutoires les arrêtés, états, rôles, avis de mise en recouvrement, titres de perception ou de recettes que l'État, les collectivités territoriales ou les établissements publics dotés d'un comptable public délivrent pour le recouvrement des recettes de toute nature qu'ils sont habilités à recevoir* ».

164. Cass. com., 15 novembre 1994, *Bull. civ.* IV, n° 337 ; CE, 28 novembre 1997, n° 154912, *M. Valle Cadorniga*, préc.

créance fiscale n'est pas exécutoire[165]. Le comptable du Trésor chargé du recouvrement ne peut notifier un avis à tiers détenteur à l'encontre d'un redevable de l'impôt qui a déposé une réclamation assortie d'une demande de sursis de paiement, tant que le sursis n'a pas été définitivement refusé[166].

Les conditions relatives à la créance saisie sont les mêmes qu'en matière de saisie-attribution[167]. Notamment, pas plus qu'une saisie-attribution, un ATD ne peut être pratiqué sur une créance éventuelle[168].

Nous envisagerons successivement les modalités de la procédure d'avis à tiers détenteur ***(1)***, les effets de sa mise en œuvre ***(2)*** puis les incidents qui peuvent la ponctuer ***(3)***.

1. Les modalités de la procédure

256. La mise en œuvre de la procédure d'ATD comporte trois étapes : l'envoi au redevable d'une lettre de rappel, la notification de l'ATD au tiers et la dénonciation de cet ATD au redevable.

La notification de l'ATD doit être précédée, suivant le cas, d'une lettre de rappel, lorsque le recouvrement est le fait d'un comptable du Trésor (LPF, art. L. 255 et L. 258), ou d'une mise en demeure, lorsque le recouvrement est le fait d'un comptable de la direction générale des impôts (LPF, art. L. 257 et L. 258), adressée en recommandé avec demande d'avis de réception faisant courir un délai de vingt jours imparti au redevable pour s'exécuter. Il en est ainsi, bien que l'ATD ne constitue pas un acte de poursuite donnant lieu à des frais au sens de l'article L. 255 du livre des procédures fiscales[169]. Mais la délivrance d'un ATD n'est pas subordonnée à l'envoi préalable d'un commandement de payer[170].

À défaut de lettre de rappel ou de mise en demeure, l'ATD sera inopposable au redevable et le tiers saisi ne sera pas tenu d'adresser au créancier saisissant les sommes réclamées car la somme réclamée n'est

165. Cass. 2e civ., 8 octobre 1997, *Bull. civ.* II, n° 246, *D.* 1998, jur., p. 476, note P. Ruellan et R. Lauba.

166. Cass. com., 16 décembre 1997, *Bull. civ.* IV, n° 344, GP 1999, 1, jur., p. 105, obs. T. Moussa.

167. Cf. *supra*, nos 221 et 240.

168. Cass. com., 13 mars 2001, *Bull. civ.* IV, n° 58, à propos d'un ATD pratiqué sur le prix d'une promesse de cession d'un contrat de crédit-bail immobilier, créance considérée comme purement éventuelle.

169. Rép. min. n° 69707, *JOAN* Q 23 septembre 1985, p. 4461 ; voir aussi Instr. DGI, 15 décembre 1992, *Dr. fisc.* 1993, n° 10991, p. 10365.

170. Cass. com., 12 mars 2002, n° 99-10.423 ; Cass. com., 12 mars 2002, n° 99-15.575.

pas exigible[171]. Toutefois, curieusement, le défaut de lettre de rappel ou de mise en demeure n'est pas sanctionné par la nullité de l'ATD[172]. En effet, l'obligation pour l'administration fiscale d'envoyer au contribuable une lettre de rappel avant de procéder au recouvrement forcé de l'imposition dont il reste redevable ne concerne, aux termes de l'article L. 255 du Livre des procédures fiscales, que la perspective du recours à des procédures dont la mise en œuvre génère des frais d'exécution. Tel n'étant pas le cas de l'avis à tiers détenteur, la mise en œuvre de cette procédure n'a pas à être précédée de la lettre de rappel de l'article L. 255 précitée[173].

Notons enfin, qu'aux termes de l'article L. 260 du Livre des procédures fiscales, « *dans le cas où une majoration de droit ou des intérêts de retard ont été appliqués au contribuable pour non-déclaration ou déclaration tardive ou insuffisante des revenus et bénéfices imposables, le comptable du Trésor peut faire signifier un commandement au contribuable dès l'exigibilité de l'impôt sans que la lettre de rappel prévue à l'article L. 255 soit préalablement notifiée* », ce qui signifie, en d'autres termes, que dans ce cas, l'administration fiscale n'a pas besoin de faire précéder la notification de l'ATD d'une lettre de rappel.

257. Une fois expiré le délai de vingt jours imparti au débiteur pour s'exécuter, l'ATD peut alors être notifié au tiers saisi. Aucune disposition légale ou réglementaire n'impose de forme particulière pour cette notification[174]. Le recours à un huissier de justice n'est pas nécessaire[175]. L'administration fiscale elle-même dans ses instructions, n'impose pas systématiquement le recours à la forme recommandée avec demande d'avis de réception[176].

En pratique, l'ATD comporte deux parties dont un formulaire détachable qui constitue l'accusé de réception. Le tiers saisi devra retourner ce formulaire détachable à l'administration fiscale, rempli de renseignements relatifs à la créance saisie ou des raisons pour lesquelles il ne

171. Cass. 2e civ., 8 octobre 1997, *Bull. civ.* II, n° 246, *GP* 1998, 1, jur., p. 144, note T. Moussa, *GP* 1998, 2, jur., p. 601, note J.-J. Bourdillat, *D.* 1998, jur., p. 476, note F. Ruellan et R. Lauba.

172. Cass. com., 12 mars 2002, n° 99-15.575.

173. Cass. com., 3 mars 2004, n° 02-10.425 ; Cass. com., 3 novembre 2004, n° 03-10.009.

174. CE, 15 octobre 1997, nos 175 722 et 175798, *Sarl E. C.I. O.M.*, préc.

175. Cass. com., 5 novembre 2002, n° 99-19.261 ; Cass. com., 5 novembre 2002, n° 99-19.262. Ceci est d'autant plus regrettable que le Conseil d'État estime encore que la preuve de la notification de l'ATD n'incombe pas à l'administration, le juge devant se déterminer au vu des pièces du dossier (CE, 29 juin 1988, n° 47.481, *Dr. fisc.* 1989, com., n° 41, concl. Fouquet ; CE, 20 novembre 1992, n° 71.902, *M. Seigneur, RJF* 1993, n° 143, *Dr. fisc.* 1993, com., n° 567 ; CE, 10 mai 1999, n° 184528, *Ournier, RJF* 1999, n° 1086, *Dr. fisc.* 1999, com., n° 796, JCP éd. E 1999, p. 1884).

176. Voir sur ce point, S. Rezek, *La pratique du contentieux de l'avis à tiers détenteur*, éd. *Litec*, 2001, n° 34.

saurait déférer à l'injonction de l'administration. Le défaut de renvoi par le tiers de ce formulaire constitue un incident de la procédure que nous étudierons ultérieurement[177].

La deuxième Chambre civile avait considéré que l'ATD devait comporter les mentions énumérées par l'article 56 du décret n° 92-755 du 31 juillet 1992[178]. La Chambre commerciale n'était pas de cet avis[179]. Finalement, la Cour de cassation, dans un arrêt de chambre mixte en date du 26 janvier 2007 a considéré que les dispositions de l'article 56 ne sont pas applicables à l'ATD[180]. et être signé pour le Trésor public (recouvrement des impôts directs), par le trésorier ou le percepteur, et pour la Direction générale des impôts ou des douanes et droits indirects (recouvrement des impôts indirects et droits de douane), par le receveur principal. Un ATD non signé est considéré comme inexistant[181]. Il incombe à l'auteur de la contestation d'apporter la preuve de l'irrégularité formelle de l'ATD, et non à l'administration fiscale, d'apporter la preuve de sa régularité[182].

Aux termes des dispositions de l'article L. 262 du Livre des procédures fiscales, « *les dépositaires, détenteurs ou débiteurs de sommes appartenant ou devant appartenir aux redevables* (ont l'obligation) *de verser, aux lieu et place des redevables, les fonds qu'ils détiennent ou qu'ils doivent, à concurrence des impositions dues par ces redevables* ». Le défaut de paiement par ce tiers saisi, constitue un incident de la procédure que nous étudierons ultérieurement[183].

Lorsque le tiers saisi est un établissement habilité à tenir des comptes de dépôts, il doit être fait application des règles applicables à la saisie-attribution[184]. Mais l'article 60 du décret n° 92-755 du 31 juillet 1992 n'est pas applicable[185]. Lorsque ce tiers saisi est un comptable public, il y a lieu de faire application des règles spécifiques du décret n° 93-977 du 13 juillet 1993[186].

Notons enfin, qu'indépendamment de toute mise en œuvre d'un ATD, l'article L. 265 du Livre des procédures fiscales fait obligation à tous

177. Cf. *infra*, n° 264.
178. Cass. 2e civ., 18 octobre 2001, n° 00-10.783, implicitement.
179. Cass. com., 3 octobre 2006, *Bull. civ.* IV, n° 199.
180. Cass. ch. mixte, 26 janvier 2007, *Bull. civ.* n° 1, *D.*2007, AJ, p. 451, pan., p. 1172, obs. A. Leborgne, *RTD civ.* 2007, obs. R. Perrot ; Cass. com., 3 octobre 2006, *Bull. civ.* IV, n° 199.
181. Cass. com., 13 janvier 1998, *Bull. civ.* IV, n° 20, *GP* 1999, 1, jur, p. 105, note T. Moussa, *Dr. fisc.* 1998, n° 655, qui estime qu'il s'agit là d'une formalité substantielle et qu'un ATD non signé ne vaut pas comme tel.
182. Cass. 2e civ., 18 octobre 2001, préc.
183. Cf. *infra*, n° 264.
184. Cf. *supra*, n° 241.
185. Cass. com., 7 janvier 2004, *Bull. civ.* IV, n° 7.
186. Cf. *supra*, n° 120.

dépositaires de fonds (notaire, huissier de justice, mandataire-liquidateur, liquidateur amiable, commissaire-priseur, etc.) à quelque titre que ce soit (dépositaire, séquestre, séquestre chargé de la répartition des fonds), de vérifier avant toute remise de ces fonds, que les personnes qui doivent les recevoir ont payé les impôts dont ils sont redevables.

Aux termes de l'article L. 262 du Livre des procédures fiscales, la créance saisie par voie d'ATD doit appartenir au redevable de l'impôt ou de toute autre somme pouvant donner lieu à recouvrement par cette voie[187].

258. L'ATD doit ensuite être dénoncé selon les mêmes modalités, c'est-à-dire remis contre émargement, par un agent-huissier du Trésor, plus simplement par courrier recommandé avec demande d'avis de réception, lettre simple ou signifié au débiteur. La forme la plus fréquente en pratique est le pli recommandé avec demande d'avis de réception. D'une manière générale, l'ATD doit être dénoncé dans les mêmes formes que sa notification au tiers saisi. Le recours au ministère d'un huissier ordinaire n'est requis par aucun texte et n'est donc pas obligatoire[188]. Les prescriptions des articles 56 et 58 du décret n° 92-755 du 31 juillet 1992, à propos de la saisie-attribution, ne sont pas applicables en matière d'ATD[189]. Contrairement à ce que prescrivent les textes en matière de saisie-attribution (D. n° 92-755, 31 juillet 1992, art. 58), il n'existe aucun délai maximum pour procéder à cette dénonciation. En pratique, l'administration fiscale procède à la notification de la dénonciation, en même temps qu'elle procède à celle de l'ATD au tiers saisi.

La dénonciation de l'ATD au saisi est prévue à peine de nullité de la procédure[190]. Cette dénonciation doit également être faite aux cotitulaires d'un compte joint, lorsque la saisie porte sur le solde de celui-ci.

2. Les effets de l'ATD

259. La mise en œuvre de l'ATD comporte des effets équivalents à ceux de la saisie-attribution. Les difficultés suscitées en cas de saisie d'une créance à exécution successive ou à échéance périodique ou d'ouverture d'une procédure collective sont les mêmes qu'en matière de saisie-attribution.

187. Sont ainsi redevables de l'impôt, et sont donc à ce titre susceptibles d'avoir la qualité de saisi, outre le contribuable lui-même, son conjoint concernant l'impôt sur le revenu et la taxe d'habitation, le dirigeant de société déclaré solidairement redevable des impôts dus par celle-ci, le loueur de fonds de commerce concernant les dettes d'impôts du locataire-gérant, le cessionnaire d'un fonds de commerce pour les impositions dues par l'exploitant.

188. Cass. com., 5 novembre 2002, n° 99-19.261.

189. Cass. com., 5 novembre 2002, préc. ; 5 novembre 2002, n° 99-19.262.

190. Cass. com., 13 novembre 1973, *Bull. civ.* IV, n° 326 ; Cass. 1re civ, 10 février 1987, *Bull. civ.* I, n° 48.

La dénonciation de l'ATD au saisi ***interrompt la prescription*** quadriennale qui court contre l'administration[191]. Chaque versement effectué par te tiers saisi interrompt la prescription[192].

Nous avons vu que l'ATD comporte désormais le même ***effet d'attribution immédiate*** des sommes saisies que le procès-verbal de saisie-attribution prévu par l'article 43 de la loi n° 91-650 du 9 juillet 1991. Cet effet attributif est prévu par l'article 86 de la loi n° 91-650 du 9 juillet 1991 et par l'article L. 263, alinéa 1, du Livre des procédures fiscales qui dispose que : « *L'avis à tiers détenteur prévu par les articles L. 262 et L. 263 du Livre des procédures fiscales comporte l'effet d'attribution immédiate prévu à l'article* (L) *43. L'article* (L) *47-1*[193] *lui est applicable* ». Peu importe d'ailleurs que les sommes mises ainsi en recouvrement forcé ne soient pas garanties par un privilège, compte tenu de la généralité des dispositions de l'article 86 la loi n° 91-650 du 9 juillet 1991, renvoyant à l'article 43 du même texte, et qui ne fait pas, lui, de l'existence d'un privilège, une condition de l'effet d'attribution immédiate. La Cour de cassation considère simplement, le saisi n'ayant formulé qu'ensuite, auprès du directeur régional des impôts, une réclamation tendant au dégrèvement, que « *l'attribution de la créance par l'avis à tiers détenteur la transporte dans le patrimoine du comptable public dès notification de l'avis, nonobstant l'impossibilité d'en exiger le paiement avant l'expiration du délai de contestation de l'avis* (prévu par l'article R. 281-1 du Livre des procédures fiscales) *ou l'issue de cette contestation dans le délai légal* »[194]. En tout état de cause, le Trésor public ne sera payé par le tiers saisi, qu'à l'expiration d'un délai de deux mois dont dispose le débiteur saisi pour faire opposition à l'ATD. L'effet d'attribution immédiate, qui se produit dès la notification de l'ATD au tiers saisi, fait obstacle à la compensation malgré le caractère éventuellement rétroactif de celle-ci[195].

---

191. CAA Paris, 26 septembre 1991, *M. Christie*, *Dr. fisc.* 1992, n°s 21 et 22, com. n° 1082 ; CAA Paris, 4 juin 1992, *RJF* 1992, *Mme Lefebvre*, n° 1258, *Dr. fisc.* 1993, n° 27, com. n° 1413.

192. CE, 2 juillet 1990, n° 69.367, *M. Robert Bègue*, *RJF* 1990, n° 1282, *Dr. fisc.* 1990, com. n° 1931, concernant un ATD portant sur des loyers.

193. « *Le tiers saisi laisse à disposition du débiteur personne physique, dans la limite du solde créditeur du ou des comptes au jour de la saisie, une somme à caractère alimentaire d'un montant égal au montant forfaitaire, pour un allocataire seul, mentionné à l'article L. 262-2 du Code de l'action sociale et des familles* (le RMI ou RSA) ». Cf. *supra*, n° 234.

194. Cass. com., 30 novembre, *Bull. civ.* IV, n° 217, RJF 2000, com. n° 565, à propos d'un ATD pratiqué après le 1er janvier 1993 et donc régi dans ses effets par les articles 43 et 86 de la loi n° 91-650 du 9 juillet 1991 ; voir aussi, Cass. com., 16 juin 1998, *Bull. civ.* IV, n° 200.

195. En ce sens, Cass. com., 20 février 2001, n° 98-21.466 ; Cass. com., 20 février 2001, n° 98-21.467.

260. Concernant la saisie des ***créances à exécution successive ou à échéance périodique***, l'hypothèse est, par exemple, celle d'un ATD mis en œuvre pour la saisie de loyers ou de salaires. La Cour de cassation, dans un arrêt de chambre mixte en date du 22 novembre 2002[196], a consacré une solution qu'elle avait déjà préconisée dans un avis en date du 16 décembre 1994. Elle avait, à l'époque, estimé que, dès lors qu'un acte de saisie-attribution de créances à exécution successive a été signifié au tiers saisi avant le prononcé du jugement d'ouverture d'une procédure collective à l'encontre du débiteur saisi, les créances qui en font l'objet doivent être considérées comme sorties du patrimoine de celui-ci pour avoir été attribuées au seul créancier saisissant. La saisie-attribution pratiquée avant l'ouverture d'une procédure de redressement ou de liquidation judiciaires sur une créance à exécution successive, continue de produire ses effets sur les termes à échoir après le jugement d'ouverture de la procédure[197]. La deuxième Chambre civile, dans un arrêt rendu le 10 juillet 1996, en matière de saisie-attribution, s'est conformée à l'avis de la Cour de cassation du 16 décembre 1994[198]. La solution était peut-être différente en matière d'avis à tiers détenteur. Dans un arrêt en date du 24 octobre 1995[199], la Cour de cassation a, semble-t-il, mis fin à la divergence de jurisprudence entre la deuxième Chambre civile et la Chambre commerciale[200].

Concernant les créances à échéance périodique, la jurisprudence fait application à la procédure d'ATD, des mêmes principes qu'en matière de saisie-attribution[201]. Par conséquent, lorsqu'un compte en banque est alimenté exclusivement par des sommes insaisissables à échéance périodique, on doit considérer que l'insaisissabilité concerne toutes les échéances versées sur le compte et non pas seulement la dernière en date[202].

196. Cass. ch. mixte, 22 novembre 2002, *Bull. civ. ch. mixte*, n° 7, *D.*2002, AJ, p. 3270, obs. A. Lienhard, *D.*2003, jur., p. 445, note Ch. Larroumet, *D.*2003, som., p. 1472, obs. G. Taormina.

197. Cass. avis, 16 décembre 1994, *Bull. civ. avis*, n° 24, *JCP* éd. G 1995, II, n° 22409, note A. Grafmayer, *JCP éd. E* 1995, II, n° 686, note R. Martin, *RTD civ.* 1995, p. 965, obs. R. Perrot, *D. 1*995, jur., p. 166, note F. Derrida.

198. Cass. 2e civ., 10 juillet 1996, *Bull. civ.* II, n° 209, *JCP éd. G* 1996, II, n° 22723, note E. Putman, *RTD civ.* 1996, p. 716, obs. R. Perrot, *RD bancaire et boursier* 1996, p. 212, obs. M.-J. Campana et M. Calendini.

199. Cass. com., 24 octobre 1995, *Bull. civ.* IV, n° 255, *JCP éd. G* 1996, II, n° 22578, note E. Putman, *RTD civ.* 1996, p. 483, obs. R. Perrot, *D.* 1996, jur., p. 155, note F. Derrida.

200. En ce sens, voir Cass. com., 13 novembre 2002, *Bull. civ.* IV, n° 164 ; Cass. com., 8 juillet 2003, *Bull. civ.* IV, n° 132.

201. Cf. *supra*, nos 224, 237 et 240.

202. Cass. 2e civ., 27 juin 2002, *Bull. civ.* II, n° 150, *D.*2003, som., p. 1402, obs. G. Taormina.

261. Concernant l'incidence de ***l'ouverture d'une procédure collective***, une fois encore, les solutions sont les mêmes qu'en matière de saisie-attribution[203]. Rappelons qu'en outre, aux termes de l'article L. 263 A du Livre des procédures fiscales, « *conformément au deuxième alinéa de l'article L. 632-2 du Code de commerce*[204], *tout avis à tiers détenteur, toute saisie-attribution ou toute opposition peut être annulé lorsqu'il a été délivré ou pratiqué par un créancier après la date de cessation des paiements et en connaissance de celle-ci* ».

3. Les incidents de la procédure d'avis à tiers détenteur

262. Il s'agit des concours de procédures d'exécution ***(a)***, de la non-collaboration du tiers saisi ***(b)***, et des contestations ***(c)***.

a) Les concours de procédures d'exécution

263. Quatre cas de figure peuvent être distingués : le concours entre un ATD et une saisie-attribution ou entre plusieurs ATD, le concours entre un ATD et une saisie des rémunération, le concours entre un ATD et un paiement direct de pension alimentaire, et le concours entre un ATD et une saisie des rémunérations.

Concernant le ***concours entre un avis à tiers détenteur et une saisie-attribution ou entre plusieurs avis à tiers détenteur***, ces différents concours se règlent par le principe de l'effet d'attribution immédiate de l'ATD et de la saisie : le paiement est le prix de la course. Si un ATD et un procès-verbal de saisie-attribution sont notifiés simultanément, c'est-à-dire le même jour, il y a lieu de considérer aujourd'hui que le Trésor public ne primera pas le créancier ordinaire, malgré le caractère privilégié de sa créance. En effet, la Cour de cassation, dans un avis en

203. Cf. *supra*, n° 240. Cass. com., 8 juillet 2003, *Bull. civ.* IV, n° 132, *D.*2003, AJ, p. 2094, obs. A. Lienhard ; Cass. com., 14 janvier 2004, n° 01-03.663. La Chambre commerciale a décidé, dans un arrêt en date du 24 octobre 1995 (Cass. com., 24 octobre 1995, *Bull. civ.* IV, n° 255), qu'un avis à tiers détenteur, devenu définitif avant le prononcé du jugement d'ouverture d'une procédure de redressement judiciaire, ne produisait effet que sur les loyers échus avant ledit jugement. Les créanciers dont la créance est née postérieurement au prononcé du jugement d'ouverture d'une procédure de redressement judiciaire sont donc prioritaires pour le recouvrement de leurs créances sur des loyers échus postérieurement au prononcé dudit jugement. Mais du fait de l'effet d'attribution immédiate prévu par l'article 43 de la loi n° 91-650 du 9 juillet 1991, le créancier premier saisissant doit être le premier payé, malgré l'existence de créances bénéficiant d'un tel rang de préférence (Cass. com., 11 février 1997, *Bull. civ.* IV, n° 49 ; Cass. com., 22 avril 1997, *Bull. civ.* IV, n° 100). Ces solutions ne sont, *a priori*, pas remises en cause par la réforme des procédures collectives.

204. « *Tout avis à tiers détenteur, toute saisie attribution ou toute opposition peut également être annulé lorsqu'il a été délivré ou pratiqué par un créancier à compter de la date de cessation des paiements et en connaissance de celle-ci* ».

date du 24 mai 1996, a estimé que « *le concours entre créanciers saisissants, prévu au troisième alinéa de l'article 43 de la loi du 9 juillet 1991 portant réforme des procédures civiles d'exécution, doit se régler au prorata des créances respectives, sans qu'il y ait lieu de prendre en compte l'existence d'éventuels privilèges* »[205]. Cette solution *a priori* surprenante, corroborée par les travaux préparatoires de la loi de 1991[206], avait déjà été appliquée par la jurisprudence[207]. En revanche, le Trésor sera primé par les créanciers d'aliments. En cas de concours d'ATD notifiés au tiers le même jour, les fonds saisis seront répartis au marc l'euro, les privilèges fiscaux ayant entre eux le même rang.

Concernant le ***concours entre un avis à tiers détenteur et une saisie des rémunérations***, la notification au tiers de l'ATD suspend la saisie des rémunérations, jusqu'à ce que le Trésor soit rempli de ses droits. En pratique, le comptable public doit indiquer au greffe du tribunal d'instance la date de l'ATD et celle de sa dénonciation, puis celle de l'extinction de la dette du redevable à l'égard du Trésor. C'est ce qui résulte de l'article R. 3252-37 du Code du travail qui dispose que « *La notification à l'employeur d'un avis à tiers détenteur conforme aux articles L. 262 et L. 263 du Livre des procédures fiscales suspend le cours de la saisie jusqu'à l'extinction de l'obligation du redevable, sous réserve des procédures de paiement direct engagées pour le recouvrement des pensions alimentaires. /L'employeur informe le comptable public de la saisie en cours. Le comptable indique au greffe du tribunal la date de l'avis à tiers détenteur et celle de sa notification au redevable. La suspension de la saisie est notifiée aux créanciers par le greffier. /Après extinction de la dette du redevable, le comptable en informe le greffe qui avise les créanciers de la reprise des opérations de saisie* »[208]. Le tiers saisi est, quant à lui, tenu de faire connaître les cessions, saisies ou ATD en cours d'exécution (C. trav., art. L. 3252-9). Enfin, lorsque l'ATD porte sur des rémunérations, le barème des quotités saisissables et cessibles s'applique, y compris si les salaires ont été virés sur un compte de dépôts.

Concernant le ***concours entre un avis à tiers détenteur et un paiement direct de pension alimentaire***, l'article 2 de la loi nº 73-5 du 2 janvier 1973 donne la priorité au créancier alimentaire sur le fisc.

205. Cass. avis, 24 mai 1996, *Bull. avis*, nº 5.

206. *JOAN* 26 avril 1991, p. 1745 et 1746.

207. TGI Saint-Etienne, JEX, 16 juin 1994, *Recette principale des impôts de Peurs c/Société générale, D.* 1995, jur. p. 233, note J. Prévault.

208. Le livre des procédures fiscales dispose en outre en son article L. 264, que « *La cession des rémunérations mentionnées aux articles L. 3252-1 et R. 145-1* (art. R. 3252-1) *du Code du travail n'est opposable au comptable chargé du recouvrement d'impositions privilégiées qu'à concurrence de la moitié de la portion saisissable ou cessible* ».

Concernant le ***concours entre un avis à tiers détenteur et une cession des rémunérations***, cette dernière n'est opposable au comptable public qu'à concurrence de la moitié de la portion saisissable et cessible (LPF, art. 264).

b) La non-collaboration du tiers saisi

264. Elle peut consister en un défaut de renvoi du formulaire de renseignements à l'administration fiscale et en un défaut de paiement des sommes saisies.

En cas de défaut de renvoi du formulaire de renseignements à l'administration fiscale, dans la mesure où il n'existe pas, en matière d'ATD, de dispositions équivalentes à celles de l'article 59 du décret n° 92-755 du 31 juillet 1992, conçues pour la saisie-attribution, il paraît délicat d'en faire une application aussi peu nuancée au tiers saisi dans l'ATD, d'autant plus que celui-ci n'est pas signifié mais simplement notifié au tiers. L'article 60 du décret n° 92-755 du 31 juillet 1992 n'étant pas non plus applicable, le tiers ne risque qu'une condamnation pécuniaire par le juge de l'exécution sur le fondement de l'article L. 262 du Livre des procédures fiscales, qui ne saurait excéder le montant de sa propre dette à l'égard du débiteur saisi[209].

En cas de défaut de paiement des sommes saisies, devant l'inertie du tiers saisi, le juge de l'exécution peut, sur le fondement combiné des articles L. 262 et L. 263 du Livre des procédures fiscales, de l'article 43 de la loi n° 91-650 du 9 juillet 1991 et de l'article 64 du décret n° 92-755 du 31 juillet 1992, délivrer à un comptable public, un titre exécutoire contre le tiers détenteur[210]. L'administration fiscale ne saurait donc prétendre que du fait de sa non-collaboration, le tiers est devenu automatiquement débiteur personnel des causes de la saisie.

c) Les contestations

265. Leur régime juridique repose sur la distinction déjà évoquée[211], entre opposition à poursuite ***(α)*** et opposition à contrainte ***(β)***, distinction qui n'est pas toujours commode à mettre en œuvre.

---

209. Cass. com., 7 janvier 2004, *Bull. civ.* IV, n° 7 ; 6 mai 2008, *Bull. civ.* V, n° 95.

210. Cass. avis, 7 mars 1997, *Bull. avis*, n° 3, *D. 1997*, jur, p. 454, note F. Ruellan et R. Lauba, *RTD civ.* 1997, p. 1 000, obs. R. Perrot; Cass. 2e civ., 23 novembre 2000, *Bull. civ.* II, n° 154 ; Cass. ch. mixte, 26 janvier 2007, *Bull. civ.* n° 1, *D.*2007, AJ, p. 451, pan., p. 1172, obs. A. Leborgne, *RTD civ.* 2007, obs. R. Perrot.
Dans un avis de 1988 (Cass. avis, 9 février 1998, *Bull. avis*, n° 2, *GP* 1999, 1, jur., p. 114, obs. T. Moussa), la Cour de cassation a précisé que pour obtenir un titre exécutoire contre le tiers détenteur, le comptable du Trésor public devait saisir le juge par assignation, et non sur requête.

211. Cf. *supra*, n° 122.

α) Les contestations portant sur la créance mise en recouvrement : l'opposition à contrainte

266. On appelle *opposition à contrainte* dite aussi *opposition à exécution* (LPF, art. L. 281 et L. 282, R. 281-1 et R. 281-5), toutes les contestations portant sur la régularité formelle du titre exécutoire administratif ou son bien fondé. Elles sont, de la compétence exclusive du juge administratif du fond lorsque la créance mise en recouvrement est de droit public, c'est-à-dire dans la plupart des cas, et de la compétence du juge judiciaire du fond, seulement lorsque cette créance est de droit privé.

Aux termes de l'article L. 281 du Livre des procédures fiscales, les contestations portent soit sur l'existence de l'obligation de payer le montant de la dette et l'exigibilité de la somme réclamée, soit sur la régularité en la forme de l'acte. Ces contestations sont de la seule compétence du juge de l'impôt, après recours hiérarchique préalable rejeté. Il y a donc lieu de distinguer entre le recours hiérarchique et le recours contentieux.

En premier lieu, le recours hiérarchique devra obligatoirement, c'est-à-dire sous peine d'irrecevabilité du recours contentieux, être porté préalablement devant le directeur des services fiscaux, si le recouvrement en cause incombe à la direction générale des impôts. En tout état de cause, le recours au courrier recommandé avec demande d'avis de réception s'impose. Pour être recevable, la demande doit être présentée, selon le cas : au trésorier payeur général, dans un délai de deux mois à compter de la dénonciation de l'ATD si le motif invoqué est un vice de forme, ou à compter du premier acte permettant d'invoquer un tel motif ; au directeur des services fiscaux, dans le délai de deux mois à compter de la dénonciation de l'ATD.

En toute hypothèse, le destinataire de la contestation doit se prononcer dans un délai de deux mois à compter de celle-ci et a l'obligation d'en accuser réception aux termes des dispositions de l'article R. 281-4, alinéa 1er, du Livre des procédures fiscales[212]. La loi n° 2000-321 du 12 avril 2000, relative aux droits des citoyens dans leurs relations avec l'administration, a précisé notamment que « *toute demande adressée à une autorité administrative fait l'objet d'un accusé de réception délivré dans des conditions définies par décret en Conseil d'État* » (art. 19). Ce texte est le décret n° 2001-492 du 6 juin 2001 qui dispose en son article 1°, que cet accusé de réception comporte les mentions suivantes : « *1° la date de réception de la demande et la date à laquelle, à défaut d'une décision expresse, celle-ci sera réputée acceptée ou rejetée ; 2° la désignation, l'adresse postale et, le cas échéant, électronique, ainsi que le numéro de téléphone du service chargé du dossier* (al. 1er). *L'accusé*

212. Pour une application de ce texte, voir notamment Cass. com., 20 novembre 2001, n° 98-20.040.

de réception indique si la demande est susceptible de donner lieu à une décision implicite de rejet ou à une décision implicite d'acceptation. Dans le premier cas, l'accusé de réception mentionne les délais et les voies de recours à rencontre de la décision. Dans le second cas, il mentionne la possibilité offerte au demandeur de se voir délivrer l'attestation prévue à l'article 22 de la loi nº 2000-321 du 12 avril 2000 (al. 2) ».

La loi nº 2000-321 du 12 avril 2000 dispose en outre en son article 22, notamment, que « *le silence gardé pendant deux mois par l'autorité administrative sur une demande vaut décision d'acceptation dans les cas prévus par décret en Conseil d'État. Cette décision peut, à la demande de l'intéressé, faire l'objet d'une attestation délivrée par l'autorité administrative. Lorsque la complexité ou l'urgence de la procédure le justifie, ces décrets prévoient un délai différent. Ils définissent, lorsque cela est nécessaire, les mesures destinées à assurer l'information des tiers* ». En second lieu, en l'absence de décision dans le délai de deux mois, qui équivaut à une décision de rejet, ou en cas de rejet du recours, le débiteur saisi n'a plus qu'à exercer un recours contentieux dans un délai de deux mois à compter, soit de la décision implicite de rejet[213], soit de la notification de la décision. Ce délai n'est pas interrompu en cas de saisine d'un tribunal incompétent[214].

L'opposition à contrainte a, sur le titre émis par le Trésor public, un effet suspensif d'exécution qui cesse en cas de rejet du recours hiérarchique. Le recours contentieux formé ensuite, n'a pas d'effet suspensif en l'absence de décision expresse du tribunal[215].

En cas de recours contentieux, la juridiction compétente est : soit le tribunal de grande instance, saisi par assignation en matière de contributions indirectes et taxes assimilées, de timbre, de droits d'enregistrement de taxe de publicité foncière. L'appel est possible à l'encontre des jugements rendus depuis le 1er mars 1998[216] ; soit le tribunal administratif, saisi par requête adressée par lettre recommandée avec demande d'avis de réception, en matière de contributions directes et de taxe sur le chiffre d'affaires (LPF, art. L. 199 et R. 202-2). La Cour de cassation peut relever d'office l'incompétence du juge judiciaire, lorsque c'est le juge administratif qui est compétent[217].

L'irrecevabilité du recours contentieux, pour ne pas avoir été précédé d'un recours hiérarchique préalable, n'est encourue qu'à la condition que

213. Voir à titre d'application, Cass. com., 5 novembre 2002, nº 99-19.261 ; Cass. com., 18 février 2004, nº 01-01.654.

214. Cass. com., 12 juillet 2004, nº 01-14.555.

215. Cass. 2e civ., 11 juillet 2002, *Bull. civ.* II, nº 172, arrêt rendu à propos de la saisine du tribunal administratif.

216. L. nº 96-1181, 30 décembre 1996, art. 112.

217. Cass. com., 19 novembre 2002, nº 99-17.969 ; Cass. com., 3 décembre 2002, *Bull. civ.* IV, nº 212.

le demandeur ait été précisément informé dans l'acte de poursuites, des modalités et délais de recours, ainsi que des dispositions des articles R. 281-4 et R. 281-5 du livre des procédures fiscales, et non simplement d'une possibilité de recours auprès de l'administration[218].

β) Les autres contestations : l'opposition à poursuite

267. On appelle *opposition à poursuite*, toutes les contestations portant, d'une part, sur la régularité formelle de l'ATD, c'est-à-dire de l'acte de poursuite, relèvent de la compétence exclusive du juge de l'exécution. Ces contestations sont de la compétence du juge de l'exécution[219].

Toutefois, lorsque sont ainsi mis en recouvrement sur titres exécutoires émis par l'État, des impôts, taxes et redevances visés par l'article L. 281-1 du Livre des procédures fiscales, la saisine du juge de l'exécution, doit obligatoirement faire l'objet d une réclamation préalable auprès de l'autorité administrative fiscal compétente, à peine d'irrecevabilité de cette saisine[220], ceci à la condition toutefois que le redevable ait bien été informé dans les notifications précédentes, de la nécessité de ce recours préalable[221]. Ce recours gracieux est formé auprès des mêmes autorités administratives au recours gracieux que le fond. Ces autorités sont énumérées par l'article R. 281-1 du Livre des procédures fiscales. Le recours est formé dans un délai de deux mois courant cette fois-ci à compter du premier acte d'exécution forcée fondant la contestation (LPF, art. R. 281-2). Cette exigence d'un recours préalable devant l'autorité fiscale, ne concerne pas le tiers saisi[222].

218. Cass. com., 4 juin 2002, *Bull. civ.* IV, n° 99. D'une manière générale, « *en l'absence de preuve de la notification de l'avis à tiers détenteur au redevable de l'impôt, celle-ci est réputée avoir été faite au plus tard au jour où il est établi qu'il a eu connaissance de cet avis pour avoir formé une réclamation contre celui-ci* ».

219. Cass. 1re civ., 16 juillet 1992, *Bull. civ.* I, n° 235, *JCP éd. G* 1993, II, n° 22116, note P. Julien-Laferrière : « *le juge judiciaire n'est compétent que pour statuer sur la validité en ta forme lie ta procé dure d'exécution et non sur l'existence de la créance* » ; Cass. avis, 16 juin 1995, *Bull. inf. cass.*, n° 411 ; Cass. 1er civ., 19 novembre 1996, *Bull. civ.* I, n° 409 ; Cass. avis, 14 février 1997, *Bull. avis*, n° 2, avis rendu en matière de saisie des rémunérations, mais dont le principe est de portée générale, puisque la Cour de cassation a estimé que le juge de l'exécution (le tribunal d'instance en l'espèce) n'est compétent que pour connaître de la régularité, en la forme de la procédure, non pour statuer sur l'existence de la créance ; Cass. 2e civ., 8 mars 2001, n° 98-23.442 ; voir aussi, Cass. 2e civ., 5 juillet 2001, n° 99-21.528, qui considère que la demande est irrecevable.

220. Cass. avis, 14 mai 2001, *Bull. avis*, n° 3 ; en ce sens, voir aussi : Cass. com., 18 décembre 1986, *Bull. civ.* IV, n° 250, *Dr. fisc.* 1988, com., n° 785 ; Cass. com., 12 mars 1996, *Bull. civ.* IV, n° 81 ; CA Montpellier, 17 janvier 2000, Sté Amandine c/Trésorerie principale de Montpellier, *D.*2001, jur., p. 808, obs. J.-J. Bourdillat ; Cass. com., 4 juin 2002, *Bull. civ.* IV, n° 100.

221. Cass. avis, 14 mai 2001, n° 01-00.002.

222. Cass. com., 3 décembre 2002, *Bull. civ.* IV, n° 213, *JCP éd. G* 2003, IV, n° 1184.

Le comptable public doit accuser réception et statuer dans un délai de deux mois, son silence gardé deux mois valant décision implicite de rejet (D. nº 92-1369, 29 décembre 1992, art. 7 et 8-2). Le débiteur poursuivi peut ensuite saisir le juge de l'exécution dans un délai de deux mois à compter de la décision explicite ou implicite de rejet (D. nº 92-1369, 29 décembre 1992, art. 9). En cas de contestation, le titre exécutoire doit être produit en original devant le juge de l'exécution[223].

La deuxième Chambre civile de la Cour de cassation considère que sont applicables en matière d'ATD les dispositions de l'article 65 du décret nº 92-755 du 31 juillet 1992, sur la compétence territoriale en matière de saisie-attribution, qui confèrent compétence au juge de l'exécution du lieu où demeure le débiteur saisi[224]. Toutefois, la Chambre commerciale considère que, faute de texte propre à l'ATD, l'article 65 du décret de 1992, ne concernant que la saisie-attribution, il y a lieu de se référer, non pas à ce texte, mais aux dispositions générales de l'article 9 dudit décret applicable en l'absence de texte spécifique à la procédure d'exécution mise en œuvre. Ainsi, est compétent, au choix du demandeur à la contestation, le juge de l'exécution du lieu où demeure le débiteur ou celui du lieu d'exécution de la mesure[225].

Conformément aux dispositions de l'article 15 du décret nº 92-755 du 31 juillet 1992, le juge de l'exécution ne peut être saisi que par assignation[226]. Aux termes de l'article R. 281-4 du Livre des procédures fiscales, est défendeur à l'action intentée devant le juge de l'exécution le comptable public chargé du recouvrement. Ce n'est donc pas le trésorier payeur général[227].

Quant à l'objet de l'opposition à poursuite, ont été considérés comme affectant la validité en la forme de l'ATD, notamment, l'absence de signature[228], l'incompétence du signataire, la contestation par le tiers saisi de sa qualité de débiteur du saisi[229], le défaut de lettre de rappel ou de mise en demeure[230]. N'est, en revanche, pas considéré comme

223. Cass. 2e civ., 26 octobre 1994, *Bull. civ.* II, nº 207.

224. Cass. 2e civ., 1er février 2001, *Bull. civ.* II, nº 21 ; Cass. 2e civ., 17 mai 2001, nº 99-13.351 ; Cass. 2e civ., 5 juillet 2001, nº 00-12.632.

225. Cass. com., 12 mars 2002, *Bull. civ.* IV, nº 56.

226. Cass. com., 29 janvier 2002, nº 98-16.773.

227. Cass. com., 12 juillet 1993, nº 91-10.802, *RJF* 1993, nº 1398.

228. Cass. com., 13 janvier 1998, *Bull. civ.* IV, nº 20 ; CE, 2 octobre 1989, nº 94.806, *Dr. fisc.* 1991, nº 27, com., nº 1391.

229. CE, 19 octobre 1992, nº 79.718, *SCI, Mer et silence, Dr. fisc.* 1993, com., nº 758.

230. Cass. com., 6 mai 1991, *Bull. civ.* IV, nº 153, *RJF* 1991, nº 1014, *Dr. Fisc.* 1991, com., nº 1983 ; CAA Lyon, 15 février 1995, Sarl Bar du Cours, *Dr. fisc.* 1995, nº 37, com., nº 1737 ; CAA Lyon, 23 octobre 1996, *M. Oumier, Dr. fisc.* 1996, nº 49, com., nº 1480. Le Conseil d'État estime au contraire que cette contestation est de la compétence des juridictions de l'ordre administratif, et ne porte pas sur la régularité en la forme de l'ATD (en ce sens : CE, 12 décembre 1997, nº 169726, *Ministre du budget*

affectant la validité en la forme de l'ATD, l'absence de sa dénonciation au redevable[231].

Est également de la seule compétence du juge de l'exécution la contestation de l'imputabilité à la négligence du créancier, du défaut de paiement des sommes saisies par le tiers saisi, en application des dispositions de l'article 63 du décret n° 92-755 du 31 juillet 1992[232]. Comme en matière de contestations portant sur la régularité formelle de l'ATD, les contestations portant sur la saisissabilité des sommes et leur propriété sont de la seule compétence du juge de l'exécution[233].

Notons enfin que si, en matière de saisie-attribution, « *en cas de contestation devant le juge de l'exécution, le paiement est différé sauf si le juge autorise le paiement pour la somme qu'il détermine* » (L. n° 91-650, 9 juillet 1991, art. 46), l'opposition à poursuite en matière d'ATD ne comporte pas un tel effet[234].

B La procédure d'opposition administrative à tiers détenteur (« OATD »)

268. Les articles 6-1 et 9 du décret n° 64-1333 du 22 décembre 1964 modifié par le décret n° 74-41 du 18 janvier 1974, et l'article 7 de la loi n° 72-650 du 11 juillet 1972 modifiée par l'article 81 de la loi n° 85-1407 du 30 décembre 1985, ont instauré une procédure de saisie-attribution simplifiée pour le recouvrement « *des amendes et condamnations pécuniaires prononcées pour une contravention de police et dont le produit revient à l'État, à une personne publique ou au fonds de garantie* » (L. n° 72-650, 11 juillet 1972, art. 7.I)[235]. Aux termes de l'article 5 du décret de 1964, modifié par le décret n° 2004-1364 du 13 décembre 2004, « *Le débiteur qui n'a pas acquitté dès la réception de l'avertissement les condamnations pécuniaires dont il est redevable peut être poursuivi. /Les poursuites sont exercées, soit sur les biens, soit sur la personne, lorsque la loi a prévu l'application de la contrainte judiciaire.*

---

c/Mme Hoppilliard, RJF 1998, n° 194, *Dr. fisc.* 1998, com. n° 337 ; CE, 10 mai 1999, n° 184528, Oumier, *JCP éd. E* 1999, p. 1884, note DP ; CE, 16 février 2000, n° 181488, *Ministre délégué au budget c/SNCZ, RJF* 2000, n° 568).

231. Cass. com., 18 juin 1996, *Bull. civ.* IV, n° 181, *Dr. fisc.* 1996, n° 38, com., n° 1127.

232. Cass. 2e civ., 18 novembre 2004, n° 03-13.139.

233. CAA Paris, 25 octobre 1994, *Mme Sahraoui-Brahim, Dr. fisc.* 1995, n° 28, com., n° 1526 ; CAA Paris, 7 mai 1997, *M. Feld, Dr. fisc.* 1998, n° 9, com. n° 152 ; T. confl., 17 février 1997, *Mme Bourget*, n° 2975, *JCP éd. E* 1997, n° 18-19, *Dr. fisc.* 1997, n° 23, com., n° 658 ; CE, 14 février 1996, *Melingue*, n° 077 129 ; Cass. 2e civ, 2 décembre 2004, n° 02-21.381.

234. Cass. com., 27 juin 1995, n° 93-18.384, *RJF* 1995, n° 1436.

235. Il y a lieu également de se reporter aux dispositions de l'instruction n° 86-138-A6 du 12 novembre 1986 de la Direction générale de la comptabilité publique.

/Elles procèdent de la force exécutoire de la sentence de justice ou, en ce qui concerne l'amende pénale fixe, du titre de recouvrement. /Elles sont exercées à l'initiative du comptable direct du Trésor, consignataire du titre de recouvrement ou de l'extrait, sous la direction du receveur des finances. /Elles ont lieu par ministère d'huissier de justice ou sont effectuées par les agents de poursuites du Trésor faisant fonction d'huissier de justice ».

En pratique, le Trésor public utilise assez peu cette procédure, préférant recourir, même dans ces cas, à la procédure d'ATD[236], solution condamnée à plusieurs reprises par la Cour de cassation[237]. Cette pratique se trouve, il est vrai, justifiée au moins pour les amendes contraventionnelles et les droits fixes de procédure, par le fait qu'il s'agit de créances garanties, comme les créances fiscales, par les privilèges des articles 1018 A et 1920 du Code général des impôts[238], mais paraît contraire aux termes mêmes de l'article L. 262 du livre des procédures fiscales, qui dispose que l'ATD ne concerne que le recouvrement d'impôts ainsi que des pénalités de retard et frais accessoires afférents. Quant aux amendes délictuelles, non privilégiées, elles semblaient ne pouvoir être recouvrées sur les créances du débiteur, que dans le cadre de la mise en œuvre de la saisie-attribution. Il en va de même des amendes civiles. La loi n° 2004-1485 du 30 décembre 2004, de finances rectificative pour 2004 dispose, en son article 128, II désormais sans équivoque, que « *le recouvrement par le Trésor public des amendes et condamnations pécuniaires*

236. Cf. *supra*, n°s 254 et s.

237. Cass. com., 12 mai 2004, *Bull. civ.* IV, n° 91 ; Cass. com., 23 novembre 2004, n° 02-18.530.

238. Notons également qu'aux termes de l'article 4 du décret n° 64-1333 du 22 décembre 1964 modifié par l'ordonnance n° 2006-346 du 23 mars 2006 : « *Le recouvrement des amendes pénales et des frais de justice est garanti, d'une part, par le privilège général sur les meubles institué par l'article 2 de la loi du 5 septembre 1807 et l'article 3 du décret du 17 juin 1938 tendant à améliorer le recouvrement des impôts directs, d'autre part, par l'hypothèque légale instituée par l'article 1er de la loi du 5 septembre 1807 et l'article 3 du décret du 17 juin 1938, modifiés par les articles 12 et 18 de l'ordonnance n° 59-71 du 7 janvier 1959. /Le recouvrement des condamnations pécuniaires autres que les amendes pénales et les frais de justice est garanti par l'hypothèque judiciaire résultant du jugement ou de l'arrêt de condamnation instituée par l'article 2412 (alinéa 1) du Code civil. /L'inscription de l'hypothèque légale ou de l'hypothèque judiciaire doit être requise dès réception de l'extrait, pour toutes les condamnations pécuniaires égales ou supérieures à une somme fixée par décision du ministre des finances. /L'inscription est prise à la diligence du comptable direct du Trésor consignataire de l'extrait sur les immeubles du débiteur qui sont situés dans le ressort de ce comptable. Sur les immeubles qui sont situés en dehors de ce ressort, l'inscription est prise à la requête du comptable consignataire de l'extrait par le comptable du lieu de situation ; dans ce cas, il appartient au comptable consignataire de l'extrait de surveiller éventuellement le renouvellement de l'inscription. /Le débiteur qui s'est libéré supporte les frais de radiation de l'inscription, s'il la demande* ».

peut être assuré par voie d'opposition administrative adressée aux personnes physiques ou morales qui détiennent des fonds pour le compte du redevable, qui ont une dette envers lui ou qui lui versent une rémunération ». L'article 7 de la loi nº 72-650 du 11 juillet 1972, portant diverses dispositions d'ordre économique et financier, est abrogé (L. nº 2004-1485, 30 décembre 2004, art. 128, II, al. 5). Quant au décret nº 64-1333 du 22 décembre 1964, les dispositions de son article 6-1 ont été réécrites par le décret nº 2007-1528 du 24 octobre 2007[239].

Cette procédure peut également permettre de saisir des rémunérations du travail dues au débiteur, entre les mains de son employeur. La loi de 2004 dispose en effet en son article 128, II, que « *le recouvrement par le Trésor public des amendes et condamnations pécuniaires peut être assuré par voie d'opposition administrative adressée aux personnes physiques ou morales qui détiennent des fonds pour le compte du redevable, qui ont une dette envers lui ou qui lui versent une rémunération* ». Il en va de même de l'article 6-1.I du décret de 1964 qui dispose pareillement que « *Lorsque le débiteur d'amendes ou de condamnations pécuniaires ne s'est pas acquitté spontanément de sa dette dans le délai fixé par l'avertissement mentionné à l'article 5, ces amendes et condamnations peuvent également être recouvrées, dans les conditions fixées au II de l'article 128 de la loi du 30 décembre 2004 de finances rectificative pour 2004 et au présent décret, par voie d'opposition administrative adressée aux personnes physiques ou morales qui détiennent des fonds pour le compte du redevable, qui ont une dette envers lui ou qui lui versent une rémunération* ».

Nous envisagerons successivement les modalités de la procédure ***(1)***, ses effets ***(2)*** et ses incidents ***(3)***.

1. Modalités de la procédure

269. Il n'est pas nécessaire de mettre préalablement en demeure le débiteur. L'OATD doit être notifié en même temps au débiteur et au tiers saisi.

Aux termes de l'article 128, II, alinéa 1 de la loi nº 2004-1485 du 30 dé cembre 2004, « *lorsque le comptable du Trésor public est autorisé par des dispositions législatives ou réglementaires à procéder au recouvrement forcé d'une créance ou d'une condamnation pécuniaire, il peut, préalablement à la mise en œuvre de toute procédure coercitive, demander à un huissier de justice d'obtenir du débiteur ou du condamné qu'il s'acquitte entre ses mains du montant de sa dette ou de sa condamnation pécuniaire* ». Le texte reprend la solution antérieure aux termes de laquelle l'autorité chargée du recouvrement n'a pas à faire précéder

239. Décret relatif au recouvrement des amendes et condamnations pécuniaires par les comptables directs du Trésor et modifiant le décret nº 64-1333 du 22 décembre 1964.

l'opposition pratiquée entre les mains d'un tiers saisi, d'un avertissement préalable envoyé au débiteur[240].

Aux termes de l'article 128, II, alinéa 1, de la loi de 2004, « *le Trésor public notifie cette opposition administrative au redevable en même temps qu'elle est adressée au tiers détenteur* ». Aux termes de l'article 6-1.II du décret de 1964, « *Le Trésor public notifie l'opposition administrative au redevable en même temps qu'elle est adressée au tiers détenteur. Cette notification reproduit, à peine de nullité, les dispositions du II de l'article 128 de la loi du 30 décembre 2004 de finances rectificative pour 2004. /Le Trésor public peut notifier l'opposition administrative au tiers détenteur, par voie électronique, sous réserve de son accord préalable. Cet envoi fait l'objet d'un avis électronique de réception adressé par son destinataire, qui indique la date et l'heure de celle-ci. Les procédés techniques utilisés pour cet envoi doivent garantir la fiabilité de l'identification des parties à la communication électronique, l'intégralité des documents adressés, la sécurité et la confidentialité des échanges, la conservation des transmissions opérées, et permettre d'établir de manière certaine la date d'envoi et celle de la réception par le destinataire* ».

2. Effets de la procédure

270. Comme la saisie-attribution l'opposition administrative à tiers détenteur comporte un effet d'attribution immédiate et met des obligations à la charge du tiers saisi. Les textes ont, en outre, organisé le régime de la charge et des modalités de recouvrement des frais de procédure.

« *L'opposition administrative emporte l'effet d'attribution immédiate prévu à l'article 43 de la loi n° 91-650 du 9 juillet 1991 portant réforme des procédures civiles d'exécution* » (L. n° 2004-1485, 30 décembre 2004, art. 128, II, 2, al. 2). « *L'effet de l'opposition administrative s'étend aux créances conditionnelles ou à terme. Dans ce cas, les fonds sont versés au Trésor public lorsque ces créances deviennent exigibles* » (L. n° 2004-1485, 30 décembre 2004, art. 128, II, 3, al. 1).

Aux termes de l'article 128, II, 2, alinéas 1 et 3, de la loi de 2004, « *le destinataire de l'opposition administrative est tenu de rendre les fonds qu'il détient indisponibles à concurrence du montant de l'amende ou de la condamnation pécuniaire* (al. 1). *Les fonds doivent être reversés, dans les quinze jours qui suivent la réception de l'opposition administrative, par le tiers détenteur au Trésor public sous peine de se voir réclamer cette somme majorée du taux d'intérêt légal. Le paiement consécutif à une opposition administrative libère à due concurrence la personne qui*

240. En ce sens, rendus en matière de recouvrement d'amendes pénales forfaitaires majorées, Cass. 2e civ., 13 juin 2002, *Bull. civ.* II, n° 122 ; Cass. 2e civ., 7 novembre 2002, *Bull. civ.* II, n° 240.

B.U. BREST

l'a effectué à l'égard du redevable de l'amende ou de la condamnation pécuniaire (al. 3) ».

Aux termes de l'article 128, I, alinéas 2 et 3, de la loi n° 2004-1485 du 30 décembre 2004, « *les frais de recouvrement sont versés directement par le débiteur ou le condamné à l'huissier de justice* (al. 2). *Le montant des frais, qui restent acquis à l'huissier de justice, est calculé selon un taux proportionnel aux sommes recouvrées fixé par arrêté conjoint des ministres chargés des finances et de la justice* (al. 3) ». Il s'agit de l'arrêté du 11 juin 2008 fixant le taux de rémunération, proportionnel aux sommes recouvrées, des huissiers de justice en cas de recouvrement obtenu selon la procédure prévue au 7° de l'article L. 1617-5 du Code général des collectivités territoriales et à l'article 128-I de la loi de finances rectificative pour 2004 dont l'article 1 dispose : « *Le montant des frais mentionnés aux deuxième et troisième alinéas du 7° de l'article L. 1617-5 du Code général des collectivités territoriales et à l'article 128-I de la loi du 30 décembre 2004... qui restent acquis à l'huissier de justice est égal à 12, 55 % hors taxe des sommes recouvrées par l'huissier de justice. /Le montant de ces frais ne peut être ni inférieur à 6,27 € hors taxe, ni supérieur à 300 € hors taxe par dossier transmis par le comptable du Trésor* ».

3. Les incidents de la procédure

271. Il s'agit une fois encore de la non-collaboration à la procédure, du tiers saisi ***(a)***, les concours de procédures d'exécution (***b***) et les procédures de contestation ***(c)***.

a) La non-collaboration du tiers saisi

272. Les textes sanctionnent sa non-collaboration dans les mêmes termes qu'en matière de saisie-attribution. En effet, aux termes de l'article 6-1. du décret de 1964, « III. - *Le tiers détenteur rend les fonds indisponibles dès réception de la notification de l'opposition administrative. Il informe le comptable public de la situation de chaque redevable intéressé sous la forme d'un accusé de réception transmis par courrier ou par voie électronique, selon les modalités prévues dans l'accord préalable mentionné au second alinéa du II*[241]. */Dans le délai de trente*

241. D. n° 64-1333, 22 décembre 1964, art. 6.II, al. 2 : « *Le Trésor public peut notifier l'opposition administrative au tiers détenteur, par voie électronique, sous réserve de son accord préalable. Cet envoi fait l'objet d'un avis électronique de réception adressé par son destinataire, qui indique la date et l'heure de celle-ci. Les procédés techniques utilisés pour cet envoi doivent garantir la fiabilité de l'identification des parties à la communication électronique, l'intégralité des documents adressés, la sécurité et la confidentialité des échanges, la conservation des transmissions opérées, et permettre d'établir de manière certaine la date d'envoi et celle de la réception par le destinataire* ».

jours suivant la notification de l'opposition administrative, le tiers détenteur est tenu de reverser au Trésor public les fonds rendus indisponibles. Si l'opposition administrative porte sur des créances conditionnelles ou à terme, le tiers détenteur verse au Trésor public les fonds à la date d'exigibilité de ces créances. IV. - *Si le destinataire de l'opposition administrative ne respecte pas les obligations qui lui sont imparties... le comptable public peut saisir le juge de l'exécution aux fins de délivrance d'un titre exécutoire à son encontre*[242]. */Toutefois lorsque l'opposition administrative porte sur une somme due à titre de rémunération, il est fait application des dispositions de l'article...* » L. 3252-10 du Code du travail aux termes duquel, « *Le tiers saisi verse mensuellement les retenues pour lesquelles la saisie est opérée dans les limites des sommes disponibles. /A défaut, le juge, même d'office, le déclare débiteur des retenues qui auraient dû être opérées et qu'il détermine, s'il y a lieu, au vu des éléments dont il dispose. /Le recours du tiers saisi contre le débiteur ne peut être exercé qu'après mainlevée de la saisie* ».

b) *Les concours de procédures d'exécution*

273. Les textes ont organisé le concours d'oppositions administratives pratiquées entre les mains du même tiers saisi et celui entre une opposition administrative et une saisie des rémunérations.

« *Lorsqu'une personne est simultanément destinataire de plusieurs oppositions administratives établies au nom du redevable, elle doit, en cas d'insuffisance des fonds, exécuter ces demandes en proportion de leurs montants respectifs. Si les fonds détenus ou dus par le destinataire de l'opposition administrative sont indisponibles entre ses mains, il doit en aviser le Trésor public dès sa réception* » (L. n° 2004-1485, 30 décembre 2004, art. 128, II, 3, al. 2).

Aux termes de l'article 6-1. V du décret de 1964, « *Lorsqu'elle est mise en œuvre pour le recouvrement du droit fixe de procédure et des amendes pénales garantis par le privilège mentionné à l'article 1018 A du Code général des impôts*[243]*, l'opposition a les mêmes effets que ceux*

242. Cette solution avait déjà été préconisée par la Cour de cassation avant la réforme de 2004 (Cass. avis, 7 mars 1997, *Bull. avis*, n° 380).

243. « *Les décisions des juridictions répressives, à l'exception de celles qui ne statuent que sur les intérêts civils, sont soumises à un droit fixe de procédure dû par chaque condamné. /Ce droit est de : 1° 22 € pour les ordonnances pénales en matière contraventionnelle ou correctionnelle ; 2° 22 € pour les autres décisions des tribunaux de police et des juridictions de proximité et celles des juridictions qui ne statuent pas sur le fond ; 3° 90 € pour les décisions des tribunaux correctionnels ; Toutefois, ce droit est porté à 180 € si le condamné n'a pas comparu personnellement, dès lors que la citation a été délivrée à personne ou qu'il est établi que le prévenu a eu connaissance de la citation, sauf s'il est jugé en son absence dans les conditions prévues par les premier et deuxième*

conférés à l'avis à tiers détenteur par l'article (R. 3252-37) *du Code du travail. La procédure prévue à cet article lui est applicable. Lorsque la créance ne bénéficie pas en totalité du privilège prévu à l'article 1018 A du Code général des impôts, le comptable public précise, dans l'information qu'il délivre au greffe du tribunal, le montant à hauteur duquel la créance bénéficie de ce privilège* ».

En cas de concours entre une opposition administrative à tiers détenteur et une saisie des rémunérations, la solution est donc la même qu'en cas de concours entre un ATD et une saisie des rémunérations[244].

c) Les contestations

274. « *L'exécution par le destinataire d'une opposition administrative, fondée sur un titre exécutoire, n'est pas affectée par une contestation postérieure de l'existence, du montant ou de l'exigibilité de la créance. Dès réception de la décision portant sur la contestation, le Trésor public, s'il y a lieu, donne une mainlevée, totale on partielle, de l'opposition administrative ou rembourse les sommes dues au redevable* » (L. n° 2004-1485, 30 décembre 2004, art. 128, II, 3, al. 3). « *Les contestations relatives à l'opposition administrative doivent être adressées à l'administration dont dépend le comptable qui a exercé cette poursuite* » (L. n° 2004-1485, 30 décembre 2004, art. 128, II, al. 4).

Il convient de distinguer les voies de contestation ouvertes au saisi ***(α)*** de celles ouvertes au tiers saisi ***(β)***.

---

alinéas de du Code de procédure pénale. Cette majoration ne s'applique pas si le condamné s'acquitte volontairement du montant du droit fixe de procédure dans un délai d'un mois à compter de la date où il a eu connaissance de la décision ; 4° 120 € pour les décisions des cours d'appel statuant en matière correctionnelle et de police ; 5° 375 € pour les décisions des cours d'assises. /Il est de 150 € pour les décisions de la Cour de cassation statuant en matière criminelle, correctionnelle ou de police. /Les décisions rendues sur le fond s'entendent des jugements et arrêts des cours et tribunaux qui statuent sur l'action publique et qui ont pour effet, si aucune voie de recours n'est ouverte ou n'est exercée, de mettre fin à la procédure. /Ce droit n'est pas dû lorsque le condamné est mineur. /Ce droit est recouvré sur chaque condamné comme en matière d'amendes et de condamnations pécuniaires par les comptables du Trésor. Les personnes condamnées pour un même crime ou pour un même délit sont tenues solidairement au paiement des droits fixes de procédure. /Ce droit est aussi recouvré, comme en matière criminelle ou correctionnelle, en cas de décision de non-lieu ou de relaxe sur la partie civile qui a mis en mouvement l'action publique. /Le recouvrement du droit fixe de procédure et des amendes pénales est garanti, d'une part, par le privilège général sur les meubles prévu à l'article 1920, d'autre part, par l'hypothèque légale prévue à l'article 1929 ter ».

244. Cf. *supra*, n° 263.

α) Les voies de contestation ouvertes au saisi

275. Selon l'article 9 du décret n° 64-1333 du 22 décembre 1964, les contestations ne peuvent être portées devant la juridiction de l'exécution compétente, sans l'avoir été préalablement devant le Trésorier payeur général du département dans le ressort duquel l'exécution forcée a lieu.

En pratique, le Trésorier payeur général doit être saisi dans les deux mois suivant la notification au saisi de la dénonciation de l'opposition, au moyen d'un mémoire accompagné de tous documents utiles relatifs à la contestation, déposé ou envoyé en recommandé avec accusé de réception[245]. Le Trésorier payeur général délivre récépissé du dépôt de son mémoire au débiteur saisi.

Le texte fait courir le délai à compter de l'acte de poursuite sans préciser la nature de cet acte. On imagine mal cependant que le délai puisse courir de la notification de l'opposition au tiers saisi, ignorée du saisi tant qu'elle ne lui aura pas été dénoncée.

Cette contestation ne peut concerner que la régularité en la forme des actes de poursuite. Les contestations relatives au fond de la créance mise en recouvrement, c'est-à-dire à sa cause, sont exclusivement de la compétence des juridictions civiles, répressives ou administratives ayant prononcé condamnations, et ne peuvent être présentées que dans le cadre de l'exercice des voies de recours. C'est la solution qui a été rappelée par la Cour de cassation qui a censuré un arrêt ayant constaté la nullité des titres exécutoires émis à l'encontre d'un contrevenant aux règles de stationnement, et auteur de la réclamation d'amendes forfaitaires majorées, au motif que les réclamations dont avait été saisi le ministère public, en application de l'article 530 du Code de procédure pénale, avaient eu pour effet d'annuler de plein droit ces titres exécutoires[246].

L'absence de décision dans les deux mois du dépôt du mémoire ou une décision défavorable, ouvre au débiteur saisi un nouveau délai de deux mois prescrit à peine d'irrecevabilité, et courant de l'expiration de celui imparti au Trésorier payeur général pour statuer, pour assigner celui-ci « devant le tribunal ». Avant la réforme des procédures civiles d'exécution de 1991-1992, on considérait que la compétence était répartie entre le tribunal d'instance et le tribunal de grande instance, selon le montant des sommes saisies. Désormais, il serait préférable de considérer

---

245. Cass. com., 19 juin 1990, *Bull. civ.* IV, n° 176.

246. « *En statuant ainsi, alors que le seul ministère public, sous le contrôle du tribunal de police, apprécie la recevabilité d'une réclamation formée par le contrevenant, et par vote de conséquence, la validité du titre exécutoire servant de fondement aux poursuites, de sorte qu'il n'appartenait pas au comptable public de formuler de prétention de ce chef, la cour d'appel a violé les articles 530, 530-1 et R. 49-8 du Code de procédure pénale, et 1315 du Code civil* » (Cass. 2e civ., 18 octobre 2001, *Bull. civ.* II, n° 155).

que cette compétence est dévolue, quel que soit le montant en cause, au juge de l'exécution.

En cas de rejet de la contestation, l'opposition pourra produire son effet : le versement par le tiers saisi des sommes bloquées par l'opposition administrative au trésorier payeur général. L'aboutissement de la contestation entraînera au contraire, la mainlevée de l'opposition.

Notons que cette procédure doit être également respectée lorsque la procédure d'exécution mise en œuvre est une saisie-vente, l'article 9 du décret n° 64-1333 du 22 décembre 1964 traitant aussi de la revendication d'objets saisis.

β) Les voies de contestation ouvertes au tiers saisi

276. Le tiers saisi peut contester être débiteur du saisi, en opposant l'inexistence de la créance saisie ou son extinction, notamment par compensation. Cette contestation qui porte donc sur le fond devrait, semble-t-il, elle aussi être portée devant le juge de l'exécution. Cette solution procède de celle ayant cours en matière de contrainte du tiers récalcitrant. En effet, si l'on admet la compétence du juge de l'exécution en la matière, celui-ci doit également être compétent pour connaître des demandes du tiers saisi.

C La procédure d'opposition à tiers détenteur (« OTD »)[247]

277. Prévue par les articles L. 652-3, R. 652-2 à R. 652-9 du Code de la sécurité sociale, L. 725-12 et R. 725-5 à R. 725-22-4 du Code rural, cette procédure a pour objet de permettre aux caisses du régime social des travailleurs indépendants, aux organismes conventionnés pour l'assurance maladie et maternité, aux casisses d'assurance vieillesse des professions libérales et aux caisses de mutualité sociale agricole, de recouvrer les cotisations, majorations et pénalités de retard dues au titre de ces régimes de protection sociale[248].

247. G. Taormina, *La procédure d'opposition à tiers détenteur*, fasc.485, in *Droit de l'exécution forcée*, éd. *Journal des Notaires et des Avocats*, novembre 2004.

248. Auparavant, cette procédure résultait des articles 1143-2, alinéa 3, du Code rural, 1 à 5 et 10 à 21 du décret n° 79-707 du 8 août 1979 modifié à plusieurs reprises par les décrets n° 86-1259 du 8 décembre 1986, n° 90-833 du 18 septembre 1990 et n° 94-553 du 28 juin 1994. L'ancienne procédure qui n'a plus cours depuis le 1er janvier 2000 se caractérisait par l'absence de nécessité d'un titre exécutoire, lequel était obtenu après mise en demeure préalable du débiteur, saisie (opposition) entre les mains du tiers détenteur et, comme dans toute saisie effectuée entre les mains d'un tiers, dénonciation de l'opposition au débiteur. Le créancier devait présenter une ***requête aux fins d'injonction de payer*** par lettre recommandée avec accusé de réception, au président du tribunal des affaires de sécurité sociale du lieu du domicile du débiteur. La suite de la procédure variait selon que la requête paraissait fondée ou infondée au président du tribunal. S'il

Les articles L. 652-3 du Code de la sécurité sociale et L. 725-12 du Code rural disposent, qu'à la condition d'être porteur d'un titre exécutoire qui peut être obtenu facilement en matière de contentieux du recouvrement des cotisations de sécurité sociale[249], les organismes de sécurité sociale précités peuvent faire opposition sur les sommes dues au débiteur

était fait droit totalement ou partiellement à la requête, le président rendait dans ce cas une ordonnance d'injonction faite au tiers saisi de se libérer entre les mains du créancier saisissant. L'ordonnance ainsi rendue devait être notifiée par le secrétariat-greffe du tribunal par lettre en recommandé avec accusé de réception, au tiers saisi, au débiteur et au créancier saisissant. La notification ou, à défaut de la lettre à son destinataire, la signification, faisait courir un délai de quinze jours. À défaut de contestation devant le tribunal des affaires de sécurité sociale dans ce délai, l'ordonnance devenait exécutoire. Le tiers saisi devait alors procéder au paiement des sommes saisies sur présentation soit d'un certificat de non contestation délivré par le greffe du tribunal, soit d'une décision définitive rendue sur la contestation éventuellement portée devant le tribunal. Le tribunal des affaires de sécurité sociale était saisi des contestations par requête déposée ou adressée en recommandé avec accusé de réception, au greffe. Celui-ci convoquait alors le contestataire et le créancier saisissant par lettre recommandée avec accusé de réception pour une audience du tribunal. Les voies de recours contre le jugement rendu sur contestation étaient celles du droit commun. Si la requête en injonction de payer formée par la MSA était rejetée, cette décision était insusceptible de voies de recours. La MSA pouvait alors recourir, – elle aurait pu le faire immédiatement –, à la procédure dite sommaire (C. rur., art. 1143-2), consistant à faire signer un état exécutoire par le préfet. Le recouvrement forcé était ensuite assuré comme en matière de contribution directe, c'est-à-dire en ayant recours le cas échéant, à la procédure d'avis à tiers détenteur.

249. La voie la plus classique d'obtention d'un titre exécutoire est l'action en recouvrement *(1.)* intentée devant le tribunal des affaires de sécurité sociale. C'est un procès civil classique de la compétence d'une juridiction spécialisée. L'obtention du titre exécutoire sera certainement plus rapide en faisant usage de la procédure dite sommaire *(2.)* ou de la procédure de contrainte *(3.)*, en l'absence de contestation portée, cette fois, par le débiteur devant le tribunal des affaires de sécurité sociale.

1. L'action intentée par l'organisme créancier devant le tribunal des affaires de sécurité sociale. - L'organisme de sécurité sociale devra faire application des règles de droit commun applicables devant cette juridiction spécialisée (C. s. soc., art. L. 142-1 à L. 142-9 et R. 142-8 à R. 142-31). Cette action n'est pas soumise à la saisine préalable de la commission de recours amiable (Cass. 2e civ., 16 mars 1964, n° 60-11.528 ; Cass. soc., 2 mai 1967, *Bull. civ.* IV, n° 356).

2. La procédure sommaire. – Dans ses modalités, la procédure dite sommaire prévue et régie par les articles L. 133-1, R. 133-1 et R. 133-2 du Code de la sécurité sociale, fait penser à la procédure de paiement public des pensions alimentaires. La procédure sommaire, comme toute autre action aux fins de recouvrement, est obligatoirement précédée d'une mise en demeure adressée au redevable par lettre recommandée (C. s. soc., art. L. 244-2). Le redevable peut alors s'acquitter de sa dette, ou former une réclamation, dans un délai de quinze jours auprès du directeur régional des affaires sanitaires et sociales, puis, en cas de rejet, la porter ensuite devant le tribunal des affaires de sécurité sociale. Si cette mise en demeure reste sans effet (non-paiement, ou rejet de la réclamation), l'organisme créancier transmet l'état des cotisations impayées et majorations de retard au préfet du département du lieu du domicile ou de l'établissement du redevable qui le rend exécutoire par arrêté. Cet état est ensuite transmis au trésorier payeur général qui assurera, par l'intermédiaire du percepteur du domicile du débiteur, le recouvrement forcé de ces sommes, comme en matière de contributions directes (C. s. soc., art. R. 133-2). Cette procédure est, en pratique, fort peu utilisée. On lui préfère la procédure de contrainte.

3. La procédure de contrainte. - Régie par les dispositions des articles L. 244-9, L. 723-9, R. 133-3 à R. 133-0 et R. 741-8 du Code de la sécurité sociale, ainsi que les articles R. 725-6 à R. 725-11 du Code rural, la procédure de contrainte permet aux organismes de sécurité sociale de décerner elles-mêmes à l'encontre du redevable, un titre exécutoire. Cette procédure rapide leur permet donc d'éviter une procédure classique devant le tribunal des affaires de sécurité sociale. Il existe un droit commun de la procédure de contrainte ***(3.1.)*** auquel il n'est partiellement dérogé que pour le recouvrement des cotisations d'assurance vieillesse et invalidité-décès des avocats (C. s. soc., art. L. 723-9) gérées par la Caisse Nationale des Barreaux Français (CNBF) ***(3.2.)***.

3.1. Le droit commun. - Cette procédure concerne le recouvrement des cotisations impayées, des majorations de retards et des pénalités (C. s. soc., art. R. 133-4, Cass. 2ᵉ civ., 7 juillet 1960, *Bull. civ.* II, n° 449 ; Cass. soc., 19 janvier 1966, *Bull. civ.* IV, n° 74). Elle concerne également le recouvrement de la CSG, de la CRDS et de la taxe patronale sur les contributions patronales de prévoyance complémentaire (C. s. soc., art. L. 136-5 et L. 137-4).

La procédure se déroule ainsi : l'organisme de sécurité sociale met le redevable en demeure de payer en lui impartissant un délai d'un mois. À défaut de paiement à l'expiration de ce délai, le directeur de l'organisme créancier peut décerner une contrainte. Faute d'opposition devant le tribunal des affaires de sécurité sociale qui ne peut être formée par le redevable que dans un délai maximum de 15 jours à compter de la signification de cette contrainte, celle-ci devient définitive et produit les effets d'un jugement.

Cette opposition doit être faite par inscription, c'est-à-dire par déclaration verbale ou par lettre recommandée avec demande d'avis de ré ception adressée au greffe du tribunal des affaires de sécurité sociale dans le ressort duquel le débiteur a son domicile. Elle doit être motivée à peine d'irrecevabilité (Cass. soc., 8 juin 1978, *Bull. civ.* V, n° 456 ; 21 juillet 1986, *Bull. civ.* V, n° 356 ; 10 mai 1989, *Bull. civ.* V, n° 356 ; 1ᵉʳ octobre 1992, n° 90-20.861) et accompagnée d'une copie de la contrainte contestée ; mais le requérant n'est pas tenu de développer tous ses moyens dans l'acte d'opposition (Cass. soc., 13 octobre 1994, *Bull. civ.* V, n° 276). L'opposition à contrainte est recevable, même en l'absence de saisine préalable de la commission de recours amiable de l'organisme social auteur de la contrainte, laquelle commission n'a d'ailleurs pas à être saisie (Cass. soc., 14 novembre 1984, *Bull. civ.* V, n° 435 ; 21 mai 1992, n° 90-17.365 ; 23 février 1995, *Bull. civ.* V, n° 75 ; 14 mars 1996, *Bull. civ.* V, n° 99 ; 12 juin 1997, n° 95-17.330). En revanche le débiteur ne saurait prétendre, par le biais d'une par des tiers[250]. Cette opposition entre les mains des tiers est faite par lettre recommandée avec demande d'avis de réception devant comporter, suivant le cas, les douze mentions énumérées par l'article R. 652-2 du Code de la sécurité sociale et l'article R. 725-12 du Code rural. Lorsque l'opposition est faite entre les mains d'un organisme public, l'opposition doit en outre être adressée au comptable public assignataire de la dépense (C. s. soc., art. R. 652-2, al. 3, C. rur., art. R. 725-12, al. 3). Cette opposition emporte, dès sa notification, l'effet d'attribution immédiate prévu

---

opposition à contrainte, remettre en cause une décision de la commission de recours amiable devenue définitive faute de recours devant le tribunal des affaires de sécurité sociale dans le délai de 2 mois prévu par l'article R. 142-18 du Code de la sécurité sociale (Cass. soc., 18 juillet 1987, n° 95-17.008). Pas davantage le débiteur ne saurait voir remettre en cause par ce biais, une précédente décision irrévocable rendue sur son affiliation à un régime de sécurité sociale (Cass. 2e civ., 19 octobre 2000, n° 99-10.339). Malgré l'ouverture d'une procédure de sauvegarde, redressement ou de liquidation judiciaire à l'encontre du débiteur opposant, l'opposition est recevable même si la créance de l'organisme de sécurité sociale est contestée par le représentant des créanciers. Contestation relève de la compétence du tribunal de commerce ou du tribunal de grande instance devant lequel est ouverte la procédure collective. Il appartient alors seulement au tribunal des affaires de sécurité sociale de suspendre l'instance relative à l'opposition à contrainte dont il est saisi (Cass. soc., 14 juin 1990, *Bull. civ.* V, n° 288). Compte tenu du principe de suspension des poursuites individuelles, le tribunal des affaires de sécurité sociale qui reconnaît l'opposition non fondée à propos de dettes antérieures au prononcé du jugement de mise en redressement judiciaire, ne peut pas condamner directement le débiteur au paiement des sommes contestées. Il ne peut qu'en constater le bien fondé et le montant.

Le jugement rendu sur opposition est rendu en dernier ressort jusqu'à 4 000 €, et à charge d'appel au-delà de cette somme (C. s. soc., art. R. 142-25). Par exception à ce principe, le jugement sur opposition à contrainte décernée pour recouvrer la CSG, la CRDS et la taxe patronale sur les contributions patronales de prévoyance complémentaire, est toujours susceptible d'appel (C. s. soc., art. L. 136-5 et L. 137-4). Le jugement rendu sur opposition est exécutoire de plein droit par provision (C. s. soc., art. R. 133-3, al. 4).

La contrainte comporte, à défaut d'opposition du débiteur, tous les effets d'un jugement et confère notamment le bénéfice de l'hypothèque judiciaire (C. s. soc., art. L. 244-9). Elle constitue alors un titre exécutoire au sens des dispositions de l'article 3, 6° de la loi n° 91-650 du 9 juillet 1991. Comme tout jugement de condamnation, la contrainte, qu'elle ait été ou non frappée d'opposition, est soumise à la prescription décennale (Cass. soc., 30 juin 1982, *Bull. civ.* V, n° 431 ; 23 novembre 1989, *Bull. civ.* V, n° 682, arrêts rendus sous l'empire de l'ancienne prescription trentenaire).

3.2. Le recouvrement des cotisations d'assurance vieillesse et invalidité-décès des avocats. - La procédure de droit commun s'applique, sous réserve des particularités suivantes. En cas de non-paiement desdites cotisations et vaine mise en demeure, la Caisse Nationale des Barreaux Français (CNBF) demande au premier président de la cour d'appel dans le ressort duquel elle siège, de rendre exécutoire le rôle des cotisations (C. s. soc., L. 723-9). Ce titre exécutoire au sens de l'article 3, 6° de la loi n° 91-650 du 9 juillet 1991, doit ensuite être signifié au débiteur dans les conditions déjà exposées. Cette contrainte n'est pas susceptible de référé-rétractation devant le premier président de la cour qui l'a rendue exécutoire, mais d'opposition devant le tribunal d'instance ou le tribunal de grande instance dans le ressort duquel la CNBF a son siège, suivant le montant par l'article 43 de la loi de 1991[251], à concurrence des sommes pour le recouvrement desquelles elle est pratiquée (C. s. soc., art. L. 652-3, al. 2, et C. rur., art. R. 725-12, al. 2). Quant aux obligations du tiers saisi destinataire de l'opposition, l'article L. 652-3, alinéa 4 du Code de la sécurité sociale et l'article L. 725-12, alinéa 4, du Code rural, renvoient aux articles 24 et 44 de la loi de 1991[252]. On sait qu'aux termes des dispositions de l'article 44, « *le tiers saisi est tenu de déclarer au créancier l'étendue de ses obligations à l'égard du débiteur ainsi que les modalités qui pourraient les affecter et, s'il y a lieu, les cessions de créances, délégations ou saisies antérieures* ». Le tiers doit adresser lesdites informations et les pièces justificatives au créancier, par lettre recommandée avec demande d'avis de réception, dans les deux jours de la notification de la lettre d'opposition (C. s. soc., art. R. 652-5, C. rur., art. R. 725-15).

L'opposition ainsi pratiquée entre les mains d'un tiers, doit être dénoncée au débiteur dans les huit jours de sa notification, à peine de caducité de la saisie, par lettre recommandée avec demande d'avis de réception ; lettre devant elle aussi comporter un certain nombre de mentions obligatoires (C. s. soc., art. R. 652-3, C. rur., art. R. 725-13).

Le tiers saisi et le débiteur peuvent contester l'opposition devant le juge de l'exécution du lieu où le débiteur a son domicile (C. s. soc., art. R. 652-7, al. 1, C. rur., art. R. 725-17, al. 1), dans le délai d'un mois à compter de la notification qui leur aura été faite (C. s. soc., art. L. 652-3, al. 3 et R. 652-3, C. rur., art. L. 725-12, al. 3 et R. 725-13). Le paiement est différé pendant ce délai et ensuite, en cas de contestation effective, jusqu'à ce qu'il ait été statué par le juge, sauf si celui-ci autorise le paiement pour la somme qu'il détermine, à condition toutefois que ni le montant de la créance faisant l'objet de l'opposition, ni la dette du tiers détenteur à l'égard du saisi, ne soient sérieusement contestables, et en prescrivant s'il l'estime utile des garanties (C. s. soc., art. R. 652-7, al. 3, et C. rur., art. R. 725-17, al. 3). En tout état de cause, « *le juge de l'exécution donne effet à l'opposition pour la fraction non contestée de la dette... décision... exécutoire sur minute* (pour laquelle)... *en cas d'appel, la demande de sursis à exécution n'a pas d'effet suspensif* » (C. s. soc., art. R. 652-7, al. 2 et C. rur., art. R. 725-17, al. 2).

---

recouvré (Cass. 2e civ., 12 mai 2003, n° 00-21.146 ; 12 mai 2003, n° 00-21.307 ; 12 mai 2003, n° 00-21.308).

250. Cette procédure n'est, toutefois pas applicable pour saisir des rémunérations qui ne peuvent l'être qu'en faisant usage de la procédure de saisie des rémunérations (C. s. soc., art. L. 652-3, al. 5, C. rur., art. L. 725-12, al. 4) régies par des dispositions du Code du travail déjà exposées, cf. *supra*, nos 129 et s.

251. Cf. *supra*, n° 234.

252. Cf. *supra*, n° 233.

Le tiers détenteur procède au paiement sur la présentation d'un certificat de non-contestation délivré par le secrétariat-greffe du juge de l'exécution ou à la suite de la notification du jugement de rejet de la contestation ; ou encore, dès avant l'expiration du délai de contestation, sur présentation d'un « acquiescement » écrit du débiteur à la saisie (C. s. soc., art. R. 652-6, al. 1 et R. 652-7, al. 4, C. rur., art. R. 725-16, al. 1 et R. 725-17, al. 4).

Le tiers détenteur qui refuse de payer sa dette entre les mains du créancier saisissant, s'expose à ce qu'un titre exécutoire soit rendu contre lui par le juge de l'exécution, comme dans la saisie-attribution ordinaire (C. s. soc., art. R. 652-6, al. 3, C. rur., art. R. 725-16, al. 3).

Comme dans la saisie-attribution ordinaire[253], « *Les oppositions et toute autre mesure d'exécution emportant effet d'attribution immédiate lorsqu'elles sont reçues le même jour par le tiers détenteur, même si elles émanent de créanciers privilégiés, sont réputées faites simultanément et viennent en concours si les sommes disponibles ne permettent pas de désintéresser la totalité des créanciers. La réception ultérieure d'autres oppositions ou d'autres mesures d'exécution emportant effet d'attribution immédiate, même émanant de créanciers privilégiés, ainsi que la survenance d'un jugement portant ouverture d'une procédure de sauvegarde ou de redressement judiciaire ou d'une liquidation judiciaire ne remettent pas en cause l'effet d'attribution immédiate...* (art. 43 de la loi de 1991) » (C. s. soc., art. R. 652-6, al. 4 et C. rur., art. R. 725-16, al. 4). Dans le même ordre d'idées, « *une opposition à tiers détenteur sur des créances à exécution successive pratiquée à l'encontre d'un débiteur avant la survenance d'un jugement portant ouverture d'une procédure de sauvegarde ou de redressement judiciaire ou de liquidation judiciaire contre celui-ci produit ses effets sur les sommes échues en vertu de cette créance après ledit jugement* » (C. s. soc., art. R. 652-8, al. 2 et C. rur., art. R. 725-18, al. 2).

Pour la saisie des créances à exécution successive, il conviendra, une fois encore, de faire application des principes que nous avons exposés à propos de la saisie-attribution ordinaire (C. s. soc., art. R. 652-8, al. 1 et C. rur., art. R. 725-18, al. 1)[254]. Il en va de même lorsque l'opposition est faite sur des sommes figurant sur un compte de dépôts (C. s. soc., art. R. 652-9 et C. rur., art. R. 725-19)[255].

253. Cf. *infra*, n° 741.
254. Cf. *supra*, n° 240.
255. Cf. *supra*, n°s 235 et 241.

Chapitre 2
La saisie-vente des droits d'associé et des valeurs mobilières[1]

278. L'article L 59 dispose que « *tout créancier muni d'un titre exécutoire constatant une créance liquide et exigible peut faire procéder à la saisie et à la vente des droits incorporels, autres que les créances de sommes d'argent dont son débiteur est titulaire* ». Cette saisie est régie par les articles D 178 à D 193. Si ces biens ne peuvent effectivement

1. J.-F. Barbiéri, *Saisie de droits sociaux*, *LPA*, n° 78, 30 juin 1993, p. 10 ; J.-J. Daigre, *La saisie et le nantissement judiciaire des valeurs mobilières et des parts sociales*, Chambre nationale des huissiers de justice, 8e journée de Paris, 17 au 17 décembre 1992, p. 6 ; J.-J. Daigre, *Qui peut procéder à l'adjudication forcée des valeurs mobilières et des droits d'associé ayant fait l'objet d'une saisie*, *Rev. huissiers.* novembre 1993, n° 19, p. 1201 ; D. Desurvire, *Saisir parfois, même l'insaisissable, pièce ou gageure*, *LPA*, n° 151, 19 décembre 1994, p. 4 ; J. Guyenot, *Aspects juridiques et pratiques du régime des saisies de valeurs mobilières*, *Rev. huiss.*1978.1.1030 ; J. Guyenot, *La saisie des valeurs mobilières*, *LPA*, n° 63, p. 1979 ; P. Le Cannu, *Les saisies des valeurs mobilières, vers des techniques autonomes*, *Bull. Joly* 1991, p. 779 ; P. Le Cannu, *Saisie-vente des valeurs mobilières : les règles nouvelles*, *Bull. Joly* 1992, p. 1169 ; P. Le Cannu, *Procédures civiles d'exécution*, *Droit des Sociétés et Droit boursier*, *RTD civ.* 1993, n° spé. *La réforme des procédures civiles d'exécution*, p. 87 ; P. Le Cannu, *Les Saisies portant sur les droits d'associé et les valeurs mobiliéres*, *LPA*, 6 janvier 1993, n° 3, p. 78 ; P. Le Cannu, *Saisie-vente des droits d'associé et des valeurs mobilières non cotées*, *Bull. Joly* 1992, p. 1275 ; P. Le Cannu, *Les mesures conservatoires portant sur des droits d'associé ou des valeurs mobilières*, *Bull. Joly* 1993, p. 16 ; P. Le Cannu, *Adjudication et vente forcée des valeurs mobilières*, *Bull. Joly* 1993, p. 1218 ; R. Martin, *Saisie-vente des droits d'associé et des valeurs mobilières*, in *Enc. Dalloz Proc. civ.* 1993 ; R. Martin, *Lieu de l'adjudication forcée des droits d'associé*, *D. 1*994, p. 321 ; Ch. Mouly, *Procédures civiles d'exécution et droit bancaire*, *ibid.*, p. 65 ; C. Perot-Reboul, *L'exécution forcée des instruments financiers*, *D.* 2000, p. 353 ; E. Putman, *Les saisies des droits d'associé et des valeurs mobilières*, *JCP* 1993.I.3689 ; E. Putman, *Les nouvelles dispositions sur la vente des parts de sociétés civiles et d'exercice libéral et leur incidence en matière de saisie*, *LPA* 20 avril 1994, p. 15 ; O. Salati, *Comptes et voies d'exécution*, *Dr. et Proc.* 2002, p. 203 ; O. Salati, *Saisie-vente des droits d'associé et valeurs mobilières*, in *Juris-classeur Voies d'exécution*, fasc. 620, éd. février 2005 ; G. Taormina, *La saisie-vente des droits d'associé et des valeurs mobilières*, fasc. 440, in *Droit de l'exécution forcée*, éd. *Journal des Notaires et des Avocats*, avril 2004 ; P. Théry, *La saisie des valeurs mobilières et des droits d'associé*, *JCP* 1993, éd. E, II.239 ; S. Thomasset-Pierre, *La « coexistence » réussie du droit des sociétés et des nouvelles procédures civiles d'exécution*, *JCP*1995, éd. E, I. 467.

dans les textes, que faire l'objet d'une saisie-vente, on pourra avoir recours à la saisie-attribution des revenus qu'ils produisent[2].

La saisissabilité des droits d'associé et des valeurs mobilières n'a jamais été discutée. Sous l'empire du Code de procédure civile, il n'existait pas de dispositions prohibitives générales quant à la saisissabilité de ce type de biens incorporels. Il existait certes quelques textes prohibitifs, mais leur objet était tout à fait spécifique ; tels, l'article 8 du décret du 28 février 1852 concernant les obligations foncières du Crédit Foncier de France, ou encore, l'article 8 du décret du 4 août 1949 prohibant la saisie-arrêt sur les comptes tenus par la Société Interprofessionnelle pour la Compensation des Valeurs Mobilières (SICOVAM). Le débat semble s'être en définitive directement orienté vers la question de savoir quelle procédure il convenait de mettre en œuvre. De l'ancien Code de procédure civile à la réforme des procédures civiles d'exécution de 1991, on sera finalement passé d'une distinction fondamentale à une autre, pour aboutir à la généralisation du recours à la saisie-vente[3].

---

2. Sur l'ancienne saisie-arrêt, voir encore, Cass. com., 7 mars 2000, n° 97-11.933 ; Cass. 2e civ., 1er février 2001, n° 99-12.737.

3. Les difficultés pratiques n'ont été suscitées que par l'absence de procédure spécifique dans l'ancien Code de procédure civile de 1806. Sous son empire, les solutions étaient conditionnées par la distinction entre titres au porteur et titres nominatifs. Après avoir hésité entre saisie-exécution et saisie-arrêt, la jurisprudence s'était finalement orientée à la veille de la réforme des procédures d'exécution, vers une généralisation du recours à la saisie-arrêt, les titres étant finalement toujours considérés comme des créances.

Avant la dématérialisation des valeurs mobilières intervenue en 1983, on distinguait d'une part les titres au porteur dont le droit était incorporé dans le titre, et d'autre part les titres nominatifs. La jurisprudence s'était interrogée sur cette base sur la saisie qu'il convenait d'utiliser : saisie-exécution ou saisie-arrêt ? À défaut de procédure spécifique, l'associé devait-il être considéré comme un copropriétaire de l'actif social ou comme un créancier de la personne morale ? La première analyse conduisait à opter pour la saisie-exécution, solution utilisée pour les titres au porteur mais difficile à mettre en œuvre en pratique compte tenu de la facilité dont jouissait le débiteur pour dissimuler ces titres, et qui rendait *ipso facto* impossible tout recours à la saisie-arrêt entre les mains de la personne morale. C'est la raison pour laquelle la seconde analyse fut finalement retenue à propos des titres nominatifs, afin de permettre le recours plus efficace à la saisie-arrêt ; non celle des créances, mais celle des biens mobiliers corporels dépourvue par conséquent de l'effet de transport-cession de la saisie-arrêt des créances (cf. *supra*, n° 234, spécialement note 56). Pareille solution était dictée par la situation particulière des sociétés de personnes et des SARL où l'entrée d'acquéreurs de parts sociales non agréés par les autres associés était rendue théoriquement impossible du fait du caractère non librement négociable des titres. Or, une saisie-arrêt pure et simple aurait eu pour effet l'entrée du créancier saisissant dans la société. La jurisprudence se fondait sur les dispositions des articles 557 et 579 de l'ancien Code de procédure civile ; le premier de ces textes permettant de considérer ces titres comme des effets, et le second ayant prévu la vente de ces biens incorporels sans toutefois l'organiser. Cette solution qui conduisait nécessairement à la vente des titres saisis avait un double mérite : obtenir dans un premier temps l'indisponibilité du titre et la saisie des revenus (saisie-arrêt), d'une part ; parvenir ensuite par la saisie du titre (saisie-exécution) à sa vente forcée par un agent de change ou un notaire selon qu'il était ou non négociable,

La distinction entre droits d'associé et valeurs mobilières[4] n'aura finalement que peu de conséquences sur les modalités pratiques *stricto sensu* des nouvelles procédures d'exécution. Les différences techniques que nous évoquerons ponctuellement tiennent plus à la distinction entre

---

d'autre part (en ce sens, Cass. 2e civ., 27 octobre 1971, *Bull. civ.* II, n° 288, *D. 1*972.473, note M. Donnier ; Cass. com., 2 mai 1985, *Bull. civ.* IV, n° 138, *Rev. soc.* 1986, p. 83, obs. B. Bouloc, *GP* 1985.2, panor., p. 351 ; Cass. 2e civ., 21 octobre 1987, *Bull. civ.* II, n° 208, *D. 1*988, p. 226, note J. Prévault ; CA Paris, 1er octobre 1954, *JCP*1954.II.8414, note JA ; CA Paris, 6 mai 1966, *D. 1*966, p. 685 ; CA Aix, 18 octobre 1973, *D. 1*974, p. 145, note Guyon ; CA Aix, 18 octobre 1973, *D. 1*974, p. 145, note Guyon).
Le décret n° 83-359 du 2 mai 1983 (Art. 1er : « *Dix huit mois après la date de publication du présent décret, les titres de valeurs mobilières ne sont plus matérialisés que par une inscription au compte de leur propriétaire* ») pris pour l'application de l'article 94 de la loi n° 81-1160 du 30 décembre 1981 (« *les valeurs mobilières émises en territoire français et soumises à la législation française, doivent être inscrites en compte tenu par la personne morale émettrice ou par un intermédiaire habilité* »), ayant imposé que tous les titres, qu'ils soient au porteur ou nominatifs, soient désormais portés en compte au nom de leurs propriétaires chez un intermédiaire agréé, le recours à la saisie-arrêt de meubles corporels entre les mains de la personne morale émettrice devenait impossible en raison de cette dématérialisation. Il ne pouvait plus désormais être question que de saisie-arrêt des sommes revenant au débiteur entre les mains de l'intermédiaire dépositaire du fait de la difficulté à mettre désormais en œuvre la distinction entre droits et titres. C'était d'ailleurs la seule procédure applicable à propos des obligations classiquement analysées comme droits de créances à l'égard de la personne morale émettrice.
La réforme des procédure d'exécution de 1991-1992 n'a fait que confirmer cette évolution vers l'unification, mais n'a pas opté pour la solution qui en résultait. Elle est revenue à la solution ancienne dégagée par la jurisprudence avant le décret de 1983 : désormais ces biens incorporels ne devraient plus pouvoir faire l'objet que d'une saisie-vente pratiquée directement ou obtenue sur conversion d'une saisie conservatoire. La question n'aura en définitive peut-être jamais été de savoir de quelle(s) procédure(s) d'exécution les parts sociales et valeurs mobilières sont susceptibles, mais plutôt, quels sont les buts poursuivis et les procédures conçues à cette fin. Il n'existe par ailleurs aucune exclusion formelle de la saisie-attribution, pour le cas où le créancier trouverait finalement plus facile et surtout plus avantageux de saisir les produits plutôt que le titre pour le faire vendre. En outre, le recours à la saisie-vente pourra paraître disproportionné eu égard au montant de la créance mise en recouvrement. Enfin, pourquoi priver le créancier du recours à la saisie-attribution lorsque exceptionnellement, on se trouve en présence de droits d'associé ou de valeurs mobilières par nature incessibles et donc insaisissables ?
4. Cette distinction inutile au droit des procédures d'exécution ne semble pas avoir de base textuelle explicite.
On désigne traditionnellement sous l'appellation générique de ***droits d'associé***, les parts sociales, c'est-à-dire les droits d'associé dans les sociétés de personnes. Font par conséquent toujours partie de cette catégorie, les parts de sociétés civiles (SCI, SCP, etc.), celles des sociétés en nom collectif (SNC), celles des sociétés à responsabilité limitée

ces différents biens incorporels qu'à la distinction supposée fondamentale entre droits d'associé et valeurs mobilières. Plutôt que de se lancer dans un inventaire exhaustif des droits d'associé et des valeurs mobilières, il nous paraît plus utile de nous borner à une classification générale,

---

(SARL, EURL et EARL), celles des sociétés en commandite simple et celles des commandités dans les sociétés en commandite par actions.

Quant à la qualification de ***valeurs mobilières***, elle était plutôt appliquée à l'origine aux droits de toute nature possédés dans les sociétés de capitaux (sociétés anonymes, sociétés en commandite par actions à l'exception des parts des commandités), les groupements d'intérêt économique, les sociétés mutuelles ou coopératives et les établissements publics industriels et commerciaux. Cette conception de la notion de valeurs mobilières n'a contenu pendant très longtemps que deux types de produits : les actions et les obligations. La multiplication des produits au cours de ces vingt-cinq dernières années a eu raison de cette présentation des produits financiers désormais considérée comme simpliste. On en retrouve toutefois la trace dans la loi n° 88-1201 du 23 décembre 1988 sur les organismes de placement collectif en valeurs mobilières (OPCVM), plus communément appelés fonds communs, dont le mérite est de proposer une définition de la notion de valeur mobilière. Ce texte dont l'objet est certes spécifique, définissait en effet les valeurs mobilières en son article 1er devenu l'article L. 211-2 du Code monétaire et financier qui disposait dans sa version antérieure à l'ordonnance n° 2009-15 du 8 janvier 2009 qui a, à nouveau flanqué la pagaille dans ce Code, que « *constituent des valeurs mobilières, les titres émis par des personnes morales, publiques ou privées, transmissibles par inscription en compte ou tradition, qui confèrent des droits identiques par catégorie et donnent accès, directement ou indirectement, à une quotité du capital de la personne morale émettrice ou à un droit de créance général sur son patrimoine. /Sont également des valeurs mobilières les parts de fonds communs de placement, les parts de fonds de placement immobilier et de fonds communs de titrisation* ». Cette définition est directement inspirée de celle de René Roblotpour qui, « *les titres émis, pour un montant global et déterminé, par une collectivité publique ou privée, négociables suivant les modes simplifiés du droit commercial, conférant des droits identiques à leurs titulaires pour une même émission, éventuellement remboursables à une date unique ou par amortissements successifs à une échéance qui dépasse la durée normale des crédits à court terme. Ces caractéristiques les rendent susceptibles de négociation en bourse* ». Le Code monétaire et financier tient cependant compte de l'évolution des produits, son article L. 211-1 regroupant, dans sa précédente version, l'ensemble des valeurs mobilières dans une catégorie unique, les instruments financiers.

Notons enfin que la directive du Conseil des communautés européennes du 10 mai 1993 relative aux services d'investissement dans le domaine des valeurs mobilières transposée en droit français par la loi n° 96-597 du 2 juillet 1996 de modernisation des activités financières intégrée aujourd'hui dans le Code monétaire et financier, comportait en préambule une définition plus restrictive qui ne fait état que des instruments négociables, puisqu'elle définit les valeurs mobilières comme seulement les « *catégories de titres habituellement négociées sur le marché des capitaux, par exemple les titres d'État, les actions, les valeurs négociables permettant d'acquérir des actions par voie de souscriptions ou d'échange, les certificats d'actions, les obligations émises en série, les warrants* en l'occurrence celle proposée avant nous par Monsieur R. Martin[5] fondée sur ***la nature du titre.*** Il convient alors de distinguer les quatre catégories suivantes : les titres donnant droit à une quote-part du capital social ; ceux représentatifs d'une créance sur la personne morale ; les valeurs conférant un accès différé au capital ; et les parts de fonds communs de placement et celles de fonds communs de créances.

279. L'autre distinction utile est celle entre ***nue-propriété et usufruit***. On considère traditionnellement que le nu-propriétaire a seul la qualité d'associé avec les prérogatives personnelles et pécuniaires qui y sont attachées, à l'exception du droit de percevoir des dividendes qui appartient seulement à l'usufruitier[6]. Il peut être procédé à la saisie-vente de la nue-propriété. Il peut, pareillement être procédé à la saisie-vente de l'usufruit suivant les mêmes modalités que celles qui vont être exposées à propos de la saisie de la pleine propriété. Le créancier peut aussi se borner à faire procéder à une saisie-attribution sur les dividendes à distribuer. Il n'existe aucune exclusion formelle de la saisie-attribution, pour le cas où le créancier trouverait finalement plus facile et surtout plus avantageux de se borner à saisir les produits plutôt que le titre pour le faire vendre.

Après avoir tenté une synthèse des titres sociaux saisissables ***(section 1)***, nous envisagerons les modalités de la procédure de saisie *stricto sensu* et les incidents susceptibles d'en affecter le cours ***(section 2)***, puis celles de la vente ***(section 3)***.

---

sur indice et les titres permettant d'acquérir de telles obligations par voie de souscription » (Dir. com. n° 93-22, 10 mai 1993, *J. O.C. E.* 11 juin, n° L. 141, p. 27).

5. R. Martin, *Saisie-vente des droits d'associé et des valeurs mobilières*, in *Enc. Dalloz Proc. civ.* 1993.

6. C. civ., art. 1844, al. 3 et 4 : « *Si une part est grevée d'un usufruit, le droit de vote appartient au nu-propriétaire, sauf pour les décisions concernant l'affectation des bénéfices, où il est réservé à l'usufruitier. /Les statuts peuvent déroger* (à ces dispositions) » ; CA Paris, 22 janvier 1971, *Rev. soc.* 1971.413 ; Cass. 3e civ., 5 juin 1973, *Bull. civ.* III, n° 403 ; 2 mars 1994, *Rev. Soc.* 1995.41, note P. Didier ; Cass. com., 4 janvier 1994, *Rev. Soc.* 1994.278, note M. Lecene-Marenaud.
Les actes de la saisie devront être dénoncés à la fois à l'usufruitier et au nu-propriétaire, mais la saisie semble pouvoir ne porter que sur la nue-propriété (voir à titre d'application, Cass. com., 11 février 2003, n° 00-16.896) ou seulement l'usufruit de valeurs mobilières.

Section 1
Les titres sociaux saisissables[7]

280. Il y a lieu de distinguer les titres donnant droit à une quote-part du capital social *(§ 1)*, les titres représentatifs d'une créance sur une personne morale *(§ 2)*, les valeurs conférant un accès différé au capital *(§ 3)*

7. Il existe des règles spécifiques propres au droit commercial, monétaire et financier qui ont une incidence sur le droit de l'exécution forcée. Ces règles spécifiques concernent le transfert de propriété des titres *(1.)*, l'intervention d'un intermédiaire *(2.)* et la couverture des opérations boursières à terme *(3.)*.
1. La saisie de titres pratiquée entre les mains d'un vendeur avant le transfert de propriété. - Aux termes de l'article L. 211-17 du Code monétaire et financier, « *Le transfert de propriété de titres financiers résulte de l'inscription de ces titres au compte-titres de l'acquéreur. /Lorsque les titres financiers sont admis aux opérations d'un dépositaire central ou livrés dans un système de règlement et de livraison d'instruments financiers mentionné à l'article L. 330-1, le transfert de propriété résulte de l'inscription des titres au compte-titres de l'acquéreur, à la date et dans les conditions définies par le règlement général de l'Autorité des marchés financiers. /Par dérogation aux alinéas précédents, lorsque le système de règlement et de livraison assure la livraison des titres financiers en prévoyant un dénouement irrévocable en continu, le transfert n'intervient au profit de l'acquéreur que lorsque celui-ci a réglé le prix. Tant que l'acquéreur n'a pas réglé le prix, l'intermédiaire qui a reçu les titres financiers en est le propriétaire. Le règlement général de l'Autorité des marchés financiers précise les modalités particulières de transfert de propriété applicables dans le cas prévu au présent alinéa* ». Aux termes de l'article L. 211-18, alinéa 1, du Code monétaire et financier, « *En cas de livraison de titres financiers contre règlement d'espèces, le défaut de livraison ou de règlement constaté à la date et dans les conditions définies dans le règlement général de l'Autorité des marchés financiers ou, à défaut, par une convention entre les parties délie de plein droit de toute obligation la partie non défaillante vis-à-vis de la partie défaillante, nonobstant toute disposition législative contraire* ». Contrairement au droit antérieur à 1993 (Cass. com., 29 novembre 1988, *Bull. civ.* IV, n° 323 ; 24 janvier 1989, *Bull. civ.* IV, n° 39 ; 23 novembre 1993, *Bull, civ.* IV, n° 431), le transfert de propriété des titres ne résulte donc pas uniquement de l'accord de volonté entre le vendeur et l'acquéreur, mais nécessite en plus l'inscription des titres au compte de l'acquéreur. Il résulte de cette règle dérogatoire au droit commun de la vente, que la saisie de titres cédés est encore possible sur le compte du vendeur, dès lors qu'elle est signifiée avant leur livraison, c'est-à-dire leur inscription sur le compte de l'acquéreur. La saisie ainsi pratiquée fait obstacle au transfert de leur propriété puisqu'ils ne peuvent plus alors être inscrits sur le compte de l'acquéreur. Cette situation entraîne la ré solution de plein droit de la cession, c'est-à-dire, plus exactement, de l'accord intervenu entre le vendeur et l'acquéreur. L'acquéreur est alors délié de toute obligation à l'égard du vendeur saisi.
2. L'incidence de l'intervention d'un intermédiaire. - Aux termes de l'article L. 211-18, alinéa 2, du Code monétaire et financier, « *Lorsqu'un intermédiaire mentionné à l'article L. 211-3 procède à la livraison des titres ou au paiement du prix en se substituant à son client défaillant, il acquiert la pleine propriété des titres financiers ou des espèces reçus de la contrepartie. Les dispositions du livre VI du Code de commerce ne font pas obstacle à l'application du présent article. Aucun créancier du client défaillant ne peut*

et les parts de fonds communs de placement et de fonds communs de créance ***(§ 4)***.

opposer un droit quelconque sur ces titres financiers ou espèces ». Ce dispositif permet, en cas de défaillance de l'acquéreur, à l'intermédiaire, d'acquérir, suivant le cas, les titres ou les espèces, pour son propre compte, de sorte qu'aucun créancier du défaillant ne saurait prétendre pratiquer sur ces titres ou ces espèces, une saisie.

3. La couverture des opérations boursière à terme. - Les dispositions de l'article L. 211-18, alinéa 2, du Code monétaire et financier ne permettent cependant aux intermédiaires que de se prémunir vis-à-vis des créanciers de leurs clients défaillants. Or, indépendamment de ces risques de saisies, lorsque le client omet de provisionner son compte chez l'agent de change, ce dernier devra pallier cette défaillance en faisant l'avance du prix d'acquisition des titres. Afin de faciliter le recouvrement de cette somme restant due par les donneurs d'ordres défaillants à leurs intermédiaires boursiers, le Conseil des bourses de valeurs, auquel le législateur avait confié par la loi n° 88-70 du 22 janvier 1988 le soin de définir les règles de fonctionnement du marché boursier, avait prévu dans son règlement général (art. 4-6-7) que, sauf convention contraire, les titres et valeurs déjà détenus par un intermédiaire boursier pour le compte de son client sont affectés à la garantie (couverture) de tous ses futurs engagements, l'intermédiaire pouvant les vendre sans préavis et se payer sur le prix, en cas de défaillance dans le paiement de celui-ci. De ce mécanisme, la jurisprudence avait déduit que tant que le prix d'une acquisition n'était pas soldé, les titres ainsi affectés à la garantie du paiement de ce prix étaient indisponibles et donc insusceptibles de saisie par les autres créanciers du donneur d'ordres défaillant (Cass. com., 10 mai 1994, *Bull. civ.* IV, n° 173). Ce mécanisme a été repris par l'article 49 de la loi n° 96-597 du 2 juillet 1996 de modernisation des activités financières aujourd'hui intégrée dans le Code monétaire et financier à l'article L. 442-6 devenu l'article L. 440-7, qui dispose que « *Quelle que soit leur nature, les dépôts effectués par les donneurs d'ordre auprès des prestataires de service d'investissement, des adhérents d'une chambre de compensation, ou effectués par ces adhérents auprès d'une telle chambre en couverture ou garantie des positions prises sur un marché d'instruments financiers, sont transférés en pleine propriété soit au prestataire ou à l'adhérent, soit à la chambre concernée dès leur constitution aux fins de règlement, d'une part, du solde débiteur constaté lors de la liquidation d'office des positions et, d'autre part, de toute autre somme due soit au prestataire ou à l'adhérent, soit à cette chambre. /Aucun créancier d'un adhérent d'une chambre de compensation, d'un prestataire mentionné à l'alinéa précédent, ou selon le cas, de la chambre elle-même, ne peut se prévaloir d'un droit quelconque sur ces dépôts même sur le fondement du titre Ier ou du titre II du livre VI du Code de commerce* ». Ce texte qui fait obstacle aux droits de la collectivité des créanciers dans le cadre des procédures collectives du Code de commerce, doit a fortiori également faire obstacle aux poursuites individuelles des créanciers dans le cadre des procédures civiles d'exécution de la loi n° 91-650 du 9 juillet 1991. « *Les dispositions du second alinéa de l'article L. 440-7 s'appliquent également à tout créancier d'un donneur d'ordre, à tout représentant d'un donneur d'ordre ou d'un adhérent à une chambre de compensation, ainsi qu'à tout mandataire*

§ 1. Les titres donnant droit à une quote-part du capital social

281. Cette catégorie classique est désormais une sous-catégorie de la catégorie unique que le Code monétaire et financier désigne sous l'appellation générique d'instruments financiers. L'article L. 211-1 de ce Code disposait en effet dans sa précédente rédaction que les instruments financiers comprennent, notamment, « *1. Les actions et autres titres donnant ou pouvant donner accès, directement ou indirectement, au capital ou aux droits de vote, transmissibles par inscription en compte ou tradition* ». Le texte actuel ne dit pas vraiment autre chose... en moins bien[8].

On y trouve les actions, les bons de souscription d'actions, les droits préférentiels de souscription, les certificats d'investissement, les options de souscription ou d'achat d'actions (stock-option plans, C. com., art. L. 225-177 et s.), les certificats coopératifs d'investissement et les parts de fondateur. On doit également y inclure les parts de sociétés civiles, celles des sociétés en nom collectif, celles des sociétés à responsabilité limitée (SARL, EURL et EARL), celles des sociétés en commandite simple et celles des commandités dans les sociétés en commandite par actions.

Les options de souscription ou d'achat d'actions données aux salariés ne sont pas saisissables, l'article L. 225-183 du Code de commerce les déclarant incessibles. Seules le sont les actions acquises grâce à elles. Quant aux actions données directement aux salariés dans le cadre d'un accord de participation, elles sont certes saisissables, mais le créancier devra attendre, comme le salarié, pour les céder, l'écoulement du délai de trois à cinq ans pendant lequel elles sont incessibles et donc insaisissables.

Le certificat d'investissement qui représente des droits pécuniaires cessibles est, par conséquent, saisissable. Tel n'est pas le cas du certificat

---

judiciaire désigné dans le cadre du titre Ier ou du titre II du livre VI du Code de commerce. /Les interdictions mentionnées au premier alinéa du présent article et au second alinéa de l'article L. 440-7 sont également applicables aux procédures judiciaires ou amiables ouvertes hors de France, équivalentes ou similaires à celles prévues par le titre Ier ou le titre II du livre VI du Code de commerce » (C. mon. fin., L. 440-8).

8. C. mon. fin., art. L. 211-1. - I. - *Les instruments financiers sont les titres financiers et les contrats financiers.*

II. - *Les titres financiers sont :*

1. *Les titres de capital émis par les sociétés par actions ;*

2. *Les titres de créance, à l'exclusion des effets de commerce et des bons de caisse ;*

3. *Les parts ou actions d'organismes de placement collectif.*

III. - *Les contrats financiers, également dénommés "instruments financiers à terme", sont les contrats à terme qui figurent sur une liste fixée par décret.*

de droit de vote qui n'est cessible et saisissable que lorsqu'il accompagne un certificat d'investissement (C. com., art. L. 228-30).

Quant à l'insaisissabilité des parts de sociétés civiles professionnelles et de sociétés d'exercice libéral, n'ayant pas été expressément prévue par les textes, on en était réduit à la déduire de la prohibition de la vente aux enchères publiques et de l'impossibilité de donner en nantissement certaines d'entre elles. Mais dans un arrêt rendu le 4 novembre 2003[9], rendu à l'occasion d'une saisie-vente qui avait été pratiquée sur des parts d'une société civile professionnelle de notaires, la Cour de cassation a finalement restreint le champ d'application de cette insaisissabilité. Elle considère, en effet, « *que l'interdiction de donner en nantissement les parts d'une société civile professionnelle de notaires ou de les vendre aux enchères publiques n'emporte pas, par principe, leur insaisissabilité qui ne pourrait résulter que d'une disposition législative* », et casse, sous le visa de l'article 91 de la loi du 28 avril 1816, au motif « *qu'une saisie-vente de parts d'une société civile professionnelle de notaires réalise une cession forcée et que l'exigence de l'agrément préalable du cessionnaire par le Garde des Sceaux est incompatible avec une telle cession* », l'arrêt à elle déféré dans lequel la cour d'appel d'Aix-en-Provence avait estimé possible une telle saisie.

Qu'une insaisissabilité ne saurait résulter que d'une disposition législative, l'idée n'est pas nouvelle. Il suffit à ce propos de rappeler l'exemple du défunt article 173 de l'ancien décret n° 85-1388 du 27 décembre 1985 pris pour l'application de l'ancienne loi n° 85-98 du 25 janvier 1985 relative aux procédures de redressement et de liquidation judiciaires, annulé par le Conseil d'État et dont le contenu figure aujourd'hui dans la partie législative du Code de commerce en un article L. 627-1 devenu ensuite l'article L. 662-1[10]. Concernant les parts de SCP, le problème se pose de manière différente, car aucun texte, ni réglementaire ni

9. Cass. 1re civ., 4 novembre 2003, *D.* 2004, jur., p. 521, obs. G. Taormina. Considérer que l'interdiction de donner en nantissement des parts d'une société civile professionnelle de notaires ou de les vendre aux enchères publiques (tel que dispose l'article 14, alinéa 1, du décret n° 67-868 du 2 octobre 1967 portant règlement d'administration publique pour la profession de notaire exercée sous forme de société civile professionnelle) n'emporte pas par principe leur insaisissabilité, apparaîtra, *a priori*, comme une affirmation manifestement contraire au bon sens. Nous avons vu cependant, que la première Chambre civile ne pouvait apprécier autrement la portée d'un texte qui, en raison de sa nature réglementaire, ne pouvait prévoir, pas plus implicitement qu'expressément, une quelconque immunité d'exécution. En définitive, l'insaisissabilité des parts de SCP de notaires n'aura finalement été sauvée que grâce à une loi de 1816 qui ne prévoit pas plus que le décret de 1967 une telle insaisissabilité, mais qui présente au moins le mérite d'être un texte de nature législative. On peut, à cet égard, se demander ce qu'il en aurait été, si ce texte prescrivant la nécessité d'un agrément ministériel préalablement à toute cession d'office ou de parts sociales d'une SCP titulaire d'un office notarial, avait été de nature réglementaire... mais ne réécrivons pas l'histoire.

10. Cf. *supra*, note n° 223, spécialement note 8.

même législatif, ne prescrit actuellement expressément, ni même d'ailleurs implicitement, l'insaisissabilité. Il n'y a donc aucun texte réglementaire illégal à annuler et ressusciter sous une forme législative, et n'y a, si l'on peut dire, qu'une réforme à voter ; et le plus vite aurait été le mieux, car cet arrêt ne manque pas d'avoir des conséquences indésirables, véritables « dommages collatéraux » juridiques, en l'occurrence l'exclusion du champ d'application de l'immunité d'exécution, des parts sociales des sociétés civiles professionnelles (SCP) et des sociétés d'exercice libérale (SEL) constituées pour exercer des professions qui ne nécessitent pas l'acquisition d'un office ministériel. Désormais, conséquence de l'arrêt du 4 novembre 2003, il n'y a donc plus pour l'heure que les parts sociales de société civile professionnelle et de société d'exercice libéral de notaires, d'huissiers de justice, de commissaires priseurs, d'avoués de cour d'appel, d'avocats aux conseils et de greffiers de tribunaux de commerce qui ne peuvent pas faire l'objet de saisies. Malheureusement, on ne dispose toujours pas de textes explicites ni, surtout, d'un texte de portée générale. Il conviendrait pour cela, soit de modifier la loi n° 66-879 du 29 novembre 1966 relative aux sociétés civiles professionnelles, et la loi n° 90-1258 du 31 décembre 1990 relative aux sociétés d'exercice libérale, soit, plus simplement, de compléter l'article 14 de la loi n° 91-650 du 9 juillet 1991 portant réforme des procédures civiles d'exécution[11].

11. On sait en effet que la saisissabilité des parts de SCP et de SEL n'a toujours pas été expressément prévue par les textes. Ni la loi n° 66-879 du 29 novembre 1966 relative aux sociétés civiles professionnelles, ni la loi n° 90-1258 du 31 décembre 1990 relative aux sociétés d'exercice libéral, textes d'application générale, ni les décrets propres à chaque profession concernée, ne comportent de disposition explicite en la matière. Aussi, pendant longtemps, on considéra qu'il avait fallu attendre un train de décrets pris en 1992, seulement pour certaines professions, pour que certains textes disposent que ces parts « *ne peuvent être données en nantissement ni vendues aux enchères publiques* », formule dont il était aisé de déduire que si la vente aux enchères n'est pas possible, il en va de même que cette vente soit volontaire ou forcée (*contra*, ayant estimé que ces dispositions ne faisaient pas obstacle à la saisie conservatoire, JEX Perpignan, 27 février 1995, *Rev. huiss.*1995, p. 1142).

On considérait donc que semblaient ainsi prévoir implicitement l'insaisissabilité notamment : l'article 14, alinéa 1er, du décret n° 67-868 du 2 octobre 1967 portant règlement d'administration publique pour la profession de notaire exercée sous forme de société civile professionnelle, modifié par le décret n° 92-64 du 20 janvier 1992 (auparavant, la jurisprudence avait fini par considérer que les parts de SCP de notaires étaient saisissables, JEX Grasse, 26 décembre 1990, *JCP éd. G* 1991, II, n° 21733, note J. Prévault ; CA Aix-en-Provence, 1re ch. A, 9 novembre 1992, *GP* 1993, 3, jur., p. 515, note E. Putman, décisions d'ailleurs à l'origine du train de décrets pris en 1992) ; l'article 19, alinéa 2, du décret n° 93-78 du 13 janvier 1993 pris pour l'exercice de la profession de notaire sous forme de société d'exercice libéral ; l'article 18, alinéa 2, du décret n° 93-362 du 16 mars 1993 pris pour l'exercice de la profession d'avoué sous forme de société d'exercice libéral ; l'article 14, alinéa l, du décret n° 69-763 du 24 juillet 1969 portant règlement d'administration publique pour la profession de commissaire-priseur exercée sous forme de société civile professionnelle, modifié par le décret n° 92-194 du 27 février 1992 ;

§ 2. Les titres représentatifs d'une créance sur la personne morale

282. Cette catégorie classique est désormais une sous-catégorie de la catégorie unique que le Code monétaire et financier désigne sous l'appellation générique d'instruments financiers. L'article L. 211-1 dudit Code disposait en effet, dans sa précédente version que « *Les instruments financiers comprennent : 1. (...) 2. Les titres de créance qui représentent chacun un droit de créance sur la personne morale qui les émet, transmissibles par inscription en compte ou tradition, à l'exclusion des effets de commerce et des bons de caisse ; 3. Les parts ou actions d'organismes déplacements collectifs ; 4. Les instruments financiers à terme ; 5. Et tous instruments financiers équivalents à ceux mentionnés aux précédents alinéas, émis sur le fondement de droits étrangers ; II. - Les instruments financiers à terme sont : 1. Les contrats financiers à terme sur tous effets, valeurs mobilières, indices ou devises, y compris les instruments équivalents donnant lieu à un règlement en espèce ; 2. Les contrats à terme sur taux d'intérêt ; 3. Les contrats d'échange ; 4. Les contrats à terme sur toutes marchandises et denrées ; 5. Les contrats d'options d'achat ou de vente d'instruments financiers ; 6. Tous autres instruments de marché à terme. III. - Les instruments financiers ne peuvent être émis que par l'État, une personne morale, un fonds commun de placement ou un fonds commun de créances* ». Nous avons déjà vu que le texte actuel ne dit pas vraiment autre chose... en moins bien[12]. Le Code de commerce ne fait, lui, état que des obligations, des titres participatifs,

l'article 14, alinéa 1er, du décret n° 69-1057 du 20 novembre 1969 portant règlement d'administration publique pris pour la profession d'avoué exercée sous forme de société civile professionnelle, modifié par le décret n° 92-66 du 20 janvier 1992 ; l'article 14, alinéa 1, du décret n° 69-1274 du 31 décembre 1969 portant règlement d'administration publique pris pour la profession d'huissier de justice exercée sous forme de société civile professionnelle, modifié par le décret n° 92-65 du 20 janvier 1992 ; l'article 19, alinéa 2, du décret n° 92-1448 du 30 décembre 1992 pris pour l'exercice de la profession d'huissier exercée sous forme de société d'exercice libéral ; l'article 19, alinéa 2, du décret n° 92-1449 du 30 décembre 1992 pris pour l'exercice de la profession de commissaire-priseur sous forme de société d'exercice libéral ; l'article 14, alinéa 1, du décret n° 78-380 du 15 mars 1978 relatif à la profession d'avocat au Conseil d'État et à la Cour de cassation, qui, curieusement, ne prohibe expressément que le nantissement de parts de SCP ; l'article 13, alinéa 1, du décret n° 92-680 du 20 juillet 1992 relatif à la profession d'avocat exercée sous forme de société civile professionnelle,

12. C. mon. fin., art. L. 211-1. I. - *Les instruments financiers sont les titres financiers et les contrats financiers.*

II. - Les titres financiers sont :

1. Les titres de capital émis par les sociétés par actions ;

2. Les titres de créance, à l'exclusion des effets de commerce et des bons de caisse ;

3. Les parts ou actions d'organismes de placement collectif.

des titres associatifs et des titres subordonnés, ainsi que des emprunts publics (C. com., art. L. 228-36 et L. 228-37).

Ces valeurs mobilières sont toutes susceptibles de saisie conservatoire et de saisie-vente. Tel n'est pas le cas, semble-t-il, des titres de créance négociables à court et à moyen terme. Depuis la loi n° 85-1321 du 14 décembre 1985, ces titres sont susceptibles de revêtir trois formes : les billets de trésorerie, les bons d'institutions financières et les certificats de dépôt négociables. Malgré une dématérialisation qui fait songer à celle des valeurs mobilières, on considère qu'il s'agit non pas de valeurs mobilières, mais d'effets de commerce. Représentatifs d'une créance de somme d'argent, ils ne semblent susceptibles que de saisie conservatoire des créances et de saisie-attribution[13].

Pour d'autres titres, la question reste posée. Tel est le cas pour les bons de caisse qui sont des effets à court terme émis par les établissements de crédit. En cela, ils ne semblent pas constituer des valeurs mobilières, mais de simples effets à court terme. Représentant une créance de somme d'argent, c'est, *a priori*, la saisie conservatoire des créances et la saisie-attribution qu'il faudra mettre en œuvre à leur sujet ; à moins qu'il faille y voir une variété d'obligation au sens des dispositions de l'article 55 du décret n° 92-755 du 31 juillet 1992, auquel cas la saisie conservatoire de valeurs mobilières et la saisie-vente seront également possibles[14].

Une autre analyse consiste à considérer sans nuance que les certificats de dépôts, les billets de trésorerie et les bons de caisse sont susceptibles de faire l'objet des procédures de saisie propres aux valeurs mobilières et non pas de la saisie-attribution, dans la mesure où la loi n° 91-716 du 26 juillet 1991 disposait en son article 19.I avant son abrogation en 2000 qu'ils « *sont négociables sur un marché réglementé* » et « *représentent un droit de créance pour une durée déterminée* »[15]. C'est leur caractère négociable qui leur conférerait la qualité de valeurs mobilières. La saisie devrait alors être faite entre les mains de l'émetteur.

III. - Les contrats financiers, également dénommés « instruments financiers à terme » , sont les contrats à terme qui figurent sur une liste fixée par décret.

13. A. Couret, *L'élargissement de la catégorie des titres de créances négociables : les bons à moyen terme négociables, Bull. Joly* 1992, p. 256 ; M. Jeantin, *Titres de créances négociables*, in *Joly Bourse et Produits financiers*.

14. G. Priedel, *Bon de caisse*, in *Rép. com. Dalloz* ; M. Jeantin, *Bon de caisse*, in *Joly Bourse et Produits financiers*.

15. On trouve des dispositions équivalentes à l'actuel article L. 213-1 du Code monétaire et financier qui dispose : « *Les titres de créances négociables sont des titres financiers émis au gré de l'émetteur, négociables sur un marché réglementé ou de gré à gré, qui représentent chacun un droit de créance* ».

§ 3. Les valeurs conférant un accès différé au capital

283. Malgré le silence du Code monétaire et financier, il s'agit, bien sûr, également d'instruments financiers. Telles sont les obligations convertibles en actions, les obligations échangeables contre des actions ou convertibles en actions, les obligations avec bons de souscription d'actions, les obligations remboursables en actions et, d'une manière générale, toutes les valeurs aboutissant à l'attribution de titres représentatifs d'une quote-part du capital social.

À propos des obligations avec bons de souscription d'actions, la question reste posée de savoir si l'obligation et le bon de souscription sont ou non saisissables séparément. La Chambre commerciale de la Cour de cassation a considéré que l'obligation avec bon de souscription d'actions constitue un titre unique lors de sa création même si, postérieurement, le bon de souscription peut être cédé séparément de l'obligation[16]. D'aucuns estiment que, par conséquent, la saisie d'une partie du titre ne serait pas possible sans le consentement du débiteur[17].

§ 4. Les parts de fonds communs de placement et de fonds communs de créances

284. Les fonds communs sont des groupements dépourvus de la personnalité juridique qui prennent des participations de toutes formes dans les sociétés. Les porteurs de parts de ces fonds sont, non pas des créanciers, mais des copropriétaires du fonds qui ne peuvent ni céder, ni nantir les créances qu'ils détiennent. Aux termes de l'article L. 214-20 du Code monétaire et financier, « ... *le fonds commun de placement, qui n'a pas la personnalité morale, est une copropriété d'instruments financiers et de dépôts dont les parts sont émises et rachetées à la demande des porteurs à la valeur liquidative majorée ou diminuée, selon les cas, des frais et commissions. Ne s'appliquent pas au fonds commun de placement, les dispositions du Code civil relatives à l'indivision ni celles des articles 1871 à 1873 du même Code relatives aux sociétés en participation. /Les parts peuvent être admises aux négociations sur un marché réglementé dans des conditions fixées par décret* ». Les dispositions du Code monétaire et financier sur les organismes de placement collectif en valeurs mobilières (OPCVM) confèrent à l'obligataire, lorsque son

16. Cass. com., 15 juillet 1992, *Bull. civ.* IV, n° 280, *Bull. Joly* 1992, p. 1202, note J.-F. Barbieri.

17. En ce sens, P. Le Cannu, J.-J. Daigre, préc. *supra*, n° 278, spécialement, note 1.

placement a été effectué dans le cadre d'un fonds commun, non pas la qualité de créancier, mais celle de propriétaire d'une quotité du fonds.

« *Le compte-titres est ouvert au nom d'un ou de plusieurs titulaires, propriétaires des titres financiers qui y sont inscrits. /Par dérogation, le compte-titres peut être ouvert : 1. Au nom d'un fonds commun de placement, d'un fonds de placement immobilier ou d'un fonds commun de titrisation, la désignation du fonds pouvant être valablement substituée à celle de tous les copropriétaires ; 2. Au nom d'un intermédiaire inscrit agissant pour le compte du propriétaire des titres financiers, mentionné au 7*e *alinéa de l'article L. 228-1 du Code de commerce et dans les conditions prévues par ce même Code* » (C. mon. fin., art. L. 211-4). « *Le compte-titres est tenu par l'émetteur lorsque la loi l'exige ou lorsque l'émetteur le décide. Dans les autres cas, il est tenu au choix du propriétaire des titres par l'émetteur ou par un intermédiaire mentionné à l'article L. 211-3* » (C. mon. fin., art. L. 211-6), c'est-à-dire les établissements de crédit établis en France, les entreprises d'investissement établies en France, les personnes morales dont les membres ou associés sont indéfiniment et solidairement responsables des dettes et engagements, les personnes morales établies en France ayant pour objet principal ou unique l'activité de conservation ou d'administration d'instruments financiers, ainsi que celles ayant pour objet exclusif d'administrer une ou plusieurs institutions de retraite professionnelle collective, la Banque de France, La Poste, l'institut d'émission des départements d'outre-mer, l'institut d'émission d'outre-mer et la Caisse des dépôts et consignations, les établissements de crédit, les entreprises d'investissement et les personnes morales ayant pour objet principal ou unique l'activité de conservation ou d'administration d'instruments financiers qui ne sont pas établis en France. « *Les titres financiers admis aux opérations d'un dépositaire central peuvent être inscrits dans un compte-titres tenu par un intermédiaire mentionné à l'article L. 211-3, sauf décision contraire de l'émetteur. /Les titres financiers qui ne sont pas admis aux opérations d'un dépositaire central doivent être inscrits dans un compte-titres tenu par l'émetteur au nom du propriétaire des titres. Toutefois, sauf lorsque la loi ou l'émetteur l'interdit, les parts ou actions d'organismes de placement collectif peuvent être inscrites dans un compte-titres tenu par un intermédiaire mentionné à l'article L. 211-3* » (C. mon. fin., art. L. 211-7).

« *Aucune saisie, même à titre conservatoire, n'est admise sur les comptes ouverts auprès d'un dépositaire central. /Aucune mesure d'exécution forcée ou conservatoire menée à l'encontre d'un intermédiaire mentionné à l'article L. 211-3 n'est admise sur les titres financiers inscrits sur un compte, ouvert à son nom dans les livres d'un autre intermédiaire mentionné au même article, lorsqu'ils ne sont pas la propriété du premier intermédiaire* » (C. mon. fin., art. L. 211-11). En dehors de ces cas la saisie est possible.

Lorsque la saisie est possible c'est, non pas la saisie-attribution qui devra être utilisée, mais la saisie-vente (directe ou sur conversion de saisie conservatoire) de parts sociales. Quant aux créanciers saisissants, il s'agit ici de ceux des porteurs de parts du fonds, non des créanciers du fonds. Les premiers ne sont pas limités dans leur droit de poursuite par l'article 815-17, alinéa 2, du Code civil aux termes duquel, « *les créanciers personnels d'un indivisaire ne peuvent saisir sa part dans les biens indivis* », l'article L. 214-20 du Code monétaire et financier ayant déclaré ces règles inapplicables. Quant aux seconds, ils n'ont d'action, aux termes des dispositions de l'article L. 214-6, alinéa 1, du Code monétaire et financier, que sur les actifs du fonds. Signalons en outre, que les articles L. 214-23 et L. 214-48.III du Code monétaire et financier disposent que les porteurs de parts ne sont tenus des dettes du fonds commun, que dans la limite des actifs et en proportion de leur quote-part.

On a pu toutefois douter légitimement de la possibilité de saisir de tels titres. En effet, les fonds communs n'ont pas la personnalité morale ; or, aux termes des dispositions de l'article 178 du décret n° 92-755 du 31 juillet 1992, la saisie des droits d'associé et de valeurs mobilières se pratique entre les mains de la personne morale émettrice des titres. L'argument n'est cependant pas décisif car la société qui gère le fonds et le dépositaire de ses actifs ont la personnalité juridique (C. mon. fin., art. L. 214-24). L'article L. 214-25, alinéa 2, du Code monétaire et financier pour les fonds communs de placement et l'article L. 214-49 du même Code pour les fonds communs de créances disposent que c'est la société de gestion du fonds qui représente celui-ci à l'égard des tiers. C'est, par conséquent, entre les mains de la société gérant le fonds que devra être faite la saisie.

Section 2
Les formalités de la saisie (§ 1) et ses incidents (§ 2)

§ 1. Les formalités de la saisie

285. Le schéma de cette saisie comporte toujours, par définition, trois personnages : le créancier saisissant, le débiteur saisi propriétaire des titres et le tiers saisi, c'est-à-dire la personne morale émettrice des titres ou leur dépositaire (art. D 178, D 180 et D 181). Les opérations de saisie consistent en l'accomplissement de deux formalités : la signification au tiers d'un acte de saisie ***(A)***, puis la dénonciation de la saisie au débiteur ***(B)***.

Il n'existe aucune obligation spéciale de ***dénoncer la saisie aux créanciers ayant déjà procédé sur les mêmes titres à une saisie conservatoire***, puisqu'il n'existe aucune disposition comparable à l'article D 230 ou renvoyant à ce dernier. Il devra cependant y être procédé en application des dispositions générales de l'article D 5. Il n'est pas prévu non plus à propos de ces biens, de procédure d'intervention, et les textes ne renvoient même pas aux articles D 117 à D 125. Ceci est d'autant plus troublant que l'article L 60 dispose que « *seuls sont admis à faire valoir leurs droits sur le prix de la vente, les créanciers saisissants ou opposants qui se sont manifestés avant la vente* ». L'intervention d'autres créanciers qui est donc possible n'est régie par aucun texte particulier. Bien qu'il n'existe aucun renvoi exprès aux dispositions des articles D 118 à D 125, nous considérons[18] que l'intervention est ici possible et que les créanciers devront pour ce faire, se conformer à ces dispositions.

A Première formalité : la signification au tiers, d'un acte de saisie

286. Il s'agit de signifier un acte de saisie auprès, selon le cas, de la tierce personne morale émettrice des titres (art. D 178), du mandataire de la personne morale si les titres se trouvent gérés en compte (art. D 179), de l'intermédiaire habilité chez qui l'inscription des titres au porteur a été prise (art. D 180, al. 1), de l'intermédiaire gestionnaire du compte de valeurs nominatives du débiteur (art. D 180, al. 2), ou de l'intermédiaire habilité pour l'ensemble des valeurs mobilières inscrites en compte au nom du débiteur (art. D 181). L'acte de saisie, signifié suivant les formes prévues aux articles 653 et suivants du Code de procédure civile doit comporter, à peine de nullité, les mentions énumérées par l'article D 182 parmi lesquelles on trouve notamment l'indication que la saisie rend indisponibles les droits pécuniaires attachés à l'intégralité des parts ou valeurs mobilières dont le débiteur est titulaire.

Aux termes de l'article 184 du décret n° 92-755 du 31 juillet 1992, « *L'acte de saisie rend* ***indisponibles les droits pécuniaires du débiteur*** »[19]. Cela signifie que le débiteur ne peut ni percevoir de

18. Du fait des termes des articles L 60, D 186, et de la formulation de l'intitulé de la sous-section 4 des dispositions réglementaires régissant la saisie-attribution des rémunérations, où il est question de « *pluralité de saisies* » en matière d'intervention.

19. Seul l'acte de saisie produit cet effet d'indisponibilité, et non un procès-verbal de difficultés (Cass. 2e civ., 16 mars 2000, n° 98-17.440).

dividendes[20], ni céder les valeurs et droits saisis. Mais le saisi pourra exercer certains de ses autres droits. Rien ne permet de lui interdire de faire usage de son droit préférentiel de souscription d'actionnaire en cas d'augmentation de capital (C. com., art. L. 225-132), de son droit de souscription d'obligataire porteur d'obligations avec bons de souscription d'actions (C. com., art. L. 225-150), de son droit d'option de souscription ou d'achat d'actions en tant que salarié (C. com., art. L. 225-183). Même si ces droits comportent une nature patrimoniale, car ils confèrent à leur titulaire une nouvelle puissance de vote[21], rien dans les textes ne permet d'en interdire au saisi l'exercice. Ces droits sont d'ailleurs insaisissables parce qu'exclusivement attachés à la personne de leur titulaire. Ils sont en outre incessibles. Enfin, le saisi peut continuer de voter aux assemblées et d'exercer son droit d'accès à l'information des associés.

287. Concernant les ***obligations du tiers saisi***, lorsque la saisie porte sur des valeurs mobilières nominatives, la société émettrice « ... *est tenue de faire connaître à l'huissier de justice le nom du mandataire chargé de la tenue de ses comptes* » (art. D 179, al. 2). Cette obligation de collaboration est certainement sanctionnée par les dispositions de l'article 24 de la loi n° 91-650 du 9 juillet 1991. Il doit être fait application de l'article 5 du décret n° 92-755 du 31 juillet 1992[22].

288. Il semble exclu que le débiteur puisse encore ***nantir*** ses parts. Cette analyse résulte de l'impossibilité pratique pour un associé, en dehors de toute saisie, de céder à un créancier des parts préalablement nanties au profit d'un autre créancier. En effet, même si rien ne s'oppose en théorie à une telle opération, on sait que la cession sera inopposable au créancier gagiste non désintéressé avec le prix de cession[23]. À

20. Cf. à titre d'application, Cass. 2e civ., 21 juin 2007, *Bull. civ.* II, n° 170.

21. Sur cette analyse, P. Le Cannu, *Saisie-vente des valeurs mobilières : les règles nouvelles, Bull. Joly* 1992, p. 1169.

22. Sur la non-collaboration du tiers saisi, voir aussi *infra*, n° 290.

23. En ce sens, M. Cozian, A. Viandter et F. Deboissy, *Droit des sociétés*, éd. *Litec*, n° 900. Cette solution conforte l'idée suivant laquelle le nantissement conventionnel est bien un acte de disposition. Il ne saurait donc être consenti un gage sur des parts sociales déjà saisies (*Contra*, Cass. 1re civ., 17 juin 1981, n° 79-15.955, *Bull. Joly* 1981, p. 821). En revanche, la question reste posée de savoir si celles-ci seront encore susceptibles de nantissement judiciaire. En faveur d'une réponse affirmative, on peut invoquer la possibilité résultant implicitement de l'article 60 de la loi n° 91-650 du 9 juillet 1991, pour chaque créancier de recourir sans restriction à la mise en œuvre de toutes saisies sur les mêmes biens jusqu'à leur vente effective. Ce texte dispose en effet que seuls seront admis ensuite, en cas de saisie-vente, à faire valoir leur créance sur le prix de vente, les créanciers saisissants ou opposants qui se seront manifestés avant la vente. Or il n'est pas absurde d'entendre par *opposants* au sens des dispositions précitées, non seulement les créanciers intervenant à une saisie-vente ou faisant pratiquer une saisie conservatoire,

l'occasion de la signification de la saisie-vente, il est fait sommation au tiers de faire connaître à l'huissier l'existence d'éventuels nantissements ou saisies (art. D 182.5°). La même sommation lui est faite en cas de signification d'une saisie conservatoire[24].

Nous considérons que le saisi ne peut pas, non plus, exercer les droits de nature à ***transformer le titre saisi*** puisque la saisie le rend indisponible (L. n° 91-650, 9 juillet 1991, art. 29, al. 1). Par conséquent, il y a lieu de considérer que la saisie fait obstacle à l'usage du droit de conversion dans les obligations convertibles en actions (C. com., art. L. 225-161, al. 3) ainsi que du droit d'échange dans les obligations échangeables contre des actions (C. com., art. L. 225-171, al. 2).

Il en possible d'échapper aux effets de la saisie en recourant à ***la consignation***. L'article 184 du décret n° 92-755 du 31 juillet 1992 prévoit une possibilité spéciale de substitution de garantie. Le débiteur propriétaire des valeurs et droits saisis peut, en effet, obtenir la mainlevée de la saisie, en consignant une somme suffisante pour désintéresser le créancier saisissant. Cette somme est spécialement affectée au profit de ce dernier, conformément aux dispositions des articles 2350 et 2355 du Code civil[25] du Code civil qui confère au créancier le privilège du gagiste. Cette consignation judiciaire, pour le cas où elle interviendrait pendant la période suspecte, échappera à la nullité de l'article L. 632-1.5°, du Code de commerce, dès lors que la décision du juge de l'exécution sera passée en force de chose jugée. La consignation amiable ne présente pas cet avantage. Le juge compétent pour ordonner la mainlevée est le juge de l'exécution de l'article 219 du décret n° 92-755 de 1992. On soulignera que la mainlevée pour laquelle est compétent le juge de l'exécution de l'article 218 du décret est celle prévue pour irrégularité de procédure.

B Seconde formalité : la dénonciation de la saisie au débiteur

289. « *Dans un délai de huit jours, à peine de caducité, la saisie est portée à la connaissance du débiteur par acte d'huissier de Justice* » (art. D 183 al. 1). Le non-respect de ce délai obligerait le créancier à recommencer la saisie. Cet acte de dénonciation signifié dans les formes prescrites par les articles 653 et suivants du Code de procédure civile, doit comporter, à peine de nullité, les mentions énumérées par l'article D 183, alinéa 2, parmi lesquelles on trouve, notamment, l'indication en caractères très apparents, que le débiteur dispose d'un délai d'un mois

mais aussi ceux ayant préféré prendre un nantissement judiciaire. Ceux-là seront en effet, le cas échéant, en concours avec des créanciers seulement saisissants.

24. Cf. *infra*, n° 399.

25. C. civ., anc. art. 2075-1.

pour procéder à la vente amiable des valeurs saisies dans les conditions prescrites soit à l'article D 187, soit, s'il s'agit de droits d'associé ou de valeurs mobilières non admises à la cote officielle ou à celle du second marché, aux articles D 107 à D 109.

§ 2. Les incidents de saisie

290. Il existe deux cas dans lesquels la mainlevée de la saisie peut être ordonnée : la *consignation* que nous avons déjà évoquée[26] et l'aboutissement d'une contestation fondée. À ces deux incident il faut en ajouter un troisième : la non-collaboration du tiers saisi.

L'article D 183.2° et 3° prévoit la possibilité pour le débiteur de porter à la connaissance du juge de l'exécution du lieu de son domicile toute ***contestation***, à peine d'irrecevabilité, dans un délai d'un mois à compter de la signification de l'acte de dénonciation de la saisie. Toujours « *à peine d'irrecevabilité, la contestation est dénoncée le même jour, par lettre recommandée avec demande d'avis de réception, à l'huissier de justice qui a procédé à la saisie. /L'auteur de la contestation en informe le tiers saisi par lettre simple* » (art. D 183-1).

Sans doute lorsque la contestation sera fondée, le juge de l'exécution pourra ordonner la mainlevée de la saisie dans les conditions générales de l'article D 26, notamment en cas de nullité, ou même d'inadéquation de la procédure (art. L 22).

Concernant la ***non-collaboration du tiers saisi***[27], aucun texte ne sanctionne en matière de saisie de droits d'associé et de valeurs mobilières, le défaut de réponse du tiers saisi à la sommation de faire connaître l'existence d'éventuels nantissements ou saisies, lors de la signification de l'acte de saisie (art. D 182). La Cour de cassation a estimé « *qu'aucune disposition ne fait obligation au tiers-saisi d'indiquer au saisissant l'étendue des droits d'associé et des valeurs mobilières dont le débiteur est titulaire... à moins qu'ayant reçu du juge de l'exécution une injonction à cet effet, elle n'y ait pas déféré...* », ni les dispositions de l'article 24 de la loi n° 91-650 du 9 juillet 1991[28], ni celles de l'article 25 de ce texte[29], n'étant applicables en la matière. Elle a également implicitement estimé que l'article 44 de la loi n° 91-650 du 9 juillet 1991 relatif à la saisie-attribution, aux termes duquel, « *le tiers, saisi est tenu de déclarer au créancier l'étendue de ses obligations à l'égard du débiteur ainsi que les modalités qui pourraient les affecter et, s'il y a lieu, les cessions*

26. Cf. *supra*, n° 288.
27. Voir également *supra*, n° 287.
28. Cass. 2e civ, 8 avril 1999, *Bull. civ.* II, n° 69.
29. Cass. 2e civ., 17 mai 2001, n° 99-11.505.

de créances, délégations ou saisies antérieures... », est inapplicable en matière de saisies de droits d'associé et de valeurs mobilières[30]. Enfin, dans un arrêt en date du 3 mai 2001, la Cour de cassation a finalement considéré que le tiers saisi qui ne défère pas à la sommation de faire connaître l'existence d'éventuels nantissements ou saisies, ne s'expose qu'à une condamnation au paiement de dommages-intérêts[31]. Il incombe au créancier saisissant d'apporter la preuve de l'inertie du tiers saisi[32].

Les formalités de saisie accomplies, il peut être procédé à la vente des titres.

Section 3
Les formalités de vente des titres saisis[33]

291. « *La vente est effectuée selon les modalités fixées aux articles 187 à 193 du décret* » n° 92-755 du 31 juillet 1992 (art. D 249).

---

30. Cass. 2e civ., 14 juin 2001, n° 99-13.387.

31. Cass. 2e civ., 3 mai 2001, *Bull. civ.* II, n° 90, *Dr. & pr.* 2001, p. 331, obs. A. Leborgne.

32. Cass. 2e civ., 17 mai 2001, n° 99-11.505.

33. Il existe des règles générales résultant du droit commercial, monétaire et financier, qui ont une incidence sur le droit de l'exécution forcée. Nous envisagerons successivement les conditions d'opposabilité au tiers acquéreur des titres, des procédures d'agrément, de préemption ou de substitution *(1.)*, la vente d'actions *(2.)* et celle de parts sociales *(3.)*.
1. Les conditions d'opposabilité au tiers acquéreur des titres, des procédures d'agrément, de préemption ou de substitution. – Il arrive, en pratique, que l'acheteur sur saisie se heurte à la nécessité, pour que son acquisition soit effective, d'être accepté par les autres associés (agrément) qui peuvent, en outre, bénéficier d'une priorité pour se porter acquéreurs des titres saisis (droit de préemption), ou qui pourront même, dans certains cas, se substituer purement et simplement à l'acheteur (droit de substitution). Aux termes de l'article D. 193, « *les procédures légales et conventionnelles d'agrément, de préemption ou de substitution sont mises en œuvre conformément aux dispositions propres à chacune d'elles* ». Il en résulte que l'adjudicataire de parts sociales n'est pas recevable à contester les conditions prévues pour son agrément par les autres associés, dès lors qu'il n'a pas contesté le cahier des charges qui précisait que l'adjudication serait réalisée sous la condition résolutoire d'obtention de l'agrément dans les conditions prévues aux statuts de la société, lesquels stipulaient que les dispositions des articles 1861 à 1864 du Code civil étaient applicables (Cass. 3e civ., 14 janvier 2009, *D.*2009, AJ, p. 305, arrêt rendu à propos de la saisie de parts sociales d'une société civile immobilière).
Le Code de commerce et le Code civil ont seulement prévu le mécanisme de la clause d'agrément, mais rien n'interdit que les statuts de la société prévoient une procédure de préemption ou de substitution. La licéité de ces obstacles peut être discutée lorsqu'il s'agit de valeurs mobilières admises aux négociations sur un marché réglementé. En effet, il s'agit, par définition, de sociétés ouvertes, puisqu'elles font appel à l'épargne

Quel que soit le type de titre, le débiteur peut procéder à leur vente amiable. À défaut d'y avoir fait procéder dans un délai d'un mois, il sera procédé à leur vente forcée. Il s'agit là d'un schéma identique à celui existant en matière de saisie-vente de biens mobiliers corporels. Il y a lieu de distinguer, selon qu'il s'agit de titres admis ***(§ 1)*** ou non ***(§ 2)*** aux négociations sur un marché réglementé. Quel que soit le type de titre, le débiteur peut procéder à leur vente amiable. À défaut d'y avoir fait procéder dans un délai d'un mois, il sera procédé à leur vente forcée.

---

publique. Or ces restrictions, figurant sous forme de clause dans les statuts, sont occultes pour les tiers et ce, d'autant plus qu'aucun cahier des charges n'est susceptible de les renseigner sur l'existence de ces obstacles à l'acquisition définitive. Pour ces raisons, aux termes de l'article L. 233-11 du Code de commerce, « *Toute clause d'une convention prévoyant des conditions préférentielles de cession ou d'acquisition d'actions admises aux négociations sur un marché réglementé et portant sur au moins 0,5 % du capital ou des droits de vote de la société qui a émis ces actions doit être transmise dans un délai de cinq jours de bourse à compter de la signature de la convention ou de l'avenant introduisant la clause concernée, à la société et à l'Autorité des marchés financiers. À défaut de transmission, les effets de cette clause sont suspendus, et les parties déliées de leurs engagements, en période d'offre publique. /La société et l'Autorité des marchés financiers doivent également être informées de la date à laquelle la clause prend fin. /Les clauses des conventions conclues avant la date de publication de la loi n° 2001-420 du 15 mai 2001 relative aux nouvelles régulations économiques qui n'ont pas été transmises à l'Autorité des marchés financiers à cette date doivent lui être transmises, dans les mêmes conditions et avec les mêmes effets que ceux mentionnés au premier alinéa, dans un délai de six mois. /Les informations mentionnées aux alinéas précédents sont portées à la connaissance du public dans les conditions fixées par le règlement général de l'Autorité des marchés financiers* ».

2. La vente d'actions. – S'agissant de la vente des actions de société anonyme, le principe de la licéité des clauses d'agrément est énoncé par l'article L. 228-23 du Code de commerce. Aux termes de ce texte, « *Dans une société dont les actions ne sont pas admises aux négociations sur un marché réglementé, la cession d'actions ou de valeurs mobilières donnant accès au capital, à quelque titre que ce soit, peut être soumise à l'agrément de la société par une clause des statuts. /Une clause d'agrément ne peut être stipulée que si les titres sont nominatifs en vertu de la loi ou des statuts... Toute cession effectuée en violation d'une clause d'agrément figurant dans les statuts est nulle* ». La procédure d'agrément doit être suivie après l'achat, lequel est donc effectué sous condition suspensive d'agrément de l'acheteur par les autres associés, dans les conditions suivantes. L'huissier de justice qui a initié la procédure de saisie-vente des actions possédées par le débiteur doit, soit signifier suivant les formes et modalités prévues par les articles 653 et suivants du Code de procédure civile, soit notifier par lettre recommandée avec demande d'avis de réception, à la personne morale émettrice des titres, une demande d'agrément de l'acheteur. Cette demande doit indiquer les nom, prénom et adresse de celui-ci, ainsi que le nombre d'actions acquises. En pratique, c'est le conseil d'administration ou le conseil de surveillance, - rarement l'assemblée générale -, qui est habilité par les statuts à agréer l'acquéreur. Le conseil dispose de trois mois pour répondre, son silence valant, à l'expiration du délai, acceptation. En cas de refus d'agrément, la société est tenue, soit de racheter elle-même les titres, soit de les faire racheter par un associé ou un tiers. Le prix de cession est alors fixé à dire d'expert à défaut d'accord (C. com., art. L. 228-24).

§ 1. La vente sur saisie des titres admis aux négociations sur un marché réglementé

292. Les modalité de cette vente varient selon qu'il s'agit d'une vente amiable *(A)* ou forcée *(B)*. Aux termes de l'article L. 211-21 du Code monétaire et financier, « *Les adjudications publiques volontaires ou forcées de titres financiers sont faites, si ces titres sont admis aux*

Concernant la vente d'actions de sociétés en commandite par actions, cette société comporte la particularité de comprendre deux types d'associés : les commandités titulaires de parts, qui répondent indéfiniment et solidairement des dettes sociales, et les commanditaires, actionnaires, qui ne répondent des dettes sociales que dans la limite de leur apport. Les commandités peuvent également être actionnaires. Les assemblées générales ne réunissent que les actionnaires. Les commandités ne peuvent pas être membres du conseil de surveillance. Outre les dispositions spécifiques des articles L. 226-2 à L. 226-14 et R. 226-1 à R. 226-3 du Code de commerce, sont applicables à la société en commandite par actions, aux termes des dispositions des articles L. 226-1, alinéa 2, et R. 226-1 du Code de commerce, les textes sur la société en commandite simple et celle de la société anonyme. On doit donc se reporter à l'article L. 222-8 du Code de commerce sur la société en commandite simple, pour la
cession des parts de commandité, et aux dispositions de l'article L. 228-24 du même Code pour la cession des actions.

3. La vente de parts sociales. – Nous envisagerons successivement la vente de parts de société en commandite simple *(3.1.)*, de société en nom collectif *(3.2.)*, de société à responsabilité limitée *(3.3.)* et de société civile *(3.4.)*.

3.1. La vente de parts de société en commandite simple. - Un créancier saisissant se heurtera à une situation équivalente à celle rencontrée dans la société en nom collectif. En effet, aux termes de l'article L. 222-8 du Code de commerce, « I. - *Les parts sociales ne peuvent être cédées qu'avec le consentement de tous les associés. II. - Toutefois, les statuts peuvent stipuler : 1° que les parts des associés commanditaires sont librement cessibles entre associés ; 2° que les parts des associés commanditaires peuvent être cédées à des tiers étrangers à la société avec le consentement de tous les commandités et de la majorité en nombre et en capital des commanditaires ; 3° qu'un associé commandité peut céder une partie de ses parts à un commanditaire ou à un tiers étranger à la société dans les conditions prévues au 2° ci-dessus* ». Ce texte rend, une fois encore, presque impossible toute saisie de parts de société en commandite simple, car cette procédure d'agrément doit être suivie après la vente sur adjudication des parts saisies.

3.2. La vente de parts de société en nom collectif. - Aux termes des dispositions de l'article L. 221-13 du Code de commerce, les parts de société en nom collectif qui « *...ne peuvent être représentées par des titres négociables... ne peuvent être cédées qu'avec le consentement de tous les associés. Toute clause contraire est réputée non écrite* ». Ces dispositions sans nuance font, le cas échéant, obstacle à toute saisie, à défaut d'agrément. Aucune disposition n'oblige les autres associés ou la société à racheter les parts saisies, en cas de refus d'agrément. Cette procédure d'agrément doit être suivie après la vente sur adjudication des parts saisies.

3.3. La vente de parts de société à responsabilité limitée. - Aux termes des dispositions de l'article L. 223-14 du Code de commerce, applicables également à la vente sur saisie qui est une cession forcée, « *Les parts sociales ne peuvent être cédées à des tiers étrangers à la société qu'avec le consentement de la majorité des associés représentant au* *négociations sur un marché réglementé, par les prestataires de services d'investissement membres du marché réglementé où ces titres sont négociés...* ».

---

moins la moitié des parts sociales, à moins que les statuts prévoient une majorité plus forte. /Lorsque la société comporte plus d'un associé, le projet de cession est notifié à la société et à chacun des associés. Si la société n'a pas fait connaître sa décision dans le délai de trois mois à compter de la dernière des notifications prévues au présent alinéa, le consentement à la cession est réputé acquis. /Si la société a refusé de consentir à la cession, les associés sont tenus, dans le délai de trois mois à compter de ce refus, d'acquérir ou de faire acquérir les parts à un prix fixé dans les conditions prévues à l'article 1843-4 du Code civil (à dire d'expert), *sauf si le cédant renonce à la cession de ses parts. Les frais d'expertise sont à la charge de la société. À la demande du gérant, ce délai peut être prolongé par décision de justice, sans que cette prolongation puisse excéder six mois* (al. 3). */La société peut également, avec le consentement de l'associé cédant, décider, dans le même délai, de réduire son capital du montant de la valeur nominale des parts de cet associé et de racheter ces parts au prix déterminé dans les conditions prévues ci-dessus. Un délai de paiement qui ne saurait excéder deux ans peut, sur justification, être accordé à la société par décision de justice. Les sommes dues portent intérêt au taux légal en matière commerciale* (al. 4). */Si, à l'expiration du délai imparti, aucune des solutions prévues aux troisième et quatrième alinéas ci-dessus n'est intervenue, l'associé peut réaliser la cession initialement prévue... Toute clause contraire aux dispositions du présent article est réputée non écrite* ». Aux termes de l'article R. 223-11 du même Code, « *La notification du projet de cession ou de nantissement de parts sociales... est faite par acte extrajudiciaire ou par lettre recommandée avec demande d'avis de réception. /La désignation de l'expert prévue à l'article 1843-4 du Code civil est faite par le président du tribunal de commerce ; celui-ci statue par ordonnance sur requête dans le cas prévu au troisième alinéa de l'article L. 223-14 et par ordonnance de référé dans le cas prévu au quatrième alinéa du même article. Ces ordonnances ne sont pas susceptibles de recours* ». Si à l'expiration du délai imparti, aucune solution n'est intervenue le créancier saisissant peut réaliser la cession initialement prévue.

L'huissier de justice qui a initié la procédure de saisie-vente des parts sociales possédées par le débiteur doit, soit signifier suivant les formes et modalités prévues par les articles 653 et suivants du Code de procédure civile, soit notifier par lettre recommandée avec demande d'avis de réception, à la personne morale émettrice des titres, une demande d'agrément de l'acquéreur (C. com., art. R. 223-11). Dans les huit jours suivant cette notification, le gérant doit convoquer l'assemblée des associés ou, si les statuts le prévoient, les consulter par écrit, pour qu'il soit délibéré sur l'agrément (C. com., art. R. 223-12).

3.4. La vente de parts de société civile. – La procédure d'agrément prévue par le Code civil doit être suivie après la vente sur adjudication des parts saisies. On se reportera alors, en tant que de besoin, aux articles 1861 à 1868 du Code civil.

L'intérêt des dispositions de l'article 1868 du Code civil réside dans l'alinéa 2 permettant aux associés de décider de la dissolution de la société ou de l'acquisition des parts saisies. Il n'y aura alors aucune adjudication. Mais, tandis que dans le second cas la vente des

A La vente amiable

293. Aux termes de l'article 187 du décret n° 92-755 du 31 juillet 1992, « *Le débiteur peut, dans le mois de la signification qui lui a été faite, donner l'ordre de vendre les valeurs mobilières saisies. Le produit de la vente est indisponible entre les mains de l'intermédiaire habilité pour être affecté spécialement au paiement du créancier. /Si les sommes provenant de la vente suffisent à désintéresser le ou les créanciers, l'indisponibilité cesse pour le surplus des valeurs mobilières saisies* ».

Le débiteur dispose donc d'un délai d'un mois, à compter de la signification de la dénonciation de la saisie qui lui est faite, pour donner l'ordre de vendre les valeurs mobilières saisies. Cet ordre devra être donné à la fois au tiers saisi qui détient, le cas échéant les valeurs en compte, et au prestataire de services d'investissement membres du marché réglementé où ces titres sont négociés choisie par le débiteur. Cette dernière se mettra en rapport avec le tiers saisi qui confirmera l'ordre de vente et à qui le débiteur saisi aura indiqué le moment de la vente, l'ordre dans lequel il souhaite que la vente ait lieu et les titres qu'il souhaite vendre[34]. En effet, la vente, opportune à un moment donné, de certaines valeurs, peut suffire à désintéresser le créancier, de sorte que la saisie ne devra en

---

titres saisis aura lieu, dans le premier cas le créancier saisissant n'aura qu'un droit éventuel : celui de son débiteur sur le boni de liquidation.
L'alinéa 3 de l'article 1868 du Code civil donne aux associes et à la société, comme son article 1867, alinéa 3, une faculté de se substituer à l'adjudicataire, après l'adjudication, en payant le prix de l'acquisition. Si la société ne fait pas savoir à la personne chargée de la vente, vraisemblablement avant cette dernière, qu'elle entend user des facultés que lui offre l'article 1868 du Code civil, ni elle, ni les associés ne pourront en user ou, plus vraisemblablement, ne pourront plus user de la faculté de substitution, quant aux titres adjugés. La faculté de dissolution, elle, demeure ouverte.
Aux termes des dispositions de l'article 186l du Code civil, « *les parts sociales ne peuvent être cédées qu'avec l'agrément de tous les associés/. Les statuts peuvent toutefois convenir que cet agrément sera obtenu à une majorité qu'ils déterminent, ou qu'il peut être accordé par les gérants. Ils peuvent aussi dispenser d'agrément les cessions consenties à des associés ou au conjoint de l'un d'eux. Sauf dispositions contraires des statuts, ne sont pas soumises à agrément les cessions consenties à des ascendants ou descendants du cédant/. Le projet de cession est notifié, avec demande d'agrément, à la société et à chacun des associés. Il n'est notifié qu'à la société quand les statuts prévoient que l'agrément peut être accordé par les gérants* ».
Si aucune offre d'achat n'est faite au cédant ou à l'huissier en cas de saisie-vente dans un délai de six mois à compter de la notification du projet de cession faite à chacun des associés, l'agrément à la cession est réputé acquis, à moins que les autres associés ne décident, dans le même délai, la dissolution anticipée de la société. Dans ce dernier cas, le cédant peut rendre caduque cette décision, en faisant connaître qu'il renonce à la cession dans le délai d'un mois à compter de ladite décision (C. civ., art. 1863).
Si les associés ou la société décident d'acquérir les parts saisies, le prix offert est notifié au créancier saisissant. À défaut d'accord sur le prix, celui-ci est fixé à dire d'expert désigné en référé par le président du tribunal de grande instance (C. civ., art. 1843-4).

aucun cas être inutilement dommageable pour le débiteur. Le règlement général du Conseil des Bourses de valeurs dispose d'ailleurs en son article 4-5-1 que « *tout ordre de bourse doit comporter l'indication du sens de l'opération* (achat ou vente), *la désignation ou les caractéristiques de la valeur sur laquelle porte la négociation, le nombre de titres à négocier et d'une manière générale toutes les précisions nécessaires à sa bonne exécution* ». Dans le même ordre d'idées, la vente est poursuivie jusqu'à ce que les sommes recueillies suffisent à désintéresser le créancier saisissant. C'est le rappel du principe général posé à l'article 76, alinéa 1, de la loi n° 91-650 du 9 juillet 1991.

Le produit de la vente reste indisponible, c'est-à-dire insaisissable, entre les mains de l'intermédiaire vendeur habilité ou de l'intermédiaire détenant les valeurs en compte, pour être affecté spécialement au paiement du créancier premier saisissant et, le cas échéant, des créanciers intervenus à la saisie avant la vente. Nous avons vu[35] que l'intervention d'autres créanciers à la saisie n'est plus possible après la vente, l'article 60 de la loi n° 91-650 du 9 juillet 1991 disposant que « *seuls sont admis à faire valoir leurs droits sur le prix de la vente, les créanciers saisissants ou opposants qui se sont manifestés avant la vente* ». Cette affectation spéciale est une illustration du principe tiré par la jurisprudence en matière de saisie-arrêt, des dispositions des articles 2350 et 2355 du Code civil du Code civil[36]. En pratique, la société de bourses qui a procédé à la vente en remet le produit au tiers saisi. Ce dernier le remet à l'huissier de justice qui sera chargé de la répartition du prix de vente entre le ou les créanciers et, le cas échéant, le saisi.

Si le débiteur ne donne aucun ordre de vente ou s'il n'y a eu aucun acheteur pour les titres, passé le délai d'un mois, il est procédé à leur vente forcée.

B La vente forcée

294. C'est donc celle à laquelle il sera procédé, à défaut de vente amiable par le saisi.

La vente forcée ne pourra être effectuée, à la demande du créancier, que sur présentation d'un certificat délivré par le greffe du juge de l'exécution normalement compétent pour connaître des contestations (art. D 183, 2° et 3°) et attestant qu'aucune contestation n'a été formée

---

34. Art. D. 188. - *Jusqu'à la réalisation de la vente forcée, le débiteur peut indiquer au tiers saisi l'ordre dans lequel les valeurs mobilières seront vendues. À défaut, aucune contestation n'est recevable sur leur choix.*

35. Cf. *supra*, n° 285.

36. C. civ., anc. art. 2075-1. Cf. *supra*, n° 235, spécialement note 63.

dans le mois suivant la dénonciation de la saisie ou, le cas échéant, d'un jugement rejetant la contestation soulevée par le débiteur (art. D 185).

L'ordre de vente est donné au tiers saisi qui détient, le cas échéant, les valeurs en compte et au prestataire de services d'investissement membres du marché réglementé où ces titres sont négociés, par le créancier saisissant. C'est le créancier qui choisit ce dernier, les valeurs à vendre et l'ordre dans lequel elles devront être vendues. Toutefois, les articles 247.6° et 188 du décret du 31 juillet 1992 disposent que jusqu'à la réalisation de la vente, le débiteur peut encore indiquer au tiers saisi (et au prestataire de services d'investissement membres du marché réglementé où ces titres sont négociés) l'ordre dans lequel les valeurs devront être vendues. Il semble donc que le saisi ait le dernier mot et que le créancier saisissant ne fixera cet ordre qu'à défaut pour le saisi de l'avoir fait.

Dans ce cas également, la vente, opportune à un moment donné, de certaines valeurs peut suffire à désintéresser le créancier, de sorte que la saisie ne devra en aucun cas être inutilement dommageable pour le débiteur.

Le renvoi aux articles 189 à 193 du décret par l'article 249, ne saurait concerner les titres dont il est question ici.

§ 2. La vente sur saisie des titres non admis aux négociations sur un marché réglementé

295. Les modalité de cette vente varient selon qu'il s'agit d'une vente amiable *(A)* ou forcée *(B)*. Aux termes de l'article L. 211-21 du Code monétaire et financier, « *Les adjudications publiques volontaires ou forcées de titres financiers sont faites, si ces titres* (ne) *sont* (pas) *admis aux négociations sur un marché réglementé, par un prestataire de services d'investissement ou par un notaire...* ».

A La vente amiable

296. Elle est régie par les dispositions générales des articles 107 à 109 du décret du 31 juillet 1992 (art. D 247, 5° et D 189). Le débiteur dispose d'un délai d'un mois pour vendre les titres. L'article 107 du décret, texte général relatif à la saisie-vente de biens mobiliers corporels, fait courir le délai « *... à compter de l'acte de saisie* », mais chacun aura compris qu'ici le délai court de la signification faite au débiteur, ou de l'acte de conversion en cas de saisie-vente obtenue sur conversion d'une saisie conservatoire[37].

37. Cf. *infra*, n° 403.

Dans la vente amiable, en application des dispositions précitées de l'article L. 211-21 du Code monétaire et financier, le débiteur saisi devra informer l'huissier de justice d'éléments fournis par le prestataire de services d'investissement ou le notaire chargé des opérations de vente. L'ensemble des dispositions applicables impose l'accomplissement de quatre formalités. Le débiteur doit informer « ... *par écrit l'huissier de justice des propositions qui lui ont été faites en indiquant le nom et l'adresse de l'acquéreur éventuel ainsi que le délai dans lequel ce dernier s'offre à consigner le prix proposé* » (art. D 108, al. 1). L'huissier de justice doit communiquer par lettre recommandée avec demande d'avis de réception la teneur de ces propositions de vente amiable au créancier saisissant et aux créanciers opposants, c'est-à-dire ceux ayant diligenté postérieurement une saisie conservatoire sur les mêmes titres, ou intervenus à la saisie-vente (art. D 108, al. 1). Chaque créancier averti doit, dans un délai de quinze jours, vraisemblablement à compter de la première présentation de la lettre à son destinataire si elle n'est pas remise directement en mains propres, prendre parti sur les propositions de vente. « *En l'absence de réponse, ils sont réputés avoir accepté* » (art. D 108, al. 4). Les textes ne prévoient pas le cas du créancier faisant part de son refus de la vente amiable. Dans ce cas, nous préconisons que l'huissier saisisse le juge de l'exécution de l'article D 219 de cette contestation. Au vu des intérêts en présence, le juge autorisera ou interdira par ordonnance la vente amiable au prix proposé. Le prix de la vente doit être consigné par l'acheteur entre les mains de l'huissier de justice du créancier saisissant (art. D 109, al. 1). La consignation du prix doit avoir lieu dans le délai convenu avec l'acheteur lorsque ce dernier a fait sa proposition (art. D 108, al. 1).

Aucun texte ne le précise, mais nous considérons qu'en cas de pluralité d'offres, l'huissier pourra attendre les consignations et retenir seulement la plus avantageuse. Il rendra aux autres acquéreurs éventuels leurs fonds, mais devra, pour éviter toute contestation les avertir du procédé, puisqu'en principe et en l'absence de stipulation contraire, la consignation entraîne transfert de propriété (art. D 109, al. 2). La consignation du prix doit avoir lieu dans le délai convenu avec l'acheteur lorsque ce dernier a fait sa proposition (art. D 108, al. 1).

Si aucune offre amiable n'est faite dans le délai de l'article D 107, alinéa 1, si le juge de l'exécution interdit la vente amiable, ou encore si l'acheteur ne consigne pas dans le délai convenu (art. D 109, al. 3), il est procédé à la vente forcée des titres.

B La vente forcée

297. L'article D 108, alinéa 5, dispose qu'il ne peut être procédé à la vente forcée, qu'après l'expiration d'un délai d'un mois à compter, suivant le cas, de la signification au débiteur de l'acte de conversion de la saisie conservatoire en saisie-vente, ou de la dénonciation de la saisie-vente pratiquée directement, augmenté s'il y a lieu, c'est-à-dire s'il ne l'ont pas fait avant expressément, du délai de quinze jours imparti aux créanciers pour donner leur réponse.

En pratique, deux situations peuvent se présenter : soit au bout d'un mois, le débiteur n'ayant informé l'huissier de l'existence d'aucune offre d'achat de gré à gré, il peut être procédé à la vente forcée ; soit le débiteur ayant informé l'huissier des offres d'achat que l'huissier a notifiées aux créanciers, il faudra attendre d'abord l'expiration du délai de quinze jours à eux imparti pour répondre, leur silence valant acceptation de ces offres, et ensuite l'expiration du délai convenu avec l'acheteur pour consigner le prix.

La vente forcée est régie par les dispositions des articles D 189 à D 193 auxquelles renvoie son article D 249. Faite sous la forme d'une adjudication (art. D 189), elle nécessite l'accomplissement de cinq formalités préalables. Rappelons ici, qu'aux termes de l'article L. 211-21 du Code monétaire et financier, la vente sur adjudication devra être faite par un prestataire de services d'investissement ou par un notaire.

Un cahier des charges doit être établi en vue de la vente, par la personne chargée de celle-ci. Il doit contenir les mentions suivantes qui ne sont, curieusement, pas requises expressément à peine de nullité (art D 190). Il s'agit, *d'abord*, du rappel de la procédure antérieure. Il s'agira pour la personne chargée de la vente, de viser les différents actes de la procédure. Il s'agit, *ensuite*, des statuts de la société. La personne chargée de la vente les obtiendra auprès de la société elle-même, tenue de collaborer, art. L 24, ou du registre du commerce et des sociétés tenu au greffe du tribunal de commerce. Il est de l'intérêt de la personne morale émettrice des titres, de collaborer et d'informer l'huissier de l'existence éventuelle de toutes conventions instituant un agrément ou créant un droit de préférence au profit des associés, car elles ne s'imposent à l'adjudicataire que si elles figurent dans le cahier des charges (art. D 190). Aux termes des dispositions de l'article D 193, « *les procédures légales et conventionnelles d'agrément, de préemption ou de substitution sont mises en œuvre conformément aux dispositions propres à chacune d'elles* ». Il s'agit, *enfin*, de tout document nécessaire à l'appréciation de la consistance et de la valeur des droits mis en vente. Il pourra s'agir, en pratique, des derniers bilans et de tout audit effectué en vue de la vente.

Une copie du cahier des charges doit être notifiée à la société qui en informera ses associés. L'article D 191 parlant de notification et non de signification, on peut en conclure qu'il suffit qu'elle ait lieu dans les formes prescrites par les articles 665 à 670-2 du Code de procédure civile, c'est-à-dire par lettre recommandée avec demande d'avis de réception. En pratique on préférera souvent recourir par signification d'huissier. Cette information des associés n'est pas sanctionnée, ce qui est tout à fait déplorable, compte tenu de sa raison d'être : permettre la mise en œuvre des procédures d'agrément, de préemption et de substitution.

Le jour où la deuxième formalité est accomplie, la personne chargée de la vente devra notifier, s'il y a lieu, aux créanciers opposants, une ***sommation d'avoir à prendre connaissance du cahier des charges*** chez elle. Dès lors qu'il est question de notification et non de signification, il peut être procédé, une fois encore, comme il est dit aux articles 665 à 670-2 du Code de procédure civile. En pratique on préférera souvent recourir par signification d'huissier. Tout intéressé pourra alors formuler auprès de cette personne, sous forme de dires qu'on lui fera notifier ou signifier, ses observations sur le contenu du cahier des charges, pendant un délai de deux mois courant à compter de la notification dudit cahier. Les dires formulés pourront, bien qu'aucun texte ne le suggère, constituer des contestations soumises au juge de l'exécution du domicile du débiteur (art. D 183, 3°). Rappelons que la société est déjà destinataire d'une notification du cahier des charges lui-même.

La personne chargée de la vente doit effectuer ***une publicité de la vente prochaine***, par voie de presse et, si nécessaire, par voie d'affiche, un mois au plus et quinze jours au moins avant la date fixée pour la vente. Cette publicité doit indiquer les jour, heure et lieu de la vente (art. D 192, al. 1 et 2). La personne chargée de la vente doit, en outre, certainement dans les mêmes conditions de délai (un mois au plus et quinze jours au moins avant la date fixée pour la vente, art. D 192, al. 2), informer par notification, c'est-à-dire dans les formes prescrites par les articles 665 à 670-2 du Code de procédure civile, le débiteur et la société émettrice des titres (ainsi que le dépositaire des titres) et, s'il y a lieu, les autres créanciers opposants, de la date de la vente, c'est-à-dire, plus exactement, de ses jour, heure et lieu (art. D 192, al. 3).

L'article D 189 disposant que « *la vente est faite sous forme d'adjudication* », il doit, par conséquent, être procédé comme en matière de saisie-vente de biens mobiliers corporels[38].

Après la vente, la personne chargée de celle-ci en remettra le prix à l'huissier de justice ayant installé la saisie. En cas de pluralité de créanciers opposants, la saisie-vente ne conférant au premier saisissant aucun droit de préférence, l'huissier aura recours à la ***procédure de distribution*** prévue par le décret n° 92-755 du 31 juillet 1992 pour la saisie-vente de biens mobiliers corporels[39].

38. Cf. *infra*, n°s 316 et s.
39. Cf. *infra*, n°s 735 et s.

Sous-titre II
Les saisies des meubles corporels

298. Il s'agit de la saisie-vente qui permet au créancier de faire vendre les biens de son débiteur pour se payer sur le prix ***(chapitre 1)***, et des saisies-appréhension qui permettent soit à un créancier propriétaire d'obtenir la livraison ou la restitution de son bien, soit à un créancier gagiste de faire vendre le bien gagé de son débiteur pour se payer sur le prix ***(chapitre 2)***.

Chapitre 1
La saisie-vente[1]

299. Il s'agit pour le créancier de faire vendre les biens mobiliers corporels[2] de son débiteur afin de se payer sur le prix obtenu. Pour ce faire, il fera usage de la procédure régie par les articles L 50 à L 55 et D 81 à D 138[3]. Il s'agit donc, comme la saisie-exécution jadis, d'une saisie d'exécution. Un titre exécutoire est donc toujours nécessaire (art. L 50, al. 1 et art. D 81, al. 1)[4].

---

1. D. Hector, *La saisie-vente, Rev. huissiers.*, 15 janvier 1993, n° 2, p. 65 et s. ; N. Monachon-Duchêne, *Les limites de la saisie-vente*, *JCP éd. G* 1997.I.4044 ; G. Taormina, *La saisie-vente de biens mobiliers corporels*, fasc. 435, in *Droit de l'exécution forcée*, éd. *Journal des Notaires et des Avocats*, avril 2005.
2. Nous verrons que la saisie immobilière est une variété de saisie-vente portant sur les biens et droits immobiliers du débiteur.
3. Lorsque la saisie devra avoir lieu entre les mains du débiteur lui-même, le créancier gagiste disposera à son choix de la « saisie-appréhension-vente » que nous étudierons dans le cadre du prochain chapitre ou de la saisie-vente.
4. Ainsi, parce qu'elle constitue un titre exécutoire, une ordonnance de référé permet d'entreprendre une saisie-vente (Cass. 2e civ., 28 janvier 1998, *Bull. civ.* II, n° 37 ; Cass. 2e civ., 28 janvier 1998, n° 96-10.290). Mais s'agissant d'un titre exécutoire de nature provisoire, la procédure d'exécution entreprise l'est aux risques et périls du créancier poursuivant qui s'expose, si l'ordonnancé est infirmée en appel, ou s'il perd son procès au fond, à devoir indemniser le saisi, voire à devoir payer des dommages-intérêts pour procédure d'exécution abusive. Rappelons, en effet, que l'infirmation de la décision de condamnation, sur le fondement de laquelle une saisie-vente a été valablement entreprise, entraîne l'anéantissement consécutif de celle-ci (pour une application de ce principe, voir Cass. 2e civ., 6 juillet 2000, n° 98-16.078). Ce titre exécutoire doit concerner le débiteur lui-même. Notons à ce propos, un arrêt en date du 10 février 2000, dans lequel la Cour de cassation a considéré qu'une erreur dans le titre exécutoire, en l'occurrence une ordonnance de contrainte à tiers, concernant l'identification du créancier et consistant en une confusion entre celui-ci, personne physique, et une personne morale inexistante, était sans incidence sur la validité de ce titre et sur celle de la saisie-vente poursuivie, s'agissant d'une erreur purement matérielle (Cass. 2e civ., 10 février 2000, n° 98-17.027 ; voir aussi, à propos de contestations de l'identification du débiteur, entre le titre exécutoire et le commandement de saisie-vente, question ouvrant droit à pourvoi en cassation pour dénaturation d'actes : Cass. 2e civ., 6 mai 2004, *Bull. civ.* II, n° 207 ; Cass. 2e civ., 6 mai 2004, *Bull. civ.* II, n° 219). Le titre délivré à rencontre d'une société n'emporte pas le droit de saisir les biens des associés, même si ceux-ci sont tenus indéfiniment et solidairement des dettes sociales, à défaut de titre exécutoire pris contre

La question de la saisie des ***espèces monétaires*** n'est envisagée qu'à propos de celles trouvées entre les mains du débiteur. L'article D 98 dispose à ce propos qu'elles ne peuvent être saisies qu'à concurrence du montant de la créance du saisissant et doivent être consignées entre les mains de l'huissier de justice qui en fait mention dans l'acte de saisie ; lequel acte doit comporter une mention spéciale que nous signalerons ultérieurement dans les modalités de la saisie. Le débiteur dispose dans ce cas, d'un délai d'un mois à compter de la signification de l'acte de saisie pour former une contestation devant le juge de l'exécution du lieu de la saisie. En cas de contestation, le juge de l'exécution pourra ordonner la restitution de ces espèces au débiteur, leur versement direct au créancier saisissant, ou leur consignation. Cette consignation conférera un droit de préférence au créancier (C. civ., art. 2350 et 2355)[5]. À défaut de contestation dans le délai imparti, ces espèces seront immédiatement versées au créancier saisissant qui bénéficie donc du seul fait d'avoir eu la chance de les avoir trouvées le premier, d'un droit de préférence par rapport aux autres créanciers qui interviendront à la procédure.

La saisie-vente n'est, comme par le passé la saisie-exécution, applicable aux ***immeubles par destination*** que pour le paiement de leur prix d'acquisition, de fabrication ou de réparation (art. L 14.5°), ou s'il s'agit de saisir des récoltes sur pieds.

---

eux. Le titre exécutoire sur le fondement duquel est entreprise la saisie-vente, doit comporter condamnation expresse du débiteur (Cass. 2e civ., 15 février 2001, n° 99-12.731). Une décision de justice rendue sur recours en interprétation ne saurait, à elle seule, constituer un titre exécutoire (Cass. 2e civ., 18 novembre 2004, n° 03-10.295). La cassation de la décision de justice sur le seul fondement de laquelle une saisie-vente avait été pratiquée, entraîne l'annulation de tous les actes d'exécution faits sur le fondement de cette dé cision (Cass. 2e civ., 11 juillet 2002, *JCP éd. G* 2002, IV, n° 2544). Toutefois, l'arrêt de la cour d'appel de renvoi qui se borne à confirmer le jugement de première instance qui avait débouté de sa demande de condamnation le demandeur à une action en paiement qui avait pu ensuite entreprendre une saisie-vente sur le fondement de l'arrêt de cour d'appel cassé, ne peut constituer un titre exécutoire permettant d'entreprendre ensuite une saisie-vente contre celui-ci (Cass. 2e civ., 11 septembre 2003, *Bull. civ.* II, n° 257). Voir enfin, Cass. 2e civ., 11 septembre 2003, *Bull. civ.* II, n° 312, *D.* 2004, somm., p. 1497, obs. G. Taormina, pour la censure, en vertu de l'obligation de mentionner le titre exécutoire en vertu duquel les poursuites sont exercées, d'un arrêt ayant retenu qu'une obligation de restitution résultait de plein droit d'un arrêt de la cour d'appel statuant sur renvoi après cassation, alors que cet arrêt s'était borné à confirmer un jugement qui avait débouté le débiteur saisi qui prétendait que la société poursuivante n'avait pas qualité pour engager la procédure de saisie-vente, et que les titres exécutoires mentionnés dans le commandement n'étaient pas susceptibles de fonder les poursuites, de sorte qu'il ne s'agissait pas de la décision ouvrant droit à restitution et que cet arrêt ne pouvait donc constituer un titre exécutoire autorisant la mise en œuvre d'une procédure de saisie-vente.

5. C. civ., anc. art. 2075-1.

La réforme a maintenu des particularités concernant la saisie de ces meubles par anticipation que sont les ***récoltes sur pied***[6] et autres fruits et légumes pendant par branche et par racine. Non encore récoltés, ils constituent juridiquement des immeubles par nature[7]. Il est toutefois apparu assez tôt que la saisie immobilière pouvait s'avérer une solution disproportionnée voire inadaptée. Le Code de procédure civile de 1806[8], reprenant des solutions héritées de l'ancien droit, connaissait la saisie-exécution des récoltes sur pieds sous le nom de « saisie-brandon », terminologie évoquant les faisceaux de paille placés sur les exploitations pour signaler la saisie des récoltes. L'ancienne appellation a disparu des nouveaux textes. Détachées, les récoltes deviennent des meubles corporels ordinaires. La saisie-vente des récoltes sur pied comporte quelques particularités énoncées par les articles D 134 à D 138, tenant au moment de la saisie, aux mentions du procès-verbal de saisie, à la garde et à la vente que nous signalerons ultérieurement au fur et à mesure de l'étude de ces questions. Cette saisie-vente n'est prévue qu'entre les mains du débiteur propriétaire des récoltes, puisque les particularités de la rédaction du procès-verbal de saisie ne concernent que celui dressé en cas de saisie-vente entre les mains du débiteur[9], non celui dressé en cas de saisie-vente entre les mains d'un tiers détenteur. La détention de récoltes sur pied par un tiers non propriétaire des récoltes à venir est de toute façon inimaginable. Même en cas de métayage, les récoltes appartiennent en entier au colon partiaire jusqu'à leur partage et non, partiellement ou totalement, au bailleur jusqu'à ce partage. Le métayer n'est jamais tiers détenteur pour le compte de son bailleur, de récoltes sur pied. Quant au moment auquel on peut procéder aux opérations de saisie, outre les règles générales déjà étudiées il existe une règle spéciale : elles « *peuvent être saisies dans les six semaines qui précèdent l'époque habituelle de la maturité* » (art. D 134). Il convient, pour déterminer cette période, de se référer aux usages locaux. La solution qui figurait autrefois à l'article 626 de l'ancien Code de procédure civile mieux rédigé est ici reprise. Il s'agit là d'une règle d'ordre public que la jurisprudence sanctionnait sous l'empire de l'ancien Code de procédure civile par la nullité de la saisie[10]. Cette solution doit être conservée.

L'huissier de justice dressera un procès-verbal de carence si aucun bien n'est susceptible d'être saisi ou d'être vendu (art. D 92).

Enfin, notons que l'article L 53, alinéa 2, dispose notamment qu'« *Il ne peut être procédé à aucune saisie du* ***prix de vente*** », du moins tant que celui-ci est encore entre les mains de l'huissier de justice.

6. D. Louchouarn, *La saisie des récoltes sur pieds*, *Rev. huissiers.* 1998, p. 200.
7. C. civ., anc. art. 2092-2.
8. Anc. CPC, art. 626 à 635.
9. Renvoi à l'article D 94 par l'article D 135.
10. Cass. civ., 29 août 1853, *DP* 1853.1.258.

Le présent chapitre sera exclusivement consacré à la saisie-vente pratiquée directement sans recours au préalable à la saisie conservatoire. Nous consacrerons ultérieurement des développements à la conversion de la saisie conservatoire en saisie-vente[11].

Après avoir envisagé la procédure de saisie-vente ***(section 1)***, nous exposerons les modalités de la vente sur saisie ***(section 2)***.

Section 1
La procédure de saisie

300. Que la saisie soit pratiquée directement entre les mains du débiteur ou entre les mains d'un tiers *(§ 2)*, elle nécessite toujours la signification préalable au débiteur d'un commandement de payer. Le procès-verbal de saisie, signifié selon que la saisie est pratiquée directement entre les mains du débiteur ou entre les mains d'un tiers, au débiteur ou au tiers avant d'être dénoncé au débiteur, est chronologiquement le premier acte d'exécution *(§ 1)*. Comme toute procédure d'exécution, la saisie-vente peut être ponctuée d'un certain nombre d'incidents *(§ 3)*.

§ 1. Le commandement de payer (A) et le procès-verbal de saisie (B)

A Le commandement de payer

301. La saisie-vente des biens mobiliers corporels doit être précédée d'un commandement de payer comme jadis la saisie-exécution. Ni sous l'empire de l'ancien Code de procédure civile[12], ni sous celui du décret de 1992 dans un premier temps[13], le commandement n'était considéré comme un acte d'exécution. Cette analyse prenait appui, entre autres, sur le fait que, d'après les textes en vigueur, le commandement précède la saisie ; néanmoins elle pouvait être considérée comme contestable dans la mesure où aucune saisie-vente ne peut être effectivement pratiquée sans la signification préalable d'un commandement de payer qui apparaît ainsi son préalable nécessaire et par conséquent comme

11. Cf. *infra*, n° 409.

12. Cass. 1re civ., 15 décembre 1958, *Bull. civ.* I, n° 563.

13. Cass. avis, 14 juin 1993, *D.* 1993, p. 394, note J.- P. Ménabé, *RTD civ.* 1993, p. 892, obs. R. Perrot ; JEX Paris, 9 mars 1993, *GP* 23-24 avril 1993, somm. 13 ; JEX Lyon, 13 avril 1993, *D.* 1993, p. 387, note J. Prévault.

s'intégrant à elle ; en outre, la nullité de forme affectant le commandement affecte également la procédure subséquente. Conséquence encore plus critiquable de cette analyse, tant qu'aucun procès-verbal de saisie n'est signifié, le juge de l'exécution n'est pas compétent pour connaître de contestations. Cette solution n'a plus cours depuis un arrêt de la deuxième Chambre civile du 16 décembre 1998[14]. La Cour de cassation estime en effet aujourd'hui, que la signification d'un commandement aux fins de saisie-vente engage la procédure et que le juge de l'exécution est compétent pour trancher une difficulté relative au titre exécutoire, sans qu'il y ait lieu d'attendre la signification du procès-verbal de saisie.

Quant au ***contenu du commandement***, il existe des mentions générales et des mentions spéciales. Les premières sont toujours requises ; les secondes ne le sont que dans certains cas.

Le commandement de payer doit comprendre dans tous les cas, à peine de nullité, les mentions suivantes énumérées par l'article D 81 : « ***1°*** *Mention du titre exécutoire, en vertu duquel les poursuites sont exercées, avec le décompte distinct des sommes réclamées en principal, frais et intérêts exclus, ainsi que l'indication du taux des intérêts ;* ***2°*** *Commandement d'avoir à payer la dette dans un délai de huit jours, faute de quoi il pourra y être contraint par la vente forcée de ses biens meubles* ».

Certaines mentions supplémentaires sont requises dans trois cas.

En cas de ***recouvrement d'une créance autre qu'alimentaire, d'un montant ne dépassant pas 535 €, si les biens à saisir se trouvent à l'intérieur d'un local servant à l'habitation du débiteur***, le commandement doit contenir à peine de nullité les mentions supplémentaires suivantes énumérées par l'article D 83 : « ***2°*** *Commandement d'avoir à payer dans un délai de huit jours les sommes indiquées, avec l'avertissement qu'à défaut de paiement, et si aucune saisie sur un compte de dépôt ou sur les rémunérations n'est possible, il pourra y être contraint par la vente forcée de ses biens meubles ;* ***3°*** *Injonction de communiquer à l'huissier de justice poursuivant, dans un délai de huit jours, les nom et adresse de son employeur et les références de ses comptes bancaires ou l'un de ces deux éléments seulement ; il est indiqué en outre, que faute par le débiteur de déférer à cette injonction, le procureur de la République pourra être saisi en vue de la recherche des informations nécessaires* ». Dans cette hypothèse en outre, il ne peut être procédé à la saisie-vente des biens que sur autorisation du juge de l'exécution donnée sur requête (art. D 82). Ces dispositions qu'inspire à juste titre la volonté du législateur de ménager le débiteur et les siens, s'explique par le fait que la saisie des meubles garnissant le local d'habitation du débiteur est toujours beaucoup plus « stressante » pour celui-ci et les membres de sa

14. Cass. 2e civ., 16 décembre 1998, *Bull. civ.* II, n° 301 ; 3 juin 1999, *Bull. civ.* II, n° 110.

famille qu'une saisie portant sur des sommes d'argent (comptes bancaires ou rémunérations).

En cas de ***recouvrement des créances de l'État par le comptable du Trésor et des créances des collectivités territoriales et des établissements publics locaux dotés d'un comptable public, d'un montant supérieur à 535 €***, le commandement de payer doit contenir à peine de nullité l'indication du taux des intérêts et des pénalités éventuellement encourues (art. D 296.II). Si le montant de la créance ne dépasse pas 535 € (art. D 296.III), ce commandement doit comporter les mentions spéciales supplémentaires suivantes prescrites par l'article D 296.III à peine de nullité : « ***1°*** *L'indication du taux des intérêts et des pénalités éventuellement encourues ;* ***2°*** *Commandement de payer dans un délai de huit jours les sommes indiquées, avec l'avertissement qu'à défaut de paiement et si aucune saisie sur un compte de dépôt ou sur les rémunérations n'est possible, le redevable pourra y être contraint par la vente forcée de ses biens meubles ;* ***3°*** *Injonction au redevable de communiquer, dans un délai de huit jours au comptable poursuivant, les nom et adresse de son employeur et les références de ses comptes bancaires ou postaux, ou l'un de ces éléments seulement* ».

La notification du ***certificat de non-paiement*** prévu, en matière de chèque impayé, par l'article L. 131-73 du Code monétaire et financier[15] vaut commandement de payer. À ce titre, elle doit donc comporter les mentions requises par le décret de 1992 (art. D 298).

En principe ***le commandement doit être signifié*** dans les formes des articles 653 et suivants du Code de procédure civile. L'article D 84 dispose que cette signification ne peut être faite à domicile élu[16] et que le commandement pourra être signifié en même temps que le jugement constituant le titre exécutoire. Il n'y aura alors qu'un seul exploit de signification. S'il devait en être autrement, cette dernière précision n'aurait aucune raison d'être. En marge de ces règles, l'article D 296.I dispose que lorsqu'il s'agit de « *créances de l'État recouvrées par les comptables du Trésor et* (de)... *créances des collectivités territoriales et des établissements publics locaux dotés d'un comptable public* », le commandement « *peut être notifié, conformément aux dispositions de l'article L. 259 LPF* », c'est-à-dire par lettre simple.

Le commandement de payer fait courir les ***intérêts moratoires***. On pourrait penser qu'il n'interrompt plus la ***prescription de la créance*** dont on poursuit le recouvrement, depuis la réécriture de l'article 2244 du Code civil par la loi n° 2008-561 du 17 juin 2008. Il n'en est rien.

15. Article 65-3 du décret-loi de 1935 régissant le chèque, intégré dans le Code monétaire et financier. Cf. *supra*, n° 120.

16. La violation de cette règle constitue toutefois une nullité de forme, de sorte que celui qui prétend s'en prévaloir devra justifier d'un grief (Cass. 2ᵉ civ., 17 novembre 2005, *Bull. civ.* II, n° 297).

En effet, il résulte implicitement des dispositions de l'article D 85 que cet « ... *effet interruptif de prescription du commandement demeure...* » malgré la maladresse qui caractérise la nouvelle rédaction de ce texte du Code civil[17].

En outre, un délai de grâce de huit jours est laissé au débiteur pour s'acquitter de sa dette pendant lequel ses biens ne peuvent faire l'objet d'une saisie-vente (art. D 88 et D 99). Le commandement fait en outre courir un ***délai de péremption*** d'une durée de deux ans à l'expiration duquel un autre commandement devra être délivré faute d'accomplissement d'autres actes d'exécution (art. D 85)[18]. « *L'effet interruptif de prescription du commandement demeure* » malgré la péremption de celui-ci (art. D 85 et D 297, al. 2). Le cours de ce délai de prescription de deux années peut être affecté diversement. En principe, ce délai de péremption ne peut être suspendu que par un acte d'exécution (art. D 85), c'est-à-dire par l'exercice par le créancier de n'importe quelle saisie. Il n'existe qu'un cas dans lequel un autre événement suspend le délai de péremption : lorsqu'il s'agit de recouvrer les créances de l'État, des collectivités territoriales et des établissements publics dotés d'un comptable public, le délai de péremption du commandement peut être suspendu non seulement par un acte d'exécution, mais aussi par un règlement partiel de sa dette par le débiteur (art. D 297, al. 1).

B Le procès-verbal de saisie

302. C'est chronologiquement le premier acte coercitif qu'accomplira l'huissier de justice. Cet acte doit comporter les mentions prescrites par l'article D 94[19].

À cette occasion « *l'huissier de justice peut, le cas échéant* ***photographier*** *les objets saisis. Ces photographies sont conservées par l'huissier de justice en vue de la vérification des biens saisis. Elles ne peuvent être*

17. Ce texte dispose en effet désormais que « *le délai de prescription ou le délai de forclusion est également interrompu par un acte d'exécution forcée* », alors qu'il disposait auparavant qu'« *une citation en justice, même en référé, un commandement ou une saisie, signifiés à celui qu'on veut empêcher de prescrire, interrompent la prescription ainsi que les délais pour agir* ». La disparition de la référence au commandement dans l'actuelle rédaction de ce texte ne saurait avoir de conséquence. Nous avons vu, en effet, que dans la saisie-vente, le commandement doit être considéré comme un acte d'exécution forcée (Cass. 2e civ., 16 décembre 1998, *Bull. civ.* II, n° 301 ; 3 juin 1999, *Bull. civ.* II, n° 110).

18. Cela est d'autant plus possible, que l'inaction du créancier ne vaut pas renonciation du créancier à son droit de créance (Cass. 1re civ., 4 octobre 2005, *Bull. civ.* I, n° 350, *Procédures* 2005, com. 278, obs. R. Perrot).

19. La Cour de cassation « pinaille » sur la notion de « *désignation détaillée des biens saisis* » (voir sur ce point : Cass. 2e civ., 30 septembre 1999, *Bull. civ. II*, nos 146, 148 et 149, *Procédures* 1999, com. 246, obs. R. Perrot.

communiquées qu'à l'occasion d'une contestation portée devant le juge » (art D. 90). Il sera d'autant plus judicieux de prendre des photographies des biens saisis afin d'éviter toute contestation sur leur état et leur identification au moment de leur enlèvement.

L'article 29, alinéa 2 de la loi de 1991 qui remplace les articles 596 à 600 de l'ancien Code de procédure civile aujourd'hui abrogés, pose en principe que désormais seul « ... *le débiteur saisi ou le tiers détenteur entre les mains de qui la saisie a été effectuée, est réputé* ***gardien des objets saisis***... ». La formule générale a le mérite de la simplicité. Comme jadis, en cas de destruction ou de détournement des objets saisis le gardien encourt toujours les sanctions prévues par l'article 314-6 du Code pénal (art. L 29, al. 2 *in fine*). Il faut entendre par détournement tout acte portant atteinte aux droits des créanciers sur les biens saisis, ce qui suppose que le prévenu ait connaissance de la saisie, faute de quoi l'élément intentionnel de l'infraction fera défaut[20]. Mais « *le tiers saisi peut refuser la garde des biens saisis* (...) (et) (...) *à tout moment*, (...) *demander à en être déchargé* ». Ce refus de la garde n'a pas à être motivé. Dans ce cas, « *l'huissier de justice pourvoit à la nomination d'un gardien et à l'enlèvement de biens* » (art. D 104). Le débiteur lui-même ne dispose pas formellement de cette faculté de refuser la garde des biens saisis. Dans les deux cas, « ... *le juge de l'exécution peut ordonner sur requête, à tout moment, même avant le début des opérations de saisie, la remise d'un ou plusieurs objets à un séquestre qu'il désigne* » (art. D 97, al. 2, et art. D 105, al. 1). Le séquestre se retrouve alors gardien. « *Si une cause légitime rend* (le) *déplacement* (des biens saisis) *nécessaire, le gardien est tenu d'en informer préalablement le créancier* (ou son mandataire) *; il lui indique le lieu où ils seront placés* » (art. D 91, al. 2).

Lorsque les biens saisis sont des récoltes sur pied, elles « *sont placées sous la responsabilité du débiteur en tant que gardien* ». C'est là l'application du droit commun. « *Toutefois sur la demande du créancier saisissant, le juge de l'exécution peut désigner un gérant à l'exploitation, le débiteur entendu ou appelé* » (art. D 136).

L'***indisponibilité des biens saisis*** n'est pas produite par le commandement, mais par la signification de l'acte de saisie (art. D 91, al. 1). Toutefois, le débiteur (art. D 97, al. 1) et éventuellement le tiers saisi s'il est titulaire d'un droit d'usage (art. D 105, al. 1), pourront continuer à se servir des biens saisis « *à moins qu'il ne s'agisse de biens consomptibles* », dispose l'article D 97, alinéa l, seulement à propos du débiteur ; mais sans doute cette réserve doit-elle être également étendue au tiers saisi.

20. Cass. crim., 20 juin 1973, *Bull. crim.* n° 286.

§ 2. La procédure subséquente

303. Elle varie selon que la saisie est pratiquée directement entre les mains du débiteur *(A)*, ou entre les mains d'un tiers détenant des biens pour le compte du débiteur *(B)*.

A La saisie-vente pratiquée entre les mains du débiteur

304. Elle n'est pas toujours possible car cette procédure, lorsqu'elle est pratiquée directement entre les mains du débiteur, a été perçue à juste titre par les pouvoirs publics comme aussi traumatisante que l'expulsion. Il a donc été décidé que l'on ne pourra y recourir qu'à défaut de pouvoir faire pratiquer plutôt une saisie-attribution sur compte bancaire ou une saisie des rémunérations lorsqu'il s'agit de recouvrer une petite créance non alimentaire. C'est ce que l'on appelle le caractère subsidiaire de la saisie-vente *(1)*. Lorsqu'elle est possible, elle comporte quatre étapes successives comme l'ancienne saisie-exécution *(2)*.

1. Le principe de subsidiarité[21]

305. Le principe de subsidiarité de la saisie-vente n'a lieu de s'appliquer que lorsqu'il s'agit pour le créancier de saisir des biens situés dans un local servant à l'habitation du débiteur, pour une créance non alimentaire d'un montant n'excédant pas 535 € (art. D 82)[22]. Ces conditions sont cumulatives.

Dans ce cas, et dans ce cas seulement, pour pouvoir recourir à la saisie-vente, il faut que le recouvrement ne soit pas possible par voie de

21. J.-J. Daigre, *À propos de l'exception de subsidiarité de la saisie-vente*, *Rev. huissiers*. 1992.1041 et s. ; J.-J. Daigre, *Subsidiarité de la saisie-vente : la carence du débiteur récompensée ?*, *Rev. huissiers* 1996.257 et s. ; Y. Desdevises, *L'incidence sur le silence du débiteur sur la subsidiarité de certaines saisies-vente*, *D. 1*993.160 ; J.-P. Faget et D. R. Martin, *Subsidiarité de la saisie-vente et carence du débiteur saisi*, *JCP éd. G* 1993.I.3711 ; R. Perrot et P. Théry, *La subsidiarité de la saisie-vente*, *D. 1*996, p. 169 ; P. et P. Przemyski, *Saisie-vente : la subsidiarité ?*, *Rev. huissiers*. 1996, p. 897.

22. Viole les articles 1254 du Code civil, ensemble les articles L. 51, alinéa 1 et l'article D. 82, la cour d'appel qui énonce qu'à la date du procès-verbal de saisie-vente, le débiteur avait versé la somme de 2 211,93 €, de sorte que le solde de la créance en principal se chiffrait à 393,05 €, montant inférieur au plafond en dessous duquel le créancier ne peut agir qu'avec l'autorisation préalable du juge de l'exécution, alors qu'elle constatait que la créance en principal s'élevait à la somme de 2 604,98 €, et qu'à défaut de convention contraire, les versements effectués à auteur de 1 935,03 € par le débiteur, devaient s'imputer d'abord sur les frais exposés par le créancier saisissant en vue du recouvrement de sa créance dont ils étaient l'accessoire (Cass. 2e civ., 19 février 2009, *Procédures* 2009, comm. 149, obs. R. Perrot).

saisie-attribution sur un compte de dépôt ou des rémunérations du travail. Cela signifie en pratique que le créancier doit faire figurer dans son commandement de payer, une injonction de communiquer dans les huit jours, « *les nom et adresse de son employeur et les références de ses comptes bancaires ou l'un de ces deux éléments seulement* » (art. L 51 al. 2 et D 83). « *S'il n'y est pas déféré par le débiteur, le procureur de la République peut être saisi, conformément aux dispositions des articles 39 et 40* » (art. L 51 al. 3).

Ce principe de subsidiarité n'a pas cours lorsque l'une des conditions sus-énoncées fait défaut. Mais encore faudra-t-il, en cas de contestation de ce chef, que le créancier puisse établir de manière incontestable cette impossibilité. Il lui suffira en pratique de produire, suivant le cas, soit un procès-verbal de carence pour justifier de l'absence de solde créditeur du compte de dépôt dont est titulaire le débiteur, soit une attestation du greffe du tribunal d'instance du domicile du débiteur mentionnant l'impossibilité de mettre en œuvre une saisie des rémunérations[23].

Au lendemain de la réforme, il avait été soutenu que le refus du débiteur de fournir les renseignements nécessaires le privait *ipso facto* du bénéfice de l'exception de subsidiarité[24]. Cette thèse a finalement été condamnée par la Cour de cassation dans un avis en date du 8 décembre 1995[25]. La cour suprême estime donc, qu'en l'absence de réponse du débiteur à l'injonction incluse dans le commandement, l'huissier qui n'aura pas été en mesure de se procurer lui-même les renseignements devra saisir, à cette fin, le procureur de la République, sans autre formalité, c'est-à-dire sans avoir à justifier de recherches infructueuses. Il ne peut donc pas passer directement à l'exécution forcée par voie de saisie-vente. Il ne pourra y procéder qu'une fois établie, par une réponse expresse ou tacite du parquet (art. D 54), l'impossibilité d'obtenir ces renseignements. Le Trésor public n'est en revanche pas astreint à recourir au parquet, la Cour de cassation considérant qu'il lui suffit de justifier de son impossibilité de recourir à la saisie-attribution sur compte bancaire ou à la saisie des rémunérations, par le caractère défectueux de recherches internes[26].

23. Pour une application, CA Douai, 22 décembre 1994, *Rev. huissiers.* 1995, p. 593.

24. En ce sens, J.-J. Daigre, J.-P. Paget et D. Martin, *Subsidiarité de la saisie-vente et carence du débiteur saisi, JCP éd. G* 1993, I., n° 3711 ; *contra*, Y. Desdevises, *L'incidence du silence du débiteur sur la subsidiarité de certaines saisies-vente, D.* 1993, chr., p. 160.

25. Cass. avis., 8 décembre 1995, *Bull. avis.*, n° 15, *D.* 1996, chr. p. 169, note R. Perrot et P. Théry, *RTD civ.* 1996, p. 482, n° 13, obs. R. Perrot, Procédures 1996, p. 6, n° 9 ; dans le même sens, CA Rennes, 2 juin 1995, *Bull. inf. cass.* n° 423, 1er février 1996, p. 21 ; CA Besançon, 12 septembre 1995, *Rev. huissiers.* 1996, p. 1287.

26. En ce sens, Cass. 2e civ., 19 septembre 2002, *Bull. civ.* II, n° 185.

Toutefois, si le recours à ces procédures est possible, mais que le créancier a des raisons de préférer recourir à la saisie-vente nécessitant la pénétration dans un local servant d'habitation au débiteur, il ne pourra y faire procéder qu'avec une autorisation du juge de l'exécution donnée sur requête (art. L 51, al. 1, et art. D 82). Il s'agit vraisemblablement du juge de l'exécution de l'article D 9. Une fois qu'il l'aura obtenue, l'huissier de justice devra toujours porter l'autorisation à la connaissance du débiteur, en l'annexant au procès-verbal de saisie (art. D 89).

La mise en œuvre de ce principe de subsidiarité a lieu dès la signification du commandement de payer devant précéder les formalités de la saisie *stricto sensu*. Celui-ci doit comporter certaines mentions spécifiques requises à peine de nullité, notamment l'avertissement qu'à défaut de paiement, et si aucune saisie sur un compte de dépôt ou sur les rémunérations n'est possible, le débiteur pourra y être contraint par la vente forcée de ses biens meubles, l'injonction de communiquer à l'huissier de justice du poursuivant, dans un délai de huit jours, les nom et adresse de son employeur et les références de ses comptes bancaires, ou l'un de ces deux éléments seulement, et l'indication que, faute par le débiteur de déférer à cette injonction, le procureur de la République pourra être saisi en vue de la recherche des informations nécessaires (art. L 51, al. 2, et art. D 83).

2. La procédure

306. La procédure nécessite l'accomplissement de plusieurs formalités successives. La formalité du *commandement* **a déjà été étudiée**[27]**.** « *Avant toute opération de saisie, si le débiteur est présent, l'huissier de justice réitère verbalement la demande de paiement et informe le débiteur qu'il est tenu de faire connaître les biens qui auraient fait l'objet d'une saisie antérieure* » (art. D 93).

L'article D 94 dispose qu'ensuite, huit jours au plus tôt après la signification du commandement de payer, « *l'huissier de justice dresse un* ***inventaire des biens*** » à saisir et il indique ensuite les mentions de l'acte de saisie. Cela ne signifie pas que l'huissier doit dresser deux actes : l'inventaire est en réalité contenu dans l'acte de saisie. Si aucun bien n'est susceptible d'être saisi ou vendu, l'huissier dressera un procès-verbal de carence qui ne comporte alors aucune des mentions que nous allons énumérer (art. D 92). Dans le cas contraire, l'acte de saisie doit contenir les mentions énumérées par l'article D 94 à peine de nullité parmi lesquelles on trouve notamment l'indication en caractères très apparents, que le débiteur dispose d'un délai d'un mois pour procéder à la vente amiable des biens saisis dans les conditions prescrites aux articles D 107 à D 109.

27. Cf. *supra*, n° 300.

Le ***procès-verbal de saisie-vente*** doit faire l'objet d'une signification au débiteur. La forme de cette signification varie selon que le débiteur est présent ou non aux opérations. Il faut entendre par « débiteur présent », non pas celui qui a assisté à toutes les opérations, ni celui qui est parti avant la fin de ces dernières. Le « *débiteur présent* », c'est celui qui est sur les lieux au moins à la fin des opérations c'est-à-dire à la clôture de l'acte de saisie.

Si le débiteur est présent au moment de la saisie, l'huissier de justice doit alors procéder à quatre formalités prescrites par l'article D 95 : ***1°*** rappeler verbalement au débiteur le contenu de la quatrième mention de l'acte de saisie ; en l'occurrence la mention que les biens saisis sont indisponibles, qu'ils sont placés sous la garde du débiteur, qu'ils ne peuvent être ni aliénés ni déplacés, si ce n'est dans le cas prévu au deuxième alinéa de l'article D 91, sous peine des sanctions prévues à l'article 314-6 du Code pénal et que le débiteur est tenu de faire connaître la présente saisie à tout créancier qui procéderait à une nouvelle saisie sur les mêmes biens ; ***2°*** Rappeler verbalement au débiteur « *la faculté qui lui est ouverte de procéder à la vente amiable des biens saisis dans les conditions prescrites aux articles* (D) *107 à* (D) *109* » ; ***3°*** Faire mention à l'acte de saisie des déclarations du débiteur ; ***4°*** Remettre au débiteur « *une copie de l'acte de saisie portant les mêmes signatures que l'original... ; cette remise vaut signification* ».

Lorsque le débiteur n'est pas présent au moment de la saisie, l'huissier lui signifie dans les formes prévues par les articles 653 et suivants du Code de procédure civile, une copie de l'acte sur laquelle il lui est imparti « *un délai de huit jours pour qu'il porte à la connaissance de l'huissier de justice l'existence d'une éventuelle saisie antérieure et qu'il lui en communique le procès-verbal* » (art. D 96). S'il était présent au début des opérations, l'huissier qui a pu procéder à la formalité de l'article D 93 n'a pas à lui impartir ce délai dans l'acte de signification.

B La saisie-vente pratiquée entre les mains d'un tiers détenteur

307. Il ne faudrait pas que le débiteur puisse échapper à la saisie de ses biens en les confiant à un tiers. Le principe de la saisissabilité de tous les biens appartenant au débiteur alors même qu'ils seraient détenus par des tiers, autrefois exprimé dans les articles 557 de l'ancien Code de procédure civile et 2092-1 du Code civil, est aujourd'hui repris aux articles L 13 et D 38. Ce n'est cependant pas le seul cas de figure concevable, et le débiteur sera bien inspiré d'éviter de confier ainsi à des tiers certains biens insaisissables, sous peine de les rendre ainsi saisissables[28].

28. Cf. *supra*, n° 178.

La situation la plus fréquente en pratique est celle du débiteur qui loge chez un tiers. La confusion qui en résultera rendra alors le plus souvent impossible toute saisie entre les mains du tiers logeur !

Signalons que lorsqu'il s'agit de saisir des biens situés dans un local servant à l'habitation d'un tiers, l'article L 50, alinéa 3, dispose que la saisie-vente doit être autorisée spécialement par le juge de l'exécution. La détention d'un titre exécutoire contre le débiteur ne suffit pas ! Il n'y a pas lieu de restreindre l'application de ce texte à la seule saisie-vente pratiquée directement c'est-à-dire sans saisie conservatoire préalable. Rien ne justifierait qu'on distingue de ce chef, selon que la saisie-vente sera mise en œuvre directement ou obtenue sur conversion de saisie conservatoire. Dans ce dernier cas, la protection spéciale du tiers prévue par l'article L 50 devra être mise en œuvre au stade de la saisie conservatoire.

La saisie-vente pratiquée entre les mains d'un tiers détenteur nécessite l'accomplissement des formalités suivantes.

L'huissier de justice invite d'abord le tiers, « *à déclarer les biens qu'il détient pour le compte* » du débiteur, « *et, parmi ces derniers, ceux qui auraient fait l'objet d'une saisie antérieure* » (art. D 99, al. 2). Le texte ne prévoit pas qu'il doive en communiquer les procès-verbaux. Ceci est d'autant plus curieux que lorsque la saisie a lieu en son absence, l'article D 102, alinéa 2, dispose qu'il devra communiquer ces procès-verbaux. « *En cas de refus de déclaration, ou de déclaration inexacte ou mensongère, le tiers peut être condamné au paiement des causes de la saisie, sauf son recours contre le débiteur. Il peut aussi être condamné à des dommages-intérêts* ». L'article D 99, alinéa 3, reprend ici un mécanisme qui existait déjà dans l'ancienne saisie-arrêt. Nous avons déjà vu à plusieurs reprises que le juge de l'exécution a le pouvoir de condamner à des dommages-intérêts quiconque se soustrait à son obligation de collaboration aux voies d'exécution lorsqu'il est requis de collaborer (art. 23, 24 de la loi de la loi de 1991, et C. org. jud., art. L. 213-6, al. 4). L'article D 99, alinéa 3, ne le précise pas, mais il pourrait aussi être condamné à fournir les renseignements sous astreinte (art. L 24). « *Si le tiers déclare ne détenir aucun bien appartenant au débiteur ou s'il refuse de répondre, il en est dressé acte. Celui-ci est remis ou signifié au tiers avec l'indication en caractères très apparents de la sanction visée* » par l'article D 99, alinéa 3, dispose l'article D 100. L'huissier de justice sera bien inspiré de reproduire également les dispositions des articles 23, 24 de la loi de 1991 et L. 213-6, alinéa 4, du Code de l'organisation judiciaire. Le tiers sera ainsi totalement informé. Si le tiers n'est pas présent lors de la saisie, il lui sera imparti dans la copie de l'inventaire des biens à lui signifiée, un délai de huit jours pour porter à la connaissance de l'huissier de justice

« *l'existence d'une éventuelle saisie antérieure sur les mêmes biens et... lui* (en communiquer) *le procès-verbal* » (art. D 102, al. 2).

Mais il se peut aussi qu'il existe des biens à saisir et que le tiers présent fournisse les renseignements demandés. L'huissier peut alors procéder à la deuxième formalité. Il dresse un inventaire des biens saisis qui est un véritable acte de saisie, comportant à peine de nullité les mentions énumérées par l'article D 101. Une fois cet acte dressé, il en remet au tiers une copie portant les mêmes signatures que l'original. Cette remise vaut signification. Il lui rappelle en même temps verbalement le contenu des mentions des 3°, 5° et 6° de l'acte, mention de ce rappel étant faite dans l'acte (art. D 102, al. 1). Si le tiers saisi n'a pas assisté aux opérations de saisie ou, plus exactement, s'il était non présent au moment de la clôture du procès-verbal, « *la copie de l'acte lui est signifiée en lui impartissant un délai de huit jours pour qu'il porte à la connaissance de l'huissier de justice l'existence d'une éventuelle saisie antérieure sur les mêmes biens et qu'il lui en communique les procès-verbaux* » (art. D 102, al. 2). Cet acte doit être dénoncé au débiteur. Il n'a pas à l'être dans la saisie-vente sur conversion de saisie conservatoire[29].

L'acte de saisie doit, enfin, être porté à la connaissance du débiteur. Le schéma est ici le même que dans l'ancienne saisie-arrêt ou la saisie-attribution. Il s'agit de dénoncer la saisie au débiteur. Cette dénonciation doit avoir lieu dans un certain délai et comporter des mentions particulières. L'article D 103, alinéa 1, dispose qu'« *une copie de l'acte est signifiée au débiteur huit jours au plus tard après la saisie* ». La solution doit être la même que dans l'ancienne saisie-arrêt. L'article 563 de l'ancien Code de procédure civile aujourd'hui abrogé ne sanctionnait pas le respect de ce délai, mais la doctrine et la jurisprudence considéraient qu'il s'agissait cependant d'un cas de nullité de fond. Cette solution doit être reconduite. L'article D 103, alinéa 2, dispose que l'acte de signification doit comporter à peine de nullité de la signification, mention que « *le débiteur dispose d'un délai d'un mois pour procéder à la vente amiable des biens saisis dans les conditions prescrites aux articles* (D) *107 à* (D) *109 qui sont reproduits* ».

§ 3. Les incidents

308. Il s'agit des contestations ***(A)***, de l'intervention d'autres créanciers à la procédure en cours ***(B)***, de l'extension de l'assiette de la saisie ***(C)***, de la mainlevée de la saisie ***(D)***, de la remise des objets à un séquestre ***(E)*** et la folle enchère ***(F)***.

29. Art. D 224.

A Les contestations

Il en existe deux sortes : les contestations relatives aux biens *(1)* et celles relatives à la validité de la saisie *(2)*. Le juge de l'exécution compétent pour en connaître est toujours celui du lieu de la saisie (art. D 117).

1. Les contestations relatives aux biens

309. La formulation de contestations ne fait pas véritablement obstacle à la saisie-vente entreprise. Elle ne fait qu'en suspendre le cours, ce qui signifie que pendant son instruction, ou pendant le cours du délai d'action devant le juge de l'exécution, la vente n'est pas possible. Les biens saisis demeurent néanmoins indisponibles. Ces principes énoncés par l'article D 126, pour les contestations relatives à la propriété et la saisissabilité des biens saisis, concernent sans doute également les contestations relatives au droit de rétention dont peut se prévaloir le tiers détenteur saisi.

L'article D 106 fait obligation au tiers détenteur saisi d'informer l'huissier de son ***droit de rétention*** par déclaration au moment de la saisie, ou, après la saisie, par lettre recommandée avec demande d'avis de réception. Le créancier saisissant dispose alors d'un délai d'un mois pour contester ce droit de rétention devant le juge de l'exécution. Le bien demeure indisponible durant l'instance en contestation et sans aucun doute également durant le cours de ce délai. Cela signifie que le bien ne peut être vendu ou, dans un cas particulier non prévu par le décret de 1992, que nous verrons ultérieurement, qu'il ne peut être attribué au créancier. « À défaut de contestation dans le délai d'un mois, la prétention du tiers est réputée fondée pour les besoins de la saisie » (art. D 106, al. 2), autrement dit, le tiers n'aura jamais à justifier de l'existence de son droit pour la suite des événements et il devra en être tenu compte au moment de la vente ou de la distribution des deniers.

Quant aux ***contestations relatives à la propriété des biens saisis***, il se peut que le créancier ait saisi entre les mains du débiteur un bien n'appartenant pas à ce dernier, ou qu'il ait saisi entre les mains du tiers détenteur un bien appartenant à celui-ci ou à un autre tiers. Dans les deux cas, le bien est saisi à tort parce qu'il n'appartient pas au débiteur du créancier saisissant. Lorsque la contestation émane du débiteur qui soutient alors que le bien saisi ne lui appartient pas, il agit en annulation de la saisie quant à ce bien. En revanche, lorsqu'elle émane du tiers propriétaire, saisi ou pas, celui-ci agit en distraction de saisie. Ces actions sont prévues par les articles D 127 à D 129. En revanche, les textes passent sous silence la situation du tiers saisi en présence d'une saisie qui porte sur des biens ne lui appartenant pas.

Concernant les contestations formulées par le débiteur, dans le cadre de ***l'action en annulation de la saisie***, l'article D 127 ne le précisant pas, il est indifférent que la saisie ait lieu ou non entre les mains du débiteur. Ainsi informé par la dénonciation, qu'une saisie le concernant a eu lieu chez un tiers détenteur (art. D 224) et porte sur des biens dont il n'est pas propriétaire, rien ne lui interdit d'agir en annulation de la saisie. Il est, en réalité, obligé d'agir sous peine de voir sa responsabilité engagée avec celle de l'huissier ou du créancier saisissant, sur le fondement des dispositions de l'article L. 213-6, al. 4, du Code de l'organisation judiciaire.

Concernant les contestations formulées par le tiers propriétaire des biens, dans le cadre de ***l'action en distraction de saisie***, il est indifférent que ce tiers soit ou non détenteur saisi. Ce peut être le tiers propriétaire apprenant, de manière fortuite, que son bien est saisi chez un tiers détenteur, débiteur ou non du créancier saisissant. L'article D 128 lui permet de demander au juge de l'exécution la distraction du bien saisi[30]. Il doit, à peine d'irrecevabilité de sa demande, apporter des preuves de sa qualité de propriétaire souverainement appréciée par les juges du fond[31]. Il s'agit une fois encore de la reprise de solutions anciennes[32]. Si le tiers prétend prouver sa propriété par un acte sous seing privé, il pourra être fait échec à cette preuve par le créancier saisissant en lui opposant le défaut de date certaine[33]. Un acte authentique ne comporte pas cet inconvénient. Mais la preuve de la propriété peut, d'une manière générale, être rapportée par tout moyen, notamment par témoins[34]. Seul le tiers possesseur est traditionnellement dispensé de cette obligation, dès lors qu'il peut se prévaloir des dispositions de l'article 2276 du Code civil[35]. Tel n'est pas le cas, lorsque sa possession est viciée d'équivoque en raison de sa cohabitation avec le débiteur[36]. Lorsque saisi et tiers possesseur sont mariés sous le régime de la séparation des biens, il peut être fait application, le cas

30. Mais l'action en distraction de l'article D. 128 ne pouvant porter que sur la propriété des biens saisis, seul le débiteur saisi est recevable à invoquer le moyen tiré de la prescription de la créance cause de la saisie (Cass. 2e civ., 25 octobre 2007, *Bull. civ.* II, n° 243, *D.*2008, pan., p. 1173, obs. A. Leborgne).

31. Cass. 1re civ., 19 décembre 1978, *Bull. civ.* I, n° 396, *D. 1979*, IR, p. 173 ; Cass. 1re civ., 20 février 2001, n° 99-14.197 ; Cass. 2e civ., 14 juin 2001, n° 00-11.276 ; Cass. 2e civ., 14 juin 2001, n° 99-21.168, pour un refus d'appliquer l'article 2279 du Code civil, devenu l'article 2276, invoqué par le tiers revendiquant ; CA Paris, 8e ch., D., 6 juin 2001, *Mme Oury c/Trésoriers de Paris 6e, Paris 14e et de Mantes la ville*, qui accueille la preuve de la propriété de divers meubles meublants, au moyen d'attestations émanant de tiers et d'une décision de justice ayant déjà fait droit à une action intentée à propos des mêmes meubles contre un autre créancier saisissant.

32. Cass. req., 28 avril 1938, *S.*1938, 1, p. 220 ; Cass. req., 13 décembre 1943, *S.* 1944, 1, p. 109 ; Cass. com., 12 juillet 1948, *S.* 1949, I, p. 19.

33. Cass. 1re civ., 14 janvier 1959, D. 1959, som., p. 100 ; Cass. 1re civ., 19 décembre 1978, *Bull. civ.* I, n° 396 ; Cass. 3e civ., 20 décembre 1977, *Bull. civ.* III, n° 460.

34. CA Douai, 30 mai 1892, *D. 1892*, 2, p. 338.

35. Ancien article 2279. Cass. 2e civ., 18 février 1976, *Bull. civ.* II, n° 61 ; 29 janvier 1986, *Bull. civ.* II, n° 3, *GP* 1986, 2, som., p. 422, obs. M. Véron.

36. Cass. 2e civ., 29 janvier 1986, préc. ; 10 novembre 1998, *Bull. civ.* II, n° 270.

échéant, des dispositions de l'article 1538 du Code civil qui permet d'opposer aux créanciers les présomptions de propriété incluses dans le contrat de mariage[37] ; sinon la cohabitation vicie d'équivoque la possession de l'époux non saisi[38]. Le créancier saisissant doit mettre en cause les créanciers opposants, c'est-à-dire, en matière de saisie-vente, les autres créanciers ayant déjà fait pratiquer une saisie-vente sur les mêmes biens ou étant intervenus. Le débiteur saisi est entendu ou appelé. Cette action en distraction du bien saisi doit être intentée avant la vente des biens saisis, sous peine d'irrecevabilité. Après la vente, l'action en revendication est seule possible *a priori* et sous certaines restrictions. Mais le tiers reconnu propriétaire peut toujours, jusqu'à la distribution des sommes produites par la vente, en distraire le prix non diminué des frais (art. D 129)[39]. Cette action ne suspend le cours de la procédure de saisie-vente, que jusqu'à ce que le juge de l'exécution statue[40]. Notons enfin que lorsque le tiers propriétaire d'un bien en la possession d'un débiteur faisant l'objet d'une procédure collective n'a pas usé en temps utile des procédures de revendication du Code de commerce dans le cadre de la mise en œuvre de procédures collectives, il peut tout de même user de l'action en distraction du décret du 31 juillet 1992, en cas de saisie-vente[41].

Exception notable au principe de séparation des autorités administratives et judiciaires, lorsque les ***biens saisis*** l'ont été ***par l'administration fiscale***, il résulte des dispositions des articles L. 283, R. 281-4 et R. 283-1 du Livre des procédures fiscales, que le revendiquant doit adresser sa réclamation, suivant le cas, soit au trésorier payeur général, soit au directeur des services fiscaux, du département dans lequel a été pratiquée la saisie, soit au directeur régional des douanes, « dans les deux mois à partir de la date à laquelle (il) a eu connaissance de la saisie. [...] *Le dépôt d'une demande en revendication d'objets saisis suspend de plein droit les poursuites sur les biens saisis dont la propriété est discutée* » (LPF, art. R. 283-1). « *Le chef de service se prononce dans un délai de deux mois à partir du dépôt de la demande, dont il doit accuser réception. /Si aucune décision n'a été prise dans ce délai ou si la*

37. Cass. 1re civ., 4 janvier 1977, *Bull. civ.* I, n° 5.

38. C. civ., art. 2276, anc. art. 2279. Cass. 1re civ., 31 janvier 1951, *Bull. civ.* I, n° 40 ; CA Versailles, 12 décembre 1988, *D. 1*989, jur., p. 601, note J. Prévault.

39. En ce sens, Cass. 2e civ., 8 avril 2004, *Bull. civ.* II, n° 188.

40. Par conséquent, justifie sa décision la cour d'appel qui déboute le tiers revendiquant de sa demande de dommages-intérêts formulée contre le créancier saisissant qui a fait procéder à la vente forcée des biens revendiqués, considérant que ce créancier n'avait commis aucune faute, que le juge de l'exécution avait débouté le tiers de sa demande en revendication et que l'appel de cette décision n'est pas suspensif, sauf suspension de l'exécution ordonnée par le premier président de la cour d'appel, en application de l'article D. 31 (Cass. 2e civ, 27 avril 2000, *Bull. civ.* II, n° 69).

41. Cass. com., 26 novembre 2002, *Bull. civ.* IV, n° 176, *D.* 2003, AJ, p. 67.

décision rendue ne lui donne pas satisfaction, le (revendiquant) doit, à peine de forclusion, porter l'affaire devant le juge compétent tel qu 'il est défini à l'article L. 281 (il s'agit du juge de l'exécution). Il dispose pour cela de deux mois à partir : soit de la notification de la décision du chef de service ; soit de l'expiration du dé lai de deux mois accordé au chef de service pour prendre sa décision. /La procédure ne peut, à peine d'irrecevabilité, être engagée avant ces dates. Elle doit être dirigée contre le comptable chargé du recouvrement » (LPF, art. R. 281-4). « ... *À défaut de décision de l'administration sur cette demande ou si la décision rendue ne donne pas satisfaction au demandeur, celui-ci peut assigner devant le juge de l'exécution le comptable qui a fait procéder à la saisie* » (LPF, art. L. 283)[42].

L'hypothèse dans laquelle les biens saisis appartiennent à un ***tiers totalement étranger à la saisie*** n'est envisagée par aucun texte ; or, la saisie aura, faute de contestation, des conséquences dommageables pour ce tiers. Nous considérons que si la saisie a été pratiquée en présence du tiers détenteur saisi, ce dernier engagera sa responsabilité civile avec l'huissier et le créancier saisissant, sur le fondement de l'article L. 213-6, alinéa 4, du Code de l'organisation judiciaire, s'il ne saisit pas le juge de l'exécution d'une action en annulation de la saisie quant à ces biens.

Concernant les contestations relatives à la ***saisissabilité du bien saisi***, le débiteur, et lui seul, peut se prévaloir de ce que nous avons qualifié d'immunité réelle[43]. Rappelons simplement que l'insaisissabilité des biens énumérés par l'article L. 14, 4° n'est plus invocable, notamment lorsqu'ils se trouvent dans un lieu autre que celui où le débiteur demeure ou travaille. Cela signifie donc qu'est seule concernée par les dispositions de l'article D 130, la saisie effectuée chez le débiteur lui-même, non celle pratiquée chez un tiers détenteur du bien dont le débiteur reste propriétaire ; le tiers détenteur saisi ne peut invoquer l'insaisissabilité pour le compte du débiteur qui ne pourrait de toute façon plus

42. Pour une application de ces textes, voir Cass. 2e civ., 15 février 2001, n° 98-20.554. La Cour de cassation rappelle régulièrement, qu'à défaut d'avoir saisi dans les temps l'autorité fiscale, le revendiquant qui n'obtient pas gain de cause devant elle est irrecevable à saisir le juge de l'exécution. Ainsi en est-il lorsque, informé de l'existence de la saisie-vente, le 22 février 1996, il n'a saisi d'un recours préalable l'administration fiscale que le 11 septembre 1997, soit plus de deux mois après avoir eu connaissance de cette saisie (Cass. com., 4 février 2004, *Bull, civ.* IV, n° 22). La saisie d'un bien n'appartenant pas au débiteur ne peut fonder une action en annulation de la saisie intentée par ce dernier, directement devant le juge de l'exécution, seul le tiers propriétaire du bien saisi à tort pouvant agir en distraction et suivants les modalité s prescrites par le livre des procédures fiscales (Cass. com., 4 juin 2002, *Bull. civ.* IV, n° 100). Enfin, ne peuvent être invoqués devant le juge de l'exécution que les éléments de fait et les pièces justificatives déjà soumis à l'administration fiscale dans le cadre de la réclamation préalable (LPF, art. R. 281-5 ; Cass. avis, 14 mai 2001, *Bull. avis*, n° 3).

43. Cf. *supra*, nos 150 et s.

l'invoquer lui-même, les biens ayant été déplacés de sa demeure ou de son lieu de travail. La contestation sur la saisissabilité est portée devant le juge de l'exécution, par le débiteur saisi lui-même, ou l'huissier agissant en matière de difficulté d'exécution. Si la contestation est invoquée par le débiteur, ce dernier ne peut le faire que dans le délai d'un mois à compter de la signification de l'acte de saisie (art. D 130), à peine d'irrecevabilité[44], ce qui veut dire que, lorsqu'il est présent, il contestera le plus souvent verbalement auprès de l'huissier qui saisira lui-même le juge de l'exécution. Le créancier devra être entendu ou appelé. Lorsque la ***saisie*** est ***pratiquée par l'administration fiscale***, conformément aux dispositions de l'article L. 281 du Livre des procédures fiscales, cette contestation qui constitue une opposition à poursuite de la compétence du juge de l'exécution, doit, à peine d'irrecevabilité de la saisine dudit juge, être précédée d'une réclamation préalable auprès de l'autorité administrative fiscale compétente[45].

2. Les contestations relatives à la validité de la saisie

310. Les contestations relatives à la validité de la saisie peuvent être formulées exclusivement par le débiteur, jusqu'à la vente des biens saisis, et même après dès lors que le prix n'est pas encore distribué. Le créancier saisissant doit mettre en cause les autres créanciers saisissants. Par conséquent, dès lors que la vente n'a pas encore eu lieu, le saisi peut encore, même par voie de demande incidente, à l'occasion de la contestation de la validité du procès-verbal de publicité de vente, contester la régularité du commandement de payer et du procès-verbal de saisie-vente[46].

Si la saisie est déclarée nulle après la vente, mais avant la distribution du prix, le débiteur peut demander l'attribution du produit de la vente (art. D 131). En effet, cette annulation ne permet pas systématiquement au débiteur de revendiquer les biens adjugés au profit de tiers[47]. Cette revendication est impossible lorsque le tiers acquéreur peut se prévaloir des dispositions de l'article 2276 du Code civil[48].

La demande d'annulation ne suspend pas le cours des opérations de saisie, à moins que le juge n'en dispose autrement (art. D 133). Il le fera, le plus souvent, en pratique, par une décision avant dire droit, afin

44. Voir, à titre d'applications de ce texte, Cass. 2e civ., 30 septembre 1999, *Bull. civ.* II, n° 149 ; 24 juin 2004, *Bull. civ.* II, n° 322. Mais encore faudra-t-il que le délai de contestation ait été préalablement porté effectivement à la connaissance du débiteur (Cass. 2e civ., 16 décembre 2004, *Bull. civ.* II, n° 534).

45. Cass. 2e civ., 10 juin 2004, *Bull. civ.* II, n° 283.

46. Cass 2e civ., 4 octobre 2001, n° 99-18.595.

47. Cass, req., 22 juin 1885, *DP* 1886, I, p. 59.

48. C. civ., anc. art. 2279.

d'empêcher la conversion en saisie-vente puis la vente. Lorsque le juge ordonne une telle mesure, la suspension ne dure que jusqu'au moment où il statue effectivement sur la demande en nullité[49]. Lorsqu'il annulera la saisie, il pourra, lorsque le débiteur se sera abstenu de faire sa demande en temps utile, c'est-à-dire avant la vente, laisser à la charge de ce dernier tout ou partie des frais de saisie (art. D 132).

Quant à la portée de l'annulation, l'article D 125 dispose que la nullité de la saisie n'entraîne la caducité des interventions, que si la cause de nullité résulte d'une irrégularité dans le déroulement des opérations de saisie *stricto sensu*. D'une manière générale, nonobstant ce qui vient d'être dit, cette annulation est toujours dépourvue de conséquences sur les saisies complémentaires, c'est-à-dire les autres saisies éventuellement pratiquées sur d'autres biens du débiteur n'ayant pas fait l'objet de la saisie entachée de nullité. Il s'agit là de règles de bon sens.

Enfin, les dispositions de l'article D 125 reprennent, de manière fort concise, des solutions dégagées par la doctrine et la jurisprudence sous l'empire de l'ancien Code de procédure civile[50]. Il en ressort que seule la nullité pour vice de forme, qui affecte par définition le déroulement matériel et apparent de la procédure de saisie-exécution, est de nature à affecter les interventions des autres créanciers n'ayant pas pris l'initiative de la saisie. Au contraire, une irrégularité de fond inhérente à la créance, parce qu'elle n'a pas trait aux formalités de la procédure, est considérée comme ne pouvant avoir en principe aucune conséquence sur les interventions.

B L'intervention des autres créanciers[51]

311. La voie de l'intervention est la seule ouverte au créancier auprès de qui respectivement le débiteur et le créancier justifient et notifient l'existence d'une précédente saisie (art. D 5). L'article D 121, alinéa 1, ne précise pas de quel type de saisie il s'agit, mais il ne peut s'agir que d'une saisie-vente. Il n'existe en effet aucun moyen d'intervenir à une saisie-appréhension ou à une saisie-attribution.

Les créanciers désireux d'intervenir à une saisie-vente en cours, doivent posséder, comme le créancier saisissant, un titre exécutoire constatant une créance liquide et exigible (art. L 50, al. 1 et 2, art. D 118, al. 1). Ensuite, aucune opposition n'est plus recevable « *après la vérification*

49. Cass. 2e civ., 20 novembre 2003, *Bull. civ.* II, n° 352, D. 2004, somm., p. 1492, obs. G. Taormina.

50. Cass. 2e civ., 20 mai 1976, *Bull. civ.* II, n° 168, *D. 1977*, jur., p. 125, note G. Cornu, *GP* 1977, 1, jur., p. 182, note J. Viatte, *JCP éd. G* 1976, IV, p. 305, obs. JA, *RTD civ.* 1976, p. 618, obs. R. Perrot.

51. P. Théry, *Saisie sur saisie ne vaut, D. 1993*, p. 213.

des biens » (art. D 118, al. 2), c'est-à-dire l'accomplissement de la formalité prescrite par l'article D 113 avant la vente forcée des biens saisis. Cela ne saurait signifier qu'aucune intervention ne serait recevable en matière de vente amiable. Dans ce cas, nous considérons qu'à défaut de texte spécial, l'intervention est alors possible jusqu'à la distribution du prix de vente.

Le créancier désirant intervenir, doit rédiger ou faire rédiger par son mandataire un acte d'opposition devant contenir, à peine de nullité, les mentions prescrites par l'article D 119, al. 1er[52].

Cet acte doit ensuite être signifié au créancier premier saisissant et au débiteur (art. D 119, al. 2). Le nouvel acte de saisie doit être signifié au créancier premier saisissant et au débiteur (art. D 120, al. 2). Nous considérons que si ces biens sont entre les mains d'un tiers, il devra aussi lui être signifié. Concernant le créancier premier saisissant, il devra l'être en même temps que l'acte d'opposition (art. D 121, al. 2).

Malgré l'intervention d'autres créanciers, le créancier premier saisissant poursuit seul les formalités en vue de la vente (art. D 119, al. 3). Toutefois, « *à défaut par le créancier premier saisissant d'avoir fait procéder aux formalités de la mise en vente forcée à l'expiration des délais prévus, tout créancier opposant après sommation infructueuse d'y procéder dans un délai de huit jours lui est subrogé de plein droit. Le créancier premier saisissant(...) déchargé de ses obligations (...) est tenu de mettre les pièces utiles à la disposition du créancier subrogé* » (art. D 123). L'huissier du créancier premier saisissant transmettra, le cas échéant, ses pièces à celui du créancier intervenant. À défaut de vouloir collaborer, sans doute le créancier saisissant pourra-t-il y être contraint en application des dispositions de l'article L 24.

C L'extension de l'assiette de la saisie

312. Le créancier intervenant a la possibilité d'***étendre l'assiette de la saisie*** à d'autres biens du débiteur, en se bornant à faire dresser un nouvel acte de saisie comportant inventaire complémentaire, dans les mêmes conditions que l'acte de saisie initial, c'est-à-dire conformément aux dispositions des articles D 90 et D 94 à D 97 (art. D 120, al. 1). En l'absence de dispositions plus précises, il convient de considérer que le lieu de situation des biens auxquels le créancier intervenant entend

52. La Cour de cassation considère toutefois que cette nullité peut être couverte par la production, en cours d'instance en annulation de cette intervention devant le juge de l'exécution ou la cour d'appel, des titres exécutoires non mentionnés dans l'acte d'opposition en vertu desquels cette intervention a été effectuée (Cass. com., 3 mars 2004, n° 01-12.450).

étendre l'assiette de la saisie est indifférent et que la saisie peut avoir lieu même entre les mains d'un tiers.

Cet acte devra être signifié au débiteur (art. D 119, al. 2) en même temps que l'acte d'opposition (art. D 121, al. 2). Ces actes devront aussi être signifiés au nouveau tiers saisi le cas échéant. Devront-ils l'être aussi aux créanciers intervenants ? Aucun texte ne le prescrit, mais dès lors que nous avons considéré, en l'absence de restriction de ce chef, que l'extension pouvait avoir lieu à d'autres biens situés en tous lieux, ces créanciers devraient être informés de l'extension de l'assiette de la saisie initiale à laquelle ils sont intervenus.

L'extension confère au débiteur les mêmes délais prévus pour qu'il puisse recourir à la vente amiable, ou pour qu'il soit procédé à la vente forcée. En effet, l'article D 122 dispose en son premier alinéa, qu'« ... *en cas d'extension de la saisie initiale, il n'est procédé à la vente forcée sur l'ensemble des biens saisis qu'à l'expiration de tous les délais impartis pour leur vente amiable* ». Sans doute faudra-t-il aussi procéder à une publicité complémentaire. Il existe toutefois une exception à ce principe : « *il peut être procédé à la vente forcée immédiate de ceux des biens pour lesquels le délai imparti en vue de leur vente amiable est expiré, soit avec l'accord du débiteur ou l'autorisation du juge de l'exécution* (art D. 219), *soit si les formalités de publicité avaient déjà été effectuées au moment de l'*(intervention) » (art. D 122, al. 2).

D La mainlevée de la saisie[53]

313. « *La mainlevée* [...] *ne peut résulter que d'une décision du juge ou de l'accord du créancier saisissant et des créanciers opposants* » (art. D 124). Dans le premier cas, il pourra s'agir par exemple d'une mainlevée ordonnée après annulation de la procédure pour vice de fond ou de forme. Elle résultera vraisemblablement d'une décision du juge de l'exécution. Dans le second cas, il s'agira d'une mainlevée amiable, laquelle requiert l'unanimité des créanciers.

E La remise des biens à un séquestre

314. Le juge de l'exécution du lieu où sont situés les biens, peut ordonner sur requête présentée à tout moment, même avant le début des opérations de saisie, « ... *la remise d'un ou plusieurs objets à un séquestre qu'il désigne* » (art. D 97, al. 2, et D 105)[54]. Le juge de l'exécution

53. D. Lebeau, *La mainlevée, Dr. et proc.* 2004, p. 249.

54. Ces dispositions font double emploi avec celles de l'article 1961 du Code civil aux termes duquel, « *la justice peut ordonner le séquestre... des meubles saisis sur un débiteur (ou) des choses qu'un débiteur offre pour sa libération* ». La jurisprudence a très tôt

sera saisi, soit par le détenteur qui ne veut pas garder le bien[55], soit, plus couramment, par le créancier saisissant qui ne veut pas que le détenteur soit gardien et veut qu'une mesure soit prise rapidement de ce chef. Cette possibilité pour le tiers saisi de saisir le juge de l'exécution afin d'être déchargé est induite par l'article D 104. Celui qui saisira le juge de l'exécution devra faire l'avance des frais de séquestre.

F La folle enchère

315. Celui qui se porte adjudicataire d'un bien dans le cadre d'une vente forcée aux enchères, est tenu de payer le prix comptant, c'est-à-dire sans délai. À défaut, le bien sera revendu sur folle enchère (art. D 114, al. 2). Cette appellation provient étymologiquement du fait qu'il faut être fou pour enchérir lorsque l'on sait que l'on ne pourra s'acquitter du prix en cas d'adjudication. Le bien ainsi acquis sera revendu aux enchères, et si le prix obtenu est inférieur à celui de la première adjudication, le précédent adjudicataire appelé le « fol enchérisseur », devra-t-il payer l'éventuelle différence de prix ? C'est la sanction prévue en matière de saisie immobilière, mais force est de constater qu'elle ne l'est pas dans notre hypothèse ; il n'est toutefois pas irrationnel d'admettre qu'elle pourrait, le cas échéant, être prononcée. Dans cette perspective, il semble que le juge de l'exécution devrait être considéré comme compétent pour statuer sur une telle demande formulée par le créancier poursuivant en application des dispositions de l'article L. 213-6, alinéa 4, du Code de l'organisation judiciaire.

appliqué de manière extensive ces dispositions en estimant que la liste de l'article 1961 n'est pas limitative, ce qui signifie notamment que la mise sous séquestre peut être ordonnée en dehors de toute saisie, qu'elle peut notamment être ordonnée en référé, et que les conditions de cette mesure sont indépendante des conditions de fond requises pour l'exercice d'une saisie conservatoire (Cass. soc., 15 mars 1956, *Bull. civ.* III, n° 256 ; Cass. 2e civ., 21 mars 2002, n° 00-14.675). L'existence d'une contestation sérieuse n'est pas ici un obstacle à la compétence du juge des référés, elle en est même la condition (Cass. 1re civ., 11 juin 1960, *Bull. civ.* I, n° 322 ; Cass. 2e civ., 14 février 1973, *Bull. civ.* II, n° 52). La jurisprudence semble enfin avoir admis que cette mesure puisse être également ordonnée sur requête (Cass. req., 13 janvier 1903, *S.*1904, 1, 73, note M. Naquet ; Trib. civ. Montbrison, 20 décembre 1944, *GP* 1945, 1, jur., p. 63).

55. Ce sera le cas si ce détenteur n'est pas le débiteur.

Section 2
La vente des biens saisis

316. La procédure applicable est toujours la même. La vraie nouveauté concerne la possibilité laissée désormais au débiteur de vendre à l'amiable les biens saisies pour éviter la vente forcée sur adjudication. La vente est donc volontaire *(§ 1)* ; à défaut, forcée (art. L 52) *(§ 2)*.

§ 1. La vente volontaire

317. La ***vente volontaire*** (« amiable ») est régie par les articles D 107 à D 109 et D 232. L'ensemble de ces dispositions impose l'accomplissement de quatre formalités ou séries de formalités. La ***première*** est prescrite par l'article D 108, alinéa 1. Le débiteur doit informer « *par écrit l'huissier de justice des propositions* (d'achat) *qui lui ont été faites en indiquant le nom et l'adresse de l'acquéreur éventuel ainsi que le délai dans lequel ce dernier s'offre à consigner le prix proposé* ».

La ***deuxième formalité*** résulte des dispositions combinées des articles D 108, alinéa 2, et D 232, alinéa 1. L'huissier de justice communique la teneur de ses propositions de vente amiable au créancier saisissant, « *aux créanciers opposants* » (art. D 108, al. 2), c'est-à-dire à ceux qui sont intervenus à la saisie et « *aux créanciers qui on saisi les mêmes biens à titre conservatoire, soit avant l'acte de saisie, soit avant l'acte de conversion selon le cas* » (art. D 232, al. 1), par lettre recommandée avec accusé de réception.

Ensuite, « *chaque créancier* (averti) *doit, dans un délai de quinze jours à compter de la réception de la lettre prendre parti sur les propositions de vente amiable et faire connaître au créancier saisissant la nature et le montant de sa créance* » (art. D 232, al. 2 et D 108, al. 3). En pratique, ce texte concerne surtout les autres créanciers que le premier saisissant. Or, ils ont déjà déclaré leur créance en intervenant. « *A défaut de réponse dans le délai imparti, le créancier est réputé avoir accepté les propositions de vente* » (art. D 232 al. 3 et D 108 al. 4). « *Si dans le même délai, il ne fournit aucune indication sur la nature et le montant de sa créance,* (le créancier qui a fait pratiquer une autre saisie ou est intervenu) *perd le droit de concourir à la distribution des deniers résultants de la vente amiable, sauf à faire valoir ses droits sur un solde éventuel après répartition* » (art. D 232, al. 4).

Quatrième formalité, le prix de vente doit être consigné par l'acheteur entre les mains de l'huissier de justice du créancier saisissant (art. D 109, al. 1). Le transfert de propriété et la délivrance des biens sont donc subordonnés à cette consignation qui doit avoir lieu dans le délai convenu avec l'acheteur lorsque ce dernier a fait sa proposition (art. D 109, al. 1 et 2, et D 108, al. 1)[56]. Si aucune offre amiable d'achat n'est faite dans le délai de l'article D 107, alinéa 1, si le juge de l'exécution interdit la vente amiable, ou encore si l'acheteur ne consigne pas le prix dans le délai convenu (art. D 109, al. 3), il est procédé à la vente forcée des biens saisis[57].

§ 2. La vente forcée

318. Il ne peut être procédé à la vente forcée, qu'après l'expiration du délai d'un mois prévu à l'article D 107, augmenté, s'il y a lieu, du délai de quinze jours imparti aux créanciers pour donner leur réponse (art. D 108, al. 5)[58]. En réalité, deux situations peuvent se rencontrer : *1°* au bout d'un mois, le débiteur ayant informé l'huissier de l'inexistence d'offres d'achat de gré à gré, il peut être procédé à la vente forcée ; *2°* le débiteur ayant informé l'huissier des offres d'achat que celui-ci a notifiées aux créanciers, il faudra attendre d'abord l'expiration du délai de

56. La question, non résolue par les textes, reste posée de savoir si, dans le cadre de cette vente qualifiée d'amiable, le vendeur, c'est-à-dire le saisi, est ou non tenu de la garantie des vices cachés. Or, on sait qu'aux termes de l'article 1649 du Code civil, cette garantie n'a pas lieu dans les ventes faites par autorité de justice. Cette vente faite dans le cadre d'une saisie-vente et par l'entremise de l'agent chargé de la vente amiable ou forcée, ne saurait cependant être totalement assimilée à une vente ordinaire de gré à gré. Le vendeur qui se trouve être tout de même le saisi, ne vend pas ses effets de son plein gré. Dans ces conditions, conformément à l'article 1649 du Code civil, il ne saurait être tenu de la garantie des vices cachés. C'est ce raisonnement qui conduit d'ailleurs la jurisprudence à considérer traditionnellement, à propos de situations comparables, que la vente dans l'ancienne saisie immobilière, même convertie en vente volontaire, n'est pas rescindable pour lésion de plus des 7/12e, cette vente n'en demeurant pas moins une vente forcée au sens de l'article 1684 du Code civil (Cass. 1re civ., 27 avril 1964, *D.* 1964, jur., p. 413). Signalons tout de même que, paradoxalement, la 'jurisprudence considère au contraire, alors qu'il s'agit également d'une vente forcée, que l'article 1684 du Code civil ne s'applique pas à la vente de gré à gré par le débiteur faisant l'objet d'une procédure collective, autorisée par le juge-commissaire, et donc rescindable pour lésion (Cass. com., 8 juillet 1980, *Bull. civ.* IV, n° 290, *D. 1*981, jur., p. 24, note F. Derrida ; Cass. 3e civ., 8 janvier 1992, *Bull. civ.* III, n° 9).

57. Pour un rappel de la règle, Cass. 2e civ., 21 janvier 1999, *Bull. civ.* II, n° 17, p. 12.

58. Le respect de ce délai par le créancier n'est certes pas expressément sanctionné dans les textes par la nullité, mais son importance pour le débiteur, puisqu'il lui est imparti pour procéder lui-même à la vente de ses biens, n'est pas douteuse. Il n'est donc pas absurde d'y voir une condition substantielle de forme, dont l'inobservation devra être sanctionnée par la nullité de la vente forcée, même sans texte. Le grief consiste pour le débiteur, à ne pas avoir disposé de suffisamment de temps pour trouver un acheteur (en ce sens, JEX Paris, 30 mars 1995, *Rev. huissiers.* 1996, p. 727, note G. Dahan).

quinze jours à eux imparti pour répondre, leur silence valant acceptation de ces offres, puis l'expiration du délai convenu avec l'acheteur pour consigner le prix.

La vente forcée obéit ici à la fois aux règles des articles D 110 à D 116, et aux dispositions spéciales de l'article D 233. Il résulte de l'ensemble de ces dispositions, la nécessité d'accomplir quatre formalités, dont la première est éventuelle. Il s'agit de la vérification de la consistance et de la nature des biens saisis ***(A)***, l'enlèvement des biens ***(B)***, la publicité en vue de la vente ***(C)*** et la vente ***(D)***.

A La vérification de la consistance et de la nature des biens saisis[59]

319. L'article D 113 dispose, en son premier alinéa, qu'« *avant la vente, la consistance et la nature des biens saisis sont vérifiées par l'officier ministériel chargé de la vente. Il en est dressé acte. Seuls sont mentionnés les objets manquants et ceux qui auraient été dégradés* ». Ainsi, ces dispositions habilitent-elles, outre l'huissier de justice, le commissaire-priseur, à procéder à cette vérification des meubles saisis. Le commissaire-priseur ne peut cependant jamais pénétrer par la force au domicile du saisi pour y exercer son ministère[60]. Cet acte de vérification, pour la rédaction duquel il n'est prévu aucune mention particulière[61], dressé dans le cadre des opérations d'enlèvement des biens, permettra de fonder une éventuelle action en responsabilité civile intentée contre le débiteur ou le gardien, devant le juge de l'exécution territorialement compétent en vertu de l'article D 9, sur le fondement de l'article L 24, alinéa 1, en ce qui concerne les tiers, et conformément au droit commun concernant le débiteur. La prise de photographies, dans les conditions déjà étudiées de l'article D 90, est prévue par l'article D 113, alinéa 2. Elles pourront alors être comparées à celles éventuellement prises lors de la saisie.

B L'enlèvement des biens saisis

320. Prescrit par l'article D 233, l'enlèvement des biens est, en pratique, concomitant de la première formalité. Ainsi, le créancier saisissant qui fait procéder à l'enlèvement des biens, en vue de leur vente forcée, doit en informer, par lettre recommandée avec demande d'avis de

59. J.- P. Faget, *Le régime de vérification des biens saisis*, *Rev. huiss.* 1995.1153 ; J.-P. Faget, *Le régime du procès-verbal de vérification des biens saisis, Rev. huiss.*1995, p. 1153.

60. En ce sens, JEX Paris, 7 janvier 2000, D. 2000, jur., p. 751, note J.-J. Bourdillat.

61. Cass. 2e civ., 20 novembre 2003, *Bull. civ.* II, n° 352.

réception, les créanciers qui, avant l'acte de saisie ou de conversion d'une saisie conservatoire en saisie-vente, ont pratiqué une saisie conservatoire sur les mêmes biens. Cette lettre doit comporter, à peine de nullité, le nom et l'adresse de l'officier ministériel chargé de la vente et la reproduction, en caractères très apparents, des dispositions de l'alinéa 2 de l'article D 233 lequel dispose que « *chaque créancier doit, dans un délai de quinze jours à compter de la réception de la lettre, faire connaître à l'officier ministériel chargé de la vente, la nature et le montant de sa créance au jour de l'enlèvement. À défaut de réponse dans le délai imparti, il perd le droit de concourir à la distribution des deniers résultant de la vente forcée, sauf à faire valoir ses droits sur un solde éventuel après répartition* ».

C La publicité en vue de la vente

321. La vente projetée doit être annoncée. L'huissier doit procéder à trois formalités de publicité. Le créancier peut, quant à lui, recourir à tout autre mode de publicité permettant d'élargir le cercle des acheteurs potentiels. L'accomplissement des formalités de publicité énoncées par les textes n'est pas prescrit à peine de nullité[62]. À défaut de les accomplir, l'huissier risque cependant de voir engager sa responsabilité civile professionnelle[63]. Le créancier saisissant a, de toute façon, tout intérêt à ce qu'il y soit procédé.

Il ressort de l'article D 111, alinéas 1, 2 et 3 que « *la publicité... est effectuée par affiches indiquant les lieux, jour et heure de celle-ci et la nature des biens saisis. /Les affiches sont apposées à la mairie de la commune où demeure le débiteur saisi et au lieu de la vente. Cette publicité obligatoire est faite à l'expiration du délai prévu au dernier alinéa de l'article 108 et huit jours au moins avant la date fixée pour la vente. /Cette vente peut également être annoncée par voie de presse* ». Le décret de 1992 ne prévoit pas, contrairement à l'ancien Code de procédure civile à propos de la saisie-exécution, un affichage de la vente sur le lieu où se trouvent les biens avant leur enlèvement.

Lorsque les biens saisis sont des ***récoltes sur pieds***[64], les modalités d'affichage sont différentes. Ainsi « *la vente est annoncée par des affiches apposées à la mairie et au marché le plus proche du lieu où se trouvent les récoltes. Les affiches font mention des jour, heure et lieu de la vente et indiquent le terrain où sont situées les récoltes, ainsi que*

62. Cass. 2e civ., 30 avril 2002, *Bull. civ.* II, n° 86, *Procédures* 2002, com. n° 161, obs. R. Perrot.
63. Cass. req., 13 avril 1943, *D. 1*943, jur., p. 51 ; CA Paris, 19 mars 1952, *D.* 1952, jur., p. 236.
64. D. Louchouarn, *La saisie des récoltes sur pieds*, *Rev. huissiers.* 1998, p. 200.

sa contenance et la nature des fruits » (art. D 137, al. 1 et 2). L'article D 137 ne le prévoit pas expressément, contrairement à l'article D 111, mais la vente des récoltes peut certainement être annoncée elle aussi par voie de presse.

Aux termes de l'article D 112, « *le débiteur est avisé par l'huissier de justice des lieu, jour et heure de la vente huit jours au moins avant sa date, par lettre simple ou par tout moyen approprié* » (art. D 112).

Après avoir procédé aux formalités de publicité, l'huissier de justice rédige un certificat. Il s'agit d'un document spécial dans lequel il certifie l'accomplissement des formalités de publicité (art. D 111, al. 4, D 137, al. 4 et D 112).

D La vente[65]

322. Concernant le ***lieu de la vente***, en règle générale, cette vente doit intervenir « *soit au lieu où se trouvent les objets saisis, soit en une salle des ventes ou un marché public dont la situation géographique est la plus appropriée pour solliciter la concurrence à moindre frais* » (art. D 110, al. 1). Mais si les biens saisis sont des récoltes sur pieds, le choix du lieu de cette vente n'est pas le même : « la vente est faite au lieu où se trouvent les récoltes ou au marché le plus voisin » (art. D 138). Le « *... choix appartient au créancier, sous la réserve des conditions prescrites par l'article 3 de l'ordonnance du 26 juin 1816 instituant les commissaires-priseurs et de la compétence territoriale de l'officier ministériel chargé de la vente* » (art. D 110, al. 2).

323. Quant aux ***modalités de la vente***, la vente forcée s'effectue aux enchères publiques (art. D 110, al. 1er). « *L'adjudication est faite au plus offrant, après trois criées. Le prix est payable comptant. Faute de paiement, l'objet est revendu à la* ***folle enchère*** *de l'adjudicataire* » (art. D 114, al. 2). La solution était la même en matière de saisie-exécution. Si le prix de la deuxième adjudication est inférieur à celui de la première, le fol enchérisseur sera tenu de payer la différence[66].

65. J.-C. Honlet, & de Baecque, *La réforme des ventes volontaires de meubles aux enchères publiques (à propos de la loi n° 2000-642 du 10 juillet 2000), D.*2001, p. 141 ; P. Le Fur, *Les ventes de meubles aux enchères publiques*, *Rev. huissiers.* 1997, p. 1201 ; F. Olivier et E. Barbry, *La prise en compte des enchères électroniques par la loi n° 2000-642 du 10 juillet 2000, JCP éd. G* 2000, *Actualités*, p. 2051 ; P. Théry, *Le notaire et les procédures civiles d'exécution*, *LPA* 11 août 1997, n° 96, p. 9.

66. Voir à titre d'application, Cass. 2e civ., 12 juin 2003, *Bull. civ.* II, n° 193, *D.* 2004, somm., p. 1487, obs. G. Taormina.

Pour aboutir à une exécution forcée de cette obligation à la charge du fol enchérisseur, il sera nécessaire d'agir contre lui en responsabilité civile[67].

« *La vente est arrêtée lorsque le prix des biens vendus assure le paiement du montant des causes de la saisie et des oppositions en principal, intérêts et frais* » (art. D 115). La même solution, consacrée avant la réforme par la jurisprudence[68], est également énoncée à l'article L 53, alinéa 1. « *Il est dressé acte de la vente. Cet acte contient la désignation des biens vendus, le montant de l'adjudication et renonciation déclarée du nom et prénom des adjudicataires* » (D. n° 92-755, 31 juillet 1992, art. 116).

324. Quant aux ***personnes habilitées à procéder à la vente***[69], elles étaient, en matière de saisie-exécution, les commissaires-priseurs dans les villes où il existe une salle des ventes, avec monopole dans les limites de leur commune, les huissiers de justice, les notaires, les greffiers des tribunaux de commerce du ressort et, pour des marchandises ou denrées, les courtiers assermentés. L'article D. 114, alinéa 1, ne change rien aux anciennes solutions en matière de ventes de meubles saisis. La loi n° 2000-642 du 10 juillet 2000, dont les dispositions ont été intégrées aux articles L. 321-1 et suivants du Code de commerce, n'affecte que très partiellement les solutions antérieures concernant les ventes sur saisie, ce texte ne concernant que les ventes volontaires de meubles aux enchères publiques, et non celles ayant lieu dans le cadre d'une saisie.

Quant aux ***courtiers assermentés***, leur profession est organisée par une loi du 18 juillet 1866, abrogée, à l'exception de son article 7, et par le décret n° 64-399 du 29 avril 1964, qui leur confèrent la qualité d'officier public pour la vente des marchandises sur lesquelles ils bénéficient d'une exclusivité pour procéder aux ventes publiques aux enchères de marchandises en gros ayant fait l'objet d'une saisie administrative ou judiciaire (D. n° 64-399, 29 avril1964, art. 17). Ils sont alors compétents sur tout le territoire national, relativement à leur spécialité (D. n° 64-399, 29 avril 1964, art. 9 et 14). À défaut de courtier pour un type de

67. Il ne semble pas que le juge de l'exécution soit compétent pour statuer sur une telle demande formulée par le créancier poursuivant, en application des dispositions de l'article L. 213-6, alinéa 4, du Code de l'organisation judiciaire. Ce texte ne confère en effet compétence au juge de l'exécution, que pour connaître de contestations or, la folle enchère n'en est pas une. Il conviendra donc de saisir, suivant le montant demande, le juge de proximité, le tribunal d'instance ou le tribunal de grande instance.

68. Cass. 2e civ., 3 juillet 1953, *Bull. civ.* II, n° 228.

69. Signalons qu'aux termes de l'article L. 322-2 du Code de commerce, « *les* ***ventes de marchandises après liquidation judiciaire*** *sont faites conformément aux articles L. 642-19 et suivants. /Le mobilier du débiteur ne peut être vendu aux enchères que par le ministère des commissaires-priseurs judiciaires, notaires ou huissiers, conformément aux lois et règlements qui déterminent les attributions de ces différents officiers* ».

marchandises déterminé dans le ressort d'un tribunal de commerce, la juridiction requerra l'intervention d'un courtier assermenté auprès d'une autre juridiction. Conformément aux dispositions des articles L. 521-3, L. 522-31 et R. 522-14 du Code de commerce, et à celles de l'article 15 du décret n° 64-399 du 29 avril 1964, ils ont enfin une compétence éventuelle pour vendre aux enchères publiques des marchandises en gros sur saisies administratives ou judiciaires, en application des dispositions des articles L. 320-1 et suivants du Code de commerce sur les ventes aux enchères publiques, et de récoltes gagées, en application de celles des articles L. 342-1 et suivants du Code rural sur les warrants agricoles, dès lors qu'ils ont été désignés à cet effet par le tribunal de commerce[70].

Il convient de considérer que les ***greffiers des tribunaux de commerce*** ne restent compétents en matière de vente sur saisie, qu'à la condition que, dans la commune du siège de la juridiction, ne se trouve aucun commissaire-priseur (D. 17 septembre 1793, art. 1 ; CGI, art. 871). Il en va de même des notaires, sur tout le territoire national, et des huissiers de justice, toujours du fait de leur qualité d'officier ministériel (CGI, art. 871).

Le statut des ***commissaires-priseurs***, créés par une loi du 27 ventôse an IX, est régi par une ordonnance du 26 juin 1816, l'ordonnance n° 45-2593 du 2 novembre 1945 modifiée. Aux termes des dispositions de la loi qui les a institués et de l'ordonnance précitée de 1816, les commissaires-priseurs n'ont le monopole de la vente forcée d'objets mobiliers corporels que dans les villes où ils siègent. Ils prennent alors le titre de « commissaire-priseur judiciaires ». En dehors des villes où ils sont installés, les commissaires-priseurs se trouvent donc en concurrence avec les autres officiers publics habilités à procéder à des ventes aux enchères (huissiers de justice, notaires, greffiers), ainsi que désormais, les sociétés de vente volontaires de meubles, créées par la loi n° 2000-642 du 10 juillet 2000, qui a complété les dispositions générales de l'article 871 du Code général des impôts : « *Les meubles, effets, marchandises, bois, fruits, récoltes et tous autres objets mobiliers ne peuvent être vendus publiquement et par enchères, qu'en présence et par le ministère d'officiers publics ayant qualité pour y procéder, ou par des sociétés de ventes volontaires de meubles aux enchères publiques agréées* ». Si les biens à vendre sur saisie ne sont pas tous situés dans le même ressort géographique, il faudra recourir, pour procéder aux formalités nécessaires, à chaque fois aux officiers ministériels, courtiers, et sociétés de ventes volontaires de meubles territorialement compétents[71].

---

70. Les courtiers assermentés ont, semble-t-il, toujours compétence exclusive pour procéder aux ventes volontaires aux enchères de marchandises en gros, ainsi qu'aux ventes de marchandises déposées en gage dans les magasins généraux.

71. Concernant les ventes volontaires, le monopole des commissaires-priseurs avait d'abord théoriquement disparu à compter du 1er janvier 1998, avec l'ouverture du marché

Dispositions générales applicables tant aux ventes volontaires qu'aux ventes sur saisie dites judiciaires, issues de la loi n° 2000-642 du 10 juillet 2000 (art. 30), le Code de commerce dispose désormais en son article L. 321-17, que « *Les **sociétés de ventes volontaires** de meubles aux enchères publiques et les officiers publics ou ministériels compétents pour procéder aux ventes judiciaires et volontaires ainsi que les experts qui procèdent à l'estimation des biens engagent leur responsabilité au cours ou à l'occasion des ventes de meubles aux enchères publiques, conformément aux règles applicables à ces ventes. /Les clauses qui visent à écarter ou à limiter leur responsabilité sont interdites et réputées non écrites. /Les actions en responsabilité civile engagées à l'occasion des prisées et des ventes volontaires et judiciaires de meuble aux enchères publiques se prescrivent par cinq ans à compter de l'adjudication ou de la prisée* »[72].

325. Quant à l'incidence de ***l'ouverture d'une procédure de sauvegarde, de redressement ou de liquidation judiciaires***, la Cour de cassation[73] considère que la saisie-vente ne s'achève qu'au moment de la vente effective des biens saisis, et non lors de leur vérification. Par conséquent, l'ouverture d'une procédure collective avant que la vente n'ait été réalisée, entraîne la suspension de la procédure en application des dispositions des articles L. 622-21, L. 631-14.I et L. 643-2 du Code de commerce. En revanche, dès lors que la vente sur saisie est intervenue avant l'ouverture d'une procédure collective, la règle de l'arrêt des poursuites individuelles ne peut plus être opposée, et le produit de la vente ne saurait donc, par conséquent, être réclamé par la procédure collective au créancier saisissant[74].

---

européen. Sa suppression des textes français résulte de la loi n° 2000-642 du 10 juillet 2000 qui a abrogé la loi du 27 ventôse an IX, l'article 89 de la loi du 28 avril 1816, ainsi que les deuxième, troisième et quatrième alinéas de l'article 1er de la loi du 25 juin 1841, portant réglementation des ventes aux enchères publiques. Les ordonnances des 26 juin 1816 et 2 novembre 1945 s'appliquent toujours aux commissaires-priseurs judiciaires. Les ventes volontaires de meubles aux enchères publiques relèvent désormais des sociétés de ventes volontaires de meubles, sociétés commerciales instituées par la loi de juillet 2000 et devant être agréées par le conseil des ventes volontaires de meubles aux enchères publiques (C. com., art. L. 321-5). Notons cependant que l'article L. 321-2 du Code de commerce ménage, dans certains cas, la compétence des notaires, des huissiers de justice, de certains courtiers assermentés et des agents des domaines ou des douanes (renvoi à C. com., art. L. 321-36).

72. Voir aussi, C. com., art. L. 321-14.

73. Cass. 2e civ., 19 mai 1998, *Bull. civ.* II, n° 161, *D.* 1998, jur., p. 405, concl. P. Tatu.

74. Cass. com., 28 septembre2004, *Bull. civ.* IV, n° 170.

Chapitre 2
Les saisies-appréhension

326. La saisie-appréhension est la procédure d'exécution permettant au créancier d'une obligation de livraison ou de restitution d'un meuble, de faire appréhender ledit meuble par un huissier de justice. Il ne s'agit pas d'une innovation totale[1], mais la réforme de 1991-1992 a consisté à

1. Cette procédure existait déjà sous deux autres formes. Elle existait d'abord ***sous une forme générale limitée,*** aujourd'hui supprimée : l'ancienne saisie-revendication, saisie conservatoire particulière nécessitant une autorisation judiciaire préalable, même lorsque le créancier disposait d'un titre exécutoire (Anc. CPC, art. 826) et dont le but était seulement la restitution de biens déplacés préalablement et irrégulièrement, avec ou sans la dépossession *stricto sensu* de titulaires de droits réels. Elle permettait, et c'était là sa limite, seulement la mise en œuvre d'un droit de suite mais non l'exécution forcée directe en nature d'une obligation contractuelle de livrer ou de restituer. Dans cette dernière hypothèse, le créancier ne disposait en effet dans un premier temps, que d'une voie indirecte d'exécution forcée en nature, l'astreinte ; ou de la condamnation du débiteur à des dommages-intérêts, toute obligation de faire se résolvant en dommages-intérêts. Pour bénéficier de la saisie-revendication « ancien régime », le créancier devait d'abord intenter une action pétitoire en revendication ayant un fondement réel et non personnel. C'est précisément parce que le doit de créance est un droit personnel et non un droit réel, que son titulaire ne bénéficiait pas directement de l'ancienne saisie-revendication. Conformément à cet ancien schéma, le titulaire d'une clause de réserve de propriété pouvait tout à fait bénéficier de l'ancienne saisie-revendication. Il n'y a pas en effet, en cas de refus de restituer le bien, de la part du « débiteur », à proprement parler violation d'une obligation contractuelle de restitution. Cette non restitution équivaut à une dépossession irrégulière du propriétaire qui n'a jamais cessé de l'être. La même analyse doit être faite à propos du locateur et du crédit-bailleur de biens (cf. à propos de la mise en œuvre des clauses de réserve de propriété, Lescaillon, *Les clauses de réserve de propriété et la saisie-revendication*, *Rev. huissiers*. 1981, p. 168).
La saisie-appréhension existait ensuite, ***sous une forme spéciale***, pure invention de la pratique fondée sur une extension très critiquable au gage sans dépossession du débiteur des dispositions des anciens articles 93 de l'ancien Code de commerce (C. com., art. L. 521-3) et 2078 du Code civil (C. civ., art. 2347 nouv.) conçues exclusivement pour le gage classique. Les huissiers de justice appréhendaient les biens gagés entre les mains des débiteurs en marge de toute règle de procédure, nantis d'ordonnances d'appréhension rendues par les juges d'instance ou les présidents des tribunaux de commerce, décisions en réalité totalement dépourvues de base juridique, mais dont personne fort curieusement, n'avait songé jusqu'à la réforme à contester la validité. D'aucuns n'avaient pas su douter de la légitimité de ces pratiques (cf. G. Taormina, *Le Nouveau droit des*

substituer à l'ancienne saisie-revendication une procédure permettant non seulement, comme jadis, de remédier aux déplacements irréguliers de biens mobiliers, manifestés ou non par la dépossession de titulaires de droits réels, mais aussi, désormais, aux créanciers de disposer d'une voie directe d'exécution forcée en nature, de leurs créances contractuelles de livraison ou de restitution ***(section 1)***.

Conçue pour que le propriétaire puisse récupérer ou obtenir la livraison de son bien, les auteurs de la réforme ont également prévu que la saisie-appréhension aboutisse exceptionnellement à la vente du bien appréhendé. Elle est alors une saisie-vente spécifique dont dispose seulement le créancier gagiste titulaire d'un gage sans dépossession du débiteur. D'aucuns parlent à ce propos, de « saisie-appréhension-vente » ***(section 2)***.

Section 1
La saisie-appréhension ordinaire[2]

327. La saisie-appréhension dite ordinaire concerne tous les types de biens mobiliers corporels[3]. Conformément aux dispositions de l'article L 56, un titre exécutoire est toujours nécessaire pour y procéder ; mais nous verrons que le décret de 1992 a prévu une procédure spéciale de la compétence exclusive du juge de l'exécution, pour obtenir ce titre plus rapidement ***(§ 1)***. Nanti d'un titre exécutoire, le créancier peut procéder aux opérations de saisie ***(§ 2)***.

---

procédures d'exécution et de distribution, éd. *Le JNA* décembre 1992, tome I, n° 209), conditionnés sans doute par des pratiques judiciaires séculaires devenues des dogmes. On sait que la Cour de cassation a fini par désavouer ces pratiques (Cass. 1re civ., 24 novembre 1993, *Bull. civ.* I, n° 348, *RTD civ.* 1994, p. 174, obs. R. Perrot).

2. G. Taormina, *Les saisies-appréhension*, fasc. 410, in *Droit de l'exécution forcée*, éd. *Journal des Notaires et des Avocats*, novembre 1998.

3. Elle est tout à fait applicable aux véhicules terrestres à moteur. Dépourvu de titre exécutoire, le créancier pourra donc solliciter du juge de l'exécution une ordonnance d'injonction d'avoir à restituer ou délivrer le bien. Ensuite, ce n'est que s'il envisage de faire procéder à l'immobilisation du véhicule, qu'il devra obligatoirement recourir à la procédure prévue par les articles D. 170, D. 172. D, 173, D, 176 et D. 177. C'est là le sens des dispositions des articles D. 140, alinéa 2 et D. 154, alinéa 3.
Les aéronefs peuvent incontestablement faire l'objet d'une saisie-appréhension (CA Versailles, 4 mai 1994, *D. 1994*, .IR, p. 149 ; JEX Bobigny, 5 février 1993, *GP* 1993, 1, 110, note Th-S. Renoux ; pour l'application de cette procédure à des souvenirs de famille, CA Paris, 2 juillet 1993, *JCP* 1994, II, 22191, note H. Banget).

§ 1. La nécessité d'un titre exécutoire

328. Un titre exécutoire est toujours nécessaire pour procéder à la saisie-appréhension (art. L 56 et D 139). Si le créancier n'en dispose pas, le décret de 1992 comporte une procédure spéciale et rapide destinée à lui en procurer un (art. D 149 et s.), et qui s'inspire résolument de celle d'injonction de payer.

Dépourvu de titre exécutoire, plutôt que d'intenter un procès ordinaire, le créancier peut présenter au juge de l'exécution du lieu où demeure le débiteur, ***une requête aux fins d'obtention d'une injonction d'avoir à délivrer ou à restituer le bien litigieux***. Cette requête doit comporter à peine d'irrecevabilité la désignation du bien et doit être accompagnée de tous documents justificatifs (art. D 150). Contre qui l'ordonnance d'injonction doit-elle être sollicitée et éventuellement rendue ? Bien que les textes ne le précisent pas expressément, et que l'article D 140, texte de portée générale, vise l'appréhension « *entre les mains de celui qui est tenu de le remettre en vertu d'un titre exécutoire*[4] *ou directement entre les mains d'un tiers qui le détient pour le compte de ce dernier* », il est raisonnable d'admettre que la requête aux fins d'injonction ne peut être présentée que contre le débiteur lui-même tenu de la délivrance ou de la restitution. Par analogie, on peut faire valoir qu'en matière de saisie-vente, le commandement de payer est adressé au débiteur lui-même, que les meubles à saisir se trouvent dans les mains de ce dernier ou dans celles d'un tiers.

Saisi d'une requête apparemment fondée, le juge de l'exécution rend une ***ordonnance d'injonction d'avoir à délivrer ou à restituer le bien litigieux***. L'article D 151 énonce des règles impératives relatives à la signification de l'ordonnance. Cette signification doit être faite *à celui qui est tenu de la remise*. Cela ne veut pas dire qu'elle ne saurait être faite qu'à sa personne. Tous les modes de signification prévus par les articles 653 et suivants du Code de procédure civile, peuvent être utilisés. Toutefois, outre les mentions requises dans tous les exploits d'huissier de justice en général et les significations en particulier, l'article D 151 dispose que la signification de l'ordonnance doit comporter à peine de nullité de cette signification, « *la sommation d'avoir dans un délai de quinze jours : soit à transporter à ses frais le bien désigné en un lieu et dans les conditions indiquées ; soit, si le détenteur du bien a des moyens de défense à faire valoir, à former opposition au secrétariat-greffe du juge qui a rendu l'ordonnance, par déclaration contre récépissé ou par lettre recommandée avec accusé de réception, faute de quoi l'ordonnance sera rendue exécutoire* ». Notons d'ores et déjà que la signification fait courir en réalité deux délais : ***un délai de quinze jours*** imparti au débiteur pour

4. Et donc notamment l'ordonnance d'injonction rendue exécutoire.

faire opposition à l'ordonnance ; ***un délai de deux mois*** en cas d'opposition imparti au créancier pour saisir le juge du fond compétent pour ordonner la livraison ou la restitution (art. D 152). L'ordonnance ne devient un titre exécutoire qu'en l'absence d'opposition.

Si ***le débiteur décide de faire opposition à l'ordonnance***, celle-ci doit être adressée au juge de l'exécution qui a rendu l'ordonnance. En cas d'opposition du débiteur, rien ne permet de dire que le créancier ne saurait en aucun cas représenter une requête auprès du juge de l'exécution afin d'obtenir une nouvelle ordonnance de ce type. Il ne saurait être question ici d'autorité de la chose jugée. Les effets de l'opposition ne sont pas expressément énoncés par les textes. Ils résultent implicitement des dispositions laconiques de l'article D 152, alinéa 1, lesquelles disposent qu'« *en cas d'opposition, il appartient à celui qui demande la remise du bien, de saisir la juridiction compétente pour statuer sur la délivrance ou la restitution du bien* ». Cela signifie que la simple opposition constitue un obstacle définitif et permanent à ce que l'ordonnance devienne un titre exécutoire. Cette opposition doit-elle être motivée ? Doit-elle contenir des moyens de défense auxquels le saisissant devra répondre et au vu desquels le juge de l'exécution devra rendre une ordonnance de rétractation ou de débouté du saisi ? L'article D 151 fait certes état, à propos de la signification, de la possibilité pour le détenteur du bien de faire opposition s'il a des moyens de défense à faire valoir ; mais l'article D 152 semble attacher des effets seulement à la formulation de l'opposition et ne fait aucunement état d'une éventuelle décision que le juge de l'exécution serait tenue de rendre sur le bien-fondé du recours à la saisie-appréhension. On peut en conclure que l'opposition n'a pas à être motivée, et que les seules décisions que peut prendre le juge de l'exécution ne peuvent concerner que la recevabilité de l'opposition et la régularité de la signification qui influe sur elle. Quelles sont alors la valeur et l'utilité conférées à une ordonnance jusqu'à ce qu'elle soit frappée d'opposition, d'une part, et une fois frappée d'opposition, d'autre part ? Elle ne constitue pas un titre exécutoire et en l'absence de l'un des titres d'exécution énumérés à l'article L 68, elle pourra au moins être produite devant le juge de l'exécution compétent en la matière, pour obtenir de lui une autorisation de procéder à une mesure conservatoire. C'est ce qui résulte implicitement des dispositions tout aussi laconiques de l'article D 152, alinéa 2[5]. Les dispositions de l'article D 152 dans son ensemble, mettent à la charge du créancier ou tout du moins de celui qui se prétendrait créancier, une obligation en cas d'opposition du débiteur ou prétendu tel : saisir le juge du fond compétent pour faire reconnaître son droit. Ce sera la seule façon d'obtenir le titre exécutoire

5. « *La requête et l'ordonnance d'injonction, ainsi que les mesures conservatoires qui auraient été prises, deviennent caduques si le juge de fond n'est pas saisi dans un délai de deux mois à compter de la signification de l'ordonnance* ».

nécessaire. Il doit le faire dans un délai de deux mois à compter de la signification précédente de l'ordonnance au débiteur, sous peine de caducité des mesures conservatoires ainsi que de la requête aux fins d'obtention et de l'ordonnance d'injonction, dispose le décret de 1992.

Si ***le débiteur n'a pas fait opposition à l'ordonnance***, à l'expiration du délai de quinze jours le créancier peut demander au secrétariat-greffe l'apposition de la formule exécutoire (art. D 153) sur l'ordonnance d'injonction, ce qui lui conférera la qualification de titre exécutoire. L'ordonnance doit ensuite être signifiée comme n'importe quelle décision de justice avant exécution. Revêtue de la formule exécutoire, l'ordonnance d'injonction «*produit tous les effets d'un jugement contradictoire en dernier ressort*» (art. D 153). Cela signifie notamment que le débiteur ne saurait disposer de la voie de l'opposition[6] ni de celle de l'appel[7]. Seul demeure possible le pourvoi en cassation. En pratique, le seul recours utile dont le débiteur semble encore disposer est la saisine du juge de l'exécution de l'article D 9 dans le cadre des dispositions de l'article L. 213-6, alinéa 1, du Code de l'organisation judiciaire, aux termes duquel, « *le juge de l'exécution connaît, de manière exclusive, des difficultés relatives aux titres exécutoires et des contestations qui s'élèvent à l'occasion de l'exécution forcée...* ».

Nanti d'un titre exécutoire délivré par une juridiction du fond ou le juge de l'exécution, le créancier peut faire procéder à une saisie-appréhension.

§ 2. Les opérations de saisie-appréhension

329. Il ne suffit pas de distinguer conformément à la loi de 1991 et au décret de 1992, deux situations appelant chacune la mise en œuvre d'une procédure spéciale, suivant que l'appréhension a lieu entre les mains de la personne tenue de la remise, ou entre les mains d'un tiers détenteur. Il faut savoir d'abord ce que l'on doit entendre par «*personne tenue de la remise*», et « *tiers* ».

Seule doit être qualifiée de «*personne tenue de la remise*», au sens des articles D 141 à D 145 celle visée dans le titre exécutoire. Il importe peu qu'un tiers aujourd'hui non détenteur d'un corps certain fût antérieurement tenu contractuellement de le livrer ou de le restituer. Il faut entendre par « *tiers détenteur*» au sens des articles D 146 et suivants, non seulement celui qui détient le corps certain «*pour le compte*»

6. «*jugement contradictoire*».
7. « *en dernier ressort*».

(art. D 140, al. 1) de la « *personne tenue de la remise* »[8], mais aussi celui qui le détient pour son propre compte. Il a alors soit dépossédé la personne tenue de la remise, soit acquis le bien de cette dernière. La possibilité d'agir contre le tiers est une conséquence du droit de suite attaché au droit réel dont se prévaut le créancier, sous réserve bien sûr, d'une éventuelle « paralysie » de ce droit par l'article 2276 du Code civil[9]. Le tiers ou l'huissier de justice saisira le juge de l'exécution d'une éventuelle contestation de ce chef. Le *tiers détenteur* n'est, par définition, visé dans aucun titre exécutoire ***(B)***. S'il est visé dans un titre exécutoire, il change de catégorie et devient, à son tour, une personne tenue de la remise et la procédure des articles D 141 à D 145 est seule applicable ***(A)***.

A L'appréhension entre les mains de la personne tenue de la remise

330. Cette personne est donc celle visée dans le titre exécutoire quelle que soit la nature de celui-ci. La procédure nécessite l'accomplissement de deux formalités successives dont la dernière n'est qu'éventuelle : la signification préalable d'un commandement de délivrer ou de restituer ; puis la rédaction et la signification d'un acte de remise volontaire ou d'appréhension du bien.

La ***première formalité***, est donc la signification d'un commandement de délivrer ou de restituer. Le décret de 1992 conduit à distinguer deux situations, selon que ce commandement est requis ou ne l'est pas.

La nécessité d'une signification préalable d'un commandement de délivrer ou de restituer à la personne tenue de la remise est la solution de principe. En dépit des termes de l'article D 141, alinéa 1, il ne paraît pas qu'il doive s'agir obligatoirement d'une signification à personne *stricto sensu*, à l'exclusion de tout autre mode. Tous les modes de signification prévus par les articles 653 et suivants du Code de procédure civile sont admis. Cette signification pourra avoir lieu en même temps que celle du jugement, prévoit l'article D 141. Le commandement doit en outre comporter à peine de nullité les dispositions suivantes : « ***1°*** *la mention du titre exécutoire en vertu duquel la remise est exigée ;* ***2°*** *l'indication que la personne tenue de la remise peut, dans un délai de huit jours, transporter à ses frais le bien désigné en un lieu et dans les conditions indiquées ;* ***3°*** *l'avertissement qu'à défaut de remise dans ce délai, le bien pourra être appréhendé à ses frais ;* ***4°*** *l'indication que les contestations pourront être portées devant le juge de l'exécution du lieu où demeure le destinataire de l'acte* ».

8. Ce qui suppose que « *la personne tenue de la remise* » dans le titre exécutoire, lui ait remis le bien.

9. C. civ., anc. art. 2279.

Par exception au principe, il existe deux situations dans lesquelles la signification préalable d'un commandement de délivrer ou de restituer n'est pas requise. Dans ces cas, la seule présentation du titre exécutoire suffit pour procéder directement à l'appréhension : ***1°*** la personne tenue de la remise est présente et, sur la question qui doit lui être posée par l'huissier de justice, ne s'offre pas à en effectuer le transport à ses frais (art. D 142, al. 1) ; ***2°*** le titre est une ordonnance d'injonction revêtue de la formule exécutoire, et l'appréhension est entreprise dans les deux mois suivant l'apposition de la formule exécutoire (art. D 154, al. 2).

Seconde formalité, il s'agit de la rédaction d'un acte de remise volontaire ou d'appréhension du bien. Il existe là aussi un régime général et des formalités spéciales applicables à la rédaction de cet acte par l'huissier de justice.

Les formalités générales sont requises dans tous les cas par l'article D 143. Cet acte doit contenir, outre la mention du mode de « récupération »[10], un état détaillé du bien. Il est prévu que l'huissier pourra photographier le bien et annexer les photographies à l'acte. Il faut probablement entendre par « état détaillé du bien », la description de son état et les observations éventuelles faites à ce propos. Le défaut d'accomplissement de ces formalités n'est pas sanctionné. Une copie de cet acte devra être laissée par l'huissier à la personne qui remet le bien, où chez qui il est appréhendé, ou la lui être adressée en recommandé avec accusé de réception (art. D. 144).

Les situations nécessitant l'accomplissement de formalités spéciales sont toutes des appréhensions, non des remises volontaires. Le bien est appréhendé immédiatement et sans le commandement préalable de l'article D. 141, lorsque la personne tenue de la remise n'a pas offert, sur interpellation en ce sens, d'en effectuer le transport à ses frais. Dans ce cas, et dans ce cas seulement, l'article D. 142 prescrit que l'acte d'appréhension doit contenir l'indication que les contestations pourront être portées devant le juge de l'exécution du lieu où demeure celui auquel le bien est retiré. Cette mention n'est pas non plus requise à peine de nullité[11]. Lorsque le bien est appréhendé pour être remis à son propriétaire, l'article D. 144 dispose expressément que l'huissier de justice doit remettre ou adresser par lettre recommandée avec accusé de réception à la personne tenue de délivrer ou de restituer le bien, une copie de l'acte d'appréhension[12]. Ces dispositions ne sont pas non plus sanctionnées.

10. Remise volontaire ou appréhension.

11. Il convient certainement que l'huissier de justice laisse une copie de cet acte à la personne chez qui le bien est appréhendé ou le lui adresse en recommandé avec accusé de réception (art. D 144). On voit mal sinon, comment elle pourrait être informée de la possibilité dont mention est requise par l'article D 142.

12. Cela signifie que, ou bien la personne tenue de délivrer ou de restituer est présente lors des opérations d'appréhension, et l'huissier de justice lui remettra copie en main

B L'appréhension entre les mains d'un tiers

331. Le tiers n'est pas la personne visée par le titre exécutoire dont se prévaut le saisissant. Il est possible que la *personne tenue de la remise*, c'est-à-dire celle visée par le titre exécutoire, ait remis le bien à un tiers pour que ce dernier le détienne pour son propre compte ou pour celui du remettant (art. D 140) ou que le tiers ait dépossédé la personne tenue de la remise pour détenir le bien pour son propre compte. C'est là une conséquence du droit de suite conféré au créancier saisissant titulaire d'un droit réel, sous réserve bien sûr, de son éventuelle paralysie par l'article 2276 du Code civil[13] susceptible de faire échouer la saisie.

La procédure nécessite l'accomplissement de cinq formalités successives.

La ***première formalité*** est la signification au tiers d'une sommation de remettre le bien. L'article D. 146 précise qu'il s'agit d'une signification directe, mais cette précision n'a aucune portée. Elle n'impose certainement pas une signification à personne. Il s'agit ici encore d'une signification selon les modes prévus par les articles 653 et suivants du Code de procédure civile. Cette sommation doit comporter, à peine de nullité, les mentions suivantes : ***1°*** une copie du titre exécutoire en vertu duquel la remise est exigée, et s'il s'agit d'un jugement, du dispositif de celui-ci ; ***2°*** une injonction d'avoir, dans un délai de huit jours, soit à remettre le bien désigné, soit à communiquer à l'huissier de justice, sous peine de dommages-intérêts le cas échéant, les raisons pour lesquelles il s'oppose à la remise ; ***3°*** l'indication que les difficultés seront portées devant le juge de l'exécution du lieu où demeure le destinataire de l'acte.

Ensuite, ***deuxième formalité*** : la sommation faite au tiers doit être dénoncée à la personne tenue de délivrer ou de restituer. L'article D. 146 prescrit cette dénonciation à la personne visée dans le titre exécutoire. Elle peut être effectuée par lettre recommandée avec accusé de réception. Dès lors, à défaut de remise volontaire par le tiers dans le délai de huit jours précité, il y a lieu de procéder à la ***troisième formalité***.

Il s'agit de la saisine du juge de l'exécution aux fins d'obtention d'une ordonnance d'injonction au tiers de remettre le bien au saisissant, et comportant le cas échéant autorisation de pénétrer dans le local servant à l'habitation du tiers.

Le saisissant doit saisir le juge de l'exécution dans le délai d'un mois de la signification de la sommation au tiers, sous peine de caducité de ladite sommation et des mesures conservatoires qui auraient déjà été

---

propre ; ou bien elle ne sera pas présente, et l'huissier lui notifiera cette copie par lettre recommandée avec accusé de réception ; il ne s'agit pas d'une signification. Aucun délai n'est imposé à l'huissier pour le faire.

13. C. civ., anc. art. 2279.

prises (art. D. 147). Cela signifie notamment que si le saisissant veut poursuivre la procédure de saisie-appréhension, il devra signifier au tiers une nouvelle sommation et attendre l'expiration du délai de huit jours. Le juge de l'exécution saisi avant l'expiration de ce délai d'un mois, rend sur requête une ordonnance dans laquelle il enjoint au tiers de remettre le bien. Si le bien se trouve dans les locaux d'habitation du tiers, la saisie-appréhension ne peut avoir lieu qu'avec autorisation du juge de l'exécution (art. D 48, al. 1, et L 56, al. 2) ; autorisation qui pourra être donnée dans la même ordonnance.

Nanti de son ordonnance, le saisissant peut faire procéder à la saisie-appréhension. Mais peut-il le faire tout de suite ? L'ordonnance doit-elle être notifiée dans les formes prescrites par l'article D 22 ? La réponse est négative car l'article D 148 dispose qu'il peut être procédé à l'appréhension du bien « *sur la seule présentation de la décision du juge de l'exécution* ». Cette présentation vaut notification. *Quid* si le tiers est absent ? Il est passé outre son absence, l'huissier n'ayant pas à lui notifier ou à lui signifier l'ordonnance du juge de l'exécution.

Cette injonction pourrait-elle être faite dans l'ordonnance d'injonction au débiteur de restituer ou de délivrer le bien, et de manière indéterminée, c'est-à-dire sans désignation précise d'un tiers détenteur ? Admettre la licéité du procédé permettrait au créancier de faire l'économie d'une nouvelle requête au juge de l'exécution, et à ce dernier d'une seconde ordonnance d'injonction. Aucun texte ne semble *a priori* le prohiber ; mais compte tenu, d'abord des difficultés qui peuvent surgir si le tiers prétend détenir pour son propre compte, on peut être assez réticent quant à l'usage de ce procédé. Une autre raison, celle-là plus processuelle, conduit à le condamner : l'ordonnance d'injonction d'avoir à restituer ou délivrer le bien, rendue contre le débiteur par le juge de l'exécution, ne devient pas tout de suite un titre exécutoire, contrairement à celle rendue contre le tiers et dont il est question ici. Si une seule ordonnance était rendue à la fois contre le débiteur et tout tiers détenteur indéterminé, c'est-à-dire non identifié précisément, et si elle était notifiée au débiteur et exécutée contre un tiers qui restituerait le bien alors que le débiteur peut encore faire opposition, il en résulterait qu'au cas où ce dernier ferait opposition, la restitution se trouverait avoir été effectuée sans titre exécutoire, alors qu'un tel document est expressément requis par l'article D 146.

Le juge de l'exécution devra exiger du créancier qu'il justifie de l'existence d'un titre exécutoire contre le débiteur, avant de rendre son ordonnance contre le tiers détenteur. Il s'agit là d'une condition de recevabilité de la requête du créancier, résultant implicitement de cet article.

La ***quatrième formalité*** est l'appréhension qui donne lieu à la rédaction par l'huissier de justice, d'un acte de remise volontaire ou d'appréhension, l'article D 148, alinéa l, renvoyant aux dispositions de l'article

D 143. Cet acte rend compte, outre du mode de récupération du bien[14], de l'état détaillé de ce dernier, illustré éventuellement de photographies. Ces mentions ne sont pas sanctionnées. « *Il en est dressé acte conformément aux dispositions de l'article 143. Une copie de cet* acte est remise ou notifiée au tiers par lettre recommandée avec demande d'avis de réception » (art. D 148, al. 2).

La ***cinquième formalité*** est l'information de la personne tenue de la remise (dénonciation de la remise). L'article D 148, alinéa 3, dispose que la personne tenue de la remise, c'est-à-dire celle visée dans le titre exécutoire, doit être informée « *comme il est dit aux articles* (D) *144...* ». Cela signifie qu'une copie de l'acte de remise ou d'appréhension doit lui être adressée en recommandé avec accusé de réception.

Les modalités de la saisie-appréhension sont quelque peu différentes, lorsqu'il s'agit d'aboutir à la vente du bien.

Section 2
La « saisie-apprehension-vente »[15]

332. Nous venons de voir que la saisie-appréhension est la procédure permettant au créancier d'une obligation constatée dans un titre exécutoire, de livraison ou de restitution d'un bien meuble corporel, de faire appréhender ledit bien par un huissier de justice. Conçue pour que le propriétaire puisse récupérer ou obtenir la livraison de son bien, les auteurs de la réforme ont également prévu que la saisie-appréhension aboutisse exceptionnellement à la vente du bien appréhendé. Elle est alors une saisie-vente spécifique dont dispose seulement le créancier gagiste titulaire d'un gage sans dépossession portant sur un meuble corporel du débiteur[16].

Pourquoi une telle anomalie dans le schéma général des nouvelles procédures d'exécution ? Il est aisé d'objecter que le créancier gagiste n'est pas propriétaire du bien et qu'il peut d'ailleurs recourir à la saisie-vente. Cette anomalie n'a qu'un seul but : permettre au créancier gagiste de bénéficier d'un accès à la procédure spéciale d'obtention d'une ordonnance d'injonction de restituer ou de remettre le bien, qui

14. Remise ou appréhension.

15. G. Taormina, *La saisie-appréhension du créancier titulaire d'un gage sans dépossession : la « saisie-appréhension-vente »*, fasc. 635, in *Droit de l'exécution forcée*, éd. *Journal des Notaires et des Avocats*, juin 1999.

16. Hypothèque fluviale, maritime ou aérienne, gage des véhicules automobiles achetés à crédit, nantissement de films cinématographiques, nantissement de biens d'équipement professionnel, warrants agricoles, warrant hôtelier, warrant pétrolier.

devient un titre exécutoire si elle n'est pas frappée d'opposition[17]. Il eût été plus cohérent de prévoir au bénéfice exclusif du créancier gagiste une procédure comparable dans le cadre de la saisie-vente. Le juge de l'exécution aurait alors rendu à la demande du créancier gagiste, une ordonnance d'injonction d'avoir à remettre le bien gagé, susceptible comme dans la saisie-appréhension, d'opposition.

Le créancier gagiste titulaire d'un gage sans dépossession du débiteur dispose donc de deux procédures pour aboutir à la vente du bien saisi : la saisie-appréhension aboutissant à la vente du bien appréhendé et la saisie-vente. Nous verrons qu'il n'existe pas de procédure de ce type concernant les biens placés à l'intérieur d'un coffre-fort.

Saisie d'exécution, cette saisie-appréhension nécessite comme l'autre un titre exécutoire (art. L 56 et D 139). La procédure spéciale d'obtention d'un titre exécutoire de la compétence du juge de l'exécution est la même que dans la saisie-appréhension classique. On se reportera donc à ce propos, à nos précédents développements.

Qu'elle ait lieu entre les mains du débiteur ***(§ 1)*** ou d'un tiers détenteur ***(§ 2)***, ses modalités diffèrent bien sûr de celles de la saisie-appréhension de droit commun, puisqu'il s'agit ici pour le créancier de faire vendre le bien gagé pour se payer sur son prix.

§ 1. L'« appréhension-vente » entre les mains du débiteur

333. Le débiteur est la personne visée dans le titre exécutoire, quelle que soit la nature de celui-ci. La procédure de saisie *stricto sensu* nécessite l'accomplissement de trois ou quatre formalités successives selon les cas : ***1°*** la signification d'un commandement de remettre le bien au créancier gagiste[18] ; ***2°*** la rédaction d'un acte de remise volontaire ou d'appréhension du bien (art. D 143 et D 144)[19] ; ***3°*** la remise ou la signification au débiteur, d'un procès-verbal de « saisie-appréhension-vente ».

L'article D 145 dispose d'abord que l'acte d'appréhension vaut saisie sous la garde du créancier et qu'il doit être procédé à la vente suivant les modalités prévues aux articles D 107 à D 116.

17. Cf. *supra*, n° 328. Le créancier gagiste semble toutefois encore disposer d'une procédure plus sûre pour obtenir ce titre : celle de l'article L. 521-3 du Code de commerce (anc. C. com., art. 93). Mais pour l'appréhension *stricto sensu*, il lui faudra désormais observer les règles des nouvelles procédures de saisie-appréhension (Cass. 1re civ., 24 novembre 1993, *Bull. civ.* I, n° 348, *RTD civ.* 1994, p. 174, obs. R. Perrot).

18. Cf. *supra*, n° 329.

19. *Ibid.*

Lorsque le bien est appréhendé *stricto sensu* pour être remis à un créancier gagiste, l'article D 145 impose l'accomplissement d'une quatrième formalité : la remise ou la signification[20] au débiteur, c'est-à-dire à celui qui doit l'obligation garantie par le gage, d'un acte contenant à peine de nullité : ***1°*** Une copie de l'acte de remise ou d'appréhension selon le cas ; ***2°*** L'indication du lieu où le bien est déposé ; ***3°*** Le décompte distinct des sommes réclamées en principal, frais et intérêts échus ainsi que l'indication du taux des intérêts ; ***4°*** L'indication en caractères très apparents que le débiteur dispose d'un délai d'un mois pour procéder à la vente amiable du bien saisi, conformément aux dispositions des articles D 107 à D 109, et la date à partir de laquelle, à défaut de vente amiable dans ce délai, il pourra être procédé à la vente forcée aux enchères publiques ; ***5°*** La reproduction des articles D 107 à 109.

Le débiteur saisi se trouve ainsi informé que s'il n'a pas procédé lui-même à la vente du bien dans un délai d'un mois, il sera procédé à sa vente forcée, à moins que le créancier gagiste saisissant ait préféré ensuite se faire attribuer le bien en paiement, en application des dispositions de l'article 2347 du Code civil[21].

Les formalités de la vente sont celles de la saisie-vente ordinaire de biens mobiliers corporels. Elle est donc, comme nous l'avons vu[22], volontaire ou forcée (art. L 52). L'article D 108, alinéa 5, dispose qu'« *Il ne peut être procédé à la vente forcée qu'après l'expiration du délai d'un mois prévu à l'article* (D) *107*[23], augmenté, s'il y a lieu[24], *du délai de quinze jours imparti aux créanciers pour donner leur réponse* »[25]. Toutefois, il n'y aura lieu d'accomplir les formalités prévues par le décret de 1992 en vue d'aboutir à la vente du bien saisi, que si le créancier gagiste n'a pas usé de la faculté prévue par l'article 2347 du Code civil ayant effectivement abouti à une attribution pure et simple du bien gagé en paiement. En effet, du fait de la saisie, le gage n'est plus un gage sans dépossession du débiteur, mais devient un gage classique.

---

20. Ce n'est pas, cette fois, la simple notification prévue par l'article D 144.
21. C. civ., anc. art. 2078.
22. Cf. *infra,* n°s 316 et s.
23. À compter de la notification de l'acte de saisies.
24. C'est-à-dire s'ils ne l'ont pas fait avant expressément.
25. En réalité, deux situations peuvent être rencontrées : ***1°*** Au bout d'un mois, le débiteur n'ayant informé l'huissier de l'existence d'aucune offre d'achat de gré à gré, il peut être procédé à la vente forcée ; ***2°*** Le débiteur ayant informé l'huissier des offres d'achat que celui-ci a notifiées aux créanciers, il faudra attendre d'abord l'expiration du délai de quinze jours à eux imparti pour répondre, leur silence valant acceptation de ces offres ; puis l'expiration du délai convenu avec l'acheteur pour consigner le prix.
La vente forcée obéit ici, à la fois aux règles des articles D 110 à D 116, et aux dispositions spéciales de l'article D 233. Il résulte de l'ensemble de ces dispositions, la nécessité d'accomplir quatre formalités ou séries de formalités, dont la première est éventuelle.

Aux termes des dispositions de l'article 2347 du Code civil, « *Le créancier peut aussi faire ordonner en justice que le bien lui demeurera en paiement. /Lorsque la valeur du bien excède le montant de la dette garantie, la somme égale à la différence est versée au débiteur ou, s'il existe d'autres créanciers gagistes, est consignée* ». Le pacte commissoire[26] reste prohibé. Lorsque le créancier gagiste n'a pas usé de la faculté prévue par l'article 2347 du Code civil, ou que, en ayant usé, cela n'a pas abouti à une attribution pure et simple du bien gagé en paiement, il y aura alors lieu de faire application des dispositions du décret de 1992 sur la saisie-vente[27].

§ 2. L'« appréhension-vente » entre les mains d'un tiers

334. La procédure nécessite l'accomplissement de cinq formalités successives : ***1°*** la signification au tiers d'une sommation de remettre le bien[28] ; ***2°*** la dénonciation de la sommation au débiteur[29] ; ***3°*** la saisine du juge de l'exécution, afin d'obtenir une ordonnance d'injonction au tiers de remettre le bien au créancier gagiste, et comportant, le cas échéant, autorisation de pénétrer dans le local servant à l'habitation du tiers[30] ; ***4°*** l'appréhension qui donne lieu à la rédaction d'un acte de remise volontaire ou d'appréhension[31] ; ***5°*** la remise ou la signification au débiteur, d'un procès-verbal de « saisie-appréhension-vente » (dénonciation de la saisie).

L'article D 148, alinéa 3, dispose qu'« ... *après l'enlèvement, la personne tenue de la remise en est informée comme il est dit* (à l'article)... *145*... ». Or, l'article D 145 impose l'accomplissement de la remise ou la signification[32] au débiteur, c'est-à-dire à celui qui doit l'obligation garantie par le gage, d'un acte contenant à peine de nullité : ***1°*** Une copie de l'acte de remise ou d'appréhension selon le cas ; ***2°*** L'indication du lieu où le bien est déposé ; ***3°*** Le décompte distinct des sommes réclamées en principal, frais et intérêts échus ainsi que l'indication du taux des intérêts ; ***4°*** L'indication en caractères très apparents que le débiteur dispose d'un délai d'un mois pour procéder à la vente amiable du bien saisi, conformément aux dispositions des articles D 107 à D 109, et la date à partir de laquelle, à défaut de vente amiable dans ce délai, il pourra

26. Sur cette notion, cf. *supra*, n° 50.
27. Cf. *supra*, n°s 299 et s.
28. Cf. *supra*, n° 331.
29. *Ibid.*
30. *Ibid.*
31. *Ibid.*
32. Ce n'est pas cette fois la simple notification prévue par l'article D 144.

être procédé à la vente forcée aux enchères publiques ; *5°* La reproduction des articles D 107 à D 109.

Le débiteur saisi se trouve ainsi informé que s'il n'a pas procédé lui-même à la vente du bien dans un délai d'un mois, il sera procédé à sa vente forcée, à moins que le créancier gagiste saisissant n'ait préféré ensuite se faire attribuer le bien en paiement en application des dispositions de l'article 2347 du Code civil.

Les modalités de la vente sont identiques à celles de la saisie effectuée directement entre les mains du débiteur. On se reportera, une fois encore, à nos précédents développements[33].

33. Cf. *supra*, n°s 299 et s.

Titre II
Les mesures conservatoires

335. Pour pouvoir faire réaliser le patrimoine de son débiteur et se payer sur le prix, il faut avoir une créance constatée dans un titre exécutoire. En attendant d'en obtenir un, le créancier impayé n'est pas démuni. Faute de pouvoir recouvrer immédiatement sa créance, il va pouvoir au moins en garantir le recouvrement, soit en empêchant le débiteur de disposer de ses biens en faisant pratiquer une saisie conservatoire qui sera convertie en saisie d'exécution sitôt obtenu le titre exécutoire, soit en prenant sur certains de ses biens des sûretés.

Des mesures conservatoires, seules les saisies ont donc pour effet de rendre le bien saisi indisponible (art. L 74). Quelle que soit la saisie considérée, elle ne peut de toute façon porter que sur des biens mobiliers. Il n'y a toujours pas de saisie conservatoire des immeubles. La saisie pourra porter sur les meubles corporels ou certains meubles incorporels. Ayant toujours vocation à être convertie en saisie d'exécution, la saisie conservatoire aboutira, selon son type, à une saisie-appréhension, à une saisie-attribution ou à une saisie-vente. Les règles que nous allons exposer avant d'entreprendre l'étude de chaque mesure conservatoire, figurent aux articles L 67 à L 73, D 156, D 157 et D 210 à D 219.

Nous envisagerons successivement, les dispositions communes aux mesures conservatoires ***(sous-titre I)*** les saisies conservatoires ***(sous-titre II)***, puis les sûretés judiciaires ***(sous-titre III)***.

Sous-titre I
Dispositions communes aux mesures conservatoires[1]

336. Le régime des ***sûretés conservatoires***, celles non consenties par le débiteur, a été entièrement refondu par la loi n° 91-650 du 9 juillet 1991. D'abord, il n'est plus question de parler systématiquement de sûretés judiciaires, puisqu'une autorisation judiciaire n'est nécessaire au créancier que s'il ne possède pas l'un des titres énumérés à l'article L 68[2]. La réforme opérée en 1991-1992 a multiplié le nombre des sûretés octroyées au créancier sans le consentement du débiteur. Tandis que l'hypothèque d'immeubles et le nantissement de fonds de commerce existaient déjà, la réforme a ouvert aux créanciers la possibilité de prendre des nantissements également sur les parts sociales et les valeurs mobilières appartenant aux débiteurs (art. L 77), ce qui n'était pas possible auparavant. Toutes ces sûretés comportent des caractéristiques et des effets communs. Leur physionomie générale est toujours la même et se caractérise par la nécessité de deux publicités. La première, dite provisoire, rend la sûreté opposable aux tiers à compter du jour de son accomplissement (art. L 78, al. 1). Mais cet effet cessera si cette publicité n'est pas confirmée dans un certain délai, par une deuxième publicité dite définitive (art. L 78, al. 2). Nous verrons que les titres énoncés par l'article L 68 permettent également de recourir à une saisie conservatoire, sans autorisation judiciaire préalable[3].

Parmi les mesures conservatoires, seules ***les saisies*** ont pour effet de rendre le bien saisi indisponible (art. L 74). Quelle que soit la saisie considérée, elle ne peut, de toute façon, porter que sur des biens

---

1. G. Taormina, *Les constantes des mesures conservatoires*, fasc. 305, in *Droit de l'exécution forcée*, éd. *Journal des Notaires et des Avocats*, novembre 2004.
2. Cf. *supra*, n° 128.
3. La procédure d'autorisation judiciaire préalable, commune à toutes les mesures conservatoires, saisies et sûretés, ne saurait être comparée à l'ancienne autorisation judiciaire qui était toujours requise, même lorsque le créancier poursuivant l'exécution avait un titre exécutoire, sauf en matière d'hypothèque des jugements de condamnation, improprement qualifiée par le Code civil de judiciaire (C. civ., art. 2396), alors qu'il s'agit d'une hypothèque légale. Lorsqu'il y a lieu à autorisation judiciaire préalable, nous verrons qu'elle ne suffit pas et ne permet que de commencer les opérations, en attendant que le créancier obtienne un titre exécutoire.

mobiliers. Il n'existe pas de saisie conservatoire des immeubles. La saisie conservatoire pourra porter sur les meubles corporels ou sur certains meubles incorporels. Ayant toujours vocation à aboutir à une saisie d'exécution, la saisie conservatoire aboutira, selon son type, à une saisie-appréhension, à une saisie-attribution ou à une saisie-vente. Il convient de distinguer deux types de saisies conservatoires : la saisie destinée à obtenir la restitution ou la livraison d'un bien mobilier corporel (la saisie-revendication) et les saisies destinées à obtenir le paiement d'une somme d'argent. Il résulte implicitement des dispositions de l'article D 216 que les saisies conservatoires peuvent être pratiquées entre les mains de tiers, c'est-à-dire sans restrictions, dès lors qu'ils détiennent, à quelque titre que ce soit, les biens ou les fonds du débiteur[4].

337. Quant à l'incidence de l'ouverture d'une procédure collective du Code de commerce, notons ici concernant les ***actes accomplis pendant la période suspecte***, qu'aux termes de l'article L. 632-1 du Code de commerce, « I. - *Sont nuls, lorsqu'ils sont intervenus depuis la date de cessation des paiements, les actes suivants : ... 6° Toute hypothèque conventionnelle, toute hypothèque judiciaire ainsi que l'hypothèque légale des époux et tout droit de nantissement ou de gage constitués sur les biens du débiteur pour dettes antérieurement contractées ; 7° Toute mesure conservatoire, à moins que l'inscription ou l'acte de saisie ne soit antérieure à la date de cessation de paiement ; ...* ». Mais la conversion d'une saisie conservatoire en saisie-attribution avant le jugement d'ouverture de la procédure collective, fait obstacle, du fait de l'effet d'attribution immédiate de la saisie-attribution, à cette nullité[5].

Les règles que nous allons exposer dans le cadre de ce sous-titre premier, sont communes à toutes les mesures conservatoires. En effet, quelle que soit la forme que revêt la mesure conservatoire entreprise, saisie ou sûreté, un certain nombre de règles communes sont applicables.

4. Lorsque la saisie est pratiquée entre les mains d'un tiers, sa notification, c'est-à-dire sa dénonciation au débiteur, ***interrompt la prescription*** de la créance qui constitue la cause de cette mesure (art. L. 71). On peut déduire de ce principe, conformément au droit antérieur, que lorsque la saisie est pratiquée directement entre les mains du débiteur, c'est le premier acte de la saisie signifié à ce dernier qui interrompt la prescription. D'une manière générale, la prescription courant entre le créancier poursuivant et le débiteur est interrompue par le premier acte informant le débiteur de la saisie entreprise. L'inscription d'une sûreté n'interrompt, en revanche, aucune prescription, contrairement à la solution générale induite par les termes de l'article L. 71. Il n'y a, en effet, aucune raison de conférer à ces sûretés particulières un effet que les sûretés conventionnelles n'ont pas. Il convient de ne voir dans l'emploi du terme générique de « mesures » à l'article L. 71, qu'une équivoque de langage.

5. En ce sens, sous l'empire de l'article L. 621-107.7° ancien du Code de commerce, Cass. com., 10 décembre 2002, *Bull. civ.* IV, n° 191, *D.* 2003, somm., p. 1473, obs. G. Taormina, revirement par rapport à Cass. com., 12 octobre 1999, *Bull. civ.* IV, n° 166 ; 29 avril 2003, *Bull. civ.* IV, n° 63.

Elles figurent aux articles L 67 à L 73 et aux articles D 156, D 157 et D 210 à D 219. Il convient d'envisager successivement les conditions de mise en œuvre des mesures conservatoires ***(chapitre 1)***, les contestations et autres demandes ***(chapitre 2)***.

Chapitre 1
Les conditions de mise en œuvre

338. Elles concernent la créance à recouvrer ***(section 1)***, les titres requis ***(section 2)*** et, si nécessaire, leur exécution forcée en certaines circonstances ***(section 3)***.

Section 1
Les conditions relatives à la créance à recouvrer

339. Elles sont énoncées par les dispositions des articles L 67, alinéa 1, et D 210, alinéa 1 : une créance paraissant fondée en son principe ; des circonstances susceptibles d'en menacer le recouvrement. Il n'y a là aucune nouveauté par rapport au droit antérieur. La nécessité que la créance paraisse fondée en son principe est une condition qui avait été dégagée par la jurisprudence sous l'empire des anciens textes. Elle relève de l'appréciation souveraine des juges du fond. Cette condition ne doit pas être confondue avec une exigence supérieure qui n'est pas requise : une créance considérée comme certaine en son principe. Par conséquent, une créance sous condition suspensive ou même purement éventuelle, peut suffire à justifier le recours à une mesure conservatoire. Ces solutions devront être conservées sous l'empire des textes actuels. C'est essentiellement l'insolvabilité du débiteur avérée, à craindre, ou partielle qui constitue la circonstance susceptible de menacer le recouvrement de la créance, et donc justifiant le recours aux mesures conservatoires. Par conséquent, elle fait défaut lorsque cette insolvabilité n'est ni établie, ni à craindre ou encore, lorsque le débiteur fait des offres sérieuses de garanties hypothécaires. L'évaluation de ces circonstances relève, une fois encore, de l'appréciation souveraine des juges du fond.

Pour permettre la mise en œuvre d'une mesure conservatoire, la créance doit paraître fondée en son principe (art. L 67, al. 1) ***(§ 1)*** et il doit exister des circonstances susceptibles d'en menacer le recouvrement (art. D 210, al. 1) *(§ 2)*.

§ 1. Une créance paraissant fondée en son principe

340. Cette condition avait été dégagée par la jurisprudence antérieure, sous l'empire des articles 48 à 57 de l'ancien Code de procédure civile[1]. Ce point relève de l'appréciation souveraine des juges du fond[2], mais le juge doit motiver de manière concrète sa décision[3].

Il suffit que la créance paraisse simplement fondée en son principe. Il n'est donc pas nécessaire qu'elle soit effectivement fondée en son principe. Mais elle ne doit pas présenter un caractère incertain et litigieux[4]. Ne constitue pas un obstacle à la décision du juge de l'exécution, le fait que l'existence de la créance fut tributaire d'une question litigieuse relevant de la compétence exclusive d'une juridiction du fond. [5] Le fait que le débiteur soit pénalement poursuivi ne fait pas non plus obstacle à ce que le juge de l'exécution saisi par le créancier victime de l'infraction autorise une mesure conservatoire, après avoir estimé la créance invoquée, fondée en son principe[6].

Cette condition ne doit pas être confondue avec une exigence supérieure qui n'est pas requise : une créance considérée comme certaine en son principe ou fondée en son principe ou encore, un principe certain de créance, expressions équivalentes[7]. Par conséquent, le fait pour le

1. Cass. 1re civ., 13 mai 1986, *Bull. civ.* I, n° 129, *D.* 1986, jur., p. 389, note J. Prévault, *RTD civ.* 1987, p. 157, obs. R. Perrot. Ainsi, la nécessité de faire application à une succession d'une règle de conflit de lois pouvant conduire à l'application d'une règle de droit étranger, induit une incertitude permettant de conclure que la créance alléguée n'est pas fondée en son principe (Cass. 1re civ., 16 avril 1996, *Bull. civ.* I, n° 183). Constitue au contraire une créance paraissant fondée en son principe, ayant justifié qu'une hypothèque conservatoire soit prise sur un immeuble appartenant à un héritier qui a vendu sans en référer à personne un immeuble dépendant de la succession, celle invoquée à l'appui de cette mesure par le frère de celui qui la subit (Cass. 2e civ., 6 juillet 2000, n° 98-18.010).

2. Cass. 1re civ., 2 février 1999, *Bull. civ.* I, n° 37 ; Cass. 2e civ., 6 juillet 2000, n° 98-18.010 ; Cass. 2e civ., 4 octobre 2001, n° 99-21.330 ; Cass. 2e civ., 20 décembre 2001, n° 00-13.318 ; Cass. 2e civ., 30 mai 2002, n° 00-19.039 ; Cass. 2e civ., 19 décembre 2002, *Bull. civ.* II, n° 294 ; Cass. 2e civ., 3 avril 2003, n° 99-21.024 ; Cass. 2e civ., 29 janvier 2004, *Bull. civ.* II, n° 35 ; Cass. 2e civ., 6 mai 2004, n° 02-19.063.

3. Pour un contrôle de l'existence de cette motivation concrète, voir à titre d'application, Cass. 2e civ., 8 mars 2001, n° 99-11.177 ; Cass. 2e civ., 16 octobre 2003, n° 01-17.027.

4. Cass. 2e civ., 5 juillet 2001, n° 99-19.997.

5. Lorsqu'il en est ainsi, il entre néanmoins dans les pouvoirs du juge de l'exécution d'apprécier si elle est ou non fondée en apparence (Cass. 2e civ., 19 décembre 2002, *Bull. civ.* II, n° 294, *Procédures*, mai 2002, comm. 114, obs. R. Perrot ; Cass. 2e civ., 20 novembre 2003, *Bull. civ.* II, n° 350, *Procédures*, février 2004, obs. R. Perrot).

6. Cass. 2e civ., 20 novembre 2003, *Bull. civ.* II, n° 350. En raison de sa nature provisoire, cette décision ne porte toutefois pas atteinte à la présomption d'innocence.

7. Cass. 2e civ., 8 juin 2000, n° 98-19.529 ; Cass. 2e civ., 8 novembre 2001, n° 00-13.235 ; Cass. 3e civ., 3 juillet 1991, *Bull. civ.* III, n° 201.

créancier de ne pas avoir encore obtenu de titre exécutoire fixant de manière certaine le montant de la créance contre une société civile et de n'avoir pas encore poursuivi vainement celle-ci conformément à l'article 1858 du Code civil, ne fait pas obstacle à la possibilité de poursuivre une mesure conservatoire à l'encontre de ses associés[8]. En outre, une créance sous condition suspensive ou même purement éventuelle, peut suffire à justifier le recours à une mesure conservatoire[9].

Le juge de l'exécution saisi sur requête d'une demande d'autorisation n'a pas, à cette occasion, à procéder à une étude approfondie du litige opposant le cas échéant sur le fond le créancier au débiteur[10]. Enfin, une mesure conservatoire peut n'être autorisée que pour partie de la créance alléguée, celle-ci ne paraissant fondée que partiellement en son principe[11].

§ 2. Des circonstances susceptibles de menacer le recouvrement de la créance[12]

341. Ces circonstances sont essentiellement l'insolvabilité du débiteur, avérée ou à craindre, totale ou partielle, et qui, par définition, sont susceptibles de menacer le recouvrement de la créance, et donc justifient le recours aux mesures conservatoires[13]. Ce risque d'insolvabilité peut aussi résulter implicitement du montant de la créance à recouvrer[14]. *A*

8. Cass. com., 9 octobre 2001, *Bull. civ.* IV, n° 164, qui censure l'arrêt ayant exigé la preuve d'une créance contre la société, pour autoriser une mesure conservatoire contre ses associés.

9. Cass. com., 21 octobre 1964, *Bull. civ.* III, n° 437, *D.* 1965, jur., p. 239, *GP* 1964, 2, p. 422, *RTD civ.* 1965, p. 431, obs. P. Raynaud.

10. C'est ce que rappelle la cour d'appel de Paris saisie d'un appel contre une ordonnance de rejet de la requête d'un créancier aux fins d'être autorisé à recourir à des mesures conservatoires et fondé sur le caractère fautif de la résiliation d'un contrat (CA Paris, 8e ch., B, 21 mars 2002, *SA HPI c/Soc. Contact Médias et Médiatique* : « *...il n'appartient pas au juge de l'exécution ou à la cour statuant sur appel de sa décision, juge de l'apparence, d'apprécier aux lieu et place du juge du fond le caractère fautif de la résiliation du contrat* »).

11. Cass. 2e civ., 2 mars 2000, n° 98-10.175.

12. Notons que le Code de procédure civile de la Polynésie française, en son article 274, requiert l'urgence ou le péril dans le recouvrement de la créance, critères relevant également du pouvoir souverain d'appréciation du juge du fond (en ce sens, Cass. 2e civ., 4 octobre 2001, n° 99-11.434).

13. Cass. com., 14 décembre 1966, *Bull. civ.* IV, n° 482 ; Cass. com., 22 mai 1979, *Bull. civ.* IV, n° 171 ; Cass. com., 20 avril 1982, *Bull. civ.* IV, n° 132 ; Cass. 2e civ., 28 octobre 1999, n° 98-10.780.

14. Cass. 2e civ., 16 décembre 1999, n° 98-14.912 ; Cass. 2e civ., 8 novembre 2001, n° 00-17.058.

contrario, ces mesures ne se justifient pas lorsque cette insolvabilité n'est ni établie, ni à craindre[15] ou encore, lorsque le débiteur fait des offres sérieuses de garanties hypothécaires[16].

Ces circonstances semblent aussi pouvoir résulter du contexte particulier dans lequel est née la créance dont il convient d'assurer le recouvrement[17]. L'appréciation de ces circonstances relève du pouvoir souverain des juges du fond[18]. Il convient cependant de noter que la Cour de cassation contrôle au moins l'existence d'une appréciation réelle par la juridiction du fond et relate à chaque fois les circonstances de fait sur lesquelles celle-ci s'est fondée. Le créancier saisissant a, bien sûr, la charge de la preuve des circonstances mettant en péril le recouvrement de sa créance[19].

Il est possible à tout moment pour le juge saisi d'une demande de mainlevée, de constater que les conditions prescrites par l'article L 67 ne sont plus réunies, notamment parce que la dette s'est éteinte en tout ou partie, en raison de paiements.

Section 2
Les titres requis

342. Il n'est pas nécessaire d'avoir un titre exécutoire pour pouvoir recourir aux mesures conservatoires. Toutefois, la question de savoir si le créancier poursuivant dispose ou non d'un tel titre influe sur la physionomie générale de la mesure. Lorsqu'il est nécessaire que l'huissier de justice pénètre de force dans un local où sont supposés se trouver des

15. En ce sens, CA Caen, 10 décembre 1963, *JCP éd. G* 1964, II, n° 13716, obs. J. A. ; CA Paris, 30 mai 1973, *D.* 1974, som., p. 16 ; CA Limoges, 15 février 1979, *GP* 1979, 1, som., p. 265 ; Cass. 3e civ., 28 juin 1977, *Bull. civ.* III, n° 288.

16. En ce sens, TGI Belfort, 15 juin 1960, *D.* 1960, som., p. 116, *JCP éd. G* 1960, II, n° 11 707 ; CA Dijon, 22 mars 1994, *Rev. huissiers.* 1994, p. 1009.

17. Constituent ainsi, par exemple, des circonstances susceptibles de menacer le recouvrement d'une créance paraissant fondée en son principe, ayant justifié qu'une hypothèque conservatoire soit prise sur un immeuble appartenant à un héritier, le fait pour celui-ci d'avoir vendu, sans en référer à personne, un immeuble dépendant de la succession (Cass. 2e civ., 6 juillet 2000, n° 98-18.010, arrêt dans lequel il n'est fait aucune allusion à l'éventuelle insolvabilité de celui contre qui l'hypothèque conservatoire a été prise).

18. Cass. 2e civ., 19 octobre 2000, n° 98-23.473 ; Cass. 2e civ., 23 novembre 2000, n° 99-13.146 ; Cass. 2e civ., 30 mai 2002, n° 00-19.039.

19. CA Paris, 8e ch. B, 16 avril 2000, *Trésorier principal du 16e arrdt, D.* 2000, IR, p. 284.

biens à saisir, un titre exécutoire, un commandement préalable voire une autorisation spéciale de saisir seront parfois nécessaires.

Lorsque le créancier poursuivant dispose d'un titre exécutoire, non seulement il n'a besoin d'aucune autorisation pour faire procéder à une mesure conservatoire, mais il échappe à la caducité spéciale encourue au bout d'un mois à partir de l'exécution de la mesure prévue par l'article D 215. Lorsqu'il possède un titre exécutoire, il aura rarement recours à une mesure conservatoire préalable, puisqu'il pourra avoir directement accès aux saisies d'exécution. Il n'y aura recours en pratique, en cas de saisie de meubles corporels, que s'il redoute que le débiteur ne mette à profit le délai de huit jours séparant le commandement de payer du procès-verbal de saisie (art. D. 88) pour faire disparaître malhonnêtement des objets de faible volume et de grande valeur (bijoux par exemple) ; dans cette hypothèse, le créancier porteur d'un titre exécutoire sera bien inspiré, de faire précéder les opérations de saisie-vente d'une saisie conservatoire *(§ 1)*.

Lorsque le créancier poursuivant ne dispose pas d'un titre exécutoire, une autorisation judiciaire préalable délivrée sur requête par le juge de l'exécution n'est pas toujours nécessaire, mais le créancier devra, sous peine de caducité de la mesure conservatoire mise en œuvre, introduire une procédure au fond ou accomplir les formalités nécessaires à l'obtention d'un titre exécutoire.

Aucune autorisation préalable n'est nécessaire lorsque le créancier dispose de l'un des titres d'exécution qui ne constituent pas des titres exécutoires, énumérés par l'article L. 68 (art. D 210) *(§ 2)*.

Quant à la ***charge des frais de mesures conservatoires***, nous avons vu[20] que cette question était régie par un principe indépendant de la question de savoir si le créancier possède ou non un titre exécutoire au moment de la mainlevée ou de la poursuite à terme de la procédure : les frais sont à la charge du débiteur, sauf décision contraire du juge, à l'issue de la procédure (art. L 73, al. 1).

§ 1. Le créancier poursuivant dispose d'un titre exécutoire

343. Lorsque le créancier dispose d'un titre exécutoire, au sens de l'article L. 3, non seulement il n'a besoin d'aucune autorisation pour faire procéder à une mesure conservatoire, mais il échappe à la caducité spéciale encourue au bout d'un mois à partir de l'exécution de la mesure prévue contre les créanciers qui n'ont pas de titre exécutoire (art. D 215).

20. Cf. *supra*, n°s 21 et 22.

B.U. BREST

§ 2. Le créancier poursuivant ne dispose pas d'un titre exécutoire

344. Une autorisation préalable d'un juge de l'exécution est, en principe, nécessaire, mais il existe des exceptions à ce principe *(A)*. Dans tous les cas, le créancier devra, sous peine de caducité de la mesure conservatoire mise en œuvre, introduire une procédure au fond ou accomplir les formalités nécessaires à l'obtention d'un titre exécutoire *(B)*.

A La procédure d'autorisation préalable

345. Nous avons précédemment évoqué les titres d'exécution qui ne constituent pas des titres exécutoires. Ils sont énumérés par l'article L 68[21]. Nous avons conclu qu'une ordonnance d'autorisation de pratiquer une mesure conservatoire, quelle qu'en soit la nature, saisie ou sûreté, n'était pas requise dès lors que le créancier pouvait justifier de sa créance au moyen d'une décision de justice non encore exécutoire[22], un chèque impayé, une lettre de change acceptée impayée, d'un billet à ordre et un contrat écrit de louage d'immeuble.

En revanche, l'autorisation préalable du juge de l'exécution donnée par ordonnance sur requête[23] est toujours nécessaire lorsque le créancier

21. Cf. *supra*, n° 128. Une sentence arbitrale est une décision de justice au sens de l'article L. 68 (Cass. 2e civ., 12 octobre 2006, *Bull. civ.* II, n° 270). Une ordonnance d'injonction de payer n'est une décision de justice au sens de l'article L. 68, qu'en l'absence d'opposition dans le mois de sa signification (Cass. 2e civ., 13 septembre 2007, *Bull. civ.* II, n° 218).

22. Voir, à propos d'un jugement de divorce allouant une prestation compensatoire non encore exécutoire, Cass. 2e civ., 17 octobre 2002, *Bull civ.* II, n° 230.
Il s'agit des décisions non exécutoires par provision, encore susceptibles d'une voie de recours ordinaire ou faisant l'objet d'une voie de recours ordinaire pendante. Cette possibilité de recourir aux mesures conservatoires en attendant qu'il ait été statué sur la voie de recours ordinaire interjetée, avait également été prévue en matière d'exequatur par les dispositions de l'article 39 des Conventions de Bruxelles du 27 septembre 1968 et de Lugano du 16 septembre 1988 sur la compétence judiciaire et l'exécution des décisions en matière civile et commerciale. La même solution a été reprise à l'article 47, alinéa 3, du Règlement CE n° 44/2001 du Conseil, du 22 décembre 2000, entré en vigueur le 1er mars 2002, et remplaçant les Conventions de Bruxelles et Lugano. La décision qui accorde l'exécution, soit le jugement d'exequatur rendu en première instance, emporte l'autorisation de procéder à ces mesures.

23. Le créancier aura le plus souvent recours, en pratique, à la procédure sur requête, c'est-à-dire à la procédure non contradictoire qui permettra, si nécessaire, de surprendre le débiteur, afin que ce dernier n'ait pas le temps de mettre ses biens à l'abri des mesures conservatoires autorisées. Mais il n'est pas interdit de solliciter l'autorisation préalable de recourir aux mesures conservatoires, dans le cadre de la procédure contradictoire (voir, pour une application, Cass. 2e civ., 6 juillet 2000, *Bull. civ.* II, n° 118).

ne possède aucun des titres énumérés à l'article L 68 (art. D 210). Cette autorisation est également requise lorsque le créancier possède une lettre de change acceptée ou un billet à ordre impayés pour faire procéder à une saisie conservatoire (C. com., art. L. 511-51 et L. 512-3).

En cas de ***rejet de la demande d'autorisation*** de pratiquer une mesure entre les mains d'un tiers, le créancier ne saurait solliciter et obtenir l'autorisation de pratiquer la même mesure entre les mains d'un autre tiers, mais sur les mêmes sommes et en garantie de la même créance, en raison de l'autorité de la chose jugée attachée à la première décision[24].

La ***juridiction compétente pour délivrer cette autorisation***, qui prend la forme d'une ordonnance, est le juge de l'exécution[25] du lieu où demeure le débiteur[26]. Ce juge est celui du tribunal de grande instance, si la cause de la mesure est civile, et le président du tribunal de commerce[27], si la cause de la mesure est commerciale. Cette compétence est d'ordre public ; on ne saurait donc y déroger contractuellement (art. L 69, al. 1, et art. D 211). Il n'est cependant pas certain que la compétence du président du tribunal de commerce, lorsque la créance à conserver est commerciale, soit obligatoire. L'article L 69 dispose en effet en son alinéa 1, que l'autorisation « *... peut être accordée par le président du tribunal de commerce lorsque, demandée avant tout procès, elle tend à la conservation d'une créance relevant de la compétence de la juridiction commerciale* ». En outre, cette compétence facultative n'existe qu'aussi longtemps qu'aucun procès au fond ne sera engagé devant le tribunal de commerce. Une fois cette action au fond engagée, le président du tribunal de grande instance retrouvera sa compétence exclusive.

---

24. Cass. 2e civ., 6 juillet 2000, préc.

25. Notons toutefois, qu'en application de l'article 341 *bis* du Code de s douanes non abrogé, le juge d'instance est seul compétent pour connaître des mesures conservatoires à l'encontre des personnes responsables à l'effet de garantir les ***créances douanières*** (Cass. 2e civ., 6 avril 2006, *Bull. civ.* II, n° 107). C. douanes., art. 341 *bis*. – 1. Les procès-verbaux de douane, lorsqu'ils font foi jusqu'à inscription de faux, valent titre pour obtenir, conformément au droit commun, l'autorisation de prendre toutes mesures conservatoires utiles à l'encontre des personnes pénalement ou civilement responsables, à l'effet de garantir les créances douanières de toute nature résultant desdits procès-verbaux. 2. Le juge compétent pour connaître de la procédure, y compris les demandes en validité, en mainlevée, en réduction ou cantonnement des saisies est le juge d'instance du lieu de rédaction du procès-verbal.

26. La compétence attribuée au juge de l'exécution du domicile du débiteur par l'article D 211, n'est pas exclusive de l'application de l'article D. 9, al. 2, dont les dispositions d'ordre public donne compétence au juge de l'exécution du lieu d'exécution de la mesure lorsque le débiteur demeure à l'étranger. Le juge de l'exécution dans le ressort duquel est situé l'un des immeubles du débiteur demeurant à l'étranger, est compétent pour autoriser des inscriptions d'hypothèque sur les biens immobiliers du débiteur situés en dehors de son ressort (Cass. 2e civ., 9 novembre 2006, *Bull. civ.* II, n° 310).

27. P. Benezra, *Les pouvoirs du président du tribunal de commerce en matière de mesures conservatoires dans le cadre de la loi du 9 juillet 1991, GP* 21-22 mai 1993, p. 2.

Dans ***son ordonnance***, la juridiction qui l'a rendue ***doit, à peine de nullité, préciser*** l'objet de la mesure autorisée, c'est-à-dire s'il s'agit d'une saisie ou d'une sûreté (art. L 69, al. 2). Lorsqu'il s'agit d'autoriser une sûreté, ou une saisie destinée à obtenir le paiement d'une somme d'argent, le juge doit, en outre, toujours à peine de nullité, déterminer dans son ordonnance, « ... *le montant des sommes pour la garantie desquelles la mesure conservatoire est autorisée* » (art. D 212)[28]. Toujours à peine de nullité, le juge doit préciser, quel que soit le type de mesure autorisée, la nature des biens sur lesquels elle porte (art. D 155 et D 212)[29].

Le juge peut ***réserver*** dans son ordonnance ***la possibilité « ... de réexaminer sa décision*** *ou les modalités de son exécution au vu d'un débat contradictoire*[30] », dispose l'article L 69, alinéa 3. Dans ce cas, il doit fixer la date de l'audience dans sa décision (art. D 213, al. 1). En procédant ainsi, le juge manifeste sa volonté de ne pas attendre d'être saisi d'une contestation. En effet, s'il n'est pas saisi, faute d'avoir usé de la faculté prévue par l'article L 69, alinéa 3, il ne pourrait pas se saisir d'office.

Nanti de son ordonnance d'autorisation, le créancier ne saurait attendre indéfiniment pour faire procéder à la mesure autorisée. ***L'autorisation est caduque*** si la mesure n'a pas été entreprise dans un délai de 3 mois à compter de l'ordonnance (art. D 214).

B Les diligences à accomplir sous peine de caducité la mesure conservatoire entreprise

346. Il convient d'envisager la caducité de l'article D 215 *(1)*, puis celle de l'article D 216 *(2)*.

28. Voir, à titre d'application, Cass. 2e civ., 10 juillet 2003, *Bull. civ.* II, n° 246, *JCP éd. G* 2004, II, n° 10024, note E. Du Rusquec. Cette condition avait été dégagée par la jurisprudence, sous l'empire des anciens textes (voir notamment, CA Bordeaux, 25 mars 1966, *D.* 1966, som., p. 96, *GP* 1966, 1, p. 385, *RTD civ.* 1966, p. 857, obs. P. Raynaud).

29. Bien que seul l'article D. 212 sanctionne le défaut de cette mention de la nullité (dispositions auxquelles l'article D. 156 précité sur la nouvelle saisie-revendication ne renvoie pas), nous considérons que, s'agissant d'une nullité de fond et d'ordre public, il est indifférent que l'article D. 155 ne la mentionne pas à propos de l'actuelle saisie-revendication.

30. Aucun texte ne précise en présence de qui aura lieu le débat contradictoire, mais il y a lieu de considérer qu'il doit s'agir non seulement du créancier et du débiteur, mais aussi, le cas échéant, du tiers. Ils devront certainement être assignés devant le juge par le créancier. C'est ce qui résulte implicitement des dispositions de l'article D. 213, alinéa 2.

1. La caducité de l'article D 215

347. Le créancier pourra faire procéder à une mesure conservatoire, mais il devra, sous peine de caducité de ladite mesure, dans un délai d'un mois courant à partir de l'exécution de la mesure, « ... *introduire une procédure ou accomplir les formalités nécessaires à l'obtention d'un titre exécutoire* » (art. D 215 et L 70). Mais encore faut-il, d'une manière générale, pour qu'il ait été satisfait aux exigences de l'article D 215, par la saisine d'une juridiction, que ces poursuites soient possibles, et qu'aucune impossibilité ne résulte par exemple, de la mise en œuvre d'une procédure collective[31]. Il peut également s'agir des formalités permettant d'obtenir matériellement le titre exécutoire *stricto sensu*, lorsque la décision au fond est déjà rendue ou que l'acte authentique est déjà rédigé. Les mêmes dispositions permettent au créancier, en cas de rejet d'une injonction de payer, de saisir une autre juridiction dans le mois suivant ce rejet. Le texte ne le précise pas, mais l'exercice d'une voie de recours ordinaire fait certainement obstacle à cette caducité. Il ne devrait pas en être de même, à notre avis, de l'exercice d'une voie de recours extraordinaire, laquelle, non suspensive en principe, fait cesser la suspension du délai d'un mois qui recommence à courir jusqu'à ce que soit intentée une nouvelle action, et à condition de l'être avant l'expiration dudit délai ; sinon la caducité opérera de plein droit. Cette possibilité qu'une autre action intentée dans le délai fasse obstacle à la caducité, résulte implicitement des termes de l'article D 215, alinéa 2.

C'est une procédure au fond qu'il faut introduire[32]. Les formalités dont il est question sont toutes formes de saisine d'une juridiction aux fins d'obtenir une condamnation contre le débiteur (requête en injonction de payer, assignation en paiement, saisine du tribunal d'instance par déclaration au greffe)[33]. Le point commun entre ces différentes formalités

31. Cass. 2e civ., 30 avril 2002, *Bull. civ.* II, n° 85.

32. Après avoir un temps estimé le contraire (Cass. 2e civ., 18 février 1999, *Bull. civ.* II, n° 34, *D.* 2000, jur., p. 813, note P. Hoonakker, *D.* 1999, som., p. 218, obs. P. Julien), la Cour de cassation considère désormais que tel n'est pas le cas d'une procédure de référé-provision. Par conséquent, lorsque le créancier a déposé dans un premier temps une requête en injonction de payer qui constitue bien une procédure au fond, en cas de rejet total ou partiel de celle-ci, celui-ci qui dispose à nouveau d'un délai d'un mois à compter de ce rejet pour introduire une procédure au fond, cette fois contradictoire, ne saurait se borner à agir en référé (Cass. 2e civ., 5 juillet 2001, *Bull. civ.* II, n° 132, *JCP éd. G* 2002, II, n° 10110, note Ch. Gentili ; voir aussi, Cass. com., 17 juillet 2001, n° 98-22.722, implicitement).

33. Il est de même répondu aux exigences de l'article D. 215, en cas de saisine d'une juridiction arbitrale (Cass. com., 14 octobre 1997, *Bull. civ.* IV, n° 259). Tel n'est pas le cas d'une assignation en divorce qui n'est pas en soi une procédure permettant l'obtention d'un titre exécutoire au sens des dispositions de l'article D. 215 (Cass. avis, 9 février 1998, *Bull. avis*, n° 3). Toutefois, le fait pour un époux de faire désigner le notaire chargé d'établir l'acte de partage de la communauté, suite à un divorce, satisfait

de nature à éviter la caducité prescrite par l'article D 215 est de comporter une demande de condamnation du débiteur au paiement d'une somme d'argent. La délivrance d'une assignation devant une juridiction incompétente satisfait aux exigences de l'article D 215, dès lors que la juridiction compétente a bien été saisie ensuite[34].

Le juge, dans sa constatation de la caducité des mesures conservatoires autorisées, ne saurait exiger de la part du créancier, l'accomplissement de mesures autres que celles strictement de nature à obtenir un titre exécutoire[35]. Signalons toutefois que la deuxième Chambre civile de la Cour de cassation, dans un arrêt en date du 4 octobre 2001, a, en la matière, singulièrement assoupli sa position. Elle a, en effet, considéré que la procédure de vérification de comptabilité, notifiée par l'administration fiscale dans le mois d'une mesure conservatoire, répond aux exigences de l'article D 215[36]. Cette décision paraît radicalement en retrait sur le plan de la sévérité passée affirmée dans l'arrêt précité du 4 février 1999.

2. La caducité de l'article D 216

348. L'article D 216 dispose que lorsque la mesure conservatoire est pratiquée entre les mains d'un tiers, le créancier doit faire signifier à ce dernier une copie des actes attestant les diligences requises par l'article D 215 dans un délai de 8 jours à compter de leur date, à peine de caducité de la mesure conservatoire. Le créancier qui signifie au tiers saisi un acte de conversion de saisie conservatoire en saisie-attribution, répond aux

aux exigences de l'article D. 215, l'acte de partage, acte notarié, constituant au besoin un titre exécutoire pour les sommes à revenir à chacun des époux (CA Paris, 8e ch., 5 septembre 2002, *B c/C, JCP éd. G* 2003, IV, n° 1478). Ne constitue pas non plus l'introduction d'une procédure ou l'accomplissement de formalités aux fins d'obtention d'un titre exécutoire, le simple dépôt d'une plainte au parquet (Cass. com., 27 juin 2000, *Bull. civ.* IV, n° 131, en l'espèce la plainte de l'administration des Douanes attestée par un certificat signé du procureur de la République). Constitue au contraire une telle procédure, une plainte avec constitution de partie civile (Cass. 2e civ., 30 mars 2000, *Bull. civ.* II, n° 58, *Procédures* 2000, com. n° 144, p. 10, note R. Perrot ; CA Aix-en-Provence, 15e ch. A, 16 mai 2003, *Sarl Saint Ferreol Club c/Mme Probst, RD banc. et fin.* 2003, p. 372), à la double condition toutefois, qu'elle soit déposée contre la personne ayant fait l'objet de la mesure conservatoire et qu'elle soit susceptible d'aboutir à la condamnation de celle-ci à des dommages-intérêts (Cass. 2e civ., 21 novembre 2002, *Bull. civ.* II, n° 267).

34. Cass. 2e civ., 3 avril 2003, *Bull. civ.* II, n° 97, arrêt dans lequel, en outre, la juridiction compétente a été saisie ensuite par le créancier.

35. Cass. 2e civ., 4 février 1999, *Bull. civ.* II, n° 24, censurant un arrêt qui avait constaté la caducité de mesures conservatoires prises par le Trésor public, au motif que le rôle des contributions n'avait pas été établi dans le délai prescrit par l'article D. 215 du décret.

36. Cass. 2e civ., 4 octobre 2001, *Bull. civ.* II, n° 151, *JCP éd. G* 2002, II, 10023, note crit. H. Croze et C. Masson.

exigences posées par l'article D 216[37]. Si le créancier, au moment où il fait pratiquer une mesure conservatoire, a déjà accompli depuis plus de 8 jours les diligences requises par l'article D 215, les dispositions de l'article D 216 deviennent sans objet[38]. Enfin, la Cour de cassation a considéré qu'une cour d'appel avait pu considérer que, la diligence nécessaire à l'obtention d'un titre exécutoire ayant été accomplie concomitamment avec la saisie conservatoire et non antérieurement à celle-ci, sa signification au tiers saisi devait être faite dans un délai de 8 jours à compter de sa date, et que les juges du fond avaient à bon droit constaté la caducité de la saisie et ordonné sa mainlevée, dès lors qu'ils avaient relevé que le créancier saisissant n'avait pas fait procéder à cette signification[39].

Cela nous conduit à nous poser la question de savoir si l'article D 216 rédigé en termes généraux concerne également les sûretés. Dans l'affirmative, il faudrait considérer comme tiers le conservateur des hypothèques. Nous sommes tentés de répondre par la négative, car on voit mal l'intérêt dans ce cas d'une telle formalité. La Cour de cassation, saisie du problème, a répondu dans un avis en date du 24 janvier 1994 que le conservateur des hypothèques n'est pas un tiers au sens des dispositions de l'article D 216, cette notification n'étant destinée qu'aux personnes se trouvant dans un rapport de droit avec le débiteur et à qui la mesure conservatoire impose des obligations, de sorte qu'elles ont un intérêt à savoir si le créancier saisissant a effectué les diligences requises par la loi pour que la mesure conservatoire conserve ses effets[40].

Section 3
La pénétration de force de l'huissier de justice, dans les locaux où sont supposés se trouver des biens à saisir, à titre conservatoire

349. Même en matière de saisie conservatoire, il y a lieu à pénétration de force, non seulement lorsque l'occupant des lieux refuse l'accès,

37. Cass. 2e civ., 10 décembre 1998, *Bull. civ.* II, n° 299, *D.* 1999, som., p. 216, obs. P. Julien.

38. Cass. 2e civ., 30 janvier 2002, n° 99-21.278 ; Cass. 2e civ., 30 mai 2002, n° 99-21.597.

39. Cass. 2e civ., 15 janvier 2009, *D.* 2009, AJ, p. 378, *Procédures* 2009, comm. 80, obs. R. Perrot.

40. Cass. avis, 24 janvier 1994, *Bull. avis*, n° 4, *RTD civ.* 1994, p. 428, obs. R. Perrot. C'est également l'avis de l'Administration fiscale, exprimé dans une instruction du 10 février 1993 de la Direction générale des impôts.

mais aussi en l'absence d'occupant. Aux termes de l'article L 20, la pénétration d'un huissier dans un local d'habitation et l'ouverture des portes et meubles n'est possible qu'à deux conditions : l'expiration d'un dé lai de huit jours à compter d'un commandement de payer signifié par un huissier de justice *(§ 1)*, d'une part, la justification de l'existence d'un titre exécutoire *(§ 2)*, d'autre part, alors même que la possession d'un titre exécutoire n'est pas requise pour recourir aux mesures conservatoires.

§ 1. La nécessité d'un commandement de payer préalable

350. Cette condition pourrait être préjudiciable aux intérêts du créancier, en laissant au débiteur huit jours pour déménager ses effets mobiliers. Elle ne semble cependant pas toujours requise en matière de saisie conservatoire, l'article L 67 disposant en son premier alinéa, que « toute personne dont la créance paraît fondée en son principe peut solliciter du juge l'autorisation de pratiquer une mesure conservatoire sur les biens de son débiteur, sans commandement préalable ». Celui-ci ne serait donc requis que lorsque le créancier, porteur de l'un des titres d'exécution qui ne sont pas des titres exécutoires, énumérés par l'article L 68, recourt à la mise en œuvre d'une mesure conservatoire, sans solliciter préalablement autorisation du juge de l'exécution qui ne lui est pas nécessaire en pareil cas, sauf s'il veut être dispensé de la formalité du commandement préalable de payer.

Quant aux mentions de ce commandement préalable, nous verrons que seuls les textes sur la saisie-vente sont explicites. Sans doute dans les autres cas le commandement de payer devra-t-il comporter les mêmes mentions générales qu'en matière de saisie-vente, à ceci près que, faute de texte, il sera difficile de concevoir la moindre nullité à titre de sanction. Il conviendra de mentionner, outre le titre exécutoire, le montant de la créance mise en recouvrement en principal, frais et intérêts. Le défaut d'injonction de payer dans un délai de huit jours constituera, à n'en point douter, une nullité substantielle de fond de la saisie, pouvant être qualifiée d'inexistence du commandement.

§ 2. La justification d'un titre exécutoire

351. La seconde condition posée par l'article L 20 permet encore de vérifier la supériorité du titre exécutoire sur les autres titres d'exécution énumérés à l'article L 68. Or, nous savons que les saisies conservatoires peuvent être effectuées sans titre exécutoire. À défaut d'un tel titre, l'huissier ne pourra assurément pas pénétrer de force dans un local servant à l'habitation. Pour ce faire, quand bien même le créancier sera porteur de l'un des autres titres d'exécution énoncés à l'article L 68, la saisie devra quand même avoir été préalablement autorisée par le juge de l'exécution pour que l'huissier puisse forcer l'accès d'un domicile. Cette autorisation, qui devra être revêtue de la formule exécutoire, doit être considérée comme un titre exécutoire[41]. L'huissier devra, semble-t-il, se borner à mentionner l'existence de ce titre à chaque fois qu'il aura déjà été signifié, ce qui n'est, bien sûr, pas le cas de l'autorisation donnée sur requête par le juge de l'exécution.

Ces difficultés ne se rencontrent pas lorsque le local ne sert pas à l'habitation. Point n'est besoin dans ce cas, de titre exécutoire et de commandement préalable. L'huissier doit seulement se conformer aux dispositions des articles L 21 et L 30.

Lorsque les biens à saisir se trouvent chez un tiers, il y a lieu de faire application des dispositions de l'article L 50, alinéa 3, qui dispose, à propos de la saisie-vente, que celle-ci doit être autorisée spécialement par le juge de l'exécution. Un titre exécutoire ne saurait suffire. Il n'y a pas lieu, à notre avis, de restreindre l'application de ce texte à la seule saisie-vente pratiquée directement, c'est-à-dire sans saisie conservatoire préalable. Rien ne justifierait qu'on distingue de ce chef, selon que la saisie-vente est mise en œuvre directement ou obtenue sur conversion de saisie conservatoire. Dans ce dernier cas, la protection spéciale du tiers prévue par l'article L 50 devra être mise en œuvre au stade de la saisie conservatoire.

Ultime raison, mais non des moindres, de solliciter dans tous les cas une autorisation judiciaire préalable, avant de mettre en œuvre une saisie conservatoire, un titre exécutoire est toujours nécessaire pour pouvoir requérir la force publique (art. D 55).

41. Ce n'est une fois encore pas la pratique. Nombre d'huissiers se permettent de forcer portes et fenêtres, uniquement pour saisir conservatoirement, sans pouvoir justifier d'un titre exécutoire.

Chapitre 2
Les contestations

352. Il existe des règles communes ***(section 1)*** à l'ensemble des contestations que peut susciter la mise en œuvre de mesures conservatoires ***(section 2)***.

Section 1
Règles communes

353. Elles concernent la compétence et la saisine du juge de l'exécution ***(§ 1)***, d'une part ; la compétence internationale des juridictions françaises ***(§ 2)***, d'autre part.

§ 1. Compétence et saisine du juge de l'exécution

354. Seul le juge de l'exécution a compétence pour statuer sur la contestation du bien fondé d'une mesure conservatoire dont la mise en œuvre est régie par les seules dispositions de la loi n° 91-650 du 9 juillet 1991. Le juge des référés ne saurait être compétent en la matière, même sur le fondement des dispositions de l'article 5-1 du Code de procédure pénale[1]. Le juge des référés n'a pas davantage compétence pour accorder une provision relative à des sommes faisant par ailleurs l'objet d'une saisie conservatoire[2].

Dans tous les cas, le juge de l'exécution compétent doit, à notre avis, être saisi. Il n'a pas la faculté de se saisir d'office. En l'absence de dispositions particulières sur ce point, il doit pouvoir être saisi par tout intéressé : le créancier, le débiteur, le tiers saisi ou détenteur du bien sur

1. Cass. 2e civ., 19 décembre 2002, *Bull. civ.* II, n° 297.
2. Cass. 2e civ., 16 mai 2002, *Bull. civ.* II, n° 99.

lequel est pratiquée la mesure, l'huissier de justice, et même le procureur de la République.

§ 2. Compétence internationale des juridictions françaises[3]

355. Les juridictions françaises sont seules compétentes pour statuer sur la validité d'une saisie pratiquée en France[4]. *A contrario*, elles ne sont pas compétentes pour apprécier la validité d'une saisie pratiquée à l'étranger[5]. De cette compétence, la jurisprudence en avait déduite une autre, facultative, celle pour connaître du litige opposant au fond les parties à la saisie, c'est-à-dire pour connaître des contestations relatives à l'existence même de la créance fondant la saisie[6]. Peu importait alors l'incompétence des juridictions françaises en application des règles ordinaires de conflit de juridictions. Cette jurisprudence n'a plus cours. Désormais, « *... si les juridictions françaises sont seules compétentes pour statuer sur la validité d'une saisie pratiquée en France et apprécier, à cette occasion, le principe de la créance, elles ne peuvent se prononcer sur le fond de cette créance que si leur compétence est fondée sur une autre règle...* »[7]. Cette autre règle, c'est la règle ordinaire de conflit de juridictions. Le juge français ne peut donc désormais justifier autrement sa compétence pour connaître du fond du litige.

3. G. Cuniberti, *Les mesures conservatoires portant sur des biens situés à l'étranger*, éd. *LGDJ* 2000.

4. En ce sens, voir notamment, Cass. 2e civ., 30 janvier 2002, n° 99-21.278 : « *...ayant relevé que la saisie conservatoire avait été pratiquée en France, à Paris où le Crédit Suisse, tiers saisi, a son siège social, la cour d'appel en a exactement déduit que la difficulté d'exécution soulevée ressortissait aux juridictions françaises, peu important qu'elle porte sur un compte ouvert dans une succursale étrangère de la banque...* ».

5. En ce sens, JEX Lyon, 4 mai 1993, *D.* 1994, jur., p. 55, note J.-P. Rémery. Dans cette espèce, le saisissant et le saisi étaient français, domiciliés en France, le contrat dont résultait la cré ance à conserver étant régi par la loi française.

6. En ce sens, Cass. 1re civ., 6 novembre 1979, *Bull. civ.* I, n° 269, *JDI* 1980, p. 95, rapp. A. Ponsard, *Rev. crit. DIP* 1980, p. 588, note G. Couchez ; Cass. 1re civ., 18 novembre 1986, *Bull. civ.* I, n° 267, *Rev. crit. DIP* 1987, p. 773, note H. Muir Watt.

7. Cass. 1re civ., 17 janvier 1995, *Bull. civ.* I, n° 34, *JCP éd. G* 1995, II, 22430, note H. Muir Watt ; Cass. 1re civ., 11 février 1997, *Bull. civ.* I, n° 47.

Section 2
Règles spécifiques

356. Elles concernent principalement les contestations formulées aux fins de mainlevée pure et simple de la mesure *(§ 1)* et celles formulées aux fins de substitution d'une autre mesure *(§ 2)*. Concernant les autres contestations concernant notamment celles relatives à l'exécution de la mesure, notons simplement ici qu'elles sont de la compétence du juge de l'exécution où sont situés les biens saisis (art. D 157 et D 219).

§ 1. Les contestations formulées aux fins de mainlevée pure et simple de la mesure

357. Il convient d'envisager les questions suivantes : les hypothèses possibles de mainlevée pure et simple *(A)*, les conséquences de cette mainlevée *(B)* et diverses questions procédurales *(C)*.

A Les hypothèses de mainlevée pure et simple

358. Il s'agit de la créance non fondée en son principe *(1)*, du non-respect des conditions prescrites par les articles D 211 à D 216 *(2)* et du caractère inutile ou abusif de la mesure entreprise *(3)*.

1. La créance non fondée en son principe

359. L'article L 72, alinéa 1, de portée générale[8], restreint cette hypothèse au seul cas où une ordonnance d'autorisation était nécessaire. Il est vrai que lorsque le créancier a un titre exécutoire, sa créance est théoriquement incontestable. Mais nous avons vu comment, malgré l'existence d'un titre exécutoire, le juge de l'exécution pouvait néanmoins être saisi d'une contestation portant sur le fond du droit, c'est-à-dire sur la créance, en application des dispositions de l'article L. 213-6, alinéa 2, du Code de l'organisation judiciaire. L'hypothèse concerne, *a fortiori*, également les mesures pratiquées sans autorisation, lorsque le créancier possède l'un des autres titres d'exécution prévus par l'article L 68. Les articles D 156, alinéa 2, et D 217, alinéa 1, conduisent à cette conclusion. Le juge apprécie souverainement s'il y a lieu d'ordonner la mainlevée

8. Il est indifférent que l'article D 156 ne renvoie pas à l'article D 210.

d'une mesure conservatoire au motif que la créance en garantie de laquelle elle a été pratiquée n'est pas fondée en son principe[9].

2. Le non-respect des conditions prescrites par les articles D 211 à D 216

360. Il est indifférent que l'article D 156 ne renvoie pas à l'article D 212 dont les dispositions figurent en partie déjà à l'article D 155, alinéa 3. L'article D 217 du décret vise aussi l'article D 210 de ce texte, hypothèse que nous venons d'étudier à propos de l'article L 72, alinéa l. Lorsque ces conditions étudiées dans le cadre du chapitre précédent[10] ne sont pas respectées, la mainlevée pure et simple de la mesure peut être réclamée. Il incombe au créancier d'apporter la preuve de ses allégations (art. D 217, al. 2)[11]. Ce principe général s'applique à tous ceux qui saisissent le juge compétent.

3. L'inutilité ou le caractère abusif de la mesure entreprise

361. Prévue par l'article L 22, alinéa 2, cette hypothèse déjà étudiée[12] est générale, et concerne toutes les procédures d'exécution. Notons qu'est abusive, notamment, la mesure mise en œuvre bloquant des valeurs mobilières de manière disproportionnée, d'autres mesures suffisantes ayant déjà été pratiquées[13].

---

9. Cass. 2e civ., 4 octobre 2001, n° 99-21.330, à propos du rejet d'une demande de mainlevée ; Cass. 1re civ., 20 février 2001, n° 98-16.763, à propos d'un refus partiel de mainlevée.
Notons que le rejet d'une demande de rétractation d'une ordonnance sur requête ayant autorisé une mesure conservatoire n'interdit pas à la juridiction saisie de l'instance au fond, d'ordonner la mainlevée de cette mesure à tous les stades de la procédure, les conditions requises pour la mise en œuvre d'une mesure conservatoire s'appréciant à tout moment, et les décisions rendues par le juge de l'exécution n'ayant pas, au fond, l'autorité de la chose jugée (Cass. 2e civ., 18 janvier 2001, *Bull. civ.* II, n° 12). Notons enfin, qu'il a été jugé que le fait pour le créancier d'être débouté par un jugement en premier ressort assorti de l'exécution provisoire, de sa demande de paiement, est de nature à motiver la mainlevée des mesures conservatoires préalablement entreprises, la créance en garantie de laquelle la mesure conservatoire avait été pratiquée ne paraissant plus fondée en son principe, même en cas d'appel de ce jugement rendu sur le fond (en ce sens, CA Paris, 8e ch., sect. B, 21 mars 2002, *Sarl Vallée du Loir immobilier-Century 21 c/SA Fromagerie Bel*, inédit).
10. Cf. *supra*, nos 339 et s.
11. Pour une application, cf. Cass. 2e civ., 6 octobre2005, *Bull. civ.* II, n° 240.
12. Cf. *supra*, n° 39.
13. Pour une illustration, voir CA Paris, 8e ch., sect. B, 21 mars 2002, *SA Compagnie des bateaux mouches c/Et. public Les voies navigables de France*, inédit.

B Les conséquences de la mainlevée de la mesure entreprise

362. C'est s'interroger notamment sur les conséquences de la rétractation de l'ordonnance d'autorisation et de la mainlevée de la mesure conservatoire. Dans tous les cas, « ... *la décision de mainlevée prend effet du jour de sa notification* » (art. D 156, al. 4, à propos de la saisie-revendication), mais la solution concerne toutes les mesures conservatoires (art. D 26). Il faut entendre par « effet », celui d'indisponibilité en matière de saisies, et ceux de droit de suite et préférence en matière de sûretés. La suspension des poursuites a lieu, elle, dès le prononcé de la décision (art. D 26). D'une manière générale, en ordonnant la mainlevée, le juge peut condamner le créancier à réparer le préjudice causé au débiteur ou au tiers par la mesure (L. n° 91-650, 9 juillet 1991, art. 73, al. 2, et C. org. jud. L. 213-6, alinéas 2 et 4). Il s'agira, vis-à-vis du débiteur, d'une responsabilité civile pour faute (art. L 22) et, vis-à-vis du tiers, d'une responsabilité de plein droit[14]. Enfin, parce que la mainlevée est instantanée, il n'est pas possible d'obtenir du premier président la suspension des effets de la décision du juge de l'exécution qui l'a ordonnée[15].

C Aspects procéduraux

363. Il s'agit des formes que peut revêtir la demande de mainlevée *(1)*, et la juridiction compétente pour ordonner la mainlevée *(2)*.

1. Les formes possibles de la demande de mainlevée

364. La mainlevée d'une mesure conservatoire peut être demandée suivant deux modalités qui varient d'une part, selon que la mesure conservatoire a été pratiquée avec ou sans autorisation judiciaire préalable, et, d'autre part, selon que le grief invoqué tient aux conditions requises pour pouvoir mettre en œuvre une telle mesure ou aux modalités pratiques de la mise en place de cette mesure. Il s'agit, d'une part, de la demande de rétractation de l'ordonnance d'autorisation de recourir à la mesure, dont la mainlevée de la mesure critiquée est la conséquence, et, d'autre part, de la simple demande de mainlevée de la mesure[16]. Dans les

14. Conséquence de cette différence de nature, concernant la responsabilité encourue par le créancier à l'égard du saisi, en cas de mainlevée et de condamnation du créancier à des dommages-intérêts, le juge a toutefois l'obligation de motiver concrètement sa décision en indiquant en quoi la mesure pratiquée était fautive (Cass. com., 22 mai 2001, n° 98-16.219).

15. En ce sens, CA Paris, Ord. prem. prés., 23 septembre 1998, *GP* 1999, 1, som., p. 326, obs. E. Du Rusquec.

16. Le juge de l'exécution n'étant pas un juge des référés, il n'aura pas à apprécier la recevabilité de sa saisine eu égard aux dispositions des articles 484 à 492 du Code de

deux cas, le débiteur devra saisir le juge de l'exécution de sa demande de mainlevée, dans le cadre d'une procédure contradictoire, alors que l'autorisation aura été, en pratique, le plus souvent sollicitée et obtenue par celui qui se prétend créancier, sur requête[17].

La ***rétractation de l'autorisation préalable du juge de l'exécution*** ne peut être demandée et obtenue que si les conditions d'obtention de cette autorisation qui ne tiennent qu'à la créance à recouvrer n'étaient pas réunies lorsque le juge l'a octroyée. Il suffira donc que le demandeur à cette action en rétractation démontre que la créance invoquée contre lui n'est pas fondée en son principe ou qu'aucune circonstance n'est susceptible d'en menacer le recouvrement. Cette rétractation, si elle est obtenue, entraînera automatiquement la mainlevée de la mesure conservatoire déjà pratiquée. En pratique, il conviendra toutefois, afin d'éviter toute difficulté d'exécution de ce chef, de demander en même temps au juge de l'exécution d'ordonner la mainlevée de toute mesure déjà pratiquée en exécution de l'ordonnance rétractée.

La ***demande de mainlevée de la mesure conservatoire entreprise*** peut être sollicitée directement sans avoir à demander, en même temps, une rétractation préalable de l'ordonnance d'autorisation, pour des raisons tenant à la créance conservée, comme pour des raisons tenant aux modalités de la mesure. Ainsi le demandeur à la mainlevée pourra-t-il se prévaloir aussi bien du fait que la créance n'était pas fondée en son principe, qu'aucune circonstance n'était de nature à en menacer le recouvrement ou d'irrégularités de forme dans la mise en œuvre de la mesure conservatoire pratiquée. Il pourra aussi invoquer le caractère abusif ou inutile de la mesure ou la constitution d'une caution bancaire irrévocable. Peu importe qu'elle ait été mise en place avec ou sans autorisation préalable.

2. La juridiction compétente pour ordonner la mainlevée

365. Dans ce cas, les articles D 156, alinéa 3, et D 218 attribuent compétence au juge ayant autorisé la mesure. Dans l'hypothèse où la mesure a été pratiquée sans autorisation, les articles D 156, alinéa 3, et D 218 attribuent compétence au juge de l'exécution du tribunal de grande instance ou au président du tribunal de commerce, suivant que la cause de la mesure est civile ou commerciale, du lieu où demeure le débiteur.

---

procédure civile. Mais cette discussion est vaine, puisque déjà en matière de référé-rétractation, ni l'urgence, ni l'absence de contestation sérieuse ne sont requises (Cass. 2e civ., 3 janvier 1979, *Bull. civ.* II, n° 6, *D.* 1979, IR, p. 291, obs. P. Julien ; Cass. 3e civ., 2 mars 1982, *Bull. civ.* III, n° 57 ; Cass. com., 1er décembre 1987, *JCP éd. G* 1988, II, n° 21091, note L. Cadiet ; Cass. 1re civ., 18 octobre 1988, *Bull. civ.* I, n° 295).

17. Voir toutefois, à propos de mesures conservatoires autorisées par le juge de l'exécution dans le cadre de procédures contradictoires, Cass. 2e civ., 6 juillet 2000, *Bull. civ.* II, n° 118.

§ 2. Les contestations formulées aux fins de substitution d'une autre mesure

366. La substitution nécessitant une mainlevée préalable, il convient de considérer comme applicables les règles de compétence exposées à propos de la mainlevée pure et simple[18]. Notons que la substitution d'un séquestre judiciaire à une saisie conservatoire n'a pas pour conséquence de faire échapper la créance séquestrée au régime juridique de la saisie conservatoire dont tous les effets sont maintenus[19].

Prévue par l'article L. 72, alinéa 2, la substitution de mesure peut intervenir en cas d'inutilité ou de caractère abusif de la mesure, situation déjà mentionnée de façon générale par l'article L 22. En outre, en cas de mainlevée ordonnée par le juge d'une mesure conservatoire inutile ou abusive, avec ou sans substitution d'une autre mesure, « *le créancier peut être condamné à réparer le préjudice causé par la mesure conservatoire* » (L. n° 91-650, 9 juillet 1991, art. 73, al. 2, C. org. jud., art. L. 213-6, al. 4)[20].

La constitution d'une caution bancaire irrévocable conforme à la mesure sollicitée dans la saisie d'exécution, entraîne la mainlevée de la mesure de sûreté (art. L 72, al. 3). Ne sont concernées que les sûretés, non les saisies conservatoires. Cet effet n'a pas lieu de plein droit. Il est nécessaire de saisir le juge compétent.

18. Cf. *supra*, n°s 363 et s.

19. Ainsi, le jugement d'ouverture d'une procédure collective arrêtant toute voie d'exécution, de la part des créanciers dont la créance a son origine antérieurement audit jugement, une saisie conservatoire non encore convertie en saisie-attribution avant le jugement d'ouverture ainsi que toute autre mesure que le juge peut lui substituer en application de la loi de 1991, n'emporte plus, dès lors, affectation spéciale et privilège au profit du créancier saisissant (Cass. com., 6 mars 2001, *Bull. civ.* IV, n° 48).

20. Pour la condamnation du créancier, selon la deuxième Chambre civile, il n'est pas exigé la constatation d'une faute de sa part (en ce sens, Cass. 2e civ., 29 janvier 2004, *Bull. civ.* II, n° 35 ; 7 juin 2006, *Rev. banc. et fin.* 2006, n° 142). Pour la Chambre commerciale, au contraire, il ne saurait y avoir aucune responsabilité de ce chef, sans faute (Cass. com., 14 janvier 2004, *Bull. civ.* IV, n° 9, *RTD civ.* 2004, p. 353, obs. R. Perrot).

Sous-titre II
Les saisies conservatoires

367. La loi de 1991 et le décret de 1992 n'ont prévu des saisies conservatoires de meubles incorporels que sur les créances de somme d'argent et sur les droits d'associé et valeurs mobilières.

Nous envisagerons successivement, la saisie conservatoire des créances ***(chapitre 1)*** et celle des droits d'associé et des valeurs mobilières ***(chapitre 2)***, biens qui ont seulement en commun d'être des meubles incorporels, puis la saisie conservatoire aux fins de vente de biens mobiliers corporels ***(chapitre 3)*** et la saisie-revendication ***(chapitre 4)*** qui ont en commun de concerner des meubles corporels.

Chapitre 1
La saisie conservatoire des créances de sommes d'argent[1]

368. Le décret n° 92-755 du 31 juillet 1992 ne précise pas expressément dans l'intitulé de sa section consacrée à cette saisie conservatoire, qu'elle concerne les créances de sommes d'argent (chapitre 2, section 2, art. 234 à 243), mais il y est question de fonds et surtout de conversion en saisie-attribution, c'est-à-dire de paiement de sa dette par le tiers saisi, non pas à son propre créancier débiteur saisi, mais au créancier de ce dernier. Cependant, les articles 75 et 76 de la loi n° 91-650 du 9 juillet 1991 le précisent sans équivoque.

Lorsque le tiers saisi est un établissement habilité par la loi à tenir des comptes de dépôt, les mécanismes de l'article 47 de la loi n° 91-650 du 9 juillet 1991, et surtout les articles 44 à 47-4 du décret n° 92-755 du 31 juillet 1992 modifiés par le décret n° 2002-1150 du 11 septembre 2002 sont applicables (L. n° 91-650, 9 juillet 1991, art. 75, al. 3). Ces mécanismes ont déjà été étudiés[2].

Nous avons vu[3] qu'un type de créance de sommes d'argent est insusceptible de saisie conservatoire : les ***rémunérations*** dues par un employeur qui ne peuvent être saisies conservatoirement entre les mains de celui-ci. Toutefois, cette prohibition cesse dès lors que ces sommes ne sont plus entre les mains de l'employeur, par exemple, pour être versées ou virées sur un compte bancaire. En outre, ces sommes peuvent alors faire l'objet d'une saisie-attribution ordinaire.

369. Nous avons vu que ***l'ouverture d'une procédure de sauvegarde, de redressement ou de liquidation judiciaire***, emporte suspension du droit de poursuites individuelles[4]. Aux termes de l'actuel article L. 632-1.I.7° du Code de commerce, qui portait jadis le

---

1. On se reportera aux éléments de bibliographie cités plus haut, à propos de la saisie-attribution des créances de somme d'argent, cf. *supra*, note n° 220, spécialement note 1.

2. Cf. *supra*, n°s 174 et 240. Notons simplement ici que la saisie peut être valablement pratiquée, soit entre les mains de l'agence qui tient le compte du débiteur, soit au siège de la banque (Cass. 2e civ., 7 novembre 2002, *Bull. civ.* II, n° 248).

3. Cf. *supra*, n° 247. C. trav., art. L. 3252-7.

4. Cf. *supra*, n°s 202 et s.

n° L. 621-107.I.7°, « *Sont nuls, lorsqu'ils sont intervenus depuis la date de cessation des paiements, les actes suivants : ... Toute mesure conservatoire, à moins que l'inscription ou l'acte de saisie ne soit antérieure à la date de cessation de paiement...* », toute saisie conservatoire pratiquée pendant la période suspecte, c'est-à-dire entre la cessation des paiements et l'ouverture d'une procédure collective, est nulle, à moins qu'elle n'ait été convertie en saisie-attribution avant le prononcé d'un jugement d'ouverture d'une procédure collective[5].

La saisie conservatoire de sommes d'argent, comme la saisie-attribution, n'a été conçue et n'est prévue par les nouveaux textes comme par l'ancien Code de procédure civile, que pour être pratiquée entre les mains d'un tiers débiteur du débiteur du créancier saisissant. Nous avons vu lors de l'étude de la saisie-attribution[6], que la jurisprudence a cependant, sous l'empire des anciens textes, admis que le créancier ayant également vis-à-vis de son débiteur la qualité de débiteur, puisse pratiquer sur lui-même une saisie-arrêt, cumulant ainsi les qualités de créancier saisissant et de tiers saisi. Cette possibilité de saisie sur soi-même ne semble pas devoir être remise en cause en l'absence de dispositions prohibitives ou incompatibles dans la loi de 1991 et le décret de 1992. Mais quelle que soit la manière dont elle est pratiquée, la saisie conservatoire de créance n'a vocation qu'à être convertie en saisie-attribution.

370. Nous envisagerons successivement la saisie conservatoire « classique », c'est-à-dire celle pratiquée entre les mains d'un tiers débiteur du débiteur du créancier saisissant ***(section 1)***, puis celle pratiquée par celui qui se prétend créancier, sur lui-même ***(section 2)***.

5. Cass. com., 10 décembre 2002, *Bull. civ.* IV, n° 191, *D.* 2003, AJ, p. 68, obs. A. Lienhard, *D.* 2003, som., p. 1473, obs. G. Taormina ; 29 avril 2003, *D.* 2003, AJ, p. 1364, obs. A. Lienhard. Avant cet arrêt qui constitua en son temps un revirement de jurisprudence important, la Chambre commerciale de la Cour de cassation considérait que toute saisie conservatoire pratiquée pendant la période suspecte était nulle, quand bien même elle aurait été convertie en saisie-attribution avant la date du jugement d'ouverture de la procédure collective (Cass. com., 12 octobre 1999, *Bull. civ.* IV, n° 166, *Procédures* 2000, com. n° 3, p. 9, note R. Perrot, et com. n° 14, p. 16, note C. L.). Cette solution, prescrite par le droit français, ne saurait également concerner le prononcé d'un jugement d'ouverture d'une procédure collective par une juridiction étrangère en vertu d'une disposition du droit étranger alors applicable, qu'à la condition que cette solution fut également prescrite par le droit étranger aux dispositions duquel le juge français devra se référer avec précision pour déclarer nulle une saisie conservatoire pratiquée en France (Cass. 1re civ., 22 février 2000, *Bull. civ.* I, n° 51). Enfin, signalons que la mainlevée de la saisie pratiquée en méconnaissance des dispositions de l'article L. 632-1.I.7° du Code de commerce peut encore être obtenue par le débiteur auprès de la juridiction saisie par le créancier de la procédure engagée au fond en vue d'obtenir un titre exécutoire nécessaire à la conversion en saisie d'exécution (Cass. 2e civ., 4 juillet 2000, n° 97-20.791).

6. Cf. *supra*, n° 227.

Section 1
La saisie conservatoire ordinaire

371. Il convient d'envisager successivement les modalités de la saisie et ses incidents *(§ 1)*, puis les modalités de sa conversion en saisie-attribution *(§ 2)*.

§ 1. Les modalités de la saisie (A) et ses incidents (B)

A Les modalités de la saisie

372. Il s'agit de la signification au tiers, d'un acte de saisie (*1*), puis de la dénonciation de cette saisie au débiteur *(2)*[7].

Il n'existe pas de ***procédure d'intervention*** à une saisie conservatoire en cours. Les autres créanciers devront soit faire procéder eux aussi à une saisie conservatoire, soit faire procéder directement à une saisie-attribution. L'article L 60 ne concerne que la saisie-vente.

1. Première formalité : la signification au tiers, d'un acte de saisie

373. Le créancier poursuivant doit signifier au tiers débiteur de son propre débiteur, dans les formes prescrites par les articles 653 et suivants du Code de procédure civile, un acte de saisie devant contenir, à peine de nullité, les mentions énumérées par l'article D 234 dont notamment la défense faite au tiers de disposer des sommes réclamées dans la limite de ce qu'il doit au débiteur. Ces dispositions semblent signifier qu'il n'y a aucun cantonnement possible de la saisie conservatoire, mais il n'en est rien, car la créance saisie n'est indisponible qu'à concurrence de la cause de la saisie (art. L 75, al. 1er).

7. Il n'existe, en matière de saisie conservatoire des créances de sommes d'argent, aucune disposition comparable à celles de l'article D 230. N'y a-t-il donc aucune ***signification à faire aux créanciers antérieurs ayant déjà procédé sur les mêmes sommes à une saisie conservatoire*** ? L'article D 5 n'impose-t-il pas que les autres créanciers soient informés ? Nous considérons que ne devront être informés que les créanciers ayant procédé à une saisie-attribution pratiquée directement, c'est-à-dire non obtenue sur conversion de saisie conservatoire, le même jour que la signification de l'acte de conversion de la saisie conservatoire en saisie-attribution (art. L 43, al. 3), puisque, comme nous le verrons ultérieurement, c'est le seul cas dans lequel, en matière de saisie-attribution (directe ou non), le paiement n'est pas le prix de la course.

L'article L 29, alinéa 3, dispose que « *si la saisie porte sur une créance, elle en* ***interrompt la prescription*** ». Il s'agit de la prescription courant entre le débiteur du créancier saisissant et le tiers saisi.

Quant aux ***obligations du tiers*** saisi à ce stade de la procédure, celui-ci doit déclarer à l'huissier du créancier saisissant l'étendue de ses obligations à l'égard du débiteur de ce dernier et lui remettre toutes pièces justificatives. Ces obligations résultent des dispositions de l'article L 44 qui doivent être reproduites dans l'acte de saisie et de celles de l'article D 37. Ainsi, « *le tiers saisi est tenu de déclarer au créancier l'étendue de ses obligations à l'égard du débiteur, ainsi que les modalités qui pourraient les affecter et, s'il y a lieu, les cessions de créances, délégations et saisies antérieures. À quel moment ? Bien que, contrairement à ceux relatifs à la saisie-attribution* » (art. D 59), les textes sur la saisie conservatoire ne le précisent pas, la Cour de cassation considère que c'est « sur le champ », c'est-à-dire au moment de la signification de l'exploit de saisie, que le tiers doit fournir à l'huissier de justice les renseignements qui lui sont demandés. Elle considère que cette solution résulte implicitement du fait que les renseignements auxquels le tiers est tenu, sont mentionnés dans l'acte de saisie[8]. Nous envisagerons ultérieurement, au titre de l'étude des incidents de la saisie conservatoire, la sanction de la non-collaboration du tiers saisi à ce stade[9].

« *Lorsque la saisie porte sur une créance ayant pour objet une somme d'argent, l'acte de saisie la rend indisponible à concurrence du montant autorisé par le juge, ou, lorsque cette autorisation n'est pas nécessaire, à concurrence du montant pour lequel la saisie est pratiquée* » (art. L 75, al. 1). Quelle est la portée de cette ***indisponibilité de la créance saisie*** ? Certainement la même qu'en matière de saisie-attribution[10]. Le débiteur saisi ne peut donc certainement pas céder la créance saisie, ni faire une remise de dette à son propre débiteur-tiers saisi. Mais la saisie conservatoire ne comportant aucun effet attributif de la créance saisie, elle ne fait pas obstacle à l'obtention par le saisi, d'un titre consacrant sa créance à l'égard du saisissant[11]. Le tiers saisi n'est pas pour autant libéré de sa propre dette. Il n'en sera ainsi qu'après avoir effectivement payé le créancier saisissant, ce qui suppose la conversion de la saisie conservatoire en saisie-attribution[12]. Mais un accord non frauduleux entre le saisi et le tiers saisi éteignant la créance du premier sur le second, fait échec à la saisie conservatoire[13].

8. Cass. 2e civ., 7 novembre 2002, *Bull. civ.* II n° 249.
9. Cf. *infra*, n° 378.
10. Cf. *supra*, n° 234.
11. Cass. 2e civ., 4 juillet 2007, *Bull. civ.* II, n° 201.
12. Cass. 2e civ., 23 novembre 2000, *Bull. civ.* II, n° 153.
13. Cass. 2e civ., 22 novembre 2001, *Bull. civ.* II, n° 172 ; Cass. com., 4 juin 2002, n° 98-19.859.

374. La saisie ne doit pas entraîner pour le débiteur une peine inutile et hors de proportion avec sa cause. L'ancien ***cantonnement*** est désormais un effet automatique de la saisie conservatoire des créances. En effet, aux termes de l'article L 75, « *la saisie emporte de plein droit* ***consignation*** *des sommes indisponibles et produit les effets prévus à l'article 2075-1 du Code civil* »[14], c'est-à-dire aujourd'hui par les articles 2350 et 2355 du Code civil. Quant à la nature de ce privilège, l'ancien article 2075-1 du Code civil, disposait que « *le dépôt ou la consignation de sommes, effets ou valeurs, ordonné judiciairement à titre de garantie ou à titre conservatoire, emporte affectation spéciale ou privilège de l'article 2073 du Code civil* ». L'actuel article 2350 dispose pareillement que « *Le dépôt ou la consignation de sommes, effets ou valeurs, ordonné judiciairement à titre de garantie ou à titre conservatoire, emporte affectation spéciale et droit de préférence au sens de l'article 2333* »[15]. Il ne saurait, à notre avis, être fait application à la lettre de ce texte du Code civil. Il ne serait en effet pas concevable, pour le créancier saisissant, de prétendre de ce chef à une attribution judiciaire du « gage », en application des dispositions de l'article 2347 du Code civil[16], même si la jurisprudence avait fini par admettre l'application de ce texte aux biens incorporels[17]. Cette attribution est, en effet, irréaliste dans la mesure où, il ne faut pas l'oublier, le créancier saisissant n'a fait procéder qu'à une saisie conservatoire. Or l'attribution du gage au créancier prévue par l'article 2347 du Code civil « *s'analyse en un paiement de la créance garantie sous la forme d'une dation imposée au débiteur* »[18]. L'article L 75, en renvoyant à ces dispositions, confère seulement au premier saisissant un privilège sur les sommes saisies : le privilège du premier saisissant[19].

14. Sur cette question, voir l'excellente étude de G. Taormina, *Le droit des sûretés à l'épreuve des privilèges conférés par le droit de l'exécution forcée, RRJ Dr. pros.* 2003/3, p. 1867.

15. Sur l'incidence de l'ouverture d'une procédure collective sur cette affectation spéciale de la somme saisie conservatoirement, cf. *infra*, n° 380.

16. C. civ., anc. art. 2078.

17. Cass. ass. plén., 26 octobre 1984, *Bull. ass. plén.*, n° 6, D. 1985, jur, p. 33, concl. J. Cabannes, note F. Derrida, *JCP éd. G* 1985, II, n° 20432, rapp. Viennois, note P. Corlay, *JCP éd. E* 1985, II, n° 14486, note H. Synvet, *GP* 1985, 1, jur., p. 236, note Y. Chartier ; Cass. com., 9 janvier 1961, *Bull. civ.* III, n° 15 ; Cass. com., 28 avril 1987, *Bull. civ.* IV, n° 96 ; 6 mars 1990, *Bull. civ.* IV, n° 67, *D.* 1990, jur., p. 311, note F. Derrida.

18. M. Cabrillac et Ch. Mouly, *Droit des sûretés*, éd. *Litec*, n° 946.

19. Ce privilège prime-t-il les autres privilèges ? Cette question n'a, à notre avis, pas lieu d'être posée. Par rapport à d'autres créanciers qui disposent d'une créance privilégiée indépendamment de la mise en œuvre d'une saisie et avant cette mise en œuvre, le créancier qui met en œuvre n'importe quelle procédure, même d'exécution, n'est jamais que chirographaire s'il n'était d'emblée titulaire d'aucune sûreté ni privilège. Le privilège dont il est question à l'article 75 de la loi n° 91-650 du 9 juillet 1991 ne confère un

375. La question se pose de l'opposabilité de la saisie conservatoire en cas de ***cession de créance*** postérieure. Quelle date convient-il de prendre en considération concernant la cession de la créance ? En application des dispositions de l'article 1690 du Code civil il faudra, semble-t-il, prendre en considération, selon la technique employée, soit la date de signification de la cession au débiteur par le cessionnaire, soit la date de l'acceptation du débiteur dans un acte authentique. Ces deux dates sont certaines. Le débiteur cédé est, en cas de saisie, le tiers saisi. Concernant la saisie, il conviendra de se placer à la date de la signification de l'exploit de saisie au tiers, lequel est, en la circonstance, le débiteur cédé. La cession de créance sera dépourvue d'effet, toutes les fois que la saisie aura été signifiée au débiteur cédé suivant le cas, soit avant que celui-ci ne se voie signifier la cession, soit avant qu'il n'ait accepté la cession dans un acte authentique[20].

376. Aux termes de l'article D 235, alinéa 1, tout intéressé peut demander ***que les sommes saisies soient consignées entre les mains d'un séquestre***. La notion d'intéressé couvre aussi bien le créancier saisissant que le débiteur ou le tiers saisi. Ce séquestre sera désigné, à défaut d'accord amiable, sur requête, par le juge de l'exécution. Le texte ne le précise pas, mais il s'agit de celui de l'article D 219. « *La remise des fonds au séquestre arrête le cours des intérêts dus par le tiers saisi* » (art. D 235, al. 2). Il s'agit des intérêts moratoires. Cette consignation, effectuée comme modalité de substitution à la saisie

droit de préférence sur les sommes saisies que par rapport à d'autres créanciers qui revendiquent, sur ces sommes, un privilège né postérieurement à la saisie. Mais encore faut-il que le créancier concurrent n'ait pas lui-même procédé à une saisie conservatoire sur les mêmes sommes. Ainsi, le droit du créancier saisissant ne peut être invoqué à l'égard du trésorier dont la créance fiscale bénéficie du privilège de l'article 1920 du Code général des impôts, dès lors que le créancier a fait procéder à la conservation de la saisie conservatoire après la notification d'un avis à tiers détenteur (Cass. 2e civ., 18 janvier 2007, *Bull. civ.* II, nº 14).

En outre, l'article 75 de la loi ne garantira pas toujours un rang de préférence aux créanciers ayant fait pratiquer une saisie par rapport à ceux qui ne l'ont faite pratiquer qu'après eux. En effet, si le créancier premier saisissant effectue une saisie conservatoire, il ne disposera certainement d'aucun droit de préférence par rapport à celui qui effectuera après lui immédiatement une saisie-attribution ou celui qui effectuera certes après lui une saisie conservatoire sur les mêmes sommes, mais parviendra néanmoins avant lui à faire procéder aux formalités de conversion en saisie-attribution. Ce créancier second saisissant sera servi avant lui.

20. Les dispositions de l'article 1690 du Code civil ne trouvent pas à s'appliquer en cas de clause à ordre et de titre de créance au porteur. On sait qu'alors, la transmission de la créance se fait par simple endossement. Il conviendra alors de ne prendre en compte que la date de l'endossement (Cass. civ., 31 octobre 1906, *DP* 1908, 1, p. 497 ; Cass. req., 15 mars 1892, *DP* 1893, 1, p. 309). Ces dispositions ne s'appliquent pas non plus à l'affacturage qui serait plutôt une subrogation du factor. Il conviendra donc de ne prendre en compte que la date de cette subrogation.

conservatoire, a les mêmes effets que la consignation de plein droit résultant de la saisie en application des dispositions de l'article L 75 et confère, par conséquent, au saisissant, le privilège prévu aux articles 2350 et 2355 du Code civil[21].

2. Deuxième formalité : la dénonciation de la saisie au débiteur

377. L'article D 236 ne parle pas expressément de signification, mais d'« *acte d'huissier de justice* ». On ne saurait toutefois avoir aucun doute sur le sens de la formule. Cette dénonciation de la saisie conservatoire doit être faite au débiteur et avoir lieu dans un délai de 8 jours à compter de la signification de l'acte de saisie, sous peine de caducité de la procédure[22].

Cette dénonciation au débiteur doit comporter, à peine de nullité encourue seulement lorsque celui qui s'en prévaut justifie d'un grief[23], les mentions énumérées par l'article D 236 dont notamment la mention, en caractères très apparents du droit qui appartient au débiteur saisi, si les conditions de validité de la saisie ne sont pas réunies, d'en demander la mainlevée au juge de l'exécution du lieu de son domicile et l'indication, et en cas de saisi de compte, l'indication du montant de la somme à caractère alimentaire laissée à la disposition du débiteur en application de l'article 46 ainsi que du ou des comptes sur lesquels cette mise à disposition est opérée[24]. Enfin, notons que l'article D 236 n'excluant pas l'application de l'article 495 du Code de procédure civile auquel renvoie d'ailleurs expressément l'article D 1, l'omission par l'huissier de justice de signifier la requête, en même temps, que l'ordonnance du juge de l'exécution ayant autorisé la saisie conservatoire, justifie l'annulation de la dénonciation de ladite saisie[25].

B Les incidents de la saisie

378. Nous avons vu[26] que lors de la signification de l'acte de saisie qui lui est faite, le tiers saisi est tenu de déclarer au créancier l'étendue de ses obligations à l'égard du débiteur, ainsi que les modalités qui pourraient les affecter et, s'il y a lieu, les cessions de créances, délégations

---

21. Cf. *supra*, n° 374. En ce sens, CA Lyon, 6e ch., 17 juin 1998, *Sté GTM Construction c/Sté Divonne Centre, JCP éd. G* 2000, IV, n° 1389.

22. Cass. 2e civ., 6 mai 2004, *Bull. civ.* II, n° 217, *JCP éd. G* 2004, II, n° 10150, note O. Salati, *Procédures* 2004, com. n° 151, obs. R. Perrot.

23. Cass. 2e civ., 31 janvier 2001, n° 00-17.865.

24. Cf. *supra*, nos 108 et s., suite à la loi n° 2009-526 du 12 mai 2009 et au décret n° 2009-1694 du 30 décembre 2009.

25. En ce sens, Cass. 2e civ., 6 décembre 2001, *Bull. civ.* II, n° 184.

26. Cf. *supra*, nos 370 et s.

et saisies antérieures. La ***non-collaboration du tiers saisi*** à ce stade de la procédure est sanctionnée spécialement par les dispositions de l'article D 238 qui ne concerne que la saisie conservatoire[27] et dispose que si, sans motif légitime, le tiers saisi ne fournit pas lesdits renseignements, il s'expose à devoir payer la créance pour laquelle la saisie est pratiquée, sauf son recours contre le débiteur du créancier saisissant, et qu'en cas de négligence fautive ou de déclaration inexacte ou mensongère, il pourra être condamné à des dommages-intérêts[28]. D'autres dispositions, celles-là de portée générale, sanctionnent également le tiers saisi pour sa non-collaboration à la saisie (art. L 24). Ces dispositions distinguent donc deux types de situations sanctionnées chacune selon des modalités spécifiques. Le juge de l'exécution devra veiller à prononcer la sanction correspondant au comportement incriminé par le texte[29].

---

27. Cass. 2e civ., 22 mars 2006, *Bull. civ.* II, n° 87, *Procédures* 2006, com. n° 135, obs. R. Perrot.

28. Cass. 2e civ., 30 mai 2002, n° 00-22.909 ; 13 février 2003, *Bull. civ.* II, n° 40.

29. Nous avons vu que l'article D 60 prévoit la même distinction entre les comportements fautifs du tiers saisi et les sanctions correspondantes en matière de saisie-attribution pratiquée directement, et que la Cour de cassation veille à ce que la sanction prononcée soit bien celle prévue par le texte (Cf. *supra*, n° 233 ; Cass. 2e civ., 5 juillet 2000, *Bull. civ.* II, n° 115 ; 5 juillet 2000, *Bull. civ.* II, n° 116). Rien ne justifierait que cette rigueur dans l'application des textes n'ait pas cours également en matière de saisie conservatoire.

Pour faire échec à l'action intentée par le créancier aux fins d'obtenir sa condamnation en application des dispositions de l'article D 238, et justifier ainsi sa non-collaboration, le tiers saisi peut-il invoquer la caducité ou la nullité de la saisie ? Sur cette question, la Cour de cassation a été d'avis « *que la nullité de la saisie conservatoire, ou sa caducité qui la prive rétroactivement de tous ses effets, s'oppose à ce que le créancier saisissant puisse faire condamner le tiers saisi, sur le fondement de l'article 238 du décret du 31 juillet 1992, au paiement des sommes pour lesquelles la saisie a été pratiquée, cette sanction de la méconnaissance par le tiers saisi de son obligation de renseignement s'inscrivant nécessairement dans le cadre d'une saisie valable. Dès lors, le tiers saisi, pour s'opposer à la demande en paiement, a un intérêt à se prévaloir des causes d'inefficacité de la saisie* » (Cass. avis, 21 juin 1999, *Bull. avis*, n° 5 ; Cass. 2e civ., 6 mai 2004, n° 02-12.484, arrêt rendu en matière de caducité de la saisie). Dans le même ordre d'idées, la non-collaboration du tiers saisi, de nature à justifier sa condamnation sur le fondement des dispositions de l'article D 238, ne fait pas obstacle, le cas échéant parce que les conditions requises par les textes ne sont finalement pas réunies, à la rétractation par le juge de l'exécution, de son ordonnance d'autorisation de saisie conservatoire, et à mainlevée de la saisie qui résulte de cette rétractation (Cass. 2e civ., 16 déc. 1999, n° 98-13.274). De même, du fait du caractère rétroactif de l'annulation d'une saisie conservatoire, le tiers saisi ne peut être tenu rétroactivement aux obligations qui lui sont imposées par la loi de 1991 et le décret de 1992, et ne peut dès lors, être condamné, sur le fondement des dispositions de l'article D 238, au paiement des sommes pour lesquelles la saisie annulée avait été pratiquée (Cass. 2e civ., 5 juillet 2000, *Bull. civ.* II, n° 111).

Comme en matière de saisie-attribution (cf. *supra,* n° 233), la jurisprudence considère que le tiers saisi qui, au jour de la signification de la saisie n'est tenu à aucune obligation envers le saisi, n'encourt du fait de sa non-collaboration avec l'huissier de justice,

Le juge de l'exécution du lieu de situation des biens saisis est compétent pour prononcer ces mesures (art. D 219). À cette occasion, il ne peut contrôler la valeur et la sincérité de la déclaration du tiers saisi qu'au moment de la saisie. Il n'entre pas dans ses pouvoirs de contrôler l'évolution des comptes du débiteur saisi au cours des années ayant précédé la saisie[30].

379. Nous avons vu qu'aux termes de l'article D 236, l'acte de dénonciation de la saisie au débiteur doit comporter, à peine de nullité, notamment « *3° La mention, en caractères très apparents, du droit qui appartient au débiteur, si les conditions de validité de la saisie ne sont pas réunies, d'en demander la mainlevée au juge de l'exécution du lieu de son domicile...* ». Aucun délai n'est imparti au débiteur pour élever cette ***contestation***. Cependant, « *À défaut de contestation avant l'acte de conversion, la déclaration du tiers est réputée exacte pour les seuls besoins de la saisie* » (art. D 239). Cela signifie que non seulement aucune contestation relevant de la compétence du juge de l'exécution ne pourra plus être formulée sur la procédure antérieure à l'acte de conversion lorsque ce dernier aura été signifié, mais aussi que les

qu'une condamnation à des dommages-intérêts prononcée sur le fondement des dispositions de l'article D 238 (Cass. 2e civ., 30 mai 2002, n° 00-21.675).

Le tiers saisi ne semble encourir les sanctions prévues par l'article D 238, que s'il a eu un comportement dolosif ; non en cas d'erreurs involontaires sans conséquence dommageable pour le créancier (Cass. 2e civ., 5 juillet 2000, *Bull. civ.* II, n° 110 ; 23 novembre 2000, *Bull. civ.* II, n° 155 ; 21 décembre 2000, *Bull. civ.* II, n° 179).

Le tiers saisi qui rectifie de lui-même l'erreur commise sur les nom et prénom dans l'exploit de saisie et donne dans un premier temps des renseignements exacts, avant de les rétracter, ne peut invoquer ensuite, pour échapper aux sanctions prévues par l'article D. 238 ladite erreur (Cass. 2e civ., 5 juillet 2000, n° 98-17.542).

La saisie conservatoire qui n'a pas encore été convertie en saisie-attribution lors de l'ouverture d'une procédure collective, ne pouvant plus produire effet et ne pouvant plus être convertie, le tiers saisi qui n'a pas fourni les renseignements utiles à la saisie n'encourt pas les sanctions prévues par l'article D. 238 (Cass. 2e civ., 20 octobre 2005, *Bull. civ.* II, n° 267, *Procédures* 2005, com. n° 276, obs. R. Perrot).

Comme en matière de saisie-attribution, la signification d'un exploit de saisie conservatoire en mairie est un motif d'ignorance de la saisie par le tiers saisi et donc constitue un motif légitime de non-collaboration faisant obstacle au prononcé d'une sanction en application de l'article D. 238, alinéa 1, ne s'agissant pas non plus d'une négligence fautive au sens des dispositions du second alinéa de ce texte (Cass. 2e civ., 12 juin 2002, *Bull. civ.* II, n° 128). Mais une signification de l'exploit de saisie conservatoire faite en un autre lieu qu'au siège d'un établissement bancaire pris en sa qualité de tiers saisi ne constitue pas *ipso facto* un motif légitime de non-collaboration du tiers, le juge saisi d'une demande de condamnation de ce tiers au paiement de la cause de la saisie, devant, pour rejeter cette demande, dire en quoi, dans l'espèce qui lui est soumise, l'adresse de signification était fondamentalement erronée (Cass. 2e civ., 7 novembre 2002, *Bull. civ.* II, n° 248, D. 2003, som., p. 1474, obs. G. Taormina).

30. Cass. 2e civ., 5 juillet 2000, *Bull. civ.* II, n° 110.

déclarations du tiers saisi seront incontestables, même par ce dernier[31]. Les seules contestations qui demeurent possibles à partir de la signification d'un acte de conversion de la saisie conservatoire en saisie-attribution, ne pourront porter que sur l'acte de conversion lui-même, c'est-à-dire son opportunité et l'existence de la créance cause de la saisie.

380. Nous avons vu qu'aux termes de L 75, « *la saisie emporte de plein droit consignation des sommes indisponibles et produit les effets prévus à l'article 2075-1 du Code civil* »[32]. Quelle est l'incidence de l'***ouverture d'une procédure collective*** du Code de commerce sur cette affectation spéciale de la somme saisie conservatoirement ? La saisie conservatoire signifiée au tiers saisi et qui n'a pas été convertie en saisie-attribution avant le prononcé du jugement d'ouverture d'une procédure de sauvegarde, de redressement ou de liquidation judiciaires, n'emporte plus, dès lors, affectation spéciale et privilège au profit du créancier saisissant[33].

381. Doté d'un titre exécutoire, le créancier saisissant peut faire procéder à la conversion de la saisie conservatoire en saisie-attribution, afin que le tiers saisi lui paye directement sa dette envers le débiteur, à concurrence de la cause de la saisie (art. L. 76, al. 2).

§ 2. La conversion de la saisie conservatoire en saisie-attribution (A) et ses incidents (B)

A Les modalités de la conversion de la saisie

382. Elles se décomposent en quatre formalités ou étapes : la signification au tiers saisi d'un acte de conversion *(1)*, la dénonciation de la conversion au débiteur *(2)*, l'autorisation de paiement par le tiers saisi *(3)* et le paiement par le tiers saisi *(4)*.

31. Cass. 2e civ., 8 décembre 2005, *Bull. civ.* II, n° 313, *Procédures* 2006, com. n° 136, obs. R. Perrot.

32. Cf. *supra*, n° 374. C. civ., art. 2350 et 2355.

33. Cass. com., 22 avril 1997, *Bull. civ.* IV, n° 1000 ; Cass. com., 4 janvier 2000, n° 96-20.390, *Procédures* 2000, n° 59, com. n° 59, p. 8, note R. Perrot ; Cass. 2e civ., 19 mai 1999, *Bull. civ.* II, n° 97, *D. 1999*, p. 549, note J. Prévault ; Cass. 2e civ., 12 juillet 2001. n° 99-17.339 ; Cass. com., 15 octobre 2002, n° 99-17.954 ; Cass. com., 13 novembre 2002, n° 99-15.769 ; Cass. com., 29 avril 2003, n° 01-15.121 ; Cass. com., 29 avril 2003, n° 01-15.123 ; Cass. com., 24 juin 2003, n° 02-11.772.

1. Première formalité : la signification au tiers saisi, d'un acte de conversion

383. L'acte de conversion, signifié dans les formes prescrites par les articles 653 et suivants du Code de procédure civile, doit comporter, à peine de nullité, les mentions énumérées par l'article 240 du décret nº 92-755 du 31 juillet 1992 dont notamment une demande de paiement des sommes précédemment indiquées, à concurrence de celles dont le tiers s'est reconnu ou a été déclaré débiteur. L'acte comporte une cinquième mention dont la présence n'est pas requise à peine de nullité, destinée à informer le tiers saisi de l'effet de cette signification : « *l'acte informe le tiers que, dans cette limite, la demande entraîne attribution immédiate de la créance saisie au profit du créancier* » saisissant (art. D 240, *in fine*)[34].

2. Deuxième formalité : la dénonciation de la conversion de la saisie au débiteur

384. Cette dénonciation doit être faite au moyen d'une signification d'une copie de l'acte de conversion, dans les formes prescrites par les articles 653 et suivants du Code de procédure civile et sans avoir à l'être dans un délai maximum prescrit à peine de caducité de la saisie, ne doit comporter aucune mention particulière (art. D 241). Ceci est tout à fait regrettable, puisque des effets y sont attachés ; des effets conditionnés par l'existence ou non d'une contestation[35] du débiteur dans un certain délai, régie par l'article D 242, dont la mention sur la signification de l'acte de conversion au débiteur aurait dû être requise, à peine de nullité, afin que le débiteur soit informé de cette possibilité. Il n'en est rien !

Aucune signification de l'acte de conversion aux autres créanciers n'est requise. Il n'existe à propos de cette procédure aucune disposition comparable à l'article D 231, alinéa 2, qui ne concerne que la saisie conservatoire des biens mobiliers corporels.

---

34. En disposant que la demande de paiement contenue dans l'acte de conversion signifié au tiers saisi, « *entraîne attribution immédiate de la créance saisie au profit du créancier* » (D. nº 92-755, 31 juillet 1992, art. 240, *in fine*), la réforme codifie le système dit de la cession-transport, c'est-à-dire de cession judiciaire de créance, adopté par la jurisprudence à la fin de la première moitié du XIXe siècle, à propos de l'effet du jugement de validité de la saisie-arrêt (sur cette question, cf. *supra*, nº 234, spécialement note 56).
35. Cf. *infra*, nº 388.

3. Troisième formalité : l'autorisation de paiement par le tiers saisi

385. L'autorisation de paiement peut résulter de la présentation d'un certificat de non-contestation délivré par le greffe, ou d'une ordonnance du juge de l'exécution.

Dans le premier cas, aux termes de l'article D 242, alinéa 4, « *en l'absence de contestation* (de la conversion par le débiteur), *le tiers effectue le paiement sur présentation d'un certificat délivré par le greffe ou établi par l'huissier de justice qui a procédé à la saisie attestant qu'aucune contestation n'a été formée dans les quinze jours suivant la dénonciation de l'acte de conversion* ». Il s'agit du greffe du juge de l'exécution du lieu où demeure le débiteur, en application des dispositions de l'article D 242, alinéa l. Mais il est possible que le débiteur soit décidé, avant même l'expiration du délai qui lui est imparti pour le faire, à ne pas contester la conversion de la saisie conservatoire en saisie-attribution. Dans ce cas, l'article D 242 prévoit en son 5e alinéa, que « *le paiement peut intervenir avant l'expiration de ce délai si le débiteur a déclaré ne pas contester l'acte de conversion. Cette déclaration doit être constatée par écrit* ». À propos de certaines pratiques des huissiers consistant à fait signer par le saisi un « acquiescement à la saisie », le juge de l'exécution de Limoges devait poser les questions suivantes à la Cour de cassation : « *après réalisation d'une saisie conservatoire de créance, le débiteur saisi peut-il acquiescer à celle-ci ? Si oui, quelle forme doit revêtir cet acquiescement ? Celui-ci peut-il être constitué par un document établi par l'huissier instrumentaire simplement signé par le débiteur saisi ? L'huissier instrumentaire peut-il, en signifiant un tel document au tiers saisi, obtenir immédiatement le paiement, sans que le créancier n'ait obtenu un titre exécutoire, et sans qu'il ait même engagé une procédure à cette fin ?* ». La Cour, le 24 mai 1996, fut d'avis que « *la notion d'acquiescement est sans application à la saisie conservatoire qui n 'est ni une demande en justice, ni un jugement. Toutefois le débiteur saisi peut donner son accord pour que le tiers saisi paie le créancier saisissant moyennant la mainlevée de la saisie...* »[36]. Voilà un avis dont l'utilité n'aura échappé à personne.

Dans les autres cas, cette autorisation de paiement ne peut prendre la forme que d'une ordonnance du juge de l'exécution. À défaut de certificat de non contestation délivré par le greffe ou l'huissier de justice, du fait de l'existence d'une contestation élevée à l'encontre de la conversion de la saisie conservatoire, le tiers saisi ne pourra être autorisé à payer les sommes saisies entre ses mains, que sur décision du juge de l'exécution.

36. Cass. avis, 24 mai 1996, *Bull. avis*, n° 6.

4. Quatrième formalité : le paiement par le tiers saisi

386. Doté de son autorisation, le créancier saisissant peut demander le paiement au tiers saisi. Le paiement comporte deux limites. Son montant ne peut jamais être supérieur à celui de la dette du tiers saisi vis-à-vis du débiteur du créancier saisissant, ni supérieur à celui fixé dans l'ordonnance du juge de l'exécution en cas de contestation partielle fondée totalement, ou de contestation totale fondée partiellement.

Le paiement obéit à un certain nombre de règles de la saisie-attribution auxquelles renvoie l'article D 243. Ainsi, « *celui qui a reçu le paiement en donne quittance au tiers saisi et en informe le débiteur* » (art. D 62, al. 1). « *Dans la limite des sommes versées, ce paiement éteint l'obligation du débiteur et celle du tiers saisi* » (art. D 62, al. 2).

Enfin, était-il nécessaire d'aller jusqu'en cassation pour se l'entendre dire, le tiers n'est libéré de sa dette à l'égard du débiteur, qu'après paiement au créancier saisissant des sommes dont il s'est reconnu ou dont il a été reconnu débiteur[37].

Le défaut de paiement par le tiers saisi n'est pas sans incidence[38].

B Les incidents de la conversion de la saisie

387. Le prononcé, avant la signification de l'acte de conversion, d'un ***jugement de mise sous sauvegarde, de redressement ou liquidation judiciaire*** à l'encontre du débiteur, fait obstacle à la conversion de la saisie conservatoire en saisie-attribution et entraîne, par ailleurs, la mainlevée de la saisie conservatoire pratiquée, la saisie n'emportant plus dès lors, comme nous venons de le voir, affectation spéciale et privilège au profit du créancier saisissant (C. com., art. L. 622-21, L. 631-14 et L. 641-3)[39]. C'est en application des mêmes principes, qu'en cas de consignation des fonds saisis entre les mains d'un séquestre, ordonné comme mesure de substitution en application des dispositions de l'article 75 de la loi n° 91-650 du 9 juillet 1991 et de l'article 235 du décret n° 92-755 du 31 juillet 1992, l'ouverture d'une procédure collective entraîne la mainlevée de cette consignation qui n'a opéré aucun cas transfert de propriété des fonds saisis[40].

37. Cass. 2e civ., 23 novembre 2000, *Bull. civ.* II, n° 153.
38. Cf. *infra*, n° 389.
39. La solution avait déjà été consacrée par la jurisprudence sous l'empire de l'ancien article L. 621-40 du Code de commerce, à propos du redressement et de la liquidation judiciaires (Cass. com., 10 décembre 2002, *D.* 2003, p. 1473, obs. G. Taormina). Elle est, d'ailleurs applicable à toute autre mesure de substitution et à la mise sous séquestre (Cass. com., 6 mars 2001, *Bull. civ.* IV, n° 48, *D.* 2001, AJ, p. 1102, obs. A. Lienhard).
40. Cass. com., 6 mars 2001, préc. ; CA Lyon, 6e ch., 17 juin 1998, *Sté GTM Construction c/Sté Divonne Centre, JCP éd. G* 2000, IV, n° 1389.

388. À compter de la signification au débiteur, d'une copie de l'acte de conversion de la saisie, le débiteur dispose d'un délai de 15 jours pour ***contester cette conversion***[41] devant le juge de l'exécution du lieu où il demeure (art. D 242, al. 1). Ce délai prescrit à peine d'irrecevabilité, est ici plus court que dans la saisie-attribution ordinaire (un mois, art. D 66). Il s'agit du même juge de l'exécution qui est compétent (art. D 65). « *Sous la même sanction, la contestation est dénoncée le même jour, par lettre recommandée avec demande d'avis de réception, à l'huissier de justice qui a procédé à la saisie. /L'auteur de la contestation en informe le tiers saisi par lettre simple* » (art. D 242, al. 2 et 3). Trois situations sont alors concevables, l'absence de contestation, la contestation non fondée ou tardive, la contestation recevable et fondée, chacune influant sur la physionomie de la troisième phase de la procédure destinée à permettre au créancier saisissant d'être payé par le tiers saisi, sur présentation d'une autorisation de paiement[42].

389. Le ***défaut de paiement par le tiers saisi*** peut avoir pour cause la négligence du créancier ou la résistance du tiers saisi.

En l'absence de négligence du créancier saisissant, ce dernier « ... *qui n'a pas été payé par le tiers saisi conserve ses droits contre le débiteur* » (art. D 63, al. 1). En revanche, « ... *si ce défaut de paiement est imputable à la négligence du créancier, celui-ci perd ses droits à concurrence des sommes dues par le tiers saisi* » (art. D 63). Cette négligence pourra notamment résulter du fait pour le créancier saisissant de ne pas avoir utilisé les moyens à sa disposition pour contraindre le tiers saisi au paiement[43]. Mais il n'est pas requis une carence ayant rendu la mesure d'exécution pratiquée inefficace[44].

L'article D 64 dispose que, « *en cas de refus de paiement par le tiers saisi, des sommes qu'il a reconnu devoir ou dont il a été jugé débiteur, la contestation est portée devant le juge de l'exécution* (de l'article 219 du décret) *qui peut délivrer un titre exécutoire contre le tiers saisi* »[45]. Le

41. Le texte parle de manière assez ambiguë de contestation de « l'acte de conversion ».

42. Cf. *supra*, n° 385.

43. Mais pourra-t-on lui reprocher de ne pas chercher à obtenir par voie oblique, au nom de son débiteur, contre ce tiers, un titre exécutoire ? En effet, faute de titre exécutoire contre lui, aucune mesure d'exécution ne saurait être exercée directement contre le tiers saisi par le créancier saisissant. La question ne saurait être cependant posée en ces termes, puisque le décret du 31 juillet 1992 permet au créancier saisissant d'obtenir rapidement un titre exécutoire grâce à une procédure spéciale contre ce tiers. Il n'est donc plus nécessaire de recourir à l'action oblique. Ce qui pourra lui être reproché, c'est de ne pas avoir utilisé cette procédure prévue à l'article 64 du décret.

44. Cass. 2e civ., 21 octobre 2004, *Bull. civ.* II, n° 474.

45. Le texte envisage inutilement un cas : celui dans lequel il existe déjà un titre exécutoire rendu contre le tiers saisi au profit du débiteur du créancier saisissant. Dans ce cas, l'effet de cession-transport permet au créancier saisissant de faire exécuter à son profit le titre de son débiteur. La possibilité pour le créancier saisissant d'obtenir directement du

titre exécutoire obtenu en vertu de ce texte, permet au créancier saisissant d'engager contre le tiers saisi, à titre principal cette fois, c'est-à-dire comme débiteur saisi, des procédures d'exécution. Mais le créancier saisissant disposera d'autres moyens de contraindre le tiers saisi en le faisant condamner par le juge de l'exécution à une astreinte, à des dommages-intérêts, et même au paiement de l'intégralité de la cause de la saisie, alors que la créance saisie-attribuée est d'un montant inférieur (art. L 24).

Section 2
La saisie conservatoire pratiquée par le créancier sur lui-même[46]

390. L'idée de saisie sur soi-même est apparue dans le droit des procédures d'exécution, à propos d'un cas de figure spécifique qui ne rend à vrai dire pas compte de la diversité des hypothèses que cette qualification est susceptible de recouvrer[47]. Il s'agit de l'hypothèse dans laquelle celui qui envisage d'y recourir se prétend créancier d'un débiteur qui est également son créancier. Les deux personnages étant *a priori* à la fois créanciers et débiteurs l'un de l'autre, celui qui aura recours à la saisie sur lui-même, aura par conséquent à la fois la qualité de créancier saisissant et de tiers saisi. Il va en effet saisir entre ses propres mains la créance que son débiteur a vis-à-vis de lui-même ! Le procédé non prévu par le Code de procédure civile de 1806, considéré comme licite par la jurisprudence

juge de l'exécution un titre exécutoire contre le tiers saisi, sans recourir à l'action oblique, n'a d'intérêt que s'il n'existe en l'état, aucun titre exécutoire contre le tiers saisi.

46. G. Taormina, *Les saisies sur soi-même*, fasc. 650, in *Droit de l'exécution forcée*, éd. *Journal des Notaires et des Avocats*, décembre 1999.

47. Il ne s'agit en effet pas là de la seule forme de saisie conservatoire sur soi-même. Il existe d'autres techniques qui ne supposent jamais que celui qui les pratique sur soi-même, soit débiteur de son débiteur, et qui, – seconde différence fondamentale –, n'ont été conçues que pour être pratiquées sur soi-même. C'est le cas des droits de rétention et des retenues de garantie dont l'exception d'inexécution est une espèce.

Suivant le même schéma, il existe par ailleurs, à côté de la saisie-attribution sur soi-même, d'autres techniques d'exécution sur soi-même qui ne sont pas conçues comme des saisies. Telles sont la plupart des procédures de ventes publiques d'objets abandonnés ou non retirés chez le créancier, par leur propriétaire-débiteur, et des procédures de réalisation des gages et warrants. Sur l'ensemble de ces procédures, cf. G. Taormina, *Droit de l'exécution forcée*, préc., nº 650-51 et s.

dans un arrêt de principe en date du 27 juillet 1891[48], n'a pas davantage été envisagé par la loi n° 91-650 du 9 juillet 1991 ou le décret n° 92-755 du 31 juillet 1992. Si la solution ancienne semble pouvoir être conservée, il ne semble cependant pas qu'elle puisse l'être sans nuance. En effet, la nouvelle procédure de saisie-attribution qui a remplacé la défunte procédure de saisie-arrêt, ne comporte, contrairement à l'ancienne procédure, aucun aspect conservatoire et nécessite systématiquement un titre exécutoire. Or on imagine mal en pratique qu'un créancier soit obligé désormais d'attendre d'obtenir un titre exécutoire pour pratiquer sur lui-même une saisie. La saisie sur soi-même a en effet, historiquement, été imaginée d'abord et surtout, comme un moyen rapide d'échapper à l'exécution forcée de la part de l'adversaire qui se prétend créancier et dont on se prétend soi-même également créancier bien que l'on n'ait pas encore de titre exécutoire contre lui. En pratique, aujourd'hui, on rencontrera donc surtout des saisies conservatoires de créances pratiquées sur soi-même[49].

Nous envisagerons successivement les modalités de cette saisie atypique *(§ 1)*, puis les modalités tout aussi atypiques de sa conversion en saisie-attribution *(§ 2)*.

§ 1. Les modalités de la saisie sur soi-même

391. La saisie conservatoire de sommes d'argent sur soi-même nécessite l'accomplissement de deux formalités successives : la signification à lui-même par celui qui se prétend créancier, d'un exploit de saisie et la dénonciation de cette saisie à celui qu'il prétend être son débiteur et qui est en outre son créancier.

La ***signification à lui-même par le créancier saisissant-tiers saisi, d'un acte de saisie*** comporte les cinq effets suivants : *1°* L'interruption de la prescription concernant la créance saisie, c'est-à-dire celle du débiteur sur le créancier effectuant la saisie sur lui-même (art. L 29, al. 3) ; *2°* La déclaration par le tiers saisi, c'est-à-dire ici celui qui effectue sur lui-même la saisie conservatoire, à son propre l'huissier de justice, de l'étendue de ses obligations à l'égard de son débiteur qui est également son créancier, et la remise de toutes pièces justificatives (art. L 44 et

48. Cass. req., 27 juillet 1891, *DP* 1892.1.430, *S.* 1892.1.225, note Labbé ; voir aussi, Cass. 2e civ., 22 mars 1982, *Bull. civ.* II, n° 51 ; 7 novembre 1988, *RTD Civ.* 1989, p. 14, obs. R. Perrot.

49. Voir notamment, pour une application, Cass. com., 11 janvier 2000, n° 97-18.286, à propos d'une saisie conservatoire pratiquée par le souscripteur d'un billet à ordre.

D 237)[50] ; ***3º*** L'indisponibilité de la créance saisie, à concurrence de la cause de la saisie (art. L 75) ; ***4º*** La consignation des sommes indisponibles et les effets prévus aux articles 2350 et 2355 du Code civil[51] (art. L 75, al. 1) ; ***5º*** La possibilité pour tout intéressé, de demander que les sommes saisies soient consignées entre les mains d'un séquestre (art. D 235, al. 1). Cette demande pourra être formulée par tout intéressé, dispose le décret, c'est-à-dire en l'espèce, aussi bien le créancier saisissant que le débiteur. Ici, le créancier saisissant étant aussi tiers saisi, il n'a, en général, aucun intérêt pratique à formuler une telle demande. Tel n'est pas le cas du débiteur saisi.

La saisie ainsi pratiquée doit ensuite être dénoncée au débiteur. Cette dénonciation qui doit être faite par signification, doit avoir lieu dans un délai de huit jours à compter de la signification de l'acte de saisie, sous peine de caducité de la procédure. Il s'agit, en fait, d'une copie de l'acte de saisie signifié à lui-même par le créancier qui a également la qualité de tiers saisi. Cette ***dénonciation de la saisie conservatoire*** faite ***au débiteur*** doit comporter, à peine de nullité, les mentions énoncées par l'article D 236 déjà évoquées[52].

Nanti d'un titre exécutoire contre son créancier qu'il prétend aussi être son débiteur, le « créancier saisissant-tiers saisi » peut faire procéder à la conversion de la saisie conservatoire en saisie-attribution (art. L 76, al. 2).

§ 2. La conversion de la saisie conservatoire en saisie-attribution

392. La saisie conservatoire de créances de sommes d'argent sur soi-même permet de pallier l'impossibilité de ***compensation*** entre la créance de celui qui envisage de recourir à cette « parade » sur ce qu'il prétend être son débiteur, et la créance de ce dernier sur lui-même. Elle permet aussi, dans le pire des cas, à celui qui y a recours, d'échapper aux voies d'exécution ; encore que la saisie conservatoire ne permette pas d'échapper aux effets d'une saisie-attribution déjà pratiquée sur les mêmes sommes, conformément aux dispositions de l'article 43 alinéa 1er de la loi de 1991[53]. Dès lors qu'il aura obtenu un titre exécutoire, la compensation sera le plus souvent possible. À défaut, et à défaut

50. Le tiers saisi ayant ici également la qualité de créancier saisissant, la violation de cette obligation de collaboration sanctionnée spécialement par les dispositions de l'article D. 238, est inimaginable.
51. C. civ., anc. art. 2075-1.
52. Cf. *supra*, nº 379.
53. En ce sens, JEX Nice, 16 juin 1993, *D.* 1994.2.53, note R. Martin.

seulement, nous considérons qu'il sera nécessaire de mettre en œuvre les formalités de conversion de la saisie conservatoire en saisie-attribution. Lorsqu'elle est nécessaire, la conversion de la saisie conservatoire en saisie-attribution nécessite l'accomplissement de quatre formalités ou séries de formalités, successives : ***1º*** la signification à lui-même par le créancier saisissant-tiers saisi, d'un acte de conversion (art. D 240) ; ***2º*** la signification d'une copie de l'acte de conversion au débiteur[54] ; ***3º*** l'autorisation de paiement à lui-même par le saisissant en sa qualité de tiers saisi. Cette autorisation peut revêtir deux formes : un certificat délivré par le greffe ou une ordonnance du juge de l'exécution statuant en matière de contestation[55]. ***4º*** le « paiement » en sa qualité de tiers saisi, par créancier saisissant à lui-même.

Nanti de son autorisation, le créancier saisissant est définitivement dispensé de payer le débiteur qui est aussi son créancier. Le paiement comporte deux limites. Son montant ne peut jamais être supérieur à celui de la dette du tiers saisi vis-à-vis du débiteur du créancier saisissant, ni supérieur à celui fixé dans l'ordonnance du juge de l'exécution en cas de contestation partielle fondée totalement, ou de contestation totale fondée partiellement. « *Dans la limite des sommes versées, ce paiement éteint l'obligation du débiteur et celle du tiers saisi* » (art. D 62).

54. Cf. *supra*, nº 378.
55. *Ibid.*

Chapitre 2
La saisie conservatoire des droits d'associé et des valeurs mobilières[1]

393. Les règles générales résultant du droit commercial, monétaire et financier, qui ont une incidence sur le droit de l'exécution forcée, concernant la définition des ***droits d'associé et valeurs mobilières saisissables***, les conditions d'opposabilité au tiers acquéreur des titres, les ***procédures d'agrément, de préemption ou de substitution***, la ***vente d'actions et de parts sociales***, le ***transfert de propriété*** des titres, ***l'intervention d'un intermédiaire*** et la ***couverture des opérations boursières à terme***, ont déjà été exposées[2]. La distinction entre la ***nue-propriété*** et ***l'usufruit*** des titres et leur saisissabilité a déjà été traitée[3]. **Ils peuvent, l'un comme l'autre faire l'objet d'une saisie conservatoire.**

394. Si les droits d'associé et valeurs mobilières ont toujours pu faire l'objet de saisie d'exécution ou de saisie conservatoire, celles-ci procédaient avant la réforme opérée en 1991-1992, d'un véritable "bricolage juridique", à défaut de procédures spécifiques dans l'ancien Code de procédure civile[4]. La réforme présente donc le mérite de doter les créanciers de procédures tant en matière de saisies conservatoires, qu'en matière de saisies d'exécution. Pour couper court à toute discussion sur *l'intuitus personae* qui peut, en pratique, concerner même des sociétés de capitaux, les pouvoirs publics, refusant de voir dans ces biens une variété de créances, ont exclu d'emblée toute possibilité de saisie-attribution des titres. Une saisie conservatoire portant sur des droits d'associé et des valeurs mobilières ne peut donc aboutir qu'à une saisie-vente des titres. Il n'existe toutefois, une fois encore, aucune exclusion formelle de la saisie conservatoire des dividendes, pour le cas où le créancier trouverait finalement plus facile et surtout plus avantageux de se borner à saisir les produits pour, une fois obtenu un titre exécutoire, faire convertir sa saisie conservatoire en saisie-attribution.

---

1. Cf. les éléments de bibliographie cités *supra*, n° 278, spécialement note 1, et G. Taormina, *Les saisies conservatoires des droits d'associé et des valeurs mobilières*, fasc. 325, in *Droit de l'exécution forcée*, éd. *Journal des Notaires et des Avocats*, avril 2004.
2. Cf. *supra*, n° 280, spécialement note 7.
3. Cf. *supra*, n° 279.
4. Cf. *supra*, n° 278, spécialement note 3.

395. Nous avons vu que ***l'ouverture d'une procédure de sauvegarde, de redressement ou de liquidation judiciaire***, emporte suspension du droit de poursuites individuelles[5]. Aux termes de l'actuel article L. 632-1.I.7° du Code de commerce, qui portait jadis le n° L. 621-107.I.7°, « *Sont nuls, lorsqu'ils sont intervenus depuis la date de cessation des paiements, les actes suivants : ... Toute mesure conservatoire, à moins que l'inscription ou l'acte de saisie ne soit antérieur à la date de cessation de paiement...* », toute saisie conservatoire pratiquée pendant la période suspecte, c'est-à-dire entre la cessation des paiements et l'ouverture d'une procédure collective, est nulle, à moins qu'elle n'ait été convertie en saisie-vente avant le prononcé d'un jugement d'ouverture d'une procédure collective.

396. Nous envisagerons successivement les opérations de la saisie conservatoire et ses incidents ***(section 1)***, puis sa conversion en saisie-vente et la vente des titres saisis ***(section 2)***.

Section 1
Les modalités de la saisie *(§ 1)* et ses incidents *(§ 2)*

§ 1. Les modalités de la saisie

397. Le schéma de cette saisie comporte toujours par définition trois personnages : le créancier saisissant, le débiteur saisi propriétaire des titres et le tiers saisi, c'est-à-dire la personne morale émettrice des titres (art. D 178) ou le gestionnaire du compte de titres (art. D 179 à D 181). Les opérations de saisie conservatoire consistent en l'accomplissement de deux formalités ou séries de formalités successives : la signification au tiers, d'un acte de saisie ***(A)***, d'une part ; la dénonciation de la saisie au débiteur, propriétaire des titres saisis ***(B)***, d'autre part[6].

5. Cf. *supra*, n°s 278 et s.

6. Il n'existe aucune obligation spéciale de ***dénoncer la saisie conservatoire aux créanciers ayant déjà procédé sur les mêmes titres à une telle saisie***, puisqu'il n'existe aucune disposition comparable à l'article D 230 ou renvoyant à ce dernier. Il devra cependant y être procédé en application des dispositions générales de l'article D 5. Il n'existe pas non plus de procédure d'intervention à une saisie conservatoire en cours. Les autres créanciers ne pourront que faire procéder eux-mêmes soit à une saisie conservatoire ; soit à une saisie-vente directe (art. D 186), auquel cas les autres créanciers, dont le premier saisissant ayant fait procéder à la saisie conservatoire en cours, devront pour faire valoir

A Première formalité : la signification au tiers, d'un acte de saisie

398. La première de ces formalités est donc la signification d'un acte de saisie au tiers, c'est-à-dire selon le cas (art. D 244), à la tierce personne morale émettrice des titres (art. D 178), au mandataire de la personne morale si les titres se trouvent gérés en comptes (art. D 179), à l'intermédiaire habilité chez qui l'inscription des titres au porteur a été prise (art. D 180, al. 1), à l'intermédiaire gestionnaire du compte de valeurs nominatives du débiteur (art. D 180 al. 2), ou à l'intermédiaire habilité pour l'ensemble des valeurs mobilières inscrites en compte au nom du débiteur (art. D 181).

L'acte de saisie signifié suivant les formes prévues aux articles 653 et suivants du Code de procédure civile au tiers qualifié pour recevoir cette signification, doit comporter, à peine de nullité, les mentions énoncées par l'article D 244, notamment l'indication que la saisie rend indisponibles les droits pécuniaires attachés à l'intégralité des parts ou valeurs mobilières dont le débiteur est titulaire et la sommation de faire connaître l'existence d'éventuels nantissements ou saisies. « *L'acte de saisie* (ou plutôt sa signification) *rend indisponibles les droits pécuniaires du débiteur* »[7]. Cela signifie qu'il ne peut plus ni percevoir de dividendes ou de bénéfices[8], ni céder les valeurs et droits saisis. Nous considérons de même que le saisi ne peut plus exercer les droits de nature à transformer le titre saisi puisque la saisie le rend indisponible (art. L 29, al. 1). La saisie conservatoire fait obstacle à l'usage du droit de conversion dans les obligations convertibles en actions (C. com., art. L. 225-161, al. 3) ainsi que du droit d'échange dans les obligations échangeables contre des actions (C. com., art. L. 225-171, al. 2). En revanche, le saisi pourra semble-t-il, exercer certains des autres droits. Rien ne permet de lui interdire de faire usage de son droit préférentiel de souscription d'actionnaire en cas d'augmentation de capital (C. com., art. L. 225-132), de son droit de souscription d'obligataire porteur d'obligations avec bons de

---

leur droit sur le prix de vente, s'être manifestés avant la vente (art. L 60) ; soit encore, intervenir à la saisie-vente obtenue sur conversion de la saisie conservatoire initiale en se conformant aux règles des articles L 60 et D 118 à D 125. Bien qu'il n'existe aucun renvoi exprès aux dispositions des articles D 118 à D 125 régissant l'intervention dans la saisie-vente directe, nous considérons, - du fait des termes des articles L 60 et D 186, et de la formulation de l'intitulé de la sous-section IV des dispositions réglementaires régissant la saisie-attribution des rémunérations, où il est question de « *pluralité de saisies* » en matière d'intervention *stricto sensu* -, que l'intervention à la saisie-vente sur conversion de la saisie conservatoire est possible, et que les créanciers devront pour ce faire, se conformer à ces dispositions.

7. Art. D 184 al. 1, auquel renvoie l'article D 244.4°.

8. En ce sens, Cass. 2e civ., 21 juin 2007, *Bull. civ.* II, n° 170, *D.* 2008, pan., p. 1173, obs. A. Leborgne.

souscription d'actions (C. com., art. L. 225-150), de son droit d'option de souscription ou d'achat d'actions en tant que salarié (C. com., art. L. 225-183). Même si ces droits comportent une nature patrimoniale, ce qui confère à leur titulaire une nouvelle puissance de vote[9], rien dans les textes ne permet d'en interdire au saisi l'exercice. Ces droits sont d'ailleurs insaisissables parce qu'exclusivement attachés à la personne de leur titulaire. Ils sont en outre incessibles. Enfin, le saisi peut continuer de voter aux assemblées et d'exercer ses droits d'accès à l'information des associés.

399. Concernant les ***obligations du tiers saisi***, chaque fois que la saisie n'aura pas lieu entre les mains de la personne émettrice des titres, celle-ci aura au moins, le cas échéant, une obligation de renseignement : celle de faire connaître à l'huissier de justice mandaté par le créancier saisissant, les coordonnées du mandataire ou de l'intermédiaire financier gérant les titres en compte, en application des dispositions générales des articles D 179 et L 24. Aux termes de l'article D 244.5°, sommation doit être faite au tiers dans l'acte de saisie, « ... *de faire connaître l'existence d'éventuels nantissements ou saisies* »[10]. Si la saisie porte sur des valeurs mobilières nominatives, la société émettrice « *est tenue de faire connaître à l'huissier de justice le nom du mandataire chargé de la tenue de ses comptes* » (art. D 179, al. 2)[11].

400. Les questions du ***nantissement***, de la ***transformation du titre saisi***, de la ***consignation*** et du ***libre exercice des autres droits***, ont déjà été abordées[12]. Concernant la consignation, l'article D 246 renvoie à l'article D 184.

Il semble exclu qu'il puisse même encore nantir ses parts. Nous avons vu que le nantissement conventionnel constitue en effet, incontestablement, un acte de disposition.

B Seconde formalité : la dénonciation de la saisie au débiteur

401. La saisie doit ensuite être portée à la connaissance du débiteur propriétaire des titres saisis par signification (art. D 245). Cette

9. Sur cette analyse, P. Le Cannu, *Saisie-vente des valeurs mobilières : les règles nouvelles*, *Bull. Joly* 1992, § 380, n° 18.

10. Les créanciers nantis, créanciers privilégiés, devront en effet être payés par préférence sur les créanciers saisissants chirographaires. Il s'agit là d'une illustration de l'obligation générale de collaboration du tiers saisi prévue déjà par les articles 44 et 47 de la loi de 1991.

11. Sur la sanction de la non-collaboration du tiers saisi, cf. *infra*, n° 402.

12. Cf. *supra*, n° 288.

dénonciation de la saisie conservatoire doit avoir lieu dans un délai de huit jours à compter de la signification de l'acte de saisie, sous peine de caducité de la procédure. Il n'est pas prescrit expressément que cette dénonciation doit être signifiée en application des dispositions des articles 653 et suivants du Code de procédure civile, mais cette solution ne fait aucun doute. Cette dénonciation de la saisie conservatoire faite au débiteur, doit comporter, à peine de nullité, les mentions énumérées par l'article D 245, notamment la mention en caractères très apparents, du droit qui appartient au débiteur, si les conditions de validité de la saisie ne sont pas réunies, d'en demander la mainlevée au juge de l'exécution du lieu de son domicile.

§ 2. Les incidents de la saisie

402. Il s'agit de la ***consignation*** déjà évoquée[13], des contestations et de la non collaboration du tiers saisi.

Concernant les ***contestations***, aux termes de l'article D 245.3°, l'acte de dénonciation de la saisie au débiteur doit notamment comporter « *la mention, en caractères très apparents, du droit qui appartient au débiteur, si les conditions de validité de la saisie ne sont pas réunies, d'en demander la mainlevée au juge de l'exécution du lieu de son domicile* ». Aucun délai n'est imparti au débiteur pour élever cette contestation et il n'est pas renvoyé à l'article D 183-1 qui dispose, à propos de la saisie-vente, qu'« *à peine d'irrecevabilité, la contestation est dénoncée le même jour, par lettre recommandée avec demande d'avis de réception, à l'huissier de justice qui a procédé à la saisie. /L'auteur de la contestation en informe le tiers saisi par lettre simple* » (art. D 183-1). Sans doute lorsque la contestation sera fondée, le juge de l'exécution pourra ordonner la mainlevée de la saisie dans les conditions générales de l'article D. 26, notamment en cas de nullité, ou même d'inadéquation de la procédure (art. L 22).

Quelle est la sanction de ***non-collaboration du tiers saisi***[14] ? La cour d'appel de Paris avait considéré que ni l'article 44 de la loi n° 91-650 du 9 juillet 1991, ni l'article 238 du décret n° 92-755 du 31 juillet 1992 consacré à la saisie conservatoire des créances, n'étaient applicables[15]. À l'inverse, la Cour de cassation, par un arrêt en date du 13 juin 2002[16], a rejeté un pourvoi au motif que c'était à bon droit qu'une cour

13. *Ibid.*
14. Sur les obligations du tiers saisi, cf. *supra*, n° 399.
15. CA Paris, 8e ch., sect. B, 7 septembre 2000, *Sté BGCL c/Sté San Paolo, D.* 2000, IR, p. 270.
16. Cass. 2e civ., 13 juin 2002, *Bull. civ.* II, n° 128.

d'appel avait estimé qu'un tiers saisi « *ne pouvait ni encourir la sanction prévue par l'article 238, alinéa l, du décret du 31 juillet 1992, ni avoir commis une négligence fautive au sens du second alinéa du même texte, ayant relevé que la signification de la saisie avait été faite en mairie* ». Cette décision consacre implicitement l'application de l'article 238 du décret de 1992 à la saisie conservatoire des droits d'associé et valeurs mobilières. En tout état de cause, d'une manière générale, cette obligation de collaboration est certainement sanctionnée par les dispositions générales de l'article 24 de la loi.

Nanti d'un titre exécutoire, le créancier saisissant peut faire convertir la saisie conservatoire en saisie-vente. C'est la seule possibilité de conversion pour ce type de bien (art. D 247 à D 249).

Section 2
La conversion de la saisie conservatoire en saisie-vente *(§ 1)* et la vente des titres saisis *(§ 2)*

§ 1. La conversion de la saisie conservatoire en saisie-vente

403. C'est la seule possibilité de conversion. Elle nécessite la possession par le créancier saisissant, d'un titre exécutoire et l'accomplissement de deux formalités successives.

Il s'agit ***d'abord*** de la signification au débiteur saisi, d'un acte de conversion qui doit comporter, à peine de nullité, les mentions suivantes énumérées par l'article D 247 : « ***1°*** *la référence au procès-verbal de saisie conservatoire ;* ***2°*** *l'énonciation du titre exécutoire ;* ***3°*** *le décompte distinct des sommes à payer en principal frais et intérêts échus, ainsi que l'indication du taux des intérêts ;* ***4°*** *un commandement d'avoir à payer cette somme, faute de quoi il sera procédé à la vente des biens saisis ;* ***5°*** *l'indication en caractères très apparents que le débiteur dispose d'un délai d'un mois pour procéder à la vente amiable des valeurs saisies dans les conditions prescrites, soit à l'article D 187, soit, s'il s'agit de droits d'associé ou de valeurs mobilières non admises à la cote officielle ou à celle du second marché, aux articles D 107 à D 109 ;* ***6°*** *si la saisie porte sur des valeurs mobilières cotées, l'indication qu'il peut, en cas de vente forcée et jusqu'à la réalisation de celle-ci, faire connaître au tiers saisi l'ordre dans lequel elles devront* *être vendues*[17] ; ***7º** La reproduction des articles D 107 à D 109 et D 187*[18] ».

Ensuite, ***seconde formalité***, une copie de l'acte de conversion doit être signifiée au tiers saisi. Cette formalité est prescrite par l'article D 248 sans limitation de délai. Le tiers saisi est celui à qui a été signifié l'acte de saisie. La signification de l'acte de conversion aux autres créanciers ayant déjà fait une saisie conservatoire non convertie sur les mêmes titres, n'est pas prévue. Il n'existe en effet ici aucun texte équivalent à l'article D 321 alinéa 2. Mais l'article D 5 impose l'accomplissement de cette formalité.

Nous avons vu que ***l'ouverture d'une procédure de sauvegarde, de redressement ou de liquidation judiciaire***, emporte suspension du droit de poursuites individuelles[19]. Lorsque cette ouverture a lieu postérieurement à la signification au tiers d'un acte de saisie conservatoire, elle fait, comme en matière de saisie conservatoire de biens mobiliers corporels[20], obstacle à la conversion en saisie-vente et il doit être procédé à la mainlevée de la saisie conservatoire.

§2. La vente des titres saisis

404. Les formalités de vente ont déjà été étudiées dans le cadre du chapitre consacré à la saisie-vente[21].

17. Le principe figure aussi à l'article D. 188.
18. Il s'agit des modalités de la vente des titres saisis.
19. Cf. *supra*, nos 202 et s.
20. Cf. *infra*, nº 387.
21. Cf. *supra*, nos 291 et s.

Chapitre 3
La saisie conservatoire aux fins de vente de biens mobiliers corporels[1]

405. Il s'agit pour le créancier de faire immobiliser certains biens appartenant au débiteur, en attendant d'obtenir un titre exécutoire et de les faire vendre pour se payer sur leur prix dans le cadre d'une saisie-vent obtenue sur conversion. Il est indifférent que le bien ait déjà fait antérieurement l'objet d'une saisie conservatoire[2] de la part d'un autre créancier. Nous avons vu qu'il n'y a pas de procédure d'intervention à la saisie conservatoire.

La saisie conservatoire de biens mobiliers corporels sera le cas de figure le plus courant. Parmi ces biens peuvent figurer des véhicules terrestres à moteur dont la saisie fera l'objet de développements spécifiques ultérieurs[3]. Signalons toutefois, dès à présent, qu'en présence d'un ***véhicule terrestre à moteur***, le créancier poursuivant dispose de deux types de saisie conservatoire : la saisie conservatoire ordinaire dont il va être question dans le cadre du présent chapitre, et qui concerne tous les biens mobiliers corporels, d'une part ; et la saisie par déclaration en préfecture conçue exclusivement pour les véhicules terrestres à moteur, d'autre part[4]. Toutefois, nous verrons que pour utiliser cette dernière, le créancier devra être muni d'un titre exécutoire.

Autres biens mobiliers corporels susceptibles de faire l'objet d'une saisie : les espèces monétaires, les titres de créance et les valeurs mobilières. La saisie conservatoire du papier n'a d'intérêt, et n'est d'ailleurs possible, que s'il s'agit d'espèces monétaires. S'il s'agit d'espèces monétaires françaises, la saisie conservatoire devrait se suffire à elle-même. La question pourra cependant donner lieu à controverse. Les ***billets de banque*** sont certes des biens mobiliers corporels, mais lorsqu'ils sont trouvés entre les mains d'un tiers, ne devraient-ils pas plutôt donner lieu à une saisie-attribution et être laissés en attendant entre les mains du tiers, les droits du saisissant étant figés par la déclaration du tiers à

---

1. G. Taormina, *La saisie conservatoire des biens mobiliers corporels*, fasc. 315, in *Droit de l'exécution forcée*, éd. *Journal des Notaires et des Avocats*, novembre 2004.
2. Elle n'a de vocation que celle d'être convertie en saisie-vente.
3. Cf. *infra*, n°s 451 et s.
4. Cf. *infra*, n° 457.

l'huissier de justice au moment de la saisie conservatoire ou de la saisie-vente « directe », puisqu'il doit ces sommes au débiteur ? En outre, lorsque les billets sont trouvés entre les mains du débiteur lui-même, ils font dans la saisie-vente directe l'objet d'une procédure spéciale (art. D 98). Ceci est de nature à accréditer ici plutôt la thèse que le créancier saisissant les empochera directement sans autre formalité. S'il s'agit d'***actions au porteur***[5], ou de toutes autres valeurs mobilières, la saisie conservatoire opérée ou non dans ***un coffre-fort***, ne servira qu'à informer le créancier de leur existence : après en avoir noté les références, il devra recourir à la saisie conservatoire spéciale des droits d'associé et valeurs mobilières[6]. La mise sous séquestre des parts sociales et valeurs mobilières, en faisant application des dispositions générales de l'article 1961 du Code civil[7] a cependant été admise[8]. Il en va de même s'il s'agit de tout titre de créance auquel cas, renseigné, le créancier devra recourir à la saisie conservatoire spéciale des créances[9]. Concernant enfin les effets de commerce et le chèque, la saisie du papier équivaudrait à une saisie de la provision. Leur mise sous séquestre semble cependant pouvoir être effectuée sur autorisation judiciaire préalable en application des dispositions générales de l'article 1961 du Code civil. Il ne faudrait néanmoins pas en conclure que l'on pourrait recourir au séquestre lorsque toute opposition sur la provision s'avérerait impossible. La jurisprudence estime en effet à ce propos que, lorsque l'opposition au paiement d'un chèque est impossible hors les cas prévus par l'article L. 131-35 du Code monétaire et financier[10], le juge ne saurait prescrire la mise sous séquestre de la somme représentant le montant du chèque[11].

Comme nous allons le voir, la saisie conservatoire de biens mobiliers corporels ne peut être convertie, en principe, qu'en saisie-vente, puisque, comme l'indique l'intitulé de la présente section, il s'agit pour le créancier poursuivant, d'obtenir à terme, le paiement forcé d'une somme d'argent. Il paraît donc naturel que le créancier gagiste qui pourrait recourir à la saisie-vente, puisse recourir à la saisie conservatoire que nous allons étudier. D'ailleurs, aucune disposition ne lui ferme cette

5. Actions de sociétés anonymes au porteur dans les cas où cette forme est encore possible, cf. G. Ripert et R. Roblot, 17e édition par M. Germain et L. Vogel, *Traité élémentaire de droit commercial*, éd. *LGDJ*, t. 1, n° 1523.

6. Cf. *supra*, nos 393.

7. Sur la remise des objets à un séquestre, cf. *infra*, n° 414.

8. En ce sens, CA Nancy, 28 juillet 1989, *D.* 1992, somm., p. 178, obs. Bousquet et Bugeja, *JCP* éd. E 1990, II, 15784, obs. Viandier et Caussin ; CA Montpellier, 4 octobre 1990, *Juris Data* n° 052 330 ; Cass. com., 19 mai 1987, n° 85-16.342.

9. Cf. *supra*, nos 368 et s.

10. Ancien article 32 du décret du 30 octobre 1935.

11. Cass. com., 13 novembre 1990, *Bull. civ.* IV, n° 274.

voie. Cependant, nous avons vu[12] que, fort curieusement, le décret de 1992 ouvre également au créancier gagiste qui veut faire vendre le bien gagé, la voie de la saisie-appréhension pourtant destinée à obtenir l'exécution forcée d'une obligation de restitution ou de remise pure et simple, et prévoit pour cette situation particulière la conversion de la saisie-appréhension en saisie-vente. La question que nous pouvons donc nous poser d'ores et déjà est la suivante : le créancier gagiste désireux de faire saisir le bien gagé pour le faire vendre, peut-il recourir préalablement à la saisie conservatoire ordinaire ? Il doit être répondu à cette question de manière affirmative. Puisqu'il ne lui est pas interdit de recourir à la saisie-vente, il peut donc recourir aux saisies conservatoires que nous allons étudier. Sachant que la saisie-appréhension ne peut être précédée que d'une saisie-revendication, le créancier gagiste dispose donc pour faire vendre le bien de quatre voies sans panachage possible : ***1°*** Saisie-revendication + saisie-appréhension-vente ; ***2°*** Saisie-appréhension-vente pratiquée directement sans saisie conservatoire préalable ; ***3°*** Saisie conservatoire *proprio motu* convertie en saisie-vente ; ***4°*** Saisie-vente pratiquée directement sans saisie conservatoire préalable. Il n'est pas inutile de préciser que le créancier gagiste auquel les pouvoirs publics ont songé, est celui titulaire d'un gage sans dépossession du débiteur.

La saisie conservatoire peut être pratiquée elle aussi, directement entre les mains du débiteur ou d'un tiers détenteur. Elle n'a d'autre vocation que celle d'être convertie en saisie-vente ***(section 1)***. Son déroulement peut être ponctué de divers incidents ***(section 2)***.

Section 1
Les modalités de la saisie *(§ 1)* et de sa conversion *(§ 2)*

§ 1. Les modalités de la saisie

406. La procédure applicable prévue par les articles D 221 à D 229 ressemble beaucoup à celle de la nouvelle saisie-revendication. On trouve souvent les mêmes dispositions mot pour mot. Seule la numérotation des articles change. Il convient de distinguer deux situations, selon que les biens du débiteur sont entre ses mains ***(A)*** ou sont détenus par un tiers ***(B)***.

12. Cf. *supra*, n°s 332 et s.

A La saisie conservatoire pratiquée entre les mains du débiteur

407. Elle nécessite l'accomplissement de trois formalités successives. Une quatrième n'est qu'éventuelle.

Enoncée par l'article D 221, la ***première formalité*** est la même diligence que celle prévue par l'article D 159 en matière de saisie-revendication. L'huissier de justice commence par informer le débiteur qu'il est tenu de lui indiquer s'il a déjà fait l'objet d'une saisie antérieure et, dans ce cas, qu'il est également tenu de lui en communiquer le procès-verbal. Nous avons déjà vu que cette obligation de collaboration est sanctionnée par l'article 24 de la loi. Si le débiteur n'est pas présent, cette information sera faite en même temps que la signification de l'acte de saisie (art. D 222, al. 2 et D 160, al. 4).

Comme dans la saisie-revendication (art. D 159), l'huissier dresse ***ensuite*** un acte de saisie. S'il n'y a aucun bien à saisir, ou susceptible d'être vendu, il dressera un procès-verbal de carence (art. D 223 renvoyant à l'article D 92). S'il y a « *matière à saisir* », il dresse un acte de saisie devant comporter à peine de nullité les mentions énumérées par l'article D 221, et qui sont à peu de chose près les mêmes que celles énoncées pour la saisie-revendication[13]. Il s'agit notamment de la désignation détaillée des biens saisis et de la mention en caractères très apparents que les biens saisis sont indisponibles, qu'ils sont placés sous la garde du débiteur, qu'ils ne peuvent être ni aliénés, ni déplacés, si ce n'est dans le cas prévu au deuxième alinéa de l'article L 9l, sous peine des sanctions prévues à l'article 314-6 du Code pénal, et que le débiteur est tenu de faire connaître la présente saisie à tout créancier qui procéderait à une nouvelle saisie sur les mêmes biens. Quant à la garde, il s'agit simplement ici encore, d'une application particulière des dispositions générales de l'article L 29, alinéa 2.

Comme dans la saisie-revendication, l'huissier de justice doit ***ensuite*** remettre au débiteur une copie de cet acte de saisie portant les mêmes signatures que l'original. Cette remise vaut signification. Si le débiteur n'a pas assisté aux opérations de saisie, cette copie lui est signifiée. Il lui est alors imparti dans cette signification un délai de huit jours pour qu'il porte à la connaissance de l'huissier toute information relative à l'existence d'une éventuelle saisie antérieure et qu'il lui en communique le procès-verbal. Cette obligation de collaboration est sanctionnée par l'article L 24 (art. D 222, al. 2).

Quatrième formalité qui n'est qu'éventuelle, lorsqu'il existe déjà une, voire plusieurs saisies conservatoires effectuées antérieurement au moment où l'huissier procède aux formalités de saisie conservatoire, ce

13. Art. D. 159, cf. *infra*, n° 417.

dernier doit signifier une copie de son procès-verbal de saisie à chacun des créanciers dont les diligences sont antérieures aux siennes (art. D 230). Il ne s'agit là que d'une application du principe général énoncé à l'article D 5.

Les formalités de la saisie sont quelque peu différentes lorsqu'elle est effectuée entre les mains d'un tiers détenteur des biens du débiteur.

B La saisie conservatoire pratiquée entre les mains d'un tiers

408. Il ne peut s'agir ici que d'un tiers détenant pour le compte du débiteur. Plusieurs textes induisent cette solution, tel l'article D 99 auquel renvoie l'article D 224. Si ce tiers est détenteur illégitime, c'est-à-dire s'il a dépossédé le débiteur ou détient une chose perdue ou volée, le créancier devra préalablement agir par voie oblique en revendication, pour obtenir un titre exécutoire et faire pratiquer, toujours par voie oblique, une saisie-revendication, ou directement, une saisie-appréhension pour le compte du débiteur. Ensuite seulement, il pourra agir en saisie conservatoire et en saisie-vente. Le problème n'est en effet, pas du tout le même qu'en matière de saisie-revendication et de saisie-appréhension. Dans la saisie-appréhension, il est indifférent de savoir à quel titre le tiers détient le bien, puisque le créancier saisissant a sur ce bien un droit réel. Dans la saisie conservatoire de biens mobiliers corporels le créancier n'a au contraire généralement pas de droit réel à invoquer. Nous en concluons donc qu'une saisie conservatoire ayant pour objet d'obtenir le paiement d'une somme d'argent, ne peut être pratiquée directement en son nom propre par un créancier entre les mains d'un tiers détenant pour son propre compte, que s'il possède un droit réel sur la chose et dont le droit de suite n'est pas susceptible d'être paralysé par les dispositions de l'article 2276 du Code civil[14].

Lorsque la saisie doit être pratiquée entre les mains d'un tiers, l'article D 224 prescrit l'accomplissement de formalités concernant d'une part, le tiers détenteur ; d'autre part, le débiteur. Suivant un schéma classique en pareille situation, la saisie effectuée entre les mains du tiers est dénoncée ensuite au débiteur. Une ultime formalité pourrait devoir être accomplie. Il s'agit de la dénonciation de la saisie aux créanciers saisissant antérieurs, c'est-à-dire ceux ayant déjà fait pratiquer une saisie conservatoire ou une saisie-vente sur les mêmes biens.

L'article D 224 renvoie aux dispositions des articles D 99 à D 106, à l'exception de celles des articles D 99, alinéa 1, et D 103. Ces dispositions prescrivent l'accomplissement de formalités que doit exécuter l'huissier auprès du tiers. Quant à la première, sa physionomie semble

14. C. civ., anc. art. 2279.

induire la règle suivante : si elle ne peut pas être effectuée en raison de l'absence du tiers, si ce dernier refuse de donner les renseignements demandés par l'huissier, s'il fait une déclaration inexacte ou mensongère, c'est-à-dire s'il déclare ne détenir aucun bien pour le compte du débiteur, ou encore s'il déclare ne détenir réellement aucun bien appartenant au débiteur, la procédure de saisie ne pourra être poursuivie. Heureusement, nous allons voir qu'il existe des moyens de forcer la collaboration du tiers.

L'huissier de justice ***commence par*** inviter le tiers, c'est-à-dire celui qui n'est pas le débiteur du créancier, « *à déclarer les biens qu'il détient pour le compte* » du débiteur « *et parmi ces derniers, ceux qui auraient fait l'objet d'une saisie antérieure* » (art. D 99, al. 2). Mais, dès lors que nous avons conclu plus haut[15] que le créancier gagiste peut recourir à la saisie conservatoire dans certains cas contre le tiers qui détient légitimement ou non pour son propre compte, les biens donnés en gage, nous considérons que l'huissier peut saisir directement ces biens et doit seulement demander au tiers de déclarer « *parmi ces derniers ceux qui auraient fait l'objet d'une saisie antérieure* ». Le texte ne prévoit pas qu'il doive en communiquer les procès-verbaux. Ceci est d'autant plus curieux que, lorsque la saisie a lieu en son absence, l'article D 102, alinéa 2 dispose que le tiers devra communiquer ces documents. « *En cas de refus de déclaration ou de déclaration inexacte ou mensongère, le tiers peut être condamné au paiement des causes de la saisie, sauf son recours contre le débiteur. Il peut aussi être condamné à des dommages-intérêts* ». L'article D 99, alinéa 3 reprend ici un mécanisme qui existait déjà dans l'ancienne saisie-arrêt. Quant aux dommages-intérêts, nous avons déjà vu à plusieurs reprises que le juge de l'exécution a le pouvoir de condamner à des dommages-intérêts quiconque se soustrait à son obligation de collaboration aux procédures d'exécution, lorsqu'il est requis de « *participer* » (art. 23 et 24 de la loi de 1991). L'article D 99, alinéa 2, ne le précise pas, mais il pourrait aussi être condamné à fournir les renseignements sous astreinte (art. L 24). « *Si le tiers déclare ne détenir aucun bien appartenant au débiteur ou s'il refuse de répondre, il en est dressé acte. Celui-ci est remis ou signifié au tiers avec l'indication en caractères très apparents de la sanction visée* » par l'article D 99, alinéa 3, dispose l'article D 100. L'huissier de justice sera bien inspiré de reproduire également les dispositions des articles 23 et 24 de la loi de 1991. Le tiers sera ainsi totalement informé. Si le tiers n'est pas présent lors de la saisie *stricto sensu*[16], il lui sera imparti dans la copie de l'inventaire des biens à lui signifiée, un délai

15. Cf. *supra*, n°s 332 et s.
16. Ce qui suppose donc, compte tenu de nos observations précédentes, que le tiers ait d'abord collaboré à la première formalité, et ait refusé ensuite d'être présent lors de la signification de l'acte de saisie (deuxième formalité).

de huit jours pour porter à la connaissance de l'huissier de justice « *l'existence d'une éventuelle saisie antérieure sur les mêmes biens et* [...] *lui* (en communiquer) *le procès-verbal* » (art. D 102, al. 2).

Mais il se peut aussi qu'il existe des biens à saisir et que le tiers présent fournisse les renseignements demandés. L'huissier peut alors procéder à la ***deuxième formalité***. L'huissier de justice dresse un inventaire des biens saisis qui est en fait plus qu'un simple inventaire : il s'agit d'un acte de saisie devant comporter à peine de nullité les mentions énumérées par l'article D 101, notamment la désignation détaillée des biens saisis et la mention, en caractère très apparent, que les objets saisis sont indisponibles, qu'ils sont placés sous la garde du tiers, qu'ils ne peuvent être ni aliénés ni déplacés, si ce n'est dans le cas prévu au deuxième alinéa de l'article D 91, sous peine des sanctions prévues à l'article 314-6 du Code pénal, et que le tiers est tenu de faire connaître la présente saisie à tout créancier qui procéderait à une saisie sur les mêmes biens. Une fois cet acte dressé, l'huissier en remet au tiers une copie portant les mêmes signatures que l'original. Cette remise vaut signification. Il lui rappelle en même temps verbalement le contenu des mentions des 3°, 5° et 6° de l'acte, mention de ce rappel étant faite dans l'acte (art. D 102, al. 1). Si le tiers saisi n'a pas assisté aux opérations de saisie ou, plus exactement, s'il était non présent au moment de la clôture du procès-verbal, « *la copie de l'acte lui est signifiée en lui impartissant un délai de huit jours pour qu'il porte à la connaissance de l'huissier de justice l'existence d'une éventuelle saisie antérieure sur les mêmes biens et qu'il lui en communique le procès-verbal* » (art. D 102, al. 2). L'acte d'inventaire n'a pas à être signifié au débiteur. C'est là la conséquence de la non application de l'article D 103 (art. D 224). Mais l'huissier doit signifier ***au débiteur*** dans un délai de huit jours l'acte de saisie de l'article D 221. Le respect de ce délai n'est pas sanctionné, mais cette signification doit contenir à peine de nullité une copie de l'autorisation du juge ou du titre, selon le cas, en vertu de laquelle la saisie a été pratiquée, la mention, en caractères très apparents, du droit qui appartient au débiteur, si les conditions de validité de la saisie ne sont pas réunies, d'en demander la nullité au juge de l'exécution du lieu de son propre domicile et la reproduction des articles D 210 à D 219.

Enfin, lorsqu'il existe déjà une, voire plusieurs saisies conservatoires effectuées antérieurement au moment où l'huissier de justice procède aux formalités de saisie conservatoire, ce dernier doit signifier une copie de son procès-verbal de saisie à chacun des créanciers dont les diligences sont antérieures aux siennes (art D. 230). Il ne s'agit là que d'une application du principe général figurant à l'article D 5. Il ne faut jamais perdre de vue que la vocation de la saisie conservatoire est ici d'être convertie en saisie-vente, que les mêmes biens peuvent être saisis plusieurs fois par des créanciers différents, conservatoirement ou par saisie-vente, et qu'il n'existe aucun privilège du premier saisissant.

409. Menée à son terme, la saisie conservatoire peut être convertie en saisie d'exécution dès lors que le créancier poursuivant possède un titre exécutoire (art. D 226).

§ 2. La conversion de la saisie conservatoire en saisie-vente

410. Comme nous l'avons déjà précisé à plusieurs reprises, la saisie conservatoire a pour vocation d'aboutir à l'exécution forcée d'une obligation consistant en un paiement de somme d'argent. Il est donc nécessaire et naturel, lorsque la saisie porte sur un bien mobilier corporel, de la convertir en saisie-vente[17]. Comme toutes les ventes sur saisie, celle-ci ne peut avoir lieu que jusqu'à concurrence du montant de la créance (art. L 76, al. 1). Possible seulement si le créancier saisissant dispose d'un titre exécutoire, la conversion en saisie-vente nécessite la rédaction et la signification d'un acte de conversion. Ensuite, la rédaction et la signification d'un acte de vérification informeront le débiteur des conditions de la vente à venir.

L'acte de conversion contient à peine de nullité les mentions énumérées par l'article D 226, en l'occurrence l'énonciation du titre exécutoire, le décompte distinct des sommes à payer, en principal, frais et intérêts échus, ainsi que l'indication du taux des intérêts et le commandement d'avoir à payer cette somme dans un délai de huit jours, faute de quoi il sera procédé à la vente des biens saisis.

Les significations de l'acte de conversion sont au maximum au nombre de trois, dont les deux dernières ne sont qu'éventuelles. Il s'agit de la signification au débiteur saisi, de celle au tiers détenteur saisi, et enfin, le cas échéant, de la signification aux créanciers antérieurs ayant saisi les mêmes biens à titre conservatoire (art. D 231, al. 1).

À l'expiration du délai de huit jours indiqué dans l'acte à compter de sa date (art. D 227, al. 1), c'est-à-dire à compter de celle de sa signification au débiteur, si le débiteur ne s'est pas acquitté de sa dette, l'huissier de justice procède à la rédaction et à la signification d'un acte de

17. Il n'existe semble-t-il, qu'un cas non prévu par les textes et échappant donc au schéma de conversion que nous allons étudier ici : la saisie conservatoire d'espèces monétaires. Dans ce cas, la saisie débouche directement sur une attribution directe au créancier saisissant dès lors qu'il sera nanti d'un titre exécutoire, sans conversion préalable. Hormis cette situation tout à fait exceptionnelle, la conversion en saisie-vente est obligatoire.

conversion qui informera le débiteur des conditions générales de la vente à venir.

« *L'huissier de justice procède à la vérification des biens saisis* », dispose l'article D 227, c'est-à-dire qu'il vérifie qu'ils n'ont pas quitté les lieux et sont dans l'état où ils étaient au moment de l'établissement de l'acte de saisie. Cette vérification donne lieu de la part de l'huissier de justice à la rédaction d'un acte comportant trois types de mentions dont la première et la troisième sont éventuelles : ***1°*** la liste éventuelle des biens manquants ou dégradés ; ***2°*** l'indication donnée au débiteur qu'il dispose d'un délai d'un mois pour vendre à l'amiable le bien saisi dans les conditions prescrites aux articles D 107 à D 109 qui sont reproduits[18] ; ***3°*** si les biens ne se retrouvent plus au lieu où ils avaient été saisis, l'injonction au débiteur de l'informer dans un délai de huit jours du lieu où ils se trouvent et, s'ils ont fait l'objet d'une saisie-vente, de communiquer à l'huissier le nom et l'adresse, soit de l'huissier de justice qui y a procédé, soit du créancier pour le compte de qui elle a été diligentée (art. D 228, al. 1).

Les significations de l'acte de vérification sont au nombre de deux : l'une au débiteur ; l'autre au tiers détenteur saisi. Si le débiteur est à la fois détenteur saisi et s'il est présent lors des opérations de vérification, l'huissier lui laissera copie de l'acte. Si le débiteur n'est pas présent lors de ces opérations, il lui signifiera l'acte en usant des formes prévues par les articles 653 et suivants du Code de procédure civile. S'il n'était pas détenteur des biens, cette signification demeure néanmoins utile pour porter à sa connaissance la deuxième mention de l'acte. La dénonciation au tiers détenteur saisi est prévue expressément par l'article D 226, alinéa 3. Pour y procéder, l'huissier adaptera la troisième mention en adressant au tiers l'injonction. Quant à la forme de la signification, il procédera comme pour celle faite au débiteur.

Qu'en est-il de la sauvegarde de la créance du créancier n'ayant pu que faire procéder à une saisie conservatoire, malgré la saisie-vente des biens saisis ? L'article D 287 dispose pour le cas de l'absence de contestation, que « *l'agent chargé de la vente procède au paiement des créanciers ayant mis en œuvre une mesure d'exécution forcée. Il consigne les sommes revenant aux créanciers ayant pratiqué une saisie conservatoire ; ces sommes leurs sont payées après signification d'un acte de conversion* (en saisie-vente) », c'est-à-dire lorsqu'ils auront obtenu un titre exécutoire. On trouve des dispositions similaires en matière de saisie-vente de droits d'associé et de valeurs mobilières à l'article D 186, et le renvoi de l'article D 289, alinéa 4 à l'article D 287 nous

18. Ce délai est le même que celui visé à l'article D 107. Les articles D 107 à D 109 régissent la vente amiable dans la procédure de saisie-vente qui a remplacé l'ancienne saisie-exécution. Même si nous étudierons ultérieurement cette procédure, nous en dirons quelques mots dans le cadre de l'étude de la 3° formalité à accomplir.

amène à considérer que cette règle concerne toutes les saisies-vente et tous les modes d'élaboration du plan de répartition[19].

Une fois accomplies les formalités de conversion, il sera directement procédé à la vente comme en matière de saisie-vente pratiquée directement sans saisie conservatoire préalable.

Nous avons vu que le débiteur dispose d'un délai d'un mois pour vendre lui-même les biens saisis[20] ; délai à l'expiration duquel, à défaut de vente, il sera procédé aux formalités de la vente forcée aux enchères publiques dans des conditions déjà exposées[21].

411. Quel que soit le cas de figure, la procédure de saisie peut être ponctuée d'incidents.

Section 2
Les incidents

412. Les incidents susceptibles de ponctuer la saisie conservatoire pratiquée aux fins de vente sont les mêmes et ils sont traités suivant les mêmes modalités que dans la saisie-vente pratiquée directement sans saisie conservatoire préalable. Il convient par conséquent de se reporter, en tant que de besoin, à nos précédents développements[22]. Se pose à nouveau, notamment la question de l'intervention d'autres créanciers à la saisie *(§ 1)*, de la remise des biens à un séquestre *(§ 2)*, et de l'ouverture d'une procédure collective *(§ 3)*.

§ 1. L'intervention d'autres créanciers à la saisie conservatoire

413. Il n'existe aucune procédure d'intervention *stricto sensu*, à la saisie conservatoire ; ni dans la loi de 1991, ni dans le décret de 1992. Les autres créanciers ne peuvent que recourir eux-mêmes à la saisie conservatoire, ou procéder directement à une saisie-vente ordinaire

19. L'abrogation des dispositions de l'alinéa 2 de l'article 759 de l'ancien Code de procédure civile par l'article D 305 avait conduit au même résultat en matière de saisie immobilière à propos des droits du créancier ayant pris une inscription provisoire d'hypothèque conservatoire.

20. Vente amiable.

21. Cf. *supra*, n°s 316 et s.

22. Cf. *supra*, n°s 308 et s.

(art. D 232) régie par les articles L 50 à L 55 et D 81 à D 138 s'ils ont un titre exécutoire, ou plutôt intervenir à la saisie-vente obtenue sur conversion de la saisie conservatoire initiale lorsqu'ils auront un titre exécutoire, conformément aux dispositions des articles D 118 à D 125. Nous considérons ces derniers textes comme applicables, même si aucun texte n'y renvoie, du fait de l'existence des dispositions des articles D 230 à D 232. En attendant d'être porteurs d'un titre exécutoire, ils pourront bien sûr recourir à la saisie conservatoire. Nous avons déjà étudié cette procédure d'intervention dans le cadre du chapitre consacré à la saisie-vente de biens mobiliers corporels[23]. Quel que soit le cas de figure, aucun privilège ne résulte de la qualité de créancier premier saisissant, quand bien même il s'agirait de la mise en œuvre d'une saisie-vente. Il n'y a donc pas lieu de faire application de l'adage *prior tempore potior jure*.

Le créancier saisissant pourra toujours ultérieurement faire dresser procès-verbal de saisie complémentaire à propos de biens initialement non saisis. Si la saisie a été faite entre les mains d'un tiers, ce procès-verbal complémentaire devra être dénoncé lui aussi au débiteur.

§ 2. La remise des biens à un séquestre

414. Le juge de l'exécution du lieu où sont situés les biens (art. D 219), peut ordonner sur requête présentée à tout moment, même avant le début des opérations de saisie, « ... *la remise d'un ou plusieurs objets à un séquestre qu'il désigne* » (art. D 97, al. 2, et D 105, auxquels renvoient les articles D 223 et D 224)[24]. Le juge de l'exécution sera saisi, soit par le détenteur qui ne veut pas garder le bien[25], soit, plus couramment, par le créancier saisissant qui ne veut pas que le détenteur soit

23. Cf. *supra*, n° 311.

24. Ces dispositions font double emploi avec celles de l'article 1961 du Code civil aux termes duquel, « *la justice peut ordonner le séquestre... des meubles saisis sur un débiteur (ou) des choses qu'un débiteur offre pour sa libération* ». La jurisprudence a très tôt appliqué de manière extensive ces dispositions en estimant que la liste de l'article 1961 n'est pas limitative, ce qui signifie notamment que la mise sous séquestre peut être ordonnée en dehors de toute saisie, qu'elle peut notamment être ordonnée en référé, et que les conditions de cette mesure sont indépendante des conditions de fond requises pour l'exercice d'une saisie conservatoire (Cass. soc., 15 mars 1956, *Bull. civ.* III, n° 256 ; Cass. 2e civ., 21 mars 2002, n° 00-14.675). L'existence d'une contestation sérieuse n'est pas ici un obstacle à la compétence du juge des référés, elle en est même la condition (Cass. 1re civ., 11 juin 1960, *Bull. civ.* I, n° 322 ; Cass. 2e civ., 14 février 1973, *Bull. civ.* II, n° 52). La jurisprudence semble enfin avoir admis que cette mesure puisse être également ordonnée sur requête (Cass. req., 13 janvier 1903, *S.* 1904, 1, 73, note M. Naquet ; Trib. civ. Montbrison, 20 décembre 1944, *GP* 1945, 1, jur., p. 63).

25. Ce sera le cas si ce détenteur n'est pas le débiteur.

gardien et veut qu'une mesure soit prise rapidement de ce chef. Cette possibilité pour le tiers saisi de saisir le juge de l'exécution afin d'être déchargé est induite par l'article D 104 auquel renvoie l'article D 224. Celui qui saisira le juge de l'exécution devra faire l'avance des frais de séquestre. Lorsqu'une saisie conservatoire aura été effectivement déjà pratiquée, ces frais obéiront au régime juridique des autres frais de mesure conservatoire (art. L 73, al. 1). Lorsque des biens auront ainsi été remis à un séquestre, la conversion de la saisie conservatoire et la saisie d'exécution devront néanmoins être dirigées contre le détenteur initial.

§ 3. L'incidence de l'ouverture d'une procédure collective avant conversion de la saisie conservatoire

415. Le prononcé, avant la signification de l'acte de conversion, d'un ***jugement de mise sous sauvegarde, de redressement ou liquidation judiciaires*** à l'encontre du débiteur, fait obstacle à la conversion de la saisie conservatoire en saisie-vente et entraîne, par ailleurs, la mainlevée de la saisie conservatoire pratiquée (C. com., art. L. 622-21)[26]. Nous avons vu, par ailleurs, que c'est en application des mêmes principes, qu'en cas de consignation de fonds saisis entre les mains d'un séquestre, ordonné comme mesure de substitution en application des dispositions de l'article 75 de la loi n° 91-650 du 9 juillet 1991 et de l'article 235 du décret n° 92-755 du 31 juillet 1992, l'ouverture d'une procédure collective entraîne la mainlevée de cette[27]. La même solution doit être appliquée à la mesure de séquestre des biens ordonnée en application des articles 97 du décret de 1992 et 1961 du Code civil[28].

26. La solution avait déjà été consacrée par la jurisprudence sous l'empire de l'ancien article L. 621-40 du Code de commerce, à propos du redressement et de la liquidation judiciaires (Cass. com., 10 décembre 2002, *D.* 2003, p. 1473, obs. G. Taormina).
27. Cass. com., 2 février 1999, *Bull. civ.* IV, n° 36 ; 6 mars 2001, *Bull. civ.* IV, n° 48, *D.* 2001, AJ, p. 1102, obs. A. Lienhard ; CA Lyon, 6e ch., 17 juin 1998, *Sté GTM Construction c/Sté Divonne Centre, JCP éd. G* 2000, IV, n° 1389.
28. Cf. *supra*, n° 414.

Chapitre 4
La saisie-revendication[1]

416. L'actuelle saisie-revendication n'a plus grand chose à voir avec l'ancienne autrefois régie par les articles 826 à 831 de l'ancien Code de procédure civile aujourd'hui abrogés par l'article L 94. Toute comparaison systématique est donc inutile.

L'ancienne saisie-revendication ne permettait que le retour forcé de biens corporels irrégulièrement déplacés par le débiteur ayant consenti sur eux un gage, ou dont ce dernier ou le propriétaire non débiteur avaient été dépossédés. On assimilait à cette situation de dépossession la mise en œuvre de la clause de réserve de propriété dans la vente, la restitution du bien au crédit-bailleur ou au locateur. Elle ne permettait, et c'était là sa limite, que la mise en œuvre d'un droit de suite ; non l'exécution forcée directe en nature d'une obligation contractuelle de livrer ou de restituer. Dans cette dernière hypothèse, le créancier ne disposait que d'une voie indirecte d'exécution forcée en nature : l'astreinte.

L'ancienne saisie-revendication n'a pas été remplacée par la nouvelle. Elle a été remplacée par la saisie-appréhension, procédure à laquelle nous avons consacré un chapitre spécial[2]. Rappelons simplement ici, pour la compréhension de la raison d'être de la nouvelle saisie-revendication, que la saisie-appréhension permet désormais, non seulement comme jadis, de remédier aux déplacements irréguliers de biens meubles, manifestés ou non par la dépossession *stricto sensu* de titulaires de droits réels, mais aussi aux créanciers de disposer d'une voie directe d'exécution forcée en nature de leurs créances contractuelles de livraison ou de restitution.

Mais cette procédure lourde, longue et compliquée, est susceptible de faire courir au créancier un risque d'échec dans certaines circonstances. La nouvelle saisie-revendication va lui permettre de rendre les biens indisponibles en attendant de voir menée à son terme la saisie-appréhension. Mais il n'est pas obligé de faire précéder cette dernière d'une saisie-revendication.

---

1. G. Taormina, *La saisie-revendication*, fasc. 310, in *Droit de l'exécution forcée*, éd. *Journal des Notaires et des Avocats*, avril 2003.
2. Cf. *supra*, n°s 326 et s.

La nouvelle saisie-revendication ne concerne, comme l'ancienne, que les biens mobiliers corporels ; mais la comparaison avec l'ancienne saisie-revendication s'arrête là. Cette limitation correspond à celle de la saisie-appréhension qu'elle a pour objet exclusif de préparer. La nouvelle saisie-revendication peut avoir lieu entre les mains de tout détenteur du bien, indépendamment de la question de savoir s'il est ou non la *personne tenue de la remise*, c'est-à-dire celle qui est visée ou qui sera visée dans le titre exécutoire[3]. Lorsqu'elle doit être pratiquée dans un local servant à l'habitation d'un tiers détenteur du bien, c'est-à-dire d'une personne qui n'est pas celle tenue de la remise en vertu du titre d'exécution ou de tout autre titre détenu par le créancier saisissant, une autorisation spéciale donnée préalablement par le juge de l'exécution compétent en application des articles L 69, alinéa 1, et D 211, est nécessaire (art. D 158).

La saisie-revendication étant une saisie conservatoire, il convient de faire application des règles communes à toutes les mesures conservatoires[4]. Muni de l'un des titres de l'article L 68 ou, à défaut, de l'ordonnance d'autorisation[5], l'huissier de justice peut procéder aux opérations de saisie-revendication.

Muni d'un titre exécutoire ordinaire ou, comme nous l'avons vu lors de l'étude des saisies-appréhension, d'une ordonnance d'injonction de restituer ou de livrer[6], revêtue de la formule exécutoire, le créancier saisissant va pouvoir faire procéder à une saisie-appréhension (art. D 163). Il n'y a pas de formalités spéciales de ***conversion*** *stricto sensu*. La procédure de saisie-appréhension pourra débuter sans autre formalité.

Le détenteur saisi peut être aussi bien *la personne tenue de la remise* qu'un tiers, c'est-à-dire une personne détentrice non visée dans le titre exécutoire. Ces notions sont les mêmes que dans la saisie-appréhension[7]. Après avoir exposé les modalités de la saisie-revendication ***(section 1)***, nous envisagerons ses incidents ***(section 2)***.

3. Sur cette notion, cf. *supra*, n° 329.
4. Cf. *supra*, n°s 336 et s. Signalons cependant qu'en matière de revendication mobilière, celui qui se prétend propriétaire doit faire la preuve du caractère apparent du droit qu'il invoque, pour être autorisé par le juge de l'exécution à faire pratiquer une saisie (pour une application du principe, voir Cass. 2e civ., 19 octobre 2000, n° 98-18.390 ; 31 mai 2001, n° 99-11.107).
5. Cf. *infra*, n° 342.
6. Cf. *supra*, n° 327.
7. Cf. *supra*, n°s 329 et s.

Section 1
Les modalités de la saisie

417. Les modalités de la procédure différent selon que la saisie est pratiquée directement entre les mains de la personne tenue de la remise *(§ 1)*, ou entre les mains d'un tiers détenteur *(§ 2)*.

§ 1. La saisie entre les mains de la personne tenue de la remise

418. Elle nécessite l'accomplissement de trois formalités successives.

L'huissier de justice commence par ***informer le détenteur*** du bien qu'il est tenu de lui indiquer si celui-ci a déjà fait l'objet d'une saisie antérieure, et, dans ce cas, de lui en communiquer le procès-verbal (art. D 159). Il s'agit d'une illustration du principe posé à l'article D 5. Si le détenteur n'est pas présent, cette information sera faite en même temps que la signification de l'acte de saisie (art. D 160, al. 4).

L'huissier dresse ***ensuite*** un acte de saisie devant comporter, à peine de nullité, les mentions énumérées par l'article D 159, et parmi lesquelles on trouve notamment la mention de l'autorisation du juge ou du titre en vertu duquel la saisie est pratiquée, la désignation détaillée du bien saisi[8], si le détenteur est présent, sa déclaration au sujet d'une éventuelle saisie antérieure sur le même bien, la mention en caractères très apparents que le bien saisi est placé sous la garde du détenteur qui ne peut ni l'aliéner, ni le déplacer, si ce n'est dans le cas prévu au deuxième alinéa de l'article D 91[9], sous peine des sanctions prévues à l'article 314-6 du Code pénal et qu'il est tenu de faire connaître la saisie-revendication à tout créancier qui procéderait à une saisie sur le même bien, la mention en caractères très apparents du droit de contester la validité de la saisie et d'en demander la mainlevée au juge compétent en vertu de l'article D 156, alinéa 3, et la désignation de la juridiction devant laquelle seront portées les contestations relatives à l'exécution de la saisie.

Enfin l'huissier doit remettre au détenteur du bien une copie de cet acte de saisie portant les mêmes signatures que l'original. Cette remise vaut signification. En lui remettant cette copie, l'huissier doit en outre

8. L'article D 159 renvoie en outre à l'article D 90 permettant à l'huissier de justice de photographier les biens, les clichés étant conservés par lui et ne pouvant être communiqués qu'à l'occasion d'une contestation portée devant le juge compétent à cet effet.

9. L'article D 91, alinéa 2, envisage toute « *cause légitime* (rendant le) *déplacement des biens saisis nécessaire* ». Dans ce cas, « *le gardien* (c'est-à-dire le détenteur du bien), *est tenu d'en informer préalablement le créancier* » et de lui indiquer « *le lieu où ils seront placés* ».

l'informer verbalement des mentions portées aux ***4°*** et ***5°***. Il est fait mention dans l'acte de cette information verbale (art. D 160, al. 1 et 3). Si le détenteur n'a pas assisté aux opérations de saisie, cette copie lui est signifiée. Il lui est alors imparti dans cette signification, un délai de huit jours pour qu'il porte à la connaissance de l'huissier toute information relative à l'existence d'une éventuelle saisie antérieure et qu'il lui en communique le procès-verbal. Nous avons déjà dit que cette obligation de collaboration est sanctionnée par l'article L. 24 (art. D 160, al. 4) et constitue une illustration du principe général posé à l'article D 5.

419. Les modalités de la saisie-revendication sont un peu différentes lorsqu'elle est effectuée entre les mains d'un tiers détenteur.

§ 2. La saisie entre les mains d'un tiers détenteur

420. Curieusement, elle n'est pas intégralement organisée par les textes. Paresse rédactionnelle tout à fait regrettable, le décret de 1992 ne lui consacre que les alinéas 2 et 3 de l'article 160. La pratique et la nature conservatoire de la saisie-revendication semblent imposer l'accomplissement des formalités suivantes.

La ***première formalité*** n'est pas prévue par les textes mais semble dans l'ordre des choses. L'huissier de justice devra commencer par demander au tiers s'il détient des biens pour le compte de la personne tenue de la remise desdits biens. S'il répond négativement, qu'il dise ou non la vérité, la saisie ne semble pas pouvoir être poursuivie, le tiers s'exposant seulement dans le second cas à devoir collaborer de force sous astreinte, ou à être condamné à des dommages-intérêts prononcés par le juge de l'exécution. Une saisie ne saurait avoir lieu de force qu'avec autorisation spéciale du juge de l'exécution rendue en application des dispositions de l'article D 158, alinéa 2. Si le tiers déclare détenir effectivement des biens pour le compte du débiteur tenu de l'obligation de remettre lesdits biens au créancier saisissant, et accepte de collaborer à la saisie, il pourra être procédé aux autres formalités.

Ensuite, l'huissier de justice informe le tiers détenteur du bien qu'il est tenu de lui indiquer s'il a déjà fait l'objet d'une saisie antérieure, et, dans ce cas, de lui en communiquer le procès-verbal (art. D 159). Il s'agit d'une illustration du principe posé à l'article D 5. Si le détenteur n'est pas présent, cette information sera faite en même temps que la signification de l'acte de saisie (art. D 160, al. 4).

L'huissier dresse ***ensuite*** un acte de saisie devant comporter à peine de nullité les mentions énumérées par l'article D 159[10].

10. Cf. *supra*, n° 417.

Ensuite l'huissier doit remettre au tiers détenteur du bien une copie de cet acte de saisie portant les mêmes signatures que l'original. Cette remise vaut signification. Si le tiers détenteur n'a pas assisté aux opérations de saisie cette copie lui est signifiée. Il lui est alors imparti dans cette signification, un délai de huit jours pour qu'il porte à la connaissance de l'huissier toute information relative à l'existence d'une éventuelle saisie antérieure et qu'il lui en communique le procès-verbal.

L'acte de saisie (en copie) doit également être signifié dans un délai de huit jours au plus tard, à la personne tenue de la remise. Le non-respect de ce délai n'est pas expressément sanctionné.

Section 2
Les incidents

421. Il se peut que le détenteur saisi ou tiers saisi ne désire pas garder le bien, ou que le créancier saisissant ne veuille pas que le détenteur saisi en conserve la possession jusqu'à son appréhension. Dans ce cas, le juge de l'exécution saisi sur requête pourra autoriser la remise du bien à un séquestre qu'il désignera (art. D 161). Il s'agit certainement du juge de l'exécution du lieu où sont situés les biens saisis (art. D 219). Le requérant devra vraisemblablement faire l'avance de ces frais de séquestre qui obéiront au même régime général que tous les autres frais de mesure conservatoire (art. L 73, al. 1). Lorsque le bien aura été remis à un séquestre, la saisie-appréhension se poursuivra contre le détenteur initial qui pourra encore, malgré la mise sous séquestre, continuer de refuser une remise ou une livraison volontaire.

Si le détenteur se prévaut d'un droit propre sur le bien saisi (art. D 162), il doit en informer l'huissier lors de la saisie ou par lettre recommandée avec accusé de réception. Il appartient alors au saisissant de porter la contestation dans le délai d'un mois devant le juge de l'exécution du lieu où demeure le détenteur. Pendant cette instance, et *a fortiori* ce délai, « *le bien demeure indisponible* », c'est-à-dire qu'il ne peut être appréhendé dans le cadre d'une saisie-appréhension. À défaut de contestation dans le délai, ou encore, en cas de rejet de cette contestation par le juge de l'exécution, « *l'indisponibilité cesse* », c'est-à-dire qu'il peut être appréhendé (art. D 162).

Sous-titre III
Les sûretés judiciaires[1]

422. Le régime des sûretés judiciaires, celles non consenties par le débiteur, a été entièrement refondu par la réforme intervenue en 1991-1992. Mesures conservatoires, elles sont soumises aux dispositions communes à toutes les mesures de ce type[2], saisies ou sûretés[3].

D'abord, il n'est plus question de parler systématiquement de sûretés « judiciaires » puisqu'une autorisation judiciaire n'est désormais nécessaire au créancier que s'il ne possède pas l'un des titres énumérés à

1. M. Bandrac, *Procédures civiles d'exécution et droit des sûretés, RTD civ.* 1993, n° spé. *La réforme des procédures civiles d'exécution*, p, 49 et s. ; M. Boittelle-Coussau et D. Talon, *Mesures conservatoires et sûretés, GP* 1993, 1, p. 286 ; M. Dagot, *Les sûretés judiciaires provisoires, inscriptions d'hypothèque, nantissement de fonds de commerce et autre, éd. Litec* 1994 ; M. Dagot, Le nouveau régime des inscriptions provisoires d'hypothèque et de nantissement, *JCP éd. N* 1994, 3052 ; P. Delebecque, *Les sûretés judiciaires, LPA*, 6 janvier 1993, n° 3, p. 93 ; G. Taormina, *Le droit des sûretés à l'épreuve des privilèges conférés par le droit de l'exécution forcée, RRJ Dr. pros.* 2003/3, p. 1867.
2. Cf. *supra*, n°s 336 et s.
3. Ceci n'est pas sans susciter difficulté en matière de sûretés. Quant à la caducité de l'article D. 215 (cf. *supra*, n°s 346 et s.) sanctionnant l'obligation d'accomplir les formalités nécessaires à l'obtention d'un titre exécutoire qui pose précisément problème au créancier, lorsque l'action en justice est dirigée contre une caution personne physique, le débiteur principal échappant à une telle action du fait de sa mise en redressement judiciaire. Or, l'article L. 622-28, alinéa 3, du Code de commerce, permet néanmoins à un tel créancier dont la créance est garantie par un cautionnement, de prendre des mesures conservatoires contre la caution. Mais le second alinéa de ce texte interdisant toute action contre les cautions personnes physiques jusqu'au prononcé du jugement arrêtant le plan de redressement, comment le créancier pourrait-il intenter l'action lui permettant d'obtenir un titre exécutoire ? Faute de pouvoir le faire, la sûreté qu'il aura prise le cas échant contre la caution sera donc caduque en application des dispositions de l'article D. 215. C'est là la conséquence des dispositions combinées des articles L. 621-48 du Code de commerce et D. 215 consacrée par la deuxième Chambre civile de la Cour de cassation (Cass. 2e civ., 30 avril 2002, *Bull. civ.* II, n° 85, *D.* 2002, AJ, p. 2260, *JCP éd. E* 2002, p. 1521, obs. P. Pétel). La Chambre commerciale estime, au contraire, que cette action doit être introduite, conformément aux exigences de l'article D. 215, ce qui permet au créancier d'échapper à la caducité prévue par ce texte, mais, pour satisfaire également aux principes du droit des procédures collectives, cette action est immédiatement suspendue (Cass. com., 24 mai 2005, *JCP éd. E* 2005, p. 1274, obs. P. Pétel).

l'article L 68[4]. Quant à la procédure d'autorisation judiciaire préalable exposée plus haut et commune à toutes les mesures conservatoires[5], elle ne saurait être comparée à l'ancienne à laquelle il fallait toujours recourir, c'est-à-dire même lorsque le créancier poursuivant avait un titre exécutoire, sauf bien sûr en matière d'hypothèque légale des jugements de condamnation.

Ensuite, la réforme a multiplié le nombre des sûretés octroyées au créancier sans le consentement du débiteur. Tandis que l'hypothèque d'immeuble et le nantissement de fonds de commerce existent toujours, la réforme permet désormais aux créanciers de prendre nantissement également sur les parts sociales et les valeurs mobilières appartenant au débiteur.

Toutes ces procédures comportent des caractéristiques et des effets communs. Leur physionomie générale est toujours la même et se caractérise comme auparavant[6], par la nécessité de deux publicités. La première, dite provisoire, rend la sûreté opposable aux tiers à compter du jour de son accomplissement (art. L 78, al. l). Mais cet effet cessera si cette publicité n'est pas confirmée dans un certain délai par une deuxième publicité, dite définitive (art. L 78, al. 2)[7].

La nécessité d'une notification préalable des jugements, prescrite par l'article 503 du Code de procédure civile, ne concerne pas, semble-t-il, la mise en œuvre des mesures conservatoires[8].

Concernant l'incidence de l'ouverture d'une ***procédure collective***, notons les hypothèques et nantissements ne peuvent plus être inscrits après le prononcé d'un jugement d'ouverture d'une procédure collective[9]. En revanche, lorsqu'une inscription provisoire a été prise avant le prononcé du jugement d'ouverture de la procédure, la publicité définitive sera ensuite possible[10], à la condition toutefois que la publicité provisoire n'ait pas été accompli pendant la période suspecte[11], c'est-à-dire après la

4. Cf. *supra*, n° 128.
5. Cf. *supra*, n°s 336 et s., les règles communes à toutes les mesures conservatoires sont applicables aux sûretés.
6. Anc. CPC, art. 54.
7. La sûreté étant donc désormais opposable aux tiers dès la publicité provisoire, il était logique que l'article 143 du décret n° 85-1388 du 27 décembre 1985 qui déniait cet effet à la première inscription fut abrogé par l'article D. 305.
8. Cass. 1re civ., 12 octobre 2006, *Bull. civ.* I, n° 271, arrêt rendu à propos de l'inscription définitive d'une hypothèque conservatoire.
9. Cf. C. com., art. L. 622-30, concernant la sauvegarde, C. com. art. L. 631-14, à propos du redressement judiciaire, et C. com., art. L. 641-3, au sujet de la liquidation judiciaire.
10. C'est là la conséquence de l'effet rétroactif de l'inscription définitive. Cette solution avait déjà cours sous l'empire de l'article 29.7° de la loi du 13 juillet 1967 (Cass. com., 30 novembre 1965, *D. 1*966, p. 600, note A. Pirovano ; 21 octobre 1970, *Bull.* n° 275).
11. Cass. com., 17 novembre 1992, *D. 1*993, p. 96, note F. Derrida.

date de cessation des paiements (C. com., art. L. 632-1.7°). Notons enfin, que la signification d'une inscription de nantissement ne constitue pas une publicité au sens des articles L. 622-24 et L. 622-26 du Code de commerce. Dès lors, en cas de sauvegarde ou de redressement judiciaire du débiteur, le titulaire de la sûreté ne sera pas informé d'avoir à déclarer sa créance et n'échappera cependant pas, le cas échéant, à la forclusion[12].

Il existe deux types de sûretés judiciaires : l'hypothèque conservatoire ***(chapitre 1)*** et les nantissements conservatoires ***(chapitre 2)***.

12. Cass. com., 16 mai 2006, *Bull. civ.* IV, n° 121.

Chapitre 1
L'hypothèque conservatoire[1]

423. L'hypothèque conservatoire dont il est question ici, que la pratique continue, à tort, d'appeler parfois « hypothèque judiciaire », en référence aux dispositions de l'ancien Code de procédure civile qui requéraient systématiquement une autorisation judiciaire préalable, ne saurait être confondue avec ce que le Code civil désigne en son article 2412[2] sous l'appellation tout aussi contestable d'hypothèque judiciaire. Rappelons en effet que ce dernier texte instaure en réalité une ***hypothèque légale, attachée*** notamment ***aux décisions judiciaires de condamnation***, qu'elles soient rendues contradictoirement ou par défaut, qu'elles soient définitives ou provisoires[3]. Cette hypothèque-là fait l'objet d'une seule inscription directement définitive. Elle n'a donc pas à être précédée, comme c'est le cas pour l'hypothèque conservatoire, d'une inscription provisoire, et ce, quand bien même elle serait prise, comme en dispose expressément d'ailleurs l'article 2412, alinéa 1, du Code civil, en vertu d'une décision judiciaire de condamnation de nature provisoire[4].

---

1. J.-L. Coudert, *L'hypothèque judiciaire*, *JCP éd. N* 1993, 2670, p. 342 ; P. Delebecque et P. Simler, *Hypothèque judiciaire conservatoire, réforme, RD Immo.* 1992, p. 236 et 532 ; J. Delgat, *Disponibilité d'un immeuble grevé d'une hypothèque judiciaire conservatoire et droits des créanciers au regard de la législation nouvelle du 9 juillet 1991*, *GP* 1994, 1, p. 154 ; Ch. Laporte, *Incidences procédurales de la réforme récente du régime de la publicité foncière*, *Procédures*, août-septembre 1998, p. 7 ; J.-L. Meunier, *L'inscription provisoire d'hypothèque après la réforme des procédures d'exécution*, *Rép. not. Defr.* 1994, art. 35688, p. 81 ; G. Taormina, *L'hypothèque conservatoire*, fasc. 330, in *Droit de l'exécution forcée*, préc., avril 2004 ; J.-Cl. Woog, *L'inscription d'une hypothèque provisoire en l'absence de décision judiciaire ou : pourquoi faire simple quand on peut faire compliqué ?*, *GP* 1994, 2, doctr., p. 1091.
2. C. civ., anc. art. 2123.
3. Voir à propos d'une ordonnance de référé, Cass. 3e civ., 26 septembre 2001, *Bull. civ.* III, n° 107. L'article L. 244-9 du Code de la sécurité sociale attache le même effet aux contraintes définitives décernées par les organismes de sécurité sociale pour le recouvrement des cotisations impayées.
4. En ce sens, Cass. 3e civ., 26 septembre 2001, *Bull. civ.* II, n° 107, *D.* 2001, AJ, obs. A. Lienhard, p. 2972, arrêt dans lequel la Cour de cassation rappelle que l'hypothèque judiciaire de l'article 2123 du Code civil (actuel article 2412) peut être prise en vertu d'une ordonnance de référé, et que par conséquent, lorsqu'une inscription provisoire d'hypothèque conservatoire avait d'abord été prise et était devenue caduque,

D'une manière générale, l'hypothèque judiciaire de l'article 2412 du Code civil échappe au régime juridique de l'hypothèque conservatoire dont il est question dans le cadre du présent chapitre[5].

424. Les modalités de la publicité foncière nécessaire à l'inscription d'une hypothèque conservatoire *stricto sensu* ont dû être modifiées par la loi n° 98-261 du 6 avril 1998 portant réforme de la réglementation comptable et adaptation du régime de la publicité foncière, le décret n° 98-516 du 23 juin 1998 modifiant le décret n° 55-22 du 4 janvier 1955 *portant réforme de la publicité foncière* et le décret n° 98-553 du 3 juillet 1998, le décret n° 55-1350 du 14 octobre 1955 *pour l'application du décret n° 55-22 du 4 janvier 1955 portant réforme de la publicité foncière*.

Quant à la ***détermination de la loi applicable***, la Cour de cassation considère que « *le principe et le régime de l'hypothèque judiciaire provisoire sont soumis à la seule loi de situation de l'immeuble et il en est de même pour l'inscription définitive de cette hypothèque* »[6]. Rappelons toutefois que lorsque le juge français est compétent pour autoriser la prise d'une hypothèque conservatoire, il ne l'est plus systématiquement aujourd'hui pour se prononcer sur le bien fondé de la créance[7].

L'immeuble doit appartenir au débiteur, or, aux termes de l'article 1415 du Code civil, « *chacun des époux ne peut engager que ses biens propres et ses revenus, par un cautionnement ou un emprunt, à moins que ceux-ci n'aient été contractés avec le consentement exprès de l'autre conjoint qui, dans ce cas, n'engage pas ses biens propres* ». Conséquence des dispositions applicables aux ***époux communs en biens***, si l'un d'eux n'a pas donné son accord à l'emprunt ou au cautionnement consenti par l'autre en vertu duquel un créancier prétend prendre des

l'inscription prise ensuite en vertu d'une ordonnance de référé ne saurait être qualifiée d'inscription définitive de cette même hypothèque conservatoire malgré l'appellation trompeuse d'hypothèque judiciaire définitive utilisée dans les actes publiés.

5. En ce sens, Cass. 3e civ., 13 décembre 2000, *Bull. civ.* III, n° 190, rendu sur le fondement des dispositions de l'article L. 244-9 du Code de la sécurité sociale. S'agissant d'une mesure conservatoire, nous considérons cependant que son contentieux relève du juge de l'exécution.

Notons enfin, que le créancier titulaire d'un jugement de condamnation, plutôt que de recourir à l'hypothèque de l'article 2412 du Code civil, peut parfaitement choisir de mettre en œuvre une hypothèque conservatoire en application des dispositions de la loi n° 91-650 du 9 juillet 1991 et du décret n° 92-755 du 31 juillet 1992, auquel cas, déjà titulaire d'un titre exécutoire, il échappera par conséquent à la caducité prévue par l'article 215 du décret précité (Cass. 2e civ., 18 octobre 2001, n° 00-10.545).

6. Cass. 1re civ., 17 novembre, *Bull. civ.* I, n° 305.

7. Cass. 1re civ., 17 janvier 1995, *Bull. civ.* I, n° 34, *JCP éd. G* 1995, II, 22430, note H. Muir Watt ; Cass. 1re civ., 11 février 1997, *Bull. civ.* I, n° 47.

mesures conservatoires, l'inscription d'hypothèque conservatoire à laquelle il envisage de recourir ne peut porter sur un bien commun[8]. Mais en cas de cession de l'immeuble, pour que celle-ci soit opposable au créancier qui prétend inscrire dessus une hypothèque conservatoire, encore faut-il que cette cession ait été publiée à la conservation des hypothèques, avant l'hypothèque[9].

Concernant l'existence d'une ***clause d'inaliénabilité***, lorsque la jurisprudence a admis qu'elle puisse être levée à la demande des créanciers du débiteur agissant par voie oblique[10], elle a admis qu'ils puissent, en attendant d'obtenir cette mainlevée, prendre une hypothèque conservatoire sur le bien[11].

Enfin, seul le juge de l'exécution a compétence pour ordonner, sur contestation du bien fondé de l'hypothèque conservatoire, sa ***mainlevée***, car « *la contestation relative à la mise en œuvre d'une mesure de sûreté conservatoire est régie par les seules dispositions de la loi du 9 juillet 1991* »[12].

Nous envisagerons successivement la publicité provisoire ***(section 1)*** et la publicité définitive qui doit la confirmer ***(section 2)***.

Section 1
La publicité provisoire

425. *C'est chronologiquement la première à effectuer. Après avoir énoncé les modalités de cette publicité* **(§ 1)**, *nous examinerons ses effets* **(§ 2)**.

---

8. Cass. 1re civ., 2 juillet 1991, *Bull. civ.* I, n° 225, *RTD civ.* 1991, p. 771, obs. M. Bandrac ; Cass. 1re civ., 18 novembre 1992, *Bull. civ.* I, n° 280 ; Cass. 1re civ., 29 mai 1996, *Bull. civ.* I, n° 220, *JCP éd. G* 1996, I, 3962, n° 12, obs. P. Simler, *Defrénois* 1996, p. 1083, obs. G. Champenois.
9. Pour une illustration de ce principe, voir Cass. 2e civ., 18 janvier 2001, n° 98-13.966, concernant une hypothèque prise sur un immeuble ayant fait l'objet d'un apport en société déjà publié avant même l'immatriculation de la société, en application des articles 1843 et 1843-1 du Code civil. Cette décision censure l'arrêt qui se borne à dire n'y avoir lieu à mainlevée de cette inscription, au seul motif que le débiteur ne justifiait pas au moment de cette inscription, d'une immatriculation de la société en formation.
10. Cf. *supra*, n° 187.
11. Cass. 1re civ., 9 octobre 1985, *Bull. civ.* I, n° 252.
12. Cass. 2e civ., 19 décembre 2002, *Bull. civ.* II, n° 297. Le juge des référés ne saurait être compétent en la matière, même sur le fondement des dispositions de l'article 5-1 du Code de procédure pénale.

§ 1. Les modalités

426. La publicité provisoire s'effectue par l'accomplissement de deux formalités successives : le dépôt de deux bordereaux à la conservation des hypothèques du lieu de situation de l'immeuble (C. civ., art. 2426)[13] et la signification d'un acte d'information au débiteur. Les bordereaux de publicité foncière doivent être accompagnés de différents documents administratifs. Le défaut de ces mentions ou de ces documents est sanctionné par le refus de publication.

Le créancier doit déposer à la conservation des hypothèques deux bordereaux établis sur des formulaires réglementaires que l'on peut se procurer auprès de la conservation. L'utilisation de ces formules n'est cependant pas obligatoire. L'article 2428 du Code civil[14] réécrit dispose en effet (al. 1) qu'« *au cas où l'inscrivant ne se serait pas servi d'une formule réglementaire, le conservateur accepterait cependant le dépôt...* ». Toutefois, en cas de premier rejet des bordereaux non conformes aux prescriptions légales et réglementaires, une nouvelle tentative de publication ne sera recevable que si le requérant utilise cette fois les formulaires réglementaires (C. civ., art. 2428, avant dernier alinéa). Mieux vaut en pratique utiliser directement les formulaires administratifs conçus pour simplifier les démarches. Les bordereaux doivent comporter un certain nombre de mentions obligatoires, en application de l'article 55, 2, du décret nº 55-1350 du 14 octobre 1955 (C. civ., art. 2428, al. 3). Compte tenu de la réforme de 1998, il n'est plus possible de se référer à l'article D 251 pour savoir quelles sont ces mentions. On se reportera désormais directement aux dispositions du décret précité de 1955 et à celles de l'article 2428 du Code civil.

L'article D 250 dispose maladroitement comme s'il s'agissait d'une formalité autonome, que le créancier (ou son mandataire) doit présenter au conservateur des hypothèques « *l'autorisation du juge ou* (le) *titre en vertu duquel la loi permet qu'(...) une sûreté peut être prise sur un immeuble (...) appartenant au débiteur* ». En pratique cette formalité est accomplie dans le cadre du dépôt des bordereaux de publicité foncière à la conservation des hypothèques. Aux termes des dispositions de l'article 2428, alinéa 2, du Code civil, « ... *pour l'inscription des hypothèques et sûretés judiciaires, le créancier présente en outre* (en plus des bordereaux), *soit par lui-même* (sic)*, soit par un tiers* (son mandataire, en pratique généralement son avocat)*, au conservateur des hypothèques (...) l'autorisation du juge, la décision judiciaire ou le titre pour les sûretés judiciaires conservatoires* ». Il s'agit donc soit de l'autorisation du juge de l'exécution ou du président du tribunal de commerce, soit, lorsque

13. C. civ., anc. art. 2146.
14. C. civ., anc. art. 2148.

cette autorisation judiciaire préalable n'est pas nécessaire, de l'un des titres d'exécution énumérés à l'article L 68[15]. En pratique, le document doit être joint en double exemplaire : l'original accompagné d'une copie certifié conforme par le déposant. La conservation retournera l'original revêtu d'une mention attestant de l'accomplissement de la formalité de publicité provisoire[16].

Des bordereaux incomplets ou non accompagnés des documents énumérés par l'article 2428, alinéa 2, du Code civil, entraînent, suivant le cas, le refus de dépôt des bordereaux ou le rejet de la demande d'inscription par le conservateur des hypothèques[17].

---

15. Cf. *supra*, n° 128.

16. Les dispositions du *1°* de l'article 2148, alinéa 2, du Code civil, n'intéressent pas notre sujet. Elles concernent non pas l'hypothèque conservatoire, mais l'hypothèque légale des jugements de condamnation appelée dans le Code civil « *hypothèque judiciaire* ». Rappelons que dans ce cas, l'hypothèque est inscrite en une seule étape, et que cette inscription unique est définitive.

17. ***1. La distinction entre les notions de refus de dépôt des documents et de rejet de la demande de publication.*** – Le décret n° 55-22 du 4 janvier 1955 (art. 26), le décret n° 55-1350 du 14 octobre 1955 (art. 74), tous deux relatifs à la publicité foncière, et les articles 2452 (anc. art. 2199) et 2428 (anc. art. 2148) du Code civil, parlent de refus de dépôt des documents présentés en vue de la publicité foncière et de rejet de la demande de publication. Mais aucun de ces textes ne pose clairement les critères de distinction entre ces deux notions. Surtout, chose qui permettrait de contribuer encore plus précisément à la différence entre ces deux notions, ils ne font pas précisément la part entre les causes de refus et celles de nature à justifier plutôt un rejet. Innovation du décret n° 2000-489 du 29 mai 2000 ayant modifié le décret n° 55-1350 du 14 octobre 1955 (art. 34, 3, 40, 53-6 et 53-7), les notifications de refus et de rejet pourront désormais être effectuées par télécopie. C'est là le sens des dispositions de l'article 34, 3, alinéa 3, mentionnant un « procédé fiable d'identification et de datation », et auxquelles renvoie l'article 74, 2, alinéa 1er. Il existe cependant, en pratique, une différence fondamentale entre ces deux décisions que peut prendre le conservateur des hypothèques à des époques différentes, dans le cadre de son pouvoir de contrôle des documents déposés en vue de leur publication.

1.1. Le refus de dépôt. – C'est la décision que peut prendre le conservateur des hypothèques au moment du dépôt des documents à la conservation par celui qui requiert la formalité de publicité, leur examen sommaire dès leur réception, révélant des lacunes et autres non conformités aux textes sur la publicité foncière. Aucune mention ne sera alors portée sur le registre des dépôts dont la date mentionnée est en principe celle de la publicité lorsque celle-ci se trouve retardée. Par conséquent, le refus de dépôt ne prend pas date et le requérant devra donc procéder à nouveau dépôt de documents conformes. Les refus font toutefois désormais l'objet d'une mention sur un registre spécialement tenu à cet effet, le registre des refus.

Aux termes de l'article 74, 1, alinéa 1, du décret n° 55-1350 du 14 octobre 1955, « *lorsqu'il refuse le dépôt de documents..., le conservateur notifie au déposant, dans le délai maximum de quinze jours à compter de la remise des documents, sa décision datée et signée indiquant les causes de refus relevées. Ce délai est fixé à 8 jours pour les commandements valant saisie et à un mots pour les formalités requises en vertu de l'article 2430 du Code civil* ». « *La décision de refus est notifiée par lettre recommandée avec demande d'avis de réception ou remise contre récépissé* » (D. n° 55-1350,

Les bordereaux déposés, le débiteur doit en être informé. Huit jours au plus tard après le dépôt des bordereaux, à peine de caducité de l'inscription provisoire, le créancier doit faire signifier dans les formes prescrites par les articles 656 à 659 du Code de procédure civile (« *par acte d'huissier de justice* ») au débiteur, un acte devant comporter à peine de nullité les mentions suivantes (art. D 255) : « ***1°*** *Une copie de l'ordonnance du juge ou du titre en vertu duquel la sûreté a été prise ; toutefois, s'il s'agit d'une obligation notariée ou d'une créance de l'État, des*

---

14 octobre 1955, art. 74, 1, al. 2). En pratique, sont indiquées les raisons du refus. « *La notification de la décision de refus du conservateur donne lieu à restitution des documents* » (D. n° 55-1350, 14 octobre 1955, art. 74, 1, al. 3).

1.2. Le rejet de la formalité. – Lorsqu'après avoir accepté le dépôt et l'avoir mentionné au registre des dépôts, le conservateur des hypothèques constate une irrégularité à l'issue d'un examen approfondi, il prend alors une décision de rejet. Le fichier immobilier sur lequel la formalité aurait été immédiatement répertoriée, si les documents déposés avaient été réguliers, est seulement annoté de la date et du numéro de classement du document, avec la mention « *formalité en attente* ». Le rejet permet donc, contrairement au refus, dans un premier temps, au moins de prendre date. Aux termes de l'article 74, 2 du décret n° 55-1350 du 14 octobre 1955, renvoyant à l'article 34, 3 du même texte, le conservateur doit alors, dans un délai d'un mois à compter du dépôt, notifier au requérant la décision de rejet motivé, ce dernier disposant alors également d'un mois pour remédier aux anomalies présentées par les documents déposés et les représenter à la conservation.

En cas de régularisation, la date d'effet de la publicité est tout de même celle du dépôt initial. Par exception à cette règle, le décret du 14 octobre 1955 dispose en son article 34, 3, que lorsque le requérant doit fournir un bordereau ou un document rectificatif, ce bordereau ou document ne prend effet qu'à compter de son propre dépôt. À défaut de régularisation dans le délai, le conservateur des hypothèques notifie au requérant un rejet définitif. Il ne peut accepter une régularisation hors délai (Cass. 3e civ., 29 novembre 2000, *Bull. civ.* III, n° 181).

2. Les différentes causes de rejet ou de refus. – Les causes de refus sont énumérées de manière non limitative par l'article 74, 1 du décret n° 55-1350 du 14 octobre 1955 (« *par application notamment, des articles 2428 et 2430 du Code civil, du 2 de l'article 34, du 2 de l'article 34-1 et de l'article 39 du décret n° 55-22 du 4 janvier 1955 modifié, du l de l'article 21, des articles 22, 31 et 33, du 2 de l'article 35, du 1 de l'article 38, des articles 54-1 et 57-2, 57-3 et 57-4, du 1 de l'article 64, de l'article 67-3, du 1 du E de l'article 71 et du 2 de l'article 76 du présent décret* »). Il en est également question à l'article 2428 du Code civil qui dispose, alinéa 4 que « *le dépôt est refusé : 1° À défaut de présentation du titre générateur de la sûreté pour les hypothèques et sûretés judiciaires ; 2° À défaut de la mention visée de la certification de l'identité des parties prescrite par les articles 5 et 6 du décret du 4 janvier 1955, ou si les immeubles ne sont pas individuellement désignés, avec indication de la commune où ils sont situés* ».

Les causes de rejet sont de même précisées par l'article 74, 2 du même décret (« le rejet d'une formalité, prévu notamment aux articles 2428 du Code civil, au 3 de l'article 34 et aux articles 39 et 40 du décret n° 55-22 du 4 janvier 1955 modifie, à l'article 16-1, au 4 de l'article 30, aux articles 31 et 33, au 2 de l'article 35, au 1 de l'article 38, aux 2 et 3 de l'article 55, au 2 de l'article 56, à l'article 57-2, au 1 de l'article 61, au 2 de l'article 64, au 1 de l'article 67, au 2 du E de l'article 71 et au 2 de l'article 76 du pré sent décret, est prononcé, et la régularisation intervient, selon les modalités fixées par le 3 de l'article 34 du présent décret »). Il en est également question à l'article 2428 du Code civil qui *collectivités territoriales ou de leurs établissements publics, il n'est fait mention que de la date, de la nature du titre et du montant de la dette ; 2° L'indication, en caractères très apparents, que le débiteur peut demander la mainlevée de la sûreté comme il est dit à l'article D 217 ; 3° La reproduction des articles D 210 à D 219 et D 256* ».

La publicité provisoire est accomplie. Elle entraîne certains effets.

---

dispose, alinéas 5 et 6, « *Si le conservateur, après avoir accepté le dépôt, constate l'omission d'une des mentions prescrites, ou une discordance entre, d'une part, les énonciations relatives à l'identité des parties ou à la désignation des immeubles contenues dans le bordereau, et, d'autre part, ces mêmes énonciations contenues dans les bordereaux ou titres déjà publiés depuis le 1er janvier 1956, la formalité est rejetée, à moins que le requérant ne régularise le bordereau ou qu'il ne produise les justifications établissant son exactitude, auxquels cas la formalité prend rang à la date de la remise du bordereau constatée au registre de dépôts/ La formalité est également rejetée lorsque les bordereaux comportent un montant de créance garantie supérieur à celui figurant dans le titre pour les hypothèques et sûretés judiciaires ainsi que, dans l'hypothèse visée au premier alinéa du présent article, si le requérant ne substitue pas un nouveau bordereau sur formule réglementaire au bordereau irrégulier en la forme* ».

L'article 2428 du Code civil dispose enfin, alinéa 7, que « *le décret prévu ci-dessus détermine les modalités du refus du dépôt ou du rejet de la formalité* ». Il s'agit du décret n° 55-1350 du 14 octobre 1955. Il n'y a, à vrai dire, pas de véritable répartition entre refus et rejet selon la cause de ces décisions. Le décret du 14 octobre 1955 dispose d'ailleurs en son article 74, 3, que les règles du rejet peuvent être appliquées lorsqu'après leur acceptation par le conservateur, il s'avère que les documents déposés présentent des causes de refus.

Qu'il s'agisse d'un refus ou d'un rejet, la décision prise par le conservateur des hypothèques est susceptible de recours.

3. Le recours contre la décision de refus ou de rejet. – Un recours devant le président du tribunal de grande instance, contre les décisions de refus de publication, est prévu par l'article 26 du décret n° 55-22 du 4 janvier 1955 modifié par la loi n° 98-261 du 6 avril 1998 qui a étendu ce texte initialement prévu seulement pour les décisions de rejet. Désormais, il s'applique également aux décisions de refus.

Refus et rejet peuvent être contestés dans les huit jours de leur notification, devant le président du tribunal de grande instance du lieu de situation de l'immeuble, qui statuera comme en matière de référé, mais au fond, comme l'indique le décret n° 55-1350 du 14 octobre 1955 en son article 74, 5. Il ne semble pas que le créancier poursuivant ait à assigner le conservateur devant le juge. Le texte parle en effet d'un recours porté contre la décision. Nous considérons donc qu'il est possible de saisir le juge des référés d'une requête, à charge pour son secrétariat de convoquer le créancier et le conservateur.

La décision rendue est susceptible des mêmes voies de recours que n'importe quelle autre ordonnance de référé. Elle n'est pas susceptible d'exécution provisoire. En cas d'exercice des voies de recours, il est statué par priorité et d'extrême urgence. Dès que la décision est passée en force de chose jugée, la formalité (demande de publication) litigieuse est, suivant le cas soit définitivement rejetée, soit exécutée dans les conditions ordinaires. Dans ce cas, elle prend rang à la date d'enregistrement du dépôt initial (D. n° 55-22, 4 janvier 1955, art. 26, al. 3, 4 et 5).

§ 2. Les effets

427. La publication provisoire conserve à l'hypothèque son ***effet pendant trois ans*** et peut être renouvelée indéfiniment (art. D 257), et à condition d'accomplir les formalités de renouvellement avant l'expiration des trois premières années. Le créancier jouit d'une hypothèque ayant la même valeur qu'une hypothèque conventionnelle prenant rang au jour de la publicité provisoire (art. D 260).

En cas d'extinction de l'instance introduite par le créancier pour obtenir le titre exécutoire nécessaire pour procéder à la publicité définitive, ou si sa demande est rejetée, la radiation pourra être demandée à la même juridiction du fond. À défaut, elle pourra être obtenue du juge de l'exécution (art. D 265, al. 2). La radiation est alors effectuée sur simple présentation au conservateur des hypothèques, de la décision de mainlevée passée en force de chose jugée (art. D 265, al. 3). Les frais de cette mainlevée seront supportés par le créancier (art. D 265, al. 4).

428. L'article D 259 prévoit une possibilité de ***cantonnement de l'assiette de l'hypothèque***, en disposant que « *lorsque la valeur des biens grevés est manifestement supérieure au montant des sommes garanties, le débiteur peut faire limiter par le juge les effets de la sûreté provisoire, s'il justifie que les biens demeurant grevés ont une valeur double du montant de ces sommes* ». La limitation permise par l'article D 259, n'est pas une mainlevée. Le juge compétent pour ordonner le cantonnement, est le juge de l'exécution[18].

429. L'article D 256 comporte une disposition *a priori* énigmatique, dont voici les termes : « *Lorsque le créancier est déjà titulaire d'un titre exécutoire,* ***la mainlevée*** *de la publicité provisoire peut être demandée jusqu'à la publicité définitive...* ». Est-ce à dire que, *a contrario*, lorsque le créancier ne possède pas de titre exécutoire, la mainlevée ne peut être demandée ? Que le fait pour le créancier d'obtenir un titre exécutoire avant la publicité définitive, permet en soi au débiteur d'obtenir la mainlevée de l'hypothèque ? Certainement pas. En vérité cette disposition ne peut être bien comprise que si elle est lue en contemplation de l'article D 263 alinéa 2, qui prévoit que, si la procédure a été mise en œuvre avec un titre exécutoire, la publicité définitive doit être effectuée dans un délai de deux mois courant du jour de l'expiration du délai d'un mois visé à l'article D 256 ou, si une demande de mainlevée a été formée, du jour de la décision rejetant cette contestation. En vérité, ce que le législateur a, à très juste titre, voulu exprimer c'est qu'un débiteur ne doit pas être

18. Pour une application de ce texte, le juge ayant refusé le cantonnement au motif que la valeur des biens est grevée par d'autres sûretés au profit de divers autres créanciers (Cass. 3e civ., 7 juillet 2004, *D.* 2004, IR, p. 2195).

empêché de demander la mainlevée de la publicité provisoire par un créancier qui, étant titulaire d'un titre exécutoire, s'empresserait de procéder à la publicité définitive immédiatement après avoir procédé à la publicité provisoire. C'est la raison pour laquelle celle-là est, en cette hypothèse, différée[19].

430. Enfin, l'article D 258 dispose qu'en cas de ***vente du bien avant l'accomplissement de la publicité définitive***, la part qui lui reviendra dans la distribution du prix sera consignée et ne lui sera remise que « *s'il justifie de l'accomplissement de la publicité définitive dans le délai prévu* » par les articles D 255 et D 263. Toutefois, nous verrons en étudiant la publicité définitive, que celle-ci s'effectue conformément aux dispositions de l'article 2428 du Code civil, mais que l'article D 264 dispose que cette publicité est remplacée par une signification à la personne chargée de la distribution du prix lorsque le bien a été vendu avant cette publicité définitive. À défaut d'accomplissement de la publicité définitive ou de signification d'un titre exécutoire à la personne chargée de distribuer le prix de vente de l'immeuble, la part sur le prix de vente susceptible de revenir au créancier n'ayant pu faire procéder avant cette vente qu'à une publicité provisoire, sera remise aux autres « *créanciers en ordre de la recevoir ou* (à défaut), *au débiteur* » (art. D 258, al. 2, et D 265, al. 5). La radiation de la publicité provisoire pourra alors être demandée au juge de l'exécution.

19. Saisi d'une demande de mainlevée d'une inscription provisoire d'hypothèque conservatoire, le juge de l'exécution ne peut prendre en considération des éléments qui existaient avant que ne soit rendue la décision judiciaire en vertu de laquelle a été prise cette inscription, et qui auraient pu être invoqués au cours de l'instance ayant abouti à cette décision, sous peine de porter atteinte à l'autorité de la chose jugée (Cass. 2e civ., 14 octobre 1999, n° 96-22.787).
Sous l'empire du droit antérieur à la loi n° 91-650 du 9 juillet 1991, le délai d'un mois pour en référé au juge, prévu par l'article 50 de l'ancien Code de procédure civile aujourd'hui abrogé, n'était pas applicable (Cass. 2e civ., 17 octobre 2002, *Bull. civ.* II n° 227).
Enfin, il n'y a pas de litispendance au sens de l'article 100 du Code de procédure civile, faute d'identité d'objet des litiges, entre, d'une part, l'instance pendante devant une cour d'appel relative à la contestation de la mainlevée d'une hypothèque conservatoire moyennant substitution de garantie et, d'autre part, l'instance pendante devant un juge de l'exécution relative à une demande de rétractation de l'autorisation de prendre une nouvelle inscription provisoire d'hypothèque conservatoire. Peu importe, par conséquent, que ces deux sûretés aient été prises par le même créancier, contre le même débiteur, en garantie de la même dette (Cass. 2e civ., 11 mai 2000, n° 98-11.482).

Section 2
La publicité définitive

431. Avant la réforme, les dispositions de l'article 759, alinéa 2, de l'ancien Code de procédure civile empêchaient le créancier qui n'avait pu faire procéder qu'à une publicité provisoire au moment de la vente de l'immeuble, d'être colloqué dans la procédure d'ordre. Aujourd'hui, les sommes qui auraient dû lui revenir dans cette situation s'il avait eu un titre exécutoire au moment de la distribution, étant consignées jusqu'à ce qu'il en justifie ou qu'il ne puisse plus définitivement en obtenir un, il convenait d'abroger ces dispositions. C'est ce qui a été fait en 1992 (art. D 305).

Notons que « ***dans les départements du Bas-Rhin, du Haut-Rhin et de la Moselle***... *la publicité définitive* (est effectuée) *selon les modalités fixées par la section III du chapitre Ier du titre Ier du décret du 18 novembre 1924 relatif à la tenue du livre foncier dans les départements du Bas-Rhin, du Haut-Rhin et de la Moselle, et par le titre II du décret du 14 janvier 1927 complétant ledit décret* » (D. n° 92-755, 31 juillet 1992, art. 300), c'est-à-dire en recourant aux modalités d'inscription au livre foncier. On sait que le livre foncier est tenu au tribunal d'instance (C. org. jud., art. L. 223-4, R. 223-5, D. 223-6 et D. 223-8). On procède aux inscriptions en présentant une requête à cette fin, par l'intermédiaire d'un notaire ou d'un avocat. Ce sont là les seules particularités du droit local. Le droit commun que nous allons exposer dans le cadre de la présente section est applicable dans ces départements.

Après avoir énoncé les modalités de cette publicité *(§ 1)*, nous examinerons ses effets *(§ 2)*.

§ 1. Les modalités

432. La publicité définitive doit être effectuée sous peine de caducité de la publicité provisoire et de forclusion pour y procéder, au plus tôt un mois après la signification de l'acte de l'article D 255, c'est-à-dire de l'information du débiteur de l'accomplissement de la publicité provisoire (art. D 256), et au plus tard, ***dans un délai de deux mois*** courant selon le cas (art. D 263) : « ***1°*** *Du jour où le titre constatant les droits du créancier est passé en force de la chose jugée*[20] ; ***2°*** *Si la procédure a été mise*

20. Dès lors, lorsque ce titre est un arrêt de cour d'appel, hormis le cas où le pourvoi en cassation a un caractère suspensif, l'inscription définitive devra être prise dans les deux mois suivant le prononcé de cet arrêt (Cass. 2e civ., 12 octobre 2006, *Bull. civ.* II, n° 271). Lorsqu'il s'agit d'un jugement rendu par une juridiction répressive sur intérêts civils, seul

en œuvre avec un titre exécutoire, du jour de l'expiration du délai d'un mois visé à l'article D 256, *ou, si une demande de mainlevée a été formée, du jour de la décision rejetant cette contestation ; toutefois, si le titre n'était exécutoire qu'à titre provisoire, le délai court comme il est dit au 1°* »[21]. Une ordonnance de référé est un titre exécutoire à titre provisoire. Il en va de même de toute décision de justice rendue en première instance et exécutoire par provision. Si la publicité provisoire a été frappée de caducité, il faudra la refaire. ***3°*** « *Si le caractère du titre est subordonné à une procédure d'exequatur, du jour où la décision qui l'accorde est passée en force de chose jugée* ».

Le délai de deux mois dans lequel doit être effectuée la publicité définitive ne court pas pendant le délai d'appel et, en cas d'appel effectif, tant qu'il n'aura pas été statué par la cour d'appel[22]. Lorsque l'exequatur est nécessaire, le délai court du jour où la décision d'exequatur est passée en force de chose jugée.

La publication définitive de l'hypothèque conservatoire doit être effectuée « *conformément à l'article 2428 du Code civil* » (art. D 261, al. 1), c'est-à-dire comme la publicité provisoire. Le régime du refus de publication est également le même.

§ 2. Les effets

433. La publicité définitive donne rang à l'hypothèque conservatoire à la date de la publicité provisoire, et pour les sommes garanties par cette dernière (art. D 260).

434. Lorsque ***l'immeuble*** qui a fait l'objet de la publicité provisoire ***a été vendu ou en cas de publication d'un commandement de saisie immobilière***, avant l'accomplissement des formalités de la publicité définitive, celle-ci n'aura pas à être effectuée et sera remplacée par la signification du titre exécutoire du créancier à la personne chargée de la répartition du prix ; laquelle signification devra être faite dans le délai de deux mois prévu à l'article D 263 pour la publicité définitive. Ainsi, lorsque la publicité définitive est remplacée par une signification du titre exécutoire

doit être prise en compte l'expiration du délai d'appel de 10 jours imparti à la victime, au prévenu et au civilement responsable, non celui imparti au parquet général (Cass. 2e civ., 6 mai 2004, *Bull. civ.* II, n° 212).

21. Une inscription prise précocement, c'est-à-dire avant le point de départ de ce délai prévu par l'article D. 263, ne peut avoir aucun effet (Cass. com., 27 mai 1997, *Bull. civ.* IV, n° 158).

22. Cass. 3e civ., 3 janvier 1979, *Bull. civ.* III, n° 2, *D. 1979*, p. 213, note E. Franck ; 10 mars 1981, *Bull. civ.* III, n° 53, D. 1982, p. 166, obs. P. Julien, *JCP éd. G* 1982, II, 19719, note H. Thuillier ; Cass. 2e civ., 7 juin 1989, *JCP éd. G* 1989, IV, 293.

à la personne chargée de répartir le prix de l'immeuble vendu avant la publicité définitive (art. D 264), l'hypothèque conserve son rang au jour de la publicité provisoire.

435. L'article 256 du décret n° 92-755 du 31 juillet 1992 ne traite que de la ***mainlevée de*** l'inscription provisoire d'hypothèque conservatoire. Concernant ***l'inscription définitive***, la Cour de cassation considère qu'elle ne peut être rayée que du consentement des parties intéressées et ayant capacité à cet effet, ou en vertu d'un jugement rendu en dernier ressort ou passé en force de chose jugée, rendu par un tribunal de grande instance[23].

23. Ainsi, le caractère définitif de l'inscription fait obstacle à la compétence du juge de l'exécution qui ne peut en ordonner la mainlevée (Cass. 2e civ, 19 octobre 2000, *Bull. civ.* II, n° 142 ; Cass. 2e civ., 22 novembre 2001, n° 00-13.956). Cette compétence appartient au tribunal de grande instance.

Chapitre 2
Les nantissements conservatoires

436. Le créancier peut désormais prendre des nantissements non seulement sur les fonds de commerce ***(section 1)***, mais aussi sur les droits d'associé et les valeurs mobilières appartenant au débiteur ***(section 2)***.

Section 1
Le nantissement conservatoire de fonds de commerce[1]

437. Les règles communes à toutes les mesures conservatoires sont applicables[2]. Les formalités du nantissement conservatoire diffèrent peu de celles de l'hypothèque conservatoire. Nous envisagerons successivement la publicité provisoire *(§ 1)* et la publicité définitive qui doit la confirmer *(§ 2)*.

§ 1. La publicité provisoire

438. Comme dans toutes les sûretés conservatoires c'est chronologiquement la première à effectuer.

Le créancier, doit d'abord déposer au greffe du tribunal de commerce (« *dans le ressort duquel le fonds est exploité* », C. com., art. L. 142-3) « *l'autorisation du juge ou* (le) *titre en vertu duquel la loi permet qu'... une sûreté peut être prise sur... un fonds de commerce... appartenant au débiteur* » (art. D 250), accompagnée de deux bordereaux « *établis sur papier libre* » (art. D 252).

---

1. G. Taormina, *Le nantissement conservatoire de fonds de commerce*, fasc. 335, in *Droit de l'exécution forcée*, préc., juin 1999.
2. Cf. *supra*, n°s 335 et s.

Les bordereaux rédigés suivant des modalités comparables à celles ayant cours en matière d'hypothèque conservatoire, doivent comporter les mentions suivantes (art. D 252) : « *1º La désignation du créancier, son élection de domicile dans le ressort du tribunal de commerce où se trouve situé le fonds, et la désignation du débiteur ; 2º L'indication de l'autorisation ou du titre en vertu duquel l'inscription est requise ; 3º L'indication du capital de la créance et de ses accessoires* ».

Si après avoir procédé à l'inscription le greffier s'aperçoit que l'une des mentions fait défaut, l'inscription sera néanmoins valable, la présence de ces mentions n'étant pas requise à peine de nullité. Les bordereaux déposés, le greffier procédera comme il est dit aux articles R. 143-6 et suivants du Code de commerce.

Le débiteur doit être informé de la publicité provisoire. La dénonciation de l'inscription provisoire au débiteur s'accomplit exactement de la même manière que pour l'hypothèque conservatoire. Huit jours au plus tard après le dépôt des bordereaux, à peine de caducité de l'inscription provisoire, le créancier doit faire signifier dans les formes prescrites par les articles 656 et suivants du Code de procédure civile (« *par acte d'huissier de justice* ») au débiteur, un acte comportant à peine de nullité les mentions suivantes (art. D 255) : « *1º Une copie de l'ordonnance du juge ou du titre en vertu duquel la sûreté a été prise ; toutefois, s'il s'agit d'une obligation notariée ou d'une créance de l'État, des collectivités territoriales ou de leurs établissements publics, il n'est fait mention que de la date, de la nature du titre et du montant de la dette ; 2º L'indication, en caractères très apparents, que le débiteur peut demander la mainlevée de la sûreté comme il est dit à l'article D 217 ; 3º La reproduction des articles D 210 à D 219 et D 256* ».

Lorsque la publicité provisoire est accomplie, elle entraîne certains effets. Ce sont exactement les mêmes que ceux vus à propos de l'hypothèque conservatoire ; ils sont régis par les mêmes textes[3]. La publication provisoire conserve au nantissement son effet pendant trois ans et peut être renouvelée (art. D 257), à condition que soient accomplies les formalités de renouvellement avant l'expiration des trois premières années.

§ 2. La publicité définitive

439. Comme pour l'hypothèque conservatoire, il n'y a lieu à publicité définitive que lorsque le fonds qui a fait l'objet de la publicité provisoire n'est pas encore vendu lors de l'obtention d'un titre exécutoire. S'il a été vendu avant l'accomplissement des formalités de la publicité

3. Cf. *supra*, nº 427.

définitive, celle-ci n'aura pas à être effectuée et sera remplacée par la signification du titre exécutoire du créancier à la personne chargée de la répartition du prix ; signification qui devra être faite dans le délai de deux mois prévu à l'article D 263 pour la publicité définitive. La part du prix de vente susceptible de revenir au créancier qui n'aura pu faire procéder qu'à la publicité provisoire avant la vente, sera consignée jusqu'à ce qu'il ait obtenu un titre exécutoire ou que les démarches entreprises pour en obtenir un aient été définitivement rejetées.

Comme en matière d'hypothèque, la publicité définitive, lorsqu'elle est nécessaire, doit être effectuée sous peine de caducité de la publicité provisoire et de forclusion pour y procéder, au plus tôt un mois après la signification de l'acte de l'article D 255, c'est-à-dire de l'information du débiteur de l'accomplissement de la publicité provisoire (art. D 256), et au plus tard, ***dans un délai de deux mois*** courant selon le cas (art. D 263) : « ***1°*** *Du jour où le titre constatant les droits du créancier est passé en force de la chose jugée ;* ***2°*** *Si la procédure a été mise en œuvre avec un titre exécutoire, du jour de l'expiration du délai d'un mois visé à l'article D 256, ou, si une demande de mainlevée a été formée, du jour de la décision rejetant cette contestation ; toutefois, si le titre n'était exécutoire qu'à titre provisoire, le délai court comme il est dit au 1°* ; ***3°*** *Si le caractère du titre est subordonné à une procédure d'exequatur, du jour où la décision qui l'accorde est passée en force de chose jugée* ».

La publication définitive du nantissement conservatoire doit être effectuée « *conformément à l'article 24 de la loi du 17 mars 1909 relative à la vente et au nantissement du fonds de commerce* (C. com., art. R. 143-6 et R. 143-8) » (art. D 261 al. 1). Le créancier (ou son mandataire) doit par conséquent présenter au greffier deux bordereaux sur papier non timbré, dont la forme est déterminée par un arrêté du 26 décembre 1955. Ils doivent contenir les mentions suivantes : « ***1°*** *les noms, prénoms et domiciles* [...] *du créancier et du débiteur,* [...] *et leur profession s'ils en ont une ;* ***2°*** *la date et la nature du titre ;* ***3°*** [...] *le montant de la créance exprimée dans le titre, les conditions relatives aux intérêts et à l'exigibilité ;* ***4°*** *la désignation du fonds de commerce et de ses succursales, s'il y a lieu, avec l'indication précise des éléments qui les constituent et sont compris dans* [...] *le nantissement, la nature de leurs opérations et leur siège, sans préjudice de tous autres renseignements propres à les faire connaître ; si [...] le nantissement s'étend à d'autres éléments du fonds de commerce que l'enseigne, le nom commercial, le droit au bail et la clientèle, ces éléments doivent être nommément désignés ;* ***5°*** *élection de domicile par* [...] *le créancier gagiste dans le ressort du tribunal de la situation du fonds* ». Il devra joindre à ces bordereaux une copie de son titre exécutoire ainsi que tout document attestant que les conditions de délai prévues par l'article D 263 sont remplies (art. D 263, al. 2).

Aux termes de l'article R. 143-11 du Code de commerce, « ... *lorsque les nantissements de ces fonds comprennent des brevets d'invention ou licences, des marques ou des dessins et modèles, le certificat d'inscription délivré par le greffier du tribunal de commerce, conformément à l'article L. 143-17, mentionne : 1° La nature, la date et le numéro de l'inscription effectuée au greffe ; 2° La forme et la date de l'acte de vente ou de l'acte constitutif du nantissement ; 3° L'identité et l'adresse du créancier gagiste et du débiteur ; 4° La désignation du fonds de commerce ainsi que la nature et les références des titres de propriété industrielle concernés* ».

Les effets de la publicité définitive sont les mêmes que dans l'hypothèque conservatoire[4]. Le créancier nanti dispose en outre de la procédure spéciale de vente forcée des fonds de commerce prévue par l'article L. 143-5 du Code de commerce[5].

Section 2
Le nantissement conservatoire de droits d'associé et de valeurs mobilières[6]

440. La possibilité pour le créancier de prendre sur les parts sociales et valeurs mobilières de son débiteur un nantissement conservatoire, est l'une des innovations de la réforme du droit de l'exécution forcée. Comme en matière d'hypothèque conservatoire et de nantissement conservatoire de fonds de commerce, la procédure se caractérise par la nécessité de deux publicités, l'une dite provisoire et l'autre dite définitive. Les règles communes à toutes les mesures conservatoires sont bien sûr applicables[7]. Pour la distinction entre parts sociales et valeurs mobilières et les spécificités générées par les différents titres, on se reportera également à nos précédents développements[8].

Comme dans toutes les sûretés conservatoires, il existe une publicité provisoire *(§ 1)* et une publicité définitive *(§ 2)*.

4. Cf. *supra*, n°s 431 et s.
5. Cf. *infra*, n°s 505 et s.
6. D. Baraderie, *Le nantissement judiciaire des droits d'associé et des valeurs mobilières*, *GP* 11-13 juillet 1993, p. 9 et s. ; G. Taormina, *Le nantissement conservatoire de parts sociales et de valeurs mobilières*, fasc. 340, in *Droit de l'exécution forcée*, préc., juin 1999.
7. Cf. *supra*, n°s 335 et s.
8. Cf. *supra*, n°s 280 et s.

§ 1. La publicité provisoire

441. La première formalité à accomplir est la signification d'une déclaration de nantissement. Cet acte doit être signifié à l'une des personnes mentionnées aux articles D 178 à D 181, c'est-à-dire à la personne morale émettrice des titres (art. D 178), ou au mandataire de la personne morale si les titres se trouvent gérés en compte (art. D 179), ou à l'intermédiaire habilité chez qui l'inscription des titres au porteur a été prise (art. D 180 al. 1), ou à l'intermédiaire gestionnaire du compte de valeurs nominatives du débiteur (art. D 180, al. 2), ou à l'intermédiaire habilité pour l'ensemble des valeurs mobilières inscrites en compte au nom du débiteur (art. D 181). Il doit contenir les mentions suivantes dont la présence n'est pas requise expressément à peine de nullité (art. D 253) : « *1° la désignation du créancier et celle du débiteur ; 2° l'indication de l'autorisation ou du titre en vertu duquel la sûreté est requise ; 3° l'indication du capital de la créance et de ses accessoires* ».

Cet acte doit être accompagné de « ... *l'autorisation du juge ou* (le) *titre en vertu duquel la loi permet qu'(...) une sûreté peut être prise sur (...) des parts sociales (...) appartenant au débiteur* » (art. D 250).

Le nantissement doit ensuite être éventuellement publié au registre du commerce et des sociétés. L'article D 253 dispose que « *s'il s'agit d'une société civile immatriculée, l'acte de nantissement est* (en outre) *publié au registre du commerce et des sociétés* ». Il sera procédé à cette publicité conformément aux articles R. 123-150 et suivants et A. 123-65 et suivants du Code de commerce. Il suffit de s'y reporter.

Enfin, le débiteur doit être informé de la publicité provisoire. Cette dénonciation s'accomplit exactement de la même manière que pour l'hypothèque conservatoire. Huit jours au plus tard après la publicité au registre du commerce et des sociétés, à peine de caducité de l'inscription provisoire, le créancier doit faire signifier (« *par acte d'huissier de justice* ») au débiteur, un acte devant comporter, à peine de nullité, les mentions suivantes (art. D 253 à 255) : « *1° Une copie de l'ordonnance du juge ou du titre en vertu duquel la sûreté a été prise ; toutefois, s'il s'agit d'une obligation notariée ou d'une créance de l'État, des collectivités territoriales ou de leurs établissements publics, il n'est fait mention que de la date, de la nature du titre et du montant de la dette ; 2° L'indication, en caractères très apparents, que le débiteur peut demander la mainlevée de la sûreté comme il est dit à l'article* (D) *217 ; 3° La reproduction des articles* (D) *210 à* (D) *219 et* (D) *256* ».

Lorsque la publicité provisoire est accomplie, elle entraîne les mêmes effets que la publicité provisoire de l'hypothèque[9]. Elle conserve au nantissement son effet pendant trois ans et peut être (art. D 257), à condition

9. Cf. *supra*, n° 427.

que soient accomplies les formalités de renouvellement avant l'expiration des trois premières années. « *Le nantissement grève l'ensemble des parts* (appartenant au débiteur), *à moins qu'il ne soit autrement précisé dans l'acte.* » (art D 253, al. 3).

§ 2. La publicité définitive

442. Lorsque la publicité définitive est nécessaire, la règle est la même qu'en matière d'hypothèque conservatoire. Elle doit être effectuée sous peine de caducité de la publicité provisoire et de forclusion pour y procéder, au plus tôt un mois après la signification de l'acte de l'article D 255, c'est-à-dire de l'information du débiteur de l'accomplissement de la publicité provisoire (art. D 256), et au plus tard, ***dans un délai de deux mois*** courant selon le cas (art. D 263) : « ***1°*** *Du jour où le titre constatant les droits du créancier est passé en force de la chose jugée ;* ***2°*** *Si la procédure a été mise en œuvre avec un titre exécutoire, du jour de l'expiration du délai d'un mois visé à l'article D 256, ou, si une demande de mainlevée a été formée, du jour de la décision rejetant cette contestation ; toutefois, si le titre n'était exécutoire qu'à titre provisoire, le délai court comme il est dit au 1° ;* ***3°*** *Si le caractère du titre est subordonné à une procédure d'exequatur, du jour où la décision qui l'accorde est passée en force de chose jugée* ».

« *La publicité définitive du nantissement des parts sociales... est opérée dans les mêmes formes que la publicité provisoire. Après avoir accompli cette formalité, le créancier peut demander l'agrément du nantissement s'il y a lieu* » (art. D 262).

Les effets de la publicité définitive sont les mêmes que dans l'hypothèque conservatoire[10]. Il existe toutefois à propos du nantissement de certaines valeurs mobilières, une particularité énoncée par l'article L 79, alinéa 2 : « *En cas de vente de valeurs mobilières inscrites sur un compte tenu et géré par un intermédiaire habilité, le prix peut être utilisé* (par le débiteur) *pour acquérir d'autres valeurs qui sont alors subrogées aux valeurs vendues* ». La consignation n'est donc pas, dans ce cas, la seule solution. Le nantissement se reportera automatiquement par subrogation réelle, sur des valeurs nouvellement acquises avec le prix des anciennes.

Le nantissement ne permet au créancier nanti que d'obtenir un droit de préférence en cas de vente des titres. Elle ne lui permet pas d'en entreprendre la vente forcée. Pour ce faire, il devra recourir à la procédure de saisie conservatoire spéciale des parts sociales[11] et convertir cette saisie

10. Cf. *supra*, n°s 431 et s.
11. Cf. *supra*, n°s 393 et s.

en saisie-vente[12]. Dans le cadre des opérations de vente, il fera alors valoir son droit de préférence.

Comme en matière d'hypothèque ou de nantissement conservatoire de fonds de commerce, il n'y a lieu à publicité définitive que lorsque les titres qui ont fait l'objet de la publicité provisoire ne sont pas encore vendus en totalité ou pour partie. Si des titres ont été vendus avant l'accomplissement des formalités de la publicité définitive, la publicité définitive n'aura pas à être effectuée et sera remplacée par la signification du titre exécutoire du créancier à la personne chargée de la répartition du prix ; signification qui devra être faite dans le délai de deux mois prévu à l'article D. 263 pour la publicité définitive. La part du prix de vente susceptible de revenir au créancier qui n'aura pu faire procéder qu'à la publicité provisoire avant la vente, sera consignée jusqu'à ce qu'il ait obtenu un titre exécutoire ou que les démarches entreprises pour en obtenir un aient été définitivement rejetées.

12. Cf. *supra*, n° 403.

Titre III
Les saisies spécifiques en raison de leur objet

443. Le présent titre sera consacré à certaines procédures atypiques, c'est-à-dire celles dont le point commun est de se distinguer des autres parce qu'elles présentent des caractères qui les mettent en marges des classifications et schémas classiques dans lesquels entrent les autres.

Nous consacrerons un premier chapitre à l'ensemble des saisies dont le caractère atypique résulte de la situation des biens à saisir : les saisies des biens situés à l'intérieur d'un coffre-fort ***(chapitre 1)***, un second sera consacré aux saisies des véhicules terrestres à moteur ***(chapitre 2)***, un troisième aux saisies des bateaux, navires et aéronefs ***(chapitre 3)***, un quatrième aux saisies pratiquées sur le fonds de commerce et son prix de vente ***(chapitre 4)*** et enfin un ultime chapitre aux biens intellectuels et licences ***(chapitre 5)***.

Chapitre 1
La saisie de biens situés à l'intérieur d'un coffre-fort[1]

444. Avec l'apparition du contrat de location de coffre-fort au XIXe siècle, se pose pour les créanciers du locataire la question de la saisie des biens qui y sont entreposés. Le Code de procédure civile en 1806 n'ayant prévu aucune procédure d'exécution spécifique, à quelle procédure existante fallait-il recourir ? Le coffre étant loué ou prêté gratuitement par un tiers, on songea un temps à la saisie-arrêt. Mais la solution ne fut pas retenue par la jurisprudence, au motif que le tiers n'avait pas la qualité de débiteur du débiteur saisi. On considérait en effet que le débiteur et le propriétaire du coffre étaient liés par un contrat de louage de chose, le coffre étant assimilé à un local[2]. À la recherche d'une solution, on songea à la saisie-exécution, mais cette procédure, du fait de l'obligation de signifier préalablement un commandement de payer, laissait au débiteur la possibilité de vider le coffre avant la saisie. Il fallait donc trouver une autre solution. Il ne restait plus que la saisie conservatoire ordinaire dans sa version issue de la loi du 12 novembre 1955. C'est la solution qui avait cours[3] jusqu'à ce que la réforme des procédures

1. M. Boittelle-Cousseau, *La saisie des objets placés dans un coffre-fort*, *GP* 10-11 mars 1993, p. 42 et s. ; B. De Balanda, *La saisie des objets contenus dans un coffre-fort*, *LPA* 1977, n° 34 ; Deschanel, *Le contrat de coffre-fort*, *Rev. Banque* 1973, p. 344 et s. ; P. Esmein, *La location de coffres-forts et la saisie des objets qu'ils contiennent*, *RTD Civ.* 1922.347 ; J.-P. Faget, *La saisie des objets placés dans les coffres-forts*, *LPA*, 6 janvier 1993, n° 3, p. 82 et s. ; P. Julien, *Saisie des biens placés dans un coffre-fort, Exécution forcée, saisie conservatoire*, *Juris-classeur proc. civ.*, fasc. 2410, *éd. Lib. tech.* 1993 ; R. Martin, *Voies d'exécution sur un coffre en banque*, *Rev. huiss.* 1986.1263 ; A. Robert, *Le contrat de coffre-fort*, *JCP* 1959.I.1507 ; H. Solus, *Essai d'une justification de la saisie-arrêt des objets placés dans un coffre-fort d'une banque*, *Rev. crit. de législ. et de jurispr.* 1966, p. 314 ; G. Taormina, *Les saisies des biens situés à l'intérieur d'un coffre-fort*, fasc. 615, in *Droit de l'exécution forcée*, éd. *Journal des Notaires et des Avocats*, juin 1999 ; J. Valery, *Traité de la location de coffres-fort*, éd. *Sirey* 1905.

2. Cass. req., 12 novembre 1906, *D.* 1907.1.409, note J. Valery ; 11 février 1946, *D.* 1946.365, note A. Tunc ; Cass. com., 29 octobre 1952, *GP 1953*, 1, 5 ; Cass. 1re civ., 21 mai 1957, *Bull. civ.* I, n° 226 ; CA Montpellier, 19 mars 1901, *D.* 1902.2.25, note J. Valery ; CA Paris, 12 février 1903, *D.* 1905.2.25 note J. Valery ; CA Angers, 25 juin 1929, *S.* 1930.2.152.

d'exécution mobilières de 1991-1992 propose enfin aux créanciers des procédures spécifiques.

Lorsque le coffre-fort se trouve chez le débiteur lui-même, les formalités que nous allons décrire ne sont pas applicables. L'huissier de justice habilité à pénétrer dans des locaux l'est également à ouvrir tous les meubles qui s'y trouvent. De même, les formalités que nous allons étudier ici n'ont pas cours non plus lorsque le coffre-fort se trouve chez un tiers et que le débiteur n'y a pas libre accès[4]. En effet, l'huissier de justice habilité à pénétrer chez le tiers l'est également à ouvrir tous les meubles qui s'y trouvent.

Toutes ces procédures prévues par les articles D 266 à D 282, conçues et imaginées à propos de la situation des débiteurs locataires de coffres-forts loués par des établissements financiers, concernent en réalité, du fait de leur généralité, toutes les situations dans lesquelles un débiteur entrepose des biens chez un tiers dans un coffre-fort auquel il a libre accès. On pense notamment aux coffres-forts des hôtels. Si ce libre accès fait défaut, la procédure ordinaire est seule applicable, le coffre-fort étant alors considéré comme un meuble ordinaire.

Nous envisagerons successivement les saisies d'exécution ***(section 1)***, puis les saisies conservatoires ***(section 2)***, en nous bornant à ne signaler que les spécificités des différentes procédures dont les modalités générales ont déjà été étudiées.

Section 1
Les saisies d'exécution

445. S'agissant de saisir des biens mobiliers corporels, il ne peut être question ici que de saisie-vente ***(§ 1)*** et de saisie-appréhension ***(§ 2)***.

§ 1. La saisie-vente

446. Elle nécessite l'accomplissement de trois formalités ou séries de formalités successives (art. D 268 à D 274).

Un acte de saisie doit d'abord être signifié au tiers et contenir à peine de nullité, les mentions énumérées par l'article D 266 dont notamment

3. Pour une application, CA Paris, 19 avril 1984, *D.* 1985.I. R. 346, obs. M. Vasseur, *JCP éd. G* 1985, II, 20367, note J. Prévault, *RTD Civ.*1985, p. 455, obs. R. Perrot.

4. Étant précisé qu'il y a lieu d'entendre par libre accès celui ayant cours lorsque le coffre est loué par un établissement financier ou hôtelier.

l'injonction d'interdire tout accès au coffre, si ce n'est en présence de l'huissier de justice.

Le premier jour ouvrable suivant l'acte de saisie, un commandement de payer doit être signifié au débiteur[5]. Ce commandement qui pourra être signifié en même temps que le jugement mis à exécution (art. D 268, al. 3), doit contenir, à peine de nullité, les mentions énumérées par l'article D 268, alinéa 2, dont notamment le commandement d'avoir à payer la dette avant la date fixée pour l'ouverture du coffre, ou d'assister en personne ou par mandataire, à son ouverture aux fins de saisie des biens qui s'y trouvent, avec l'avertissement qu'en cas d'absence ou de refus d'ouverture, le coffre sera ouvert par la force et à ses frais, et l'indication des lieu, jour et heure fixés pour l'ouverture du coffre.

« *L'ouverture du coffre ne peut intervenir avant l'expiration d'un délai de quinze jours à compter de la signification du commandement de payer. Toutefois, le débiteur peut demander que cette ouverture ait lieu à une date plus rapprochée. En l'absence du débiteur, l'ouverture forcée ne peut avoir lieu qu'en présence du propriétaire du coffre*[6] *ou de son préposé dûment habilité. Les frais sont avancés par le créancier saisissant* » (art. D 269).

L'huissier devra dresser acte des opérations d'ouverture du coffre devant contenir à peine de nullité, les mentions énumérées par l'article D 271. Au jour fixé, une fois le coffre ouvert, l'huissier de justice devra faire l'inventaire des biens contenus dans le coffre et les décrire de manière détaillée. Cela signifie qu'il devra notamment mentionner leur état (art. D 270, al. 1). Si le débiteur est présent, l'inventaire se limitera aux biens saisis c'est-à-dire ceux susceptibles d'être vendus. Ils seront immédiatement retirés du coffre pour être placés sous la garde de l'huissier ou d'un séquestre désigné à défaut d'accord amiable, sur requête par le juge de l'exécution. Le créancier saisissant devra le plus souvent faire l'avance de ces frais si les biens ne peuvent matériellement être conservés par l'huissier. Si le débiteur n'est pas présent lors de l'ouverture, l'huissier procédera à l'inventaire de tous les biens contenus dans le coffre. Retirés immédiatement, les biens dignes d'être saisis c'est-à-dire susceptibles d'être vendus, seront gardés par l'huissier ou un séquestre désigné par le juge de l'exécution en cas de nécessité (art. D 270, al. 2). Les autres biens, c'est-à-dire ceux non saisis, devront être remis au tiers

5. L'article D. 268, alinéa 1, ne sanctionne pas le non respect de ce délai d'un jour, mais par analogie avec la solution que la jurisprudence et la doctrine avaient adoptée dans le silence et à propos de l'article 563 de l'ancien Code de procédure civile aujourd'hui abrogé, nous considérons, pour notre part, que si ce commandement qui comprend une dénonciation de la saisie n'est pas signifié dans le délai énoncé par l'article D. 268, l'acte de saisie caduc devra être signifié à nouveau.

6. C'est-à-dire plus généralement, du tiers chez qui se trouve le coffre.

« ou à un séquestre désigné sur requête par le juge de l'exécution, à charge de les représenter sur simple réquisition du débiteur ».

Enfin, une copie de cet inventaire devra être remise ou signifiée suivant qu'il aura ou non assisté aux opérations, au débiteur ; ainsi que, le cas échéant, aux personnes auxquelles des biens ont été remis. On pense au banquier ou au séquestre, gardiens des biens non saisis. À peine de nullité, la copie d'inventaire remise ou signifiée au débiteur devra comporter les mentions énumérées par l'article D 272.

Les formalités de saisie étant terminées, il peut être procédé aux formalités de la vente qui ont déjà été exposées dans le cadre du chapitre consacré à la saisie-vente[7].

§ 2. La saisie-appréhension

447. La procédure comporte deux phases successives composées chacune d'une série de formalités obligatoires : la phase des significations préalables, et celle de saisie *stricto sensu* (art. D 275 à D 277).

L'huissier de justice doit d'abord signifier au tiers dans le coffre duquel se trouvent les biens, un acte destiné à empêcher la personne tenue de la remise d'y accéder. À partir de cet acte valant saisie, tout accès au coffre est interdit hors la présence de l'huissier de justice qui pourra y apposer des scellés (art. D 167). Cet acte comporte à peine de nullité, les mentions énumérées par l'article D 266, dont notamment l'injonction d'interdire tout accès au coffre, si ce n'est en présence de l'huissier de justice. Si la personne tenue de la remise veut retirer un autre bien qui ne fait pas l'objet de la saisie, elle devra contacter l'huissier qui ne pourra refuser de se déplacer.

Il faut maintenant informer la personne tenue de la remise de cette saisie, lui impartir un délai pour faire une remise volontaire, et l'informer de la possibilité de saisir le juge de l'exécution. À cette fin, l'huissier de justice lui signifie un commandement de délivrer ou de restituer. Cette signification a lieu le premier jour ouvrable suivant l'acte de saisie signifié au tiers, dispose l'article D 275. Ce commandement doit comprendre à peine de nullité, les mentions énumérées par l'article D 275, dont notamment un commandement d'avoir à remettre le ou les biens réclamés avant la date fixée pour l'ouverture du coffre, ou d'assister en personne ou par mandataire à son ouverture, avec l'avertissement qu'en cas d'absence ou de refus le coffre-fort sera ouvert par la force à ses frais et l'indication des lieu, jour et heure fixés pour l'ouverture du coffre[8].

7. Cf. *supra*, n°s 316 et s.

8. L'article D. 269, alinéa 1, dispose à ce propos que l'ouverture du coffre ne peut intervenir avant l'expiration d'un délai de quinze jours, à compter de la signification de

Une fois ces significations faites, les opérations de saisie peuvent avoir lieu. Elles consistent en l'accomplissement de quatre formalités.

L'huissier se rend au coffre aux jour et heure fixés dans le commandement ou renégociés ultérieurement avec la personne tenue de la remise. Si la personne tenue de la remise est absente ou refuse d'ouvrir le coffre, l'huissier procède à son ouverture forcée en présence de son propriétaire le tiers ou du préposé de ce dernier dûment habilité (art. D 269, al. 2). L'huissier de justice procède à l'inventaire des biens contenus dans le coffre en les décrivant de manière détaillée (art. D 270). Copie de l'inventaire doit être remise si elle est présente, ou signifiée si elle est absente, à la personne tenue de la remise ainsi que, le cas échéant, aux personnes auxquelles des biens ont été remis. La copie remise ou signifiée à la personne tenue de la remise doit signaler à peine de nullité, si le bien saisi a été remis à la personne désignée dans le titre exécutoire ou à son mandataire[9] dont l'identité est précisée (art. D 277). *Soit la personne tenue de la remise est présente*, auquel cas, l'inventaire se limite alors aux biens saisis (art. D 270, al. 2). *Soit la personne tenue de la remise n'est pas présente* auquel cas, « *il est dressé inventaire de tous les biens contenus dans le coffre* » (art. D 270, al. 3). L'huissier procède ensuite à l'enlèvement des biens. *Soit la personne tenue de la remise est présente*, auquel cas, seuls les biens qui doivent être remis « *sont immédiatement enlevés pour être placés sous la garde de l'huissier de justice* »[10] qui les remettra au créancier saisissant (art. D 270, al. 2). Les autres biens demeurent donc à leur place, même s'il a dû être procédé à l'ouverture forcée du coffre ! La personne tenue de la remise en disposera à sa guise (art. D 274). *Soit la personne tenue de la remise n'est pas présente*, auquel cas les biens qui doivent être remis sont enlevés pour être placés sous la garde de l'huissier de justice qui les remettra au saisissant[11]. Les autres biens sont remis au tiers saisi, ou, s'il refuse cette remise, à un séquestre désigné sur requête par le juge de l'exécution. La personne tenue de la remise pourra les récupérer[12]. Mais qui réglera ces frais de garde ? Le créancier devra-t-il en faire l'avance ? L'huissier de justice dresse ensuite acte des opérations. L'article D 271 est

ce commandement de délivrer ou de restituer (le texte parle de commandement de payer, parce qu'il se trouve dans une section relative à la saisie-vente, mais est néanmoins applicable à la saisie-appréhension, art. D. 276), sauf possibilité pour le débiteur de demander cette ouverture à une date plus rapprochée. Dans ce cas, il devra, semble-t-il, être fait droit à sa demande qui "ravira" le saisissant.

Quant aux frais d'ouverture forcée, et donc de destruction du coffre, ils devront être avancés au tiers saisi (art. D. 269, al. 3) par le créancier poursuivant.

9. C'est-à-dire l'huissier de justice.

10. La désignation d'un séquestre ne concerne que la saisie-vente.

11. Art. D 270, al. 2, auquel renvoie l'alinéa 3.

12. Art. D 274 (art. D. 270, al. 3 *in fine* : « ... *à charge de les représenter sur simple réquisition du débiteur* »).

applicable à la saisie-appréhension (art. D 276). Copie de cet acte devra par conséquent être laissée aux personnes présentes.

« *Du jour de l'enlèvement des biens, le débiteur retrouve libre accès au coffre* » (art. D 274), ce qui signifie que l'acte de saisie de l'article D 266 cesse de produire ses effets.

Section 2
Les saisies conservatoires

448. Concernant les biens mobiliers corporels, nous savons qu'il existe deux types de saisie conservatoire : celle destinée à préparer une saisie-vente, d'une part *(§ 1)* ; celle destinée à obtenir la livraison ou la restitution d'un bien, la saisie-revendication, d'autre part *(§ 2)*.

§ 1. La saisie conservatoire pratiquée aux fins de saisie-vente

449. Elle est prévue et réglementée par les articles D 278 à D 282. La procédure comporte deux formalités successives et ne peut aboutir qu'à une conversion en saisie-vente.

La première formalité est la signification au tiers d'un acte de saisie. Ensuite, la saisie doit être dénoncée au débiteur.

La question soulevée par un tiers saisi qui entend se prévaloir d'un droit propre sur le bien saisi ne présente aucune spécificité par rapport à la saisie-revendication[13]. La signification de l'acte entraîne des conséquences spécifiques en cas d'ouverture du coffre ou de résiliation du contrat de location de ce dernier. On se reportera sur ces points aux développements ci-dessous relatifs à titre de la saisie-revendication[14].

Lorsque les biens ont déjà été retirés du coffre, au moment où le créancier obtient un titre exécutoire, ce qui ne sera le cas que lorsque le débiteur aura demandé l'ouverture du coffre (art. D 280) ou lorsque le contrat de location du coffre sera résilié (art. D 281), il devra être procédé « *comme il est dit aux articles D 226 à D 233* » (D 282, al. 1)[15]. La conversion en saisie-vente nécessite par conséquent la rédaction et la

13. Cf. *infra*, n° 450.
14. *Ibid.*
15. Le renvoi à l'article D 163 concerne la « conversion » de la saisie-revendication, en saisie-appréhension.

signification d'un acte de conversion qui contient à peine de nullité, les mentions énumérées par l'article D 226, notamment le commandement d'avoir à payer cette somme dans un délai de huit jours, faute de quoi, il sera procédé à la vente des biens saisis. La signification au débiteur saisi, prévue expressément par l'article D 226, pourra avoir lieu, précise en outre ce texte, en même temps que celle du titre exécutoire lui-même.

Lorsque « *la saisie a été effectuée entre les mains d'un tiers, une copie de l'acte de conversion est dénoncée à ce dernier* », dispose l'article D 226, *in fine*. Bien qu'il ne soit pas expressément question d'une signification, nous savons qu'il convient de considérer que cette dénonciation doit avoir lieu par exploit d'huissier.

Enfin, lorsque les biens ont déjà été saisis antérieurement à titre conservatoire par d'autres créanciers, l'article D 231, alinéa 2, impose la signification de son acte de conversion par le dernier créancier poursuivant aux précédents.

À l'expiration du délai de huit jours indiqué dans l'acte de conversion à compter de la date de sa signification au débiteur (art. D 227, al. 1), si celui-ci ne s'est pas acquitté de sa dette, l'huissier de justice procède à la rédaction et à la signification d'un acte de vérification, c'est-à-dire qu'il vérifie que les biens saisis n'ont pas quitté les lieux et sont dans l'état où ils étaient au moment de l'établissement de l'acte de saisie. Cette vérification donne lieu, de la part de l'huissier, à la rédaction d'un acte comportant trois types de mentions dont la première et la troisième sont éventuelles : ***1º*** La liste éventuelle des biens manquants ou dégradés (art. D 227, al. 1) ; ***2º*** L'indication donnée au débiteur « *qu'il dispose d'un délai d'un mois pour vendre à l'amiable le bien saisi dans les conditions prescrites aux articles* (D) *107 à* (D) *109 qui sont reproduits* » (art. D 227, al. 2) ; ***3º*** « *Si les biens ne se retrouvent plus au lieu où ils avaient été saisis, ...* (l') *injonction au débiteur de l'informer dans un délai de huit jours du lieu où ils se trouvent et, s'ils ont fait l'objet d'une saisie-vente, de... communiquer* (à l'huissier) *le nom et l'adresse, soit de l'huissier de justice qui y a procédé, soit du créancier pour le compte de qui elle a été diligentée* » (art. D 228, al. 1).

Les significations de l'acte de vérification sont au nombre de deux (art. D 226, al. 3) : l'une au débiteur ; l'autre, le cas échéant, au tiers détenteur saisi.

Lorsque les biens sont toujours dans le coffre, au moment où le créancier obtient un titre exécutoire, le coffre n'a toujours pas été ouvert. Alors, l'article D. 282, alinéa 2, dispose qu'il doit être fait application des dispositions des articles D 268 à D 274[16] régissant la procédure de saisie-vente des biens placés à l'intérieur d'un coffre-fort, ce qui signifie qu'il n'y aura pas de procédure de conversion. Le créancier

16. Cf. *supra*, n°s 445 et s.

devra recourir à la procédure de saisie-vente de biens mobiliers corporels situés à l'intérieur d'un coffre-fort mise en œuvre purement et simplement[17].

Pour être payé, le créancier devra faire vendre les biens saisis jusqu'à concurrence du montant de la créance (art. L 76, al. 1).

§ 2. La saisie-revendication

450. La nécessité de recourir aux formalités de la saisie-revendication résulte implicitement des dispositions des articles D 280, alinéa 2, et D 282. La procédure comporte deux formalités successives. Elle peut être ponctuée de divers incidents. La vocation de la saisie-revendication est d'aboutir à une saisie-appréhension.

La première formalité à accomplir est la signification au tiers, d'un acte de saisie (art. D 266, D 267 et D 278). Cet acte doit être signifié conformément aux dispositions des articles 653 et suivants du Code de procédure civile, et doit contenir à peine de nullité les mentions énumérées par l'article D 266, notamment une injonction d'interdire tout accès au coffre, si ce n'est en présence de l'huissier de justice.

Le premier jour ouvrable suivant la signification de l'acte de saisie de l'article D 266, l'huissier de justice doit ensuite dénoncer la saisie au débiteur en lui signifiant un acte contenant à peine de nullité, les mentions énumérées par l'article D 279, dont notamment l'indication que l'accès au coffre lui est interdit, si ce n'est, sur sa demande, en présence de l'huissier de justice.

Les incidents de la saisie-revendication sont régis par les dispositions des articles D 217 à D 219 déjà étudiés[18].

Que la saisie soit pratiquée entre les mains du débiteur ou d'un tiers détenteur, celui-ci peut le cas échéant prétendre se prévaloir d'un droit propre sur le bien saisi. Si ***le détenteur se prévaut d'un droit propre sur le bien saisi***, il doit en informer l'huissier de justice lors de la saisie ou par lettre recommandée avec accusé de réception. Il appartient alors au saisissant de porter la contestation devant le juge de l'exécution du lieu où demeure le détenteur. Pendant cette instance le bien demeure indisponible c'est-à-dire qu'il ne peut encore être appréhendé dans le cadre d'une saisie-appréhension. À défaut de contestation dans le délai ou en cas de rejet de cette contestation, l'indisponibilité cesse c'est-à-dire que le bien peut être appréhendé (art. D 162).

17. Le renvoi aux articles D 275 à D 277, concernant la suite de la saisie-revendication des biens placés dans un coffre-fort, consistant en une saisie-appréhension.

18. Cf. *supra*, n°s 352 et s.

La signification de l'acte de saisie au tiers chez qui se trouve le coffre-fort, entraîne des conséquences spéciales en cas d'***ouverture du coffre*** ou de résiliation du contrat de location lorsqu'il s'agit d'un coffre loué au débiteur. L'article D 280, alinéa 1, dispose que, « *à tout moment le débiteur peut demander l'ouverture du coffre en présence de l'huissier de justice* ». Les biens devant être appréhendés sont inventoriés par l'huissier (art. D 280). Ensuite ils devront être retirés du coffre pour être placés sous la garde de l'huissier ou d'un séquestre désigné, à défaut d'accord, sur requête, par le juge de l'exécution du lieu de la saisie. Enfin, l'huissier remettra au débiteur une copie de l'acte de saisie comportant, à peine de nullité, mention de la compétence du juge de l'exécution du lieu de la saisie, pour connaître de toutes contestations.

L'article D 281 envisage ici le cas qui se révélera être le plus courant, du tiers ayant donné à bail au débiteur un coffre dans son établissement : ***la résiliation du contrat de location de coffre-fort***. Les solutions doivent être étendues à l'hypothèse dans laquelle le coffre est prêté gracieusement. Dans ce cas, lorsque la résiliation du contrat de location interviendra postérieurement à la signification de l'acte de saisie, le tiers devra en informer immédiatement l'huissier de justice (art. D 281, al. 1). L'accès au coffre étant interdit au débiteur hors la présence de l'huissier, ce dernier lui signifiera « *une sommation d'être présent aux lieu, jour et heure indiqués, en personne ou par tout mandataire, pour qu'il soit procédé à l'ouverture du coffre, avec l'avertissement qu'en cas d'absence ou de refus d'ouverture elle aura lieu par la force et à ses frais* ». Le créancier poursuivant devra le cas échéant faire au tiers l'avance des frais de réparation du coffre[19]. « *L'ouverture du coffre ne peut intervenir avant l'expiration d'un délai de quinze jours à compter de la signification de* (cette) *sommation, sauf au débiteur de demander que cette ouverture ait lieu à une date plus rapprochée* » (art. D 281, al. 2). « E*n l'absence du débiteur, l'ouverture forcée ne* (pourra) *avoir lieu qu'en présence du propriétaire du coffre ou de son préposé dûment habilité* » (art. D 269). L'huissier devra dresser acte des opérations d'ouverture devant contenir à peine de nullité les mentions énumérées par l'article D 271 auquel on se reportera. Au jour fixé, une fois le coffre ouvert, l'huissier devra faire l'inventaire des biens qui y sont contenus, et les décrire de manière détaillée. Les modalités de cet inventaire varient selon que le débiteur est présent ou non (art. D 270, al. 2 et 3) lors de l'ouverture. Si le débiteur est présent, l'inventaire se limite aux biens à appréhender. Ils seront immédiatement retirés du coffre pour être placés sous la garde de l'huissier ou d'un séquestre désigné, à défaut d'accord amiable, sur requête par le juge de l'exécution de l'article D 219. Le créancier saisissant devra faire l'avance de ces frais si les biens ne

19. Art. D. 269, al. 3, auquel renvoie l'article D. 281, alinéa 3.

peuvent matériellement être conservés par l'huissier. Si le débiteur n'est pas présent lors de l'ouverture, l'huissier procédera à l'inventaire de tous les biens contenus dans le coffre. Retirés immédiatement de celui-ci, les biens à appréhender seront gardés par l'huissier ou confiés à un séquestre désigné par le juge de l'exécution en cas de nécessité (art. D 270, al. 3). Les autres biens c'est-à-dire ceux qui n'auront pas à être appréhendés, devront être remis au tiers, « *ou à un séquestre désigné sur requête par le juge de l'exécution, à charge de les représenter sur simple réquisition du débiteur* ». À peine de nullité, la copie d'inventaire remise ou signifiée au débiteur, devra comporter en pratique une seule des mentions énumérées par l'article D 272, puisque la vocation de la saisie-revendication n'est pas d'être suivie d'une vente des biens à appréhender, mais d'une saisie-appréhension (art. D 282) : le lieu où les biens saisis sont déposés.

Muni d'un titre exécutoire ordinaire ou, comme nous l'avons vu lors de l'étude des saisies-appréhension, d'une ordonnance d'injonction de restituer ou de livrer, revêtue de la formule exécutoire, le créancier saisissant va pouvoir faire procéder à une saisie-appréhension (art. D 163). Il n'y a pas de formalités spéciales de conversion. La procédure de saisie-appréhension pourra débuter sans autre formalité. Lorsque les biens ont déjà été retirés du coffre, ce qui sera le cas lorsque le débiteur aura demandé l'ouverture du coffre (art D. 280) ou lorsque le contrat de location du coffre aura été résilié (art. D 281), l'article D 282, alinéa 1, dispose qu'il doit être procédé « *conformément aux dispositions de l'article* (D) *163* » renvoyant à celles des articles D 141 à D 148 sur la saisie-appréhension ordinaire. La saisie-appréhension devra être dirigée, non pas contre l'huissier ou le séquestre gardien, mais le débiteur tenu de l'obligation de remise. Lorsque les biens sont toujours dans le coffre qui n'a donc toujours pas été ouvert depuis la saisie conservatoire, l'article D 282, alinéa 2, dispose qu'il doit être fait application des dispositions des articles D 275 à D 277 régissant la procédure de saisie-appréhension des biens placés dans un coffre-fort[20].

20. Cf. *supra*, n° 447.

Chapitre 2
Les saisies des véhicules terrestres à moteur[1]

451. La saisie des véhicules terrestres à moteur, théoriquement possible, se heurtait à de nombreux problèmes pratiques, notamment lorsque le véhicule se trouvait sur la voie publique, ou était tout simplement, introuvable. Pour remédier à ces inconvénients, le législateur a mis à la disposition des créanciers deux procédures spéciales supplémentaires et non exclusives de celles du droit commun que sont la saisie conservatoire aux fins de vente, la saisie-revendication, la saisie-appréhension et la saisie-vente : il s'agit d'une part, de ***la saisie par déclaration à la préfecture*** qui est une saisie conservatoire spéciale tendant à faire obstacle au transfert de carte grise[2] ; et d'autre part, de ***la saisie par immobilisation*** qui constitue, outre une modalité supplémentaire des saisies

---

1. J.-Cl. Belot, *L'exécution sur les véhicules terrestres à moteur : une nouvelle législation qui s'adapte à mie société moderne*, *LPA*, n° 3, 6 janvier 1993 p. 89 et s. ; J.-J. Bourdillat, *Les mesures d'exécution sur les véhicules terrestres à moteur*, *Rev. huissiers*. n° 5, mars 1993, p. 297 et s. ; G. Taormina, *Les saisies des véhicules terrestres à moteur*, fasc. 605, in *Droit de l'exécution forcée*, éd. *Journal des Notaires et des Avocats*, avril 2003.

2. Les créanciers privés ne sont pas les seuls à pouvoir faire opposition à transfert de la carte grise. Tandis que ces derniers disposent de la saisie par déclaration à la préfecture, le trésor public dispose d'une autre procédure pour recouvrer les amendes impayées.

« *Lorsqu'une amende forfaitaire majorée a été émise, le comptable du Trésor peut faire opposition auprès de l'autorité administrative compétente à tout transfert du certificat d'immatriculation. Il en informe le procureur de la République. /Cette opposition suspend la prescription de la peine. /Elle est levée par le paiement de l'amende forfaitaire majorée. En outre, lorsque l'intéressé a formé une réclamation, selon les modalités et dans les délais prévus par les articles 529-10 et 530 du Code de procédure pénale à peine d'irrecevabilité et qu'il justifie avoir déclaré sa nouvelle adresse à l'autorité administrative compétente, le procureur de la République lève l'opposition* » (C. route, art. L. 322-1).

« *L'opposition au transfert du certificat d'immatriculation prévue par l'article L. 322-1 en cas d'émission d'une amende forfaitaire majorée peut être effectuée par le comptable du Trésor dans l'un des deux cas suivants : 1° Le contrevenant n'habite plus à l'adresse enregistrée au fichier national des immatriculations ; 2° Le contrevenant n'a pas payé le montant de cette amende dans un délai de quatre mois à compter de l'envoi à son domicile de l'avis prévu par l'article R. 49-6 du Code de procédure pénale* » (C. route, art. R. 322-16).

B.U. BREST

classiques, suivant le but poursuivi, une saisie-appréhension ou une saisie-vente. Parce qu'un même dispositif, l'immobilisation, peut constituer soit une modalité supplémentaire des procédures classiques, soit une procédure spécifique autonome, la saisie des véhicules terrestre à moteur présente incontestablement un caractère atypique.

Ce qui caractérise en second lieu ce caractère atypique, c'est l'existence d'une saisie conservatoire spécifique, – la saisie par déclaration en préfecture –, qui nécessite un titre exécutoire, contrairement aux autres mesures conservatoires. Nous n'étudierons en détail dans le cadre de ce chapitre, que les procédures de saisie par déclaration en préfecture, et de saisie par immobilisation. Les modalités des autres procédures, ont été exposées dans le cadre d'autres chapitres auxquelles nous renverrons ponctuellement[3].

Après avoir envisagé l'hypothèse du créancier désirant faire vendre un véhicule appartenant à son débiteur pour se payer sur le prix ou se le faire attribuer en paiement ***(section 1)***, nous étudierons celle du propriétaire d'un véhicule en possession d'un tiers qui refuse de le lui rendre ou de le lui livrer ***(section 2)***.

« Le comptable du Trésor adresse sa demande d'opposition au transfert du certificat d'immatriculation au ministre de l'intérieur, soit par l'intermédiaire du préfet d'un département, soit par voie électronique. /Le comptable du Trésor remet, sur sa demande, au titulaire du certificat l'immatriculation un avis récapitulatif détaillant les amendes qui ont entraîné l'opposition. /Par dérogation à l'article 24 du décret n° 62-1587 du 29 décembre 1962 portant règlement général sur la comptabilité publique, le règlement des amendes pour lesquelles il a été fait opposition s'effectue exclusivement par versement d'espèces, par carte de paiement ou remise à un comptable du Trésor d'un chèque certifié » (C. route, art. R. 322-17).

« La levée de l'opposition intervient, soit à la suite du règlement au comptable du Trésor des amendes pour lesquelles il a été fait opposition, soit lorsque l'intéressé a formé une réclamation selon les modalités et dans les délais prévus par les articles 529-10 et 530 du Code de procédure pénale à peine d'irrecevabilité, et, s'il n'habitait plus à l'adresse enregistrée dans le fichier, qu'il justifie avoir adressé la déclaration mentionnée à l'article R. 322-7 » (C. route, art. R. 322-18). La déclaration dont il est question à l'article R. 322-7 du Code de la route, est celle qui doit être faite par le propriétaire du véhicule à la préfecture de son nouveau domicile en vue de l'établissement d'un nouveau certificat d'immatriculation.

3. La mise en fourrière d'un véhicule automobile, n'est pas en soi un acte procédant d'une voie d'exécution forcée. Il s'agit d'une opération de police judiciaire pour connaître de laquelle le juge de l'exécution n'est donc pas compétent (Cass. 2e civ., 11 juin 1997, *Bull. civ.* II, n° 184).

Section 1
Les procédures destinées à saisir le véhicule pour le faire vendre et se payer sur le prix, ou se le faire attribuer en paiement

452. Il s'agit de l'hypothèse du créancier qui désire faire saisir le véhicule appartenant à son débiteur, pour le faire vendre et se payer sur le prix ou, s'il est titulaire d'un gage sur le véhicule, se le faire attribuer en paiement en application de l'article 2347 du Code civil[4].

Quant aux saisies conservatoires, le créancier dispose de deux procédures qu'il peut parfaitement utiliser de manière cumulative s'il possède un titre exécutoire et sait chez qui se trouve le véhicule : la saisie par déclaration à la préfecture et la saisie conservatoire de droit commun[5]. S'il ne sait pas chez qui se trouve le véhicule, il ne pourra pas recourir à la saisie conservatoire, mais pourra mettre en œuvre la saisie par déclaration à la préfecture[6]. S'il n'a pas de titre exécutoire, nous avons vu, – caractère atypique de cette saisie conservatoire spéciale –, qu'il ne pourra pas y recourir.

Tant qu'il ne sera pas porteur d'un titre exécutoire, le créancier ne disposera d'aucune saisie d'exécution. Pour la commodité de l'exposé, il convient à leur propos de distinguer suivant que le créancier poursuivant est ***(§ 2)*** ou non ***(§ 1)*** un créancier disposant d'un gage sur le véhicule automobile qu'il envisage de faire saisir en application du décret n° 53-968 du 30 septembre 1953 et des articles 2351 à 2353 du Code civil.

§ 1. Le créancier poursuivant est un créancier ordinaire

453. Le créancier poursuivant n'est pas un créancier gagiste. C'est un créancier ordinaire désirant faire réaliser le patrimoine de son débiteur parmi lequel se trouve un véhicule automobile, pour se payer sur le prix. Non gagiste, il ne peut donc pas recourir à la saisie-appréhension-vente.

Lorsque ***le créancier envisage de faire immobiliser le véhicule***, il ne dispose que de deux procédures. Il peut recourir à la procédure spéciale d'immobilisation du véhicule valant saisie-vente. Pour parvenir au même

4. C. civ., anc. art. 2078.
5. Cf. *supra*, n°s 405 et s.
6. Cf. *infra*, n° 457.

résultat qu'une saisie-vente, il suffit alors d'immobiliser le véhicule, de dresser procès-verbal d'immobilisation, et que l'huissier signifie au débiteur, huit jours au plus tard après l'immobilisation, un commandement de payer contenant, à peine de nullité, les mentions énumérées par l'article D 174 parmi lesquelles on trouve notamment l'avertissement qu'à défaut de paiement, et passé le délai d'un mois pour vendre le véhicule à l'amiable conformément aux dispositions des articles D 107 à D 109, celui-ci sera vendu aux enchères publiques, et l'indication que les contestations doivent être portées, au choix du débiteur, devant le juge de l'exécution du lieu où il demeure ou du lieu d'immobilisation du véhicule. La vente du véhicule a lieu « *comme il est dit en matière de saisie-vente* », c'est-à-dire en application des dispositions des articles D 107 à D 116 (art. D 174 et D 175, al. 1). Lorsque le véhicule a fait l'objet d'un gage, l'huissier de justice informe le créancier gagiste des propositions de vente amiable ou de la mise en vente aux enchères (art. D 175, al. 2).

Le créancier peut aussi avoir recours à la saisie-vente ordinaire de biens mobiliers corporels[7].

Lorsque ***le créancier n'envisage pas de faire immobiliser le véhicule***, il ne dispose que d'une seule procédure : la saisie-vente ordinaire. Dépourvu de gage sur le véhicule, il ne bénéficie d'aucun accès à la « saisie-appréhension-vente ». Notons que dans le cadre d'une saisie-vente ordinaire, la Cour de cassation considère que la simple mention par l'huissier de justice dans le procès-verbal de saisie, du numéro d'immatriculation du véhicule saisi, suffit comme désignation précise[8].

§ 2. Le créancier poursuivant est un créancier gagiste

454. Puisqu'aucune saisie d'exécution n'est possible sans titre exécutoire, les auteurs de la réforme ont mis à la disposition du créancier gagiste une voie d'exécution supplémentaire permettant d'aboutir à la vente du bien gagé sans dépossession du débiteur, après avoir obtenu du juge de l'exécution, sur requête, un titre exécutoire : la « saisie-appréhension-vente »[9]. Il s'agit du seul cas dans lequel la saisie-appréhension dont le but est de donner le moyen à un créancier propriétaire de récupérer son bien, permet de saisir un bien appartenant

7. Cf. *supra*, n°s 299 et s. À ce propos, l'article D 118, en ce qu'il prévoit une opposition-jonction, ne fait pas obstacle à ce qu'une saisie-vente d'un véhicule terrestre à moteur puisse être pratiquée après une saisie par immobilisation de ce véhicule (Cass. 2e civ., 20 novembre 2003, *Bull. civ.* II, n° 353, *D.* 2004, somm., p. 1493, obs. G. Taormina).

8. Cass. 2e civ., 30 septembre 1999, *Bull. civ.* II, n° 148.

9. Cf. *supra*, n°s 332 et s.

au débiteur pour le faire vendre (art. D. 145) ou se le faire attribuer en paiement (C. civ., art. 2347[10]). Toutefois, si l'ordonnance rendue par le juge de l'exécution en application des dispositions des art. D 149 à D 153 est régulièrement frappée d'opposition, le créancier dépourvu de titre exécutoire devra agir par les voies ordinaires[11].

Lorsque ***le créancier gagiste envisage de faire immobiliser le véhicule***, il ne dispose que de deux procédures au choix. Il pourra recourir à la procédure spéciale d'immobilisation du véhicule. Pour parvenir au même résultat qu'une saisie-vente, outre l'immobilisation et la rédaction du procès-verbal d'immobilisation, l'huissier de justice doit signifier à la personne tenue de la remise, huit jours au plus après l'immobilisation, un acte devant contenir, à peine de nullité, les mentions suivantes énumérées par l'article D 177 parmi lesquelles on trouve notamment, une injonction d'avoir, dans un délai de huit jours, à se présenter à l'étude de l'huissier de justice pour convenir avec lui des conditions de transport du véhicule, avec l'avertissement qu'à défaut il sera transporté à ses frais pour être remis au créancier gagiste, l'avertissement en caractères très apparents, qu'il dispose d'un délai d'un mois pour procéder à la vente amiable du véhicule immobilisé, conformément aux dispositions des articles D 107 à D 109, faute de quoi, passé ce délai, il pourra être procédé à

---

10. C. civ., anc. art. 2078.

11. On sait qu'avant la réforme, une interprétation très libre des dispositions de l'art. 93 alinéas 1 et 2, de l'ancien Code de commerce (C. com., art. L. 521-3) écrit pour le gage commercial avec dépossession du débiteur et étendu par une pratique jamais légitimée par la jurisprudence au gage sans dépossession du débiteur même civil, avait conduit les créanciers à prétendre que ces dispositions permettaient non seulement de s'adresser au président du tribunal de commerce (gage commercial) mais aussi au juge d'instance (gage civil, C. consom., art. L. 311-37), pour obtenir non seulement la désignation d'un commissaire-priseur pour qu'il soit procédé à la vente, mais aussi la désignation d'un huissier de justice pour aller saisir le véhicule où qu'il se trouve. Avant la réforme des procédures d'exécution, la jurisprudence semblait bien ne s'être jamais prononcée, à notre connaissance, sur la validité de cette procédure ni sur celle de cette saisie qui n'obéissait même pas aux règles de la saisie-exécution.

La réforme des procédures d'exécution ne pouvait qu'avoir sonné le glas de cette saisie-exécution *sui generis*. Hasard des pourvois, la Cour de cassation devait d'ailleurs à cette époque, pour la première fois et sans avoir à se référer à l'entrée en vigueur du premier volet de la réforme des procédures d'exécution, condamner enfin ces pratiques qu'à la vérité, aucun texte ne pouvait légitimer (Cass. 1re civ., 24 novembre 1993, *Bull. civ.* I, n° 348, *RTD civ.* 1994, p. 174, obs. R. Perrot).

On pouvait croire au lendemain de la réforme que, compte tenu de la fragilité des ordonnances rendues dans le cadre de la procédure prévue par les art. D 149 à D 153 (cf. *supra*, n° 328), il fallait continuer d'user de la procédure de l'article 93 de l'ancien Code de commerce (C. com., art. L. 521-3) même en présence d'un gage sans dépossession du débiteur, pour obtenir au moins un titre exécutoire. Cette utilisation marginale semble bien elle aussi avoir été condamnée par la Cour de cassation dans un avis en date du 5 mai 1995 (*Bull. avis*, n° 4). Cette solution a été ultérieurement rappelée (Cass. 2e civ., 14 juin 2001, n° 99-20.111).

sa vente aux enchères publiques, et l'indication que les contestations peuvent être portées, au choix de la personne tenue de la remise, devant le juge de l'exécution du lieu où elle demeure ou du lieu d'immobilisation du véhicule. À défaut de vente amiable, il sera procédé à la vente forcée aux enchères publiques du véhicule, dans les conditions prévues dans la saisie-vente[12].

Le créancier gagiste peut aussi avoir recours à la saisie-vente ordinaire[13]. Le créancier qui souhaite faire procéder à l'immobilisation du véhicule doit se conformer à l'article D 171. L'immobilisation n'est accompagnée d'aucune formalité autre que celles de la saisie-vente ordinaire, sauf, bien sûr, si l'immobilisation a lieu en l'absence du débiteur[14]. La formalité du procès-verbal d'immobilisation prescrite par l'article D 172 n'est pas requise puisqu'il est déjà question du véhicule dans le procès-verbal de saisie-vente (art. D 172 *a contrario*, et D 171). En pratique, le choix du créancier entre la saisie-vente ordinaire et la saisie-vente spéciale par immobilisation du véhicule se fera ainsi : lorsque le véhicule sera sur la voie publique, il utilisera jusqu'à son terme la procédure spéciale d'immobilisation valant saisie-vente. Lorsque le véhicule sera en un lieu privé, chez le débiteur ou un tiers détenteur, le créancier utilisera la saisie-vente ordinaire et pourra même l'immobiliser ; mais il pourra aussi utiliser seulement la saisie spéciale par immobilisation, notamment s'il ne désire saisir que des véhicules.

Lorsque l***e créancier gagiste n'envisage pas de faire immobiliser le véhicule***, il ne dispose que de deux procédures : soit la saisie-appréhension-vente ; soit la saisie-vente ordinaire.

12. Cf. *supra*, n°s 318 et s. Un cas de figure n'a pas été envisagé par les textes : celui dans lequel le créancier gagiste veut se faire attribuer le véhicule en paiement, en application des dispositions de l'article 2347 du Code civil (C. civ., anc. art. 2078). On sait que ce texte permet au créancier gagiste de se faire attribuer judiciairement le bien gagé après évaluation à dire d'expert. Il convient d'en conclure que cette possibilité n'est donc offerte qu'au créancier titulaire d'un gage classique avec dépossession du débiteur, et au créancier titulaire d'un gage sans dépossession qui obtient du débiteur une remise spontanée du bien objet du gage : or, dans ces deux cas, il n'y a lieu à aucune saisie.

13. Cf. *supra*, n°s 299 et s.

14. Cf. *infra*, n° 456.

Section 2
Les procédures destinées à obtenir la restitution ou la livraison du véhicule

455. Elles sont destinées au loueur de véhicules automobiles avec ou sans promesse de vente, au vendeur de véhicules avec clause de réserve de propriété, au propriétaire dépossédé de son véhicule ou qui l'avait spontanément remis à un tiers qui refuse de le lui rendre, ou encore à l'acquéreur qui n'a pas encore été mis en possession du véhicule. Nous envisagerons successivement les saisies d'exécution *(§ 1)* et les saisies conservatoires *(§ 2)* dont dispose ce créancier propriétaire.

§ 1. Les saisies d'exécution

456. Tant qu'il ne sera pas porteur d'un titre exécutoire, le propriétaire du véhicule ne disposera d'aucune saisie d'exécution (art. L 56, L 58, D 139, D 140, D 165, D 172, D 173 et D 275). Pour en obtenir un avant même de choisir la saisie qu'il utilisera pour récupérer son véhicule, il pourra utiliser la procédure spéciale prévue par les articles D 149 à D 153 pour la saisie-appréhension, alors même qu'il n'utilisera pas ce type de saisie par la suite[15]. Porteur d'un titre exécutoire, le choix de la saisie par le créancier propriétaire, dépend de la question de savoir s'il envisage ou non de faire immobiliser le véhicule.

Lorsque ***le propriétaire envisage de faire immobiliser le véhicule***, il est indifférent que celui-ci se trouve en un lieu public[16] ou privé[17]. Il résulte des dispositions des articles D 140, alinéa 2, et D. 154, alinéa 3, que la procédure spéciale de saisie par immobilisation est seule applicable. L'immobilisation matérielle peut avoir lieu en tous lieux, c'est-à-dire notamment chez un tiers ou sur la voie publique, au moyen de tout procédé, dès lors que cela n'entraîne pas la détérioration du véhicule (art. L 58). L'article D 170 précise que l'appareil utilisé devra comporter de manière très apparente le numéro de téléphone de l'huissier de justice, et une empreinte officielle dont les caractéristiques ont été déterminées dans un arrêté en date du 23 décembre 1992. Il s'agit en pratique des mêmes dispositifs que ceux utilisés par la police plus connus sous le nom de « sabots de Denver ». L'article D 170 renvoie à l'article D 90, lequel permet à l'huissier de prendre des photographies du véhicule

15. Cf. *supra*, n°s 327 et s.
16. Voie publique.
17. Parking, garagiste...

saisi dans la perspective de contestations éventuelles devant le juge de l'exécution. Cela permettra notamment d'établir l'existence de dégradations du véhicule survenues depuis son immobilisation. L'article D 172 *in fine* dispose que « *l'immobilisation vaut saisie sous la garde du propriétaire...* »[18]. Les contestations sont de la compétence exclusive du juge de l'exécution, dispose l'article L 58. La compétence territoriale est prévue par les articles D 173, D 176 et D 177 qui concernent des hypothèses spécifiques et ne désignent pas toujours le même juge. L'article D 166, alinéa 2, ne concerne que la saisie par inscription en préfecture.

Que faire en l'absence du débiteur ? Il convient tout d'abord de s'interroger sur ce que l'on doit entendre exactement par « *immobilisation en l'absence du débiteur* ». Il ne saurait s'agir, que de la situation dans laquelle les opérations d'immobilisation sont entièrement accomplies en l'absence du débiteur. Si ce dernier a été présent, même un court instant, les formalités prescrites par l'article D 173 n'ont pas à être accomplies. Lorsque les opérations d'immobilisation ont été accomplies entièrement hors la présence du débiteur, l'huissier de justice doit en informer ce dernier le jour même de l'immobilisation par lettre simple adressée ou déposée au lieu où il demeure. Les textes ne prévoient pas le cas dans lequel ce lieu est inconnu ou n'existe pas. L'huissier se bornera à envoyer la lettre à l'adresse qui pourra figurer notamment sur le titre exécutoire ou sur tous autres documents fournis par le créancier. Cette lettre contient les mentions suivantes dont la présence n'est pas expressément requise à peine de nullité (art. D 173) : « ***1°*** *la mention du titre exécutoire en vertu duquel le véhicule a été immobilisé ;* ***2°*** *l'indication du lieu où il a été immobilisé et, le cas échéant, de celui où il a été transporté pour être mis en dépôt ;* ***3°*** *l'avertissement que l'immobilisation vaut saisie et que, si le véhicule a été immobilisé sur la voie publique, il pourra être procédé à son enlèvement dans un délai de 48 heures à compter de son immobilisation, pour être transporté en un lieu qui doit être indiqué*[19] *;* ***4°*** *la mention en caractères très apparents, que pour obtenir une éventuelle mainlevée de l'immobilisation, le destinataire peut soit s'adresser à l'huissier de justice dont le nom, l'adresse et le numéro de téléphone sont indiqués, soit contester la mesure devant le juge de l'exécution du lieu d'immobilisation du véhicule dont le siège est indiqué avec l'adresse de son secrétariat-greffe.* »

L'enlèvement du véhicule est dans l'ordre des choses. Ou bien le débiteur saisi consentira à l'amener lui-même dans un lieu indiqué par le créancier. Ou bien le créancier saisissant devra le faire transporter

---

18. Cf. également, art. D 173.3°.

19. On sait qu'aux termes des dispositions de l'article R. 417-12 du Code de la route, un stationnement ininterrompu sur la voie publique ne saurait de toute façon excéder sept jours.

aux frais du débiteur. Dans ce dernier cas, le créancier devra faire l'avance des frais d'enlèvement.

Dans tous les cas, l'huissier de justice doit dresser un procès-verbal d'immobilisation qui n'est rien d'autre qu'un procès-verbal de saisie. Il doit contenir à peine de nullité les mentions énumérées par l'article D 172 auquel on se reportera. L'huissier de justice doit en outre signifier à la personne tenue de la remise du véhicule, huit jours au plus tard après l'immobilisation, un acte qui contient, à peine de nullité, les dispositions suivantes (art. D 176) : « ***1°*** *la copie du procès-verbal d'immobilisation ;* ***2°*** *une injonction d'avoir, dans un délai de huit jours, à se présenter à l'étude de l'huissier de justice pour convenir avec lui des conditions de transport du véhicule avec l'avertissement qu'à défaut il sera transporté à ses frais pour être remis à la personne désignée dans le titre ;* ***3°*** *l'indication que les contestations peuvent être portées, au choix de la personne tenue de la remise, devant le juge de l'exécution du lieu où elle demeure ou du lieu d'immobilisation du véhicule* ».

Lorsque ***le propriétaire n'envisage pas d'immobiliser le véhicule***, il lui suffira de recourir purement et simplement à la saisie-appréhension ordinaire[20].

§ 2. Les saisies conservatoires

457. Le créancier propriétaire dispose de deux procédures qu'il pourrait parfaitement utiliser de manière cumulative s'il possède un titre exécutoire : ***la saisie par déclaration à la préfecture*** d'une part, et la saisie-revendication[21] qui ne présente alors aucune spécificité, d'autre part. S'il ne sait pas chez qui se trouve le véhicule, il ne pourra pas recourir à la saisie-revendication, et mettra en œuvre dans un premier temps une saisie par déclaration à la préfecture à condition d'avoir un titre exécutoire. L'article L 57 précise qu'il s'agit de la préfecture du lieu où est immatriculé le véhicule. Ce n'est pas la déclaration qui produit en soi l'effet de saisie, mais sa signification au débiteur (art. L 57 et D 167 *in fine*). Les mentions que doit comprendre la déclaration faite à la préfecture sont énumérées par l'article D 165 auquel il conviendra de se reporter.

Cette déclaration entraîne un effet particulier immédiat : l'opposition à transfert de carte grise, c'est-à-dire l'impossibilité pour les tiers d'acquérir le véhicule. C'est la raison pour laquelle, « *préalablement à la vente d'un véhicule d'occasion, le propriétaire est tenu de remettre à l'acquéreur un certificat établi depuis moins de quinze jours par le*

20. Cf. *supra*, n°s 326 et s.
21. Cf. *supra*, n°s 416 et s.

ministre de l'intérieur attestant qu'il n'a pas été fait de déclaration valant saisie sur le véhicule et valant opposition à transfert de certificat d'immatriculation » (art. D 169). Il n'y a pas lieu de s'arrêter à la lettre de l'article D 167, alinéa 1, qui dispose que c'est à compter de la signification de la déclaration, qu'aucun certificat d'immatriculation ne peut plus être délivré. La préfecture n'étant pas informée de la signification au débiteur, elle doit, dès la déclaration, refuser tout transfert de carte grise.

Une copie de cette déclaration doit être signifiée au débiteur dans les huit jours suivant la déclaration en préfecture. Le respect de ce délai n'étant sanctionné par aucun texte, la nullité ou la caducité de la saisie ne saurait être encourue, et la signification doit donc pouvoir encore avoir lieu, passé ce délai. L'acte de signification indique notamment, en caractères très apparents, que les contestations doivent être portées devant le juge de l'exécution du lieu où demeure le débiteur (art. D 166).

« *La déclaration cesse de produire effet à l'expiration d'un délai de deux ans à compter de sa signification, sauf renouvellement opéré dans les formes de la déclaration initiale* », dispose l'article D 167, alinéa 2. Le renouvellement prend la forme d'une nouvelle déclaration à la préfecture qui doit vraisemblablement, comme la déclaration initiale, être signifiée au débiteur. L'article D 168 dispose que « *les effets de la déclaration ne peuvent préjudicier au créancier titulaire d'un gage régulièrement inscrit conformément aux dispositions du décret du 30 septembre 1953* ». Il ne doit s'agir que des gages inscrits avant la déclaration en préfecture. Un gage inscrit après la déclaration serait inopposable aux créanciers saisissants.

Si le propriétaire du véhicule ne possède pas de titre exécutoire, il ne pourra pas recourir à cette saisie conservatoire spéciale. Il ne pourra alors recourir qu'à la saisie-revendication[22].

22. *Ibid.*

Chapitre 3
Les saisies des navires, bateaux et aéronefs[1]

458. Ni la loi de 1991, ni le décret de 1992 n'ont envisagé la saisie de ces biens mobiliers corporels. On doit, par conséquent, continuer de se référer à des textes spéciaux, lois, décrets, Code de l'aviation civile, Code du domaine public fluvial et de la navigation intérieure et, le cas échéant, conventions internationales, définissant des modalités spécifiques de saisie. Faute d'y trouver toutes les dispositions nécessaires, on fera usage subsidiairement, en tant que de besoin, des textes issus de la loi de 1991 et du décret de 1992, bien que cette solution générale n'ait pour l'heure, pas encore été consacrée par la Cour de cassation. Est-il pour autant nécessaire de réformer ces régimes à propos de saisies qui demeurent en pratique assez rares ? Rien n'est moins sûr car les textes, aussi anciens soient-ils, sont loin d'être défectueux.

Le caractère atypique de ces saisies ne résulte pas seulement de leur objet. Il se vérifie également dans leurs modalités, surtout la saisie-vente qui, comme l'ancienne saisie immobilière, est une procédure de la compétence du tribunal de grande instance. Il ne serait pas incohérent de confier ces saisies au juge de l'exécution et d'introduire, comme en matière de saisie immobilière, une audience d'orientation.

Nous envisagerons successivement les saisies conservatoires et les saisies d'exécution des navires ***(section 1)***, des bateaux ***(section 2)*** et des aéronefs ***(section 3)***.

---

1. J.-B. Racine, *Saisie des bateaux, navires et aéronefs, Enc. Dalloz proc. civ.*, juin 2001 ; J.-B. Racine, *Vente publique des bateaux, navires et aéronefs, Enc. Dalloz proc. civ.*, juin 2001 ; G. Taormina, *Les saisies des navires, bateaux et aéronefs*, fasc. 610, in *Droit de l'exécution forcée*, préc., novembre 2004.

Section 1
Les saisies de navires[2]

459. En matière de saisie de navires, il y a lieu de faire application de règles spécifiques prévues, d'une part, par la loi n° 67-5 du 3 janvier 1967 (art. 70 et 71) et le décret n° 67-967 du 27 octobre 1967 (art. 26 à 49) portant statut des navires et autres bâtiments de mer, et, d'autre part, par les deux Conventions de Bruxelles du 10 mai 1952, ratifiées par la France suivant le décret n° 58-14 du 4 janvier 1958. La France a en effet ratifié le même jour deux Conventions de Bruxelles de la même date : la Convention internationale pour l'unification de certaines règles sur la saisie conservatoire des navires de mer, d'une part, et la Convention internationale pour l'unification de certaines règles relatives à la compétence civile en matière d'abordage, d'autre part. À défaut de trouver dans ces textes spéciaux toutes les dispositions nécessaires à la mise en œuvre

2. P. Arradon, *Vues sur mer : Clause compromissoire et lettre de garantie, Gazette de la chambre arbitrale maritime de Paris*, printemps 2004, n° 4 ; F. Berlingieri, *Analyse de la Convention du 12 mars 1999 sur la saisie conservatoire des navires, DMF* 1999, p. 403 et s. ; P. Bonassies, *Faut-il abroger l'avis du Conseil d'État du 28 octobre 1806 ?,* in *La mer et son droit*, mélanges en l'honneur de L. Lucchini et J.-P. Queneudec, éd. *Pédone* 2003, p. 101 ; O. Cachard, *Les mesures conservatoires dans l'arbitrage maritime, DMF* 2004, p. 220 ; H. Cadiet et G. Brajeux, *La procédure de saisie conservatoire de navires entre droit commun et règles spéciales, DMF* 1998, p. 995 ; P. Delebecque, *La saisie des navires, LPA* 22 décembre 1999, n° 254, p. 56 ; D. Dubosc, *Saisie de navire et limitation, DMF* 2002, p. 1062 ; O. Dussol, *Le statut juridique du sous-marin civil, Rev. de Droit commercial, maritime, aérien et transports* 2001, p. 18 ; C. Humman, *De l'interprétation de la Convention de Bruxelles du 10 mai 1952 (à propos d'un arrêt de la Cour d'appel de Rouen rendu le 19 mai 2000), DMF* mai 2001, p. 371 ; C. Navarre, *La saisie conservatoire des navires en droit français*, thèse Bordeaux IV, 1999 ; M. Ndende, *La problématique de la saisie des soutes : la restauration du droit de l'autorité maritime, DMF* 1998, p. 771 ; G. Ngamkan, *Saisie conservatoire de navires en Afrique centrale, l'avis de l'autorité maritime compétente, une exigence superflue ?, DMF* 2000, p. 665 ; I. Pingel, *L'immunité des navires de guerre,* in *La mer et son droit*, mélanges en l'honneur de L. Lucchini et J.-P. Queneudec, éd. *Pédone* 2003, p. 521 ; J.-P. Rémery, *Pour une insaisissabilité temporaire des navires invités à une manifestation nautique, DMF* janvier 2001, p. 3 ; M. Rémond-Gouilloud, *L'émanation maritime : pour sortir de la clandestinité, DMF* 1992, p. 451 ; M. Rémond-Gouilloud, *Droit maritime*, éd. *Pédone* 1993, n°s 285 à 303 ; M. Rémond-Gouilloud, *Forum arresti : le jusant, DMF* 1996, p. 787 ; R. Rézenthel, *Les prestataires de services portuaires et la saisie des navires, DMF* 1997, p. 649 ; R. Rézenthel, *L'autorité portuaire et le régime juridique de la garde (ouvrages, installations, marchandises, navires), DMF* 1998, p. 179 ; R. Rodière et E. Du Pontavice, *Droit maritime*, éd. *Dalloz* 1997, n°s 173 à 183 ; J.-P. Thomas, *Avis d'expert : faut-il réformer l'exercice de l'hypothèque maritime ?, Gazette de la chambre arbitrale maritime de Paris*, printemps 2004, n° 4 ; A. Vialard, *Droit maritime*, éd. *Puf* 1997, n°s 364 à 381 ; A. Vialard, *La saisie des navires, la jurisprudence actuelle et la future convention, RD comm. maritime, aérien et des transports* 1997, p. 103.

de la saisie, on fera usage en pratique, en tant que de besoin, des textes du droit commun de la saisie-vente, bien que cette solution n'ait pas été consacrée de manière générale par la Cour de cassation.

460. Les ***navires*** peuvent être définis comme étant des embarcations affectées à la circulation sur les mers et océans, à la différence des bateaux qui ne sont affectés qu'à la navigation intérieure. Ils peuvent être tout aussi encombrants que les immeubles, au point que l'on n'hésite pas à parler, à leur propos, de bâtiments. La similitude ne concerne pas seulement la taille. Meubles corporels immatriculés, ils peuvent être hypothéqués. Ne semblent toutefois pouvoir être dignes d'être qualifié de bâtiments, que les embarcations d'une certaine taille. Ainsi, après avoir considéré qu'un zodiac pouvait être qualifié de navire[3], la Cour de cassation a finalement estimé qu'il ne pouvait en être ainsi d'une barque de pêche mue par un moteur[4]. Un auteur estime que doivent également être considérés comme navires saisissables, les sous-marins civils[5]. En revanche, une épave ne constitue pas un navire[6].

461. Toutes les ***saisies maritimes*** ne sont pas des saisies de navires et n'obéissent donc pas systématiquement aux règles que nous allons exposer. Ainsi la Cour de cassation considère que la saisie conservatoire d'une créance de fret, c'est-à-dire du prix du transport, obéit aux règles du droit commun des procédures mobilières d'exécution prévues par la loi de 1991 et le décret de 1992, le décret n° 67-967 du 27 octobre 1967,

3. Cass. com., 27 novembre 1972, *Bull. civ.* IV, n° 304, p. 283, *DMF* 1973, p. 160, note P. Lureau.

4. Cass. com., 6 décembre 1976, *Bull. civ.* IV, n° 306, *DMF* 1977, p. 513, note R. Rodière.

5. O. Dussol, *Le statut juridique du sous-marin civil, Rev. de Droit commercial, maritime, aérien et transports* 2001, p. 18. À ce jour, aucune décision publiée ne semble avoir consacré cette solution. Les sous-marins militaires, émanations des États, sont, bien sûr, à ce titre, insaisissables.

6. Aux termes de l'article 1 du décret n° 61-1547 du 26 décembre 1961 fixant le régime des épaves maritimes modifié par le décret n° 91-1226 du 5 décembre 1991, constitue une épave de navire, un navire en état de non-flottabilité abandonné par son équipage qui n'en assure plus ni la garde ni la surveillance. Une épave ne peut donc être saisie que suivant les règles ordinaires applicables à n'importe quel bien mobilier corporel, et non selon les modalités spécifiques de saisies des navires. Il est toutefois possible aux États de convenir de l'insaisissabilité d'une épave. Tel est l'objet de l'accord signé à Washington le 31 mars 2003 entre le gouvernement de la République française et celui des États-Unis d'Amérique (D. n° 2003-540, 17 juin 2003, JO 24 juin), à propos de l'épave de La Belle, navire auxiliaire de la marine française ayant fait naufrage en 1686 dans l'État du Texas au sud-ouest de Houston. Dans le cadre de cet accord, la propriété de la France sur cette épave est reconnue, ladite épave et son contenu étant confiés à la Texas historical Commission pour une durée de 99 ans renouvelable par tacite reconduction. Un accord ultérieur prévoira les modalités de leur voyage à travers le monde et de la collaboration entre ladite commission et le musée national de la Marine de Paris.

dérogatoire, étant d'interprétation stricte, et par suite inapplicable en l'espèce[7]. Est en conséquence retenue, conformément au droit commun, la compétence du juge de l'exécution (en l'occurrence le président du tribunal de commerce) du domicile du débiteur, et non du lieu d'escale du navire ainsi que le prévoit le décret précité de 1967, pour autoriser une saisie conservatoire, en application des dispositions de la loi nº 91-650 du 9 juillet 1991 et du décret nº 92-755 du 31 juillet 1992. Il en va de même de la saisie conservatoire faite par le *fréteur* en garantie de sa *créance de surestaries*, sur les sommes détenues pour le compte de l'*affréteur*[8], et de la saisie d'une cargaison[9]. Au contraire, la saisie des soutes, c'est-à-dire, du combustible du navire, obéit aux règles spécifiques de la saisie des navires et relève de la compétence du tribunal de commerce du lieu d'escale du navire[10].

Aux termes de l'article 1, 2º, de la Convention de Genève du 12 mars 1999 sur la saisie conservatoire des navires (non encore en vigueur) qui était ouverte à la signature du 1er septembre 1999 au 31 août 2000, et n'entrera en vigueur que 6 mois après sa 10e ratification (Conv. Genève, 12 mars 1999, art. 12 et 14), « *par « saisie » il faut entendre toute immobilisation ou restriction au départ d'un navire en vertu d'une décision judiciaire pour garantir une créance maritime, mais non la saisie d'un navire pour l'exécution d'un jugement ou d'un autre instrument exécutoire* ». La Convention de Genève ne concerne donc que la saisie conservatoire.

Après un certain nombre de généralités ***(sous-section 1)***, nous envisagerons les saisies d'exécution ***(sous-section 2)***, puis les saisies conservatoires ***(sous-section 3)***.

7. Cass. com., 13 janvier 1998, *Bull. civ.* IV, nº 16.
8. Cass. com., 11 juin 1996, *Bull. civ.* IV, nº 172, *DMF* 1996, p. 896, rapp. J.-P. Remery.
9. On appelle *fréteur*, l'armateur du navire, c'est-à-dire celui qui exploite le navire en son nom, et *affréteur*, celui à la disposition de qui le navire est mis pour transporter une cargaison. L'*affrètement* étant le contrat aux termes duquel, le fréteur s'engage, contre rémunération, à mettre à la disposition de l'affréteur un navire, le fréteur est donc celui qui dispose du navire et l'affréteur celui qui utilisera le navire. C'est un contrat de louage de chose. L'affréteur doit procéder au chargement et au déchargement du navire dans les délais (*staries*) prévus au contrat. Le dépassement de ces délais donne lieu à perception d'un supplément de prix (*supplément de fret*) que l'on appelle *surestaries*.
10. Cass. com., 13 janvier 1998, *Bull. civ.* IV, nº 16.

Sous-section 1
Généralités

462. Il s'agit préalablement de s'interroger sur les restrictions au droit de saisir un navire *(§ 1)* et les responsabilités encourues dans le cadre de la saisie d'un navire *(§ 2)*.

§ 1. Les restrictions au droit de saisir un navire

463. Il s'agit d'exposer ici des règles essentiellement communes à la saisie conservatoire pratiquée aux fins de vente et à la saisie-vente. Le créancier peut-il faire saisir un navire pour recouvrer une dette qui n'est pas celle de son propriétaire ? *(A)*, le créancier peut-il faire saisir un navire qui n'appartient plus au débiteur, sans avoir à se prévaloir d'un droit de suite ? *(B)*, le créancier peut-il faire saisir un navire autre que celui auquel la créance se rapporte, mais appartenant au même propriétaire ? *(C)*, un navire peut-il être considéré comme insaisissable en application de l'article 14, 4° de la loi du 9 juillet 1991 ? *(D)*. Il convient, en outre, d'envisager la théorie de l'émanation qui confère, le cas échéant, l'insaisissabilité au navire *(E)*, celle des navires apparentés qui permet au contraire aux créanciers, de passer outre l'écran juridique résultant des *single* et autres *one ship company* constituées par les débiteurs pour faire échapper leurs navires aux saisies *(F)*, la prohibition de la pluralité de saisies pratiquées par le même créancier pour le recouvrement de la même créance *(G)* et l'incidence de l'existence d'une clause compromissoire *(H)*.

A Le créancier peut-il faire saisir un navire pour recouvrer une dette qui n'est pas celle de son propriétaire ?

464. Il ne le semble pas, en droit français, sauf dans quelques hypothèses spécifiques. En effet, la Convention de Bruxelles du 10 mai 1952 a certes envisagé la question en son article 3, alinéa 4, d'abord à propos de l'hypothèse la plus fréquente en pratique de dissociation de la propriété et de l'usage du navire ; la saisie du navire affrété pour recouvrement des dettes de l'affréteur. Cette saisie semble en principe prohibée[11].

11. *Contra*, T. com. Marseille (ord. réf.), 4 juin 2003, *Peljasper Maritime Inc. c/Famar, BD comm. maritime, aérien et des transports* 2003, p. 2003, *DMF* 2004, p. 47, note J.-P. Rémery, ayant admis la saisie du navire affrété, pour recouvrement des dettes de l'affréteur non propriétaire du navire.

Cette prohibition, fondée sur le fait que l'affréteur n'est pas le propriétaire du navire, comporte une exception : « *Dans le cas d'un affrètement d'un navire avec remise de la gestion nautique, lorsque l'affréteur répond, seul, d'une créance maritime relative à ce navire, le demandeur peut saisir ce navire ou tel autre appartenant à l'affréteur, en observant les dispositions de la présente convention, mais nul autre navire appartenant au propriétaire (le fréteur) ne peut être saisi en vertu de cette créance maritime* »[12]. Le créancier peut donc en outre saisir tout navire appartenant à l'affréteur, possibilité exclue concernant le propriétaire du navire. La Convention de Bruxelles semble en outre, admettre d'une manière générale, la saisie du navire pour recouvrement d'une dette qui n'est pas celle du propriétaire, puisqu'elle dispose en son article 3, alinéa 4, § 2, que « *l'alinéa qui précède s'applique également à tous les cas où une personne autre que le propriétaire est tenue d'une créance maritime* »[13]. En va-t-il de même en droit français ? N'est-il pas choquant de permettre à un créancier dépourvu de toute sûreté, de saisir le navire n'appartenant pas au débiteur ? La Convention de Bruxelles a elle-même admis ces réticences en disposant en son article 9 que « *rien dans cette convention ne doit être considéré comme créant un droit à une action qui, en dehors des stipulations de cette convention, n'existerait pas d'après la loi à appliquer par le tribunal saisi du litige. La présente convention ne confère aux* (créanciers) *aucun droit de suite, autre que celui accordé par cette dernière loi* (la loi nationale) *ou par la Convention internationale sur les privilèges et hypothèques maritimes, si celle-ci est applicable* ». Par conséquent, ce n'est que dans des hypothèses spécifiques que la jurisprudence française a admis la possibilité de saisir un navire pour le recouvrement d'une dette n'étant pas imputable à son propriétaire : lorsque la saisie est pratiquée en vertu du droit de suite attaché à l'hypothèque maritime, c'est-à-dire lorsque le créancier est titulaire d'une sûreté sur le navire[14]. La possibilité de saisir est également admise en cas d'erreur commune et invincible sur la propriété du navire, toutes les fois où le créancier a pu légitimement croire, compte tenu des circonstances, qu'il contractait avec le fréteur propriétaire du navire ou son mandataire[15].

12. Cass. com., 13 décembre 1994, *Bull. civ.* IV, n° 377 ; Cass. com., 20 mai 1997, *Bull. civ.* IV, n° 143 ; CA Douai, 24 septembre 1998, *Navire Epic, DMF* 1998, p. 1049, note B. Favarel-Veidig.

13. Pour une consécration isolée et critiquable du principe général par la jurisprudence française, CA Rouen, 19 juin 1984, *DMF* 1985, p. 167, note R. A., *DMF* 1986, p. 14, obs. crit. P. Bonassies.

14. Voir à ce propos, refusant dans tous les autres cas une telle saisie, CA Aix-en-Provence, 24 mai 2002, n° 02/07794, *Grand Seaways limited c/Total Fina Elf, DMF* 2002, p. 722, note J.-L. Renard ; CA Rouen, 2e ch., 22 mai 2003, *Wilmington Trust et a. c/La Trinitaine et a., DMF* 2003, p. 737, note P. Pestel-Debord.

15. Cass. com., 28 avril 1998, *Bull. civ.* IV, n° 140, *DMF* 1998, p. 680, rapp. J.-P. Remery, note P. Bonassies.

Ces solutions ne devraient pas être remises en cause par la Convention de Genève du 12 mars 1999 sur la saisie conservatoire des navires, lorsqu'elle entrera en vigueur[16]. Ainsi, lorsque la Convention de Genève de 1999 entrera en vigueur, seront donc susceptibles de saisie conservatoire : le navire auquel la créance se rapporte, propriété de la personne obligée à la dette en tant que propriétaire ou affréteur au moment de la naissance de la créance, le navire dont la propriété ou la possession est la cause de la créance et le navire sur lequel a été consentie une sûreté en garantie de la créance mise en recouvrement.

B Le créancier peut-il faire saisir un navire qui n'appartient plus au débiteur, sans avoir à se prévaloir d'un droit de suite ?

465. La Cour de cassation n'a admis, semble-t-il, cette solution surprenante concernant la saisie conservatoire d'un navire ayant appartenu au débiteur mais vendu avant cette saisie, que dans un seul arrêt en date du 31 mars 1992[17]. La haute juridiction se borne à estimer que «*par application de l'article 3 de la Convention..., le titulaire d'une créance*

16. Dans ce texte, la saisie conservatoire pratiquée pour recouvrement des dettes de l'affréteur, sur le navire affrété coque-nue, situation désignée dans la Convention de Genève par l'expression affrètement en dévolution, traduction de l'expression anglaise *demise charter*, n'est possible qu'à la double condition suivante : si, lors de la saisie, l'affrètement est toujours en cours ou si l'affréteur est devenu propriétaire du navire ; si, suivant la loi du pays de situation du navire au moment de la saisie, l'exécution contre le navire est possible ou la créance est privilégiée sur ce navire.
C'est ce qui résulte de l'article 3,1° et 3°, de la Convention de Genève du 12 mars 1999, aux termes duquel, « *la saisie de tout navire au sujet duquel une **créance maritime** est alléguée peut être pratiquée si : a) la personne qui était proprié taire du navire au moment où la créance maritime est née est obligée à raison de cette créance et est propriétaire du navire au moment où la saisie est pratiquée ; ou b) l'affréteur en dévolution du navire au moment où la créance maritime est née est obligé à raison de cette créance et est affréteur en dévolution ou propriétaire du navire au moment où la saisie est pratiquée ; ou c) la créance repose sur une hypothèque, un « mortgage » ou un droit de même nature sur le navire ; ou a) la créance est relative à la propriété ou à la possession du navire ; ou e) il s'agit d'une créance sur le propriétaire, l'affréteur en dévolution, l'armateur gérant ou l'exploitant du navire, garantie par un privilège maritime qui est accordé ou applicable en vertu de la législation de l'État dans lequel la saisie est demandée* » (Conv. Genève, 12 mars 1999, art. 3, 1°). « *Nonobstant les dispositions des paragraphes 1° et 2° du présent article, la saisie d'un navire qui n'est pas propriété d'une personne prétendument obligée à raison de la créance ne peut être autorisée que si, selon la loi de l'État où la saisie est demandée, un jugement rendu en vertu de cette créance peut être exécuté contre ce navire par une vente judiciaire ou forcée de ce navire* » (Conv. Genève, 12 mars 1999, art. 3, 3°).

17. Cass. Com., 31 mars 1992, *Bull. civ.* IV, n° 137, *DMF* 1992, p. 321 et 435, note Y. Tassel, *DMF* 1993, p. 78, obs. P. Bonassies ; T. com. Marseille (ord. réf.),

maritime peut saisir le navire auquel la créance maritime se rapporte, même si le propriétaire l'a vendu depuis la naissance de la créance, c'est donc à bon droit que la cour d'appel a décidé que le transfert de propriété du navire litigieux ne faisait pas obstacle à la saisie conservatoire »[18]. Cette décision procède en fait d'une application littérale de l'article 3, § 1, de la Convention de Bruxelles du 10 mai 1952 qui dispose effectivement de manière défectueuse eu égard aux travaux préparatoires de ce texte, que « *sans préjudice des dispositions du paragraphe 4 et de l'article 10, tout demandeur peut saisir soit le navire auquel la créance se rapporte, soit tout autre navire appartenant à celui qui était, au moment où est née la créance maritime, propriétaire du navire auquel cette créance se rapporte, alors même que le navire saisi est prêt à faire voile* ». En effet, le renvoi à l'article 10 n'introduit aucune restriction au droit de saisir le navire vendu, ce texte permettant seulement aux États contractants de ne pas appliquer la Convention de Bruxelles aux saisies pratiquées pour le recouvrement de certaines créances maritimes. Pour pouvoir, comme la doctrine dominante, conclure à l'impossibilité pour le créancier, de saisir en France un navire n'appartenant plus au débiteur pour avoir été déjà vendu avant la saisie, il aurait fallu que l'article 3, § 1, précité renvoie, comme dans les travaux préparatoires de la convention, à l'article 9 qui renvoie lui-même au droit national. Cette jurisprudence, fondée sur une erreur de rédaction, n'a pas été suivie par d'autres cours d'appel[19].

C Le créancier peut-il faire saisir un navire autre que celui auquel la créance se rapporte, mais appartenant au même propriétaire ?

466. Autre restriction au droit de saisir un navire posée par la Convention de Bruxelles du 10 mai 1952 en son article 3, alinéa 1, le créancier « ... *peut saisir soit le navire auquel la créance se rapporte, soit tout autre navire appartenant à celui qui était, au moment où est née la créance maritime, propriétaire du navire auquel cette créance se rapporte, ... mais aucun navire ne pourra être saisi pour une créance prévue aux alinéas o), p), ou q) de l'article premier à l'exception du navire même que concerne la saisie* ». Il résulte de ces dispositions que l'on ne peut, en principe, saisir que le navire auquel la créance se rapporte et non les autres appartenant au même propriétaire ; il ne peut en

6 septembre 2002, *RD commercial, maritime, aérien et des transports* 2002, p. 104 ; *contra* : CA Aix-en-Provence, 24 mai 2002, n° 02/07794, *DMF* 2002, p. 722, note J.-L. Renard.

18. Voir aussi, implicitement, Cass. com., 30 octobre 2000, *Bull. civ.* IV, n° 168, *DMF* décembre 2000, p. 1012, obs. J.-P. Rémery.

19. CA, Montpellier, 31 juillet 1996, *DMF* 1997, p. 31, obs. A. Arnaud.

être autrement que si ce débiteur a cédé ce navire, mais, même dans ce cas, la saisie ne sera pas possible lorsque sont contestés la propriété, la copropriété, la possession, l'exploitation, du navire, les droits aux produits d'exploitation du navire en copropriété, ainsi que dans toute hypothèque maritime et tout mortgage. Ces solutions ne devraient pas être remises en cause par la Convention de Genève du 12 mars 1999 sur la saisie conservatoire des navires, lorsqu'elle entrera en vigueur[20]. Signalons toutefois que la Cour de cassation a admis, sur le fondement des dispositions de la Convention de Bruxelles, que n'importe quel navire appartenant à l'un des codébiteurs, c'est-à-dire même ceux sans rapport avec la créance, peut faire l'objet d'une saisie[21].

D Un navire peut-il être considéré comme insaisissable en application de l'article 14, 4°, de la loi du 9 juillet 1991 ?

467. La question reste posée de savoir si un navire peut être considéré comme insaisissable en application de l'article 14, 4° de la loi n° 91-650 du 9 juillet 1991, c'est-à-dire comme un bien nécessaire au travail du saisi. Ces dispositions comportent en effet deux exceptions qui ne manquent pas de susciter des difficulté pratiques : lorsque le bien se trouve dans un lieu autre que celui où le saisi travaille, d'une part ; lorsqu'il s'agit d'un bien de valeur, d'autre part. Il conviendra, à notre avis, de considérer qu'un navire de pêche se trouve sur le lieu de travail de son propriétaire, aussi longtemps qu'il est à la mer. Tel ne sera pas le cas du navire en cale sèche pour cause de réparation ou d'entretien, auquel cas il deviendra saisissable. Cette distinction suppose toutefois qu'un navire ne soit pas considéré *ipso facto* comme un bien toujours saisissable en raison de sa valeur ; or, les navires sont presque toujours des biens de grande valeur. À titre de comparaison, la

20. Cette convention dispose, en effet, en son article 3, 2°, que « ... *peut également être pratiquée la saisie de tout autre navire ou de tous autres navires qui, au moment où la saisie est pratiquée, est ou sont propriété de la personne qui est obligée à raison de la créance maritime et qui, au moment où la créance est née, était : a) propriétaire du navire auquel la créance maritime se rapporte ; ou b) affréteur en dévolution, affréteur à temps ou affréteur au voyage de ce navire. Cette disposition ne s'applique pas aux créances relatives à la propriété ou à la possession d'un navire* ».

21. Cass. com., 26 octobre 1999, *DMF* 2000, p. 709, rapp. J.-P. Rémery, note A. Vialars, arrêt dans lequel la Cour de cassation pose comme principe, « ... *que, sauf dans les cas où la créance cause de la saisie trouve son origine dans un droit réel sur le navire, aucune disposition de la Convention de Bruxelles du 10 mai 1952 pour l'unification de certaines règles sur la saisie conservatoire des navires de mer n'exclut la faculté de saisir tout navire appartenant, au moment de la saisie, à l'un des débiteurs de l'obligation* ».

jurisprudence n'a jamais hésité à déclarer saisissables les véhicules automobiles appartenant à des VRP ou des chauffeurs de taxi[22] ou encore le matériel radiologique d'un médecin[23], en se bornant manifestement à une simple appréciation *in abstracto* de la valeur du matériel professionnel, excluant ainsi du bénéfice de l'immunité d'exécution la majeure partie des biens professionnels. Ces décisions ont certes été rendues sous l'empire des dispositions aujourd'hui abrogées des articles 592 et 592-1 de l'ancien Code de procédure civile, mais ces textes étaient sur ce point parfaitement identiques à l'article 14, 4° de la loi de 1991. Comment dans ces conditions en serait-il autrement d'un navire ?

E L'immunité d'exécution des États et la théorie de l'émanation[24].

468. En définitive, la seule immunité d'exécution dont les navires puissent à coup sûr systématiquement faire l'objet, ce n'est pas d'une immunité réelle, mais d'une immunité personnelle, c'est-à-dire d'une immunité en raison de la qualité de leurs propriétaires. En matière de saisie de navires, l'immunité personnelle la plus fréquente sera celle conférée par le droit international public concernant les navires appartenant à un État ou un souverain étranger[25]. Cette immunité d'exécution a été spécialement confirmée à propos des navires, par la Convention de Bruxelles du 10 avril 1926 relative à l'unification de certaines règles concernant l'immunité des navires d'État, ratifiée par la France par le décret n° 55-1299 du 28 septembre 1955[26]. Elle a donné lieu à la théorie des navires apparentés. On sait en effet que, en règle générale, l'immunité d'exécution devra être écartée chaque fois qu'il s'agira de recouvrer une dette contractée dans le cadre de l'exercice, par un État étranger, d'une activité économique ou commerciale, c'est-à-dire sans rapport avec l'exercice de sa souveraineté[27], et que ne seront alors saisissables que les biens affectés à cette activité[28]. La solution est la même lorsque

22. En ce sens, Cass. 2e civ., 18 février 1981, *Bull. civ.* II, n° 37, *GP* 1981, 2, p. 396, note J. Viatte.
23. CA Paris, 10 août 1987, *D.* 1987, p. 603, note J. Prévault.
24. Sur cette notion, voir plus généralement *supra*, nos 139 et 148.
25. Pour une application, voir Cass. 1re civ, 4 février 1986, *Bull. civ.* I, n° 7.
26. *JO* 5 octobre, p. 9772.
27. Cass. req., 19 février 1929, *D.* 1929, 1, p. 73, note Savatier, *S.* 1930, 1, p. 49, note M.-L. Niboyet ; Cass. com., 19 mars 1979, *Bull. civ.* IV, n° 104 ; CA Paris, 21 avril 1982, *Rev. crit.* 1983, p. 101, note P. Mayer ; Cass. 1re civ., 7 décembre 1977, *Bull. civ.* I, n° 466.
28. Cass. 1re civ., 14 mars 1984, *Bull. civ.* I, n° 93, *JCP éd. G* 1984, II, 20205, concl. P. Gulphe, note H. Synvet, *D.* 1984, p. 629, rapp. Fabre, note Robert, *JDI*, 1984, p. 598, note B. Oppetit.

les biens d'un organisme public distinct d'un État étranger, dont notamment une compagnie maritime, ont été affectés par celui-ci à une activité économique ou commerciale, ledit organisme, en raison de son caractère public, étant considéré comme une émanation de l'État lui-même[29]. Or, pour échapper à la saisie de leurs biens, la tentation est grande pour certains États, ayant traditionnellement un secteur privé réduit voire inexistant, de multiplier les établissements publics ou les sociétés de droit privé à la personnalité juridique soi-disant distincte, propriétaires de biens tels des navires ou des aéronefs. Dans ce cas, pour faire échec à cette fraude et pouvoir saisir les biens de cet organisme public, les créanciers auront l'obligation de démontrer en quoi celui-ci ne dispose pas véritablement d'un patrimoine distinct de celui de l'État étranger dont on dit alors qu'il n'est qu'une émanation[30]. Cette solution n'a pas cours lorsque ce sont les biens d'un organisme de droit privé qui ont ainsi été affectés à cette activité, même si l'État étranger y dispose de la plus forte participation[31]. La jurisprudence n'y voit alors pas une émanation de l'État étranger. Dans le même ordre d'idées, toujours à propos de la constitution d'une société de droit privé, la Cour de cassation estime que « *l'allégation selon laquelle un État a eu pour but, dans la création de sociétés d'armement, de limiter le gage de ses créanciers maritimes ne démontre pas, par elle-même, que ces sociétés seraient fictives et ne constitueraient que des émanations de cet État, dès lors qu'elles possèdent un patrimoine propre* »[32]. Or, nous avons vu que c'est précisément l'absence de patrimoine propre qui permet de conclure, à propos d'un groupement, à la qualification d'émanation de l'État[33].

29. Cass. 1re civ., 1er octobre 1985, *Bull. civ.* I, n° 236, *JCP éd. G* 1986, II, 20566, concl. P. Gulphe, note H. Synvet, *JDI*, 1986, p. 170, note B. Oppetit.

30. Voir à titre d'application, en matière maritime, Cass. 1re civ., 6 juillet 1988, *Bull. civ.* I, n° 227 ; Cass. com., 1er octobre 1997, *Bull. civ.* IV, n° 234 ; CA Rennes, 2e ch., 24 avril 2002, n° 00/5445, *Export développement corporation et a. c/Léo Tempest Shipping compagny Ltd*, *DMF* 2003, p. 747, note C. Navarre-Laroche.

31. Cass. 1re civ., 21 juillet 1987, *Bull. civ.* I, n° 244, *RTD civ.* 1988, p. 744, note J. Mestre.

32. Cass. com., 23 novembre, *Bull. civ.* IV, n° 204, *DMF* 2000, p. 719, obs. N. Molfessis.

33. C'est de cette théorie de l'émanation qu'un des nombreux créanciers impayés de l'actuelle Fédération de Russie, la compagnie Noga d'importation et d'exportation, société de droit suisse, n'a pas manqué de se prévaloir, pour tenter de saisir en application d'une sentence arbitrale prononcée en Suède mais revêtue de l'exequatur en France, le voilier Sedov battant pavillon russe, alors qu'il stationnait dans le port de Brest à l'occasion de la manifestation nautique *Brest 2000*. Cette illustration des tentatives de recouvrement de leurs créances, que les créanciers de la Russie multiplient en France et ailleurs, a donné lieu à un jugement rendu le 24 juillet 2000 par le tribunal de grande instance de Brest (*GP* 10-11 juin 2001, p. 22, note de la G. Pradel, *DMF* 2001, hors série, n° 5, p. 46, n° 45 *bis*, note P. Bonassies). L'embarcation appartenait officiellement à la Russie, n'ayant qu'été mis à la disposition de l'Université de Mourmansk qui s'en

Notons que la Convention de Genève du 12 mars 1999, non encore en vigueur, dispose en son article 8, § 2, qu'elle « *n'est pas applicable aux navires de guerre, navires de guerre auxiliaires et autres navires appartenant à un État ou exploités par lui et exclusivement affectés, jusqu'à nouvel ordre, à un service public non commercial* ».

---

prétendait pourtant le propriétaire. Après avoir estimé que le navire appartenait bien à l'État Russe, le tribunal de grande instance de Brest a tout de même estimé qu'il était insaisissable en faisant curieusement application d'une disposition du droit public russe prévoyant certes, effectivement, l'insaisissabilité des biens que l'État russe met à la disposition d'une personne morale de droit public distincte de lui, comme c'était le cas pour l'Université de Mourmansk, mais qui en l'espèce ne pouvait pourtant concerner que le recouvrement des dettes de cette université, et certainement pas de celles de la fédération de Russie. Au-delà d'une incompréhension de circonstance du droit russe, le tribunal de Brest méconnaît, sans doute également à dessein, le droit positif à ce jour non démenti par la Cour de cassation, aux termes duquel, la saisissabilité d'un navire s'apprécie, non pas comme il le proclame, selon la loi de son pavillon, mais au regard de la loi du for de la saisie, c'est-à-dire du lieu de situation du navire au moment de sa saisie (Cass. civ., sect. com., 7 mai 1952, *D.* 1952, p. 561, note G. Ripert, *JCP éd. G* 1952, II, 703, note C. B., arrêt dans lequel, en application de cette règle, un navire battant pavillon italien, a pu se prévaloir, à l'époque où elle avait cours, de l'insaisissabilité des navires prêts à faire voile, prévue par le Droit français). Le premier président de la cour d'appel de Rennes, dans une ordonnance de référé en date du 4 août 2000, avait refusé de suspendre l'exécution provisoire assortissant ce jugement, et le premier président de la cour d'appel de Paris saisi en référé suite à l'appel interjeté contre le jugement d'exequatur de la sentence arbitrale en exécution de laquelle la saisie-vente avait, dans une ordonnance en date du 27 juillet 2000, suspendu l'exécution provisoire dudit jugement d'exequatur. Dans un arrêt en date du 27 juin 2002, la cour d'appel de Rennes a finalement confirmé la mainlevée de la saisie-exécution du Sedov au motif que ce navire appartenait bien à l'Université de Mourmansk, et non à la fédération de Russie (CA Rennes, 27 juin 2002, n° 00/4888, *Cie Noga d'importation et d'exportation c/Ass. Brest 2000 et a., DMF* 2002, p. 734, note J.-P. Rémery). Enfin, la compagnie Noga a même finie par se retrouver démunie de titre exécutoire, la Cour de cassation ayant considéré que l'exequatur n'avait pas été conféré régulièrement à la sentence arbitrale ayant servi de titre exécutoire comme fondement à la saisie-exécution, l'ayant été dans le cadre d'une procédure contradictoire, alors qu'elle devait l'être dans le cadre d'une procédure sur requête par le président du tribunal de grande instance (Cass. 1re civ., 9 décembre 2003, *Bull. civ.* I, n° 250, cassation sans renvoi).

L'affaire du Sedov avait particulièrement défrayé la chronique, compte tenu des circonstances dans le cadre desquelles la saisie avait été tentée, en l'occurrence une manifestation publique culturelle. Plus récemment, en janvier 2001, un autre créancier de la Russie avait tenté sans succès, la saisie d'un aéronef battant pavillon de cet État pendant qu'il participait au salon du Bourget. Afin d'éviter que des saisies ne viennent perturber de telles manifestations, d'aucuns (voir J.-P. Rémery, *Pour une insaisissabilité temporaire des navires invités à une manifestation nautique, DMF* janv, 2001, p. 3) ont proposer de rendre insaisissable les aéronefs et navires y participant, à l'instar de l'insaisissabilité des œuvres d'art prêtées à la France déjà prévue par l'article 61 de la loi n° 94-679 du 8 août

F La théorie des navires apparentés et la présomption d'apparentement

469. La recherche d'une limitation des risques de saisie a conduit les possesseurs de flottes de navires à constituer de multiples sociétés distinctes, voire parfois une par navire. Cette prolifération des single et autres one ship company, a conduit naturellement les créanciers à avoir recours une nouvelle fois, à la théorie des navires apparentés pour soutenir que ces sociétés n'en faisaient la plupart du temps qu'une seule, afin de pouvoir faire saisir des navires autres que celui auquel la créance maritime se rapporte, lorsque c'est possible. Aujourd'hui, la jurisprudence se montre extrêmement exigeante quant à la preuve de ce qui n'est rien d'autre que la fictivité de ces sociétés. Il ne suffit pas d'établir que les dirigeants ou les associés sont les mêmes ou encore, que les sociétés en cause font partie du même groupe, pour démontrer cette fictivité[34]. Cette jurisprudence, plus empreinte de droit des sociétés que de droit maritime, est directement inspirée de celle ayant cours en matière d'extension d'une procédure collective ouverte à l'encontre d'une société, à une autre société[35]. Ces décisions marquent, semble-t-il, la fin d'une étape dans la jurisprudence relative aux navires apparentés caractérisée par une grande sévérité à l'égard des créanciers, dans la mise en œuvre des critères permettant de caractériser une société fictive. Depuis lors, la jurisprudence française semble se montrer moins exigeante[36].

1994 (cf. *supra*, n° 140). Pareille solution *de lege ferenda* nous paraîtrait pour le moins critiquable, du moins si elle devait être générale. Si, en effet, on peut aisément concevoir une insaisissabilité des œuvres d'arts prêtées par un État à un autre, simplement parce qu'il est de l'intérêt général que le plus de monde puisse les voir exposer, celles-ci pouvant dans une certaine mesure être considérées comme patrimoine commun de l'Humanité, on voit mal comment justifier de la même naniére une telle solution pour des navires ou des aéronefs, sauf à n'épargner ainsi que les véhicules construits avant une date suffisamment ancienne, variable d'ailleurs selon le type de propulsion, pour leur conférer un intérêt historique ou muséologique.

34. Cass. com., 15 novembre 1994 *Bull. civ. IV*, n° 338, *DMF* 1995, p. 135, rapp. X. Nicot, note Y. Tassel ; Cass. com., 19 mars 1996, *Bull. civ.* IV, n° 89, *DMF* 1996, p. 503, *Rev. sociétés* 1996, p. 267, note P. Le Cannu, qui estime insuffisante l'identité de gérant ; Cass. com., 21 janvier 1997, n° 94-19.585, *DMF* 1997, p. 612, note A. Vialard, arrêt dans lequel le fait que la société possédant le navire et celle débitrice appartiennent au même groupe, n'a pas été jugé suffisante non plus.

35. Cass. com., 25 juin 1996, *Bull. civ.* IV, n° 190, *Defrénois* 1996, p. 1297, note H. Hovasse, *JCP éd. E* 1997, 1, p. 623, n° 1, obs. M. Cabrillac et P. Petel.

36. Elle se borne désormais à des éléments qui jusqu'alors ne permettaient pas de caractériser la fictivité, au point que l'on était fondé à se demander si cette fictivité pouvait, en droit privé français, être caractérisée. Ainsi, la cour d'appel de Rouen statuant sur renvoi après l'arrêt précité rendu le 15 novembre 1994 par la Cour de cassation, dans une décision en date du 24 septembre 1998 (CA Rouen, 30 juin 1998, *DMF* 1998, p. 1035, obs. P. Pestel-Debord et Y. Tassel), retiendra finalement la fictivité de la société propriétaire du navire Osiris 1, du fait du défaut d'*affectio sociÉtatis* caractérisé notamment par une

Afin de faciliter l'établissement de la fictivité d'une société, la Convention de Bruxelles du 10 mai 1952 a prévu en son article 3, une présomption d'apparentement, en disposant, que « *des navires seront réputés avoir le même propriétaire, lorsque toutes les parts de propriété appartiendront à une même ou aux même personnes* ». Mais ce texte est, en pratique, de peu d'utilité, la Cour de cassation en faisant une application littérale extrêmement restrictive[37]. Elle considère en effet, qu'il faut s'en tenir strictement à la question de savoir qui est associé dans les sociétés en cause, sans que l'on puisse rechercher qui se trouve exactement derrière les associés apparents, ce qui conduirait à une appréciation indirecte de la propriété des navires. On ne saurait donc, dans le but de bénéficier de la présomption de l'article 3 de la Convention de Bruxelles, rechercher qui est l'associé majoritaire de la société elle-même associée dans les sociétés en présence. Mais cette recherche demeure utile pour établir la fictivité d'une société sans recourir à la présomption de l'article 3.

---

absence de participation des associés, aux pertes et bénéfices, et une répartition très inégalitaire du capital avec un actionnaire très majoritaire.

La Cour de cassation a également considéré comme fictive la société propriétaire d'un navire en construction constituée à Chypre par une autre société russe, afin que la banque finançant la construction de ce navire puisse bénéficier d'une hypothèque sur celui-ci, garantie ignorée du droit russe, mais non du droit chypriote (Cass. com., 22 juin 1999, *Bull. civ.* IV, n° 136, *JCP éd. G* 2000, II, 10266, note M. Menjucq, *JCP éd. E* 2000, n° 5, p. 181, note C. Cutajar, *Bull. Joly* 1999, p. 978, § 229, *Dr. sociétés* 1999, com., n° 143, *DMP* 2000, p. 535, rapport J.-P. Rémery, obs. P. Bonassies). Cet arrêt ne se borne cependant pas à prendre en considération le mobile ayant animé les associés, lequel aurait été certainement insuffisant pour caractériser la fictivité. Il prend en compte le fait que cette pseudo société ne comptait pour associés, outre la société russe, qu'un secrétaire du cabinet d'avocat s'étant chargé de la constitution de la société pour 0,01 % du capital social, ne comportait aucune structure administrative et n'exerçait pas réellement son activité déclarée d'affréteur coque-nue. Notons enfin que dans cette espèce dans laquelle le droit français était seul invoqué, la Cour de cassation a considéré que l'hypothèque maritime constituée par la société fictive demeure néanmoins, - sauf fraude qui ne peut résulter du seul montage imaginé pour bénéficier de la garantie ignorée du droit russe -, opposable aux créanciers chirographaires du véritable armateur, la fictivité d'une société ne la rendant pas *ipso facto* inexistante, mais nulle d'une nullité qui n'a aucun effet rétroactif (voir aussi sur la fictivité d'une société permettant la saisie de navires apparentés, Cass. com., 15 octobre 2002, n° 00-14.829 ; Cass. com., 15 octobre 2002, n° 99-17.236, *DMF* 2003, p. 756, note P. Simon, et p. 883, note H. De Richement et Ch. Nicolas ; Cass. com., 15 octobre 2002, n° 00-12.641 ; CA Rouen, 2e ch., 14 septembre 2000, *Sté Rederiet c/Sté Magnifica navigation corp. et a., DMF* 2001, p. 1028, note B. Marguet ; CA Versailles, 14e ch., 19 février 2003, *Boastell Trading France c/Bayview shipping corporation, DMF* 2003, p. 763, note P.-Y. Nicolas).

37. Cass. com., 23 novembre, *Bull. civ.* IV, n° 204, *DMF* 2000, p. 719, obs, N. Molfessis.

G La prohibition de la pluralité de saisies pratiquées par le même créancier pour le recouvrement de la même créance

470. Ultime restriction, aux termes des dispositions de l'article 3, § 3, de la Convention de Bruxelles du 10 mai 1952, « *Un navire ne peut être saisi et caution ou garantie ne sera donnée, plus d'une fois dans la juridiction d'un ou plusieurs des États contractants, pour la même créance et par le même demandeur ; et si un navire est saisi dans une desdites juridictions et une caution ou une garantie a été donnée, soit pour obtenir la mainlevée de la saisie, soit pour éviter celle-ci, toute saisie ultérieure de ce navire, ou de n'importe quel autre navire, appartenant au même propriétaire, par le demandeur et pour la même créance maritime, sera levée* ». Appelée à interpréter le texte, la Cour de Justice des Communautés Européennes a rappelé qu'un navire ne peut donc en principe être saisi plus d'une fois dans la juridiction d'un ou plusieurs État contractants, pour la même créance et par le même créancier[38]. Cette solution sera conservée par la Convention de Genève du 12 mars 1999 (Conv. Genève, 12 mars 1999, art. 5, § 1). Notons cependant que si, aux termes de l'article 3, § 3, de la Convention de Bruxelles, en cas de pluralité de saisies, « *toute saisie ultérieure de ce navire, ou de n'importe quel autre navire, appartenant au même propriétaire, par le demandeur et pour la même créance maritime, sera levée et le navire sera libéré par le tribunal ou toute autre juridiction compétente dudit État, à moins que le demandeur ne prouve, à la satisfaction du tribunal ou de toute autre autorité judiciaire compétente, que la garantie ou la caution a été définitivement libérée avant que la saisie subséquente n'ait été pratiquée ou qu'il n'y ait une autre raison valable pour la maintenir* », la jurisprudence française semble faire de ces dispositions une application non littérale et plus nuancée, fondée sur une comparaison entre la version anglaise et la version française du texte. La cour d'appel de Rouen, après une première saisie pratiquée en garantie du recouvrement de la même créance contre le même débiteur sur un navire stationné au Maroc, a considéré valable une seconde saisie pratiquée en France, à la condition toutefois que le créancier saisissant démontre que le recouvrement de sa créance n'était pas suffisamment garanti par la première saisie ou la première garantie prise ou consentie sur le premier navire[39].

38. CJCE, 6 décembre 1994, *The owners of the cargo Lately laden on board the ship Tatry*, Aff. n° C-406/92, Rec., p. 5439, *JDI* 1995, p. 469, note A. Huet, *Rev. crit. DIP* 1995, p. 588, note E. Tichadou.

39. CA Rouen 2e ch., 19 mai 2000, *DMF* mai 2001, p. 371, note C. Humman, De l'interprétation de la Convention de Bruxelles du 10 mai 1952.

H L'incidence de l'existence d'une clause compromissoire

471. Enfin, notons que l'existence d'une clause compromissoire ne sera pas, dans la Convention de Genève du 12 mars 1999 sur la saisie conservatoire des navires (non encore en vigueur), un obstacle à la saisie conservatoire (Conv. Genève, 12 mars 1999, art. 2, § 3).

§ 2. Les responsabilités encourues pour perte du navire ou dommages causés à celui-ci durant la saisie (A), et pour abus de saisie (B)

A La responsabilité pour perte du navire ou dommages causés à celui-ci durant la saisie

472. Parce que la saisie conservatoire d'un navire n'est pas considérée comme portant atteinte aux droits de son propriétaire et n'a pas pour effet de mettre à la charge du créancier saisissant, l'entretien du navire, la perte de celui-ci ou tout autre dommage pouvant résulter du fait d'un défaut d'entretien durant la saisie, ne saurait lui être imputé, sauf à démontrer qu'il a empêché cet entretien ou n'a pas pris les mesures destinées à éviter tout sinistre[40].

B La responsabilité du créancier pour abus de saisie

473. Cette possibilité a été consacrée d'abord de manière générale pour toutes les procédures d'exécution par la loi n° 91-650 du 9 juillet 1991 : « *le juge de l'exécution a le pouvoir... de condamner le créancier à des dommages-intérêts en cas d'abus de saisie* » (L. n° 91-650,9 juillet 1991, art. 22, al. 2). La généralité de ce texte permet-elle de conférer en la matière compétence concernant les saisies de navires ? Contre cette solution, on objectera que ces procédures demeurent pour l'essentiel

40. Cass. com., 3 mars 1998, *Bull. civ.* IV, n° 91, *DMF* 1998, p. 699, rapp. J.-P. Rémery, note R. Rézenthel ; voir également : Cass. com., 6 mars 1973, *Bull. civ.* IV, n° 115, *D. 1*973, jur., p. 544, qui retient la responsabilité du créancier saisissant, au titre de dommages causés au navire par deux raz-de-marée et un cyclone, pour ne s'être absolument pas préoccupé de la conservation du navire saisi après avoir lui-même choisi le gardien ; Cass. 2e civ., 11 février 1987, *Bull. civ.* II, n° 46, qui reproche à une cour d'appel d'avoir écarté la responsabilité du créancier saisissant à la suite au pillage à quai du navire saisi : elle devait rechercher s'il n'incombait pas au créancier de donner toutes instructions utiles au gardien ou de prendre lui-même les mesures de nature à prévenir le pillage ; Cass. 2e civ., 13 décembre 1993, *Bull. civ.* II, n° 368 : même motivation à propos d'un navire saisi ayant fait naufrage à quai.

régies par des textes qui leurs sont propres. En faveur de cette solution, on invoquera, outre la généralité du texte de la loi de 1991, le fait que cette question ne concerne déjà plus, lorsqu'elle est posée, le fonctionnement de la saisie.

Cette responsabilité a déjà été consacrée dans son principe, précisément en matière de saisie de navires, par la jurisprudence française[41]. Notons que pas plus de manière générale en droit de l'exécution forcée, qu'en matière de saisies de navires, il n'est prévu la moindre obligation pour le créancier saisissant de constituer une contre-garantie destinée à le garantir des conséquences dommageables d'une éventuelle saisie abusive.

Les navires sont susceptibles non seulement de saisies d'exécution, mais aussi de saisies conservatoires.

Sous-section 2
Les saisies d'exécution

474. Quant aux saisies d'exécution, les navires sont susceptibles, comme n'importe quel bien meuble corporel, de saisie-appréhension *(§ 1)* et de saisie-vente *(§ 2)*.

§ 1. La saisie-appréhension

475. Bien qu'aucun des textes spéciaux, – loi n° 67-5 du 3 janvier 1967, décret n° 67-967 du 27 octobre 1967 et Convention de Bruxelles du 10 mai 1952 –, ne l'envisagent, il n'y a aucune raison théorique ou pratique de ne pas faire application aux navires de la procédure de saisie-appréhension ordinaire régie par les dispositions de la loi de 1991 et le décret de 1992. Il suffira de se reporter à nos précédents développements en la matière[42]. Signalons toutefois que le procès-verbal de saisie devra comporter en outre, en tant que de besoin, les mentions spéciales énumérées par l'article 34 du décret de 1967.

41. Cass. 2e civ., 19 mars 1997, *Bull. civ.* II, n° 85, *DMF* 1998, p. 1024, note C. Bourayne, *JCP éd. G* 1997, I, p. 295, note P. Delebecque, qui estime non caractérisé l'abus de saisie d'une cargaison ; Cass. 1re civ., 6 octobre 1998, n° 95-20.405, qui admet curieusement qu'une cour d'appel ait pu tout à la fois considérer l'abus de saisie comme non caractérisé et condamner le créancier saisissant à payer au saisi des dommages-intérêts en réparation du préjudice résultant de l'indisponibilité du navire du fait de sa saisie.

42. Cf. *supra*, nos 327 et s.

§ 2. La saisie-vente

476. Seule la saisie-vente qui s'appelle d'ailleurs toujours dans les textes « saisie-exécution », a été envisagée ; et encore ne l'a-t-elle été que par la loi n° 67-5 du 3 janvier 1967 et le décret n° 67-967 du 27 octobre 1967. La Convention de Bruxelles du 10 mai 1952 qui n'a d'ailleurs pour objet que l'unification de certaines règles sur la saisie conservatoire, ne traite aucunement de la saisie-vente, et il n'existe aucune autre convention internationale sur la question. Il est vrai qu'en pratique, la saisie-vente d'un navire est rare, tant sa saisie conservatoire suffit le plus souvent à « convaincre » le débiteur de payer. Il n'est pas prévu que la saisie-exécution puisse être obtenue sur simple conversion de la saisie conservatoire. Par conséquent, la saisie-vente suit purement et simplement la saisie conservatoire. Les textes spéciaux n'ont organisé que la saisie pratiquée directement entre les mains du débiteur propriétaire du bâtiment. Pour les modalités de la saisie pratiquée entre les mains d'un tiers détenteur, on fera donc application en tant que de besoin, des textes de la loi de 1991 et du décret de 1992[43].

La procédure de saisie-vente résulte donc presqu'exclusivement des dispositions des articles 31 à 58 du décret de 1967. La loi de 1967 se borne à disposer en ses articles 70 et 71 que « *la saisie des navires est régie par des dispositions réglementaires particulières* », et à traiter du sort du capitaine en cas d'adjudication du navire sur saisie. Un ***titre exécutoire*** est nécessaire pour pouvoir recourir à cette saisie-vente spéciale (art. 34 du décret de 1967)[44]. Nous allons voir en effet, que la procédure prévue devant le tribunal de grande instance n'est pas une instance en validité (art. 40). La possibilité d'obtenir une autorisation provisoire de départ moyennant constitution d'une garantie est régie par les mêmes textes que pour la saisie conservatoire (art. 27 et 28 du décret de 1967). Nous envisagerons successivement les modalités de la saisie, puis celles de la vente forcée.

Cette saisie-vente spéciale débute comme celle de droit commun, par la ***signification au débiteur propriétaire du navire, d'un commandement de payer***, à personne ou à domicile (art. 32 du décret de 1967). En pratique il est admis que cette signification puisse avoir lieu entre les mains du capitaine censé représenter l'armateur. Le commandement n'impartit au débiteur, qu'un délai de vingt-quatre heures au moins pour payer. Le créancier ne saurait toutefois impartir un délai trop long au débiteur, puisque ce commandement se périme au bout de dix jours s'il

43. Cf. *supra*, n° 307.

44. Cass. 1re civ., 9 décembre 2003, *Bull. civ.* I, n° 250 ; Cass. 2e civ., 1er juillet 1999, *Bull. civ.* II, n° 130.

n'est pas suivi dans ce délai, de la signification du procès-verbal de saisie (art. 33).

Au plus tôt vingt-quatre heures, au plus tard dix jours après la signification du commandement de payer, le créancier devra ensuite procéder à la saisie proprement dite. En réalité le délai maximum n'est pas de dix, mais de trois jours. En effet, aux termes des dispositions de l'article 36, c'est dans un délai maximum de trois jours après la signification du commandement, que le créancier doit faire signifier au propriétaire du navire un procès-verbal de saisie comportant les mentions énumérées par l'article 34 du décret de 1967, et une assignation devant le tribunal de grande instance du lieu de la saisie. Ce délai est augmenté de dix jours si le propriétaire non présent sur le navire lors de la saisie, « ... *demeure hors de France métropolitaine et en Europe, et de vingt jours s'il demeure en tout autre partie du monde* ». « *Si le propriétaire n'est pas domicilié dans le ressort du tribunal* (où se trouve le navire), *les significations et citations lui sont données en la personne du capitaine ou patron du bateau* (*sic*) *saisi, ou, en son absence, en la personne de celui qui représente le propriétaire ou le capitaine* » (art. 36, al. 2). Si le propriétaire, au moment de la signification du procès-verbal de saisie, « ... *est à l'étranger (...) et non représenté, les citations et significations sont données dans les formes prescrites en matière de procédure civile* » (art. 36, al. 3). L'huissier de justice constituera gardien ; en pratique ce sera le capitaine du navire (art. 34). Nous allons voir en effet, que la procédure devant le tribunal de grande instance n'est pas une instance en validité de saisie.

La ***saisie*** doit être ***inscrite***, pour opposabilité aux tiers, ***à la conservation des hypothèques maritimes*** c'est-à-dire, aux termes des dispositions de l'article 37 du décret de 1967, auprès du receveur principal régional des douanes du port d'attache pour un navire immatriculé en France, et auprès du receveur des douanes du port de la saisie, s'il s'agit d'un navire battant pavillon étranger. « *Cette inscription est requise dans le délai de sept jours courant de la date* (de signification) *du procès-verbal* (de saisie). *Ce délai est augmenté de vingt jours si le lieu de la saisie et le lieu où le fichier est tenu ne se trouvent pas l'un et l'autre en France métropolitaine ou dans un même département d'outre-mer ou un même territoire d'outre-mer* » (art. 37, al. 2).

Lorsque le navire est immatriculé en France, le conservateur des hypothèques maritimes délivrera au créancier saisissant un état des inscriptions sur le navire saisi (art. 38, al. 1). Dans les sept jours qui suivent la délivrance de l'état des inscriptions, le créancier saisissant doit dénoncer la saisie aux créanciers inscrits aux domiciles élus dans leurs inscriptions, avec l'indication du jour de la comparution devant le tribunal de grande instance. Le délai de dénonciation est augmenté de vingt jours si le lieu de la saisie et le lieu du tribunal qui doit connaître de la saisie et de ses suites, ne se trouvent pas l'un et l'autre en France métropolitaine ou dans un même département d'outre-mer ou un même territoire d'outre-mer (art. 38, al. 1 et 2). Les créanciers inscrits ne sont donc pas assignés devant le tribunal de grande instance.

Lorsque le navire saisi est immatriculé à l'étranger cette dénonciation est adressée au consul de l'État dont le navire bat pavillon et le délai de comparution est de trente à soixante jours (art. 39 et 35).

L'article 38 prévoit, en son alinéa 3, que le délai de ***comparution devant le tribunal de grande instance*** « *... augmenté de vingt jours si le domicile élu* (par les créanciers inscrits sur l'état des inscriptions) *et le siège du tribunal ne se trouvent pas l'un et l'autre en France métropolitaine ou dans un même département d'outre-mer ou un même territoire d'outre-mer* ». Compte tenu de la matière et du contenu des autres textes, il semble qu'il s'agisse d'une assignation délivrée de plein droit à jour fixe. Cette analyse est confirmée par l'article 38 qui dispose d'ailleurs que « *la dénonciation aux créanciers indique le jour de la comparution devant le tribunal* ».

La saisie doit également être dénoncée au commandant du port ainsi qu'au consul de l'État dont le navire bat pavillon (art. 35).

Ni la loi de 1967, ni le décret de 1967 n'ont prévu que la ***saisie*** puisse être ***pratiquée entre les mains d'un tiers*** détenteur du navire. On pense à un affréteur, ou encore à un chantier naval à qui le navire serait confié pour entretien ou réparation. Nous considérons que pour saisir un navire entre les mains d'un tiers, tel un chantier naval, le procès-verbal de saisie devra être signifié au tiers, puis dénoncé ensuite, suivant les modalités de la saisie-vente de droit commun[45], avec l'assignation à comparaître devant le tribunal de grande instance au propriétaire débiteur saisi. Le reste de la procédure est ensuite identique à celle pratiquée directement entre les mains du débiteur.

Le ***tribunal de grande instance*** devra fixer dans son jugement la mise à prix et les conditions de la vente, dont la date de l'audience d'adjudication. Il devra fixer également immédiatement, une nouvelle mise à prix d'un montant inférieur et une nouvelle date d'audience d'adjudication, pour le cas où, advenu le jour de l'audience d'adjudication, il n'y aurait aucune enchère (art. 40).

Quinze jours au moins avant l'audience d'adjudication, celle-ci doit être annoncée au moyen d'affiches apposées au grand mât ou sur la partie la plus apparente du navire saisi, à la porte principale du tribunal de grande instance devant lequel on doit procéder, sur la place publique, le quai du lieu où le navire est amarré, à la chambre de commerce, au bureau des douanes et à la circonscription maritime (art. 42). Dans le même délai, la vente doit également être annoncée dans un journal

45. Cf. *supra*, n°s 299 et s.

d'annonces légales paraissant dans le ressort du tribunal, sans préjudice de toutes autres publications qui pourront être autorisées par le tribunal (art. 41). Les ***annonces et affiches*** doivent comporter les mentions énumérées par l'article 43 du décret de 1967 parmi lesquelles on trouve notamment la mise à prix, les conditions générales de la vente, les jour, lieu et heure de l'adjudication. La vente aux enchères se déroule en principe à la barre du tribunal dans le ressort duquel a été effectuée la saisie. Le tribunal a également la possibilité d'« *... ordonner que la vente sera faite soit devant un autre tribunal* (de grande instance) *soit en l'étude et par le ministère d'un notaire, soit par un courtier interprète et conducteur de navires, soit en tout autre lieu du port où se trouve le navire saisi. Dans ces divers cas, le jugement règle la publicité* » (art. 41). Le prix est payable comptant dans les vingt-quatre heures de l'adjudication, sous peine de folle enchère dont les modalités sont les mêmes que dans la saisie-vente ordinaire (art. 48). Aucune surenchère n'est possible (art. 47). L'adjudication met fin aux fonctions du capitaine du navire (art. 71 de la loi de 1967).

La distribution du prix de vente sur saisie obéit aussi à des règles spécifiques (art. 49 à 58 du décret de 1967)[46].

Sous-section 3
Les saisies conservatoires

477. Différence notable avec les bateaux, il existe un régime particulier de saisie conservatoire des navires. Nous verrons en effet, que les saisies conservatoires de bateaux obéissent aux règles du droit commun, c'est-à-dire celles posées désormais par la loi de 1991 et le décret de 1992 portant réforme des procédures mobilières d'exécution[47]. Tel n'est pas toujours le cas à propos des navires. Ces textes propres aux navires ne concernent cependant que la saisie conservatoire à fin de vente *(§ 2)*. Or les navires étant des biens mobiliers corporels, aucune disposition ne permet d'exclure la possibilité de faire usage à leur propos, de la saisie-revendication aux fins d'appréhension *(§ 1)*.

§ 1. La saisie-revendication

478. Elle n'est pas techniquement ou pratiquement inimaginable. On sait en effet que cette voie d'exécution permet de préparer la mise en œuvre de l'appréhension d'un bien mobilier corporel par son propriétaire

46. Cf. *infra*, n°s 745 et s.
47. Cf. *infra*, n°s 483 et s.

qui ne parvient pas à en obtenir la livraison ou la restitution. Or cette situation peut parfaitement concerner un navire. Il suffit pour s'en convaincre, de songer au navire confié à un chantier naval pour entretien ou réparation et que son propriétaire ne parvient pas à récupérer à la suite d'un différend sur le montant de la facture. Il pourra avoir recours, dans un premier temps, à la saisie-revendication, dans les conditions prévues par la loi de 1991 et le décret de 1992[48], en attendant d'obtenir le titre exécutoire qui lui permettra de recourir à la saisie-appréhension[49].

Conformément au droit commun de la saisie conservatoire, il conviendra ensuite d'entreprendre une action au fond pour obtenir le titre exécutoire, nécessaire pour entreprendre une saisie-appréhension. Compte tenu de l'absence de spécificité de la saisie-revendication des navires, le droit commun des mesures conservatoires dont notamment la caducité de l'article 215 du décret n° 92-755 du 31 juillet 1992 s'applique ici[50].

§ 2. La saisie conservatoire à fin de vente

479. Après avoir défini les textes applicables et la notion de créance maritime au sens des conventions internationales applicables ***(A)*** et envisagé la nécessité d'une autorisation judiciaire préalable ***(B)***, nous exposerons les modalités de la saisie conservatoire à fin de vente, pratiquée entre les mains du propriétaire du navire ***(C)*** et celles de la saisie pratiquée entre les mains d'un tiers ***(D)***. Cette saisie produit des effets ***(E)*** et peut être ponctuée d'incidents spécifiques ***(F)***

A Les textes applicables et la notion de créance maritime au sens des conventions internationales applicables

480. Actuellement, les textes applicables sont la Convention de Bruxelles du 10 mai 1952 et/ou le droit français (L. n° 67-5, 3 janvier 1967 et D. n° 67-967, 27 octobre 1967) ***(1)***. La Convention de Bruxelles du 10 mai 1952 sera, à terme, remplacée par la Convention de Genève du 12 mars 1999 sur la saisie conservatoire des navires qui était ouverte à la signature du 1er septembre 1999 au 31 août 2000, n'entrera en vigueur que 6 mois après sa 10e ratification (Conv. Genève, 12 mars 1999, art. 12 et 14)[51]. Ce texte ne modifie pas fondamentalement le droit issu

48. Cf. *supra*, nos 416 et s.
49. Cf. *supra*, nos 327 et s.
50. Cf. *supra*, nos 336 et s.
51. À ce jour, n'ont ratifié la Convention de Genève que l'Estonie, la Lettonie, la Bulgarie, la Syrie et l'Espagne.

de la Convention de Bruxelles, ne faisant qu'éclaircir certains points. Nous signalerons ponctuellement ces innovations à venir *(2)*. Notons qu'aucun des textes français n'a été intégré dans le Code de commerce. Enfin, s'appliquent en tant que de besoin, certaines dispositions de la loi du 9 juillet 1991 et du décret du 31 juillet 1992 *(3)*.

1. Convention de Bruxelles du 10 mai 1952 ou droit interne du for

481. Le droit interne du for est celui de l'État dans le port duquel s'effectue la saisie. Pour que la Convention de Bruxelles du 10 mai 1952 sur la saisie conservatoire des navires soit applicable, il faut d'abord que la saisie soit pratiquée dans un des États contractants. Tout État peut y adhérer en notifiant son adhésion au ministère des affaires étrangères de Belgique. L'adhésion engage l'État adhérent à l'expiration d'un délai de 6 mois (art. 15)[52].

La détermination du texte applicable à la saisie varie ensuite selon le pavillon du navire. On appelle navire francisé celui auquel a été conféré le droit de battre pavillon français. Si le navire bat pavillon français, il faudra faire application exclusivement de la loi française (L. n° 67-5, 3 janvier 1967 ; D. n° 67-967, 27 octobre 1967) ou de la Convention de Bruxelles, selon que le créancier saisissant réside respectivement en France ou à l'étranger. S'il bat pavillon d'un État étranger partie à la Convention de Bruxelles, on fera application de cette convention.

52. Sont actuellement parties à la Convention de Bruxelles, l'Algérie, l'Allemagne, Antigua et Barbuda, les Bahamas, la Belgique, le Belize, le Bénin, le Burkina Faso, le Cambodge, le Cameroun, la République centrafricaine, la Chine, les Comores, la République du Congo (Brazzaville), la République démocratique du Congo (Kinshasa), le Costa Rica, la Côte d'Ivoire, la Croatie, Cuba, le Danemark, Djibouti, la République Dominicaine, l'Egypte, l'Espagne, les Fidji, la Finlande, la France, le Gabon, la Grèce, la Grenade, le Guyana, la Guinée, Haïti, Hong-Kong (application maintenue sur décision de la République populaire de Chine), l'Irlande, l'Italie, Kiribati, la Lettonie, la Lituanie (par acte du 29 avril 2002), le Luxembourg, Macao (territoire Chinois sous administration portugaise jusqu'au 20 décembre 1999, date depuis laquelle la Chine y exerce désormais sa souveraineté), le Maroc, Maurice, la Mauritanie, la Namibie (par acte du 14 mars 2002), le Niger, le Nigeria, la Norvège, le Paraguay, les Pays-Bas, la Pologne, le Portugal, la Roumanie, le Royaume-Uni, la fédé ration de Russie (qui a adhéré à la Convention de Bruxelles, avec effet à compter du 29 avril 1999, en faisant les réserves dont la possibilité a été prévue par l'article 10 de ladite convention, et s'est en outre réservé la possibilité de ne pas appliquer la convention aux navires de guerre et assimilés, ainsi qu'aux navires appartenant à ou exploités par un État à des fins non commerciales, Revue Comité Maritime International Newsletter, n° 3, 1999 et n° 1, 2000), Sabah (anciennement Bornéo Septentrional, État membre de la Fédération de Malaisie), le Saint-Siège, Saint-Kitts-et-Nevis, Sainte-Lucie, Saint-Vincent-et-les-Grenadines, les Iles Salomon, Sarawak (État membre de la Fédération de Malaisie), le Sénégal, les Seychelles, la Slovénie, le Soudan, la Suède, la Suisse, la Syrie, le Tchad, le Togo, les Tonga, les Iles Turks-et-Caicos, et Tuvalu.

S'il bat pavillon d'un État étranger non partie à la Convention de Bruxelles, on considérait auparavant que le créancier saisissant et à défaut de choix de sa part, le juge français, pouvait faire application à son choix, du droit français ou de la Convention de Bruxelles (Conv. Bruxelles, art. 8, al. 2). Cette solution n'a semble-t-il plus cours depuis un arrêt du 30 octobre 2000[53]. Pour comprendre la portée de cette importante décision, il convient de rappeler qu'aux termes de l'article 8, § 3, de la Convention de Bruxelles du 10 mai 1952, « *chaque État contractant peut refuser tout ou partie des avantages de la présente convention à tout État non contractant et à toute personne qui n'a pas, au jour de la saisie, sa résidence habituelle ou son principal établissement dans un État contractant* ». C'est par une application littérale de ce texte, que la Cour de cassation considère désormais, que la Convention de Bruxelles est applicable à la saisie conservatoire pratiquée en France même sur un navire d'un État non contractant, en l'espèce le Panama, dès lors que cette saisie est au moins pratiquée pour recouvrer une ***créance maritime***[54]. Seul l'État - et non pas le juge ou le créancier - peut priver un État non contractant du bénéfice de tout ou partie des dispositions de la Convention de Bruxelles, dans le cadre de l'exercice de son pouvoir normatif réglementaire ou législatif.

Enfin, la Convention de Bruxelles demeure inapplicable si la saisie est effectuée dans un port français sur un navire portant pavillon français par un créancier résidant en France.

Lorsque la Convention de Bruxelles est applicable, la saisie ne peut être effectuée que pour le recouvrement d'une ***créance maritime***, c'est-à-dire pour l'une des créances restrictivement énumérées par cette Convention[55], en son article 1. « *Créance maritime signifie allégation*

53. Cass. com., 30 octobre 2000, *Bull. civ.* IV, n° 168, *DMF* décembre 2000, p. 1012, obs. J.-P. Rémery, et sur renvoi après cassation, CA Montpellier, 1re ch., sect. AS, 1er décembre 2003, n° 01/00384, *DK Line c/Petredec Ltd, navire Sargasso*.

54. Sur cette notion, cf. aussi *supra*, n° 464, spécialement note 16.

55. Rappelons cependant que cette définition restrictive de la notion de créance maritime n'avait pas cours, lorsque le juge, avant l'arrêt du 30 octobre 2000, pouvait faire application de la Convention de Bruxelles ou du droit français à son choix, c'est-à-dire, lorsque le navire bat pavillon d'un État étranger non partie à la Convention de Bruxelles. Comme nous l'avons vu, cette solution n'aura donc désormais plus cours, que lorsque l'État, et non plus le juge ou le créancier, aura refusé à tout État non contractant, dans le cadre de son pouvoir normatif réglementaire ou législatif, en application de l'article 8, § 3, de la Convention de Bruxelles du 10 mai 1952, le bénéfice de tout ou partie des dispositions de ladite convention. Dans ce cas, et désormais dans ce cas seulement, il y a lieu de considérer que la saisie peut être pratiquée pour toute créance, telle que définie par le droit interne du for, solution d'autant plus favorable au créancier saisissant que le droit interne applicable sera moins restrictif que le droit conventionnel en matière de définition de la créance saisissable (en ce sens, CA Douai, 12 septembre 1996, *navire River Asab*, *DMF* 1997, p. 36, note G. Gautier, *DMF* 1998, n° hors série, mars, n° 62, obs. P. Bonassies ; Cass. com., 26 octobre 1999, n° 97-18.679, *DMF* 2000, p. 709,

d'un droit ou d'une créance ayant l'une des causes suivantes : a) dommages causés par un navire soit par abordage, soit autrement ; b) pertes de vies humaines ou dommages corporels causés par un navire ou provenant de l'exploitation d'un navire ; c) assistance et sauvetage ; d) contrats relatifs à l'utilisation ou la location d'un navire par charte-partie ou autrement ; e) contrats relatifs au transport des marchandises par un navire en vertu d'une charte-partie, d'un connaissement ou autrement ; f) pertes ou dommages aux marchandises et bagages transportés par un navire ; g) avarie commune ; h) prêt à la grosse ; i) remorquage ; j) pilotage ; k) fournitures, quel qu'en soit le lieu, de produits ou de matériel faites à un navire en vue de son exploitation ou de son entretien ; l) construction, réparations, équipement d'un navire ou frais de cale ; m) salaires des capitaines, officiers ou hommes d'équipage ; n) débours du capitaine et ceux effectués par les chargeurs, les affréteurs ou les agents pour le compte du navire ou de son propriétaire ; o) la propriété contestée d'un navire ; p) la copropriété contestée d'un navire ou sa possession, ou son exploitation, ou les droits aux produits d'exploitation d'un navire en copropriété ; q) toute hypothèque maritime et tout mortgage »[56]. Il suffit que la créance alléguée figure sur cette liste limitative pour que la saisie puisse être pratiquée[57]. Il n'est pas nécessaire que la créance paraisse fondée en son principe[58] comme l'exige au contraire le droit commun des mesures conservatoires[59]. On ne peut donc pas saisir un navire en garantie de n'importe quelle créance. Ce principe constitue véritablement une singularité par

rapp. J.-P. Rémery, note A. Vialars, qui autorise la saisie conservatoire d'un navire battant pavillon colombien, la Colombie n'étant pas partie à la Convention de Bruxelles, pour le recouvrement d'une créance non maritime, au sens de cette convention).

56. En revanche, ne sont pas maritimes au sens des dispositions précitées de la Convention de Bruxelles : la créance de remboursement d'un emprunt obligataire contracté pour l'acquisition du navire, à moins que cet emprunt ne soit garanti par une hypothèque ou un mortgage (CA Aix-en-Provence, 2e ch., 26 octobre 2001, n° 01/15290, *Sté Bay Harbour Management et a. c/Sté Panther Marine Enterprises Ltd, DMF* 2002, p. 265, note J.-P. Rémery) ; la créance née d'une location de conteneurs consentie à un armateur sans affectation à un navire, à moins qu'elle n'ait un lien avec l'exploitation d'un navire déterminé (CA Aix-en-Provence, 2e ch., 30 octobre 2002, *GE Seaco et Sea Containers Ltd c/SNTM CNAM, DMF 2003, p. 78, note P. Pestel-Debord*) ; la créance résultant de la rupture d'un contrat d'agence maritime (T. com. Marseille, ord. réf., 4 juin 2003, *Peijasper Maritime Inc. c/Famar, RD comm. maritime, aérien et des transports* 2003, p. 2003, *DMF* 2004, p. 47, note J.-P. Rémery).

57. Cass. com., 3 février 1998, n° 95-20.474 ; Cass. com., 30 octobre 2000, préc., et sur renvoi après cassation, CA Montpellier, 1re ch., sect. AS, 1er décembre 2003, n° 01/00384, *DK Line c/Petredec Ltd, navire Sargasse*.

58. Cass. com., 26 mai 1987, *Bull. civ.* IV, n° 123 ; Cass. com., 13 janvier 1988, *Bull. civ.* IV, n° 16 ; Cass. com., 19 mars 1996, *Bull. civ.* IV, n° 89 ; Cass. com., 3 février 1998, n° 95-20.474, *DMF* 1998, p. 255, rapp. J.-P. Rémery.

59. Cf. *supra*, nos 339 et s.

rapport au reste du droit de l'exécution forcée. La saisie peut aussi être effectuée pour le recouvrement de toute la créance, lorsque celle-ci n'est que partiellement maritime, c'est-à-dire seulement pour une partie qui peut ne pas être la plus importante[60]. Au contraire, lorsque le droit français est seul applicable, à l'exclusion des dispositions de la Convention de Bruxelles, l'origine de la créance est indifférente, et il ne peut être procédé à une saisie conservatoire que pour le recouvrement d'une créance paraissant fondée en son principe, condition exigée par le décret n° 67-967 du 27 octobre 1967 (art. 29, al. 2).

La Convention de Bruxelles renvoie, en tant que de besoin, pour les questions procédurales, aux textes de droit interne applicables au lieu de la saisie.

Cette convention a donc instauré un système d'application très complexe dont la complexité a été aggravée par la jurisprudence. Les solutions devraient être plus simples concernant l'application de la Convention de Genève, lorsqu'elle entrera en vigueur.

2. Convention de Genève du 12 mars 1999 ou droit interne du for

482. Lorsqu'elle entrera en vigueur, la Convention de Genève du 12 mars 1999 devra obligatoirement être appliquée à la saisie de tous les navires stationnés dans l'un des États contractants, quel que soit son pavillon. Cette saisie ne pourra être pratiquée que pour le recouvrement d'une créance maritime, au sens des dispositions de ladite convention (Conv. Genève, 12 mars 1999, art. 2, § 2, et art. 8, § 1). La Convention de Genève conserve le système antérieur de la liste limitative des créances maritimes. La créance maritime est d'ailleurs un élément de la définition du créancier saisissant, la Convention de Genève disposant en son article 1, 4°, que par créancier, « *il faut entendre toute personne alléguant une créance maritime* » (Conv. Genève, 12 mars 1999, art. 1, § 4, et art. 3, § 1). À ce principe, il n'existera que deux exceptions : *1°* la saisie conservatoire d'un navire stationné dans le port d'un État dont il bat le pavillon, par un créancier établi dans cet État, relève du droit du for, c'est-à-dire du droit interne de ce même État (Conv. Genève, 12 mars 1999, art. 8, 6°)[61] ; *2°* chaque État signataire peut préciser lors de son adhésion à la convention, que celle-ci ne s'appliquera qu'aux navires battant pavillon de l'un des États signataires (Conv. Genève, 12 mars 1999, art. 10, § 1, b)[62].

60. En ce sens, Cass. com., 3 février 1998, *Bull. civ.* IV, n° 50, *DMF* 1998, p. 260, rapp. J.-P. Rémery, note P. Bonassies.

61. Nous avons vu que c'est déjà le cas sous l'empire de la Convention de Bruxelles du 10 mai 1952.

62. Contrairement à l'état de la jurisprudence française, avant l'arrêt du 30 octobre 2000 précité, sur l'application de la Convention de Bruxelles, ni le juge, ni le créancier saisissant ne pourront faire ce type de réserve.

Aux termes de l'article 1, § 1, de la Convention de Genève du 12 mars 1999 (non encore applicable), « *par créance maritime, il faut entendre une créance découlant d'une ou plusieurs des causes suivantes : a) pertes ou dommages causés par l'exploitation du navire ; b) mort ou lésions corporelles survenant, sur terre ou sur eau, en relation directe avec l'exploitation du navire ; c) opération de sauvetage ou d'assistance ainsi que tout contrat de sauvetage ou d'assistance, y compris, le cas échéant, pour indemnité spéciale concernant des opérations de sauvetage ou d'assistance à l'égard d'un navire qui par lui-même ou par sa cargaison menaçait de causer des dommages à l'environnement ; d) dommages causés ou risquant d'être causés par le navire au milieu, au littoral ou à des intérêts connexes ; mesures prises pour prévenir, réduire ou éliminer ces dommages ; indemnisation de ces dommages ; coût des mesures raisonnables de remise en état du milieu qui ont été effectivement prises ou qui le seront ; pertes subies ou risquant d'être subies par des tiers en rapport avec ces dommages ; et dommages, coûts ou pertes de nature similaire à ceux qui sont indiqués dans le présent alinéa d ; e) frais et dépenses relatifs au relèvement, à l'enlèvement, à la récupération, à la destruction ou à la neutralisation d'un navire coulé, naufragé, échoué ou abandonné, y compris tout ce qui se trouve ou se trouvait à bord de ce navire, et frais et dépenses relatifs à la conservation d'un navire abandonné et à l'entretien de son équipage ; f) tout contrat relatif à l'utilisation ou à la location du navire par affrètement ou autrement ; g) tout contrat relatif au transport de marchandises ou de passagers par le navire, par affrètement ou autrement ; h) pertes ou dommages subis par, ou en relation avec, les biens (y compris les bagages) transportés par le navire ; i) avaries communes, j) remorquage ; k) pilotage ; l) marchandises, matériels, approvisionnement, soutes, équipements (y compris conteneurs) fournis ou services rendus au navire pour son exploitation, sa gestion, sa conservation ou son entretien ; m) construction, reconstruction, réparation, transformation ou équipement du navire ; n) droits et redevances de port, de canal, de bassin, de mouillage et d'autres voies navigables ; o) gages et autres sommes dus au capitaine, aux officiers et autres membres du personnel de bord, en vertu de leur engagement à bord du navire, y compris les frais de rapatriement et les cotisations d'assurance sociale payables pour leur compte ; p) paiements effectués pour le compte du navire ou de ses propriétaires ; q) primes d'assurance (y compris cotisations d'assurance mutuelle) en relation avec le navire, payables par le propriétaire du navire ou par l'affréteur en dévolution ou pour leur compte ; r) frais d'agence ou commissions de courtage ou autres en relation avec le navire, payables par le propriétaire du navire ou par l'affréteur en dévolution ou pour leur compte ; s) tout litige quant à la propriété ou à la possession du navire ; t) tout litige entre les copropriétaires du navire au sujet de l'exploitation ou des droits aux produits d'exploitation de ce navire ; u) hypothèque, mortgage ou droit de même nature sur le navire ; v) tout litige découlant d'un contrat de vente du navire* ». Et la Convention de Genève du 12 mars 1999 de disposer en son article 2, § 2, qu'« *un navire ne peut être saisi qu'en vertu d'une créance maritime, à l'exclusion de toute autre créance* ».

3. L'application de certaines dispositions du droit interne français tirées de la loi du 9 juillet 1991 et du décret du 31 juillet 1992, et la caducité de l'article D. 215

483. La Cour de cassation n'a pas encore consacré d'une manière générale le recours aux textes du droit commun de la saisie conservatoire ou de la saisie-vente, mais l'application de certaines dispositions du droit interne français tirées de la loi du 9 juillet 1991 et du décret du 31 juillet 1992 sera expressément consacrée part l'article 2, § 4, de la Convention de Genève du 12 mars 1999 qui dispose que « *sous réserve des dispositions de la présente convention, la procédure relative à la saisie d'un navire ou à sa mainlevée est régie par la loi de l'État dans lequel la saisie a été pratiquée ou demandée* ».

La saisie conservatoire n'ayant pas vocation dans la loi n° 91-650 du 9 juillet 1991 et le décret n° 92-755 du 31 juillet 1992 à durer éternellement, en l'absence de textes spécifiques aux navires, la Cour de cassation a finalement estimé qu'il y avait lieu de faire application des dispositions des articles 70 de la loi n° 91-650 du 9 juillet 1991 et 215 du décret n° 92-755 du 31 juillet 1992 faisant obligation au créancier saisissant d'engager la procédure nécessaire pour obtenir de la juridiction compétente un titre exécutoire, dans un délai de un mois à compter de l'exécution de la saisie, à peine de caducité de celle-ci[63]. Comme dans le droit commun de la saisie conservatoire, il conviendra ensuite d'entreprendre

63. Cass. com., 14 octobre 1997, *Bull. civ.* IV, n° 259, *RTD civ.* 1998, p. 483, obs. R. Perrot, *DMF* 1998, p. 24, rapp. J.-P. Rémery.
Les juridictions du lieu de la saisie sont-elles compétentes *ipso facto* pour apprécier le bien fonder de la créance et rendre sur le fond la décision qui deviendra le titre exécutoire nécessaire pour aboutir à une saisie d'exécution ? Nous avons vu que cette solution, appelée *forum arresti*, n'a plus cours en droit français depuis un arrêt de la première Chambre civile rendu en 1995. Désormais, en effet, « *si les juridictions françaises sont seules compétentes pour statuer sur la validité d'une saisie pratiquée en France et apprécier, à cette occasion, le principe de la créance, elles ne peuvent se prononcer sur le fond de cette créance que si leur compétence est fondée sur une autre règle* » (Cass. 1re civ., 17 janvier 1995, *Bull. civ.* I, n° 34, *JCP éd. G* 1995, II, 22430, note H. Muir Watt ; 11 février 1997, *Bull. civ.* I, n° 47). Cette autre règle, c'est la règle ordinaire de conflits de juridictions. Le juge français ne saurait donc désormais justifier autrement sa compétence pour connaître du fond du litige. Cet abandon du *forum arresti* n'a pas été remis en cause depuis. Cette solution a même été rappelée par la deuxième Chambre civile dans un arrêt en date du 18 février 1999 (Cass. 2e civ., 18 février 1999, *Bull. civ.* II, n° 34 ; voir aussi CA Rennes, 2e ch., 8 juillet 1998 et 21 octobre 1998, *DMP* 1999, p. 437, note P. Chaumette).

une action au fond pour obtenir le titre exécutoire nécessaire pour pratiquer une saisie d'exécution. La question se pose donc de savoir si la caducité de l'article 215 du décret n° 92-755 du 31 juillet 1992 est ou non encourue en matière de saisie conservatoire de navire. Cette procédure à engager aux fins d'obtention d'un titre exécutoire, peut être une procédure de référé-provision et, en cas de rejet de cette demande de provision, la caducité de l'article 215 n'est cependant pas encourue si c'est plus d'un mois après la saisie conservatoire ou même, plus d'un

---

Notons cependant que la Convention de Bruxelles prévoit tout de même en son article 7, § 1, des hypothèses de compétence fondées sur le *forum arresti*. Rappelons en effet, que ce texte dispose que « *les tribunaux de l'État dans lequel la saisie a été opérée, seront compétents pour statuer sur le fond du procès, soit si ces tribunaux sont compétents en vertu de la loi interne de l'État dans lequel la saisie est pratiquée, soit dans les cas suivants, nommément définis : a) si le demandeur a sa résidence habituelle ou son principal établissement dans l'État où la saisie a été pratiquée ; b) si la créance maritime est elle-même née dans l'État contractant dont dépend le lieu de la saisie ; c) si la créance maritime est née au cours d'un voyage pendant lequel la saisie a été faite* (pour une application, voir Cass. 1re civ., 18 juillet 2000, *Bull. civ.* I, n° 218, *DMF* 2000, p. 725, obs. Y. Tassel, qui admet la compétence de la juridiction française pour statuer sur la créance de salaires de marins turcs composant l'équipage d'un navire battant pavillon turc, saisi dans un port français ; voir aussi, CA Rennes, 9 septembre 1999, *DMF* 2000, p. 340, obs. J.-M. Morinière, pour une demande formée devant une juridiction française par des marins étrangers contre leur armateur, afin de le faire condamner à leur payer un arriéré de salaires) ; *d) si la créance provient d'un abordage ou de circonstances visées par l'article 13 de la Convention internationale pour l'unification de certaines règles en matières d'abordage, signée à Bruxelles, le 23 septembre 1910 ; e) si la créance est née d'une assistance ou d'un sauvetage ; f) si la créance est garantie par une hypothèque maritime ou un mortgage sur le navire saisi* ».
La Convention de Genève du 12 mars 1999 non encore applicable reprend au contraire la solution du *forum arresti*, sauf dans certaines hypothèses. Ce texte dispose en effet en son article 7, que « *§ 1. - Les tribunaux de l'État dans lequel une saisie a été pratiquée ou une sûreté constituée pour obtenir la libération du navire sont compétents pour juger le litige au fond, à moins que les parties, de façon valable, ne conviennent ou ne soient convenues de soumettre le litige au tribunal d'un autre État se déclarant compétent, ou à l'arbitrage. § 2. - Nonobstant les dispositions du paragraphe 1 du présent article, les tribunaux de l'État dans lequel une saisie a été pratiquée, ou une sûreté constituée pour obtenir la libération du navire, peuvent décliner leur compétence si le droit de cet État le leur permet et si le tribunal d'un autre État se reconnaît compétent. § 3. - Lorsqu'un tribunal de l'État dans lequel une saisie a été pratiquée ou une sûreté constituée pour obtenir la libération du navire : a) n'est pas compétent pour statuer au fond sur le litige ; ou b) a décliné sa compétence en vertu des dispositions du paragraphe 2 du présent article, ce tribunal peut et, sur requête, doit fixer au créancier un délai pour engager la procédure au fond devant un tribunal compétent ou une juridiction arbitrale. § 4. - Si, au terme du délai fixé conformément au paragraphe 3 du présent article, la procédure au fond n'a pas été engagée, la mainlevée de la saisie ou de la sûreté constituée est, sur requête, autorisée par ordonnance. § 5. - Si la procédure est engagée avant le terme du délai fixé conformément au paragraphe 3 du présent article, ou si la procédure devant un tribunal compétent ou un tribunal arbitral d'un autre État est engagée en l'absence de fixation d'un délai, toute décision définitive prononcée à l'issue de cette procédure est*

mois après le rejet de la procédure de référé, que le créancier entreprend ensuite une procédure au fond. La Cour de cassation considère qu'il ne doit avoir été satisfait qu'une seule fois aux exigences de l'article 215 du décret de 1992, et que le rejet de la première procédure ne fait pas courir un nouveau délai[64]. La Cour de cassation considère toutefois que le droit français résultant de la loi et du décret de 1992 n'est ainsi applicable, que lorsque la saisie est régie uniquement la loi n° 67-5 du 3 janvier 1967 et le décret n° 67-967 du 27 octobre 1967[65].

Lorsque la saisie est régie par la Convention de Bruxelles, c'est le juge ayant autorisé la saisie qui fixera la durée du délai dans lequel la procédure au fond devra être engagée (Conv. Bruxelles, 10 mai 1952, art. 7). Lorsque la saisie est régie par les dispositions de la Convention de Bruxelles, aux termes de l'article 7 (2) et (3) de ladite convention, lorsque le tribunal dans le ressort duquel la saisie est pratiquée n'est pas celui qui est compétent pour se prononcer sur le fond de la créance, il lui incombe de déterminer le délai imparti au créancier saisissant pour agir au fond. En pratique, c'est au président du tribunal de commerce compétent pour autoriser sur requête la saisie, de fixer dans la même ordonnance le délai imparti au créancier saisissant pour agir au fond. Cette fixation est obligatoire pour le juge, sauf lorsque les parties ont eux-mêmes déterminé la juridiction compétente au fond, auquel cas le juge n'en a que la possibilité. Lorsque le juge a effectivement imparti un tel délai au créancier saisissant qui ne l'a pas respecté, la convention dispose en son article 7 (4) que le saisi peut alors demander la mainlevée de la saisie ou la libération de la caution. En application de ce dernier texte, la Cour de cassation semble considérer que la caducité de la saisie conservatoire n'est alors pas encourue de plein droit[66].

---

reconnue et prend effet à l'égard du navire saisi ou de la sûreté constituée pour prévenir la saisie du navire ou obtenir sa libération, à condition que : a) le défendeur ait été averti de cette procédure dans des délais raisonnables et mis en mesure de présenter sa défense ; b) cette reconnaissance ne soit pas contraire à l'ordre public, § 6. - Aucune des dispositions du paragraphe 5 du présent article ne limite la portée d'un jugement ou d'une sentence arbitrale étrangers rendus selon la loi de l'État où la saisie du navire a été pratiquée ou une sûreté constituée pour en obtenir la libération ».

Pour obtenir le titre exécutoire nécessaire pour entreprendre une saisie-exécution, il suffit d'agir seulement contre le débiteur de la créance, affréteur du navire, et non contre le propriétaire du navire (Cass. com., 30 octobre 2000, *Bull. civ.* IV, n° 168, *DMF* décembre 2000, p. 1012, obs. J.-P. Rémery ; et sur renvoi après cassation, CA Montpellier, 1re ch., sect. AS, 1er décembre 2003, n° 01/00384, *DK Line c/Petredec Ltd, navire Sargasso*).

64. Cass. 2e civ., 18 février 1999, *Bull. civ.* II, n° 34, *D.* 1999, som., p. 218, obs. P. Julien, *D.* 2000, jur., p. 813, note P. Hoonakker, *GP* 11-12 février 2000, nos 42 et 43, som., p. 32, obs. M. Véron, *RTD civ.* 1999, p. 472, obs. R. Perrot.

65. Cass. com., 14 octobre 1997, *Bull. civ.* IV, n° 259.

66. Cass. com., 17 septembre 2002, *Bull. civ.* IV, n° 124, *DMF* 2002, p. 975, note J.-P. Rémery.

B La nécessité d'une autorisation judiciaire préalable

484. Contrairement à ce que permettent la loi n° 91-650 du 9 juillet 1991 et le décret n° 92-755 du 31 juillet 1992, la saisie conservatoire des navires aux fins de vente nécessite toujours une autorisation judiciaire préalable. C'est ce qui résulte expressément non seulement du décret n° 67-967 du 27 octobre 1967 qui dispose en son article 29, alinéa 1er, que « *la saisie conservatoire est autorisée par ordonnance* » ; mais aussi de la Convention de Bruxelles aux termes de laquelle, « *un navire ne peut être saisi qu'avec l'autorisation d'un tribunal ou de tout autre autorité judiciaire compétente de l'État contractant dans lequel la saisie est pratiquée* » (Conv. Bruxelles, 10 mai 1952, art. 4). À défaut d'une telle autorisation préalable, la saisie est nulle[67].

Comme en droit commun, la créance à recouvrer doit paraître fondée en son principe (D. n° 67-967, 27 octobre 1967, art. 29, al. 2). L'urgence n'est pas requise[68] et l'existence d'une clause compromissoire ou d'un compromis d'arbitrage, n'est pas de nature à faire obstacle à une saisie conservatoire[69].

La Convention de Bruxelles dispose en son article 6, alinéa 2, que « *les règles de procédure relatives à la saisie d'un navire, à l'obtention de l'autorisation sont régies par la loi de l'État contractant dans lequel la saisie a été pratiquée ou demandée* » (Conv. Bruxelles, 10 mai 1952, art. 6). En France, le décret n° 67-967 du 27 octobre 1967 attribue compétence au président du tribunal de commerce (ou du tribunal de grande instance statuant commercialement) et, à défaut de tribunal de commerce dans le ressort du port où se trouve le navire, au juge d'instance, tous deux statuant sur requête (D. n° 67-967, 27 octobre 1967, art. 29). Le juge de l'exécution est radicalement incompétent[70]. Cette autorisation de saisir ne saurait être donnée par un arbitre.

L'autorisation de saisir prend la forme d'une ordonnance rendue sur requête (D. n° 67-967, 27 octobre 1967, art. 29).

Quant à la compétence territoriale, elle n'est régie ni par la Convention de Bruxelles, ni par la loi de 1967, ni par le décret de 1967. Dans le silence des textes, la Cour de cassation a admis la compétence du juge de l'escale du navire[71]. Sont inapplicables les dispositions de l'article 211 du décret n° 92-755 du 31 juillet 1992 qui confère compétence au juge de l'exécution du lieu où demeure le débiteur pour autoriser la saisie, ce qui aboutirait à conférer compétence à une juridiction d'un État autre que

67. Cass. com., 1er octobre 1997, *Bull. civ.* IV, n° 234, *JCP éd. G* 1998, 1, n° 103, p. 79, obs. P. Delebecque, *DMF* 1998, p. 17, rapp. J.-P. Rémery.
68. Cass. 1re civ., 18 novembre 1986, *Bull. civ.* I, n° 269.
69. Cass. 2e civ., 8 juin 1995, *Bull. civ.* II, n° 170.
70. Cass. com., 13 janvier 1998, *Bull. civ.* IV, n° 16.
71. Cass. com., 13 janvier 1998, préc.

celui sur le territoire duquel doit se dérouler la saisie lorsque le débiteur demeure à l'étranger[72]. Cette solution est confirmée implicitement par la Convention de Genève du 12 mars 1999 qui dispose en son article 2, § 1, qu'« *un navire ne peut être saisi, ou libéré de cette saisie, que par décision d'un tribunal de l'État partie dans lequel la saisie est pratiquée* ».

En cas de refus d'autorisation, il y aura lieu de se référer aux dispositions de l'article 496 du Code de procédure civile qui prévoit la possibilité de faire appel dans un délai de 15 jours, puisque le juge statue sur requête. Le saisi dispose, lui, en cas d'autorisation de saisie, du référé rétractation dans les conditions prévues par les articles 496, alinéa 2, et 497 du Code de procédure civile. L'ordonnance d'autorisation rendue sur requête est exécutoire sur minute.

C Les modalités de la saisie conservatoire à fin de vente pratiquée entre les mains du propriétaire du navire

485. C'est manifestement la seule hypothèse envisagée par les textes. Elle nécessite l'accomplissement des deux formalités suivantes : la signification au débiteur d'un procès-verbal de saisie et la dénonciation de la saisie au commandement du port.

Le saisi n'aura connaissance de l'ordonnance d'autorisation de saisir qu'au moment de l'exécution, c'est-à-dire lorsque l'huissier de justice mandaté par le créancier procédera à la ***signification du procès-verbal de saisie au débiteur***. Cet acte est le premier de la saisie conservatoire. Cette formalité est entièrement régie par la pratique, le procès-verbal de saisie n'ayant curieusement été prévu, par le décret de 1967, que pour la saisie-vente. Faute de texte, il conviendra de s'inspirer du droit commun[73].

---

72. Cass. com., 5 janvier 1999, *Bull. civ.* IV, n° 2, LPA 2 février 1999, n° 23, p. 10, note P. M., *DMF* 1999, p. 130, rapp. J.-P. Rémery, obs. A. Vialard, *Rev. crit. DIP* 1999, p. 137, rapp. J.-P. Rémery.

73. Le procès-verbal de saisie comportera en pratique les mentions obligatoires de n'importe quel acte d'huissier, énumérées par l'article 648 du Code de procédure civile, et les mentions spécifiques suivantes : *1°* la date de signification (CPC, art. 648) ; *2°* les nom, prénom, demeure et signature de l'huissier de justice (CPC, art. 648) ; *3°* si le créancier poursuivant est une personne physique, ses nom, prénoms, profession, domicile, nationalité, date et lieu de naissance ; s'il s'agit d'une personne morale, sa forme, sa dénomination, son siège social et l'organe qui la représente légalement (CPC, art. 648) ; *4°* le nom de l'avocat au cabinet duquel domicile est élu ; *5°* la mention de l'ordonnance d'autorisation de saisir, qui devra être signifiée au débiteur dans le même acte ; *6°* l'itératif commandement de payer ; *7°* les nom et qualité du récipiendaire de la signification (en pratique capitaine X..., du navire saisi) ; *8°* les nom, nationalité, port d'attache, type, longueur, largeur, jauge du navire saisi ; *9°* renonciation et la description des chaloupes, canots, agrès et autres apparaux du navire, provisions et soutes du navire saisi (mentions spéciales énumérées par l'article 34 du décret n° 67-967 du 27 octobre 1967 en matière de

La saisie, c'est-à-dire en pratique ***le procès-verbal et l'ordonnance, devront être simultanément dénoncés en copie au commandement du port*** afin que celui-ci refuse l'autorisation de départ au navire (D. n° 67-967, 27 octobre 1967, art. 26 et 30). Lorsque la saisie est faite pour recouvrement d'une créance contre l'affréteur, elle devra aussi être dénoncée ***au fréteur propriétaire du navire*** par signification au capitaine de celui-ci. Lorsque le navire est hypothéqué, la pratique recommande pour l'opposabilité aux tiers, que la saisie soit également dénoncée ***à la conservation des hypothèques maritimes***. Cette dernière dénonciation s'effectue auprès du receveur principal régional des douanes du port d'attache pour un navire immatriculé en France, et auprès du receveur des douanes du port de la saisie, s'il s'agit d'un navire battant pavillon étranger. Cette formalité n'est, en fait, prescrite expressément qu'en matière de saisie-vente.

D Les modalités de la saisie conservatoire à fin de vente pratiquée entre les mains d'un tiers

486. Cette situation, qui n'a pas été organisée par les textes[74], nécessitera l'accomplissement des trois formalités suivantes : la signification

saisie-vente) ; *10°* la mention de la saisie ; *11°* l'interdiction de prendre la mer sous peine des sanctions prévues à l'article 314-6 du Code pénal dont il est préférable de reproduire le texte *in extenso*, bien que cette mention ne soit pas prévue par les textes ; *12°* la désignation d'un gardien (à l'instar de ce qui n'est encore prévu qu'en matière de saisie-vente, l'huissier de justice constituera en gardien le capitaine du navire).

74. La Convention de Bruxelles du 10 mai 1952, la loi n° 67-5 du 3 janvier 1967 et le décret n° 67-967 du 27 octobre 1967 n'ont manifestement envisagé techniquement qu'un seul cas de figure : la saisie pratiquée directement entre les mains du propriétaire du navire. Or, il n'est pas inconcevable qu'au moment où le créancier désire faire saisir le navire, celui-ci soit entre les mains d'un tiers. Cette possibilité a été admise en pratique (CA Rennes, 16 juin 1968, *DMF* 1969, p. 741, note Bokobza-Boquet ; CA Aix-en-Provence, 25 février 1986, *DMF* 1987, p. 164, note Pestel-Debord). Les principales hypothèses sont celles du contrat d'affrètement dans lequel le navire est mis à la disposition d'un affréteur, le chantier naval à qui tel navire est confié pour entretien et réparation. Ces tiers ont en commun de ne pas être propriétaires du navire. Cette détention du navire par un tiers induit-elle des modalités spécifiques de saisie ? On sait en effet que, dans toutes les autres procédures, en pareil cas, la saisie est pratiquée entre les mains du tiers puis dénoncée au propriétaire du bien. Doit-il en être de même concernant la saisie conservatoire de navires ?

La solution la plus simple serait de considérer que cette manière de procéder n'ayant pas été organisée techniquement par les textes, on doit se borner en toutes circonstances à procéder comme il est dit dans la loi et le décret de 1967, c'est-à-dire à saisir le navire entre les mains du débiteur, même si ce navire est en possession d'un tiers. Cette solution ne nous satisfait pas entièrement, compte tenu des effets de la saisie qui peuvent être préjudiciables au tiers. Il ne nous semble pas concevable que la procédure puisse totalement ignorer le tiers qui sera alors le premier à avoir intérêt à solliciter le cas échéant au débiteur d'un procès-verbal de saisie, la dénonciation de la saisie au débiteur et la dénonciation au commandement du port.

Faute de texte, il conviendra de s'inspirer du droit commun. Le ***procès-verbal de saisie*** comportera les mentions obligatoires de n'importe quel acte d'huissier énumérées par l'article 648 du Code de procédure civile et des mentions spécifiques inspirées de celles énoncées par l'article 101 du décret n° 92-755 du 31 juillet 1992 auquel renvoie l'article 224 du même texte[75].

Le saisi n'aura connaissance de l'ordonnance d'autorisation de saisir, qu'au moment de la ***dénonciation de la saisie***. Faute de texte, on s'inspirera des dispositions de l'article 221 du décret n° 92-755 du 31 juillet 1992. Le procès-verbal de dénonciation de la saisie comportera les mentions obligatoires de n'importe quel acte d'huissier énumérées par l'article 648 du Code de procédure civile et des mentions spécifiques[76]. Les

---

l'autorisation de départ du navire malgré la saisie. En outre, le capitaine du navire n'est pas toujours, dans cette hypothèse, le préposé du propriétaire du navire. Il pourra être celui du tiers, auquel cas il n'aura pas qualité pour recevoir le procès-verbal de saisie au nom du propriétaire. Nous considérons donc qu'il devra être procédé dans ce cas, selon le schéma prévu pour n'importe quel bien mobilier corporel par la loi n° 91-650 du 9 juillet 1991 et le décret n° 92-755 du 31 juillet 1992 : saisie pratiquée entre les mains du tiers, dénoncée ensuite au débiteur propriétaire du navire suivant des modalités adaptées.

75. Le procès-verbal de saisie comportera en pratique les mentions obligatoires de n'importe quel acte d'huissier, énumérées par l'article 648 du Code de procédure civile, et les mentions spécifiques suivantes : *1°* la date de signification (CPC, art. 648) ; *2°* les nom, prénom, demeure et signature de l'huissier de justice (CPC, art. 648) ; *3°* si le créancier poursuivant est une personne physique, ses nom, prénoms, profession, domicile, nationalité, date et lieu de naissance ; s'il s'agit d'une personne morale, sa forme, sa dénomination, son siège social et l'organe qui la représente légalement (CPC, art. 648) ; *4°* le nom de l'avocat au cabinet duquel domicile est élu ; *5°* la mention de l'ordonnance d'autorisation de saisir ; *6°* la cause de la saisie pratiquée ; *7°* les nom et qualité du récipiendaire de la signification (en pratique capitaine X..., du navire saisi) et du tiers entre les mains de qui le navire est saisi ; *8°* les nom, nationalité, port d'attache, type, longueur, largeur, jauge du navire saisi ; *9°* renonciation et la description des chaloupes, canots, agrès et autres apparaux du navire, provisions et soutes du navire saisi (mentions spéciales énumérées par l'article 34 du décret n° 67-967 du 27 octobre 1967 en matière de saisie-vente) ; *10°* la mention de la saisie ; *11°* la mention que le navire saisi est placé sous la garde du tiers, et qu'il ne peut prendre la mer sous peine des sanctions prévues à l'article 314-6 du Code pénal, et que le tiers est tenu de faire connaître la présente saisie à tout créancier qui procéderait à une saisie sur le même navire.

76. Le procès-verbal de dénonciation de la saisie comportera en pratique les mentions obligatoires de n'importe quel acte d'huissier, énumérées par l'article 648 du Code de procédure civile, et les mentions spécifiques suivantes : *1°* la date de signification (CPC, art. 648) ; *2°* les nom, prénom, demeure et signature de l'huissier de justice (CPC, art. 648) ; *3°* si le créancier poursuivant est une personne physique, ses nom, prénoms, profession, domicile, nationalité, date et lieu de naissance ; s'il s'agit d'une personne morale, sa forme, sa dénomination, son siège social et l'organe qui la représente légalement (CPC, art. 648) ; *4°* le nom de l'avocat en l'étude duquel domicile est élu ; *5°* la mention de l'ordonnance d'autorisation de saisir, qui devra être signifiée au débiteur

actes de saisie, soit le procès-verbal de saisie entre les mains du tiers et l'ordonnance autorisant la saisie, devront être simultanément dénoncés en copie au commandement du port afin que celui-ci refuse au navire l'autorisation de départ (D. n° 67-967, 27 octobre 1967, art. 26 et 30). Lorsque le navire est hypothéqué, la pratique recommande pour l'opposabilité aux tiers, que la saisie soit également dénoncée à la conservation des hypothèques maritimes, comme en matière de saisie pratiquée directement entre les mains du propriétaire du navire.

E Les effets spécifiques de la saisie conservatoire à fin de vente

487. Très curieusement, la saisie conservatoire du navire ne semble pas de nature à empêcher son propriétaire d'en disposer, le décret n° 67-967 du 27 octobre 1967 précisant en son article 30 que la saisie « *ne porte aucune atteinte aux droits du propriétaire* ». Il sera d'autant plus nécessaire de publier la saisie pour la rendre opposable aux tiers et permettre la mise en œuvre du droit de suite du créancier saisissant.

En revanche, la saisie empêche toute utilisation, tout départ du navire, puisque la saisie doit être dénoncée au commandement du port afin qu'il empêche le navire de prendre la mer. Les textes ont cependant prévu une procédure judiciaire d'autorisation de départ, malgré la saisie[77].

Notons enfin, que la saisie conservatoire du navire fait obstacle à la prescription des privilèges maritimes[78].

F Les incidents de la saisie conservatoire à fin de vente

488. Il s'agit de la mainlevée *(1)* et de l'autorisation de départ du navire saisi *(2)*.

1. La mainlevée de la saisie

489. Il y a lieu de distinguer entre la mainlevée amiable ***(a)***, la mainlevée judiciaire de la saisie en application des dispositions de la Convention de Bruxelles du 10 mai 1952, moyennant substitution de garantie

dans le même acte ; *6°* l'itératif commandement de payer ; *7°* une copie de l'acte de saisie signifié auprès du tiers ; *8°* les nom et qualité du récipiendaire de la signification de la dénonciation ; *9°* l'indication que le navire saisi ne peut prendre la mer sous peine des sanctions prévues à l'article 314-6 du Code pénal dont le texte est reproduit *in extenso*.

77. Cf. *infra*, n° 494.

78. Cass. com., 17 septembre 2002, n° 00-11.024, *DMF* 2002, p. 975, note J.-P. Rémery.

(b), de la mainlevée judiciaire moyennant constitution d'un fonds de limitation de responsabilité, en application de la Convention de Londres du 19 novembre 1976 ***(c)*** et de la mainlevée moyennant substitution d'un autre navire, en application de la loi du 9 juillet 1991 ***(d)***.

a) *La mainlevée amiable*

490. En pratique, le créancier saisissant exige souvent une lettre de garantie émanant d'un organisme bancaire, du club du propriétaire du navire ou encore du transporteur maritime, aux termes de laquelle l'auteur de ladite lettre s'engage à régler la créance cause de la saisie. Or ces lettres de garantie auxquelles ne sont généralement pas parties les débiteurs, comportent souvent une clause attributive de compétence à une juridiction pour statuer sur le fond de la créance. La question est donc de savoir si ces clauses leur sont opposables. La Cour de cassation considère qu'il ne saurait en être ainsi qu'à la condition que ceux à qui ces clauses sont opposées, les ont préalablement acceptées[79].

b) *La mainlevée judiciaire de la saisie en application des dispositions de la Convention de Bruxelles du 10 mai 1952, moyennant substitution de garantie*

491. Le saisi, propriétaire ou non du navire, et son propriétaire, débiteur personnel ou non, ont qualité pour agir en rétractation de l'ordonnance rendue initialement sur requête et solliciter la mainlevée de la saisie, en application des dispositions des articles 496, alinéa 2, et 497 du Code de procédure civile[80]. Est compétent le même juge que celui ayant autorisé la saisie, cette fois saisi en référé. La Convention de Bruxelles du 10 mai 1952 (art. 5) attribue compétence au juge dans le ressort duquel le navire a été saisi, ce qui revient au même.

Cette possibilité de mainlevée de la saisie moyennant caution ou garantie est prévue par la Convention de Bruxelles (art. 5). Elle est cependant exclue lorsque la créance a pour cause la propriété contestée d'un navire, la copropriété contestée d'un navire ou sa possession, ou son exploitation, ou les droits aux produits d'exploitation d'un navire en copropriété. Dans ces cas, seule une autorisation de départ est possible[81].

---

79. Cass. com., 13 novembre 2002, n° 00-19.340, *DMF* 2003, p. 46, note F. D'haussy ; *contra*, voir CA Paris, 5e ch., A., 19 mars 2003, *Capitaine du navire Liberty 1 et a. c/Générali France et a., DMF* 2003, p. 597, note B. Coste, arrêt dans lequel la cour d'appel a considéré que la clause attributive de compétence est opposable au débiteur qui ne l'a pas expressément acceptée, au motif notamment que la lettre de garantie dans laquelle elle figure a été émise dans son intérêt et à sa demande.

80. Cass. com., 7 juin 1994, *Bull. civ.* IV, n° 206.

81. Cf. *infra*, n° 494.

La Convention de Genève du 12 mars 1999 (non encore en vigueur) attribue compétence aux tribunaux de l'État sur le territoire duquel la saisie conservatoire a été pratiquée (Conv. Genève, 12 mars 1999, art. 2, § 1). En France, il conviendrait de retenir la compétence du juge de l'exécution du lieu de la saisie qui est désormais compétent pour ordonner cette substitution de garantie dans les conditions du droit commun des mesures conservatoires. Mais la jurisprudence semble conserver une solution antérieure à la réforme des procédures d'exécution, et retenir la compétence du juge ayant autorisé la saisie conservatoire en application de l'article 29 du décret n° 67-967 du 27 octobre 1967, c'est-à-dire celle du président du tribunal de commerce (ou du tribunal de grande instance statuant commercialement). Elle admet en outre que cette compétence curieusement non exclusive, alors qu'il s'agit d'un incident de la saisie, est partagée en outre avec le juge appelé à statuer sur le fond de la créance garantie par la saisie conservatoire, juridiction qui peut ordonner la mainlevée quand bien même celle-ci viendrait d'être refusée par le président du tribunal de commerce[82].

À défaut d'accord des parties sur la nature et le montant de la garantie, il appartiendra au juge de les fixer (Conv. Bruxelles, 10 mai 1952, art. 5, al. 2). Lorsque la créance n'est que partiellement maritime, la jurisprudence a admis que le montant de la garantie de substitution ne soit équivalente dans sa valeur, qu'à la partie maritime de la créance[83]. Lorsque la garantie de substitution nécessite, pour sa mise en œuvre, une décision de justice prononcée contre le débiteur, la jurisprudence a admis qu'une décision définitive n'était pas nécessaire, mais qu'une décision simplement exécutoire suffisait[84]. Des solutions équivalentes ont été prévues par la convention de Genève (non encore en vigueur) qui dissipe au passage les incertitudes en la matière. Ce texte dispose en effet en son article 4 : « *1. Un navire qui a été saisi doit être libéré lorsqu'une sûreté d'un montant suffisant et sous une forme satisfaisante a été constituée, sauf dans le cas où la saisie est pratiquée en raison des créances maritimes énumérées aux alinéas s) et t) du paragraphe 1 de l'article premier. En ce cas, le tribunal peut permettre l'exploitation du navire par la personne qui en a la possession, lorsque celle-ci aura constitué une sûreté d'un montant suffisant, ou régler de toute autre façon la question de la gestion du navire pendant la durée de la saisie. 2. Si les parties intéressées ne parviennent pas à un accord sur*

82. Cass. 2e civ., 18 janvier 2001, *Bull. civ.* II, n° 12.

83. Cass. com., 3 février 1998, *Bull. civ.* IV, n° 50, *DMF* 1998, p. 260, note P. Bonassies.

84. En ce sens, Cass. com., 12 novembre 1996, *Bull. civ.* IV, n° 266, *DMF* 1997, p. 43, note Y. Tassel ; Cass. com., 7 janvier 1997, *Bull. civ.* IV, n° 1, *DMF* 1997, p. 610, note Y. Tassel ; Cass. com., 27 octobre 1998, *Bull. civ.* IV, n° 257, *DMF* 1999, p. 51, rapp. J.-P. Rémery, obs. Y. Tassel.

l'importance et la forme de la sûreté, le tribunal en détermine la nature et le montant, qui ne peut excéder la valeur du navire saisi. 3. Aucune demande tendant à la libération du navire contre la constitution d'une sûreté ne peut être interprétée, comme une reconnaissance de responsabilité ni comme une renonciation à toute défense ou tout droit de limiter la responsabilité. 4. Si un navire a été saisi dans un État non partie et n'est pas libéré malgré la constitution d'une sûreté concernant ce navire dans un État partie relativement à la même créance, la mainlevée de cette sûreté est autorisée par le tribunal de l'État partie, par ordonnance rendue sur requête. 5. Si, dans un État non partie, le navire est libéré contre la constitution d'une sûreté suffisante concernant ce navire, la mainlevée de toute sûreté constituée dans un État partie relativement à la même créance est autorisée par ordonnance si le montant total de la sûreté constituée dans les deux États dépasse : a) soit le montant de la créance au titre de laquelle la saisie a été pratiquée, b) soit la valeur du navire, la moins élevée des deux devant prévaloir. Cette mainlevée n'est toutefois autorisée par ordonnance que si la sûreté constituée est effectivement disponible dans l'État non partie et librement transférable au profit du créancier».

La consignation semble pouvoir être faite directement entre les mains du créancier saisissant[85]. On sait, par ailleurs, que le droit maritime admet dans certaines circonstances prévues par des conventions spécifiques, telle la Convention de Londres du 19 novembre 1976 sur la limitation de la responsabilité en matière de créances maritimes, texte ratifié par la France (D. n° 86-1371, 23 décembre 1986, *JO* 1er janvier 1987), la limitation de la responsabilité moyennant la constitution d'un fonds d'indemnisation des victimes qui se trouveront donc *ipso facto* privées du droit d'agir en justice devant les juridictions des États signataires de ces textes. Dans la logique de cette solution, la Cour de cassation a admis que l'existence d'un tel fonds d'indemnisation entraîne *ipso facto* la mainlevée qui peut être ordonnée en référé, de toute saisie pratiquée sur un navire appartenant au responsable du dommage[86]. Cette mainlevée ne peut cependant être acquise qu'à la condition que le fonds d'indemnisation ait été constitué à l'un des endroits prévus le plus souvent par la convention applicable. La Convention de Londres du 19 novembre 1976 (art. 13), dispose en outre, pour le cas où le fonds ne serait pas constitué dans l'un des lieux précisément énumérés par elle, que le juge apprécie alors souverainement s'il convient ou non d'ordonner la mainlevée de la saisie[87].

85. En ce sens, CA Rouen, 2e ch., 4 mars 1999, *DMF* 2000, p. 656.

86. Cass. com., 23 novembre 1993, *Bull. civ.* IV, n° 418 ; Cass. com., 7 juin 1994, *Bull. civ.* IV, n° 206.

87. Cass. com., 5 janvier 1999, *Bull. civ.* IV, n° 2, *LPA* 2 février 1999, n° 23, p. 10, note P. M., *DMF* 1999, p. 130, rapp. J.-P. Rémery, obs. A. Vialard, *Rev. crit DIP* 1999, p. 133, rapp. J.-P. Rémery.

c) *La mainlevée judiciaire de la saisie en application de la Convention de Londres du 19 novembre 1976, moyennant constitution d'un fonds de limitation de responsabilité*

492. Divers textes permettent au propriétaire d'un navire d'obtenir la mainlevée de la saisie pratiquée sur son bâtiment de mer en constituant avec autorisation donnée sur requête par le président du tribunal de commerce, un fonds d'indemnisation des victimes de sa responsabilité, ce qui a pour conséquence en outre de limiter à ce fonds cette dernière. Parmi ces textes, on trouve essentiellement la Convention de Londres du 19 novembre 1976 sur la limitation de responsabilité en matière de créances maritimes ratifiée par la France (D. n° 86-1371, 23 décembre 1986, *JO* 1er janvier 1987).

On considérait traditionnellement que la mainlevée ordonnée par le président du tribunal de commerce statuant en référé-rétractation de son ordonnance sur requête ayant autorisé la saisie conservatoire, était alors de droit, malgré la perspective de l'existence d'une faute inexcusable de l'armateur pourtant de nature à priver du bénéfice de la Convention de Londres, qui ne pouvait en aucun cas être appréciée en référé. Il suffisait que le fonds de limitation ait bien été constitué dans l'un des quatre ports énumérés par ladite Convention (Conv. Londres, 19 novembre 1976, art. 13, § 2) ou autre lieu de la saisie, en l'occurrence, le port où s'est produit l'événement ou, si celui-ci s'est produit en dehors d'un port, le port d'escale suivant, celui de débarquement pour les créances pour morts ou lésions corporels, ou celui de déchargement pour dommages à la cargaison[88]. Cette solution n'a peut-être plus cours. En effet, techniquement, la constitution du fonds doit être autorisée par ordonnance rendue sur requête par le président du tribunal de commerce, suivant les modalités prescrites par les articles 59 et suivants du décret n° 67-967 du 27 octobre 1967. Or, dans un arrêt plus récent, la Cour de cassation semble avoir estimé que le président du tribunal de commerce statuant

Au motif que la créance de 963 000 € pour laquelle une saisie conservatoire d'un navire avait été autorisée sur requête, n'était maritime au sens de la Convention de Bruxelles qu'à hauteur de 578 000 €, le président du Tribunal de commerce de Marseille statuant en référé, a décidé de rétracter partiellement son ordonnance sur requête afin de cantonner ladite saisie « *au montant correspondant à la partie de la créance totale correspondant aux postes ayant seuls le caractère de créance maritime* » (T. com. Marseille, ord. réf., 4 juin 2003, *Peijasper Maritime Inc. c/Pamar, RD comm. maritime, aérien et des transports* 2003, p. 2003, *DMF* 2004, p. 47, note J.-P. Rémery). Mais en fait de cantonnement, suivant l'expression utilisée par le juge marseillais, c'est en réalité d'une réduction du montant de la garantie financière exigée en contrepartie de la mainlevée de la saisie conservatoire qu'il s'agit ici.

88. Cass. com., 23 novembre 1993, *Bull. civ.* IV, n° 418, *DMF* 1994, p. 36 ; Cass. com., 7 juin 1994, *Bull. civ.* IV, n° 206 ; CA Rouen, 2e ch., 5 septembre 2002, *Tunisian Transport Company c/Préfet Maritime de la Manche et de la Mer du Nord, DMF* 2003, p. 55, note Cl. HumAnc.

dans le cadre d'un référé-rétractation de l'ordonnance sur requête dans laquelle il a autorisé la constitution d'un tel fonds, peut apprécier l'existence d'une faute inexcusable qui fait alors obstacle à la mainlevée de la saisie conservatoire[89]. En revanche, lorsque le fonds a été constitué ailleurs, la Convention de Londres dispose en son article 13 que la saisie « *peut* (seulement) *faire l'objet d'une mainlevée* », ce qui signifie que le juge dépourvu alors de compétence liée, apprécie l'opportunité d'ordonner la mainlevée.

d) La mainlevée judiciaire de la saisie en application de la loi du 9 juillet 1991, moyennant substitution d'un autre navire

493. La jurisprudence a admis, d'une manière générale, la possibilité de mainlevée de la saisie moyennant substitution d'un autre navire à celui saisi[90]. Cette solution a été depuis consacrée par la loi nº 91-650 du 9 juillet 1991, à l'article 72, alinéa 2.

2. L'autorisation de départ du navire saisi

494. Le saisi, propriétaire ou non du navire, et son propriétaire, débiteur personnel ou non, ont également qualité pour demander l'autorisation de départ du navire pour un ou plusieurs voyages déterminés contre constitution d'une garantie suffisante. Cette garantie sera acquise au créancier saisissant si le navire ne regagne pas le port dans le délai fixé par le juge. Nous venons de voir, que dans la Convention de Bruxelles, c'est la seule possibilité lorsque la créance a pour cause la propriété contestée d'un navire, la copropriété contestée d'un navire ou sa possession, ou son exploitation, ou les droits aux produits d'exploitation d'un navire en copropriété (Conv. Bruxelles, 10 mai 1952, art. 5). Le décret nº 67-967 du 27 octobre 1967 en ses articles 27 et 28 attribue compétence en la matière, au président du tribunal de grande instance statuant en référé. C'est également ce magistrat qui est compétent pour fixer le délai dans lequel le navire devra regagner le port de la saisie. Il peut, ultérieurement, modifier ce délai pour tenir compte des circonstances et, le cas échéant, autoriser le navire à faire des voyages. Une telle demande peut émaner de tout intéressé parmi lesquels figure, outre le saisi, l'autorité portuaire lorsque la présence du navire saisi est susceptible de causer des dommages aux installations portuaires[91]. Différence notable avec le droit commun de la saisie de biens mobiliers corporels qui permet de se

89. Cass. com., 3 avril 2002, nº 00-11.344, *DMF* 2002, p. 460, *DMF* 2003, p. 44, note P. Bonassies.

90. En ce sens, Cass. com., 2 mai 1989, *Bull. civ.* IV, nº 138, qui a permis en l'espèce le départ d'un navire.

91. En ce sens, voir CA Papeete, 28 décembre 2001, *Port autonome de Papeete c/Sté Total Polynésie et a., DMF* 2002, p. 371, note A.-L. Michel.

servir du bien saisi (D. n° 92-755, 31 juillet 1992, art. 97), à défaut d'autorisation départ du navire saisi, serait commis par le saisi le délit de détournement d'objet saisi prévu et réprimé par l'article 314-6 du Code pénal[92].

Les saisies des bateaux obéissent parfois à des règles qui, sans être identiques, sont parfois très proches.

Section 2
Les saisies des bateaux

495. Un bateau n'est pas un navire ; c'est une embarcation affectée à la navigation intérieure, c'est-à-dire à la circulation sur les canaux, fleuves et lacs du territoire français, au sens des dispositions du Code du domaine public fluvial et de la navigation interne. Une fois encore, la réforme des procédures mobilières d'exécution opérée par la loi de 1991 et le décret de 1992 ne concerne que partiellement les bateaux dont la saisie-vente reste le plus souvent régie par des textes spéciaux.

Biens mobiliers corporels, les bateaux sont susceptibles, comme les navires, de saisies d'exécution *(§ 1)* et de saisies conservatoires *(§ 2)*.

§ 1. Les saisies d'exécution

496. Quant aux saisies d'exécution, les bateaux sont susceptibles de saisie-appréhension et de saisie-vente. Il n'y a, une fois encore, aucune raison théorique ou pratique de ne pas faire application de la procédure de ***saisie-appréhension*** de droit commun régie par les dispositions de la loi de 1991 et le décret de 1992[93].

497. Seule ***la saisie-vente*** obéit partiellement à des règles spéciales. Elle est soumise à un double régime dont le contenu varie selon que le poids du bateau est inférieur ou non à vingt tonnes. Faute de textes spécifiques, il convient une fois encore de faire application de la procédure ordinaire de saisie-vente désormais organisée par la loi de 1991 et le décret de 1992 pour ***les bateaux d'un poids inférieur à vingt tonnes***. Cette saisie-vente sera soit pratiquée directement[94], soit obtenue sur

92. *Contra*, Cass. crim., 3 septembre 2002, n° 01-86.798, *DMF* 2003, p. 82, note J.-P. Rémery.

93. Cf. *supra*, n°s 326 et s.

94. Cf. *supra*, n°s 299 et s.

conversion d'une saisie conservatoire[95]. Très curieusement, un régime juridique particulier subsiste pour les bateaux d'un tonnage égal ou supérieur à vingt tonnes.

498. La procédure dont il convient de faire application pour ***la saisie-vente des bateaux d'un poids égal ou supérieur à vingt tonnes*** est très comparable à celle concernant les navires. Elle résulte des dispositions des articles 118 à 136 du Code du domaine public fluvial et de la navigation interne, et de celles de la Convention de Genève du 25 janvier 1965 ratifiée par la France par la loi du 13 juin 1972. Cette spécificité en raison du tonnage, est visée par l'article 118 du Code du domaine public fluvial et de la navigation interne. À défaut de trouver dans ces textes toutes les dispositions nécessaires à la mise en œuvre de la saisie, on fera usage en pratique, en tant que de besoin, des textes du droit commun sur la saisie-vente, bien que cette solution générale n'ait pas été consacrée par la Cour de cassation. Un titre exécutoire est nécessaire pour pouvoir recourir à cette saisie-vente spéciale. Nous allons voir en effet, que la procédure prévue devant le tribunal de grande instance n'est pas une instance en validité. Les modalités de la saisie-vente varient selon qu'elle est précédée ou non d'une saisie conservatoire.

La ***saisie-vente des bateaux d'un poids égal ou supérieur à vingt tonnes pratiquée directement*** c'est-à-dire sans saisie conservatoire préalable, est la seule hypothèse visée par les textes spéciaux. Nous envisagerons successivement les modalités de la saisie, puis celles de la vente forcée. Les textes spéciaux n'ont organisé que la saisie pratiquée directement entre les mains du débiteur propriétaire du bateau. Pour les modalités de la saisie pratiquée entre les mains d'un tiers détenteur, on fera donc application, en tant que de besoin, des textes de la loi de 1991 et du décret de 1992[96].

Cette saisie-vente spéciale débute comme celle de droit commun, par la signification au débiteur, d'un commandement de payer, à personne ou à domicile. Ce commandement n'impartit toutefois au débiteur, qu'un délai de vingt-quatre heures au moins pour payer (Code du domaine public fluvial et de la navigation intérieure, art. 119). Le créancier ne saurait toutefois lui impartir un délai trop long. En effet, l'article 121 du Code du domaine public fluvial et de la navigation intérieure dispose que le créancier devra ensuite, « *dans un délai de trois jours* », à compter semble-t-il de la signification du commandement, faire signifier au propriétaire du bateau un procès-verbal de saisie comportant les mentions énumérées par l'article 120, et une assignation devant le tribunal de grande instance du lieu de la saisie. Ce délai est porté à huit jours si le propriétaire non présent est domicilié dans le

95. Cf. *supra*, n° 410.
96. Cf. *supra*, n° 307.

département où se trouve le bateau, et à quinze jours s'il est domicilié hors du département. « *Si le propriétaire n'est pas domicilié dans l'arrondissement où se trouve le bateau, les significations et citations lui sont données en la personne du capitaine ou patron du bateau saisi, ou, en son absence, en la personne de celui qui représente le propriétaire ou le capitaine ou patron* » (C. dom. publ. fluv., art. 121, al. 2). L'article 122 prévoit en son alinéa 3, que le délai de comparution est de trois, huit ou quinze jours « ... *selon la distance entre le lieu où le bateau est immatriculé et le lieu où siège le tribunal* (de grande instance) *dans le ressort duquel la saisie a été pratiquée* ». Il n'est pas inutile de rappeler que c'est le tribunal de grande instance du lieu de la saisie qui est compétent. Compte tenu de la matière et du contenu des autres textes, il semble qu'il s'agisse d'une assignation délivrée de plein droit à jour fixe. Les dispositions de l'article 122 confirme cette analyse, puisque celui-ci dispose en son alinéa 2, que les créanciers inscrits sur le bateau sont informés « ... *du jour de la comparution devant le tribunal de grande instance* ». Le tribunal de grande instance devra non pas valider la saisie, mais fixer dans son jugement la mise à prix et les conditions de la vente, ce qui permet de conclure qu'un titre exécutoire est nécessaire (C. dom. publ. fluv., art. 124). Le procès-verbal de saisie doit, simultanément à sa signification au propriétaire du bateau et à l'assignation devant le tribunal de grande instance, être transcrit au greffe du tribunal de commerce du lieu d'immatriculation du bateau, ou de celui dans le ressort duquel le bateau est en construction. Cette transcription doit également être faite dans les trois, huit ou quinze jours de la signification du commandement de payer, une fois encore « ... *selon que le lieu où se trouve le tribunal* (de grande instance) *qui doit connaître de la saisie et de ses suites est dans l'arrondissement, dans le département ou hors du département dans lequel se trouve le tribunal de commerce* » (C. dom. publ. fluv., art. 122, al. 1). Dans les huit jours qui suivent ce dépôt au greffe aux fins de transcription, celui-ci délivrera au créancier saisissant un état des inscriptions sur le bateau (C. dom. publ. fluv., art. 122, al. 2). Dans les trois, huit ou quinze jours suivant la délivrance par le greffe du tribunal de commerce de l'état des inscriptions, le créancier saisissant doit dénoncer la saisie aux créanciers inscrits « *aux domiciles élus dans leurs inscriptions, avec l'indication du jour de la comparution devant le tribunal de grande instance* ». Les créanciers inscrits ne sont donc pas assignés devant le tribunal de grande instance. Lorsque le bateau saisi est immatriculé à l'étranger dans un des pays signataires de la Convention de Genève du 25 janvier 1965, « *la saisie est dénoncée aux créanciers inscrits par lettre recommandée avec accusé de réception un mois avant le jour de la comparution devant le tribunal de grande instance...* » (C. dom. publ. fluv., art. 123, al. 1).

Le Code du domaine public fluvial et de la navigation interne n'a pas prévu que la saisie puisse être pratiquée entre les mains d'un tiers détenteur du bateau. On pense à un locataire ou encore à un chantier naval à qui le bateau serait confié pour entretien ou réparation. Il n'est fait qu'une brève allusion à cette situation à l'article 122 à propos de la transcription du procès-verbal de saisie au greffe du tribunal de commerce du lieu d'immatriculation « *... ou dans le ressort duquel le bateau est en construction* ». Nous considérons que pour saisir un bateau entre les mains d'un tiers tel un chantier de construction, le procès-verbal de saisie devra être signifié au tiers, puis dénoncé ensuite, suivant les modalités de la saisie-vente de droit commun[97], avec l'assignation à comparaître devant le tribunal de grande instance au propriétaire débiteur saisi. Le reste de la procédure est ensuite identique à celle pratiquée directement entre les mains du débiteur.

Le tribunal de grande instance doit fixer dans son jugement la mise à prix et les conditions de la vente, dont la date de l'audience d'adjudication. Advenu ce jour, à défaut d'enchères, le tribunal fixera par jugement une nouvelle mise à prix d'un montant inférieur et une nouvelle date d'audience d'adjudication (C. dom. publ. fluv., art. 124). Quinze jours au moins avant l'audience d'adjudication, celui-ci doit être annoncé au moyen d'« *affiches apposées sur la partie la plus apparente du bateau saisi, à la porte principale du tribunal de grande instance devant lequel on doit procéder, sur la place publique, le quai du lieu où le bateau est amarré, à la bourse de commerce s'il y en a une, sur les marchés d'affrètement de la région, ainsi qu'à la porte du bateau d'immatriculation et à celle du tribunal de commerce* » (C. dom. publ. fluv., art. 126). Dans le même délai, la vente doit également être annoncée dans un journal d'annonces légales paraissant dans le ressort du tribunal ainsi qu'un journal spécialisé dans la navigation intérieure (C. dom. publ. fluv., art. 125). Lorsque le bateau saisi est immatriculé à l'étranger dans un des pays signataires de la Convention de Genève, les créanciers inscrits devront être informés de la date de la vente un mois à l'avance, par lettre recommandée avec accusé de réception. Les annonces et affiches doivent comporter les mentions énumérées par l'article 127 du Code du domaine public fluvial et de la navigation interne parmi lesquelles on trouve la mise à prix, les conditions générales de la vente, les jour, lieu et heure de l'adjudication.

La vente aux enchères se déroule en principe à la barre du tribunal dans le ressort duquel a été effectuée la saisie. Le tribunal qui doit déterminer la mise à prix et les conditions générales de vente a également la possibilité d'« *... ordonner que la vente soit faite ou devant un autre tribunal de grande instance ou en l'étude et par le ministère, soit d'un notaire, soit d'un autre officier public, au lieu où se trouve le bateau saisi. Dans ces divers cas, le jugement réglemente la publicité locale* »

97. *Ibid.*

(C. dom. publ. fluv., art. 125, al. 2 et 3). Le prix est payable comptant dans les vingt-quatre heures de l'adjudication, à peine de folle enchère dont les modalités sont les mêmes que dans la saisie-vente ordinaire.

499. La ***saisie-vente des bateaux d'un poids égal ou supérieur à vingt tonnes, obtenue sur conversion d'une saisie conservatoire*** n'a pas non plus été prévue par les textes spéciaux. Or, la saisie conservatoire ordinaire désormais régie par la loi de 1991 et le décret de 1992 a vocation à être convertie en saisie-vente, une fois obtenue par le créancier un titre exécutoire. La saisie-vente obtenue sur conversion est plus simple dans ses formalités, qu'une saisie-vente pratiquée directement[98]. Mais cette saisie-vente là n'a rien à voir dans ses modalités avec celle régie par le Code du domaine public fluvial et de la navigation interne. Afin de concilier les dispositions sur la nouvelle saisie conservatoire et la saisie-vente spéciale, nous préconisons que l'acte de conversion prévu à l'article 226 du décret du 31 juillet 1992 qui doit être signifié, comporte le commandement de payer prévu à l'article 119 du Code du domaine public fluvial et de la navigation interne. Il sera ensuite suivi de la signification de l'assignation devant le tribunal de grande instance visée à l'article 121 du même Code. Le reste de la saisie-vente obéira aux mêmes formalités que dans la saisie pratiquée directement sans saisie conservatoire préalable.

La distribution du prix de vente sur saisie obéit aussi à des règles spécifiques (C. dom. publ. fluv., art. 128 à 135)[99].

§ 2. Les saisies conservatoires

500. Il n'existe pas de régime particulier en matière de ***saisies conservatoires***. Le bateau est donc susceptible de saisie-revendication dans la perspective d'une future saisie-appréhension, et de saisie conservatoire pratiquée aux fins de vente, en faisant usage des procédures ordinaires issues désormais de la loi de 1991 et du décret de 1992[100]. Signalons toutefois que dans ce second cas, le procès-verbal de saisie devra comporter en outre, en tant que de besoin, les mentions spéciales énumérées par l'article 120 du Code du domaine public fluvial et de la navigation interne. Nous verrons qu'en outre, la conversion en saisie-vente obéit semble-t-il, à des règles spéciales[101].

98. Cf. *supra*, n° 410.
99. Sur cette question, cf. *infra*, n°s 745 et s.
100. Cf. *supra*, n°s 405 et s., et 416 et s.
101. Cf. *supra*, n°s 497 et s.

Section 3
Les saisies des aéronefs[102]

501. Tandis que les navires et bateau sont des engins circulant sur l'eau, l'aéronef peut être défini comme étant un engin circulant dans les airs. Ont par conséquent la qualité d'aéronef, les avions, planeurs, hélicoptères, ballons dirigeables, et ULM, notamment[103].

D'une manière générale, « ... les aéronefs français et étrangers, affectés à un service d'État ou à des transports publics, ne peuvent faire l'objet (d'une saisie conservatoire ou d'exécution aux fins de vente) que si la créance porte sur les sommes dues par le propriétaire à raison de l'acquisition de ces aéronefs ou de contrats de formation ou de maintenance liés à leur exploitation » (C. aviation, art. L. 123-2). Voilà qui réduit singulièrement les possibilités de saisir un aéronef, puisque la plupart sont affectés à un service d'État tel le transport du courrier, les transports militaires, les transports de personnalités politiques représentant un État, ou affectés à des transports publics[104].

Autre restriction, cette fois générale, à la possibilité de saisir un aéronef aux fins de vente, « *lorsqu'il est procédé à la saisie d'un aéronef immatriculé dans un État partie à la convention* (de Genève) *aucune vente forcée ne peut avoir lieu si les droits préférables à ceux du créancier saisissant ne peuvent être éteints par le prix de vente ou s'ils ne sont pas pris en charge par l'acquéreur* » (C. aviation, art. L. 123-1, al. 1) ; ce qui signifie en d'autres termes, que si l'aéronef saisi est hypothéqué, il ne pourra être effectivement vendu qu'à un prix suffisant pour désintéresser les créanciers inscrits.

---

102. P. Bénin, *Le Boeing du Pharaon ou Variations sur le problème du cantonnement de la saisie conservatoire, GP* 1983, 1, doct., p. 13, à propos de CA Paris, 21 juillet 1982, *GP* 1982, 2, som., p. 9 ; M. Dejuglart, E. Du Pontavice, J. Dutheil de la Rochère et G.-M. Mil, *Traité de droit aérien*, 1.1, éd. *LGDJ* 1989 ; C. De la Verpillière, *La réforme de la saisie conservatoire des aéronefs, RFD aérien* 1987, p. 377.

103. Cass. 1re civ., 19 octobre 1999, *Bull. civ.* I, n° 287, un parapente biplace est un aéronef et son utilisation constitue un transport aérien de personnes.

104. On pourra consulter à titre d'applications, Cass. 1re civ., 13 mars 1985, *Bull. civ.* I, n° 95, *JCP* 1986, II, 20523, concl. Gulphe.

La notion de transport public aérien résulte de l'article L. 330-1 du Code de l'aviation civile et commerciale aux termes duquel, « *le transport aérien public consiste à acheminer par aéronef d'un point d'origine à un point de destination, des passagers, des marchandises ou de la poste à titre professionnel ou contre rémunération* » (pour une application rare, TGI Créteil, 13 décembre 1989, *JCP éd. G* 1991, II, p. 21633, note J. Prévault). Le fait pour un avion d'être immobilisé temporairement pour y subir une importante révision avant de reprendre son vol n'est pas de nature à lui faire perdre son affectation aux transports publics (Cass. 2e civ., 25 novembre, n° 98-12.758).

Une fois encore, la réforme des procédures mobilières d'exécution opérée par la loi de 1991 et le décret de 1992 ne concerne que partiellement les aéronefs dont seule la saisie-vente reste régie en partie par des textes spéciaux. Biens mobiliers corporels, ils sont susceptibles de saisies d'exécution *(§ 1)* et de saisies conservatoires *(§ 2)*.

§ 1. Les saisies d'exécution

502. Les aéronefs sont susceptibles de saisie-appréhension et de saisie-vente.

Il n'y a aucune raison théorique ou pratique de ne pas faire application de la procédure de ***saisie-appréhension*** de droit commun régie par les dispositions de la loi de 1991 et le décret de 1992[105].

503. Seule ***la saisie-vente*** obéit partiellement à des règles spéciales. Elle est en effet, soumise à un double régime dont le contenu varie selon qu'elle est précédée ou non d'une saisie conservatoire.

La procédure de ***saisie-vente pratiquée directement*** est régie par le Code de l'aviation civile (C. aviation, art. L. 123-1 à L. 123-4, et R. 123-1 à R. 123-9) dont les dispositions sont issues aujourd'hui essentiellement d'une loi du 3 janvier 1967 et d'un décret du 27 octobre 1967. Auparavant, une loi du 31 décembre 1963 avait mis le droit en la matière, en conformité avec la Convention de Genève du 19 juin 1948 relative à la reconnaissance internationale des droits sur aéronefs[106]. On doit aussi se référer à la Convention de Chicago du 7 décembre 1944 relative à l'aviation civile[107], ratifiée par la France le 15 novembre 1946 et dont les dispositions s'appliqueront avec celles du Code de l'aviation civile, en cas de saisie d'un aéronef battant pavillon étranger. À défaut de trouver dans ces textes spéciaux toutes les dispositions nécessaires à la mise en œuvre de la saisie, on fera usage en pratique, en tant que de besoin, des textes du droit commun de la saisie-vente, bien que cette solution générale n'ait pas été consacrée par la Cour de cassation. Un titre exécutoire est nécessaire pour pouvoir recourir à cette saisie-vente spéciale. Nous allons voir en effet, que la procédure prévue devant le tribunal de grande instance n'est pas une instance en validité

105. Cf. *supra*, n°s 326 et s.

106. Convention ratifiée par la France et publiée au Journal Officiel par le décret n° 64-318 du 11 août 1964.

107. Convention publiée en France par le décret n° 47-374 du 31 mai 1947 et dont la version originale en langue anglaise, a été remplacée par un protocole signé à Buenos Aires le 24 septembre 1968 et publié en France par un décret du 29 décembre 1969.

(C. aviation, art. R. 123-5). Nous envisagerons successivement les modalités de la saisie, puis celles de la vente forcée.

Les textes spéciaux n'ont organisé que la saisie pratiquée directement entre les mains du débiteur propriétaire de l'aéronef. Cette saisie-vente spéciale débute comme celle de droit commun, par un commandement de payer signifié au débiteur propriétaire de l'aéronef, à sa personne ou à son domicile, et devant comporter les mentions énumérées par l'article R. 123-2 du Code de l'aviation civile. Ce commandement n'impartit toutefois à son destinataire aucun délai précis minimum. Le créancier ne saurait toutefois lui impartir un délai trop long. En effet, l'article R. 123-3 du Code de l'aviation civile dispose que le créancier devra ensuite, « *dans un délai de cinq jours francs, augmenté* (s'il y a lieu) *des délais distance* »[108], à compter semble-t-il, de la signification du commandement, faire signifier au propriétaire de l'aéronef un procès-verbal de saisie devant comporter les mentions énumérées par l'article R. 123-2, alinéa 2 du Code de l'aviation civile, et une assignation « *devant le tribunal de grande instance du lieu où la vente est poursuivie* ». En pratique le tribunal territorialement compétent sera celui du lieu de la saisie. « *Si le propriétaire n'est pas domicilié en France et n'y a pas de représentant habilité, les significations et citations peuvent être délivrées en la personne du commandant de bord* » (C. aviation, art. R. 123-3). « ... *Le délai de comparution est de huit jours, si le propriétaire est domicilié en France. Dans le cas contraire, les délais sont ceux prévus aux articles 644 et 645 du Code de procédure civile* » (C. aviation, art. R. 123-4, al. 2).

Compte tenu de la matière et du contenu des autres textes, il semble qu'il s'agisse d'une assignation délivrée de plein droit à jour fixe. Les dispositions de l'article R. 123-4 du Code de l'aviation civile confirment cette analyse, puisque celui-ci dispose que les créanciers inscrits sur l'aéronef sont informés de la saisie qui doit leur être dénoncée suivant des modalités que nous allons exposer, dénonciation comportant indication de la date de comparution devant le tribunal de grande instance.

Dans un délai de cinq jours francs le cas échéant augmenté des délais distance, à compter de la signification du procès-verbal de saisie et de l'assignation devant le tribunal de grande instance du lieu de la saisie, au propriétaire de l'aéronef, ledit procès-verbal doit être transcrit au bureau chargé de la tenue du registre d'immatriculation (C. aviation, art. R. 123-4, al. 1). Rappelons en effet qu'aux termes des dispositions de l'article L. 121-2 du Code de l'aviation civile, il est tenu au ministère des transports un registre d'immatriculation.

108. Méthode inhabituelle de computation des délais, puisqu'en procédure civile, les délais ne sont pas en principe francs.

Dans les huit jours qui suivent la demande d'inscription de la saisie formulée par le créancier, le fonctionnaire chargé du registre d'immatriculation est tenu de lui délivrer un état des inscriptions prises sur l'aéronef saisi. Une fois obtenu ce relevé, le créancier doit, dans les trois jours qui suivent, dénoncer aux créanciers inscrits la saisie, par exploit d'huissier ou lettre recommandée avec accusé de réception, aux domiciles élus dans leurs inscriptions « ... *avec indication du jour de la comparution devant le tribunal de grande instance...* » (C. aviation, art. R. 123-4, al. 2).

Le Code de l'aviation civile n'a pas prévu que la saisie puisse être pratiquée entre les mains d'un tiers détenteur de l'aéronef. On pense à un locataire ou encore à une entreprise à qui il serait confié pour entretien ou réparation. Nous considérons que pour saisir un aéronef entre les mains d'un tiers, le procès-verbal de saisie devra lui être signifié, puis dénoncé ensuite au propriétaire débiteur saisi, suivant les modalités de la saisie-vente de droit commun[109] avec l'assignation à comparaître devant le tribunal de grande instance signifié. Le reste de la procédure est ensuite identique à celle pratiquée directement entre les mains du débiteur.

Le tribunal de grande instance doit fixer dans son jugement la mise à prix et les conditions de la vente, dont la date de l'audience d'adjudication (C. aviation, art. R. 123-5). Advenu ce jour, à défaut d'enchères, le tribunal fixera par jugement une nouvelle mise à prix d'un montant inférieur et une nouvelle date d'audience d'adjudication (C. aviation, art. 123-5, al. 1). Trois semaines au moins avant l'audience d'adjudication, celle-ci doit être annoncée au moyen d'affiches apposées sur la partie la plus apparente de l'aéronef saisi, à la porte principale du tribunal de grande instance devant lequel on doit procéder, au lieu où se trouve l'aéronef ainsi qu'à la porte du bureau d'immatriculation (C. aviation, art. R. 123-5 al. 3). Dans le même délai, la vente doit également être annoncée dans un journal d'annonces légales paraissant dans le ressort du tribunal, ainsi qu'au BODACC (C. aviation, art. R. 123-5, al. 2). Les affiches et les insertions doivent comporter les mentions énumérées par l'article R. 123-6, alinéa 1, du Code de l'aviation civile dont notamment les lieu, jour et heure de l'audience d'adjudication ainsi que la mise à prix.

La vente aux enchères se déroule en principe à la barre du tribunal dans le ressort duquel a été effectuée la saisie. Le tribunal a aussi la possibilité d'« ... *ordonner que la vente soit faite ou devant un autre tribunal de grande instance, ou en l'étude et par le ministère d'un notaire, soit d'un autre officier public, au lieu où se trouve le bateau saisi. Le jugement détermine la publicité locale complémentaire qui doit être faite* »

109. Cf. *supra*, n° 307.

(C. aviation, art. R. 123-5, al. 2). Le prix est payable comptant dans les trois jours de l'adjudication, sous peine de folle enchère dont les modalités sont les mêmes que dans la saisie-vente ordinaire.

La ***saisie-vente obtenue sur conversion d'une saisie conservatoire pratiquée aux fins de vente*** n'a pas non plus été prévue par les textes spéciaux. Or, la saisie conservatoire ordinaire désormais régie par la loi de 1991 et le décret de 1992 a vocation à être convertie en saisie-vente, une fois obtenue par le créancier un titre exécutoire. La saisie-vente obtenue sur conversion est plus simple dans ses formalités, qu'une saisie-vente pratiquée directement[110]. Mais cette saisie-vente là n'a rien à voir dans ses modalités avec celle régie par le Code de l'aviation civile. Afin de concilier les dispositions sur la nouvelle saisie conservatoire et la saisie-vente spéciale, nous préconisons que l'acte de conversion prévu à l'article 226 du décret du 31 juillet 1992 devant être signifié, comporte le commandement de payer prévu à l'article R. 123-2. Il sera ensuite suivi de la signification de l'assignation devant le tribunal de grande instance visée à l'article R. 123-3. Le reste de la saisie-vente obéira aux mêmes formalités que dans la saisie pratiquée directement sans saisie conservatoire préalable.

La distribution du prix de vente sur saisie obéit aussi à des règles spécifiques (C. aviation, art. R. 123-6 à R. 123-9)[111].

§ 2. Les saisies conservatoires

504. L'aéronef est, semble-t-il, susceptible de ***saisie-revendication*** dans la perspective d'une future saisie-appréhension en faisant usage de la procédure ordinaire issue désormais de la loi de 1991 et du décret de 1992[112].

Quant à la ***saisie conservatoire pratiquée aux fins de vente***, elle obéit désormais à un double régime. Lorsque l'aéronef est de nationalité française et que son propriétaire est domicilié en France, on devra faire application de la procédure ordinaire régie par les dispositions de la loi de 1991 et le décret de 1992 déjà étudiées[113]. Lorsque le propriétaire de l'aéronef n'est pas domicilié en France ou que l'aéronef est de nationalité étrangère, une telle saisie conservatoire ne pourra être pratiquée que sur autorisation donnée sur requête par le juge d'instance du lieu où l'aéronef aura atterri. Dans ce cas, le juge d'instance pourra ensuite, à la demande du propriétaire de l'aéronef, ordonner la mainlevée de la saisie,

110. Cf. *supra*, n° 410.
111. Cf. *supra*, n°s 745 et s.
112. Cf. *supra*, n°s 416 et s.
113. Cf. *supra*, n°s 405 et s.

si celui-ci « ... *offre de déposer un cautionnement égal au montant de la créance réclamée et* (le juge) *peut ordonner cette mainlevée en fixant le montant du cautionnement à fournir au cas de contestation sur l'étendue de la créance. Ce cautionnement sera déposé à la Caisse des dépôts et consignations* » (C. aviation, art. R. 123-9). Mises à part ces particularités, la saisie conservatoire autorisée obéit aux formalités prévues désormais par la loi de 1991 et le décret de 1992.

Enfin, nous avons vu que la conversion de la saisie conservatoire en saisie-vente obéit semble-t-il, à des règles spéciales[114].

Le Code de l'aviation prévoit enfin le recours à la saisie conservatoire en cas de non paiement des redevances dues par tout exploitant d'un aéronef ou de non remboursement d'une aide d'État indûment perçue[115].

114. Cf. *supra*, n° 503.

115. C. aviation, art. L 123-4. - *Après mise en demeure infructueuse du redevable de régulariser sa situation, la saisie conservatoire d'un aéronef exploité par le redevable ou lui appartenant peut être requise auprès du juge du lieu d'exécution de la mesure par les autorités et dans les situations suivantes :*

-le ministre chargé des transports, en cas de non-paiement ou de paiement insuffisant de la redevance de route ou de la redevance pour services terminaux de la circulation aérienne, ainsi qu'en cas de non-restitution d'une aide d'État ayant fait l'objet d'une décision de récupération de la part de la Commission européenne ou d'un arrêt de la Cour de justice des Communautés européennes, sans préjudice, dans ce cas, des compétences dévolues en ce domaine aux représentants de l'État dans le département ;

-l'exploitant d'aérodrome, en cas de non-paiement ou de paiement insuffisant des redevances aéroportuaires ;

-l'Autorité de contrôle des nuisances sonores aéroportuaires, en cas de non-paiement ou de paiement insuffisant des amendes administratives prononcées par cette autorité.

L'ordonnance du juge de l'exécution est transmise aux autorités responsables de la circulation aérienne de l'aérodrome aux fins d'immobilisation de l'aéronef. L'ordonnance est notifiée au redevable et au propriétaire de l'aéronef lorsque le redevable est l'exploitant.

Les frais entraînés par la saisie conservatoire sont à la charge du redevable.

Le paiement des sommes dues entraîne la mainlevée de la saisie conservatoire.

Chapitre 4
Les saisies du fonds de commerce et de son prix de vente[1]

505. Il n'existe aucun obstacle théorique au recours à la saisie-vente ordinaire de biens mobiliers corporels ou à la saisie-attribution de droit commun si un créancier désire faire saisir certains biens isolés composant le fonds de commerce de son débiteur ou tout ou partie du prix de vente de ce fonds. Il pourrait, en outre, tout aussi bien recourir aux procédures spéciales de vente forcée des biens intellectuels qui le compose, procédures auxquelles nous consacrerons le chapitre suivant[2]. Toutefois, la vente morcelée du fonds risque d'être, en définitive, souvent, en pratique, une fort mauvaise affaire pour le créancier qui aura le plus souvent davantage intérêt à le faire vendre globalement, afin d'en obtenir un meilleur prix. Quant à la saisie-attribution du prix de vente du fonds, elle sera souvent inaccessible et inutilement compliquée pour un créancier qui n'est que rarement déjà pourvu d'un titre exécutoire et dont la réaction s'inscrit déjà dans le cadre d'une vente déjà très formaliste nécessitant l'accomplissement de formalités spécifiques de publicité à destination des créanciers. C'est la raison pour laquelle des textes spéciaux, essentiellement contenus issus à l'origine de la loi du 17 mars 1909 relative à la vente et au nantissement des fonds de commerce aujourd'hui intégrée dans la partie législative du Code de commerce aux articles L. 141-5 à L. 143-23, ont prévu des procédures de saisie-vente ***(section 1)*** et d'opposition, variété de saisie-attribution ***(section 2)***, dont le caractère atypique provient de la simplicité de leurs modalités et surtout, de l'absence de nécessité d'un titre exécutoire [3].

---

1. A. Cheyron, *Un régime dérogatoire : la vente du fonds de commerce au profit de l'administration fiscale, JCP éd. E* 1991, I, n° 33, p. 111 ; S. Jaffrain, *Modalités de vente d'un fonds de commerce dans le cadre d'une liquidation judiciaire, JCP éd. E* 1993, p. 205 ; J.-L. Puygauthier, *La distribution du prix de vente d'un fonds de commerce et le décret du 14 août 1996 (CPC, art. 1 281-1 à 1 281-12), JCP éd. E* 1999, p. 162 ; G. Taormina, *Les saisies-vente de fonds de commerce et les « saisies-attribution » du prix de vente d'un fonds de commerce*, fasc. 620, in *Droit de l'exécution forcée*, éd. *Journal des Notaires et des Avocats*, octobre 2003 ; J. Théron, *Liquidation judiciaire et vente de fonds de commerce, Rev. proc. coll.* avril 2008, p. 132 ; P. Vauvillé, *Distribution amiable du prix de cession d'un fonds de commerce, JCP éd. E* 1996, I, n° 548.
2. Cf. *infra*, n°s 523 et s.
3. Notons au passage, que la vente ordonnée par un tribunal correctionnel, en cas d'infraction à la législation sur les débits de boisson et la lutte contre l'alcoolisme, lorsque

Section 1
Les saisies-vente spéciales du fonds de commerce

506. Il s'agit des procédures de conversion de saisies-vente de biens mobiliers corporels composant le fonds, en vente globale du fonds de commerce *(§ 1)*, des procédures de vente globale directe du fonds de commerce *(§ 2)* et de la vente de fonds de commerce dans le cadre d'une procédure de liquidation judiciaire *(§ 3)*.

§ 1. Les procédures de conversion de saisies-vente de biens mobiliers corporels composant le fonds, en vente globale du fonds de commerce

507. Ces procédures ne peuvent être utilisées que par des créanciers qui ont préalablement entrepris une saisie-vente et qui sont donc, par définition, déjà porteurs d'un titre exécutoire. Ces procédures n'ont, par conséquent aucun caractère atypique sur ce point. Il convient de distinguer la procédure de conversion en vente globale à la disposition de tout créancier et du débiteur saisi *(A)*, de celle dont seul le Trésor public qui peut également user de la première, dispose *(B)*.

A La procédure de conversion en vente globale à la disposition de tout créancier et du débiteur saisi

508. Cette procédure peut être mise en œuvre, lorsqu'une saisie-vente ordinaire portant sur les éléments mobiliers corporels du fonds ou sur certains d'entre eux, est déjà en cours. En effet, l'émiettement du fonds peut finalement se révéler désavantageux, à la fois pour le créancier saisissant et le débiteur. Ils ont donc tous les deux qualité, aux termes des dispositions de l'article L. 143-3, alinéa 1, du Code de commerce, qui dispose que « *tout créancier qui exerce des poursuites de*

l'auteur du délit est frappé d'une interdiction d'exercer sa profession pendant plus de deux ans en application de l'article L. 3355-8 du Code de la santé publique, dont les modalités sont également régies par les articles L. 143-3 et L. 143-4 du Code de commerce, il s'agit d'une peine accessoire et non d'une voie d'exécution forcée à la disposition d'un créancier. Il en va de même de la confiscation du fonds ordonnée par le tribunal correctionnel pour cause de condamnation pénale du chef de délit de proxénétisme prévu et réprimé par l'article 225-22 du Code pénal et l'article 706-39 du Code de procédure pénale renvoyant à l'article L. 143-22 du Code de commerce.

saisie-exécution et le débiteur contre lequel elles sont exercées peuvent demander, devant le tribunal de commerce dans le ressort duquel s'exploite le fonds, la vente du fonds de commerce du saisi avec le matériel et les marchandises qui en dépendent ». Cette procédure peut être utilisée même si la saisie est pratiquée par un créancier jouissant d'un nantissement sur le matériel d'équipement[4]. Le tribunal doit être saisi par assignation. Après avoir exposé les modalités de cette procédure *(1)*, nous envisagerons ses incidents *(2)* puis les règles spécifiques de distribution du prix ainsi obtenu *(3)*.

1. Les modalités de la procédure

509. Lorsque l'action en conversion est initiée par le créancier, le tribunal ne peut ordonner cette conversion qu'à l'expiration d'un délai qu'il a préalablement imparti au débiteur pour s'acquitter de sa dette. Ce délai doit également être imparti obligatoirement[5]. L'article L. 143-3 du Code de commerce dispose en effet, en son alinéa second, que « *sur la demande du créancier poursuivant, le tribunal de commerce ordonne qu'à défaut de paiement dans le délai imparti au débiteur, la vente du fonds a lieu à la requête dudit créancier, après l'accomplissement des formalités prescrites par l'article L. 143-6* » du même Code. Le tribunal n'est pas tenu d'impartir au créancier un délai pour réaliser la vente, mais il n'excède pas ses pouvoirs en lui imposant un tel délai[6].

Lorsque l'action en conversion est initiée par le débiteur, deux cas de figure doivent être distingués. Si le créancier demande, dans le cadre de cette action, à poursuivre la vente globale du fonds, le tribunal ne peut ordonner la conversion qu'à l'expiration d'un délai qu'il a préalablement imparti au débiteur pour s'acquitter de sa dette, conformément aux dispositions de l'article L. 143-3, alinéa 2, du Code de commerce. En revanche, si le créancier ne demande pas à poursuivre la vente globale du fonds de commerce, « *le tribunal de commerce fixe le délai dans lequel la vente du fonds doit avoir lieu à la requête du débiteur, suivant les formalités édictées par l'article L. 143-6, et il ordonne que, faute par le débiteur d'avoir fait procéder à la vente dans ledit délai, les poursuites* (de saisie-vente entreprises sur certains éléments du fonds par le créancier)... *sont reprises et continuées sur les derniers errements* » (C. com., art. L. 143-3, al. 4).

---

4. Cass. com., 3 novembre 1970, *Bull. civ.* IV, n° 287, *RTD com.* 1971, p. 654, obs. A. Jauffret.

5. Cass. civ., 2 novembre 1955, *D. 1956*, jur., p. 55, *JCP éd. G* 1956, II, n° 9088, note Cohen ; CA Rouen, 18 avril 1955, *CAF c/Grenon, D. 1955*, p. 497, *RTD com.* 1955, p. 813, obs. A. Jauffret.

6. Cass. com., 18 mars 1975, *Bull. civ.* III, n° 84, *D. 1975*, som., p. 79.

Dans tous les cas, « *Le tribunal de commerce statue, dans la quinzaine de la première audience, par jugement non susceptible d'opposition, exécutoire sur minute. L'appel du jugement est suspensif. Il est formé dans la quinzaine de sa signification à partie et jugé par la cour dans le mois. L'arrêt est exécutoire sur minute* » (C. com., art. L. 143-4, al. 4). Le tribunal apprécie souverainement l'opportunité de faire droit à la demande de conversion en vente globale du fonds de commerce[7]. « *Le tribunal nomme, s'il y a lieu, un administrateur provisoire du fonds, fixe les mises à prix, détermine les conditions principales de la vente, commet pour y procéder l'officier public qui dresse le cahier des charges* » (C. com., art. L. 143-4. al. 1).

Une fois la conversion obtenue, certaines formalités spécifiques de publicité doivent être accomplies en vue de la vente. Aux termes des dispositions de l'article L. 143-6, alinéa 1, du Code de commerce, le poursuivant doit faire « ... *sommation au propriétaire du fonds et aux créanciers inscrits antérieurement à la décision qui a ordonné la vente, au domicile élu par eux dans leurs inscriptions, quinze jours au moins avant la vente, de prendre communication du cahier des charges, de fournir leurs dires et observations et d'assister à l'adjudication, si bon leur semble* ». Ces dispositions ayant seulement pour objet d'attraire dans la procédure des créanciers inscrits dont le droit sera purgé par l'adjudication, l'absence de sommation n'entache pas de nullité l'adjudication, mais place seulement l'acheteur dans la situation qui serait la sienne dans une vente amiable[8].

L'article L. 143-6 du Code de commerce dispose en outre, en ses alinéas 2 à 5 que : « *La vente a lieu dix jours au moins après l'apposition d'affiches indiquant : les noms, professions, domiciles du poursuivant et du propriétaire du fonds, la décision en vertu de laquelle on agit, une élection de domicile dans le lieu où siège le tribunal de commerce dans le ressort duquel s'exploite le fonds, les divers éléments constitutifs dudit fonds, la nature de ses opérations, sa situation, les mises à prix, les lieu, jour et heure de l'adjudication, les nom et domicile de l'officier public commis et dépositaire du cahier des charges. /Ces affiches sont obligatoirement apposées, à la diligence de l'officier public, à la porte principale de l'immeuble et de la mairie de la commune où le fonds est situé, du tribunal de commerce dans le ressort duquel se trouve le fonds, et à la porte de l'étude de l'officier public commis. /L'affiche est insérée dix jours avant la vente dans un journal habilité à recevoir les annonces légales dans l'arrondissement ou le département dans lequel le* fonds est situé. /La publicité est constatée par une mention faite dans le procès-verbal de vente ».

7. CA Lyon, 28 octobre 1913, *S.* 1914, 2, 1943, *GP* 1944, 1, p. 66.

8. CA Reims, 1re sect., 23 février 1976, *Soc. nancéenne et Varin Bemier c/Dubois, D. 1*977, IR, p. 43.

Enfin, l'article L. 141-10 du Code de commerce précise que, d'une manière générale, « *lorsque la vente d'un fonds est poursuivie aux enchères publiques, soit à la requête d'un administrateur judiciaire ou d'un mandataire judiciaire, soit judiciairement à la requête de tout autre ayant droit, le poursuivant doit la notifier aux précédents vendeurs, au domicile élu dans leurs inscriptions, avec déclaration que, faute par eux d'intenter l'action résolutoire dans le mois de la notification, ils sont déchus, à l'égard de l'adjudicataire, du droit de l'exercer* ».

2. Les incidents de la procédure

510. L'article L. 143-7 du Code de commerce prévoit qu'« *il est statué, s'il y a lieu, sur les moyens de nullité de la procédure de vente antérieure à l'adjudication, et sur les dépens, par le président du tribunal de grande instance de l'arrondissement où s'exploite le fonds. Ces moyens doivent être opposés, à peine de déchéance, huit jours au moins avant l'adjudication. Le quatrième alinéa de l'article L. 143-4 est applicable à l'ordonnance rendue par le président* ». Par conséquent, le tribunal statue dans la quinzaine de la première audience, par jugement non susceptible d'opposition, exécutoire sur minute. L'appel du jugement est suspensif ; il est formé dans la quinzaine de sa signification à partie et jugé sommairement par la cour d'appel dans le mois ; l'arrêt est exécutoire sur minute. Le délai de huit jours prescrit pour soulever les moyens de nullité de la procédure de vente antérieure à l'adjudication ne court pas si le caractère incomplet de la publicité a empêché le créancier inscrit d'agir dans ce délai[9].

Les nullités survenues entre le jugement ordonnant la vente et le jugement d'adjudication résultent de la violation des formalités préalables à l'adjudication, lesquelles sont purgées par le prononcé du jugement d'adjudication.

Si une publicité spécifique supplémentaire qui n'a pas été prévue par l'article L. 143-7 du Code de commerce est nécessaire, elle « ... *est réglée par le jugement ou, à défaut, par ordonnance du président du tribunal de commerce rendue sur requête* » (C. com., art. L. 143-4, al. 2).

Aucune surenchère n'est admise (C. com., art. L. 143-11).

3. Règles spécifiques de distribution du prix

511. Nous étudierons ultérieurement la procédure de distribution du prix de vente du fonds de commerce qui résulte des articles 1281-1 à 1 281-12 du Code de procédure civile[10]. Notons simplement ici, que l'article L. 143-4, alinéa 3, du Code de commerce prévoit une règle spéciale,

9. Cass. com., 2 juin 1964, *Bull. civ.* III, n° 289.
10. Cf. *infra*, n°s 742 et s.

puisque le tribunal de commerce « ... *peut, par la décision rendue, autoriser le poursuivant, s'il n'y a pas d'autre créancier inscrit ou opposant, et sauf prélèvement des frais privilégiés au profit de qui de droit, à toucher le prix directement et sur sa simple quittance, soit de l'adjudicataire, soit de l'officier public vendeur, selon les cas, en déduction ou jusqu'à concurrence de sa créance en principal, intérêts et frais* ».

B La procédure de conversion en vente globale à la disposition du Trésor public (LPF, art. L. 268)

512. Le Trésor public pourrait recourir à la procédure de conversion prévue par les articles L. 143-3 et L. 143-4 du Code de commerce que nous venons d'exposer.

L'article L. 268 du livre des procédures fiscales prévoit une autre procédure, disposant que « *Lorsqu'il envisage de faire procéder à la vente d'un fonds de commerce, le comptable public compétent peut, par dérogation aux articles L. 143-3 et L. 143-4 du Code de commerce, faire ordonner par le président du tribunal de grande instance que cette vente soit effectuée dans les formes prévues pour les ventes de biens appartenant à des mineurs. Le président exerce, à cet égard, toutes les attributions confiées au tribunal par les articles 1272 et suivants du Code de procédure civile* ».

Cette procédure ne peut être utilisée que par un créancier qui a préalablement entrepris une saisie-vente et qui est donc déjà porteur d'un titre exécutoire. Cela ne pose toutefois aucune difficulté au Trésor public qui se délivre à lui-même des titres exécutoires.

Les dispositions de l'article L. 141-10 du Code de commerce déjà citées sont applicables ici[11].

Cette procédure du livre des procédures fiscales comporte certains inconvénients par rapport à celle des articles L. 143-3 et L. 143-4 du Code de commerce, car elle n'entraîne pas la purge des inscriptions sur le fonds et les créanciers peuvent surenchérir du sixième en application des dispositions de l'article L. 141-19 du Code de commerce, seules les ventes ordonnées en application des dispositions des articles L. 143-3, L. 143-4, L. 143-5, L. 143-8 et L. 143-10 du même Code échappant à cette possibilité de surenchère (C. com., art. L. 141-19 et L. 143-11).

La procédure du livre des procédures fiscales peut être mise en œuvre, même pour recouvrer des créances sans lien avec l'exploitation

11. Cf. *supra*, n° 509.

du fonds[12]. Enfin, la Cour de cassation considère que le Trésor public peut saisir le tribunal de grande instance en application des dispositions du livre des procédures fiscales, alors même que le tribunal de commerce était déjà saisi d'une demande de conversion formulée sur le fondement des dispositions du Code de commerce[13].

§ 2. Les procédures de vente globale directe du fonds de commerce

513. Dans ce cas, on n'envisage plus de convertir une saisie-vente de biens mobiliers corporels préalablement entreprise, mais de poursuivre directement la vente globale du fonds. Par conséquent, les procédures dont nous allons traiter ne nécessitent pas que la créance mise en recouvrement soit constatée dans un titre exécutoire. Ces procédures sont donc totalement atypiques. Il s'agit de la procédure de vente globale du fonds de commerce à la disposition du vendeur impayé du fonds de commerce et du créancier disposant d'un nantissement sur le fonds ***(A)***, celle à la disposition du créancier inscrit, afin d'éviter le démembrement du fonds ***(B)*** et celle à la disposition du créancier chirographaire dont la créance se rattache à l'exploitation du fonds ***(C)***.

A La procédure de vente globale du fonds de commerce à la disposition du vendeur impayé du fonds de commerce et du créancier disposant d'un nantissement sur le fonds

514. Aux termes de l'article L. 143-5 du Code de commerce, le vendeur impayé du fonds de commerce et le créancier disposant d'un nantissement sur le fonds qui ne disposent pas d'un titre exécutoire, peuvent, même en vertu de titres sous seing privé, faire ordonner la vente du fonds qui constitue leur gage, huit jours après sommation de payer faite au débiteur et au tiers détenteur s'il y a lieu[14], demeurée infructueuse. « *Les privilèges du vendeur et du créancier gagiste suivent le fonds en quelques mains qu'il passe* » (C. com., art. L. 143-12, al. 1er). La demande est portée devant le tribunal de commerce dans le ressort duquel s'exploite ledit fonds, lequel statue comme il est dit à l'article L. 143-4 du Code de commerce. La procédure suivie devant le tribunal de commerce est similaire à celle qui est suivie dans le cadre de la

12. En ce sens, CA Lyon, 20 mai 1952, *JCP éd. CI* 1954, I, n° 52406.
13. Cass. com., 11 juin 1956, *JCP éd. CI* 1957, I, n° 59 870 ; Cass. 2e civ., 9 décembre, *Bull. civ.* II, n° 961, *GP* 1967, 1, p. 111.
14. Le locataire-gérant.

procédure de conversion en vente globale initiée à la disposition de tout créancier[15]. Cependant, si la sommation de payer visée par l'article L. 143-5 du Code de commerce n'est délivrée qu'au débiteur alors que le fonds est exploité par un tiers, la procédure est nulle à l'égard de ce tiers détenteur ; si la sommation n'est signifiée qu'au tiers, ce dernier, comme le débiteur, peut se prévaloir de la nullité de la vente[16]. Il est admis que la sommation visée par l'article L. 143-5 du Code de commerce puisse être faite dans le même exploit que l'assignation en vente globale, à condition que cette sommation soit conforme aux dispositions de cet article 16[17].

B La procédure de vente globale du fonds de commerce à la disposition du créancier inscrit, afin d'éviter le démembrement du fonds

515. L'article L. 143-10, alinéa 1, du Code de commerce dispose qu'« *il n'est procédé à la vente séparée d'un ou plusieurs éléments d'un fonds de commerce grevé d'inscriptions, poursuivie soit sur saisie-exécution, soit en vertu des dispositions du présent chapitre, que dix jours au plus tôt après la notification de la poursuite aux créanciers qui se sont inscrits quinze jours au moins avant ladite notification, au domicile élu par eux dans leurs inscriptions. Pendant ce délai de dix jours, tout créancier inscrit, que sa créance soit ou non échue, peut assigner les intéressés devant le tribunal de commerce dans le ressort duquel s'exploite le fonds, pour demander qu'il soit procédé à la vente de tous les éléments du fonds, à la requête du poursuivant ou à sa propre requête, dans les termes et conformément aux dispositions des articles L. 143-3 à L. 143-7* ».

Par conséquent, le tribunal doit être saisi par assignation. Les créanciers qui usent de la possibilité qui leur est ouverte par l'article L. 143-10 du Code de commerce d'assigner en vente globale du fonds doivent préalablement faire sommation de payer, dans un délai de huit jours, au débiteur et au tiers détenteur du fonds, conformément aux dispositions de l'article L. 143-5, auquel il est expressément renvoyé par l'article L. 143-10.

Le tribunal ne peut ordonner la vente globale du fonds, qu'à l'expiration d'un délai qu'il a préalablement imparti au débiteur pour s'acquitter de sa dette. Ce délai doit obligatoirement être imparti[18].

15. Cf. *supra*, n°s 508 et s.
16. CA Versailles, 13e ch., 25 mai 1989, *Ayadi c/Ceone, D. 1*989, IR, p. 209, *RTD com.*1989, p. 648, obs. J. Derrupé.
17. CA Versailles, 12e ch., 10 mai 1990, *Sarl BB distribution c/SA Calif, D. 1*990, IR, p. 169, *RTD com.* 1990, p. 560, obs. J. Derrupé.
18. Cass. civ., 2 novembre 1955, *D. 1*956, jur., p. 55, *JCP éd. G* 1956, II, n° 9088 ; CA Rouen, 18 avril 1955, *D. 1*955, jur., p. 497, *RTD com.* 1955, p. 813, obs. A. Jauffret.

L'article L. 143-3 du Code de commerce dispose en effet, en son alinéa second, que, « *sur la demande du créancier poursuivant, le tribunal de commerce ordonne qu'à défaut de paiement dans le délai imparti au débiteur, la vente du fonds a lieu à la requête dudit créancier, après l'accomplissement des formalités prescrites par l'article L. 143-6* ».

Le tribunal n'est pas tenu d'impartir au créancier un délai pour réaliser la vente, mais il n'excède pas ses pouvoirs en imposant un tel délai[19].

La procédure suivie devant le tribunal de commerce est identique à celle qui a été décrite dans le cadre de la procédure de conversion en vente globale initiée à la demande de tout créancier[20].

Il convient de noter que « *Le matériel et les marchandises sont vendus en même temps que le fonds sur des mises à prix distinctes, ou moyennant des prix distincts si le cahier des charges oblige l'adjudicataire à les prendre à dire d'experts* » (C. com., art. L. 143-10, al. 2).

Concernant la distribution du prix de vente, l'article L. 143-4, alinéa 3, du Code de commerce prévoit une règle spécifique, puisque le tribunal de commerce « ... *peut, par la décision rendue, autoriser le poursuivant, s'il n'y a pas d'autre créancier inscrit ou opposant, et sauf prélèvement des frais privilégiés au profit de qui de droit, à toucher le prix directement et sur sa simple quittance, soit de l'adjudicataire, soit de l'officier public vendeur, selon les cas, en déduction ou jusqu'à concurrence de sa créance en principal, intérêts et frais* ». Une autre règle spécifique est prévue par l'article L. 143-10, alinéa 3, du Code de commerce, aux termes duquel « *il y a lieu à ventilation du prix pour les éléments du fonds non grevés des privilèges inscrits* ».

La notification prévue par l'article L. 143-10, alinéa 1, du Code de commerce consiste, en pratique, en une signification du procès-verbal de saisie-vente. Si les créanciers inscrits assignent en vente globale, la saisie-vente s'en trouve suspendue. Le locataire ne peut se prévaloir du défaut de cette notification[21]. Cette procédure est applicable à la vente du matériel et de l'outillage d'équipement nantis (C. com., art. L. 525-14).

C La procédure de vente globale du fonds de commerce la disposition du créancier chirographaire dont la créance se rattache à l'exploitation du fonds

516. Cette procédure permet au créancier d'obtenir, dans le cadre d'une même procédure, à la fois un titre exécutoire et la vente du fonds. Aux termes des dispositions de l'article L. 143-8 du Code de commerce, « *Le tribunal de commerce, saisi de la demande en paiement*

19. Cass. com., 18 mars 1975, *Bull. civ.* IV, n° 84, *D. 1975*, som., p. 79.
20. Cf. *supra*, n°s 508 et s.
21. Cass. 3e civ, 6 décembre 1995, *Bull. civ.* III, n° 249.

d'une créance se rattachant à l'exploitation d'un fonds de commerce, peut, s'il prononce une condamnation et si le créancier le requiert, ordonner par le même jugement la vente du fonds. Il statue dans les termes des premier et deuxième alinéas de l'article L. 143-4 et fixe le délai après lequel, à défaut de paiement, la vente pourra être poursuivie. /Les dispositions du quatrième alinéa de l'article L. 143-4 et des articles L. 143-6 et L. 143-7 sont applicables à la vente ainsi ordonnée par le tribunal de commerce».

La procédure suivie devant le tribunal de commerce est la même que celle qui a été étudiée dans le cadre de la conversion en vente globale initiée à la demande de tout créancier[22].

Cette procédure ne peut pas être mise en œuvre à l'encontre du locataire-gérant ou du gérant libre[23].

Enfin, le juge apprécie l'intérêt de recourir à une telle procédure[24].

§ 3. La vente de fonds de commerce dans le cadre d'une procédure de liquidation judiciaire

517. Cette vente du fonds de commerce peut être décidée, comme pour tout bien meuble, au choix du juge-commissaire, en application des dispositions de l'article L. 642-19 du Code de commerce, de gré à gré ou aux enchères publiques. La nécessité d'une autorisation préalable de vente du juge-commissaire est prescrite à peine de nullité absolue de la vente, et une autorisation donnée postérieurement ne régularise pas la vente[25]. Pour le reste, cette vente n'est soumise à aucune règle spécifique. Le mandataire-liquidateur doit donc se soumettre à l'ensemble des règles prescrites par les articles L. 141-5 et suivants du Code de commerce[26]. Par conséquent, le mandataire-liquidateur doit notamment «... *notifier aux précédents vendeurs, au domicile élu dans leurs inscriptions, avec déclaration que, faute par eux d'intenter l'action résolutoire dans le mois de la notification, ils sont déchus, à l'égard de l'adjudicataire, du droit de l'exercer*» (C. com., art. L. 141-10). Nul ne peut, ensuite surenchérir du sixième (C. com., art. L. 141-19, al. 3), sauf en cas de vente de gré à gré[27].

22. Cf. *supra*, n°s 508 et s.
23. Cass. req., 22 février 1939, *DP* 1940, 1, p. 5, note G. Rippert.
24. CA Paris, 3e ch., 21 novembre 196l, *Sarl Rodenas et Cie c/Directeur général des impôts*, *D.* 1962, som., p. 30.
25. Cass. com., 27 octobre 1998, *Bull. civ.* IV, n° 259.
26. Cass. req., 23 octobre 1934, *D. 1*934, p. 521. Rép. min. n° 11206, 1er octobre 1998, *JO Sénat Q*, 3 décembre 1998, p. 3879.

Section 2
L'opposition sur le prix de vente d'un fonds de commerce

518. En cas de vente du fonds de commerce, les articles L. 141-12 à L. 141-17 du Code de commerce ont prévu une procédure spéciale d'opposition sur le prix de vente, au bénéfice du créancier du vendeur. Cette procédure ne constitue pas réellement une procédure de saisie-attribution, dans la mesure où celle-ci ne comporte aucun effet d'attribution immédiate de la somme ainsi saisie. Cependant, elle en comporte les autres effets, puisque la personne dépositaire du prix de vente ne peut pas se libérer immédiatement de ce prix entre les mains du vendeur. Le caractère atypique de cette procédure procède du fait que les créanciers opposants n'ont pas besoin d'être porteurs d'un titre exécutoire[28].

La procédure spéciale d'opposition ne concerne que la vente globale de fonds de commerce. Elle est inapplicable à la vente d'éléments séparés, notamment en cas de cession du seul bail commercial. En effet, cette vente partielle n'est pas soumise aux articles L. 141-12 à L. 141-17 du Code de commerce[29]. Nul ne peut davantage faire opposition sur l'indemnité d'éviction, laquelle ne doit pas être assimilée à un prix de vente du fonds[30].

Les créanciers inscrits sont dispensés de faire opposition pour exercer leur droit de suite[31]. L'acquéreur doit, en tout état de cause, procéder aux formalités de purge des inscriptions en faisant application des dispositions de l'article L. 143-12 du Code de commerce. Les créanciers de précédents vendeurs du fonds sont irrecevables à faire opposition, sauf s'ils sont porteurs de billets de fonds[32]. L'acquéreur du fonds est également

27. Cass. com., 20 octobre 1998, *Dr. et Patr.* 1999, p. 111, obs. M.-H. Monsérié ; 10 janvier 2006, *D.* 2006, p. 2254, obs. A. Lienhard.

28. Lorsque la cession du fonds a été effectuée en fraude des droits des créanciers, ceux-ci peuvent exercer l'action paulienne, en application des dispositions de l'article 1167 du Code civil (CA Paris, 1er juin 1934, *GP 1*934, 2, p. 243 ; Cass. com., 12 janvier 1988, *Bull. civ.* IV, n° 20, *RTD com.* 1989, p. 458, obs. J. Derrupé).

29. Cass. 2e civ., 20 juin 1979, *Bull. civ.* II, n° 186, *JCP éd. CI* 1979, I, n° 8079, *RTD com.* 1979, p. 709, obs. J. Derrupé.

30. TGI Le Mans, 1er octobre 1984, *GP* 1985, 1, som., p. 27.

31. Cass. civ., 21 décembre 1937, *DH* 1938, p. 35.

32. Cass. civ., 19 février 1946, *D.* 1946, p. 184, *GP* 1946, 1, p. 149, *JCP éd. G* 1946, II, n° 31113, note Toujas.

irrecevable à faire opposition[33]. L'intermédiaire qui a prêté son concours à la cession pour le paiement de sa prestation n'en a pas plus la faculté[34].

La créance fondant l'opposition doit être certaine[35], ce qui n'est pas le cas de la créance dont l'existence dépend de l'issue d'une procédure judiciaire[36], ni, d'une manière générale, d'une créance litigieuse[37]. Il est indifférent que la créance soit née postérieurement à la vente[38], mais il semble qu'elle doive exister au moins au jour de la publicité de la vente[39].

Après avoir envisagé les modalités de mise en œuvre de cette procédure d'opposition *(§ 1)*, nous envisagerons ses incidents *(§ 2)*. Il existe une fois encore, des règles spécifiques de distribution du prix *(§ 3)*.

§ 1. Les modalités de mise en œuvre de la procédure d'opposition

519. En cas de vente d'un fonds de commerce, l'acquéreur doit, après avoir fait enregistrer l'acte de mutation dans les quinze jours de la vente, faire publier un avis de cet acte dans un journal habilité à recevoir les annonces légales de l'arrondissement ou du département dans lequel le fonds est exploité. Dans les quinze jours de cette insertion, la mutation doit être publiée au bulletin officiel des annonces civiles et commerciales (C. com., art. L. 141-12). L'article L. 141-17 du Code de commerce précise que « *l'acquéreur qui paie son vendeur sans avoir fait les publications dans les formes prescrites, ou avant l'expiration du délai de dix jours, n'est pas libéré à l'égard des tiers* ».

La seconde de ces publications - sachant qu'un certain délai s'écoule toujours entre le moment où les démarches nécessaires à l'accomplissement des publications et le moment où les parutions sont effectives - fait courir contre les tiers créanciers du vendeur du fonds un délai de dix

33. CA Grenoble, 17 juin 1963, *Époux Barbarin-Duvillard c/Const. Ghnassia et Noilet, D.* 1964, jur., p. 334, *RTD com.* 1964, p. 527, obs. A. Jauffret ; CA Paris, 14e ch., 26 mars 1966, *Steinberg c/Dame Peuch, D.* 1967, som., p. 34, *RTD com.* 1967, p. 131, obs. A. Jauffret ; CA Amiens, 1re ch., 26 octobre 1977, *Époux Bott c/Dame Lafont, D.* 1978, IR, p. 79, *RTD com.* 1978, p. 98, obs. J. Derrupé ; CA Paris, 14e ch., 16 mai 1990, *Goncalvés Da Graca Decio c/CPAM, D.* 1990, IR, p. 160, *RTD com.* 1990, p. 376, obs. J. Derrupé.
34. Cass. com., 8 avril 1976, *Bull. civ.* IV, n° 105, som., p. 55.
35. Cass. req., 16 novembre 1921, *S.* 1923, 1, p. 217, note Bourcat ; Cass. civ., 26 décembre 1927, *DH* 1928, p. 134 ; Cass. com., 21 janvier 1974, *Bull. civ.* IV, n° 25.
36. CA Lyon, 14 décembre 1925, *Grosjat c/Létiévant, DP* 1927, 2, p. 97.
37. Cass. 2e civ., 10 juillet 1957, *Bull. civ.* II, n° 511.
38. CA Colmar, 11 mai 1935, *GP* 1935, 2, p. 288.
39. CA Paris, 17 avril 1945, *GP* 1945, 2, p. 157.

jours pour se manifester auprès du détenteur du prix (qui est souvent celui qui a prêté son concours à la rédaction de l'acte de mutation).

Cette opposition doit être effectuée dans ledit délai, à peine d'irrecevabilité de l'opposition[40] et par acte extrajudiciaire[41], c'est-à-dire exploit d'huissier de justice[42]. L'opposition doit être signifiée en pratique par l'acquéreur au domicile élu du détenteur du prix. L'acte d'opposition doit énoncer le montant et la cause de la créance.

En cas d'irrecevabilité de son opposition, il ne semble pas que le créancier puisse faire pratiquer une saisie-attribution sur le prix, car l'effet d'attribution immédiate qu'emporte cette procédure contrevient aux règles concernant la distribution du prix de vente du fonds de commerce.

Les oppositions faites entre les mains du détenteur du prix de vente bloquent intégralement ce dernier qui ne peut donc être remis au vendeur. Heureusement, il existe une procédure judiciaire de cantonnement[43].

§ 2. Les incidents de la procédure d'opposition

520. Le blocage de l'intégralité du prix de vente qui ne peut donc être remis au vendeur, du fait des oppositions, sera d'autant plus préjudiciable, lorsque le montant total des oppositions sera inférieur à celui de la somme à distribuer. En effet, l'opposition qui ne constitue pas réellement une saisie-attribution, ne comporte, par conséquent, aucun effet de cantonnement automatique. Le Code de commerce a prévu une ***procédure judiciaire de cantonnement***.

---

40. Cass. civ., 5 juillet 1932, *DP* 1933, 1, p. 165, note Nast ; Cass. civ., 24 février 1981, *Bull. civ.* IV, n° 101, *D.* 1981, jur., p. 272, *RTD com.* 1981, p. 720, obs. J. Derrupé.

41. À peine de nullité de l'opposition (CA Paris, 14e ch., 5 novembre 1957, *Rodolphe c/Soc. Gén. Ile-de-Prance, D.* 1958, som., p. 23, *RTD com.* 1958, p. 69, obs. A. Jauffret, *GP* 1957, 2, p. 381 ; CA Paris, 2e ch. A, 9 mars 1994, *Soc. Facto France Heller c/SCP X.-Y., JCP éd. N* 1994, II, p. 247, note J.-P. Kuhn ; CA Grenoble, 10 novembre 1982, *JCP éd. N* 1984, II, p. 200 ; CA Lyon, 7 février 1985, *JCP éd. N* 1986, II, p. 164 ; Cass. 2e civ., 12 mai 1986, *Bull. civ.* II, n° 77, *RTD com.* 1986, p. 395, obs. J. Derrupé, *JCP éd. G* 1987, II, p. 4, note Lafond, condamnant l'opposition formulée par lettre recommandée avec accusé de réception).

Par un arrêt en date du 16 janvier 1996, la Cour de cassation a estimé qu'« *en l'absence, dans l'avis de cession, de l'indication du délai légal, l'opposition d'un des créanciers du vendeur au paiement du prix ne peut être déclarée irrecevable, du seul fait qu'elle est formée hors délai* » (Cass. com., 16 janvier 1996, *Bull. civ.* IV, n° 17, *D.* 1996, IR, p. 49, *RTD com.* 1996, p. 239, obs. J. Derrupé).

42. Concernant le recours à l'ATD par l'administration fiscale, comme mode d'opposition, cf. *supra*, n° 255, spécialement note 153.

43. Cf. *infra*, n° 520.

Malgré les oppositions sur le prix de vente, le vendeur peut, « ... *après l'expiration du délai de dix jours, se pourvoir en référé devant le président du tribunal de grande instance afin d'obtenir l'autorisation de toucher son prix malgré l'opposition, à la condition de verser à la Caisse des dépôts et consignations, ou aux mains d'un tiers commis à cet effet, une somme suffisante, fixée par le juge des référés, pour répondre éventuellement des causes de l'opposition dans le cas où il se reconnaîtrait ou serait jugé débiteur...* » (C. com., art. L. 141-15, al. 1). Cette procédure ressortit à la compétence exclusive du président du tribunal de grande instance[44]. La procédure suppose que le montant des oppositions soit inférieur à celui du prix de vente. Le vendeur assigne en référé les opposants.

« ... *Le dépôt ainsi ordonné est affecté spécialement, aux mains du tiers détenteur, à la garantie des créances pour sûreté desquelles l'opposition aura été faite et privilège exclusif de tout autre leur est attribué sur ledit dépôt, sans que, toutefois, il puisse en résulter transport judiciaire au profit de l'opposant ou des opposants en cause à l'égard des autres créanciers opposants du vendeur, s'il en existe...* » (C. com., art. L. 141-15, al. 1). Ces dispositions constituent une application du principe général énoncé par les articles 2350 et 2355 du Code civil[45]. « ... *À partir de l'exécution de l'ordonnance de référé, l'acquéreur est déchargé et les effets de l'opposition sont transportés sur le tiers détenteur...* » (C. com., art. L. 141-15, al. 1).

L'article L. 141-15, alinéa 2, du Code de commerce prévoit en outre, que « *Le juge des référés n'accorde l'autorisation demandée que s'il lui est justifié par une déclaration formelle de l'acquéreur mis en cause, faite sous sa responsabilité personnelle et dont il est pris acte, qu'il n'existe pas d'autres créanciers opposants que ceux contre lesquels il est procédé. L'acquéreur, en exécutant l'ordonnance, n'est pas libéré de son prix à l'égard des autres créanciers opposants antérieurs à ladite ordonnance s'il en existe* ».

Les ordonnances rendues par le juge des référés sont susceptibles d'appel[46].

521. L'article L. 141-16 du Code de commerce prévoit que « *Si l'opposition a été faite sans titre et sans cause ou est nulle en la forme et s'il n'y a pas instance engagée au principal, le vendeur peut se pourvoir en référé devant le président du tribunal de grande instance, à l'effet d'obtenir l'****autorisation de toucher son prix, malgré l'opposition*** ». Pour faire échec à ce référé-mainlevée, il suffit au créancier opposant concerné

44. Cass. civ., 28 février 1933, *S.* 1935, p. 57, note Héraud.
45. C. civ., anc. art. 2075-1.
46. CA Colmar, 14 mai 1952, *de Vidas c/Sté des cinémas Vox, JCP éd. G.* 1953, II, n° 7437, note Cohen.

de saisir la juridiction du fond compétente, selon que la créance est de nature civile ou commerciale, d'une action principale ayant pour objet de faire reconnaître son droit[47].

§ 3. Règles spécifiques de distribution du prix de cession entre les créanciers opposants et le vendeur

522. Notons simplement ici, que la personne chargée de la répartition du prix propose aux créanciers opposants un projet de répartition. À défaut d'accord unanime, la partie la plus diligente a recours à la procédure de distribution des deniers devant être mise en œuvre lorsque l'on est hors du cadre d'une saisie. Nous étudierons ultérieurement cette procédure de distribution du prix de vente du fonds de commerce qui résulte des articles 1281-1 à 1 281-12 du Code de procédure civile[48].

Les créanciers du vendeur qui ont formé opposition sur le prix de vente peuvent également former surenchère du sixième du prix de vente, dans les conditions prévues par l'article L. 141-19 du Code de commerce.

47. Cass. com., 9 mai 1956, *D.* 1957, som., p. 118, *JCP éd. G* 1956, II, n° 9461 ; Cass. com., 7 décembre 1960, *Bull. civ.* III, n° 404, *GP* 1961, 1, p. 169.
48. Cf. *infra*, n°s 742 et s.

Chapitre 5
Les saisies des biens intellectuels et licences[1]

523. La saisie de ***licences de débit de boissons*** n'ayant pas été prévue par les textes, la Cour de cassation a estimé, dans un avis en date du 8 février 1999[2] qu'il y a lieu de faire application des règles sur la saisie conservatoire et la saisie-vente des droits d'associé et valeurs mobilières. Ce ***caractère subsidiaire de ces règles relatives à la saisie des droits d'associés et valeurs mobilières*** est général. Il conviendra d'en faire usage non seulement pour la saisie des ***licences de taxi*** qui n'est pas non plus organisée par les textes, mais aussi, en tant que de besoin, aux autres propriétés intellectuelles, qu'il s'agisse de saisie-vente ou de saisie conservatoire, car l'absence de textes ne peut jamais valoir insaisissabilité, laquelle ne peut résulter que d'une disposition législative expresse[3]. Lorsque la saisie est expressément prévue par les textes, elle est rarement complément organisée par eux et il n'est jamais question de saisie conservatoire, ce qui ne signifie pas que celle-ci ne soit pas possible.

Les textes ne permettent en effet d'évoquer que la saisie-attribution des produits d'exploitation d'une œuvre littéraire ou artistique ***(section 1)***, et les saisies-vente des brevets d'invention, certificats d'obtention végétale, marques, dessins et modèles et topographies de produits semi-conducteurs ***(section 2)***.

---

1. J.-P. Faget, *La saisie des marques, Rev. huissiers* 1998, p. 70 ; J.-P. Spinelli et R. Carmona, *Le droit de poursuite d'un créancier sur la licence d'exploitation d'un débit de boissons, Nouv. journ. huissiers*, n° 39, mars 1997, p. 5 ; G. Taormina, *Les saisies d'exécution des biens intellectuels et des licences*, fasc. 625, in *Droit de l'exécution forcée*, éd. *Journal des Notaires et des Avocats*, décembre 1999.
2. Cass. avis, 8 janvier 1999, *Bull.* avis n° 1, *D.* 1999, jur., p. 287, note Cl. Brenner.
3. Cf. *supra*, n° 223, spécialement note 8, à propos de l'annulation par le Conseil d'État de l'article 173 du décret n° 85-1388 du 27 décembre 1985, dans un arrêt en date du 9 février 2000.

Section 1
La saisie-attribution des produits d'exploitation d'une œuvre littéraire ou artistique

524. La saisie-attribution des produits de l'exploitation d'une œuvre littéraire ou artistique revenant à son auteur est possible dans les conditions du droit commun. La procédure de saisie des rémunérations[4] n'est pas applicable. Toutefois, lorsque les produits d'exploitation revenant à l'auteur d'une œuvre de l'esprit ont ainsi fait l'objet d'une saisie-attribution, le président du tribunal de grande instance peut ordonner le versement à l'auteur, à titre alimentaire, d'une certaine somme ou d'une quotité déterminée des sommes saisies (C. propr. intell., art. L. 333-1). La portion insaisissable de ces sommes ne peut être inférieure aux quatre cinquièmes, lorsqu'elles ne dépassent pas annuellement le pallier de ressources le plus élevé prévu par l'article R. 3252-2 du Code du travail, c'est-à-dire 19 610 € (C. propr. intell., art. L. 333-3). Mais ces sommes demeurent saisissables par les créanciers d'aliments (C. propr. intell., art. L. 333-4). Les mécanismes prévus par les articles 44 à 47 du décret n° 92-755 du 31 juillet 1992[5] s'appliquent en la matière. Ces dispositions peuvent être invoquées par tous les auteurs, compositeurs ou artistes, mais aussi par leur conjoint survivant, contre lequel il n'existe pas de jugement de séparation de corps passé en force de chose jugée ou leurs enfants mineurs pris en leur qualité d'ayants cause.

Section 2
Les saisies-vente des brevets d'invention *(§ 1)*, certificats d'obtention végétale *(§ 2)* marques *(§ 3)* dessins et modelés *(§ 4)* et topographies de produits semi-conducteurs *(§ 5)*

525. Le caractère atypique de ces saisies-vente tient ici à ce qu'elles peuvent être pratiquées sans titre exécutoire, le créancier devant ensuite assigner le saisi en validité de la saisie. Le jugement rendu constitue alors, s'il n'en était pas déjà pourvu, un titre exécutoire. Il s'agit du schéma de l'ancienne saisie-arrêt.

4. Cf. *supra*, n°s 246 et s.
5. Cf. *supra*, n° 174.

§ 1. La saisie-vente des brevets d'invention

526. Aux termes des dispositions des articles L. 613-21 et L. 615-11 du Code de la propriété intellectuelle, la saisie du brevet est effectuée par acte extrajudiciaire signifié au propriétaire du brevet, à l'Institut national de la propriété industrielle, ainsi qu'aux personnes possédant des droits sur le brevet. Cette formalité prend donc la forme d'un exploit d'huissier. Elle rend inopposable au créancier saisissant toute modification ultérieure des droits attachés au brevet (C. propr. intell., art. L. 613, al. 1er). À peine de nullité de la saisie, le créancier saisissant doit, dans un délai de 15 jours à compter de la date de cette signification (C. propr. intell., art. R. 613-51) se pourvoir devant le tribunal de grande instance (C. propr. intell., art. L. 615-17) en validité de la saisie et aux fins de mise en vente du brevet (C. propr. intell., art. L. 613-21, al. 2 et L. 615-11, al. 2). Le tribunal de grande instance seul compétent en France pour connaître de toute action en matière de brevet d'invention est celui de Paris (C. propr. intell., art. D. 631-2, renvoyant à C. org. jud., art. D. 211-6).

L'existence d'une instance en validité permet de considérer que le créancier saisissant n'a pas à justifier de l'existence d'un titre exécutoire. La généralité des dispositions du Code de la propriété intellectuelle, permet également de dire que le créancier saisissant n'a pas non plus à justifier de l'existence d'un nantissement du brevet à son profit, dans le cadre d'un nantissement du fonds de commerce dont le brevet est l'un des éléments, ou d'un nantissement spécial[6]. Le créancier nanti devra utiliser la même procédure.

Le tribunal va donc vérifier la créance, valider la saisie, ordonner la mise en vente du brevet et organiser cette vente. Il s'agira vraisemblablement d'une vente aux enchères publiques, puisque l'ancien article 78 du décret n° 79-822 du 19 septembre 1979, dans sa toute première rédaction, disposait en outre que « *le procès-verbal de l'adjudication publique du brevet à laquelle il a été procédé à la suite du jugement validant la saisie est... notifié* (à l'institut national de la propriété industrielle) *par la partie la plus diligente. Ces notifications sont inscrites au registre national des brevets* ».

§ 2. La saisie-vente des certificats d'obtentions végétales

527. La saisie-vente a lieu exactement comme en matière de brevet d'invention. Cette solution est la conséquence du renvoi de

6. P. Salvage-Gerest, *Le gage des brevets d'invention, JCP éd. CI* 1978, II, p. 12781.

l'article L. 623-24 du Code de la propriété intellectuelle aux dispositions de l'article L. 613-21 du même Code. Quant au tribunal de grande instance compétent, il est désigné par l'article D. 631-1 du Code de la propriété intellectuelle qui détermine dans le ressort de chaque cour d'appel, les dix seuls tribunaux compétents en France[7].

§ 3. La saisie-vente des marques

528. Il ne fait pas de doute que la marque, comme le brevet d'invention, éléments du fonds de commerce, peut faire l'objet d'une saisie-vente dans le cadre de celle du fonds de commerce. Mais peut-elle faire l'objet, isolément et indépendamment du fonds de commerce, d'une telle procédure ? Cette possibilité résulte implicitement de l'article 23 du décret n° 65-621 du 27 juillet 1965 portant application de la loi du 31 décembre 1964 sur les marques de fabrique, de commerce ou de service, non codifié ni abrogé, qui dispose toujours, que « *Toute saisie frappant une marque doit être notifiée à l'institut national de la propriété industrielle ainsi que le procès-verbal de l'adjudication publique de la marque à laquelle il serait procédé à la suite du jugement validant la saisie. Ces notifications sont inscrites au registre national des marques* ». Cette possibilité est confirmée par l'article R. 714-4 du Code de la propriété intellectuelle qui dispose que « *Les actes modifiant la propriété d'une marque ou la jouissance des droits qui lui sont attachés, tels que cession, concession d'un droit d'exploitation, constitution ou cession d'un droit de gage ou renonciation à ce droit,* ***saisie****, validation et mainlevée de saisie, sont inscrits à la demande de l'une des parties à l'acte ou, s'il n'est pas partie à l'acte, du titulaire du dépôt au jour de la demande d'inscription. /Toutefois, un acte ne peut être inscrit que si la personne indiquée dans l'acte comme étant le titulaire de la demande d'enregistrement ou de la marque avant la notification résultant de l'acte est inscrite comme telle au registre national des marques. /La demande comprend : 1° Un bordereau de demande d'inscription ; 2° Une copie ou un extrait de l'acte constatant la modification de la propriété ou de la jouissance ; 3° La justification du paiement de la redevance prescrite ; 4° S'il y a lieu, le pouvoir du mandataire, à moins que celui-ci n'ait la qualité de conseil en propriété industrielle ou d'avocat* ».

7. C. org. jud., art. D. 211-5. - *Le siège et le ressort des tribunaux de grande instance compétents pour connaître des actions en matière d'obtentions végétales, dans les cas et conditions prévus par le Code de la propriété intellectuelle, sont fixés conformément au tableau V annexé au présent Code. /Le nombre de ces tribunaux ne peut être inférieur à dix.*

Les formalités de cette saisie-vente sont identiques à celles de la saisie-vente du brevet, à ceci près qu'il n'y a pas de délai pour saisir le tribunal de grande instance en validité de la saisie.

Quant à la compétence du tribunal de grande instance, aux termes de l'article D. 716-12 du Code de la propriété intellectuelle, « *Le siège et le ressort des tribunaux de grande instance ayant compétence exclusive pour connaître des actions en matière de marques en application de l'article L. 716-3 du Code de la propriété intellectuelle sont fixés conformément au tableau VI annexé à l'article D. 211-6-1 du Code de l'organisation judiciaire* », lequel dispose que « *Le siège et le ressort des tribunaux de grande instance ayant compétence exclusive pour connaître des actions en matière de propriété littéraire et artistique, de dessins et modèles, de marques et d'indications géographiques, dans les cas et conditions prévus par le Code de la propriété intellectuelle, sont fixés conformément au tableau VI annexé au présent Code* ». Aux termes de l'article R. 211-7 du Code de l'organisation judiciaire, « *Le tribunal de grande instance compétent pour connaître des actions en matière de marques... communautaires, dans les cas et conditions prévus par le Code de la propriété intellectuelle, est celui de Paris* ».

§ 4. La saisie-vente des dessins et modèles

529. Il ne fait pas de doute que le dessin ou modèle, comme le brevet d'invention, éléments du fonds de commerce, peut faire l'objet d'une saisie-vente dans le cadre de celle du fonds de commerce. Mais peut-il faire l'objet, isolément et indépendamment du fonds de commerce, d'une telle procédure ? Cette saisissabilité des dessins et modèles résulte implicitement de l'article R. 512-15 du Code de la propriété intellectuelle qui dispose, à l'instar de l'article R. 714-4 du même Code, « *Les actes modifiant la propriété d'un dépôt de dessin ou modèle ou la jouissance des droits qui lui sont attachés, tels que cession, concession d'un droit d'exploitation, constitution ou cession d'un droit de gage ou renonciation à ce droit, **saisie**, validation et mainlevée de saisie, sont inscrits à la demande de l'une des parties à l'acte, ou, s'il n'est pas partie à l'acte, du titulaire du dépôt au jour de cette demande. /Toutefois, un acte ne peut être inscrit que si la personne indiquée dans l'acte comme le titulaire du dépôt de dessin et modèle avant la modification résultant de l'acte est inscrite comme telle au Registre national des dessins et modèles. /La demande comprend : 1° Un bordereau de demande d'inscription ; 2° Une copie ou un extrait de l'acte constatant la modification de la propriété ou de la jouissance ; 3° La justification du paiement de la redevance prescrite ; 4° S'il y a lieu, le pouvoir du mandataire, à moins qu'il n'ait la qualité de conseil en propriété industrielle ou d'avocat* ».

La compétence territoriale du tribunal de grande instance est réglée comme en matière de marque. Aux termes de l'article R. 211-7 du Code de l'organisation judiciaire, « *Le tribunal de grande instance compétent pour connaître des actions en matière de... dessins et modèles communautaires, dans les cas et conditions prévus par le Code de la propriété intellectuelle, est celui de Paris* ».

§ 5. Les topographies de produits semi-conducteurs

530. La saisissabilité des topographies de produits semi-conducteurs résulte implicitement de l'article L. 622-7 du Code de la propriété intellectuelle qui dispose que « *Les articles L. 411-4, L. 411-5, L. 612-11, L. 613-8, L. 613-9, L. 613-19, L. 615-2, L. 615-3, L. 615-5, L. 615-5-2, L. 615-7, L. 615-7-1, L. 615-8, L. 615-10 et L. 615-17 sont applicables aux conditions et formes dans lesquelles : sont prises les décisions du directeur de l'Institut national de la propriété industrielle mentionnées au présent chapitre ; peuvent être transmis, donnés en garantie ou* ***saisis*** *les droits attachés à l'enregistrement d'une topographie ; est réglé le contentieux né du présent chapitre* ».

La compétence judiciaire est réglée comme en matière de brevet d'invention. Compétence exclusive du tribunal de grande instance de Paris[8] !

8. C. org. jud., art. D. 211-6. - *Le tribunal de grande instance ayant compétence exclusive pour connaître des actions en matière de brevets d'invention, de certificats d'utilité, de certificats complémentaires de protection et de topographies de produits semi-conducteurs, dans les cas et conditions prévus par le Code de la propriété intellectuelle, est celui de Paris.*

Titre IV
Les mesures d'exécution portant sur les immeubles

531. Nous avons déjà traité d'une procédure concernant les immeubles : l'hypothèque conservatoire[1]. Nous avons vu qu'il n'existe pas de saisie conservatoire sur les immeubles. Quant aux mesures d'exécution, elles sont au nombre de deux. Soit il s'agit du propriétaire d'un immeuble qui désire en récupérer la jouissance en en expulsant l'occupant ; et il aura alors recours à l'expulsion qui est en quelque sorte une espèce de « saisie-appréhension[2] immobilière » ***(sous-titre I)***. Soit il s'agit, une fois encore, de manière plus classique, d'un créancier qui désire faire vendre les biens et droits immobiliers de son débiteur pour se payer sur le prix, auquel cas, il mettra en œuvre une saisie immobilière ***(sous-titre II)***.

---

1. Cf. *supra*, n°s 423 et s.
2. Cf. *supra*, n°s 326 et s.

Sous-titre I
L'expulsion

532. L'expulsion, c'est en quelque sorte la saisie-appréhension des immeubles. Il existe un droit privé ***(chapitre 1)*** et un droit public ***(chapitre 2)*** de l'expulsion. Tandis que le premier constitue un contentieux strictement judiciaire, ayant pour objet la mise en œuvre du droit de propriété privé, le second est un contentieux administratif ayant pour objet l'évacuation de certains lieux, dans un but d'intérêt général.

Chapitre 1
Le contentieux judiciaire de l'expulsion[1]

533. Les règles dont il va être question ici, s'applique à toute personne de droit privé souhaitant obtenir l'expulsion de son bien, mais aussi à toute personne de droit public souhaitant obtenir l'expulsion d'un bien immobilier faisant partie de son domaine privé.

534. Très curieusement, en droit privé, l'expulsion n'est pas considérée comme une voie d'exécution par la jurisprudence en matière de procédures collectives du Code de commerce[2] et n'est donc pas affectée par la suspension du droit de poursuite individuelle. Concernant l'incidence de la mise en œuvre des procédures de traitement du surendettement, la nature juridique de l'expulsion a toujours prêté à discussion[3].

---

1. F. Auque, *La compétence recomposée ? Article 2 du décret n° 98-1231 du 28 décembre 1998*, *JCP éd. G* 1999, n° 5, aperçu rapide actu. ; J. Beauchard, *Le logement et les procédures civiles d'exécution*, *RTD civ.* 1993, n° spé., *La réforme des procédures civiles d'exécution*, p. 109 et s. ; A. Boukris, *Les nouvelles règles applicables en matière d'expulsion*, *JCP* éd. not. 1993, I, p. 58 ; J.-J. Bourdillat, *L'expulsion d'un logement abandonné : à propos d'une réponse ministérielle*, *GP* 1998, 4-5 février 1998, p. 8 et s. ; P. Le Fur, *L'expulsion*, *Rev. huissiers.* février 1993, n° 4, p. 217 et s. ; C.-H. Gallet, *Les nouvelles dispositions relatives à l'expulsion depuis la réforme des procédures civiles d'exécution*, *Rev. Loy.* 1993, p. 72 ; N. Monachon-Duchêne, *Prévenir l'expulsion locative pour lutter contre l'exclusion*, *JCP* 1998, I, 174 ; G. Taormina, *L'expulsion*, fasc. 405, in *Droit de l'exécution forcée*, novembre 2004.
2. Il en fut ainsi sous l'empire de l'article 47 de la loi n° 85-98 du 25 janvier 1985 (Cass. com., 19 décembre 1989, *Bull.* n° 320, *JCP* 1990, éd. E, II, 15832, n° 16, obs. M. Cabrillac, *D.* 1990.450, note F. Derrida ; Cass. 3e civ., 21 février 1990, *Bull. civ.* III, n° 52, *JCP* éd. E 1990, I, 1990, II, 15832, n° 16, obs. M. Cabrillac, *RTD Com.* 1990, p. 478, n° 1, obs. Y. Chaput, *Rev. huissiers.* 1990, p. 1058, note R. Martin, *Rev. Loyers* 1990, p. 347, note C.-H. Gallet). Il en fut de même sous l'empire de l'article L. 621-40 du Code de commerce (Cass. com., 3 décembre 2003, n° 02-13.371).
3. La Cour de cassation a exclu à trois reprises l'expulsion du champ d'application des textes sur la suspension des procédures d'exécution au motif qu'elle ne constitue pas une procédure d'exécution destinée au recouvrement de la créance de loyers (Cass. 1re civ., 30 mai 1995, *Bull. civ.* I, n° 229, *D.* 1995, IR, p. 156, *JCP* éd. G 1995, IV, n° 1822, *RJDA* 1995, n° 1176 ; Cass. 1re civ., 28 novembre 1995, *Bull. civ.* I, n° 441 ; Cass. 1re civ., 22 janvier 2002, *Bull. civ.* I, n° 26). Cette solution est confortée aujourd'hui depuis la loi n° 2007-290 du 5 mars 2007 instituant le droit opposable au logement, qui a introduit dans le Code de la consommation un article L. 331-3-1 spécifique à la

La réforme des procédures civiles d'exécution entreprise en 1991 rend incontestablement l'expulsion plus difficile qu'auparavant. Son régime résulte désormais, non seulement des articles L. 613-1 à L. 613-5 du Code de la construction et de l'habitation, mais aussi des articles 61, 62, 65, 66, 66-1 de la loi de 1991, et 194 à 209 du décret de 1992. Comme auparavant, seul l'huissier de justice peut y procéder (art. L. 18, al. 1). Cette difficulté à expulser a d'ailleurs été encore aggravée par la loi n° 98-657 du 29 juillet 1998 relative à la lutte contre les exclusions.

Tout ce que nous allons voir ne s'applique pas à l'expusion de l'occupant d'un immeuble ayant fait l'objet d'une ***saisie immobilière***[4]. Le saisi ne saurait à cette occasion se prévaloir des dispositions précitées du Code de la construction et de l'habitation.

Ce « droit de l'expulsion » ne concerne pas non plus le ***conjoint violent***[5]. Rappelons à ce propos, qu'aux termes de l'article 220-1, alinéa 3, du Code civil, « *lorsque les violences exercées par l'un des époux mettent en danger son conjoint, un ou plusieurs enfants, le juge peut statuer sur la résidence séparée des époux en précisant lequel des deux continuera à résider dans le logement conjugal. Sauf circonstances particulières, la jouissance de ce logement est attribuée au conjoint qui n'est pas l'auteur des violences. Le juge se prononce, s'il y a lieu, sur les modalités d'exercice de l'autorité parentale et sur la contribution aux charges du mariage. Les mesures prises sont caduques si, à l'expiration d'un délai de quatre mois à compter de leur prononcé, aucune requête en divorce ou en séparation de corps n'a été déposée* »[6].

Hormis les hypothèses précitées, les dispositions de la loi de 1991 et du décret de 1992, concernent sauf dispositions spéciales, tous les types de locaux appartenant à un propriétaire privé ou au domaine privé d'une collectivité publique, qu'ils soient affectés à l'habitation principale ou secondaire, à la profession non commerciale, non industrielle et non artisanale, qu'ils soient à usage mixte, c'est-à-dire affectés à la fois à ces deux fins, à usage commercial, industriel ou artisan, ou encore, à usage rural ***(section 1)***.

---

procédure de rétablissement personnel sur l'expulsion qui dispose que « *La saisine du juge aux fins de rétablissement personnel emporte suspension des voies d'exécution, y compris des mesures d'expulsion du logement du débiteur, jusqu'au jugement d'ouverture* ».

4. Cf. *infra*, n°s 604, 645, 670 et s., 684, 687 et 728.

5. L. n° 91-650, 9 juillet 1991, art. 66-1. - *Les articles 62, 65 et 66 de la présente loi ainsi que les articles L. 613-1 à L. 613-5 du Code de la construction et de l'habitation ne sont pas applicables à l'expulsion du conjoint violent ordonnée par le juge aux affaires familiales sur le fondement de l'article 220-1 du Code civil.*

6. Sur le caractère restreint du champ d'application de ces dispositions, cf. Cass. 2e civ., 4 juillet 2007, *D.* 2007, p. 2694, note Doucchy-Oudot.

Celles des articles L. 613-1 à L. 613-3 du Code de la construction et de l'habitation s'appliquent aux occupants de locaux affectés à l'habitation, à la profession non commerçante, non industrielle et non artisane, ou mixtes. Il convient également d'entendre par « *occupants de locaux d'habitation* » les « *occupants de locaux meublés, non situés dans un hôtel de tourisme homologué, qui remplissent les conditions prévues à., la loi n° 49-458 du 2 avril 1949 accordant le bénéfice du maintien dans les lieux à certains clients des hôtels* » (CCH, art. L. 613-5). Elles ne s'appliquent cependant pas aux occupants de logements d'étudiants ne satisfaisant plus aux conditions en raison desquelles le logement avait été mis à leur disposition (CCH, art. L. 613-4, al. 1).

Celles des articles 62 de la loi de 1991 et 195 du décret de 1992 ne concernent que les locaux affectés à l'habitation principale, ou mixtes, c'est-à-dire affectés à l'habitation principale et à la profession non commerçante, non industrielle, non artisane et non rurale[7] ***(section 2)***.

Section 1
Les règles communes à toutes les expulsions[8]

535. Il est nécessaire que le propriétaire ait son droit constaté dans un titre exécutoire *(§ 1)*. Quel que soit le type de local, il existe désormais un certain nombre de règles applicables, sauf dispositions spécifiques contraires que nous exposerons dans le cadre du prochain chapitre, à toutes les expulsions *(§ 2)*.

§ 1. La nécessité d'un titre exécutoire

536. L'expulsion ne peut être poursuivie, aux termes de l'article L. 61, sans décision de justice ou un procès-verbal de conciliation exécutoire. Le bail écrit (art. L. 68), même notarié, ne saurait donc permettre l'expulsion. Dans le cas contraire, une difficulté spécifique ne

7. Lorsqu'il y a exercice dans ce même local d'une activité commerciale, artisane ou industrielle, le local, même en partie consacré à l'habitation, ne bénéficie pas de ces dispositions.

8. Sauf dispositions spéciales qui seront exposées dans le cadre de la section II, il convient de faire application des règles générales dont la teneur suit à tous les types de locaux, qu'ils soient affectés à l'habitation principale ou secondaire, à la profession non commerçante, non industrielle et non artisane, qu'ils soient à usage mixte, c'est-à-dire affectés à la fois à ces deux fins, à usage commercial, industriel ou artisan, ou encore, à usage rural.

manquerait pas de surgir : l'absence d'expulsion ordonnée dans le titre d'exécution. Il en va de même, pour les mêmes raisons, d'un jugement d'adjudication[9] et d'une transaction même judiciairement homologuée[10] ; et lorsque le juge du fond n'a pas ordonné l'expulsion, il n'entre pas dans les pouvoirs du juge de l'exécution de délivrer un titre autorisant celle-ci[11].

Quelle est la juridiction ***compétente pour ordonner l'expulsion*** ? Territorialement, il s'agit toujours de celle du lieu de situation de l'immeuble. C'est le cas en matière d'occupation sans droit ni titre, la demande d'expulsion devant être considérée comme une action réelle immobilière (CPC, art. 44), en matière de bail d'habitation ou professionnel (C. org. jud., art. R. 221-48), de bail commercial (C. com. art. R. 145-23) et de bail rural (CPC, art. 880). En cas de mise en œuvre d'une procédure de sauvegarde, de redressement ou de liquidation judiciaires, est compétente la juridiction du lieu du siège de l'entreprise qui est d'ailleurs celle devant laquelle est ouverte la procédure collective, ce qui n'est pas toujours la même chose en pratique lorsque les immeubles de celle-ci sont géographiquement dispersés (C. com., art. L. 621-2 et R. 600-1).

Quant à la compétence d'attribution, seule ***l'expulsion d'un occupant sans droit ni titre*** appelle une solution unique : le tribunal d'instance s'étant vu conférer compétence de principe à propos des baux par l'article R. 321-2 de l'ancien Code de l'organisation judiciaire, on considérait traditionnellement *a contrario* que lorsqu'il s'agissait d'obtenir l'expulsion d'un occupant sans droit ni titre, c'est-à-dire de quelqu'un qui n'a jamais été locataire, le tribunal de grande instance était exclusivement compétent pour l'ordonner et pouvait, à cette fin, être saisi en référé. Désormais, il résulte de l'article R. 221-38 du « nouveau » Code de l'organisation judiciaire[12], que le tribunal d'instance a désormais compétence, non seulement à propos des baux, mais aussi d'occupation sans

9. Cass. 2e civ., 7 mars 2002, *Bull. civ.* II, n° 364, *D.* 2002, somm., p. 1404, obs. G. Taormina ; 10 juillet 2003, *Bull. civ.* II, n° 247.

10. Cass. avis, 20 octobre 2000, *Bull. avis*, n° 13.

11. Cass. 2e civ., 10 juillet 2003, *Bull. civ.* II, n° 247.

12. C. org. jud., art. R. 221-38. - *Sous réserve de la compétence de la juridiction de proximité en matière de dépôt de garantie prévue à l'article R. 231-4, le tribunal d'instance connaît des actions dont un contrat de louage d'immeubles à usage d'habitation ou un contrat portant sur l'occupation d'un logement est l'objet, la cause ou l'occasion, ainsi que des actions relatives à l'application de la loi n° 48-1360 du 1er septembre 1948 portant modification et codification de la législation relative aux rapports des bailleurs et* ***locataires ou occupants de locaux d'habitation ou à usage professionnel*** *et instituant des allocations de logement.*

droit ni titre. Le tribunal de grande instance n'a donc plus, dans ce dernier cas, compétence[13].

La nécessité d'un titre exécutoire simplifie, *a priori*, la question de la ***charge des frais d'exécution***, conformément aux dispositions de l'article L. 32[14].

Seule la détermination de la compétence d'attribution pour l'expulsion d'un locataire appelle des solutions qui varient selon le type de location, c'est-à-dire selon qu'il s'agit d'un bail d'habitation, professionnel ou mixte *(**A**)*, d'un bail commercial ou d'un bail rural *(**B**)*.

A L'expulsion en matière de baux d'habitation, professionnels ou mixtes

537. Il s'agit des baux régis par les dispositions non abrogées de la loi n° 82-526 du 22 juin 1982 dite « loi Quillot » et celles de la loi n° 86-1290 du 23 décembre 1986 dite « loi Méhaignerie » largement modifiée par la loi n° 89-462 du 6 juillet 1989 dite « loi Mermaz ». Aux termes des dispositions de l'article R. 221-38 du Code de l'organisation judiciaire, c'est le tribunal d'instance qui est seul compétent pour ordonner l'expulsion. Il pourra statuer notamment en référé, dès lors qu'il n'existera aucune contestation sérieuse. Notons au passage, que la loi n° 98-657 du 29 juillet 1998 rend beaucoup plus difficile l'expulsion du locataire pour les causes énoncées à l'article 24 de la loi n° 89-462 du 6 juillet 1989 pour tout propriétaire bailleur en général et surtout pour les organismes bailleurs. Aux termes de l'article 24 alinéa 1er non modifié de la loi de 1989, « *toute clause prévoyant la résiliation de plein droit du contrat de location pour défaut de paiement du loyer ou des charges aux termes convenus ou pour non versement du dépôt de garantie ne produit effet que deux mois après un commandement de payer demeuré infructueux* »[15]. Autre innovation introduite par la loi de 1998, l'article 24

13. Pour une toute dernière application de l'ancien droit, cf. Cass. 3e civ., 27 juin 2007, *Bull. civ.* III, n° 117, *D.* 2008, pan., p. 1174, obs. A. Leborgne.

14. Cf. *supra*, nos 32 et s. Rappelons que par un arrêt du 2 mars 2000 (n° 92-21.101, *D.* 2000. I. R. 107), la deuxième Chambre civile de la Cour de cassation met un terme à une controverse qui n'aurait jamais dû naître, en décidant clairement qu'en matière d'expulsion, les frais de serrurier et de déménagement forcé doivent être considérés comme des frais d'exécution inclus dans les dépens. Les frais d'exécution forcée sont, en effet, à la charge du débiteur, sauf s'il est manifeste que ces frais n'étaient pas nécessaires au moment où il ont été exposés. Ont ainsi été considérés à la charge du débiteur, des frais de gardiennage non compris dans les dépens, engagés alors que le créancier avait dûment refusé la restitution des meubles que réclamait le débiteur (Cass. 2e civ., 28 juin 2006, *Procédures* 2006, comm. 234, obs. R. Perrot).

15. Avant la réforme de 1998, le locataire pouvait, à condition de saisir le juge d'instance avant l'expiration de ce délai de deux mois, obtenir de celui-ci dans les conditions des dispositions des articles 1244-1 et suivants du Code civil, un ***délai de grâce***. Malgré

de la loi de 1989 dispose en un second alinéa réécrit, que désormais, « *à peine d'irrecevabilité de la demande, l'assignation aux fins de constat de la résiliation* (du bail) *est notifiée à la diligence de l'huissier de justice au représentant de l'État dans le département, par lettre recommandée avec demande d'avis de réception, au moins deux mois avant l'audience, afin qu'il saisisse, en tant que de besoin, les organismes dont relèvent les aides au logement, le Fonds de solidarité pour le logement ou les services sociaux compétents* »[16]. Le commandement de payer doit reproduire à peine de nullité les dispositions de l'article 24 de la loi, et l'adresse du Fonds de solidarité pour le logement que le locataire en difficulté a la possibilité de saisir[17].

Signalons, pour la petite histoire, que l'article 119 de la loi de 1998, dans sa rédaction initiale qui prévoyait en un nouvel article L. 613-6 du Code de la construction et de l'habitation, que le concours de la force publique était subordonné à la vérification préalable par le préfet

---

la « souplesse » de beaucoup de juges d'instance en la matière, on considérait que passé le délai de deux mois imparti dans le commandement, le locataire était forclos à saisir le juge d'une telle demande (Cass. 3e civ., 18 mai 1994, *Bull. civ.* III, n° 102). Cette solution était exactement l'inverse de celle ayant cours en matière de baux commerciaux. Rien ne justifiait pareille différence de régime. La loi de 1998 *relative à la lutte contre les exclusions* (art. 114) a mis fin à ces différences injustifiées, l'article 24 de la loi de 1989 disposant désormais en son alinéa 3, que « *le juge peut, même d'office, accorder des délais de paiement, dans les conditions prévues aux articles 1244-1 (premier alinéa) et 1244-2 du Code civil, au locataire en situation de régler sa dette locative* ».

16. En pratique, après l'expiration du délai de deux mois qui court à compter de la signification du commandement, le locataire qui n'a pas saisi le juge ne pourra être assigné en résiliation du bail, que pour une date d'audience ne pouvant avoir lieu avant l'expiration d'un nouveau délai de deux mois courant à compter de la date théorique de réception par le préfet, de la dénonciation de l'assignation par l'huissier de justice. Pour éviter à l'avenir toute difficulté de détermination de la date d'audience pour la délivrance de l'assignation, mieux vaudra désormais transmettre celle-ci à l'huissier de justice en laissant à celui-ci le soin de fixer lui-même cette date. Le locataire peut donc désormais rester quatre mois sans réagir, ni payer bien sûr son loyer, avec en outre la quasi certitude d'obtenir à l'audience un ***délai de grâce***. Autant dire qu'avec un tel système, le locataire ne risquant désormais quasiment plus d'être expulsé, il est vivement recommandé aux propriétaires d'exiger à l'avenir de tout aspirant locataire, de substantielles garanties.

17. En cas de non-respect par le locataire, de la destination contractuelle des lieux, ce qui constitue une violation des dispositions de l'article 7, troisième alinéa *b*, de la loi n° 89-462 du 6 juillet 1989, et mise en demeure infructueuse de se conformer à cette obligation, il peut être adressé alors au locataire une offre de relogement correspondant à ses besoins et à ses possibilités (CCH, art. L. 442-4-1, al. 1). Cette faculté de faire une offre de relogement n'est pas une obligation pour le propriétaire (CCH, art. L. 442-4-2). En tout état de cause, « *en cas de refus du locataire ou, en cas d'absence de réponse de sa part, à l'expiration d'un délai d'un mois à compter de l'envoi de l'offre* (ou de la seule mise en demeure de se conformer aux dispositions du bail) *par lettre recommandée avec demande d'avis de réception, le bailleur peut saisir le juge aux fins de résiliation du bail* » (CCH, art. L. 442-4-1, al. 2). Ces dispositions énigmatiques résultent de l'article 122-I et IV de la loi de 1998.

qu'une offre de relogement avait été faite aux personnes expulsées, a été déclaré non conforme à la Constitution par le Conseil constitutionnel dans une décision en date du 29 juillet 1998[18], au motif que la force exécutoire d'une décision judiciaire ne saurait être subordonnée à l'accomplissement d'une formalité administrative, sans qu'il soit porté atteinte à la séparation des pouvoirs judiciaire et administratif.

Enfin, la loi n° 98-657 du 29 juillet 1998 a introduit un certain nombre de règles qui rendent désormais purement théorique l'expulsion du locataire d'un ***logement du secteur social type HLM et assimilé***. Les articles L. 353-15-1 et L. 442-6-1 du Code de la construction et de l'habitation, imposent à ces organismes bailleurs pour leurs logements ayant fait l'objet de la convention prévue par les dispositions de l'article L. 351-2 du même Code et dont les locataires bénéficient de l'aide personnalisée au logement ou de l'une des autres allocations de logement, de ne pas pouvoir faire délivrer assignation afin de voir constater l'acquisition de la résolution de plein droit, avant l'expiration d'un délai de trois mois suivant la saisine, selon le cas, de la commission mentionnée à l'article L. 351-4 en vue d'assurer le maintien du versement de l'aide personnalisée au logement, ou des organismes payeurs des autres allocations en vue d'assurer le maintien du versement desdites allocations de logement. Le bailleur n'est dispensé de respecter totalement ce délai que si la décision de ladite commission ou desdits organismes payeurs intervient avant son expiration. Pour la compréhension de ce texte, il convient de rappeler que le versement de l'aide personnalisée au logement et des autres allocations de logement est en principe suspendu lorsque le loyer n'est plus payé.

B L'expulsion en matière de baux commerciaux et de baux ruraux

538. En matière de ***baux commerciaux***[19], il convient de distinguer selon que ***le locataire*** est ou non *in bonis*.

Lorsqu'il est ***in bonis***, c'est-à-dire lorsqu'il ne fait l'objet d'aucune procédure de redressement ou de liquidation judiciaires, il y a lieu de distinguer selon que la résiliation du bail est consécutive ou non à une violation des dispositions du Code de commerce relatif aux baux de

18. D. C. n° 98-403, *GP* 21-26 août 1998, p. 574 et s.

19. Nous persistons à considérer qu'en la matière, le ***délai de grâce*** ne peut être fondé que sur les dispositions générales des articles 8 du décret du 31 juillet 1992 et 1244-1 du Code civil, malgré un arrêt en date du 4 juillet 2007 par lequel la Cour de cassation a considéré que ce délai pouvait être fondé, concernant l'occupation d'un local à usage commercial, sur les articles 8 du décret du 31 juillet 1992, L. 613-1 et L. 613-2 du Code de la construction et de l'habitation (Cass. 2e civ., 4 juillet 2007, *Bull. civ.* II, n° 202, *D.* 2008, pan., p. 1172, obs. A. Leborgne).

locaux à usage commercial, industriel ou artisanal[20]. Lorsque la résiliation du bail est consécutive à une violation des dispositions du Code de commerce, la compétence d'attribution est dévolue au tribunal de grande instance[21], « ... *à l'exception des contestations relatives à la fixation du prix du bail révisé ou renouvelé* »[22]. Il en est ainsi en cas de résiliation du bail pour violation d'une règle relative à la cession du bail, à la sous-location, ou à la destination des lieux ; ou encore, d'une clause résolutoire en application des articles L. 145-41 et suivants du Code de commerce[23]. Les contestations relatives à la fixation du prix du bail révisé ou renouvelé sont de la compétence sont de la compétence du président du tribunal de grande instance[24].

Lorsque la résiliation du bail n'est pas consécutive à une violation des dispositions du Code de commerce et ne concerne pas la fixation du prix du bail révisé ou renouvelé, la compétence d'attribution était dévolue au tribunal d'instance[25]. Le tribunal de commerce avait compétence concurrente lorsque les deux parties avaient la qualité de commerçant. Si le défendeur locataire était commerçant, le demandeur non commerçant pouvait saisir à son choix le tribunal d'instance ou le tribunal de commerce[26]. Tout cela était très compliqué. Le décret nº 98-1231 du 28 décembre 1998[27] a supprimé pour l'avenir toute compétence du tribunal d'instance en matière de baux commerciaux en complétant l'article R. 321-2 de l'ancien Code de l'organisation judiciaire d'un second alinéa qui était ainsi rédigé : « *Sont exclues de la compétence du tribunal d'instance toutes les contestations en matière de baux à loyer d'immeubles ou de locaux à usage commercial, industriel ou*

20. Codification du décret nº 53-960 du 30 septembre 1953 réglant les rapports entre bailleurs et locataires en ce qui concerne le renouvellement des baux à loyer d'immeubles ou de locaux à usage commercial.

21. C. com., art. R. 145-23, C. org. jud., art. R. 211-4.15º ; Cass. 3e civ., 23 mars 1982, *Bull. civ.* III, nº 79, *Rev. loy.* 1982, p. 251, note J. Viatte, rendu sous l'empire de l'article 29 du décret nº 53-960 du 30 septembre 1953 ; P. Bertin, *La compétence éclatée*, *GP 1*982, 1, p. 182.

22. C. org. jud., art. R. 211-4.15º.

23. Ancien article 25 du décret nº 53-960 du 30 septembre 1953. En ce sens, CA Paris, 5 avril et 4 mai 1990, *D. 1*990, somm., p. 259, 18 mai 1993, *GP* 1993, 2, somm., p. 585, 8 janvier 1993, *GP* 1993, 2, somm., p. 588 ; Berthault, *Les clauses résolutoires en matière de baux commerciaux*, *Rev. loy.* 1990, p. 64 ; Jacquin, *La modification des clauses résolutoires*, *GP* 1990.408 ; Lafond, *La rédaction des clauses résolutoires dans les baux commerciaux*, *JCP* 1995, éd. E, I, 434 ; Viatte, *La clause de résiliation de plein droit dans les baux commerciaux*, *GP* 1981, 1, p. 314 ; Viatte, *La résiliation des baux commerciaux en vertu de la convention*, *Rev. loy.* 1982, p. 58.

24. C. com., art. R. 145-23.

25. Cass. 3e civ., 23 mars 1982, *Bull. civ.* III, nº 79.

26. Cass. 3e civ., 18 mars 1974, *Bull. civ.* III, nº 130 ; Cass. 2e civ., 25 janvier 1989, *Bull. civ.* II, nº 24.

27. *JO* 30 décembre 1998, p. 19904.

artisanal régis par le décret n° 53-960 du 30 septembre 1953 ». Les dispositions de l'article R. 221-38 de l'actuel Code n'évoquant plus les baux commerciaux, c'est la même solution qui est reconduite. La résiliation est considérée comme non consécutive à une violation des dispositions du Code de commerce, lorsqu'elle est motivée par une cause non sanctionnée par une clause résolutoire et ne constituant pas une violation des règles relatives à la cession du bail, à la sous-location et à la destination des lieux. Le tribunal de grande instance est donc désormais en principe compétent pour connaître de ces contestations. Le tribunal de commerce n'a compétence que lorsque le bail est un acte de commerce à l'égard de toutes les parties ou seulement à l'égard du défendeur.

Enfin, la juridiction peut être saisie en référé dès lors qu'il n'existe aucune contestation sérieuse.

Lorsque le locataire[28] **n'est plus *in bonis***[29], dispositions générales également applicables au bail commercial, aux termes de l'article L. 622-13.I et II du même Code, « I. - *Nonobstant toute disposition légale ou toute clause contractuelle, aucune indivisibilité, résiliation ou résolution d'un contrat en cours ne peut résulter du seul fait de l'ouverture d'une procédure de sauvegarde. /Le cocontractant doit remplir ses obligations malgré le défaut d'exécution par le débiteur d'engagements antérieurs au jugement d'ouverture. Le défaut d'exécution de ces engagements n'ouvre droit au profit des créanciers qu'à déclaration au passif.* /II. - *L'administrateur a seul la faculté d'exiger l'exécution des contrats en cours en fournissant la prestation promise au cocontractant du débiteur...* ». Aux termes de l'article L. 622-14 du Code de commerce, « *Sans préjudice de l'application du I et du II de l'article L. 622-13, la résiliation du bail des immeubles donnés à bail au débiteur et affectés à l'activité de l'entreprise intervient dans les conditions suivantes : 1° Au jour où le bailleur est informé de la décision de l'administrateur de ne pas continuer le bail. Dans ce cas, l'inexécution peut donner lieu à des dommages et intérêts au profit du cocontractant, dont le montant doit être déclaré au passif. Le cocontractant peut néanmoins différer la restitution des sommes versées en excédent par le débiteur en exécution du*

28. Lorsque c'est le bailleur qui fait l'objet d'une procédure de sauvegarde, aux termes de l'article L. 622-13.IV du Code de commerce, « *A la demande de l'administrateur, la résiliation est prononcée par le juge-commissaire si elle est nécessaire à la sauvegarde du débiteur et ne porte pas une atteinte excessive aux intérêts du cocontractant* ».

29. Il n'est pas inutile de rappeler que si, avant le prononcé du jugement de mise en redressement judiciaire, la résiliation avait été judiciairement prononcée ou constatée, ce n'est que si cette dernière décision est passée en force de chose jugée que la résiliation pourra être considérée comme déjà acquise. Si, lors de l'ouverture de la procédure collective le délai d'appel n'est pas expiré, ou que, appel ayant été interjeté, il n'a pas encore été statué par la cour, la résiliation devra être considérée comme non acquise (Cass. com., 16 mars 1993, *Rép. not. Defr.* 1993.1217, note Sénéchal). Si le locataire n'a pas encore fait appel, ii sera par conséquent tout à fait indispensable de le faire.

contrat jusqu'à ce qu'il ait été statué sur les dommages et intérêts ; 2° Lorsque le bailleur demande la résiliation ou fait constater la résiliation du bail pour défaut de paiement des loyers et charges afférents à une occupation postérieure au jugement d'ouverture, le bailleur ne pouvant agir qu'au terme d'un délai de trois mois à compter dudit jugement. /Si le paiement des sommes dues intervient avant l'expiration de ce délai, il n'y a pas lieu à résiliation. /Nonobstant toute clause contraire, le défaut d'exploitation pendant la période d'observation dans un ou plusieurs immeubles loués par l'entreprise n'entraîne pas résiliation du bail». Après l'ouverture de la procédure de sauvegarde, l'expulsion sera ordonnée soit par le juge-commissaire saisi sur requête pour constater la résiliation de plein droit après mise en demeure préalable du locataire ; soit par le tribunal de commerce saisi d'une action en résiliation. Lorsque c'est le juge-commissaire qui est compétent, il est d'usage de le saisir sur requête.

539. En matière de ***baux ruraux***, la compétence est dévolue au tribunal paritaire des baux ruraux par l'article L. 491-1 du Code rural[30]. Le tribunal peut, bien sûr, être saisi en référé en l'absence de contestation sérieuse.

§ 2. Modalités communes de la procédure d'expulsion

540. Il s'agit de la nécessité d'un commandement préalable *(A)* et des opérations d'expulsion *(B)*.

A La nécessité d'un commandement préalable

541. La réforme de 1991-1992 a instauré la nécessité d'un commandement préalable aux opérations d'expulsion. Il s'agit là de l'innovation la plus importante de la réforme entreprise en matière d'expulsion[31]. Auparavant, un titre exécutoire suffisait. Désormais l'expulsion d'un local, quel qu'en soit l'usage, ne peut avoir lieu sans signification préalable d'un commandement d'avoir à libérer les locaux (art. L 61). En

30. Anc. C. org. jud., art. L. 441-1.

31. Quand y-a-t-il matière à mettre en œuvre la procédure d'expulsion ? Le garde des Sceaux, ministre de la justice, dans une réponse ministérielle (R. M. n° 45147, *JO* AN 24 février 1997, p. 976, *GP* 1997, 1, *bull. lég.*, p. 78) a estimé que l'huissier de justice avait l'obligation de mettre en œuvre la procédure d'expulsion en délivrant commandement préalable de quitter les lieux, même lorsque ceux-ci sont apparemment abandonnés. C'est seulement à l'expiration du délai imparti qu'il pourra forcer les portes restées closes.

pratique cette formalité était souvent accomplie auparavant, un commandement de quitter les lieux accompagnant systématiquement le titre signifié. Elle est désormais obligatoire. C'est à partir de la signification de ce commandement que le juge de l'exécution est exclusivement compétent pour statuer sur une demande de ***délai de grâce***[32], cette signification constituant en matière d'expulsion, le premier acte d'exécution.

L'article D 194 dispose qu'il s'agit d'un acte d'huissier de justice devant comporter les mentions suivantes à peine de nullité : « ***1°*** *L'indication du titre exécutoire en vertu duquel l'expulsion est poursuivie ;* ***2°*** *La désignation de la juridiction devant laquelle peuvent être portées les demandes de délais et toutes contestations relatives à l'exécution des opérations d'expulsion*[33] ; ***3°*** *L'indication de la date à partir de laquelle les locaux devront être libérés ;* ***4°*** *L'avertissement qu'à compter de cette date, il pourra être procédé à l'expulsion forcée du débiteur ainsi qu'à celle de tout occupant de son chef*[34] ». L'accomplissement de cette formalité est prescrite expressément à peine de nullité[35].

Le commandement peut être signifié en même temps que la décision de justice ordonnant l'expulsion (art. D 194 *in fine*), mais en cas de signification à domicile, il ne peut s'agir que du domicile réel, non du domicile élu (art. D 196). Cette restriction de l'article D 196 est applicable aux baux en cours (art. D 299). L'article L 61 ne rend pas nécessaire la signification de la décision d'expulsion aux occupants autres que la personne faisant nommément l'objet de cette décision, et ce même, lorsque leur expulsion est également ordonnée, puisque ces personnes sont indéterminées. L'huissier de justice doit envoyer en recommandé avec accusé de réception, au préfet du département du lieu de situation de l'immeuble, une copie du commandement[36]. Cette formalité qui doit être accomplie

32. En ce sens, voir notamment Cass. 2e civ., 18 septembre 2003, *D.* 2003, IR, p. 2409.

33. Toutes les contestations sont portées devant le juge de l'exécution du lieu de la situation de l'immeuble (art. D. 209).

34. Par conséquent, dès lors que le bailleur a obtenu une décision ordonnant l'expulsion du locataire et que les occupants ne tiennent leur droit d'occupation que de ce dernier et ne possèdent pas un droit opposable au bailleur, l'expulsion de ce locataire doit entraîner celle de tous occupants de son seul chef, ce dont il résulte que le bailleur peut poursuivre l'expulsion des occupants en vertu du seul titre obtenu à l'encontre du locataire (Cass. 2e civ., 4 décembre 2003, *Bull. civ.* II, n° 366).

35. Nécessité de la preuve d'un grief (Cass. 2e civ., 13 juillet 2006, *Bull. civ.* II, n° 212 ; 8 février 2007, *D.* 2007, AJ, p. 665).

36. L'article D. 197 précise également qu'il doit lui communiquer en outre et dans la mesure du possible tous renseignements relatifs à l'occupant et aux personnes vivant habituellement avec lui, dont l'expulsion est poursuivie. Les textes ne précisent pas de quels renseignements il s'agit, mais sans doute s'agit-il de permettre la prise en compte de la demande de relogement des intéressés dans le cadre du plan départemental d'action pour le relogement des personnes défavorisées prévu par la loi n° 90-449 du 31 mai 1990 visant à la mise en œuvre du droit au logement.

dès la délivrance du commandement[37], ne concerne que l'expulsion d'une personne de son habitation principale, et non d'un local commercial ne comprenant aucun local d'habitation[38].

Il se peut qu'après son expulsion l'occupant revienne. Dans ce cas, dispose l'article D 208, le commandement initial est censé continuer de produire ses effets. Il ne sera pas nécessaire d'en signifier un autre. Mais toutes les autres modalités de l'expulsion[39] devront à nouveau être accomplies.

B Les opérations d'expulsion stricto sensu

542. La force publique[40] pourra être nécessaire pour procéder à l'expulsion en cas de résistance de la personne expulsée nominativement ou des autres occupants de son chef.

En l'absence de dispositions spécifiques, le droit commun du délai de grâce issu des articles 1244-1 et suivants du Code civil est applicable. Dès lors que le titre exécutoire est mis à exécution, le juge compétent pour l'octroyer est le juge de l'exécution du lieu de situation de l'immeuble (art. D 198). Sauf dispositions contraires spéciales, les contestations devront également être portées devant lui (art. D 209).

L'expulsion nécessite désormais l'accomplissement de certaines formalités obligatoires, c'est-à-dire notamment la rédaction d'un procès-verbal des opérations d'expulsion ***(1)***. Quant au sort des biens se trouvant à l'intérieur des locaux, il est strictement régi par les textes ***(2)***.

1. La signification d'un procès-verbal des opérations d'expulsion

543. L'article D 199 dispose que « *l'huissier de justice dresse un procès-verbal des opérations d'expulsion* ». En pratique, cette formalité était souvent accomplie avant la réforme de 1991-1992. Elle est désormais obligatoire. Ce procès-verbal doit comporter un certain nombre de mentions obligatoires et doit être signifié. Il existe des mentions générales et des mentions spéciales.

Au sujet des mentions générales, l'article D 199 dispose que le procès-verbal d'expulsion doit contenir à peine de nullité les mentions suivantes : « ***1°*** *La description des opérations auxquelles l'huissier a procédé, et l'identité des personnes dont le concours a été nécessaire ;* ***2°*** *la désignation de la juridiction compétente pour statuer sur les*

37. Cass. 2e civ., 23 novembre 2000, *Dr. et Proc.* 2002, p. 37, note J.-J. Bourdillat.
38. Cass. 2e civ., 20 janvier 2003, *Bull. civ.* II, n° 18.
39. Procès-verbal des opérations d'expulsion et sort des biens.
40. Cf. *supra*, n° 98.

contestations relatives aux opérations d'expulsion[41] ; ***3°*** *la signature de chacune des personnes mentionnées au 1°, ou la mention du refus de signer* ». Il convient selon nous d'assimiler au refus de signer, l'impossibilité.

Concernant les mentions spéciales, l'article D 201 dispose que « *si des biens ont été laissés sur place ou déposés par l'huissier de justice en un lieu approprié, le procès-verbal d'expulsion contient en outre* (toujours) *à peine de nullité* » les mentions suivantes : « ***4°*** *L'inventaire des biens, avec l'indication qu'ils paraissent avoir ou non une valeur marchande ;* ***5°*** *la mention du lieu et des conditions d'accès au local où ils ont été déposés ;* ***6°*** *la sommation à la personne expulsée, en caractères très apparents, d'avoir à les retirer dans le délai d'un mois non renouvelable à compter de la signification de l'acte, faute de quoi les biens qui n'auront pas été retirés seront, sur décision du juge, vendus aux enchères publiques ou déclarés abandonnés selon le cas ;* ***7°*** *la convocation de la personne expulsée d'avoir à comparaître devant le juge de l'exécution du lieu de situation de l'immeuble à une date déterminée qui ne peut être antérieure à l'expiration du délai imparti au 6°, afin qu'il soit statué sur le sort des biens qui n'auraient pas été retirés avant le jour de l'audience ;* ***8°*** *la reproduction des dispositions des articles* (D) *11 à* (D) *14* ».

Le procès-verbal est toujours signifié à la personne expulsée. Il doit l'être également au (x) créancier (s) ayant le cas échéant saisi des biens situés dans le local (art. D 200). L'article D 202 dispose que « *le procès-verbal d'expulsion est remis ou signifié à la personne expulsée* ». Il faut entendre par « *personne expulsée* », celle qui fait nommément l'objet de la décision d'expulsion. Il n'est pas nécessaire de signifier ou remettre ce procès-verbal aux autres occupants de son chef désignés dans le titre, mais non de façon nominative, puisque ces personnes sont inconnues.

2. Le sort des biens se trouvant à l'intérieur des locaux

544. Les textes conduisent à distinguer suivant qu'il s'agit de biens saisis laissés sur place par un créancier saisissant ou de biens transportés en un autre lieu.

Quel est ***le sort des biens saisis antérieurement par un créancier autre que celui poursuivant l'expulsion et se trouvant encore sur place au moment de l'expulsion*** ? Informé par le créancier saisissant de l'expulsion, il pourra intervenir le cas échéant à la vente des biens si celle-ci est nécessaire. La seule spécificité de cette situation est que du fait de l'expulsion les biens saisis ne peuvent jamais être laissés sur place

41. Nous avons déjà dit que cette juridiction est le juge de l'exécution du lieu de situation de l'immeuble (art. D. 209).

B.U. BREST

(art. D 200), et que transportés en un autre lieu, ils devront être remis à un séquestre choisi par l'huissier[42] lorsque la personne expulsée ne lui indiquera pas un autre lieu. Cela signifie aussi que celui qui poursuit l'expulsion devra faire l'avance des frais de ce transport obligatoire, même s'ils sont en définitive à la charge de la personne expulsée (art. L 65). Il les récupérera sur le produit de la vente si celle-ci est possible, c'est-à-dire si les biens ont une valeur marchande. Il devra pour cela intervenir à la saisie (art. D 200, al. 2).

Les biens n'ayant pas fait l'objet d'une saisie de la part d'un autre créancier pourront être laissés sur place, seulement si le propriétaire ne s'y oppose pas. S'il veut que les biens soient entreposés aux frais de la personne expulsée (art. L 65) dans un autre lieu, il devra faire l'avance de ces frais en attendant de pouvoir les récupérer sur le prix de la vente si celle-ci est possible, c'est-à-dire si les biens ont de la valeur.

Quel est ***le sort des biens saisis antérieurement et remis en un autre lieu, et celui des biens non saisis remis ou non en un autre lieu*** ? L'huissier de justice fait sommation à la personne expulsée d'avoir à retirer les biens « *dans le délai d'un mois non renouvelable à compter de la signification du procès-verbal d'expulsion* » (art. L 65 et D 203). Si à l'expiration de ce délai les biens ne sont pas retirés, les frais de transfert et de garde devant être payés lors du retrait, le juge de l'exécution du lieu où sont situés les biens (art. L 66) doit être d'abord saisi par le dépôt d'une copie du procès-verbal d'expulsion (art. L 66 et D 204). Il le sera en pratique par celui qui y a le plus intérêt, c'est-à-dire soit le propriétaire poursuivant l'expulsion, soit par le tiers chez qui ils ont été transférés. Au cours de cette audience, le juge de l'exécution peut entendre l'huissier de justice (art. D 204, al. 2). Les parties, c'est-à-dire le propriétaire et la personne expulsée, sont obligatoirement convoquées par le greffe pour être entendues (art. L 66).

Si avant le jour de l'audience, les biens ont été retirés, le propriétaire poursuivant l'expulsion en informe le juge par tout moyen écrit ou par déclaration au greffe (art. D 205), afin que ce dernier ne poursuive pas la procédure. S'ils n'ont pas été retirés[43], il convient de distinguer suivant qu'ils ont une valeur marchande ou en sont dépourvus. Le juge de l'exécution ordonne la mise en vente aux enchères publiques des biens ayant une valeur marchande[44]. Après leur inventaire, il sera procédé à la vente forcée en suivant les règles de la saisie-vente. Sont déduits du produit de

42. Ce qui entraînera l'application des dispositions des articles 1961 à 1963 du Code civil.

43. Le juge de l'exécution saisi pour statuer sur le sort des meubles laissés sur place, n'a pas à trancher la question de la propriété des meubles (Cass. 2e civ., 5 mars 2009, *D.* 2009, AJ, p. 881).

44. L'appréciation de la valeur marchande relève du pouvoir souverain d'appréciation du juge (Cass. 2e civ., 4 octobre 2007, *Bull. civ.* II, n° 224).

la vente, les frais, notamment ceux de transfert et de garde, et le cas échéant, le montant de la créance du propriétaire qui a poursuivi l'expulsion s'il était créancier-bailleur de la personne expulsée. Les papiers et documents de nature personnelle sont placés sous enveloppe scellée et conservés par l'huissier pendant deux ans. Avis en est donné à la personne expulsée par l'huissier par courrier recommandé avec accusé de réception adressé à sa demeure actuelle, ou, si celle-ci est inconnue, au lieu de son dernier domicile (art. D 206). À l'expiration de ce délai, à défaut de retrait, l'huissier procédera à leur destruction et dressera procès-verbal de cette opération comprenant également leur inventaire (art. D 207). Les autres objets sans valeur marchande sont déclarés abandonnés par le juge de l'exécution (art. L 66, al. 2, et D 207).

Section 2
Les règles propres à certaines expulsions[45]

545. L'expulsion de certains locaux obéit en outre à un régime particulier. Il s'agit des dispositions applicables aux locaux affectés à l'habitation, à la profession non commerçante non industrielle, non artisane, non rurale ou mixte, d'une part *(§ 1)* ; aux locaux affectés à l'habitation principale ou mixte *(§ 2)*. Le régime exposé dans le cadre de la précédente section s'applique intégralement[46].

§ 1. Dispositions spéciales applicables aux locaux d'habitation, ou aux locaux à usage professionnel ou à usage mixte

546. Il faut entendre par « usage professionnel », l'usage non commerçant, non industriel, non artisan et non rural.

Aux termes de l'article 21-1 inséré après l'article 21 de la loi de 1991 par la loi nº 98-657 du 29 juillet 1998 (art. 120), « *les dispositions des articles 20 et 21 ne s'appliquent pas en matière d'expulsion. Toutefois l'huissier de justice chargé de l'exécution de la mesure d'expulsion peut procéder comme il est dit à l'article 21 pour constater que la personne expulsée et les occupants de son chef ont volontairement libéré les locaux postérieurement à la signification du commandement prévu à*

45. Cf. *supra*, nº 534.
46. Cf. *supra*, nºs 535 et s.

l'article 61 ». Conséquence de ces dispositions lapidaires, l'huissier de justice ne peut plus désormais procéder sans recourir à la force publique, à l'ouverture forcée d'un logement pour en expulser les occupants, si ceux-ci sont absents ou refusent l'accès. L'article D 197, alinéa 2, dispose que l'huissier de justice communique au préfet, en plus d'une copie du commandement, tous renseignements relatifs à l'occupant expulsé ainsi qu'aux personnes vivant habituellement avec lui[47].

La spécificité la plus importante du régime consiste toujours en l'existence d'une prohibition de toute expulsion pendant une certaine époque et d'un régime spécifique de délai de grâce.

L'article L. 613-3, alinéa 1, du Code de la construction et de l'habitation dispose qu'***aucune mesure d'expulsion ne peut être exécutée du 1er novembre au 15 mars*** de chaque année[48]. Ne peuvent toutefois bénéficier de cette immunité temporaire d'expulsion appelée aussi « trêve hivernale », les occupants des locaux situés dans un immeuble ayant fait l'objet d'un arrêté de péril, et ceux entrés dans les locaux par voie de fait, c'est-à-dire les « *squatters* ».

Lorsqu'il s'agit d'un local à usage d'habitation, à usage professionnel non commercial, ou mixte, les articles L. 613-1 à L. 613-2-1 du Code de la construction et de l'habitation prévoient un régime de ***délai de grâce*** plus favorable que celui prévu par le Code civil. L'alinéa 3 de l'article L. 613-1 du Code de la construction et l'habitation exclut du bénéfice de ce régime l'occupant d'un local dont le propriétaire exerce son droit de reprise dans les conditions prévues à l'article 19 de la loi n° 48-1360 du 1er septembre 1948. Innovation de la loi n° 98-657 du 29 juillet 1998 (art. 122-II), est également désormais exclu du bénéfice de ce régime, le locataire qui persiste après mise en demeure, à ne pas user paisiblement des locaux loués suivant la destination fixée dans le contrat de location (L. n° 89-462, 6 juillet 1989, art. 7 *b*). En outre, il faut que le relogement des personnes expulsées ne puisse avoir lieu dans des « *conditions normales* », dispose toujours l'article L. 613-1 du Code de la construction et de l'habitation, c'est-à-dire dans des conditions adaptées à leurs besoins. Ce sursis à l'expulsion peut être ordonné en tout état de cause[49].

47. Ces dispositions ne sont applicables qu'en cas d'expulsion d'une personne de son habitation principal et non à l'expulsion d'un local à usage exclusivement professionnel sans aucun local d'habitation accessoire (Cass. 2e civ., 20 janvier 2005, *Bull. civ.* II, n° 18).

48. Notons toutefois que l'astreinte ne constituant pas à proprement parler, une mesure d'exécution forcée, les dispositions de l'article L. 613-3 du Code de la construction et de l'habitation qui prévoient seulement un sursis aux mesures d'expulsion non exécutées à la date du 1er novembre de chaque année, n'interdisent pas à une juridiction, même pendant la période visée par ce texte, d'ordonner la libération des lieux en l'assortissant d'une astreinte pour inciter le débiteur à se conformer à la décision ordonnant son expulsion (Cass. 2e civ., 4 juillet 2007, *Bull. civ.* II, n° 183, *D.* 2008, pan., p. 1175, obs. A. Leborgne).

49. Cass. 2e civ., 10 juillet 2008, *Bull. civ.* II, n° 182.

La compétence d'attribution en matière de délai de grâce est régie par les articles 198 du décret de 1992 et l'article L. 613-1 du Code de la construction et l'habitation. Lorsque le délai de grâce est octroyé par le juge en même temps qu'il ordonne l'expulsion, nous avons vu qu'il n'y a désormais plus lieu de distinguer selon que l'occupant était locataire ou a toujours été sans droit ni titre. C'est toujours le juge d'instance qui est compétent, statuant en la forme ordinaire ou en référé. Il en va de même lorsque le délai de grâce est octroyé postérieurement à la décision d'expulsion et avant le début des opérations d'expulsion, pour octroyer le délai de grâce des articles L. 613-1 et suivants du Code de la construction et l'habitation.

Lorsque le délai de grâce est octroyé postérieurement à la décision d'expulsion et une fois débutées ou accomplies les opérations d'expulsion, la loi de 1991 défère cette compétence au juge de l'exécution.

Lorsque le juge saisi accorde un tel délai, ce dernier ne peut être ni inférieur à un mois, ni d'une durée supérieure à un an[50]. Le juge prend en compte le comportement de l'occupant dans l'exécution de ses obligations, de la situation respective de ce dernier et de son propriétaire (CCH, art. L. 613-2). Sa décision doit être notifiée au préfet, « *en vue de la prise en compte de la demande du relogement de l'occupant, dans le cadre du plan départemental d'action pour le relogement des personnes défavorisées, prévu par la loi n° 90-449 du 31 mai 1990 visant à la mise en œuvre du droit au logement* » (CCH, art. L. 613-2-1). Il incombe certainement à la juridiction octroyant ce type de délai de procéder à cette notification.

§ 2. Dispositions spéciales applicables aux locaux à usage d'habitation principale, ou à usage mixte

547. Il faut, une fois encore entendre par usage mixte, l'usage d'habitation et professionnel, c'est-à-dire l'affectation à l'habitation principale et à la profession non commerçante, non industrielle, non artisane et non rurale.

La réforme soumet le commandement préalable à l'expulsion, à des dispositions particulières concernant ses mentions, ses effets et sa notification. L'article D. 195 dispose que le commandement d'avoir à libérer les locaux doit en outre contenir à peine de nullité[51], en plus des mentions énumérées par l'article D. 194, la reproduction des articles 62 de

50. Avant la loi n° 2009-323 du 25 mars 2009, l'article L. 613-2 disposait que la durée de ce délai ne pouvait être inférieure à trois mois, ni supérieure à trois ans.

51. Nécessité de la preuve d'un grief (Cass. 2e civ., 13 juillet 2006, *Bull. civ.* II, n° 212).

la loi de 1991 et L. 613-1 à L. 613-5 du Code de la construction et l'habitation.

Les effets spécifiques du commandement sont prévus par l'article 62 de la loi de 1991. Le commandement d'avoir à libérer les locaux, fait courir ***un délai de deux mois*** pendant lequel il ne peut être procédé à l'expulsion. Mais le juge de l'exécution du lieu de situation de l'immeuble (art. D 198) peut être saisi d'une demande d'augmentation ou de diminution de la durée, et même de suppression de ce délai (art. L 62). Ainsi, peut-il réduire ou supprimer ce délai, notamment lorsque les personnes expulsées étaient entrées dans les locaux par voie de fait ou encore, innovation de la loi n° 98-657 du 29 juillet 1998 (art. 122-III), lorsque le locataire persiste après mise en demeure, à ne pas user paisiblement des locaux loués suivant la destination fixée dans le contrat de location (art. L 62, al. 1). Il ne peut proroger ce délai, et seulement pour une durée ne pouvant excéder trois mois, que lorsque l'expulsion aurait pour la personne concernée des conséquences d'une exceptionnelle dureté, notamment du fait de la période de l'année considérée[52], ou des circonstances atmosphériques (art. L 62, al. 2). D'un point de vue de droit transitoire, la Cour de cassation estime que lorsque la force publique a été requise avant l'entrée en vigueur de la réforme des procédure d'exécution[53], les articles L 61 et L 62 étant inapplicables, le propriétaire n'a pas à respecter le délai de deux mois[54]. On trouve des dispositions identiques à l'article L. 613-2-1 du Code de la construction et l'habitation[55].

Enfin, comme l'article L. 613-2-1 du Code de la construction et l'habitation, l'article 62, alinéa 3, de la loi de 1991, dispose que « *dès le commandement d'avoir à libérer les locaux* ***à peine de suspension du délai avant l'expiration duquel l'expulsion ne peut avoir lieu***[56] *l'huissier de justice chargé de l'exécution de la mesure d'expulsion doit en informer le représentant de l'État dans le département en vue de la*

52. Pénurie de logement par exemple.

53. 1er janvier 1993.

54. Cass. 2e civ., 28 janvier 1998, n° H 95-15.129. Issu de la loi n° 98-657 du 29 juillet 1998 (art. 117-I), un alinéa inséré après le deuxième alinéa de l'article 62 de la loi n° 91-650 du 9 juillet 1991 dispose que « *le juge qui ordonne l'expulsion ou qui, avant la délivrance du commandement d'avoir à libérer les locaux mentionnés à l'article 61, statue sur une demande de délai présentée sur le fondement des articles L. 613-1 et L. 613-2 du Code de la construction et de l'habitation peut, même d'office, décider que l'ordonnance ou le jugement sera transmis, par les soins du greffe, au représentant de l'État dans le département, en vue de la prise en compte de la demande de relogement de l'occupant dans le cadre du plan départemental d'action pour le relogement des personnes défavorisées prévu par la loi n° 90-449 du 31 mai 1990 visant à la mise en œuvre du droit au logement* ».

55. L. n° 98-657, 29 juillet 1998, art. 117-II.

56. L. n° 98-657, 29 juillet 1998, art. 117-I.

prise en compte de la demande du relogement de l'occupant, dans le cadre du plan départemental... » d'action pour le relogement des personnes défavorisées, prévu par la loi n° 90-449 du 31 mai 1990 visant à la mise en œuvre du droit au logement. Cette fois, cette obligation incombe à l'huissier de justice.

Chapitre 2
Le contentieux administratif de l'expulsion

548. Relève de la compétence du juge administratif, la demande d'expulsion formulée par une personne de droit public, concernant, d'une manière générale, un bien relevant de son domaine public *(§ 1)*. C'est également le juge administratif qui est compétent pour ordonner en référé l'expulsion dans le cadre du contentieux du stationnement des résidences mobiles des « gens du voyage » *(§ 2)*. Concernant ce second chef de compétence, le décret n° 2007-1018 du 14 juin 2007, publié au Journal officiel du 16 juin suivant et entré en vigueur le lendemain, a modifié le Code de justice administrative en y introduisant une section relative au contentieux du stationnement des résidences mobiles des gens du voyage comportant les articles R. 779-1 à R. 779-8 du Code de justice administrative.

§ 1. L'expulsion d'un bien relevant du domaine public d'une personne de droit public

549. Ce sera, par exemple, le fait pour une collectivité publique, de devoir faire procéder à l'expulsion d'un agent public qui occupe désormais sans droit ni titre un logement qui avait été mis à sa disposition provisoirement. Une telle demande peut être formulée en référé, en application des dispositions de l'article L. 521-3 du Code de justice administrative aux termes duquel, « *en cas d'urgence et sur simple requête qui sera recevable même en l'absence de décision administrative préalable, le juge des référés peut ordonner toutes autres mesures utiles sans faire obstacle à l'exécution d'aucune décision administrative* ». Lorsque le juge des référés administratifs est saisi, sur le fondement des dispositions sus-énoncées, d'une demande d'expulsion d'un occupant du domaine public, il lui appartient de rechercher si, au jour où il statue, cette demande présente un caractère d'urgence et ne se heurte à aucune contestation sérieuse.

§ 2. Le contentieux du stationnement des résidences mobiles des gens du voyage

550. Les articles 27 et 28 de la loi n° 2007-297 du 5 mars 2007 relative à la prévention de la délinquance ont modifié les articles 9 et 9-1 de la loi n° 2000-614 du 5 juillet 2000 relative à l'accueil et à l'habitat des gens du voyage. Se trouve ainsi modifiée la procédure d'évacuation forcée des résidences mobiles des gens du voyage, en cas de violation des règles de stationnement, dans le but d'accroître l'efficacité des mesures destinées à lutter contre les installations illégales dans des communes qui respectent leurs obligations en matière d'accueil de ce type de résidence. On doit à ces dispositions d'avoir transformé l'évacuation des gens du voyage en un régime de police administrative qui se substitue à la procédure d'expulsion judiciaire existant auparavant et qui était engagée à la demande du maire devant le président du tribunal de grande instance. Les articles R. 779-2 à R. 779-8 constituent les dispositions spécifiques à ce contentieux. Parmi ces règles particulières, certaines font référence aux règles applicables aux procédures de référé administratif.

Il convient d'envisager successivement le domaine d'application de ce nouveau régime *(A)*, puis son contenu procédural *(B)*.

A Domaine

551. Ce régime est applicable aux communes suivantes. Il s'agit d'une part, des communes dans lesquelles un arrêté interdit le stationnement des résidences mobiles en dehors des aires d'accueil aménagées (L. n° 2000-614, 5 juillet 2000, art. 9.I), un tel arrêté pouvant être pris pour les communes qui remplissent les obligations légales en matière d'aires d'accueil, celles qui, sans être inscrites au schéma départemental en matière d'accueil des gens du voyage, sont dotées d'une aire d'accueil, celles qui décident, sans y être tenues, de contribuer au financement d'une aire, celles qui appartiennent à un groupement de communes qui s'est doté de compétences pour la mise en œuvre du schéma départemental en matière d'accueil des gens du voyage, celles qui bénéficient du délai supplémentaire de deux ans pour se conformer au schéma départemental et celles qui disposent d'un emplacement provisoire agréé par le préfet. Il s'agit d'autre part, des communes non inscrites au schéma départemental (L. n° 2000-614, 5 juillet 2000, art. 9-1), c'est-à-dire la plupart des communes de moins de 5 000 habitants.

En revanche, ce régime n'est pas applicable dans les cas suivants (L. n° 2000-614, 5 juillet 2000, art. 9.III) : lorsque les personnes sont propriétaires du terrain sur lequel elles stationnent, lorsqu'elles disposent d'une autorisation et lorsqu'elles stationnent sur un terrain aménagé.

B Procédure

552. Le préfet peut désormais, à la demande du maire, du propriétaire ou du titulaire du droit d'usage du terrain, mettre en demeure les occupants de quitter les lieux, pour mettre fin au stationnement non autorisé de résidences mobiles de nature à porter atteinte à la salubrité, à la sécurité ou à la tranquillité publiques. Si la ***mise en demeure*** n'est pas suivie d'effets dans le délai qu'elle fixe, qui est au moins de vingt-quatre heures, et sauf opposition du propriétaire ou du titulaire du droit d'usage du terrain, le préfet peut procéder à l'évacuation forcée des résidences mobiles.

Les personnes qui ont fait l'objet d'une mise en demeure, de même que le propriétaire ou le titulaire du droit d'usage du terrain, peuvent introduire, dans le délai fixé par la mise en demeure, un ***recours suspensif*** devant le tribunal administratif contre la décision du préfet. L'article R. 779-8 précise la qualité des magistrats appelés à connaître de ces recours. Il peut s'agir du président du tribunal administratif ou de tout magistrat que celui-ci désigne à cet effet. En outre, sauf mention contraire dans la décision prévoyant leur désignation en qualité de juge statuant seul, en application de l'article R. 222-13 du Code de justice administrative, les magistrats désignés sur ce fondement pourront également statuer sur les requêtes en matière de contentieux du stationnement des résidences mobiles des gens du voyage. Cette dernière disposition permettra à chaque tribunal de disposer de magistrats compétents pour statuer dans cette procédure, quand bien même aucune décision de désignation *ad hoc* n'aurait été prise.

Cette nouvelle procédure est régie par les articles R. 779-1 à R. 779-8 du Code de justice administrative.

L'article R. 779-1 pose le principe selon lequel le contentieux des mises en demeure de quitter les lieux adressées aux gens du voyage, obéit au droit commun, sous réserve des dispositions du chapitre IX dont font partie les articles R. 779-1 à R. 779-8 du Code de justice administrative.

L'article R. 779-2 rappelle que les ***requêtes*** sont présentées dans le délai d'exécution fixé par la décision de mise en demeure, conformément au § II *bis* de l'article 9 de la loi du 5 juillet 2000. Il précise que le délai de recours n'est pas prorogé par l'exercice d'un recours administratif préalable.

Le magistrat doit se prononcer sur la requête dans un délai de soixante-douze heures, ainsi que le prévoit le § II *bis* de la loi du 5 juillet 2000. L'article R. 779-3 précise que ce délai court à partir de l'heure d'enregistrement de la requête au greffe du tribunal. Le législateur a ainsi créé une nouvelle procédure au fond devant être jugée dans l'urgence par un juge statuant seul. Toutefois, en l'absence de dérogation à l'article L. 7 du Code de justice administrative, ce juge devra statuer après audition des conclusions du commissaire du gouvernement.

L'article R. 779-4 permet de ***convoquer les parties à l'audience*** sans délai et par tous moyens, ce qui autorise notamment le recours à la télécopie à l'égard de l'administration. La procédure contradictoire, comme le prévoit l'article R. 779-5, peut se poursuivre à l'audience.

Les conditions de ***clôture de l'instruction*** sont celles prévues au second alinéa de l'article R. 613-2 du Code de justice administrative aux termes duquel, « *l'instruction est close soit après que les parties ou leurs mandataires ont formulé leurs observations orales, soit, si ces parties sont absentes ou ne sont pas représentées, après appel de leur affaire à l'audience* ».

L'article R. 779-6 qui renvoie aux articles R. 522-2, R. 522-4, R. 522-7, R. 522-9 et R. 522-11 à R. 522-13, rend applicables à cette procédure diverses règles applicables au ***juge des référés*** statuant en urgence[1].

L'article R. 779-7 fixe à un mois la durée du délai d'***appel***. L'article 3 du décret du 14 juin 2007 complète l'article R. 811-10-1 du Code de justice administrative par l'ajout d'un 10°, afin de donner compétence au préfet pour représenter l'État en appel.

1. Il s'agit en l'occurrence, de la dispense de l'invitation à régulariser avant de rejeter une requê te irrecevable (art. R. 522-2), de la possibilité de passer outre, sans mise en demeure, à l'expiration du délai accordé au défendeur pour produire ses observations (art. R. 522-4), de la règle selon laquelle l'affaire est réputée en état d'être jugée, dès lors que la requête a été notifiée au défendeur et que les parties ont été convoquées à l'audience pour y présenter leurs observations (art. R. 522-7), de la possibilité de procéder à la communication des moyens d'ordre public au cours de l'audience (art. R. 522-9), de l'indication, s'il y a lieu, qu'il a été fait application des dispositions de l'article R. 522-9, à moins qu'il ait été dressé un procès-verbal de l'audience, et l'obligation d'établir un procès-verbal versé au dossier en cas de renvoi de l'affaire à une formation collégiale après l'audience (art. R. 522-11), de la notification aux parties sans délai et par tous moyens (art. R. 522-12), et de la possibilité de communiquer sur place aux parties le dispositif de l'ordonnance, assorti de la formule exécutoire (art. R. 522-13), ce qui, dans l'hypothèse où la requête est rejetée, permet au préfet de faire procéder immédiatement à l'évacuation d'office des lieux indûment occupés.

Sous-titre II
La saisie immobilière

553. La saisie immobilière, c'est la saisie-vente des immeubles. Aux termes de l'article 2190 du Code civil, « *La saisie immobilière tend à la vente forcée de l'immeuble du débiteur ou, le cas échéant, du tiers détenteur en vue de la distribution de son prix* ». La saisie immobilière et la distribution du prix qui en résulte constituent ainsi désormais les deux phases d'une même procédure[1]. Il n'existe toujours pas de saisie conservatoire des immeubles en droit français. Nous avons vu qu'il n'existe comme mesure conservatoire à propos des immeubles, que l'hypothèque conservatoire qui est une sûreté et non une saisie[2].

554. Depuis un décret-loi de 1938, la saisie immobilière était régie par les articles 673 à 748 de l'ancien Code de procédure civile, ainsi que par les articles 2204 à 2217 du Code civil. La loi n° 2005-842 du 26 juillet 2005, pour la confiance et la modernisation de l'économie, a autorisé le gouvernement « *à réformer les dispositions du Livre III du Code civil relatives à l'expropriation et la procédure de distribution du prix de vente des immeubles, pour simplifier les procédures d'exécution immobilières et les rapprocher des procédures civiles d'exécution mobilières, renforcer le rôle du juge et favoriser la vente amiable* ». La procédure de saisie immobilière a ainsi été réformée par l'ordonnance n° 2006-461 du 21 avril 2006 et le décret n° 2006-936 du 27 juillet 2006. L'ordonnance n° 2006-461 du 21 avril 2006, réformant la saisie immobilière a totalement réécrit le titre XIX du livre III du Code civil dont les nouveaux articles 2190 à 2216 traite de la saisie immobilière. Sont abrogés les titres VI, XII, XIII et XIV du livre V de la première partie de l'ancien Code de procédure civile. En outre, « *la procédure de saisie immobilière est régie par les dispositions... qui ne lui sont pas contraires du décret n° 92-755 du 31 juillet 1992...* » (D. n° 2006-936, 27 juillet 2006, art. 1er).

---

1. Cass. avis, 16 mai 2008, *D.* 2008, AJ, p. 1631, *D.* 2009, pan., p. 1168, obd. A. Leborgne, *BICC* 15 septembre 2008, p. 9, rapp. Sommer, p. 10, concl. Maynial, p. 30.
2. L. n° 91-650, 9 juillet 1991, art. 77 à 79 et D. n° 92-755, 31 juillet 1992, art. 250 à 265.

Le nouveau dispositif est applicable depuis le 1er janvier 2007 (D. n° 2006-936, 27 juillet 2006, art. 168)[3]. Nous traiterons ici du nouveau régime, essentiellement, qui n'est pas fondamentalement différent de l'ancien. Nous renverrons donc systématiquement à la fois aux nouveaux et anciens textes[4].

555. L'ordonnance du 21 avril 2006 réaffirme le caractère d'ordre public des formalités de la saisie immobilière à l'article 2201, alinéa 2, du Code civil. Est donc nulle, comme auparavant, toute convention qui

---

3. Toutefois, selon l'article 168 de ce décret, les dispositions nouvelles ne sont pas applicables aux procédures de saisies immobilières ayant donné lieu, avant l'entrée en vigueur de la réforme, au dépôt du cahier des charges prévu à l'article 688 de l'ancien Code de procédure civile. Le nouveau droit ne sera pas non plus applicable aux procédures de distribution du prix de vente de l'immeuble lorsque, quelle que soit la date de la vente, aura déjà été requis l'ouverture de l'ordre, au sens de l'article 750 de l'ancien Code de procédure civile, au moment de l'entrée en vigueur de la réforme. Deux régimes coexistent donc, l'ancien et le nouveau.

4. Pour être complet, pour l'histoire, rappelons ici que les dispositions des articles 32 à 42 du décret du 28 février 1852 relatif aux sociétés de Crédit foncier, prévoyaient des particularités en matière de saisie immobilière, lorsque celle-ci était poursuivie par le Crédit foncier et les organismes assimilés (sur cette question qui n'intéressera plus désormais que les amateurs d'archéologie procédurale, cf. G. Taormina, *La saisie poursuivie par le Crédit foncier et les organismes assimilés, dispositions abrogées*, fasc. 581, in *Droit de l'exécution forcée*, éd. *Journal des Notaires et des Avocats*, avril 2003). Elles ont été purement et simplement abrogées par l'article 1054 de la loi n° 98-657 du 29 juillet 1998 d'orientation relative à la lutte contre l'exclusion. Cette abrogation n'a été accompagnée d'aucune mesure transitoire ni disposition sur le sort des saisies en cours, régulièrement engagées par le Crédit foncier, en application des dispositions du décret de 1852 avant son abrogation. Cette situation a conduit la Cour de cassation a émettre deux avis en date du 22 mars 1999 (Cass. avis, 22 mars 1999, *Bull. civ.* avis, n° 2). La loi n° 98-657 du 29 juillet 1998 ayant été publiée au Journal officiel du 31 juillet 1998 (*JO*, 31 juillet 1998, p. 11679), elle est entrée en vigueur le 2 août 1998 (C. civ., art. 2, dans sa rédaction applicable à l'époque). La première question posée par le tribunal de grande instance de Créteil à la Cour de cassation, était la suivante : lorsque le cahier des charges a été déposé en vue d'une audience d'adjudication, sans que la vente ait eu lieu, avant la date d'entrée en vigueur de la loi de 1998, l'adjudication ayant été reportée à la demande du créancier poursuivant pendant plusieurs années, sans que le moindre incident ait été tranché par le tribunal, le créancier poursuivant doit-il, après la loi du 29 juillet 1998, pour parvenir à l'adjudication, effectuer un acte de procédure particulier permettant de pallier l'absence d'audience éventuelle dans le décret de 1852 ? La Cour de cassation distingua selon que les sommations prévues par l'article 33 du décret de 1852 avaient été ou non déjà délivrées lors de l'entrée en vigueur de la loi de 1998. Si elles ne l'avaient pas été, les sommations de prendre communication du cahier des charges devaient être délivrées dans les délais fixés par les articles 689 et 690 de l'ancien Code de procédure civile, calculés à compter de la date d'entrée en vigueur de la loi de 1998 (2 août 1998), pour permettre la fixation d'une audience éventuelle et la poursuite de la procédure, selon les dispositions du droit commun, c'est-à-dire à l'époque, du Code de procédure civile. Si les sommations avaient déjà été délivrées lors de l'entrée en vigueur de la loi de 1998, la procédure devait être poursuivie selon le droit commun de la saisie immobilière, sans audience éventuelle.

aurait pour effet de permettre à un créancier de faire vendre les biens de son débiteur sans avoir recours aux formalités prescrites pour la saisie immobilière. C'est La prohibition des ***clauses de voie parée*** autrefois prévue par l'article 742 de l'ancien Code de procédure civile. En revanche, innovation de l'ordonnance n° 2006-346 du 23 mars 2006 portant réforme des sûretés, aux termes de l'article 2458 du Code civil, un créancier hypothécaire impayé peut demander en justice que l'immeuble lui soit attribué en paiement. L'article 2459 du même Code prévoit, en outre, qu'il peut en être convenu d'avance dans la convention d'hypothèque. Se trouve ainsi remise en cause la classique prohibition du ***pacte commissoire*** autrefois prévue par les anciens articles 2078 et 2088 du Code civil. Ce nouveau droit n'est, en revanche, pas ouvert au créancier hypothécaire, lorsque l'immeuble constitue la résidence principale du débiteur.

Il convient d'envisager successivement les acteurs et l'objet de la saisie immobilière ***(chapitre 1)***, les formalités de la saisie en vue de la vente de l'immeuble placé sous main de justice ***(chapitre 2)***, et les formalités de la vente de l'immeuble saisi ***(chapitre 3)***.

La nouvelle saisie immobilière n'est pas applicable dans les départements du Bas-Rhin, du Haut-Rhin et de la Moselle où l'exécution forcée sur les immeubles demeure régie par le droit local ***(chapitre 4)*** que nous avons déjà évoqué à propos du tribunal d'exécution[5] et que le gouvernement, seulement habilité par la loi à réformer le Code civil, ne pouvait modifier.

La seconde question posée à la Cour de cassation par le tribunal de grande instance de Reims était la suivante : lorsqu'avant la date d'entrée en vigueur de la loi de 1998, seul un commandement de payer avait été signifié au débiteur, à la demande du Crédit foncier, comment la procédure doit-elle être poursuivie après l'abrogation du décret de 1852 ? La Cour de cassation distingua selon qu'avant la date d'entrée en vigueur de la loi de 1998, un cahier des charges avait ou non été déposé. Lorsqu'aucun cahier des charges n'avait encore été déposé, le délai fixé par l'article 688 de l'ancien Code de procédure civile, calculé à compter de la date d'entrée en vigueur de la loi nouvelle, devait être observé pour le dépôt du cahier des charges, la procédure se poursuivant ensuite selon le droit commun, c'est-à-dire à l'époque, en application des dispositions du Code de procédure civile. Lorsque le cahier des charges avait été déposé au greffe, avant la date d'entrée en vigueur de la loi de 1998, une nouvelle distinction devait être faite, selon que les sommations d'en prendre communication prévues par l'article 33 du décret de 1852 avaient ou non été également délivrées avant la date d'entrée en vigueur de la loi de 1998. Conformément au premier avis, si elles ne l'avaient pas été, les sommations des articles 689 et 690 de l'ancien Code de procédure civile devaient être délivrées dans les dé lais fixés par ces textes, calculés à compter de la date d'entrée en vigueur de la loi nouvelle, pour permettre la fixation d'une audience éventuelle et la poursuite de la procédure selon les dispositions du droit commun. Si les sommations de l'article 33 du décret de 1852 avaient été délivrées avant la date d'entrée en vigueur de la loi de 1998, la procédure devait être poursuivie selon le droit commun de la saisie immobilière, mais sans audience éventuelle.

5. Cf. *supra*, n°s 87 et s.

Chapitre 1
Les acteurs et l'objet de la saisie immobilière

556. Il faut entendre par « acteurs », non seulement les parties à la saisie, mais aussi les auxiliaires de justice et la juridiction compétente devant laquelle se déroule cette saisie qui demeure une action en justice ***(section 1)***. Il n'y a rien de fondamentalement nouveau, si ce n'est que désormais la juridiction compétente est, non plus le tribunal de grande instance statuant à juge unique, mais le juge de l'exécution. Rien de vraiment nouveau non plus, concernant l'objet de la saisie immobilière ***(section 2)***.

Section 1
Les acteurs de la saisie immobilière

557. Nous envisagerons successivement les parties à la saisie ***(sous-section 1)***, puis la juridiction compétente et les auxiliaires de justice ***(sous-section 2)***.

Sous-section 1
Les parties à la saisie immobilière

558. Il s'agit des sujets actifs *(§ 1)*, des sujets passifs *(§ 2)* et des autres parties *(§ 3)*.

§ 1. Les sujets actifs de la saisie immobilière : Le créancier saisissant

559. Le créancier pouvant saisir *(A)*, doit être porteur d'un titre exécutoire constatant une créance certaine, liquide et exigible ***(B)***.

A La qualité de créancier pouvant recourir à la saisie immobilière

560. Le droit de saisir appartient à tout créancier (privilégié, hypothécaire ou chirographaire). Ce n'est qu'en raison d'intérêts pratiques de répartition du prix, que le créancier chirographaire n'a pas, en pratique, intérêt à exercer son droit, lorsque le montant de la créance privilégiée ou hypothécaire excède la valeur de l'immeuble. Primé par ces créanciers privilégiés, il risque alors le plus souvent, de ne rien toucher du prix de vente.

Comme auparavant, le créancier hypothécaire doit saisir en priorité l'immeuble qui lui est affecté en garantie ; et ce n'est que dans le cas où l'hypothèque dont il bénéficie ne lui permettra pas d'être rempli de ses droits, qu'il pourra poursuivre la vente des autres immeubles du débiteur (C. civ., art. 2192, al. 2)[1]. Quant au créancier chirographaire, il ne peut saisir l'immeuble que s'il est aux mains de leur débiteur, car il est dépourvu du droit de suite que lui conférerait s'il en avait eu une sur l'immeuble, l'hypothèque.

561. La saisie immobilière étant une action en justice, celui qui veut y recourir doit d'abord avoir la capacité d'ester en justice. Mais le créancier qui prend l'initiative de la saisie immobilière prenant, comme auparavant, le risque d'être obligé d'acquérir lui-même l'immeuble, à défaut d'enchérisseurs (C. civ., art. 2206)[2], l'article 13, alinéa 2, du décret du 27 juillet 2006 dispose que la délivrance du commandement de payer valant saisie, qui constitue le premier acte d'exécution de la saisie immobilière, « *est un acte de disposition, réalisé aux risques du créancier* ». La ***capacité civile*** requise pour poursuivre une saisie immobilière a déjà été évoquée[3]. Nous avons vu qu'il s'agit d'un acte de disposition.

562. Le mandat général donné par le créancier au mandataire pour la gestion de son patrimoine ne lui confère pas *ipso facto* le pouvoir de recourir à la saisie immobilière. Celle-ci ne peut être exercée par un mandataire, qu'en vertu d'un ***pouvoir spécial.*** C'est à l'huissier de justice qu'il appartient de justifier de ce mandat spécial *ad litem* qui doit désigner spécifiquement l'objet de la saisie, c'est-à-dire l'immeuble qui doit en faire l'objet[4].

1. C. civ., anc. art. 2209.
2. Anc. CPC, art. 706, al. 2.
3. Cf. *supra*, n° 49.
4. Sous l'empire de l'ancien article 673.22° du Code de procédure civile, cette condition était expressément prévue et son absence pouvait affecter de nullité le commandement, lorsque le débiteur poursuivi pouvait établir un grief (en ce sens, Cass. 2e civ., 8 avril 1992, *JCP éd. G* 1992, IV, 1746). Si les auteurs du décret du 27 juillet 2006 n'ont pas reproduit cette exigence à l'article 15 qui énumère les mentions du

B La nécessité d'un titre exécutoire constatant une créance certaine, liquide et exigible

563. Aux termes de l'actuel article 2191 du Code civil, « *tout créancier muni d'un titre exécutoire constatant une créance liquide et exigible peut procéder à une saisie immobilière (...)* »[5]. L'exigence du caractère certain de la créance, non reprise dans ce texte, va de soi. Comme auparavant, la créance doit être certaine, liquide et exigible *(1)*, et doit être constatée dans un titre exécutoire *(2)*.

1. La nécessité d'une créance certaine, liquide et exigible

564. La ***certitude de la créance*** résulte du seul fait que la dette est constatée dans un titre exécutoire, ou qu'elle est reconnue par le débiteur. La créance certaine doit être actuelle, ce qui exclut celles qui sont subordonnées à une condition suspensive. En revanche, la créance sous condition résolutoire existe jusqu'à l'avènement de la condition, ce qui permet donc le recours à la saisie immobilière.

La ***liquidité de la créance*** résulte de son évaluation en argent. On doit savoir ce qui est exactement dû. L'article 4 de la loi du 9 juillet 1991 donne une définition de la créance liquide : lorsqu'elle est évaluable en argent, ou lorsque le titre contient les éléments permettant son évaluation. Lorsque la créance n'est que fondée dans son principe, nous avons vu que le créancier peut seulement prendre sur l'immeuble une hypothécaire conservatoire (L. 9 juillet 1991, art. 77). Il n'y a pas de montant minimum de la créance requis pour poursuivre son recouvrement par voie de saisie immobilière. Lorsque le débiteur conteste seulement le montant de sa dette il ne soulève qu'une exception de compte qui ne remet pas en cause la liquidité de la créance. Est ainsi valable l'adjudication, alors que le commandement n'indiquait pas une dette complètement liquidée mais contenait le montant de la créance en principal en

---

commandement de payer valant saisie, il ne faut pas en déduire pour autant qu'un pouvoir spécial n'est plus exigé, mais seulement que l'huissier de justice qui délivre le commandement de payer valant saisie n'est plus tenu d'en justifier dans ledit commandement. Lorsque le créancier poursuivant est une personne morale de droit privé, il faut, en outre, que la personne qui donne pouvoir à l'huissier ait elle-même les pouvoirs nécessaires pour agir au nom de la personne morale. Le pouvoir spécial doit, alors, contenir le nom de l'organe ou de la personne habilitée à la représenter (Cass. 2e civ., 2 mai 1989, *GP* 1989, somm., p. 13, note M. Véron) ; mais le préposé de la personne morale n'a pas besoin d'avoir un pouvoir spécial, s'il lui a été donné mandat général pour engager toutes poursuites (Cass. 2e civ., 13 juillet 2005, *Procédures 2005,* n° 229, obs. R. Perrot).

5. L'article 2213 ancien du Code civil disposait que « *la vente forcée des immeubles ne peut être poursuivie que (...) pour une dette certaine et liquide* ». L'article 551 de l'ancien Code de procédure civile ajoutait la condition d'exigibilité de la dette dès la délivrance du commandement.

précisant que les intérêts étaient dus au taux de 10 % l'an, dès lors que la contestation ne portait que sur le compte des intérêts[6]. De même, lorsqu'il apparaît que le débiteur poursuivi en vertu d'un acte de prêt devait, à la date du commandement de saisie immobilière, des échéances successives impayées et exigibles, le montant de la créance de la banque n'a pas à être déterminé exactement[7]. Sous l'empire de l'ancien article 2216 du Code civil, la poursuite de saisie immobilière ne pouvait être annulée au motif que le créancier aurait agi initialement pour une somme plus forte que celle qui lui est finalement due. Il en va de même aujourd'hui. Dans ce cas, il y a seulement lieu de réduire la créance à ses proportions exactes (D. 27 juillet 2006, art. 15).

L'***exigibilité de la créance*** est une condition rigoureuse de la validité de la saisie. Il n'y a que deux cas dans lesquels le ***terme de droit*** ne fait pas obstacle à la saisie : 1° lorsqu'il est stipulé en faveur du créancier, auquel cas celui-ci doit seulement avertir le débiteur de son intention d'y renoncer, préalablement à la saisie ; 2° lorsque le débiteur est déchu du bénéfice du terme, dans l'hypothèse prévue par l'article 1188 du Code civil. Il y a lieu d'appliquer les mêmes règles, en présence d'un ***terme de grâce*** accordé par le juge en application des articles 1244-1 et suivants du Code civil[8].

2. La nécessité d'un titre exécutoire à l'égard de la personne tenue du paiement

565. Rien de nouveau sur ce point non plus. La saisie immobilière ne peut être pratiquée qu'en vertu d'un titre exécutoire (C. civ., art. 2191)[9]. Nous avons déjà passé en revue la liste des ***titres exécutoires***[10]. Rappelons simplement ici que l'ancien article 2215 du Code civil édictait, pour les jugements rendus par défaut, qu'un tel jugement ne pouvait servir de base à une saisie immobilière pendant la durée du délai d'opposition. Cet article autorisait la saisie immobilière en vertu d'un jugement provisoire, exécutoire par provision, mais l'adjudication elle-même ne pouvait avoir lieu qu'une fois rendu un jugement définitif, ou une décision passée en force de chose jugée. Ainsi en était-il d'une ordonnance de référé, décision provisoire qui n'a pas autorité de la chose jugée au principal. Elle permettait de commencer la saisie, non d'aboutir à l'adjudication. L'actuel article 2191, alinéa 2, du Code civil reprend les mêmes solutions.

6. Cass. 2e civ., 10 octobre 1979, *Bull. civ.* II, n° 235.
7. Cass. 2e civ., 17 novembre 2005, *Bull. civ.* II, n° 300.
8. Les poursuites ne pourront reprendre que sur la base de l'ordonnance ayant accordé le délai de grâce (Cass. 2e civ., 5 janvier 1961, *Bull. civ.* II, n° 14).
9. C. civ., anc. art. 2213.
10. Cf. *supra*, nos 108 et s.

Quant à la nécessité d'un ***titre contre la personne contre laquelle on prétend poursuivre*** le recouvrement forcé par voie de saisie immobilière, la question a déjà été étudiée[11].

566. Il revient aux tiers qui se prétendent propriétaires de l'immeuble, de former devant le juge de l'exécution devant lequel se poursuit la saisie immobilière une demande en ***distraction*** (D. 27 juillet 2006, art. 9)[12].

§ 2. Les sujets passifs de la saisie immobilière

567. La saisie immobilière peut être pratiquée contre les personnes suivantes : le débiteur de la dette, hypothécaire ou non ***(A)*** ; le tiers acquéreur de l'immeuble hypothéqué, improprement toujours appelé « tiers détenteur » ***(B)*** ; la personne qui a consenti une hypothèque sur l'un de ses biens pour garantir la dette d'autrui, communément appelée « caution réelle » ***(C)***.

A La saisie poursuivie contre le débiteur en titre

568. La saisie immobilière peut être pratiquée contre : le débiteur principal, ou ses successeurs universels (C. civ., art. 877) ; le codébiteur solidaire (C. civ., art. 1200 à 1225) ; la caution personnelle (C. civ., art. 2288 à 2310)[13].

La question de la saisie poursuivie contre le débiteur en titre nécessite la résolution de trois difficultés : la saisie d'un immeuble dépendant de la communauté. La ***capacité civile*** du débiteur de subir une saisie immobilière a déjà été évoquée[14]. Il en va de même du ***décès*** du débiteur[15].

Concernant la ***saisie d'un immeuble dépendant de la communauté***, désormais, aux termes de l'article 2195 du Code civil, une telle saisie doit être poursuivie contre les deux époux, même si le poursuivant n'est porteur d'un titre exécutoire qu'à l'encontre de l'un d'eux. La sanction de cette règle en termes de nullité de procédure, n'est nullement envisagée par les textes. Pour l'heure, deux solutions sont envisageables, la nullité de l'ensemble de la procédure ou l'inopposabilité de la saisie au conjoint non débiteur.

11. Cf. *supra*, n° 110, spécialement note 7.
12. Anc. CPC, art. 725.
13. C. civ., anc. art. 2011 à 2033.
14. Cf. *supra*, n° 54.
15. Cf. *supra*, n° 110.

Selon l'article 14 du décret de 2006, lorsque ***l'immeuble appartient en propre*** à l'un des époux et constitue la résidence de la famille, le commandement doit être dénoncé à son conjoint, au plus tard le premier jour ouvrable suivant la signification de l'acte. Une fois encore, les textes n'ont pas envisagé de sanction à cette obligation procédurale.

B La saisie poursuivie contre le tiers acquéreur de l'immeuble

569. À l'instar de l'ancien article 2166 du Code civil, l'actuel article 2190 réaffirme que « *la saisie immobilière tend à la vente forcée de l'immeuble du débiteur, ou le cas échéant du tiers détenteur en vue de la distribution du prix* ». Mieux vaut dire « tiers acquéreur », que « tiers détenteur », mais les nouveaux comme les anciens textes persistent à parler improprement de « tiers détenteur », alors qu'il ne s'agit pas d'un simple tiers saisi débiteur d'un débiteur saisi.

Comme auparavant, une saisie immobilière peut donc être pratiquée par un créancier hypothécaire contre le tiers acquéreur de l'immeuble affecté à la sûreté de la créance. Il peut s'agir, en théorie du moins, de l'acquéreur à titre onéreux non personnellement obligé à la dette, du donateur, ou encore de l'héritier ayant accepté sous bénéfice d'inventaire. En théorie car, en pratique, celui qui acquiert l'immeuble à titre onéreux bénéficie de l'entremise d'un notaire qui commettrait une invraisemblable faute professionnelle en ne mettant pas en œuvre la procédure de ***purge hypothécaire*** dont les formalités sont désormais réglementées par les articles 2475 et suivants du Code civil. La purge consiste pour l'aspirant acquéreur, par l'intermédiaire du notaire instrumentaire, à offrir le prix d'acquisition aux créanciers privilégiés. Le créancier qui estime que le prix offert par le tiers aspirant acquéreur est trop inférieur à la valeur réelle de l'immeuble, peut faire mettre aux enchères celui-ci au même prix majoré de 1/10e. À défaut d'enchérisseur, le créancier qui aura requis cette vente sera alors déclaré d'office adjudicataire à cette mise à prix. À défaut d'une telle contestation, la procédure de purge abouti à une distribution du prix proposé et entraîne la radiation de toutes les inscriptions.

À défaut de purge, outre l'action en responsabilité civile professionnelle contre le notaire qui s'est trompé... de métier, l'acquéreur à titre onéreux disposera encore de la garantie d'éviction dans la vente. Les autres moyens mis à sa disposition pour échapper à la saisie (le paiement du passif hypothécaire, le délaissement, le bénéfice de discussion) ont, en pratique, peu d'intérêt.

Quant aux autres acquéreurs, ils n'ont, par définition, compte tenu de leur mode d'acquisition, pas eu la possibilité de purger. Acquéreurs à titre gratuit, entre vifs ou à cause de mort, ils ne disposent que des autres moyens mis à leur disposition pour échapper à la saisie (le paiement du passif hypothécaire, le délaissement, le bénéfice de discussion) et s'ils perdent le bien saisi, il ne leur a, en tout état de cause, rien coûté !

En cas d'acquisition à titre onéreux de l'immeuble par un tiers, le ***paiement du passif hypothécaire*** en plus du prix d'acquisition de l'immeuble n'a d'intérêt véritable pour lui, que si l'acquisition faite sans purge hypothécaire demeure malgré tout une bonne affaire. Il ne le fera, en outre, que moyennant mainlevée des inscriptions et de la saisie.

Le but du ***délaissement par hypothèque*** est que le nom du tiers acquéreur n'apparaisse pas dans la procédure de saisie. Maigre consolation ! Il échappe donc aux poursuites, mais la saisie a tout de même lieu. Il ne peut être recouru à cette solution, que par les tiers acquéreurs qui ne sont pas personnellement obligés à la dette et qui ont la capacité d'aliéner (C. civ., art. 2467)[16]. Le tiers acquéreur qui délaisse ainsi l'immeuble hypothéqué, en demeure propriétaire jusqu'à l'adjudication à un autre acquéreur. Il peut « reprendre » l'immeuble jusqu'à celle-ci, en payant toute la dette et les frais (C. civ., art. 2468)[17]. Le délaissement se fait au greffe du juge du tribunal de grande instance de la situation des biens ; et il en est donné acte par cette juridiction (C. civ., art. 2469, al. 1)[18]. Sur la demande du plus diligent des intéressés, le tribunal nomme un curateur à l'immeuble (C. civ., art. 2469, al. 2)[19]. Il ordonne la cessation des poursuites contre le tiers acquéreur dont le nom disparaît de la procédure et la continuation de la procédure contre le curateur, lequel représente ledit tiers. Le délaissement peut intervenir jusqu'à l'adjudication.

Le ***bénéfice de discussion*** est prévu par l'article 2465 du Code civil[20]. Il permet au tiers acquéreur de renvoyer le créancier poursuivant à saisir préalablement (« discuter ») les autres immeubles hypothéqués à la même dette et qui peuvent être demeurés en la possession du débiteur. Pour ce faire, le tiers acquéreur ne doit pas être obligé personnellement à la dette, le créancier doit être muni d'une hypothèque générale au moment de la poursuite (C. civ., art. 2466)[21], les immeubles à discuter doivent être en la possession du débiteur principal et non de la caution, ils doivent être hypothéqués à la même dette, la propriété ne doit pas en être contestée, ils doivent être situés dans le ressort de la cour d'appel où le paiement doit être fait (C. civ., art. 2300)[22]. Enfin le tiers acquéreur est tenu d'indiquer au créancier poursuivant les biens dont il réclame la discussion, et d'avancer les deniers suffisants pour celle-ci (C. civ.,

16. C. civ., anc. art. 2172.
17. C. civ., anc. art. 2173.
18. C. civ., anc. art. 2174, al. 1.
19. C. civ., anc. art. 2174, al. 2.
20. C. civ., anc. art. 2170.
21. C. civ., anc. art. 2171.
22. C. civ., anc. art. 2023.

art. 2300 et 2301)[23]. L'article 2299 du Code civil[24], auquel renvoie l'article 2465, prescrit d'opposer l'exception de discussion dès les premières poursuites. Dès lors, le tiers acquéreur doit agir en discussion immédiatement après le commandement de payer valant saisie comportant sommation de payer ou délaisser et en tout cas, à peine de déchéance, avant la publication de ces actes. La demande se forme par assignation devant le tribunal de la situation du bien qui est l'objet de la saisie, à fin de discontinuation de la poursuite. Si une instance est déjà pendante à propos de la créance, entre le créancier poursuivant et le tiers acquéreur, le bénéfice de discussion peut être invoqué par acte du palais (CPC, art. 671 et s.). Enfin, l'article 6 du décret du 27 juillet 2006 dispose qu'à peine d'irrecevabilité prononcée d'office, aucune contestation ou demande incidente ne peut sauf disposition contraire, être formée après l'audience d'orientation[25].

Le tiers acquéreur qui a ainsi payé la dette hypothécaire, ou délaissé l'immeuble, ou subi purement et simplement la saisie de l'immeuble, dispose d'un recours en garantie contre le débiteur principal, dans le cadre de la ***garantie d'éviction*** (C. civ., art. 2473)[26]. Mais cela suppose que son auteur avait lui-même acquis l'immeuble à titre onéreux ; non qu'il l'ait acquis à titre gratuit avant de le vendre.

C La saisie poursuivie contre le garant de la dette d'autrui

570. Celui qui a consenti une hypothèque sur son immeuble, en garantie de la dette d'autrui, sans s'obliger personnellement, était traité, avant la réforme de la saisie immobilière, comme un tiers détenteur. Désormais, il devra l'être, dans la procédure, comme le débiteur.

23. C. civ., anc. art. 2023 et 2024.
24. C. civ., anc. art. 2022.
25. Avant la réforme de la saisie immobilière, on admettait que le tiers détenteur puisse invoquer le bénéfice de discussion postérieurement à la publication de la sommation de payer ou de délaisser, quand, pour un motif légitime, il n'avait pu l'opposer antérieurement. Tel est notamment le cas lorsqu'il justifie avoir eu tardivement connaissance de l'existence d'autres immeubles hypothéqués à la dette. Cette demande était analysée comme une demande de sursis à la poursuite d'expropriation en cours qui devait être présentée, conformément aux prescriptions de l'article 676 de l'ancien Code de procédure civile, avant le dépôt du cahier des charges. Elle était formée devant le tribunal par acte d'avocat à avocat. Après le dépôt du cahier des charges, elle était formulée par un dire consigné à la suite et immédiatement dénoncé à l'avocat du poursuivant, par simple acte. La demande devait être jugée en principe à l'audience éventuelle (Anc. CPC, art. 676, al. 3). Mais si le tiers détenteur établissait qu'il avait été dans l'impossibilité d'exercer auparavant son droit, sa demande pouvait être déclarée recevable jusqu'au jour de l'adjudication.
26. C. civ., anc. 2178.

Auparavant, on considérait qu'il pouvait payer le créancier poursuivant ou délaisser l'immeuble, mais qu'il ne pouvait, en revanche, ni opposer au créancier le bénéfice de discussion – lequel est exclu en cas d'hypothèque spéciale (C. civ., art. 2466)[27] – ni recourir à la purge hypothécaire.

Traditionnellement analysée comme une sûreté réelle par la doctrine et la jurisprudence, la nature juridique de cette garantie avait toutefois été remise en cause en 2002 par certaines chambres de la Cour de cassation qui lui reconnaissaient une nature mixte, pour partie engagement personnel et pour partie sûreté réelle. Finalement, en 2005, dans un arrêt de chambre mixte, la Cour de cassation avait considéré que « *la sûreté réelle consentie pour garantir la dette d'un tiers, n'impliquant aucun engagement personnel à satisfaire la dette d'autrui, n'est pas un cautionnement* »[28]. Consentir une hypothèque sur son immeuble en garantie de la dette d'autrui, devait donc être considéré comme une sûreté réelle, non comme une sûreté mixte. Tel était l'état du droit avant la réforme de la saisie immobilière.

Le décret du 27 juillet 2006 distingue clairement le garant de la dette d'autrui du tiers acquéreur du bien, pour être rattaché à celui du débiteur. La procédure à suivre contre celui qui a consenti une hypothèque sur l'un de ses biens pour garantir la dette d'un tiers est donc la même que celle utilisée contre le débiteur : un commandement de payer valant saisie doit lui être délivré, sans commandement préalable au débiteur (D. n° 2006-936, 27 juillet 2006, art. 15). Il ne peut donc que désintéresser le créancier, ou subir la saisie !

§ 3. Les autres parties à la saisie

571. D'autres personnes peuvent être présentes dans la procédure de saisie immobilière. Peu de changement par rapport au droit antérieur.

Un autre créancier peut se manifester en tentant de publier un autre commandement de payer, alors qu'un premier commandement valant saisie a déjà été signifié et publié. Concernant ce ***concours de saisies***, selon l'article 21 du décret n° 2006-936 du 27 juillet 2006, il ne peut être procédé à la publication d'un nouveau commandement de saisie immobilière relatif au même bien. Cette seconde publication fera donc l'objet d'une décision de refus de la part du conservateur des hypothèques. Cependant, si ce nouveau commandement comprend plus d'immeubles que le précédent, il sera publié pour les biens non compris dans celui-ci, le créancier qui en a pris l'initiative ayant l'obligation de

27. C. civ., anc. art. 2171.
28. Cass. ch. mixte, 2 décembre 2005, *JCP éd. G* 2005, II, 10183, note P. Simler.

dénoncer son commandement au précédent créancier qui poursuivra la saisie pour le tout. Faute pour le premier créancier saisissant de poursuivre la saisie à lui dénoncée, le nouveau créancier pourra demander la subrogation aux poursuites dans les conditions de l'article 10 du décret.

Selon l'article 10, les créanciers inscrits et les créanciers énumérés au 1° *bis* de l'article 2374 et à l'article 2375 du Code civil peuvent, à compter de la publication du commandement valant saisie et à tout moment de la procédure, demander au juge de l'exécution leur ***subrogation dans les droits du créancier poursuivant***, par voie de demande incidente ou même verbalement à l'audience d'adjudication.

Le créancier poursuivant doit ***dénoncer le commandement de payer valant saisie*** aux créanciers inscrits au jour de la publication du commandement, dénonciation valant assignation à comparaître à l'audience d'orientation (D. n° 2006-936, 27 juillet 2006, art. 40). Mention de cette formalité est portée en marge de la copie du commandement de payer valant saisie publié au bureau des hypothèques. À compter de cette mention, le commandement ne pourra plus être radié que du consentement de tous les créanciers inscrits ou en vertu d'un jugement (D. n° 2006-936, 27 juillet 2006, art. 43).

Toute personne qui se prétend propriétaire de l'immeuble saisi, peut ***agir en distraction*** de tout ou partie des biens saisis, en tout état de cause (D. n° 2006-936, 27 juillet 2006, art. 9).

Nous verrons[29] que toute personne capable de se porter adjudicataire peut, dans les quinze jours de l'adjudication, se déclarer ***surenchérisseur*** du dixième au moins du prix principal de la vente (D. n° 2006-936, 27 juillet 2006, art. 94) par acte d'avocat déposé au greffe du juge de l'exécution (D. n° 2006-936, 27 juillet 2006, art. 95).

L'adjudicataire n'est pas, à ce titre, partie à la procédure de saisie immobilière. Mais il le devient au cas de ***réitération des enchères (folle enchère)***. Il est ainsi avisé par le greffe de la date de l'audience de revente, par lettre recommandée avec demande d'avis de réception (D. n° 2006-936, 27 juillet 2006, art. 103).

Sous-section 2
La juridiction compétente et les auxiliaires de justice nécessaires

572. Les éléments en la matière résultent des mentions obligatoires du commandement de saisie[30].

29. Cf. *infra*, n° 689.
30. Cf. *infra*, n° 591.

Nous verrons que le commandement de saisie doit mentionner ***le juge de l'exécution territorialement compétent*** pour connaître de la procédure de saisie et des contestations et demandes incidentes. Aux termes des articles 2 et 3 du décret n° 2006-936 du 27 juillet 2006, est territorialement compétent le juge de l'exécution du tribunal de grande instance dans le ressort géographique duquel est situé l'immeuble saisi. Lorsqu'un créancier a procédé simultanément à la saisie de plusieurs immeubles d'un même débiteur situés dans des ressorts de plusieurs tribunaux de grande instance, la procédure est portée devant le juge de l'exécution du tribunal dans le ressort duquel est situé l'immeuble saisi où demeure le débiteur, à défaut, devant le juge du ressort dans lequel est situé l'un quelconque des immeubles. La procédure, y compris les contestations et demandes incidentes, sont de la compétence du même juge de l'exécution.

Quant aux jugements que le juge de l'exécution est appelé à prononcer dans le cadre de la saisie immobilière, notons que concernant les ***voies de recours***, aux termes de l'article 8 du décret n° 2006-936 du 27 juillet 2006, à compter du 1er janvier 2011, date d'entrée en vigueur de sa réécriture par le décret n° 2009-1524 du 9 décembre 2009 portant réforme de la procédure d'appel avec représentation obligatoire, « *Les jugements sont, sauf disposition contraire, susceptibles d'appel. L'appel est formé dans un délai de quinze jours à compter de la notification qui en est faite. Sous réserve des dispositions de l'article 52, l'appel est jugé selon la procédure prévue à l'article 905 du Code de procédure civile* (c'est-à-dire suivant la procédure d'appel à jour fixe, sans mise en état devant un conseiller de la mise en état). */La notification des décisions est faite par voie de signification. Toutefois, lorsqu'en vertu d'une disposition particulière le juge de l'exécution statue par ordonnance rendue en dernier ressort, sa décision est notifiée par le greffe, simultanément aux parties et à leurs avocats. Il en va de même pour la notification du jugement d'orientation vers une vente amiable, lorsque le débiteur n'a pas constitué avocat, et des décisions rendues en application des articles 12* (jugements de constatation de la caducité de la procédure) *et 33* (jugements de constatation de la péremption du commandement). */Les jugements statuant sur les contestations ou les demandes incidentes ne sont pas susceptibles d'opposition* ».

Les auxiliaires de justice nécessaires sont ***l'huissier de justice*** et de l'avocat. Le commandement de saisie doit être signifié par un huissier territorialement compétent. Parce que le commandement engage la saisie, il doit être signifié par un huissier de justice seul habilité à réaliser des actes d'exécution et non par un clerc[31].

31. Il en va ainsi de toutes les saisies.

Selon l'article 5 du décret du 27 juillet 2006, les parties sont, sauf dispositions contraires, tenues de constituer ***avocat***. L'article 15.1°, du décret de 2006, dispose que le commandement doit contenir la constitution d'avocat du créancier poursuivant, laquelle emporte élection de domicile au cabinet de celui-ci. Bien que la procédure se déroule désormais devant le juge de l'exécution, le ministère d'avocat est présenté comme le principe, assorti toutefois de dérogations[32]. Au stade de la signification du commandement, le poursuivant devra donc être représenté.

Section 2
L'objet de la saisie immobilière

573. Il n'y a, une fois encore, rien de bien nouveau par rapport au droit antérieur. Après la détermination de la notion d'immeuble saisissable *(§ 1)*, nous envisagerons les restrictions à la saisie d'un immeuble *(§ 2)*.

§ 1. La notion d'immeuble saisissable

574. Avant la réforme de la saisie immobilière, il résultait implicitement de la combinaison des anciens articles 2204 et 2118 du Code civil que pouvaient faire l'objet d'une saisie immobilière tous les biens susceptibles d'hypothèque. Aujourd'hui, l'article 2193 du Code civil dispose que, sauf dispositions contraires, la saisie immobilière peut porter sur tous les droits réels afférents aux immeubles, y compris leurs accessoires réputés immeubles, susceptibles de faire l'objet d'une cession. La définition de l'article 2193 est plus précise, se référant aux droits réels sur des immeubles et à leur cessibilité. L'article 2397 du Code civil définit les biens susceptibles d'hypothèques, comme l'ancien article 2118, mais en ajoutant que « *l'hypothèque s'étend aux améliorations qui surviennent à l'immeuble* », disposition qui figurait, avant la réforme des sûretés, à l'article 2133, alinéa 1, du Code civil.

Comme auparavant, ce sont d'abord ***les immeubles par nature*** qui sont susceptibles de saisie immobilière. Énumérés par les articles 518 à 520 du Code civil, il s'agit des terrains nus, des bâtiments et

32. Cf. D. n° 2006-936, 27 juill. 2006, art. 50, demande d'autorisation de vente amiable ; C. consom., art. R. 331-14, demande de supension de la procédure pour cause de surendettement.

constructions de toute nature, des arbres, plantations, fruits et récoltes. Les parts de société civile immobilière, meubles incorporels, sont donc insusceptibles de saisie immobilière[33]. Il convient à leur propos de recourir à la saisie-vente spéciale des droits sociaux[34]. La saisie d'un terrain comprend celle de la surface et du tréfonds. Par conséquent, lorsque le tréfonds comporte une mine, celle-ci fait partie de la saisie, sauf indication contraire ou appartenance à une tierce personne[35]. Une mine peut donc être saisie séparément[36]. Les carrières et les minières[37] ne suscitent pas de difficultés. Situées à la surface du sol, elles en font partie intégrante. Elles ne peuvent donc pas être cédées ou saisies séparément de cette surface.

Une construction n'est immeuble qu'à la condition d'être maintenue au sol par un dispositif d'ancrage ou de fondation, et non pas seulement par son seul poids. Dès lors que ce dispositif de liaison existe, il est indifférent qu'il s'agisse de constructions légères ou temporaires[38].

D'une manière générale, les lots de copropriété constituent des immeubles par nature susceptibles d'hypothèque et de saisie immobilière[39].

Immeubles tant qu'ils ne sont pas coupés ou récoltés, les arbres et autres plantations, fruits et récoltes sont compris dans la saisie immobilière du terrain sur lequel ils se trouvent ; car ils ne peuvent faire l'objet d'une saisie immobilière distincte. Comme les arbres, les fruits et récoltes sur pieds sont compris dans l'assiette de la saisie immobilière. Mais ils peuvent être saisis par voie de saisie-vente alors qu'ils pendent encore par branches ou par racines et même vendus sur pied ou pendant par racine tant que le commandement de saisie immobilière n'a pas été publié. Cette saisie et cette vente ne sont nulles que lorsqu'elles interviennent postérieurement à la publication du commandement de saisie immobilière.

Sont également susceptibles de saisie immobilière ***les immeubles par destination***. Aux termes des dispositions de l'article 524 du Code civil, sont immeubles par destination, outre « *les objets que le propriétaire d'un fonds y a placés pour le service et l'exploitation de ce fonds, ..., tous effets mobiliers que le propriétaire a attaché*[40] *au fonds à*

33. CA Paris, 16 juin 1989, *D. 1*990, p. 502, note J. Prévault.
34. Cf. *supra*, n°s 278 et s.
35. Cass. civ., 14 juillet 1840, *DP* 1840, 1, 257, *S.* 1840, 1, 96.
36. CA Montpellier, 13 mars 1902, *DP* 1906, 2, 398.
37. Mines à ciel ouvert.
38. Cass. com., 10 juin 1974, *Bull. civ.* IV, n° 183.
39. Cass. 3e civ., 15 novembre 1989, *JCP* éd. Not. 1990, II, 102, *GP* 1990, 2, 364, note M. Véron ; Cukier, *Le syndicat de copropriétaires face à l'adjudication de l'immeuble copropriétaire défaillant*, *GP* 1988, 2, 726.
40. Ou est censé avoir attaché, C. civ., art. 525.

perpétuelle demeure ». Comme jadis l'article 2092-2 du Code civil, l'article 14 de la loi nº 91-650 du 9 juillet 1991 dispose que « *les immeubles par destination ne peuvent être saisis indépendamment de l'immeuble sauf pour le paiement de leur prix* ». Dans ce dernier cas, les créanciers doivent procéder par voie de saisie-vente. Il en va bien sûr de même lorsqu'ils sont séparés du fonds puisque dans ce cas ils perdent leur caractère immobilier. Tous les immeubles par destination sont compris de plein droit dans l'assiette de la saisie immobilière[41], c'est-à-dire sans qu'il soit besoin de les énumérer dans le commandement de saisie[42]. Du reste, cette énumération n'est requise par aucun texte. Cela ne signifie cependant pas que le créancier saisissant n'ait pas le pouvoir de restreindre la saisie seulement à certains d'entre eux[43]. Il a en effet été jugé que dans ce cas, à défaut de dispositions contraires dans le commandement de saisie, les immeubles par destination non énumérés dans le cahier des charges ne font pas partie de l'assiette de la saisie immobilière[44].

Certains droits accessoires sont susceptibles d'être saisis et hypothéqués indépendamment de l'immeuble lui-même auquel ils se rapportent. On parle d'***immeubles par l'objet auquel ils s'appliquent***. Outre l'usufruit[45], sont également susceptibles d'hypothèque et de saisie immobilière, la nue-propriété[46], l'emphytéose, le bail emphytéotique conférant au preneur un droit réel. La saisie emporte celle des constructions édifiées par l'emphytéote. N'appartenant à ce dernier que jusqu'à l'expiration du bail, elles ne sauraient donc être hypothéquées et l'adjudicataire ne saurait en être propriétaire que jusqu'à l'expiration du bail[47]. Sont également susceptibles d'hypothèque et de saisie immobilière, les baux à domaine congéable (C. rur., art. L. 431-1 à L. 431-23)

41. Lorsqu'un fonds de commerce est exploité dans un immeuble, deux questions se posent. Tout d'abord, lorsque le fonds et les murs appartiennent à la même personne, le fonds de commerce peut-il être considéré globalement comme un immeuble par destination ? Aucun texte ne restreignant la qualification d'immeuble par destination aux seuls meubles corporels, nous sommes d'avis de répondre par l'affirmative. Cette solution qui semble avoir été admise par la Cour de cassation (Cass. 1re civ., 25 avril 1963, *GP 1*963, 2, 199), présente l'intérêt de vendre les deux biens dans le cadre d'une seule procédure : celle de saisie immobilière qui permettra même en tant que de besoin, une vente par lots séparés, le fonds de commerce figurant dans l'un et les murs dans l'autre.

Se pose ensuite une seconde difficulté. Lorsque le fonds et les murs appartiennent à des propriétaires différents, et que la saisie immobilière ne porte que sur les murs, seuls les meubles exclusivement affectés à l'exploitation de ceux-ci, et non ceux affectés à celle du fonds qu'ils composent par conséquent, sont immeubles par destination et se trouvent donc seuls inclus dans l'assiette de la saisie immobilière.

42. Cass. 3e civ., 5 mai 1981, *GP* 1981, pan., p. 290.

43. *Contra*, Cass. civ., 27 juin 1944, *GP* 1944, 2, 97.

44. CA Orléans, 30 juillet 1946, *GP* 1947, 1, 21, *RTD civ.* 1947, p. 206.

45. À l'exception toutefois des usufruits légaux qui sont d'une manière générale incessibles et donc insaisissables.

46. CA Bourges, 4 janvier 1893, *DP* 1894, 2, 582.

ou à complant (C. rur., art. L. 441-1 à L. 441-13), le bail à construction (art. L. 251-3 CCH) et la concession immobilière qui confère au preneur comme l'emphytéose, un droit réel, le droit de superficie[48]. En revanche, le droit du concessionnaire d'une mine n'étant pas susceptible d'hypothèque, ne peut faire l'objet d'une saisie immobilière (C. min., art. 36)[49].

Enfin, les servitudes qui ne peuvent être ni cédées, ni hypothéquées indépendamment du fonds servant, ne peuvent pareillement être saisies séparément.

§ 2. Les restrictions à la saisie tenant à l'immeuble

575. Outre des restrictions de caractère général déjà évoquées[50], peuvent se rencontrer des empêchements propres à la saisie immobilière résultant de la situation temporelle du bien en cause ou de son détenteur ou encore de l'influence de circonstances économiques et juridiques de nature à arrêter ou suspendre la vente. Il s'agit de la saisie d'un immeuble indivis ***(A)***, de la saisie de l'immeuble entre les mains d'un tiers détenteur ***(B)***, de la saisie d'un immeuble non hypothéqué ***(C)***, et de la pluralité de saisies immobilières ***(D)***.

La saisie d'un immeuble appartenant à un incapable mineur ou majeur a déjà été envisagée[51].

A La saisie d'un immeuble indivis[52]

576. La mise en indivision d'un bien n'est pas systématiquement un obstacle à sa saisie.

47. Cass. civ., 26 janvier 1864, *DP* 1864, 1, 83, *S.* 1864, 1, 94 ; Cass. civ., 22 juin 1885, *DP* 1886, 1, 268, S. 1888, 1, 131.

48. Le droit d'usage et le droit d'habitation, droits de créance incessibles, sont insaisissables.

49. La question est aujourd'hui posée à propos des concessions et permis d'exploitation de mines, minières et carrières qui ne sont plus susceptibles d'hypothèque depuis une loi du 16 juin 1977 (C. minier, art. 31 et 55). Confèrent-elles encore à leur titulaires un droit réel ? S'agit-il encore de droits immobiliers ? Certains auteurs considèrent qu'elles sont toujours susceptibles de saisie immobilière.

50. Cf. *supra*, n°s 129 et s.

51. Cf. *supra*, n° 54.

52. M. Dagot, *L'hypothèque de l'immeuble indivis, après la loi du 31 décembre 1976*, *JCP éd. G* 1980, I, 2994 ; P. Catala, *L'indivision*, *Rep. not. Def.* 1981, art. n° 32 597 ; Raffray et Sénéchal, *Le droit de poursuite des créanciers de l'indivision*, *JCP* éd. Not. 1985, I, 129 ; G. Taormina, *Les obstacles à l'exécution résultant de l'état d'indivision*, fasc. 235, in, *Droit de l'exécution forcée*, préc. novembre 2004.

En matière d'***indivision légale***, il convient de distinguer selon que le créancier désire saisir la totalité du bien, ou seulement la quote-part d'un indivisaire. L'article 815-17 du Code civil vise en réalité deux situations différentes selon que le créancier a acquis ses droits avant ou après que le bien se retrouve en indivision. Lorsque le créancier a acquis ses droits avant que le bien ne se retrouve en indivision, il peut se prévaloir des dispositions de l'article 815-17, alinéa 1, du Code civil aux termes duquel « *les créanciers qui auraient pu agir sur les biens indivis avant qu'il y eût indivision, (...) peuvent (...) poursuivre la saisie et la vente des biens indivis* ». Lorsqu'il n'a acquis ses droits qu'après que le bien s'est retrouvé en indivision, les solutions varient donc selon qu'il s'agit de recouvrer une créance contractée contre l'indivision ou contre un coïndivisaire. S'il s'agit de recouvrer une créance contractée contre l'indivision, aux termes des dispositions de l'article 815-17, alinéa 1, du Code civil « *les créanciers (...) dont la créance résulte de la conservation ou de la gestion des biens indivis, (...) peuvent (...) poursuivre la saisie et la vente des biens indivis* ». S'il s'agit de recouvrer une créance contractée contre un coïndivisaire dans son intérêt personnel, le créancier ne peut pas faire saisir la totalité du bien indivis puisque son débiteur n'en possède qu'une quote-part. Peut-il la faire saisir ? Aux termes des dispositions de l'article 815-17, alinéas 2 et 3, « *les créanciers personnels d'un indivisaire ne peuvent saisir sa part dans les biens indivis, meubles ou immeubles. Ils ont toutefois la faculté de provoquer* (par voie oblique) *le partage au nom de leur débiteur ou d'intervenir dans le partage provoqué par lui...* ». L'article 1873-15 du Code civil permet cependant la saisie de quote-part à titre subsidiaire, c'est-à-dire lorsque le créancier ne peut pas provoquer le partage de l'indivision[53]. L'article 815-17 du Code civil[54] ne fait obstacle ni au pouvoir de disposition du coïndivisaire qui lui permet outre de disposer de sa quote-part, de concéder sur celle-ci des sûretés à ses créanciers[55] ; ni au pouvoir de ceux-ci de prendre de telles sûretés[56]. En application de l'article 2414 du

53. Aux termes des dispositions de l'article 1873-15 du Code civil, les créanciers des coïndivisaires ne pouvant provoquer le partage que si ceux-ci peuvent le faire, lorsque les coïndivisaires ont écarté cette possibilité par convention, leurs créanciers s'en trouvent *ipso facto* eux aussi dépourvus. Dans ce cas, ces derniers « ... *peuvent poursuivre la saisie et la vente de la quote-part de leur débiteur...* (par voie de saisie immobilière). *Les dispositions de l'article 1873-12 C. C. sont alors applicables* ».

54. Ces dispositions posent en réalité deux problèmes distincts : le droit pour le créancier personnel d'un coïndivisaire de provoquer le partage de l'indivision, d'une part ; le recouvrement effectif de sa créance, d'autre part.

55. Hypothèque.

56. Cass. 1re civ., 20 octobre 1982, *Bull. civ.* I, n° 299 ; Cass. 2e civ., 17 février 1983, *Bull. civ.* II, n° 42 ; Cass. 3e civ., 2 novembre 1983, *JCP* 1985, II, 20354, note Joly, *Rép. not. Def.* 1985, p. 55, note Théry, *RTD Civ.* 1984, p. 174, obs. R. Perrot ; CA Paris, 17 décembre 1985, *D.* 1985, p. 554, note A. B.

Code civil[57], le créancier hypothécaire, fût-il un créancier seulement de l'un des indivisaires, peut poursuivre la saisie et la vente de l'immeuble indivis, avant le partage de l'indivision, dès lors que la constitution d'hypothèque a été consentie par tous les indivisaires[58].

En matière d'***indivision conventionnelle***, l'article 1873-15 du Code civil renvoie à l'article 815-17 applicable aux créanciers personnels d'un indivisaire. Toutefois, en application de l'article 1873-3, le créancier personnel d'un indivisaire ne peut provoquer le partage que lorsque le débiteur peut lui-même le provoquer, pour juste motif[59], ou sans mauvaise foi ni contretemps[60]. Dans les autres cas, ils peuvent poursuivre la saisie et la vente de la quote-part de leur débiteur dans l'indivision.

B La saisie de l'immeuble entre les mains d'un tiers détenteur

577. Le Code civil permet au tiers acquéreur d'invoquer le bénéfice de discussion, c'est-à-dire de réclamer la vente préalable de tous les autres immeubles hypothéqués à la même dette qui peuvent être restés en la possession du débiteur. Anciennement prévue par l'article 2170 du Code civil, la règle figure désormais à l'article 2465 du Code civil.

Ce bénéfice de discussion doit être invoqué avant toute défense au fond et sur les premières poursuites[61]. C'est la signification du commandement de payer, et non sa publication à la conservation des hypothèques, qui vaut d'emblée saisie (D. n° 2006-936, 27 juillet 2006, art. 13), ce qui n'est pas sans incidence concernant l'opposabilité des baux, selon qu'ils ont été conclus avant ou après cette signification[62]. Nous verrons que lorsque la procédure de saisie est engagée par un créancier titulaire d'un droit de suite, il délivre un commandement de payer simple au débiteur et un commandement de payer valant saisie au tiers détenteur dans lequel il lui est fait sommation d'avoir à satisfaire à l'une des obligations énoncées à l'article 2463 du Code civil, dans un délai d'un mois (D. n° 2006-936, 27 juillet 2006, art. 17). On en déduit que c'est dans ce délai que le tiers détenteur devra invoquer le bénéfice de discussion.

57. C. civ., anc. art. 2125.
58. Cass. 1re civ., 20 novembre 1990, *Bull. civ.* I, n° 259.
59. En cas de convention à durée déterminée.
60. En cas de convention à durée indéterminée.
61. Sous l'empire du décret-loi de 1938, l'effet de saisie ne se produisait qu'une fois les actes publiés. La jurisprudence en déduisait donc que le tiers acquéreur devait, à peine de déchéance, agir en discussion immédiatement après délivrance du commandement de payer et de la sommation à tiers détenteur et avant leur publication.
62. Cf. *infra*, n° 605.

C La saisie d'un immeuble non hypothéqué

578. Le Code civil contraint les créanciers à faire saisir d'abord les immeubles qui leur sont hypothéqués. C'est seulement en cas d'insuffisance du prix susceptible d'être obtenu sur ces immeubles déjà saisis, qu'ils peuvent saisir ceux qui ne leur sont pas hypothéqués (C. civ., art. 2192, al. 2)[63]. La jurisprudence estime traditionnellement que c'est au débiteur qu'il incombe, lorsqu'il oppose cette exception, d'apporter la preuve que les immeubles hypothéqués ont une valeur suffisante pour garantir le paiement de la créance du poursuivant.

D La pluralité de saisies immobilières

579. Avant la réforme de la saisie immobilière, il résultait de l'ancien article 2212 du Code civil, que si le débiteur justifiait, par des baux authentiques, que le revenu net et libre de ses immeubles pendant une année suffisait pour le paiement de la dette en capital, intérêts et frais, et s'il en offrait la délégation au créancier, la poursuite pouvait être judiciairement suspendue, sauf à être reprise s'il survenait quelque opposition ou obstacle au paiement. L'ordonnance du 21 avril 2006 qui a remplacé le titre XIX du livre III du Code civil par de nouvelles dispositions, n'a pas repris « telle quelle » cette faculté soumise à des conditions d'un autre âge. Mais les auteurs de la réforme ont tout de même envisagé l'hypothèse où un créancier, poursuivant déjà une saisie immobilière, envisage de saisir un autre immeuble, et celle dans laquelle, simultanément, sont engagées des procédures de saisie sur plusieurs immeubles du débiteur[64].

63. C. civ., anc. art. 2209.

64. Concernant l'ancienne procédure, sous l'empire de l'article 675 de l'ancien Code de procédure civile, le créancier pouvait provoquer la saisie immobilière simultané des biens immeubles de son débiteur, même lorsqu'ils étaient situés dans des arrondissements différents, auquel cas un commandement différent devait être établi pour chaque immeuble. Lorsque le créancier saisissait ainsi simultanément plusieurs immeubles, le débiteur saisi pouvait demander qu'il soit sursis aux poursuites sur un ou plusieurs de ses immeubles (Anc. CPC, art. 676, al. 1), à la condition de justifier que la valeur des biens sur lesquels les poursuites étaient continuées était suffisante pour désintéresser le créancier poursuivant et les créanciers inscrits (Anc. CPC, art. 676, al. 4).

Le tribunal qui disposait d'un pouvoir souverain d'appréciation, pouvait soit rejeter la demande de sursis, soit y faire droit en tout ou partie. Mais concernant les immeubles pour lesquels la saisie était suspendue, celle-ci n'en était pas moins maintenue (Anc. CPC, art. 676). En effet, après l'adjudication, le créancier pouvait reprendre les poursuites sur les biens provisoirement épargnés, lorsque le prix des biens adjugés ne suffisait pas à le désintéresser. Ces poursuites pouvaient, en outre, être reprises par d'autres créanciers non désintéressés, après subrogation dans les poursuites, en application de l'article 722 de l'ancien Code de procédure civile.

Deux cas de figure sont à distinguer : celui de l'article 2192 du Code civil *(1)*, et celui de l'article 2196 du même Code *(2)*.

1. Le cas de l'article 2192 du Code civil : la pluralité de saisies pratiquées successivement sur plusieurs immeubles appartenant au saisi

580. Aux termes de l'article 2192, alinéa 1er, du Code civil le « *créancier qui a procédé à la saisie d'un immeuble de son débiteur ne peut engager une nouvelle procédure de saisie sur un autre bien immobilier de celui-ci que dans le cas d'insuffisance du bien déjà saisi* ». Ce texte fait une application particulière, en cas de pluralités de saisies immobilières, du principe énoncé à l'article 22 de la loi du 9 juillet 1991[65]. Le créancier qui a déjà saisi un bien immobilier du débiteur ne peut entreprendre la saisie d'un autre bien immeuble, à moins que la valeur du bien déjà saisi ne suffise pas à le désintéresser. Le saisi pourra certainement s'opposer à cette seconde saisie en soulevant une contestation lors de l'audience d'orientation devant le juge de l'exécution. Il appartiendra alors au créancier de faire la démonstration de l'insuffisance de la valeur du bien déjà saisi.

2. Le cas de l'article 2196 du Code civil : la pluralité de saisies pratiquées simultanément sur plusieurs immeubles appartenant au saisi

581. Le saisi peut, en cas de saisies simultanées de plusieurs de ses immeubles, demander au juge de l'exécution le cantonnement de la saisie ou sa conversion en hypothèque.

Pour obtenir, en application de l'article 2196, alinéa 1, du Code civil, le ***cantonnement*** de la saisie à un ou plusieurs immeubles, le saisi doit, conformément à l'article 24, alinéa 1er, du décret, établir que la valeur de certains ces biens est suffisante pour désintéresser le créancier poursuivant et les créanciers inscrits. S'il fait droit à la demande, le juge devra donc indiquer dans son jugement les immeubles sur lesquels les poursuites seront provisoirement suspendues. Après la vente définitive, si le prix des biens adjugés n'a pas suffit à le désintéresser, le créancier poursuivant, mais également tout créancier inscrit sur subrogation aux poursuites, pourra reprendre les poursuites sur les biens ainsi exceptés.

Le saisi peut également solliciter du juge, en application de l'article 2196, alinéa 2, du Code civil, la ***conversion partielle des saisies en hypothèque*** sur certains de ses immeubles. Le juge de l'exécution ordonne, aux termes de l'article 24, alinéa 2, du décret du 27 juillet

65. Cf. *supra*, n° 51.

2006, la radiation de la saisie sur les immeubles initialement saisis qu'il désigne et à la place, l'inscription d'une hypothèque judiciaire qui prendra rang au jour de la publication du commandement de saisie, à la condition toutefois que le créancier poursuivant procède à l'inscription de cette sûreté dans le mois de la notification de la décision du juge de l'exécution. Pour y procéder, il devra d'une part, faire publier ledit jugement du juge de l'exécution en marge de la copie du commandement et d'autre part, à l'inscription de l'hypothèque dans les conditions du droit commun de la publicité foncière.

Chapitre 2
Les formalités de la saisie, en vue de la vente

582. Lorsqu'une procédure de saisie immobilière est entreprise, les biens sont vendus soit à l'amiable sur autorisation judiciaire, soit par adjudication (C. civ., art. 2201). Cette procédure comprend ainsi obligatoirement trois phases : ***d'abord***, les formalités de saisie proprement dite, consistant dans la mise de l'immeuble sous la main de justice ; c'est l'objet de la signification d'un commandement de payer valant saisie et de sa publication à la conservation des hypothèques ***(section 1)***. ***Ensuite***, les actes préparatoires à la vente ***(section 2)*** qui conduisent à l'audience d'orientation qui donnera lieu à un jugement d'orientation ***(section 3)***, ***puis*** soit la vente amiable sur autorisation judiciaire soit, la vente forcée[1].

Section 1
La signification d'un commandement de payer valant saisie (sous-section 1) et sa publication (sous-section 2)

583. Nous envisagerons, *in fine*, son éventuelle péremption ***(sous-section 3)***.

---

1. Ce processus peut être suivi d'une quatrième phase, en cas de surenchère (cf. *infra*, n°s 689 et s.). Nous verrons, surtout qu'en outre, la réforme a lié la saisie et la distribution du prix qui en résulte, afin d'accélérer cette distribution. À cette fin, les créanciers inscrits seront sommés, en cours de procédure de saisie immobilière, de déclarer leurs créances et le poursuivant dressera l'état des créances ordonnées selon leur rang qu'il déposera au greffe du juge de l'exécution quinze jours au moins avant la date fixée pour l'audience d'adjudication ou de constatation de la vente amiable.

Sous-section 1
La signification d'un commandement de payer valant saisie

584. Le commandement de payer valant saisie, pièce initiale et principale de la procédure, est un acte d'huissier de justice, rédigé sous la responsabilité de cet officier ministériel (D. n° 2006-936, 27 juillet 2006, art. 15). Différence fondamentale avec l'ancienne procédure dans laquelle seule la publication du commandement valait saisie, désormais c'est ***la signification du commandement*** qui ***opère l'effet de saisie*** (D. n° 2006-936, 27 juillet 2006, art. 4 et 13 ; C. civ., art. 2198).

Nous avons vu que désormais, lorsque l'immeuble est commun, la saisie doit être dirigée contre les deux époux et que lorsque c'est un bien propre constituant la résidence de la famille, le commandement doit être dénoncé au conjoint[2].

Le commandement de payer valant saisie, qu'il soit délivré au débiteur auquel est assimilé celui qui a constitué une hypothèque en garantie de la dette d'un tiers, ou au tiers acquéreur, doit être publié au bureau des hypothèques pour être opposable aux tiers[3]. Il produit des effets identiques à l'égard du débiteur comme de ce tiers détenteur. Toutefois, il se périme et cesse alors de produire effet si, dans les deux ans de sa publication, un jugement constatant la vente du bien saisi n'a pas été mentionné en marge de cette publication[4]. Dans l'ancienne procédure, le délai de péremption était de trois ans.

Lorsque la saisie porte sur des immeubles situés dans le ressort de plusieurs bureaux des hypothèques, il est établi un commandement de payer par ressort (D. n° 2006-936, 27 juillet 2006, art. 14).

La procédure est donc engagée par la signification d'un commandement de payer valant saisie (D. n° 2006-936, 27 juillet 2006, art. 4) faite au débiteur (D. n° 2006-936, 27 juillet 2006, art. 15) ***(§ 1)*** et, si l'immeuble hypothéqué est devenu la propriété d'un tiers improprement qualifié dans les textes actuels comme dans les anciens de « tiers détenteur » et que le créancier agit en vertu d'un droit de suite, par un commandement de payer valant saisie signifié à ce tiers acquéreur, précédé d'un simple commandement de payer signifié au débiteur (D. n° 2006-936, 27 juillet 2006, art. 17) ***(§ 2)***. Lorsque la saisie porte sur l'immeuble de celui qui a constitué une hypothèque en garantie de la dette d'un tiers, il est délivré à ce garant un commandement de payer valant saisie comme à un débiteur.

---

2. Cf. *supra*, n° 567.
3. Cf. *infra*, sous-section II.
4. Dans l'ancienne procédure, le délai de péremption était de trois ans.

Quel que soit le cas de figure, la seule signification du commandement produit certains effets généraux *(§ 3)*.

§ 1. La saisie pratiquée entre les mains du débiteur en titre, ou contre celui qui a constitué sur un immeuble lui appartenant une hypothèque en garantie de la dette du débiteur en titre

585. Le commandement à fin de saisie immobilière, acte d'huissier de justice, est soumis en tant que tel, aux formalités de droit commun des exploits d'huissier (CPC, art. 648). La ***signification du commandement*** s'effectue à destination, suivant le cas, du débiteur ou de celui qui a hypothéqué un de ses immeubles à la dette d'autrui, suivant les formes ordinaires des exploits d'huissier[5].

La rédaction d'un commandement aux fins de saisie immobilière comporte en outre, un certain nombre de mentions spécifiques obligatoires prévues à l'article 15 du décret n° 2006-936 du 27 juillet 2006[6]. Quant à ces mentions spécifiques, l'article 15 du décret du 27 juillet 2006 qui les prescrit dispose qu'elles le sont ***à peine de nullité*** et l'article 11 du décret énonce que la nullité des actes de la procédure de saisie immobilière est régie par les articles 112 à 121 du Code de procédure civile.

Comme auparavant, l'huissier de justice doit être porteur d'un ***pouvoir spécial*** pour procéder à cette mesure d'exécution, mais contrairement à ce que disposait le décret-loi de 1938[7], le décret de 2006 n'impose pas que le commandement comprenne copie de ce pouvoir spécial. Il appartiendra à l'huissier de justice d'en justifier si une contestation s'élève à son propos.

Les ***mentions spécifiques du commandement*** de saisie sont celle du titre exécutoire, le cas échéant, de l'acte de transmission de la créance,

5. Rappelons qu'en procédure civile, selon l'article 689 du Code de procédure civile, la notification d'un acte n'est valablement faite au domicile élu, que lorsque la loi l'admet ou l'impose. Or, aucun texte n'admet, ou n'impose, la signification à domicile élu du commandement de saisie immobilière.

6. On y retrouve des mentions qui figuraient à l'article 673 de l'ancien Code de procédure civile.

7. L'article 673, alinéa 2, de l'ancien Code de procédure civile exigeait que le commandement de saisie devait être accompagné d'une copie d'un pouvoir spécial de saisir, à moins que le commandement ne comporte lui-même mention, sur l'original et la copie, du bon pour pouvoir signé du poursuivant. Si l'huissier de justice avait notifié le commandement en l'absence de ce pouvoir spécial du créancier, ce dernier pouvait désavouer l'officier ministériel et faire annuler le commandement.

celle du décompte des sommes réclamées, l'avertissement de payer, la désignation de chacun des biens ou droits sur lesquels portera la saisie, l'identification des parties à la saisie, l'indication que le commandement vaut saisie de l'immeuble et que le bien est indisponible, l'indication que le commandement vaut saisie des fruits et le débiteur en est séquestre, l'indication que l'huissier de justice pourra pénétrer dans les lieux afin de dresser un procès-verbal de description de l'immeuble, l'indication du juge de l'exécution devant lequel la saisie est poursuivie, la constitution d'avocat et l'élection de domicile, l'indication que le débiteur peut bénéficier de l'aide juridictionnelle, L'indication que le débiteur a la faculté de saisir la commission de surendettement des particuliers, l'indication que le débiteur peut rechercher un acquéreur, et la sommation d'indiquer à l'huissier de justice, lorsque le bien saisi fait l'objet d'un bail, les nom, prénoms et adresse du preneur ou, s'il s'agit d'une personne morale, sa dénomination et son siège social.

586. Le commandement doit comporter l'indication de la date et de la nature du ***titre exécutoire*** (D., 27 juillet 2006, art. 15, 2°) en vertu duquel la saisie est pratiquée. En pratique, lorsque le commandement est délivré en vertu d'une décision de justice, il est nécessaire que celle-ci ait été au préalable signifiée au débiteur[8], conformément aux dispositions générales de l'article 503, alinéa 1, du Code de procédure civile, sous peine de nullité du commandement. Le défaut de signification préalable du titre exécutoire à celui auquel il est opposé, constituerait d'ailleurs non seulement la violation d'une formalité substantielle, mais encore une fin de non-recevoir.

L'article 15 du décret n° 2006-936 du 27 juillet 2006 prescrit en outre, que si le créancier saisissant agit en vertu d'une transmission à quelque titre que ce soit de la créance contenue dans le titre exécutoire fondant les poursuites, le commandement vise l'***acte de transmission*** à moins que le débiteur n'en ait été régulièrement avisé au préalable.

587. Le commandement doit comporter le ***décompte des sommes réclamées*** en principal frais et intérêts échus ainsi que l'indication du taux des intérêts moratoires (D. n° 2006-936, 27 juillet 2006, art. 15.3°). Nous avons vu qu'aux termes de l'article 15 du décret de 2006, la nullité du commandement n'est pas encourue au motif que les sommes réclamées sont supérieures à celles qui sont dues au créancier[9].

---

8. Lorsqu'il s'agit d'un jugement par défaut ou réputé contradictoire qui n'a pas été signifié et auquel il a été acquiescé, il conviendra, en pratique, de joindre aussi la copie de l'acquiescement, s'il s'est écoulé plus de six mois depuis la signification (CPC, art. 478).

9. Avant la réforme, on considérait que les intérêts de la dette et les frais pouvaient être portés « pour mémoire » sur le commandement, c'est-à-dire sans en mentionner le montant, à la condition que des indications suffisamment précises permettent au saisi d'en

Le ***commandement*** doit avertir le débiteur qu'il doit ***payer*** lesdites sommes dans un délai de huit jours, faute de quoi, la vente de l'immeuble saisi se poursuivra et il sera assigné à comparaître à une audience du juge de l'exécution pour voir statuer sur les modalités de cette vente (D. n° 2006-936, 27 juillet 2006, art. 15.3°). Lorsque la saisie est pratiquée contre quelqu'un qui a hypothéqué son bien en garantie de la dette du débiteur en titre, un tel avertissement doit également lui être fait[10]. Cependant, le délai de sommation de payer est porté à un mois, car, ne l'oublions pas, il n'est pas personnellement débiteur de la dette.

588. La ***désignation précise du ou des immeubles saisis***, est également une mention du commandement prescrite à peine de nullité de cet acte, mais conformément aux dispositions précitées de l'article 11 du décret, la non observation des formalités relatives à la désignation des biens saisis ne sera sanctionnée par la nullité du commandement, que si elle a causé un grief. Parce que le commandement de payer valant saisie est destiné à être publié à la conservation des hypothèques, l'article 15.5° du décret de 2006 prescrit de procéder dans le commandement à la désignation de chacun des biens ou droits saisis, conformément aux règles de la publicité foncière[11].

---

faire le calcul ce qui, en pratique, était rarement le cas. Dans le même ordre d'idées, le fait qu'une dette ne soit pas totalement liquidée n'était pas de nature à faire obstacle à l'adjudication, dès lors que le commandement mentionnait le montant de la créance en principal et précisait que le taux annuel des intérêts sur le compte desquels ne portait aucune contestation (Cass. 2e civ., 10 octobre 1979, *JCP G* 1979, IV, p. 371).

10. Nous avons vu que cette personne, communément appelée « caution réelle », avant que la Cour de cassation ne juge qu'il ne s'agissait pas d'un cautionnement (Cass. ch. mixte, 2 décembre 2005, *JCP éd. G* 2005, II, 10183, note P. Simler) est néanmoins traitée par les auteurs de la réforme comme un débiteur. Ils n'ont manifestement rien compris !

11. Il s'agit, comme auparavant, de mentionner la nature, la situation, la contenance et la désignation cadastrale (section, numéro de plan et lieu-dit) ; pour les immeubles situés dans les parties agglomérées des communes urbaines, le lieu-dit sera remplacé par l'indication de la rue et du numéro ; les fractions d'immeubles divisés, sans changement de limite de propriété du sol, entre plusieurs titulaires de droits réels autres que des servitudes, seront, en outre, désignées par le numéro de lot attribué par l'état descriptif de division ou un document analogue ; le nom du fermier ou du colon sera indiqué s'il est connu du poursuivant. Lorsque l'immeuble est soumis au statut de la copropriété, les fractions saisies doivent être désignées par le numéro de lot attribué par l'état descriptif de division ou un document analogue.

L'article 673, alinéa 2, 5°, de l'ancien Code de procédure civile exigeait que le commandement comporte une copie littérale de la matrice du rôle de la contribution foncière. Toutefois, les inexactitudes de la copie et même l'omission de cette copie, n'entraînaient la nullité de la saisie que s'il en résultait un préjudice pour la partie saisie ou pour toute autre partie intéressée (Anc. CPC, art. 715, al. 1), c'est-à-dire s'il avait pu en résulter une erreur ou une incertitude au sujet de l'identification de l'immeuble frappé par la saisie. Les auteurs de la réforme n'ont pas repris cette exigence.

Le décret nº 55-22 du 4 janvier 1955 sur la publicité foncière, prescrit en son article 5 que le commandement contienne en outre, l'***identification des parties à la saisie***[12].

589. Les auteurs de la réforme ont désormais réglementé l'entrée de l'huissier dans l'immeuble afin d'établir le ***procès-verbal descriptif***. Ce n'est cependant pas lors de la signification du commandement que ce procès-verbal sera dressé mais, conformément à l'article 35 du décret de 2006, à l'expiration d'un délai de huit jours après la signification du commandement. Le commandement contient donc l'indication que l'huissier est appelé à revenir sur les lieux à cette fin.

590. Le commandement doit comporter l'***indication que le commandement vaut saisie de l'immeuble et que le bien est indisponible***. Il en est ainsi, à compter de la signification du commandement (D. nº 2006-936, 27 juillet 2006, art. 4 et 13 ; C. civ., art. 2198).

L'article 2194 du Code civil disposant que la saisie d'un immeuble emporte ***saisie de ses fruits***, sauf saisie antérieure de ceux-ci, le commandement doit comporter cette information et indiquer au destinataire de l'acte qu'il en est désormais séquestre, mais les auteurs de la réforme n'ont pas prévu que le commandement précise les obligations de ce ***séquestre***.

591. Le commandement doit mentionner le ***juge de l'exécution territorialement compétent*** pour connaître de la procédure de saisie et des contestations et demandes incidentes qu'elle pourra susciter. Les

12. C'est-à-dire les nom, prénoms dans l'ordre de l'état civil, domicile, date et lieu de naissance et profession des parties, ainsi que le nom de leurs conjoints. Ces renseignements doivent être certifiées par un notaire, huissier de justice, avocat, administrateur aux redressement ou liquidation judiciaires ou une autorité administrative, au pied de tout bordereau, extrait, expédition ou copie, déposé pour l'exécution de la formalité. L'article 5 précise en outre les modalités d'établissement du certificat, selon que les parties sont nées en France ou hors de France.
Suivant l'article 6 du décret du 4 janvier 1955, le commandement doit mentionner par leur dénomination, l'identification des sociétés, associations, syndicats et autres personnes morales intéressées et indiquer, en outre, pour toutes les sociétés, leur forme juridique et leur siège social, leur numéro d'immatriculation au registre du commerce et des sociétés. Concernant les associations, il s'agit de l'indication de leur siège, la date et le lieu du dépôt de leurs statuts. Cette identification est certifiée dans les mêmes conditions que pour les personnes physiques, mais des modalités particulières sont prévues par l'article 6, suivant que le siège de ces différentes personnes morales est situé en France ou hors de France.
En tout état de cause, le certificat doit énoncer les documents et renseignements au vu desquels il a été établi. Pour ce faire, l'avocat ou l'huissier de justice devra donc se procurer suivant le cas, l'acte de naissance du saisissant et du saisi ou les documents afférents aux personnes morales visées dans le commandement.

articles 2 et 3 du décret de 2006 régissent la compétence territoriale en la matière[13].

592. L'article 15.1°, dispose que le commandement doit contenir la ***constitution d'avocat du créancier poursuivant***, laquelle emporte élection de domicile au cabinet de celui-ci. Bien que la procédure se déroule désormais devant le juge de l'exécution, le ministère d'avocat est présenté comme le principe, assorti toutefois de dérogations[14].

Le commandement de saisie doit, à ce propos, comporter l'indication que le saisi peut bénéficier, à la condition toutefois qu'il remplisse les conditions de ressources prévues par la loi n° 91-647 du 10 juillet 1991 et le décret n° 91-1266 du 19 décembre 1991, de l'***aide juridictionnelle***.

Dans le même ordre d'idées, il doit aussi comporter l'indication que le saisi a la faculté de saisir la ***commission de surendettement des particuliers***. Mais pour bénéficier des procédures collectives du Code de la consommation, il devra être surendetté. Nous avons vu dans quelle mesure la mise en œuvre de ces procédures peut constituer un obstacle à l'exécution forcée en général, et à la saisie immobilière en particulier[15].

593. Point fondamental sur lequel nous reviendrons lors de l'étude de la vente amiable de l'immeuble saisi[16], le commandement indique au saisi qu'il conserve la ***possibilité de rechercher un acquéreur*** pour procéder à sa vente amiable, ou de donner mandat à cet effet. À ce propos, le commandement comporte également la mention que cette vente ne pourra néanmoins être conclue, qu'après autorisation du juge de l'exécution. Ce dispositif qui existait déjà en matière de saisie-vente, est une des principales innovations de la réforme. Cette information faite au saisi dans le commandement, sera rappelée ensuite lors de l'assignation à comparaître devant le juge de l'exécution.

594. Le commandement doit, enfin, comporter ***sommation d'indiquer à l'huissier de justice, lorsque le bien saisi fait l'objet d'un bail, les nom, prénoms et adresse du preneur ou s'il s'agit d'une personne morale, sa dénomination et son siège social*** (D., 27 juillet 2006, art. 15.9°). Le décret n'indique pas quelle sera la sanction de l'omission de cette mention, mais qui aura, en pratique, intérêt à soulever cette nullité ? Quant aux aspirants acquéreurs et acquéreurs de l'immeuble saisi, ils ont bien d'autres moyens d'apprendre l'existence de baux qui ne sauraient que très exceptionnellement être occultes !

---

13. Cf. *supra*, n° 572.
14. Nous avons vu que selon l'article 5 du décret de 2006, les parties sont, sauf dispositions contraires, tenues de constituer avocat ; *supra*, n° 572.
15. Cf. *supra*, n°s 205 et s.
16. Cf. *infra*, n°s 699 et s.

§ 2. La saisie pratiquée entre les mains d'un tiers détenteur

595. Nous avons vu que l'article 2190 du Code civil dispose que la saisie immobilière tend à la vente forcée de l'immeuble du débiteur ou, le cas échéant, du tiers détenteur (acquéreur), en vue de la distribution de son prix. Dans cette dernière hypothèse, la saisie immobilière sera alors diligentée par les créanciers titulaires d'un droit de suite sur l'immeuble (C. civ., art. 2461). Lorsqu'il en est ainsi, le décret du 27 juillet 2006 impose au créancier poursuivant de délivrer d'abord un commandement de payer simple au débiteur *(A)*, avant de signifier le commandement de payer valant saisie au tiers détenteur *(B)*. Le décret de 2006 ne prévoit toutefois pas de délai à respecter entre les deux actes, c'est-à-dire un délai d'attente courant de la signification du premier, avant de pouvoir faire procéder à celle du second, l'alinéa 2 de l'article 17 du décret disposant seulement que le commandement de payer valant saisie est signifié à la diligence du créancier poursuivant. En pratique, il conviendra cependant de laisser s'écouler entre les deux actes, un délai minimum, afin de laisser au débiteur qui souhaiterait payer sa dette, le temps de le faire.

L'omission du commandement simple, comme celle du commandement de saisie, invalidera totalement la procédure, s'agissant d'un vice substantiel ne nécessitant pas, de ce fait la démonstration d'un grief.

A La signification préalable au débiteur en titre, d'un commandement de payer simple

596. La formalité est prescrite par l'article 17, alinéa 1, du décret du 27 juillet 2006. Ce commandement de payer, simple, n'est pas un acte d'exécution, puisque l'immeuble ne se trouve plus dans le patrimoine du débiteur. Il n'a donc pas à comporter toutes les mentions de l'article 15 du décret prescrites pour le commandement de payer valant saisie.

Ce commandement de payer simple, a seulement pour objet de mettre le débiteur en demeure de payer et comporte la mention que le commandement de payer valant saisie prévu à l'article 17, alinéa 2, est délivré au tiers acquéreur.

B La signification au tiers acquéreur de l'immeuble, d'un commandement de payer valant saisie

597. Il s'agit bien là du commandement de payer valant saisie prévu à l'article 13 du décret de 2006, délivré au tiers détenteur par le créancier titulaire d'un droit de suite sur l'immeuble saisi. Rien d'étonnant, par conséquent, que selon l'article 17, il « *comporte les **mentions** énumérées à l'article 15* »[17].

L'avertissement prévu au 4° (payer dans les huit jours) est évidemment remplacé par la sommation d'avoir à satisfaire à l'une des obligations énoncées à l'article 2463 du Code civil (payer ou délaisser) dans un délai d'un mois, puisque le tiers acquéreur n'est pas personnellement débiteur de la dette. En outre, les mentions figurant aux 6° (l'indication que le commandement vaut saisie à compter de sa signification), 7° (l'indication que la signification du commandement vaut saisie des fruits et que le destinataire de cette signification en est séquestre), 8° (l'indication que le tiers détenteur conserve la possibilité de rechercher un acquéreur de l'immeuble saisi pour procéder à sa vente amiable, ou de donner mandat à cet effet), 12° (l'indication que le tiers peut demander à bénéficier de l'aide juridictionnelle) et 13° (l'indication de la possibilité de saisir la commission de surendettement) de l'article 15, concernent ici, non pas le débiteur en titre, mais le tiers détenteur. Le commandement rappelle les dispositions de l'article 2464 du Code civil, en l'occurrence la menace de la saisie et de la vente de l'immeuble, faute pour le tiers acquéreur, de satisfaire à l'une des obligations de l'article 2463 du Code civil, c'est-à-dire payer ou délaisser.

L'article 17 ne précise pas que les mentions de ce commandement sont prescrites à peine de nullité comme le fait l'article 15.

598. Le commandement de payer valant saisie à tiers acquéreur produit les mêmes ***effets*** que le commandement de payer valant saisie délivré au débiteur propriétaire de l'immeuble : l'indisponibilité de l'immeuble saisi et des fruits dont le tiers détenteur devient séquestre, possibilité pour le tiers, de rechercher un acquéreur pour procéder à la vente amiable, possibilité de demander l'aide juridictionnelle et de saisir la commission de surendettement.

Aux termes de l'article 2470 du Code civil[18], les ***détériorations*** qui procèdent du fait ou de la négligence du tiers détenteur, au préjudice des créanciers hypothécaires ou privilégiés, donnent lieu contre lui à une action en responsabilité civile. En revanche, il ne saurait être tenu de celles qui seraient le résultat d'un cas fortuit ou d'une force majeure, ou encore de l'usage normal de la chose.

Le tiers acquéreur effectivement dépossédé ne peut répéter ***ses impenses et améliorations***, que jusqu'à concurrence de la plus-value résultant de l'amélioration.

17. Cf. *supra*, n°s 582 et s.
18. C. civ., anc. art. 2175.

599. Mais la signification du commandement de saisie produit aussi des effets généraux, quel que soit le cas de figure.

§ 3. Les effets généraux de la signification du commandement de saisie

600. Selon les articles 25 et 31 du décret du 27 juillet 2006, les effets du commandement de payer valant saisie se produisent à l'égard du débiteur et du tiers saisis, à compter de la signification de l'acte qui leur est destiné suivant le cas de figure. On se reportera en tant que de besoin aux articles 2198 à 2200 du Code civil et aux articles 25 à 30 du décret de 2006.

En revanche, à l'égard des tiers, *penitus extraneus*, ces effets courent au jour de la publication du commandement (C. civ., art. 2200, al. 1).

Le commandement de saisie immobilière produit, comme tout commandement de payer, des ***effets conservatoires***. Comme tout commandement de payer, le commandement de saisie immobilière met le débiteur, la caution réelle ou le tiers détenteur en demeure de payer (C. civ., art. 1139), interrompt la prescription de la créance (C. civ., art. 2244) et fait courir les intérêts moratoires (C. civ., art. 1153).

Concernant les effets propres à la saisie immobilière, selon l'article 2198 du Code civil, la saisie rend l'immeuble indisponible et restreint les droits de jouissance et d'administration du débiteur. Le bien ne peut être aliéné, ni grevé de droits réels, ni donné à bail par le débiteur, sous réserve des dispositions de l'article 2201. À moins que le bien soit déjà loué, le débiteur en est constitué séquestre sauf à ce que les circonstances justifient de la désignation d'un tiers ou l'expulsion du débiteur pour cause grave. Du fait de la signification du commandement, l'immeuble saisi est indisponible ***(A)***, les droits du saisi sont restreints ***(B)*** et les fruits, le cas échéant produits par l'immeuble, font partie de l'assiette de la saisie ***(C)***.

A L'indisponibilité de l'immeuble saisi

601. Bien que le saisi soit toujours propriétaire de l'immeuble de l'immeuble placé sous main de justice du fait de la saisie, à compter de la signification du commandement de payer valant saisie, l'immeuble saisi ne peut plus être aliéné, ni grevé de droits réels, sous réserve de la faculté d'être autorisé par le juge de l'exécution à vendre le bien amiablement. Cette indisponibilité se traduit par l'interdiction des aliénations, d'une part ***(1)*** ; celle de la constitution de droits réels, d'autre part ***(2)***.

1. L'interdiction des aliénations

602. Les aliénations non publiées ou publiées postérieurement à la signification du commandement, mais antérieurement à sa publication, sont inopposables au créancier poursuivant comme à l'acquéreur sur saisie. L'inopposabilité de cette convention pourra être prononcée par le juge de l'exécution. Cette vente ou constitution de droits réels peut toutefois présenter un intérêt pour le poursuivant et les créanciers inscrits, dès lors que le prix est susceptible de les désintéresser. L'article 2200, alinéa 2, du Code civil prévoit donc que l'acquéreur peut faire échec à une demande en inopposabilité en consignant « ... *une somme suffisante pour acquitter en principal, intérêts et frais, ce qui est dû aux créanciers inscrits ainsi qu'au créancier poursuivant* »[19]. Les articles 25 et 26 du décret prescrivent que la ***consignation*** doit être signifiée au créancier poursuivant ainsi qu'aux créanciers inscrits, avant l'audience d'adjudication, sans qu'il puisse être accordé un délai supplémentaire pour y procéder[20]. En pratique, il n'est pas dressé d'acte de consignation. La Caisse des dépôts et consignations remet seulement au déposant un récépissé de consignation. C'est ce document qui devra être signifiée.

La consignation produit les effets d'un paiement et ne peut, en principe, être retirée par l'acquéreur. Par suite, les créanciers inscrits et le saisissant peuvent, en produisant la notification du récépissé de la consignation, retirer à la Caisse des dépôts et consignations les sommes leur revenant, au vu de leurs titres de créance.

2. L'interdiction des constitutions de droits réels

603. Selon l'article 2200, alinéa 3, du Code civil, sont pareillement inopposables les inscriptions de constitutions de droits réels du chef du saisi qui n'ont pas été prises antérieurement à la publication du commandement de saisie, sous réserve du droit pour le vendeur, le prêteur de deniers pour l'acquisition et le copartageant, d'inscrire dans les délais prévus par les articles 2379 à 2381 du Code civil, le privilège qui leur est conféré par l'article 2374 du même Code[21].

19. Cette faculté existait déjà avant la réforme. Sera ensuite mise en œuvre la procédure de purge, avec mainlevée amiable de la saisie, par les créanciers inscrits et privilégiés, tous désintéressés grâce à la consignation, l'article 2200 du Code civil disposant en outre que « ... *la somme ainsi consigné leur est affectée spécialement* ».

20. En cas de surenchère ou de réitération des enchères, la consignation pourra, de même, être faite et notifiée utilement jusqu'à l'adjudication sur surenchère ou réitération des enchères.

21. Pour le vendeur, le prêteur de deniers pour l'acquisition et le copartageant, l'inscription peut toutefois être réalisée postérieurement à la publication du commandement de payer valant saisie. Le vendeur et le prêteur de deniers peuvent en effet inscrire le privilège qui leur est conféré par l'article 2374 du Code civil dans le délai de deux mois à

B Les restrictions aux droits du saisi

604. Aux termes de l'article 2198 du Code civil, la saisie restreignant les droits de jouissance et d'administration, à moins que le bien ne soit loué, le saisi qui l'habite en conserve la jouissance jusqu'à la vente comme séquestre judiciaire, sauf à ce que les circonstances justifient la désignation d'un tiers ou ***l'expulsion du saisi*** pour cause grave. L'article 27, alinéa 1, du décret du 27 juillet 2006 en précise les conditions[22]. Toute personne peut être nommée séquestre à la place du saisi[23]. L'article 27, alinéa 2, dispose en outre, que le juge de l'exécution peut, à la demande du créancier ou du saisi, autoriser l'accomplissement de certains actes sur le bien saisi.

À partir de la signification du commandement de saisie, le saisi est donc séquestre judiciaire de son immeuble. Le débiteur qui habite l'immeuble peut continuer à l'habiter sans avoir à payer un loyer. Il a l'obligation d'en jouir en bon père de famille (C. civ., art. 1962). Si l'immeuble est frugifère, le saisi peut percevoir les fruits, faire les récoltes, à charge de rendre compte. Il a toujours été admis qu'il puisse retenir ce qui est nécessaire pour sa consommation personnelle ainsi que celle de sa famille, en cas de contestation, dans des proportions fixées par le juge de l'exécution.

605. Aux termes de l'article 2199 du Code civil, les ***baux consentis*** par le débiteur ***après la saisie***, c'est-à-dire après la signification du commandement de saisie[24], sont inopposables au créancier poursuivant comme à l'acquéreur. Ceux conclus avant cette signification[25] sont

compter de l'acte de vente (C. civ., art. 2379). Quant au cohéritier ou copartageant, il peut procéder à l'inscription dans le même délai de deux mois à compter de l'acte de partage, de l'adjudication sur licitation ou de l'acte fixant l'indemnité prévue par l'article 924 du Code civil (C. civ., art. 2381). Le privilège prend rang à la date de ces actes.

22. L'article 27 du décret précise que, à moins que son expulsion soit ordonnée, le débiteur conserve l'usage de l'immeuble saisi, sous réserve de n'accomplir aucun acte matériel susceptible d'en amoindrir la valeur à peine de dommages et intérêts et sans préjudice, s'il y a lieu des peines prévues par l'article 314-6 du Code pénal.

23. Le tiers séquestre dispose en principe des pouvoirs ordinaires d'administration. Mais il est généralement admis qu'il ne peut procéder à la vente des fruits que de la manière autorisée par le juge de l'exécution. Le tiers nommé séquestre judiciaire a droit à des émoluments en application de l'article 1962, alinéa 3, du Code civil qui énonce que l'obligation du saisissant consiste à payer au gardien le salaire fixé par la loi. En pratique, la rémunération du séquestre doit être proportionnée tant à la nature et à l'importance des biens saisis, qu'aux soins exigés en raison des circonstances par leur administration.

24. C'est la signification du commandement de payer qui vaut saisie (D. n° 2006-936, 27 juillet 2006, art. 4 et 13).

25. Et non avant la publication du commandement de saisie à la conservation des hypothèques.

donc opposables. La preuve de l'antériorité du bail pourra être faite par tout moyen[26]. L'article 2199 du Code civil s'applique à tous les baux, même s'ils n'ont pas reçu un commencement d'exécution. Ces dispositions sont donc applicables à la location-gérance. N'opérant aucune distinction selon la nature des baux, l'article 2199 est également applicable aux baux commerciaux[27].

C La saisie des fruits

606. L'article 2194 du Code civil et l'article 28 du décret de 2006 disposent en substance que la saisie d'un immeuble emporte saisie de ses fruits, sauf si ceux-ci ont déjà fait l'objet d'une saisie antérieure en cours[28]. Il n'est plus distingué selon qu'il s'agit de fruits naturels, industriels ou civils. À compter de la signification du commandement de payer valant saisie, les fruits sont ainsi immobilisés. Ils seront distribués avec le prix de l'immeuble selon le même ordre.

L'article 2198 du Code civil, à l'inverse de l'ancien Code de procédure civile, ne distingue pas selon la nature des fruits. L'immobilisation s'appliquera donc à tous les fruits, qu'ils soient naturels (produits spontanés de la terre), industriels (produits obtenus par le travail de l'homme) ou civils (loyers et autres revenus en argent procurés par l'immeuble), au jour de la signification du commandement.

L'article 29 du décret du 27 juillet 2006 dispose que le créancier poursuivant peut autoriser le saisi à vendre les fruits à l'amiable ou faire procéder lui-même, sur autorisation du juge de l'exécution à la coupe et à la vente des fruits qui seront alors vendus aux enchères ou par tout autre moyen dans le délai fixé par le juge. Le prix est ensuite

26. Avant la réforme, on distinguait les baux faits par acte authentique et ceux sous seings privés en raisonnant, pour ces derniers, selon qu'ils avaient ou non date certaine avant le commandement. Ces distinctions n'ont plus cours. Seule compte la date de conclusion du bail.

27. Mais l'exploitant d'un fonds de commerce dans l'immeuble saisi, qui n'était pas titulaire d'un bail commercial, mais propriétaire de l'immeuble et avait donc la qualité de saisi, n'a aucun droit, de la part de l'adjudicataire, à l'établissement d'un bail commercial pour continuer l'exploitation du fonds (Cass. com., 31 mars 2009, *D.* 2009, AJ, p. 1139, note Chevrier).

28. L'article 2194 du Code civil règle le conflit entre deux mesures d'exécution différentes réalisées successivement et qui peuvent concerner les fruits. Ainsi, par exemple, si une saisie-attribution a été entreprise sur les loyers, fruits civils, avant la signification du commandement de payer valant saisie, elle pourra se poursuivre. Cette mesure, pratiquée avant la signification du commandement de payer valant saisie, fera obstacle à toute immobilisation des loyers ou fermages. Il en sera de même d'une saisie-vente des récoltes sur pied, variété de la saisie vente et qui concerne les fruits proches de la maturité non encore récoltés et adhérant toujours à la terre soit directement par leur racine, soit indirectement par les branches des arbres qui les ont produits.

déposé entre les mains du séquestre désigné par le créancier poursuivant ou à la Caisse des dépôts et consignations.

Lorsqu'il existe sur l'immeuble un ou plusieurs baux opposables aux créanciers[29], l'immobilisation des loyers et fermages qui se produit au jour de la signification du commandement de payer valant saisie, n'empêche pas les locataires ou fermiers de continuer à payer leurs loyers ou fermages au saisi qui en est séquestre. Toutefois, l'article 30 du décret du 27 juillet 2006 dispose que le poursuivant peut, par acte d'huissier de justice, s'opposer à ce que le locataire se libère des loyers et fermages entre les mains du débiteur, et lui faire obligation de les verser entre les mains d'un séquestre qu'il désigne ou de les consigner à la Caisse des dépôts et consignations.

607. Comme sous l'empire du droit antérieur, le commandement de payer valant saisie soit être publié à la conservation des hypothèques.

Sous-section 2
La publication du commandement de payer valant saisie, à la conservation des hypothèques

608. Une fois encore, assez peu de nouveautés par rapport au droit antérieur. C'est la publication au fichier immobilier qui rend la saisie opposable aux tiers *penitus extraneus* (C. civ., art. 2200, al. 1). Les textes de référence sont les articles 2198 à 2200 du Code civil et les articles 25 à 31 du décret du 27 juillet 2006.

Une fois signifié au saisi, débiteur, tiers acquéreur ou tiers ayant hypothéqué son immeuble à la dette d'autrui, le commandement de payer valant saisie doit être publié au bureau des hypothèques ***(§ 1)***. En cas de saisie à l'encontre du tiers détenteur[30], seul le commandement de payer valant saisie délivré au tiers détenteur sera publié. Le commandement ainsi publié produit certains effets ***(§ 2)*** qui cessent lorsque le commandement se périme ***(sous-section 3)***.

29. Mais l'exploitant d'un fonds de commerce dans l'immeuble saisi, qui n'était pas titulaire d'un bail commercial, mais propriétaire de l'immeuble et avait donc la qualité de saisi, n'a aucun droit, de la part de l'adjudicataire, à l'établissement d'un bail commercial pour continuer l'exploitation du fonds (Cass. com., 31 mars 2009, *D.* 2009, AJ, p. 1139, note Chevrier).

30. La signification du commandement de payer valant saisie à tiers détenteur (acquéreur) produit à l'égard de celui-ci les effets attachés à la signification du commandement de payer valant saisie au débiteur.

§ 1. Les modalités et conditions de publication de commandement de saisie immobilière

609. La publication doit s'effectuer au bureau des hypothèques de la situation des immeubles (D. n° 55-22, 4 janvier 1955, art. 35, al. 1), c'est-à-dire au bureau des hypothèques de chacun des arrondissements où sont situés les biens saisis. Les modalités de la publication sont principalement réglées par le décret n° 55-22 du 4 janvier 1955 et celui n° 55-1350 du 14 octobre 1955 relatif à la publicité foncière. Comme auparavant, il existe un délai maximum pour procéder à cette publication, à compter de la signification du commandement ***(A)***. Comme auparavant, les textes envisagent la pluralité de saisies ***(B)***. Comme auparavant, le recours contre une décision de rejet ou de refus du conservateur est porté devant le président du tribunal de grande instance ***(C)***. On parle de rejet, lorsque des formalités sont manquantes et que le conservateur des hypothèques, après examen des documents qui lui sont présentées, estime que des mentions sont mal ou non renseignés, et de refus, lorsqu'il n'y a pas lieu à publication.

A Conditions de délai

610. Il y a, comme auparavant, un délai maximum dans lequel la formalité de publication doit être accomplie. L'huissier de justice peut donc déposer le commandement à la conservation des hypothèques, aussitôt après sa signification. Toutefois, il doit respecter le délai accordé au saisi dans le commandement pour payer, faute de quoi, si celui-ci se libérait avant l'expiration de ce délai, l'huissier pourrait avoir à supporter les frais de la formalité. Nous avons vu que lorsque le commandement de payer valant saisie est signifié à la personne qui a consenti une hypothèque sur l'un de ses biens pour garantir la dette d'un tiers, ou au tiers détenteur, le délai pour s'acquitter de la somme due afin d'éviter que la procédure à fin de vente de l'immeuble se poursuive est d'un mois au lieu de huit jours au débiteur[31].

Selon l'article 18 du décret du 27 juillet 2006, le commandement de payer valant saisie doit être publié au bureau des hypothèques du lieu de situation de l'immeuble dans un délai de deux mois à compter de sa

31. En pratique, le poursuivant a intérêt à effectuer la publication le plus tôt possible, d'une part, en considération des effets qu'elle produit relativement aux biens saisis et, d'autre part, en raison de ce qu'un autre créancier pourrait requérir la publication d'un autre commandement visant le même immeuble, lui faisant ainsi perdre la conduite de la procédure.

signification[32]. Le délai de deux mois de l'article 18 du décret du 27 juillet 2006 est prescrit à peine de caducité du commandement de payer valant saisie (D. 2006-936, 27 juillet 2006, art. 12, al. 1)[33].

Toutefois, un obstacle de droit peut empêcher le créancier poursuivant de procéder à la publication : selon l'article 19, alinéa 2, lorsque l'exécution de la formalité de publication a été retardée en raison d'un rejet soulevé par le conservateur des hypothèques, le délai de deux mois est augmenté du nombre de jours écoulés entre le dépôt du commandement au bureau des hypothèques et l'exécution de la formalité. La date du dépôt est constatée au registre prévu à l'article 2453 du Code civil. S'il est dans l'impossibilité d'y procéder au moment où il en est requis, le conservateur fait mention, sur le commandement qui lui est déposé, de la date du dépôt[34].

B Pluralité de saisies

611. Deux cas de figure sont à distinguer : la présentation simultanée de plusieurs commandements de saisies concernant le même bien, d'une part ; la présentation à la publication de commandements postérieurs à la publication d'un premier commandement, relatif au même bien, d'autre part.

Selon les articles 20 et 23 du décret du 27 juillet 2006, si la publicité de plusieurs commandements, valant saisie du même immeuble, est requise simultanément, seul peut être publié le commandement qui mentionne le titre exécutoire portant la date de la plus ancienne ; si les titres

32. Les articles 641 et 642-1 du Code de procédure civile sont applicables à la computation de ce délai de procédure. Le principe général est qu'en procédure civile, les délais ne sont pas francs. Le jour de signification ne comptant donc pas, le délai ne commence à courir que le lendemain. Le délai étant exprimé en mois, il expire le dernier jour du deuxième mois qui porte le même quantième que le jour de la notification qui a fait courir le délai. À défaut de quantième identique, le délai expire le dernier jour du mois. Il expire le dernier jour à 24 heures.

33. Si le créancier laisse écouler plus de deux mois entre le commandement et la publication au bureau des hypothèques, il n'aura plus qu'à reprendre à zéro les poursuites. Notons que le conservateur ne peut refuser la publication sous prétexte de tardiveté. Selon l'article 12, alinéa 2, du décret du 27 juillet 2006 toute partie intéressée peut demander au juge de l'exécution de déclarer la caducité et d'ordonner, en tant que de besoin, qu'il en soit fait mention en marge de la copie du commandement publié au bureau des hypothèques. Mais il ne sera pas fait droit à la demande si le créancier poursuivant justifie d'un motif légitime de tardiveté de la publication du commandement (D. n° 2006-936, 27 juillet 2006, art. 12, al. 3). Selon l'alinéa 3, de l'article 12, la déclaration de caducité peut également être rapportée si le créancier poursuivant fait connaître au greffe du juge de l'exécution, dans un délai de quinze jours, à compter du prononcé de celle-ci, le motif légitime qu'il n'aurait pas été en mesure d'invoquer en temps utile.

34. Sur le rejet de publication, cf. *infra*, n° 612.

portent la même date, seul le commandement signifié le premier, est publié ; si les commandements sont de la même date, seul est publié celui dont la créance en principal est la plus élevée.

Selon l'article 21, alinéa 1, du décret de 2006, lorsqu'un commandement de payer valant saisie a été publié, il n'y a pas lieu de publier un nouveau commandement relatif au même bien. Dans ce cas, les commandements postérieurs sont simplement portés en marge de la copie du commandement publié dans l'ordre de leur présentation. Toutefois, si le nouveau commandement présenté à la publication comprend plus d'immeubles que le précédent, il est publié pour les biens non compris dans celui-ci. Dans ce second cas, le nouveau créancier poursuivant est tenu de dénoncer le commandement publié au précédent créancier qui poursuivra les deux procédures si elles en sont parvenues au même point ; dans le cas contraire, ce dernier suspend sa propre poursuite et suit la nouvelle procédure jusqu'à ce qu'elle en soit parvenue au même point.

C La contestation des décisions de rejet ou de refus de la publication[35]

612. Aux termes de l'article 19, alinéa 2, du décret du 27 juillet 2006, lorsque l'exécution de la formalité de publication a été retardée en raison d'un rejet par le conservateur des hypothèques, le délai de deux mois prévu à l'article 18 est augmenté du nombre de jours écoulés entre le dépôt du commandement au bureau des hypothèques et l'exécution de la formalité. La date du dépôt est constatée au registre prévu à l'article 2453 du Code civil. S'il est dans l'impossibilité de procéder à la publication à l'instant de la réquisition, le conservateur fait mention, sur le commandement qui lui est déposé, de la date du dépôt (D. n° 2006-936, 27 juillet 2006, art. 19, al. 3).

Le recours contre la décision de rejet du conservateur est porté devant le président du tribunal de grande instance dans le ressort duquel sont situés les immeubles (D. n° 55-22, 4 janvier 1955, art. art. 34-3, dernier alinéa). Il est statué comme en matière de référé. Dès que la décision du juge est passée en force de chose jugée, la formalité litigieuse est, suivant le cas, soit définitivement refusée ou rejetée, soit exécutée dans les conditions ordinaires, son effet remontant alors à la date du dépôt.

35. Cf. *supra*, n° 426, spécialement note 17.

§ 2. Les effets de la publication du commandement de payer valant saisie

613. Comme jadis, la publication d'un commandement de saisie empêche celle d'un autre commandement. Nous avons déjà évoqué les conséquences de la règle ***saisie sur saisie ne vaut*** qui résulte des articles 20 et 21 du décret du 27 juillet 2006 et qui implique que la publication ne peut être faite que pour un seul commandement de saisie. Il en résulte le caractère collectif de la procédure de saisie immobilière, puisque les autres créanciers, auxquels le conservateur a opposé un refus de publication, sont associés à la procédure par le moyen des mentions portées en marge de la copie du commandement publiée à son bureau (indication des commandements présentés postérieurement) et par celles inscrites en marge ou à la suite de la copie du commandement présenté dont la publication est refusée (indication du commandement antérieurement publié et des commandements mentionnés). Aux termes de l'article 22, alinéas 1 et 2, du décret du 27 juillet 2006, la radiation volontaire de la saisie par le saisissant ne peut intervenir qu'avec le consentement des créanciers poursuivants postérieurs. En outre, les autres créanciers, même chirographaires, à qui la publication a été refusée, pourront se faire subroger dans l'exercice des poursuites, dans les conditions de l'article 10 du décret de 2006, en cas de négligence du créancier poursuivant.

Sous-section 3
La péremption du commandement de payer valant saisie

614. Selon l'article 32 du décret du 27 juillet 2006, le commandement de payer valant saisie cesse de produire effet de plein droit si, dans les deux ans de sa publication, un jugement constatant la vente du bien saisi n'a pas été mentionné en marge de cette publication. Aux termes de l'article 33, à l'expiration de ce délai de deux ans et jusqu'à la publication du titre de vente, toute partie intéressée peut ainsi demander au juge de l'exécution de constater la péremption du commandement et ordonner la mention de celle-ci en marge de la copie du commandement publié au bureau des hypothèques. En cas de refus ou de rejet de la formalité de publication dudit commandement, le délai de deux ans ne commence à courir qu'à compter de la régularisation de la demande ou de la décision mentionnée à l'article 26 du décret du 4 janvier 1955[36]. En

36. Cf. *supra*, n° 612.

outre, le délai de deux ans peut être suspendu ou prorogé par décision de justice mentionnée en marge de la copie du commandement publié, ordonnant notamment la réitération des enchères (D. nº 2006-936, 27 juillet 2006, art. 34). Par ailleurs, certains événements vont, parfois de plein droit, avoir un effet suspensif sur la procédure de saisie immobilière. La mesure d'exécution sera alors suspendue[37], ou encore, la vente sera reportée[38]. Dans chacune de ces hypothèses, c'est en fait la mention en marge du jugement relatif à cet événement qui produira cet effet de suspension ou prorogation.

Malgré sa péremption, le commandement vaut comme acte conservatoire et produit les effets généraux d'un tel acte : mise en demeure, intérêts moratoires, interruption de la prescription[39].

Section 2
Les actes préparatoires à la vente

615. À l'expiration d'un délai de huit jours à compter de la délivrance du commandement de payer valant saisie et à défaut de paiement, l'huissier de justice peut pénétrer dans les lieux, afin de dresser un procès-verbal de description de ceux-ci ***(sous-section 1)***. Dans les deux mois qui suivent la publication du commandement de payer valant saisie, le créancier poursuivant doit assigner le saisi à comparaître devant le juge de l'exécution ; ce sera ce que l'on appelle l'audience d'orientation. Cette assignation doit être délivrée dans un délai compris entre un et trois mois avant la date d'audience. Au plus tard le cinquième jour ouvrable suivant la délivrance de cette assignation, le commandement de saisie doit être dénoncé aux créanciers inscrits au jour de la publication. Les créanciers sont sommés d'avoir à déclarer leurs créances au greffe du juge de l'exécution. À défaut de faire une telle déclaration ils seront déchus de leurs sûretés. La dénonciation du commandement de saisie à

37. En cas d'ouverture d'une procédure collective ou lorsque le débiteur peut bénéficier de la protection octroyée aux rapatriés.

38. En cas de force majeure ou sur la demande de la commission de surendettement formée en application de l'article L. 331-5 du Code de la consommation.

39. Concernant l'interruption de la prescription, l'article 2244 du Code civil n'exige pas que la saisie intervienne ensuite dans un délai quelconque et les dispositions de l'article 2247 du Code civil selon lesquelles si le demandeur laisse périmer l'instance, l'interruption est regardée comme non avenue, n'est pas applicable à la saisie immobilière. Si la validité du commandement n'est pas contestée par la suite, il aura interrompu la prescription, alors même que la procédure de saisie dont il constituait le premier acte n'est pas arrivée à son terme (Cass. 2e civ., 24 mars 2005, *Dr. et Proc.* 2005, nº 4, p. 247, obs. A. Leborgne).

leur égard, vaut assignation à comparaître à l'audience d'orientation du juge de l'exécution ***(sous-section 2)***. Le cahier des conditions de vente autrefois appelé « cahier des charges », est déposé au greffe du juge de l'exécution. Il comporte l'état descriptif de l'immeuble et énonce les conditions de mise en vente ***(sous-section 3)***. Le créancier poursuivant dresse un projet de distribution du prix entre les créanciers classés par ordre de préférence ***(sous-section 4)***. C'est le poursuivant qui accomplit les actes préparatoires à la vente, toutefois, un créancier ayant inscrit une sûreté sur le bien pourra se substituer à lui, à compter de la publication du commandement, en formant une demande de subrogation aux poursuites[40].

Sous-section 1
Le procès-verbal de description des lieux

616. Aux termes de l'article 35 du décret du 27 juillet 2006, l'huissier de justice devra laisser s'écouler un délai minimum de huit jours à compter de la délivrance du commandement de payer valant saisie, avant de pénétrer chez le débiteur pour y procéder. Ce délai est d'un mois lorsque le bien est saisi entre les mains d'un tiers acquéreur ou de celui qui a consenti une hypothèque sur l'un de ses biens pour garantir la dette d'autrui.

Il s'agit d'y décrire de la manière la plus détaillée l'immeuble saisi. Aux termes de l'article 36 du décret du 27 juillet 2006, ce procès-verbal comprend : ***1°*** la description des lieux, leur composition et leur superficie ; ***2°*** l'indication des conditions d'occupation et l'identité des occupants ainsi que la mention des droits dont ils se prévalent ; ***3°*** le cas échéant, le nom et l'adresse du syndic de copropriété ; ***4°*** tous autres renseignements utiles sur l'immeuble fournis notamment par l'occupant[41].

40. Cf. *infra*, n° 644.

41. La question s'est posée de savoir s'il y avait lieu de se conformer aux dispositions de la loi n° 96-1107 du 18 décembre 1996 qui a ajouté, à l'article 46 de la loi n° 65-557 du 10 juillet 1965 fixant le statut de la copropriété, pour tout contrat réalisant ou constatant la vente d'un lot ou d'une fraction de lot de copropriété l'obligation de mentionner la superficie de la partie privative de ce lot. La Cour de cassation a exclu les ventes sur saisie immobilière du domaine d'application de ce dispositif, au motif que le jugement d'adjudication ne « *...constituant pas un jugement constatant ou réalisant une vente...* », les dispositions de la loi du 18 décembre 1996 sont sans application aux ventes sur saisie immobilière (Cass. 2e civ., 3 octobre 2002, *Dr. et Proc.* 2003, p. 122, note A. Leborgne). La même solution doit être appliquée concernant les obligations faites désormais au vendeur, depuis les lois n° 98-657 du 29 juillet 1998, n° 99-471 du 8 juin 1999 (art. 8), n° 2000-1208 du 13 décembre 2000 (C.s.pub., art. L. 1334-5 et L. 1334-7), et n° 2003-699 du 30 juillet 2003 et le décret n° 2006-1147 du 14 septembre 2006, de

Ce procès-verbal sera joint au cahier des conditions de la vente. Il n'est pas autre chose qu'un simple constat. L'huissier de justice qui en est chargé se rend sur les lieux. Ce procès-verbal n'a pas lieu de faire l'objet d'une signification.

Lorsque ***l'immeuble est occupé par un tiers*** qui refuse l'accès à l'huissier mandaté par le créancier poursuivant, celui-ci pourra, en application de l'article 21 de la loi du 9 juillet 1991, solliciter une autorisation du juge de l'exécution. Nous avons vu[42] que, toujours aux termes de ce texte, en l'absence de l'occupant du local ou si celui-ci en refuse l'accès, l'huissier de justice ne peut pénétrer dans les lieux, qu'en présence du maire de la commune, d'un fonctionnaire municipal délégué par le maire à cette fin, d'une autorité de police ou de gendarmerie, requis pour assister au déroulement des opérations ou, à défaut, de deux témoins majeurs qui ne sont au service ni du créancier poursuivant, ni de l'huissier de justice chargé de l'exécution.

Notons enfin que la question reste posée de savoir si les dispositions générales de l'article 5 du décret du 27 juillet 2006 qui oblige à constituer avocat s'applique à l'huissier de justice qui entend saisir le juge de l'exécution des difficultés qu'il rencontre pour dresser le procès-verbal de description des lieux[43].

Sous-section 2
L'assignation à comparaître devant le juge de l'exécution, à l'audience d'orientation

617. Le créancier poursuivant doit assigner le saisi et les créanciers inscrits à une audience du juge de l'exécution destinée, notamment, à décider de l'orientation de l'affaire. C'est l'audience d'orientation qui, contrairement à l'ancienne audience éventuelle, est une audience obligatoire *(§ 1)*. Mention de cette assignation doit être portée en marge de la publication de commandement de saisie *(§ 2)*.

---

fournir toute information utile concernant la présence d'amiante, de plomb, de termites et autres insecteslophages, ainsi que des risques naturels ou technologiques, ainsi qu'un diagnostic de performance énergétique.

42. Cf. *supra*, n° 30.

43. Contre l'application de l'article 5 du décret à l'huissier de justice, CA Lyon, 31 janvier 2008, *D.* 2009, pan., p. 1168, obs. A. Leborgne.

§ 1. L'assignation du saisi (A) et la dénonciation du commandement de saisie aux créanciers inscrits (B)

A L'assignation du saisi

618. Cette formalité doit être accomplie dans un certain délai *(1)*, l'acte devant comporter un certain nombre de mentions obligatoires *(2)*.

1. Délais[44]

619. Aux termes de l'article 38 du décret du 27 juillet 2006, dans les deux mois qui suivent la publication du commandement de saisie, le créancier poursuivant doit assigner le saisi à comparaître devant le juge de l'exécution à une audience d'orientation[45].

L'assignation doit être délivrée dans un délai compris entre un et trois mois avant la date de l'audience (D. nº 2006-936, 27 juillet 2006, art. 38, al. 2). Il ne semble cependant pas qu'il soit prévu de sanction en cas d'assignation prématurée. En tout état de cause, lorsqu'au contraire le délai est dépassé, l'article 12 du décret permet alors au créancier poursuivant d'éviter que soit constatée la caducité du commandement en invoquant un motif légitime (D. nº 2006-936, 27 juillet 2006, art. 12, al. 3 et 4).

2. Mentions obligatoires

620. Aux termes de l'article 39 du décret du 27 juillet 2006, outre les mentions prescrites par l'article 56 du Code de procédure civile, l'assignation comprendra un certain nombre de mentions spécifiques, à peine de nullité[46]. Il s'agit de : ***1º*** l'indication des lieu, jour et heure de

44. Nous verrons qu'aux termes de l'article 44 du décret du 27 juillet 2006, au plus tard le cinquième jour ouvrable suivant l'assignation délivrée au saisi, le créancier poursuivant doit déposer au greffe le cahier des conditions de vente, un état hypothécaire et une copie de l'assignation, à peine de caducité du commandement de payer valant saisie.

45. Nous savons qu'en principe, il s'agit du juge de l'exécution du tribunal de grande instance dans le ressort duquel est situé l'immeuble (D. nº 2006-936, 27 juillet 2006, art. 2) et que toutefois, aux termes de l'article 3 du décret, lorsqu'un créancier a procédé simultanément à la saisie de plusieurs immeubles d'un même débiteur situés dans des ressorts de plusieurs tribunaux de grande instance, la procédure est portée devant le juge de l'exécution du tribunal dans le ressort duquel est situé l'immeuble où demeure le débiteur. À défaut, la procédure sera menée devant le juge du ressort dans lequel est situé l'un quelconque des immeubles.

46. Selon les dispositions de l'article 11 du décret du 27 juillet 2006, la nullité des actes de la procédure de saisie immobilière est régie par la section IV du chapitre II du titre V du livre 1er du Code de procédure civile. Par conséquent, pas de nullité sans grief !

l'audience d'orientation du juge de l'exécution ; ***2°*** l'indication que l'audience d'orientation a pour objet d'examiner la validité de la saisie, de statuer sur les contestations et demandes incidentes liées à celle-ci et de déterminer les modalités selon lesquelles la procédure sera poursuivie ; ***3°*** l'information que, si le débiteur n'est pas présent ou représenté par un avocat à l'audience, la procédure sera poursuivie en vente forcée, sur les seules indications fournies par le créancier ; ***4°*** la sommation de prendre connaissance des conditions de la vente figurant dans le cahier des conditions de vente qui peut être consulté au greffe du juge de l'exécution où il sera déposé le cinquième jour ouvrable au plus tard après l'assignation ou au cabinet de l'avocat du créancier poursuivant ; ***5°*** l'indication de la mise à prix, telle que fixée dans le cahier des conditions de vente et de la possibilité d'en contester le montant pour insuffisance manifeste ; ***6°*** l'avertissement que le débiteur peut demander au juge de l'exécution à être autorisé à vendre le bien saisi à l'amiable, s'il justifie qu'une vente non judiciaire peut être conclue dans des conditions satisfaisantes ; ***7°*** l'indication, en caractères très apparents, qu'à peine d'irrecevabilité, toute contestation ou demande incidente doit être déposée au greffe du juge de l'exécution par conclusions d'avocat au plus tard lors de l'audience d'orientation ; ***8°*** le rappel des dispositions de l'article 50 du décret, aux termes duquel, d'une part, la demande du débiteur tendant à la suspension de la procédure de saisie immobilière en raison de sa situation de surendettement doit être formée dans les conditions prévues par l'article R. 331-14 du Code de la consommation ; et d'autre part, que la demande formée par le débiteur, aux fins d'être autorisé à vendre à l'amiable l'immeuble, ainsi que les actes consécutifs à cette vente, sont dispensés du ministère d'avocat et peut être formulée verbalement à l'audience d'orientation ; ***9°*** l'indication que le débiteur, qui en fait la demande, peut bénéficier de l'aide juridictionnelle s'il remplit les conditions de ressources prévues par la loi du 10 juillet 1991 et le décret du 19 décembre 1991 relatifs à l'aide juridictionnelle.

B La dénonciation aux créanciers inscrits du commandement de payer valant saisie

621. Cette dénonciation vaut assignation. Aux termes de l'article 42, alinéa 1, du décret de 2006, la dénonciation aux créanciers inscrits peut être faite aux domiciles élus[47] sur les bordereaux d'inscription.

47. L'article 2428 du Code civil prévoit, pour les privilèges et pour les hypothèques légales, judiciaires ou conventionnelles, l'élection de domicile, par le créancier, dans un lieu quelconque du ressort du tribunal de grande instance de la situation des biens.

Quels sont les créanciers concernés *(1)* ?, dans quel délai cette formalité doit-elle être accomplie *(2)* ?, quelles sont les mentions que doit obligatoirement comprendre l'acte de dénonciation *(3)* ?

1. Les créanciers concernés

622. Il s'agit des créanciers inscrits, du vendeur ou coéchangiste de l'immeuble saisi, et de leurs héritiers.

Selon l'article 38 du décret n° 2006-936 du 27 juillet 2006, le poursuivant doit assigner également les ***créanciers inscrits*** au jour de la publication du commandement, pour l'audience d'orientation du juge de l'exécution. Pour connaître les créanciers inscrits, le poursuivant va lever un état des inscriptions à la conservation des hypothèques[48].

L'article 42, alinéa 2, du décret de 2006 ajoute que cette assignation peut être faite aux ***héritiers des créanciers inscrits***, collectivement, sans désignation des noms et qualités de chacun d'eux, à domicile élu ou, à défaut, au domicile du défunt[49]. Désormais, selon l'article 42, alinéa 2, du décret du 27 juillet 2006 cette faculté ne concerne plus que les héritiers des créanciers inscrits, et ceux du vendeur impayé ou coéchangiste créancier de soulte.

Rappelons qu'en fait d'« assignation », c'est une dénonciation du commandement de saisie qui leur est faite et qui vaut, à leur égard, assignation devant le juge de l'exécution à l'audience d'orientation. C'est la raison pour laquelle les textes parlent de dénonciation.

2. Délai

623. Aux termes de l'article 40 du décret de 2006, c'est au plus tard le cinquième jour ouvrable suivant la délivrance de l'assignation au saisi, que le commandement de payer valant saisi doit être dénoncé aux créanciers inscrits au jour de la publication du commandement, dénonciation qui vaut à leur égard, ne l'oublions pas, assignation à comparaître à l'audience d'orientation du juge de l'exécution. Le délai prévu par l'article 40

48. Sous l'empire du décret-loi de 1938, si, parmi les créanciers, se trouvaient le ***vendeur de l'immeuble*** saisi ou un ***coéchangiste créancier de soulte***, la sommation devait mentionner qu'à défaut de former et de faire mentionner à la suite du cahier des charges, trois jours au moins avant l'audience éventuelle, la demande en résolution de vente ou la poursuite de folle enchère, ils seraient déchus de leur droit d'exercer ces actions à l'égard de l'adjudicataire. Les auteurs du décret n'ont pas distingué ces créanciers particuliers.

49. Avant la réforme, l'article 689, dernier alinéa, de l'ancien Code de procédure civile disposait que la sommation de prendre communication du cahier des charges pouvait être faite aux héritiers collectivement au domicile élu et, à défaut d'élection de domicile, au domicile du défunt, et sans désignation des noms et qualités. Cette disposition s'appliquait aux héritiers de toutes les parties devant recevoir la sommation prévue par ledit article et donc aussi aux héritiers de la partie saisie.

est prescrit à peine de caducité du commandement de saisie. Mais nous savons que l'article 12 du décret permet au créancier poursuivant d'éviter l'application automatique de cette sanction en justifiant d'un motif légitime.

3. Mentions obligatoires

624. Leur présence est prescrite à peine de nullité. Aux termes de l'article 41 du décret du 27 juillet 2006, outre les mentions prescrites par l'article 56 du Code de procédure civile, la dénonciation comprend, à peine de nullité[50] : ***1°*** l'indication des lieu, jour et heure de l'audience d'orientation du juge de l'exécution ; ***2°*** la sommation de prendre connaissance du cahier des conditions de vente qui peut être consulté au greffe du juge de l'exécution où il est déposé le cinquième jour ouvrable au plus tard après la date de l'assignation du débiteur à l'audience d'orientation ou au cabinet de l'avocat du créancier poursuivant ; ***3°*** l'indication de la mise à prix, telle que fixée dans le cahier des conditions de vente ; ***4°*** la sommation d'avoir à déclarer les créances inscrites sur le bien saisi, en principal, frais et intérêts échus, avec l'indication du taux des intérêts moratoires, par acte d'avocat déposé au greffe du juge de l'exécution, et accompagné d'une copie du titre de créance et du bordereau d'inscription et à dénoncer le même jour ou le premier jour ouvrable suivant cette déclaration au créancier poursuivant et au débiteur, dans les mêmes formes ou par signification ; ***5°*** la reproduction en caractères très apparents des articles 2215 du Code civil et 46 du décret du 27 juillet 2006[51] ; ***6°*** la reproduction de l'article 7 du décret de 2006[52].

50. Selon l'article 41 du décret du 27 juillet 2006, ces mentions sont prévues à peine de nullité. L'article 12 du décret conduit une fois encore à raisonner en termes de nullités de forme. Pas de nullité sans grief !

51. Aux termes duquel le délai dans lequel le créancier inscrit a qui a été dénoncé le commandement de payer valant saisie doit déclarer sa créance est de deux mois à compter de la dénonciation, sous peine de déchéance de leur sûreté.

52. Aux termes duquel, d'une part, à moins qu'il en soit disposé autrement, toute contestation ou demande incidente est formée par le dépôt au greffe de conclusions signées d'un avocat ; et d'autre part, lorsque la contestation ou la demande incidente ne peut être examinée à l'audience d'orientation, le greffe convoque les parties à une audience par lettre recommandée avec demande d'avis de réception dans un délai de quinze jours à compter du dépôt de la contestation ou de la demande ; l'examen des contestations et des demandes incidentes ne suspend pas le cours de la procédure.

§ 2. La mention en marge de la publication du commandement de saisie

625. Aux termes de l'article 43, alinéa 1, du décret du 27 juillet 2006, mention de la délivrance de l'assignation et des dénonciations doit être portée en marge de la copie du commandement de payer valant saisie publié au bureau des hypothèques, dans les huit jours de la dernière signification en date. L'article 43 n'étant pas visé par l'article 12 du décret, en cas de non respect de ce délai de huit jours, il n'y aura, *a priori*, pas de sanction d'ordre procédural[53]. On ne trouve pas non plus à l'article 43 de sanction en cas de non accomplissement de cette formalité.

Pour procéder à cette formalité, l'avocat du créancier poursuivant doit communiquer au conservateur des hypothèques, l'original de l'exploit de signification des dénonciations. Celui-ci l'enregistre sur le registre des dépôts prescrit par l'article 2453 du Code civil, fait les mentions nécessaires en marge de la copie du commandement publié et restitue à l'avocat l'original accompagné d'un certificat reproduisant un extrait de ladite copie suivi de celle de la mention.

Du jour de cette mention, le commandement ne peut plus être radiée que du consentement de tous les créanciers inscrits ou en vertu d'un jugement qui leur soit opposable.

Sous-section 3
Le dépôt au greffe du cahier des conditions de vente et de l'état hypothécaire

626. Le créancier poursuivant doit, aux termes de l'article 44 du décret du 27 juillet 2006, au plus tard le cinquième jour ouvrable suivant l'assignation délivrée au saisi, déposer au greffe du juge de l'exécution, un cahier des conditions de vente comportant l'état descriptif de l'immeuble et les modalités de la vente *(§ 2)*. Il y est joint la copie de l'assignation délivrée au saisi et un état hypothécaire certifié à la date de la publication du commandement de saisie *(§ 1)*. Ce cahier, le cas échéant complété ou modifié par le jugement d'orientation, est destiné à être incorporé au jugement d'adjudication dont il fera partie intégrante (D. n° 2006-936, 27 juillet 2006, art. 87), comme jadis le cahier des charges.

---

53. Avant la réforme, le délai imparti au poursuivant par l'article 689, alinéa 1, de l'ancien Code de procédure civile pour sommer les créanciers inscrits était prescrit à peine de déchéance, même en l'absence de tout préjudice. La nouvelle réglementation est donc moins sévère.

§ 1. Le contenu du cahier des conditions de vente

627. Aux termes de l'article 44 du décret de 2006, il est joint au cahier des conditions de vente, la copie de l'assignation délivrée au débiteur et un état hypothécaire certifié à la date de la publication du commandement de saisie. Aux termes de l'article 45 du décret de 2006, ce cahier est rédigé sous la responsabilité du créancier poursuivant. Il peut être consulté au greffe du juge de l'exécution ou au cabinet de l'avocat du créancier poursuivant (D. n° 2006-936, 27 juillet 2006, art. 45, al. 2). Sous réserve des dispositions de l'article 2206 du Code civil relatives au montant de la mise à prix, les stipulations du cahier des conditions de vente peuvent être contestées par tout intéressé.

Il est possible, outre les mentions obligatoires dont la présence est prescrite à peine de nullité ***(B)***, de faire figurer au cahier d'autres mentions ***(A)***. D'autres clauses sont prohibées comme illicites ou contraires à l'ordre public ou aux bonnes mœurs ***(C)***.

A Les mentions préliminaires évidentes ou utiles, non obligatoires

628. Il s'agit notamment de : ***1°*** l'intitulé de l'acte ; ***2°*** l'indication du juge de l'exécution devant lequel la procédure de saisie immobilière est poursuivie ; ***3°*** l'indication des nom, prénoms, profession, nationalité, date et lieu de naissance, situation matrimoniale et domicile du créancier poursuivant et du saisi ; ***4°*** les nom, qualité et adresse de l'avocat du créancier poursuivant ; ***6°*** toute information utile sur l'état de l'immeuble, notamment eu égard aux différents diagnostics désormais imposés aux vendeurs ordinaires mais non exigés en matière de vente sur saisie, ou sur l'existence de procès en cours concernant l'immeuble ; ***7°*** l'exposé des conditions de la surenchère et le risque de réitération des enchères ; ***8°*** s'il y a lieu à l'adjudication de tout ou partie des droits d'un indivisaire dans les biens indivis ou dans un ou plusieurs de ces biens, que chaque indivisaire peut se substituer à l'acquéreur dans un délai d'un mois à compter de l'adjudication, par déclaration au greffe (C. civ., art. 815-15) ; ***9°*** l'article 92 du décret du 27 juillet 2006 qui permet de prévoir le maintien dans les lieux du débiteur saisi après l'adjudication...

B Les mentions spécifiques prescrites à peine de nullité

629. Aux termes de l'article 44 du décret de 2006, « *le cahier des conditions de vente contient, notamment, à peine de nullité* (de forme, conformément aux dispositions de l'article 11)*: 1° L'énonciation du* *titre exécutoire en vertu duquel les poursuites sont exercées ; 2° Le décompte des sommes dues au créancier poursuivant en principal, frais et intérêts échus ainsi que l'indication du taux des intérêts moratoires ; 3° L'énonciation du commandement de payer valant saisie avec la mention de sa publication et des autres actes et jugements intervenus postérieurement ; 4° La désignation de l'immeuble saisi, l'origine de propriété, les servitudes grevant l'immeuble, les baux consentis sur celui-ci et le procès-verbal de description*[54] *; 5° Les conditions de la vente judiciaire*[55] *et la mise à prix fixée par le créancier poursuivant ; 6° La désignation d'un séquestre des fonds provenant de la vente ou de la Caisse des dépôts et consignations, consignataire des fonds* ».

L'article 2206 du Code civil dispose que la mise à prix est fixée par le poursuivant et qu'à défaut d'enchérisseur, celui-ci sera déclaré d'office adjudicataire à ce montant. Depuis la loi n° 98-46 du 23 janvier 1998, il avait été offert au saisi la faculté de contester le montant de la mise à prix trop basse. Cette faculté n'était cependant ouverte qu'au saisi personne physique et lorsque la saisie avait pour objet son logement principal. Les auteurs de la réforme ont étendu le domaine de cette faculté de contestation en l'ouvrant au saisi, quelle que soit la destination de son immeuble. Information de cette faculté doit lui être donnée dans l'assignation à comparaître à l'audience d'orientation.

54. L'énonciation des titres de propriété est désormais exigée dans le cahier des conditions de vente. Ce document va donc contenir un relevé remontant aussi loin que possible dans le passé, et au moins à trente ans, des différents propriétaires de l'immeuble et de leurs titres de propriété. Le cahier des conditions de vente doit relater les servitudes pouvant grever le bien saisi, ainsi que les baux et locations dont il fait l'objet.

55. Les conditions de la vente judiciaire et la mise à prix fixées qui sont les informations les plus importantes pour les éventuels aspirant acquéreurs, sont fixées par le créancier poursuivant mais peuvent faire l'objet de contestations par tout intéressé. Il ne srea pas inutile de préciser la date à laquelle l'adjudicataire deviendra propriétaire, - en principe le jour de l'adjudication définitive -, la date de son entrée en jouissance, - en principe le jour de l'adjudication définitive quand l'immeuble est libre de location, sauf si il a été prévu dans le cahier le maintien dans les lieux du débiteur saisi en application de l'article 92 du décret de 2006 -, la date à laquelle il devra régler les frais et émoluments de la vente, le droit d'enregistrement, ou le droit fiscal en tenant lieu, les diligences à accomplir, afin que l'immeuble soit garanti par une assurance, en cas d'incendie notamment, les diligences à effectuer en vue de la publication du jugement d'adjudication et de l'inscription du privilège du vendeur.

Il doit impérativement reproduire les renseignements d'urbanisme utiles, contenir élection de domicile par le créancier poursuivant et l'indication de l'obligation pour l'enchérisseur d'avoir à faire élection de domicile dans le ressort du tribunal devant lequel est poursuivie la saisie.

C Les clauses illicites

630. Sont illicites les clauses qui, mettant à la charge de l'adjudicataire une obligation de nature personnelle, prise par le saisi au profit d'un créancier, modifieraient directement ou indirectement l'ordre dans lequel le prix du bien saisi doit être réparti entre eux. À ce propos, avant la réforme, dans le cas de vente sur saisie immobilière d'un lot de copropriété dont le saisi n'avait pas payé les charges, les syndics faisaient souvent insérer, dans le cahier des charges de l'adjudication, un dire aux termes duquel l'adjudicataire aurait l'obligation de régler les charges de copropriété non acquittées par le saisi. La validité d'une telle clause avait été contestée. La Cour de cassation avait d'abord admis la validité de la clause imposant à l'adjudicataire le paiement des arriérés des charges dues par le saisi[56]. Mais par la suite, elle a déclaré que le syndicat des copropriétaires ne pouvait imposer au créancier poursuivant l'insertion d'un dire obligeant l'adjudicataire à payer les charges communes afférentes au lot saisi, ce qui conférait au syndicat un privilège non prévu par la loi[57]. De plus, elle a cassé les décisions qui refusaient d'annuler une telle clause, alors que cette clause avantage le créancier poursuivant, au détriment des autres[58]. En revanche, un syndicat de copropriétaires pourra déposer des conclusions aux termes desquelles l'adjudicataire devra se conformer au règlement de copropriété et en permettre l'exécution. Dans le même ordre d'idées, ont été considérées illicites la clause mettant à la charge de l'adjudicataire une facture d'eau impayée par le saisi[59], un arriéré de cotisations dues à une association foncière ayant pris en charge des travaux de rénovation de lots de copropriété[60], ou encore, une dation en paiement inexécutée du prix de vente du bien saisi[61].

D'une manière générale, avant l'adjudication, ces clauses pourront être contestées par les créanciers lors de l'audience d'orientation. L'adjudicataire en revanche, ne sera pas recevable à invoquer leur illicéité[62].

56. Cass. 2e civ., 6 novembre 1984, *D.* 1985, p. 547, note H. Souleau.
57. Cass. 3e civ., 17 février 1988, *JCP G* 1988, II, 21069.
58. Cass. 2e civ., 8 janvier 1992, *GP* 1992, 2, somm., p. 463, note M. Véron ; Cass. 3e civ., 17 juin 1992, *GP* 1992, 2, pan. jurispr. p. 286.
59. Cass. 2e civ., 2 décembre 1992, *D.* 1994, p. 116, note J.-P. Verschave.
60. Cass. 2e civ., 13 mars 1996, *GP* 1996, 2, pan. 282, *Bull. civ.* II, n° 61.
61. Cass. 2e civ., 9 juillet 1987, *JCP éd. G* 1998, I, 103, obs. Delebecque, *RTD civ.* 1998, p. 128, obs. Gautier.
62. Cass. 2e civ., 18 février 1999, *Bull. civ.* II, n° 30 ; Cass. 2e civ., 21 décembre 2000, *Loyers et copr.* 2001, n° 98.

§ 2. Le dépôt du cahier des conditions de vente et de l'état hypothécaire, au greffe du juge de l'exécution

631. Cette formalité est prescrite par l'article 44 du décret du 27 juillet 2006. Aucun texte n'a jamais régi les modalités de ce dépôt. Il en est de même pour le cahier des conditions de vente aujourd'hui. En pratique le greffier dressera un acte de dépôt afin de donner date certaine à celui-ci en cas de contestation. L'état hypothécaire qui doit être déposé au greffe, doit être établi à la date de la publication du commandement de payer valant saisie.

Ce dépôt du cahier des conditions de vente et de l'état hypothécaire doit être effectué au plus tard le cinquième jour ouvrable après l'assignation délivrée au saisi. L'inobservation de ce délai est sanctionnée par la caducité du commandement de saisie, conformément aux dispositions de l'article 12, alinéa 1, du décret de 2006.

Sous-section 4
La déclaration des créances (§ 1) et la rédaction d'un projet de distribution du prix de vente (§ 2)

632. Les auteurs de la réforme ont souhaité lier la saisie et la distribution du prix qui en résulte. À cette fin, les créanciers inscrits doivent déclarer leur créance avant même la vente effective du bien saisi, afin de permettre au poursuivant, lors de l'audience de vente (amiable ou forcée) de produire un projet de distribution du prix de vente de l'immeuble entre les créanciers classés par ordre de préférence.

§ 1. La déclaration des créances

633. Il convient de distinguer les créanciers inscrits au jour de la publication du commandement de payer valant saisie, que le poursuivant aura sommé de déclarer leur créance, de ceux qui n'inscriront leur sûreté qu'après.

Aux termes de l'article 46 du décret de 2006, le délai dans lequel les créanciers inscrits auxquels a été dénoncé le commandement de payer valant saisie, doivent déclarer leur créance, est de deux mois à compter de la dénonciation, sous peine de déchéance de leur privilège. En cas d'omission de déclaration, conformément aux dispositions de l'article 2215 du Code civil, les créanciers sommés de déclarer leur créance et qui ont omis de le faire, sont déchus du bénéfice de leur sûreté pour la distribution du prix de vente de l'immeuble. Toutefois, l'article 46 instaure au profit du créancier qui justifie que sa défaillance n'est pas de son fait, une possibilité de relevé de forclusion par le juge de l'exécution qui statue par ordonnance sur requête qui doit être déposée, à peine d'irrecevabilité, quinze jours au plus tard avant la date fixée pour l'audience d'adjudication ou de constatation de la vente amiable. Conformément à l'article 5 du décret du 27 juillet 2006, la déclaration de créances doit être effectuée par ministère d'avocat postulant, inscrit au barreau près le tribunal de grande instance du juge de l'exécution devant lequel la vente est poursuivie[63].

La mise en œuvre d'une procédure de saisie immobilière n'interdit cependant pas aux créanciers d'inscrire une sûreté sur l'immeuble. Ces créanciers-là pourront dès lors participer à la distribution du prix, mais leur sûreté ne sera pas opposable au créancier poursuivant (C. civ., art. 2200). Leurs créances prendront donc rang après celle du créancier poursuivant. Aux termes de l'article 47 du décret du 27 juillet 2006, ces créanciers-là peuvent intervenir dans la procédure en déclarant leur créance, arrêtée en principal frais et intérêts échus au jour de la déclaration. À peine d'irrecevabilité, la déclaration est faite par acte d'avocat postulant devant le tribunal devant lequel se poursuit la vente, déposée au greffe du juge de l'exécution dans un délai d'un mois suivant l'inscription et est accompagnée d'une copie du titre de créance, du bordereau d'inscription et d'un état hypothécaire levé à la date de l'inscription. Parce que, leur inscription est postérieure à l'état hypothécaire que le créancier poursuivant aura levé pour savoir à quels créanciers inscrits il doit dénoncer le commandement, celui-ci ignorera nécessairement à ce moment-là, l'existence de ces créanciers nouvellement inscrits. Aussi, l'article 47 prévoit-il que la déclaration de leurs créances faite par ces créanciers devra être dénoncée, dans les mêmes formes ou par signification, le même jour ou le premier jour ouvrable suivant, au créancier poursuivant et au débiteur.

§ 2. La rédaction d'un projet de distribution du prix de vente

634. Le créancier poursuivant doit établir, sans préjudice des déclarations de créances faites en application du second alinéa de l'article 46

63. Cass. avis, 16 mai 2008, *D.* 2008, AJ, p. 1631, *D.* 2009, pan., p. 1168, obd. A. Leborgne, *BICC* 15 septembre 2008, p. 9, rapp. Sommer, p. 10, concl. Maynial, p. 30.

(créancier ayant obtenu un relevé de forclusion) et de l'article 47 (créancier postérieur) un projet de distribution du prix de vente de l'immeuble entre les créanciers classés par ordre de préférence, en fonction, notamment, des sûretés inscrites sur le bien. À cette fin, aux termes de l'article 48 du décret de 2006, le créancier poursuivant doit se procurer auprès du greffe du juge de l'exécution, copie des créances produites.

Le décret ne dit pas à quel moment le poursuivant doit s'adresser au greffe pour obtenir copie des déclarations de créances produites. En pratique, il ne le fera pas avant l'expiration du délai de deux mois ayant couru pour le dernier créancier sommé. Mais, parce que de nouveaux créanciers peuvent encore lui dénoncer leur déclaration postérieurement aux sommations délivrées, ce projet de distribution pourra être modifié au fur et à mesure des déclarations de créance reçues.

Section 3
L'audience *(sous-section 1)* et le jugement *(sous-section 2)* d'orientation

635. L'audience d'orientation est tenue par le juge de l'exécution entre un et trois mois après l'assignation à comparaître délivrée au saisi. Le juge de l'exécution vérifie que les conditions des articles 2191 et 2193 du Code civil sont réunies, il statue sur d'éventuelles contestations et demandes incidentes, détermine les modalités de poursuite de la procédure, vente amiable ou vente forcée. Le saisi, dispensé de constituer avocat, peut solliciter verbalement l'autorisation de vendre amiablement son bien. Il peut demander la suspension de la procédure en raison de sa situation de surendettement. Un jugement est rendu qui est susceptible d'appel dans les quinze jours de sa notification par le greffe, en application des règles générales de procédure devant le juge de l'exécution.

Sous-section 1
L'audience d'orientation

636. Elle est, comme son nom l'indique, une phase de la procédure de saisie immobilière qui va déterminer le contenu de la suite de la procédure. Soit le bien pourra être vendu amiablement, mais toujours sous contrôle du juge, soit c'est la vente aux enchères qui sera poursuivie. L'audience permet encore de vérifier que les conditions de fond de la saisie sont réunies, de trancher les contestations et de statuer sur les demandes qui pourraient être formulées. À cette audience seront présents, le créancier poursuivant, le saisi, mais aussi les créanciers inscrits. La commission de surendettement y interviendra le cas échéant. Aux termes de l'article 5, à l'inverse des dispositions du décret du 31 juillet 1992, les parties sont, sauf disposition contraire, tenues de constituer avocat.

Il convient d'envisager successivement, la détermination de la date de l'audience d'orientation *(§ 1)* et l'office du juge de l'exécution dans le cadre de cette audience *(§ 2)*.

§ 1. La détermination de la date de l'audience d'orientation

637. Elle incombe au créancier poursuivant qui assigne à cette audience le saisi et les créanciers inscrits. Cette audience aura lieu au plus tôt, un mois après l'assignation à comparaître délivrée au saisi, et au plus tard, trois mois après, sous peine de caducité du commandement de saisie.

Le juge de l'exécution pourrait-il renvoyer l'audience d'orientation ? Sous l'empire du droit antérieur, à propos de l'audience éventuelle, la Cour de cassation excluait tout renvoi, même si la pratique des tribunaux de grande instance était plus souple. La circulaire d'application du ministère de la Justice n° NOR JUS C 06 20 848 C en date du 14 novembre 2006, estime que le juge dispose en la matière d'un pouvoir souverain d'appréciation de l'opportunité de renvoyer l'affaire à une audience ultérieure, afin d'assurer le respect du principe du contradictoire. Cette opinion libérale de l'administration est corroborée par l'article 7, alinéas 3 et 4 du décret qui dispose que, « *lorsque la contestation ou demande incidente ne peut être examinée à l'audience d'orientation, le greffe convoque les parties à une audience par lettre recommandée avec demande d'avis de réception dans un délai de quinze jours à compter du dépôt de la contestation ou de la demande. /L'examen des contestations ou demandes incidentes ne suspend pas le cours de la procédure* ». Elle a été consacrée implicitement par la Cour de cassation[64].

§ 2. L'office du juge de l'exécution

638. Les parties peuvent déposer des conclusions pour soulever des contestations et former des demandes incidentes. L'article 49 du décret du 27 juillet 2006, dispose qu'à l'audience d'orientation, le juge de

64. Cass. 2e civ., 23 octobre 2008, *Bull. civ.* II, n° 226.

l'exécution vérifie que les conditions des articles 2191 et 2193 du Code civil sont réunies. Il s'agit de contrôler le titre du créancier et l'objet de la mesure d'exécution.

L'audience d'orientation est l'occasion de faire trancher par le juge les contestations de toute sorte et de lui demander de statuer sur demandes formées par les parties. Conformément aux dispositions de l'article 440 du Code de procédure civile, le juge de l'exécution tient ***audience publique*** pour entendre les parties. Quant aux règles applicables concernant la communication entre les parties, aux termes de l'article 7, alinéas 2 et 3, du décret de 2006, « ***La communication des conclusions et des pièces*** *entre avocats est faite dans les conditions prévues par l'article 815 du Code de procédure civile*[65]. */La communication des conclusions est faite par signification au débiteur qui n'a pas constitué avocat* ».

Lorsque la contestation ou la demande incidente ne peut être examinée à l'audience d'orientation, le greffe convoque les parties à une autre audience, par lettre recommandée avec demande d'avis de réception dans un délai de quinze jours à compter du dépôt de la contestation ou de la demande.

L'examen des contestations et des demandes incidentes ne suspend pas le cours de la procédure.

Le juge de l'exécution détermine, en application de l'article 2201 du Code civil, les modalités de la suite de la procédure, en autorisant la vente amiable à la demande du débiteur ou en ordonnant la vente forcée. Mais la vente amiable doit être expressément sollicitée par le saisi, ce que lui seul peut faire, de sorte que s'il n'est pas présent à l'audience, ou s'il ne sollicite pas cette forme de vent, personne ne pourra le faire à sa place et la procédure de saisie immobilière se poursuivra sur vente forcée. Lorsqu'il autorise la vente amiable, le juge de l'exécution doit, aux termes de l'article 49, alinéa 2, du décret du 27 juillet 2006, s'assurer qu'elle peut être conclue dans des conditions satisfaisantes. Pour le reste, l'office du juge de l'exécution est de statuer sur les contestations ***(A)*** et demandes incidentes ***(B)***[66].

---

65. CPC, Art. 814. - *La constitution de l'avocat par le défendeur ou par toute personne qui devient partie en cours d'instance est dénoncée aux autres parties par notification entre avocats. /Cet acte indique : a) Si le défendeur est une personne physique, ses nom, prénoms, profession, domicile, nationalité, date et lieu de naissance. b) Si le défendeur est une personne morale, sa forme, sa dénomination, son siège social et l'organe qui le représente légalement.* Art. 815. - *Les conclusions des parties sont signées par leur avocat et notifiées dans la forme des notifications entre avocats. Elles ne sont pas recevables tant que les indications mentionnées à l'alinéa 2 de l'article 814 n'auront pas été fournies. /La communication des pièces produites est valablement attestée par la signature de l'avocat destinataire apposée sur le bordereau établi par l'avocat qui procède à la communication.*

66. Selon l'article 7 du décret, les contestations et demandes incidentes sont, sauf disposition contraire, formées par le dépôt au greffe de conclusions signées par un avocat

A Les contestations

639. Le juge de l'exécution peut être saisi de contestations portant sur la régularité de la procédure ***(1)***, comme cela résulte de l'article 6 du décret, mais aussi sur le fond du droit, c'est-à-dire, dans une certaine mesure, la créance mise en recouvrement ***(2)***. D'une manière générale, « *À peine d'irrecevabilité prononcée d'office, aucune contestation ni aucune demande incidente ne peut, sauf disposition contraire, être formée après l'audience d'orientation... à moins qu'elle porte sur les actes de procédure postérieurs à celle-ci. Dans ce cas, la contestation ou la demande incidente est formée dans un délai de quinze jours à compter de la notification de l'acte* » (D. n° 2006-936, art. 6).

1. Les contestations portant sur le fond du droit

640. Il en est ainsi, lorsque le débiteur se plaint d'une violation des dispositions de l'article 2192 (principe de proportionnalité), ou de l'article 2197 du Code civil (discussion préalable des meubles d'un débiteur incapable), ou encore, s'il conteste la validité des déclarations de créances[67], le caractère liquide et exigible de la créance, la capacité du poursuivant, s'il élève une contestation relative à la propriété de l'immeuble, ... Une contestation portant sur le quantum de la créance du créancier poursuivant sera seulement l'occasion pour le juge de l'exécution de fixer si nécessaire, son montant en principal, frais, intérêts et accessoires.

2. Les contestations portant sur la procédure

641. Il s'agira en pratique, notamment de causes de nullité, de caducité et de contestations portant sur le contenu du cahier des conditions de vente. L'article 11 du décret de 2006 renvoyant aux articles 112 à 121 du Code de procédure civile, il y a donc lieu de distinguer les vices de forme pour lesquelles la ***nullité*** doit être prévue par un texte et doit causer un grief à celui qui l'invoque, des formalités substantielles et d'ordre public et des irrégularités de fond. Les mentions du commandement de payer valant saisie (D. n° 2006-936, 27 juillet 2006, art. 15), celles de

(cf. *infra*, toutefois, pour la demande du saisi d'être autorisé à vendre amiablement son bien). Aux termes de l'article 6 du décret, à peine d'irrecevabilité prononcé d'office, aucune contestation ni aucune demande incidente ne peut, sauf disposition contraire, être formée après l'audience d'orientation à moins qu'elle porte sur des actes de procédure postérieures à celle-ci. Avant la réforme, les dires devaient être déposés au plus tard trois jours avant le jour de l'audience éventuelle. Désormais, ils semblent que les conclusions puissent être déposées jusqu'au jour de l'audience ce qui ne permet pas aux autres parties d'en avoir connaissance avant.

67. Cass. avis, 16 mai 2008, *D.* 2008, AJ, p. 1631, *D.* 2009, pan., p. 1168, obs. A. Leborgne, *BICC* 15 septembre 2008, p. 9, rapp. Sommer, p. 10, concl. Maynial, p. 30.

l'assignation au débiteur (D. n° 2006-936, 27 juillet 2006, art. 39) et des dénonciations du commandement aux créanciers inscrits valant assignation à comparaître devant le juge de l'exécution à l'audience d'orientation (D. n° 2006-936, 27 juillet 2006, art. 41), ainsi que celles du cahier des conditions de vente (D. n° 2006-936, 27 juillet 2006, art. 44), sont prescrites à peine de nullité.

Aux termes de l'article 12 du décret, les délais prévus par les articles 18, 40, 44, 48 et 64, ainsi que ceux de deux et trois mois prévus par l'article 38 sont prescrits à peine de ***caducité*** du commandement de payer valant saisie. Toute partie intéressée peut demander au juge de l'exécution de déclarer la caducité et d'ordonner, en tant que de besoin, qu'il en soit fait mention en marge de la copie du commandement publié au bureau des hypothèques. Nous avons vu cependant, qu'il n'est pas fait droit à cette demande si le créancier poursuivant justifie d'un motif légitime de retard. La déclaration de la caducité peut également être rapportée si le créancier poursuivant fait connaître au greffe du juge de l'exécution, dans un délai de quinze jours à compter du prononcé de celle-ci, le motif légitime de retard qu'il n'aurait pas été en mesure d'invoquer en temps utile.

Enfin, l'article 45, alinéa 3, du décret du 27 juillet 2006 dispose que les ***stipulations du cahier des conditions de vente*** peuvent être contestées par tout intéressé.

B Les demandes incidentes

642. Il convient de distinguer selon que les demandes émanent du saisi *(1)*, des créanciers *(2)*, du créancier poursuivant *(3)*, ou de tout intéressé *(4)*.

1. Les demandes formulées par le saisi[68]

643. Les demandes caractéristiques sont celle d'autorisation de vendre amiablement, celle de modification de la mise à prix, de cantonnement, de délais de grâce, de suspension des poursuites, d'accomplir certains actes et d'aménagement judiciaire de la publicité en vue de la vente forcée.

La grande nouveauté de la réforme résulte de la faculté offerte au saisi de ***vendre amiablement son bien***, sur autorisation du juge de l'exécution. Aux termes de l'article 50, alinéa 2, cette demande, ainsi que les

68. Le saisi qui n'a pas comparu, ni ne s'est fait représenter à l'audience d'orientation, n'est pas recevable à formuler contestations ou demande de vente amiable de l'immeuble saisi, pour la première fois devant la cour d'appel (en ce sens, CA Paris, 10 avril 2008, et 17 avril 2008, *Procédures* 2009, obs. A. Leborgne).

actes consécutifs à cette vente amiable, sont dispensés du ministère d'avocat. Elle peut être formulée verbalement à l'audience d'orientation. Il n'est pas nécessaire que le saisi ait déjà un acheteur, ni même qu'il ait réalisé des diligences aux fins de mettre le bien en vente.

L'article 2206 du Code civil dispose que la mise à prix est fixée par le poursuivant et qu'à défaut d'enchères celui-ci est déclaré d'office adjudicataire à ce montant. L'alinéa 2 ajoute que le saisi peut, en cas d'***insuffisance de la mise à prix***[69], saisir le juge de l'exécution afin de voir fixer une mise à prix en rapport avec la valeur vénale de l'immeuble et les conditions du marché.

Nous avons déjà vu que l'article 2196 du Code civil offre au débiteur, en cas de saisies simultanées de plusieurs de ses immeubles, de demander au juge le ***cantonnement***[70] de celles-ci. Il peut également demander la ***conversion partielle des saisies en hypothèque***[71] sur certains de ses immeubles.

La faculté pour le saisi de solliciter des ***délais de grâce*** sur le fondement des dispositions de l'article 1244-1 du Code civil n'a pas été prévue par les textes, probablement parce que le droit de la saisie immobilière ayant, en quelque sorte, rejoint le droit commun de l'exécution forcée, le décret de 2006 renvoie, en tant que de besoin à la loi du 9 juillet 1991 et à son principal décret d'application en date du 31 juillet 1992. Il n'était donc pas nécessaire de rappeler spécialement qu'aux termes de l'article 8 du décret du 31 juillet 1992, « *après la signification du commandement ou de l'acte de saisie, selon le cas, ...* (le juge de l'exécution) *a compétence pour accorder un délai de grâce* » en application de l'article 1244-1 du Code civil. Au demeurant, aucune disposition du décret du 27 juillet 2006 n'exclut l'application de ce texte[72].

Le saisi peut former une demande tendant à la ***suspension de la procédure en raison de sa situation de surendettement***. Cette demande sera formée dans les conditions prévues par l'article R. 331-14 du Code de la consommation. D'autres raisons, non visées par le décret du 27 juillet 2006, peuvent encore justifier d'une suspension de la procédure. Il en est ainsi, de l'ouverture d'une procédure collective du Code de commerce à l'encontre du saisi (C. com., art. L. 622-21.I), mais aussi du dépôt, par le débiteur, d'un dossier auprès de la commission

69. Cf. *supra*, n° 626.
70. Cf. *supra*, n° 581.
71. *Ibid.*
72. En ce sens, CA Paris, 22 mai 2008, *Procédures* 2009, p. 1, obs. A. Leborgne. C'est en ce sens également que s'est prononcé la circulaire d'application du ministère de la Justice n° NOR JUS C 06 20 848 C du 14 novembre 2006, en rappelant toutefois qu'en application de l'article 512 du Code de procédure civile, un tel délai ne peut être accordé au débiteur dont les biens sont saisis par d'autres créanciers. Or, en matière de saisie immobilière, un tel cas de figure sera fréquent.

départementale d'aide aux rapatriés (L. n° 97-1269, 30 décembre 1997, art. 100) (D. n° 2006-936, 27 juillet 2006, art. 50, al. 1).

Le juge de l'exécution peut, si les circonstances le justifient, à la demande du saisi, ***autoriser l'accomplissement de certains actes*** sur le bien saisi (D. n° 2006-936, 27 juillet 2006, art. 27, al. 2). Il peut être saisi par la partie saisie, d'une requête tendant à ***aménager, restreindre ou compléter les mesures de publicité*** prévues aux articles 64 à 68, en vue de la vente forcée. La demande peut être formée dès l'audience d'orientation (D. n° 2006-936, 27 juillet 2006, art. 70).

2. Les demandes formulées par les créanciers

644. Les plus caractéristiques sont la subrogation dans les poursuites, l'action en résolution de la vente initiale de l'immeuble conclue avant qu'il ne soit saisi et, une fois encore, la demande d'aménagement judiciaire de la publicité en vue de la vente forcée (D. n° 2006-936, 27 juillet 2006, art. 70).

Aux termes de l'article 10 du décret du 27 juillet 2006, les créanciers inscrits et les créanciers énumérés au 1° *bis* de l'article 2374 et à l'article 2375 du Code civil, peuvent, à compter de la publication du commandement valant saisie et à tout moment de la procédure, demander au juge de l'exécution leur ***subrogation*** dans les droits du créancier poursuivant, par voie de demande incidente ou verbalement à l'audience d'adjudication. Cette subrogation peut être ainsi sollicitée, en cas de désistement du créancier poursuivant ou s'il y a négligence, fraude, collusion ou toute autre cause de retard imputable à celui-ci. Lorsqu'il est fait droit à cette demande, le créancier poursuivant contre lequel la subrogation est prononcée est tenu de remettre les pièces de la poursuite au subrogé qui en accuse réception. Tant que cette remise n'a pas lieu, le créancier poursuivant n'est pas déchargé de ses obligations. La décision qui rejette la demande de subrogation n'est pas susceptible de recours, à moins qu'elle mette fin à la procédure.

Le créancier, vendeur de l'immeuble impayé, bénéficie d'un privilège et de ***l'action résolutoire de l'article 1654 du Code civil***. Peut-il exercer son action à l'occasion d'une procédure de saisie immobilière ? Le décret du 27 juillet 2006 ne comporte pas de dispositions sur ce point, mais, compte tenu de la gravité des effets d'une telle action, elle devrait être purgée par le jugement d'adjudication. C'est ce qui résultait, avant la réforme, des dispositions de l'article 692 du Code de procédure civile[73]. Toutefois, l'article 2379, alinéa 2, du Code civil[74] dispose que l'action

73. En outre, avant la réforme, le décret-loi de 1938 prévoyait qu'à défaut de former cette demande en résolution trois jours avant l'audience éventuelle, le créancier, vendeur impayé de l'immeuble serait déchu de ses droits.

74. C. civ., anc. art. 2108.

résolutoire de l'article 1654 du Code civil, ne peut être exercée au préjudice des tiers qui ont acquis des droits sur l'immeuble du chef de l'acquéreur et qui les ont publiés.

3. Les demandes formulées par le créancier poursuivant

645. Les plus caractéristiques concernent l'organisation des visites de l'immeuble, une fois encore, l'aménagement judiciaire de la publicité, en vue de la vente forcée (D. n° 2006-936, 27 juillet 2006, art. 70), l'autorisation d'accomplir certains actes (D. n° 2006-936, 27 juillet 2006, art. 27, al. 2), l'expulsion du saisi et la taxation des frais de saisie.

En vue de la vente forcée, le créancier poursuivant a intérêt à demander, dès l'audience d'orientation, au juge de l'exécution, de déterminer les ***modalités de visite de l'immeuble***. L'article 59 du décret du 27 juillet 2006 l'y incite[75].

L'article 2198 du Code civil prévoit la possibilité de solliciter si nécessaire, ***l'expulsion du saisi***. Si le saisi occupe les lieux, il pourra donc y demeurer jusqu'à l'adjudication ou la vente amiable. Mais son expulsion pourra être ordonnée pour cause grave, sur décision du juge de l'exécution. L'article 27, alinéa 1er, du décret prévoit cette possibilité, sans préjudice de dommages et intérêts et, s'il y a lieu, des peines prévues par l'article 314-6 du Code pénal.

Enfin, le créancier poursuivant peut demander au juge de l'exécution de ***taxer les frais de poursuite***, au cas où l'autorisation de vente amiable serait accordée.

4. Les demandes émanant de tout intéressé

646. En pratique, comme jadis, elles consisteront en des ***demandes d'adjonction de mentions et précisions dans le cahier des conditions de vente***. L'article 45 *in fine* du décret de 2006, dispose en effet que tout intéressé peut contester les stipulations de ce cahier. On peut donc admettre qu'a fortiori, tout intéressé peut y faire ajouter quelque chose, afin de préserver ses droits. En pratique, il sera souvent question des charges de copropriété impayées[76] et de distraction de saisie.

Aux termes de l'article 9 du décret, la ***demande en distraction*** de tout ou partie des biens saisis peut être formée en tout état de cause. S'il y est fait droit, le juge ordonnera la mainlevée de la saisie. En pratique le tiers qui formule une telle demande sera celui qui se prétend le véritable propriétaire.

---

75. Avant la réforme, rien n'était prévu, et en cas de difficulté de ce chef, la seule solution consistait à saisir le juge des référés afin de voir fixer les modalités de visite.

76. Cf. *supra*, n° 630.

Sous-section 2
Le jugement d'orientation

647. À l'issue de l'audience d'orientation, le juge se prononce par un jugement qui oriente la suite de la saisie immobilière. Ce jugement rendu par le juge de l'exécution est notifié par le greffe. Même en cas de délégation des fonctions du juge de l'exécution au juge du tribunal d'instance, le greffe compétent demeure celui du tribunal de grande instance (C. org. jud., art. R. 222-8). Soit le juge de l'exécution ordonne la vente, amiable ou forcée *(§ 1)*, soit d'autres orientations devront être prises *(§ 2)*. Un recours est ouvert contre cette décision quelle qu'elle soit *(§ 3)*.

§ 1. Le juge de l'exécution ordonne la vente

648. Si les conditions de validité de la saisie sont réunies, au regard des articles 2191 et 2193 du Code civil, le jugement mentionnera le montant retenu pour la créance du créancier poursuivant en principal, frais, intérêts et autres accessoires. Conformément aux dispositions de l'article 2201 du Code civil, les biens sont vendus soit par adjudication, la vente à l'encan étant, en quelque sorte, le mode « normal », soit à l'amiable, sur autorisation judiciaire.

Lorsque le juge ordonne la ***vente à l'encan***, le jugement doit contenir la date de l'audience d'adjudication qui doit avoir lieu dans un délai compris entre deux et quatre mois à compter de sa décision (D. nº 2006-936, 27 juillet 2006, art. 59). Mais ce délai limite ne s'impose qu'au juge, de sorte qu'il n'est donc pas prévu à peine de caducité. Le jugement détermine aussi les modalités de visite de l'immeuble. Lorsqu'une contestation a été élevée par le saisi sur la mise à prix, elle sera tranchée dans le jugement d'orientation, le juge se fondant sur le critère de l'insuffisance manifeste ou non de la mise à prix[77].

Lorsque le juge fait droit à une demande formulée par le saisi, aux fins d'être autorisé à recourir à la ***vente de gré à gré***[78], son jugement doit préciser que cette vente « ... *peut être conclue dans des conditions satisfaisantes compte tenu de la situation du bien, des conditions*

77. Il ne faut toutefois pas perdre de vue qu'il s'agit d'un prix d'appel pour les enchérisseurs, et non d'une évaluation de la valeur du bien saisi.

78. Selon l'article 53 du décret du 27 juillet 2006, la décision du juge de l'exécution qui fait droit à la demande de vente de gré à gré suspend de plein droit le cours de la saisie. Selon l'article 34 du décret, le délai de péremption de saisie est suspendu par la mention en marge de la copie du commandement publié, d'une décision de justice ordonnant la suspension des procédures d'exécution. C'est la raison pour laquelle il convient que le créancier poursuivant publie le jugement d'orientation.

économiques du marché et des diligences éventuelles du débiteur » (D. n° 2006-936, 27 juillet 2006, art. 49). Compte tenu de ces principes, le juge de l'exécution fixera le montant du prix en deçà duquel l'immeuble ne peut être vendu eu égard aux conditions économiques du marché (D. n° 2006-936, 27 juillet 2006, art. 54). Il peut également prévoir des conditions particulières de vente. Selon l'article 57 du décret, les frais du créancier poursuivant seront versés directement par l'acquéreur en sus du prix de vente. À cette fin, le juge les taxera à la demande du créancier poursuivant. Le jugement d'orientation fixe en outre la date à laquelle l'affaire sera rappelée, pour vérifier la réalisation de la vente amiable, dans un délai qui ne peut excéder quatre mois. Lors de cette audience, le juge pourra cependant accorder un délai supplémentaire de trois mois.

§ 2. Les autres orientations possibles de la procédure

649. On peut distinguer, notamment, trois cas de figure : la mainlevée de la saisie, le cantonnement et la conversion en hypothèque, et enfin, la suspension de l'exécution. Aux termes de l'article 34 du décret, le délai de préemption du commandement de payer valant saisie est suspendu par la mention en marge de la copie du commandement d'une décision de justice ordonnant la suspension des procédures d'exécution.

La ***mainlevée de la saisie*** peut être sollicitée pour défaut de respect des conditions légales, nullité des actes de la procédure, caducité du commandement, ou encore préemption du commandement. La mainlevée peut aussi être la conséquence d'une revendication sur la propriété de l'immeuble saisi, d'une action en résolution ou en distraction. En application de l'article 26 du décret du 31 juillet 1992, la mainlevée emporte, dans la limite de son objet, suspension des poursuites dès son prononcé et suppression de tout effet d'indisponibilité dès sa notification. La péremption du commandement de saisie immobilière opère de plein droit.

Nous avons vu[79] qu'en cas de saisies simultanées de plusieurs immeubles, l'article 2196 du Code civil dispose que le saisi peut solliciter le ***cantonnement*** de la saisie à un ou plusieurs biens ou sa ***conversion en hypothèques***.

Nous avons vu que constituent deux grandes causes de suspension des poursuites, ***l'ouverture d'une procédure collective*** et l'octroi de ***délais de grâce***[80].

79. Cf. *supra*, n° 581.

80. Cf. *supra*, n° 643. L'***ouverture d'une procédure collective*** devra être constatée par le juge de l'exécution en cas d'ouverture d'une procédure de surendettement ou de

§ 3. Voie de recours

650. Aux termes de l'article 52 du décret de 2006, l'appel qui doit être interjeté dans un délai de quinze jours, conformément au droit commun contre le jugement d'orientation, est formé, instruit et jugé de plein droit selon la procédure à jour fixe, c'est-à-dire sans que l'appelant ait à obtenir préalablement l'autorisation du premier président de la cour d'appel de recourir à cette procédure. Lorsque l'appel est formé contre un jugement ordonnant la vente par adjudication, la cour d'appel statuera au plus tard un mois avant la date prévue pour l'adjudication. À défaut pour la cour d'avoir statué dans ce délai, le juge de l'exécution pourra, à la demande du créancier poursuivant, reporter la date de l'audience de vente forcée.

Lorsqu'une suspension des poursuites résultant de l'application de l'article 31 du décret du 31 juillet 1992, empêche de tenir l'audience d'adjudication à la date qui était prévue et que le jugement ordonnant la vente aux enchères a été confirmé en appel, la date de l'audience d'adjudication sera fixée sur requête, par ordonnance du juge de l'exécution.

Ces décisions du juge de l'exécution ne sont pas susceptibles d'appel.

rétablissement personnel du saisi (C. consom., art. L. 331-5 et s.), mais encore en cas d'ouverture à son encontre d'une procédure de sauvegarde, de redressement ou de liquidation judiciaires (C. com., art. L. 622-21, L. 631-14 et L. 641-3). Dans ces hypothèses en effet, l'effet suspensif est prévu par la loi.

Chapitre 3
La vente de l'immeuble saisi et ses suites

651. Comme nous venons de le voir, la vente de l'immeuble saisi a lieu aux enchères publiques ***(section 1)*** ou, à la demande du saisi et si le juge de l'exécution a fait droit à cette demande formulée à l'audience d'orientation, à l'amiable ***(section 2)***.

Section 1
La vente aux enchères publiques

652. Nous avons vu que lorsque le saisi n'a pas sollicité et obtenu du juge de l'exécution l'autorisation de pouvoir vendre amiablement son bien saisi, la vente aura lieu aux enchères publiques[1]. Nous envisagerons successivement les formalités préparatoires à la vente aux enchères ***(sous-section 1)***, les formalités de la vente aux enchères publiques et ses suites ordinaires ***(sous-section 2)***, et la remise en vente du bien sur surenchère ou réitération des enchères ***(sous-section 3)***.

1. Lorsqu'il en est ainsi, le jugement d'adjudication qu'il est nécessaire de publier le jugement à la conservation des hypothèques, aura pour effet d'opérer un transfert forcé de propriété à l'adjudicataire, conformément à l'article 2208 du Code civil. Le saisi est tenu, à l'égard de l'adjudicataire, à la délivrance du bien et à la garantie d'éviction. Aux termes de l'article 2210 du Code civil, le jugement d'adjudication constituant un titre d'expulsion contre le saisi, il n'est pas nécessaire qu'y soit expressément ordonné son expulsion. Ce jugement permet à lui seul de requérir, si nécessaire, le concours de la force publique (rép. min. n° 15650, JO AN 26 août 2008, p. 354). Le cahier des conditions de vente peut prévoir le maintien dans les lieux du débiteur saisi. Dans ce cas, son contenu s'impose à l'adjudicataire.

Sous-section 1
Les formalités préparatoires à la vente aux enchères

653. La vente forcée nécessite l'accomplissement de formalité de publicité annonçant la vente aux enchères, destinée à permettre l'information du plus grand nombre d'enchérisseurs. À cette fin, les formalités minimales consistent en un avis affiché au greffe et publié dans des journaux d'annonces légales. Un avis simplifié est également apposé à l'entrée de l'immeuble du débiteur et constaté par procès-verbal d'huissier de justice. Le juge de l'exécution peut, en outre, autoriser un aménagement judiciaire de la publicité. Les créanciers, à leurs frais, peuvent aussi recourir à des moyens supplémentaires de publicité. Les personnes intéressées par l'immeuble ainsi mis en vente à l'encan, peuvent le visiter *(§ 1)*. La vente aux enchères peut être l'occasion pour des tiers, d'exercer un droit de préemption. Une information spécifique leur est donc destinée à la diligence du créancier poursuivant, afin que leurs droits soient respectés *(§ 2)*.

§ 1. Les formalités ordinaires de publicité (A) et l'organisation de visites des lieux (B)

A Les formalités ordinaires de publicité

654. Pas de nouveauté par rapport au droit antérieur *(1)*. C'en est depuis longtemps fini de la publicité à son de cloche, trompe ou tambour[2]. Le juge peut restreindre cette publicité ou autoriser une publicité supplémentaire *(2)*. Les créanciers peuvent également, sans avoir à recueillir l'accord du juge de l'exécution, recourir, à certaines conditions, à tout moyen complémentaire d'information *(3)*.

1. Les règles générales de publicité

655. Aux termes de l'article 64 du décret du 27 juillet 2006, la vente forcée est annoncée à l'initiative du créancier poursuivant dans un délai compris entre un et deux mois avant l'audience d'adjudication. Le poursuivant réalise une publicité par voie d'avis réglementés, l'un déposé au greffe, un autre apposé sur l'immeuble, un troisième inséré dans un

2. G. Taormina, *Le glas de la publicité « ... à son de cloche, trompe ou tambour », ou les apports du décret n° 2002-77 du 11 janvier 2002 réformant les modalités de la publicité en matière de saisie immobilière, D.* 2002, chron., p. 1698.

journal d'annonces légales et dans un journal d'annonces ordinaires, formalités dont il doit pouvoir justifier[3].

Concernant la ***sanction de l'inobservation des délais de la publicité de droit commun***, l'article 12 du décret du 27 juillet 2006 qui énumère les délais prescrits à peine de caducité du commandement de payer valant saisie ne vise que l'article 64, ce qui signifie que seul l'avis apposé au tribunal doit l'être dans le délai d'un à deux mois avant l'audience d'adjudication. En revanche, le non-respect du délai imposé pour réaliser l'avis simplifié ne sera pas sanctionné. Quant aux délais de la publicité exceptionnelle (D. n° 2006-936, 27 juillet 2006, art. 70), ils ne sont pas non plus prévus à peine de caducité.

Concernant la ***sanction des irrégularités en matière d'insertions et d'affichages***, aucune des formalités prescrites par les articles 64, 65 et 70 du décret du 27 juillet 2006, ne le sont à peine de nullité. En l'absence de texte, seule la qualification de formalité substantielle, au sens de

3. L'***avis déposé au greffe*** indique : ***1°*** les nom, prénoms et domicile du créancier poursuivant et de son avocat ; ***2°*** la désignation de l'immeuble saisi et une description sommaire indiquant sa nature, son occupation éventuelle et tous éléments connus relatifs à sa superficie ainsi que, le cas échéant, les dates et heures de visite ; ***3°*** le montant de la mise à prix ; ***4°*** les jour, heure et lieu de la vente ; ***5°*** l'indication que les enchères ne peuvent être portées que par un avocat inscrit au barreau du tribunal de grande instance du lieu de la vente ; ***6°*** l'indication que le cahier des conditions de vente peut être consulté au greffe du juge de l'exécution. L'avis affiché doit être rédigé en caractères dont la hauteur ne peut être inférieure à celle du corps 30, sur format A3 (40 × 29,7 cm).
Un ***avis simplifié*** est ***apposé à l'entrée ou, à défaut, en limite de l'immeuble saisi***. Cet avis indique, à l'exclusion du caractère forcé de la vente et de l'identité du débiteur : ***1°*** la mise en vente aux enchères publiques de l'immeuble ; ***2°*** la nature de l'immeuble et son adresse ; ***3°*** le montant de la mise à prix ; ***4°*** les jour, heure et lieu de la vente ; ***5°*** l'indication que le cahier des conditions de vente peut être consulté au greffe du juge de l'exécution. Le format et la taille des caractères de l'avis apposé sur l'immeuble sont identiques à ceux mentionnés à l'article 64.
Le poursuivant fait procéder également à la publication de l'***avis dans un des journaux d'annonces légales*** diffusé dans l'arrondissement de la situation de l'immeuble saisi. S'il n'y a pas de journaux de cette sorte, l'insertion est faite dans un des journaux de l'arrondissement le plus voisin. Le texte régissant actuellement les insertions est la loi du 4 janvier 1955 concernant les annonces judiciaires et légales (*JO* 6 janvier 1955, *JCP éd. G* 1955, III, 19507), modifiée par la loi n° 78-9 du 4 janvier 1978. Conformément à cette loi, un arrêté préfectoral intervient tous les ans dans chacun des départements pour désigner les journaux susceptibles de recevoir les insertions et pour fixer le tarif de celles-ci. L'avis publié dans le journal d'annonces légales ne doit comporter aucune autre mention que celles énumérées par l'article 64. Cet avis est également publié dans deux éditions périodiques de journaux à diffusion locale ou régionale, au tarif des annonces ordinaires. Aux termes de l'article 66 du décret du 27 juillet 2006, l'avocat poursuivant doit justifier de l'insertion des avis dans les journaux par un exemplaire de ceux-ci. Quant à la justification des autres insertions, s'il suffit d'un afficheur quelconque pour coller les placards, le contrôle de leur apposition régulière étant assuré par le procès-verbal qui doit être dressé par un huissier de justice, procès-verbal qui n'est pas notifié à la partie saisie mais sera au dossier du juge de l'exécution lors de l'audience d'adjudication.

l'article 114 du Code de procédure civile, pourrait conduire à sanctionner l'irrégularité, à condition en outre, que soit établi le grief.

2. L'aménagement judiciaire de la publicité

656. L'article 70 du décret du 27 juillet 2006 dispose que le juge de l'exécution peut être saisi d'une requête du créancier poursuivant, d'un créancier inscrit ou du saisi, tendant à aménager, restreindre ou compléter les mesures de publicité prévues aux articles 64 à 68. Le juge de l'exécution apprécie souverainement l'opportunité d'une telle mesure. « *Il peut notamment ordonner : **1°** que soit adjoint aux mentions prévues aux articles 64 et 65 toute autre indication ou document relatif à l'immeuble ; **2°** que les mesures de publicité soient accomplies par d'autres modes de communication qu'il indique ; **3°** que les avis mentionnés aux articles 65 et 67 soient affichés au lieu qu'il désigne dans les communes de la situation des biens* ».

Le juge de l'exécution statue par ordonnance sur requête qui n'est pas susceptible d'appel (D. n° 2006-936, 27 juillet 2006, art. 70). Les mesures de publicité ainsi ordonnées par le juge, sont réalisées à la diligence et aux frais avancés de la partie qui les sollicite (D. n° 2006-936, 27 juillet 2006, art. 71). Toutefois, ces frais doivent être considérés comme des frais ordinaires de poursuite et, à ce titre, supportés par l'adjudicataire de l'immeuble.

3. Les moyens complémentaires d'information

657. Aux termes de l'article 69 du décret du 27 juillet 2006, « *le créancier poursuivant ou les créanciers inscrits peuvent, sans avoir à recueillir l'autorisation du juge, recourir à tous moyens complémentaires d'information à l'effet d'annoncer la vente. Ces moyens ne doivent ni entraîner des frais pour le débiteur* (ou le saisi), *ni faire apparaître le caractère forcé de la vente ou le nom du débiteur* (ou le saisi) ».

B L'organisation de visites des lieux

658. Cette question a déjà été abordée[4]. Lorsque le juge ordonne la vente forcée, il détermine les modalités de visite de l'immeuble à la demande du créancier poursuivant. C'est donc ce jugement qui constituera le cas échéant le titre autorisant l'entrée de force dans les lieux saisis. L'article 64 du décret du 27 juillet 2006 dispose en outre, que l'avis déposé au greffe et publié dans le journal d'annonces légales pourra indiquer les dates et heures de visites.

4. Cf. *supra*, n° 645.

§ 2. Les formalités spécifiques de publicité, en vue de la mise en œuvre des droits de préemption[5]

659. Certaines personnes, privées ou publiques, bénéficient d'une préférence légale en cas de vente amiable d'un fonds, ce qui signifie que le propriétaire doit d'abord leur faire son offre de vente[6]. Ces droits de préemption sont généralement assortis d'un droit de substitution qui permet à ces personnes de se substituer à un autre acheteur, une fois la vente réalisée, pour en payer le prix convenu à sa place. Les mêmes mécanismes se rencontrent en cas de vente sur adjudication publique amiable ou forcée ; mais il ne peut alors s'agir que d'un droit de substitution à l'adjudicataire, lorsque le bénéficiaire du droit de préemption ne s'est pas lui-même porté adjudicataire, ou n'a pas été mis en mesure de le faire, selon les textes[7].

Nous nous bornerons à citer ici les droits de préemption les plus couramment exercés. Des droits de préemption sont ainsi conférés les uns à certains particuliers ***(A)***, les autres à certaines publiques ***(B)***. Quelle que soit la qualité du bénéficiaire, la question de la sanction de l'inobservation de ces droits se pose dans les mêmes termes ***(C)***.

---

5. J. Arrighi de Casanova, *À propos de la computation du délai de préemption*, concl. sous CE, 16 juin 1993, *LPA* 22 septembre 1993 ; G. Baron, *Rép. proc. civ. Dalloz*, V° Préemption ; Y. Brochen et L. Dejoie, *Pourquoi parler encore du droit de préemption, Defrénois* 1993, art. n° 35 482 ; J. Codrrech et P. Galan, *Les préemptions en matière de droit de l'urbanisme*, éd. *Masson* 1990 ; M. Dagot, *Le droit de préemption du locataire, JCP éd. G* 1977, 1, n° 287 ; M. Dagot et Lepeltier, *Les droits de préemption du locataire d'habitation*, éd. *Litec* 1984 ; J. Hugot, *Les traits caractéristiques du droit de préemption urbain, JCP éd. N* 1987, 1, p. 63 ; Mégret, *Le droit de préemption des Safer, GP* 1977, 2 doct., p. 505 ; D. Musso, *Droit de préemption urbain, Zones d'aménagement différé*, éd. *Delmas* 1993 ; P. Ourliac et M. Dejuglart, *La vente aux enchères d'un fonds rural et le droit de préemption du preneur, JCP éd. G* 1956, 1, n° 1284 ; S. Pérignon, *Des pouvoirs du juge judiciaire d'écarter une décision de préemption, Defrénois* 1993, art. n° 35 442 ; H. Périnet-Marquet, *La réforme du droit de préemption résultant de la loi du 23 décembre 1986, RFDA* 1987, p. 251 ; C. Saint-Alary-Houin, *Le droit de préemption*, thèse Paris 1979 ; G. Taormina, *Les formalités préalables à l'adjudication : taxation des frais, publicité*, fasc. 555, in *Droit de l'exécution forcée*, préc., novembre 2004
6. À l'égard de tous les préempteurs éventuels, lorsque la notification est effectuée par lettre recommandée, la date de notification est celle de la première présentation de la lettre (Cass. 3e civ., 3 avril 1983, *Bull. civ.* III, n° 87).
7. La sanction du non accomplissement de ses obligations par le préempteur n'est pas la déchéance du bénéfice du droit de préemption, mais la folle enchère (Cass. 2e civ., 27 juin 1990, *Bull. civ.* II, n° 156, *D. 1990*, jur., p. 582, note J. Prévault).

A Les droits de préemption conférés à certaines personnes privées

660. Il s'agit du droit de substitution des coïndivisaires *(1)*, du droit de préemption du locataire ou de l'occupant de bonne foi d'un immeuble à usage d'habitation *(2)*, de celui du preneur rural *(3)*, et la clause de substitution d'adjudicataire *(4)*.

1. Le droit de substitution des coïndivisaires

661. La saisie d'une quote-part par les créanciers personnels d'un coïndivisaire, ne peut être effectuée que lorsque ces créanciers ne peuvent provoquer le partage de l'indivision. Dans ce cas, l'avocat poursuivant ou le notaire chargé de la vente doit informer de la saisie les indivisaires, par notification, un mois avant la date prévue pour la vente. Chaque indivisaire pourra ensuite se substituer à l'acquéreur dans un délai d'un mois, à compter de l'adjudication, par déclaration au secrétariat-greffe ou auprès du notaire suivant le cas (C. civ., art. 815-15 et 1873-12, al. 1er)[8].

2. Le droit de préemption du locataire ou de l'occupant de bonne foi d'un immeuble à usage d'habitation

662. Aux termes des dispositions générales des articles 10, II de la loi n° 75-1351 du 31 décembre 1975 et 7 du décret n° 77-742 du 30 juin 1977, le locataire ou l'occupant de bonne foi, doit être convoqué à l'audience d'adjudication par lettre recommandée avec accusé de réception, à la diligence de l'avocat du créancier poursuivant, un mois au moins avant la date de cette adjudication. Ce courrier mentionne la mise à prix, son montant, les jour, lieu et heure de l'audience d'adjudication, le tribunal ou le notaire devant lequel elle se fera, rappelle que les enchères sont portées devant le juge de l'exécution par ministère d'avocat, et reproduit les termes de l'article 10, II de la loi précitée de 1975. Lorsque, pour une raison quelconque, l'adjudication aura été retardée, il devra être procédé à une nouvelle convocation, 15 jours au moins avant la prochaine audience d'adjudication et dans les mêmes formes. Cette convocation à l'audience d'adjudication ne confère pas, cette fois, à son destinataire *ipso facto* le droit de se substituer à l'adjudicataire. Elle n'est destinée qu'à mettre le locataire ou l'occupant de bonne foi en mesure

8. Sous l'empire de l'ancienne saisie immobilière, toute contestation portant sur l'exercice de ce droit de substitution était considérée comme ne constituant pas un incident de la saisie immobilière et le jugement rendu par le tribunal était donc susceptible d'appel (Cass. 2e civ., 13 janvier 2000, n° 97-12.113).

de se porter enchérisseur[9]. Ces formalités ne sont prescrites que vis-à-vis du locataire ou de l'occupant de bonne foi bénéficiant du droit de préemption prévu par la loi n° 75-1351 du 31 décembre 1975[10].

3. Le droit de préemption du preneur rural

663. Aux termes de l'article L. 412-11 du Code rural, le preneur qui bénéficie du droit de préemption doit être convoqué à l'audience d'adjudication, par lettre recommandée avec avis de réception ou par acte d'huissier de justice. Cette convocation est adressée, à l'initiative du poursuivant, soit par le notaire chargé de la vente, soit, en cas de saisie immobilière, par le greffier du tribunal durant lequel se déroule la procédure. Cette convocation est prévue à peine de nullité de la vente et intervient vingt jours au moins avant la date de celle-ci (C. rur., art. L. 412-11, al. 1er). Elle impartit au locataire un délai de vingt jours à compter de celui de l'adjudication pour faire connaître au greffe du juge de l'exécution ou au notaire chargé de la vente amiable, sa décision d'user de son droit de préemption. L'article L. 412-11, alinéa 2, du Code rural prévoit *in fine* que « *l'exercice du droit de préemption soit par le preneur lui-même, soit par un descendant dans les conditions prévues au troisième alinéa de l'article L. 412-5 emporte pour lui substitution pure et simple à l'adjudicataire...* ». C'est donc à lui qu'incombera l'obligation de payer le prix de l'adjudication. La déclaration de substitution, qui doit comporter l'indication de la personne exerçant le droit de préemption, est faite par acte authentique ou par acte d'huissier de justice qui est annexé au procès-verbal ou au jugement d'adjudication et publié en même temps que celui-ci. « *La déclaration de surenchère est dénoncée au preneur dans les mêmes formes et délais qu'à l'adjudicataire. Le preneur peut intervenir dans l'instance en validité de la surenchère* » (*ibidem*).

Aux termes de l'alinéa 3 de l'article L. 412-11 du Code rural, lorsque, dans ce délai de vingt jours, « ... *l'adjudicataire a fait connaître au bénéficiaire du droit de préemption, par lettre recommandée avec demande d'avis de réception, par acte d'huissier de justice, ou par déclaration insérée dans le procès-verbal de l'adjudication, son intention de ne pas user de son droit de reprise au cours d'une période*

---

9. Ce n'est qu'à défaut d'y avoir été convoqué, situation à laquelle il convient d'assimiler la convocation irrégulière, que le locataire ou l'occupant de bonne foi pourront, pendant un délai d'un mois à compter de la date à laquelle il aura eu connaissance de l'adjudication, déclarer se substituer à l'adjudicataire (pour une application, voir CA Versailles, 22 novembre 1988, *D.* 1990, jur. p. 14, note J. Prévault). Toutefois, même dans ce cas, il ne bénéficiera cependant d'aucun droit de substitution si l'adjudication a été prononcée en faveur d'un indivisaire (L. n° 75-1351, 31 décembre 1975, art. 10, II, al. 2).

10. Mais il ne peut être invoqué par le locataire ou l'occupant d'un appartement placé dès sa construction, sous le régime de la copropriété des immeubles bâtis (Cass. 3e civ., 30 novembre 1982, *Bull. civ.* III, n° 238, *JCP éd. G* 1983, II, 20019, note M. Dagot).

déterminée, le preneur qui n'a pas fait valoir son droit de préemption pourra se prévaloir de cette déclaration aux fins d'annulation de tout congé portant reprise avant l'expiration de cette période ».

4. La clause de substitution d'adjudicataire

664. La clause du cahier des charges appelé dans les nouveaux textes, « cahier des conditions de vente » reproduisant celle de la donation-partage par laquelle le saisi tenait ses droits sur le bien, aux termes de laquelle les copartageants avaient la possibilité de se substituer à tout acquéreur et prévoyant que les copartageants, pourront pareillement se substituer à l'adjudicataire, est licite[11].

B Les droits de préemption conférés à certaines personnes publiques

665. Il s'agit du droit de préemption des sociétés d'aménagement foncier et d'établissement rural (SAFER) *(1)*, du droit de préemption urbain des zones d'intervention foncière (ZIF) et des zones d'aménagement différé (ZAD) *(2)*, et de celui de la commune *(3)*.

1. Le droit de préemption des sociétés d'aménagement foncier et d'établissement rural (SAFER)

666. L'article R. 143-13 du Code rural renvoie à l'article L. 412-11 du même Code relatif au droit de préemption du preneur à bail rural. Ces dispositions imposent la convocation de la SAFER à l'audience d'adjudication, selon les mêmes modalités et sous les mêmes sanctions que le preneur rural[12]. Elle doit, en outre, être informée, un mois au moins avant l'audience d'adjudication, des conditions de celle-ci. L'article R. 143-13 du Code rural met cette obligation à la charge de « *toute personne chargée de l'adjudication...* », en l'occurrence de l'avocat du créancier poursuivant. En pratique, il l'informera, dans le même acte, de la date de l'audience et de ces modalités et conditions générales. Cette convocation impartit à la SAFER un délai de vingt jours à compter de la date de l'adjudication, pour faire connaître au greffe du juge de l'exécution ou au notaire chargé de la vente amiable, sa décision d'user de son droit de préemption. En application de l'article L. 412-11, alinéa 2, du Code

11. Cass. 2e civ., 14 janvier 1981, *Bull. civ.* II, n° 3.
12. Cf. *supra*, n° 663.

rural, l'exercice du droit de préemption emporte les mêmes conséquences que dans le cas du preneur rural[13].

2. Le droit de préemption urbain des zones d'intervention foncière (ZIF) et des zones d'aménagement différé (ZAD)

667. La question de l'existence de ce droit de préemption en matière de saisie immobilière a connu une évolution. Le Conseil d'État, dans un arrêt en date du 27 octobre 1999[14], avait estimé que remploi de l'adverbe « volontairement » à l'article L. 213-1 du Code de l'urbanisme, concernant les aliénations sujettes au droit de préemption urbain, excluait du champ d'application de ce droit de préemption les ventes sur saisie immobilière qui sont, par définition, des ventes forcées. Cette jurisprudence était dans la droite ligne de la position du Conseil d'État à propos des ventes immobilières sur liquidation judiciaire[15]. Cette solution n'a plus cours depuis la loi n° 2000-1208 du 13 décembre 2000, relative à la solidarité et au renouvellement urbains dont l'article 19, 1, a supprimé l'adverbe « volontairement » à l'alinéa 1er de l'article L. 213-1 du Code de l'urbanisme[16]. Ce droit de préemption concerne donc désormais également les ventes sur saisie immobilière. L'exclusion du champ d'application de ce droit de préemption des ventes sur liquidations judiciaires est confirmée par la loi de décembre 2000 précitée (art. 20) qui complète l'article L. 213-1 précité, qui dispose désormais que ce droit de préemption ne peut jouer lors de l'aliénation d'un immeuble « *... compris dans un plan de cession arrêté en application de l'article L. 631-22 ou des articles L. 642-1 et suivants du Code de commerce* ». Il y a d'autres chefs d'exclusions du droit de préemption par ce texte[17].

---

13. Cf. *supra*, n° 663. Obligation pour la SAFER de payer le prix, établissement d'une déclaration de substitution, dénonciation à la SAFER de la déclaration de surenchère, intervention dans l'instance en validité de surenchère.

14. CE, 27 octobre 1999, n° 188685, *Commune de Houdan c/Lhemery, JCP éd. N* 1999, n° 49, p. 1764, note J.-L. Bourgois, annulant la délibération du conseil municipal de la commune de Houdan.

15. CE, 6 octobre 1995, n° 112.083, *Commune de Maisonsgoutte, A. J.P. I.* 1996, p. 586, note A. Lévy.

16. Par la suite, le législateur n'a pas modifié moins de sept fois ce texte. Le droit est vraiment, en France, une discipline mineure !

17. C. urb., art. L. 213-1. -... *Ne sont pas soumis au droit de préemption : a) Les immeubles construits ou acquis par les organismes visés à l'article L. 411-2 du Code de la construction et de l'habitation et qui sont leur propriété, ainsi que les immeubles construits par les sociétés coopératives d'habitations à loyer modéré de location-attribution ; b) Les immeubles qui font l'objet d'un contrat de vente d'immeuble à construire dans les conditions prévues par les articles 1601-1 et suivants du Code civil, sauf lorsque ces dispositions sont appliquées à des bâtiments existants ; c) Les parts ou actions de sociétés d'attribution visées aux titres II et III de la loi n° 71-579 du 16 juillet 1971 relative à diverses opérations de construction, qui font l'objet d'une cession avant l'achèvement de*

Aux termes des dispositions des articles L. 213-2 et R. 213-15 du Code de l'urbanisme, trente jours au moins avant la date de l'audience d'adjudication, le greffier du juge de l'exécution, lorsqu'elle doit avoir lieu à la barre du tribunal, ou le notaire, lorsqu'elle doit avoir lieu devant lui, doit en informer la mairie de la commune où se trouve le bien saisi, par lettre établie en quatre exemplaires envoyée en recommandée avec accusé de réception ou remise contre récépissé, et devant mentionner notamment le montant de la mise à prix (C. urb., art. R. 213-5)[18]. Elle fait ensuite l'objet des transmissions mentionnées à l'article R. 213-6 du Code de l'urbanisme. Ces transmissions incombent à la mairie. L'article R. 213-15, alinéa 3, du Code de l'urbanisme prévoit également que le titulaire du droit de préemption « ... *dispose d'un délai de trente jours à compter de l'adjudication pour informer le greffier ou le notaire de sa décision de se substituer à l'adjudicataire. /La substitution ne peut intervenir qu'au prix de la dernière enchère ou de la surenchère. /La décision de se substituer à l'adjudicataire est notifiée au greffier ou au notaire par lettre recommandée avec demande d'avis de réception. /Copie de cette décision est annexée au jugement ou à l'acte d'adjudication et publiée au bureau des hypothèques en même temps que celui-ci* ».

3. Le droit de préemption de la commune

668. Aux termes de l'article L. 616 du Code de la construction et de l'habitation issu de la loi n° 98-657 du 29 juillet 1998 (art. 108), modifié par l'ordonnance n° 2007-137 du 1er février 2007, « *En cas de vente sur*

---

l'immeuble ou pendant une période de dix ans à compter de son achèvement ; d) Les immeubles cédés au locataire en exécution de la promesse de vente insérée dans un contrat de crédit-bail immobilier conclu en application du 2° de l'article premier de la loi n° 66-455 du 2 juillet 1966 relative aux entreprises pratiquant le crédit-bail, modifiée par l'ordonnance n° 67-837 du 28 septembre 1967 relative aux opérations de crédit-bail et aux sociétés immobilières pour le commerce et l'industrie, avec l'une des entreprises visées à l'article 2 de la même loi ; e) Les immeubles qui font l'objet d'une mise en demeure d'acquérir en application des articles L. 111-10, L. 123-2, L. 123-17 ou L. 311-2 du présent Code ou de l'article L. 11-7 du Code de l'expropriation pour cause d'utilité publique ; f) abrogé ; g) L'aliénation par l'État, ses établissements publics ou des sociétés dont il détient la majorité du capital de terrains, bâtis ou non bâtis, en vue de la réalisation des logements situés dans les périmètres mentionnés au deuxième alinéa du I de l'article 1er de la loi n° 2006-872 du 13 juillet 2006 portant engagement national pour le logement, tant que les décrets prévus au même alinéa ne sont pas caducs ou en vue de la réalisation des opérations d'intérêt national mentionnées au premier alinéa de l'article L. 121-2 ; h) Les transferts en pleine propriété des immeubles appartenant à l'État ou à ses établissements publics, réalisés conformément à l'article 141 de la loi n° 2006-1771 du 30 décembre 2006 de finances rectificative pour 2006 ; i) Les biens acquis par un organisme visé aux articles L. 321-4 et L. 324-1 lorsqu'il agit à la demande expresse de la collectivité titulaire du droit de préemption urbain.

18. Cette lettre doit être rédigée suivant un modèle spécial dont il est question à l'article A. 213-1 du Code de l'urbanisme.

saisie immobilière d'un immeuble ou d'une partie d'immeuble constituant la résidence principale d'une personne qui remplit les conditions de ressources pour l'attribution d'un logement à loyer modéré, il est institué, au bénéfice de la commune, un droit de préemption destiné à assurer le maintien dans les lieux du saisi. Ce droit de préemption est exercé suivant les modalités prévues par le Code de l'urbanisme en matière de droit de préemption urbain, en cas de vente par adjudication lorsque cette procédure est rendue obligatoire de par la loi ou le règlement. / La commune peut déléguer ce droit, dans les conditions définies à l'article L. 213-3 du Code de l'urbanisme, à un office public de l'habitat».

Ce droit de préemption urbain s'exerce dans les mêmes conditions et suivant les mêmes modalités que celui instauré au profit des ZIF et des ZAD[19]. C'est donc au greffier du juge de l'exécution devant lequel se déroule la saisie immobilière, d'accomplir les formalités d'information de la commune. On sait qu'aux termes des dispositions de l'article L. 213-3 du Code de l'urbanisme, la commune peut déléguer son droit de préemption, par délibération spéciale du conseil municipal, à une autre collectivité locale, à un établissement public foncier[20], à une société d'économie mixte titulaire d'une concession d'aménagement, auquel cas la délégation pourra résulter de l'insertion d'une clause spécifique dans la concession d'aménagement, aux chambres de commerce, de l'industrie et des métiers, pour la réalisation d'équipement commerciaux ou artisanaux et à l'État.

C La sanction du défaut d'accomplissement des formalités aux fins d'information des titulaires de droits de préemption

669. La nullité de la vente est également prévue à défaut d'accomplissement des formalités aux fins d'information de certains titulaires de droits de préemption. Ainsi l'article 10,1 de la loi n° 75-1351 du 31 décembre 1975 sur le droit de substitution du locataire ou de l'occupant de bonne foi de locaux à usage d'habitation, dispose que ces personnes doivent être convoquées à l'audience d'adjudication, à peine de nullité de la vente. L'article L. 412-11 du Code rural sur le droit de préemption du preneur à bail rural, auquel renvoie également l'article R. 143-13 du même Code sur celui des SAPER, comporte les mêmes dispositions. Il en va de même de l'article L. 213-2 du Code de l'urbanisme sur les droits de préemption dans les ZAD et les ZIF Il en va en revanche différemment de l'article L. 616 du Code de la construction

19. Cf. *supra*, n° 667.
20. OPHLM ou OPAC.

et de l'habitation relatif au droit de préemption urbain de la commune et dont les dispositions ne sont pas sanctionnées par la nullité[21].

Nous considérons que la nullité ne devrait sanctionner que le défaut des formalités de publicité générales et spéciales dont l'accomplissement incombe au créancier poursuivant. Cette nullité ne devrait pas sanctionner le défaut de formalité dont l'accomplissement incombe au greffe du juge de l'exécution, comme c'est le cas en matière de droit de préemption urbain. Ce n'est malheureusement le droit positif qu'en matière de droit de préemption urbain ouvert aux communes par l'article L. 6l6 du Code de la construction et de l'habitation précité.

Sous-section 2
Les formalités de la vente aux enchères publiques et ses suites ordinaires

670. Nous avons vu que la date de l'audience d'adjudication est comprise dans un délai entre deux et quatre mois à compter du prononcé du jugement d'orientation (D. n° 2006-936, 27 juillet 2006, art. 59). L'article 61 du décret de 2006 dispose que la vente forcée, c'est-à-dire ***l'audience d'adjudication, ne peut être reportée que pour un cas de force majeure*** ou sur la demande de la commission de surendettement formée en application de l'article L. 331-5 du Code de la consommation. Dans le cas d'un report de l'audience, il devra être procédé à une nouvelle publicité dans les formes et délais de la première vente forcée (D. n° 2006-936, 27 juillet 2006, art. 61).

Deux formalités précèdent l'ouverture des enchères : l'annonce des frais de poursuite et la réquisition de l'adjudication. La réquisition de la vente doit obligatoirement être présentée par ministère d'avocat. Les enchères ne peuvent être portées que par l'intermédiaire d'un avocat postulant près le tribunal de grande instance du juge de l'exécution devant lequel se poursuit la saisie. L'avocat ne peut, à cette fin, être porteur que d'un seul mandant et doit se faire remettre un chèque de garantie ou une caution bancaire par son mandant d'un montant de 10 % de la mise à prix, sans que le montant de cette garantie puisse être inférieur à 3 000 € (D. n° 2006-936, 27 juillet 2006, art. 74). L'incapacité d'enchérir vise les mêmes personnes que jadis, dans l'ancienne procédure. Le bien en vente est adjugé par jugement proclamé par le juge de l'exécution. Quand il ne statue sur aucune contestation ou demande incidente, le jugement d'adjudication qui n'a de jugement que le nom, n'a pas autorité de la chose jugée. La question des voies de recours contre ce jugement

21. En ce sens, Cass. 3e civ., 28 février 2001, *Bull. civ.* III, n° 26.

est néanmoins posée. Constituant ***un titre d'expulsion contre le saisi***, pour pouvoir l'exécuter il doit être signifié et publié.

Nous envisagerons successivement les formalités préalables à l'ouverture des enchères *(§ 1)*, les enchères, l'adjudication et ses suites ordinaires *(§ 2)*, et le titre de vente *(§ 3)*.

§ 1. Les formalités préalables à la mise aux enchères

671. Le juge de l'exécution devant lequel est portée la procédure de saisie immobilière ne peut procéder d'office à l'adjudication. Comme auparavant dans l'ancienne saisie immobilière, aux termes de l'article 60 du décret n° 2006-936 du 27 juillet 2006, au jour indiqué pour l'adjudication, le créancier poursuivant ou à défaut, tout créancier inscrit, alors subrogé dans les poursuites, doit préalablement solliciter l'ouverture des enchères. C'est ce que l'on appelle en pratique la ***réquisition de l'adjudication***[22]. Le jour de l'adjudication est, en principe, celui fixé par le juge lorsqu'il a ordonné la vente forcée, sauf report de la vente autorisé par le juge. Conformément à l'article 5 du décret du 27 juillet 2006, la réquisition de vente ne peut être présentée que par l'intermédiaire d'un avocat qui n'a pas besoin d'un pouvoir spécial. Il lui suffit d'être inscrit au barreau près le tribunal devant lequel se poursuit la vente. La réquisition qui n'est, comme auparavant, subordonnée à aucune forme particulière, est faite oralement à l'audience[23]. L'adjudication une fois requise, le juge de l'exécution ordonnera qu'il y soit procédé. Aux termes de l'article 76 du décret, le juge rappelle que les enchères débuteront au montant de la mise à prix prévue par le cahier des conditions de vente ou par la décision judiciaire prise par lui, en application du second alinéa de l'article 2206 du Code civil, en cas d'insuffisance manifeste de la mise à prix. Enfin, si aucun créancier ne sollicite la vente, le juge de l'exécution constate la caducité du commandement de saisie. Le créancier poursuivant défaillant conserve alors à sa charge l'ensemble des frais de saisie engagés, sauf décision contraire du juge spécialement motivée (D. n° 2006-936, 27 juillet 2006, art. 60, al. 3).

22. N'étant pas partie à la saisie et n'étant pas visé à l'article 60, un créancier chirographaire n'a pas qualité pour requérir l'adjudication.

23. À ce stade de la procédure, pour que l'adjudication puisse être valablement requise, il faut que la partie saisie soit encore, alors, débitrice. Le paiement intégral, les offres réelles suivies de consignation, la compensation ou tout autre mode d'extinction des obligations empêchent l'adjudication, dès l'instant où sont éteintes la créance du poursuivant et celles des créanciers inscrits. L'extinction de la seule créance du poursuivant laisserait intact le droit des autres créanciers, sans le consentement desquels la saisie ne peut être radiée et qui ont qualité pour requérir la mise aux enchères.

672. Selon l'article 75 du décret du 27 juillet 2006, « *les frais de poursuite dûment justifiés par le créancier poursuivant sont taxés par le juge et publiquement annoncés avant l'ouverture des enchères. Il ne peut rien être exigé au-delà du montant de la taxe. Toute stipulation contraire, est réputée non écrite* ». La ***taxe des frais*** occasionnés par la poursuite de saisie immobilière devant intervenir avant l'ouverture des enchères, il appartient à l'avocat du créancier poursuivant de saisir à cette fin le juge de l'exécution qui procède à cette taxation. Le montant de la taxe est publiquement annoncé avant l'ouverture des enchères et reproduit dans le jugement[24].

§ 2. Les enchères, l'adjudication et ses suites ordinaires

673. Aux termes de l'article 81 du décret de 2006, sont prescrites à peine de ***nullité de l'enchère***, soulevée d'office les règles de capacité (D. n° 2006-936, 27 juillet 2006, art. 72) et les règles organisant le déroulement des enchères (D. n° 2006-936, 27 juillet 2006, art. 73 à 80), c'est-à-dire l'obligation de remise d'une garantie, l'annonces des frais de poursuite et la taxe, les dispositions concernant la durée des enchères et la manière de décompter le temps, la déclaration d'identité du mandant, la remise en vente sur baisse de mise à prix. L'annulation effective a pour conséquence que les enchères doivent être recommencées sur la mise à prix.

Les contestations relatives à la validité des enchères sont formées verbalement à l'audience, par ministère d'avocat. Le juge statue sur le champ et, le cas échéant, reprend immédiatement les enchères dans les conditions prévues à l'article 76.

674. Il convient d'envisager successivement les conditions pour enchérir *(A)*, le déroulement des enchères et l'adjudication ***(B)***, le jugement d'adjudication ***(C)***, la consignation du prix d'adjudication et le paiement des frais ***(D)***.

A Les conditions pour enchérir

675. Il s'agit de la capacité civile requise *(1)* et de l'obligation de consigner 10 % de la mise à prix *(2)*.

24. L'article 86 du décret du 27 juillet 2006 dispose que les frais de poursuite seront payés par l'adjudicataire par priorité en sus du prix. Cf. *infra*, n° 687.

1. La capacité civile requise pour enchérir

676. La réforme n'innove pas sur ce point qui ne suscitait guère de difficulté. Le droit commun des conventions (C. civ., art. 1123) s'applique ici, en tant que de besoin car l'adjudication est une vente.

Sont frappés d'une ***incapacité générale*** de droit commun les mineurs non émancipés (C. civ., art. 1124), les majeurs protégés (C. civ., art. 1124). Pour ces incapables, l'enchère est portée par leur représentant légal. Le mineur émancipé ayant la libre administration de ses biens, peut enchérir sans assistance. Seul l'adjudicataire incapable peut demander la nullité de l'adjudication, conformément à l'article 1125 du Code civil. L'action en annulation de l'adjudication pour incapacité de droit commun de l'enchérisseur se prescrit par cinq ans, conformément à l'article 1304 du Code civil, même lorsque, comme en matière d'enchère portée par un membre du tribunal, la nullité est fondée sur des raisons d'ordre public[25].

Aux termes de l'article 1596 du Code civil, ne peuvent se rendre adjudicataires sous peine de nullité, ni par eux mêmes ni par personnes interposées, « *les tuteurs, des biens de ceux dont ils ont la tutelle ; les mandataires, des biens qu'ils sont chargés de vendre ; les administrateurs, de ceux des communes ou des établissements publics confiés à leurs soins ; les officiers publics, des biens nationaux dont les ventes se font par leur ministère ; les fiduciaires, des biens ou droits composant le patrimoine fiduciaire* ». L'adjudication faite au profit des personnes déclarées incapables par l'article 1596 du Code civil ne peut être invoquée que par ceux que la loi a entendu protéger.

Aux termes de l'article 72 du décret de 2006, ne peuvent se porter enchérisseurs, ni par eux-mêmes, ni par personne interposée, « *le débiteur saisi ; les auxiliaires de justice qui sont intervenus à un titre quelconque dans la procédure ; les magistrats de la juridiction devant laquelle la vente est poursuivie* ». Aux termes de l'article 81 du décret, les dispositions de l'article 72 sont prescrites à peine de nullité de l'enchère soulevée d'office. Toutefois, toute nouvelle enchère régulièrement portée couvre la nullité des enchères précédentes. La nullité de la dernière enchère entraîne, de plein droit, la nullité de l'adjudication[26].

---

25. Le point de départ du délai est en principe le jour même où l'acte nul est intervenu. Cependant, aux termes de l'article 1304 du Code civil, « *Ce temps ne court dans le cas de violence que du jour où elle a cessé ; dans le cas d'erreur ou de dol, du jour où ils ont été découverts. /Le temps ne court, à l'égard des actes faits par un mineur, que du jour de la majorité ou de l'émancipation ; et à l'égard des actes faits par un majeur protégé, que du jour où il en a eu connaissance, alors qu'il était en situation de les refaire valablement. Il ne court contre les héritiers de la personne en tutelle ou en curatelle que du jour du décès, s'il n'a commencé à courir auparavant* ».

26. Dans l'ancienne saisie immobilière, les parties qui poursuivaient l'annulation de l'adjudication, en application de l'article 711 de l'ancien Code de procédure civile,

2. La caution bancaire ou chèque de banque

677. À peine de nullité des enchères, aux termes de l'article 74, alinéa 1er, du décret de 2006, avant de porter les enchères, l'avocat doit se faire remettre par son mandant et contre récépissé, une caution bancaire irrévocable ou un chèque de banque rédigé à l'ordre du séquestre ou du consignataire désigné dans le cahier des conditions de vente, représentant 10 % du montant de la mise à prix[27], sans que le montant de cette garantie puisse être inférieur à 3 000 € (D. nº 2006-936, 27 juillet 2006, art. 74). Lorsque l'adjudicataire est défaillant, l'article 74, alinéa 4, dispose que la somme versée ou la caution apportée sera acquise aux créanciers participant à la distribution et, le cas échéant, au débiteur, pour leur être distribuée avec le prix de l'immeuble.

B Le déroulement des enchères et l'adjudication

678. ***L'enchère*** est un engagement d'acquérir le bien à la mise à prix et si ce prix a déjà été couvert par une offre d'un montant supérieur émanant d'un enchérisseur, par une offre d'acquérir à un montant supérieur au prix précédemment proposé par le précédent enchérisseur (D. nº 2006-936, 27 juillet 2006, art. 77). L'article 313-6 du Code pénal réprime toujours le délit d'entrave à la liberté des enchères et la tentative de ce délit.

Aux termes de l'article 73 du décret du 27 juillet 2006, les enchères doivent être portées par le ministère d'un avocat. L'avocat doit être inscrit au barreau du tribunal de grande instance devant lequel la vente est poursuivie. Il ne peut être porteur que d'un seul mandat[28].

Les enchères débutent au niveau de la mise à prix fixée dans le cahier des conditions de vente par le créancier poursuivant ou par décision judiciaire en application du second alinéa de l'article 2206 du Code civil pour insuffisance manifeste. Cette mise à prix est rappelée par le juge de l'exécution lorsqu'il déclare ouvertes les enchères.

L'article 78 du décret de 2006 dispose que les enchères sont arrêtées lorsque quatre-vingt-dix secondes se sont écoulées depuis la dernière

---

pouvaient obtenir, en outre, la condamnation de l'adjudicataire à des dommages-intérêts. Les auteurs de la réforme n'ont pas reproduit cette sanction dans le décret de 2006, mais rien ne fait obstacle à cette responsabilité.

27. Pour prévenir le risque d'insolvabilité des enchérisseurs, il était recommandé, avant la réforme, à l'avocat, de réclamer à son client voulant enchérir, les justifications nécessaires de sa solvabilité, à peine d'engager sa responsabilité professionnelle.

28. Lorsque le nombre d'avocats dans le barreau concerné est insuffisant, on fera application des dispositions de l'article 5 de la loi nº 71-1130 du 31 décembre 1971 portant réforme des professions judiciaires et juridiques, qui autorise un avocat d'un autre barreau dans le ressort de la cour d'appel à porter les enchères.

enchère. Désormais, le temps est décompté par tout moyen visuel ou sonore qui signale au public chaque seconde écoulée. C'est la fin d'une époque[29] ! Dès lors qu'au bout de quatre-vingt-dix secondes à compter de la précédente enchère, aucune enchère d'un montant supérieur n'a été formulée, le juge de l'exécution constate sur le champ le montant de la dernière enchère, laquelle emporte adjudication.

L'avocat dernier enchérisseur est tenu de déclarer au greffier, avant l'issue de l'audience, l'identité de son mandant (D. n° 2006-936, 27 juillet 2006, art. 79). Si les renseignements d'identité ainsi fournis sont incomplets au regard des exigences de la publicité foncière, l'avocat de l'adjudicataire les complétera au moyen d'une déclaration écrite remise au greffe, au plus tard le troisième jour ouvrable suivant l'audience d'adjudication. Cette déclaration complémentaire sera annexée au titre de vente. En cas de difficulté de ce chef, le greffe en référera au juge, qui statuera par une ordonnance non susceptible d'appel (D. n° 2006-936, 27 juillet 2006, art. 89)[30].

Nous avons vu que les titulaires d'un droit de préemption dispose d'un certain délai après l'adjudication, pour se substituer à l'adjudicataire[31].

C Le jugement d'adjudication

679. Il convient d'envisager successivement sa nature juridique *(1)*, son contenu *(2)*, ses conditions d'exécution *(3)* ses effets *(4)*, ainsi que ceux de sa publication à la conservation des hypothèques *(5)*.

1. Nature juridique du jugement d'adjudication

680. Elle varie, selon qu'il n'y a été statué sur aucune contestation ou demande incidente ou, qu'au contraire, il y a été statué sur une contestation ou demande incidente.

Le ***jugement*** d'adjudication pure et simple, celui ***dans lequel il n'a été statué sur aucune contestation ou demande incidente***, ne fait que

29. Avant la réforme, on allumait successivement des bougies préparées de manière que chacune ait une durée d'environ une minute. Poésie ne rime pas toujours avec précision !

30. Innovation de la réforme, l'article 2207 du Code civil dispose que l'adjudication ne peut donner lieu à déclaration de *command*. Avant la réforme, cette pratique était prévue par les alinéas 2 et 3 de l'article 707 de l'ancien Code de procédure civile. Tout adjudicataire disposait ainsi de la faculté de déclarer *command* dans les vingt-quatre heures de la déclaration de l'avocat, c'est-à-dire de déclarer le nom du véritable adjudicataire. Les auteurs de la réforme ont supprimé cette faculté, apparue contraire à la transparence des enchères. Cette pratique demeure toutefois licite dans les ventes amiables, l'article 2207 du Code civil n'ayant pas d'équivalent dans le paragraphe relatif à la vente amiable.

31. Cf. *supra*, n°s 659 et s.

constater une vente. Ce « contrat » judiciaire n'a pas le caractère d'un jugement contentieux. La qualification de contrat judiciaire a pour conséquence que, comme tout contrat, il peut être annulé, notamment pour vice du consentement. L'adjudicataire est fondé à demander en justice la nullité de l'adjudication, son consentement étant vicié du fait d'une erreur sur les qualités substantielles de la chose par suite de mentions inexactes dans le cahier des charges. Cette annulation a pour conséquence la nullité de la procédure ultérieure. Ce jugement n'est pas assorti de l'autorité de la chose jugée et n'est donc pas susceptible d'appel ou de pourvoi en cassation. Il n'est pas davantage susceptible d'un recours en révision, ni d'une tierce opposition. Toutes ces solutions sont classiques. En revanche, ce jugement peut faire l'objet d'une rectification des erreurs matérielles.

Aux termes de l'article 6 du décret du 27 juillet 2006, aucune ***contestation*** ni aucune ***demande incidente*** ne peut être formée après l'audience d'orientation, à moins qu'elle porte sur les actes de procédure postérieurs à celle-ci. Dans ce dernier cas, la contestation ou demande incidente doit alors être formée dans un délai de quinze jours à compter de la notification de l'acte critiquable. Sont ainsi recevables, jusqu'à l'audience d'adjudication, une demande de publicité complémentaire, qui devra être formée dans le délai de deux mois avant l'audience d'adjudication (D. n° 2006-936, 27 juillet 2006, art. 70), d'une demande en distraction de saisie (D. n° 2006-936, 27 juillet 2006, art. 9), ou encore d'une demande de subrogation (D. n° 2006-936, 27 juillet 2006, art. 10). Subrogation et distraction peuvent être formées à tout moment de la procédure, et même verbalement à l'audience d'adjudication s'agissant de la demande de subrogation. Aux termes de l'article 88, alinéa 2, du décret de 2006, le ***jugement*** d'adjudication ***dans lequel il a été statué sur une contestation ou une demande incidente*** est susceptible d'appel dans un délai de quinze jours à compter de sa notification. En ce cas, il constitue en effet, – mais de ce chef seulement –, une décision contentieuse.

2. Contenu du jugement d'adjudication

681. Aux termes de l'article 87 du décret dispose, qu'« *outre les mentions prescrites pour tout jugement, le jugement d'adjudication vise le jugement d'orientation, les jugements tranchant les contestations et le cahier des conditions de vente. Il désigne le créancier poursuivant et, le cas échéant, le créancier subrogé dans ses droits. Il mentionne les formalités de publicité et leur date, la désignation de l'immeuble adjugé, les date et lieu de la vente forcée, l'identité de l'adjudicataire, le prix d'adjudication et le montant des frais taxés. Il comporte, le cas échéant, les contestations qu'il tranche* ».

Le jugement d'adjudication comportera, le cas échéant, en annexe, certains documents : l'acte d'huissier de justice ou l'acte notarié par lequel le bénéficiaire du droit de préemption a fait connaître sa décision de se substituer à l'adjudicataire ; si les renseignements d'identité fournis par l'adjudicataire sont incomplets au regard des exigences de la publicité foncière, l'avocat de l'adjudicataire les complétera par une déclaration écrite remise au greffe au plus tard le troisième jour ouvrable suivant l'audience d'adjudication.

3. Conditions d'exécution du jugement d'adjudication

682. Les formalités requises pour l'exécution du jugement d'adjudication sont au nombre de deux : sa notification et sa publication à la conservation des hypothèques.

Aux termes de l'article 88 du décret, la ***notification du jugement*** d'adjudication au débiteur ou saisi, aux créanciers inscrits, à l'adjudicataire ainsi qu'à toute personne ayant élevé une contestation tranchée dans le jugement, incombe au créancier poursuivant.

Selon l'article 91 du décret du 27 juillet 2006, le jugement d'adjudication[32] doit être ***publié à la conservation des hypothèques***[33], selon les règles prévues pour les ventes judiciaires, à la requête de l'acquéreur ou, à défaut, du créancier poursuivant la distribution du prix de vente. Le défaut de publication ne sera donc pas sanctionné par la réitération des enchères[34].

Quant au ***délai pour procéder à cette publication***, rappelons que la préemption du commandement de payer valant saisie sera acquise si le jugement d'adjudication n'est pas publié dans un délai de deux ans à compter de la publication dudit commandement (D. n° 2006-936, 27 juillet 2006, art. 32 à 34).

4. Les effets du jugement d'adjudication

683. Il s'agit du transfert de propriété et de ses conséquences directes ***(a)***, mais il en résulte également des obligations pour l'adjudicataire ***(b)***.

32. L'acte d'huissier de justice par lequel les titulaires de droits de préemption ont fait connaître, le cas échéant, leur décision de se substituer à l'adjudicataire, est publié en même temps que le jugement d'adjudication auquel il a été annexé.

33. Cette publication est requise par les articles 28.1°, *a*, du décret n° 55-22 du 4 janvier 1955 portant réforme de la publicité foncière. Conformément à l'article 30, premier alinéa, dudit décret, faute de publicité, le jugement est inopposable aux tiers ayant acquis sur le même immeuble et du même débiteur, des droits concurrents, en vertu d'actes ou de décisions soumises à la même publicité et publiés. La publication s'effectue à la conservation des hypothèques de la situation des biens. S'il y a plusieurs lots situés dans différents ressorts, la publication doit être faite dans chacun des bureaux intéressés. En cas de pluralité de lots, l'adjudicataire de chacun d'eux est tenu de le faire.

34. Avant la réforme, au contraire, il était expressément prévu que l'adjudicataire devait faire publier son titre au bureau des hypothèques dans les deux mois de sa date, à peine de revente sur folle enchère. En pratique, c'était généralement, l'avocat du poursuivant se chargeait d'effectuer la formalité de publicité.

a) *Le transfert de propriété à l'égard de l'adjudicataire et ses conséquences directes*

684. La réforme n'innove pas sur ces questions assez classiques. L'adjudicataire devient propriétaire de l'immeuble, avec ses accessoires et dépendances. Il bénéficie des servitudes actives et doit subir les servitudes passives, il acquiert les immeubles par destination, même s'ils n'ont pas été expressément mentionnés au cahier des conditions de vente. Mais il n'acquiert la propriété que de ce qui est compris dans la saisie. La ***propriété de l'immeuble*** saisi se transmet par le seul effet du jugement d'adjudication, à la date de son prononcé (C. civ., art. 2208). Les risques sont aussitôt transférés à l'adjudicataire, dans les termes de l'article 1138 du Code civil.

L'adjudicataire a droit ***aux fruits produits par l'immeuble*** à partir du jour de l'adjudication. Les fruits antérieurs, immobilisés par l'effet de la signification du commandement, seront distribués avec le prix de l'immeuble (C. civ., art. 2194).

Tant qu'il n'a pas consigné le prix (sur un compte séquestre ou à la Caisse des dépôts et consignation) et payé les frais de vente, l'adjudicataire ne pourra accomplir aucun ***acte de disposition sur le bien*** à l'exception de la constitution d'une hypothèque accessoire à un contrat de prêt destiné à financer l'acquisition de ce bien (C. civ., art. 2211). L'article 2210 du Code civil dispose que le jugement d'adjudication constitue un ***titre d'expulsion*** à l'encontre du saisi. Toutefois, aux termes de l'article 92 du décret, l'adjudicataire ne peut mettre à exécution son titre d'expulsion à l'encontre du saisi et de tout occupant de son chef n'ayant aucun droit qui lui soit opposable, qu'à compter de la consignation du prix et du paiement des frais.

Si un ***mineur*** (***ou*** un ***majeur protégé***), ***copropriétaire indivis d'un immeuble saisi***, n'a pas été appelé dans la procédure de saisie immobilière en la personne de son représentant légal, l'adjudication qui en est la suite, est, non pas nulle, mais inopposable à ce mineur.

Le ***véritable propriétaire*** peut avoir ignoré la saisie ou l'avoir connue trop tard pour demander la distraction avant la vente. Son droit de propriété demeure cependant intact et lui permet de revendiquer l'immeuble à l'encontre de l'adjudicataire, en établissant sa qualité de propriétaire. Le véritable propriétaire dispose à cet égard, d'un délai de trente ans pour exercer l'action en revendication contre l'adjudicataire de mauvaise foi, c'est-à-dire qui a su qu'il achetait la chose d'autrui. Si l'adjudicataire est de bonne foi, le jugement d'adjudication lui sert de juste titre. Joue alors la prescription par dix ans (C. civ., art. 2272) [35].

35. Les actes constitutifs de servitude, d'antichrèse, d'usage et d'habitation ne sont opposables aux créanciers hypothécaires, que s'ils ont été publiés avant que ces créanciers aient pris inscription. Pour tout ce qui a été compris dans la saisie, mais

L'adjudicataire qui devient propriétaire de l'immeuble à la place du saisi, dispose de ***l'action en délivrance de la chose*** et, dans une certaine mesure, de ***l'action en garantie d'éviction***[36] de la part du saisi. En revanche, *l'action en garantie des vices cachés* n'est pas admise dans les ventes faites par autorité de justice (C. civ., art. 1649). Il en va de même de ***l'action en rescision pour lésion*** de plus des sept douzièmes ne peut être exercée (C. civ., art. 1684).

b) Les obligations de l'adjudicataire

685. L'adjudicataire doit consigner le prix de l'adjudication dans un délai de deux mois à compter de la date d'adjudication définitive, à peine de réitération des enchères. Passé ce délai, le prix de vente est augmenté de plein droit des intérêts au taux légal jusqu'à consignation de la totalité du prix (D. n° 2006-936, 27 juillet 2006, art. 83)[37]. Lorsque plutôt que d'être consignés à la Caisse des dépôts et consignations les fonds sont séquestrés[38], ils produisent intérêts à un taux fixé par le cahier des

n'appartenait pas au saisi, le jugement d'adjudication est un « juste » titre qui permet à l'adjudicataire d'acquérir par la prescription de dix ans, s'il est de bonne foi et ce, dans les termes généraux de l'article 2272 du Code civil. La prescription court, même si le jugement d'adjudication n'est pas publié, à partir du jour où l'adjudicataire a eu la possession de fait des immeubles litigieux. Le délai de prescription court du jour où l'adjudicataire a été mis en possession. L'adjudicataire de bonne foi fait les fruits siens en vertu des article 549 et 550 du Code civil.

36. Quelle est la situation de l'adjudicataire qui découvre que l'immeuble qu'il a ainsi acquis, est grevé de servitudes non apparentes qui lui sont opposables, alors qu'elles n'ont pas été mentionnées au cahier des conditions de vente ? Sous l'empire du droit antérieur, s'il s'agissait de servitudes peu importantes, c'est-à-dire qui n'eussent certainement pas empêché l'adjudicataire d'enchérir s'il les avait connues, il pouvait prétendre à une indemnité en vertu de l'article 1638 du Code civil. Cette indemnité lui était due par le créancier poursuivant et par le saisi quand le préjudice qu'il subissait provenait de leur fait personnel. Une clause de non-garantie insérée au cahier des conditions de vente par le créancier poursuivant ne lui permettrait pas, en cas de négligence lui étant imputable, de faire échec au droit à indemnisation de l'adjudicataire (C. civ., art. 1628).
Si l'importance des servitudes occultes est telle que l'adjudicataire n'eût pas enchéri s'il les avait connues, celui-ci pourra demander à son choix, soit une indemnisation, soit la résolution de l'adjudication, en application de l'article 1638 du Code civil.

37. En outre, aux termes de l'article L. 313-3 du Code monétaire et financier, en cas de condamnation, le taux de l'intérêt légal est majoré de cinq points à l'expiration d'un délai de deux mois à compter du jour où la décision de justice est devenue exécutoire, fût-ce par provision. Cet effet est attaché de plein droit au jugement d'adjudication sur saisie immobilière, quatre mois après son prononcé. Toutefois, d'une manière générale, le juge de l'exécution peut, à la demande du débiteur (le saisi dans la saisie immobilière) ou du créancier (le créancier poursuivant dans la saisie immobilière), et en considération de la situation du débiteur (du saisie), exonérer celui-ci de cette majoration ou en réduire le montant.

38. Cf. *infra*, n° 758. Les frais de vente sont, soit consignés sur un « compte séquestre », après désignation d'un séquestre directement dans le cahier des conditions de vente ou

conditions de vente et qui ne peut être inférieur à celui servi par la Caisse des dépôts et consignations (D. nº 2006-936, 27 juillet 2006, art. 84). Les intérêts sont acquis aux créanciers et le cas échéant, au débiteur pour être distribués avec le prix de l'immeuble.

L'article 2211 du Code civil impose en outre à l'adjudicataire le paiement des frais de la vente[39]. L'adjudicataire doit en justifier auprès du greffe avant l'expiration du délai de deux mois à compter de l'adjudication définitive, à peine de réitération des enchères.

Aux termes de l'article 2213 du Code civil, c'est désormais la consignation du prix et le paiement de frais qui opèrent purge de plein droit des inscriptions. En fait, la validité de la purge est subordonnée à la triple condition que la saisie ait atteint le véritable propriétaire, que tous les créanciers inscrits aient été sommés et qu'enfin, le prix ait été payé ou consigné[40].

Aux termes de l'article 85 du décret de 2006, « *après la publication du titre de vente et au vu d'un état hypothécaire, le créancier de premier rang peut demander, par requête au juge de l'exécution, à être payé à titre provisionnel pour le principal de sa créance par le séquestre ou le consignataire. /La décision du juge de l'exécution est notifiée par le créancier de premier rang au débiteur et aux créanciers inscrits, lesquels disposent d'un délai de quinze jours pour faire opposition à cette décision. /Les intérêts, frais et accessoires de cette créance sont payés une fois le projet de distribution devenu définitif. /Toute stipulation contraire est réputée non écrite* ».

5. Les effets de la publication du jugement d'adjudication

686. Seule cette publication rend opposable au tiers absolus, *penitus extraneus*, le transfert de propriété (D. nº 55-22, 4 janvier 1955, art. 30.1).

Elle arrête le cours des inscriptions (C. civ., art. 2427), c'est-à-dire qu'elle clôture irrévocablement la liste des créanciers qui auront le droit de figurer dans la procédure de distribution.

Elle purge l'action résolutoire prévue par l'article 1654 du Code civil ouverte à un précédent vendeur impayé qui dispose en outre, du privilège

par le juge de l'exécution, soit consignés à la Caisse des dépôts et consignations, ce qui constituera, en pratique la solution la plus simple (D. nº 2006-936, 27 juillet 2006, art. 111, al. 3).

39. Nous avons vu qu'aux termes de l'article 86 du décret du 27 juillet 2006, les frais de poursuite taxés sont payés par l'adjudicataire, par priorité en sus du prix.

40. Avant la réforme de la saisie immobilière, l'article 717, alinéa 3, de l'ancien Code de procédure civile, disposait que la publication du jugement d'adjudication purgeait toutes les hypothèques, même celles qui avaient été inscrites postérieurement à la délivrance des états d'inscription, et les créanciers n'avaient plus d'action que sur le prix.

institué par l'article 2374.1° du même Code. L'article 2379, alinéa 2, du Code civil dispose, en outre, que l'action résolutoire établie par l'article 1654 ne peut être exercée au préjudice des tiers qui ont acquis des droits sur l'immeuble du chef de l'acquéreur et qui les ont publiés.

Elle confère un effet légal aux inscriptions[41].

Enfin, la publication du jugement d'adjudication purge les vices de la procédure de saisie.

D La consignation du prix d'adjudication et le paiement des frais

687. Il résulte de l'article 2213 du Code civil, que la consignation du prix et le paiement des frais de vente purgent de plein droit l'immeuble de toute hypothèque et de tout privilège du chef du débiteur. L'article 93 du décret du 27 juillet 2006 prévoit que sur requête de l'adjudicataire, le juge de l'exécution, qui constate la purge des hypothèques et privilèges pris sur l'immeuble du chef du débiteur, ordonne la radiation des inscriptions correspondantes. Cette ordonnance n'est pas susceptible d'appel.

Aux termes de l'article 92 du décret de 2006, « *sauf si le cahier des conditions de vente prévoit le maintien dans les lieux du... saisi, l'adjudicataire peut mettre à exécution* ***le titre d'expulsion*** *dont il dispose à l'encontre du saisi et de tout occupant de son chef n'ayant aucun droit qui lui soit opposable à compter de la consignation du prix et du paiement des frais taxés* ».

Les articles 2211 du Code civil et 83 du décret de 2006, l'adjudicataire doit consigner le prix sur un compte séquestre ou à la Caisse des dépôts et consignations dans un délai de deux mois à compter de la date d'adjudication définitive, et payer les frais de vente, à peine de réitération des enchères[42]. Les fonds séquestrés produiront intérêts[43] acquis aux créanciers et, le cas échéant, au débiteur, pour leur être distribués avec le prix de l'immeuble. À défaut de consignation du prix et de paiement des frais, la vente est résolue de plein droit. L'adjudicataire défaillant sera tenu de la différence entre son enchère et le prix de la revente si celui-ci est moindre. Il ne pourra prétendre à répétition des sommes acquittées. Il est, ce que l'on appelait jadis, un fol enchérisseur (C. civ., art. 2212). Passé le délai pour le consigner, le prix de vente est augmenté

41. Avant la réforme, la publication du jugement d'adjudication marquait, en outre, le moment où les inscriptions déjà prises avaient produit tout leur effet légal. Leur renouvellement devenait désormais inutile. Les inscriptions que l'article 2154 du Code civil soumet au renouvellement ne risquaient donc plus de se périmer faute d'avoir été renouvelées.

42. L'ancienne « folle enchère ».

43. Sur leur taux, cf. D. n° 2006-936, 27 juillet 2006, art. 84.

B.U. BREST

de plein droit des intérêts au taux légal jusqu'à la consignation complète du prix[44].

§ 3. Le titre de vente

688. Le titre de vente consiste dans l'expédition du cahier des conditions de vente revêtue de la formule exécutoire, à la suite de laquelle est transcrit le jugement d'adjudication (D. n° 2006-936, 27 juillet 2006, art. 89). Il est délivré par le greffier à l'adjudicataire (D. n° 2006-936, 27 juillet 2006, art. 90, al. 1). Lorsque l'adjudication comprend plusieurs lots adjugés à différents adjudicataires, il est délivré une expédition par acquéreur (D. n° 2006-936, 27 juillet 2006, art. 90). Il n'est délivré à l'adjudicataire, que sur justification du paiement des frais taxés (C. civ., art. 2209). La quittance du paiement des frais est annexée au titre de vente (D. n° 2006-936, 27 juillet 2006, art. 90, al. 4).

Sous-section 3
La remise en vente du bien sur surenchère *(§ 1)* ou réitération des enchères *(§ 2)*

689. Toute personne peut, dans les dix jours qui suivent l'adjudication, faire une surenchère du dixième du prix *(§ 1)*. En outre, faute consignation du prix et de paiement de frais, l'adjudicataire risque une revente sur réitération des enchères qu'on appelait jadis « folle enchère » *(§ 2)*.

§ 1. La surenchère[45]

690. La surenchère est régie par les articles 94 à 99 du décret du 27 juillet 2006. Surenchérir, c'est provoquer la remise en vente du bien que le

44. Nous avons vu que l'article L. 313-3 du Code monétaire et financier prévoit qu'en cas de condamnation pécuniaire, le taux de l'intérêt légal est majoré de cinq points à l'expiration d'un délai de deux mois à compter du jour où la décision de justice est devenue exécutoire, fût-ce par provision. L'article 15 de l'ordonnance du 21 avril 2006 a complété cet article, afin que cet effet soit attaché de plein droit au jugement d'adjudication sur saisie immobilière quatre mois après son prononcé. Toutefois, le juge de l'exécution pourra toujours, à la demande du débiteur ou du créancier, et en considération de la situation du débiteur, exonérer celui-ci de cette majoration ou en réduire le montant.

45. La procédure de surenchère n'est pas spécifique à la procédure de saisie immobilière. Elle est admise, en effet, non seulement, en matière de saisie immobilière mais dans

surenchérisseur estime vendu à un prix insuffisant, cette remise en vente ayant lieu à un prix majoré de 1/10e, au risque, pour lui, d'être déclaré d'office adjudicataire pour cette somme, pour le cas où aucun autre enchérisseur ne se présenterait. Elle nécessite une demande par acte d'avocat.

En outre, aux termes de l'article 67 du décret de 2006, au premier jour ouvrable suivant l'adjudication, un extrait du procès-verbal d'audience est affiché par le greffe à la porte de la salle d'audience pendant le délai au cours duquel la surenchère peut être exercée. Ce document mentionne la description sommaire de l'immeuble telle que figurant dans l'avis initial, le prix de la vente et les frais taxés, ainsi que l'indication du greffe compétent pour recevoir les offres de surenchère et du délai de dix jours suivant la vente pour les former.

Il convient d'envisager successivement les conditions, modalités et effets de la déclaration de surenchère ***(A)***, sa dénonciation ***(B)***, la contestation de sa validité ***(C)***, la revente par adjudication sur surenchère et ses effets ***(D)***.

A Les conditions, modalités et effets de la déclaration de surenchère

691. Aux termes de l'article 94 du décret de 2006, toute personne peut faire surenchère au ***greffe du juge de l'exécution*** qui a prononcé le jugement d'adjudication (D. n° 2006-936, 27 juillet 2006, art. 95). Le taux de la surenchère est du ***dixième du prix*** principal de la vente, mais le surenchérisseur est libre de porter le prix au-delà du dixième minimum imposé par la loi.

L'article 72 du décret énonce des ***interdictions d'enchérir*** qui valent pour la surenchère[46]. L'adjudicataire peut surenchérir, en pratique quand son droit a été résolu par l'exercice du droit de préemption. Le créancier poursuivant peut aussi user de ce droit puisqu'aucun texte ne le prive de ce droit. Il le fera, en pratique, toutes les fois qu'il n'est pas satisfait du montant de l'adjudication initiale. La surenchère peut être le fait de plusieurs personnes agissant soit conjointement, en vue de se partager l'immeuble si elles en restent adjudicataires, soit séparément, en portant, chacune dans son intérêt particulier, une enchère identique ou différente[47].

toutes les ventes d'immeubles faites en justice : vente d'immeubles et de fonds de commerce appartenant à des mineurs ou majeurs en tutelle et vente sur licitation de biens indivis (CPC, art. 1271 à 1281), vente d'immeubles dépendant d'une liquidation judiciaire (C. com., art. L. 642-18 texte qui prévoit que les ventes d'immeubles après liquidation de biens ont lieu suivant les formes prescrites en matière de saisie immobilière).

46. Cf. *supra*, n° 674.

47. En cas de pluralité de surenchères, il faut distinguer le cas où elles portent sur le même bien (cas de la vente en lot) de celui où elles portent sur divers biens constituant tout ou partie des biens adjugés (cas de la vente en plusieurs lots). Dans le premier cas, la

Quant au ***délai pour former surenchère***, le décret n° 2006-1805 du 23 décembre 2006 est revenu au délai de dix jours de l'ancien régime[48]. Aux termes de l'article 95 du décret de 2006, la surenchère doit donc être faite « ... *dans les dix jours qui suivent l'adjudication...* ». Ce délai se décompte conformément aux dispositions des articles 640 et suivants du Code de procédure civile.

Toujours aux termes de l'article 95 du décret de 2006, c'est à peine d'irrecevabilité que la surenchère doit être formée par ***acte d'avocat*** et déposée au greffe. L'avocat doit attester s'être fait remettre de son mandant une ***caution bancaire irrévocable*** ou un chèque de banque du dixième du prix principal de la vente[49]. La déclaration de surenchère vaut demande de fixation d'une audience de surenchère. La déclaration de surenchère ne peut pas être rétractée et ne confère pas au surenchérisseur la qualité de poursuivant[50].

La surenchère anéantit la première adjudication, c'est-à-dire qu'elle remet les parties dans la situation où elles se trouvaient antérieurement à l'adjudication. Il va en résulter le cas échéant, l'effacement dans une certaine mesure, des droits constitués par l'adjudicataire initial au profit de tiers, d'une part ; la renaissance des droits du saisi sur le bien, d'autre part. Il ne s'agit là que d'une application de l'article 2414, alinéa 1, du Code civil. Les baux passés par l'adjudicataire initial dans l'intervalle des deux adjudications, doivent être conservés dans la mesure où il s'agit d'actes d'administration. Les droits du saisi sur l'immeuble renaissent jusqu'à l'adjudication sur surenchère : le saisi est donc

procédure de surenchère est effectuée, en général, par le premier surenchérisseur, les autres surenchères ne pouvant avoir un quelconque effet que pour le cas où la première surenchère serait déclarée nulle. Dans le second cas, certains ou tous les lots, ont été surenchéris par des avocats différents. Dans la pratique, les avocats intéressés conviennent de régler entre eux la conduite de la procédure, mais en cas de désaccord de ce chef, il appartient au juge de décider quel avocat aura pour mission de procéder aux formalités en vue de la revente sur surenchère de tous les biens surenchéris.

48. Initialement, l'article 95 du décret du 27 juillet 2006 avait fixé ce délai à quinze jours.

49. En pratique, l'acte de surenchère devra contenir la date de l'acte, l'indication du lieu où la déclaration est faite, la désignation de la personne devant laquelle elle est faite, la constitution d'avocat du surenchérisseur, les nom, prénoms, profession, nationalité, date et lieu de naissance, situation matrimoniale et domicile du surenchérisseur, étant précisé que, lorsqu'il s'agit d'une société, il y a lieu d'indiquer sa dénomination, telle qu'elle figure au registre du commerce et des sociétés, sa forme, son capital, son siège et son numéro d'immatriculation au registre du commerce et des sociétés ainsi qu'au moins le nom et la qualité de la personne qui la représente légalement), l'indication du taux de la surenchère, la mention du jugement d'adjudication, l'indication du prix principal de la première adjudication, la désignation du ou des lots surenchéris, les nom, prénoms, domicile de l'adjudicataire surenchéri.

50. Cass. 2e civ., 29 octobre 1980, *Bull. civ.* II, n° 221.

propriétaire du bien entre les deux adjudications[51] ; mais cette situation ne présente pas plus de risques pour les créanciers qu'avant la première adjudication. L'adjudicataire initial n'est pas tenu de payer le prix, ni le droit d'enregistrement, les frais et émoluments. S'il avait déjà payé ou consigné le prix, il devra lui être immédiatement restitué avec ses accessoires. Il le lui sera suivant le cas, par le créancier poursuivant ou la Caisse des dépôts et consignations si besoin est, sur présentation d'un document établi par le greffe attestant de l'existence d'une déclaration de surenchère. L'adjudicataire évincé est, en outre, recevable à se faire rembourser les dépenses d'entretien qu'il a faites sur l'immeuble. Il s'adressera à cet effet soit au second adjudicataire, si l'obligation de remboursement par ce dernier est prévue au cahier des charges, soit au saisi ou aux créanciers inscrits qui bénéficient de ces dépenses. La résolution des droits de l'adjudicataire initial et de ceux constitués par lui au profit de tiers entraîne la renaissance des droits du saisi.

B La dénonciation de la surenchère

692. L'article 96, alinéa 1, du décret du 27 juillet 2006 dispose qu'« *au plus tard le troisième jour ouvrable suivant la déclaration de surenchère, le surenchérisseur la dénonce par acte d'huissier de justice ou par notification entre avocats au créancier poursuivant, à l'adjudicataire et au débiteur saisi, à peine d'irrecevabilité. L'acte de dénonciation rappelle les dispositions de l'article 7 et du second alinéa du présent article* (c'est-à-dire, qu'à moins qu'il en soit disposé autrement, toute contestation ou demande incidente est formée par le dépôt au greffe de conclusions signées d'un avocat.) *; une copie de l'attestation* (de l'avocat du surenchérisseur) *prévue au deuxième alinéa de l'article 95* (c'est-à-dire attestant du dépôt de garantie) *y est jointe* ». Le délai de trois jours pour procéder à cette dénonciation n'est pas franc.

En cas de pluralité de surenchères, il est d'usage que chaque surenchérisseur dénonce sa surenchère aux précédents surenchérisseurs.

C La contestation de la validité de la surenchère

693. Comme auparavant, toute partie intéressée peut contester la validité de la surenchère, en l'occurrence le précédent adjudicataire, le créancier poursuivant, le saisi, mais également les personnes intéressées, en raison de la nature et des conséquences de la procédure de surenchère, c'est-à-dire les créanciers inscrits, les créanciers sommés et les surenchérisseurs postérieurs. Aux termes du second alinéa de l'article 96 du

51. Cass. civ., 7 décembre 1869, *DP* 1869, 1, p. 31.

décret de 2006, la validité de la surenchère peut être contestée dans les quinze jours de sa dénonciation. L'examen de cette contestation et des demandes incidentes ne suspend pas le cours de la procédure. Conformément à l'article 7 du décret de 2006, la contestation de la surenchère se fait par simples conclusions déposées au greffe par ministère d'avocat.

En cas de contestation effective, le juge de l'exécution doit d'abord statuer sur son bien fondé, avant de fixer la date de l'audience d'adjudication sur surenchère, car aux termes de l'article 97 du décret de 2006, dans ce cas, le délai pour fixer la date de l'audience d'adjudication sur surenchère ne court qu'à compter de la date de la décision de rejet. À cette fin, le greffe convoque les parties à une audience par lettre recommandée avec accusé de réception dans un délai de quinze jours à compter du dépôt de la contestation.

Si la surenchère est déclarée nulle, l'adjudication primitive revit. Si, au contraire, la surenchère est déclarée valable, le juge fixe la date de l'audience d'adjudication sur surenchère, et le surenchérisseur devra procéder à la publicité en vue de la nouvelle adjudication.

D La revente par adjudication sur surenchère et ses effets

694. Aux termes de l'article 97 du décret du 27 juillet 2006, l'audience d'adjudication sur surenchère est fixée par le juge de l'exécution, à une date comprise dans un délai de deux à quatre mois suivant la déclaration de surenchère. En cas de contestation de la surenchère, ce délai ne court qu'à compter de la date de la décision de rejet. Le débiteur saisi, le créancier poursuivant et les créanciers inscrits, l'adjudicataire et le surenchérisseur sont avisés par le greffe de la date de l'audience d'adjudication sur surenchère, par lettre recommandée avec accusé de réception.

Quant aux formalités de publicité, l'article 68 prévoit seulement qu'en cas de surenchère, la nouvelle vente est précédée de la publicité de droit commun. L'article 98 du décret du 27 juillet 2006 met à la charge du surenchérisseur ou, à défaut, du créancier poursuivant, les formalités de publicité, sur la mise à prix modifiée par la surenchère[52].

Hormis la mise à prix, l'adjudication sur surenchère se poursuit sur le cahier des conditions de vente ayant servi lors de l'adjudication primitive.

L'audience d'adjudication sur surenchère est soumise aux mêmes formes que l'audience de la première adjudication. Les enchères sont donc reprises dans les conditions des articles 72 à 82 du décret. Le montant de la taxe des frais de poursuite est publiquement annoncé avant

52. L'article 98 du décret du 27 juillet 2006 ne précise plus que les frais engagés par ces nouvelles publicités sont taxés et inclus dans les frais de vente, mais ils doivent nécessairement l'être.

l'ouverture des enchères, conformément à l'article 75 du décret de 2006. Il est procédé à la nouvelle adjudication comme pour la première.

Aux termes de l'article 99 du décret, si la surenchère n'est pas couverte, le surenchérisseur est déclaré adjudicataire.

L'adjudicataire sur surenchère a les mêmes droits et les mêmes obligations que l'adjudicataire primitif. « *Aucune surenchère ne pourra être reçue sur la seconde adjudication* » (D. n° 2006-936, 27 juillet 2006, art. 99, al. 3). Surenchère sur surenchère ne vaut !

§ 2. La réitération des enchères

695. On l'appelait jadis « folle enchère ». Il y a réitération des enchères lorsque l'adjudicataire ne remplit pas les obligations résultant de son enchère, en l'occurrence payer les frais dans les délais prescrits, et consigner le prix dans un délai de deux mois à compter de la date d'adjudication définitive (D. n° 2006-936, 27 juillet 2006, art. 83). Aux termes de l'article 2212 du Code civil, la poursuite sur réitération des enchères entraîne la résolution de plein droit de l'adjudication, avec remise en vente de l'immeuble dans les formes des articles 100 et suivants du décret de 2006.

L'article 2212 du Code civil et l'article 100 du décret de 2006 visent seulement le cas où l'adjudicataire n'a pas payé le prix et les frais taxés[53].

La vente initiale étant rétroactivement anéantie, en attendant la prochaine adjudication le saisi redevient propriétaire.

La réitération des enchères est poursuivie contre l'adjudicataire ou contre ses héritiers continuateur de sa personne s'il est décédé entre-temps. La loi n'ayant imposé aucun délai pour agir en réitération des enchères, le droit d'exercer la réitération se prescrira par 5 ans.

Il convient d'envisager successivement les modalités de la procédure de réitération des enchères *(A)*, la contestation de sa validité ***(B)***, la revente par adjudication sur réitération des enchères et ses effets ***(C)***.

A La procédure de réitération des enchères

696. Le créancier poursuivant, mais aussi un créancier inscrit ou le saisi, peuvent poursuivre la réitération des enchères. Ils y ont tous un intérêt, les créanciers, à ce que le prix soit payé et distribué, et le saisi, à éteindre sa dette et à purger les inscriptions.

53. Ou les droits de mutation en cas de vente amiable. Avant la réforme, la folle enchère était également encourue lorsque l'adjudicataire n'avait pas fait publier le jugement d'adjudication dans le délai légal.

Pour ce faire, toute personne qui entend poursuivre la procédure de réitération des enchères, doit se faire délivrer par le greffier un certificat constatant que l'adjudicataire n'a pas justifié de la consignation du prix ou du paiement des frais taxés[54] (D. nº 2006-936, 27 juillet 2006, art. 101, al. 1). Quant à la consignation du prix, en pratique, le greffe se prononcera au vu des affirmations de la personne qui sollicitera le certificat. En revanche, s'agissant du paiement des frais de poursuite[55], l'adjudicataire doit en justifier au greffe avant l'expiration du délai de deux mois à compter de la date de l'adjudication définitive (D. nº 2006-936, 27 juillet 2006, art. 86). Ce certificat délivré par le greffe doit être signifié au saisi, à l'adjudicataire et le cas échéant, au créancier qui a sollicité la vente. Outre les mentions prescrites pour les actes d'huissier de justice, la signification faite à l'acquéreur comporte, à peine de nullité, la sommation d'avoir à payer le prix et les frais de la vente dans un délai de huit jours, et le rappel des dispositions du second alinéa de l'article 2212 du Code civil et des articles 7, 83, 86, 102, 103 et 106 du décret de 2006 (D. nº 2006-936, 27 juillet 2006, art. 101).

B La contestation de la validité

697. Aux termes de l'article 102 du décret de 2006, « *l'adjudicataire peut contester le certificat dans le délai de quinze jours suivant sa signification* ». Pour ce faire, l'adjudicataire devra respecter les dispositions de l'article 7 du décret, c'est-à-dire saisir le juge de l'exécution au moyen de conclusions signées par un avocat déposées au greffe dans le délai. Le greffe convoquera les parties à une audience par lettre recommandée avec accusé de réception dans un délai de quinze jours à compter du dépôt de la contestation[56].

L'audience de contestation devra se tenir le plus rapidement possible car, aux termes de l'article 103 du décret de 2006, la date de l'audience d'adjudication sur réitération devra être fixée par le juge de l'exécution à une date comprise dans un délai de deux à quatre mois, suivant la date de signification du certificat du greffe à l'acquéreur par la personne qui poursuit la réitération.

La décision par laquelle le juge de l'exécution statue sur cette contestation n'est pas, aux termes de l'article 102 du décret, susceptible d'appel ; mais elle est susceptible de pourvoi en cassation.

54. Ou les droits de mutation en cas de vente amiable.

55. Ou des droits de mutation en cas de vente amiable.

56. On sait qu'en cas de retour au greffe de la lettre recommandée qui n'aurait pu être remise au destinataire, l'article 19 du décret nº 92-755 du 31 juillet 1992 prévoit que « *le greffier en informe le demandeur et l'invite à procéder comme il est dit à l'article 670-1 du Code de procédure civile* ».

C La revente par adjudication sur réitération des enchères et ses effets

698. L'article 103 du décret du 27 juillet 2006 dispose que la date de la nouvelle audience d'adjudication est fixée par le juge de l'exécution, sur requête de la partie qui poursuit la réitération. Cette date est déterminée par le juge de l'exécution à une date comprise dans un délai de deux à quatre mois, suivant la date de signification du certificat du greffe à l'acquéreur par la personne qui poursuit la réitération. Le débiteur saisi, le créancier poursuivant, les créanciers inscrits et l'adjudicataire défaillant sont avisés par le greffe de la date de cette audience d'adjudication par lettre recommandée accusé de réception, conformément aux dispositions de l'article 19 du décret du 31 juillet 1992.

Conformément aux articles 68 et 104 du décret du 27 juillet 2006, de nouvelles publicités doivent annoncer cette remise en vente. Elles seront réalisées dans les conditions des articles 64 à 69, c'est-à-dire comme les formalités initiales[57]. Elles mentionneront bien sûr, le montant de l'adjudication.

L'adjudication aura lieu dans les conditions prévues par l'ancien cahier des conditions de vente. Aux termes de l'article 105 du décret 27 juillet 2006, le jour de l'audience, les enchères sont réitérées dans les conditions des articles 72 à 82 du décret[58].

Une surenchère est possible après une revente sur réitération des enchères. De même qu'une réitération des enchères est à nouveau possible.

Comme auparavant, selon l'article 2212, alinéa 2, du Code civil, l'adjudicataire défaillant est tenu au paiement de la différence entre son prix d'acquisition et le prix de la revente, si celui-ci est moindre. Il ne peut prétendre à la répétition des sommes qu'il a acquittées. Aux termes de l'article 106 du décret du 27 juillet 2006, il conserve également à sa charge les frais taxés lors de son adjudication. Enfin, passé le délai de deux mois à compter de l'adjudication, il est tenu des intérêts au taux légal sur son prix d'acquisition, jusqu'à la nouvelle vente.

L'adjudication sur réitération des enchères met à la charge du nouvel acquéreur le paiement du prix et des frais, et la publication du jugement.

---

57. Cf. *supra*, n°s 651 et s.
58. Cf. *supra*, n° 670.

Section 2
La vente amiable

699. Nous avons vu que le saisi peut faire une demande d'autorisation de vente amiable. Lorsqu'il est fait droit à cette demande, la procédure d'exécution est suspendue à compter de l'autorisation accordée par le juge, à l'exception du délai imparti aux créanciers inscrits pour déclarer leur créance.

Il convient d'envisager successivement, les droits et obligations du saisi *(§ 1)*, les droits des créanciers *(§ 2)*, les pouvoirs du juge de l'exécution *(§ 3)*, et les obligations du notaire et de l'acquéreur de l'immeuble *(§ 4)*.

§ 1. Les droits et obligations du saisi

700. Le saisi peut faire une demande d'autorisation de vente amiable lors de l'audience d'orientation. Mais il peut aussi formuler auprès du juge de l'exécution d'une telle demande, sans attendre cette audience, car aux termes de l'article 53 du décret du 27 juillet 2006, la demande tendant à la vente amiable de l'immeuble peut être présentée et jugée avant la signification de l'assignation à comparaître à l'audience d'orientation. S'il effectue sa demande tendant à être autorisé à vendre son bien à l'amiable, à l'audience d'orientation, le saisi peut la présenter verbalement et sans ministère d'avocat, conformément aux dispositions de l'article 50, alinéa 2[59]. Lorsque cette demande est formée avant cette audience, dans le silence des textes, en pratique, le saisi devra assigner le créancier poursuivant et les créanciers inscrits à une audience du juge de l'exécution et il n'est pas dispensé du ministère d'avocat[60].

Aux termes de l'article 55 du décret du 27 juillet 2006 le saisi doit accomplir les diligences nécessaires à la conclusion de la vente amiable, ce qui signifie qu'il doit tout mettre en œuvre pour trouver un acquéreur (mandat de vente confié à un ou plusieurs agents immobiliers, annonces,...). L'article 55 impose au saisi de rendre compte des démarches accomplies à

59. Ce texte le dispense de ministère d'avocat, également pour les actes consécutifs à cette demande, ce qui signifie qu'il pourra être seul pour demander un délai supplémentaire pour réaliser la vente, pour se défendre lorsque le créancier poursuivant lui reprochera sa carence et pour se présenter à l'audience de constatation de la vente.

60. Lorsqu'il en est ainsi, le décret n'a pas prévu à qui il incombe de sommer les créanciers inscrits de déclarer leurs créances, mais le saisi, le créancier poursuivant comme les créanciers inscrits, ont tous intérêt à ce que cette déclaration soit faite.

cette fin au créancier poursuivant qui a la faculté de faire constater la carence du saisi en l'assignant devant le juge de l'exécution.

§ 2. Les droits et obligations des créanciers

701. À l'inverse des solutions ayant cours en matière de saisie-vente, le créancier poursuivant ne peut refuser la vente amiable sous prétexte que le prix fixé serait insuffisant. C'est le juge qui fixe le prix en deçà duquel la vente ne pourra se réaliser, mais sans avoir à solliciter l'accord du créancier poursuivant ou des créanciers inscrits. Le seul moyen dont dispose le créancier poursuivant de contester la décision du juge sera donc de faire appel du jugement autorisant le recours à la vente amiable.

Nous avons vu que l'article 55 impose au saisi de rendre compte des démarches accomplies à cette fin au créancier poursuivant qui a la faculté de faire constater la carence du saisi en l'assignant devant le juge de l'exécution. Quant aux créanciers inscrits, si le poursuivant négligeait de surveiller les diligences du saisi et d'assigner en constatation de carence, ils pourraient sans doute demander leur subrogation dans les droits du poursuivant.

La procédure reprendra en vente forcée si le saisi ne parvient pas à trouver un acquéreur dans les délais ou si le juge ne peut constater la réalisation des conditions fixées. Selon l'article 55, alinéa 3, si la reprise est postérieure à l'audience d'orientation, le jugement fixera la date d'audience d'adjudication. Le décret ne précise pas ce qui se passe si la demande de vente amiable du saisi ayant été formée et jugée avant cette audience, la reprise de la vente forcée est envisageable avant l'audience d'orientation. Dans ce cas, il conviendra que le créancier poursuivant assigne les parties à l'audience d'orientation, dépose le cahier des conditions de vente et somme les créanciers inscrits de déclarer leurs créances.

Nous avons vu que les créanciers sommés doivent déclarer leurs créances afin de ne pas perdre le rang de leur sûreté (C. civ., art. 2215)[61].

61. Nous avons vu qu'aux termes de l'article 47 du décret de 2006, « *Les créanciers qui ont inscrit leur sûreté sur l'immeuble après la publication du commandement de payer valant saisie, mais avant la publication de la vente, interviennent à la procédure en déclarant leur créance, arrêtée en principal frais et intérêts échus au jour de la déclaration. À peine d'irrecevabilité, la déclaration est faite par acte d'avocat déposé au greffe du juge de l'exécution dans un délai d'un mois suivant l'inscription et est accompagnée d'une copie du titre de créance et du bordereau d'inscription et d'un état hypothécaire levé à la date de l'inscription. La déclaration est dénoncée, dans les mêmes formes ou par signification, le même jour ou le premier jour ouvrable suivant, au créancier poursuivant et au débiteur* ».

§ 3. Les pouvoirs du juge de l'exécution

702. L'appréciation de l'opportunité d'une telle autorisation appartient au juge de l'exécution. Celui-ci va s'assurer que la vente pourra être conclue dans des conditions satisfaisantes compte tenu de la situation du bien, des conditions économiques du marché et de diligences éventuelles du débiteur (D. nº 2006-936, 27 juillet 2006, art. 49).

Lorsqu'il autorise la vente amiable, le juge va conditionner cette autorisation au respect d'un délai et va fixer les conditions de la vente. Il fixe la date de l'audience à laquelle l'affaire reviendra pour constater la réalisation de la vente amiable. Cette audience doit se tenir dans un délai qui ne peut excéder quatre mois à compter de l'autorisation donnée par le juge (D. nº 2006-936, 27 juillet 2006, art. 54). Lorsque l'affaire revient à cette audience de constatation, le saisi peut toutefois solliciter un délai supplémentaire qui ne peut excéder trois mois afin de permettre la rédaction et la conclusion de l'acte authentique de vente. Le juge n'accordera ce délai supplémentaire que si le saisi justifie d'un engagement écrit d'acquisition. C'est dire que le saisi ne dispose que de quatre mois au maximum pour trouver un acquéreur qui prenne l'engagement d'acheter aux conditions fixées ; le délai de trois mois supplémentaires ne servant qu'à finaliser la vente par la rédaction de l'acte authentique.

Si ***la vente amiable aboutit***, c'est un notaire qui dressera l'acte authentique mais c'est le juge qui constatera par jugement, la réalisation de la vente. Le juge de l'exécution ne constate ainsi la vente, que si les conditions qu'il a fixées sont remplies et le prix consigné. Le juge ordonne également dans sa décision la radiation des inscriptions d'hypothèques et de privilège prises du chef du débiteur[62]. Son jugement constatant la vente n'est pas susceptible d'appel, mais il est susceptible de pourvoi en cassation (D. nº 2006-936, 27 juillet 2006, art. 58). Selon les dispositions de l'article 2202 du Code civil, la vente amiable sur autorisation judiciaire produit les effets d'une vente volontaire.

Si ***la vente amiable n'aboutit pas***, le juge ordonnera la vente forcée dans les conditions prévues aux troisième et quatrième alinéas de l'article 55, c'est-à-dire qu'il fixe la date d'audience d'adjudication qui doit se tenir dans un délai compris entre deux et quatre mois, si l'audience d'orientation s'était déjà tenue, également dans un jugement insusceptible d'appel (D. nº 2006-936, 27 juillet 2006, art. 55 et 58), mais est susceptible de pourvoi en cassation. Aux termes de l'article 55, alinéa 3, du décret, le jugement doit être notifiée au saisi, au créancier poursuivant et aux créanciers inscrits. Cette notification a lieu à la diligence du greffe,

62. Le conservateur qui procède à la publication du jugement en fait mention en marge de la publication de la copie du commandement et procède aux radiations des inscriptions correspondantes.

mais le créancier poursuivant peut certainement, en application des dispositions de l'article 22 du décret du 31 juillet 1992, prendre l'initiative de faire signifier lui-même la décision au saisi et aux créanciers inscrits. Nous avons vu que l'article 55 du décret de 2006 impose au saisi de rendre compte des démarches accomplies à cette fin au créancier poursuivant qui a la faculté de faire constater la carence du saisi en l'assignant devant le juge de l'exécution. Selon l'article 55, alinéa 4, du décret de 2006 la décision du juge de l'exécution qui constate la carence et ordonne la reprise n'est pas susceptible d'appel. Elle ne pourra donc qu'être frappée de pourvoi en cassation.

§ 4. Les obligations du notaire et de l'acquéreur de l'immeuble

703. Comme pour une vente ordinaire, le notaire doit constater la vente dans un acte authentique. Aux termes de l'article 57, alinéa 1er, le notaire pourra obtenir, contre récépissé, la remise par le créancier poursuivant des documents recueillis pour l'élaboration du cahier des conditions de vente, et notamment du procès-verbal descriptif[63].

Aux termes de l'article 2203 du Code civil, l'acte notarié ne sera dressé que sur justification de la consignation du prix et des frais de la vente, et justification du paiement des frais taxés par le juge de l'exécution. Conformément à l'article 57, alinéa 2, du décret 2006, « *les frais taxés seront versés directement par l'acquéreur au poursuivant en sus du prix de vente* ».

Aux termes de l'article 56, alinéa 1, du décret, « *le prix de vente de l'immeuble, ainsi que toute somme acquittée par l'acquéreur à quelque titre que ce soit, sont consignés et acquis aux créanciers participant à la distribution ainsi que, le cas échéant, au débiteur, pour leur être distribués* ».

63. Mais si le saisi a formé sa demande en autorisation de vente amiable avant l'audience d'orientation, le cahier des conditions de vente n'aura pas encore été élaboré et le procès-verbal descriptif pourrait même ne pas avoir encore été dressé.

Chapitre 4
Les procédures d'exécution sur les immeubles en Alsace-Moselle[1]

704. Les départements du Haut-Rhin, du Bas-Rhin et de la Moselle ne connaissent pas la procédure entièrement judiciaire de saisie immobilière, telle qu'elle est réglementée par le Code civil et le décret nº 2006-936 du 27 juillet 2006. Si la saisie immobilière existe bien sous une forme que nous allons exposer, on ne trouve ni dans la loi du 1er juin 1924, ni dans l'annexe du Code de procédure civile locale (Anc. CPC loc.), l'usage de cette dénomination. Les textes parlent d'exécution forcée sur les immeubles, procédure gérée par le notaire (L. 1er juin 1924, art. 141 à 170) sous le contrôle du tribunal d'exécution[2]. Contrairement à la saisie immobilière classique, l'exécution forcée sur les immeubles situés dans les départements d'Alsace-Moselle n'est donc pas une action en justice[3]. Cette déjudiciarisation à laquelle les pouvoirs publics ont songé un temps, à propos de la saisie immobilière pour la confier aux notaires, a donc cours depuis fort longtemps en droit local.

Bien que cette solution n'ait jamais été consacrée de manière générale par la jurisprudence, il conviendra de combler les carences des textes du droit local, en faisant application, en tant que de besoin, des dispositions non incompatibles du Code civil, du décret précité de 2006 sur la saisie immobilière et du Code de procédure civile. Nous verrons que la Cour de cassation a fait ponctuellement usage de cette méthode, tout en rappelant régulièrement que le droit commun était inapplicable dans ces départements[4].

---

1. Sur le droit local, cf. *supra* nº 87, spécialement note 88.
2. Cf. *supra*, nos 87 et s. Tandis que notre très parisien Code de l'organisation judiciaire parle de « tribunal *de* l'exécution » comme il y a un juge de l'exécution, la loi de 1924 parle de juge d'exécution. C'est cette seconde appellation que nous retiendrons.
3. Conséquence de cette situation, d'une manière générale, notons que les dispositions de l'article 6.1 de la Convention européenne de sauvegarde des droits de l'homme et des libertés fondamentales ne sont pas applicables devant le notaire chargé de procéder à la vente d'un bien précédemment ordonnée par une juridiction (Cass. 2e civ., 21 mars 2002, *Bull. civ.* II, nº 48, D. 2002, som., p. 2643, note N. Fricero).
4. En ce sens, Cass. 2e civ., 5 avril 1991, *Bull. civ.* II, nº 105 ; 5 avril 1991, *Bull. civ.* II, nº 106.

Les départements d'Alsace-Moselle connaissent également une autre procédure d'exécution sur les immeubles qui, elle, n'a d'équivalent ni dans le Code de procédure civile, ni dans le Code civil, ni dans le décret de 2006[5] : l'administration forcée des immeubles, qui peut être définie comme étant, en quelque sorte, une antichrèse forcée (L. 1er juin 1924, art. 171 à 186).

Nous envisagerons donc successivement la saisie immobilière du droit local *(section 1)*, puis l'administration forcée des immeubles *(section 2)*[6].

Section 1
L'exécution forcée sur les immeubles, saisie immobilière du droit local

705. L'exécution forcée sur les immeubles du droit local a beaucoup de points communs avec la saisie immobilière classique. La question de la détermination des sujets actifs, des sujets passifs et de l'objet de la procédure (L. 1er juin 1924, art. 168 et 169) appelle les mêmes solutions. Il suffira donc de se reporter sur ces points à nos précédents développements[7]. Comme pour la mise en œuvre une saisie immobilière, la condition de l'existence d'un titre exécutoire constatant la créance, est une condition nécessaire, l'exécution forcée sur les immeubles étant une saisie d'exécution. Mais, différence étonnante avec la saisie immobilière, nous allons voir qu'il est nécessaire, en outre, d'obtenir préalablement du tribunal d'exécution, sur requête, une autorisation spéciale de saisir *(§ 1)*.

La réforme des procédures civiles d'exécution par la loi n° 91-650 du 9 juillet 1991, a entraîné indirectement l'application en droit local, des dispositions de l'article 2217 du Code civil, devenu l'article 4 du décret du 27 juillet 2006 et donc l'obligation de signifier au débiteur un commandement de payer. La loi du 1er juin 1924 faisait déjà obligation au créancier poursuivant, de faire signifier au tiers saisi non débiteur, comme dans l'ancienne saisie immobilière, une sommation de payer ou de délaisser (L. 1er juin 1924, art. 142, al. 1) *(§ 2)*. Comme dans la saisie

5. Le décret du 28 février 1852 sur les sociétés de Crédit foncier prévoyait en ses articles 29 à 31, aujourd'hui abrogés, une procédure équivalente.

6. Ces procédures ne sont bien sûr applicables qu'aux immeubles situés dans les département du Haut-Rhin, du Bas-Rhin et de la Moselle. À ces immeubles, la saisie immobilière classique n'est jamais applicable.

7. Cf. *supra*, nos 556 et s.

immobilière, il sera nécessaire d'établir un cahier des conditions de vente, diligence incombant ici au notaire à qui les pièces de la procédure doivent être transmises *(§ 3)*. Il n'y a pas, à proprement parler, d'audience d'orientation au sens des dispositions de l'article 38 du décret de 2006, mais la préparation de l'adjudication qui se déroulera devant notaire donne lieu, préalablement devant lui, à un débat portant sur le contenu du cahier des charges dont il sera dressé procès-verbal *(§ 4)*. Les parties pourront ensuite porter devant le tribunal d'exécution, toutes objections et observations sur la procédure précédant l'adjudication *(§ 5)*.

Les enchères qui se déroulent donc devant le notaire sont publiques. Il prononce l'adjudication *(§ 6)* qui peut, avant la distribution du prix de vente[8], faire également l'objet d'objections et observations qui devront être tranchées par le tribunal d'exécution *(§ 7)*. Si l'adjudicataire a des droits, il a aussi des obligations *(§ 8)*.

§ 1. La nécessité d'un titre exécutoire et d'une autorisation spéciale de saisir

706. L'exécution forcée sur les immeubles est une saisie d'exécution. À ce titre elle nécessite, comme l'administration forcée, un ***titre exécutoire***. Cette solution résulte implicitement de l'article 141, alinéa 2, de la loi du 1er juin 1924 qui dispose que le créancier poursuivant doit joindre à sa requête son titre exécutoire.

Cette question ne présente aucune spécificité en droit local. On pourra, par conséquent se reporter à nos développements sur la saisie immobilière. La question des titres exécutoires provisoires se pose dans les mêmes termes et il y a lieu de faire application, en droit local, des dispositions de l'article 2191 du Code civil[9].

707. C'est la poursuite de la saisie, non la participation à la procédure de distribution qui suivra[10], qui nécessite l'obtention préalable d'une ordonnance d'exécution forcée. C'est ce qui résulte implicitement de la loi du 1er juin 1924 qui dispose en son article 143, alinéa 1er, que « *le tribunal d'exécution rejette les demandes non fondées* ».

Les créanciers dont la demande d'exécution forcée a été rejetée, mais qui disposent d'un titre exécutoire constatant une créance, pourront quand même participer à la distribution du prix de vente. Les demandes d'exécution forcée reconnues fondées donnent lieu à autant

8. Cf. *infra*, nos 799 et s.
9. Cf. *supra*, nos 563 et s.
10. Cf. *infra*, nos 799 et s.

d'ordonnances d'exécution forcée : il n'y aura cependant qu'un seul créancier poursuivant. En effet, « *lorsque plusieurs créanciers ont été admis à poursuivre l'exécution forcée sur le même immeuble, on considère comme partie poursuivante celui qui, le premier, a déposé sa demande ; les autres créanciers peuvent, en tout état de cause, reprendre l'instance lorsque la procédure est négligée ou abandonnée par le créancier poursuivant* » (L. 1er juin 1924, art. 143, al. 2). À la différence de la saisie immobilière, les autres créanciers ayant obtenu une ordonnance ont seuls vocation, le cas échéant, à se faire ***subroger*** dans la conduite de la saisie. Sur le régime de cette subrogation, on se reportera, en tant que de besoin, à nos précédents développements[11]. Il s'agit d'un incident de la compétence du tribunal d'exécution.

708. Une fois obtenue du tribunal d'exécution, l'***autorisation judiciaire préalable de saisir*** doit être notifiée au débiteur et, le cas échéant, au tiers acquéreur (« détenteur ») et inscrite au livre foncier. Elle est susceptible de recours devant la cour d'appel.

L'article 141 de la loi du 1er juin 1924 fait obligation au débiteur, pour pouvoir recourir à l'exécution forcée sur les immeubles, de présenter une requête afin d'y être autorisé par le tribunal d'exécution[12].

Est compétent le tribunal d'exécution dans le ressort duquel se trouvent les immeubles. Si ces immeubles sont dispersés dans les ressorts de plusieurs tribunaux de l'exécution, le tribunal compétent sera désigné sur requête par le tribunal de grande instance dans le ressort duquel siègent ces différents tribunaux de l'exécution. On considère, par conséquent, qu'il y aura autant de procédures que de tribunaux de grande instance concernés.

La requête au tribunal d'exécution comportera, en pratique, les coordonnées du créancier poursuivant, celles du débiteur, le montant de la créance dont le recouvrement est poursuivi et les circonstances de son non paiement. En application de l'article 141, alinéa 2, de la loi du 1er juin 1924, elle doit être accompagnée des documents suivants : « *1° l'expédition en forme dûment exécutoire du titre de la créance ; 2° la preuve des circonstances à l'existence desquelles est subordonnée l'ouverture de l'exécution forcée ; 3° une copie du livre foncier concernant les immeubles dont la vente par expropriation forcée est demandée ; 4° la déclaration d'une mise à prix pour chaque article* (immeuble) ». Si la requête concerne une concession minière, « *elle doit être accompagnée d'une copie de l'acte de concession légalisée par l'administration supérieure des mines ou par un notaire* » (L. 1er juin 1924, art. 169). La requête doit être faite, soit par écrit, soit par déclaration prise en procès-verbal par le greffier (L. 1er juin 1924, art. 141, al. 1). Elle peut être faite par tout

11. Cf. *supra*, n° 644.
12. Sur cette juridiction de droit local, cf. *supra*, nos 87 et s.

mandataire, lequel devra toutefois justifier d'un pouvoir spécial s'il n'est avocat.

« *Le tribunal d'exécution rejette les demandes non fondées et ordonne la régularisation de celles qui sont incomplètes* » (L. 1er juin 1924, art. 142, al. 1er).

« *Si la demande est fondée, le tribunal ordonne l'exécution forcée. L'ordonnance d'exécution forcée doit contenir : 1° les nom, profession et domicile du créancier poursuivant et, le cas échéant, du fondé de pouvoir chargé de recevoir les significations, ainsi que du débiteur et du tiers détenteur ; 2° la désignation des immeubles ; 3° l'ordonnance de mise en vente et la nomination d'un notaire chargé de procéder à l'adjudication. Ce dernier doit être choisi autant que possible parmi les notaires du ressort du tribunal cantonal et, si les immeubles sont situés dans des ressorts différents, parmi les notaires de ces divers ressorts* ». Le tribunal cantonal est le tribunal d'exécution qui rend l'ordonnance. La loi du 1er juin 1924 a donc notamment prévu, contrairement au Code de procédure civile, que la saisie puisse concerner un immeuble appartenant à un tiers qui n'est pas débiteur personnel[13].

L'appréciation à laquelle doit se livrer le tribunal d'exécution, dans ce cas, n'est pas seulement d'ordre procédural. La Cour de cassation rappelle régulièrement, sous le visa des articles 141 et 143 de la loi du 1er juin 1924, que, « *le tribunal d'exécution doit rechercher si les demandes sont fondées* »[14]. Le débat peut donc porter, devant lui, sur l'existence même ou le quantum de la créance, sans que le créancier ait à saisir une autre juridiction. Le tribunal d'exécution a l'obligation de surseoir à statuer dans l'attente de l'issue de cette contestation. L'ensemble de ces règles s'applique à la cour d'appel saisie d'un « pourvoi » contre l'ordonnance rendue par le tribunal d'exécution[15]. La procédure, non contradictoire, oblige tout de même le tribunal d'exécution qui soulève d'office certains moyens pour refuser l'autorisation d'exécution forcée, à demander ses observations aux requérants ; avant de statuer[16].

Bien que la loi du 1er juin 1924 dispose en son article 145, alinéa 1er, que « ***l'ordonnance d'exécution est signifiée au débiteur et au tiers détenteur*** », nous avons vu qu'il suffit qu'elle soit notifiée par courrier recommandé avec demande d'avis de réception (L. 1er juin 1924, art. 164

---

13. Cf. *infra*, nos 709 et s.

14. Cass. 2e civ., 25 février 1998, *Bull. civ.* II, n° 56 ; 2 mars 2000, n° 98-21.180 ; 30 janvier 2003, n° 01-03.118.

15. Une cour d'appel ne saurait donc se borner sans examiner les moyens invoqués par le débiteur, rejeter le pourvoi en se bornant à constater que le débiteur ne rapportait pas la preuve d'avoir réglé intégralement la créance fondant la poursuite, alors qu'il était précisément invoqué le fait que le créancier avait renoncé à la déchéance du terme (Cass. 2e civ., 30 janvier 2003, n° 01-03.118).

16. Cass. 2e civ., 9 décembre 1997, n° 95-21.123.

et Anc. CPC loc., art. 5). Si le domicile du débiteur ou du tiers est inconnu, cette notification devra être faite entre les mains d'un curateur désigné sur requête par le tribunal d'exécution (L. 1er juin 1924, art. 145, al. 2). On ne saurait toutefois reprocher au créancier poursuivant de procéder par voie de signification. En pratique, l'ordonnance sera le plus souvent signifiée avec le commandement de payer[17] et, le cas échéant, la sommation de payer ou de délaisser au tiers[18] ; mais on peut aussi notifier d'abord l'ordonnance, puis signifier ensuite le commandement et la sommation. Les textes ne sont pas explicites sur ce point, même si l'article 142 de la loi du 1er juin 1924 sur la sommation au tiers semble dire implicitement que cette sommation, et donc également le commandement, sont signifiés ou peuvent l'être avant même que l'ordonnance ne soit sollicitée. Il est vrai que la production d'un commandement et d'une sommation infructueux est un bon moyen d'apporter « *la preuve des circonstances à l'existence desquelles est subordonnée l'ouverture de l'exécution forcée* » (L. 1er juin 1924, art. 141, 2°).

Cette notification (ou signification) comporte deux effets. Elle fait d'abord courir, à partir de l'expédition[19], le délai de pourvoi devant la cour d'appel. En outre « *à partir de la notification de l'ordonnance d'exécution forcée, le débiteur et le tiers détenteur* (selon le cas) *sont considérés comme séquestres judiciaires des immeubles saisis. Toutefois, le tribunal d'exécution peut, à la requête d'un intéressé, commettre un tiers pour l'administration générale ou pour la perception des revenus et fruits des immeubles. Il peut également faire défense aux locataires et fermiers de payer au débiteur ou au tiers détenteur. Sitôt que l'une ou l'autre décision aura été notifiée aux locataires ou fermiers, ceux-ci ne peuvent plus se libérer qu'en payant à l'administrateur, aux créanciers désignés par lui, ou à la Caisse des* (dépôts et) *consignations* » (L. 1er juin 1924, art. 164). La notification de l'ordonnance aura donc en pratique sur la garde, la jouissance du bien saisi et la perception des fruits, les mêmes effets que la signification du commandement de saisie immobilière[20].

Aux termes des mêmes dispositions de l'article 145, alinéa 1er, de la loi du 1er juin 1924, « ***l'ordonnance d'exécution est (...) inscrite d'office au livre foncier*** ». Cette inscription n'est possible, qu'une fois l'ordonnance passée en force de chose jugée.

Les effets de cette inscription sont les suivants. Les fruits perçus, les loyers et fermages échus sont immobilisés à compter du dépôt au livre foncier de l'ordonnance en vue de son inscription : ils seront désormais inclus dans l'assiette de la saisie, pour être distribués avec le prix de

17. Cf. *infra*, n° 709.
18. Cf. *infra*, n° 710.
19. Cass. 2e civ., 23 novembre 1994, *Bull. civ.* II, n° 236.
20. Cf. *supra*, nos 599 et s.

vente (L. 1er juin 1924, art. 165). Par ailleurs, l'inscription de l'ordonnance d'exécution forcée entraîne le même effet que la publication du commandement de payer de la saisie immobilière à la conservation des hypothèques[21]. « *Les aliénations, charges* (en ce comprises les cessions anticipées de fruits, loyers et fermages), *hypothèques, baux et locations consentis par le débiteur* (ou le tiers saisi selon le cas) *après l'inscription de l'ordonnance d'exécution forcée ne sont opposables ni aux créanciers poursuivant, ni aux créanciers hypothécaires antérieurement inscrits, ni au futur adjudicataire* » (L. 1er juin 1924, art. 166, al. 1). Une application stricte de ce texte conduit à considérer qu'au contraire, ces opérations sont opposables aux créanciers chirographaires non poursuivants. Par dérogation à ce principe, « *l'aliénation consentie postérieurement à* (l'inscription de l'ordonnance) *peut être validée, si l'acquéreur consigne une somme suffisante, tant pour désintéresser les créanciers* (poursuivant et inscrits), *que pour couvrir les frais et fait, auprès du notaire chargé de l'adjudication, opposition à cette dernière avant l'ouverture des enchères* » (L. 1er juin 1924, art. 166, al. 2).

L'ordonnance d'exécution est susceptible de « ***pourvoi*** » devant la cour d'appel, suivant des modalités et dans un délai déjà exposés[22]. Ce recours n'a pas d'effet suspensif. Conformément aux dispositions de l'article 680 du Code de procédure civile, la notification doit indiquer le délai de pourvoi.

§ 2. La nécessité d'un commandement de payer et, le cas échéant, d'une sommation de payer ou délaisser

709. Avant la réforme des procédures d'exécution opérée par la loi n° 91-650 du 9 juillet 1991 et le décret n° 92-755 du 31 juillet 1992, on considérait qu'il n'y avait pas lieu de faire signifier au débiteur le commandement de payer dont il est question à propos de la saisie immobilière classique, prévu à l'époque par les articles 2217, alinéa 1er, du Code civil et 673 de l'ancien Code de procédure civile, et aujourd'hui par les articles 13 et suivants du décret n° 2006-936 du 27 juillet 2006. Ces textes étaient d'ailleurs considérés comme inapplicables en droit local, au motif qu'il n'était question aux articles 750 et 798 du Code de procédure civile locale, que de la signification du titre exécutoire et de la notification de l'ordonnance d'exécution au débiteur. L'abrogation des articles 750 et 798 du Code de procédure civile locale par la loi n° 91-650 du 9 juillet 1991 (art. 94, 4°) a renouvelé cette question et la Cour de

21. Cf. *supra*, n° 613.
22. Cf. *supra*, n° 92.

cassation considère aujourd'hui que, depuis le 1er janvier 1993, date d'entrée en vigueur de la loi nº 91-650 du 9 juillet 1991, le créancier poursuivant a l'obligation de commencer par faire signifier au débiteur saisi, un commandement de payer[23]. En pratique, il n'est pas irrégulier de signifier en même temps l'ordonnance d'exécution forcée (L. 1er juin 1924, art. 145).

710. Seuls les tiers acquéreurs (« détenteurs ») dont les droits ont été inscrits au livre foncier avant le prononcé de l'ordonnance d'exécution forcée, doivent être destinataires des formalités dont il est question ici[24]. S'il n'est nulle part expressément question du commandement de payer, ni dans la loi du 1er juin 1924, ni dans l'Annexe du Code de procédure civile locale, on trouve en revanche mention de la sommation de payer ou délaisser, ou du sort du tiers saisi, aux articles 142, 144, 145 et 147 de la loi du 1er juin 1924. La disparition de cet acte dans la nouvelle saisie immobilière n'a donc pas d'incidence dans la saisie du droit local. Celui que l'on appelle, aussi improprement ici que dans la saisie immobilière, le tiers acquéreur (« détenteur »), c'est l'acquéreur d'un immeuble non purgé ou encore, la caution réelle. Comme jadis dans la saisie immobilière de l'ancien Code de procédure civile, « *contre le tiers détenteur, l'exécution forcée ne peut être poursuivie qu'après qu'on lui aura signifié, avec la sommation mentionnée à l'article 2169 (ancien) du Code civil, une copie du titre de la créance à exécuter, et que, depuis cette signification, il se sera écoulé un délai d'un mois. La sommation doit être réitérée si, dans l'année, la demande aux fins d'exécution n'a pas été déposée* » (L. 1er juin 1924, art. 142). Nous avons vu que cette signification pouvait être accompagnée en pratique, de l'ordonnance d'exécution forcée. La sommation fait donc courir contre le tiers un délai d'un mois, avant que l'on puisse poursuivre l'accomplissement des autres formalités de la saisie. La sommation devra être signifiée à nouveau si, dans l'année qui suit, le créancier n'a pas déposé sa requête à fin d'obtention de l'ordonnance d'exécution forcée. Sur le contenu, les effets de cette sommation et les droits du tiers, on se reportera à nos précédents développements sur la saisie immobilière[25]. Il n'y a pas lieu, non plus, de procéder à l'inscription de cette sommation au livre foncier. Cette inscription ne concerne que l'ordonnance d'exécution forcée[26].

23. Cass. 2e civ., 1er juillet 1999, *Bull. civ.* II, nº 127.
24. Cass. 2e civ., 7 mars 2002, nº 00-11.770.
25. Cf. *supra*, nos 595 et s.
26. Cf. *supra*, nº 708.

§ 3. La transmission des pièces de la procédure au notaire

711. Elle doit être faite par le créancier poursuivant et le tribunal d'exécution. « *Dans le délai d'une semaine après l'accomplissement des formalités prescrites aux deux premiers paragraphes* (de l'article 145 de la loi du 1er juin 1924) », *c'est-à-dire la signification et l'inscription au livre foncier de l'ordonnance d'exécution, ainsi que la signification du commandement de payer et, le cas échéant de la sommation de payer ou délaisser, « les pièces de la procédure* (c'est-à-dire les copies de ces significations et inscription) *doivent... être transmises au notaire chargé de l'adjudication* » (L. 1er juin 1924, art. 146, al. 1°).

712. « *Le tribunal* (d'exécution) *transmet également à ce notaire toutes ordonnances ultérieures* (rendues notamment sur incidents), *ou toutes pièces ultérieurement parvenues, qui peuvent avoir quelque influence sur l'adjudication ou sur l'inscription du procès-verbal d'adjudication* » (L. 1er juin 1924, art. 146, al. 2).

§ 4. La préparation de l'adjudication

713. Elle nécessite la convocation des parties devant le notaire ***(A)***, la rédaction d'un cahier des conditions de vente ***(B)*** et l'accomplissement de formalités de publicité en vue de la vente par adjudication ***(C)***.

A La convocation des parties devant le notaire

714. Avant d'accomplir les autres formalités préparatoires de l'adjudication, le notaire doit convoquer, à une réunion qui se tiendra sous sa présidence, le créancier poursuivant, le débiteur et, le cas échéant le tiers saisi, pour débattre notamment de la mise à prix, des conditions, de l'époque et du lieu de l'adjudication. Cette convocation s'effectue par lettre recommandée avec avis de réception (L. 1er juin 1924, art. 147, al. 1er). Il s'agira donc essentiellement de discuter du contenu du cahier des conditions de vente sur adjudication.

Signalons que, d'une manière générale, « *les intéressés demeurant à l'étranger sont tenus de désigner, dans le département où le notaire est établi, un fondé de pouvoir chargé de recevoir les notifications, faute de quoi celles-ci seront acheminées par la voie postale. Les notifications aux absents se font entre les mains de leurs représentants ou curateur, les notifications sont réglées, au surplus, par les dispositions du... Code de procédure civile* » (Anc. CPC loc., art. 21 et 44).

Les parties peuvent comparaître en personne ou se faire représenter ou assister. Le mandataire, s'il n'est avocat, « *justifie de son mandat par une procuration déposée au rang des minutes du notaire. À la demande de l'un des intéressés ou du notaire, la procuration doit être authentiquement légalisée* (c'est-à-dire être notariée) » (Anc. CPC loc., art. 22 et 44). En pratique, cette procuration est annexée au procès-verbal de la réunion.

Seule la carence du créancier poursuivant semble être de nature à affecter le cours de la procédure. Le notaire ne peut donc plus poursuivre les formalités préparatoires à l'adjudication. En pratique, il dressera alors un procès-verbal de carence et suspension de la procédure, en attendant que le créancier poursuivant se manifeste auprès de lui ou qu'un autre créancier se soit fait subroger dans les poursuites par le tribunal d'exécution. Le notaire procédera alors à une nouvelle convocation, en vue d'une nouvelle réunion.

Le jour de la réunion, il suffira que le créancier poursuivant soit présent. Il ne s'agit évidemment pas d'une conciliation et le notaire n'a pas à rechercher un quelconque accord ; c'est le notaire et lui seul qui détermine le point le plus important : ***la mise à prix***. Le notaire a néanmoins l'obligation de recueillir l'avis des parties. Si un accord se dégage entre celles-ci, notamment sur la mise à prix, il s'impose à lui. À défaut d'accord, il est admis en pratique que le notaire puisse recourir à une expertise sur la valeur de l'immeuble. En pratique, comme dans la saisie immobilière, il conviendra de fixer un prix suffisamment attractif. En cas d'insuffisance manifeste, nous considérons que le saisi doit pouvoir bénéficier, auprès du tribunal d'exécution, aujourd'hui des dispositions de l'article 2206 du Code civil comme jadis, de celles des articles 690, alinéa 6, et 706, alinéa 3, de l'ancien Code de procédure civile issus de la loi n° 98-46 du 23 janvier 1998. Le notaire dresse procès-verbal de cette réunion (L. 1er juin 1924, art. 147, al. 2). En pratique il y relatera l'identité des parties, la teneur des débats et les éventuels accords. Le procès-verbal est signé par le notaire et n'a pas à l'être par les parties[27].

B La rédaction du cahier des conditions de vente par adjudication

715. Le notaire doit procéder ensuite à la rédaction du cahier des charges, c'est-à-dire des conditions de la vente par adjudication. La loi du 1er juin 1924 dispose en son article 148 que le cahier des charges contient : « *1° la teneur de l'ordonnance d'exécution forcée et la mention de la signification et de l'inscription de cette ordonnance ;*

27. Cass. 2e civ., 21 mars 2002, *Bull. civ.* II, n° 48, *D.* 2002, som., p. 2643, note N. Fricero.

2° l'énonciation du titre exécutoire, de la sommation notifiée au tiers détenteur (aujourd'hui, du commandement de payer signifié au débiteur) *; 3° la mise à prix et les conditions de la vente ; 4° le mode, le lieu, jour et heure de l'adjudication... Le délai entre le jour où l'adjudication a été fixée* (le jour de la réunion) *et celui auquel elle a lieu ne peut dépasser 3 mois* ».

L'article 148, alinéa 2, de la loi du 1er juin 1924 dispose par ailleurs que « *les conditions de vente résultant tacitement, soit du droit civil, soit de la présente loi ainsi que les dispositions de cette dernière au sujet du mode d'adjudication, ne figurent pas au cahier des charges* ». En pratique, le notaire doit rédiger le cahier des charges le plus complet possible, comportant les indications imposées par la loi de 1924, que les personnes qui consulteront le cahier des charges ne connaissent bien évidemment pas. Sur les clauses usuelles non prévues par la loi de 1924, mais que le notaire, par précaution, fera figurer dans le cahier des charges, on se reportera une fois encore à nos précédents développements sur le cahier des conditions de vente de la saisie immobilière[28].

C Les formalités de publicité en vue de la vente par adjudication

716. Le notaire doit également procéder à des formalités de publicité, afin que la vente sur adjudication projetée soit portée à la connaissance du public. À cette fin, il doit rédiger une annonce devant comporter les mentions suivantes énumérées par l'article 149 de la loi du 1er juin 1924, soit : « 1° *les indications désignées aux paragraphes 1 et 4 de l'article* (148, c'est-à-dire la teneur de l'ordonnance d'exécution forcée, la mention de la signification et de l'inscription de cette ordonnance, le mode, le lieu, jour et heure de l'adjudication) *; 2° l'avis que le cahier des charges et les actes de procédure complets sont déposés en son étude et que chacun peut en prendre connaissance sans frais*[29] *; 3° un renvoi à la disposition de l'alinéa 1er de l'article 159* (en pratique la reproduction in extenso de cette disposition[30]) *; 4° la sommation aux créanciers hypothécaires ou autres intéressés inconnus d'avoir à faire valoir leurs droits par une inscription avant l'inscription du procès-verbal d'adjudication* ». L'inscription visée est celle au livre foncier.

717. Les modalités de la publication de cette annonce sont prescrites par l'article 150 de la loi du 1er juin 1924. Elles doivent être accomplies 2 mois au plus tôt et 2 semaines au plus tard avant l'adjudication.

28. Cf. *supra*, nos 626 et s.
29. Cf. *supra*, n° 715.
30. Cf. *infra*, n° 718.

L'annonce doit faire l'objet d'un placard qui sera affiché au tableau du tribunal d'exécution, ainsi qu'à la mairie de la commune de situation du bien saisi. Le greffier du tribunal et le maire de la commune délivrent à cette occasion au notaire, une attestation constatant l'accomplissement de cet affichage. L'annonce doit également faire l'objet d'une insertion dans un journal d'annonces légales paraissant dans le ressort du tribunal d'exécution. Cette insertion est constatée par l'envoi aux parties d'un exemplaire de ce journal, d'une attestation du notaire et de la poste.

« *Le notaire peut faire procéder à d'autres publications, notamment à son de caisse ou de cloche et par voie d'insertion d'extraits sommaires de l'annonce* » (L. 1er juin 1924, art. 150, al. 5). L'ensemble de ce dispositif rappelle celui qui était jadis prévu en matière de saisie immobilière par l'ancien Code de procédure civile[31]. Nous considérons qu'il y aura lieu, le cas échéant, d'accomplir également les formalités de publicité supplémentaires prescrites à fin d'information des titulaires de droits de préemption[32].

En pratique, et bien que cela ne soit prescrit par aucun texte, le notaire notifie par courrier recommandé, l'annonce de la vente sur adjudication au créancier poursuivant, au saisi et au tiers saisi.

§ 5. Les incidents de la procédure antérieure à l'adjudication

718. Il n'est pas prévu d'audience éventuelle comme jadis dans l'ancienne saisie immobilière, dans les termes de l'article 690 de l'ancien Code de procédure civile, ou d'audience d'orientation comme dans la nouvelle saisie immobilière, mais seulement que le tribunal d'exécution sera compétent pour trancher les éventuels incidents. La loi de 1924 ne parle pas d'incidents de la saisie, mais d'objections et observations. C'est en pratique exactement la même chose. Il est prévu, comme en matière de saisie immobilière, une date limite pour saisir le tribunal de ces incidents. La loi de 1924 dispose en effet en son article 159, alinéa 1er, reproduit dans l'annonce[33], que « *les objections et observations concernant la procédure antérieure à l'adjudication, notamment la fixation des mises à prix et des conditions de l'adjudication, doivent, à peine de déchéance, être produites au tribunal d'exécution au plus tard une semaine avant le jour de l'adjudication* ».

31. G. Taormina, *Le glas de la publicité « ... à son de cloche, trompe ou tambour », ou les apports du Décret n° 2002-77 du 11 janvier 2002 réformant les modalités de la publicité en matière de saisie immobilière, D.* 2002, chron., p. 1698.

32. Cf. *supra*, n°s 659 et s.

33. Cf. *supra*, n° 716.

Quant à la forme de la saisine du tribunal d'exécution, l'article 159 de la loi du 1er juin 1924 dispose qu'il doit être procédé soit par écrit, c'est-à-dire en pratique une requête, soit par déclaration prise en procès-verbal par le greffier. Ces modalités et la question de la représentation ou de l'assistance de l'auteur de ces « dires » a déjà été envisagé dans le cadre de l'étude de la procédure devant le tribunal d'exécution[34].

L'audience, le jugement, la notification de celui-ci et les voies de recours ont également déjà été envisagés dans le cadre de l'étude de la procédure devant le tribunal d'exécution[35]. La saisine du tribunal d'exécution n'a, théoriquement, aucun effet suspensif sur le cours de la procédure, même si le notaire attend habituellement que la décision rendue sur les incidents soit passée en force de chose jugée.

Le tribunal d'exécution et, sur « pourvoi », la cour d'appel, apprécient souverainement les conséquences de la nullité encourue. C'est ce qui résulte de l'article 159 de la loi du 1er juin 1924 dont l'alinéa 2 dispose que « *les infractions aux prescriptions sur la procédure en entraînent la nullité complète ou partielle, selon l'importance des prescriptions enfreintes, l'étendue des infractions et le préjudice vraisemblablement causé aux parties intéressées* ». À moins qu'elle n'ait relevé d'office des moyens[36], la juridiction n'apprécie la régularité de la procédure, qu'en fonction des objections et observations qui lui sont effectivement soumises[37].

Le tribunal d'exécution apprécie souverainement l'opportunité de faire droit à une demande de délai de grâce, en application des articles 1244-1 et suivants du Code civil[38]. À partir de la requête en exécution forcée, le juge d'exécution n'est plus compétent en la matière[39].

Le « pourvoi » devant la cour d'appel n'a pas d'effet suspensif[40]. L'audience est tenue en chambre du conseil, sauf si l'auteur du pourvoi demande à ce qu'elle soit publique[41].

En cas d'annulation totale ou partielle de la procédure, c'est le notaire qui supporte les frais correspondant aux actes. C'est là, la conséquence du renvoi de l'article 159, alinéa 3, de la loi du 1er juin 1924 à l'article 698 du Code de procédure civile.

34. Cf. *supra*, n° 90.
35. Cf. *supra*, n° 92.
36. Sur le rappel implicite de cette possibilité, voir Cass. 2e civ., 1er février 2001, n° 99-15.274.
37. Cass. 2e civ., 21 décembre 2000, n° 99-12.249.
38. Cass. 2e civ., 1er février 2001, *Bull. civ.* II, n° 22.
39. Cass. 2e civ., 11 mars 1998, *Bull. civ.* II, n° 80.
40. Cass, 2e civ., 22 mars 2001, n° 98-21.951.
41. Cass. 2e civ., 21 mars 2002, *Bull. civ.* II, n° 48.

§ 6. Les enchères, l'adjudication et ses suites

719. Il convient d'envisager successivement la date de l'ouverture des enchères devant notaire *(A)*, la nécessaire présence du créancier poursuivant et la subrogation aux poursuites *(B)*, les formalités préparatoires à l'ouverture des enchères, la mise aux enchères, l'adjudication et la révélation de l'identité du véritable adjudicataire *(C)*, le titre d'adjudication, sa publication au livre foncier et sa délivrance à l'adjudicataire *(D)*.

A La date de l'ouverture des enchères devant notaire

720. Nous avons vu que le délai entre le jour de la réunion devant le notaire et celui où les enchères seront ouvertes et tenues, également devant le notaire, ne peut théoriquement dépasser 3 mois (L. 1er juin 1924, art. 148). Ce délai, non sanctionné, est difficilement tenable en pratique si le tribunal d'exécution est effectivement saisi d'objections et observations. La date de l'ouverture des enchères qui doit être indiquée dans le cahier des charges[42] et l'annonce[43], devra donc, le cas échéant, être modifiée dans une nouvelle annonce. Celle-ci devra faire l'objet des mêmes formalités de publicité que l'annonce initiale.

B La nécessaire présence du créancier poursuivant et la subrogation aux poursuites

721. On ne retrouve pas en droit local la formalité de la réquisition d'ouverture des enchères prévue en matière de saisie immobilière, jadis par l'article 702 de l'ancien Code de procédure civile et aujourd'hui par l'article 60 du décret n° 2006-936 du 27 juillet 2006[44]. Pour que les enchères soient ouvertes, il faut et il suffit que le créancier poursuivant soit présent ou représenté. À défaut, « *la procédure est close* » (L. 1er juin 1924, art. 151, al. 1). Les enchères ne seront donc pas ouvertes par le notaire et la procédure d'exécution forcée ne sera pas poursuivie. Si le créancier est présent ou représenté, le notaire ouvrira d'office les enchères. Nous verrons qu'à défaut d'enchère effective, le créancier poursuivant (ou son subrogé) sera déclaré d'office adjudicataire au montant de la mise à prix (L. 1er juin 1924, art. 153, al. 2). Le créancier qui ne veut pas risquer d'être déclaré d'office adjudicataire a donc tout intérêt à ne pas comparaître. L'article 151 de la loi du 1er juin 1924 permet toutefois au

42. Cf. *supra*, n° 715.
43. Cf. *supra*, nos 716 et s.
44. Cf. *supra*, n° 670.

« *créancier* (qui) *a été empêché de comparaître sans qu'il y ait eu négligence de sa part* » de reprendre la procédure. Il ne pourra le faire que dans les deux semaines qui suivent la date initiale de l'ouverture des enchères. Pour ce faire, il en fera la demande motivée au tribunal d'exécution qui ne fixera cependant pas la nouvelle date. Cette fixation sera faite par le notaire et sera publiée suivant les mêmes modalités que la date initiale énoncée par l'article 150 de la loi du 1er juin 1924[45]. Elle devra, en outre, être « *portée à la connaissance du débiteur et du tiers détenteur par lettre recommandée. Dans ce cas, l'affichage, l'insertion et l'avis ont lieu au plus tôt un mois et au plus tard deux semaines avant le jour de l'adjudication. Les frais occasionnés par la non-comparution du créancier poursuivant restent à sa charge* » (L. 1er juin 1924, an. 151, al. 1 et 2).

Dans tous les cas de figure, que le créancier poursuivant initial ne demande pas ou n'obtienne pas la reprise de la procédure, les autres créanciers – les intervenants, c'est-à-dire ceux ayant obtenu eux aussi une ordonnance d'exécution[46] – peuvent demander au tribunal d'exécution à être subrogés dans les poursuites (L. 1er juin 1924, art. 151, al. 1 et art. 143, al. 2)[47].

C Les formalités préparatoires à l'ouverture des enchères, la mise aux enchères, l'adjudication et la révélation de l'identité du véritable adjudicataire

722. Au plus tard le jour des enchères et, en tout état de cause, avant leur ouverture, « *les pièces de la procédure et les procès-verbaux des débats sur les contestations* (tranchées par le tribunal d'exécution et transmises par lui au notaire) *sont tenus* (par le notaire) *à la disposition de tout intéressé et portés à la connaissance des personnes présentes. Il est ensuite donné lecture des conditions de la vente, avec une indication approximative des frais tombant à la charge de la masse* (des créanciers colloqués)[48] » (L. 1er juin 1924, art. 152, al. 1er et 2).

« *Enfin, les immeubles sont mis aux enchères sur les mises à prix* » (L. 1er juin 1924, art. 152, al. 3). « *Si la mise à prix n'est pas couverte, le créancier poursuivant est déclaré adjudicataire* » (L. 1er juin 1924,

45. Cf. *supra*, n° 717.
46. Cf. *supra*, n° 708.
47. Contrairement à l'avis émis par le Conseil régional des notaires de la cour d'appel de Colmar cité par P. Lotz, in Juris Class. Droit civil, art. 2204 à 2218, fasc. 625, n° 93, nous considérons que la présence de ces créanciers le jour de l'ouverture des enchères « raté » par le créancier poursuivant, n'est pas une condition de recevabilité de la demande de subrogation aux poursuites.
48. Cf. *infra*, nos 801 et s.

art. 153, al. 2) pour le montant de la mise à prix. Ne peuvent enchérir, ni directement ni par intermédiaire, le juge du tribunal d'exécution, son greffier et le notaire. Cette incapacité est prescrite à peine de nullité de l'adjudication qui serait prononcée à leur profit (L. 1er juin 1924, art. 154, al. 1). Le texte précise également que le débiteur est exclu des enchères. Les solutions sont ici équivalentes à celles qui ont cours en matière de saisie immobilière[49], mais les dispositions prohibitives étant d'interprétation stricte, il n'y a pas lieu d'étendre cette incapacité à d'autres personnes dont notamment l'avocat du créancier poursuivant.

À la différence notable du droit commun, quiconque peut porter les enchères personnellement ou par l'intermédiaire de tout mandataire de son choix. Ce mandataire devra, s'il n'est avocat, être porteur d'un pouvoir spécial (Anc. CPC loc., art. 22 et 44). Techniquement, les enchères sont encore tenues comme jadis en matière de saisie immobilière, c'est-à-dire à la bougie (L. 1er juin 1924, art. 153). Le notaire peut déclarer irrecevable une enchère (L. 1er juin 1924, art. 153, al. 3). Cette déclaration fait revivre la précédente enchère. L'adjudication est prononcée par le notaire, dès lors qu'elle aura consumé trois feux (L. 1er juin 1924, art. 153, al. 1).

« *À la requête d'un intéressé, l'adjudicataire est tenu de fournir immédiatement une caution convenable ou une autre garantie. S'il ne le fait pas..., il est procédé à une nouvelle enchère sur la mise encore valable d'un précédent enchérisseur ou, à son défaut sur la mise à prix* » (L. 1er juin 1924, art. 154, al. 2). Tout cela doit avoir lieu le jour de l'adjudication.

Nous avons vu que dans la nouvelle saisie immobilière, l'adjudication pour le compte d'autrui suivi de la déclaration de command n'existe plus. Elle demeure en droit local et, comme dans l'ancienne saisie immobilière, le mandataire qui a enchéri pour autrui doit déclarer l'identité de son mandant et celui-ci peut, le cas échéant, déclarer command. C'est là le sens de l'article 155 de la loi du 1er juin 1924 qui dispose que « *dans les trois jours qui suivent l'adjudication, l'adjudicataire ou son représentant peut déclarer par-devant le notaire chargé de la vente qu'il a enchéri pour le compte d'un tiers, et si, dans le même délai et dans la même forme, cette déclaration est confirmée par ce tiers, ce dernier est réputé adjudicataire direct, tandis que le premier adjudicataire devient codébiteur solidaire* ».

49. Cf. *supra*, n° 674.

D Le titre d'adjudication, sa publication au livre foncier et sa délivrance à l'adjudicataire

723. Le notaire constate l'adjudication dans un procès-verbal devant contenir les mentions suivantes énumérées par l'article 157 de la loi du 1er juin 1924, en l'occurrence : une mention de l'ordonnance d'exécution forcée et du cahier des charges ; la désignation du créancier poursuivant, du fondé de pouvoir, chargé par lui, le cas échéant, de recevoir les significations du débiteur et du tiers acquéreur (« détenteur ») (Anc. CPC loc., art. 21 et 44)[50] ; la date de l'annonce de l'adjudication et de sa publication[51] ; la constatation que toutes les pièces de la procédure ont été exposées et portées à la connaissance des personnes présentes à l'adjudication (L. 1er juin 1924, art. 152, al. 1)[52] ; la constatation qu'il a été donné lecture des conditions de l'adjudication[53] ; la désignation de chaque immeuble mis en adjudication par renvoi au cahier des charges ; l'indication des plus forts enchérisseurs, c'est-à-dire en pratique les dernières enchères ayant précédé l'adjudication ; la constatation de l'adjudication faite dans la forme prescrite à l'article 153 de la loi du 1er juin 1924 ; la désignation de la garantie le cas échéant fournie (L. 1er juin 1924, art. 154, al. 2)[54], ainsi que des fondés de pouvoir que les adjudicataires peuvent avoir chargés de recevoir les significations (Anc. CPC loc., art. 21 et 44)[55] ; la déclaration que l'acquisition a été faite pour des tiers (L. 1er juin 1924, art. 155)[56].

Le titre d'adjudication se compose du procès-verbal d'adjudication et du cahier des charges, appelé désormais cahier des conditions générales de vente dans la saisie immobilière. Il ne pourra être inscrit au livre foncier, qu'une fois l'adjudication devenue définitive. L'adjudication est, en effet, susceptible de contestation devant le tribunal d'exécution[57].

L'***inscription au livre foncier*** incombe au notaire. À cette fin, « *Le notaire prépare une expédition du cahier des charges et du procès-verbal d'adjudication en vue des inscriptions à faire au livre foncier. Les adjudicataires en reçoivent des extraits qui ne leur sont délivrés, toutefois, que s'ils justifient qu'ils ont satisfait aux conditions préalables*[58].

50. Cf. *supra*, n° 713.
51. Cf. *supra*, n° 716.
52. Cf. *supra*, n° 722.
53. *Ibid.*
54. *Ibid.*
55. Cf. *supra*, n° 713.
56. Cf. *supra*, n° 722.
57. Cf. *infra*, n° 724.
58. C'est-à-dire à la condition d'avoir rempli les obligations leur incombant et prévues par le cahier des charges, soit essentiellement le paiement ou la consignation du prix et le paiement des frais, obligations qu'ils ne sont tenus d'exécuter qu'une fois l'adjudication définitive, L. 1er juin 1924, art. 161, al. 1.

Les pièces justificatives sont annexées à la minute » (L. 1er juin 1924, art. 160).

« *L'inscription au livre foncier entraîne la purge de toutes les hypothèques en ce sens que les droits des créanciers* (inscrits) *portent sur le prix d'adjudication* » (L. 1er juin 1924, art. 162, al. 2) (on devrait lire « se reportent »). Cette purge ne s'accomplit, en réalité, que sous certaines conditions qui sont exactement les mêmes que dans la saisie immobilière et n'aura lieu effectivement que dans le cadre de la procédure de distribution.

§ 7. Les incidents de la procédure d'adjudication

724. Le juge de l'exécution est radicalement incompétent en la matière[59]. Aux termes des dispositions de l'article 159 de la loi du 1er juin 1924, « *les objections et observations concernant la procédure de l'adjudication même doivent être produites* (c'est-à-dire portées devant le tribunal d'exécution) *au plus tard deux semaines après l'adjudication* ». Ces incidents ne peuvent plus concerner la procédure antérieure à l'ouverture des enchères. Le tribunal de l'exécution est saisi comme à propos des objections et observations concernant la procédure antérieure à l'ouverture des enchères[60].

L'audience, le jugement, sa notification et les voies de recours ont également le même régime juridique que les objections et observations concernant la procédure antérieure à l'ouverture des enchères[61]. En revanche, contrairement aux précédentes, les objections et observations concernant la procédure d'adjudication ont un effet suspensif sur la procédure. Cette solution est implicitement induite par les articles 161 et 194 de la loi du 1er juin 1924. Dès lors que l'adjudication sera devenue définitive, il pourra être procédé à l'inscription du titre d'adjudication au livre foncier[62].

La loi du 1er juin 1924 n'a pas prévu de possibilité de surenchérir en cas de vente par exécution forcée sur les immeubles. Il en est ainsi du fait du mode de fixation de la mise à prix dans cette procédure[63]. Il n'y a lieu à surenchère que dans la purge des privilèges et hypothèques, suite à une vente ordinaire (L. 1er juin 1924, art. 190 à 193). Le délai pour surenchérir est alors de 14 jours et se décompte suivant les règles des articles 641 et 642 du Code de procédure civile[64].

59. Cass. 2e civ., 11 mars 1998, *Bull. civ.* II, n° 80.
60. Par requête ou déclaration au greffe.
61. *Ibid.*
62. Cf. *supra*, n° 723.
63. Cf. *supra*, n° 713.
64. Cass. 2e civ., 14 février 2002, n° 99-13.000.

§ 8. Les droits et obligations de l'adjudicataire

725. Les frais de la procédure d'adjudication à la charge de l'adjudicataire, sont énumérés par l'article 156 de la loi du 1er juin 1924, à défaut de toute disposition du cahier des charges qui pourrait valablement prévoir un forfait. Il s'agit des frais d'enregistrement et de timbre, des frais d'expédition et des émoluments du notaire chargé de la vente. Il n'y a plus de frais d'inscription au livre foncier. En cas de pluralité d'adjudicataires, chacun d'entre eux doit payer sa part, proportionnellement au prix qu'il doit acquitter, outre les frais de son propre extrait d'adjudication. Le surplus des frais d'adjudication est à la charge des créanciers et sera, par conséquent colloqué par priorité, comme des frais de justice.

L'adjudicataire règle directement au notaire la part des frais d'adjudication à sa charge (L. 1er juin 1924, art. 161, al. 2). Il n'est tenu de le faire qu'une fois l'adjudication définitive (L. 1er juin 1924, art. 161, al. 1). « *Quand les frais d'inscription ont été avancés par le créancier poursuivant, celui-ci peut, si l'adjudicataire omet de lui rembourser ces frais ou de les payer au greffe, en faire fixer le montant par le tribunal d'exécution et en poursuivre le remboursement contre l'adjudicataire* » (L. 1er juin 1924, art. 161, al. 6).

726. Comme pour les frais, l'adjudicataire n'est tenu de payer ou consigner le prix d'adjudication, qu'une fois celle-ci définitive (L. 1er juin 1924, art. 161, al. 1). La loi du 1er juin 1924 n'a prévu qu'une forme de paiement : la consignation (L. 1er juin 1924, art. 161). Le paiement peut être directement effectué auprès de chacun des créanciers. Cela suppose toutefois qu'ils se soient préalablement entendus sur cette distribution. Cette manière de procéder n'est pas satisfaisante, car cette entente est rare, longue à obtenir lorsque les créanciers sont disposés à s'entendre sous les auspices du notaire[65]. De plus, aussi longtemps que le prix n'aura pas été payé, il produira des intérêts moratoires contre l'adjudicataire. Pour pallier ces inconvénients, il est souvent prévu au cahier des charges que l'adjudicataire devra se libérer du prix entre les mains du notaire qui procédera à la consignation. Seule cette consignation, et non le paiement entre les mains du notaire, fait cesser le cours des intérêts contre l'adjudicataire. Cette consignation, qui doit être effectuée dans les conditions prescrites par l'article 161 de la loi du 1er juin 1924, peut être spontanée (L. 1er juin 1924, art. 161, al. 2) ou ordonnée sur requête par le tribunal d'exécution à la demande du créancier poursuivant, du débiteur saisi ou du tiers saisi. Dans ce second cas, copie de l'ordonnance rendue doit être transmise à la Caisse des dépôts et consignations (L. 1er juin 1924, art. 161, al. 3). Dans ce second cas également, ou si une

65. Cf. *infra*, nos 799 et s.

procédure d'ordre est déjà ouverte, l'adjudicataire ne pourra plus retirer la somme consignée, qu'avec le consentement des autres intéressés.

La distribution du prix de vente entre les créanciers obéit à une procédure spéciale qui relève également de la compétence du notaire, sous le contrôle du tribunal d'exécution[66].

727. La transmission de la propriété de l'immeuble saisi s'opère comme dans la saisie immobilière. « *L'adjudicataire est l'ayant cause du débiteur* » (L. 1er juin 1924, art. 162, al. 1). Il ne saurait donc avoir plus de droits que lui. Les droits réels inscrits au livre foncier avant l'ordonnance d'exécution forcée, lui sont opposables (L. 1er juin 1924, art. 166).

728. Le débiteur ou tiers saisi qui occupe encore les lieux au moment de l'adjudication, est tenu de les libérer sans délai. À défaut de s'exécuter, son ***expulsion*** pourra être ordonnée par le tribunal d'exécution, à la demande de l'adjudicataire (L. 1er juin 1924, art. 161, al. 1)[67]. Notons enfin, que l'obligation de l'adjudicataire de payer le prix et celle du saisi de quitter les lieux sont corrélatives et d'exécution simultanée. En conséquence, et à défaut de stipulation contraire du cahier des charges, l'adjudicataire qui n'a pas payé le prix ne saurait prétendre à l'expulsion du saisi[68].

Section 2
L'administration forcée des immeubles

729. Les départements d'Alsace-Moselle connaissent également une autre procédure d'exécution sur les immeubles qui, elle, n'a d'équivalent ni dans le Code de procédure civile, ni dans le Code civil : l'administration forcée des immeubles qui est régie par les articles 171 à 180 de la loi du 1er juin 1924. Les articles 181 à 186 traitent de la distribution des deniers recueillis[69].

66. *Ibid.*

67. La Cour de cassation a considéré que cette compétence du tribunal d'exécution n'est pas exclusive et qu'il la partage avec le président du tribunal de grande instance statuant en référé, sur le fondement des dispositions de l'article 809 du Code de procédure civile, l'occupation du saisi devant être considérée comme un trouble manifestement illicite (Cass. 2e civ., 30 septembre 1999, *Bull. civ.* II, n° 144).

68. Cass. 2e civ., 21 octobre 1987, *Bull. civ.* II, n° 203 ; Cass. 2e civ., 20 avril 1988, *Bull. civ.* II, n° 92.

69. Cf. *infra*, nos 799 et s.

Cette procédure originale, qui peut être définie comme une sorte d'antichrèse forcée, permet au créancier de priver son débiteur, de l'administration et de la jouissance de son immeuble, pour se payer sur les revenus procurés par celui-ci. Sans doute sera-t-il préférable, si l'immeuble est déjà loué, de faire une saisie-attribution sur les loyers, mais l'administration forcée des immeubles permet davantage comme organiser l'exploitation défectueuse ou inexistante de l'immeuble, afin qu'il produise des fruits qui seront acquis aux créanciers. En cela, on peut dire que l'administration forcée des immeubles ressemble à l'antichrèse. Le décret du 28 février 1852 sur les sociétés de Crédit foncier prévoyait en ses articles 29 à 31 aujourd'hui abrogés, une procédure équivalente.

La mise en place de cette procédure obéit à des règles parfois difficiles à cerner, du fait de la méthode rédactionnelle de la loi du 1er juin 1924 qui se borne, le plus souvent, à renvoyer aux dispositions relatives à l'exécution forcée sur les immeubles.

Compte tenu de l'objet de la procédure d'administration forcée, il y a lieu de considérer qu'elle durera aussi longtemps que les créanciers poursuivants, intervenants et inscrits ne seront pas intégralement remplis de leurs droits. En conséquence, la procédure de distribution des sommes récoltées devra être organisée périodiquement par le tribunal d'exécution.

Il convient d'envisager successivement les conditions de mise en œuvre ***(§ 1)***, la nécessité d'un commandement et, le cas échéant, d'une sommation de payer ou de délaisser ***(§ 2)***, et les modalités de l'administration forcée ***(§ 3)***.

§ 1. Conditions de mise en œuvre de la procédure

730. L'administration forcée des immeubles est une procédure d'exécution. À ce titre, elle nécessite, comme l'exécution forcée, un titre exécutoire. Cette solution résulte implicitement de l'article 171 de la loi du 1er juin 1924 qui dispose que l'administration forcée d'un immeuble est ordonnée par le tribunal d'exécution et que son ordonnance est soumise aux mêmes règles que l'ordonnance d'exécution forcée. Or, nous savons que le créancier poursuivant doit joindre à sa requête son titre exécutoire (L. 1er juin 1924, art. 141, al. 2). On se reportera donc sur ce point à nos précédents développements.

La loi du 1er juin 1924 dispose en outre en son article 171, que « *l'administration forcée d'un immeuble est ordonnée par le tribunal d'exécution. L'ordonnance est soumise aux mêmes règles que celles ordonnant la vente forcée aux enchères, sous réserve des dispositions ci-après. Elle doit être notifiée d'office à tous les intéressés inscrits au livre foncier* ».

On devra donc faire application, en tant que de besoin, des règles sur l'ordonnance d'exécution[70]. Le créancier poursuivant devra donc déposer au tribunal d'exécution, une requête accompagnée des trois premiers documents énumérés par l'article 141, alinéa 2, de la loi du 1er juin 1924, en l'occurrence l'expédition en forme dûment exécutoire du titre de la créance, la preuve des circonstances à l'existence desquelles est subordonnée l'ouverture de l'exécution forcée, et une copie du livre foncier concernant les immeubles dont la vente par expropriation forcée est demandée.

L'ordonnance d'administration forcée rendue doit comporter certaines des mentions énumérées par l'article 144, en l'occurrence, « *1° les nom, profession et domicile du créancier poursuivant, et, le cas échéant, du fondé de pouvoir chargé de recevoir les significations, ainsi que du débiteur et du tiers détenteur ; 2° la désignation des immeubles* », et la nomination d'un administrateur (L. 1er juin 1924, art. 174).

Cette ordonnance connaît le même régime que l'ordonnance d'exécution forcée[71]. Elle est notifiée également au débiteur et, le cas échéant, au tiers détenteur (L. 1er juin 1924, art. 145, al. 1), mais aussi aux « *intéressés inscrits au livre foncier* » (L. 1er juin 1924, art. 171), c'est-à-dire aux créanciers inscrits, ainsi qu'à tous les titulaires de droits réels sur l'immeuble concerné.

L'ordonnance doit également être inscrite au livre foncier, inscription qui entraîne les effets suivants, qui participent à la définition de l'administration forcée : « *le débiteur* (ou le tiers acquéreur) *est dessaisi de l'administration et de la jouissance de l'immeuble* » (L. 1er juin 1924, art. 172). « *Le débiteur* (ou le tiers acquéreur) *habitant l'immeuble au moment de la saisie doit être laissé dans les locaux indispensables à son ménage* » (L. 1er juin 1924, art. 173).

L'intervention d'autres créanciers à la procédure est évoquée par les articles 179 et 182 de la loi du 1er juin 1924 et se présente techniquement comme dans l'exécution forcée sur les immeubles[72].

Notons enfin que « *Tout bail conclu avant la saisie* (c'est-à-dire en pratique avant l'inscription de l'ordonnance au livre foncier) *est opposable à l'administrateur* » (L. 1er juin 1924, art. 176, al. 2), et d'une manière générale aux créanciers.

70. Cf. *supra*, nos 707 et s.
71. Cf. *supra*, n° 708.
72. Cf. *supra*, n° 707.

§ 2. La nécessité d'un commandement et, le cas échéant, d'une sommation de payer ou de délaisser

731. Bien qu'il ne s'agisse pas là d'une saisie immobilière, il conviendra, encore une fois par analogie, comme dans l'exécution forcée[73], de signifier au débiteur un commandement de payer ou de délaisser l'immeuble lorsqu'il l'habite et en est propriétaire. Il s'agira d'un simple commandement de payer, lorsque l'administration forcée est poursuivie contre un tiers acquéreur, en vertu d'un droit de suite.

Lorsque le débiteur est propriétaire de l'immeuble et l'occupe, le commandement de payer ou délaisser comportera, en pratique, la reproduction des articles 172 et 173 de la loi du 1er juin 1924. Lorsqu'il en est propriétaire, mais ne l'occupe pas, préférant le donner à bail, il lui sera fait défense de percevoir les loyers qui seront désormais perçus par l'administrateur. Comme dans la saisie immobilière et l'exécution forcée sur les immeubles, les fruits et loyers ne sont bloqués au profit des créanciers, qu'après l'inscription de l'ordonnance au livre foncier (L. 1er juin 1924, art. 165). Cette saisie ne devient effective, à l'égard des tiers débiteurs des loyers et fermages, qu'à compter du jour où une défense de payer leur aura été notifiée par le tribunal d'exécution ou l'administrateur (L. 1er juin 1924, art. 175).

Lorsque la procédure est poursuivie contre un tiers acquéreur de l'immeuble ou une caution réelle, il sera nécessaire, comme dans l'exécution forcée[74], de lui signifier une sommation de payer ou de délaisser l'immeuble. Tout comme pour le débiteur, il convient de distinguer selon que le tiers, propriétaire de l'immeuble, l'occupe lui-même ou le donne à bail. Les règles applicables sont identiques[75].

§ 3. Les modalités de l'administration forcée

732. L'administrateur est désigné par le tribunal d'exécution dans l'ordonnance d'administration forcée (L. 1er juin 1924, art. 171 et 174). Faute de dispositions dans la loi du 1er juin 1924 sur le choix de cet administrateur, le tribunal est libre mais choisira de préférence un professionnel de la gestion d'immeubles. Il aura le plus souvent recours aux notaires, aux syndics de copropriété, aux administrateurs de biens, aux huissiers de justice ou encore aux agents immobiliers. Il ne semble pas que la rémunération de l'administrateur puisse être fixée directement

73. Cf. *supra*, nos 709 et s.
74. Cf. *supra*, n° 710.
75. Cf. *supra*, n° 731.

dans l'ordonnance d'administration forcée. Le tribunal réunira à cette fin l'administrateur, le créancier poursuivant et le saisi. Il pourra aussi avoir recours à un expert (L. 1er juin 1924, an. 177, al. 1). En pratique, le juge d'instance rendra une ordonnance complémentaire sur la détermination de la rémunération de l'administrateur, qui devra être notifiée au créancier poursuivant, au saisi et à l'administrateur, dans les mêmes conditions que l'ordonnance d'administration forcée. Cette rémunération constitue des frais de gestion prélevés en priorité sur les fruits de l'immeuble (L. 1er juin 1924, art. 179).

Au cours de la réunion dont il est question à l'article 177, alinéa 1, de la loi du 1er juin 1924[76], en même temps qu'il fixe la rémunération de l'administrateur, le tribunal d'exécution lui donne les instructions nécessaires particulières relatives à la gestion de l'immeuble concerné. Il pourra, à cette occasion, définir plus ou moins précisément les pouvoirs de l'administrateur, quant aux actes de gestions plus ou moins opportuns. À cette fin, le tribunal pourra également avoir recours à un expert. Il pourra aussi exiger de l'administrateur une caution garantissant son éventuelle responsabilité pour faute de gestion. Il pourra même, à tout moment, le congédier et pourvoir à son remplacement.

Le tribunal d'exécution autorise l'administrateur à se mettre lui-même en possession ou lui fait remettre l'immeuble par huissier de justice commis à cet effet (L. 1er juin 1924, art. 174).

« *L'administrateur a le droit et le devoir d'effectuer toutes les opérations nécessaires au maintien de l'immeuble dans son état d'exploitation et à sa gestion normale ; il fait valoir des créances comprises dans la saisie et convertit en espèces les produits qui ne sont pas indispensables à l'administration* » (L. 1er juin 1924, art. 176, al. 1). À ce titre, l'administrateur va pouvoir, dans les limites éventuellement fixées par le tribunal d'exécution, prendre toutes les mesures de nature à faire produire des revenus à l'immeuble. Il va notamment pouvoir le donner à bail. Il va surtout, si ce n'est déjà fait, notifier l'administration forcée aux éventuels locataires, en leur enjoignant de payer désormais leur loyer entre ses mains et en leur faisant défense de le payer au saisi.

« *Si le débiteur ou une personne habitant avec lui met en péril l'immeuble ou entrave l'administration, le tribunal ordonne, sur requête, l'évacuation de l'immeuble* » (L. 1er juin 1924, art. 173, al. 2). En pratique, cette requête peut émaner aussi bien d'un créancier que de l'administrateur lui-même.

« *Sont prélevés sur les produits* (les fruits) *de l'immeuble les dépenses d'administration et les frais de la procédure, à l'exception de ceux*

76. « Le tribunal, après audition du créancier et du débiteur, donne à l'administration les instructions nécessaires, fixe sa rémunération et surveille sa gestion ; le cas échéant, il a recours à un expert. »

qui sont occasionnés par l'ouverture de la procédure ou par l'intervention d'un créancier » (L. 1er juin 1924, art. 179). « *Les contributions et autres charges publiques venant à échéance pendant l'administration sont à régler sans délai* » (L. 1er juin 1924, art. 180, al. 1). Ce règlement s'effectuera également par prélèvement sur les fruits produits par l'immeuble. La distribution des sommes recueillies entre les créanciers obéit à des règles spéciales[77].

Comme tout gérant, l'administrateur est responsable de sa gestion envers tous les intéressés. Il doit rendre ses comptes au tribunal d'exécution qui les communique au créancier et au débiteur (L. 1er juin 1924, art. 178).

77. Cf. *infra*, nos 799 et s.

Troisième partie
Les procédures de distribution

733. Qu'un bien vendu le soit sur saisie ou de gré à gré, le prix obtenu doit, le cas échéant, d'abord servir à désintéresser les créanciers du propriétaire de ce bien, avant que le reliquat, s'il en reste un, ne revienne effectivement à ce dernier. Les procédures dont il va être question ici, ont pour objet la distribution du prix de vente entre les créanciers du débiteur, après, le cas échéant, le classement de ceux-ci du fait de l'existence de causes légitimes de préférence.

Nous envisagerons successivement la distribution du prix de vente des meubles ***(titre I)***, puis celle du prix de vente des immeubles ***(titre II)***.

Titre I
La distribution du prix de vente des meubles

734. Ses modalités varient selon que les fonds à répartir proviennent d'une saisie ***(chapitre 1)***, ou d'une vente volontaire ***(chapitre 2)***. Des règles spécifiques régissent la distribution du prix de vente des navires, bateaux et aéronefs ***(chapitre 3)***.

Chapitre 1
La distribution du prix des meubles obtenu sur saisie

735. Les procédures de distribution sont différentes selon que les fonds à répartir proviennent de la mise en œuvre d'une saisie-vente ***(section 1)*** ou de saisies-attribution ***(section 2)***. Pour la commodité de l'exposé, les articles de la loi n° 91-650 du 9 juillet 1991 seront précédés de la lettre L, et ceux du décret n° 92-755 du 31 juillet 1992, de la lettre D.

Section 1
La distribution du prix obtenu sur saisie-vente

736. Le décret de 1992 a mis en place une procédure déjudiciarisée. Les biens saisis ayant été vendus, « l'agent habilité par la loi à procéder à la vente » « *est responsable de la représentation du prix de l'adjudication* » (art. L 53, al. 2). Était-il nécessaire de le dire ? Il eût été plus utile de préciser qui est chargé de répartir ce prix lorsque les biens saisis n'ont pas tous été vendus par l'huissier de justice saisissant. On pense notamment aux hypothèses dans lesquelles certaines ventes ont été effectuées par un commissaire-priseur, un courtier spécialisé ayant le monopole de la vente de certains biens ou encore un agent de change. Doit-il dans ce cas y avoir autant de procédures de distribution que d'agents ayant procédé à des ventes ? En théorie on pourrait être tenté de répondre par l'affirmative. En pratique cette solution nous semble trop lourde à mettre en œuvre pour être réaliste. Il nous paraît plus judicieux que les vendeurs n'ayant pas la qualité d'huissier de Justice remettent le produit de leur vente à celui les ayant mandatés à cette fin : l'huissier de Justice du créancier saisissant qui procédera seul à la répartition de l'ensemble des sommes ainsi récoltées. Cette solution est d'ailleurs implicitement suggérée notamment par l'article D 286, alinéa 2.1° dans lequel il n'est jamais question que d'un seul projet de répartition rédigé par un huissier de Justice.

L'article L 53, alinéa 2 dispose également que « *sauf dispositions contraires, il ne peut être procédé à aucune saisie sur le prix de vente* ».

La distribution des deniers ne comporte aucune difficulté lorsqu'il n'y a qu'un seul créancier. Dans ce cas, « *le produit de la vente est remis à celui-ci jusqu'à concurrence du montant de sa créance, en principal, intérêts et frais, dans un délai d'un mois au plus tard à compter de la vente forcée ou, en cas de vente amiable, à compter du jour où le prix a été consigné. Dans le même délai, le solde est remis au débiteur* ». Ce délai devra d'autant plus être respecté, qu'« *à partir de* (son) *expiration..., les sommes... dues* (porteront) *intérêts* (moratoires) *au taux légal* », au profit de leurs bénéficiaires (art. D 283). Contre qui ces intérêts moratoires courent-ils ? Certainement pas contre le saisi à qui n'incombe pas la distribution du prix. Il convient par conséquent de considérer qu'ils courent contre l'agent ayant procédé à la vente.

L'article D 291 dispose enfin que ce délai pourra être prorogé d'un commun accord entre les intéressés ou, faute d'un tel accord auquel il n'est pas précisé par les textes qui sont les « intéressés » qui devraient y être parties, par ordonnance du juge de l'exécution saisi sur requête. Il s'agit vraisemblablement de celui du lieu de la vente (art. D 293). Il n'y a lieu véritablement à procédure de distribution qu'en présence de plusieurs créanciers saisissants, c'est-à-dire le créancier premier saisissant à la saisie-vente, les créanciers qui y sont intervenu en application des dispositions des articles D 118 à D 125 et ceux n'ayant pu faire procéder qu'à une saisie conservatoire faute de titre exécutoire (art. L 54). Avant la réforme, l'article 656 de l'ancien Code de procédure civile disposait expressément qu'il n'y avait lieu d'ouvrir une procédure de distribution qu'au cas où le prix de vente n'aurait pas suffi à remplir intégralement de leurs droits tous les créanciers. On a pu donc légitimement se poser la question de savoir si cette condition était toujours requise depuis la réforme, ni la loi de 1991, ni le décret de 1992 ne comportant de dispositions équivalentes. Il convient de répondre par la négative. En effet, contrairement à l'ancienne, la nouvelle procédure n'est pas exclusivement une procédure de distribution par contribution, les articles L 55, alinéa 1, et D 284, alinéa 1, disposant seulement respectivement qu'en cas de concours entre les créanciers, l'agent chargé de la vente propose une répartition amiable entre eux, et que dans le cas où plusieurs créanciers se sont manifestés dans les délais impartis l'agent chargé de la vente élabore un projet de répartition du prix entre ces créanciers. La seule condition requise aujourd'hui, c'est la pluralité de créanciers en concours, c'est-à-dire de créances[1]. Un autre argument peut être invoqué en faveur de cette solution : la possibilité d'intervenir à la saisie-vente jusqu'à la distribution du prix en cas de vente amiable, ce qui rend la procédure que nous allons exposer par conséquent toujours nécessaire.

1. Des créanciers solidaires pour la même créance ne sont pas en concours ; en ce sens, Cass. 2e civ., 7 octobre 1992, *D.* 1992, IR, p. 249.

Nous verrons qu'il en va de même de la nouvelle procédure de distribution issue du décret de 1996.

La répartition des fonds *(§ 1)* a lieu conformément à un projet préalablement rédigé *(§ 2)*.

§ 1. Le projet de répartition et ses suites

737. L'agent chargé de la vente doit élaborer un projet de répartition du prix entre les créanciers qui se sont manifestés dans les délais impartis par l'article D 283 (art. D 284, al. 1). Sa notification entraîne certains effets.

« *Le projet est élaboré au vu des indications qui figurent dans le commandement de payer, dans les actes d'opposition et, le cas échéant, des indications prescrites par les articles* (D) *232 et* (D) *233. Il est tenu compte des frais encourus et des intérêts échus depuis ces actes* » (art. D 284, al. 2). Ce projet doit être établi dans un délai d'un mois à compter de la date de la vente forcée ou, en cas de vente amiable, du jour de la consignation du prix entre les mains de l'huissier de justice du créancier premier saisissant (art. D 285). Si l'agent chargé de la vente ne parvient pas à respecter ce délai, qui pourra cependant être prorogé d'un commun accord entre les intéressés ou par ordonnance rendue sur requête par le juge de l'exécution (art. D 291) du lieu de la vente (art. D 293), tout intéressé pourra également saisir ce dernier d'une requête afin qu'il procède lui-même directement à la répartition (art. D 292, al. 1). La procédure habituelle est qu'il rende une décision au vu de laquelle, soit le régisseur du secrétariat-greffe du tribunal paye par chèque tiré sur un compte ouvert à son nom ès qualités à la Caisse des dépôts et consignations, soit les créanciers colloqués s'adressent directement à ladite Caisse pour se faire payer au vu de copies exécutoires de la décision rendue par le juge délivrées par le secrétariat-greffe ; copies valant, selon la terminologie des procédures d'ordre, bordereaux de collocation. Il peut être utile d'entendre le débiteur et les créanciers en leurs observations afin de diminuer tout risque de recours. En conséquence, bien que les textes soient muets sur ce point, nous considérons que le juge saisi sur requête, devra faire convoquer par son greffe le débiteur et les créanciers, et rendre, non pas une ordonnance, mais un jugement de répartition. Mais sa décision est-elle susceptible de recours ? Cette fois les textes fournissent une indication. L'article D 292, al. 2 dispose en effet que « *les paiements doivent être effectués huit jours au plus tard après que la répartition est devenue définitive* ». Dès lors que sa décision sera devenue définitive, l'agent chargé de la vente qui n'a pas consigné les fonds, nanti du plan judiciaire de répartition, procédera dans les huit jours au paiement (art. D 292, al. 2).

Il n'y a lieu de poursuivre la procédure comme nous allons l'exposer, que si un projet de répartition a été élaboré par l'huissier de justice. L'article D 286, alinéa 1, dispose que le projet de répartition doit être notifié par lettre recommandée avec accusé de réception dans « *le délai de l'article* (D) *285* » éventuellement prorogé en application des dispositions de l'article D 291. Cela signifie que la rédaction et la notification doivent avoir lieu dans le même délai unique d'un mois. Cette notification doit être faite au débiteur et à chacun des créanciers « *y compris à ceux qui ne seraient pas compris dans la répartition faute de s'être manifestés dans les délais prescrits* (par les articles D 232 et D 233) » (art. D 286, al. 1). La notification doit comporter, à peine de nullité, les mentions suivantes (art. D 286, al. 2) : « ***1°*** *L'indication que le destinataire dispose d'un délai de quinze jours, à compter de la réception de la lettre, pour élever une contestation motivée accompagnée de pièces justificatives nécessaires, auprès de l'huissier de justice qui a établi le projet de répartition* » ; ***2°*** L'indication « ... *qu'à défaut de réponse dans le délai imparti, il sera réputé avoir accepté le projet et que celui-ci deviendra définitif si aucune contestation n'est élevée* ».

Enfin, le projet de répartition doit être « ... *accompagné d'un décompte détaillé des frais de recouvrement avec l'indication en caractères très apparents, que tout intéressé peut faire procéder à leur vérification par le secrétariat-greffe du juge de l'exécution du lieu de la vente* » (art. D 293). Nous considérons que le secrétariat-greffe ne devrait plus pouvoir être saisi une fois le projet de répartition devenu définitif. À la suite de la notification, deux cas de figure peuvent donc se présenter selon que le projet suscite ou non contestation.

Les ***contestations*** sont formulées auprès de l'auteur du projet. La forme que doit revêtir cette contestation n'est pas précisée par les textes. Le destinataire des contestations « *convoque* (suivant une forme qui n'est pas non plus précisée) *le débiteur et tous les créanciers en vue d'une tentative de conciliation. Cette réunion doit avoir lieu dans le mois qui suit la première contestation* » (art. D 288). L'issue de cette conciliation peut être soit l'émergence d'un accord ; soit la persistance du désaccord.

« *La personne convoquée qui ne se présente pas est réputée avoir accepté l'accord* » (art. D 289, al. 2). En l'absence de règle de majorité, il convient de conclure que cet accord ne peut résulter que de l'unanimité des créanciers présents à la réunion. Il en est dressé acte qui devient donc le plan de répartition immédiatement définitif. Copie de ce plan est, si c'est matériellement possible, remise immédiatement à l'issue de la réunion aux personnes présentes, et adressée par lettre simple aux autres. Sinon toutes les copies seront envoyées par lettre simple. Il n'y a aucun délai pour y procéder (art. D 289, al. 1 et 3). Il peut être procédé à la répartition effective des fonds par l'agent (art. D 289, al. 4). Le renvoi à l'article D 283 est très certainement une erreur matérielle, ces dispositions concernant la situation dans laquelle il n'y a qu'un seul créancier. L'article D 289, alinéa 4, ne peut renvoyer qu'à l'article D. 287. La situation est différente si aucun accord n'est dégagé.

«***À défaut d'accord****, l'agent chargé de la vente dresse acte des points de désaccord ; il joint les pièces nécessaires à la solution du litige et saisit immédiatement le juge de l'exécution du lieu de la vente, en lui transmettant le dossier. Les sommes mises en répartition sont immédiatement consignées*» (art. D 290, al. 1 et 2, et L. 55, al. 2). En pratique cette consignation sera vraisemblablement faite à la Caisse des dépôts et consignations. Les articles D 290 alinéas, 1 et 2, et L 55, alinéa 2, semblent admettre la possibilité d'un accord partiel, mais cette solution source de complications est à proscrire. La décision rendue par le juge de l'exécution est-elle susceptible de recours ? Compte tenu de son caractère contentieux, le juge de l'exécution y tranchant une contestation, la qualification de décision d'administration judiciaire est hors de propos. La seule solution concevable est donc une fois encore de lui appliquer le régime de droit commun prévu par les articles D 27 à D 31, sous cette réserve permise par l'article D 292, alinéa 2, qu'elle ne bénéficiera jamais de l'exécution provisoire. Dès lors que sa décision sera devenue définitive, deux solutions sont concevables : soit l'agent chargé de la vente procédera au paiement des créanciers après avoir retiré les fonds de la Caisse des dépôts et consignations sur présentation du plan judiciaire de répartition ; soit les créanciers se feront payer directement auprès de ladite caisse, sur présentation d'une copie du jugement de répartition revêtue de la formule exécutoire, délivrée à chacun par le secrétariat-greffe ; ladite copie valant bordereau de collocation. Dans son jugement, le juge de l'exécution aura pu décider que les frais occasionnés par la contestation seront provisoirement prélevés lors de la répartition sur les sommes à répartir (art. D 90, al. 3).

Lorsque ***le projet ne suscite aucune contestation***, le projet de répartition devient définitif à l'expiration du délai de contestation (art. D 287). Il devient le plan de répartition. Il peut être procédé à la répartition par l'auteur du projet.

§ 2. Le paiement

738. Il existe quatre règles générales en la matière. « *Les paiements doivent être effectués huit jours au plus tard après que la répartition est devenue définitive. À l'expiration de ce délai, les sommes dues portent intérêts* (moratoires) *au taux légal* » (art. D 292, al. 2 et 3). Contre qui courront ces intérêts moratoires ? il serait pour le moins curieux qu'ils courent contre le débiteur qui n'est pas habilité à procéder aux paiements. Ils ne peuvent donc courir que contre l'agent chargé de la vente ou... la Caisse des dépôts et consignations. « *Tout paiement (...) doit être accompagné d'un décompte détaillé des frais de recouvrement avec l'indication en caractères très apparents que tout intéressé peut faire procéder à leur vérification par le secrétariat-greffe du juge de l'exécution du lieu de la vente* » (art. D 293). Cette vérification n'est pas possible lorsque le plan de répartition a été élaboré par le juge de l'exécution. Ce dernier aura d'ailleurs, comme l'article D 293 le lui permet, fait vérifier ces frais par son secrétariat-greffe avant de rédiger son plan. L'article D 287 dispose pour le cas de l'absence de contestation, que « *l'agent chargé de la vente procède au paiement des créanciers ayant mis en œuvre une mesure d'exécution forcée. Il consigne les sommes revenant aux créanciers ayant pratiqué une saisie conservatoire ; ces sommes leurs sont payées après signification d'un acte de conversion* (en saisie-vente) », c'est-à-dire lorsqu'ils auront obtenu un titre exécutoire.

On trouve des dispositions similaires en matière de saisie-vente de droits d'associé et de valeurs mobilières à l'article D 186, et le renvoi de l'article D 289, alinéa 4, à l'article D 287 nous amène à considérer que cette règle concerne toutes les saisies-vente et tous les modes d'élaboration du plan de répartition. L'abrogation des dispositions de l'alinéa 2 de l'article 759 de l'ancien Code de procédure civile par l'article D. 305 conduit au même résultat en matière de saisie immobilière à propos des droits du créancier ayant fait inscrire une hypothèque conservatoire. Les articles D 232, alinéa 4 et D 233, alinéa 2 disposent, le premier en matière de vente amiable, et le second en matière de vente forcée, que tout créancier autre que celui premier saisissant n'ayant pas produit sa créance, « ... *perd le droit de concourir à la distribution des deniers résultant de la vente* (...), *sauf à faire valoir ses droits sur un solde éventuel après la répartition* ».

Section 2
La distribution des fonds obtenus sur saisie-attribution

739. Nous avons vu qu'il n'existe de procédure d'intervention, qu'en matière de saisie des rémunérations. Il est donc également prévu en cette matière par le Code du travail, une procédure spéciale de distribution *(§ 1)*. La saisie-attribution de droit commun, directe ou sur conversion d'une saisie conservatoire, en est, en revanche, totalement dépourvue. Pourtant nous allons voir qu'il existe une hypothèse dans laquelle il y aurait lieu d'ouvrir une procédure de distribution. Il semble qu'il faille utiliser la procédure ordinaire contentieuse, la procédure de distribution issue du décret n° 96-740 du 14 août 1996 étant inapplicable *(§ 2)*.

§ 1. En matière de saisie des salaires

740. « *En cas de pluralité de saisies* (*sic*), *les créanciers viennent en concours sous réserve des causes légitimes de préférence* » (C. trav., art. L. 3252-8). Il ne saurait en pratique y avoir plusieurs saisies. Compte tenu des règles de compétence en matière de saisie des rémunérations qui ne prévoient aucune option, le secrétariat-greffe saisi par un créancier n'ouvrira pas une nouvelle procédure s'il en existe déjà une dirigée vers le même tiers saisi à propos d'un même débiteur. Il prendra en compte une intervention.

Il n'y a véritablement lieu à procédure de distribution (répartition), qu'en cas de pluralité de créanciers. Nous avons vu que lorsqu'il n'y en a qu'un seul, l'employeur établit un chèque à l'ordre de celui-ci et l'adresse au secrétariat-greffe qui, après en avoir fait mention au dossier, l'adresse à son tour au créancier. À partir du moment où il existe plusieurs créanciers, le chèque ou le virement est établi à l'ordre du régisseur du tribunal d'instance (C. trav., art. R. 3252-27). Au moins une fois tous les six mois comme jadis, à moins qu'avant l'expiration de ce délai, les sommes versées par le tiers saisi suffisent pour désintéresser les créanciers, le secrétariat-greffe notifie par lettre recommandée avec accusé de réception (C. trav., art. R. 3252-6) à chaque créancier, un état de répartition (C. trav., art. R. 3252-34 et R. 3252-35, al. 1). Cet état peut être contesté dans un délai de quinze jours à compter de sa notification (C. trav., art. R. 3252-36, al. 1). Cette contestation doit être portée devant le tribunal d'instance devant lequel la procédure ordinaire contentieuse est applicable (C. trav., art. R. 3252-8). Le contestataire devra vraisemblablement faire attraire les autres créanciers devant le tribunal. « *À défaut de contestation formée, dans* (ce) *délai(...), le greffier envoie à chaque créancier un chèque du montant des sommes qui lui reviennent* (, après classement des privilèges et répartition au marc le franc le cas échéant). *En cas de contestation de l'état de répartition, il* (ne sera) *procédé au versement des sommes dues aux créanciers* (qu') *après que le juge* (ait) *statué sur la contestation* » (C. trav., alinéa 2 de l'article R. 3252-36, D. n° 93-911, 15 juillet 1993, art. 6). Si une intervention a été contestée, le secrétariat-greffe procédera quand même normalement à la répartition comme s'il n'y avait pas de contestation pendante, les sommes revenant au créancier dont l'intervention est contestée étant consignées. Elles ne lui seront remises que lorsque la contestation sera rejetée. Si au contraire elle aboutit au rejet de l'intervention, les sommes consignées seront distribuées aux autres créanciers non remplis de leurs droits ou restituées au débiteur selon le cas (C. trav., art. R. 3252-35, al. 2).

§ 2. En matière de saisie-attribution ordinaire

741. L'absence totale de procédure d'intervention en matière de saisie-attribution de droit commun ne peut conduire qu'à la conclusion que le paiement est le prix de la course ; au point que même si elle émane d'un créancier privilégié, la saisie ultérieure ne peut rien y changer (art. L 43, al. 2). C'est d'ailleurs très certainement la raison pour laquelle l'acte de saisie signifié au tiers doit indiquer l'heure à laquelle il a été signifié (art. D 56, al. 3). Pourtant cette solution drastique a certainement troublé les auteurs de la réforme puisqu'ils avaient édicté auparavant dans la loi de 1991 une règle semblant rendre totalement inutile celle énoncée à l'article D 56, alinéa 3, et constituer une exception au « paiement prix de la course ». En voici les termes : « ... *les actes de saisie signifiés au cours de la même journée entre les mains du mêmes tiers sont réputés faits simultanément. Si les sommes disponibles ne permettent pas de désintéresser la totalité des créanciers ainsi saisissants, ceux-ci viennent en concours* » (art. 43, al. 3) ; il y aura alors lieu à distribution par contribution, technique qui devra d'ailleurs être systématiquement utilisée lorsque les sommes saisies proviennent de créances à exécution successive, les répartitions devant alors avoir lieu vraisemblablement à chaque échéance. À moins qu'il faille conclure que l'article L 43, alinéa 3, ne constitue qu'une présomption en l'absence de précision de l'heure de la signification. Dès lors qu'il y aura lieu de procéder à une répartition au marc l'euro, la partie la plus diligente, en l'absence de répartition amiable, devra assigner les autres devant le tribunal d'instance, le tribunal de grande instance (en cas de créance civile, compétence du tribunal d'instance jusqu'à 10 000 €[2], et du tribunal de grande instance au-delà de 10 000 €) ou le tribunal de commerce, suivant le montant de la somme à répartir et la qualité des parties. Quant aux modalités de répartition, la Cour de cassation, dans un avis au contenu surprenant en date du 24 mai 1996 (n° 09-60.004, *Bull.* n° 5), a estimé que « ... *le concours entre créanciers saisissants, prévu au troisième alinéa de l'article 43 de la loi du 9 juillet 1991 portant réforme des procédures civiles d'exécution, doit se régler au prorata des créances respectives, sans qu'il y ait lieu de prendre en compte l'existence d'éventuels privilèges* ». Cette solution corroborée par les travaux préparatoires de la loi de 1991[3], avait déjà été appliquée par la jurisprudence[4].

2. Pas de compétence du juge de proximité.
3. *JOAN* 26 avril 1991, p. 1745.
4. JEX Saint-Etienne, 16 juin 1994, *D.* 1995, p. 233, note J. Prévault.

Chapitre 2
La distribution du prix des meubles obtenu sur vente volontaire

742. Résultant du décret n° 96-740 du 14 août 1996 dont sont issues les dispositions des articles 1281-1 à 1 281-12 du Code de procédure civile, la nouvelle procédure a pour objet la distribution des deniers en dehors de toute procédure d'exécution[1]. Elle n'est pas une procédure de *distribution par contribution* comme l'était jadis celle de l'ancien Code de procédure civile ; mais une procédure de *distribution.* La nuance est d'importance dans la mesure où il n'y avait lieu de recourir à l'ancienne procédure que lorsque le montant total des créances excédait celui de la somme à distribuer. La nouvelle procédure n'étant qu'une procédure de distribution, il peut y être recouru même lorsqu'il y a suffisamment d'argent pour remplir intégralement les créanciers de leurs droits. Elle comporte en effet une procédure de contestation et de conciliation qui pourra s'avérer utile notamment lorsque le vendeur estime qu'une créance est surévaluée par son titulaire, ce qui entraîne une diminution de ses droits sur le prix.

L'utilisation de cette procédure n'est pas obligatoire. L'article 1281-1 du Code de procédure civile n'offre en effet qu'une possibilité à *la partie la plus diligente*[2]. Il ne devrait donc y avoir lieu d'y recourir qu'en cas d'impossibilité de distribution amiable. Le texte est décevant par son manque d'originalité, dans la mesure où ses rédacteurs ont purement et simplement pour l'essentiel, repris en l'adaptant, la procédure de distribution des deniers provenant d'une saisie-vente mobilière. En pratique, cette procédure s'avère fort coûteuse en exploits d'huissiers de justice, d'abord parce que la partie la plus diligente doit assigner les autres qui peuvent s'avérer fort nombreuses, devant le juge des référés compétent. Ensuite et surtout, parce que le juge désigne généralement en pratique, un mandataire de justice pour procéder à la répartition.

---

1. Intitulé du chapitre que compose les articles 1281-1 à 1 281-12 dans le Code de procédure civile.
2. CPC, Art. 1 281-1. - *S'il y a lieu, en dehors de toute procédure d'exécution, de répartir une somme d'argent entre créanciers, la partie la plus diligente* ***peut*** *se pourvoir en référé.*

La procédure se déroule en deux temps : d'abord la désignation d'une personne chargée de la distribution des deniers *(§ 1)* ; et ensuite, leur distribution effective *(§ 2)*.

§ 1. La désignation de la personne chargée de la distribution

743. Aux termes des dispositions de l'article 1281-1 du Code de procédure civile, il incombe à la partie la plus diligente de saisir en référé le président du tribunal de grande instance ou du tribunal de commerce, selon que la vente est civile ou commerciale (CPC, art. 1 281-12), dans le ressort duquel demeure le débiteur, c'est-à-dire le vendeur du bien meuble, d'une demande de désignation d'une personne chargée de répartir les deniers. Cette saisine pourra être le fait de tout intéressé c'est-à-dire non seulement le vendeur désireux le cas échéant de percevoir sa part sur le prix, ou encore un créancier du vendeur, mais aussi l'acheteur désireux d'obtenir promptement mainlevée des nantissements grevant le ou les meubles vendus. On songe notamment aux nantissements de fonds de commerce, de parts sociales ou de valeurs mobilières. L'initiative peut aussi être le fait du séquestre amiable du prix lorsque les parties à la vente en avaient désigné un.

L'archétype des ventes commerciales, c'est bien sûr la vente de fonds de commerce. Quant à celle d'immeubles, elle est toujours civile, même lorsqu'elle porte sur un immeuble commercial.

L'obligation de saisir en référé le président de la juridiction compétente, induit comme solution la nécessité de procéder par voie d'assignation ; mais les textes sont muets quant aux personnes à assigner. Faudra-t-il notamment mettre en cause dans cette procédure qui n'est pas contentieuse, tous les créanciers du vendeur qui se sont manifestés, outre tous les autres acteurs de la vente ? C'est la solution qui semble la plus raisonnable, chacun pouvant notamment, légitimement, par exemple, demander à cette occasion, que telle personne ne soit pas désignée pour procéder à la distribution. On songe notamment à tel séquestre amiable qui, après avoir considérablement tardé dans les opérations de distribution des deniers, prétendrait être désigné par le président du tribunal pour procéder à la distribution en application des dispositions des articles 1281-1 et suivants du Code de procédure civile. Les créanciers seraient certainement fondés à dire « *n'importe qui, mais pas lui !* ».

Le système n'est pas satisfaisant en raison de son coût qui peut s'avérer élevé compte tenu du nombre d'assignations qui pourront être nécessaires. Ne valait-il pas mieux de ce point de vue, une procédure sur requête ; et permettre ensuite à quiconque de demander en référé, pour motif légitime, le remplacement de la personne commise.

Le président du tribunal saisi en référé statuera par ordonnance. Devra-t-elle être signifiée, ce qui entraînera encore des frais ? Il ne le semble pas. En effet, l'article 1281-3 prévoit seulement que le greffe notifie l'ordonnance par lettre simple à la personne chargée de la distribution et, si la consignation a été ordonnée, à la Caisse des dépôts et consignations. L'ordonnance rendue est-elle susceptible de voies de recours ? Les textes n'ont rien prévu. Le mode particulier de notification semble cependant induire une réponse négative à cette question.

La personne commise pour procéder à la distribution des deniers sera rétribuée par prélèvement sur les fonds à répartir, le président du tribunal réglant les contestations éventuelles sur le montant de cette rémunération (CPC, art. 1281-11). Les textes ne prévoient bien sûr encore une fois absolument pas comment ces contestations pourront être portées devant le président du tribunal. Il devra certainement être saisi en référé. C'est ainsi que l'on procède déjà par exemple, à propos de l'expert comptable du comité d'entreprise ou de l'expert auquel le comité d'hygiène de sécurité et des conditions de travail peut recourir en cas de situation dangereuse. « *La rétribution de la personne chargée de la répartition est prélevée sur les fonds à répartir et supportée par les créanciers, au prorata de la somme qui revient à chacun d'eux* » (CPC, art. 1281-11, al. 1)

§ 2. La répartition des deniers

744. Cette répartition est amiable ou judiciaire. La personne chargée de la distribution, avertie de sa désignation par lettre simple envoyée par le greffe du tribunal, doit aviser les créanciers dont elle a connaissance, par lettre recommandée avec demande d'avis de réception, qu'ils doivent lui déclarer leur créance dans un délai d'un mois, à peine de déchéance de leur droit de participer à la distribution (CPC, art. 1281-3, al. 2 et 3). En pratique, la personne chargée de la distribution annexera à sa sommation une copie de l'ordonnance contenant sa désignation. Ensuite, elle devra dans les deux mois de la dernière sommation, élaborer et signifier un projet de répartition.

Dans les deux mois[3] du dernier avis envoyé aux créanciers connus, la personne chargée de la répartition doit notifier par lettre recommandée avec demande d'avis de réception au débiteur (le vendeur) et aux créanciers, un projet de répartition, en leur impartissant un délai de quinze

3. « ... *en cas de difficulté,* (ce) *délai (...) peut être prorogé par le président du tribunal (...) saisi par simple requête de la personne chargée de la distribution* », CPC, art. 1281-4, *in fine.*

jours pour élever dans les mêmes formes toute contestation auprès d'elle ; les informant qu'à défaut de contestation dans ledit délai, ils seront réputés avoir accepté le projet et que celui-ci deviendra immédiatement définitif si aucune contestation n'est soulevée. Ces indications devront figurer sur la sommation à peine de nullité (CPC, art. 1281-4).

Lorsque ***le projet ne suscite aucune contestation***, le projet devient définitif. La personne commise procède alors dans les quinze jours suivants au paiement des créanciers. Lorsque les fonds avaient été consignés, elle notifie son projet devenu définitif[4] à la Caisse des dépôts et consignations qui procède au paiement des personnes colloquées (CPC, art. 1281-5).

En cas de contestation, la personne chargée de la répartition devra convoquer par lettre recommandée avec demande d'avis de réception les parties (le vendeur et ses créanciers), en vue d'une tentative de conciliation qui doit avoir lieu dans le mois suivant la première contestation (CPC, art. 1281-6). Si un accord intervient, il en est dressé acte dont une copie est remise ou adressée par lettre simple à toutes les parties. Il est alors procédé au paiement comme en l'absence de contestation. Les personnes convoquées qui ne se sont pas présentées sont réputées avoir accepté l'accord (CPC, art. 1281-7). À défaut de conciliation, il est procédé par voie de répartition judiciaire.

À défaut de conciliation, la personne chargée de la distribution dresse acte des points de désaccord. Les sommes à répartir sont alors consignées si ce n'est déjà fait à la Caisse des dépôts et consignation. La partie la plus diligente pourra alors saisir le tribunal et non plus son président, qui procédera alors à la répartition. Une fois encore les textes n'ont bien sûr rien prévu quant à la forme de cette saisine. Les praticiens qui devront une fois encore se débrouiller sans texte, procéderont par voie d'assignation ; la partie la plus diligente assignant les autres. Quelle est territorialement la juridiction compétente ? Il sera certainement d'une bonne administration de la justice de saisir celle dont le président avait désigné la personne chargée de la distribution des deniers. Cette faculté est également ouverte lorsque la personne chargée de la répartition n'est pas parvenue à élaborer et notifier un projet de réparation dans le délai de deux mois de l'article 1281-3 (CPC, art. 1281-9).

Une fois le jugement de répartition rendu, les paiements doivent être effectués quinze jours au plus tard après la notification à la Caisse des dépôts et consignations du jugement passé en force de chose jugée (CPC, art. 1281-10). Qui doit procéder à cette notification et sous quelle forme ? En pratique la partie la plus diligente devra procéder par voie de lettre recommandée avec demande d'avis de réception.

4. Rien n'étant prévu encore une fois par les textes. Il conviendra de procéder par lettre recommandée avec demande d'avis de réception.

Chapitre 3
La distribution du prix des navires, bateaux et aéronefs

745. Les navires, bateaux et aéronefs ont en commun d'être des biens meubles immatriculés et d'être susceptibles d'hypothèque, comme des immeubles. Nous avons vu que cette ressemblance a conduit les pouvoirs publics à concevoir des procédures de saisie-vente qui sont très proches, dans leurs modalités, de la saisie immobilière, puisqu'elles constituent elles aussi des actions en justice de la compétence du tribunal de grande instance[1]. Cette assimilation se rencontre partiellement à propos de la distribution de leur prix de vente, eu égard aux anciennes procédures d'ordre telles qu'elles étaient régies par l'ancien Code de procédure civile. Mais cette assimilation est seulement partielle dans la mesure où ne sont pas purement et simplement transposées ces anciennes procédures d'ordre jugées peut-être trop complexes. On a préféré une procédure de distribution simplifiée de la compétence, non pas du juge aux ordres qui n'existe plus aujourd'hui, mais du tribunal de grande instance et d'un juge du siège commis spécialement pour la circonstance. Nous constaterons cependant que ces procédures de distribution sont, en réalité, des procédures d'ordre.

Les procédures dont il va être question ici ne concernent que la distribution du prix de vente sur saisie. Pour la distribution du prix de vente volontaire, la procédure prévue par les articles 1281-1 à 1 281-12 du Code de procédure civile est donc applicable[2].

Bien que très proches les unes des autres, les procédures de distribution du prix de vente sur saisie des navires, bateaux et aéronefs comportent cependant de subtiles différences. La procédure de distribution du prix de vente est régie, concernant les navires, par les articles 48 à 57 du décret n° 67-967 du 27 octobre 1967, concernant les bateaux, par les articles 128 à 131 du Code du domaine public fluvial et de navigation intérieure et pour les avions, par les articles R. 123-6 et R. 123-7 du Code de l'aviation civile. Ces textes sont presque en tous points identiques. Leur ignorance par les pouvoirs publics a conduit ces derniers à ne pas remanier pour l'heure, ceux qui continuent de se référer aux textes de

1. Cf. *supra*, n°s 458 et s.
2. Cf. *supra*, n°s 742 et s.

l'ancien Code de procédure civile sur les anciennes procédures d'ordre qui ont pourtant été abrogés à compter du 1er janvier 2007, par le décret n° 2006-936 du 27 juillet 2006 relatif aux procédures de saisie immobilière et de distribution du prix d'un immeuble. Solution transitoire juridiquement parfaitement aussi aberrante que la situation sus-décrite, il faudra donc continuer dans l'immédiat à faire comme si ces défunts textes avaient survécu.

La procédure applicable comporte au minimum deux étapes lorsque l'on parvient à une distribution amiable ***(section 2)*** ; trois lorsque, faute de pouvoir parvenir à une distribution amiable, il faut finalement mettre en œuvre la distribution judiciaire ***(section 3)***. Quel que soit le cas de figure, la procédure débute toujours par la désignation du juge-commissaire à la distribution et l'assignation des créanciers ***(section 1)***.

Section 1
Première étape : la désignation du juge-commissaire à la distribution *(§ 1)* et l'assignation des créanciers *(§ 2)*

§ 1. La désignation du juge-commissaire à la distribution

746. Nous avons vu que le prix de vente sur adjudication est payable par l'adjudicataire dans les 24 heures de l'adjudication concernant les navires et les bateaux, dans les 3 jours concernant les avions, sous peine de folle enchère. Ce paiement doit se faire auprès de la Caisse des dépôts et consignations (D. n° 67-967, 27 octobre 1967, art. 48 ; C. dom. publ. fluv., art. 128, al. 1, et C. aviation, art. R. 123-6, al. 2).

Dans les 5 jours de l'adjudication, l'adjudicataire doit demander par requête au président du tribunal de grande instance du lieu d'adjudication sur saisie, qu'il commette un juge qui sera chargé de la distribution du prix (D. n° 67-967, 27 octobre 1967, art. 49, al. 2 ; C. dom. publ. fluv., art. 128, al. 2 et C. aviation, art. R. 123-6, al. 2).

§ 2. L'assignation des créanciers

747. Une fois que le président du tribunal a désigné par ordonnance sur requête le juge-commissaire à la distribution, l'adjudicataire doit assigner devant ce juge les créanciers (poursuivant et inscrits), « *par acte signifié aux domiciles élus* » dans l'état des inscriptions d'hypothèques maritimes, « *à l'effet de s'entendre à l'amiable sur la distribution du prix* » (D. n° 67-967, 27 octobre 1967, art. 49, al. 2 ; C. dom. publ. fluv., art. 128, al. 2 et C. aviation, art. R. 123-6, al. 2). En pratique, cette assignation comportera sommation à ses destinataires, de produire leurs créances.

Le juge-commissaire devra donc organiser sous son contrôle, un ordre amiable. En pratique, le juge sera saisi par le placement d'une copie de l'assignation au greffe du tribunal de grande instance. Le greffe devra ensuite procéder à la convocation des créanciers.

Section 2
Deuxième étape : la distribution amiable

748. Elle consiste en une audience de conciliation *(§ 2)* qui doit être préalablement préparée *(§ 1)*.

§ 1. La préparation de l'audience de conciliation

749. Une fois que l'adjudicataire aura placé son assignation, le greffe devra procéder à la convocation des créanciers assignés à une audience du juge-commissaire, 15 jours à l'avance « ... *sans augmentation à raison de la distance* » (D. n° 67-967, 27 octobre 1967, art. 50 ; C. dom. publ. fluv., art. 128, al. 4 et C. aviation, art. R. 123-6, al. 3). Il n'y a donc jamais lieu de faire application des dispositions des articles 643 et suivants du Code de procédure civile.

Le greffe procède à l'affichage de cette convocation dans les locaux du tribunal, et à son insertion dans un journal d'annonces légales (*ibid.*). Concernant les aéronefs, le greffe doit, en plus, faire insérer cette convocation au BODACC Concernant les bateaux, une insertion supplémentaire doit être faite dans un journal spécialisé en matière de navigation intérieure. Le greffe devra donc prévoir une date suffisamment lointaine par rapport à la parution effective de l'annonce. Cette publicité permettra d'informer les créanciers non inscrits qui pourront également produire leur créance dans la procédure de distribution.

À ce propos, le décret de 1967 sur les navires parle des créanciers opposants, sans préciser sous quelles formes ils pourront produire leurs créances. Dans ces conditions, nous considérons qu'on ne saurait leur imposer la forme d'un acte extrajudiciaire (exploit d'huissier). Dans le cadre de cette phase non contentieuse, il n'est pas davantage nécessaire de constituer avocat. Ces solutions doivent être étendues aux bateaux et aux aéronefs. En pratique, soit les créanciers déposeront directement leurs titres de créance au greffe qui délivrera à cette occasion un récépissé daté, soit ces titres seront envoyés au greffe par courrier recommandé avec demande d'avis de réception.

En matière de distribution de prix de vente de navires, et seulement dans ce cas, il est prévu que parallèlement, le créancier poursuivant (ou le tiers saisi) aura fait sommation aux créanciers inscrits, de produire leurs créances en faisant parvenir au greffe leurs titres « *dans les trois jours qui suivent la sommation..., faute de quoi il sera procédé à la distribution du prix de la vente sans qu'ils y soient compris* » (D. n° 67-967, 27 octobre 1967, art. 51). Quant aux créanciers non sommés qui peuvent néanmoins intervenir à la procédure de distribution, il n'existe pas de dispositions équivalentes qui feraient par exemple courir ce délai à compter de la parution de la convocation dans un journal d'annonces légales. Il convient, dans ces conditions, de considérer qu'ils pourront se manifester jusqu'au jour de l'audience du juge-commissaire. Il n'existe pas de dispositions équivalentes à propos des bateaux et des aéronefs.

Le créancier poursuivant, par définition non sommé, n'est pas tenu, à peine de forclusion, de produire sa créance dans les 3 jours, comme les autres créanciers sommés[3].

§ 2. L'audience de conciliation

750. Le jour de l'audience, les créanciers comparaissent en personne, seuls ou assistés, ou en se faisant représenter. Le représentant, s'il n'est avocat, devra être muni d'un pouvoir (CPC, art. 416). Le juge, assisté du greffier, procède à l'appel des créanciers convoqués. Ceux qui se présentent spontanément, hors toute convocation ou sommation, doivent se manifester auprès du greffier et produire auprès de lui leurs titres de créance. Les créanciers sommés, ceux convoqués, qui n'ont pas produit et défaillants à l'audience, sont déchus du droit de produire leur créance.

3. Cass. com., 22 janvier 2002, *Bull. civ.* IV, n° 17, *DMF* 2002, p. 331, note J.-P. Rémery.

Il n'y a pas lieu de vérifier si les créanciers convoqués ont eu effectivement connaissance de cette convocation, puisqu'ils ont dû déjà faire l'objet d'une assignation et d'une sommation de produire.

Curieusement, l'émergence d'un accord n'a pas vraiment été envisagée par les textes. À l'instar des solutions ayant cours dans l'ancienne procédure d'ordre amiable, il convient de considérer que la distribution amiable nécessite l'accord unanime des créanciers ayant produit, indépendamment de leur participation effective à la conciliation. Ceux qui ont produit leur créance et qui ne se présentent pas à l'audience, ne doivent pas être considérés comme déchus, mais comme refusant toute distribution amiable. Si tous les créanciers ayant produit et présents ou représentés se mettent d'accord sur une distribution du prix, le juge en dressera procès-verbal qui sera signé par lui, le greffier et les créanciers (CPC, art. 130). Des extraits de ce procès-verbal exécutoire contre la Caisse des dépôts et consignations seront délivrés aux créanciers colloqués, à titre de bordereaux de collocation. L'envoi par le greffe à la conservation des hypothèques maritimes, d'une copie du procès-verbal, entraîne la mainlevée immédiate des inscriptions des créanciers inscrits non colloqués ou déchus. Les inscriptions des créanciers colloqués seront radiées au fur et à mesure du paiement des collocations, sur présentation, par chaque créancier, de son bordereau à la conservation.

L'échec de la distribution amiable est finalement la seule éventualité organisée (partiellement) par les textes. À défaut d'accord unanime des créanciers ayant produit, il ne pourra être procédé à la distribution amiable. Le juge-commissaire dresse alors procès-verbal du désaccord, en prenant note des prétentions et contestations. En pratique, il prendra soin d'indiquer que le créancier le plus diligent pourra saisir le tribunal auquel il incombe de trancher les contestations, ainsi que la manière de procéder, et la date d'audience en vue de laquelle ce tribunal devra être saisi. Le document sera transmis au tribunal de grande instance (D. n° 67-967, 27 octobre 1967, an. 52, al. 1 ; C. dom. publ. fluv., art. 130, al. 1 et C. aviation, art. R. 123-7, al. 1). Les textes ne l'ont pas prévu, mais le greffe devra notifier ce procès-verbal aux créanciers, par courrier recommandé avec demande d'avis de réception.

Section 3
Troisième étape : la distribution judiciaire

751. Pour son ouverture, il est nécessaire de saisir le tribunal de grande instance qui n'a pour mission que de statuer sur les contestations *(§ 1)*. La distribution judiciaire du prix de vente est de la compétence du juge-commissaire *(§ 2)*.

§ 1. La saisine du tribunal de grande instance et le jugement des contestations

752. Dans les 8 jours qui suivent la réception du procès-verbal de clôture de la conciliation, chacun des créanciers devra « *déposer au greffe une demande de collocation avec titre à l'appui* » (D. n° 67-967, 27 octobre 1967, art. 52, al. 2 ; C. dom. publ. fluv., art. 130, al. 1 et C. aviation, art. R. 123-7, al. 1). Les créanciers devront donc, une fois encore, produire leur créance. Ce dépôt ne suffit cependant pas à saisir le tribunal. Les articles 130, alinéa 2, du Code du domaine public fluvial et R. 123-7, alinéa l, du Code de l'aviation civile, précisent que cet acte de dépôt devra comporter constitution d'avocat. Cette précaution pourra être étendue aux navires.

Le décret de 1967 dispose en son article 52, alinéa 3, qu'« *à la requête du plus diligent, les créanciers sont, par simple acte extrajudiciaire, appelés devant le tribunal qui statuera à l'égard de tous, même des créanciers privilégiés* ». Curieusement, le texte ne parle pas d'assignation, alors qu'il exige quand même un exploit d'huissier de justice. Le créancier le plus diligent - et ayant déclaré sa créance dans le cadre de la phase de distribution amiable - devra donc faire convoquer par exploit d'huissier les autres devant le tribunal de grande instance pour l'audience dont la date aura été fixée par le juge-commissaire dans le procès-verbal, afin que celui-ci statue, non sur la distribution du prix de vente, mais sur les contestations relatées dans le procès-verbal de non-conciliation. Le Code du domaine public fluvial et de la navigation intérieure (C. dom. publ. fluv., art. 130, al. 3) et le Code de l'aviation civile (C. aviation, art. R. 123-7, al. 1) comportent sur ce point des dispositions équivalentes mais un peu différentes. Ils prévoient en effet, que le tribunal doit être saisi par acte du palais, signifié par conséquent entre avocats en application des dispositions des articles 671 à 674 du Code de procédure civile. En pratique, il sera toutefois nécessaire de procéder par assignation ordinaire délivrée de plein droit à jour fixe à l'égard des créanciers n'ayant pas constitué avocat dans leur déclaration de créance.

Les créanciers déchus dans le cadre de la phase précédente le demeurent. Seuls ceux parties à la conciliation devant le juge-commissaire sont parties à la conciliation judiciaire, c'est-à-dire ceux qui ont produit leur créance au cours de cette phase, qu'ils aient ou non comparu ou se soient fait représenter. Les créanciers ont désormais l'obligation de constituer avocat. À défaut, ils s'exposent à ce qu'un jugement de distribution soit rendu sans qu'ils aient pu faire valoir leur point de vue, le tribunal se bornant alors au contenu du procès-verbal de conciliation en ce qui les concerne. Cette obligation de constituer avocat n'est expressément prévue qu'en matière de distribution du prix de vente des bateaux et aéronefs (C. dom. publ. fluv., art. 130, al. 1 et C. aviation, art. R. 123-7, al. 1). On imagine mal comment il pourrait en être autrement en matière de navires, puisque la procédure se déroule devant le tribunal de grande instance. Les créanciers seront certainement recevables à formuler devant le tribunal de nouvelles prétentions et contestations, et à affiner celles notées au procès-verbal. La seule chose qu'ils ne peuvent demander, c'est que le tribunal procède à la répartition des deniers, tâche qui incombe au seul juge-commissaire.

Le tribunal n'a donc pour mission que de statuer sur les contestations. Il ne peut procéder à la distribution des deniers en dressant l'état des collocations. Le jugement rendu devra être signifié par la partie la plus diligente aux autres. « *Le délai d'appel est de 10 jours à compter de sa signification, outre les délais de distance prévus en matière de procédure civile* » (D. n° 67-967, 27 octobre 1967, art. 53). Lorsqu'il s'agit de la distribution du prix de vente d'un bateau (C. dom. publ. fluv., art. 131, al. 1) ou d'un aéronef (C. aviation, art. R. 123-7, al. 2), les textes prévoient que cette signification doit être faite dans les 30 jours de son prononcé, par acte du palais à l'égard des parties ayant constitué avocat, et par signification à domicile élu à l'égard des autres. S'agissant des bateaux, le délai présente une particularité : « *le délai d'appel est de 10, 15 ou 30 jours à compter de la signification du jugement, selon que le siège du tribunal et le domicile élu dans l'inscription sont dans le même arrondissement, dans le même département ou dans des départements différents* » (C. dom. publ. fluv., art. 131, al. 2). Précision totalement inutile, le Code du domaine public fluvial et de la navigation intérieure (C. dom. publ. fluv., art. 131, al. 1) et le Code de l'aviation civile (C. aviation, art. R. 123-7, al. 2) prévoient que le jugement n'est pas susceptible d'opposition. Comment pourrait-il en être autrement, en application des dispositions de l'article 473 du Code de procédure civile, puisque le jugement est susceptible d'appel ?

On fait appel, non pas suivant les formalités prévues par le Code de procédure civile, mais par assignation. La technique est donc ici la même qu'à propos du jugement des incidents dans l'ancienne saisie immobilière avant la réforme de 2006, c'est-à-dire celle de l'ancien Code de procédure civile[4]. L'arrêt qui sera rendu par la cour d'appel est certainement

4. « *L'acte d'appel doit contenir assignation et l'énonciation des griefs, à peine de nullité* » (D. n° 67-967, 27 octobre 1967, art. 53, al. 2 ; C. dom. publ. fluv., art. 131, al. 4 et C. aviation, art. R. 123-7, al. 3). Il doit donc être motivé. Seuls le Code du domaine public fluvial et de la navigation intérieure et le Code de l'aviation civile renvoient aux articles 761 à 764 de l'ancien Code de procédure civile aujourd'hui abrogés, sur l'instruction et le jugement de l'appel en matière d'ordre, mais les solutions qui en résultent doivent être appliquées également à la distribution du prix de vente d'un navire. Il convient donc de procéder ainsi. L'affaire est ensuite enrôlée par la partie la plus diligente qui dénonce par acte du palais aux autres parties, des conclusions contenant la date de l'audience civile de la cour à laquelle l'affaire sera évoquée. L'affaire vient à l'audience sans mise en état préalable, suivant l'actuelle procédure sommaire régie par les

susceptible de pourvoi en cassation. « *Les dépens des contestations ne peuvent être pris sur les deniers à distribuer, sauf les frais de l'avoué le plus ancien* » (D. n° 97-967, 27 octobre 1967, art. 56 ; C. dom. publ. fluv., art. 131, al. 5 et C. aviation, art. R. 123-7, al. 3). Les dépens seront ainsi laissés à la charge de la partie qui succombe. Seul l'avocat en première instance et l'avoué en appel, les plus anciens, pourront obtenir paiement de leur état de frais par prélèvement sur les deniers à distribuer.

§ 2. La distribution judiciaire des deniers par le juge-commissaire

753. « *Dans les 8 jours qui suivent l'expiration du délai d'appel et, s'il y a appel, dans les 8 jours de l'arrêt, le juge déjà assigné dresse*

---

articles 915 et 916 du Code de procédure civile. Ceci résulte aujourd'hui des dispositions de l'article 761 de l'ancien Code de procédure civile, aux termes desquelles « *l'affaire est jugée comme sommaire* » et auquel renvoyait l'article 763, alinéa 2 du même Code. Le ministère public est entendu sur ses conclusions (Anc. c. pr. civ., art. 764). Le défaut d'accomplissement de ces formalités substantielles entraîne la nullité du jugement. Dès lors qu'il y a lieu à conclusions du ministère public, la communication préalable du dossier au parquet est d'ordre public ; mais il suffit que ce dernier ait apposé son visa sur le dossier pour que l'on puisse considérer *a posteriori* que cette formalité a été accomplie (Cass. 2e civ., 11 juillet 1988, *Bull. civ.* II, n° 172). « *S'il est produit de nouvelles pièces, toute partie contestante ou contestée est tenue de les remettre au greffe trois jours au moins avant cette audience* (délai qui est prévu à peine de déchéance, Cass. req., 25 octobre 1899, *DP* 1900, 1, p. 52)...(la cour) *statue sur les pièces produites ; néanmoins* (elle) *peut, mais seulement pour causes graves et dûment justifiées, accorder un délai pour en produire d'autres ;* (l'arrêt) *qui prononce la remise fixe le jour de l'audience ; il n'est ni levé* (il n'en est pas donné copie) *ni signifié. La disposition* (de l'arrêt) *qui accorde ou refuse un délai n'est susceptible d'aucun recours* » (Anc. CPC, art. 761). L'arrêt contient liquidation des dépens (Anc. CPC, art. 761 et 764). Enfin, l'article 766 de l'ancien Code de procédure civile dispose que « *les frais de l'*(avocat) *qui a représenté les créanciers postérieurs en ordre d'hypothèque aux collocations contestées peuvent être prélevés sur ce qui reste de deniers à distribuer, déduction faite de ceux qui ont été employés à payer les créanciers anté rieurs. Le jugement qui autorise l'emploi des frais prononce la subrogation au profit du créancier sur lequel les fonds manquent ou de la partie saisie. L'exécutoire énoncera cette disposition et indiquera la partie qui doit en profiter* » (Anc. CPC, art. 766, al. 3). L'exécutoire visé par ce texte est le règlement définitif. « *Le contestant ou le contesté qui a mis de la négligence dans la production des pièces peut être condamné aux dépens, même en obtenant gain de cause* » (Anc. CPC, art. 766, al. 4). L'arrêt doit être signifié dans un délai de quinze jours de sa date, « *à avoué seulement* » et cette signification à avoué fait courir les délais de pourvoi en cassation (Anc. CPC, art. 764, auquel renvoie l'article 773 dudit Code). L'arrêt doit donc être signifié aux seuls avoués lorsque les parties seront représentées ; mais, - le texte ne le dit pas expressément -, il doit également être signifié directement aux parties non représentées. L'arrêt n'est pas susceptible d'opposition (Anc. CPC, art. 764).

l'état des créances colloquées en principal, intérêts et frais. Les intérêts des créances utilement colloquées cesseront de courir au détriment de la partie saisie » (D. n° 67-967, 27 octobre 1967, art. 54 ; C. dom. publ. fluv., art. 131, al. 5 et C. aviation, art. R. 123-7, al. 3). Le juge « déjà assigné » est le juge-commissaire. Il doit, bien entendu, tenir compte des décisions sur contestations par le tribunal, et, le cas échéant, la cour d'appel. Techniquement, l'état de collocation prend la forme d'une ordonnance dans laquelle le juge ordonne la radiation des inscriptions des créanciers non colloqués. Cette radiation sera effective sur demande de tout intéressé auprès de la conservation des hypothèques maritimes, sur production d'une copie de l'ordonnance et des bordereaux de collocation (D. n° 67-967, 27 octobre 1967, art. 57 ; C. dom. publ. fluv., art. 131, al. 6 et C. aviation, art. R. 123-7, al. 5).

Comme dans les anciennes procédures d'ordre, « *la collocation des créanciers et la distribution des deniers sont faites entre les créanciers privilégiés et hypothécaires suivant leur ordre et entre les autres créanciers au marc le franc de leurs créances. Tout créancier colloqué l'est, tant pour son principal que pour ses intérêts et frais* », dispose l'article 55 du décret n° 67-967 du 27 octobre 1967 sur la saisie des navires, mais il en va nécessairement de même en matière de distribution du prix de vente d'un bateau ou d'un navire. Les droits de tonnage ou de port, ainsi que les autres taxes et impôts publics de même espèce et les frais de pilotage visés à l'article 31, 2° de la loi n° 67-5 du 3 janvier 1967, sont privilégiés à condition qu'ils aient été engagés depuis l'entrée du navire dans le port de la saisie[5].

L'avocat et l'avoué les plus anciens seront colloqués pour leurs états de frais, s'agissant de frais de justice (D. n° 67-967, 27 octobre 1967, art. 56 ; C. dom. publ. fluv., art. 131, al. 5 et C. aviation, art. R. 123-7, al. 4, implicitement). Il en va de même de tous les frais de justice exposés dans l'intérêt commun des créanciers pour parvenir à la vente et à la distribution du prix, y compris les frais de garde, dispose seulement l'article 129 du Code du domaine public fluvial et de la navigation intérieure, mais la solution est, une fois encore, générale.

Le greffe délivre aux créanciers colloqués des bordereaux de collocation exécutoires contre la Caisse des dépôts et consignations (D. n° 67-967, 27 octobre 1967, art. 57, al. 1 ; C. dom. publ. fluv., art. 131, al. 6 ; C. aviation, art. R. 123-7, al. 5), et qui prennent donc la forme de copies exécutoires de l'ordonnance du juge-commissaire. Les inscriptions des créanciers colloqués seront radiées au fur et à mesure du paiement des collocations, sur présentation, par chaque créancier de son bordereau à la conservation des hypothèques maritimes.

5. Cass. com., 22 janvier 2002, *Bull. civ.* IV, n° 17, *DMF* 2002, p. 331, note J.-P. Rémery.

Titre II
La distribution du prix de vente des immeubles

754. On appelle « procédure de distribution » l'ensemble des règles permettant de répartir entre plusieurs créanciers, le prix de vente amiable ou forcée de biens et droits immobiliers, résultant ou non de la mise en œuvre d'une procédure d'exécution (D. n° 2006-936, 27 juillet 2006, art. 111). La pluralité de créanciers n'est pas obligatoire pour la mise en œuvre de cette procédure, l'article 112 du décret du 27 juillet 2006 prévoyant l'hypothèse d'un créancier unique ; mais il faut bien en convenir, en pareil cas, il est un peu exagéré de parler de procédure.

L'ordonnance n° 2006-461 du 21 avril 2006, curieusement intitulée uniquement *« portant réforme de la saisie immobilière »*, contient donc un chapitre II relatif à la distribution du prix qui réforme en profondeur la procédure de distribution du prix de vente de l'immeuble, anciennement connue sous l'appellation de *« procédure d'ordre »* (C. civ., art. 2214 à 2216). Son décret d'application n° 2006-936 du 27 juillet 2006, plus justement intitulé *« Décret relatif aux procédures de saisie immobilière et de distribution du prix d'un immeuble »* simplifie considérablement la procédure, en ses articles 107 à 125-1[1]. Nous allons voir que les modalités de cette procédure ressemblent beaucoup à celles de la procédure de distribution des deniers provenant d'une saisie-vente de biens mobiliers corporels[2].

Aux termes de l'article 122, alinéa 1, du décret de 2006, « *À défaut de procès-verbal d'accord revêtu de la formule exécutoire, la partie poursuivante saisit le juge de l'exécution en lui transmettant le projet de distribution, un procès-verbal exposant les difficultés rencontrées ainsi que tous documents utiles* ». La distribution du prix de vente est amiable ***(chapitre 2)***, et à défaut de pouvoir l'être ainsi, judiciaire ***(chapitre 3)***. Il existe des règles communes à ces deux modes de distribution ***(chapitre 1)***. Enfin, comme l'exécution forcée sur les immeubles, la distribution du prix de leur vente est soumise à des règles spécifiques dans

1. Une circulaire du 14 novembre 2006 en explicite le mécanisme. Une autre du 11 décembre 2006 comporte les instructions relatives aux modalités de gestion par les greffes.
2. Cf. *supra*, n°s 735 et s.

les départements du Haut-Rhin, du Bas-Rhin et de la Moselle ***(chapitre 4)***[3].

3. Pour être complet sur cet épineux sujet, rappelons que nous avons déjà signalé (cf. *supra*, n° 554, spécialement note 4) que les dispositions des articles 32 à 42 du décret du 28 février 1852 relatif aux sociétés de Crédit foncier, prévoyaient des particularités en matière de saisie immobilière, lorsque celle-ci était poursuivie par le Crédit foncier et les organismes assimilés. Elles ont été purement et simplement abrogées par l'article 1054 de la loi n° 98-657 du 29 juillet 1998 d'orientation relative à la lutte contre l'exclusion. Rappelons tout de même ici, pour l'histoire, que le Crédit foncier pouvait faire figurer au cahier des charges de la saisie, une clause aux termes de laquelle l'adjudicataire était tenu, à l'expiration du délai pour surenchérir, de lui verser le montant de sa créance, sans attendre les procédures de distribution du prix (D. 28 février 1852, art. 38). À défaut d'avoir fait figurer d'emblée une telle clause, le Crédit foncier pouvait déposer ultérieurement, à cette fin, un dire de modification, en vue de l'audience éventuelle de l'article 690 de l'ancien Code de procédure civile. Le Comptoir des entrepreneurs disposait de ces mêmes possibilités, en application des dispositions du décret-loi du 24 mai 1938 modifié. L'acquéreur était donc tenu, en application des dispositions de l'article 38 du décret du 28 février 1852, à peine de folle enchère (Cass. 2e civ., 31 mai 1985, *Bull. civ.* II, n° 107), d'acquitter auprès du Crédit foncier, dans les huit jours de la vente, les termes échus du prêt que ce dernier avait consenti pour l'acquisition originelle du bien par le saisi ; après le délai de surenchère, il était tenu d'acquitter le surplus de sa créance (capital restant dû). Or, la somme ainsi acquittée s'imputait sur le prix de vente et avait pour limite le montant de ce dernier ; le Crédit foncier risquait donc de ne pas recouvrer la totalité de sa créance, et les autres créanciers n'auraient eu droit a rien.

Les dispositions de l'article 38 du décret du 28 février 1852 n'étaient pas considérées comme d'ordre public. Le Crédit foncier pouvait donc y renoncer (Cass. req., 25 juin 1901, *D.* 1903, 1, p. 271). Cette renonciation, qui n'était soumise a aucune forme spéciale, était souverainement appréciée par les juges du fond (Cass. req., 8 janvier 1900, *D.* 1900, 1, p. 473). Elle pouvait notamment résulter de la correspondance échangée entre le créancier et son dé biteur (Cass. req., 25 juin 1901, préc.).

Enfin il résultait des dispositions de l'article 38 du décret du 28 février 1852, que les versements effectués par l'acquéreur d'un immeuble au Crédit foncier étaient provisoires. Ils ne devenaient définitifs que par collocation du Crédit foncier dans l'ordre ouvert sur le prix ; il y avait donc lieu, le cas échéant, à répétition, si le Crédit foncier avait été indûment payé au préjudice d'autres créanciers (Cass. com., 6 janvier 1998, *Bull. civ.* IV, n° 1).

Autre conséquence de ce caractère provisoire, le versement du prix d'adjudication entre les mains du Crédit foncier ne valait paiement qu'à l'égard de l'adjudicataire ; et l'affectation particulière aux créanciers inscrits ne privait pas les créanciers privilégiés de leur droit d'être payés par préférence sur le prix qui demeurait donc dans le patrimoine du débiteur, jusqu'à l'établissement des bordereaux de collocation (Cass. com., 22 février 1994, *Bull. civ.* IV, n° 77 ; Cass. 2e civ., 10 décembre 1998, *Bull. civ.* II, n° 300).

Chapitre 1
Les règles communes à la distribution amiable et à la distribution judiciaire

755. Ces règles communes concernent la consignation du prix de vente ou son séquestre par l'acquéreur ***(section 1)***, les créanciers inscrits sur un immeuble dont le prix provient de sa saisie ***(section 2)***, l'initiative de l'ouverture d'une procédure de distribution et les créanciers admis à y participer ***(section 3)***, la représentation des parties, les contestations et demandes incidentes, les voies de recours, la subrogation, les nullités, le juge de l'exécution territorialement compétent et la charge des frais de procédure ***(section 4)***, les intérêts, arrérages et décomptes actualisés de créances ***(section 5)***, le paiement provisionnel du créancier de premier rang et le paiement effectif des créanciers colloqués ***(section 6)***, la purge et la radiation des inscriptions ***(section 7)***, les procédures collectives ***(section 8)*** et feu la procédure d'ordre qui subsiste transitoirement ***(section 9)***.

Section 1
Le prix de vente, sa consignation ou son séquestre par l'acquéreur

756. Il existe des règles communes à la consignation à la Caisse des dépôts et à la consignation entre les mains d'un séquestre qui ne

L'intérêt pour l'acheteur de recourir à la procédure de purge *stricto sensu*, quant au prix à payer par rapport au passif hypothécaire, pouvait donc disparaître du fait des dispositions des articles 38 et 39 du décret du 28 février 1852. L'acquéreur était en effet tenu d'acquitter auprès du créancier, dans les huit jours de la vente, les termes échus du prêt que celui-ci avait consenti au vendeur pour l'acquisition originelle et, après le délai de surenchère, le surplus de sa créance (capital restant dû). Or la somme ainsi payée s'imputait sur le prix de vente, de sorte que lorsque celui-ci était d'un montant inférieur à celui de la créance du Crédit foncier, les autres créanciers (dont le vendeur de l'immeuble) n'avaient droit à rien. Le Crédit foncier (et les organismes assimilés) ne pouvait ainsi recouvrer la totalité du solde de sa créance en cas d'acquisition sur adjudication dont le prix était d'un montant inférieur à celui de ladite créance (CA Paris, 6 juillet 1978, *D.* 1979, IR, p. 100).

concernent que la vente sur saisie, amiable ou forcée *(§ 1)* et des règles propres à la consignation entre les mais d'un séquestre qui concernent indistinctement la vente sur saisie et la vente effectuée en dehors de toute saisie *(§ 2)*.

§ 1. Les règles applicables exclusivement au prix obtenu sur saisie, quelles que soient les modalités de la consignation

757. Nous avons vu qu'avant d'enchérir, l'adjudicataire éventuel doit remettre à l'avocat qu'il mandate à l'effet de porter les enchères, et contre récépissé, une caution bancaire irrévocable ou un chèque de banque rédigé à l'ordre du séquestre ou du consignataire désigné dans le cahier des conditions de vente, représentant 10 % du montant de la mise à prix, sans que le montant de cette garantie puisse être inférieur à 3 000 € ; et que si l'adjudicataire est défaillant, cette somme ou cette caution est acquise aux créanciers participant à la distribution du prix, et, le cas échéant, au débiteur, pour leur être distribuée avec le prix de l'immeuble (D. n° 2006-936, 27 juillet 2006, art. 74, al. 4).

La saisie de l'immeuble emporte saisie de ses fruits civils (loyers), industriels ou naturels, sauf l'effet d'une saisie antérieure (C. civ., art. 2194). À l'encontre du saisi, le commandement de payer valant saisie produit ses effets à compter de sa signification. À ce titre, nous avons vu que le commandement vaut saisie des fruits (D. n° 2006-936, 27 juillet 2006, art. 15, 7°) qui seront distribués avec le prix de l'immeuble (D. n° 2006-936, 27 juillet 2006, art. 28). S'y ajoutent, le cas échéant, la coupe et la vente des fruits faits sur autorisation du créancier poursuivant (vente amiable par le saisi) ou, à défaut, du juge de l'exécution et dont le prix devra être déposé entre les mains du séquestre désigné par le créancier poursuivant ou le juge de l'exécution, ou à la Caisse des dépôts et consignations (D. n° 2006-936, 27 juillet 2006, art. 29 et 30).

Les articles 2211 du Code civil et 83 du décret de 2006, disposent en substance que l'adjudicataire doit consigner le prix sur un compte séquestre après désignation d'un séquestre directement dans le cahier des conditions de vente ou par le juge de l'exécution, ou à la Caisse des dépôts et consignations dans un délai de deux mois à compter de la date d'adjudication définitive, et payer les frais de vente, à peine de réitération des enchères (D. n° 2006-936, 27 juillet 2006, art. 111, al. 3). Lorsque plutôt que d'être consignés à la Caisse des dépôts et consignations les fonds sont séquestrés[1], ils produisent intérêts à un taux fixé par le cahier des conditions de vente et qui ne peut être inférieur à celui servi par la Caisse des dépôts et consignations (D. n° 2006-936, 27 juillet

2006, art. 84). Le taux est augmenté de cinq points quatre mois après le prononcé de l'adjudication par jugement en cas de vente forcée (C. mon. fin., art. L. 313-3). Les intérêts doivent être distribués avec le prix de l'immeuble. Aux termes de l'article 2213 du Code civil, c'est désormais la consignation du prix et le paiement de frais qui opèrent purge de plein droit des inscriptions.

En cas de vente amiable sur saisie, toute somme acquittée à quelque titre que ce soit par l'acquéreur est consignée et acquise aux créanciers participant à la distribution et au débiteur. Si la vente amiable n'est finalement pas conclue du fait de l'acquéreur, les versements effectués par lui restent consignés pour être ajoutés au prix de vente dans la distribution (D. nº 2006-936, 27 juillet 2006, art. 56). Par exception à cette règle, l'exercice de sa faculté de rétractation en application des dispositions des articles L. 271-1 et L. 271-2 du Code de la construction et de l'habitation, permettra toutefois à l'acquéreur d'obtenir le remboursement des sommes ainsi versées[2].

Aux termes de l'article 125-1 du décret nº 2006-936 du 27 juillet 2006 qui comporte des dispositions équivalentes à celles de l'article 2216 du Code civil, « *Le délai à l'expiration duquel la consignation du prix de vente par l'acquéreur produit à l'égard du débiteur tous les effets d'un paiement est de six mois* ».

§ 2. Les règles applicables au prix obtenu sur saisie ou en dehors de la mise en œuvre d'une saisie, en cas de consignation entre les mains d'un séquestre

758. Aux termes de l'énigmatique article 111, alinéa 3, du décret de 2006, « *La juridiction* (juge de l'exécution) *désigne un séquestre des fonds, à moins que la consignation ne soit ordonnée...* ». Nous avons déjà vu que, quelle que soit l'origine du prix, saisie ou vente en dehors de toute procédure d'exécution, il peut être prévu dans le cahier des conditions générales de vente, la consignation à la Caisse des dépôts et consignations ou le séquestre entre les mains d'un tiers désigné à cet effet dans ce cahier. Ce n'est donc que si rien n'a été prévu dans une

1. Les frais de vente sont, soit consignés sur un « compte séquestre », après désignation d'un séquestre directement dans le cahier des conditions de vente ou par le juge de l'exécution, soit consignés à la Caisse des dépôts et consignations, ce qui constituera, en pratique la solution la plus simple (D. nº 2006-936, 27 juillet 2006, art. 111, al. 3).
2. Notons toutefois, qu'aux termes de l'article L. 271-4 du Code de la construction et de l'habitation, ce droit de repentir n'est pas applicable aux ventes par adjudication réalisées en la forme authentique.

vente pratiquée en dehors d'une saisie immobilière, qu'il y a aura lieu de demander au juge de l'exécution la désignation d'un séquestre, juge qui peut aussi ordonner la consignation à la Caisse des dépôts et consignations.

Aux termes du même texte, « *La rétribution du séquestre est prélevée sur les fonds à répartir et supportée par les créanciers, au prorata de la somme qui revient à chacun d'eux. En cas de contestation, cette rétribution est fixée par le tribunal* (juge de l'exécution) ».

Lorsque les fonds sont séquestrés, ils produisent intérêt à un taux fixé par le cahier des conditions de vente et qui ne peut être inférieur au taux d'intérêt servi par la Caisse des dépôts et consignations. Les intérêts sont acquis aux créanciers et, le cas échéant, au débiteur vendeur, pour leur être distribués avec le prix de l'immeuble (D. n° 2006-936, 27 juillet 2006, art. 84). Le taux est augmenté de cinq points quatre mois après le prononcé de l'adjudication par jugement, en cas de vente forcée (C. mon. fin., art. L. 313-3).

Section 2
Les règles propres à la saisie immobilière concernant les créanciers inscrits et ayant une incidence sur la distribution du prix de vente

759. Il s'agit de l'obligation qui leur est faite de déclarer leur créance dans le cadre de la procédure de saisie immobilière[3] et des conséquences d'une inscription postérieure à la publication du commandement valant saisie[4]. Rappelons que tout créancier inscrit a l'obligation de déclarer sa créance dans le délai qui lui est imparti, faute de quoi, il est déchu du rang de son inscription. Il ne participera alors à la distribution, qu'en tant que créancier chirographaire. Quant à l'hypothèque ou au privilège qui a été inscrit après la publication du commandement de payer valant saisie, la créance ainsi garantie prendra rang après celle du créancier poursuivant (C. civ., art. 2200, al. 3).

3. Cf. *supra*, n° 633. D. n° 2006-936, art. 41.4°, 46, 113, al. 3, et C. civ., art. 2215.
4. *Ibid.* D. n° 2006-936, art. 47 et C. civ., art. 2200.

Section 3
L'initiative de la distribution du prix de l'immeuble et les créanciers admis à y participer

760. Aux termes de l'article 107 du décret de 2006, « *La distribution du prix de l'immeuble est poursuivie à la diligence du créancier saisissant ou, à son défaut, du créancier le plus diligent ou du débiteur* ». Dans la vente en dehors de toute procédure d'exécution, le vendeur a également qualité pour prendre l'initiative de la distribution du prix, solution corroborée par l'article 111, alinéas 1 et 2 du décret[5].

761. Aux termes de l'article 2214 du Code civil auquel renvoie l'article 112 du décret n° 2006-936 du 27 juillet 2006 sur la distribution amiable, de sorte que ce texte concerne donc autant la vente sur saisie que la vente en dehors de toute saisie, « *Seuls sont admis à faire valoir leurs droits sur le prix de la vente le créancier poursuivant, les créanciers inscrits sur l'immeuble saisi à la date de la publication du commandement de payer valant saisie, les créanciers inscrits sur l'immeuble avant la publication du titre de vente et qui sont intervenus dans la procédure ainsi que les créanciers énumérés au 1° bis de l'article 2374 et à l'article 2375* », c'est-à-dire le syndicat des copropriétaires, sur le lot vendu, pour le paiement des charges et travaux mentionnés aux articles 10 et 30 de la loi n° 65-557 du 10 juillet 1965 fixant le statut de la copropriété des immeubles bâtis (C. civ., 2374, 1° bis), les créanciers privilégiés sur la généralité des immeubles, énumérés à l'article 2375 du Code civil.

La participation du syndicat des copropriétaires nécessite son opposition sur le prix de vente, en application des dispositions de l'article 20 de la loi n° 65-557 du 10 juillet 1965 et de l'article 5-1 du décret n° 67-223 du 17 mars 1967.

762. Aux termes de l'article 2375 du Code civil[6] : « *Les créances privilégiées sur la généralité des immeubles sont : 1° Les frais de justice ; 2° Sans préjudice de l'application éventuelle des dispositions des articles L. 143-10* (L. 3253-2, L. 3253-3 nouv.), *L. 143-11* (L. 3253-4 nouv.), *L. 742-6 et L. 751-15* (L. 7313-8 nouv.) *du Code du travail :*

---

5. « *La procédure de distribution du prix de l'immeuble régie par le présent titre s'applique, sauf dispositions contraires, à la répartition entre créanciers du prix d'un immeuble vendu en dehors de toute procédure d'exécution, après purge des inscriptions/. En ce cas, la procédure est poursuivie par la partie la plus diligente devant le tribunal de grande instance* ».
6. C. civ., anc. art. 2104.

Les rémunérations des gens de service pour l'année échue et l'année courante ; Le salaire différé résultant du contrat de travail institué par l'article 63 du décret du 29 juillet 1939 relatif à la famille et à la natalité françaises (C. rur., art. L. 321-13 et s.), *pour l'année échue et l'année courante ; La créance du conjoint survivant instituée par l'article 14 de la loi n° 89-1008 du 31 décembre 1989 relative au développement des entreprises commerciales et artisanales et à l'amélioration de leur environnement économique, juridique et social* (L. n° 99-574, 9 juillet 1999, art. 36) *et la créance du conjoint survivant instituée par l'article L. 321-21-1 du Code rural. Les rémunérations pour les six derniers mois des salariés, apprentis et l'indemnité due par l'employeur aux jeunes en stage d'initiation à la vie professionnelle, telle que prévue à l'article L. 980-11-1* (abrogé) *du Code du travail ; L'indemnité de fin de contrat prévue à l'article L. 122-3-4* (L. 1243-8 nouv.) *du Code du travail et l'indemnité de précarité d'emploi prévue à l'article L. 124-4-4* (L. 1251-32 nouv.) *du même Code. L'indemnité due en raison de l'inobservation du délai-congé prévue à l'article L. 122-8* (L. 1234-5 nouv.) *du Code du travail et l'indemnité compensatrice prévue à l'article L. 122-32-6* (L. 1226-14 nouv.) *du même Code. Les indemnités dues pour les congés payés ; Les indemnités de licenciement dues en application des conventions collectives de travail, des accords collectifs d'établissement, des règlements de travail, des usages, des dispositions des articles L. 122-9* (L. 1234-9 nouv.), *L. 122-32-6 (L. 1226-14* nouv.), *L. 761-5 (L. 7112-3* nouv.) *et L. 761-67 (L. 7112-5* nouv.) *ainsi que l'indemnité prévue à l'article L. 321-6* du Code du travail pour la totalité de la portion inférieure ou égale au plafond visé à l'article L. 143-10 *(L. 3253-2* nouv.) *du Code du travail et pour le quart de la portion supérieure audit plafond. Les indemnités dues, le cas échéant, aux salariés en application des articles L. 122-3-8,* deuxième *(troisième)* alinéa *(L. 1243-4* nouv.), *L. 122-14-4 (L. 1235-2,* L. 1235-3, L. 1235-11 et L. 1235-12 nouv.), *L. 122-14-5,* deuxième alinéa *(L. 1235-5* et L. 1235-14 nouv.), *L. 122-32-7 (L. 1226-15* nouv.) *et L. 122-32-9 (L. 1226-20* et L. 1226-21 nouv.) *du Code du travail* ».

763. La distribution du prix de vente de l'immeuble peut intervenir lorsqu'il n'y a qu'un seul créancier inscrit sur l'immeuble, au sens de l'article 2214 du Code civil. L'hypothèse est, en effet, envisagée à l'article 112 du décret du 27 juillet 2006. La procédure est alors simplifiée.

764. Les créanciers chirographaires ne sont pas autorisés à participer à la distribution[7]. Aux termes de l'article 125, « *Le séquestre ou le*

7. Dans l'ancienne procédure d'ordre, les créanciers chirographaires du saisi ou du vendeur pouvaient provoquer l'ouverture de l'ordre, dans l'hypothèse où un solde était susceptible de leur revenir après paiement des créanciers inscrits.

consignataire procède au paiement des créanciers et le cas échéant du débiteur, dans le mois de la notification qui lui est faite, selon le cas, du projet de distribution homologué ou du procès-verbal d'accord revêtu de la formule exécutoire ou d'une copie revêtue de la formule exécutoire de la décision arrêtant l'état de répartition ». Ainsi, l'article 125 du décret nº 2006-936 du 27 juillet 2006 prévoit que l'éventuel solde est réglé au saisi qui participe d'ailleurs aux opérations de distribution. Mais l'éventuel solde pourra certainement faire l'objet d'une saisie-attribution ou de toute autre d'une procédure d'exécution équivalente (avis à tiers détenteur, paiement direct...) par les autres créanciers du débiteur.

Section 4
Règles générales de procédure

765. Aux termes de l'article 109 du décret du 27 juillet 2006, « *Les articles 5 à 12*[8] *sont applicables à la procédure de distribution* ». Ces règles générales applicables ici concernent la compétence territoriale du juge de l'exécution et la charge des frais de procédure, la représentation des parties, les contestations et demandes incidentes, les voies de recours, la subrogation et les nullités.

Aux termes de l'article 108, « ***Le juge de l'exécution territorialement compétent*** *pour connaître de la procédure de saisie immobilière demeure compétent pour connaître de la procédure de distribution* ». On se reportera donc aux articles 2 et 3 du même décret[9]. En cas de vente volontaire en dehors de toute procédure d'exécution, on appliquera les mêmes règles fondées sur la situation géographique du ou des immeubles vendus en cas de contestation.

766. Aux termes de l'article 110 du décret nº 2006-936 du 27 juillet 2006, « ***Les frais de la procédure de distribution****, hormis ceux des contestations ou réclamations, sont avancés par la partie sollicitant la distribution et prélevés par priorité à tous autres* »[10]. Les frais de

8. L'article 12 du décret nº 2006-936 du 27 juillet 2006 envisageant les causes de caducité du commandement de saisie immobilière pour non respect des délais imposés, ne saurait être applicable ici, aucun de ces délais ne concernant la distribution du prix. Le renvoi à ce texte paraît donc inopportun.

9. Cf. *supra*, nº 572.

10. Nous avons vu que le créancier qui a exposé les frais de poursuite pour procéder à la saisie de l'immeuble est payé, par priorité, conformément à l'article 2375 du Code civil, dont l'article 86 du décret nº 2006-936 du 27 juillet 2006 fait une application particulière pour les frais de poursuite de la vente et l'article 110 du même décret pour les frais de distribution. Ce sont donc des frais de justice au sens de l'article 2375 du Code civil.

contestation ou de réclamation constituent des dépens et ne peuvent, à ce titre, être pris sur les deniers provenant de l'adjudication. Ils suivent un régime qui leur est propre résultant des dispositions des articles 695 et suivants du Code de procédure civile.

767. Conformément aux dispositions de l'article 5 du décret nº 2006-936 du 27 juillet 2006, ***les parties sont***, sauf disposition contraire, ***tenues de constituer avocat*** en cas de distribution judiciaire du prix de vente ou de contestations et demandes incidentes devant le juge de l'exécution quel que soit le mode de distribution du prix de vente.

768. Rappelons qu'aux termes de l'article 6 du décret nº 2006-936 du 27 juillet 2006, ***les contestations ou demandes incidentes*** qui portent sur des actes de procédure postérieurs à l'audience d'orientation dans la saisie immobilière, sont formées dans un délai de quinze jours à compter de la notification de l'acte. À moins qu'il en soit disposé autrement, toute contestation ou demande incidente est formée par le dépôt au greffe de conclusions signées d'un avocat. L'examen des contestations et des demandes incidentes ne suspend pas le cours de la procédure de distribution (D. nº 2006-936, 27 juillet 2006, art. 7).

769. Comme en matière de saisie immobilière, aux termes de l'article 8 du décret de 2006, les jugements statuant sur les contestations ou sur les demandes incidentes sont, sauf disposition contraire, susceptibles d'***appel***. L'appel est formé dans un délai de quinze jours à compter de la notification qui en est faite, du jugement du juge de l'exécution par le greffe. Il est jugé selon la procédure prévue au second alinéa de l'article 910 du Code de procédure civile, c'est-à-dire suivant la procédure abrégée sans instruction par un conseiller de la mise en état.

770. La ***subrogation*** existait déjà dans l'ancienne procédure d'ordre. Comme dans la saisie immobilière, les créanciers inscrits et les créanciers énumérés au 1° *bis* de l'article 2374 et à l'article 2375 du Code civil peuvent, à tout moment de la procédure de distribution, demander au juge de l'exécution leur subrogation dans les droits du créancier poursuivant la procédure de distribution, par voie de demande incidente, conformément à l'article 10 du décret nº 2006-936 du 27 juillet 2006. Le jugement a décision qui rejette la demande de subrogation n'est pas susceptible de recours, à moins qu'il ne mette fin à la procédure de distribution.

771. Conformément à l'article 11 du décret nº 2006-936 du 27 juillet 2006 auquel renvoie l'article 109 du même décret, la ***nullité*** des actes de la procédure de distribution est régie par les articles 112 à 121 du Code de procédure civile.

Section 5
Les intérêts, arrérages et décomptes actualisés de créance

772. L'article 2432 du Code civil, « *Le créancier privilégié dont le titre a été inscrit, ou le créancier hypothécaire inscrit pour un capital produisant* ***intérêt et arrérages****, a le droit d'être colloqué, pour trois années seulement, au même rang que le principal, sans préjudice des inscriptions particulières à prendre, portant hypothèque à compter de leur date, pour les intérêts et arrérages autres que ceux conservés par l'inscription primitive. /Toutefois, le créancier a le droit d'être colloqué pour la totalité des intérêts, au même rang que le principal, lorsque l'hypothèque a été consentie en garantie du prêt viager défini à l'article du Code de la consommation* ». Si l'on se réfère aux règles applicables en matière d'ordre, il semble qu'il résulte de ces dispositions que le créancier inscrit ayant régulièrement déclaré sa créance sera colloqué pour les intérêts échus et impayés avant la date de la publication du titre de vente, dans la stricte limite des trois années la précédant, pour les seuls intérêts échus et impayés durant cette période, et en sus pour tous les intérêts et arrérages conservés avec le principal par l'inscription prise, échus et restés impayés postérieurement à la publication du titre de vente[11].

773. Aux termes de l'article 113 du décret n° 2006-936 du 27 juillet 2006, « *Lorsqu'il existe plusieurs créanciers répondant aux conditions de l'article du Code civil, la partie poursuivante notifie, dans les deux mois suivant la publication du titre de vente, une demande de déclaration actualisée des créances aux créanciers inscrits, ainsi que, si elle en a connaissance, aux créanciers énumérés au 1° bis de l'article 2374* (syndicat des copropriétaires)[12] *et à l'article 2375* (privilèges généraux)[13]

11. Notons qu'en outre, aux termes de l'article 57 du décret n° 55-1350 du 14 octobre 1955, dans sa rédaction issue du décret n° 2007-201 du 15 février 2007, « *...les accessoires de la créance... sont évalués par catégorie ou globalement et leur montant total est ajouté à celui du principal de la créance pour déterminer l'ensemble des sommes garanties. /L'évaluation des intérêts dont la loi conserve le rang n'est pas obligatoire. /Si la créance est assortie d'une clause de réévaluation, il est satisfait au vœu de la loi par la simple mention du capital originaire de la créance et l'indication de la clause de réévaluation. De plus, la créance supplémentaire susceptible de résulter de la réévaluation doit figurer pour mémoire parmi les sommes pour sûreté desquelles l'inscription est requise. /À défaut de mention de leur taux, les intérêts conventionnels ne sont conservés que dans la limite du taux légal ; si leur taux est variable, seul doit être précisé, sous peine de rejet de la formalité, le quantum originaire, accompagné de l'indication "variabilité prévue à l'acte"* ».

12. Cf. *supra*, n° 761.

13. *Ibid.*

du Code civil. /Le ***décompte actualisé*** *est produit par conclusions d'avocat, dans les quinze jours suivants la demande qui en est faite. À défaut, le créancier est déchu des intérêts postérieurs à la déclaration prévue au 4° de l'article 41 ou à l'article 47. Lorsqu'une déclaration de créance n'avait pas à être faite en vertu de ces dispositions, la demande de déclaration actualisée de créance vaut sommation au sens de l'article 2215 du Code civil. /Nonobstant la déchéance qu'ils encourent dans la procédure de distribution en application de l'article 2215 du Code civil, les créanciers sommés de déclarer leur créance et qui ont omis de le faire peuvent y procéder dans les formes prévues par l'alinéa ci-dessus aux fins de se voir répartir le solde éventuel* ».

Section 6
Le paiement provisionnel du créancier de premier rang et des créanciers colloqués

774. Aux termes de l'article 85 du décret de 2006, « *après la publication du titre de vente et au vu d'un état hypothécaire,* ***le créancier de premier rang peut demander****, par requête au juge de l'exécution,* ***à être payé à titre provisionnel*** *pour le principal de sa créance par le séquestre ou le consignataire. /La décision du juge de l'exécution est notifiée par le créancier de premier rang au débiteur et aux créanciers inscrits, lesquels disposent d'un délai de quinze jours pour faire opposition à cette décision. /Les intérêts, frais et accessoires de cette créance sont payés une fois le projet de distribution devenu définitif. /Toute stipulation contraire est réputée non écrite* ».

775. Aux termes de l'article 125 du décret de 2006, « ***Le séquestre ou le consignataire*** (la Caisse des dépôts et consignations) ***procède au paiement des créanciers*** *et le cas échéant du débiteur* (ou saisi non débiteur), *dans le mois de la notification qui lui est faite, selon le cas, du projet de distribution homologué* (par le juge de l'exécution) *ou du procès-verbal d'accord revêtu de la formule exécutoire ou d'une copie revêtue de la formule exécutoire de la décision arrêtant l'état de répartition* ». Aux termes de l'article R. 518-34 du Code monétaire et financier, « *Pour assurer la régularité des paiements sollicité en conséquence d'une procédure de distribution du prix de vente d'un immeuble, il est fait par le greffier du tribunal un extrait du procès-verbal dressé par le juge, lequel extrait contiendra : 1° Les noms et prénoms des créanciers colloqués ; 2° Les sommes qui leur sont allouées ; 3° Mention de l'ordonnance du juge qui, à l'égard des contribuables, fait mainlevée des* *inscriptions des créanciers forclos ou rejetés. /Le coût de cet extrait est compris dans les frais de poursuite. Dans les dix jours de la clôture de l'ordre, cet extrait est remis par l'avocat poursuivant, savoir : à Paris, au caissier général, et dans les autres villes, au préposé de la Caisse des dépôts et consignations, à peine de dommages-intérêts envers les créanciers colloqués à qui ce retard peut être préjudiciable. /La Caisse des dépôts et consignations ne peut être tenue de payer aucun mandement ou bordereau de collocation avant la remise de cet extrait, si ce n'est dans le cas des articles 112 et 125 du décret n° 2006-936 du 27 juillet 2006 relatif aux procédures de saisie immobilière et de distribution du prix d'un immeuble* ».

Section 7
La purge et la radiation des inscriptions

776. Aux termes de l'article 2213 du Code civil, « *la consignation du prix et le paiement des frais de la vente* ***purgent*** *de plein droit l'immeuble de toute hypothèque et de tout privilège du chef du débiteur* ». Seule une consignation à la Caisse des dépôts et consignation produit un tel effet. À défaut d'une telle consignation, la purge aura lieu en même temps que la radiation des inscriptions. Les dispositions énigmatiques de l'article 111, alinéa 1, du décret n° 2006-936 du 27 juillet 2006, aux termes desquelles, « *La procédure de distribution du prix de l'immeuble régie par le présent titre s'applique, sauf dispositions contraires, à la répartition entre créanciers du prix d'un immeuble vendu en dehors de toute procédure d'exécution, après purge des inscriptions* », n'a donc aucune portée utile sur ce point.

777. La ***radiation des inscriptions*** s'opère différemment selon que la distribution du prix est faite amiablement ou judiciairement.

778. *Quid* des ***inscriptions judiciaires provisoires*** ? L'article 759 de l'ancien Code de procédure civile disposait que « *les bordereaux de collocation ne pourront être délivrés que sur présentation de l'inscription prévue à l'article 54...* », c'est-à-dire sur présentation de l'inscription définitive. Dans la nouvelle procédure de distribution, les textes sont muets mais nous considérons que la part devant revenir au créancier n'ayant pu, au moment de la distribution du prix de vente, faire procéder à l'inscription définitive, devra demeurer consignée ou séquestrée, jusqu'à ce qu'il ait pu obtenir un titre exécutoire où qu'il ne puisse plus, de manière définitive, en obtenir un.

Section 8
Les procédures collectives

779. De façon générale, le juge de l'exécution connaîtra des demandes de radiation des inscriptions hypothécaires dans le cadre des opérations de liquidation (C. com., R. 643-8). Mais le tribunal de grande instance reste compétent pour connaître de la radiation des inscriptions présentée en application du troisième alinéa de l'article R. 622-19 du Code de commerce, c'est-à-dire à la demande de l'acquéreur dans le cadre d'une procédure de distribution en cours lors du prononcé du jugement d'ouverture mais n'ayant pas encore produit d'effet attributif. Sur ce point, le décret n° 2006-936 du 27 juillet 2006 a complété l'ancien article 94 du décret n° 2005-1677 du 28 décembre 2005 devenu l'article R. 622-19 du Code de commerce, en détaillant la procédure tendant à la radiation des inscriptions, calquée sur celle déjà prévue à l'article 295 dudit décret devenu depuis l'article R. 643-8 du Code de commerce.

Section 9
Feu la procédure d'ordre

780. L'ancienne procédure[14] d'ordre qui était régie par les articles 749 à 779 de l'ancien Code de procédure civile, a été abrogée par l'article 22 de l'ordonnance n° 2006-461 du 21 avril 2006 à compter du 1er janvier 2007, date d'entrée en vigueur de la nouvelle procédure de distribution (Ord. n° 2006-461, 21 avril 2006, art. 25 ; D. n° 2006-936, 27 juillet 2006, art. 168). Le décret n° 2006-936 du 27 juillet 2006 n'est donc pas applicable aux procédures de distribution du prix de vente de l'immeuble lorsque, quelle que soit la date de l'adjudication, il a été requis, avant le 1er janvier 2007, c'est-à-dire jusqu'au 31 décembre 2006 inclus, l'ouverture de l'ordre. Le nouveau droit n'est pas, non plus, applicable, concernant la vente d'immeubles, aux procédures collectives ouvertes avant le 1er janvier 2006, ni aux ventes d'immeubles et aux procédures subséquentes de distribution de prix, lorsque ces ventes ont été ordonnées avant l'entrée en vigueur du décret du 27 juillet 2006 au cours d'une procédure collective ouverte après le 1er janvier 2006.

14. Sur cette procédure, cf., le présent ouvrage, première édition.

Chapitre 2
La distribution amiable

781. Elle est régie par les article 112 à 121 du décret du 27 juillet 2006. Les articles 2214 à 2216 du Code civil, qui ne concernent que la distribution de sommes provenant de la saisie immobilière, ne sont pas applicables en la matière, sauf la référence de l'article 112 du décret de 2006 à l'article 2214 du Code civil qui dispose, rappelons-le : « *Seuls sont admis à faire valoir leurs droits sur le prix de la vente le créancier poursuivant, les créanciers inscrits sur l'immeuble saisi à la date de la publication du commandement de payer valant saisie, les créanciers inscrits sur l'immeuble avant la publication du titre de vente et qui sont intervenus dans la procédure ainsi que les créanciers énumérés au 1° bis de l'article 2374 et à l'article 2375* ».

Aux termes de l'article 120 du décret n° 2006-936 du 27 juillet 2006, « *Les notifications et les convocations auxquelles donne lieu (...)* (la distribution amiable) (...) *sont faites conformément aux règles des notifications entre avocats, sauf à procéder par voie de signification à l'égard du débiteur n'ayant pas constitué avocat. L'article 652 du Code de procédure civile est applicable* » aux termes duquel, lorsqu'une partie a chargé une personne de la représenter en justice, les actes qui lui sont destinés sont notifiés à son représentant sous réserve des règles particulières à la notification des jugements, ce qui signifie, en d'autres termes, que les notifications sont faites aux seuls avocats des parties (Circ. 14 novembre 2006, § 5.3.2.3).

Le décret de 2006 conduit à distinguer selon qu'il n'existe qu'un créancier répondant aux conditions de l'article 2214 du Code civil ***(section 1)***, ou, qu'au contraire, il existe plusieurs créanciers répondant aux conditions de l'article 2214 du Code civil ***(section 2)***.

Section 1
Lorsqu'il n'existe qu'un créancier répondant aux conditions de l'article 2214 du Code civil

782. Dans ce cas, la procédure est des plus simple. Le créancier unique va bénéficier d'une procédure de distribution accélérée, sous la double condition d'être créancier inscrit au sens de l'article 2214 du Code civil et d'avoir produit sa créance dans les délais qui lui étaient impartis.

Le créancier doit demander à être payé pour l'être. La question de la radiation du privilège ou hypothèque du créancier, n'est pas envisagée par les textes.

Aux termes de l'article 112, du décret nº 2006-936 du 27 juillet 2006, « *Lorsqu'il n'existe qu'un créancier répondant aux conditions de l'article 2214 du Code civil, celui-ci adresse au séquestre ou au consignataire une* ***demande de paiement*** *de sa créance par lettre recommandée avec demande d'avis de réception, dans un délai de deux mois suivant la publication du titre de vente* (al. 1). *La demande de paiement est motivée* (al. 2). *Lorsque la distribution fait suite à une saisie immobilière, la demande est accompagnée d'un état hypothécaire certifié à la date de la publication du commandement de payer valant saisie, d'une copie revêtue de la formule exécutoire du jugement d'orientation et, selon le cas, du jugement d'adjudication ou du jugement constatant la fin de l'instance à laquelle est annexée une copie du contrat de vente amiable ainsi que d'un certificat du greffe du juge de l'exécution attestant qu'aucun créancier inscrit après la date de la publication du commandement n'est intervenu dans la procédure. Le certificat du greffe ne peut être délivré avant l'expiration d'un délai d'un mois suivant la publication du titre de vente* (al. 3) ».

783. Toujours aux termes de l'article 112, du décret de 2006, « *Le séquestre ou le consignataire procède au* ***paiement*** *dans le mois de la demande. À l'expiration de ce délai, les sommes dues portent intérêt au taux légal* (al. 4). *Dans le même délai, il informe le débiteur du montant versé au créancier et, le cas échéant, lui remet le solde* (al. 5). *Le séquestre ou le consignataire ne peut refuser le paiement que si les documents produits démontrent l'existence d'un autre créancier répondant aux conditions de l'article 2214 du Code civil. En cas de contestation, le juge de l'exécution est saisi par le créancier poursuivant ou le débiteur* (al. 6) ». Le séquestre ou la Caisse des dépôts et consignation ne peut refuser le paiement que si les documents produits démontrent l'existence d'un autre créancier répondant aux conditions de l'article 2214 du Code civil.

784. Nous avons vu qu'en cas de consignation du prix et des frais à la Caisse des dépôts et consignations, la ***purge*** est déjà acquise. La ***radiation*** est subordonnée au consentement du créancier unique et à défaut d'un tel consentement, ne pourra être obtenue que sur décision du juge de l'exécution, après justification du paiement effectif au créancier de sa collocation. L'article 93 du décret n° 2006-936 du 27 juillet 2006 prévoit en effet que, sur requête de l'adjudicataire, le juge de l'exécution qui constate la purge des hypothèques et privilèges pris sur l'immeuble du chef du débiteur, ordonne la radiation des inscriptions correspondantes au bureau des hypothèques. Cette ordonnance n'est pas susceptible d'appel.

Section 2
Lorsqu'il existe plusieurs créanciers répondant aux conditions de l'article 2214 du Code civil

785. L'article 113 du décret n° 2006-936 du 27 juillet 2006 envisage la pluralité de créanciers répondant aux conditions de l'article 2214 du Code civil, sans autre précision. Sont concernés : 1° le créancier poursuivant ; 2° les créanciers ayant inscrit une hypothèque ou un privilège sur l'immeuble avant la vente, pourvu qu'ils soient intervenus à la procédure ; 3° les créanciers privilégiés dispensés de toute inscription, à savoir le syndicat des copropriétaires pour le paiement des charges et travaux de la copropriété (C. civ., art. 2374, 1°) et les créanciers titulaires d'un privilège général sur les immeubles (C. civ., art. 2375)[1].

Dans ce cas, il incombe à la partie qui poursuit la procédure de distribution, de notifier aux créanciers inscrits une demande de déclaration de créances, d'élaborer et de leur notifier un projet de distribution du prix qui peut faire l'objet de contestations *(§ 1)*. Il existe des règles spécifiques supplémentaires concernant la distribution du prix de vente sur saisie immobilière *(§ 2)*.

§ 1. Règles générales

786. Aux termes de l'article 113 du décret n° 2006-936 du 27 juillet 2006, « ... *la partie poursuivante notifie, dans les deux mois suivant la publication du titre de vente, une demande de déclaration actualisée des*

1. Cf. *supra*, n° 761.

créances aux créanciers inscrits, ainsi que, si elle en a connaissance, aux créanciers énumérés au 1° bis de l'article 2374 et à l'article 2375 du Code civil. /Le décompte actualisé est produit (entre les main de l'auteur de celui qui a pris l'initiative de la procédure de distribution) *par conclusions d'avocat, dans les quinze jours suivants la demande qui en est faite. À défaut, le créancier est déchu des intérêts postérieurs à la déclaration prévue au 4° de l'article 41 ou à l'article 47. Lorsqu'une déclaration de créance n'avait pas à être faite en vertu de ces dispositions, la demande de déclaration actualisée de créance vaut sommation au sens de l'article 2215 du Code civil. /Nonobstant la déchéance qu'ils encourent dans la procédure de distribution en application de l'article 2215 du Code civil, les créanciers sommés de déclarer leur créance et qui ont omis de le faire peuvent y procéder dans les formes prévues par l'alinéa ci-dessus aux fins de se voir répartir le solde éventuel.* »

L'article 41.4° du décret n° 2006-936 du 27 juillet 2006 précise que la déclaration de créance du créancier inscrit et révélé par l'état sur publication du commandement de payer valant saisie mentionne les créances inscrites sur le bien saisi en principal, frais et intérêts échus, avec l'indication du taux des intérêts moratoires, par acte d'avocat déposé au greffe du juge de l'exécution, et accompagné d'une copie du titre de créance et du bordereau d'inscription. L'article 47 du décret de 2006 précise que la déclaration de créance du créancier qui s'inscrit entre la publication du commandement et avant la publication de la vente, mentionne le montant des sommes dues en principal et intérêts échus au jour de la déclaration. Elle est accompagnée d'une copie du titre de créance, du bordereau d'inscription et d'un état hypothécaire levé à la date de l'inscription. La déclaration de créance est faite, à peine d'irrecevabilité, par acte d'avocat déposé au greffe du juge de l'exécution.

L'élaboration d'un projet de distribution doit intervenir dans un bref délai et le projet doit être notifié aux créanciers inscrits ***(A)***. Le projet peut ne pas susciter ***(B)*** ou susciter contestation ***(C)***.

A L'élaboration et la notification aux créanciers inscrits, d'un projet de distribution

787. Aux termes de l'article 114 du décret de 2006, « *La partie poursuivante élabore un projet de distribution. À cette fin, elle peut convoquer les créanciers* ». « *Le projet de distribution est établi et notifié aux créanciers mentionnés à l'article 113 et au débiteur, dans un délai d'un mois suivant l'expiration du délai imparti aux créanciers pour actualiser leur créance* » (art. 115). « *À peine de nullité, la notification mentionne : 1° Qu'une contestation motivée peut être formée par acte d'avocat à avocat, auprès de la partie poursuivante, accompagnée des pièces justificatives nécessaires ; 2° Qu'à défaut de contestation dans le délai de* *quinze jours suivant la réception de la notification, le projet est réputé accepté et qu'il sera soumis au juge de l'exécution aux fins d'homologation* » (art. 116).

La déclaration de créance est actualisée, conformément aux dispositions de l'article 113 du même décret, par conclusions d'avocat, dans les quinze jours de la demande qui doit en être faite dans le mois de la publication du titre de vente.

B Le projet de distribution ne suscite pas contestation

788. Les règles générales prévues par l'article 117 du décret de 2006 *(1)* ne traite pas totalement de la purge et de la radiation des privilèges et hypothèques *(2)*.

1. Règles générales

789. Aux termes de l'article 117 du décret de 2006, « *À défaut de contestation ou de réclamation dans les quinze jours suivant la réception de la notification, la partie poursuivante, ou, à défaut, toute partie au projet de distribution, sollicite son homologation par le juge. À peine d'irrecevabilité, la requête doit être formée dans un délai d'un mois à compter de l'expiration du délai précédent. /Le juge de l'exécution confère force exécutoire au projet de distribution, après avoir vérifié que tous les créanciers parties à la procédure et le débiteur ont été en mesure de faire valoir leurs contestations ou réclamations dans le délai prévu à l'article 116* ». Aux termes de l'article 121 du décret de 2006, à cette requête en homologation judiciaire faite devant le juge de l'exécution, « *... sont joints : 1° Un état hypothécaire postérieur à la publication de la vente ; 2° Les justificatifs de réception du projet de distribution ; 3° Le projet de distribution ou le procès-verbal d'accord contenant, le cas échéant, autorisation de mainlevée des inscriptions et radiation du commandement de payer valant saisie/. Lorsque le prix de vente provient d'une saisie immobilière, il est joint en outre : 1° Le cahier des conditions de vente ; 2° Le jugement d'orientation ; 3° Selon le cas, le jugement constatant la vente auquel est annexée la copie du contrat de vente amiable ou le jugement d'adjudication/. L'ordonnance statuant sur la requête* (en homologation) *n'est pas susceptible d'appel* ».

Le juge de l'exécution confère force exécutoire au projet de distribution, après avoir vérifié que tous les créanciers parties à la procédure et le débiteur ont été en mesure de faire valoir leurs contestations ou réclamations dans le délai prévu à l'article 116 du décret n° 2006-936 du 27 juillet 2006 (D. n° 2006-936, 27 juillet 2006, art. 117). Le contrôle du juge est formel ; une fois homologué, le projet se transforme en acte judiciaire. Une copie en est remise ou adressée au débiteur et aux créanciers.

2. La purge et la radiation des privilèges et hypothèques

790. Nous avons vu qu'en cas de consignation du prix et des frais à la Caisse des dépôts et consignations, la purge est déjà acquise. La radiation sera subordonnée au consentement des créanciers. À défaut d'un tel consentement, cette radiation ne pourra être obtenue que sur décision du juge de l'exécution, après justification du paiement effectif aux créanciers colloqués, de leur collocation.

C Le projet de distribution suscite contestation

791. Aux termes de l'article 118, « *Lorsque le projet de distribution fait l'objet d'une contestation, le requérant convoque les créanciers parties à la procédure et le débiteur. Les intéressés doivent être réunis dans un délai compris entre quinze jours et un mois suivant la première contestation* ». Suite à ce désaccord, soit les intéressés parviennent à un accord dans lequel ils consentent également à la radiation de leurs privilèges et hypothèques, sous les auspices de la partie poursuivant la procédure de distribution des deniers *(1)*, soit ils n'y parviennent pas *(2)*.

1. Les intéressés parviennent à un accord

792. Cet accord suppose que les créanciers consentent également à la radiation des privilèges et hypothèques. L'article 118 du décret de 2006 dispose en effet, que « *Si les créanciers parties à la procédure et le débiteur parviennent à un accord sur la distribution du prix et, lorsqu'il est fait application de l'article 111, sur la mainlevée des inscriptions et publications, il en est dressé un procès-verbal signé des créanciers et du débiteur/. Une copie en est remise ou adressée au débiteur et aux créanciers/. À la requête de la partie la plus diligente, le juge de l'exécution confère force exécutoire au procès-verbal d'accord sur production de celui-ci, après en avoir vérifié la régularité* » (art. 119). Comme en l'absence de contestation, à la requête de la partie la plus diligente, le juge de l'exécution confère force exécutoire au procès-verbal d'accord sur production de celui-ci, après en avoir vérifié la régularité (D. n° 2006-936, 27 juillet 2006, art. 119).

À cette requête en homologation judiciaire faite devant le juge de l'exécution, aux termes de l'article 121 du décret de 2006, « ... *sont joints : 1° Un état hypothécaire postérieur à la publication de la vente ; 2° Les justificatifs de réception du projet de distribution ; 3° Le projet de distribution ou le procès-verbal d'accord contenant, le cas échéant, autorisation de mainlevée des inscriptions et radiation du commandement de payer valant saisie/. Lorsque le prix de vente provient d'une saisie immobilière, il est joint en outre : 1° Le cahier des conditions de vente ; 2° Le jugement d'orientation ; 3° Selon le cas, le jugement constatant la vente auquel est annexée la copie du contrat de vente amiable ou le jugement d'adjudication/. L'ordonnance statuant sur la requête* (en homologation) *n'est pas susceptible d'appel* ».

L'ordonnance statuant sur la requête en homologation n'est pas susceptible d'appel (D. n° 2006-936, 27 juillet 2006, art. 121), mais un pourvoi en cassation immédiat contre la décision homologuant le projet ou le procès-verbal est possible en vertu de l'article 606 du Code de procédure civile. En cas de refus du juge d'homologuer, il conviendra d'entreprendre la distribution judiciaire du prix de vente[2].

2. Les intéressés ne parviennent pas à un accord

793. Aux termes de l'article 122 du décret de 2006 (al. 1), « *À défaut de procès-verbal d'accord revêtu de la formule exécutoire, la partie poursuivante saisit le juge de l'exécution en lui transmettant le projet de distribution, un procès-verbal exposant les difficultés rencontrées ainsi que tous documents utiles* ». Il conviendra alors de procéder à la distribution judiciaire du prix[3].

§ 2. Règles spécifiques concernant la distribution du prix de vente sur saisie immobilière

794. Nous avons vu que dans ce cas, le créancier poursuivant doit établir un projet de distribution du prix de vente. À cette fin, il se fait remettre par le greffe copie des créances produites (D. n° 2006-936, 27 juillet 2006, art. 48). Le créancier inscrit à qui a été dénoncé le commandement de payer valant saisie doit déclarer sa créance au greffe, dans un délai de deux mois à compter de la dénonciation du commandement de payer valant saisie (art. 46). Le créancier qui a inscrit sa sûreté sur l'immeuble après la publication du commandement de payer valant saisie, mais avant la publication de la vente peut intervenir dans la procédure en déclarant sa créance, dans un délai d'un mois suivant l'inscription. Cette déclaration est dénoncée le même jour ou le premier jour ouvrable suivant, au créancier poursuivant et au saisi (art. 47). Aux termes de l'article 2215 du Code civil, « ... *Les créanciers sommés de déclarer leur créance et qui ont omis de le faire sont déchus du bénéfice de leur sûreté pour la distribution du prix de vente de l'immeuble...* », sauf relevé de forclusion suivant les modalités prescrites à l'article 46, alinéa 2, du décret de 2006.

2. Cf. *infra*, n°s 795 et s.
3. *Ibid.*

Chapitre 3
La distribution judiciaire

795. Elle suppose donc au préalable, l'échec d'une procédure de distribution amiable. L'article 122, alinéa 1, du décret de 2006 dispose en effet qu'« *À défaut de procès-verbal d'accord revêtu de la formule exécutoire, la partie poursuivante saisit le juge de l'exécution en lui transmettant le projet de distribution, un procès-verbal exposant les difficultés rencontrées ainsi que tous documents utiles* ». Après avoir envisagé à qui il appartient de prendre l'initiative de la procédure de distribution judiciaire des deniers *(§ 1)*, nous envisagerons la rédaction de l'état de répartition par le juge de l'exécution *(§ 2)*, avant d'aborder pour finir, à nouveau, la question de la radiation des inscriptions *(§ 3)*.

§ 1. L'initiative de l'ouverture de la procédure de distribution judiciaire

796. Aux termes de l'article 122, alinéa 2, « *À défaut de diligence de la partie poursuivante, toute partie intéressée peut saisir le juge de l'exécution d'une requête aux fins de distribution judiciaire. Lorsque la distribution porte sur des sommes provenant d'une saisie immobilière, la demande est formée conformément à l'article 7* (c'est-à-dire par conclusions d'avocat déposées au greffe du juge de l'exécution) ». N'oublions pas que le juge étant saisi sur désaccord des parties sur une répartition amiable, celles-ci doivent s'en expliquer préalablement devant lui en audience publique. Aucun texte ne le précise mais dans ce cas, le greffe convoque les parties à une audience, par courrier recommandé avec accusé de réception.

« *À défaut,* (c'est-à-dire lorsque le prix à distribuer ne provient pas de la mise en œuvre d'une saisie immobilière, la requête aux fins de distribution judiciaire) (...) *est formée par assignation* » délivrée à l'initiative de la partie poursuivant la distribution qui assigne les autres, suivants les formes prescrites par les articles 15 et 16 du décret n° 92-755 du 31 juillet 1992.

Dans un cas comme dans l'autre, la partie poursuivante saisit le juge de l'exécution en lui transmettant le projet de distribution avorté, un procès-verbal exposant les difficultés rencontrées ainsi que tous documents utiles. À défaut de diligence de la partie poursuivante, toute partie intéressée peut saisir le juge de l'exécution d'une requête aux fins de distribution judiciaire. Lorsque la distribution porte sur des sommes provenant d'une saisie immobilière, la demande est formée conformément à l'article 7 du décret de 2006, puisqu'elle constitue une demande incidente, c'est-à-dire par dépôt au greffe de conclusions signées d'un avocat.

§ 2. La rédaction de l'état de répartition

797. C'est au juge de l'exécution qu'incombe alors de rédiger un état de répartition des deniers à distribuer et de statuer sur les frais de distribution. L'adjudicataire est libéré par le paiement du prix et des frais.

Facteur de complication, « *Lorsqu'il y a lieu à ventilation du prix de plusieurs immeubles vendus collectivement, le juge, à la demande des parties ou d'office, peut désigner un expert par ordonnance. Le juge fixe le délai dans lequel l'expert devra déposer son rapport au vu duquel la ventilation sera prononcée* » (art. 123).

Le juge de l'exécution rend un jugement de répartition du prix de vente qui est susceptible d'appel suspensif d'exécution (art. 124, al. 2). Le délai d'appel est de quinze jours, conformément à l'article 8 du décret n° 2006-936 du 27 juillet 2006. Cet appel a un effet suspensif.

§ 3. La radiation des privilèges et hypothèques

798. Aux termes des articles 93 et 124 du décret n° 2006-936 du 27 juillet 2006, sur requête de l'adjudicataire, le juge de l'exécution, qui constate la purge des hypothèques et privilèges pris sur l'immeuble du chef du débiteur, ordonne la radiation des inscriptions correspondantes au bureau des hypothèques. La demande pourra être formulée avant la distribution du prix. Quant aux frais de radiation, ils sont, vraisemblablement à la charge de l'acquéreur de l'immeuble.

Rappelons à ce propos, qu'aux termes de l'article 2213 du Code civil, « *la consignation du prix et le paiement des frais de la vente purgent de plein droit l'immeuble de toute hypothèque et de tout privilège du chef du débiteur* ».

Chapitre 4
Les règles spécifiques de distribution en Alsace-Moselle[1]

799. La loi du 1er juin 1924 portant application de la législation civile française dans les départements du Haut-Rhin, du Bas-Rhin et de la Moselle, n'a pas seulement soumis « provisoirement » les voies d'exécution sur les immeubles aux règles du droit local[2]. Elle a également soumis a ce droit local la procédure de distribution (art. 194 à 213). Cette procédure est de la compétence du notaire ayant procédé à la vente forcée de l'immeuble.

Nous considérons qu'il y a lieu de faire application, en droit local, des règles du droit commun des procédures de distribution, quant aux conditions d'ouverture de la procédure. Il sera donc nécessaire de procéder préalablement à la publication de l'adjudication définitive au livre foncier. À cette fin, le notaire établira une expédition du procès-verbal d'adjudication et du cahier des charges (L. 1er juin 1924, art. 160). L'adjudication sera définitive à l'expiration du délai de contestations, de deux semaines à compter du prononcé de l'adjudication (L. 1er juin 1924, art. 159, al. 1) ou, en cas de contestations, lorsqu'il aura été statué sur elles de manière définitive (L. 1er juin 1924, art. 194). Les modalités de contestations sont les mêmes que celles formulées avant l'adjudication. Nous avons déjà vu que les contestations dont il ne peut être question après l'adjudication ne peuvent plus concerner que la procédure d'adjudication, non la créance.

En outre, on doit considérer qu'il n'y a lieu d'ouvrir la procédure de distribution du droit local que si les quatre conditions suivantes sont réunies : qu'il y ait au moins deux créanciers en concours ; qu'il y ait au moins deux créanciers hypothécaires ou privilégiés en concours ; que les créanciers titulaires de sûretés réelles en concours, ne soient pas tous titulaires d'un privilège général ; que les créanciers en concours ne puissent pas être remplis intégralement de leurs droits. Il n'y a donc pas lieu d'ouvrir la procédure d'ordre du droit local, lorsqu'il n'y a qu'un

---

1. G. Taormina, *Les autres procédures d'ordre spécifiques (Crédit foncier et départements d'Alsace-Moselle)*, fasc. 740, in *Droit de l'exécution forcée*, éd. *Journal des Notaires et des Avocats*, octobre 2000.
2. Cf. *supra*, nos 704 et s.

seul créancier, ou lorsqu'il est possible de désintéresser tous les créanciers, ou encore lorsqu'il n'y a que des créanciers chirographaires en concours, ou enfin lorsqu'il s'agit de distribuer le reliquat du prix à des créanciers chirographaires en concours, après que les créanciers privilégiés aient été tous désintéressés.

Lorsqu'il n'y a qu'un seul créancier, ou lorsqu'il est possible de désintéresser tous les créanciers, le notaire procède, sans aucune formalité particulière, à la distribution du prix, après avoir recueilli, le cas échéant, le consentement des créanciers inscrits à la radiation de leur inscription. Le notaire rédige un procès-verbal de distribution amiable qui devra être signé par tous les créanciers. Les copies de ce procès-verbal seront délivrées aux créanciers colloques, et rendues exécutoires contre l'adjudicataire ou la Caisse des dépôts et consignations, selon que l'adjudicataire sera encore détenteur du prix ou qu'il l'aura consigné.

Lorsqu'il n'y a que des créanciers chirographaires en concours, ou encore lorsqu'il s'agit de distribuer le reliquat du prix à des créanciers chirographaires en concours, après désintéressement de tous les créanciers privilégiés, la procédure à mettre en œuvre varie suivant la provenance des fonds. Lorsqu'ils proviennent d'une vente amiable, soit en dehors de toute procédure de saisie, à défaut d'accord immédiat entre les créanciers en concours, il y aura lieu de mettre en œuvre la procédure régie par les dispositions des articles 1281-1 à 1 281-12 du Code de procédure civile, a l'initiative du créancier le plus diligent. Lorsque le prix provient de la mise en œuvre d'une procédure de saisie immobilière, il convient d'avoir recours à la procédure ordinaire contentieuse, toujours sur l'initiative du créancier le plus diligent, car la procédure régie par les dispositions du Code de procédure civile ne concerne que la distribution des deniers ne provenant pas de la mise en œuvre d'une procédure d'exécution.

Lorsque les conditions d'ouverture de la procédure de distribution du droit local sont réunies, le notaire est d'abord tenu de rechercher l'accord entre les créanciers sur les modalités de classement des privilèges et de distribution. En droit local, l'ordre amiable est un préliminaire obligatoire à ce qui fait ici office d'ordre judiciaire et qui est également de la compétence du notaire : la procédure de distribution *stricto sensu*. La procédure locale de distribution comporte donc une ou deux étapes : l'ordre amiable ***(section 1)*** et, à défaut d'accord entre les créanciers, l'état de collocation ***(section 2)***.

Section 1
Première étape : l'ordre amiable

800. Tandis que la loi de 1924 dispose en son article 195 que « les intéressés peuvent s'entendre à l'amiable sur la distribution devant le notaire chargé de l'adjudication », elle dispose en son article 196 qu'« *à défaut d'entente amiable, le notaire ouvre la procédure de distribution et en dresse procès-verbal* ». Il résulte donc de ces dispositions que le notaire a l'obligation d'organiser préalablement, sous ses auspices, une distribution conventionnelle des deniers qui obéira en pratique aux mêmes règles que l'ancien ordre extrajudiciaire dit conventionnel dans l'ancien Code de procédure civile.

Concernant les modalités pratiques de cet ordre amiable local, le notaire devra recueillir le consentement unanime de tous les créanciers, non seulement sur le classement des privilèges et hypothèques et la distribution du prix *stricto sensu*, mais également quant à la mainlevée des inscriptions sur l'immeubles. L'accord devra être signé du notaire et de tous les créanciers. À défaut d'accord unanime, le notaire dressera procès-verbal de ce désaccord et constatera dans cet acte l'ouverture de la procédure de distribution *stricto sensu*.

Section 2
Deuxième étape : l'état de collocation

801. La loi de 1924 dispose donc en son article 196, qu'à défaut d'entente amiable, le notaire ouvre la procédure de distribution et en dresse procès-verbal (L. 1er juin 1924, art. 196). Nous avons vu qu'en fait de procédure de distribution, c'est d'une véritable procédure d'ordre qu'il s'agit, compte tenu de ses conditions de mise en œuvre. À cette fin, les créanciers sont sommés de produire leurs créances en vue de la rédaction par le notaire qui se passera désormais de leur consentement, d'un état de collocation susceptible de contestations. La procédure se décline en six étapes : la sommation faite aux créanciers de produire à la procédure et les modalité de production des créances *(§ 1)*, la rédaction d'un projet de collocation par le notaire *(§ 2)*, la sommation faite aux créanciers d'en prendre connaissance *(§ 3)*, la réunion devant le notaire et le jugement des contestations subsistantes *(§ 4)*, la clôture de l'état de collocation et son exécution *(§ 5)* et la clôture de la procédure de distribution *(§ 6)*.

§ 1. Première formalité : la sommation faite aux créanciers de produire à la procédure et les modalités de production des créances

802. La loi du 1er juin 1924 (art. 196, al. 1) fait obligation au notaire de sommer le créancier poursuivant et les créanciers inscrits de produire leur créance en principal, frais et intérêts, dans un délai maximum d'un mois à peine de forclusion. Le texte parle de signification faite d'office, mais il y est immédiatement question de notification par lettre recommandée avec demande d'avis de réception à l'égard des créanciers domiciliés en dehors des départements d'Alsace-Moselle. On en déduit qu'en pratique, le notaire devra procéder à une signification classique par acte d'huissier à l'égard des créanciers domiciliés dans les départements d'Alsace-Moselle, et par courrier recommandé avec demande d'avis de réception à l'égard de ceux qui n'y sont pas domiciliés.

En outre, le notaire veille à ce que soient également sommés de produire les créanciers titulaires d'hypothèques conservatoires mais qui n'ont pu faire procéder qu'à une publicité provisoire au moment de la vente de l'immeuble faute de titre exécutoire. En effet, la part susceptible de leur revenir devra être consignée après la répartition, jusqu'à ce qu'ils justifient être en possession d'un titre exécutoire, ou qu'ils ne puissent plus définitivement en obtenir un, auquel cas leur part sera distribuée aux autres créanciers.

Doivent être également sommés, le cas échéant, les sous-créanciers, c'est-à-dire les créanciers de ceux du saisi (ou du vendeur). Deux situations sont susceptibles de se présenter. Soit ces sous-créanciers avaient eux-mêmes inscrit la sûreté de leur auteur avant la publication du titre de vente (acte d'adjudication ou contrat) : dans ce cas, ils devront être sommés de produire leur créance dans la limite de celle de leur auteur lui-même néanmoins sommé. Soit leur auteur avait fait procéder lui-même à l'inscription de sa sûreté : dans ce cas les sous-créanciers, par conséquent non sommés, pourront quand même faire, comme dans l'ancienne procédure de l'ancien Code de procédure civile, une opposition en sous-ordre ; cette procédure obéira ici aux mêmes conditions de forme et de délai que celles applicables aux créanciers omis[3]. Ils demanderont d'être colloqués en sous-ordre, c'est-à-dire pour les droits revenant à leur auteur.

Les créanciers titulaires de privilèges généraux non soumis à publication (C. civ., art. 2104 et 2107), n'étant pas des créanciers inscrits, n'ont pas à être sommés de produire ; mais en cas d'omission du notaire de leur adresser une sommation, nous considérons qu'ils pourront

3. Cf. *infra*, n° 803.

produire leur créance dans les mêmes conditions de forme et de délai que celles applicables aux créanciers omis[4].

Ni les créanciers chirographaires puisqu'ils ne sont pas inscrits, ni le saisi, ni l'adjudicataire (ou l'acquéreur dans la vente ordinaire) puisqu'ils ne sont pas créanciers, ni le vendeur impayé dépourvu de la qualité de créancier inscrit, n'ont à être sommés.

D'une manière générale, à l'égard des créanciers inscrits, les significations et notifications sont faites aux domiciles élus dans l'état des inscriptions délivré par le juge du livre foncier.

803. La production doit être faite par les créanciers sommés, dans un délai maximum d'un mois à compter de la notification effective de la sommation. Il s'agit d'un délai individuel qui court à l'égard de chaque créancier sommé à compter de la signification effective, ou, en cas de notification, « ... *de la remise à la poste...* » (L. 1er janvier 1924, art. 198, al. 1) c'est-à-dire de la date d'expédition.

Cette production peut être faite par déclaration verbale au notaire qui en prendra note dans un procès-verbal (art. 197). Le notaire indique alors le jour de la production et en délivre récépissé daté au créancier sur sa demande (L. 1er juin 1924, art. 198, al. 2). Cette production orale peut, semble-t-il, être faite par le créancier en personne. Au contraire, la production faite par écrit doit obligatoirement être signée par un avocat ou un notaire (L. 1er juin 1924, art. 197). En pratique, la production écrite est envoyée, en recommandé avec avis de réception, au notaire chargé de la distribution. Lorsqu'elle est déposée directement chez le notaire, le déposant recevra sur sa demande récépissé daté de ce dépôt.

Ces formes et délais sont prescrits à peine de forclusion du créancier (L. 21 juin 1924, art. 196, al 1). Les créances non produites dans les conditions prescrites ne seront pas prises en compte dans l'état de collocation rédigé par le notaire. Mais, une fois la procédure clôturée, s'il reste un reliquat, le créancier défaillant pourra à nouveau produire sa créance et se prévaloir pour la circonstance, de son privilège. D'aucuns estiment que la sanction consiste en outre en une déchéance du créancier concerné, de son droit de préférence. Nous ne sommes pas de cet avis. En effet, cette solution entraînerait pour les créanciers inscrits une sanction que n'encourrait jamais un créancier poursuivant non inscrit, et la privation de droit de préférence doit être expressément prévue par les textes, ce qui n'est pas le cas ici. Ultime argument, la solution étant ici énoncée dans des termes équivalents à ceux que l'on trouvait à l'ancien article 753, alinéa 2, de l'ancien Code de procédure civile, rien ne justifierait une solution différente en droit local. D'une manière générale, on ne saurait, sans raison, aggraver la singularité du droit local.

4. *Ibid.*

Qu'en est-il des ***créanciers omis***, c'est-à-dire non sommés ? Il s'agit soit du créancier poursuivant, soit de créanciers inscrits non poursuivants, soit de créanciers non poursuivants dont le privilège n'a pas été inscrit par la faute des fonctionnaires chargés de la tenue du livre foncier, soit de créanciers titulaires de privilèges généraux, soit encore de sous-créanciers n'ayant pas eu à faire procéder à l'inscription du privilège du créancier dont ils sont eux-mêmes créanciers[5]. Les créanciers omis peuvent concourir à la procédure de distribution en produisant leur créance « ... *jusqu'à l'expiration du délai fixé à l'article 206, alinéa 2* » (L. 1er juin 1924, art. 199, al. 1), c'est-à-dire jusqu'à l'expiration du délai d'une semaine qui court à compter de la clôture de l'état de collocation[6] pour se pourvoir devant le tribunal d'exécution, soit, en l'espèce le tribunal d'instance du lieu de situation de l'immeuble (C. org. jud., art. L. 223-2). Lorsqu'ils auront pu produire dans le délai de l'article 206 de la loi du 1er juin 1924, l'état de collocation devra être modifié en conséquence par le notaire. À défaut d'avoir pu produire dans ce délai, informés trop tard de l'existence de la procédure, l'état de collocation n'en sera pas moins valable, mais ils pourront réclamer leur part en agissant contre les créanciers colloqués. Cette solution exorbitante du droit commun résulte de l'article 199, alinéa 2, de la loi de 1924.

En outre, nous considérons que le créancier omis, soit parce qu'il n'avait pas été inscrit par la faute des fonctionnaires chargés de la tenue du livre foncier, soit par la faute du notaire, dispose en outre d'une action en responsabilité respectivement contre l'État et le notaire.

§ 2. Deuxième formalité : le projet d'état de collocation

804. Aux termes de l'article 200, alinéa 1, de la loi du 1er juin 1924, le notaire chargé de la distribution dispose d'un délai d'un mois à compter de l'expiration du délai imparti dans la dernière sommation de produire, pour rédiger l'état de collocation. Ce délai n'est pas sanctionné. Il n'est pas non plus prévu qu'à défaut de le respecter, il incomberait alors au tribunal d'exécution de procéder à la distribution. Il ne s'agit

5. Le sous-ordre est une variété d'action oblique qui permet aux créanciers d'un créancier qui néglige ou non de participer à la procédure de distribution judiciaire, d'inscrire à sa place son hypothèque ou de renouveler son inscription lorsqu'elle ne l'a pas été, de faire opposition sur sa collocation c'est-à-dire sa part du prix et, le cas échéant, de participer à sa place lorsqu'il néglige de le faire, à la distribution amiable. Il serait plus approprié de parler de sous-collocation, car l'expression de sous-ordre laisse entendre qu'une seconde distribution est immédiatement ouverte. Or, il n'en est rien. Par la suite, les créanciers opposant se répartiront les droits de leur auteur suivant le cas, dans le cadre d'une procédure de distribution.

6. Cf. *infra*, n° 810.

en fait, dans un premier temps, que d'un projet qui devra être porté à la connaissance des créanciers pour discussion et contestations éventuelles, avant de devenir à proprement parler l'état de collocation.

Le contenu du projet de collocation résulte de l'article 200 de la loi du 1er juin 1924, dont le second alinéa énumère les quatre mentions obligatoires suivantes :

1° « *la déclaration que les créanciers qui n'ont pas produit à temps leurs prétentions demeurent forclos* » ;

2° « *l'état de la masse à distribuer avec l'indication du taux de l'intérêt et du jour à partir duquel courent les intérêts* » ;

3° « *l'état du passif comprenant :*

les frais à la charge de la masse, sous réserve d'un arrêté de compte ultérieur » :

– Les frais de la procédure d'adjudication à la charge de l'adjudicataire sont énumérés par l'article 156 de la loi de 1924, à défaut de toute disposition du cahier des charges qui pourrait valablement prévoir un forfait. Il s'agit des frais d'enregistrement et de timbre, des frais d'expédition et des émoluments du notaire chargé de la vente. Il n'y a plus de frais d'inscription au livre foncier, En cas de pluralité d'adjudicataires, chacun d'entre eux doit payer sa part proportionnellement au prix qu'il doit acquitter, outre les frais de son propre extrait d'adjudication. Le surplus des frais d'adjudication est à la charge des créanciers et sera par conséquent colloqué par priorité comme des frais de justice. Quant aux frais de distribution, ils sont à la charge de la masse des créanciers colloqués. Sont compris dans ces frais, ceux de mainlevée des inscriptions des créanciers non colloqués. Ils sont prélevés comme frais de justice, en priorité sur les fonds à distribuer (L. 1er juin 1924, art. 204, al. 3) et ceux avancés par le créancier poursuivant sont augmentés d'un intérêt de 5 % (L. 1er juin 1924, art. 204, al. 4).

– « *les créances admises d'après leur rang, les intérêts, les frais et autres accessoires ; pour les intérêts et les rentes, la désignation du taux et du jour à partir duquel ils courent, ainsi que la mention qu'ils seront colloqués jusqu'à la clôture de l'état ;* »

4° En cas de vente globale de plusieurs immeubles en un seul lot, la ventilation préalable du prix de chaque immeuble. Dans la mesure où chaque immeuble n'est que très rarement hypothéqué au profit des mêmes créanciers, à l'instar de ce qui existait dans l'ancienne procédure d'ordre de l'ancien Code de procédure civile, le notaire devra indiquer dans l'état de collocation « *la portion du prix total devant échoir, proportionnellement à sa valeur, à chaque immeuble en particulier* » (L. 1er juin 1924, art. 200, al. 3).

Le projet d'état de collocation doit être porté à la connaissance des créanciers pour discussion et contestations, avant de devenir l'état de collocation.

§ 3. Troisième formalité : la sommation de prendre communication du projet d'état de collocation

805. Après avoir rédigé le projet d'état de collocation, le notaire doit sommer, dans les mêmes formes que les sommations de produire leurs créances[7], le créancier poursuivant et les créanciers inscrits, de prendre communication du projet d'état de collocation, en pratique joint en copie à la sommation, de participer à une réunion dont il fixe la date l'heure et le lieu (en son étude ou ailleurs), et de formuler toutes contestations au plus tard le jour de cette réunion et la manière de le faire, à peine de forclusion (L. 1er juin 1924, art. 201).

Les contestations peuvent être formulées jusqu'au jour de la réunion, dans les mêmes formes que la production des créances[8]. Les contestations ainsi formulées devront être débattues dans le cadre de la réunion tenue par le notaire.

§ 4. Quatrième formalité : la réunion devant le notaire et le jugement des contestations subsistantes

806. Les créanciers régulièrement convoqués et non comparants sont réputés ne formuler aucune contestation. Le notaire donne lecture du projet d'état de collocation et des contestations. Il donne toutes explications utiles aux créanciers. Les créanciers contestataires développent leurs arguments.

En l'absence de contestation, ou si un accord se dégage sur les contestations formulées, le notaire procède à la clôture de l'état de collocation, après l'avoir, le cas échéant, rectifié (L. 1er juin 1924, art. 204, al. 1).

Si des contestations subsistent, elles devront être tranchées par le juge et l'état de collocation ne sera pas dans l'immédiat clôturé ; « *la clôture de l'état est ajournée jusqu'à ce que le jugement statuant sur le paiement de la portion litigieuse de la masse ait acquis l'autorité de la chose jugée* » (L. 1er juin 1924, art. 210, al. 1).

Le notaire dresse procès-verbal du contenu de la réunion. Il doit relater avoir donné lecture du projet d'état de collocation, le contenu des éventuelles contestations, ou l'absence de contestation. Il y indique également si l'état de collocation a pu être immédiatement clôturé (L. 1er juin

7. Cf. *supra*, nos 801 et s.

8. L. 1er juin 1924, art. 202 qui parle improprement de déclaration prise en procès-verbal par le greffier, cf. *supra*, n° 810.

1924, art. 203, al. 3). En pratique, le procès-verbal est signé du notaire et des créanciers présents ou représentés.

807. Quant au jugement des contestations subsistantes du projet d'état de collocation, il résulte des dispositions de l'article 209 de la loi du 1er juin 1924, l'obligation pour tout créancier contestataire d'assigner les autres créanciers devant le juge compétent et justifier de cette assignation auprès du notaire, dans le délai d'un mois. La rédaction du texte laisse penser que ce délai court à compter de la formulation de la contestation. Mais on considère en pratique, que le délai court du jour de la réunion organisée par le notaire. À défaut d'avoir accompli lesdites formalités dans ce délai, la ou les contestations concernées seront réputées non formulées, et l'état de collocation sera clôturé. Toutefois, à l'instar de la solution surprenante énoncée par l'article 199 à propos des créanciers omis[9], l'article 209 dispose tout aussi curieusement que « ... *si, à l'expiration de ce délai, cette preuve* (de l'assignation) *n'est pas fournie* (au notaire), *l'état est clos, sans égard à la contestation, mais sans préjudice pour l'opposant du droit de faire valoir par voie d'assignation sa priorité à l'égard du créancier colloqué à tort* ». Ainsi, le créancier contestataire qui n'a pas saisi le juge dans les délais, pourra, néanmoins, après la clôture de l'état de répartition, agir en paiement de ses droits contre le ou les créanciers colloqués à sa place.

La loi du 1er juin 1924 ne précise pas quel juge est compétent pour trancher les contestations subsistantes. Dans ces conditions, il nous paraît difficile d'attribuer compétence en la matière au tribunal d'exécution. Ce n'est d'ailleurs pas le droit positif. On considère donc qu'est compétent le juge de proximité, le tribunal d'instance ou le tribunal de grande instance, selon le montant de la contestation. Le jugement rendu est ou non susceptible d'appel dans les conditions du droit commun, selon qu'il a été rendu en premier ou dernier ressort.

En cas de contestation, « ... *la clôture de l'état est ajournée jusqu'à ce que le jugement statuant sur le paiement de la portion litigieuse de la masse ait acquis l'autorité de la chose jugée* » (L. 1er juin 1924, ait. 210, al. l), c'est-à-dire, sous l'empire du Code de procédure civile, jusqu'à ce que le jugement rendu sur contestation (s) soit passé en force de chose jugée.

§ 5. La clôture de l'état de collocation et son exécution

808. II s'agit, en pratique, des situations suivantes : soit aucune contestation n'a été formulée sur le projet d'état de collocation rédigé

9. Cf. *supra*, n° 803.

par le notaire ; soit les contestations formulées ont été vidées lors de la réunion tenue sous les auspices du notaire. Dans les deux cas, aucune contestation n'aura été tranchée par le juge de proximité, le tribunal d'instance ou le tribunal de grande instance.

Le notaire clôture l'état de collocation éventuellement modifié le jour même de la réunion ou, au plus tard, dans la semaine qui suit (L. 1er juin 1924, art. 206, al. 1). Pour ce faire, le notaire complète l'état de collocation comme il est dit à l'article 204, alinéa 2. Il établit le calcul de la masse à distribuer, des frais à la charge de la masse (des créanciers colloqués) et du montant de l'avance de chaque créancier colloqué, c'est-à-dire qu'il procède aux calculs de répartition, après avoir classé les créanciers par ordre de préférence, et colloqué en premier rang les frais de procédure à la charge de la masse des créanciers[10]. Rappelons, à ce propos, que « *les frais à la charge de la masse sont, outre ceux désignés à l'article 156, les frais de procédure de distribution, y compris ceux de la radiation des inscriptions des créanciers non colloqués...* » (L. 1er juin 1924, art. 204, al. 3). Sont, le cas échéant, compris dans chaque collocation « ... *les sommes qu'un créancier colloqué a eu à payer à un mandataire dans la procédure de distribution ou pour la confection des actes désignés aux articles 197* (production des créances) *et 202* (contestations du projet d'état de collocation), *si ces frais sont estimés nécessaires* » (L. 1er juin 1924, art. 204, al. 5).

Après la clôture, les intéressés peuvent prendre connaissance de l'état de collocation en l'étude du notaire et se pourvoir en contestation devant le tribunal d'exécution, pendant un délai d'une semaine à compter du jour déterminé par le notaire au cours de la réunion[11] (L. 1er juin 1924, art. 206, al. 2 et 3). En effet, très curieusement, la loi de 1924 a prévu une ultime possibilité de contestation après la clôture. Il ne s'agit alors plus de contester un projet mais l'état de collocation.

809. Quant à la production tardive de créances par des ***créanciers omis*** pendant les délais de contestation, nous avons déjà traité de la situation de ces créanciers visés dans la loi du 1er juin 1924 en son article 199[12]. Ladite loi a également prévu en son article 207 cette production tardive de créances pendant les délais de contestation devant le tribunal d'exécution, puis sur « pourvoi » devant la cour d'appel. Dans ce cas, la loi de 1924 fait obligation au notaire d'organiser une nouvelle réunion « ... *pour s'expliquer sur cette avance et pour rectifier, s'il y a lieu, l'état de collocation* » (L. 1er juin 1924, art. 207, al. 1). À cette fin, « *il est donné avis aux intéressés du nouveau jour fixé. En même temps,*

10. L. 1er juin 1924, art. 204, al. 3 : « *les frais à la charge de la masse sont colloqués de préférence à toutes autres créances* », cf. *supra* n° 804.

11. Cf. *supra*, n° 806.

12. Cf. *supra*, n° 803.

il est fait sommation aux personnes désignées à l'article 201, alinéa 2 (c'est-à-dire le créancier poursuivant, les créanciers inscrits, le débiteur et le tiers détenteur), *de comparaître audit jour pour fournir leurs observations sur la créance tardivement produite et présenter, sons peine d'être forclos, les contestations qu'ils peuvent avoir à élever contre le nouvel état...* » (L. 1er juin 1924, art. 207. al. 3). En pratique, ces « sommations-convocations » prennent les formes prescrites par l'article 196[13]. « *Au jour fixé, le créancier produisant peut élever, sans aucune restriction, des contestations contre l'état* (de collocation) *; les autres intéressés ne le peuvent qu'autant qu'ils risquent de ne pas être satisfaits pour leurs créances par suite de la production tardive* » (L. 1er juin 1924, art. 207, al. 2).

La procédure est ensuite la même que précédemment, c'est-à-dire que le notaire dresse procès-verbal du contenu de la réunion. Il y relate avoir donné lecture du projet d'état de collocation, le contenu des éventuelles contestations, ou l'absence de contestation. Il y indique également si l'état de collocation a pu être immédiatement clôturé (L. 1er juin 1924, art. 203, al. 3). Le procès-verbal est signé du notaire et des créanciers présents ou représentés. Si des contestations subsistent, elles devront être tranchées par le juge et l'état de collocation sera clôturé dans les conditions précédemment étudiées[14].

810. Aux termes des dispositions de l'article 206, alinéas 2 et 3, tout intéressé dispose d'un délai d'une semaine à compter de sa clôture, pour contester l'état de collocation devant le tribunal d'exécution. Il ne saurait toutefois s'agir de contestations qui auraient pu être formulées auparavant contre le projet d'état de collocation[15]. À ce stade de la procédure, il ne saurait s'agir désormais que de contestations suscitées par des circonstances nouvelles, telles des erreurs matérielles commises par le notaire. S'il en était autrement, la procédure de contestation du projet d'état de collocation, dépourvu d'objet spécifique, rallongerait inutilement la procédure. En l'absence de dispositions spécifiques sur ce point, on admet en pratique que le tribunal d'exécution puisse être saisi comme en matière de contestation dans la procédure locale de saisie immobilière, avant qu'il ne soit procédé à l'adjudication[16] (L. 1er juin 1924, art. 159, al. 1), c'est-à-dire « ... *soit par écrit, soit par déclaration prise en procès-verbal par le greffier* ». Toutefois, le tribunal d'exécution étant le tribunal d'instance, nous considérons qu'il y a lieu également d'admettre toutes les formes classiques de saisine de cette

13. Cf. *supra*, *Ibid.*
14. Cf. *supra*, n° 808.
15. Cf. *supra*, n° 807.
16. Cf. *supra*, n° 718.

B.U. BREST

juridiction en matière contentieuse prévues par le Code de procédure civile, et, notamment, l'assignation.

« *La décision de ce tribunal est susceptible d'un nouveau pourvoi dans la semaine qui suit la signification* » (L. 1er juin 1924, art. 206, al. 3). À la lecture d'autres textes, il convient en fait de rappeler que les décisions du tribunal de l'exécution doivent être, non pas signifiées, mais notifiées par lettre recommandée avec demande d'avis de réception, comme en matière gracieuse (Anc. CPC loc., art. 5), bien que nous soyons en matière contentieuse. L'annexe du Code de procédure civile locale dispose, en effet, en son article 13, alinéa 1, depuis le décret nº 76-899 du 29 septembre 1976, qu'« *en matière de voies d'exécution..., les pourvois suivent les règles relatives aux pourvois en matière gracieuse* ». C'est donc de cette notification que court le délai de « pourvoi ». Nous avons vu qu'il ne s'agit pas là, à proprement parler, du pourvoi en cassation, mais de l'appel en matière gracieuse devant les cours d'appel de Colmar et de Metz, dans les matières énumérées par l'article 2 de l'annexe du Code de procédure civile locale parmi lesquelles on trouve le contentieux des ventes judiciaires d'immeubles. Sur les modalités de cette procédure, on se reportera également à nos précédents développements consacrés au tribunal de l'exécution[17]. A la différence de la procédure ordinaire, il résulte implicitement des dispositions de l'article 208, alinéa 1, que le délai et le pourvoi lui-même sont suspensifs de l'exécution de l'état de collocation.

811. Concernant l'exécution de l'état de collocation, une fois qu'il aura été statué par décision définitive sur les contestations, le notaire rectifiera, si nécessaire, l'état de collocation, afin de tenir compte de la décision rendue, et délivrera à chaque créancier colloqué une copie exécutoire de cet état valant bordereau de collocation exécutoire contre la Caisse des dépôts et consignations ou l'adjudicataire, selon que le prix a été ou non consigné (L. 1er juin 1924, art. 204, al. 2 et art. 208). Au vu de ces bordereaux, il sera procédé à la radiation des inscriptions sur l'immeuble.

Cette radiation s'opère en un ou deux temps, selon que le prix a été ou non consigné. C'est d'abord le notaire qui adresse au fonctionnaire chargé de la tenue du livre foncier, une copie de l'état de collocation accompagnée d'une requête en radiation. Ce fonctionnaire procède alors immédiatement, c'est-à-dire avant le paiement des collocations, à la radiation des inscriptions des créanciers non colloqués. Lorsque le prix a été consigné à la Caisse des dépôts et consignations, et que les bordereaux de collocation sont exécutoires contre celle-ci, le fonctionnaire du livre foncier procède également immédiatement à la radiation des inscriptions des créanciers colloqués (L. 1er juin 1924, art. 204, al. 2

17. Cf. *supra*, nos 87 et s.

et art. 208, al. 1). Notons à ce propos, que ce dernier dispositif qui n'est pas prévu dans la procédure d'ordre régie par le Code de procédure civile, est pratiqué de fait par certaines conservations des hypothèques, sans doute inspirées par le droit local.

Lorsque le prix n'a pas été consigné, le fonctionnaire chargé de la tenue du livre foncier ne procédera immédiatement qu'à la radiation des inscriptions des créanciers non colloqués. Les bordereaux de collocation sont alors rendus exécutoires contre l'adjudicataire qui paiera lui-même les créanciers colloqués. La radiation des inscriptions correspondant aux collocations, ne pourra alors intervenir que dans les conditions prévues par l'article 212 de la loi du 1er juin 1924 qui dispose de manière assez abstraite que « *le créancier qui reçoit paiement sur sa collocation est tenu de consentir jusqu'à concurrence du montant payé, la radiation de son inscription...* ». En pratique, chaque créancier colloqué devra délivrer à l'adjudicataire une quittance notariée dans laquelle il consentira en outre à la radiation de son inscription. À défaut de délivrance de cette quittance, l'adjudicataire devra assigner le créancier colloqué récalcitrant devant le tribunal de grande, à fin d'obtention d'un jugement ordonnant cette radiation. Les frais occasionnés par cette mainlevée-là sont à la charge de l'adjudicataire (art. 212). Cette solution doit conduire l'adjudicataire à préférer la consignation du prix. Il a d'autant plus intérêt à consigner le prix d'adjudication, qu'outre la cessation du cours des intérêts moratoires contre lui, et l'économie des frais de radiation des inscriptions des créanciers colloqués, il bénéficiera alors de la procédure de radiation anticipée de toute les inscriptions sur l'immeuble qu'il a acquis, c'est-à-dire d'une radiation avant même que l'état de collocation ne soit devenu définitif. En effet, à l'instar de l'ancienne procédure spéciale de consignation régie par les articles 777 et 778 de l'ancien Code de procédure civile, la loi de 1924 a prévu, en son article 213, que l'adjudicataire qui a consigné le prix et les intérêts échus peut, sans attendre que l'état de collocation soit définitif, demander la radiation des inscriptions. Pour ce faire, il se conformera à la procédure suivante. La demande de radiation devra être formée auprès du notaire, par écrit ou par déclaration prise en procès-verbal, comme en matière de production des créances[18]. Ensuite, le notaire devra sommer le créancier poursuivant, les créanciers inscrits, le débiteur et le tiers acquéreur « ... *d'avoir à présenter leurs objections à un jour fixé à cet effet. La signification de cette sommation doit être faite au moins deux semaines avant le jour fixé* » (L. 1er juin 1924, art. 213, al. 2). En fait de « signification des sommations », le régime est, une fois encore, le même qu'en matière de sommation de produire les créances. Ensuite, « *si, au jour fixé, il n'est élevé aucune objection, le notaire joint le certificat de consignation* (délivré à

18. Cf. *supra*, n° 803.

l'adjudicataire par la Caisse des dépôts et consignations) *au dossier, déclare la consignation valable et requiert* (auprès du fonctionnaire chargé de la tenue du livre foncier) *la radiation des inscriptions... S'il est élevé une objection, elle est jugée par le tribunal d'exécution sur requête de l'opposant présentée dans le délai d'une semaine* (à compter du jour de la réunion devant notaire). *La décision* (qui sera rendue par le tribunal d'exécution) *donne ouverture au pourvoi* (appel) *immédiat* » (art. 213). « *Les frais de consignation sont supportés par l'adjudicataire. Quant aux autres frais de la procédure* (c'est-à-dire ceux de contestation de la demande de radiation anticipée des inscriptions exposés dans un premier temps par l'adjudicataire), *il en est fait distraction en faveur de l'adjudicataire sur le montant du prix et ils sont assignés sur la Caisse des dépôts et consignations, en tant que l'état en a été produit avant la clôture de la procédure de distribution. Il en est de même en faveur de la partie qui a eu gain de cause en ce qui concerne les frais occasionnés par une contestation, sous réserve du recours visé à l'article 211* » (L. 1er juin 1924, art. 213, al. 5).

Selon que le prix aura été ou non consigné et que les bordereaux de collocation seront donc établis respectivement contre la Caisse des dépôts et consignations ou l'adjudicataire, les paiements devront être effectués sur présentation de ces bordereaux, respectivement soit par ladite Caisse, soit par l'adjudicataire. À défaut de paiement spontané, les bordereaux sont des titres exécutoires qui permettent de recourir à toutes les procédures d'exécution forcée.

812. Lorsque ***le projet d'état de collocation a suscité des contestations*** qui n'ont pu être purgées au cours de la réunion devant notaire et qui ont dû être portées devant le juge de proximité, le tribunal d'instance ou le tribunal de grande instance selon leur montant, deux hypothèses peuvent se présenter.

Lorsque le créancier contestataire est débouté de sa contestation, conformément aux dispositions précitées de l'article 210, dès lors que la décision rendue est passée en force de chose jugée, le notaire peut procéder à la clôture de l'état de collocation et « *le créancier non colloqué, ainsi que le débiteur ou le tiers débiteur, ont un recours contre ceux qui ont élevé une contestation non fondée, pour le dommage leur résultant de cette contestation, notamment pour la perte d'intérêts* » (L. 1er juin 1924, art. 211).

Lorsque le créancier contestataire voit sa contestation consacrée par le juge, le notaire modifiera en conséquence l'état de collocation, avant de le clôturer. En effet, il n'appartient au tribunal que de trancher la contestation.

Dans tous les cas, « *à la demande de la partie ayant obtenu gain de cause, les frais mis par le jugement à la charge d'un créancier colloqué sont prélevés sur le montant colloqué au profit de ce créancier* »

(L. 1er juin 1924, art. 210, al. 2). Quant aux modalités pratiques de la clôture, elles sont les mêmes que dans la première hypothèse[19]. En attendant qu'il ait été statué sur les contestations, par décision passée en force de chose jugée, le notaire peut procéder à une clôture partielle de l'état de collocation, comme il est dit à l'article 205 de la loi de 1924. On devrait même plutôt parler d'« état de collocation partielle ». Dans ce cas en effet, il « ... *clôt l'état de collocation pour les créances antérieures à celles contestées et délivre des bordereaux de collocation à ces créanciers. Il le peut même en ce qui concerne les créances postérieures à celles contestées, pourvu qu'il réserve une somme suffisante pour couvrir les créances contestées* ». L'état de collocation partielle suit le même régime que l'état de collocation totale, concernant sa contestation devant le tribunal d'exécution et le pourvoi devant la cour d'appel, les créanciers omis et la délivrance des bordereaux de collocation[20].

Le régime de la production tardive de créances par des créanciers omis, pendant les délais de contestation est également le même que dans la première hypothèse[21].

Quant à la contestation de l'état de collocation clôturé, une fois encore, aux termes de l'article 206, alinéas 2 et 3 de la loi du 1er juin 1924, tout intéressé dispose d'un délai d'une semaine à compter de la clôture de l'état, pour contester celui-ci devant le tribunal d'exécution. Le régime de cette contestation est le même que dans la première hypothèse[22]. Il en va de même du régime de l'exécution de l'état de collocation.

§ 6. La clôture de la procédure de distribution

813. « *Après la clôture de la procédure, les pièces relatives à la procédure d'exécution forcée, de purge des hypothèques et de distribution sont remises au tribunal d'exécution, y compris une expédition sur papier libre du cahier des charges, du procès-verbal d'adjudication et de l'état de collocation* » (L. 1er juin 1924, art. 219). En pratique, le notaire ayant procédé à la vente et à la distribution du prix centralise tous les documents et se charge de les transmettre au tribunal d'exécution.

19. Cf. *supra*, n° 808.
20. Cf. *supra*, n° 810.
21. Cf. *supra*, n° 809.
22. Cf. *supra*, n° 810.

Index alphabétique

A

Administration (exécution contre), 129 et s.

Administration forcée des immeubles en Alsace-
Moselle, 729 et s.
- Commandement, 731
- Conditions, 729
- Modalités, 732
- Sommation de payer ou délaisser, 731

Affacturage
v. **Factoring**

Aéronefs (saisie des),
- Définition, 501
- Restrictions, 501
- Saisie-appréhension, 502
- Saisie-conservatoire, 504
- Saisie-revendication, 504
- Saisie-vente, 503

Alsace-Moselle, note 232
v. **Administration forcée des immeubles**
v. **Exécution forcée sur les immeubles**
v. **Procédures de distribution du prix des immeubles**
v. **Tribunal d'exécution**

Amendes
v. **Opposition administrative à tiers détenteur**

Application de la loi dans l'espace
v. **État étranger**

Application de la loi dans le temps, 3, 554

Arrêts de cour d'appel, 78

Assistance du créancier aux mesures d'exécution, 52

Astreinte en droit privé,
- Astreinte définitive, 37
- Astreinte en droit public, 36 (note 57)
- Astreinte provisoire, 37
- Auteur, 38
- Définition, 35, 37
- Durée, 40
- Exécution, 42
- Historique, 35
- Liquidation, 41
- Point de départ, 39

Avions (saisie des)
v. **Aéronefs (saisie des)**

Avis à tiers détenteur,
- Concours de saisies, 262
- Contestations, 267
- Créance à exécution successive ou à échéance périodique, 260
- Domaine, 254
- Effets, 259
- Modalités,
  - Dénonciation au débiteur, 258
  - Lettre de rappel, 256
  - Notification au tiers, 257
- Nature juridique, note 661
- Non-collaboration du tiers saisi, 264

– Opposition à contrainte, 265
– Opposition à poursuite, 267
– Procédure, 254
– Procédure collective, 261

B

Bateaux (saisie des),
– Définition, 495
– Saisie-appréhension, 496
– Saisie conservatoire, 500
– Saisie revendication, 500
– Saisie-vente, 497 et s.
Biens insaisissables
v. **Immunités**
Brevets d'invention (saisie des), 525

C

Caisse des dépôts et consignations, 16, 103, 221, 223 (note 7), 246, 284, 504, 520, 601, 606, 626, 683, 685, 687, 689, 726, 735, 738, 742, 744, 745, 750, 753, 755, 758, 775, 776, 783, 784, 790, 799, 811
Capacité civile, 49, 54
Caution, 55
Certificats d'obtentions végétales (saisie des), 527
Cession de biens, 2
Cession des rémunérations, note 618
Cession-transport, 234 (note 56)
Choix des procédures, 50, 51
Clause de voie parée, 50, 555
Coffre-fort, 444 et s.
– Historique, 444
– Saisie-appréhension, 447
– Saisie conservatoire, 448
– Saisie-revendication, 450
– Saisie-vente, 445
Compensation, 25
Comptables publics, 14, 223
Comptes bancaires, 16, 174, 146, 241
Concours de saisies, 250, 252, 262, 273, 571, 579, 611
Contrainte par corps, 2
Contribution aux charges du mariage, 251 et s.
Cotisations de sécurité sociale
v. **Opposition à tiers détenteur**
Créance, 46, 240, 339
Créancier,
– Assistance aux mesures d'exécution, 52
– Capacité civile, 49
– Créance, 46
– Définition, 46
Crédit documentaire, 176

D

Débiteur,
– Capacité civile, 54
– Définition, 53, 75, 110 (note 7)
– Régime matrimonial, 54
Définitions, 1
Délai de grâce, 188 et s.
– Compétence, 194
– Durée, 195
– Fondement, 192
– Impossibilité, 188, 193
– Modalités, 196
– Motivation, 188
– Point de départ, 197
– Portée, 198
Dessins et modèles (saisie des), 529
Distribution des deniers
v. **Procédures de distribution**
Domicile (protection du)
– Époque de l'exécution, 27
– Pénétration de l'huissier, 29, 31
Dommages-intérêts, 44, 71, 165

Droit local, note 232
v. **Alsace-Moselle**
Droit de poursuite individuel
v. **Suspension du droit de poursuite individuel**
Droit transitoire, 3, 554

E

Entrée en vigueur, 3, 554
Erreur matérielle, 66
État étranger (exécution contre un), 139 et s.
– Avoirs bancaires, 141
– Créances de droit privé, 142
– Émanation (théorie de l'), 146
– Œuvres d'art, 140
– Renonciation à l'immunité, 142
– Souveraineté limitée, 142
– Substitution (théorie de la), 149
Exécution contre l'administration, 129 et s.
Exécution forcée sur les immeubles en Alsace Moselle, 704 et s.
– Adjudicataire (droits et obligations de l'), 725 et s.
– Autorisation de saisir, 707, 708
– Cahier des conditions de vente, 715
– Commandement de payer, 709
– Convocation des parties, 713
– Enchères, 719 et s.
– Expulsion, 728
– Incidents, 718, 724
– Publicité (formalités de), 716, 717
– Sommation de payer ou délaisser, 710
– Subrogation, 707, 721
– Titre d'adjudication, 723
– Titre exécutoire, 704
– Transmission au notaire, 711, 712
Exécution de l'obligation par un tiers, 45
Exécution sur les biens, 2
Exécution sur la personne, 2
Expulsion, 533 et s.
– Baux commerciaux, 538
– Baux d'habitation, pro. ou mixtes, 536 (note 12), 537, 545
– Baux ruraux, 539
– Biens garnissant les locaux, 544
– Commandement préalable, 540, 546
– Conjoint violent, 534
– Contentieux administratif, 548 et s.
– Définition, 533
– Délai de grâce, 537 (notes 15 et 16), 538 (note 19), 540, 545
– Domaine privé des personnes publiques, 533
– Domaine public, 548
– Force publique, 542
– Frais d'exécution, 534, 535
– Gens du voyage, 550
– HLM, 537
– Nature juridique, 1 (note 6)
– Occupant sans droit ni titre, 535
– Procès-verbal d'expulsion, 542
– Règles spéciales, 545, 546
– Réinstallation, 540
– Retour, 540
– Textes, 534
– Titre exécutoire, 535 et s.
– Trêve hivernale, 545

F

Factoring, 223 (notes 7 et 8), 376 (note 21)
Fichiers, 17 et s.

Fichier central des chèques impayés (FCC), 23
Fichier des comptes bancaires (FICOBA), 23
Fichier national des incidents de remboursement des crédits aux particuliers (FICP), 17 et s.
Fiducie, 158
Force publique, 96, 542
Formule exécutoire, 110 (note 14)
Fonds de commerce, 505 et s.
– Autorisation de percevoir le prix, 521
– Cantonnement, 520
– Créanciers chirographaires, 516
– Créanciers inscrits, 515
– Distribution du prix de vente, 511, 522
– Liquidation judiciaire, 517
– Opposition sur le prix de vente, 518 et s.
– Saisie-vente, 505 et s.
– Trésor public, 512
Frais et dépens d'exécution,
– Dépens, 32, 69
– Frais, 34, 69

G

Gardien, 25

H

Habilitation du créancier à faire exécuter par un tiers, l'obligation à la charge du débiteur, 45
Historique, 2, 3, 4
Huissier de justice,
– Attributions, 93
– Difficultés d'exécution, 64, 86
– Obligations, 93
– Responsabilité, 95
Hypothèque conservatoire, 423 et s.
– Clause d'inaliénabilité, 424
– Hypothèque légale, 423
– Loi applicable, 424
– Mainlevée, 424, 429
– Publicité définitive, Alsace-Moselle, 431
- Effets, 433
- Mainlevée, 435
- Modalités, 432
- Vente, 434
– Publicité foncière, 424
– Publicité provisoire,
- Cantonnement, 428
- Effets, 427
- Mainlevée, 429
- Modalités, 425
- Vente, 430
– Refus de publicité, note 1118
– Rejet de publication, note 1118
– Vente, 430

I

Immunités personnelles d'exécution,
– Droit international public, 139 et s.
– Droit public, 129 et s.
Immunités réelles d'exécution,
– Allocation adulte handicapé, 168
– Allocation chômage, 171
– Assurances, 161
– Biens domestiques, 178
– Biens dotaux, 184
– Bien de famille, 187
– Biens nécessaires aux malades, 183
– Biens insaisissables par nature, 150
– Capital décès, 166

– Chèque, 155
– Clause d'inaliénabilité, 187
– Comptes bancaires, 174
– Crédit documentaire, 176
– Dommages-intérêts, 165
– Droits d'auteur, 173
– Effets de commerce, 155
– Époux, 184
– Fiducie, 158
– Garantie autonome, 176
– Handicapés, 183
– Indemnités journalières, 168
– Œuvres d'art, 140, 159
– Ouvertures de crédit en compte, 175
– Patrimoine d'affectation, 182
– Patrimoine fiduciaire, 158
– Patrimoine professionnel, 182
– Pécule des détenus, 160
– Pensions alimentaires, 162
– Plan d'épargne logement, 177
– Prestations familiales, 169
– Procédures collectives, 156, 199 et s.
– Provisions, 155, 162, 165
– Quotité insaisissable des salaires, 172
– Régimes matrimoniaux, 184
– Remboursements de frais médicaux, 167
– Rentes accident, 168
– Rentes sur l'État, 153
– Résidence principale de l'entrepreneur, 181
– Revenu minimum d'insertion, 170
– Revenu de solidarité active, 170
– Salaire, 172
– Successions, 186
– Syndicats (biens appartenant aux), 157
– Un pour cent patronal, 177
– Valeurs mobilières, 154

Indisponibilité des biens saisis, 25
Indivision, 54
Informations
v. **Recherche d'informations**
Injonction envers l'administration, 129 à 137
Injonction de faire, 43, 45 (note 123)
Intérêts, 74
Intermédiaires privés,
– Qui prêtent leur concours au créancier,
- Compte professionnel, 103
- Convention, 104, 106
- Professionnels concernés, 103
- Quittance, 107
- Représentation en justice, 105
– Qui prêtent leur concours au débiteur, 100
Interprétation du titre d'exécution, 66

J

Juge de l'exécution, 56 et s.
– Arrêts de cour d'appel, 78
– Assistance des parties, 79
– Astreinte, 72
– Audience, 79
– Autorité des décisions, 81
– Collégialité, 57
– Compétence d'attribution, 60 et s.
– Compétence territoriale, 61
– Contredit, 60
– Définition, 57
– Délai de grâce, 67
– Difficultés d'exécution, 63 à 65, 86
– Dommages-intérêts, 71
– Erreur matérielle, 66

– Exécution, 81, 84
– Exécution sur minute, 81
– Frais d'exécution, 69
– Greffe, 58
– Heure à heure, 79, 86
– Historique, 56
– Huissier, 64
– Incompétence, 60
– Intérêts, 74
– Interprétation du titre d'exécution, 66
– Juge délégué, 57
– Mesures conservatoires, 70
– Notifications, 81
– Nuit, 75
– Procédures de distribution, 73
– Procédure ordinaire, 79 et s.
– Procédure sur requête, 83 et s.
– Représentation des parties, 79
– Saisie immobilière, 73
– Saisine, 79
– Signification, 81
– Surendettement, 76
– Suspension de l'exécution, 67, 81
– Tierce opposition, 77
– Titre exécutoire, 63
– Voies de recours, 82, 85

Juridiction administrative, 68

L

Licences (saisie des), 523
Local d'habitation, 31

M

Mainlevée, 51
Marques (saisie des), 528
Mesures conservatoires (généralités),
– Autorisation préalable, 342
– Contestations,
- Compétence internationale, 355
- Compétence interne, 352
- Mainlevée, 356 et s.
- Substitution de mesures, 366
– Créance à recouvrer, 336, 339
– Frais d'exécution, 342
– Période suspecte, 337
– Procédures collectives, 337
– Titre d'exécution, 342

Mesures inutiles ou abusives, 51
Moment de l'exécution
v. **Nuit**

N

Nantissement conservatoire de droits d'associé et de valeurs mobilières,
– Publicité définitive, 442
– Publicité provisoire, 440

Nantissement conservatoire de fonds de commerce,
– Publicité définitive, 439
– Publicité provisoire, 436

Navires (saisie des),
– Abus de saisie, 472
– Autorisation de départ du navire saisi, 494
– Autorisation de saisir, 484
– Autre navire, 466
– Caducité, 483
– Clause compromissoire, 471
– Créance maritime, 463, 464 (note 16), 479
– Définition, 460
– Dommage au navire, 472
– Droit de suite, 465
– Émanation (théorie de l'), 468
– Hypothèque maritime, 472

– Mainlevée, 488
– Navire insaisissable, 467
– Navires apparentés (théorie des), 469
– Perte du navire, 472
– Pluralité de saisies, 470
– Saisie-appréhension, 474
– Saisie conservatoire, 477 et s.
– Saisie conservatoire à fin de vente, 479 et s.
– Saisies maritimes, 461
– Saisie-revendication, 478
– Saisie-vente, 476
Notification préalable du titre exécutoire, 110
Nuit, 75

O

Œuvres d'art, 140, 159
Œuvres littéraires et artistiques (saisie des produits d'exploitation des), 523
Opposition administrative à tiers détenteur, 268 et s.
– Concours de saisies, 273
– Contestations, 274
– Effets, 270
– Modalités, 268
– Non-collaboration du tiers saisi, 271
Opposition à tiers détenteur,
– Modalités, 277
– Procédures d'obtention d'un titre exécutoire, 277 (note 248)

P

Pacte civil de solidarité, 54
Pacte commissoire, 50, 555
Paiement direct des pensions alimentaires, 252
Paiement public des pensions alimentaires, 253
Patrimoine d'affectation, 182
Pénétration
v. **Domicile**
Pensions alimentaires
v. **Paiement direct**
v. **Paiement public**
Prescription, 111, 113, 115, 117, 119, 121, 123, 125, 127
Procédures collectives, 156, 199 et s., 205 et s., 233, 240, 325, 337, 369, 380, 387, 395, 415, 422, 642, 779
v. **ces mots à propos de chaque saisie**
v. **Surendettement**
v. **Suspension du droit de poursuite individuel**
Procédures de distribution du prix des immeubles, 754 et s.
– Alsace-Moselle, 799 et s.
- Clôture de la procédure, 813
- Clôture de l'état des collocations, 808
- Contestations, 807, 810, 812
- Créanciers omis, 803, 809
- État des collocations, 801 et s.
- Exécution de l'état des collocations, 808, 811
- Ordre amiable, 799
- Production des créances, 803
- Projet d'état des collocations, 804
- Radiation des inscriptions, 811
- Réunion devant le notaire, 806
- Sommation de produire les créances, 801
- Sommation de prendre communication du projet
- d'état des collocations, 805
– Application de la loi dans le temps, 780
– Arrérages, 772

–Avocat, 767
–Compétence du juge de l'exécution, 765
–Consignation du prix, 755 et s.
–Contestations, 768
–Créancier chirographaire, 764
–Créancier unique, 763
–Créanciers inscrits, 759
–Créanciers participants, 761 et s.
–Décompte actualisé, 773
–Demandes incidentes, 768
–Distribution amiable, 781 et s.
- Contestations, 791
- Créancier unique, 781 et s.
- Déclaration des créances, 794
- Paiement, 783,
- Paiement des collocations, 794
- Pluralité de créanciers, 785 et s.
- Projet de distribution, 785
- Purge des inscriptions, 784, 790
- Radiation des inscriptions, 784, 790
–Distribution judiciaire, 795 et s.
- État de répartition, 797
- Initiative, 795
- Radiation des inscriptions, 798
–Droit transitoire, 780
–Frais, 766
–Initiative de la distribution, 760 et s.
–Inscription judiciaire provisoire, 778
–Intérêts, 772
–Nullité, 771
–Paiement des collocations, 775
–Paiement provisionnel, 774
–Procédure d'ordre, 780
–Procédures collectives, 779
–Purge des inscriptions, 776
–Radiation des inscriptions, 777
–Séquestre du prix, 755 et s.
–Subrogation, 770
–Voies de recours, 769

Procédures de distribution du prix des meubles, 734 et s.
–Navires, bateaux et aéronefs, 745 et s.
- Assignation des créanciers, 747
- Distribution amiable, 748 et s.
- Distribution judiciaire, 751 et s.
- Juge-commissaire, 745
–Saisie-attribution, 741
–Saisie sur salaire, 739
–Saisie-vente, 735 et 738
–Vente volontaire,
- Personne chargée de la, 742
- Répartition des deniers, 744

Procureur, 99

R

Recherche d'informations, 7 et s.
–Collectivités publiques, 15
–Comptable public, 14
–Établissements habilités à tenir des comptes de dépôt, 16
–Fichiers, 17 et s.
–Huissier de justice, 7
–Penitus extraeus, 10, 13
–Procureur de la République, 7
–Tiers, 10

Récoltes sur pied, 299, 321

Recouvrement des amendes
v. **Opposition administrative à tiers détenteur**

Recouvrement de cotisations de sécurité sociale
v. **Opposition à tiers détenteur**

Référé injonction de faire, 45 (note 123)

Régime matrimonial, 54

Résistance à l'exécution, 44

Responsabilité civile, 44, 71, 165

S

Saisie-appréhension, 326 et s.
- Définition, 326
- Saisie entre les mains de la personne tenue de la remise, 329
- Saisie entre les mains d'un tiers, 331
- Titre exécutoire, 327

Saisie-appréhension-vente, 332 et s.
- Définition, 332
- Saisie entre les mains de la personne tenue de la remise, 333
- Saisie entre les mains d'un tiers, 334

Saisie-attribution, 219 et s.
- Assiette de la saisie (limitation de l'), 235
- Attribution immédiate, 234
- Caisse des dépôts et consignations, note 515
- Collectivité publique, créancier saisissant, 221
- Comptes bancaires, 241 v. ce mot
- Concours de saisies v. ce mot et Procédures de distribution
- Consignation, 238
- Contestations, 237
- Créances conditionnelles, 240
- Créances à exécution successive, 221, 240
- Créances futures, 240
- Créances à terme, 240
- Définition, 219
- Factoring, 223 (notes 8 et 8), 376 (note 21)
- Indisponibilité de la créance saisie, 234
- Non-collaboration du tiers saisi, 233
- Obligations du tiers saisi, 233
- Paiement, 226, 231, 245,
- Prescription, 233
- Procédures collectives, 233, 240, note 515
- Saisie entre les mains de personnes publiques, 223
- Saisie sur soi-même, 227
- Séquestre, 238

Saisie conservatoire de biens mobiliers corporels, 405 et s.
- Actions au porteur, 405
- Billets de banque, 405
- Coffre-fort, 405
- Conversion, 409
- Intervention, 411
- Procédures collectives, 415
- Saisie entre les mains du débiteur, 406
- Saisie entre les mains d'un tiers, 408
- Séquestre, 414
- Véhicules terrestres à moteur, 405

Saisie conservatoire des créances, 368 et s.
- Autorisation de paiement, 385
- Cantonnement, 374
- Cession de créance, 375
- Compensation, 392
- Consignation, 374
- Contestations, 379, 388
- Conversion, 381 et s.
- Défaut de paiement, 389
- Définition, 368
- Dénonciation, 377, 381, 384
- Non-collaboration du tiers, 378
- Paiement, 386 et s.

– Procédures collectives, 369, 380, 387
– Saisie sur soi-même, 390 et s.
– Séquestre, 376

Saisie conservatoire de droits d'associé et de valeurs mobilières, 393 et s.
– Agrément, 393
– Consignation, 400
– Contestations, 402
– Conversion, 403
– Couverture des opérations boursières à terme, 393
– Dénonciation, 401
– Intermédiaire, 393
– Modalités, 396 et s.
– Nantissement, 400
– Nue-propriété, 393
– Non-collaboration du tiers saisi, 402
– Obligations du tiers saisi, 399
– Préemption, 393
– Procédures collectives, 395
– Substitution, 393
– Titres saisissables, 393
– Transfert de propriété, 393
– Transformation du titre, 400
– Usufruit, 393
– Vente, 404

Saisie d'exécution, 1

Saisie immobilière, 553 et s.
– Action en garantie d'éviction, 683
– Aide juridictionnelle, 592
– Alsace-Moselle
v. Exécution forcée sur les immeubles
v. Administration forcée des immeubles
– Audience d'orientation, 617 et s.
- Assignation, 617, 620
- Audience, 635
- Contestations, 638
- Créanciers, 621
- Demandes incidentes, 642 et s.
- Dénonciation, 621 et s.
- Jugement, 647
- Mainlevée, 649
- Voies de recours, 650
– Avocat, 572
– Bail, 594, 605
– Bénéfice de discussion, 569
– Bien commun, 567
– Bien propre, 567
– Cahier des conditions de vente, 626 et s.
- Clauses illicites, 630
- Contenu, 626
- Dépôt au greffe, 631
– Cantonnement, 581, 642, 649
– Capacité civile, 561
– Caution, 570, 582
– Clause de substitution d'adjudicataire, 664
– Clause de voie parée, 50, 555
– Commandement de saisie, 582 et s.
- Bail, 594
- Effets, 599 et s., 613
- Mentions, 587 et s.
- Péremption, 614
- Procès-verbal descriptif, 589
- Publication, 607 et s.
- Signification, 582
- Tiers, 595 et s.
– Compétence d'attribution, 572
– Compétence territoriale, 572
– Concours de saisies, 571, 579, 611
– Consignation, 601, 687
– Conversion en hypothèque, 581, 642, 649

–Créance, 563
–Créancier saisissant, 556 et s.
–Débiteur, 567
–Déclaration des créances, 632
–Délai de grâce, 642, 649
–Délaissement par hypothèque, 569
–Délivrance de la chose, 683
–Détérioration, 598
–Distraction de saisie, 566, 571
–Droit de préemption, 667 et s.
- Bail rural, 663
- Commune, 668
- Locataire d'immeuble d'habitation, 662
- Occupant, 662
- SAFER, 665
- Sanction, 669
- ZAD, 667
- ZIF, 667
–Droit de substitution, 659
–Droit transitoire, 554
–Époux, 567
–État hypothécaire, 626 et s.
–Expulsion, 604, 670, 683, 687
–Folle enchère
v. Réintégration des enchères
–Formalités de publicité, 651 et s., 669
–Fruits, 606, 683
–Garant, 570, 582
–Garantie d'éviction, 683
–Immeuble indivis, 575
–Immeuble non hypothéqué, 578
–Immeuble saisissable (notion d'), 573
–Impenses, 598
–Indisponibilité de l'immeuble saisi, 601 et s.
–Indivision, 575
–Insuffisance du prix, 626, 642
–Historique, 554
–Huissier de justice, 572
–Juge de l'exécution, 572
–Jugement d'adjudication
v. Vente aux enchères
–Jugement d'orientation
v. Audience d'orientation
–Mandat, 562
–Mise à prix, 626, 642
–Orientation
v. Audience d'orientation
–Pacte commissoire, 50, 555
–Paiement des frais de vente, 687
–Pluralité de saisies, 571, 579, 611
–Procédures collectives, 642
–Procès-verbal descriptif, 589, 616
–Projet de distribution, 634
–Publicité, 651 et s., 669
–Purge hypothécaire, 569
–Réforme, 554
–Refus de publication, 612
–Réitération des enchères, 695 et s.
- Nullité, 697
- Procédure, 695
- Vente, 698
–Rejet de publication, 612
–Subrogation, 571
–Substitution, 659, 664
–Surenchère, 689 et s.
- Conditions, 689
- Dénonciation, 692
- Effets, 689
- Modalités, 689
- Nullité, 693
- Vente, 694
–Surendettement, 592, 642
–Taxation des frais de vente, 672
–Tiers acquéreur, 569, 577, 595 et s.

–Tiers détenteur, 569, 577, 595 et s.
–Titre exécutoire, 563 et s., 586
–Transmission de créance, 586
–Vente amiable, 699 et s.
- Acquéreur, 703
- Créanciers (droits et obligations des), 701
- Juge (pouvoirs du), 702
- Notaire, 703
- Saisi (droits et obligations du), 699
–Vente aux enchères, 651 et s.
- Capacité d'enchérir, 674
- Caution bancaire, 677
- Chèque de banque, 677
- Consignation du prix, 687
- Contestations, 679
- Délivrance de la chose, 683
- Demandes incidentes, 679
- Droits de préemption, 662 et s.
- Enchères, 678
- Expulsion, 683, 687
- Formalités de publicité, 651 et s., 669
- Garantie d'éviction, 683
- Jugement d'adjudication, 679 et s.
- Nullité des enchères, 673
- Obligations de l'adjudicataire, 685
- Paiement des frais, 687
- Publication du jugement d'adjudication, 682, 686
- Publicité, 651 et s., 669
- Réquisition des enchères, 670
- Sanctions des formalités de publicité, 669
- Taxation des frais, 672
- Titre de vente, 688
- Transfert de propriété, 683
- Visite des lieux, 658
–Visite des lieux, 658
–Voie parée, 50, 555
–Voies de recours, 572
Saisie de nuit, 75
Saisie des rémunérations du travail,
v. **Saisie des traitements et salaires**
Saisies entre époux, 251
Saisie-revendication, 416 et s.
–Définition, 416
–Incidents, 421
–Saisie entre les mains de la personne tenue de la remise, 417
–Saisie entre les mains d'un tiers, 419
Saisie sur soi-même,
–Saisie-attribution, 227
–Saisie conservatoire, 390 et 392
Saisie des traitements et salaires, 246 et s.
–Domaine, 246
–Incidents, 250
–Procédure, 249
Saisie-vente des biens mobiliers corporels, 299 et s.
–Administration fiscale, 308
–Commandement de payer, 300
–Contestations, 308
–Distraction de saisie, 308
–Enlèvement, 320
–Espèces monétaires, 299
–Extension de l'assiette de la saisie, 312
–Folle enchère, 315, 323
–Gardien, 302
–Immeubles par destination, 299
–Indisponibilité, 302
–Intervention, 311
–Mainlevée, 313
–Nullité de la saisie, 308, 310

– Penitus extranei, 308
– Photographie, 302
– Prix de vente, 299
– Procédures collectives, 325
– Procès-verbal de saisie, 302
– Publicité (formalités de publicité), 321
– Récolement, 318
– Récoltes sur pied, 299, 321
– Saisie pratiquée entre les mains du débiteur, 303 et s.
– Saisie pratiquée entre les mains d'un tiers, 307
– Séquestre, 314
– Tiers absolu, 308
– Subsidiarité, 303
– Vente forcée, 318 et s.
- Enlèvement, 320
- Folle enchère, 323
- Lieu, 322
- Modalités, 323
- Personnes habilitées, 324
- Publicité (formalités de), 321
- Récolement, 318
- Vérification, 318
– Vente volontaire, 173

Saisie-vente des droits d'associé et valeurs mobilières, 278 et s.
– Agrément, note 796
– Consignation, 288
– Contestations, 290
– Couverture des opérations boursières à terme, note 770
– Distinction, 280
– Fonds communs, 284
– Historique, 278
– Intermédiaire, note 770
– Modalités de la saisie, 285 et s.
– Nantissement, 288
– Non-collaboration du tiers saisi, 290
– Nue-propriété, 279
– Préemption, note 796
– Substitution, note 796
– Titres sociaux saisissables, 280 à 284
– Transfert de propriété, note 770
– Transformation du titre saisi, 288
– Usufruit, 279
– Vente, 291 et s., note 796

Signification préalable du titre exécutoire, 110

Substitution de garanties, 366

Surendettement, 205 et s.
– Recommandation, 214
– Redressement conventionnel, 205
– Rétablissement personnel, 215

Sûretés
v. **Hypothèque**
v. **Nantissement**
– Procédures collectives, 422

Suspension du droit de poursuite individuel, 199 et s.
– Liquidation judiciaire, 204
– Prévention des difficultés des entreprises, 199
– Redressement judiciaire, 203
– Sauvegarde, 202
– Surendettement
v. ce mot

Suspension de l'exécution, 67, 642, 649

T

Terminologie, 1

Textes, 4

Tierce opposition, 77

Tiers saisi, 55

Titres d'exécution,
– Actes notariés, 118, 119
– Bail, 128
– Billet à ordre, 128

– Chèque, 120, 121, 128
– Décisions auxquelles la loi attache les effets d'un jugement, 124, 125
– Décisions juridictionnelles, 110, 128
– Exequatur, 112
– Expert, 126, 127
– Formule exécutoire, 110
– Injonction de payer européenne, 112
– Jugement étranger, 112
– Lettre de change, 128
– Mesure conservatoire, 128
– Notification préalable, 110
– Prescription, 111, 113, 115, 117, 119
– Procès-verbal de conciliation, 116, 117
– « Quasi jugements », 124, 125
– Règlement des petits litiges, 112
– Saisies, 108
– Sentence arbitrale, 112
– Titre exécutoire administratif, 122, 123
– Titre exécutoire européen, 112, 113
– Titre de recette, 122, 123
– Transaction, 114, 115
– Utilisation, 108, 128

Topographies des produits semi-conducteurs (saisie des), 530

V

Véhicules terrestres à moteur, 451 et s.
– Créancier gagiste, 454
– Déclaration en préfecture, 457, note 1158
– Immobilisation du véhicule, 451 à 455
– Saisie-appréhension, 455
– Saisie-appréhension-vente, 454
– Saisie-revendication, 457
– Saisie-vente, 452, 454

Voie d'exécution, 1

Voie parée, 50, 555

Table des matières

Avant-propos à la 2e édition 5

Introduction générale 11
§ 1. Définition. – Terminologie 11
§ 2. La nécessité d'une réforme demeurée longtemps inachevée 12

PREMIÈRE PARTIE
LES CONSTANTES DE L'EXÉCUTION

Chapitre 1. Généralités 19
Section 1. La recherche d'informations 19
§ 1. Les auteurs de la recherche 20
§ 2. Les détenteurs de l'information 21
A. Les tiers 21
B. Les comptables publics 23
C. Les administrations publiques et personnes morales de droit public 24
D. Les établissements habilités par la loi à tenir des comptes de dépôt (1) et les fichiers d'incidents de paiement (2) 25
§ 3. L'usage des informations 33
Section 2. Les effets généraux des saisies 34
§ 1. L'indisponibilité des biens saisis 34
§ 2. La protection du domicile 36
A. Le moment des opérations d'exécution 36
B. La pénétration de l'huissier de justice dans des locaux 37
§ 3. La charge des frais et dépens d'exécution 40
A. La charge des dépens d'exécution : les frais d'exécution forcée *stricto sensu* 41

B. La charge des frais d'exécution non compris dans les dépens 42

Section 3. Les procédés indirects d'exécution forcée en nature 43

§ 1. L'astreinte 44

§ 2. L'injonction de faire 58

§ 3. La condamnation à des dommages-intérêts, pour résistance abusive à l'exécution 59

§ 4. L'habilitation du créancier à faire exécuter par un tiers l'obligation à la charge du débiteur 60

Chapitre 2. Les acteurs de l'exécution forcée 63

Section 1. Les sujets de la saisie 63

§ 1. Le créancier saisissant 63

§ 2. Le débiteur saisi 69

§ 3. Le tiers saisi 72

Section 2. Le juge de l'exécution 73

Sous-section 1. Compétence 76

§ 1. Règles générales 76

§ 2. Attributions générales 77

Sous-section 2. Les modalités de la procédure applicable devant le juge de l'exécution 84

§ 1. La procédure ordinaire 85

§ 2. La procédure sur requête 91

§ 3. La procédure sur difficultés d'exécution 92

Sous-section 3. Le tribunal d'exécution des départements d'Alsace-Moselle 94

§ 1. Compétence 96

§ 2. Les particularismes locaux de la procédure applicable 97

Section 3. L'huissier de justice 99

§ 1. Les attributions et obligations 99

§ 2. La responsabilité professionnelle 101

Section 4. La puissance publique 102

§ 1. La force publique 103

§ 2. Le procureur de la République 105

Section 5. Les intermédiaires privés 107

§ 1. Les intermédiaires qui prêtent leur concours aux débiteurs . 108

§ 2. Les intermédiaires qui prêtent leur concours aux créanciers 109

Chapitre 3. Les titres d'exécution 113

Section 1. Les titres permettant une saisie d'exécution et une saisie de véhicule terrestre à moteur par déclaration en préfecture 113

§ 1. Les décisions juridictionnelles ayant force exécutoire (art. L 3.1°) 114

§ 2. Les autres titres exécutoires 121

Section 2. Les titres permettant une mesure conservatoire 141

Chapitre 4. Les obstacles à la mise en œuvre des procédures d'exécution 143

Section 1. Les immunités d'exécution 143

Sous-section 1. Les immunités personnelles d'exécution 144

§ 1. Les immunités d'exécution en droit public interne 144

A. Problématique 145

B. Les pouvoirs de la juridiction administrative, concernant l'effectivité de ses propres décisions 147

C. Les pouvoirs du Conseil d'État pour assurer l'effectivité des décisions rendues par les autres juridictions administratives 150

§ 2. Les immunités d'exécution en droit international public 152

A. La définition des créances qui peuvent effectivement être recouvrées si nécessaire, par voie d'exécution forcée et les biens qui peuvent être saisis 155

B. Les moyens prétoriens de lutte contre l'organisation frauduleuse d'insolvabilité des États 159

Sous-section 2. Les biens insaisissables 165

§ 1. Les biens insaisissables par nature ou par volonté de la loi 166

§ 2. Les sommes provenant de créances insaisissables 171

A. « Les provisions, sommes et pensions à caractère alimentaire... » (art. L 14.2°) 171

B. Les sommes spécialement affectées 184

§ 3. Les objets de la vie quotidienne 186

A. « Les biens mobiliers nécessaires à la vie et au travail du saisi et de sa famille » (art. L. 14.4°) 187

B. « Les objets indispensables aux personnes handicapées ou destinés aux soins des personnes malades » (art. L 14.5°) 195

§ 4. Les immunités d'exécution du droit de la famille 196

A. En droit des régimes matrimoniaux 196

B. En droit des successions 197

Section 2. La suspension du droit de poursuite 200

Sous-section 1. L'incidence d'un délai de grâce octroyé au débiteur 201

§ 1. Motivation de la décision du juge, fondement juridique du délai de grâce et impossibilité d'octroi 201

§ 2. Compétence d'attribution 202

§ 3. Durée, point de départ, modalités et portée du délai de grâce 203

Sous-section 2. La suspension du droit de poursuite individuel dans le cadre de la mise en œuvre d'une procédure collective 205

§ 1. La suspension du droit de poursuite individuel dans le cadre de la mise en œuvre d'une procédure collective du Code de commerce 206

A. La suspension du droit de poursuite individuel dans le cadre d'une procédure de prévention des difficultés des entreprises 206

B. La suspension du droit de poursuite individuel dans le cadre d'une procédure de sauvegarde 207

C. La suspension du droit de poursuite individuel dans le cadre d'une procédure de redressement judiciaire 208

D. La suspension du droit de poursuite individuel dans le cadre d'une procédure de liquidation 208

§ 2. La suspension du droit de poursuite individuel dans le cadre de la mise en œuvre d'une procédure collective de traitement du surendettement du Code de la consommation 210

A. La suspension des procédures d'exécution dans le cadre de la procédure de redressement conventionnel 211

B. La suspension des procédures d'exécution dans le cadre de la procédure de recommandation 218

C. La suspension des procédures d'exécution dans le cadre de la procédure de rétablissement personnel 220

DEUXIÈME PARTIE
LES PROCÉDURES D'EXÉCUTION

TITRE I. **LES SAISIES MOBILIÈRES D'EXÉCUTION** 223

SOUS-TITRE I. LES SAISIES DES MEUBLES INCORPORELS 225

Chapitre 1. Les saisies-attribution 227

***Section 1. La saisie-attribution* stricto sensu** 227

§ 1. Les formalités 228

A. La saisie-attribution ordinaire 228

B. La saisie-attribution pratiquée par celui qui se prétend créancier, sur lui-même 238

§ 2. Les effets (A) et les incidents (B) de la saisie-attribution 241

A. Les effets de la saisie-attribution ... 241
B. Les incidents de la saisie-attribution ... 248
§ 3. La saisie-attribution à objet spécifique ... 252
A. La saisie de créances à exécution successive, de créances futures et de créances conditionnelles ou à terme ... 252
B. Règles particulières à la saisie des soldes créditeurs de comptes de dépôt ... 255

Section 2. Les saisies-attribution spécifiques ... 261
§ 1. La saisie des traitements et salaires ... 261
A. Généralités ... 264
B. La procédure ... 267
C. Les incidents ... 270
§ 2. Les saisies de sommes d'argent par des créanciers d'aliments ... 272
A. La procédure de paiement direct des pensions alimentaires ... 272
B. La procédure de paiement public des pensions alimentaires ... 277
§ 3. Les avis à tiers détenteur ... 280
A. La procédure d'avis à tiers détenteur (« ATD ») *stricto sensu* ... 281
B. La procédure d'opposition administrative à tiers détenteur (« OATD ») ... 298
C. La procédure d'opposition à tiers détenteur (« OTD ») ... 306

Chapitre 2. La saisie-vente des droits d'associé et des valeurs mobilières ... 313

Section 1. Les titres sociaux saisissables ... 318
§ 1. Les titres donnant droit à une quote-part du capital social .. 320
§ 2. Les titres représentatifs d'une créance sur la personne morale ... 323
§ 3. Les valeurs conférant un accès différé au capital ... 325
§ 4. Les parts de fonds communs de placement et de fonds communs de créances ... 325

Section 2. Les formalités de la saisie (§ 1) et ses incidents (§ 2) ... 327
§ 1. Les formalités de la saisie ... 327
A. Première formalité : la signification au tiers, d'un acte de saisie ... 328
B. Seconde formalité : la dénonciation de la saisie au débiteur ... 330
§ 2. Les incidents de saisie ... 331

Section 3. Les formalités de vente des titres saisis 332

§ 1. La vente sur saisie des titres admis aux négociations sur un marché réglementé 334

A. La vente amiable 336

B. La vente forcée 337

§ 2. La vente sur saisie des titres non admis aux négociations sur un marché réglementé 338

A. La vente amiable 338

B. La vente forcée 340

SOUS-TITRE II. LES SAISIES DES MEUBLES CORPORELS 343

Chapitre 1. La saisie-vente 345

Section 1. La procédure de saisie 348

§ 1. Le commandement de payer (A) et le procès-verbal de saisie (B) 348

A. Le commandement de payer 348

B. Le procès-verbal de saisie 351

§ 2. La procédure subséquente 353

A. La saisie-vente pratiquée entre les mains du débiteur 353

B. La saisie-vente pratiquée entre les mains d'un tiers détenteur 356

§ 3. Les incidents 358

A. Les contestations 359

B. L'intervention des autres créanciers 364

C. L'extension de l'assiette de la saisie 365

D. La mainlevée de la saisie 366

E. La remise des biens à un séquestre 366

F. La folle enchère 367

Section 2. La vente des biens saisis 368

§ 1. La vente volontaire 368

§ 2. La vente forcée 369

A. La vérification de la consistance et de la nature des biens saisis 370

B. L'enlèvement des biens saisis 370

C. La publicité en vue de la vente 371

D. La vente 372

Chapitre 2. Les saisies-appréhension 377

Section 1. La saisie-appréhension ordinaire 378

§ 1. La nécessité d'un titre exécutoire 379

§ 2. Les opérations de saisie-appréhension 381
A. L'appréhension entre les mains de la personne tenue de la remise 382
B. L'appréhension entre les mains d'un tiers 384

Section 2. La « saisie-apprehension-vente » 386
§ 1. L'« appréhension-vente » entre les mains du débiteur 387
§ 2. L'« appréhension-vente » entre les mains d'un tiers 389

TITRE II. **LES MESURES CONSERVATOIRES** 391

SOUS-TITRE I. DISPOSITIONS COMMUNES AUX MESURES CONSERVATOIRES 393

Chapitre 1. Les conditions de mise en œuvre 397

Section 1. Les conditions relatives à la créance à recouvrer 397
§ 1. Une créance paraissant fondée en son principe 398
§ 2. Des circonstances susceptibles de menacer le recouvrement de la créance 399

Section 2. Les titres requis 400
§ 1. Le créancier poursuivant dispose d'un titre exécutoire 401
§ 2. Le créancier poursuivant ne dispose pas d'un titre exécutoire 402
A. La procédure d'autorisation préalable 402
B. Les diligences à accomplir sous peine de caducité la mesure conservatoire entreprise 404

Section 3. La pénétration de force de l'huissier de justice, dans les locaux où sont supposés se trouver des biens à saisir, à titre conservatoire 407
§ 1. La nécessité d'un commandement de payer préalable 408
§ 2. La justification d'un titre exécutoire 408

Chapitre 2. Les contestations 411

Section 1. Règles communes 411
§ 1. Compétence et saisine du juge de l'exécution 411
§ 2. Compétence internationale des juridictions françaises 412

Section 2. Règles spécifiques 413
§ 1. Les contestations formulées aux fins de mainlevée pure et simple de la mesure 413
A. Les hypothèses de mainlevée pure et simple 413
B. Les conséquences de la mainlevée de la mesure entreprise 415
C. Aspects procéduraux 415

§ 2. Les contestations formulées aux fins de substitution d'une autre mesure 417

SOUS-TITRE II. LES SAISIES CONSERVATOIRES 419

Chapitre 1. La saisie conservatoire des créances de sommes d'argent 421

Section 1. La saisie conservatoire ordinaire 423

§ 1. Les modalités de la saisie (A) et ses incidents (B) 423

A. Les modalités de la saisie 423

B. Les incidents de la saisie 427

§ 2. La conversion de la saisie conservatoire en saisie-attribution (A) et ses incidents (B) 430

A. Les modalités de la conversion de la saisie 430

B. Les incidents de la conversion de la saisie 433

Section 2. La saisie conservatoire pratiquée par le créancier sur lui-même 435

§ 1. Les modalités de la saisie sur soi-même 436

§ 2. La conversion de la saisie conservatoire en saisie-attribution 437

Chapitre 2. La saisie conservatoire des droits d'associé et des valeurs mobilières 439

Section 1. Les modalités de la saisie (§ 1)* et ses incidents *(§ 2) 440

§ 1. Les modalités de la saisie 440

A. Première formalité : la signification au tiers, d'un acte de saisie 441

B. Seconde formalité : la dénonciation de la saisie au débiteur 442

§ 2. Les incidents de la saisie 443

Section 2. La conversion de la saisie conservatoire en saisie-vente (§ 1)* et la vente des titres saisis *(§ 2) 444

§ 1. La conversion de la saisie conservatoire en saisie-vente 444

§ 2. La vente des titres saisis 445

Chapitre 3. La saisie conservatoire aux fins de vente de biens mobiliers corporels 447

Section 1. Les modalités de la saisie (§ 1)* et de sa conversion *(§ 2) 449

§ 1. Les modalités de la saisie 449

A. La saisie conservatoire pratiquée entre les mains du débiteur 450

B. La saisie conservatoire pratiquée entre les mains d'un tiers 451

§ 2. La conversion de la saisie conservatoire en saisie-vente 454

Section 2. Les incidents 456

§ 1. L'intervention d'autres créanciers à la saisie conservatoire . 456

§ 2. La remise des biens à un séquestre 457

§ 3. L'incidence de l'ouverture d'une procédure collective avant conversion de la saisie conservatoire 458

Chapitre 4. La saisie-revendication 459

Section 1. Les modalités de la saisie 461

§ 1. La saisie entre les mains de la personne tenue de la remise 461

§ 2. La saisie entre les mains d'un tiers détenteur 462

Section 2. Les incidents 463

SOUS-TITRE III. LES SÛRETÉS JUDICIAIRES 465

Chapitre 1. L'hypothèque conservatoire 469

Section 1. La publicité provisoire 471

§ 1. Les modalités 472

§ 2. Les effets 476

Section 2. La publicité définitive 478

§ 1. Les modalités 478

§ 2. Les effets 479

Chapitre 2. Les nantissements conservatoires 481

Section 1. Le nantissement conservatoire de fonds de commerce .. 481

§ 1. La publicité provisoire 481

§ 2. La publicité définitive 482

Section 2. Le nantissement conservatoire de droits d'associé et de valeurs mobilières 484

§ 1. La publicité provisoire 485

§ 2. La publicité définitive 486

TITRE III. **LES SAISIES SPÉCIFIQUES EN RAISON DE LEUR OBJET** 489

Chapitre 1. La saisie de biens situés à l'intérieur d'un coffre-fort 491

Section 1. Les saisies d'exécution 492

§ 1. La saisie-vente 492

§ 2. La saisie-appréhension 494

Section 2. Les saisies conservatoires 496

§ 1. La saisie conservatoire pratiquée aux fins de saisie-vente ... 496
§ 2. La saisie-revendication ... 498

Chapitre 2. Les saisies des véhicules terrestres à moteur ... 501

Section 1. Les procédures destinées à saisir le véhicule pour le faire vendre et se payer sur le prix, ou se le faire attribuer en paiement ... 503
§ 1. Le créancier poursuivant est un créancier ordinaire ... 503
§ 2. Le créancier poursuivant est un créancier gagiste ... 504

Section 2. Les procédures destinées à obtenir la restitution ou la livraison du véhicule ... 507
§ 1. Les saisies d'exécution ... 507
§ 2. Les saisies conservatoires ... 509

Chapitre 3. Les saisies des navires, bateaux et aéronefs ... 511

Section 1. Les saisies de navires ... 512

Sous-section 1. Généralités ... 515
§ 1. Les restrictions au droit de saisir un navire ... 515
A. Le créancier peut-il faire saisir un navire pour recouvrer une dette qui n'est pas celle de son propriétaire ? ... 515
B. Le créancier peut-il faire saisir un navire qui n'appartient plus au débiteur, sans avoir à se prévaloir d'un droit de suite ? ... 517
C. Le créancier peut-il faire saisir un navire autre que celui auquel la créance se rapporte, mais appartenant au même propriétaire ? ... 518
D. Un navire peut-il être considéré comme insaisissable en application de l'article 14, 4°, de la loi du 9 juillet 1991 ? 519
E. L'immunité d'exécution des États et la théorie de l'émanation ... 520
F. La théorie des navires apparentés et la présomption d'apparentement ... 523
G. La prohibition de la pluralité de saisies pratiquées par le même créancier pour le recouvrement de la même créance ... 525
H. L'incidence de l'existence d'une clause compromissoire. 526
§ 2. Les responsabilités encourues pour perte du navire ou dommages causés à celui-ci durant la saisie (A), et pour abus de saisie (B) ... 526
A. La responsabilité pour perte du navire ou dommages causés à celui-ci durant la saisie ... 526
B. La responsabilité du créancier pour abus de saisie ... 526

Sous-section 2. Les saisies d'exécution 527

§ 1. La saisie-appréhension 527

§ 2. La saisie-vente 528

Sous-section 3. Les saisies conservatoires 531

§ 1. La saisie-revendication 531

§ 2. La saisie conservatoire à fin de vente 532

A. Les textes applicables et la notion de créance maritime au sens des conventions internationales applicables 532

B. La nécessité d'une autorisation judiciaire préalable 541

C. Les modalités de la saisie conservatoire à fin de vente pratiquée entre les mains du propriétaire du navire 542

D. Les modalités de la saisie conservatoire à fin de vente pratiquée entre les mains d'un tiers 543

E. Les effets spécifiques de la saisie conservatoire à fin de vente 545

F. Les incidents de la saisie conservatoire à fin de vente 545

Section 2. Les saisies des bateaux 551

§ 1. Les saisies d'exécution 551

§ 2. Les saisies conservatoires 555

Section 3. Les saisies des aéronefs 556

§ 1. Les saisies d'exécution 557

§ 2. Les saisies conservatoires 560

Chapitre 4. Les saisies du fonds de commerce et de son prix de vente 563

Section 1. Les saisies-vente spéciales du fonds de commerce 564

§ 1. Les procédures de conversion de saisies-vente de biens mobiliers corporels composant le fonds, en vente globale du fonds de commerce 564

A. La procédure de conversion en vente globale à la disposition de tout créancier et du débiteur saisi 564

B. La procédure de conversion en vente globale à la disposition du Trésor public (LPF, art. L. 268) 568

§ 2. Les procédures de vente globale directe du fonds de commerce 569

A. La procédure de vente globale du fonds de commerce à la disposition du vendeur impayé du fonds de commerce et du créancier disposant d'un nantissement sur le fonds 569

B. La procédure de vente globale du fonds de commerce à la disposition du créancier inscrit, afin d'éviter le démembrement du fonds 570

C. La procédure de vente globale du fonds de commerce la disposition du créancier chirographaire dont la créance se rattache à l'exploitation du fonds 571

§ 3. La vente de fonds de commerce dans le cadre d'une procédure de liquidation judiciaire 572

Section 2. L'opposition sur le prix de vente d'un fonds de commerce 573

§ 1. Les modalités de mise en œuvre de la procédure d'opposition 574

§ 2. Les incidents de la procédure d'opposition 575

§ 3. Règles spécifiques de distribution du prix de cession entre les créanciers opposants et le vendeur 577

Chapitre 5. Les saisies des biens intellectuels et licences 579

Section 1. La saisie-attribution des produits d'exploitation d'une œuvre littéraire ou artistique 580

Section 2. Les saisies-vente des brevets d'invention (§ 1), certificats d'obtention végétale (§ 2) marques (§ 3) dessins et modelés (§ 4) et topographies de produits semi-conducteurs (§ 5) 580

§ 1. La saisie-vente des brevets d'invention 581

§ 2. La saisie-vente des certificats d'obtentions végétales 581

§ 3. La saisie-vente des marques 582

§ 4. La saisie-vente des dessins et modèles 583

§ 5. Les topographies de produits semi-conducteurs 584

TITRE IV. **LES MESURES D'EXÉCUTION PORTANT SUR LES IMMEUBLES** 585

SOUS-TITRE I. L'EXPULSION 587

Chapitre 1. Le contentieux judiciaire de l'expulsion 589

Section 1. Les règles communes à toutes les expulsions 591

§ 1. La nécessité d'un titre exécutoire 591

A. L'expulsion en matière de baux d'habitation, professionnels ou mixtes 593

B. L'expulsion en matière de baux commerciaux et de baux ruraux 595

§ 2. Modalités communes de la procédure d'expulsion 598

A. La nécessité d'un commandement préalable 598

B. Les opérations d'expulsion stricto sensu 600

Section 2. Les règles propres à certaines expulsions 603

§ 1. Dispositions spéciales applicables aux locaux d'habitation, ou aux locaux à usage professionnel ou à usage mixte ... 603
§ 2. Dispositions spéciales applicables aux locaux à usage d'habitation principale, ou à usage mixte ... 605

Chapitre 2. Le contentieux administratif de l'expulsion ... 609
§ 1. L'expulsion d'un bien relevant du domaine public d'une personne de droit public ... 609
§ 2. Le contentieux du stationnement des résidences mobiles des gens du voyage ... 610
A. Domaine ... 610
B. Procédure ... 611

SOUS-TITRE II. LA SAISIE IMMOBILIÈRE ... 613

Chapitre 1. Les acteurs et l'objet de la saisie immobilière ... 617
Section 1. Les acteurs de la saisie immobilière ... 617
Sous-section 1. Les parties à la saisie immobilière ... 617
§ 1. Les sujets actifs de la saisie immobilière : Le créancier saisissant ... 617
A. La qualité de créancier pouvant recourir à la saisie immobilière ... 618
B. La nécessité d'un titre exécutoire constatant une créance certaine, liquide et exigible ... 619
§ 2. Les sujets passifs de la saisie immobilière ... 621
A. La saisie poursuivie contre le débiteur en titre ... 621
B. La saisie poursuivie contre le tiers acquéreur de l'immeuble ... 622
C. La saisie poursuivie contre le garant de la dette d'autrui.. 624
§ 3. Les autres parties à la saisie ... 625
Sous-section 2. La juridiction compétente et les auxiliaires de justice nécessaires ... 626
Section 2. L'objet de la saisie immobilière ... 628
§ 1. La notion d'immeuble saisissable ... 628
§ 2. Les restrictions à la saisie tenant à l'immeuble ... 631
A. La saisie d'un immeuble indivis ... 631
B. La saisie de l'immeuble entre les mains d'un tiers détenteur ... 633
C. La saisie d'un immeuble non hypothéqué ... 634
D. La pluralité de saisies immobilières ... 634

Chapitre 2. Les formalités de la saisie, en vue de la vente ... 637

Section 1. La signification d'un commandement de payer valant saisie (sous-section 1) et sa publication (sous-section 2) 637

Sous-section 1. La signification d'un commandement de payer valant saisie 638

§ 1. La saisie pratiquée entre les mains du débiteur en titre, ou contre celui qui a constitué sur un immeuble lui appartenant une hypothèque en garantie de la dette du débiteur en titre 639

§ 2. La saisie pratiquée entre les mains d'un tiers détenteur 644

A. La signification préalable au débiteur en titre, d'un commandement de payer simple 644

B. La signification au tiers acquéreur de l'immeuble, d'un commandement de payer valant saisie 644

§ 3. Les effets généraux de la signification du commandement de saisie 646

A. L'indisponibilité de l'immeuble saisi 646

B. Les restrictions aux droits du saisi 648

C. La saisie des fruits 649

Sous-section 2. La publication du commandement de payer valant saisie, à la conservation des hypothèques 650

§ 1. Les modalités et conditions de publication de commandement de saisie immobilière 651

A. Conditions de délai 651

B. Pluralité de saisies 652

C. La contestation des décisions de rejet ou de refus de la publication 653

§ 2. Les effets de la publication du commandement de payer valant saisie 654

Sous-section 3. La péremption du commandement de payer valant saisie 654

Section 2. Les actes préparatoires à la vente 655

Sous-section 1. Le procès-verbal de description des lieux 656

Sous-section 2. L'assignation à comparaître devant le juge de l'exécution, à l'audience d'orientation 657

§ 1. L'assignation du saisi (A) et la dénonciation du commandement de saisie aux créanciers inscrits (B) 658

A. L'assignation du saisi 658

B. La dénonciation aux créanciers inscrits du commandement de payer valant saisie 659

§ 2. La mention en marge de la publication du commandement de saisie 662

Sous-section 3. Le dépôt au greffe du cahier des conditions de vente et de l'état hypothécaire 662
§ 1. Le contenu du cahier des conditions de vente 663
A. Les mentions préliminaires évidentes ou utiles, non obligatoires 663
B. Les mentions spécifiques prescrites à peine de nullité 663
C. Les clauses illicites 665
§ 2. Le dépôt du cahier des conditions de vente et de l'état hypothécaire, au greffe du juge de l'exécution 666
Sous-section 4. La déclaration des créances (§ 1) et la rédaction d'un projet de distribution du prix de vente (§ 2) 666
§ 1. La déclaration des créances 666
§ 2. La rédaction d'un projet de distribution du prix de vente 667
***Section 3. L'audience (sous-section 1)* et le jugement *(sous-section 2)* d'orientation** 668
Sous-section 1. L'audience d'orientation 668
§ 1. La détermination de la date de l'audience d'orientation 669
§ 2. L'office du juge de l'exécution 669
A. Les contestations 671
B. Les demandes incidentes 672
Sous-section 2. Le jugement d'orientation 676
§ 1. Le juge de l'exécution ordonne la vente 676
§ 2. Les autres orientations possibles de la procédure 677
§ 3. Voie de recours 678
Chapitre 3. La vente de l'immeuble saisi et ses suites 679
Section 1. La vente aux enchères publiques 679
Sous-section 1. Les formalités préparatoires à la vente aux enchères 680
§ 1. Les formalités ordinaires de publicité (A) et l'organisation de visites des lieux (B) 680
A. Les formalités ordinaires de publicité 680
B. L'organisation de visites des lieux 682
§ 2. Les formalités spécifiques de publicité, en vue de la mise en œuvre des droits de préemption 683
A. Les droits de préemption conférés à certaines personnes privées 684
B. Les droits de préemption conférés à certaines personnes publiques 686
C. La sanction du défaut d'accomplissement des formalités aux fins d'information des titulaires de droits de préemption 689

Sous-section 2. Les formalités de la vente aux enchères publiques et ses suites ordinaires 690

§ 1. Les formalités préalables à la mise aux enchères 691

§ 2. Les enchères, l'adjudication et ses suites ordinaires 692

A. Les conditions pour enchérir 692

B. Le déroulement des enchères et l'adjudication 694

C. Le jugement d'adjudication 695

D. La consignation du prix d'adjudication et le paiement des frais 701

§ 3. Le titre de vente 702

Sous-section 3. La remise en vente du bien sur surenchère (§ 1) *ou réitération des enchères* (§ 2) 702

§ 1. La surenchère 702

A. Les conditions, modalités et effets de la déclaration de surenchère 703

B. La dénonciation de la surenchère 705

C. La contestation de la validité de la surenchère 705

D. La revente par adjudication sur surenchère et ses effets ... 706

§ 2. La réitération des enchères 707

A. La procédure de réitération des enchères 707

B. La contestation de la validité 708

C. La revente par adjudication sur réitération des enchères et ses effets 709

Section 2. La vente amiable 710

§ 1. Les droits et obligations du saisi 710

§ 2. Les droits et obligations des créanciers 711

§ 3. Les pouvoirs du juge de l'exécution 712

§ 4. Les obligations du notaire et de l'acquéreur de l'immeuble 713

Chapitre 4. Les procédures d'exécution sur les immeubles en Alsace-Moselle 715

Section 1. L'exécution forcée sur les immeubles, saisie immobilière du droit local 716

§ 1. La nécessité d'un titre exécutoire et d'une autorisation spéciale de saisir 717

§ 2. La nécessité d'un commandement de payer et, le cas échéant, d'une sommation de payer ou délaisser 721

§ 3. La transmission des pièces de la procédure au notaire 723

§ 4. La préparation de l'adjudication 723

A. La convocation des parties devant le notaire 723

B. La rédaction du cahier des conditions de vente par adjudication 724
C. Les formalités de publicité en vue de la vente par adjudication 725
§ 5. Les incidents de la procédure antérieure à l'adjudication 726
§ 6. Les enchères, l'adjudication et ses suites 728
A. La date de l'ouverture des enchères devant notaire 728
B. La nécessaire présence du créancier poursuivant et la subrogation aux poursuites 728
C. Les formalités préparatoires à l'ouverture des enchères, la mise aux enchères, l'adjudication et la révélation de l'identité du véritable adjudicataire 729
D. Le titre d'adjudication, sa publication au livre foncier et sa délivrance à l'adjudicataire 731
§ 7. Les incidents de la procédure d'adjudication 732
§ 8. Les droits et obligations de l'adjudicataire 733

Section 2. L'administration forcée des immeubles 734
§ 1. Conditions de mise en œuvre de la procédure 735
§ 2. La nécessité d'un commandement et, le cas échéant, d'une sommation de payer ou de délaisser 737
§ 3. Les modalités de l'administration forcée 737

TROISIÈME PARTIE
LES PROCÉDURES DE DISTRIBUTION

TITRE I. **LA DISTRIBUTION DU PRIX DE VENTE DES MEUBLES** 743

Chapitre 1. La distribution du prix des meubles obtenu sur saisie 745

Section 1. La distribution du prix obtenu sur saisie-vente 745
§ 1. Le projet de répartition et ses suites 747
§ 2. Le paiement 749

Section 2. La distribution des fonds obtenus sur saisie-attribution . 750
§ 1. En matière de saisie des salaires 751
§ 2. En matière de saisie-attribution ordinaire 752

Chapitre 2. La distribution du prix des meubles obtenu sur vente volontaire 753
§ 1. La désignation de la personne chargée de la distribution..... 754
§ 2. La répartition des deniers 755

Chapitre 3. La distribution du prix des navires, bateaux et aéronefs 757

Section 1. Première étape* : la désignation du juge-commissaire à la distribution*(§ 1)* et l'assignation des créanciers *(§ 2) 758

§ 1. La désignation du juge-commissaire à la distribution 758

§ 2. L'assignation des créanciers 759

***Section 2. Deuxième étape* : la distribution amiable** 759

§ 1. La préparation de l'audience de conciliation 759

§ 2. L'audience de conciliation 760

***Section 3. Troisième étape* : la distribution judiciaire** 761

§ 1. La saisine du tribunal de grande instance et le jugement des contestations 762

§ 2. La distribution judiciaire des deniers par le juge-commissaire 764

TITRE II. **LA DISTRIBUTION DU PRIX DE VENTE DES IMMEUBLES** 767

Chapitre 1. Les règles communes à la distribution amiable et à la distribution judiciaire 769

Section 1. Le prix de vente, sa consignation ou son séquestre par l'acquéreur 769

§ 1. Les règles applicables exclusivement au prix obtenu sur saisie, quelles que soient les modalités de la consignation 770

§ 2. Les règles applicables au prix obtenu sur saisie ou en dehors de la mise en œuvre d'une saisie, en cas de consignation entre les mains d'un séquestre 771

Section 2. Les règles propres à la saisie immobilière concernant les créanciers inscrits et ayant une incidence sur la distribution du prix de vente 772

Section 3. L'initiative de la distribution du prix de l'immeuble et les créanciers admis à y participer 773

Section 4. Règles générales de procédure 775

Section 5. Les intérêts, arrérages et décomptes actualisés de créance 777

Section 6. Le paiement provisionnel du créancier de premier rang et des créanciers colloqués 778

Section 7. La purge et la radiation des inscriptions 779

Section 8. Les procédures collectives 780

Section 9. Feu la procédure d'ordre 780

Chapitre 2. La distribution amiable 781

Section 1. Lorsqu'il n'existe qu'un créancier répondant aux conditions de l'article 2214 du Code civil 782

Section 2. Lorsqu'il existe plusieurs créanciers répondant aux conditions de l'article 2214 du Code civil 783

§ 1. Règles générales 783

A. L'élaboration et la notification aux créanciers inscrits, d'un projet de distribution 784

B. Le projet de distribution ne suscite pas contestation 785

C. Le projet de distribution suscite contestation 786

§ 2. Règles spécifiques concernant la distribution du prix de vente sur saisie immobilière 787

Chapitre 3. La distribution judiciaire 789

§ 1. L'initiative de l'ouverture de la procédure de distribution judiciaire 789

§ 2. La rédaction de l'état de répartition 790

§ 3. La radiation des privilèges et hypothèques 790

Chapitre 4. Les règles spécifiques de distribution en Alsace-Moselle 791

Section 1. Première étape **: l'ordre amiable** 793

Section 2. Deuxième étape **: l'état de collocation** 793

§ 1. Première formalité : la sommation faite aux créanciers de produire à la procédure et les modalités de production des créances 794

§ 2. Deuxième formalité : le projet d'état de collocation 796

§ 3. Troisième formalité : la sommation de prendre communication du projet d'état de collocation 798

§ 4. Quatrième formalité : la réunion devant le notaire et le jugement des contestations subsistantes 798

§ 5. La clôture de l'état de collocation et son exécution 799

§ 6. La clôture de la procédure de distribution 805

Index alphabétique 807

MANUELS

Collection dirigée par Bernard Audit et Yves Gaudemet

D. AMSON : Histoire constitutionnelle française, De la prise de la Bastille à Waterloo, 2010.

Ph. ARDANT et B. MATHIEU : *Institutions politiques et droit constitutionnel*, 21e éd., 2009.

B. BASDEVANT-GAUDEMET et J. GAUDEMET : *Introduction historique au droit*, XIIe-XXe siècles, 2e éd., 2003.

A. BATTEUR : *Droit des personnes et de la famille et des majeurs protégés*, 4e éd., 2009.

J.-B. BLAISE : *Droit des affaires*, 5e éd., 2009.

M. BOUVIER, M.-Ch. ESCLASSAN et J.-P. LASSALE : *Finances publiques*, 9e éd., 2008.

B. BRACHET : *Le système fiscal français*, 7e éd., 1997.

Ph. BRAUD : *Sociologie politique*, 9e éd., 2008.

O. CACHARD : *Droit du commerce international*, 2008.

D. CARREAU et P. JUILLARD : *Droit international économique*, 4e éd., 1998.

M. CHAGNY et L. PERDRIX : *Droit des assurances*, 2009.

J.-P. CHAUCHARD : *Droit de la Sécurité sociale*, 4e éd., 2005.

J.-Ph. COLSON et P. IDOUX : *Droit public économique*, 4e éd., 2008.

G. CUNIBERTI : *Grands systèmes de droit contemporains*, 2007.

I. DAURIAC : *Les régimes matrimoniaux*, 2004.

A. DECOCQ et G. DECOCQ : *Droit de la concurrence, Droit interne et droit de l'Union européenne*, 3e éd., 2008.

A. DECOCQ et G. DECOCQ : *Droit européen des affaires*, 2003.

E. DERIEUX : *Droit de la communication*, 4e éd., 2003.

E. DERIEUX : *Droit des médias (Droit français, européen et international)*, 5e éd., 2008.

J.-Y. FABERON et J. ZILLER : *Droit des collectivités d'Outre-Mer*, 3e éd., 2007.

B. FAGES : *Droit des obligations*, 2e éd., 2009.

F. FAVENNEC-HÉRY et P.-Y. VERKINDT : *Droit du travail*, 2e éd., 2009.

M. FROMONT et H. MAURER : *Droit administratif allemand*, 1995.

Y. GAUDEMET : *Droit administratif*, 19e éd., 2010.

O. GOHIN : *Institutions administratives*, 5e éd., 2006.

G. GOUBEAUX et P. VOIRIN : *Droit civil*, 2 vol., t. 1, 32e éd., 2009, t. 2, 25e éd., 2008.

F. HAMON et M. TROPER : *Droit constitutionnel*, 31e éd., 2009.

J.-J. ISRAEL : *Droit des libertés fondamentales*, 1998.

J.-C. JAVILLIER, M. MOREAU et J.-M. OLIVIER : *Droit du travail*, 7e éd., 1999.

E. JEULAND : *Droit processuel*, 2007.

P. JULIEN et N. FRICERO : *Droit judiciaire privé*, 3e éd., 2009.

P. JULIEN et G. TAORMINA : *Voies d'exécution et procédures de distribution*, 2e éd., 2010.

P. KINDER-GEST : Droit Anglais, VOL. 1 : *Institutions politiques et judiciaires*, 3e éd., 1997.

J. LAROCHE : *Politique internationale*, 2e éd., 2000.

F. LECLERC : *Le droit des contrats spéciaux*, 2007.

D. LEGEAIS : *Droit civil : sûretés et garanties du crédit*, 7e éd., 2009.

J. LEROY : *Droit pénal général,* 2e éd., 2007.
J. LEROY : *Procédure pénale*, 2009.
G. LYON-CAEN et J. TILLHET-PRETNAR : *Droit social,* 5e éd., 1995.
B. MATHIEU et M. VERPEAUX : *Contentieux constitutionnel des droits fondamentaux,* 2002.
J. MESTRE et M.-E. TIAN-PANCRAZI : *Droit commercial,* 28e éd., 2009.
M.-L. MOQUET-ANGER : *Droit hospitalier*, 2010.
M.-L. NIBOYET et G. DE GEOUFFRE DE LA PRADELLE : *Droit international privé,* 2e éd., 2009.
H. OBERDORFF : *Droits de l'homme et libertés fondamentales*, 2e éd., 2009.
F. PÉROCHON et R. BONHOMME : *Entreprises en difficulté, instruments de crédit et de paiement*, 8e éd., 2009.
D. PORACCHIA, F. RIZZO, J.-M. MARMAYOU et F. BUY : *Droit du sport*, 2e éd., 2009.
J.-F. RENUCCI : *Droit européen des droits de l'Homme,* 3e éd., 2002.
L. RICHER : *Droit des contrats administratifs,* 7e éd., 2010.
J. RIDEAU : *Droit institutionnel de l'Union européenne,* 6e éd., 2010.
J.-J. ROCHE : *Relations internationales*, 4e éd., 2009.
J.-C. SOYER : *Droit pénal et procédure pénale*, 20e éd., 2008.
F. STASIAK : *Droit pénal des affaires,* 2e éd., 2009.
L. TROTABAS et P. ISOART : *Droit public (droit constitutionnel, droit administratif, finances publiques, droit administratif spécial)*, 24e éd., 1998.
D. VIDAL : *Droit des sociétés*, 7e éd., 2010.

Cet ouvrage a été achevé d'imprimer en juin 2010
dans les ateliers de Normandie Roto Impression s.a.s.
61250 Lonrai
N° d'impression : 102266

B.U. BREST